相国寺史

第一巻
史料編中世一

相国寺史編纂委員会
監修　原田正俊・伊藤真昭

法藏館

序

相国寺は、臨済宗相国寺派の大本山として、現在も創建以来の位置に広大な伽藍を有し、京都五山の風格を今に伝えている。中世には現在以上の境内域が広がり、七重の大塔や多数の塔頭が甍を並べていた。北山文化を代表する鹿苑寺（金閣寺）、東山文化の中心、慈照寺（銀閣寺）は山外塔頭である。

相国寺は、室町文化を主導する位置にあり、僧侶たちの偈頌作成を中心とした五山文学が注目され、その周辺にあっては絵画をはじめ多数の芸術作品が作られた。さらには南宋・元・明の書画・工芸品もたらされ、禅僧が外交に関与したこともあり、まさにグローバルな地位を築いていた。五山の禅僧たちと歴代の足利将軍、守護大名、さらには公家文化も合わさって禅文化が形成され、いわば相国寺は、当時最新の文化を発信する場でもあった。

この『相国寺史』には相国寺に関わる政治・経済・文化・外交など多方面にわたる史料が古文書・日記・古記録から抽出して収録されている。これによって、現在につながる相国寺の歴史を容易にたどることができるようになり、新事実が見いだされ、これまで伝承の域であった事項も、きちんとした史料をもとに論ずることができるようになった。史料編刊行の後、通史編も予定されており、本書の刊行は相国寺の歴史においても画期的な事業といえる。

このたびの『相国寺史』編纂に当たっては、関西大学教授原田正俊氏、元華頂短期大学教授伊藤真昭氏を委員として迎え、教化活動委員会の特別室として編纂室を開設して、本格的に相国寺の歴史の編纂に取り組むことになった。

この編纂室の開設によって、今までの研究に加えて、相国寺および鹿苑寺・慈照寺を含む塔頭寺院に眠っていた新史料や、近世以降の新しい史料を整理し、研究の対象とできたことは今までにない試みである。宗門の近代化と現在の宗門につながる歴史の流れをつまびらかにし、相国寺の歴史を明らかにするとともに、禅宗史、日本仏教史の大きな成果になることを期待している。

最後に編纂事業を成功に導いていただいた、委員の先生方、研究員の皆さん、そしてこの編纂に尽力いただいた多くの方々に深く感謝申し上げる。

二〇一九年一月七日

相国寺住職　有馬賴底

刊行にあたって

臨済宗相国寺派大本山相国寺は、永徳二年（一三八二）の開創以来、六百年余の歴史を持つ寺院である。当寺は、室町時代に足利義満を開基として造営され、五山に列し室町仏教を代表する寺院となっていく。開山は、夢窓疎石とされ、その弟子である春屋妙葩が実質の開山として迎えられた。当寺は、中世禅林のなかでも最大の門派となる夢窓派の拠点寺院の一つとなり、多数の人材を輩出して禅宗の繁栄をもたらした。

相国寺塔頭鹿苑院には、五山全体を統轄する僧録が置かれ、実務を蔭凉軒主が担い、室町幕府の禅林行政の中心ともなった。室町殿の東隣に位置し、歴代の足利将軍とも密接な交流があったことはいうまでもない。相国寺やその塔頭で営まれる法会には、将軍がしばしば参列し、聴聞した。さらに五山僧は将軍に禅を説き、講義を行っていたことも重要な活動として注目される。

経済的に五山と室町幕府とは不可分であり、幕府が五山に援助をするとともに、五山から借銭をすることもあった。このように、政治経済史のうえでも相国寺は、当時の重要な寺院であったことがわかる。

また、相国寺は、文化史的には五山文学や、天章周文に代表されるような禅林絵師たちの活動の場でもあった。相国寺をはじめとした五山の禅僧は室町文化を主導する人々であった。

こうした、相国寺の歴史はどのような史料に出てくるのであろうか。これを示すのが本書『相国寺史』史料編である。ただ、残念なことに現在の相国寺には中世の古文書がほとんど伝来しておらず、創建期から室町時代の歴史を詳しくたどることはできない。過去に相国寺から出された、小畠文鼎師稿、藤岡大拙・秋宗康子校訂『相国寺史料』全十一巻（思文閣出版）も、ほとんどは近世史料で構成されている。

そこで、本史料編作成に当たり、寺外にある諸家・社寺の古文書、公家・武家・寺家の日記・記録などを博捜して、相国寺に関係する史料を集成した。また、かつて寺中で記された『蔭凉軒日録』・『鹿苑日録』については、必要部分を抄録した。相国寺関係の史料は想定以上に多く、その編集作業には多大の労力と時間を要することとなった。

編集に際して、検索した項目は相国寺住持・東班衆・塔頭院主をはじめとした僧侶の活動、法会、室町幕府との関係、伽藍の変遷、政治的活動、寺院経済を支える荘園、金融活動、外交、文化に関する史料である。

掲載した史料には、内容を要約した綱文を付けて、読解の助けとした。本書の冒頭には、綱文を列挙して、これを読み進めるだけでも相国寺年表として活用できるようになっている。典拠を知りたい、内容を詳細に知りたい場合は、該当ページの本文に進むとさらなる情報を得ることができるようになっている。

『相国寺史』の編纂計画では、本史料編中世一に続いて、史料編中世二・三、史料編近世近現代、さらにこれらにもとづいた通史編の刊行を予定している。なお、本書には、夢窓疎石誕生の建治元年（一二七五）から文正元年（一四六六）までの史料を収録している。

本書の刊行によって、相国寺の歴史が広く日本の歴史、東アジアの歴史のなかに位置づけられることができれば幸いである。

二〇一九年一月七日

関西大学教授　原田正俊

凡　例

一、本書は、『相国寺史』第一巻 史料編中世一として、相国寺開山夢窓疎石の誕生（建治元年〈一二七五〉）から文正元年（一四六六）までの史料を収録した。

一、相国寺・塔頭寺院と寺僧の動向を示す主要な史料を掲載した。第一巻収録時期の相国寺内塔頭は、鹿苑院・崇寿院・大智院・常徳院・雲頂院・勝定院・普広院・恵林院・慶雲院・大徳院（後の慈照院）・長得院・玉龍庵・法住院である。また、中世では寺外にあったが現在相国寺域にある大光明寺・林光院、近世に相国寺境内に所在した常在光院、現在相国寺の山外塔頭となっている鹿苑寺（金閣寺）・慈照寺（銀閣寺）・真如寺についての史料もあわせて収録した。この他、地方寺院については、中世において関係の深いもののみ史料を掲載した。寺僧の活動については、相国寺歴代住持の史料を中心に収録した。

一、史料は年代順に配列した。年未詳の史料は、関係人物の没年や内容が関連する史料の年代に便宜的に収めた。

一、史料の前に綱文を掲げ、史料の概要を示した。複数の史料を一つの綱文でまとめた場合もある。相国寺塔頭については、綱文のなかで「相国寺」と一々記さなかった。

一、掲載史料には史料番号を記した。

一、表題については、日記や典籍の場合はその題目を、文書の場合は文書名を表記し、その下に文書群名を記載した。それぞれの史料には出典の書誌情報を記した。

一、必要に応じて、掲載史料の末尾に「○」を付して、関連事項や関連史料等を注記した。

一、史料中には、現在の人権意識に照らし合わせると差別的ととられかねない表現もあるが、歴史的事実を正しく理解するため、そのまま掲載した。

一、史料本文の表記については、異体字、俗字は原則として常用漢字、正字に改め、変体仮名も原則として現行の仮名に改めた。ただし算用帳で使用される漢数字は原形のままとした。

一、出典の史料集によっては返り点・送り仮名を付しているものがあるが、原則としてこれを略した。また適宜読点「、」や並列点「・」を補ったものもある。

一、虫損等により欠けている文字は□または［　］を、墨消・擦消された文字は▨をもって示した。抹消文字や重ね書きの文字が判読できた場合は、その文字の左側に「〻」を付し、右側に書き改めた文字を記した。欠損部分のうち、本来の文字を推定し得るものは（　）をもって傍注を付した。判読困難な文字は☒で示した。

一、合点は「＼」、挿入符は「○」で示した。

一、原文に誤記があると思われる部分には（　）をもって正字を補うか、傍注（ママ）を付した。脱字は（○脱）と注記した。文字・文章の重複がある場合は、（衍）と注記した。

一、人名・地名・寺社名等の注記や、無年号文書の推定年代等については、（　）を用いて記載した。禅僧については、本文中に道号（前の二文字）のみが書かれている場合は諱（後の二文字）を（・　）で示した。

一、端裏書・ウハ書・紙背・異筆・朱筆等は、該当する部分を「　」で示した上、（　）をもって傍注を付した。なお、「　」内の文字について、さらに異筆等の区別が必要な場合は、該当する部分を『　』で示した上、同様に傍注を付した。

一、編集により史料の一部を省略した場合は、（前略）（中略）（後略）と表示した。

一、本書に採録した底本以外に別本で校合をした場合、文字の異同は〔　〕で示し、底本になく別本のみに記載された文字には、その文字の左脇に「・」を付した。別本の書誌情報は史料文末の注に記した。「東寺百合文書」については活字になっているものを出典としながら、京都府立京都学・歴彩館東寺百合文書WEBの写真で校訂したものもある。

相国寺史　第一巻　史料編中世一＊目次

細目次

建治元年（一二七五）
夢窓疎石が誕生する。……三

弘安九年（一二八六）
九月三日、無外如大が無学祖元の塔所として洛北に正脈院を建立する。……三

正応五年（一二九二）
夢窓疎石が南都で受戒をする。……三

永仁二年（一二九四）
夢窓疎石が建仁寺に参堂する。……四

正安元年（一二九九）
夢窓疎石が一山一寧に師事する。……四

嘉元元年（一三〇三）
夢窓疎石が高峰顕日に参禅する。……四

徳治二年（一三〇七）
高峰顕日が頂相と無学祖元の衣を夢窓疎石に授ける。……四

応長元年（一三一一）
十二月二十二日、春屋妙葩（後の相国寺第二世）が誕生する。……五

正和二年（一三一三）
春屋妙葩が夢窓疎石の弟子になる。……五

文保元年（一三一七）
春屋妙葩が美濃国虎渓寺（後の永保寺）に隠遁していた夢窓疎石のもとに行き、僧童となる。……五

元応元年（一三一九）
夏、夢窓疎石が相模国三浦に泊船庵を建てて居住する。……五

元亨元年（一三二一）
六月二十九日、太清宗渭（後の相国寺第四世）が相模国で誕生する。……六

正中二年（一三二五）
八月二十九日、後醍醐天皇が夢窓疎石を南禅寺住持に招聘する。……六
八月、春屋妙葩が夢窓疎石のもとで大僧となる。……七
嘉暦元年（一三二六）
春屋妙葩が南禅寺の夢窓疎石のもとに掛搭する。……七
嘉暦三年（一三二八）
夏、空谷明応（後の相国寺第三世）が近江国浅井郡で誕生する。……七
元徳元年（一三二九）
八月二十九日、夢窓疎石が円覚寺住持となり入寺する。……八
十二月三日、金沢貞顕が、関東大仏造営料唐船の派遣にともない、京都東山常在光院一切経を調達するよう命じる。……八
元徳二年（一三三〇）
五月十一日、金沢貞顕が常在光院の修理と大般若経の手配について書状を出す。……九
六月十一日、二階堂行意を奉行として常在光院の修理が行われる。……一〇
元徳三年（一三三一）
十二月五日、金沢貞顕が常在光院の修理供養を行う。……一一
元徳四年（一三三二）
室町公春が先祖の追善料として丹波国西保庄を正脈院に寄進する。……一二
元弘三年・正慶二年（一三三三）
この年、太清宗渭が雪村友梅の室に入る。……一二
七月、後醍醐天皇が鎌倉瑞泉院より夢窓疎石を呼びよせ、対面する。……一三
七月十二日、後醍醐天皇が夢窓疎石に円覚寺正続院の当知行地を安堵する。……一三
七月二十三日、後醍醐天皇が夢窓疎石に臨川寺管領を命じる。……一三
建武元年（一三三四）
九月十五日、後醍醐天皇が夢窓疎石から衣を受ける。……一三

十月十日、後醍醐天皇が夢窓疎石に南禅寺再住を命じる。……………………………………一四
十一月、春屋妙葩が浄智寺住持竺仙梵僊の書状侍者を務める。……………………………………一四
この年、足利直義が正脈院に伊豆国安久庄を寄進する。…………………………………………一四

建武三年（一三三六）

十一月十三日、絶海中津（後の相国寺第六世）が土佐国津野で誕生する。……………………………一五
この頃、空谷明応が上洛し、夢窓疎石の弟子になる。……一五

建武四年（一三三七）

四月二十八日、足利尊氏が加賀国大野庄内藤江・松村を正脈庵造営料所として寄進する。……………………一五
十月十五日、赤松円心が雪村友梅を開山にむかえ、播磨国苔縄郷に金華山法雲寺を建立する。………………一五
十一月十三日、室町幕府が正脈庵領丹波国市原村で悪行を働く播磨国清水寺衆徒と沙汰人百姓を断罪する。……一六
この年、比丘尼霊宗が高峰顕日供養料として正脈院に近江国岩根・浅国庄を寄進する。……………………一七

暦応二年（一三三九）

三月二十八日、室町准后尊融が美濃国虎渓寺に同国南宮社領家得分の半分を寄進し、そのことを夢窓疎石に伝える。……………………………………………一七
年未詳四月十三日、夢窓疎石が美濃国虎渓寺を元翁本元の門徒寺とすることを土岐長瀬入道に伝える。………一八
年未詳四月二十九日、夢窓疎石の計らいで、虎渓寺が元翁本元の門徒寺となる。……………………………一八
四月、摂津親秀が西芳寺を禅院に改め夢窓疎石を住持とする。…………………………………………一九
九月一日、足利直義が父貞氏の追善仏事として等持院八講を行う。…………………………………………二〇
十月五日、光厳上皇が後醍醐天皇の菩提を弔うため亀山殿を禅院に改め、夢窓疎石を開山とする。……………二一
十一月十四日、光明天皇が播磨国法雲寺に勅額を賜い、同寺を諸山に列し十方住持の寺と定める。……………二一

暦応三年（一三四〇）

正月二十六日、足利尊氏が直義に政務を委譲し、常在光院下御所に居住する。……………………………………二一
年月日未詳、足利尊氏が関東より上洛した時、常在光

寺に居住する。……二三
七月十六日、足利尊氏が大光明寺に日向国国富庄内田島郷を山城国物集女庄の替地として寄進する。……二三
この年、足利直義と高師直が禅寺の開創について議論する。夢窓疎石が正脈院を基にして真如寺とすることを提案する。……二三

暦応四年（一三四一）

六月十五日、足利尊氏が自邸に舎利殿を建立し、夢窓疎石を導師として落慶法要を行う。……二四
七月十三日、暦応寺（後の天龍寺）の地鎮法会が行われ、夢窓疎石が導師を、春屋妙葩が維那を務める。……二四
七月十三日、真如寺の上棟が行われる。……二五
八月二十三日、真如寺が十刹位に定められる。……二六

暦応五年・康永元年（一三四二）

四月八日、光厳上皇が西芳寺に御幸し、夢窓疎石に受衣する。……二六
四月十五日、高師直が真如寺を建立し、夢窓疎石を開山とする。……二七
八月五日、八坂塔の落慶供養が行われ、夢窓疎石が導師を務める。……二八
十一月三十日、土岐頼遠が朝廷・幕府に減刑を嘆願するため夢窓疎石を頼るが、斬首される。……三一
十二月二日、夢窓疎石が天龍寺造営の差配をする。……三二

康永二年（一三四三）

三月二十八日、正脈庵が近江国甲賀郡朝国との境にある重弘名を物部秀信に安堵する。……三三
七月十三日、高師重四十九日の仏事が真如寺で行われる。……三三

康永三年（一三四四）

十月八日、高重茂が真如寺帰元庵に河内国甲可郷内五箇名を寄進する。……三四
十二月、延暦寺衆徒が光厳上皇の天龍寺臨幸に反対し、夢窓疎石の処罰を求める。……三四

康永四年（一三四五）

四月八日、夢窓疎石が天龍寺法堂の開堂を行う。……三五
八月三十日、光厳上皇が後醍醐天皇七回忌のために天龍寺に御幸し、夢窓疎石に金襴紫衣を賜う。……三五
九月、夢窓疎石が春屋妙葩に道号を付与し、天龍寺法堂落慶時に着した説法衣を与える。……三五

康永年間（一三四二―四五）、真如寺住持天庵妙受が丹波国安国寺の住持となる。……三六

貞和二年（一三四六）

二月六日、竺仙梵僊が真如寺住持となり入寺する。……三七
二月九日、足利尊氏室赤橋登子と娘が石清水八幡宮・六条八幡宮に参詣し、真如寺住持竺仙梵僊が同道する。……三七
二月十日、三宝院賢俊・真如寺住持竺仙梵僊等が高師直邸に参会する。……三七
三月一日、夢窓疎石が天龍寺で上堂説法を行い、足利直義等が聴聞する。……三八
三月十七日、光厳上皇が天龍寺に御幸し、夢窓疎石の説法を聴聞する。ついで夢窓が天龍寺住持を辞する。……三八
秋、夢窓疎石が大覚寺宮寛尊法親王から空海筆『聾瞽指帰』をもらい受け、西芳寺の蔵書とする。……三九
十一月二十五日、光明天皇が夢窓疎石から受衣し、夢窓正覚国師号を賜う。……三九
十二月二十三日、明叟斉哲が真如寺住持となり入寺する。……三九

貞和三年（一三四七）

二月三十日、光厳上皇が天龍寺に御幸し、夢窓疎石・春屋妙葩が仏事を行う。……四〇

貞和四年（一三四八）

正月十五日、西大寺長老信昭と夢窓疎石が足利尊氏と南朝との和睦について仲介したという噂あり。……四二
この年、絶海中津が西芳寺にいた夢窓疎石に師事する。……四二

貞和五年（一三四九）

三月、足利直義が夢窓疎石から衣鉢を受ける。……四二
閏六月二日、夢窓疎石の弟子妙吉が足利直義をそそのかし、天下大乱を起こすという噂あり。……四三
八月十九日、足利尊氏と直義が不和になり、夢窓疎石が調停を行う。……四五
十二月一日、足利義詮が夢窓疎石から衣鉢を受ける。……四五

貞和六年・観応元年（一三五〇）

二月八日、光厳・光明上皇・広義門院等が夢窓疎石から衣盂を受ける。……四六
この年、絶海中津が剃髪して沙弥になる。……四六

観応二年（一三五一）

正月十七日、夢窓疎石が足利尊氏と直義の和睦調停を行う。……四六
二月二十六日、高師直・師泰の首級が真如寺に送られ、住持の別源円旨が葬儀を行う。……四六
三月十一日、夢窓疎石が持明院御所に参り、光厳上皇に法談をする。……四八
三月二十一日、足利尊氏・直義・義詮が西芳寺に参詣し、夢窓疎石の法談を聴聞する。……四八
年月日未詳、足利尊氏・直義・義詮が夢窓疎石の法談を聴聞する。……四九
六月十九日、久我長通の雑掌と地頭職を持つ真如寺が尾張国海東中庄の年貢をめぐり相論する。足利義詮は未進年貢を久我家に渡すよう真如寺に命じる。……五〇
七月三日、室町幕府が尾張国海東中庄の年貢を久我家に納めるよう真如寺に命じる。……五〇
七月二十日、夢窓疎石が天龍寺に再住する。……五一
八月十五日、光厳上皇が夢窓疎石に夢窓正覚心宗国師号を賜う。……五二
八月十六日、足利尊氏が夢窓疎石を開山として建立した天龍寺に、子孫・家人等が末代まで帰依するように書き置く。……五二
八月十七日、夢窓疎石が天龍寺住持を辞し、臨川寺三会院に退く。……五三
九月二十六日、夢窓疎石が自身の示寂後の仏事について遺訓を書く。……五三
九月三十日、夢窓疎石が示寂する。これ以前、光厳・光明上皇が見舞う。……五四
九月三十日、これ以前、夢窓疎石が戦場での心労をねぎらう書状を出す。……五七
十月十三日、春屋妙葩が、円覚寺正続院・建長寺正続院・下野国雲岩院への夢窓疎石入牌について正続院に指示する。……五八

文和二年（一三五三）

六月五日、足利義詮が真如寺等に天下静謐の祈禱を命じる。……五八
十月二十日、足利尊氏が常在光寺から二条万里小路邸へ移住する。……五九

文和三年（一三五四）

正月二十三日、足利尊氏の発願により、元弘以来の戦死者追善のため真如寺僧祖岳が「道行般若波羅蜜多

経」を書写する。……五九
二月晦日、三浦道祐が土佐国吾川山庄内上谷川村を春屋妙葩に寄進する。……六〇
三月、春屋妙葩等の夢窓門徒が、円覚寺黄梅院の運営について議定する。……六〇
年未詳七月十九日、春屋妙葩が円覚寺黄梅院月忌料足を武蔵国赤塚庄庄主に申し付けたことを黄梅院に伝える。……六〇
十一月、春屋妙葩が夢窓疎石の事績を讃える碑を建立する。……六一
文和年中（一三五二－五七）、広義門院（光厳・光明天皇母）が伏見行宮の傍に大光明寺を建立する。……六一

延文二年（一三五七）

二月十六日、空谷明応が夢窓疎石の弟子である無極志玄の頂相を作成させ賛を書く。……六二
五月一日、足利義詮が播磨国多可庄地頭職を大光明寺に付け、赤松貞範に替地を与える。……六二
九月三十日、夢窓疎石七回忌の仏事が天龍寺で行われ、足利尊氏・義詮が参列する。……六三
この年、春屋妙葩が足利尊氏の請により等持寺住持となる。……六三

延文三年（一三五八）

正月十六日、足利義詮が尾張国海東庄庶子等跡を天龍寺造営料として寄進し、このことを大勧進の春屋妙葩に伝える。……六三
四月三十日、これ以前、春屋妙葩が足利尊氏奉納一切経の再校をする。……六四
五月二日、足利尊氏の葬儀が真如寺で行われる。……六四
九月六日、後光厳天皇が夢窓疎石に普済国師号を贈る。……六四

延文四年（一三五九）

二月二十三日、夢窓疎石への国師追号の宸筆勅答が天龍寺にもたらされる。……六五
三月二十六日、足利尊氏の和歌を勅撰和歌集に載せる際、常在光院の法号が使用できるかについて議論がなされる。……六五
八月、鎌倉公方足利基氏が夢窓疎石の直弟十人を関東に派遣するよう要請する。……六六
十一月二十日、足利義詮が院宣を受け、大光明寺領播磨国多可庄地頭職を雑掌に交付するよう赤松則祐に命じる。……六六

延文五年（一三六〇）
八月二十二日、室町幕府が大光明寺領播磨国多可庄地頭職を雑掌に交付するよう赤松則祐に命じる。……六七
康安元年（一三六一）
十一月三十日、春屋妙葩が臨川寺を再興し、入寺する。……六七
十二月二十七日、足利義詮が南朝軍に勝利し、常在光院に入る。……六八
貞治二年（一三六三）
二月二十日、細川頼之が阿波国補陀寺に光勝院を創建し、春屋妙葩を請じて落慶法要を行う。また、春屋は飢饉に際し、貧人に粥を配る。……六八
四月八日、光厳法皇が伏見御領を大光明寺塔頭に付ける。……六九
七月二十二日、春屋妙葩が伏見にある大光明寺住持となり、広義門院七回忌の仏事を行う。……六九
七月、光明法皇が大光明寺本尊の開眼を行う。……六九
九月十二日、足利義詮が大光明寺領播磨国多可庄地頭職を雑掌に交付するよう赤松則祐に命じる。……七〇
九月、後光厳上皇が春屋妙葩から受衣し、無学祖元と高峰顕日に国師号を贈る。……七〇
十一月二日、春屋妙葩が後光厳天皇から天龍寺住持に任命される。……七一
貞治三年（一三六四）
二月二十日、細川頼春十三回忌にあわせて景徳寺仏殿が開堂され、春屋妙葩が法語を作成する。……七一
四月二十一日、足利尊氏七回忌仏事が常在光院で行われ、足利義詮が参会する。……七二
年月日未詳、足利尊氏の年忌仏事が常在光院で行われる。……七二
四月、春屋妙葩が大光明寺に住し、光厳法皇と問答を行う。……七三
七月七日、光厳法皇が崩御する。ついで毎日の諷経と忌日仏事が大光明寺で行われる。……七三
この年、春屋妙葩が曹操の建立した銅雀台の古瓦を用いた瓦硯を入手し、鎌倉府に献上する。……七四
貞治四年（一三六五）
五月十八日、赤橋守時三十三回忌の仏事が常在光院で行われ、足利義詮が参会する。……七四

五月二十二日、足利義詮が北条高時三十三回忌の仏事を等持寺で行い、施餓鬼や春屋妙葩の拈香がある。……七五
五月二十二日、春屋妙葩が『夢窓国師語録』を編纂する。……七七
六月三日、赤松貞範が播磨国多可庄地頭職を大光明寺に明け渡す。……七七
六月十八日、常在光院で曼荼羅供が行われる。……七八
六月二十三日、等持寺で足利義詮母赤橋登子の四十九日仏事が行われ、春屋妙葩が遺骨を墓所の等持院に運ぶ。……七八
七月一日、光厳天皇の一周忌に大光明寺仏殿が開堂され、同住持の春屋妙葩が法語を作成する。……七八
七月五日、北朝が光厳天皇一周忌の仏事を大光明寺で行い、七日には観音懺法が修される。……七九
七月二十日、正脈庵が修理料足を捻出するため、庵領嵯峨朱雀大路西頬を天龍寺住持春屋妙葩に売却する。……八〇

貞治五年（一三六六）

四月二十七日、春屋妙葩が空海筆の華厳経を東寺増長院清我に寄進する。……八〇
六月一日、義堂周信が夢窓疎石の行状をまとめ、明の文人宋濂に碑文と銘詞を求めるよう、入明する絶海中津に伝える。……八〇
七月八日、伏見懐中庵主の入滅により、大光明寺の触穢が問題となる。……八一
七月十一日、後光厳天皇が天龍寺住持春屋妙葩に南禅寺造営を命じる。……八一
十二月二十六日、春屋妙葩が五条橋建立の奉行を務める。……八二

貞治六年（一三六七）

春、天龍寺住持春屋妙葩が高麗使を接待し、高麗使が春屋に受衣する。……八二
四月二十一日、後光厳天皇が春屋妙葩を天龍寺造営大勧進職に補任する。……八三
年月日未詳、春屋妙葩が焼失した天龍寺を復興させる。……八三
六月一日、洞院実夏が没する。これ以前、実夏は夢窓疎石から受衣する。……八四
六月六日、足利義詮母赤橋登子の仏事が等持寺で行われ、春屋妙葩が出仕する。……八四
六月七日、足利義詮が高麗への返書に「僧録」の二字を添えるよう春屋妙葩に伝える。……八五
六月十一日、春屋妙葩が義堂周信に鎌倉瑞泉寺を兼任

することを命じる。……八五
八月十日、春屋妙葩が天龍寺に再住する。この日、天龍寺復興の鋸始が行われる。……八五
九月二十九日、足利義満が天龍寺に行き、春屋妙葩から受衣する。……八六
十一月十日、義堂周信が春屋妙葩に無準師範と無学祖元の墨跡を贈る。……八六
十二月七日、足利義詮が死去し、天龍寺住持春屋妙葩と等持寺住持黙庵周諭が臨終に立ち会う。十二日に真如寺で火葬が行われ、禅僧が取り仕切る。……八七
年未詳十二月七日、空谷明応が足利義詮忌日仏事の拈香法語を作成する。……八八

貞治七年・応安元年（一三六八）

正月二十五日、足利義詮死去にあたり諸五山住持が一斉に退院するが、天龍寺住持春屋妙葩は留任する。また春屋が義詮の御骨を等持寺から等持院に送る。……八九
正月、春屋妙葩が『虎丘紹隆和尚語録』の刊記を書く。……八九
二月、絶海中津が入明し、杭州中天竺寺・霊隠寺・径山万寿寺を巡る。……八九
四月二十日、春屋妙葩が善入寺敷地の沙汰について六角氏頼に確認し、今後介入しないことを述べる。……九〇
閏六月二十九日、延暦寺大衆が祇園社社頭に集まり、南禅寺の破却と春屋妙葩の流罪等を求め、訴訟を起こす。……九〇
冬、雲渓支山が播磨国法雲寺住持となる。……九四

応安二年（一三六九）

二月二十日、春屋妙葩が正脈庵修理のために売られた嵯峨勝光庵東の敷地を買い、勝光庵に譲る。……九四
二月二十六日、近衛道嗣が伏見大光明寺を巡礼し、ついで伏見殿に参上する。……九五
七月七日、崇光上皇が伏見殿に行幸し、大光明寺で光厳天皇年忌仏事を行う。……九五
七月二十七日、延暦寺嗷訴のため、室町幕府が南禅寺楼門の破却を決定し、この日より破却が行われる。……九五
八月七日、南禅寺楼門が破却されたため、京都の禅院諸寺の住持・両班の僧が退居する。……九六
この年、碧潭周皎が大光明寺で『大乗起信論』を講義する。……九七

応安四年（一三七一）

三月二十四日、これ以前、春屋妙葩が南禅寺住持就任

の要請を断る。龍湫周沢が南禅寺住持となり、この日入寺する。……九七
閏三月二十一日、後光厳上皇が西園寺実俊の北山第に御幸する。……九八
九月十七日、室町幕府が大光明寺領播磨国多可庄地頭職を元通り寺家の管領とするよう命じる。……一〇〇
十一月十五日、春屋妙葩が管領細川頼之と争い、丹後国雲門寺に退居する。春屋の門徒は名字を削られ諸方に分散する。……一〇一

応安五年（一三七二）

七月二十日、後光厳上皇が大光明寺に御幸し、光厳天皇年忌仏事を行う。……一〇二
九月二十六日、細川頼之が管領を辞して四国に下向しようとするが、足利義満が止める。頼之の行動には、春屋妙葩との対立が背景にあると噂される。……一〇三
九月二十九日、後円融天皇が夢窓疎石に玄猷国師号を賜う。……一〇三
十一月十四日、室町幕府が大光明寺領播磨国多可庄地頭職を雑掌に交付するよう赤松義則に命じる。……一〇四
十一月二十七日、足利義満が臨川寺三会院の夢窓疎石塔を拝して受衣する。……一〇四

応安六年（一三七三）

五月九日、室町幕府が大光明寺領播磨国多可庄地頭職を雑掌に交付するよう赤松義則に命じる。……一〇四
七月、春屋妙葩が使者を大内氏に遣わし、明使の趙帙に夢窓疎石塔銘を書写させる。……一〇五
十一月二十四日、春屋妙葩の弟子であった後光厳上皇皇子の覚増が聖護院に入室する。……一〇六
十二月十二日、室町幕府が大光明寺領播磨国多可庄地頭職を雑掌に交付するよう赤松義則に命じる。……一〇六

応安七年（一三七四）

正月十七日、春屋妙葩が『仏牙舎利縁起』を作成する。……一〇六
二月七日、後光厳天皇四十九日の仏事として、観音懺法が大光明寺で行われる。……一〇八
五月十二日、室町幕府が赤松貞範による大光明寺領播磨国多可庄地頭職への押領を停止するよう山名義理に命じる。……一〇八
十一月二十九日、これ以前、春屋妙葩が炎上した天龍寺の復興に努め、龍湫周沢は常在光院住持となって南禅寺造営事業を掌る。……一〇八

永和元年（一三七五）

五月二日、室町幕府が須網右衛門尉による真如寺領尾張国海東中庄十三ヶ里等への押領停止を命じる。……一〇九
七月、明の洪武帝が絶海中津等の依頼をうけて宋濂に夢窓疎石の碑銘の作成を命じる。……一〇九
十二月五日、空谷明応が美濃国天福寺住持となり入寺する。……一一〇

永和二年（一三七六）

二月二十七日、真如寺領尾張国海東中庄地頭方の下地が領家方代官に押妨される。……一一一
六月五日、太清宗渭が鎌倉浄智寺住持となり入寺する。……一一一
六月七日、崇光上皇が大光明寺で光厳天皇十三回忌の結縁灌頂を行う。……一一三
九月、雲渓支山が播磨国護聖寺銅鐘の銘を作成する。……一一三

永和四年（一三七八）

三月十五日、雲門寺に隠棲する春屋妙葩が円覚寺への寄付金を送る。また春屋は義堂周信に厳中周噩を託す。……一一四
四月二十三日、絶海中津が明から帰国し、入京する。……一一四
四月二十三日、絶海中津が明から帰国する際、権中中巽に夢窓疎石碑銘を持ち帰るよう託す。……一一五
四月二十三日、絶海中津が明で長尾高景の武功を問われ、帰国後その肖像画を明に送る。……一一五
五月十四日、室町幕府が臨川寺を五山に列しようとしたため、夢窓派の僧が反対運動を起こす。……一一六

永和五年・康暦元年（一三七九）

正月二十二日、真如寺が炎上する。……一一八
三月二十五日、日田利渉が真如寺住持となり入寺する。真如寺は火事の後、まだ造営されず。……一一八
四月二十四日、春屋妙葩が足利義満の命により、丹後国雲門寺から上洛する。……一一八
閏四月十五日、春屋妙葩が上洛し、雲居庵に入る。……一一九
閏四月十九日、足利義満が春屋妙葩に金剛院ならびに塔頭等を元のように管領させる。……一一九
閏四月二十二日、春屋妙葩が南禅寺住持となり、僧堂・庫院・東司を一新する。……一一九
年月日未詳、春屋妙葩が薬師如来声明を復興させ、それを誠中中欵が会得する。……一二〇
十月十日、足利義満が春屋妙葩を天下僧録に任命する。

…………三二
十月、春屋妙葩が知行する山城国内の所領目録が作成される。…………三二
十一月二十三日、後円融天皇が春屋妙葩から受衣する。…………三三
十一月二十四日、足利義満が春屋妙葩を興聖寺（後の宝幢寺）の開山とし、寺領を寄進する。…………三三
十二月二十六日、後円融天皇が春屋妙葩に智覚普明国師号を賜う。…………三三

康暦二年（一三八〇）

四月十二日、後円融天皇が足利義満による春屋妙葩の僧録任命を承認する。…………三三
四月十五日、足利義満が春屋妙葩に大福田宝幢寺を建立し開山となるよう命じる。…………三四
五月二十六日、足利義満が播磨国有田庄を宝幢寺領として春屋妙葩に返付する。…………三四
六月十九日、東坊城秀長が二条良基からの兵庫関材木役に関する書状を春屋妙葩に送る。…………三四
八月二十七日、絶海中津が甲斐国恵林寺住持に任命される。…………三四
八月、春屋妙葩が有馬温泉に行き、友を羚羊谷に訪ね漢詩を詠む。…………三五
八月、春屋妙葩が東福寺の通天橋の完成を祝い、漢詩を詠む。…………三五
十二月二日、足利義満が宝篋院（足利義詮）忌に際し、義堂周信の勧めで、等持寺八講を再興する。…………三六
十二月八日、通玄寺仏殿の経始が行われ、春屋妙葩・義堂周信が諷経する。…………三七
この年、足利義満が禅院を建立し、永徳三年（一三八三）九月に鹿苑院と名付ける。…………三七

永徳元年（一三八一）

十月二十三日、近衛道嗣が常在光院に行き、奥山の水石・滝水・木石池を巡見する。…………三七

永徳二年（一三八二）

閏正月二十三日、足利義満が春屋妙葩を天龍寺住持に任命する。…………三八
二月七日、夢窓疎石の門徒が衆議で南禅寺慈聖院の美濃国大興寺管領を決定する。…………三八
二月晦日、春屋妙葩が天龍寺に再住する。…………三九
五月四日、足利義満が義堂周信に真如寺と正脈庵の立班の序列を問う。…………三九

六月三日、春屋妙葩が通玄寺開山智泉聖通に法衣を賜う。……一三〇
六月十五日、大聖寺殿（足利義満室日野業子の叔母宣子）が荼毘に付され、下火の導師を春屋妙葩が務める。……一三〇
六月十五日、春屋妙葩が大聖寺殿（日野宣子）の火葬の法語を作成し、宣子が意翁円浄のもとで参禅したことを讃える。……一三〇
六月十八日、春屋妙葩と義堂周信が大聖寺殿（日野宣子）の収骨をする。その後、安聖寺で中陰仏事を行う。……一三一
六月十九日、足利義満が義堂周信・太清宗渭等に安聖寺で法華経等の講義をするよう命じる。……一三二
七月十九日、足利義満が等持院で大聖寺殿（日野宣子）の四十九日の仏事を行い、春屋妙葩が陞座を務める。……一三二
十月三日、足利義満が新寺の建立について春屋妙葩と義堂周信に相談し、寺号を「承天相国」とする。……一三二
十月六日、足利義満が安聖院付近に寺院を建て、相国寺と名付ける。……一三三
十月十三日、足利義満が西芳寺で相国寺造営についての評定を行い、東堂・西堂以下が参加する。……一三三
十月二十一日、義堂周信が相国寺を大伽藍にするよう助言し、足利義満も賛同する。……一三三
十月二十九日、相国寺仏殿の立柱と法堂の上棟が行われる。……一三四
十月三十日、春屋妙葩が相国寺の伽藍造営を差配し、等持院法堂を移築し相国寺法堂とする。相国寺近辺の屋敷は他所に移動させられる。……一三五
十一月十四日、太清宗渭が足利義満の命で『碧巌録』を講義する。……一三六
十一月十四日、足利義満が禅室を造り「指月」と命名することに義堂周信が賛同する。……一三七
十一月十八日、足利義満が春屋妙葩に相国寺住持職として同寺の造営を差配するよう命じる。……一三七
十一月十九日、相国寺上棟の引馬が行われ、足利義満がこれを喜ぶ。……一三七
十一月二十六日、相国寺伽藍の上棟が行われる。春屋妙葩以下五山長老が行道諷経を行い、足利義満等が見物する。……一三七
この年、相国寺建立のための材木が伊予国より進上される。……一三八

永徳三年（一三八三）

五月九日、春屋妙葩と龍湫周沢が不和になったため、足利義満が春屋に不快を示す。……一三九

五月、常在光寺が寺領の目録を提出し、官符宣の発給を求める。……一四〇

六月二十五日、常在光寺領の役夫工米以下諸役を免除する宣旨が出される。……一四〇

七月十六日、春屋妙葩が夢窓疎石三十三回忌の導師を望むが、諸老の衆議で否決される。また、義堂周信が足利義満と春屋を和解させる。……一四一

八月六日、足利義満が相国寺の敷地拡張のため、同所にあった安聖寺を聖寿寺内に移す。また、畠山基国が五条寝殿を相国寺方丈として寄進することを申し入れる。……一四二

九月十四日、足利義満が旧安聖寺を鹿苑院に改め、同院の額を書く。……一四二

九月十六日、足利義満が絶海中津を鹿苑院主に任命する。……一四二

十月二十五日、二条良基が相国寺に河内国玉櫛庄を寄進し、足利義満がそれを承認する。……一四三

十月、足利義満が春屋妙葩を相国寺の開山に請ずるが、春屋は辞退し、夢窓疎石を勧請開山とすることを提案する。……一四三

十一月二十九日、赤松則祐十三回忌の仏事が南禅寺で行われ、太清宗渭が陞座法語を作成する。……一四四

十二月二日、足利義満が春屋妙葩と義堂周信に相国寺の寺号について相談し、「相国承天」と決定する。……一四四

十二月八日、足利義満が二条良基等を鹿苑院に招き、和漢聯句を行う。……一四四

十二月十三日、足利義満が夢窓疎石を相国寺の勧請開山とし、春屋妙葩を第二世の住持とする。……一四五

十二月十四日、足利義満が南禅寺・天龍寺造営の例に倣い、義堂周信とともに相国寺の土を運ぶ。……一四五

十二月十八日、相国寺住持春屋妙葩と義堂周信が相国寺の行事について相談し、天龍寺に準拠することが決まる。……一四六

永徳四年・至徳元年（一三八四）

正月十一日、番匠木屋の条々が定められ、春屋妙葩が花押を据える。……一四六

正月十八日、足利義満・太清宗渭等が、赤松義則・六角満高による相国寺普請の様子を見る。……一四七

二月二十五日、足利義満が相国寺住持春屋妙葩と義堂

周信を召し、相国寺の座位について相談する。…………一四七
二月二十六日、足利直義三十三回忌の仏事が等持院で行われ、太清宗渭が拈香を務める。…………一四七
二月二十九日、天龍寺・真如寺・等持院の大衆が相国寺の建造物の基礎を築く。…………一四八
三月十六日、相国寺仏殿の立柱が行われる。…………一四八
三月二十七日、鎌倉公方足利氏満と関東管領上杉憲方が相国寺の造営費を助成する。…………一四八
八月七日、義堂周信が大光明寺住持の空谷明応を等持寺住持に推薦する。…………一四九
年月日未詳、崇光天皇が大光明寺住持として空谷明応を招く。…………一四九
閏九月十二日、足利義満が春屋妙葩に常在光院の住持を命じる。…………一五〇
十月二十八日、崇光上皇が大光明寺で陽禄門院（崇光上皇母正親町三条秀子）三十三回忌の仏事を行い、春屋妙葩に仏事の差配を命じる。足利義満が参会する。……一五〇
十一月二十二日、足利義満の誕生日祈禱が鹿苑院で行われる。…………一五一
十一月、春屋妙葩が播磨国清水寺大塔に法華経等を寄進する。…………一五一
十二月九日、室町幕府が相国寺領日向国三俣院の件について、守護に協力して処理するよう薩摩国・大隅国の地頭御家人に命じる。…………一五二
十二月二十五日、常在光院の新方丈が落成し、院主の太清宗渭が足利義満を招待する。…………一五二

至徳二年（一三八五）

正月二十五日、相国寺に都聞寮が設置される。…………一五二
六月二十九日、春屋妙葩が上乗院宮乗朝法親王から遍照寺領今里村内清浄寿院敷地の年貢公事を免除される。…………一五二
七月、絶海中津が阿波国宝冠寺の開山となる。また足利義満は絶海を京都に呼び戻そうとする。…………一五三
八月十三日、足利義満が相国寺大殿に虹梁牌を掲げ、春屋妙葩がその銘文を作成する。…………一五三
九月三日、無学祖元の忌日仏事が真如寺正脈院で行われる。…………一五四
十一月二十日、釈尊・文殊・普賢像が相国寺仏殿に安置され、相国寺住持春屋妙葩と南禅寺住持義堂周信が点眼仏事を行う。…………一五四
十二月十九日、円鑑梵相が越前国清首座方への料足についての処置を円覚寺黄梅院に伝える。…………一五五

至徳三年（一三八六）

二月三日、相国寺都聞が相国寺材木の運搬について便宜を図るよう東寺に願う。……一五五
二月七日、相国寺住持春屋妙葩が病のため退院を望む。足利義満は夏了の退院を許可し、次期住持に義堂周信を任じようとするが、義堂は固辞する。……一五五
二月十日、相国寺を五山に加えるため、南禅寺を五山之上とする案を義堂周信が出し、足利義満の賛同を得る。……一五六
五月十八日、室町幕府が相国寺の刻印のある材木を通行させるよう東寺に伝える。……一五七
六月二十四日、光明天皇七回忌の仏事が大光明寺で行われ、空谷明応が陞座法語を作成する。……一五七
七月十日、足利義満が相国寺を五山第二に定める。同日、相国寺山門の立柱が行われる。……一五八
年月日未詳、夢窓派関係の十刹寺院……一五九
年月日未詳、夢窓派関係の諸山寺院……一六〇
七月二十八日、相国寺方丈において大小諸山住持の公帖が披露され、足利義満がこれに立ち会う。……一六三
十月二十六日、空谷明応が相国寺第三世住持として入寺する。……一六三
十月二十六日、足利義満が海印善幢に帰依し、海印を鹿苑僧録に任じる。同日、義満が鹿苑院で坐禅を行う。……一六四
十月二十九日、絶海中津が足利義満によって相国寺を追放された僧を保護したことにより、義満が等持寺仏事の臨席を拒否する。……一六五

至徳四年・嘉慶元年（一三八七）

二月二十九日、室町幕府が河野伊豆前司に相国寺浴室造営用木を輸送する際の海上警固をするよう命じる。……一六五
三月二十日、足利義満が近衛道嗣の死去を悼み鹿苑院に籠もる。……一六五
閏五月十日、相国寺が僧堂廊下の柱の運搬に際し、東寺門前の通過を東寺政所に依頼する。……一六六
七月十三日、相国寺僧堂前の鐘が改鋳され、足利義満等が試し撞きをする。……一六六
至徳年間（一三八四-八七）十月二日、空谷明応が近江国蒲生の安堵状について、鹿苑院領と区別して安堵されたかどうかを確認する。……一六六
十二月二十日、空谷明応が環中庵に安置する釈迦三尊の点眼法語を作成する。……一六七
十二月二十五日、これ以前、土岐頼康が美濃国革手城

の北に正法寺を建て、相国寺末寺とする。……一六七
この年、斯波義将が自邸を寺に改め玉泉寺となし、絶海中津を開山に請じる。……一六八

嘉慶二年（一三八八）

二月四日、東寺領山城国拝師庄が相国寺に寄進されるという話が東寺に伝わる。……一六八
四月四日、義堂周信が示寂し、絶海中津が義堂の遺命により掩土仏事を行う。……一六八
四月四日、これ以前、信濃国善光寺が多宝塔を再建するため、資寿院主無求周伸に協力を求める。無求は義堂周信に募縁疏の作成を依頼する。……一六九
四月五日、春屋妙葩が嵯峨清浄心院の敷地を絶海中津に譲与する。……一七〇
七月十日、空谷明応が相国寺僧堂の完成に際し法語を作成する。……一七〇
七月二十二日、太清宗渭が相国寺第四世住持として入寺する。……一七二
八月十三日、春屋妙葩が鹿王院で示寂し、春屋の爪髪が大智院等の塔所に納められる。……一七三
八月十三日、これ以前、春屋妙葩が病のため後事を気に懸けて書状を出す。……一七三
八月十三日、これ以前、春屋妙葩が正脉庵より開山所持の『伝燈録』を受け取る。……一七四
八月十三日、これ以前、春屋妙葩が開山塔の造営を喜ぶ。……一七四
八月十三日、これ以前、春屋妙葩が東峯の力で仏事を無事に遂げたことを喜ぶ。……一七四
八月十三日、これ以前、春屋妙葩が山城国東山円城寺に関する闕所地を竹鼻氏から買得したとして領有を主張し、これに対して東寺が反論する。……一七五
八月十三日、これ以前、春屋妙葩が訴訟に関わり、室町幕府との間を仲介する。……一七五
八月十三日、これ以前、春屋妙葩の弟子中郁侍者の依頼により、楚石梵琦賛の春屋頂相が作成される。……一七六
年月日未詳、太白真玄が春屋妙葩の追悼文を作成する。……一七六
十月五日、雲渓支山が相国寺第五世住持として入寺する。……一七七
この年、太清宗渭が相国寺で開堂を行い、ついで寿塔の雲頂院を相国寺内に建造し移居する。……一七七

康応元年（一三八九）

二月十五日、相国寺帰一軒が所領の能登国穴水郷内来

迎寺阿弥陀堂田を来迎寺に寄進する。……一七七
八月十一日、東寺御影堂庇の造営について足利義満が承認したことを絶海中津が増長院義宝に伝える。……一七八
八月十三日、雲渓支山が春屋妙葩一周忌の陞座法語を作成する。……一七八
九月六日、足利義満が雲頂院に摂津国昆陽寺庄西方地頭職等を寄進する。……一七九
十月二十九日、鹿苑院仏殿の立柱が行われる。……一七九
十一月二十五日ヵ、雲渓支山が通玄寺開山智泉聖通の一周忌にあたり陞座法語を作成する。……一八〇

明徳元年（一三九〇）

四月八日、これ以前、相国寺八講堂が建立され、雲渓支山が上堂を行う。……一八一
四月二十一日、足利義満が相国寺八講堂で御筆御八講を行う。……一八二
四月二十八日、相国寺八講堂で結縁灌頂が行われる。……一八二
四月三十日、足利尊氏三十三回忌の仏事が相国寺八講堂で行われる。……一八三
八月四日、空谷明応が相国寺に再住する。……一九九
八月十日、日野資康の葬儀が行われ、空谷明応が秉炬の法語を作成する。……二〇〇
八月十三日、春屋妙葩三回忌の仏事が大智院で行われ、院主の万宗中淵が焼香する。……二〇〇
九月二十八日、足利義満が相国寺領の諸役を免除する。……二〇一

明徳二年（一三九一）

四月十四日、空谷明応が相国寺法堂の落慶法要で拈香を務める。……二〇一
六月十九日、これ以前、太清宗渭が赤松則祐像の開眼仏事の法語を作成する。……二〇二
八月七日、室町幕府が相国寺領日向国穆佐院・三俣院への押領を停止するよう命じる。……二〇二
八月十二日、室町幕府が大光明寺領播磨国多可庄地頭職を大光明寺に交付するよう赤松義則に命じる。……二〇三
九月二十一日、空谷明応が室町幕府から日向国穆佐院・三俣院を相国寺領とする命令が出たことを島津元久に伝える。……二〇三
十月十九日、室町幕府が大光明寺領播磨国多可庄地頭職半分について俗人の代官を停止するよう命じる。……二〇三
十月、相国寺の鐘が鋳造される。……二〇三
十一月十四日、雲渓支山が示寂し、玉龍庵に塔が立てられ、事績がまとめられる。……二〇四

十二月三日、相国寺領三河国高橋庄内猿投社が、社領の年貢催促が停止されたため嗷訴しないことを誓う。
五日に相国寺都聞が高橋庄上使に指示を下す。……二〇五
十二月晦日、相国寺行者等が惣門で明徳の乱に乗じた悪党の乱入を防ぐ。……二〇六

明徳三年（一三九二）

二月七日、室町幕府が大光明寺領播磨国多可庄地頭職について、半済を口実とした押領分を大光明寺に引き渡すよう赤松義則に命じる。……二〇七
三月二日、細川頼之が死去する。足利義満が鹿苑院に御成し、頼之の追善仏事を行う。……二〇七
四月十日、足利義満が山名氏清など明徳の乱の戦没者を追善するため、相国寺で大施餓鬼を行う。……二〇七
四月二十一日、相国寺八講堂で御筆御八講が行われ、朝廷から御誦経使が派遣される。……二〇八
六月二十五日、足利義詮室渋川幸子（香厳院）が死去し、その葬儀で空谷明応が下火の導師を務める。……二〇九
八月二十二日、相国寺仏殿の上棟が行われる。……二〇九
八月二十六日、後小松天皇が空谷明応から衣鉢を受け、空谷に仏日常光国師の号を賜う。……二一〇
八月二十七日、朝廷からの要請で、北野社が相国寺供養で使用する獅子頭を貸し出す。……二一一
八月二十八日、相国寺落慶の供養が行われ、空谷明応が導師を務める。……二一一
八月二十八日、相国寺供養が御斎会に准じて行われ、外記や弁官局の史が出席したことが嵯峨宝幢寺供養の先例とされる。……二一五
八月二十八日、この頃、愚隠昌智が相国寺供養についての書状を出す。……二一六
九月十七日、室町幕府が相国寺領日向国穆佐院・三俣院への押妨を停止するよう命じる。……二一六
九月二十七日、香厳院（足利義詮室渋川幸子）百ヶ日の仏事として、相国寺で結縁灌頂が行われる。……二一七
十月三日、絶海中津が相国寺第六世住持となり入寺する。……二一七
十一月三日、相国寺大塔の基礎が定められる。……二一九
十一月三十日、崇光上皇が空谷明応を戒師として出家する。……二一九
十二月六日、円覚寺の舎利が鹿苑院に安置される。……二二〇
十二月二十七日、絶海中津が海寇の鎮圧を求めた高麗からの書状の返書を作成する。……二二〇
この年、薬師如来新像が雲頂院に安置され、絶海中津が開眼の法語を作成する。……二二〇

明徳四年（一三九三）

三月二十九日、僧江安が仏事銭として相国寺都聞ならびに庄主方に十六貫文を出す。……一二二
四月二十七日、後円融天皇が泉涌寺で荼毘に付され、相国寺住持絶海中津が回向文を作成する。……一二二
五月、足利義満が後円融院五七日の仏事を相国寺で行い、絶海中津が陞座を務める。……一二二
五月、足利義満が花御所で絶海中津に首楞厳経を講義させる。……一二二
六月十一日、島津元久が、相国寺領三俣院の事が落着していないため、参洛の命令に応じられないと答える。……一二三
六月二十四日、相国寺大塔の立柱が行われる。……一二三
九月九日、絶海中津が重陽の上堂を行う。このとき、太鼓が張り替えられ、鐘は元興寺から来たものを使用する。……一二四
十月二十二日、能登国総持寺で住持入寺の際、櫛比庄庄主の相国寺僧に対して檀那香が焚かれる。……一二五

明徳五年・応永元年（一三九四）

三月二十一日、相国寺大塔の材木引人夫が一国平均役として東寺領播磨国矢野庄に課される。……一二六
四月二十五日、法華八講が相国寺で行われる。……一二七
七月二十八日、東寺領播磨国矢野庄が相国寺大塔の材木人夫役の免除を同国守護に求めるが、一国平均役のため許されず。……一三〇
八月二十二日、相国寺材木を運ぶ人夫の出費が播磨国矢野庄の散用状に記される。……一三一
九月二十四日、直歳寮からの火災で、相国寺の諸堂・諸寮が焼失する。……一三二
十月一日、空谷明応が相国寺に三住する。……一三三
十月十九日、室町幕府が相国寺山門造営のため、寺社領から土貢を借りあげる。……一三三
十一月一日、相国寺再建の事始が行われる。……一三四
十一月二十五日、鶴岡社衆会所が相国寺再建段銭の免除を求める。……一三四
十一月二十六日、日向・大隅・薩摩国守護島津元久が、相国寺領嶋津庄内日向方三俣院のうち五町を給分として岩元清左衛門尉に与える。……一三四
十一月二十八日、相国寺仏殿・山門の立柱が行われる。……一三五
十二月十七日、これ以前、足利義満が絶海中津の頂相を描かせ、絶海が自賛をする。……一三五

応永二年（一三九五）

二月二十四日、相国寺仏殿の立柱が行われる。……二三五

三月二十一日、足利義満が来たる四月七日に行われる相国寺八講堂での法華八講に参仕するよう三条実冬に命じる。……二三六

四月七日、足利義満が足利義詮三十三回忌を繰り上げ相国寺で法華八講を行う。十一日に法華八講が結願する。……二三七

六月十八日、細川頼元の依頼により、足利義満が土佐国介良庄成武郷内大嶋中潮田村等を同国吸江庵に寄進する。……二四〇

六月二十日、足利義満が室町第北御所で出家する。戒師を相国寺住持空谷明応、剃手を絶海中津が務める。……二四一

九月二日、大宮実尚が相国寺に尾張国黒田庄南方を寄進し、それを足利義満が安堵する。……二四二

年未詳三月三十日、空谷明応が尾張国黒田庄の課役のうち相国寺分についての事情を説明する。……二四二

応永三年（一三九六）

三月、松尾社神主が、社領丹波国雀部庄等に課せられた相国寺修造のための一国平均段銭の免除を願う。……二四三

四月二日、相国寺法堂の立柱が行われ、足利義満が疏を書く。……二四三

四月二十九日、相国寺木引に関する出費が播磨国矢野庄の散用状に記される。……二四四

六月三日、仁和寺自性院門跡が相国寺に備中国巨勢庄を寄進し、毎年二百五十貫文を相国寺から同院に遣わす。……二四五

六月二十三日、相国寺仏殿が落成し、足利義満が疏を書く。……二四五

七月十日、相国寺山門の立柱が行われ、足利義満が疏を書く。……二四六

九月五日、足利義満が法住院近辺散在本寺領洛中所々地を法住院に安堵する。……二四六

九月二十八日、相国寺惣門の内に酒屋があり。……二四七

この年、足利義満が円覚寺の仏牙舎利を相国寺に移す。後に仏牙舎利は応仁の乱の最中に賊に奪われ紛失する。……二四七

この年、崇寿院昭堂が同院主絶海中津の尽力により建てられる。……二四八

応永四年（一三九七）

正月中旬、足利義満が西園寺家の所領であった北山に

山荘を造営する。義満が諸大名に土木作業を命じる。……二四八
正月、相国寺領が尾張国山田庄東三条に、また絶海中津の知行地が同国莪原郷にあり。……二五〇
二月二十八日、これ以後、足利義満が相国寺を夢窓門派の門徒寺とする。……二五一
四月一日、北山第建築の人夫に関する支出が東寺領播磨国矢野庄学衆方年貢等散用状に記される。……二五一
四月八日、足利義満が室町御所から北山第に移住し、ついで北山第の立柱が行われる。……二五三
四月十六日、彦部忠春が北山第金閣の造営を奉行する。……二五四
五月十四日、土佐国吾川山樅木谷が春屋妙葩の避状等に基づき、同国吸江庵の所領となる。……二五四
六月六日、室町幕府が法住院雑掌に唐橋以南猪熊以西の地を引き渡すよう命じる。……二五五
六月二十八日、元興寺の鐘が足利義満の命令で相国寺に運ばれる。……二五六
七月十七日、朝廷が勝定院領諸末寺等の諸役を免除する。……二五六
九月七日、元興寺の古鐘を溶かして大鐘が造られ、相国寺に懸けられる。……二五七
十月十三日、空谷明応が無本覚心百回忌のため紀伊国興国寺で説法を行う。空谷は得た布施を貧者に施したとされる。……二五七
応永四年・五年、讃岐国長尾庄代官である相国寺僧昌緯副寺が年貢を取り立てようとしたが、百姓が逃散する。……二五八
この年、東寺領若狭国太良庄が相国寺に分一銭を支払う。……二五八
この年、法住院築地内と同寺前路が東寺の年貢散用状に年貢免除地として記される。……二五九

応永五年（一三九八）

正月二十三日、崇光法皇の葬儀が伏見大光明寺で行われる。……二六〇
三月五日、吉田兼敦が真如寺の仏事に参列する。……二六二
四月、足利義満が北山第に移居する。同月二十一・二十二日、北山第で輪擜供養・安鎮法が修される。……二六三
五月二十六日、伏見宮栄仁親王が空谷明応を戒師として出家する。……二六四
六月二十四日、足利義満が香厳院（足利義詮室渋川幸子）七回忌のために鹿苑院三重塔を建立し、絶海中津が供養の導師を務める。……二六五
十月二十二日、細川頼之が土佐国吸江庵に同国介良庄

成武郷内大嶋等を寄進し、足利義満がそれを安堵する。……………………………………二六六

十月二十三日、能登国総持寺で住持入寺の際、櫛比庄庄主の相国寺僧に対して檀那香が焚かれる。……………二六七

この年、御八講が相国寺で行われ、足利義満が願文を書く。………………………………………………二六七

応永六年（一三九九）

二月十九日、美作国大原庄の年貢十分の一が相国寺要脚年貢として納められる。……………………………二六八

四月八日、播磨国三方西小野村一分地頭が相国寺塔婆材木要脚を納める。……………………………………二六八

四月十四日、大法華経法が北山第で修される。ついで法華懺法が修される。………………………………二六九

五月六日、朝廷が延暦寺・園城寺・東寺・東大寺・興福寺に相国寺大塔供養への出仕を命じ、各寺院では請僧の手配が進められる。……………………………二七〇

五月八日、足利義満室藤原慶子（勝鬘院）が死去する。

美濃国座倉半分が追善料として相国寺に寄進される。……二七七

五月十二日、大六字法が北山第で修され、十九日に結願する。…………………………………………………二七八

六月二十三日、足利義持が絶海中津から衣を受け、顕山道詮の法名を授かる。

六月二十三日、五壇法が北山第で修され、七月一日に結願する。………………………………………………二八一

六月二十七日、相国寺領能登国櫛比庄内にある総持寺免田畠等が総持寺住持に安堵される。……………二八三

六月二十七日、相国寺大塔供養の日時と担当の公家が定められる。…………………………………………二八三

七月十三日、高倉永藤・日野有光が来たる九月十五日の相国寺塔供養に供奉することを了承する。………二八四

七月二十日、法隆寺が相国寺大塔供養の費用捻出のため、播磨国鵤庄に段銭を賦課する。…………………二八四

八月三日、相国寺普請催促の使節に出した酒代が矢野庄学衆方年貢等散用状に記される。…………………二八五

八月二十八日、相国寺塔供養段銭が東寺領から納められる。……………………………………………………二八六

九月九日、陰陽頭より相国寺塔供養の日程について延期が申し入れられるが、足利義満がこれを拒む。………二八六

九月十一日、大宮実尚が死去したため、大宮家領等が空谷明応に寄進され、相国寺領となる。……………二八七

九月十一日、仁和寺御室永助入道親王が、相国寺大塔供養の無事遂行を祈るよう東寺に命じる。…………二八七

九月十四日、北山第から相国寺までの道が清掃され、

武士等が警固を行う。……………………………………二八八
九月十五日、相国寺大塔供養が行われる。……………………二八八
九月二十二日、日野時光三十三回忌の仏事が行われ、絶海中津が陞座を、観中中諦が拈香を務める。…………二九六
十月二十七日、絶海中津が足利義満の命で和泉国堺に行き、大内義弘に対し上洛するよう説得に努める。………二九六

応永七年（一四〇〇）

四月二十五日、勧進猿楽が北山で行われる。……………三〇〇
四月二十六日、室町幕府が相国寺領内にある美作国布施社の年貢を仁和寺無量寿院へ納入するよう命じる。……三〇〇
四月二十七日、足利義満が北山第で大法を修する。………三〇一
五月十五日、室町幕府が大光明寺に山城国伏見庄を領知させる。………………………………………………………三〇一
五月二十二日、空谷明応が摂津国兵庫下庄堺・黒松谷用水田畠を明け渡し、足利義満がこれを認める。………三〇二
五月、法住院築地内と法住寺前路が東寺の年貢散用状に年貢免除地として記される。…………………………三〇二
六月五日、足利義満が彦龍西堂に雲頂院末寺山城国下久世庄内大慈庵とその庵領を安堵する。………………三〇三
七月四日、足利義満が北山第や諸寺で関東静謐を祈り五壇法を始める。…………………………………………三〇四
八月、若狭国太良庄領家方年貢から、相国寺に分一銭が支払われる。……………………………………………三〇五
十一月二十八日、斯波義将が北山新邸に移住する。………三〇七
十二月二十五日、後小松天皇が禅僧の位と朝廷の官職との相当関係を定める。……………………………………三〇七

応永八年（一四〇一）

三月五日、室町幕府が相国寺を五山の第一とし、住持観中中諦が謝恩の上堂を行う。…………………………三〇八
四月三日、相国寺僧綽副司や周興西堂が讃岐国長尾庄の庄主を務める。…………………………………………三〇九
四月十三日、室町幕府が観中中諦に嵯峨永泰院の領掌と、門葉による永代相続を認める。………………………三一〇
四月十四日、相国寺法堂が落成する。…………………三一〇
七月二十八日、足利義満が相国寺塔頭の敷地を住持である観中中諦に安堵する。…………………………………三一〇
八月十一日、絶海中津が相国寺に三住し、鹿苑院主も兼ねる。……………………………………………………三一一
この年、足利義満が北野経王堂の万部経会に参詣する。その時の姿を描いた義満像が鹿苑寺金閣に安置されていた。…………………………………………………………三一一
この年、地蔵六体が南禅寺から相国寺に送られ、つい

で北山第の足利義満のもとに運ばれる。……三一二
この年、仲方中正が遣明使とともに明に渡航する。……三一二

応永九年（一四〇二）

三月十六日、夢窓疎石の門徒が円覚寺黄梅院華厳塔の造営について評定する。……三一二
夏、足利義満が相国寺大殿において祈雨祈禱を命じる。満散日に大岳周崇が神泉苑に赴き偈を唱える。……三一六
七月二十五日、足利義満が相国寺僧衆に雨乞祈禱を命じる。……三一七
八月十日ヵ、真浄院（日野資康）十三回忌の仏事が常徳院で行われ、空谷明応が陞座法語を作成する。……三一七
八月、仲方円伊が播磨国法雲寺の衆寮造営と浴室運営の勧進疏を作成する。……三一七
九月五日、足利義満が北山第で明の使僧天倫道彝・一庵一如を接見する。ついで明使は絶海中津のもとを訪れる。……三一九
十月十七日、吉田兼敦が吉田社領能登国富来院代官の在中中淹に公用残分の注進を求める。……三一四
十二月二日、足利義満が北山第で御八講を行う。……三一四
十二月二十四日、足利義満が北山第で大法を修し、結願を迎える。……三一七
この年、相国寺が炎上する。……三一八

応永十年（一四〇三）

正月十九日、吉田社供僧が北山第惣社で大般若経を転読する。……三一八
二月五日、北山第中門の立柱が行われる。……三一八
二月十八日、無説景演が尾張国下切須賀垂の田地を妙興寺天祥庵に売却する。……三一八
二月十九日、明の使僧天倫道彝・一庵一如が帰国するため北山第へ挨拶に赴く。絶海中津が明への国書を作成する。……三一九
二月二十一日、足利義満が北山第で受戒する。……三二〇
三月九日、吉田兼敦が吉田社領能登国富来院のことで在中中淹と争うが、この日和解する。……三二一
三月晦日、夢窓疎石の門徒が円覚寺黄梅院華厳塔の造営について評定する。……三二一
六月三日、落雷によって相国寺大塔と勝定院が炎上し、元興寺から移された鐘も焼失する。……三二一
六月、伊勢国法楽寺雑掌が寺領同国桑名神戸東西に対する雲頂院の押妨を訴える。……三二二
八月五日、法住院築地内が東寺領巷所の年貢散用状に年貢免除地として記される。……三二三

十月八日、足利義満が北山第で八字文殊法を修する。……三三三
十月二十九日、足利義満が北山第で高麗の客人を接見する。……三三四
十月、雲頂院末寺山城国下久世庄内大慈庵が寺領への使節入部と臨時課役を停止するよう地頭の東寺に求める。……三三四
閏十月十四日、足利義満が北山に大塔を再建するため、東寺・天龍寺等の僧衆を工事に動員する。……三三四
閏十月二十九日、相国寺の西隣にあった永円寺が、仁和寺摂取光院の敷地に移転する。永円寺跡は在中中淹に与えられる。……三三五
十一月二十九日、空谷明応が赤松則祐三十三回忌の仏事で陞座を務める。……三三六
十二月二日、足利義満が北山第で足利義詮遠忌の法華八講を行う。……三三六

応永十一年（一四〇四）

正月八日、杭州浄慈寺住持祖芳道聯が春屋妙葩の弟子昌繕の依頼により、春屋の頂相に賛を書く。……三三七
正月三十日、北山大塔の石引人夫が東寺領播磨国矢野庄から動員される。……三三七
二月十六日、北山大塔の石引が行われる。……三三八
三月二十五日、足利義満が東寺に北山大塔建築の人足を出すよう求める。……三三八
四月三日、足利義満が北山に大塔を建立する。……三三九
この頃、北山大塔供養が行われ、東寺僧が参仕する。……三四〇
四月二十一日、鹿苑院侍者である鄂隠慧奯が山中橋六を院領近江国柏木御厨内宇田前河原下司職に補任する。……三四〇
六月十四日、これ以前、室町幕府が鹿苑院に美濃国鵜飼庄地頭職を寄付したが、当知行地であったため、京極高光に還付する。……三四一
九月十一日、相国寺の所領が山城国下久世庄内にあり。……三四一
十二月二十五日、この頃、足利義満が北山第（後の鹿苑寺）を造営するため、北山にあった曼殊院を移転させる。……三四二

応永十二年（一四〇五）

春、空谷明応が足利義持に顕山の道号を与える。……三四二
四月五日、絶海中津が示寂する。……三四二
四月五日、これ以前、絶海中津が伏見蔵光庵主の後任について、休翁普貫がふさわしいことを蔵勝庵に伝える。……三四三

四月五日、これ以前、絶海中津が林光院の中興開祖となり、絶海の門流が同院住持を継承するが、後に諸派から住持が出る。……三四四
四月五日、これ以前、絶海中津が関東五山の職位について、室町幕府の命令を円覚寺に伝える。……三四四
四月五日、これ以前、相国寺の鐘が鋳られる。……三四五
四月五日、これ以前、絶海中津が天徳長老太初理淳尼の道号頌を作成する。……三四五
四月五日、これ以前、絶海中津が細川頼之肖像に賛を書く。……三四五
四月、北山大塔建立の人夫に関する支出が東寺領播磨国矢野庄供僧方年貢等散用状に記される。……三四六
五月一日、明使三百余人が入洛し、北山第に参上する。足利義満が一条大門で見物する。……三四七
五月二十二日、相国寺領能登国櫛比御厨内総持寺領段銭が免除される。……三四七
六月六日、北山大塔の真柱が引かれる。……三四七
六月十四日、天龍寺と相国寺が明使の接待をする。……三四七
七月十一日、足利義満室の日野業子が没し、空谷明応が定心院の追号を授ける。越中国五位庄が追善料として相国寺に寄進される。……三四八
八月二日、北山第南御所が放火される。……三四八
九月二十六日、山科教言が備中国呰部郷について常徳院主に申し入れる。……三四八
九月二十七日、播磨国矢野庄田所家久子息の相国寺僧梵謌が庄内福勝寺住持職を望むが退けられ、充勝監寺の住持職が安堵される。……三四九
十月十四日、室町幕府が東寺等諸権門領に北山大塔の用木を引く人夫を賦課する。……三五〇
十月二十八日、北山大塔用木引の夫役が東寺領山城国上野・久世・植松庄等に課せられたため、東寺側は免除の訴訟を起こす。……三五〇
十一月三日、空谷明応が北山第南御所で円覚経を講ず。……三五一
十一月十四日、室町幕府が山城国伏見庄の四至を確定し、大光明寺に管領させる。……三五一
十一月二十一日、相国寺昌盛都聞が美作国富美庄の杣から北山大塔の材木を搬出する。……三五二
この年、夢窓疎石の碑銘が明よりもたらされ、その後、大巧如拙に命じて碑の建立が準備されるが、取り止めになる。……三五二
年月日未詳、絶海中津が大巧如拙と命名する。……三五三
年月日未詳、大巧如拙が相国寺に居住する。……三五三
年月日未詳、大巧如拙が吉山明兆に師事する。……三五三

応永十三年（一四〇六）

正月二十五日、無求周伸が北山第で足利義満から寿星像を贈られる。……三五三

二月十七日、山科教言が備中国呰部郷の庄主の補任について空谷明応に相談する。……三五四

三月八日、北山第の北御所寝殿の立柱が行われる。……三五五

四月三日、観中中諦が示寂する。……三五六

四月三日、これ以前、観中中諦が摂津国勝尾寺に同国守護細川頼元の制札を送り届ける。……三五六

四月三日、これ以前、観中中諦が大用庵の件は国内の動乱が鎮まってから沙汰することを土佐国吸江庵に伝える。……三五七

五月十五日、日野量子（円照院）が死去する。円照院は空谷明応に帰依していたため、美濃国座倉半分を追善料として相国寺に寄進する。……三五七

五月二十日、足利義満が乾徳院を相国寺の塔頭に列する。……三五七

五月、北山大塔建立の人夫に関する支出が東寺領播磨国矢野庄学衆方と供僧方の年貢等散用状に記される。……三五八

六月十一日、明使が入洛し、北山第に向かい、足利義満が室町殿一条総門で見物する。……三五八

七月二日、足利義満が寿塔の建立を望み、その実地検分に空谷明応が立ち会う。……三五九

七月五日、周防国にある相国寺領・鹿苑院領への東寺修理料段銭が免除される。……三五九

七月十一日、定心院（足利義満室日野業子）一周忌の仏事が等持院で行われ、万宗中淵が拈香を務める。……三六〇

七月二十四日、正脈院主堅中圭密が東寺最勝光院領遠江国原田庄細谷郷の代官職に任命される。……三六〇

八月三日、正脈院主堅中圭密が東寺最勝光院領遠江国原田庄細谷郷代官職を請負う。……三六一

年未詳三月三十日、正脈院永哲が遠江国原田庄細谷郷の年貢上進につき東寺に返書する。……三六一

年未詳十二月十六日、正脈院主堅中圭密が東寺に当年分の年貢の内訳を説明する。……三六二

八月二十四日、北山殿拱北楼が大風により倒壊する。……三六三

八月、鄂隠慧奯・西胤俊承等が土佐国吸江庵の規式を評定で定める。……三六三

十一月二十八日、日野重光が常徳院領但馬国小佐の守護押領を足利義満に訴える。……三六三

十二月一日、神楽が北山惣社で行われ、足利義満の命で綾小路信俊が笛を奏す。……三六四

十二月二日、北山第で作事があるため、北山八講が青

蓮院で修される。……三六五

応永十四年（一四〇七）

正月十六日、空谷明応が示寂し、足利義満がその死を悼む。……三六五
正月十六日、これ以前、空谷明応が大聖寺三尊像の点眼法語を作成する。……三六六
正月十六日、これ以前、空谷明応が相国寺都聞への書状を書いたことを伝える。……三六六
正月十六日、これ以前、空谷明応が来月六日御仏事についての相国寺都聞の状を進上する。……三六七
正月十六日、これ以前、空谷明応が遠江国初倉庄の段銭が徴収できず、諸庄主を上洛させる旨を南禅寺に伝える。……三六七
年月日未詳、鹿苑寺護摩堂不動尊の化身が空谷明応から剃髪を受けたとする伝承あり。……三六七
二月九日、常徳院領但馬国小佐郷の庄主常円が石原平四郎名を石原弥五郎に宛てがう。……三六八
三月五日、大聖寺開基の玉巌悟心尼（西園寺実衡孫）が示寂する。……三六九
三月、北山大塔建立の人夫に関する支出が東寺領播磨国矢野庄供僧方年貢等散用状に記される。……三七〇
三月、大光明寺が長講堂領摂津国葺屋庄の領家職を保持する。……三七一
四月二十六日、空谷明応の百ヶ日仏事が常徳院で行われる。……三七一
六月十五日、北山第の北御所寝殿新造につき、安鎮法が修される。……三七二
六月二十一日、相国寺山門閣に安置された十六羅漢像の前で初めて懺法が行われ、足利義満が臨席する。……三七二
六月二十四日、雨乞の祈禱が相国寺で行われる。……三七三
八月五日、足利義満が北山第で明使を接見する。……三七三
九月二十二日、東寺領山城国拝師庄の下地二段が相国寺に沽却される。……三七四
十月二十日、足利義満が明人とともに常在光院で紅葉を見る。……三七四

応永十五年（一四〇八）

二月十二日、足利義満が北山大塔本尊を造立するため、東寺塔婆本尊の模写と同八大菩薩の名前を注進するよう仏師に命じる。……三七四
三月八日、後小松天皇が北山第に行幸する。……三七五
五月六日、足利義満が北山第で死去する。……三七九
五月十日、足利義満の葬儀が等持院で行われ、五山僧

等が勤仕する。……三七九
六月七日、足利義持が北山第に居住することを決める。……三八二
六月下旬、足利義持が足利義満肖像に賛を書く。……三八二
八月六日、若狭国太良庄の公文・代官が隠田をしていることを半済方代官である相国寺大徳院僧が守護方に訴える。……三八二
八月十七日、足利義満百ヶ日の仏事が常徳院で行われる。……三八三
十一月二日、足利義持が北山第で修法を行い、九日に結願する。……三八四
十一月六日、北山院（足利義満室日野康子）が相国寺で大施餓鬼を行う。……三八五
十一月十日、地震が発生したため、北山第で祈禱が修される。……三八五
十一月二十六日、足利義持が法住院に院領九条院田等を安堵する。……三八五
十二月二日、足利義持が足利義詮遠忌のため、北山第で法華八講を行う。……三八六
十二月二十日、足利義持が北山第北御所で泰山府君祭を行う。……三八六

応永十六年（一四〇九）

正月十六日、相国寺門前が焼亡する。……三八七
二月十日、足利義持が三条坊門邸を建てるため、北山第の建物を壊して材木を使用する。……三八七
二月二十七日、無求周伸が足利義満像の安座点眼法語を作成する。……三八七
三月六日、鹿苑院主大岳周崇が等持院に安置する足利義満像の安座点眼法語を作成する。……三八八
三月十六日、足利義持が病気のため、北山第で大般若法・五壇護摩が修される。……三八八
閏三月二十日、足利義持が病気のため、北山第で五壇法が修される。……三八九
五月六日、山科教言が鹿苑院の足利義満木像を見る。……三八九
六月十八日、厳中周噩が朝鮮に遣わす国書を作成する。……三八九
七月五日、足利義持が北山第で明使を接見する。……三九〇
九月十四日、後小松天皇が絶海中津に仏智広照国師号を贈る。……三九〇
十月二十六日、足利義持が北山第から三条坊門邸に移居する。……三九一

応永十七年（一四一〇）

正月六日、万宗中淵の経歴がまとめられる。……三九一
二月二十四日、相国寺昌盛都聞が青蓮院門跡領備前国三野新庄の代官となる。……三九二
四月十五日、相国寺鎮守八幡宮が造営され、石清水八幡宮から御神体が勧請される。……三九二
五月三日、足利義満三回忌のため、北山第で十種供養や禅僧の陞座が行われる。……三九二
六月十五日、足利義持が足利義満像を作成させ、崇寿院主大周周奝がその像を勝定院に安置し、安座点眼法語を述べる。……三九四
九月、法住院雑掌と東寺雑掌が唐橋猪熊の地をめぐり争う。……三九五
十月五日、足利義持が丹波国弓削庄年貢のうち百貫文を大光明寺に安堵する。……三九五
十月、在中中淹自賛の頂相が作成される。……三九五

応永十八年（一四一一）

三月、足利義持が大智院を鹿王院末寺として安堵する。……三九六
十二月五日、足利義持が大岳周崇のために恵林院を創建する。……三九七
十二月二十四日、東寺領若狭国太良庄の百姓が守護段銭・相国寺段銭の負担が多すぎることを嘆く。……三九七
この年、建仁寺詩僧江西龍派等が詩会において夢窓疎石の諱を犯したため、足利義持が江西等を流罪に処する。……三九八

応永十九年（一四一二）

二月十三日、正脈院永哲が東寺領遠江国村櫛庄の件で、同院主堅中圭密に書状を送る。……三九八
四月二十二日、田楽が常在光院で行われ、足利義持が見物する。……三九八
五月六日、足利義満の年忌にあたり、御八講が開かれ、相国寺でも仏事が行われる。……三九九

応永二十年（一四一三）

六月八日、東寺最勝光院方が、正脈院主堅中圭密の遠江国原田庄細谷郷代官職を解任し、織田浄祐を任命する。……三九九
六月三十日、雨乞の祈禱が相国寺で行われる。……四〇〇
七月四日、足利義持が、備後国福田庄地頭職・同国則光庄西方地頭職等を乾徳院に安堵する。……四〇〇

七月十三日、足利義満母紀良子（洪恩院）が死去し、その追善料として若狭国倉見庄が相国寺に寄進される。……四〇〇
七月十九日、足利義満母紀良子（洪恩院）の葬儀が等持院で行われ、相国寺僧が勤仕する。……四〇一
八月十九日、真如寺に住持が入寺し、足利義持がこれに臨む。……四〇二
九月十八日、東寺が寺領若狭国太良庄領家・地頭方の所務を乾嘉副寺に任せる。……四〇二
十一月二十六日、足利義持が摂津・因幡国等にある大徳院領を安堵する。……四〇三
十二月六日、乾徳院領福田庄庄主梵済が公用銭を送る。……四〇三
十二月十二日、室町幕府管領細川満元が足利義持の大徳院領安堵を施行する。……四〇四
十二月二十五日、室町幕府管領細川満元が足利義持の乾徳院領安堵を施行する。……四〇四
十二月、若狭国太良庄代官の乾嘉副寺が年貢散用状を作成する。……四〇五
この年、相国寺が伯耆国久永御厨内由良郷を知行する。……四〇六

応永二十一年（一四一四）

正月十八日、天章周文は大巧如拙に師事し、如拙から『君台観左右帳記』を授けられる。……四〇七
三月十二日、悪星が出現したため、相国寺等諸五山で祈禱が行われる。……四〇七
四月二十三日、右馬寮名主職が大幢院に寄進される。……四〇八
四月二十六日、北山院（足利義満室日野康子）が足利義満七回忌の仏事を常徳院で行う。……四〇八
四月二十八日、足利義満の七回忌追善仏事が勝定院で行われる。そのため、足利義持がこの日から鹿苑院に滞在する。……四〇八
五月十六日、鹿苑院で五部大乗経が開板される。……四〇八
五月十八日、仲方中正が足利義持に近江国高島の文書を披露し、その文書を地蔵院に返却する。……四〇九
六月五日、止雨の祈禱が相国寺で一切経を転読して行われる。……四〇九
六月七日、これ以前、鹿苑院主大岳周崇が『禅林僧宝伝』を講義する。……四〇九
八月四日、相国寺立西堂が若狭国安養寺仏殿・山門の上棟に立ち会う。……四一〇
十二月、若狭国太良庄代官の乾嘉副寺が守護方入目注

文を作成する。……四一〇

応永二十二年（一四一五）

三月一日、足利義満の息女で鄂隠慧奯の弟子である覚窓性仙が示寂する。……四一一
三月十六日、常徳院が炎上する。……四一一
六月十三日、日吉社神輿が嗷訴のため下山し、守護大名等が内裏・相国寺等の警固にあたる。……四一一
六月二十三日、相国寺山門上で変女が徘徊したため、同寺で祈禱が行われる。……四一三
七月十九日、雨乞祈禱が相国寺と天龍寺で行われる。……四一三
十月二十日、真如寺正脈院主が高峰顕日百回忌の仏事を行う。……四一三
十一月二十一日、乾嘉等が若狭国太良庄から伊勢に赴く人夫の食糧米の注文を進上する。……四一四

応永二十三年（一四一六）

正月九日、北山大塔が落雷により焼失し、足利義持は大塔を相国寺に移して再建するよう命じる。……四一五
三月十一日、猿楽が大光明寺で行われ、鹿苑院主鄂隠慧奯等が見物する。……四一六
五月九日、大光明寺得都主が父三十三回忌仏事を営み、伏見宮栄仁親王が聴聞する。……四一六
五月二十七日、相国寺大塔建立の人夫に関わる支出が東寺領播磨国矢野庄供僧方と学衆方の年貢等散用状に記される。……四一六
六月一日、足利義持が畠山満家に相国寺内の兵具を検知させ、兵具を所持していた僧を召し取り侍所に預ける。また、行者・下部百余人も召し取る。……四一七
七月十五日、施餓鬼が大光明寺で行われ、伏見宮栄仁親王等が聴聞する。……四一八
九月四日、東大寺大仏修造用の金箔が相国寺で作られる。……四一八
九月八日、相国寺僧が今出川公直室四十九日の仏事として、観音懺法を行う。……四一八
十月七日、足利義持が大光明寺を訪れ、徳祥正麟等が応対する。……四一九
十月十三日、前関東管領上杉氏憲の謀叛の報をうけ、室町幕府が相国寺僧浦雲周南を使者として関東に下向させる。……四一九
十月二十日、足利義持が弟の義嗣を捕らえ林光院に幽閉する。……四二〇
十一月十三日、伏見宮栄仁親王が大光明寺住持徳祥正麟の求めに応じ、寺領保全のための置文を書く。……四二〇

十一月二十日、伏見宮栄仁親王が死去し、足利義持が栄仁親王の葬儀を大光明寺で行うよう命じる。……四二一
十一月二十日、伏見宮栄仁親王が死去し、遺書により、大光明寺に所領が寄進され、塔頭大通院が建立される。……四二二
十一月二十一日、播磨国衙別納内石見郷が大光明寺に寄進され、伏見宮栄仁親王の菩提料所とされる。……四二二
十一月二十三日、伏見宮栄仁親王の遺体が大光明寺に移される。……四二三
十一月二十四日、伏見宮栄仁親王の葬儀が大光明寺で行われる。……四二三
十一月、足利義持の子孫が伏見を管領する際に大光明寺領を押妨しないよう、義持が置文を同寺に与える。……四二四
十二月十三日、称光天皇が絶海中津の御影の前で受衣し、絶海に浄印翼聖国師号を賜う。……四二五
十二月十三日、赤松満弘が播磨国江河郷本位田内公文職を大徳院に売却する。……四二六

応永二十四年（一四一七）

二月九日、足利義持が柏堂梵意を使節として鎌倉府に遣わす。……四二六
二月十一日、上杉禅秀の乱で自害した人々を弔うため、相国寺で大施餓鬼・千僧供が行われる。……四二七
二月十四日、伏見宮治仁王の荼毘に際し、大光明寺住持徳祥正麟が導師を辞退し、蔵光庵主が引き受ける。これ以前、絶海中津が治仁王の道号を書き与える。……四二七
二月十七日、伏見宮貞成王が遺跡相続を円滑にするため、鹿苑院主鄂隠慧奯に受衣を希望する。……四二八
二月十八日、足利義持が室町邸観音殿で観音懺法を行い、諸五山僧が参仕する。……四三〇
三月十三日、伏見宮治仁王の位牌に記す称号が定まり、遺骨が大光明寺に納められる。……四三〇
四月五日、伏見宮貞成王が大光明寺に関する栄仁親王の置文案に加筆する。……四三〇
四月八日、相国寺住持慶仲周賀が勝定院掛額の法語を作成する。……四三一
五月四日、大周周奝が『碧巌録』を講義し、醍醐寺三宝院満済が聴聞する。……四三二
閏五月八日、大光明寺住持徳祥正麟が『景徳伝灯録』を講義する。……四三二
七月十六日、平賀時宗が安芸国高屋保を鄂隠慧奯と慶仲周賀に寄進する。……四三二
八月二十四日、足利義持が南都に逗留し、相国寺・鹿苑院・勝定院・崇寿院等の院主が同行する。……四三三

十月八日、鹿苑院主鄂隠慧奯が伏見宮貞成王に法号を書き与える。……四三三

応永二十五年（一四一八）

正月二十四日、足利義嗣が林光院に幽閉され殺害される。……四三三
二月十三日、足利義嗣供養の仏事として、大施餓鬼・千僧供が相国寺で行われる。……四三四
三月三日、北小路今出川の酒屋より出火し、相国寺法界門等が類焼する。……四三四
四月三日、足利義持が観中中諦十三回忌の仏事を乾徳院で行う。……四三五
四月二十一日、雨乞の祈禱が相国寺・天龍寺で行われる。……四三五
五月十六日、足利満詮の葬儀が等持院で行われ、大岳周崇が下火を務める。……四三五
六月十二日、鹿苑院主鄂隠慧奯が足利義持の勘気に触れ、土佐国吸江庵へ逃れる。……四三七
七月四日、明の使者が兵庫に到着し、足利義持が古幢周勝に命じて応対させる。……四三七
七月十二日、足利義持が称光天皇病気平癒の祈禱を五山寺院に命じる。……四三八
七月、相国寺法界門の立柱が行われる。……四三八
九月九日、相国寺大塔の心柱が鳥羽から北山へ引かれ、それを足利義持が見物する。……四三九
九月二十九日、三田朝貞が夢窓疎石を勧請開山として建立した武蔵国宝林庵に田地を寄進する。……四三九
十一月十九日、伏見宮栄仁親王の三回忌仏事が大光明寺で行われる。……四四〇
十一月二十五日、相国寺領丹波国大谷村の総田数目録が作成される。……四四〇
十二月十九日、相国寺鎮守八幡宮が炎上し、相国寺住持無説景演が逐電するが召し返される。……四四九
この頃、臨川寺三会院主大岳周崇が『夢窓疎石年譜』を講義する。……四五〇

応永二十六年（一四一九）

二月十九日、足利義持が義満の御判御教書に任せ雲頂院領昆陽寺庄西方笠地地頭職等の諸役を免除する。……四五〇
三月晦日、若狭国太良庄代官の乾嘉等が、応永二十三年からの三年間に百姓が負担した金銭を書き上げ、負担の軽減を東寺に求める。……四五〇
五月四日、相国寺住持無説景演が、再造した足利義満像の安座点眼法語を作成する。……四五二

七月十一日、洪恩院（足利義満母紀良子）の仏事が相国寺で行われる。……四五二
七月二十日、足利義持が明の使者に外交の意志がないことを伝え、帰国を促すよう元容周頌に命じる。……四五二
七月二十三日、鹿苑院僧が明の国書の写しを作成し足利義持に進める。……四五四
八月十六日、相国寺塔頭永寿院が焼失する。……四五四
八月十八日、相国寺鎮守八幡宮の立柱が行われる。……四五四
八月二十九日、仁和寺野僧が施主となり、中峰明本百回忌の仏事が相国寺で行われる。……四五四
十月九日、足利義持が相国寺の規則を作成し、住持・諸東堂・評定衆にこれを遵守するよう命じる。……四五五
十月二十日、足利義持が相国寺僧の飲酒を禁止し、諷経を怠った僧を寺中から追放する。……四五六
十二月十二日、北山殿北御所・南御所の建物が取り壊され、その材木が南禅寺・建仁寺等に寄進される。……四五六

応永二十七年（一四二〇）

二月十六日、鹿苑院主厳中周噩が仏護殿掛額の法語を作成する。……四五六
四月十六日、大施餓鬼が相国寺で行われる。……四五七
四月二十三日、足利義持が相国寺で潔斎に入ったため、等持寺住持元璞慧珙と林光院主元容周頌が朝鮮使節宋希璟の意向を聞き取り、義持に取り次ぐ。……四五七
五月六日、五山十刹の住持・西堂が相国寺に集まり仏事を行う。……四五八
七月十五日、相国寺施餓鬼で喝食が飛礫を打ち合い、足利義持が喝食全員を相国寺から追い出すよう命じる。……四五九
八月六日、春屋妙葩三十三回忌の仏事が相国寺で行われ、足利義持が参会する。……四五九
八月十四日、中峰明本百回忌の仏事が鹿苑院で行われ、相国寺住持古幢周勝が拈香法語を作成する。……四五九
この年、足利義持が北山第寝殿を南禅寺南禅院に移建する。……四六〇

応永二十八年（一四二一）

五月二十八日、相国寺が疫神の進入を防いだ夢を後小松上皇が見、それを聞いた足利義持が相国寺僧に勤行を命じる。……四六一
六月十五日、疫病死者の追善供養として、大施餓鬼が大光明寺で行われる。五山以下の諸寺でも施餓鬼が行われる。……四六一
八月二十七日、大光明寺塔頭大通院の建立が進まず、

足利義持がこれを急がせる。……四六一
この年、東寺が相国寺東班衆乾嘉などに仏事費用を借用する。……四六二

応永二十九年（一四二二）

正月三十日、大通院の立柱が行われ、伏見宮貞成王等が大光明寺で見物する。ついで五月二十四日に大通院が落成する。……四六四
二月十一日、明日の足利義持の正誕生日祈禱として、在中中淹が相国寺で一切経の転経を行う。……四六六
三月二十一日、足利義持が北山鹿苑寺に渡御し、一切経会に臨席する。……四六六
四月十五日、相国寺住持元容周頌が、三河国雲林寺住持比丘尼瑞林施入の三十三観音図に識語を記す。……四六六
五月、厳中周噩が大蔵経を求めるため朝鮮に遣わす国書を作成する。……四六七
八月十日、足利義持が日野資康三十三回忌の仏事として、常徳院で転経供養を行う。……四六七
九月七日、飢饉による死者供養のための施餓鬼が五条河原で準備されるが、風雨により中止となり、五山の寺々で営まれる。……四六八
十一月十六日、足利義持が朝鮮国に大蔵経を求め、その折にかつて太宗が春屋妙葩の頂相を描かせ、春屋の弟子周棠に贈ったことを示す。……四六八

応永三十年（一四二三）

三月八日、鹿苑寺住持在中中淹が円覚寺黄梅院に奉加銭を納める。……四六九
五月九日、相国寺大塔の足場が大風により崩れ、死者が出る。……四七〇
六月、これ以前、相国寺が天龍寺領阿波国那賀山庄を借知行する。……四七〇
七月五日、大光明寺の画僧頓書記が屏風等を描く。……四七一
七月、厳中周噩が朝鮮に遣わす国書を作成する。……四七一
九月十四日、これ以前、大岳周崇が足利義満肖像に賛を書く。……四七二
十月六日、常徳院が近江国今西庄代官職の差配をしようとしたが、足利義持が熊谷氏を代官にするよう命じる。……四七二
十二月三十日、山名氏清三十三回忌の仏事が相国寺無畏堂で行われ、厳中周噩が陞座法語を作成する。……四七三

応永三十一年（一四二四）

三月、厳中周噩が足利義満肖像に賛を書く。……四七四

四月二十八日、この頃、足利義持が禅宗を我が宗と称す。また義持は相国寺懺法を聴聞し、長老が経文の一部を抜かしたことを指摘する。……四七五

六月九日、足利義持の差配により、初めて後小松上皇の御所で観音懺法が行われ、相国寺住持誠中中欸が導師を務める。……四七五

七月六日、大徳院が円覚寺正続院に造営勧進銭として五百余貫文を納める。……四七六

七月十八日、梵瑩都聞以下の相国寺僧が醍醐寺灌頂院の造営の奉行をする。……四七七

九月十日、相国寺住持誠中中欸以下十人の僧が後小松上皇の御所で観音懺法を行い、足利義持が布施等の費用を負担する。……四七七

九月二十一日、鹿苑院主厳中周噩が足利義持に『碧巌録』を講義する。……四七九

九月、鹿苑院領近江国柏木郷に居住する山中為久等が山賊を召し捕るよう命じられる。……四七九

十月七日、後小松上皇が来十月二十八日の相国寺御幸に供奉するよう花山院持忠に命じる。……四七九

十月二十日、相国寺で高峰顕日忌の諷経が行われ、足利義持が聴聞する。ついで広橋兼宣が鹿苑寺に行き、不動明王等を見る。……四八〇

十月二十九日、後小松上皇が相国寺に御幸し、仏殿・法堂で仏事を聴聞する。ついで鹿苑院、崇寿院等の塔頭に渡御する。……四八〇

十一月六日、鹿苑院の僧が盗人に殺害される。……四八三

応永三十二年（一四二五）

正月、厳中周噩が綿谷周瓞の道号頌を書く。……四八四

二月十八日、これ以前、鄂隠慧奯が阿波国宝冠寺に居住する。……四八四

二月十八日、これ以前、鄂隠慧奯が地蔵院末寺東林院領丹波国大芋庄内吉久名のことで後小松上皇に陳情する。……四八四

二月二十七日、足利義量が死去し、法名を長得院殿鞏山道基とする。……四八五

二月二十九日、足利義量の葬儀が等持寺で行われる。……四八六

三月十六日、裏松義資が同重光十三回忌の仏事を常徳院で行い、足利義持が臨席する。……四八六

三月二十六日、足利義持が後円融天皇三十三回忌の仏事を鹿苑院で行う。……四八七

四月八日、正親町三条実雅が、称光天皇の勘気をうけたため丹波国大谷村政所に滞在し、庄主である相国寺景勲都聞が扶持する。……四八七

四月十一日、後小松上皇が仙洞御所で後円融天皇追善の観音懺法を行い、相国寺住持誠中中欵が導師を務める。……四八八

五月二十五日、鹿苑院領近江国柏木庄庄主乾嘉等が下司職山中氏の自作地年貢の免除を認める。……四八九

六月三日、竹渓周鳳が示寂する。ついで広橋兼宣が竹渓の弔問のため相国寺方丈に参る。……四九〇

六月九日ヵ、足利義量百ヶ日忌の仏事が長得院で行われ、惟肖得巌が法語を作成する。……四九〇

閏六月二十日、柏堂梵意が円覚寺黄梅院に月忌料足を毎月三貫文ずつ納める。……四九二

閏六月二十八日、中山定親が相国寺大塔の中を遊覧する。……四九二

七月五日、伏見宮貞成親王が大光明寺において鄂隠慧奯頂相の前で得度する。……四九二

七月二十七日、称光天皇が病気のため、足利義持が相国寺に参籠する。……四九五

八月十四日、乾徳院からの出火で相国寺が炎上し、方丈・法堂・仏殿・山門や鹿苑院等の塔頭が焼亡する。……四九五

八月十四日、相国寺法堂が焼失したため、同年冬の秉払は輪蔵で行われる。……四九八

十月一日、鄂隠慧奯が足利義量の師であったため、仏恵正続国師号が追号される。……四九八

十月七日、相国寺再建の事始が行われ、武家が馬を献ずる。……四九八

十月十四日、大徳院の仏殿等が盗人の放火により炎上する。……四九九

十月、相国寺が輪蔵柱を南禅寺から借用する。……五〇〇

十一月三日、相国寺仏殿等の立柱が行われ、足利義持が臨席する。同日、勝定院御坊が開かれる。……五〇〇

十一月九日、大地震が起こったため、朝廷・室町幕府が五山に祈禱を命じる。……五〇一

十一月十六日、相国寺奉加帳が作成され、日野資教・日野有光・広橋兼宣などの公家が名を連ねる。……五〇一

応永三十三年（一四二六）

七月十八日、御霊社御輿迎が行われ、御輿が相国寺に入る。……五〇二

十一月二十日、乾賀副寺が備中国新見庄代官職を所望し、最勝光院方の衆議で認められるが、細川持元の意見でこれが止められる。……五〇二

十一月二十二日、相国寺の方丈が開かれる。……五〇三

十一月二十五日、相国寺の大鐘が鋳造される。……五〇四

応永三十四年（一四二七）

六月二日、足利義持が相国寺領甲斐国八幡庄を同寺雑掌に交付するよう命じる。……五〇四
七月二十六日、相国寺山門と鹿苑院仏殿の立柱が行われ、足利義持が臨席する。……五〇四
十二月十八日、足利義持が赤松満祐の赦免を山名時熙に伝えるため、勝定院主の持西堂を使者とする。……五〇四

応永三十五年・正長元年（一四二八）

正月十八日、足利義持が死去し、沐浴等が禅僧の手で行われる。位牌が勝定院に安置され、加賀国有松が追善料として寄進される。……五〇五
正月十九日、足利義持後室日野栄子（裏松資康女）が常徳院主海門承朝を戒師として落髪する。……五〇六
正月二十三日、足利義持の葬儀が等持院で行われる。……五〇六
正月二十三日、裏辻実秀が鹿苑寺で出家する。……五〇八
二月十九日、足利義持の中陰仏事が結願し、遺骨が勝定院に運ばれる。……五〇九
閏三月二十七日、若狭国太良庄中誉が鹿苑院修造司（乾嘉ヵ）に年貢の損亡分について報告をする。……五〇九
五月十四日、諸五山禅院の庄主が非分の利益を得ることを室町幕府が禁止する。……五一〇
五月十九日、足利義宣（後の義教）の将軍就任後は諸五山禅院への祈禱命令が出されず。……五一一
六月二十五日、足利義宣が勝定院にある絶海中津の塔前で衣鉢を受け、道興と号す。……五一一
七月十三日、室町幕府が醍醐寺三宝院領尾張国鳴海庄に対する相国寺大徳院庄主の押領を停止するよう命じる。……五一一
十月二日、室町幕府が足利持氏反乱の報を受け、徳仲等懋を関東に派遣する。……五一二
十月七日、在中中淹が示寂する。……五一二
十月二十二日、今川範政が足利持氏反乱のため駿河国に下向する。範政が相国寺領を含む在所の預所を希望し、室町幕府が許可する。……五一三
十月二十三日、相国寺僧が庄主として近江国三村庄に下向し、代官から三百十二貫文を受け取る。……五一三
十月、近江国宏済寺雑掌が、同寺は空谷明応に譲渡されてから現在まで常徳院末寺であることを主張する。……五一四
十一月三日、近江国三村庄の給人等が同国守護六角満綱より相国寺への借銭について東寺の代官に嘆き訴える。……五一四
十二月十五日、東寺が若狭国太良庄公文職・勧心名四

分一・内御堂供僧職を山伏の下野房朝賢に安堵したため、太良庄の百姓・代官乾嘉が抗議する。……五一五
十二月十八日、来年正月の足利義持一周忌が引き上げられ、相国寺で仏事が行われる。……五一七
十二月、仲晦周光が足利義持と厳中周噩の画像を作成させ、惟肖得巌が賛を書く。……五一七

正長二年・永享元年（一四二九）

二月四日、鹿苑寺の庭石を足利義宣が召し寄せようとし、その可否について議論する。……五一八
二月二十二日、若狭国太良庄百姓等が同庄代官乾嘉の改替を求める。……五一八
六月十五日、斎藤御園五郎が林光院領加賀国横北庄の年貢を納めないため、林光院が室町幕府に訴える。……五二〇
六月二十一日、足利義教が仲方中正をもって厳中周噩に対する禅師号宣下を後小松上皇に奏す。……五二一
九月二十五日、これ以前、惟忠通恕が観中中諦の頂相に賛を書く。……五二三
この年、足利義教が絶海中津の塔を拝し、受衣する。……五二三

永享二年（一四三〇）

六月九日、室町幕府管領等が相国寺再建について諮問を受け、諸大名に造営を申し付けるが、明年に延期するよう答申する。……五二三
八月十八日、相国寺周辺の建物が大風により損壊する。……五二三
十月五日、室町幕府が嵯峨正禅院を勝定院末寺とする。……五二三
十二月三十日、檜皮師孫次郎と孫九郎が相国寺大工職をめぐって争い、室町幕府が裁定する。……五二四
冬、足利義教が相国寺僧を二百余人減員するよう同寺住持春林周藤に求め、九十余人が退出する。……五二四

永享三年（一四三一）

二月三日、相国寺仏殿の組物を上げる日時を勘解由小路在方が注進する。……五二五
三月八日、大智院正融副寺が尾張国六師庄の直代官となり、僧と下部を在地に下向させる。……五二五
四月十四日、足利義教が夢窓疎石の弟子として臨川寺三会院で受衣する。……五二六
四月二十八日、足利義教が母藤原慶子の追善のために等持寺八講堂で結縁灌頂を営む。その先例として相国寺の例が挙げられる。……五二七
五月十四日、鹿苑院僧が勝定院の沙弥を殴ったため、

相国寺の沙弥・喝食が蜂起する。この事件に対して室町幕府が僧四十余人を捕える。……五二七
六月六日、相国寺が寺領山城国寺田郷代官畠山氏の年貢無沙汰を訴える。……五二八
六月九日、室町幕府が大内盛見と大友持直の和睦を図り、大智院の無為周賾と雲頂院の雲谷頂騰を九州に下向させる。……五二八
六月二十四日、室町幕府が但馬国高田庄の年貢納入より美作国豊田庄の年貢勘定を優先させるよう真如寺に指示する。……五三〇
七月十二日、室町幕府が林光院雑掌に院領尾張国犬山郷に逃散した幕府料所の百姓を許さないよう命じる。……五三一
七月二十七日、足利義持室日野栄子が死去する。栄子は空谷明応に帰依していたため、加賀国岡跡が追善料として相国寺に寄進される。……五三二
八月二十二日、足利義教が無学祖元の法衣・自賛頂相を建聖院に安置するよう命じ、それを仲方中正が同院と景愛寺に伝える。……五三二
十一月三日、相国寺仏殿の上棟と法界門の立柱が行われる。……五三三
十一月八日、室町幕府が崇寿院領和泉国堺南庄を七百三十貫文の契約で地下請とすることを決定する。……五三三
十一月十三日、相国寺で上棟の式が行われる。……五三三
十一月十四日、真如寺正脈院領近江国岩根・朝国内中下八田村と延暦寺領山上保が境をめぐり争論となり、室町幕府は正脈院を勝訴とする。……五三三
十一月二十八日、足利義教が相国寺僧・喝食蜂起の張本人を流罪に処し、他の赦免を検討する。……五三四
十二月三日、足利義教が諸五山寺領に段銭を賦課しようとするが、山名時熙の反対によって撤回される。……五三五

永享四年（一四三二）

三月十四日、伏見宮貞成親王が大光明寺で猿楽を張行する。……五三五
三月二十五日、伏見宮貞成親王の誕生日祈禱がこの日初めて大光明寺で行われる。……五三六
四月十七日、室町幕府が嵯峨永泰院を観中中諦の門葉相続とすることを決める。……五三六
五月二日、足利義教が法華八講のため大赦を出し、去年寺を追放された相国寺の僧・喝食が戻る。……五三六
五月五日、足利義満二十五回忌にあたり、等持寺八講が開かれ、転経供養が鹿苑院で行われる。……五三七
五月十五日、足利家代々相伝の剣が紛失したため、室町殿で相国寺僧等が大般若経の真読や観音懺法などの

祈禱を行う。……五三八

五月二十日、北野社僧が鹿苑寺において刃傷事件を起こし、騒動となる。……五三八

六月三日、大内持世の弟である相国寺僧盛蔵主が還俗し、教祐と名乗る。……五三九

六月二十四日、伏見宮貞成親王が光明天皇年忌につき大光明寺で焼香する。……五三九

七月七日、伏見宮貞成親王が光厳天皇年忌につき大光明寺で焼香する。……五四〇

八月十二日、相国寺領山城国寺田庄と小笠原持長知行分の山城国富野郷が境をめぐり争う。……五四〇

八月十六日、足利義教が兵庫に下向し、相国寺等の唐船を見物する。……五四〇

十月五日、相国寺景勲都聞が丹波国大谷村公文職の辞任を認めないことを庄主に伝える。……五四一

十月五日、相国寺景勲都聞が丹波国大谷歓楽寺の再建を庄主に命じる。……五四一

十一月三日、この日から毎月大通院で庭田幸子（後花園天皇母）の誕生日祈禱が行われる。……五四一

十二月十八日、侍所一色義貫が追捕のため勝定院に乱入し騒動になる。……五四一

この年、遣明船の二号船が相国寺に充てられる。……五四二

この年、丹波国桐野・河内の年貢のうち十一貫文が大光明寺に納入される。……五四二

永享五年（一四三三）

正月十一日、長得院領安芸国高屋保の重書目録が作成される。……五四三

五月二十日、足利義教が明の使者の滞在場所を鹿苑寺にすべきか否かを有力守護大名に尋ねる。……五四三

六月三日、今川範忠が駿河国守護・民部大輔に補任され、その使者として星岩俊列等が駿河に下向する。……五四四

七月四日、鹿苑院領と延暦寺領の境をめぐって争いが起こり、延暦寺が室町幕府にこれを訴える。……五四五

八月十二日、正親町三条公雅七回忌の仏事が相国寺等で行われる。……五四五

十月二十七日、後小松法皇の葬儀が泉涌寺で行われ、五山僧が諷経する。……五四五

十一月二十四日、足利義教が後小松法皇三十五日忌の仏事を相国寺で執り行う。……五四六

十一月三十日、斯波義淳の危篤に際し、足利義教が相国寺僧瑞鳳蔵主を還俗させ、義郷と改名し斯波家の家督を継がせる。……五四六

十二月十日、庭田幸子の母三十三回忌のため、大通院

で施餓鬼が行われる。……………………………………………五四七
十二月十八日、足利義教が来年正月の足利義持七回忌を引き上げ、勝定院で仏事を行う。……………………………五四七

永享六年（一四三四）

正月二十八日、相国寺前住月渓中珊が示寂する。…………五四八
二月十六日、足利義教が裏松義資を訪問した人々を処罰したため、相国寺住持徳仲等懋が逐電する。…………五四八
二月二十五日、後亀山天皇皇子小倉宮泰仁王の得度が計画され、その戒師として海門承朝が候補に挙がる。……五四八
三月二十二日、これ以前、醍醐寺武家祈禱料所山城国久世郷の年貢が相国寺への出費に充てられる。…………五四九
六月二十五日、唐人が相国寺に招かれる。………………五四九
七月十一日、大光明寺住持が寺領摂津国葺屋庄にかけられた守護段銭の免除を求める。………………………五四九
年月日未詳、伏見宮貞成親王が大光明寺領摂津国葺屋庄についての同寺住持の申状を支持する。………………五五〇
七月十七日、相国寺喝食を殺害した僧が市中・寺内を引き回されたあと、六条河原で処刑される。……………五五〇
八月二十日、南朝護聖院宮の子息二人が常徳院主海門承朝・鹿苑院主宝山乾珍の弟子となり、南朝が断絶する。……………………………………………………五五一
八月二十三日、明への返書に使用する年号が議論され、鹿苑院主宝山乾珍は干支のみを書くことを提案するが、明の年号を記すことになる。……………………………五五二
九月二十日、室町幕府が遣明五号船料足の中から二百貫文を松尾社の使者に支払うよう相国寺都聞に命じる。……………………………………………………………五五二
十月十六日、来る二十日に足利義教が後小松天皇一周忌の仏事を相国寺で行うため、万里小路時房が公卿や僧に参仕を呼びかける。………………………………………五五三
十月二十日、後小松天皇一周忌が仙洞御所で行われ、足利義教は相国寺で供養を営む。…………………………五五四
十二月、勝定院主用剛乾治が、院領土佐国片山庄の名主・庄官等へ同院に対して不忠を働かないよう命じる。……………………………………………………………五五四
この年、恕中中誓が遣明使となり明に渡る。……………五五五

永享七年（一四三五）

正月十六日、大般若経の真読が日野重子の御所で行われ、相国寺僧百人が参仕する。…………………………………五五五
二月四日、室町幕府が延暦寺大衆四人を騙して相国寺・悲田院で討つ。…………………………………………………五五六
二月二十日、崇光天皇皇女瑞室七回忌の仏事が伏見大

通院で行われる。……五五六
四月二日、三宝院満済が醍醐寺領山城国久世郷の年貢のうち千貫の要脚を相国寺に遣わす。……五五六
五月七日、土佐国吸江庵領の課役免除文書の正文が勝定院で保管される。……五五七
五月十六日、足利義教が相国寺大智院を鹿王院末寺として安堵する。……五五七
五月二十三日、延暦寺座禅院が侍所に拘留され、相国寺延寿堂で糺問された後死罪となる。……五五八
五月二十八日、権勢を振るった仲方中正が足利義教の不興を買い、近江国山上へ逃げる。……五五八
室町期、仲方中正が足利義満から義教の代まで五山禅林の事務を行う。……五五九
六月五日、季瓊真蘂が蔭凉職に補任され、鹿苑院内の蔭凉軒に移る。……五五九
六月十二日、足利義教の誕生日祈禱が行われる。……五五九
六月十三日、大智院主が三宝院満済の臨終に際し、沐浴を行う。……五五九
六月十三日、これ以前、春林周藤が足利義教の御成が決まったため多忙であることを醍醐寺三宝院満済に伝える。……五六〇
七月十五日、相国寺で施餓鬼が行われ、足利義教が臨席する。……五六〇
八月十三日、鹿苑院主宝山乾珍が先例に倣い真乗寺比丘尼喝食の剃髪をする。……五六一
八月十五日、相国寺僧堂の立柱が行われる。……五六一
八月十七日、絶海中津開山の玉泉寺領加賀国得丸保内の田地が売却される。……五六二
九月十八日、足利義教が相国寺造営の緩怠を咎める。……五六二
九月二十日、鹿苑院主宝山乾珍と天章周文が相国寺仏殿の仏像を彫刻する仏師を選ぶため、建仁寺の仏像を見る。……五六二
年月日未詳、希世霊彦が天章周文画像に賛を付し、その画業を讃える。……五六三
年月日未詳、天章周文が相国寺で都寺になり、大巧如拙に師事する。……五六三
九月二十八・二十九日、開山忌の仏事が鹿苑院と崇寿院で行われ、足利義教が臨席する。……五六四
十月三日、細川持賢が喝食の相国寺掛搭について足利義教に伺いを立てる。……五六四
十月二十六日、相国寺山門の立柱が行われる。……五六四
十一月七日、足利義教が鹿苑院で彫り始められた相国寺仏殿の阿弥陀・弥勒像に一刀を加える。……五六五
十一月二十八日、季瓊真蘂が足利義教の勘気を蒙って

いた斎藤国継の赦免を求める。……五六五
十二月九日、相国寺が室町幕府から銭千貫を借り受け、住持以下が足利義教に感謝を伝える。……五六六
十二月二十七日、相国寺都管が足利義教の命により、北野紅白両社の遷宮の差配をする。……五六七

永享八年（一四三六）

正月二十九日、足利義教が御成の引物代を相国寺造営料に充てる。……五六七
二月四日、足利義教が明皇帝に使者恕中中誓を遣わし、貢物を献じ、これに対して正統帝からの国書がもたらされる。……五六七
二月二十三日、足利義教が乾徳院領備後国福田庄地頭職・同国則光庄西方地頭職等を安堵し、諸役を免除する。……五六八
三月六日、大光明寺の衣鉢侍者が同寺瑞見に殺害される。その検断を同住持の香林和尚が行う。……五六八
三月六日、相国寺の西廊が大風により倒れる。……五六九
三月七日、相国寺僧堂が上棟の日に損壊するなど、怪異が連続して起きたため、住持竺雲等連が退院する。……五六九
三月十二日、伏見宮貞成親王が鹿苑院の文庫に預け置かれている後白河天皇宸筆の御経を拝見する。……五六九
三月十二日、相国寺仏殿の脇士弥勒像と阿弥陀像が安置され、両像に足利尊氏の髪を納める。足利義教がこの法会に臨む。……五七〇
三月十七日、室町幕府が借物返済のため、田向経兼が知行する山城国大野庄を取り上げ、相国寺訓都聞に宛てがう。……五七〇
四月十五日、足利義教が大智院常住物の龍虎図を召し出す。……五七一
五月二十八日、雨乞祈禱として観音懺法が相国寺で行われる。……五七一
五月三十日、足利義教が法華経の新板を鹿苑院に置き印刷するよう命じる。また大般若経の開板の費用を鹿苑院に与える。……五七一
五月三十日、海門承朝が足利義教に毛益麝香絵四幅を進上する。……五七一
六月二十七日、相国寺僧堂が開堂され、その法会に足利義教が臨席する。……五七二
七月二日、遣明使恕中中誓が帰国し、足利義教の御所に参上する。……五七二
七月六日、足利義教が尼五山の位次について相伴衆の連判で奏上するよう命じる。……五七三
八月十二日、蔭凉軒御倉が建造され、この日初めて倉

に物を納める。……五七三
八月十五日、相国寺僧雲叟が入江殿において法華経談義を行い、足利義教等が聴聞する。……五七三
八月二十四日、寧国院十三回忌の仏事が大智院で行われ、相国寺住持星岩俊列が拈香を務める。……五七四
十月二日、正親町三条実雅が病気のため、常徳院僧が大般若経の真読を行う。……五七四
十月十九日、大徳院書記が西芳寺での祈禱の折に狼藉し、大徳院主に預けられる。翌日、同院で火災があり、院主が出奔する。……五七五
十二月十九日、尼喝食が景愛寺で鹿苑院主宝山乾珍の弟子となり、理永の名を与えられる。……五七五
十二月十九日、足利義教が相国寺に丹波国須智村安堵の御判御教書を下す。……五七五
十二月二十三日、室町幕府が兵庫北関相国寺・等持寺国料の立替分を興福寺に返却するよう東大寺に命じる。……五七六
十二月、相国寺景勲都聞が代官として、和泉国日根野・入山田領家方算用状を作成する。……五七六

永享九年（一四三七）

正月十三日、足利義教が諸寺院における誕生日祈禱の疏銘を記す。……五七八
二月十五日、足利義教が相国寺方丈の改築を命じる。……五七八
二月二十七日、足利義量十三回忌の仏事が相国寺で行われる。……五七八
三月三日、足利義教が雲頂院・同院内雲沢庵などの額字を書く。……五七九
三月十七日、相国寺領丹波国須智村の諸役が免除される。……五七九
三月十八日、季瓊真蘂が常在光寺領の夫役免除について足利義教に伺いを立てる。……五七九
四月四日、相国寺僧殺害の風聞が流れるが、虚説と判明し、絶海中津三十三回忌の転経が勝定院で行われる。……五七九
四月二十日、相国寺法堂の立柱が行われる。……五八〇
四月二十日、これ以前、惟肖得巌が大内盛見所蔵の足利義満肖像に賛を書く。……五八〇
五月二十日、伊勢外宮の池に変事があったため、室町殿で五壇法が、五山でも祈禱が行われる。……五八一
六月十五日、常徳院僧が喧嘩により、相国寺仏殿で殺される。……五八一
六月十五日、允康書記が林光院領美濃国鵜飼庄年貢の押領について幕府庭中で訴え、足利義教は押領分の返

付を命じる。ついで相国寺祝都聞が庄主職に任命される。……五八一
七月十二日、相国寺が室町幕府から加賀国永生寺を拝領する。……五八二
九月十八日、季瓊真蘂が相国寺・鹿苑院・勝定院領の段銭免除について足利義教に伺いを立て、認められる。……五八二
十月二日、この頃、鹿苑院領が越前国蕗野保にあり。……五八二
十月十五日、足利義教と日野重子が受戒する。……五八三
十月二十五日、海門承朝が南禅寺大雲庵にある後醍醐天皇肖像に賛を書く。……五八三
十一月六日、相国寺僧が足利義教に仕える女中の小弁と密通したため、首を刎ねられる。……五八四
十一月十九日、足利義教が談合して計略を廻らすよう柏心周操に書状で指示する。……五八四
この年、相国寺が東寺へ塔婆修理の費用として六百二十五貫六百文を送る。……五八四

永享十年（一四三八）

二月二十四日、竺雲等連が円覚寺黄梅院領への押妨を禁じる足利義教の命令を上杉憲実に伝える。……五八五
四月二日、相国寺法堂の開堂につき、住持柏心周操が上堂を行い、足利義教が臨席する。……五八五
四月三日、観中中諦三十三回忌の仏事が乾徳院で行われ、足利義教が臨席する。……五八六
四月九日、天章周文が伏見宮邸に参上し、貞成親王が周文筆の障子絵を見る。……五八六
四月十日、慶瑞院祐賢が通玄寺住持となり入寺する。……五八六
四月十五日、相国寺の新法堂で秉払が行われ、足利義教が臨席する。……五八七
四月二十九日、伏見宮貞成親王が相国寺僧から針治療を受ける。……五八七
五月八日、足利義教が陞座・拈香の法語を長文にするよう五山僧に命じる。……五八七
六月六日、季瓊真蘂が足利義教に雲頂院領摂津国昆陽野の公事等の伺いを立てるが、義教は寺領の押領・違乱のことは耳に入れないよう命じる。……五八八
七月十六日、南禅寺・天龍寺・真如寺等の住持が一斉に退院する。ついで重丘真隆に真如寺住持の公帖が出る。……五八八
九月十一日、竺雲等連が鎌倉の騒乱（永享の乱）から円覚寺正続院・黄梅院を保護するよう長尾景仲に依頼する。……五八八

九月十八日、鎌倉騒乱のため甲斐使節の松堂等蔭・錦江景文が長期滞在を強いられる。……五八九

十一月二日、相国寺乾嘉都寺と嵯峨瑞芳庵が上久世庄内の買得地をめぐり相論する。……五八九

十一月九日、足利義教が相国寺領であった美濃国山口郷東方を佐竹基永に返付する。……五九〇

十二月十一日、八坂塔の立柱が行われ、相国寺大衆が諷経を行う。……五九〇

十二月二十六日、相国寺乾嘉都寺が林光院領尾張国犬山庄庄主職に任命される。……五九一

十二月二十九日、大徳院主周瑚西堂が、将軍御成の引物に不備があったため、罰として相国寺山門の造営を命じられる。……五九一

永享十一年（一四三九）

正月十一日、相国寺山門の造営が始められる。ついで足利義教は鎌倉五山から将軍への献銭を山門造営費に充てる。……五九一

正月十九日、足利義教が相国寺法堂の法座に色を塗るよう命じる。……五九二

閏正月二十五日、鎌倉公方足利持氏が反乱を起こし、相国寺住持柏心周操が室町幕府の使者として関東に下向する。……五九二

二月十日、これ以前、関東公方足利持氏が大徳院に嵯峨南芳庵領の管領を認可する。……五九四

二月十二日、尾張国大円寺僧周喜が寺領内に守護使が押し入ったことを蔭凉職の季瓊真蘂に報告し、棟別銭の返付を万里小路時房に依頼する。……五九四

二月二十一日、尾張国大円寺住持悦林中怡が同国六師庄代官職を相国寺景勲都聞に直に申し付けるよう万里小路時房に勧める。……五九五

二月二十二日、星岩俊列と瑞渓周鳳が足利義教より関東使節に任命され、この日関東に出立する。ついで四月二日に帰洛する。……五九六

三月十四日、常徳院が復旧したため、足利義教が御成する。……五九六

三月十五日、相国寺都聞が退寮を申し出るが、相国寺造営中のため、足利義教により留められる。……五九六

四月七日、足利義教が相国寺総門額「万年山」と鹿苑院の額字を書く。……五九七

四月十日、景愛寺新住持が入寺する。足利義教が臨席し、鹿苑院主宝山乾珍が相伴する。……五九七

五月十五日、足利義教が鹿苑院造営のため、御成の引物を同院に寄進する。……五九七

六月六日、東山雲居寺本尊の阿弥陀仏像が鹿苑院で彫り始められるが、翌年天章周文と奈良仏師に造り直すよう足利義教が命じる。相国寺景勲都聞が製作を差配する。……五九七
六月九日、足利義教が相国寺山門造営を大徳院主周瑚西堂に命じるが、財貨が尽きて進まず。……六〇〇
六月九日、柏心周操が関東使節に任命され、鎌倉に下向する。……六〇一
六月十一日、足利義教が嵯峨南芳院御坊の建物を蔭凉軒に移築するよう命じる。ついで蔭凉軒の立柱・上棟が行われ、十一月に落成する。……六〇一
六月十一日、足利義教が南芳院僧堂を鹿苑院僧堂にするよう命じる。……六〇二
七月十一日、相国寺が山門梁の用木として東寺最勝光院敷地の松木を購入する。……六〇二
七月十四日、芷陽周沅が関東使節に任命される。……六〇三
七月十七日、足利義教が北野経王堂の大蔵経書写を計画するよう鹿苑院主宝山乾珍と蔭凉軒主季瓊真蘂に命じる。……六〇四
八月十二日、足利義教が正親町三条公雅十三回忌の仏事を勝定院で行う。……六〇四
八月十八日、足利義教が万僧会を勝定院で行う。……六〇五
八月二十五日、足利義教が雲頂院内雲沢軒領と諸末寺を安堵する。……六〇五
九月三十日、季瓊真蘂が北山石不動に参詣する。……六〇五
十月十五日、益都寺以下の寮が罪科のため闕所となり、鹿苑院僧堂造営方に寄進されるが、同月十九日に因幡堂への寄進に改められる。……六〇六
十月二十七日、柏心周操が夢窓疎石百年忌奉加料を円覚寺黄梅院に納める。……六〇六
十一月二十二日、相国寺乾嘉都寺の名田への守護使入部が東寺鎮守八幡宮供僧評定で禁止される。……六〇六
十二月十五日、足利義持十三回忌の仏事料が足利義教の命で勝定院を介して東寺と金光寺に送られる。……六〇七
十二月二十四日、伏見宮貞成親王が、境内為延名小畠を伏見法安寺へ安堵するよう大光明寺に依頼する。……六〇八
十二月二十六日、高麗通信使が室町幕府に持参した献上物を正実坊御倉に入れる。御倉の台帳は蔭凉軒で管理される。……六〇八
十二月晦日、季瓊真蘂が大徳院衆の除籍について足利義教に伺う。義教は処分を見送るよう命じる。……六〇八

永享十二年（一四四〇）

正月十一日、鹿苑院主宝山乾珍等の相伴衆が足利義教

に年始の参賀をする。……六〇八
正月十一日、相国寺山門の造営が開始される。ついで西明楼の造営が計画される。……六〇九
正月二十六日、万里小路時房が尾張国六師庄年貢のうち二千疋を春熙軒景勲都聞への返済に充てる。……六〇九
四月六日、足利義教が五月までに相国寺僧堂の外堂を造営するよう命じる。……六一〇
四月十三日、鹿苑院が足利義満三十三回忌の仏事費用を東寺・醍醐寺に送る。……六一〇
四月十六日、八坂塔供養が行われ、常在光院住持景南英文が導師を務め、瑞渓周鳳等が出仕する。……六一一
四月二十二日、足利義教が蔭凉軒の額字を書く。……六一五
五月二日、足利義教が相国寺住持用剛乾治を同寺造営の用脚奉行に任命する。……六一五
五月十二日、相国寺山門本尊羅漢像を造立するため、相国寺住持用剛乾治、鹿苑院主宝山乾珍等十一人の僧が奉加する。……六一五
六月二十四日、雲頂院出官瑤琳・納所集誠が尾張国愛智御器所内左女牛若宮田の代官職を請負う。……六一六
七月十七日、相国寺など諸五山住持が退院し、八月二十九日に瑞渓周鳳が相国寺住持となる。先例として相国寺住持は将軍から直接公帖を受ける。……六一七
八月七日、足利義教が相国寺山門額と閣上額字を書く。……六一七
八月二十一日、足利義教が諸寺院領の半済を免除する。……六一七
九月二十一日、足利義教が摂津国多田で闕所となった平瀬入道跡とその家財を相国寺東廊造営料に充てる。……六一七
十一月六日、足利義教が天章周文に雲居寺仁王像の作成を命じる。……六一八
十一月二十一日、足利義教が相国寺総門切石料を寄進する。……六一八
十二月五日、相国寺山門閣が完成し、足利義教が御成して懺法が行われる。……六一八
十二月五日、室町幕府が鹿苑院塔材木の関所通行を許可する。……六一九
十二月十二日、相国寺定貞が法金剛院領摂津国土室庄領家職の代官を務める。……六一九
十二月十八日、足利義教が相国寺西廊の造営料として足利義持年忌の点心料を寄進する。……六二〇
十二月二十七日、相国寺鎮守社の遷宮が行われる。足利義教の命で石清水八幡宮の祭神を勧請する。……六二〇
十二月、山中大和入道が近江国柏木郷内上山村御堂の修理を鹿苑院代官慶副寺に依頼する。……六二〇

この年、瑞渓周鳳が相国寺輪蔵の東辺に寿星軒を構える。……六二二

永享十三年・嘉吉元年（一四四一）

正月晦日、柏心周操が、足利義教・上杉清方の指示で、結城の残党に対処するよう石川持光に伝える。……六二二

二月十五日、季瓊真蘂が足利義教に相国寺山門十境の名を書いて献上する。……六二三

三月二日、春熙軒景勲が尾張国六師庄公用銭の納入について、万里小路時房に書状を出す。……六二三

年未詳二月二十三日、播磨国吉河上庄永谷村の名主・百姓が新池を造るため、池敷地の年貢免除を庄主春熙軒景勲に求める。……六二三

四月十日、足利義教が大覚寺義昭の首実検を相国寺で行おうとする。……六二四

四月二十八日、万里小路時房が尾張国六師庄代官の春熙軒景勲に去年分年貢借物を完済する。……六二四

五月十五日、足利義教が鬮により鹿苑院塔の建立場所を蓮池の南地に定める。……六二五

六月十二日、足利義教が毎月地蔵料所の代官に景勲都聞を任命する。……六二五

六月二十四日、足利義教が赤松満祐に殺害され、季瓊真蘂が義教の遺骸を等持院に運ぶ。義教妻の正親町三条尹子が鹿苑院主宝山乾珍を戒師として出家する。……六二五

六月二十六日、室町幕府管領細川持之が足利義教の兄弟である虎山永隆や足利義嗣の子息である修山清謹等を鹿苑院に移し警固する。……六二六

六月二十九日、乾徳院が足利義教の院号である普広院に改名され、義教の位牌が安置される。……六二七

七月一日、畠山家の家督争いを調停するため、室町幕府管領細川持之が崇寿院主用剛乾治を河内国に遣わす。……六二七

七月六日、足利義教の荼毘が等持院で行われ、下火を常在光院住持の景南英文が務める。遺骨は鹿苑院に安置される。……六二八

七月十八日、足利義教五七日の仏事が鹿苑院で行われる。……六二九

七月二十五日、足利義教の中陰仏事が鹿苑院で行われる。……六三〇

七月二十七日、相国寺僧が女犯で侍所に召し捕られ、宿所を差し押さえられる。……六三〇

八月二十三日、これ以前、足利義教の死去により諸五山の住持が退院し、新住持が定められる。……六三一

八月三十日、梶井門跡義承が、足利義教の没後に相国

寺都聞寮や伯三位持仏堂を転々とし、この日梶井門跡に戻る。……………………六三一

九月十三日、足利義満子息の虎山永隆が等持寺の坐公文をもらう。虎山は梶井門跡義承帰坊後も相国寺都聞寮に逗留する。……………………六三一

九月十八日、万里小路時房が山名教清の違乱に対して家領美作国北美和庄代官職に恵林院内擷芳軒の等嘉都寺を補任する。……………………六三二

九月二十一日、赤松満祐弟で雲頂院の僧であった真操の首級が六条河原で梟される。……………………六三三

九月二十二日、万里小路時房が家領美作国国衙所務代官職に相国寺の乾正都寺を補任する。……………………六三三

閏九月五日、足利義教百ヶ日忌の仏事が等持寺八講堂と鹿苑院で行われる。……………………六三四

閏九月八日、万里小路時房が家領美作国国衙代官の相国寺乾正都寺と同国北美和庄代官の恵林院内擷芳軒等嘉都寺等に、家領の直務を認めた室町幕府御教書を渡す。……………………六三四

十月四日、足利義教後室正親町三条尹子が北小路今出川に瑞春院を建立し、同院に移る。……………………六三五

十月五日、筒井順弘が没落したため、筒井出身の相国寺僧（後の順永）が筒井家の惣領となる。……………………六三五

十月二十七日、美濃国古橋庄内中村郷代官の乾正都寺が万里小路家に年貢を納める。……………………六三六

十二月二十一日、室町幕府が普広院を足利義教菩提所として、観中中諦門下で永代相続するよう命じる。……………………六三六

この年、東大寺年預が兵庫関における相国寺・等持寺国料についての文書をまとめて引き渡す。……………………六三六

嘉吉二年（一四四二）

二月十八日、足利義満子息の虎山永隆が鹿苑院主に就任後、相国寺住持となる予定であったが、にわかに遷化する。……………………六三七

六月二十四日、足利義勝が普広院で足利義教一周忌の仏事を行い、義教の木像を安置する。……………………六三八

十月十一日、相国寺が、円覚寺正続院・黄梅院の造営奉加銭の半分として三十三貫八百文を納める。……………………六三九

十月十九日、後花園天皇が病のため、諸五山に祈禱が命じられる。……………………六三九

十二月五日、鹿苑院出管が万里小路時房に山城国福枝・松崎地下人率分役について年貢からは取らないことを申し入れる。……………………六四〇

十二月十一日、万里小路時房が家領美濃国古橋中村郷代官職に相国寺の妙智監寺を補任する。……………………六四〇

嘉吉三年（一四四三）

五月十二日、室町幕府が諸五山に雨乞の祈禱を命じる。……六四〇

五月二十五日、近江国堀部春近の地下人が相国寺庄主と語らい、同寺領近江国堀部地頭職に堀部春近地頭職を含めて違乱する。……六四一

六月十八日、刃傷事件が雲頂院で起こる。騒動が寺全体に及ばなかったため、万里小路時房が相国寺を訪れ、普広院に詣でる。……六四二

六月十九日、鹿苑院領がある山城国西鴨田井と鴨社が用水相論を起こす。……六四二

六月二十三日、室町幕府が御八講を催し、相国寺では一切経の転読を行う。この日は女房衆が入寺を許される。……六四二

六月二十四日、室町殿と鹿苑院等が大風による被害を蒙る。……六四三

六月二十六日、大智院善恂知客が禁裏御厨子所の南口率分代官職に補任される。……六四三

七月二日、高麗使が相国寺法堂において足利義教の霊前に焼香し、僧俗が見物する。……六四四

七月二十一日、足利義勝が十歳で死去し、鹿苑院主用剛乾治が戒師として義勝の剃髪を行う。……六四四

七月二十四日、鏡室恵照（建聖院開山）の塔が正脈院にあり、万里小路時房が遠忌のための諷経料を用意する。……六四六

七月二十九日、足利義勝の葬儀が等持院で行われる。……六四七

八月三十日、足利義勝の中陰仏事が結願する。……六四八

九月四日、大光明寺の惣門が大風により倒れる。……六四八

九月二十六日、日野有光が後亀山天皇皇子の常徳院僧通蔵主兄弟を奉じて反乱を起こすが、通蔵主は捕縛され、摂津国太田付近で斬殺される。……六四八

十月、相国寺銭納所梵種等が摂津国兵庫北関升米・置石の代官職に任命され、その請文を提出する。……六四九

文安元年（一四四四）

四月十七日、延暦寺東塔西谷衆徒が、末寺丹波国光明寺の寺領を相国寺都聞が押領したと訴える。……六五〇

四月二十五日、相国寺妙智監寺が万里小路時房に借物の返済を催促する。……六五一

四月、上田重次・岡正清が摂津国兵庫北関相国寺・等持寺国料代官の沙汰分五十貫文等の納入を請負う。……六五一

六月九日、大智院僧善恂が万里小路家領山城国三室戸御厨子所率分代官を務めるが、この後逐電する。……六五二

八月二十五日、鹿苑院が山中大和入道を院領近江国柏木御厨内宇田前河原下司職に補任する。……六五三
十一月十五日、摂津国兵庫北関の代官が相国寺・等持寺国料五十貫文を納入することを誓う。……六五三
十二月十八日、相国寺風呂が炎上する。……六五四

文安二年（一四四五）

四月十五日、崇寿院主瑞渓周鳳が在中中淹頂相の賛を書く。……六五四
四月二十三日、相国寺僧であった六角氏の後継者（後の久頼）が還俗して室町幕府に出仕を始める。……六五四
八月九日、薩摩某等が東寺地蔵堂三昧免輿を相国寺・南禅寺・三聖寺に出すことを禁じる。……六五五
秋、近江国菅浦日差・諸河と大浦の間で公事相論が起こり、常徳院の稚児が仲介をして、大浦方に有利な判決を引き出す。……六五五

文安三年（一四四六）

六月五日、室町幕府が普広院領備後国福田庄地頭職・同国則光庄西方地頭職等を安堵し、諸役を免除する。……六五七
六月二十六日、室町幕府が摂津国兵庫関の相国寺・等持寺の国料船について関銭を免除する。……六五八
八月二十二日、相国寺東明楼が炎上する。……六五八
十二月十九日、足利氏の幼君が義成（後の義政）と命名され従五位上となる。勝定院主・崇寿院主・季瓊真蘂が参賀する。……六五九
十二月二十九日、相国寺納所徳岩正盛・都聞乾嘉等が兵庫北関同寺国料の受取状を出す。……六五九

文安四年（一四四七）

閏二月九日、細川勝元が頼春百年忌の仏事を行い、竺雲等連が陞座を務める。……六六〇
三月二日、相国寺納所徳岩正盛・都聞乾嘉が兵庫北関同寺国料の受取状を出す。……六六〇
五月三日、万里小路時房が美作国北美和庄代官の妙安都寺から借銭をする。……六六〇
五月九日、常徳院僧承寛都寺が春日社新三十講料所越前国坪江郷政所に補任される。……六六一
五月十八日、旱魃のため、室町幕府が五山に祈禱を命じる。……六六一
五月、室町幕府が諸五山僧の嗷訴に対し、厳格な成敗を言い渡す。……六六二
六月二十四日、足利義教七回忌の仏事が相国寺で行われる。……六六二

七月十四日、沙弥・喝食が相国寺の堂舎に籠もり、住持側の行者・力者と闘争し死者・負傷者が出る。翌日、相国寺住持が退院する。……六〇三
九月十八日、これ以前、白川建聖院が勝定院末寺となり、院領も勝定院に付けられ、これに対して万里小路時房は、その返付を求める。……六〇三
九月二十三日、相国寺妙荘厳域に衣服寺薬師があり。……六〇三
十二月八日、白川建聖院領播磨国竹原村西方領家職が室町幕府奉行人により違乱され、勝定院に寄進されたことを万里小路時房が訴える。この日、勝定院主明遠俊哲が返付することを記した返事を時房に送る。……六〇四

文安五年（一四四八）

四月十九日、敷政門院（後花園天皇母・庭田幸子）の葬儀が大光明寺で行われる。……六〇五
四月二十二日、敷政門院（庭田幸子）の中陰仏事が大光明寺と大通院で行われる。……六〇五
八月十六日、大光明寺領摂津国葺屋と兵庫が境をめぐって争う。……六〇五
この頃、足利義成（後の義政）が障子に四時植物の絵を描き、竺雲等連・瑞渓周鳳等が詩を作る。……六〇六

文安六年・宝徳元年（一四四九）

四月二十九日、足利義成判始。この頃、伊勢貞親が僧家の事を掌握する。……六〇七
五月八日、瑞渓周鳳が杜甫の詩文の講義を鹿苑寺で行い、翌々年十二月に講義が終了する。……六〇七
七月三日、朝廷が洛中諸五山に天変地震疫病飢饉等の祈禱を命じる。……六〇七
八月五日、相国寺西班衆が東班知事を訴えて蜂起する。……六〇八
十月三日、東大寺納所が相国寺国料立て替え分七貫五百文を請け取る。……六〇八
十二月十三日、徳翁中佐が結城成朝の身上についての上意を上杉憲忠に伝える。……六〇八

宝徳二年（一四五〇）

正月二十四日、足利義嗣三十三回忌の仏事が林光院で行われ、東沼周嚴が拈香法語を作成する。……六〇九
八月二十二日、後花園天皇と将軍足利義成（後の義政）が夢窓疎石御影の前で拝塔と受衣を行う。……六〇九
八月二十七日、後花園天皇が夢窓疎石に仏統国師号を贈る。……六一一

九月三十日、夢窓疎石百回忌の仏事が行われる。……六七二
九月、東岩蔵寺真性院雑掌が美作国英多保に対する鹿苑院の押領を訴える。……六七三
十月十八日、南禅寺・相国寺・建仁寺の僧千百人が出頭し、四条河原橋の橋供養が行われる。……六七四

宝徳四年・享徳元年（一四五二）

二月八日、相国寺都聞徳岩正盛が寺領丹波国船井郡大谷内吉野辺村歓楽寺推鐘免田を同村公文に還付する。……六七四
二月二十一日、相国寺納所周苗・都聞徳岩正盛が摂津国兵庫北関国料公用銭の受取状を出す。……六七五
三月二十三日、この頃、相国寺で維那衆が蜂起し、蔭涼軒主が不在のため、鹿苑院主竺雲等連と伊勢貞親がこれに対処する。……六七五
六月七日、瑞渓周鳳・竺雲等連・東岳澄昕が鹿苑寺にある徽宗皇帝の画を見る。……六七六
宝徳年間（一四四九-五二）、竺雲等連が夢窓疎石の像を内裏に持参する。……六七六
十二月二十九日、鹿苑院・常徳院・崇寿院が、円覚寺正続院の造営奉加銭を納める。……六七六

享徳二年（一四五三）

四月二十日、笑雲瑞訢・維馨梵桂等が乗船する遣明船が兵庫・博多・五島列島を経て寧波に到着する。……六七七
六月十七日、足利義政が初めて鹿苑院に参詣する。……六七九
七月九日、相国寺の維那衆が詩会の執筆衆から外されたため、武器を持って大衆が嗷訴を起こし、寺奉行が普広院を警固する。……六七九
十二月晦日、南禅寺で松源派と無準派が冬至問禅の役配をめぐって抗争し、その調停書に鹿苑院主竺雲等連が連署する。……六八〇

享徳三年（一四五四）

九月十三日、土一揆が相国寺に討ち入り、祠堂銭・借物等を破棄する。……六八〇
十一月二日、足利義政が山名持豊を誅罰するよう命じ、鹿苑院主竺雲等連が使節として山名のもとへ行く。……六八一

享徳四年・康正元年（一四五五）

正月十日、大智院が炎上する。……六八一
二月二十九日、南朝玉川宮の末孫である慶雲院主梵勝蔵主・梵仲侍者が逐電する。……六八二

四月四日、相国寺都聞寮柴屋で火事が起こる。……六八二
八月、丹後国に常在光寺と常徳院の荘園があり。……六八二
九月二日、相国寺の柴戸屋で火事があり法界門の材木が焼失する。……六八三
九月八日、正脈院子庭梵訓が建聖院から無学祖元の法衣を預かる。……六八三
九月二十六日、順渓等助が相国寺住持となり入寺し、足利義政が臨席する。知事等が訴訟を起こしたため順渓が逐電する。……六八四
十一月二十九日、裏松重政十三回忌の仏事が常徳院で行われる。……六八四
十二月二十九日、有馬元家の住宅（相国寺水車・正実坊旧宅）が御倉となり、籾井に与えられる。……六八四

康正二年（一四五六）

三月二十九日、大智院本坊の立柱が行われる。同院が将軍足利義政の位牌所となることが内定する。……六八五
八月二十九日、これ以前、伏見宮貞成親王が大光明寺住持の留任願を鹿苑院主に伝える。……六八五
八月二十九日、これ以前、大光明寺の境内が混乱し、土民が逃散したことで、伏見宮貞成親王が同寺住持に書状を書く。……六八五
八月二十九日、これ以前、伏見宮貞成親王が大通院の寺領等を開基の用健周乾に委ねる。……六八六
九月四日、伏見宮貞成親王の葬儀が大光明寺で行われ、東岳澄昕が下火を、東沼周嚴が鎖龕を務める。……六八六
十月十一日、伏見宮貞成親王四十九日の仏事が大光明寺で行われる。……六八七
この年、内裏造営の段銭が相国寺諸塔頭領に課される。……六八七

康正三年・長禄元年（一四五七）

六月十一日、相国寺延寿堂で火葬が行われる。……六八九
九月二十九日、相国寺山門規式が定められる。……六八九
十一月六日、真如寺が千岩元長と中峰明本自賛の頂相を所蔵する。……六八九

長禄二年（一四五八）

正月五日、常徳院が無極志玄賛の夢窓疎石頂相を所蔵する。……六九〇
正月十日、季瓊真蘂が蔭凉職に再任し、鹿苑院南坊に移る。……六九〇
この頃、正月十一日に五山長老などの僧侶が将軍と対面する際、蔭凉軒が申次を務める。……六九〇

この頃、正月十六日に相国寺僧が将軍御所の寝殿で大般若経の読経を行う。……六九一
正月二十九日、足利義政が御成引物を修理料として相国寺に寄進する。まず鹿苑院蔭凉軒の修理が行われる。……六九二
正月二十九日、諸五山喝食の額髪・衣裳についての禁令が出される。……六九二
閏正月一日、足利義政が足利義教の代に制定された五山の規則を徹底するよう命じる。……六九三
閏正月二日、季瓊真蘂が湯治のため摂津国湯山に向かう。……六九三
二月五日、足利義政が大興寺住持仙岩澄安を相国寺大勧進に任命し、相国寺の再興を担当させる。ついで仙岩を常徳院主とする。……六九四
二月五日、相国寺の評定衆が寺領河内国玉櫛庄庄主職の三任に反対し、修造司梵泉都寺が庄主に定まる。……六九四
二月十五日、足利義政が相国寺・鹿苑院領等の不知行在所を寺家に返付する。……六九五
三月一日、足利義政が比丘尼寺禁法を公布するよう鹿苑院主瑞渓周鳳に命じる。……六九六
三月一日、足利義政が梵寅都寺を相国寺都聞に任命する。……六九七
三月四日、足利義政が相国寺領備中国新見庄等を安堵する。……六九七
三月二十七日、相国寺僧堂の修復が始まる。……六九七
三月二十八日、室町幕府が諸五山に二十貫文の、諸塔頭に三貫文の造伊勢神宮料地口銭を課す。……六九七
春、鹿苑院主瑞渓周鳳が尾張国妙興寺住持古伯真稽の依頼により足利義教肖像に賛を書く。……六九八
四月十日、相国寺が寺領近江国堀部上坂に対する京極持清と延暦寺の押妨を室町幕府に訴える。……六九八
五月六日、足利義政が沙弥・喝食の闘争が起こった場合、寮坊主や老師も罰する法令を相国寺の制法とするよう命じる。……六九八
五月二十七日、北野社が相国寺領飛驒国荒木郷をめぐり訴訟を起こすが、足利義政は相国寺の当知行を認める。……六九九
六月九日、足利義政が諸五山に雨乞の看経を命じ、鹿苑院主瑞渓周鳳が諸五山に伝える。……六九九
六月十七日、足利義政が常在光寺領丹後国守護段銭を免除する。相国寺領等も幕府料所に準じて免除する。……六九九
六月十七日、備前国守護山名教之が雲頂院領同国上道郷の知行回復の遵行を怠る。……七〇〇
六月二十三日、大慈院檀那である六角高頼が、同院を

維馨梵桂に与えようとする。……七〇〇
六月二十五日、足利義政が東山慶雲院を足利義勝の菩提所として一山派門徒に還付する。……七〇〇
七月四日、室町幕府が相国寺領丹波国本免庄内の本百姓について妨げがないよう命じる。……七〇一
八月十日、足利義政が大光明寺に寺領摂津国葺屋庄の下司・公文職も含めて一円領知するよう伝える。……七〇一
八月十六日、寂路庵恵光が建仁寺修造高麗奉加銭を拒否したため罪科に処され、その家財が鹿苑院に寄進される。……七〇二
八月十七日、足利義政の判始が行われたため、相国寺住持徐岡梵詳等、諸五山住持が一斉に退院する。……七〇二
八月晦日、足利義政が相国寺領河内国玉櫛庄から押し取った二百貫文を返すよう交野神人に命じる。……七〇二
九月二十七日、相国寺都聞徳岩正盛が美作国富庄庄主に補任され、相国寺輪蔵の修造を行う。……七〇二
九月二十八日、足利義政が鹿苑院の蔭凉御倉を蔭凉軒の管轄とするよう糾井氏に命じる。……七〇三
九月二十八日、足利義政が相国寺門前の柳原散所を相国寺領となす。……七〇三
十月七日、足利義政が石清水八幡宮の公用銭に充てていた相国寺領河内国玉櫛庄年貢銭を免除する。……七〇四
十月十二日、室町幕府が相国寺輪蔵築地のため散所を出すよう東寺に命じるが、東寺の支証をもって免除される。……七〇四
十月十五日、鹿苑寺住持立之瑞幢が足利義政に同寺領の安堵を求める。……七〇四
十月十六日、足利義政が相国寺造営料を寄進する。……七〇五
十月二十一日、足利義政が相国寺の進物を蔭凉軒修理料として寄進する。……七〇五
十一月四日、室町幕府が大光明寺領播磨国多可庄地頭職半分内諸名主等跡を大光明寺雑掌に与えるよう山名持豊に命じる。……七〇五
十一月五日、興福寺大乗院の尋雅が病気養生のため伏見大光明寺に身を寄せる。……七〇五
十一月二十五日、足利義政が越前国の御領を相国寺に寄進する。……七〇六
十二月十三日、柴山孫衛門が加賀国富墓庄百石を雲頂院内雲沢軒に寄進し、足利義政が安堵の御判を発給する。……七〇六
十二月十四日、琉球国への返書を作成するため、糾井が蔭凉軒御倉から御印を借り出す。……七〇七
十二月十七日、足利義政が雲頂院末寺美濃国龍門寺領への守護使不入を承認する。……七〇七

十二月十八日、足利義政が鹿苑院に元のように林光院を管領するよう命じる。……七〇七

長禄三年（一四五九）

正月二十日、足利義政の乳母今参局の初七日の仏事が雲頂院内雲沢軒で行われる。……七〇八
二月一日、室町幕府所司代が相国寺輪蔵築地のため散所を出すよう東寺に命じるが、東寺は断る。……七〇八
二月十日、相国寺領能登国櫛比庄内総持寺が足利義政の祈願所となったため、相国寺庄主が総持寺に安堵を伝える。……七〇八
三月十日、真如寺住持崇奭西堂が延暦寺衆徒による寺領近江国垣見郷への押妨を室町幕府に訴える。……七〇九
三月十三日、仙岩澄安が常徳院内に万松軒を建立し、足利義政がその額を書く。……七〇九
三月十七日、季瓊真蘂が禅仏寺方丈を建立し、足利義政が落成を祝って御成する。……七〇九
四月四日、足利義政が義教の定めた相国寺勘定状の法に則り、各荘園五ヶ年中の勘定の提出を都聞に命じる。……七一〇
四月十四日、瑞渓周鳳が寿徳院敷地を寺家の管轄とするように求める。足利義政は室町新第移転後に寿徳院敷地を返付することを決める。……七一〇
四月十八日、足利義政が観音殿を室町新第に移す。そのため、蔭凉軒で観音懺法が行われる。……七一一
四月十九日、相国寺行者二名が罪科に処され、所司代に引き渡される。……七一一
四月十九日、足利義政が大徳院領諸国所々の課役を免除する。……七一一
五月十三日、足利義政が諸寺院に雨乞祈禱を命じる。……七一一
五月十五日、足利義政が鹿苑院主瑞渓周鳳に室町新第南面東床の額名を選ぶよう命じ、益之宗箴が「洗月」の字を書き進上する。……七一二
五月二十二日、相国寺南面の公方御倉が室町新第に移され、その跡地に元のように水車を造る。……七一三
六月一日、季瓊真蘂が蔭凉軒の御倉に足利義政の書籍を入れる。……七一三
六月二十七日、鹿苑院領美作国楢原が同国守護山名政清に押妨される。雲頂院内雲沢軒領加賀国富墓庄をめぐり北野社が訴えを起こす。……七一三
六月二十七日、相国寺都聞徳岩正盛が普広院の本坊を借り、足利義政の御成を迎える。……七一三
七月四日、雨乞のための懺法が相国寺山門閣で行われる。……七一四

七月六日、足利義政が諸五山喝食楞厳頭を僧となす基準について、先規通りに行うよう指示する。……七一四
七月二十四日、季瓊真蘂が未還付の相国寺・鹿苑院領を書き上げて足利義政に伺いを立てる。……七一四
八月九日、太陽が二つ出たため、足利義政が諸五山・十刹に祈禱を命じる。……七一五
八月二十九日、足利義政が鹿苑院塔の造立を命じる。この日、事始が行われる。……七一五
九月五日、足利義政の希望により、鹿苑院主瑞渓周鳳が室町新第で観音経を講義する。……七一五
九月六日、室町幕府が諸五山喝食の華美な衣服を禁止する。……七一六
九月二十八日、室町幕府が徳岩正盛から借用した三万疋の返済を進めるよう奉行に命じる。……七一六
九月二十八日、相国寺が富樫泰高による加賀国永生寺領開発名の押領を室町幕府に訴える。……七一六
十月七日、相国寺銭納寮が炎上する。……七一七
十月十五日、足利義政が焼香のため鹿苑寺に御成し、三重殿閣に登る。……七一七
十月二十六日、足利義政が諸五山の知事（東班衆）から室町新第移居の費用を借用する。十一月二十日に鹿苑院主瑞渓周鳳等の相伴衆が移居を祝して参賀する。……七一八
十一月七日、足利義政が僧方の事務のうち将軍への報告は季瓊真蘂が、その他の用務は範林周洪が務めるよう命じる。……七一八
十一月十五日、足利義政が室町新第に移居するため、季瓊真蘂が粟室御書院書籍や直垂・持仏堂本尊等を蔭涼軒御倉で預かる。……七一九
十一月二十日、相国寺秉払の際、普広院僧と常徳院僧が位次をめぐって争い、夜に常徳院衆と普広院衆が闘争する。……七一九
十一月二十八日、室町新第に移した観音殿に本尊が移される。……七一九
十二月八日、仙岩澄安が備前国東野田保を鹿苑院塔造営料として寄進する。……七二〇
十二月九日、足利義政が相国寺法堂における闘争の罪を問い、普広院顒侍者と相国寺前住以仁俊誉の侍衣岷蔵主を所司代に召し置くよう命じる。……七二〇
十二月九日、東寺宝勝院が備中国新見庄代官の無沙汰を訴える。相国寺本都寺に談合したが解決せず。……七二一
十二月十七日、興福寺大乗院が勝定院に足利義持三十三回忌の仏事銭を納める。……七二一
十二月二十一日、相国寺住持修山光謹等が寺領美作国富美庄から搬出する風呂造営用材木に対する同国守護

山名政清の押妨を室町幕府に訴える。……七二三
十二月二十六日、常徳院領但馬国小佐郷恒富庄庄主が日光坊に石原大畠名の名主職を宛てがう。……七二三
十二月二十八日、足利義政が相国寺に持仏堂建造の費用として二百貫文の借用金を進上するよう求める。……七二三

長禄四年・寛正元年（一四六〇）

正月十四日、足利義政が室町殿観音殿において懺法を行うよう命じる。……七二三
二月十五日、仙岩澄安が足利義政の命に従って上洛し、常徳院内万松軒に住居する。……七二三
三月五日、常徳院内養源軒と相国寺が養源軒北に位置する洞雲軒跡の敷地をめぐり相論する。……七二四
三月十日、足利義政が諸寺院に還付された荘園の年貢を取り立てるよう寺家評定衆と寺奉行に命じる。……七二四
三月二十日、西芳寺に空海筆『聾瞽指帰』が夢窓疎石愛用本として伝わる。……七二五
四月三日、真如寺正脈院主崇奭西堂が正脈院領近江国岩根郷と伊豆国安久保に対する建松等の押領を室町幕府に訴える。……七二五
四月十六日、常徳院と同院内万松軒が室町幕府の命により罪科の僧を差し出す。……七二五
四月二十四日、鹿苑院塔の修造始が行われ、足利義政が臨席する。……七二六
五月十六日、足利義政が蔭凉軒所蔵の義満・義持・義教筆の法華経を見る。……七二七
五月二十六日、足利義政が寺奉行を介して蔭凉軒の勘定を督促する。……七二七
六月二日、足利義政が病気のため諸五山に祈禱を命じる。……七二七
六月二十三日、足利義政が、義教年忌に先立って罪科に処された勝定院・普広院・常徳院の僧と行者を赦免する。……七二七
六月二十五日、室町幕府が諸五山に課した伊勢造営役夫工米を督促する。……七二八
七月十三日、鹿苑院で施餓鬼が行われ、足利義政が臨席する。……七二八
七月十八日、相国寺西明楼が倒壊したため、相国寺住持以遠澄期が逐電する。足利義政がこれを召し返すよう鹿苑院主瑞渓周鳳に命じる。……七二八
八月十五日、足利義政が普広院領備後国福田庄地頭職・同国則光庄西方地頭職等を安堵し、諸役を免除する。……七二八
八月二十三日、細川勝元が醍醐寺義賢の門跡号辞退に

ついて、直接、季瓊真蘂を介して足利義政に申し上げるよう醍醐寺に伝える。……七三〇
八月二十四日、足利義政が禅僧の帽子や喝食の額髪を旧様に戻すよう命じる。……七三〇
九月十五日、足利義政が相国寺・鹿苑院領年貢の勘定を終えるよう強く督促する。……七三一
九月二十六日、相国寺住持静甫周喆と大勧進仙岩澄安が、美作国守護山名政清による同国富美庄の相国寺風呂造営材木の無沙汰を室町幕府に訴える。……七三一
閏九月十四日、恵林院内擷芳軒等晃が播磨国大部庄公文方の代官職を請け負う。……七三二
十月十七日、仙岩澄安が相国寺明楼の修造を命じられる。ついで、足利義政が明楼上葺木材の諸関通行を許可する。……七三二
十二月七日、足利義政が室町第泉殿に移居したため、鹿苑院主東岳澄昕等の相伴衆が参賀する。……七三二
十二月晦日、興福寺大乗院門跡尋尊が、伯父である東岳澄昕の鹿苑院主就任を聞き喜ぶ。……七三三

寛正二年（一四六一）

二月十二日、足利義政が喝食楞厳頭の衣の刺繍を略すよう諸五山に命じる。……七三三
三月五日、真如寺が炎上する。これにより、正脈院主崇巌西堂が真如寺再住の候補となる。……七三三
三月二十二日、足利義政が諸五山とその塔頭に雨乞と天下泰平の祈禱を命じる。……七三四
四月十日、昨年の旱魃・兵乱のため餓死者が続出し、足利義政が追善のため、諸五山に施餓鬼を行うことを命じる。この日、相国寺が四条河原の施餓鬼を務める。……七三四
六月十七日、富樫中務大輔が大徳院西北の敷地を望むが、室町幕府は大徳院の知行を認める。……七三五
六月二十六日、常徳院内万松軒僧の承泰喝食が室町第に参仕する。……七三六
七月四日、徳岩正盛が相国寺修造の功績により、都聞職に再任を命じられる。……七三六
九月二日、足利義政が摂津国の田能村氏の闕所を普広院に寄進する。……七三七
九月十一日、相国寺集元都寺が備中国新見庄代官職を二百貫文で請け負うが、東寺若衆方に反対される。……七三八
九月二十六日、足利義政が相国寺風呂修理材木の運搬につき、河上関の関所通行を許可する。……七三九
九月二十七日、崇寿院領和泉国堺が陣所となったため同院が制札を望む。足利義政が院奉行に制札の作成を

命じる。……七三九
九月二十八日、足利義政が各所からの鹿苑院塔修造料を催促する。……七三九
十月十日、備中国新見庄三職が、相国寺集元都寺の代官を下向させるよう催促する。……七四〇
十月十三日、富樫中務大輔が玉泉寺領加賀国得丸保を違乱する。……七四一
十一月六日、室町幕府が諸寺院に課した伊勢神宮役夫工米を督促する。相国寺は諸役免除の御判を提出する。……七四二
十一月二十日、足利義政が相国寺風呂材木の摂津国兵庫関通行を許可する。……七四二
十二月三日、相国寺方丈後方の柴小屋から出火し、相国寺住持雪庵澄郢が逐電するが、五日に帰住する。……七四二
十二月十八日、足利義嗣年忌の施餓鬼が相国寺で行われ、住持の雪庵澄郢が拈香を務める。……七四三

寛正三年（一四六二）

三月七日、相国寺僧瑞盛智蔵が鞆淵八幡宮若宮造営の施主となる。……七四三
三月十日、室町幕府が相国寺に課した伊勢神宮役夫工米を督促する。……七四四
三月十四日、惟明瑞智が遠州使節に任命される。……七四四
三月十四日、季瓊真蘂が雲頂院雲沢軒内に松泉軒を新造し、小栗宗湛が障子画を描く。……七四四
四月一日、足利義政が相国寺・大智院・恵林院・普広院等から庭木を召し、高倉御所の作庭をする。……七四五
四月二十四日、相国寺蓮池で怪異が現れたため、足利義政が諸寺に祈禱を命じる。……七四五
四月二十六日、足利義持・義教の例に倣い、足利義政が諸五山制法に判を据える。……七四六
五月二十一日、相国寺風呂の材木が相国寺に到着し、大勧進仙岩澄安が造営を差配する。……七四七
六月二日、足利義政が奉行人飯尾之種・元勝を相国寺住持維馨梵桂・大勧進仙岩澄安のもとに遣わし、相国寺法堂・山門・総門の修造を急がせる。……七四七
六月二十一日、小栗宗湛が蔭凉軒で高倉御所の障子を描く。……七四八
七月十三日、相国寺が延暦寺の所領を奪った報復と称し、延暦寺衆徒が近江国坂本で相国寺乾嘉都聞を殺害する。相国寺は室町幕府に成敗を求める。……七四八
八月十日、東福寺宝渚庵の雲章一慶による『勅修百丈清規』の講義がこの日まで行われ、益之宗箴・月翁周鏡・桃源瑞仙等の相国寺僧が聴講する。……七四八

九月八日、足利義政が雲頂院内雲沢軒領丹波国須智村を足利義教追善料所として、雲頂院領摂津国昆陽野を足利義満追善料所として安堵する。……七四九

九月十日、鹿苑院塔の材木を切り出すことが同院の評議で決まり、足利義政がそれを承認する。……七四九

九月十七日、土一揆が発生したため、室町幕府が相国寺・鹿苑院の問丸を警固するよう命じる。……七五〇

九月二十二日、相国寺辺で土一揆の大将蓮田と赤松軍が合戦をする。……七五〇

十月五日、室町幕府が相国寺をはじめ諸五山と東班衆に伊勢神宮遷宮の費用を出すよう命じる。……七五〇

十月十三日、山名民部少輔が播磨国法雲寺領を違乱する。……七五一

十月二十四日、土一揆が相国寺東門前を攻めたため、斯波義廉・武田信賢等と相国寺知事や行者・力者等が警固する。……七五一

十月二十九日、足利義政が足利義教の追善料所として普広院に河内国山田庄を寄進する。……七五三

十一月十日、足利義政が長得院の後方に位置する在家数十軒を除くよう命じる。……七五三

十一月十八日、徳政を行った罪で擯出された法苑寺紹久西堂が再住を企てたため、大智院主国用乾策等が追放するよう訴える。……七五三

十一月二十二日、室町幕府が諸五山から借銭し、将軍御所の造営料に充てる。……七五四

十二月七日、足利義政が河内国山田庄を相国寺に寄進したため、それまで知行していた興福寺学侶が大乗院門跡尋尊に訴える。……七五四

十二月八日、足利義政が相国寺俵米の運搬を妨げている河上の新関を廃止するよう命じる。……七五五

十二月晦日、範林周洪が五山長老衆（相伴衆）の将軍への対面を取り次ぐ。……七五五

寛正四年（一四六三）

正月十八日、足利義政が近江国堀部上坂を相国寺に返し渡すよう延暦寺に命じる。……七五六

正月二十三日、足利義政が鹿苑院南門河南の掃地を鹿苑院と相国寺常住寺官に命じる。……七五六

二月六日、季瓊真蘂が絵師小栗宗湛の庵号を自牧と名付ける。……七五六

二月七日、室町幕府が越前国の段銭をもって相国寺への借銭返済に充てる。……七五六

三月二十八日、足利義政が絵師小栗宗湛への月俸を鹿苑院と相国寺常住から出すよう命じる。……七五七

四月三日、室町幕府が相国寺法界門再建のため法界門東一条面の地を相国寺に返付する。相国寺都聞徳岩正盛が法界門再建を担当する。……七五八

六月二日、足利義政が相国寺東門前の敷地を相国寺に管領させる。……七五九

六月十五日、足利義政が雲頂院内雲沢軒の障子を小栗宗湛に描かせる。……七五九

六月、土佐国吸江庵の運営について定めた規式に、勝定院主棠陰等奭が証判を加える。……七六〇

閏六月十四日、普広院主文渓永舒が、師の死去により触穢となる喝食について、暇乞いを足利義政に申請し許可される。……七六〇

七月十日、狩野正信が雲頂院昭堂後門壁に観音像と十六羅漢像を描き、季瓊真蘂が年月日と署判を加える。……七六一

七月十日、足利義政が大智院の画軸三幅を見本として、小栗宗湛に絵を描かせる。……七六一

七月十三日、足利義政が相国寺領御霊社東西散所・柳原散所の課役を免除する。ただし特別な場合は勤仕することとされる。……七六一

七月二十七日、慈受院（足利義持室日野栄子）三十三回忌の仏事が長得院で行われる。……七六二

八月五日、相国寺都聞徳岩正盛が相国寺入寺の斎料を拒んだため、鹿苑院主龍崗真圭等が正盛を室町幕府に訴えることを決める。……七六二

八月十一日、足利義政母日野重子（勝智院万山性寿）の葬儀が等持院で行われ、喪主を等持院主竺雲等連が、下火を鹿苑院主龍崗真圭が務める。……七六三

年月日未詳、鹿苑院主龍崗真圭が雪舟等楊の字説を書く。……七六五

八月十二日、室町幕府が勝智院（日野重子）の中陰仏事料を捻出するため万松軒主仙岩澄安と相国寺都聞徳岩正盛から借銭をする。……七六六

八月十四日、勝智院（日野重子）初七日の仏事が蔭涼軒で行われ、雪庵澄郢が拈香を務める。足利義政が臨席する。……七六六

八月二十五日、東寺領備中国新見庄代官が地頭方の禅仏寺領内で殺害されたため、寺領沙汰人・百姓等が地頭方政所を焼き払う。……七六七

九月三日、季瓊真蘂が東寺領備中国新見庄代官の殺害と地頭方政所の焼打の件について、最勝光院方と話し合う。……七六九

十月二十二日、備中国新見庄三職が、地頭方政所焼打に至る経緯を東寺公文所に報告し、相国寺からの報復を警戒する。……七七二

十月二十六日、相国寺の訴えにより室町幕府は東寺に地頭方政所の造営と紛失物の返却を命じる。これに対して新見庄より対処の確認がなされる。……七七四
十一月二十四日、鹿苑院主龍崗真圭が足利義政に随求陀羅尼を伝授する。……七七六
十一月二十八日、室町幕府が光永書記を流罪とし、糺明のため大智院内競秀軒末寺伊勢国万年寺の文書を召し上げる。……七七七
十二月七日、大智院が八条遍照心院の仏殿を買得する。……七七七
十二月十八日、相国寺住持同文景忞等が伯耆国守護山名教之による寺領同国由良郷への違乱を室町幕府に訴え、幕府が違乱停止を命じる。……七七七
十二月二十日、足利義政が鹿苑院主龍崗真圭の『臨済録』講義を希望する。……七七八
十二月二十四日、備中国新見庄上使が、地頭方奈良殿の屋敷を買い取り地頭方政所を再建すること、当年中に雑具を返還することを相国寺力者善性を介して申し入れる。……七七八
十二月二十五日、赤松持彦が雲頂院内雲沢軒に丹波国郡家庄を寄進する。……七七九

寛正五年（一四六四）

正月二十二日、室町幕府が小栗宗湛へ去年分の給与二十貫文を渡す。……七七九
二月十二日、室町幕府が八月出航予定の遣明船の疏を作成するよう瑞渓周鳳に命じる。……七八〇
三月二日、伯耆国守護山名教之が相国寺領同国由良郷から四百石を徴収したことを同寺が室町幕府に訴える。幕府が返付を命じる。……七八〇
三月十八日、相国寺が備中国守護細川勝久の被官人による寺領同国大井庄の年貢緩怠を室町幕府に訴える。……七八一
三月二十一日、備中国新見庄上使が地頭方政所の新造について、相国寺側の主張を東寺公文所に伝える。……七八一
四月三日、室町幕府が相国寺法界門の材木の関所通行を許可する。ついで十一月二十一日に材木が相国寺に到着する。……七八四
四月五日、足利義政が河原勧進猿楽を催し、鹿苑院主龍崗真圭・崇寿院主雪庵澄郢等が相伴する。……七八四
四月十日、備中国新見庄の件で、季瓊真蘂と東寺宝輪院宗寿が会合する。……七八五
四月二十五日、大智院昭堂の立柱が行われ、足利義政が引馬を贈る。……七八五

四月二十六日、東寺公文所が、備中国新見庄地頭方政所屋がほぼ再建されたことを寿ぎ、相国寺の紛失物を見つけ次第返すよう新見庄三職に命じる。……七八六

五月二十四日、室町幕府が相国寺の大嘗会米課役を免除する。ついで鹿苑院の大嘗会米と官府銭を免除する。……七八七

六月三日、備中国新見庄上使が、地頭方政所の台所再建と、紛失物の糺明状況を東寺に報告する。……七八七

六月九日、相国寺領備中国大井庄・石蟹郷等の御譲位段銭が室町幕府に直納されるため、国元での催促を停止するよう幕府が守護代に命じる。……七八八

六月二十五日、相国寺紹本都寺が遣明船の居座となり、室町幕府が紹本の知行分である相国寺領備中国大井庄と越前国糸生郷の庄主職等を安堵する。……七八九

七月十四日、室町幕府が譲位段銭を皆済するよう相国寺に命じる。……七八九

七月十四日、蔭凉職益之宗箴が遣明使に求めさせる書籍を挙げるよう足利義政に命じられ、瑞渓周鳳に相談する。……七八九

七月十六日、後土御門天皇即位のため、相国寺住持同文景恣をはじめ諸五山住持等が退院する。……七九〇

七月十六日、室町幕府が相国寺領備中国大井庄・石蟹郷・新見庄地頭方に奉書を下したことを新見庄領家方の上使が東寺公文所に伝える。……七九一

七月二十一日、足利義勝の年忌仏事が東山慶雲院で行われ、足利義政が仏事銭二千疋を出す。……七九一

七月二十一日、足利義政が相国寺大衆の誦経の怠慢を指摘する。……七九二

八月二日、足利義政の誕生日祈禱が蔭凉軒をはじめ二十九ヶ寺で行われる。……七九二

八月十日、大内教弘が大唐名鐘を相国寺に寄進する。……七九三

八月十二日、幼少の喝食が相国寺で増加したため、評議により掛搭を許可する者の身長基準を定める。……七九三

九月二日、足利義政が諸五山の沙弥・喝食の衣裳を一色にするよう命じる。……七九三

九月十八日、相国寺僧が室町第観音殿での懺法を務める。……七九三

九月晦日、相国寺が播磨国矢野庄代官職に上月太郎次郎を推挙するが、別人に決定する。……七九四

十月十四日、瑞渓周鳳が足利義政のため法華経の講義を始める。……七九四

十月十六日、播磨国矢野庄代官上月氏に不義があったため、東寺が代官職の改替について相国寺に連絡する。……七九五

十月二十四日、大智院主実参周方が畠山政信による院領尾張国内海庄への競望を室町幕府に訴える。……七九六
十一月七日、後花園上皇が室町第に御幸し、その後鹿苑院主龍崗真圭等の相伴衆が座敷を拝見する。……七九六
十一月二十四日、相国寺が多治部氏と備中国新見庄地頭方代官職の契約を結ぶ。……七九七
十二月八日、相国寺都聞徳岩正盛が同寺門前の諸商売に関する課役免除を室町幕府に求める。……七九八
この年、翱之慧鳳が雪舟等楊に寄せて詩を作る。……七九九
この年、翱之慧鳳が大巧如拙・天章周文・雪舟等楊という三代の画系を明記する。……七九九

寛正六年（一四六五）

二月十五日、足利義政が相国寺都聞寮に御成し、その引物を鹿苑院塔造営料に充てる。……七九九
二月十七日、土岐持益が勝定院造営料を出す。……八〇〇
三月四日、足利義政が花見に出かけ、相国寺法界門を通過する。……八〇〇
四月十三日、徳岩正盛が相国寺都聞職の辞意を申し入れるが、足利義政が法界門の建立まで慰留する。ついで等珉都寺が都聞に就任する。……八〇〇
四月二十七日、仙岩澄安が山城国和束庄瑞応寺の訴訟を室町幕府に取り次ぐ。……八〇一
五月二十七日、室町幕府が相国寺・鹿苑院等と相国寺門前に即位段銭を賦課しようとするが、先規により免除される。……八〇一
六月十九日、足利義政が相国寺法界門の用材について河上諸関の通行を許可する。……八〇二
六月二十日、室町幕府が足利義教二十五回忌の仏事銭三万銭を捻出するため、公方御倉の画軸を売り払う。……八〇二
七月八日、季瓊真蘂が、足利義政に鹿苑院塔が完成しない理由を尋ねられ、鹿苑院が大破し、欠乏していることを訴える。……八〇二
七月十四日、相国寺住持璧渓等璜等が相国寺修造を担当する都聞に定湊を任命するよう室町幕府に願い、了承される。……八〇三
七月二十四日、勝定院周能上座が遣明使に任命され、足利義政と対面する。……八〇三
七月二十六日、日野富子が法華経講義の布施を瑞渓周鳳に与え、瑞渓はその一部を相国寺輪蔵の修造と寿徳院常住の費用に充てる。……八〇三
八月七日、鹿苑院で懺法が行われ、足利義政が転経を参観し、大名・公家・近習が懺法を聴聞する。……八〇四
八月二十四日、室町幕府が崇寿院領和泉国堺の棟別銭

を免除する。……八〇四
九月十四日、大流星が出現したため、足利義政が諸五山等に祈禱を命じる。……八〇五
九月十八日、大内教弘・政弘が伊予国に侵攻したため、室町幕府が維馨梵桂を使節として伊予に下そうとするが、後日中止となる。……八〇五
九月十九日、相国寺住持松堂守藤が寺僧の課役免除を室町幕府に求める。……八〇六
九月二十一日、足利義政が南都に社参し、鹿苑院主龍崗真圭・相国寺住持松堂守藤等が同行する。……八〇六
九月二十一日、足利義政の春日社参に同行した横川景三が、相国寺領山城国寺田庄において詩を詠み、社参の費用を室町幕府が僧に課すことを批判する。……八〇八
十月七日、足利義政が陰陽頭に方角の吉凶を占わせ、翌年正月に相国寺法界門の立柱を命じる。……八〇八
十月八日、足利義政が東山恵雲院の場所を山荘の建設予定地とすることに決定する。……八〇九
十月十日、足利義政が小栗宗湛に石山寺即岩坊の座敷障子に絵を描くよう命じる。……八〇九
十月十五日、足利義政が鹿苑寺に御成し、御経を聴聞する。……八一〇
十月十七日、足利義政が石山詣のついでに仙岩澄安が住持する近江国大興寺に御成し、風景を楽しむ。……八一〇
十月二十八日、室町幕府が相国寺都聞徳岩正盛からの借物を返還するよう北野社松梅院に催促する。……八一一
十一月三日、室町幕府が後土御門天皇即位要脚千七百貫文を相国寺東班衆に課す。……八一一
十一月六日、足利義持・義教・義政の御判を据えた山門規式が鹿苑院主侍衣に渡される。……八一三
十一月十九日、足利義政が真如寺を追放された祝都寺の借物の処置を同寺寺奉行飯尾元連に命じる。……八一三
十一月二十三日、和泉国半国守護細川常有が日野富子産所の作事等の費用を調達するため、崇寿院領和泉国堺南庄の有徳銭が賦課される。……八一三
十一月二十四日、足利義政が後土御門天皇即位に際し、相国寺領御霊之前散所に内裏掃地を命じる。……八一四
十二月五日、足利義政が東山慧雲院の地に山荘の建築を計画し、相国寺寿徳院を慶雲院と改め、足利義勝の御影を同院に移し、備前国播多郷を寄進する。……八一四
十二月十一日、足利義政が大徳院から逐電した院主周耽を召し還すが、その罪科の是非を問う。……八一五
十二月二十日、大徳院と勝定院が大徳院僧堂からの出火で焼ける。このため勝定院御坊を本坊とする。……八一六
この年、瑞渓周鳳が明に遣わす国書を作成する。……八一七

寛正七年・文正元年（一四六六）

正月二十八日、季瓊真蘂が赤松政則邸で祈禱として大般若経を看読する。……八一八
正月二十八日、相国寺法界門の立柱が行われる。ついで法界門袖築地の修造が行われる。……八一八
二月六日、勝定院諸老僧が足利義政からの奉加と、寺領丹波国黒井の還付を室町幕府に願う。……八一九
二月七日、足利義政が義教代の先例に基づき相国寺僧に観世能を見せることを許す。……八二〇
二月二十三日、小栗宗湛が飯尾之種邸の御座の間に絵を描く。……八二〇
二月末、鹿苑院主事に定湊都聞が任命されたことに反対し、相国寺僧衆が蜂起する。……八二〇
閏二月六日、季瓊真蘂・小栗宗湛等が摂津国湯山で湯治をする。季瓊が宗湛の庵室に自牧と命名したことが話題になる。……八二〇
閏二月二十五日、相国寺領美作国見明渡村の井伊将監が罪科に処せられたため、その跡を相国寺都聞が望む。……八二三
閏二月二十六日、伊勢貞親の被官人が鹿苑寺の山に入り松を伐ったため、同寺僧と喧嘩になる。……八二三
三月二十日、雲頂院山門の上棟が行われる。……八二三
三月二十三日、勝定院御坊と昭堂が焼失し、相国寺住持松堂守蔭と勝定院主棠陰等奭が逐電する。……八二三
三月二十八日、法住院が欠乏により、足利義政の御成を数年延期するよう希望する。この年の御成は中止される。……八二三
三月二十八日、近日、相国寺の所々で火事が起こるため、室町幕府がその糺明を相国寺住持松堂守蔭等に命じる。……八二四
四月五日、安楽光院の献上物が鹿苑院塔の造営に充てられる。……八二四
四月八日、小栗宗湛が津田某を殺人の罪で室町幕府に訴える。……八二四
四月八日、相国寺と諸塔頭が大嘗会棟別銭と段銭の免除を求め、許可される。……八二四
四月十日、室町幕府が五山に遣明船の祈禱を命じる。……八二五
四月十四日、雲頂院山門北廊と同院内雲沢軒の上葺が修理され、足利義政が見物する。……八二六
四月二十六日、鹿苑院が同院と蔭凉軒の修理のため、諸国の院領に段銭を賦課する。……八二六
四月、斯波義敏の子息松王丸が季瓊真蘂の弟子であったため、季瓊と伊勢貞親が義敏の赦免を求める。……八二六

五月四日、足利義政が慶雲院の卵塔と桟敷の作事を命じる。……八二六
五月六日、足利義政が鹿苑院塔を一重で造立するよう命じる。……八二七
五月六日、相国寺門前にある川岸が崩れたため、室町幕府が相国寺に掃地等を命じる。……八二七
五月十六日、相国寺僧百人が室町第で大般若経の看経を務める。……八二八
五月二十六日、室町幕府が慶雲院の西辺敷地を同院に引き渡したため、長得院が出入りの困難を幕府に訴える。……八二八
五月二十六日、室町幕府が相国寺惣門築地を造るため散所を出すよう東寺に命じていたが、免除される。……八二九
五月二十六日、足利義政が雲頂院と常徳院門前を相国寺第一の絶景と賞する。……八二九
六月十二日、室町幕府が焼失した勝定院昭堂東辺の御坊を再建しないことを決定し、その地を勝定院の支配とする。……八二九
六月十五日、足利義政が東山に山荘を建てるため、近衛房嗣所持の指図を所望する。……八三〇
六月二十五日、足利義政が相国寺慶雲院と南禅寺恵雲院に安堵の御判を出す。……八三〇
六月二十九日、室町幕府が慶雲院領備前国播多郷への同国守護山名教之と松田元秀の被官人による押妨を停止するよう命じる。……八三〇
七月十日、季瓊真蘂が南禅寺恵雲院の山水を賞玩し、慈照院にも立ち寄る。……八三一
七月十六日、真如寺・鹿苑寺・等持寺・等持院等の住持が退院する。ついで渭在宝春に真如寺の公帖が出される。……八三一
七月二十日、足利義勝の年忌仏事が、慶雲院を相国寺内に移してから初めて行われる。慶雲院が一山門徒から嵯峨門徒の寺に改められたことを季瓊真蘂が室町幕府に抗議する。……八三一
七月二十二日、梵泉都寺が一条家領の代官を務める。……八三二
七月二十四日、足利義政が義満追善料所として雲頂院領摂津国昆陽寺庄を安堵する。……八三二
七月二十四日、伊勢貞親・季瓊真蘂が斯波義敏の出仕を許可したため、京都に斯波義廉の軍勢が集まる。……八三二
八月十三日、政情不安のため、相国寺住持仲言本纉が同寺で大般若経を真読して祈禱する。……八三三
八月十七日、相国寺が騒然としたため、足利義政が都聞と所司代に同寺を警固するよう命じる。……八三三
八月二十五日、斯波義敏が三ヶ国を安堵され、季瓊真

蘂に御礼を述べるため蔭凉軒を訪れる。……………………八三三
年月日未詳、足利義政の治世は、御台所や女房・伊勢貞親・季瓊真蘂などが評定し、賄賂が横行する。…………八三四
九月六日、伊勢貞親・季瓊真蘂などが近江に逐電し、山名持豊は季瓊の死罪を求める。ついで山名・朝倉勢により貞親・季瓊の被官人在所が放火・破却される。……八三四
九月、新見賢直が備中国新見庄地頭職を季瓊真蘂開基の禅仏寺に奪取されたことを訴え、季瓊が逐電したため室町幕府の裁許を求める。……………………………八三七
十一月二十日、足利義政が東山山荘料所美濃国の材木を検閲するため、斎藤豊基と松田数秀を下向させる。……八三七
十二月十五日、鹿苑院主龍崗真圭と蔭凉軒主惟明瑞智が沙弥・喝食の訴訟により逐電する。……………………八三七
十二月二十日、鹿苑院塔・相国寺総門・法住院等が飛火により焼失する。ついで林光院等が焼失する。…………八三八

相国寺史

第一巻　史料編中世一

建治元年（一二七五）、夢窓疎石が誕生する。

一〔夢窓国師年譜〕『続群書類従』第九輯下、四九六頁

後宇多天皇建治元年乙亥、師（夢窓疎石）族勢州源氏、宇多天皇九世孫也、母平氏、願生男子、嘗禱観音、一夕夢金色光一道西来入口、覚而有身、経十二月方誕、而母無所悩、

弘安九年（一二八六）九月三日、無外如大が無学祖元の塔所として洛北に正脈院を建立する。

二〔仏光国師語録〕『大正新脩大蔵経』第八〇巻、二四二頁

（前略）師（無学祖元）一日定中、見東山下瓜瓞聯綿、時高峯（・顕日）在東山（下野国那須郡雲巌寺）、師貽書与之云、吾法自足下盛大、果符其言、峯以此書付夢窓国師（・疎石）、弘安八年、有山城州景愛寺尼如大号無外、做得工夫、無人證可、以所得書、呈禅師、師以黄龍（・慧南）三関、答示之、無外復呈三転語、師可之、以法衣付云、今長老得法、真実衣以表信、法語往復頗多、載于別録、師将示寂、庭前桂橘皆枯、語弟子以後事、及言讖記之応、手書訣別之情、泊諸偈語、備載于円覚正続院塔銘、尼如大遵師遺訓、建一禅刹、曰正脈院（洛北）、奉師爪髪、以蔵于塔、仍請比丘慧眼・慧密、相継住持、置田若干畝、高峯以己資、助其成建、規菴（・祖円）塑禅師像、以奉安於塔、密以院事付妙振（海翁）、振嗣仏国、号海翁、振塑仏国遺像安之、（後略）

○便宜的に無学祖元の示寂日におく。後略の部分は本書二三号史料にあり。

○『続群書類従』第九輯上に所収されている「仏光禅師塔銘」とは内容が異なる。

○無学祖元が無外如大に宛てた遺書が「天祐禅師入牌拙語」（慈照院蔵）にあり。

正応五年（一二九二）、夢窓疎石が南都で受戒をする。

三〔夢窓国師年譜〕『続群書類従』第九輯下、四九七頁

五年（正応）壬辰、師（夢窓疎石）既祝髪、至南都、覲叔父内山（永久寺）明真講師、奉其指南、礼戒壇院（東大寺）慈観律師、遂登壇受戒畢、帰平塩（甲斐国西八代郡）猶居新戒位、然外書伎芸之雑誓不学、但専志仏書、蓋夙習可然也、且曰、人生有涯、而能究尽無涯之事於一生之間乎、是歳師年十八也、

永仁二年（一二九四）、夢窓疎石が建仁寺に参堂する。

四〔夢窓国師年譜〕『続群書類従』第九輯下、四九八頁

（永仁）二年甲午、師（夢窓疎石）欲参由良（無本覚心）和尚、関無門嗣（無門慧開）、借路京洛、逢故人徳照禅人者、謂師曰、禅和子当在叢林学其規矩、然後深山巌崖仏法訪問亦不妨、蓋以当時由良（紀伊国日高郡西方寺）未成叢林也、師依其教、先礼建仁無隠範（円範）禅師、易服参堂、且以追尋往夢、故以疎石自名、而号夢窓、除大小抽解外不離単位、

正安元年（一二九九）、夢窓疎石が一山一寧に師事する。

五〔夢窓国師年譜〕『続群書類従』第九輯下、四九九頁

後伏見天皇正安元年己亥、師（夢窓疎石）二十五歳又出洛陽、入東関、以慕一山（・一寧）也、山（一山一寧）既領巨福（建長寺）席、海内衲子風望競参、山試以偈頌選能作者許掛搭、且分上中下科、是日召衲子数十人、就方丈（建長寺）試之、登上科者二人、師其一也、無幾請師帰択木寮、爾来時々咨詢以諸家宗師語脈差別異旨、且自密錬精修、日夜無渝、

嘉元元年（一三〇三）、夢窓疎石が高峰顕日に参禅する。

六〔夢窓国師年譜〕『続群書類従』第九輯下、五〇〇頁

嘉元元年癸卯（中略）時仏国（高峰顕日）住乾明万寿（相模国鎌倉郡）、師（夢窓疎石）往為参扣、国問曰、円覚和尚（一山一寧）所示、儞試挙看、師曰、我宗無語句、亦無一法与人、国抗声曰、何不道和尚漏逗不少、師於言下有省、然機弁猶有所滞、誓白、我若不到大休歇地、決不復来覲和尚也、辞去抵奥（陸奥国）（胆沢郡）之白鳥郷、蓋以道友之招也、彼有士夫欲撤草庵、為師鼎建精藍、而経営事繁、不称師意、

徳治二年（一三〇七）、高峰顕日が頂相と無学祖元の衣を夢窓疎石に授ける。

七〔夢窓国師塔銘〕『続群書類従』第九輯下、五三五頁

（前略）嘉元乙巳（三年）（中略）冬、往浄智（相模国鎌倉郡）礼仏国（高峰顕日）、酬問之間、機智密契、仏国大称賞、始印可之、又辞往甲州常牧山（山梨郡浄居寺）、徳治丁未（二年）、仏国付以頂相及仏光（無学祖元）之衣、有法語、一山（・一寧）翁在玉雲庵（建長寺）、師（夢窓疎石）往別、以長偈餞之、皆載別録、聞仏国帰雲巌（下野）

往観（国那須郡）、又以仏光所与書嘱之意甚篤、乃回甲州龍山庵（山梨郡）居、

（後略）

応長元年（一三一一）十二月二十二日、春屋妙葩（後の相国寺第二世）が誕生する。

八〔普明国師行業実録〕『続群書類従』第九輯下、六四四頁

（前略）以萩原天皇（花園）応長元年辛亥十二月廿二日方誕、母無所悩、実夢窓（・疎石）正覚国師之娚也、家姪、

○春屋妙葩は夢窓疎石の甥。

正和二年（一三一三）、春屋妙葩が夢窓疎石の弟子になる。

九〔普明国師行業実録〕『続群書類従』第九輯下、六四四頁

正和二年癸丑、師（春屋妙葩）甫三歳、母抱謁正覚師祖（夢窓疎石）于浄居（甲斐国山梨郡）曰、此児穎異非常、不可処塵穢、宜投師為弟子、祖試口誦心経授之、師随而学之、祖歎曰、三歳児尚如此、後不可測、能保養焉、

文保元年（一三一七）、春屋妙葩が美濃国虎渓寺（後の永保寺）に隠遁していた夢窓疎石のもとに行き、僧童となる。

一〇〔普明国師行業実録〕『続群書類従』第九輯下、六四四頁

文保元年師（春屋妙葩）方七歳、正覚師祖（夢窓疎石）時隠于濃之虎渓（可児郡）、父母送師為童、祖授以蓮経、日課一軸、師受了輙誦、人謂之神童、後醍醐天皇元応元年己未、師年九歳、正覚師祖居三浦（相模国三浦郡）泊船庵、師復往而従焉、

元応元年（一三一九）夏、夢窓疎石が相模国三浦に泊船庵を建てて居住する。

一一〔正覚国師集〕『新編国歌大観』第七巻、一三頁

相州三浦（三浦郡）のよこすか（横須賀）といふ所に、いり海あり、しばしがほど、泊船庵と云ふ庵をむすびてすみたまひける比、よみ給ひける、

ひくしほの浦とをさかる音はしてひがた（干潟）もみえずたつかすみ（霞）かな

（中略）

相州三浦のよこすかと云ふ所に、いり海にのぞみて、泊船庵とてすみ給ひけるころ、中納言《(冷泉)》為相卿訪来られたりけるを、舟にておくりいだし給ひけるとき、よみたまひける、

かりにすむいほり《(庵)》たづね《(尋)》てとふひと《(人)》をあるじがほにて又おくりぬる

為相卿

とほからぬ今日の舟ぢのわかれにもうかびやすきはなみだなりけり

又三浦の庵をすてて総州へおはしましける時、其の庵の檀那にてありける三浦安芸前司貞連のもとへつかはされける、

うかれいづることをうらみとおもふなよありとても又ありはてんかは

○「夢窓国師年譜」（『続群書類従』第九輯下、五〇七頁）によると、夢窓が三浦泊船庵に住したのは元応元年夏～元亨三年（一三二三）である。

元亨元年（一三二一）六月二十九日、太清宗渭（後の相国寺第四世）が相模国で誕生する。

三〔太清和尚履歴略記〕

『続群書類従』第九輯下、六六四頁

師諱宗渭、字太清、相陽人也、俗姓藤氏、父某右金吾、其母欲産男、詣本府長谷《(相模国鎌倉郡)》観音大士之聖像禱之、一夕夢胡僧授普門品曰、誦之則得男矣、既而有身、後果誕師、実元亨元年辛酉六月廿九日也、（後略）

正中二年（一三二五）八月二十九日、後醍醐天皇が夢窓疎石を南禅寺住持に招聘する。

三〔夢窓国師年譜〕『続群書類従』第九輯下、五〇七頁

二年《(正中)》乙丑、師《(夢窓疎石)》年五十一、春、天皇《(後醍醐)》以洛之南禅虚席、特使近臣請、師称病不応、勅使以偈為勧、師依韻為謝云、世路悠々懶往還、一庵甘分卜残山、地炉灰冷無黄独、拭涕工夫也不閑、夏罷、又降旨於鎌倉大元帥《(北条高時)》、遣官使堅請、必欲応勅、不獲已乃起、取路過甲州経山道、八月至古《(虎)》渓《(美濃国可児郡)》旧隠、拉元翁《(・本元)》偕至京師、次日召対便殿、特賜錦座令坐、説仏心宗要累刻、天顔不倦、深契上旨、凡有奏対咸悦皇情、上曰、所館不安、宜住南禅、師奏云、疎石平生誓欲深隠巌谷、出世非願也、春間不応詔、再賜勅曰、苟不欲住持、宜任其意、但楽聞法要、賜命如此、不敢不朝也、

然今綸言有渝乎、帝曰、然朕重以南禅請師、意在以政事余力、旦夕問道耳、以匡徒衆管寺務為煩、則非朕所待、直以此寺為幽隠之所、何繁之有、師知叡慮求道之切、竟領寺事、上以万機之暇、召対咨問法要、毎月以三次為概、

一四〔夢窓国師碑銘〕　『続群書類従』第九輯下、五四一頁

（前略）正中二年、師《（夢窓疎石）》春秋五十一、国主後醍醐天皇命官使、起師領南禅々寺、入見王、賜坐、師自言、志在煙霞、出世非所願、王曰、吾心非有他、欲朝夕問道耳、不得已応命、王時幸臨之、相与談玄、竟日乃去、将及期王孫位、師又引退、（後略）

○「夢窓国師塔銘」（『続群書類従』第九輯下、五三五頁）、「夢窓国師語録」（『大正新脩大蔵経』第八〇巻、四四九頁）に関連記事あり。月日は「夢窓国師語録」によって確定した。

正中二年（一三二五）八月、春屋妙葩が夢窓疎石のもとで大僧となる。

一五〔普明国師行業実録〕　『続群書類従』第九輯下、六四四頁

正中二年乙丑秋八月、師《（夢窓疎石）》祖奉勅赴京、路経甲州、至濃之虎渓《（可児郡）》、暫滞留焉、師《（春屋妙葩）》逐之而至、遂做大僧、

嘉暦元年（一三二六）、春屋妙葩が南禅寺の夢窓疎石のもとに掛搭する。

一六〔普明国師行業実録〕　『続群書類従』第九輯下、六四四頁

嘉暦元年丙寅、師《（春屋妙葩）》与誡黙翁《（黙翁妙誡）》偕上京、謁祖《（夢窓疎石）》于南禅、乃錫而留、是歳登壇具戒、夏罷、祖檛退留、師依元元翁《（元翁本元）》、翁亦継席、師侍于湯薬、時々研究宗教語脈、而多獲其言論風旨、

嘉暦三年（一三二八）夏、空谷明応（後の相国寺第三世）が近江国浅井郡で誕生する。

一七〔常光国師行実〕『続群書類従』第九輯下、六八九頁

師諱明応、字空谷、号若虚、江州浅井郡人也、族平氏、

母連生女、意不能平、祈叡岳神、嘗夢古大夫偉衣冠、手持綵扇見授、而有娠、占之工曰、吉也、当産奇男、夫扇之為状、開則其末心張、蓋投老益昌乎、以後醍醐天皇馭宇嘉暦《(三)》戊辰年夏廿四岳神祭祀之日誕、師郷人胥慶、（後略）

元徳元年（一三二九）八月二十九日、夢窓疎石が円覚寺住持となり入寺する。

一八〔夢窓国師年譜〕『続群書類従』第九輯下、五〇九頁

元徳元年己巳秋八月、円覚専使又来請、師《(夢窓疎石)》固辞、元帥《(北条高時)》陰使本寺《(円覚寺)》耆旧及師同門法眷老成者、同勧至再四、師猶不肯、道法眷咸太息流涕曰、円覚乃吾仏光《(無学祖元)》師祖開山弘道之場、先師《(高峰顕日)》克承正統、而不補処而止、不幸之大也、今吾法門昆季之間、非師而誰復振祖風耶、且公命屢至而堅却之、師其忍棄而不顧、吾祖道竟将如何、且語且泣、於是師遂受命入院、以歳歉無明日飯、而師無慍色、有信士素欲託財海船至鄞倍蓰其利者、俄自翻然而曰、何若帰之仏門《(円覚寺)》、以結当々来世之縁、乃入寺施三百万銭、由是常住金穀充牣、然師久《(又カ)》無喜色、識者皆服雅量、且言、師於得失利害之間、毫髪不動其念変其色也、於此可見矣、

○「夢窓国師語録」（『大正新脩大蔵経』第八〇巻、四五四頁）に関連記事あり。日は「夢窓国師語録」によって確定した。

元徳元年（一三二九）十二月三日、金沢貞顕が、関東大仏造営料唐船の派遣にともない、京都東山常在光院一切経を調達するよう命じる。

一九〔金沢貞顕書状〕金沢文庫文書

『金沢北条氏編年資料集』八六七号文書

（第一紙）

□佐々目《(有助)》僧正弟子ニ所望候、
大略治定候歟、自当時入御候ハやなとにて候けニ候、
□□月廿一日帰参、同廿三日始御沙汰候
き、愚老《(金沢貞顕)》ニも意見を被訪候しニ候、
自禁裏《(後醍醐天皇)》高秀《(長井)》帰参之時、被仰下候条々御返事を被申候歟、
室町院《(暉子内親王)》御遺領事、たやすく御返事申されかたきよし申され候、不日奉行人道蘊《(二階堂貞藤)》以外腹立之由承候、内々公家へ申

候て、定かさねて被仰候ぬと覚候之由、或人申され候、
不可思儀（議）事候、
山代庄（加賀国江沼郡）にて、小津宰相跡与旧妻合戦度々候之由承候、守
護人令注進候哉、さも候ハヽ、忩御さた候て、闕所注文ニ
入て可有御注進候、若又守護注進未到候者、内々可被勧
申候、軽海郷（加賀国能美郡）より僧ののほりて候し、□

（第二紙）

□申候、旧妻者大石庄（丹後国与謝郡）にて合戦候し物と覚候、且月公（顕弁）ニ
も御尋候て、忩々内々可有御沙汰候、守護ニハこなたよ
り勧申やうニハあるましく候也、
関東大仏造営料唐船事、明春可渡宗（宋）候之間、大勧進名越（相模国鎌倉郡）
善光寺長老御使道妙房年内可上洛候、常在光院（東山）一切経あ
つらへ申候、僧をもわたされ候へきよし申候、愚状進候、
忩々可被付長老、返状をハ慥便宜ニ忩可給候、此道妙房
年来対面したる人にて候程ニ申承候、可有御意得候也、
高倉の宗入道（惟宗盛親カ）許へ文箱一裹・柿櫃一合遣候、慥被付遣候
て、返状とりて可給候、大御堂（相模国鎌倉郡勝長寿院）前大僧正（道潤）御房御労あふなき
事にて候よし承候、歎入候、あなかしく、

（元徳元年）十二月三日

（上書）「（切封墨引）」
（受取注記カ）「□」

○『金沢北条氏編年資料集』五九二・八一三・八一六・八九三・九〇二・九二六・九四一号文書が常在光院に関連。
○常在光院（寺）は東山（現在の知恩院境内）にあったが、近世に相国寺山内に移転する。

元徳二年カ（一三三〇）五月十一日、金沢貞顕が常在光院の修理と大般若経の手配について書状を出す。

二〇〔金沢貞顕書状〕 大阪青山短期大学文学歴史博物館所蔵称名寺文書
『金沢北条氏編年資料集』九二九号文書

葛者、事やすき物にて候やらん、さも候ハヽ、なへ
て大ニ候を、あまた可有御所持候、
一薬種なと、京都事安候者、進物ニ可有御用意候、
一度々令申候常在光院（東山）修理間事、御在洛之程、可被終其
功候、行意（二階堂忠貞）下向之後、不可有正体候、忩々可有御沙汰
候、
一同寺大般若経事、御在京之間、同功をへられ候て、

以前四百巻のことくに、たかひ□くなしをかれ候て、
可有御下向候、常在光院事とも、入御之御沙汰候はむ
するニて、御到着にて候へく候、あなかしく、
（元徳二年）五月十一日
（上書）「（切封墨引）」

○『金沢北条氏編年資料集』では、常在光院修造に対する懸念を記しているため元徳二年に推定している。本書一九・二一号史料が関連。

元徳二年ヵ（一三三〇）六月十一日、二階堂行意を奉行として常在光院の修理が行われる。

三〔某書状〕金沢文庫文書

『金沢北条氏編年資料集』九三六号文書

つきて候、たひ〱こまかニ申候しかハ、まいりつ
きさふらひぬらんとおほえ候、又御いてたちの事、
さそみち行ぬ事ニて候らんと、てんかく（田楽）の事も、か
まくら（鎌倉）のさたとも、ところ〱ニて、さたし候らん
事も、うけたまはり候ぬ、さそ候らんと、返々あさ
ましくなけき入候、公家さま（後醍醐天皇）の御心のうちも、まこ
とニをそろしく、おほえさせをハしまし候、又しや
うけん（将監）入道殿（北条泰家ヵ）御子息の御事、けニ申はかりなく候、
いかなるゆえニて、かやうに御わたり候らんと、
返々あさましくおほえ候、野田左衛門四郎顕基は
う〱へまいりて、とふらひ申候て、かへりのほり
候、又から物・茶のはやり候事、なをいよ〱まさ
りて候、さやうのくそく（具足）も御ようひ（いカ）候へく候、たゝ
なニも物を入られ候ハて、せう〱ハさりぬへき人
ニも、こわせをハしましく候へ、御ようひ（いカ）さふらふ
へく候、をかしく候、〱、大らかニ候、犬のはこ
なともたせをハしまし候へく候、御わたりの後ハ、
殿さま（金沢貞顕）ニ候近しゆ（習）ともなとをも、めされ候ぬと覚候、
又常在光院（東山）の修理は行意（二階堂忠貞）奉行ニてし候から、よ
く〱御らんしめくらせ給候て、御下候へく候、あ
なかしく、
六月十日（十一日）申候、
大なるひさけなとも、ようゐ候へと、とさまへハつ
たへ仰事候へく候、上中下のたき物いくらもいり候
へく候、はやとく〱物を下されさふらふへく候、

日かす候へハとて、ゆるに物を御さた候てハ、かなふましき事ニて候、なを〳〵いそき〳〵御さた候やうニ、す丶め仰事候へく候、引合京たんし（檀紙）いくらも〳〵入候へく候、

五月十七日の御ふみ力者の下向のひんきに、同廿六日たしかに、つきて候し、な丶はことなる事なく（後欠）

○二階堂行意の下人が鎌倉に下向した史料が『金沢北条氏編年資料集』九〇七号文書にあり。

元徳三年（一三三一）十二月五日、金沢貞顕が常在光院の修理供養を行う。

三〔金沢貞顕表白文案〕 金沢文庫蔵神祇秘伝八幡裏文書

『鎌倉遺文』第四〇巻、三一五五五号文書

蓋聞、北塞持節之素臣、歴十九季兮遂帰、下邳授書之黄公、当十三年兮重見、武卒遠征而星序雖推移、猶約還来於旧里之秋焉、幽霊永去而季数雖相同、更隔再会於他界之雲矣、誠可悲者、分段有為之道、尤可猒者、生死無常之境者乎、伏惟、過去先妣菩薩戒尼幽霊、柔和稟性、婉順叶宜、四徳者、心之所徳、六行者、身之所行、兼之謂貞女、保之謂賢婦、（中略）于時、玄冬素雪之朝、風松吐六出之花焉、歳暮臘月之初、寒梅薫一片之梢矣、猗哉、景趣自然相応、弟子（金沢貞顕）、稟一流之正統、仕二代之潘王（久明親王・守邦親王カ）、政事堂之中、納理国撫民之忠言、武昌館之間、運擒宛戮賓之籌策、応採用之撰兮、両度致帝都之警巡、及登極之栄兮、数季忝将営之執権、名望殆卓躒父祖、余慶定相続子孫、功成辞禄、曲仁里之李訓可聞、齢闌養志、上虞県之林遊盍楽、矧亦憶仏法之紹隆、仰利益之殊勝、是以、花洛之東嶺（東山）、今新排梵宇、号常在光院、柳関之東海、元来建精舎、云称名律寺（武蔵国久良岐郡六浦庄金沢郷）、彼弘通天台・真言之発願也、是修練花厳・真言之二宗、祖父（北条実時）之草創也、広作仏事之次第、功徳純熟之至極者歟、以茲現在果、宜悟過去因、以茲現在因、宜悟未来果、先見当時之慶幸、悦我老季之意端、嗣嫡者（金沢貞将）、為引付一方之管領、勘決衆庶之理非、次子者（金沢貞冬）、加評定群議之器要、無泥当言之嘉猷、此外、有羞三牲之孫、多致五起之子、凡雖誇閑中之気味、猶非惰没後之追孝、縦歴桑田三変之期、争謝花嵩万仞之徳、聊捧雀環懇府之微報、欲追龍女成道之先事、唯願、諸仏大士知見照

視、然則幽霊、七重楼観之月前、礼転法輪之仏焉、八功徳水之浪間、證無生忍之位矣、側聞、江次翁之日々、牽庫車僅扶行路、未到菩提之門、蔡君仲之時々、帀墳陵只聴迅雷、猶暗涅槃之岸、今之所修、不恥於古而已、乃至上天下界、遠塵離垢、敬白、

元徳三季十二月五日　弟子沙弥崇顕(金沢貞顕)敬白

元徳四年（一三三二）、室町公春が先祖の追善料として丹波国西保庄を正脈院に寄進する。

三三〔仏光国師語録〕『大正新脩大蔵経』第八〇巻、二四二頁

元徳四年庚午、振(海翁妙振)族親、前室町中納言藤原公春、為先祖追薦故、割丹州(何鹿郡)西保荘、喜捨于当院(洛北正脈院)、為厨爨之資、

○この文より前の部分は本書二号史料に、後の部分は三一号史料に掲載。
○本史料は『続群書類従』第九輯上に収録されている「仏光禅師塔銘」とは内容が異なる。
○正脈院は、後に真如寺内におかれるが、この時、真如寺はまだ創建されていない。

正慶二年（一三三三）、太清宗渭が雪村友梅の室に入る。

三四〔雪村大和尚行道記〕『五山文学新集』第三巻、九一八頁

壬申歳(正慶元年)、右金吾校尉小串藤範秀、素欽師(雪村友梅)道風、以京西禅(嵯峨)敦請、

開基檀那範秀、法諱聖秀、別称雲巌、見国師、大(太)清族(・宗渭)祖父也、正慶癸酉(二年)乱、出家、其一門子弟、皆投師執弟子礼、秀具十徳、富財其末也、詞翰達者、作和歌曲詞、至今天下盛行、曰現爾也娑婆《ケンニヤサハ》、又曰早歌、其中有少林訣及曹源宗、専詠禅宗、暦応二年十二月十九日、逝于播之知足庵、州牧円心(赤松則村)、厚善師、祭文曰、道友金華山(播磨国赤穂郡苔縄郷)法雲主喪比丘友梅(雪村)、起発檀林金碧厳麗、庵名知足、掛錫金華、人生貴知、剏復道契、形影相随、死生同誓、蓋古檀林、斥言西禅、安道学二衆、令修習内外教門、故置毘盧大蔵、一々自題書、二度遣唐使達林二僧、監護如□本、又看蔵人、不限多少、自他老少、籍食常住、又住持職、不限自他門、只以其人□(見)地明白者補之、具闡提(闡提正具)・縁無着(無着良縁)・中嵩山(嵩山居中)董焉著、又開基廟塔、名曰□□(宝所)

庵、有安置像、示寂前三年、自書賛語曰、此心非聖亦非凡、金粟《維摩詰》如来是共巻、一黙当機雷電掣、暫随参人戯号雲巌、明徳辛未《二年》春太清重新之、

○「正慶癸酉乱」は五月二十二日の鎌倉滅亡を指すため、ここにおく。

元弘三年（一三三三）七月、後醍醐天皇が鎌倉瑞泉院より夢窓疎石を呼びよせ、対面する。

二五〔夢窓国師年譜〕『続群書類従』第九輯下、五一〇頁

三年《元弘》癸酉（中略）三月、師《夢窓疎石》帰瑞泉《相模国鎌倉郡》、夏五月鎌倉亡、士卒敗奔、或遭擒、及兵刃将加、以師道力得救者不可勝計、六月、《後脱カ》醍醐天皇龍駮帰洛、是月十日天皇勅征夷将軍源公《足利高氏》、遣官使召師、廿五日勅使至瑞泉院、師望闕謝恩、秋七月、師抵京、翌日入内朝見、皇情悦懌、寵顧甚厚、（後略）

元弘三年（一三三三）七月十二日、後醍醐天皇が夢窓疎石に円覚寺正続院の当知行地を安堵する。

二六〔後醍醐天皇綸旨〕円覚寺文書

『鎌倉市史』史料編二、一三五頁

正続院《円覚寺》領当知行地、不可有相違、者
天気如此、仍執達如件、
元弘三年七月十二日　式部少輔《岡崎範国》（花押）
夢窓《疎石》上人御房

元弘三年（一三三三）七月二十三日、後醍醐天皇が夢窓疎石に臨川寺管領を命じる。

二七〔夢窓国師塔銘〕『続群書類従』第九輯下、五三六頁

三年《元弘》、後醍醐天皇復帰于洛京、降宸翰召師《夢窓疎石》、入見悦甚、有旨以第二子都督親王《世良》之邸為臨川禅院、特賜夢窓国師霊亀山臨川禅寺開山初祖、

○このときの後醍醐天皇綸旨は天龍寺文書（『天龍寺文書の研究』一九号文書）にあり。他に「夢窓国師碑銘」（『続群書類従』第九輯下、五四一頁）・「夢窓国師年譜」（同書五一〇頁）に関連記事あり。

建武元年（一三三四）九月十五日、後醍醐天皇が夢窓疎石から

衣を受ける。

二八〔夢窓国師年譜〕『続群書類従』第九輯下、五一〇頁

後醍醐天皇再祚、建武元年甲戌（中略）九月、又請師《（夢窓疎石）》於内禁受衣、軌《（執）》弟子礼、（後略）

○〔二〕は『大日本史料』六編―一、七八九頁により校訂。

○「三会院遺誡」・「禅林僧伝」（『大日本史料』六編―一、七八九頁）に関連記事あり。

建武元年（一三三四）十月十日、後醍醐天皇が夢窓疎石に南禅寺再住を命じる。

二九〔夢窓国師年譜〕『続群書類従』第九輯下、五一〇頁

後醍醐天皇再祚、建武元年甲戌（中略）又一日入内謂師《（夢窓疎石）》曰、朕《（後醍醐天皇）》深欲興禅宗、師意以為何如耶、奏曰、聖言可虚乎、上曰、請師再住南禅、挙揚宗乗、師辞以老病、上曰、仏法隆替係乎其人、若師固辞、朕亦無如之何而止、師不得已膺詔再住、

○傍点は『大日本史料』六編―一、三一頁により校訂。

○南禅寺再住法語は「夢窓国師語録」（『大正新脩大蔵経』第八〇巻、四五七頁）にあり。「南禅旧記」・「禅林僧伝」・「夢窓録」（『大日本史料』六編―二、三一〜三二頁）に関連記事あり。

建武元年（一三三四）十一月、春屋妙葩が浄智寺住持竺仙梵僊の書状侍者を務める。

三〇〔普明国師行業実録〕　『続群書類従』第九輯下、六四五頁

後醍醐天皇再祚建武元年甲戌秋、正覚師祖《（夢窓疎石）》奉勅再董南禅、冬十一月、竺僊禅師《（竺仙梵僊）》視篆於浄智《（相模国鎌倉郡）》、師《（春屋妙葩）》為書状侍者、開堂日問禅欠《（ママ）》人、師離信操元音以問話、一衆驚歎、

建武元年（一三三四）、足利直義が正脈院に伊豆国安久庄を寄進する。

三一〔仏光国師語録〕『大正新脩大蔵経』第八〇巻、二四二頁

建武元年甲戌、左武衛将軍源直義《（足利）》、捨入豆州安久荘《（田方郡）》、以追崇仏光禅師《（無学祖元）》、以表師資之礼、

○この文より前の部分は本書二三号史料に、後の部分は三

八号史料に掲載。
○本史料は『続群書類従』第九輯上に収録されている「仏光禅師塔銘」とは内容が異なる。

建武三年（一三三六）十一月十三日、絶海中津（後の相国寺第六世）が土佐国津野で誕生する。

三二〔仏智広照浄印翊聖国師年譜〕　『続群書類従』第九輯下、六六八頁

建武三年丙子、師諱中津、字絶海、字乃全室和尚（季潭宗泐）所命、自号蕉堅道人、土佐州津野（高岡郡）人、父藤氏、母惟宗氏、禱五台山（土佐国長岡郡）曼殊像、夢授剣有身、吉祥而誕、実丙子歳十一月十三日也、

建武三年ヵ（一三三六）、空谷明応が上洛し、夢窓疎石の弟子になる。

三三〔常光国師行実〕『続群書類従』第九輯下、六八九頁

（前略）師（空谷明応）甫九齢、依郡之宏済寺（近江国浅井郡）沙門志徹為童、天資穎悟、経書過目誦憶、徹識其法器、遂携入洛、謁正覚国師（夢窓疎石）、国師既開臨川、命上足仏慈禅師無極（志玄）公嗣席、（後略）
○空谷明応の年齢により本史料を建武三年に推定する。

建武四年（一三三七）四月二十八日、足利尊氏が加賀国大野庄内藤江・松村を正脈庵造営料所として寄進する。

三四〔足利尊氏御内書案〕臨川寺重書案御教書（鹿王院蔵）　『鹿王院文書の研究』三五号文書

加賀国大野庄（石川郡）内藤江・松村両村事、依御辞退被寄進正脈（洛北）庵造営料所候、於所残者一円為当寺領可有御管領候也、恐惶謹言、

建武四
四月廿八日　尊氏（足利）御判

臨川寺（夢窓疎石）方丈

建武四年（一三三七）十月十五日、赤松円心が雪村友梅を開山にむかえ、播磨国苔縄郷に金華山法雲寺を建立する。

三五〔雪村大和尚行道記〕　『続群書類従』第九輯下、四四〇頁

（前略）丁丑（建武四年）之歳、干戈平定、播州牧源円心（赤松則村）夙願、鼎建新寺於赤穂苔縄（播磨国赤穂郡）之郷、而欲選天下有道名宿為開山住持、藤（小串）範秀以師（雪村友梅）酬其所問也、

（中略）建武四年丁丑、征夷大将軍（足利尊氏）入大定寰中者、彼（赤松則村・則祐）父子之力也、蓋大龍扁塔、暗合可尚矣、当年円心欲果此願、心試問範秀、秀薦道師徳望、時節因縁、感応道交、師資符契、非多生夙発耶、伝聞、檀家古人敦実純真、醇乎英偉武烈一士也、言行不華、曰、我得這長老、開山住持、上求天下安全、父母乃至吾身成仏不可有疑耶、秀唯々、即合掌領解、敦請開山、法雲以最初勲賞高田（播磨国赤穂郡）・竹馬（竹万）寄進、建寺度僧、実建武丁丑七月一日也、又唱世尊、不称雪村、倭音相近、又則祐出遊、江霧未散、遠見墨牡丹来、祐下馬、邦人及内外侍従数十人皆俄下馬、江水浅深、湿溺縦横、濯錦可観、三宝尊崇、父子如此、凡国法自落岩至梵字石、雖貴介公子皆下馬、況邦人行旅人客已下、於牌門外、雖雛僧見之、例下馬、昔日吾仏居霊鷲山中、以退凡下乗二牌界之、自茲天竺諸国波斯匿王等、必皆幢蓋囲遶、徒歩拝詣、遺風未泯、以故今日檀門師門並栄、一念願力無二、誠心所及也、両門後胤克念之、又有両寺建寺之置文詳焉、

乃厚加聘礼迎之、秋七月朔、拝請開山、冬十月望（十五日）、創建大仏殿、寺名法雲昌国、山号金華、皆宸染也、

勅造本尊毘盧三尊、円覚会上説相梁牌曰、聖躬万歳、天地泰而社稷安、臣佐千秋、干戈定而戎夷服、誓興檀度慶集家門者、建武丁丑孟冬（十月）吉日、清信沙弥月潭円心、

鼎建下間牌曰、十身調御統塵区、以為道場、大力量人、揮董草以標梵刹、願経劫石、永壮福田矣、金華山法雲禅寺開山住持比丘雪村友梅謹題、（後略）

○この文章の続きは本書四六号史料。「播磨鑑」（『大日本史料』六編-四、二七〇頁）に関連記事あり。

建武四年（一三三七）十一月十三日、室町幕府が正脈庵領丹波国市原村で悪行を働く播磨国清水寺衆徒と沙汰人百姓を断罪する。

三六〔室町幕府執事高師直奉書案〕播磨清水寺文書

『大日本史料』六編-四、四三八頁

正脈菴（洛北）〇仏光国（無学祖元）師ノ塔所、雑掌申、丹波国市原村（多紀郡）事、沙汰人百姓等、寄事於左右、不随所勘之間、可全雑掌所務之由、先度被

仰下之処、不事行云々、所詮如元沙汰居百姓等於地下、可致公平之沙汰、猶以不叙用者、為処重科、召置張本之仁等、可注進子細也、次当国之清水寺（播磨国加東郡）衆徒等、令同意彼輩、結構悪行之由有其聞、同糺明之、可被注進之状、依仰執達如件、

建武四年十一月十三日　武蔵権守（高師直）在御判

酒井与一殿

三七〔平盛重施行状〕播磨清水寺文書

『大日本史料』六編-四、四三九頁

正脈菴（洛北）雑掌申、丹波国就市原村（多紀郡）事、度々御教書被下候了、重今月十三日御教書如此候、所詮市原村百姓等令同意、而致悪行之由、其聞候間、急速不被糺明之、可注進子細候、恐々謹言、

建武四年十一月廿一日　平盛重（花押）

清水寺（播磨国加東郡）衆徒御中

建武四年（一三三七）、比丘尼霊宗が高峰顕日供養料として正脈院に近江国岩根・浅国庄を寄進する。

三八〔仏光国師語録〕

『大正新脩大蔵経』第八〇巻、二四二頁

建武四年丁丑、比丘尼霊宗、喜捨江州岩根（甲賀郡）・浅国（甲賀郡）両荘、永充仏国禅師（高峰顕日）供養之用、増置膏腴、成叢社、禅誦之規興建之制、皆彼為之、

○この文より前の部分は本書三一号史料に、後の部分は五〇号史料に掲載。

○本史料は『続群書類従』第九輯上に収録されている「仏光禅師塔銘」とは内容が異なる。

暦応二年（一三三九）三月二十八日、室町准后尊融が美濃国虎渓寺に同国南宮社領家得分の半分を寄進し、そのことを夢窓疎石に伝える。

三九〔尊融書状〕永保寺文書

『岐阜県史』史料編　古代・中世一、一〇二八頁

○ココニ、東京大学史料編纂所影写本（明治二十八年）ニハ、「後醍醐帝」ノ付箋アリ、原文書ニハナシ、

元翁（・本元）の塔頭の事、所さためも、小師たちさま〳〵ニ申候へとも、古渓（虎、以下同）（美濃国可児郡）を元翁の門徒寺にさためらるへきよし、此

寺をこんりう《建立》し候ハん事、末代までもよろしう候ぬと覚候程に、みのゝくに《美濃国》南宮社《不破郡府中》領家得分内半分を、古渓寺にきしん《寄進》申、勅願の綸旨かふむりたてまつり候、元翁の門徒なかく色衣をちやくし、入院の儀式執務いたし、宝祚の延長いのりたてまつり候やうニ、古渓坊主宗円《月堂》房のかたへおほせられ候へて、このふミを後證にせられ候へく候、あなかしく、

暦応二年三月廿八日　尊融《室町准后》（花押）

臨川寺東堂《夢窓疎石》

○コノ文書、ナホ研究ノ余地アリト雖モ、シバラクココニ掲グ、

年未詳四月十三日、夢窓疎石が美濃国虎渓寺を元翁本元の門徒寺とすることを土岐長瀬入道に伝える。

四〇〔夢窓疎石書状写〕永保寺文書

『岐阜県史』史料編　古代・中世一、一〇三〇頁

其後何事をも不宣候、抑古渓《虎》《美濃国可児郡》の事、御ゆるしをかふむり、独住いたしわすれかたく候、そのゝち、又元翁《・本元》相続して被住、いまゝて無相違僧所にて候事悦入候、さためも未来までの御善根になり候ぬる事、さためて悦おほしめされんと覚候、又室町准后《尊融》と申ハ、元翁の御小師にて御座候、これによつて保安寺殿《仁和寺》より、美の南宮社《不破郡府中》領家御得分の内、半分古渓《虎》寺に寄進候へて、なかく元翁の門徒寺に御さため、勅願所・色衣の地になされ候程に、さやうニ申さたし候也、御心得のため、如此令申候、委旨坊主《月堂宗円》可令申候処ニ候、恐々謹言、

四月十三日　祖《疎》石《夢窓》

長瀬《土岐》入道殿

○年未詳につき、便宜的に室町准后尊融の寄進状にあわせる。

年未詳四月二十九日、夢窓疎石の計らいで、虎渓寺が元翁本元の門徒寺となる。

四一〔沙弥道仁書状〕永保寺文書

『岐阜県史』史料編古代・中世一、一〇二九頁

今月十三日御書、同廿九日謹拝見仕候了、抑古渓《虎》《美濃国可児郡》事、東堂《夢窓疎石》御座候し御事、面目畏入候、御座之後ハ、ともかくも

永東堂の可為御計之由相存候、如此被仰下御事、殊恐入候、元翁（本元）御門徒寺として永代可為僧所之様ニ、御計之事、畏承候了、尚々下預御当（書カ）候之條、畏入候、以此旨、可然様ニ可有御披露候、恐惶謹言、

四月廿九日　　沙弥道仁上（花押）

衣鉢侍者禅師

○コノ文書、ナホ研究ノ余地アリト雖モ、シバラクココニ掲グ、

○年未詳につき、便宜的に室町准后尊融の寄進状にあわせる。

暦応二年（一三三九）四月、摂津親秀が西芳寺を禅院に改め夢窓疎石を住持とする。

四二〔夢窓国師年譜〕『続群書類従』第九輯下、五一二頁

二（暦応）年己卯春三月、作臨川家訓、以貽門人、夏四月、卓（革）西方（嵯峨）教院作禅院、此寺聖武天皇天平年中、有釈行基者、民間称曰菩薩、孩時人得之於応（鷹）巣也、力化寰中、営建仏寺、凡四十九所、今之西方其一也、後百年、平城天皇太子（高岳親王）棄儲宮為沙門、天皇封為真如親王、居之久、又棄而往唐度流沙、至羅越国而薨、爾来五百年、凡庸相継而住、寺廃甚、檀越藤（摂津）親秀厚礼勤請、師（夢窓疎石）忻然曰、吾素慕亮座主之風、而今得西山（嵯峨）居焉、不亦善乎、輙改西方旧名為西芳、精舎掲額、蓋取祖師西来五葉聯芳之義也、仏殿本安無量寿仏像、今以西来堂扁焉、堂前旧有大桜花樹、春時花敷稠密殊妙、為洛陽奇観也、昔仏光師（無学祖元）翁題桜花偈云、満樹高低爛熳紅、飄々両袖是春風、現成一段西来意、一片西飛一片東、何其冥符此境之如此、似乎讖記也、殿南新建一閣、其上安奉水晶宝塔、名曰無縫、塔之中貯如来舎利一万顆、閣之下曰瑠璃殿、堂閣僧舎之間、廊廡環行、随其地宜繚繞、曰（回）復皆備禅観行楽之趣、開清池導伏流、水出岩罅、潺々如洗玉、可喜也、白沙之洲、怪松之嶼、嘉樹奇巌間錯林立、船泛漣漪、館影水中、天下絶景、似非人力所能也、名池曰黄金、船所泊之、亭曰合同、又直閣之南北立二亭、南名湘南、北名潭北、捜奇顕秘、百廃一新、京城卿士大夫騒人墨客洎四方来遊者、因此壮観、始嚮師道者往往（有）在之、師亦迅筆題廊壁間云、仁人自是愛山静、智者天然楽水清、莫怪愚惷翫山水、只図藉此砺精明、構小亭掲以砺精、又於山之後絶頂設亭曰縮遶（遠）、其所入門曰向上

関、剪榛開径、為四十九盤而登、危磴曲折之間、苔滑雲粘、万木陰森、未到半山、別卓小庵、扁曰指東、用熊秀才問亮座主故事也、（後略）

○〔 〕は『大日本史料』六編-五、五〇九頁により校訂。

四三〔碧山日録〕長禄三年二月二十四日条

『大日本古記録』、上巻、一五頁

二十四日、辛（丁）丑、昨日問同（梵同）書記曰、西芳（嵯峨）精舎、乃正覚国師（夢窓疎石）剏之乎否乎、曰、行基菩薩（法師）草創之地也、今指束（東）菴、其古基也、後来空海、又居此地而修蜜行時、大同帝（平城天皇）之子高岳皇子、出纏以名真如、且従空海、於此所以学蜜（密）教、○時有十弟子入其室、真如乃其一也、其室、今西来堂是也、後数百年諸堂圮壊、柱礎存而已、津氏（摂津氏）之先某見之、有挙廃之心、竟出於家資以修之、且施荘園而為檀越、々々三世之時、正覚国師出於世也、津氏（摂津親秀）拝致請国師、以為始祖也、師竟改西方為西芳也云、余（太極）曰、釈真如、居東大寺、究蜜乗之奥、猶為質所疑、遠企西遊於身毒、竟遷化於羅越国、是海蔵師（虎関師錬）之僧史（元亨釈書）所紀也、未知其始、在于西芳而修練、且為空海十弟子之一人也、今聞之於公、可以悦也、又説前面池水之勝景之次、同曰、国師在濃之虎（可児郡）渓時、有鴛鴦相馴久矣、国師、後逸居西芳之時、一宵夢有紅衣小童、跪於前曰、吾是前身虎渓之鴛鳥也、久以随師聴法故、受人身、明日来可随侍云、国師覚而記之、果有一童、着紅綃而来、見其手足、則有網羅之相、吾土謂之水爬、師乃命之名曰空念、○俾為行者、奉事之余、常課維摩経、臨卒入定云、○後生一子、是復網羅之手也、今有老行者常観、其四世之孫也、行視猶如水皃也、至今池中鴛鴦甚多、它鵁鶄鸂鶒之類不至云、予曰、雖羽族之微感、国師之遺化其如此乎、此紀昨日以有紛事不書、故繋此日、它皆効之、

○「夢窓国師塔銘」・「本朝高僧伝」（『大日本史料』六編-五、五一一頁）に関連記事あり。

暦応二年（一三三九）九月一日、足利直義が父貞氏の追善仏事として等持院八講を行う。

四四〔師守記〕暦応二年九月条 『史料纂集』、第一、二二頁

一日、（中略）自今日武衛（足利直義）第三條坊門（三条坊門）被始八講云々、（足利貞氏）親父仏事云々、五日可被行云々、於等持院行之云々、（後略）

三日、（中略）
（頭書）「今朝昨日為大理卿（柳原資明）奉行被尋申勘例、被注進了、見勘草、今夕空一房参入、武家八講聴聞帰云々、今夜白河辺焼亡云々、」

○今枝愛真「足利直義の等持寺創設」（『中世禅宗史の研究』、東京大学出版会、一九七〇年）によると、三条坊門の等持寺は暦応元年頃に成立し、当初は等持院と称される。康永元年（一三四二）頃、等持寺と改称される。

暦応二年（一三三九）十月五日、光厳上皇が後醍醐天皇の菩提を弔うため亀山殿を禅院に改め、夢窓疎石を開山とする。

四五〔光厳上皇院宣案〕天龍寺重書目録甲（天龍寺蔵）

『天龍寺文書の研究』四三号文書

一（嵯峨）亀山殿事、為被資後醍醐院御菩提、以仙居改仏閣、早為開山被致管領、殊令専仏法之弘通、可奉祈先院之証果者、

院宣如此、仍執達如件、

暦応二年十月五日　（勧修寺）按察使経顕奉

謹上　夢窓国師（・疎石）方丈

○「夢窓国師語録」（『大正新脩大蔵経』第八〇巻、四六〇頁）に関連記事あり。

暦応二年（一三三九）十一月十四日、光明天皇が播磨国法雲寺に勅額を賜い、同寺を諸山に列し十方住持の寺と定める。

四六〔雪村大和尚行道記〕

『続群書類従』第九輯下、四四一頁

（前略）暦応二年冬至日、宸翰勅額、諸山帖子迎接、有上堂語、又開山（雪村友梅）自筆定案及檀那（赤松則村）請開山状、寺（播磨国赤穂郡苔縄法雲寺）供養記録、仏工七條法眼康俊、応永廿三年丙申、列天下十刹、被旨、己卯（暦応二年）冬十一月至日、位于天下諸山之列、而定十方住持者、時際興運、山門檀門、天時地利、一代盛事、住持得人、衆亦龍象、陞堂説法、規矩厳粛、可謂般若叢林中国第一名藍、（後略）

○この文より前の部分は本書三五号史料に掲載。『大日本史料』六編-五、八〇三頁「雪村和尚語録」の注記に暦応二年の冬至は十一月十四日と書かれる。

暦応三年（一三四〇）正月二十六日、足利尊氏が直義に政務を

委譲し、常在光院下御所に居住する。

四七〔雪村大和尚行道記〕

『続群書類従』第九輯下、四四三頁

（前略）暦応三年正月廿六日、法雲（播磨国赤穂郡苔縄）釈友梅（雪村）、又答等持官（三条坊門）寺古先（・印元）和尚書云々、（中略）又両殿者、等持院殿（足利尊氏）、委政尊弟三條殿（足利直義）、自居常在光院（東山）下御所表、太平坐致、故応夢岩抗（挽イ）章及常在光院、（後略）

年月日未詳、足利尊氏が関東より上洛した時、常在光寺に居住する。

四八〔蔭涼軒日録〕長享二年正月二十四日条

『増補続史料大成』、三巻、七四頁

廿四日、（中略）相公（足利義政）曰、昔等持院殿（足利尊氏）自関東御上洛時、先御坐于常在光寺（東山）、次御坐于柳原、次御坐于当寺（三条坊門等持寺）云々、愚白（亀泉集証）、常在光寺于今無建立儀、彼衆僧衆書記云老僧一人于今在之、江州田上（栗太郡）有寺領、当年若入手可立一宇歟、相公曰、以前看彼在所、諸位牌等皆棄擲在之、寺家封疆所々難看分云々、（後略）

○年月日未詳につき、便宜的に足利尊氏が常在光寺に居住した記事にあわせる。

○細川武稔『京都の寺社と室町幕府』（吉川弘文館、二〇一〇年）一五頁で、足利尊氏が常在光寺に居住した時期を建武三年（一三三六）～康永三年（一三四四）の間と推定。

暦応三年（一三四〇）七月十六日、足利尊氏が大光明寺に日向国国富庄内田島郷を山城国物集女庄の替地として寄進する。

四九〔足利尊氏寄進状案〕天龍寺造営記録

『南北朝遺文』九州編第二巻、一五五二号文書

奉寄
大光明寺（伏見）
日向国々富庄内田島郷（那珂郡）事、
右、為山城国物集女（乙訓郡）庄替所令寄附也者、早任先例、可被沙汰之状如件、
暦応三年七月十六日　権大納言源朝臣（足利尊氏）御判

暦応三年（一三四〇）、足利直義と高師直が禅寺の開創について議論する。夢窓疎石が正脈院を基にして真如寺とすることを提案する。

五〇〔仏光国師語録〕『大正新脩大蔵経』第八〇巻、二四二頁

大日本国山城州万年山真如《(洛北)》禅寺開山仏光無学《(・祖元)》禅師正脈塔院碑銘

（中略）暦応三年、左武衛将軍源公直義《(足利)》、嘱令武州太守高《(高)》階師直、議刱一禅苑、謀於夢窓《(・疎石)》国師、師曰正脈院《(洛北)》可移於東隅、即其基建寺、太守従命、寺成、武衛以真如為寺額、以万年為山名、奉仏光禅師、為開山初祖、乃規菴《(・祖円)》・夢窓二師、不忘乃祖父之意也、当代守塔慧迪号覚山、経歴大方弁事、居真如第一座、能充広其基業、修飾其堂殿、朝暮香燈之勤、延接賓客之礼、能継成者也、（後略）

○真如寺の建立は暦応五年（一三四二）四月十五日。本書五八号史料参照。

五一〔胡蝶の夢語〕真如寺文書

（前略）わか祖如大《(無外)》和尚は仏光《(無学祖元)》の弟子なり、本性ハ城陸《(安達)》奥守《(泰盛)》の息女にして、足利貞氏に嫁し給ふ、貞氏におくれ出家し別号無外又は無着と称す、或ハ小名千代野とよふといへり、仏光・聖一《(円爾)》の二大老に参禅し、終に仏光国師の法嗣となり、国師の遺嘱により都にのほり、その爪髪を納め塔をきつき、正脈庵《(洛北)》をひらき給ふ、其後暦応三年左武衛将軍直義《(足利)》、高《(高)》階師直に嘱して夢窓国師《(・疎石)》の為に正脈庵を再興し、真如寺《(洛北)》といふ、真如ハ仏光禅師唐土にて住したまひし寺なるゆへに、其名を用ひられたり、是よりさき如大和尚ハ、上杉・二階堂其外都の道俗帰依して松木嶋《(洛北)》に迦藍を建立し、景愛寺と号して如大和尚を開山とす、すなはち朝儀有、位を尼五山の第一となし給ふ、敷地ハ北山院准后理宝寄附し給ふ、理宝ハ鷲尾大納言隆衡卿の女にて、西国《(園)》寺大《(太)》政大臣実氏公の室、大宮女院《(藤原姞子)》の御母にて候、寿長く、観応の比嵯峨に住し給ひ、今林准后《(藤原貞子)》と申、年百三歳の時まてさかんに見へしよし、古記に見へて候、大宮女院ハ　後嵯峨帝の皇后、　後深草院・亀山院の母后にて二代の国母とあふかれ給ひし、又大慈院は後光厳院の后、　後円融院の母后、藤原仲子崇賢門院の本願にて建られて候、門院を初ハ梅町殿と申て広橋贈

大(太)政大臣兼綱公の女にておはしまし候、崇賢門院并北山院の御所ハいつれも鹿苑院殿(足利義満)北山の第のひつしさるの方にさしつゝきたるゆへに、応永十五年　後小松院北山の第に行幸の時、筵道にて北山院へも崇賢門院へも行幸なりし由、北山行幸記にしるされて候、大慈院をハ南御所と申て代々足利家の息女出家して住持候ゆへ、後に此寺へ一所に兼帯あり、(後略)

○無外如大の来歴と、景愛寺・大慈院建立の経緯についての記事をあわせて収録した。
○今林准后藤原貞子は正安四年（一三〇二）十月一日に死去（『実躬卿記』同日条）。
○「胡蝶の夢語」は元文二年（一七三七）八月に成立。

暦応四年（一三四一）六月十五日、足利尊氏が自邸に舎利殿を建立し、夢窓疎石を導師として落慶法要を行う。

五二一〔武家年代記〕暦応四年六月十五日条

『大日本史料』六編―六、八二三頁

暦応四年、同(六月)十五日、将軍(足利尊氏)御所被立舎利殿、供養導師夢窓(疎石)、左兵衛督(足利直義)殿御出仕、

暦応四年（一三四一）七月十三日、暦応寺（後の天龍寺）の地鎮法会が行われ、夢窓疎石が導師を、春屋妙葩が維那を務める。

五二二〔天龍寺造営記録〕『大日本史料』六編―六、八五六頁

件日時在実(賀茂)朝臣択申了、

同年(暦応四年)七月十三日、晴、曳地遂行、去月十四日、氏長注進之分、有丙丁日之所難延引、兼儲行事所西向六間、於御桟敷、敷高麗畳懸御簾、為両所之座、但隔中間為両座、南四間両殿御座、上簾、北二間大方三品禅尼(上杉清子)御座、簾中、可引幔哉否、有其沙汰、申談洞院前右府(公賢)之処、転地事強無定式、崇敬之甚也、宜為略儀之由落居了、当日之儀式異恒、仏殿加壇餝(飾)分、引廻縄、以其外為庭儀、先当中芺(央カ)間左右懸銀銭心経馬形、堂前構書棚訖、次僧衆皆入敷地、縄内、又当仏檀(壇)前、立卓、敷錦打敷、安香炉、立花燭等、当左角乾方、安磬於方卓、懸打敷、其側鍬三口、新造、兼用意之、巳時両殿将軍(足利尊氏)布衣、任大納言之後、未致拝賀并直衣始之間、衣服事被申合洞院前右府云々、武衛(足利直義)同服也、同車、大方乗輿、入寺、経亀山殿(嵯峨)東北端、門、著西向客殿、開山(夢窓疎石)、臨川志玄、無極和尚、等持(三条坊門)印元、古先々(和尚)、塔主端照山主、将軍、武衛、同座、

広庙著座、武州（高師直）、越州（高師泰）、洒掃（摂津親秀）、信禅（二階堂行朝）、野禅（三浦貞宗）、与州（大高重成）、遠禅（宇都宮貞泰）、
半斎先著座行事所、路次歩行、国師（夢窓疎石）立列之後、下庭上敷畳二帖、
著座、于時国師香染衣、率大衆百余人、臨川僧衆所々小師等、諷経楞厳大悲消災等呪、行道了後、焼香礼拝如恒、維那妙派（春屋）（葩）蔵主、読廻向疏之後、焚銀銭、
次円忠（諏訪）、依国師之命、進両所御前申刻限、其時役人両輩各献御沓、則歩入堂内敷地給、了都寺取鍬献国師、々々取之三ヶ度穿敷地、其後直歳因愚、修造司因慈、亦発芝、国師取納芝土於平籠、以竹造之、出堂前東向、持置之給、是則為表開山之儀也、
次将軍、如前、次武衛、同前、
其後一荷両人運送之、次第不同、

僧衆分

一荷　臨川長老、志玄、無極和尚、　等持院主、印元、古先和尚、
一荷　端照塔主、山主、　妙了都寺、

俗家分

一荷　武蔵守師直（高）、白直垂、　越後守師泰（高）、
一荷　掃部頭親秀（摂津）、　信濃入道行珍（二階堂行朝）、
一荷　阿波守和氏（細川）、　伊与権守重成（大高）、
一荷　南遠江守（宗継）、　大和権守重茂（高）、
一荷　三浦下野入道（貞宗）、　宇都宮遠江入道（貞泰）、
一荷　対馬守行重（後藤）、　引田妙玄（疋）、
一荷　尾張権守（季直）、海老名　粟飯原刑部右衛門尉清胤、

（後略）

○後略の部分は本書五四号史料。
○玉村竹二『夢窓国師』（平楽寺書店、一九五八年）二〇九頁によると、「端照塔主」は元公卿の吉田冬方で多宝院塔主としている。
○「天龍紀年考略」（『大日本史料』六編−六、八五八頁）に関連史料あり。

暦応四年（一三四一）七月十三日、真如寺の上棟が行われる。

五五〔天龍寺造営記録〕『大日本史料』六編−六、八五六頁

同年（暦応四年）七月十三日、晴、曳地遂行、（中略）其後著本座、被行御時之後、開山（夢窓疎石）以下真俗共以御出真如寺（洛北）仁和寺、上棟云々、（後略）

○中略の部分は本書五三号史料。

暦応四年（一三四一）八月二十三日、真如寺が十刹位に定められる。

五五〔扶桑五山記〕

玉村竹二校訂『扶桑五山記』（臨川書店）三五頁

「一覧亭」(白文黒長方印)

大日本国禅院諸山座位條々暦応四年八月廿三日評定、同五年四月廿三日重沙汰、「梵秀」(黒丸印)

五山次第

第一　建長寺　　南禅寺両寺均等之子細見状左、但依都鄙改坐位、

第二　円覚寺　　天龍寺

第三　寿福寺

第四　建仁寺

第五　東福寺住持家幷本所承諾、治定畢、

此外浄智寺可准五山、長老幷両班・耆旧名、可列一類之位次也、

十刹次第

第一　浄妙寺(鎌倉郡)鎌倉、　第二　禅興寺(鎌倉郡)相陽、

第三　聖福寺(那珂郡)(筑)築前、　第四　万寿寺(六条高倉)京師、

第五　東勝寺(鎌倉郡)鎌倉、　第六　万寿寺(鎌倉郡)鎌倉、

第七　長楽寺(新田郡)上野州、　第八　真如寺(洛北)京師、

第九　安国寺(四条坊門)京師、　第十　万寿寺(大分郡)豊後州

右禅家諸山之次第、可令沙汰之由、去年五月十二日、所被下　院宣武家也、爰建長寺者、為往代之勅願、大刹之最頂也、今更不能改動、南禅寺者、亀山院御建立、濫觴異他、且元弘一統之時、可為諸山第一之由、被下　綸旨訖、今既於相続叡願也、旁難黙止、所詮両寺可為均等之儀、会合之時者、随京都・鎌倉所在、可為賓主之礼焉、凡於五山十刹者、共以可守坐位之次第、都(鄙脱)散位之諸山者、云現住、云前住、宜(依脱)臈次矣、次徒弟院事、既有(在カ)諸之号、(山脱)不可差別、仍雖為門徒之吹挙、非其器者、不及許容、若亦不帯御敬(教)書、猥雖致寺務、敢不可列十刹十方院坐位焉、

暦応五年（一三四二）四月八日、光厳上皇が西芳寺に御幸し、夢窓疎石に受衣する。

五六〔夢窓国師年譜〕『続群書類従』第九輯下、五一三頁

康永元年壬午、夏四月八日、太上天皇(光厳上皇)駕幸西芳寺、(嵯峨)受衣盂以執弟子儀、（後略）

五七〔正覚国師集〕『新編国歌大観』第七巻、一三頁

花のさかりに西芳寺（嵯峨）に御幸なるべしときこえけるが、うちつゞき御さしあひありてのびゆきけるほどに、花のちりけるを見たまひて、

なほ（猶）もまた千とせのはる（春）のあればとやみゆき（御幸）もまたで花のちるらむ

（中略）

西芳精舎に御幸なりて、両株の佳花、叡覧ありける翌日にたてまつられける、　竹林院内大臣（西園寺公重）

めづらしき君がみゆきをまつかぜにちらぬさくら（桜）の色を見るかな

御かへし

花ゆゑのみゆきにあへる老が身に千とせの春を猶もまつかな

暦応五年（一三四二）四月十五日、高師直が真如寺を建立し、夢窓疎石を開山とする。

五八〔夢窓国師年譜〕『続群書類従』第九輯下、五一三頁

康永元年壬午、（中略）四月十五日、武州太守高師直請兼管真如寺（洛北）、先是高師直受衣将建一梵刹、請師（夢窓疎石）為開山、相攸未得称意、師謂師直曰、仁和寺東北山辺有正脈庵（洛北）、是仏光祖師（無学祖元）塔所也、其封疆寛闊、可以建大伽藍、請追請仏光為開山、則吾領住持事、師直甚喜、不日而成、寺号真如、山称万年、皆追慕乃祖遺跡也、正脈庵者、尼如大（無外）為仏光所建也、仏光与如大長老手書、幷手染牌額等、諸大字収在本庵、其書略曰、汝受吾衣法、道風大行、老懐懽喜、骨髪少許、分留与汝、汝為安奉、別置一小禅刹、代吾分化須当竭力、不得違吾之志、今寺之興莫是祖翁冥有所待也、秋七月、謝真如事、（後略）

○夢窓疎石は同年七月に真如寺住持を辞する。

五九〔真如寺の縁由〕真如寺文書

真如寺の縁由

山城国葛野郡万年山真如寺（洛北）ハ京師十刹第三の禅林にして五山第二相国寺の附庸たり、開山勅諡仏光円満常照国師、名ハ祖元、字ハ子元、無学と号す、大宋国会稽鄞県（浙江省寧波）の人なり、其母懐妊セしより誕生なりしまて、さま〳〵の奇瑞ありし事、本録に見えたり、十三歳にして出家し、精錬苦行まし〳〵しか、終に大道を證悟し、径山（浙江省余杭県万寿寺）無準和尚（・師範）の法をつき、釈迦如来より的々相承五十四代の祖師とならせ給ひ、道徳世に勝れ、吾朝

まてきこえけるか、弘安二年、鎌倉副師平時宗《(北条)》の請に応して此国へわたり給ひ、無程円覚禅寺を開き、その道風海内におよひける、国師はしめ宋国におはセし時、折々衣冠たゝしき異人あくともなく来りて、和尚吾国へきたり群生を済度し給へと願わる、此人来られしことに、一の金龍あまたの鳩きたりて国師の衣にそひけるとなり、国師来朝のゝち鶴岡八幡宮へ詣てらるゝ時に、彼金龍と鳩のすかた祠のたるきにちりはめたるにこそ、国師もはしめておもひしらせ給ふ、まことに国師の来朝は八幡の神慮にて此国の為に大導師となし給へるものなり、こゝに如大《(無外)》和尚と申セしハ、もと秋田陸奥守藤原《(安達)》泰盛の女、金沢越後守平顕時の妻なりしか、国師にしたかふて出家し、道徳を成し、洛陽《(洛北)》松木嶋に景愛寺を開き、宗風をゝこし国師の法嗣と称し給ふ、弘安九年九月三日、国師鎌倉建長寺にて遷化し玉ふ、そのまへ爪髪を如大和尚にあたへ、一禅刹をたてゝ此を安奉せよとの遺嘱なり、如大和尚すなはち正脈院《(洛北)》を建立ありて、爪髪を納め国師の塔所となしたまふ、かくて康永元年、むさしのかミ《(武蔵守)》高師直、夢窓《(疎石)》国師の為に正脈院のところに就て大伽藍をこんりう《(建立)》し、仏光国師を追請して開山となし、万年山真如寺と号し、夢窓国師住持まし〳〵ける、夢窓はすなはち仏光の法孫なり、真如寺と名つけられしも、仏光こくしもと宋国台州真如寺に住持し給へは、其寺号をとりての事となむ、其より正脈院ハ寺の東隅にありて開山の塔所と称す、しかるにそのゝち世のみたれによりて伽藍も数度敗失におよひしを、明暦二年、
後水尾院仏殿を御再建まし〳〵てより、当寺の光華天恩を仰きたてまつりき、かくて享保二年、前景愛本覚院宮仏殿後に就て開山国師・如大和尚二祖の尊塔を構へ、正脈院の遺蹤も此中に残し給ふ、いにしへの大伽藍に比ふれハ十か一なれとも、五百年に近き星霜を経て、先徳の霊跡儼然として相続する事、吾法門の幸にあらすや、いさゝか古の伝録によりて此寺開闢の縁由を記す事しかり、

宝暦八年戊寅仲冬《(十一月)》

賜紫景愛西山比丘尼

逸巌理秀敬識

康永元年（一三四二）八月五日、八坂塔の落慶供養が行われ、

夢窓疎石が導師を務める。

六〇〔夢窓国師語録〕『大正新脩大蔵経』第八〇巻、四六六頁

康永改元壬午仲秋（八月）初五日欽奉聖旨慶讃京城東山八坂（法観寺）宝塔塔中図絵両界諸尊

拈香云、此香微塵刹界求難得、大願海中流出来、爇向炉中恭為　今上皇帝（光明天皇）・太上天皇（光厳上皇）、供養本地法身法界塔婆・釈迦如来真身舎利・胎金両部無辺諸尊・三世出興諸仏如来・十方常住諸賢聖衆、次伸祝貢　梵天帝釈四大天王云云、榑桑顕化伊勢太神官（宮）・八幡大菩薩等大小福徳一切神祇、伏願洪慈保持増長彼大願力、諸障消殞円成此勝善根、（中略）伏惟　征夷大将軍（足利尊氏）・左武衛将軍（足利直義）両殿下、稟英傑於天賦、不玷武門遺風、殖善本於夙生、相符鷲嶺付嘱、左武右文堪為王室機括、内真外俗寔是法城金湯、茲者元弘以来国家大乱、想料賢懐、奚有介悪、祇是天災起於不虞、傷害人民不尠、焚焼舎宅幾何、因此悪縁、翻発善願、其善願者所謂欲於六十余州内毎州建于一基塔者也、其旨趣不敢為私家、欲祈仏法王法同時盛興、其回向亦非為自利、欲済此方他方一切含識、具陳精悃上達　聖聞、其志協　叡襟、亦同発大願、乃命主幹於武将、以成締構於諸州、或新樹営功、或重補廃址、今此当山霊塔是其一也、因茲数年漸補頽落之積弊、今日特旌供養之彝儀、朝旆臨筵為法作證、梵苑添彩令人観光、龍象沓来人天交接、伶倫奏楽、足以表世俗諦中有真諦、清衆諷経亦堪示真空門裏、開化門、法会九成　叡願万足、此乃冥顕感応之所致也、豈非君臣道合而使然乎、本寺堂頭高山（・栄元）和尚発願、修営此塔已迨四十余回、累年興隆大功併帰高徳也、今日慶賛唱導寧干別人乎、雖然老師自伸謙譲之忱、遂挙山野以代焉、是以叨膺　詔命、難為固辞、不遑揆愚惷、出来納敗闕、伏乞衆慈各垂亮察、繹夫七百年前霊塔草創之時節、乃是六十余州仏法流布之最初　上宮太子（聖徳太子）之建此塔也、大悲願力深熏群品心、浄蔵上人之祈此塔也、霊験嘉声普落諸人耳、偉哉斯塔迴出常標、外搆五重層級、内納三粒駄都、内外相称全露法身之霊場、輪円具徳宏闢秘蔵之玄閟、又見奉安両界覚皇四仏尊像、各具五智之深理、宛爾斯彰、互為主伴之化儀、儼然可見、中心一柱図三千諸仏、辺隅四柱絵三十七尊、過現相在彼彼含摂猶如鏡燈、横竪無礙重重互融不異帝網、八祖列坐四壁、八天囲繞四方、当知

諸聖諸賢同会常恒談秘談玄、何疑善神善祇降臨日夜護人護法、奇瑞殊特自是集而大成焉、褒美称揚其豈言之所及哉、治承（三年五月十四日）・正応（四年四月）此塔屢罹回禄、　太子願力堅固不成燼灰、累朝尊崇至今相続、叡信弥篤厳飾転新、建久（二年）年中鎌倉右（源頼朝）幕下深生信心、特伸供養、自爾以降武家渇仰亦相継、霊塔紹興未嘗休、於戯如来以仏法付嘱国王・大臣・有力檀那、金言不虚可得而験焉、昔本朝伽藍興建此地、是為権輿、今諸国塔婆供養此地亦作先鋒、由其感応冥符、知此縁遇際会、仏法流布既始従此精舎、仏法再興亦資于此精舎者歟、阿育王曾造八万四千塔廟、皆択八祥之霊地、以為址基、搏桑国新立六十六箇之浮図、先於八坂之精藍而修供養、乃知此地元蘊八祥之徳、故自得八坂之名者也、想厥来歴固非苟然、教中云、正法住正法滅須以塔婆興廃観焉、既是塔婆興隆得時、応知如来正法住世、彼（白河）法勝寺宝塔去春（暦応五年三月二十日）罹火災而壊滅、貴賤皆同悲歎、此法観寺宝塔今日遂供養而再興、緇素靡不随喜、両塔壊滅与再興示相雖異、諸人悲歎与随喜得益是同、以此思之可謂塔婆興廃倶是仏法流通、所以道、乃至童子戯聚沙為仏塔、漸漸積功徳、皆以成仏道、童子之戯尚成覚因、何況朝廷　叡願武門精誠乎、聚沙之功亦熏善種、何況頒賜田園割施財産乎、然則不用備慶賛於多言、偏是仰證知於三宝而已、莫謂塔婆唯興六十六州、須知周遍法界塵塵広開建化門、誰言供養聊期一時一会、亦当窮尽未来、世世常作大仏事、以此鴻因祝延　皇祚、金輪統御踵三代之嘉猷、宝暦綿洪享万年之景運、憑茲善利保裕武門、久佐、帝道栄耀伝家、永帰祖風智才出格、仗其威力護持法門、伽藍粛静魔孽潜蹤、僧侶安寧宗猷接踵、散厥余熏賑済国土、干戈永止朝野楽清平、災禍咸消黎庶得康阜、併斯功徳回向群生、怨類親類斉出塵労、有縁無縁同円種智、（後略）

六二〔浄修坊雑日記〕『続群書類従』第三一輯下、五六一頁

康永二年
八坂（東山）法観寺塔供養散状　公卿三人
奉行参河入道（二階堂時綱）
飛鳥井前宰相雅孝卿正二位・大蔵卿（高階）雅仲従二位・持明院家藤三位
殿上人
奉行伯耆入道（二階堂行秀）
二條中将資持朝臣・難波中将宗清朝臣正四位下・冷泉少将為香正五下・持明院少将基隆従五上・難波少将宗成従五上

諸大夫

佐分左近大夫重親・千秋左衛門大夫高範

導師

夢窓（疎石）国師

六二〔如是院年代記〕『群書類従』第二六輯、一七一頁

壬午康永元（中略）八月五日慶八坂塔（東山法観寺）、八月五日供養、夢窓（疎石）導師、

康永元年（一三四二）十一月三十日、土岐頼遠が朝廷・幕府に減刑を嘆願するため夢窓疎石を頼るが、斬首される。

六三〔中院一品記〕康永元年十一月・十二月条

『大日本史料』六編-七、四一三頁

十一月廿九日丁酉、（中略）及晩頭洛中以外鼓騒、予有（中院通冬）風気不及出仕、毎事不審也、閭巷之説云、美濃国守護土岐弾正少弼頼遠今参洛云云、是去秋比、令参会御幸、伏見殿御幸還幸、放矢及狼藉、令露顕、剰去比不申暇、逃下美濃国了、仍可追討之由有其聞、而種々武家相語之間令帰参云々、入夜禁裏仙洞、□（警カ）固、、、家令進云々、今日雨降了、

卅日、早旦洛中猶不静謐、頼遠率大勢丑刻入洛、向夢窓（疎石）、、、仍在于嵯峨臨川寺、官軍等、満（軍勢）、、、打囲参云々、侍所預之云々、

十二月二日、土岐頼遠今暁於六角壬生辺被誅了、於美濃国所々領悉押領、、、至極之者也、静謐之基歟、今度、、、、、

六四〔太平記〕『日本古典文学大系』二巻、四〇五頁

土岐頼遠参合御幸致狼藉事付雲客下車事

（中略）土岐頼遠ハ、弥罪科遁ル、所無リケレバ、美濃国ニ楯籠テ謀反ヲ起サント相議シテ、便宜ノ知音一族共ヲ招寄ト聞ヘシカバ、急ギ討手ヲ差下シ、可被退治トテ、先甥ノ刑部大輔（土岐）頼康ヲ始トシテ、宗トノ一族共ニ御教書ヲ被成下シカバ、頼遠謀反モ不事行、角テハ如何ト思案シテ、潜ニ都ヘ上、夢窓（疎石）国師ヲゾ憑ケル、夢窓ハ此比天

下ノ大善知識ニテ、公家武家崇敬類ヒ無リシカバ、サリ共ト被憑仰シカ共、左兵衛督（足利直義）、是程ノ大逆ヲ緩ク閣カバ、向後ノ積習タルベシ、而レ共御口入叵黙止ケレバ、無力其身ヲバ被誅テ、子孫ノ安堵ヲ可全ト返事被申、頼遠ヲバ侍所細川陸奥守顕氏ニ被渡テ、六條河原ニテ終被刎首ケリ、其弟ニ周済（崔）房トテ有ヲモ、既ニ可被切ト評定有ケルガ、其時ノ人数ニテハ無リケル由、證拠分明也ケレバ、死刑ノ罪ヲ免テ、聽テ本国ヘゾ下リケル、夢窓和尚ノ武家ニ出テ、サリトモト口入シ給シ事不叶シヲ、欺ク者ヤ仕タリケン、狂歌ヲ一首、天龍寺ノ脇壁ノ上ニゾ書タリケル、

イシカリシトキハ夢窓ニクラハレテ周済（崔）計ゾ皿ニ残レル

（後略）

康永元年（一三四二）十二月二日、夢窓疎石が天龍寺造営の差配をする。

六五 〔天龍寺造営記〕『鹿王院文書の研究』三七号文書

同（暦応）五年改康永三月廿七日戊戌、礎始大光柱二本分、当日置之、寺家僧衆之沙汰在諷経云々、檀門公私不及来臨、円忠（諏訪）一人参勤了、

同七月廿八日丁酉、木引、法輪橋（嵯峨）渡始云々、不及日時之沙汰、僧家誘引也、両殿（足利尊氏・直義）各布衣、斎前入寺、斎了被引料木、先開山和尚（夢窓疎石）、次将軍（尊氏）、次武衛（直義）、其後武州（高師直）已下供奉人、皆取付一筋綱引入寺敷地、結縁之儀式計也、終日引上河上料木於寺中了、面々郎従及中間下部等混乱、無上下之差別、併賞強力畢、一日労功莫大也、僧衆随喜、

八月三日壬寅、雨降、立柱寺家沙汰也、今日礼節事属執権（勧修寺経顕）卿、自寺家内々経 奏聞之処、立柱之儀式別無 勅願之先例、諸寺皆以上棟同日之儀也、然而随時儀寺家相計之条、不可及御沙汰云々、爰王相方也、可有御方違之由、当道傾申之処、事始上棟両節之外、不可有御綺之由、先日既治定了、仍曳地礎已下不及御沙汰之上者、立柱不可用捨云々、仍不及公家御沙汰、

（中略）

先有諷経、仏殿前立卓在打敷、備香花安磐、懸銀銭等、法則如恒、開山門徒小師等来集、僧衆已百余人也、住持已下僧衆、先著座北木屋西上南面、両殿著座南木屋西上北面、

僧衆行道礼拝如恒、諷経畢、焚銀銭、廻向了、召出工等引禄、

（中略）

十二月二日、天晴、上棟、

陰陽寮左京大夫在実（賀茂）朝臣、献日時勘文於上卿勧修寺大納言経顕卿、経　奏覧之後被　宣下、在実朝臣持向本寺下知木工寮、仍今日先表上棟之儀、白綾平絹付綱一筋左綾右平絹、開山国師幷僧衆引之云々、

去夕依頼遠土岐弾正少弼誅戮、幷今日将軍御痢病、御参詣延引、以白井八郎左衛門尉宗明、被仰子細於寺家、仍今日檀門綱引禄引延引、

立五色木綿於棟木、大工拝礼之後、僧衆諷経、廻向之時不焚銀銭、存故実故也、

当日始差両班定坐位、

今夜在実朝臣一宿、勤行火災祭、

料足十貫文、赤馬一疋、

開山長老夢窓国師

頭首

前堂斎哲（明叟）西堂　後堂愚首座端照

書記智闇（悦巌）　蔵主宏遠（方外）

知客法祖　浴主周恩

知事

都寺妙了　監寺妙蘊

維那妙葩（春屋）首座　副寺妙中

典座妙尊　直歳周方

康永二年（一三四三）三月二十八日、正脈庵が近江国甲賀郡朝国との境にある重弘名を物部秀信に安堵する。

六六〔真如寺正脈庵下知状〕山中文書

『水口町志』下巻、三一四頁

（端裏書）
「ほりこしのさかいのけちなり」

近江国甲賀郡朝国境重弘名田地荒野等、於物部秀信当知行分者、永代不可有相違之旨、依正脈菴（洛北真如寺）仰、下知如件、

康永弐年三月廿八日　岩根政所（花押）

康永二年（一三四三）七月十三日、高師重四十九日の仏事が真如寺で行われる。

六七〔祇園執行日記〕康永二年七月十三日条

『群書類従』第二五輯、五〇八頁

十三日、今日高右衛門入道(師重)執事(高師直)・越州(高師泰)等亡父四十九日也、仍於真(洛北)如寺、仏事有之、

○『師守記』康永三年五月二十四日条に高師重一周忌の記事あり。

康永三年（一三四四）十月八日、高重茂が真如寺帰元庵に河内国甲可郷内五箇名を寄進する。

六八〔高重茂寄進状〕（旧）武家手鑑

東京大学史料編纂所写真帳六一七一・〇二―一二四

(足利尊氏)(花押)

寄進　真(洛北)如寺帰元菴

河内国甲可郷(讃良郡)内五箇名今安・国弘・俊貞・吉包・清久、等事、

右為先考(高師重)追善料足、限永代、所寄進如件、

康永三年十月八日　駿河守高階(高)朝臣重茂（花押）

康永三年（一三四四）十二月、延暦寺衆徒が光厳上皇の天龍寺臨幸に反対し、夢窓疎石の処罰を求める。

六九〔比叡山本院衆会事書〕康永三年十二月二十七日条

『大日本史料』六編―九、一二二頁

告申大衆(延暦寺)御中

就大会勅使可被経執奏事

右政道有横則山門加諫言、学侶含訴則朝家被優異者、不易之佳例、有道之善政也、此偏依医王山王護鳳闕安泰、一乗上乗致禅徒習学故也、於茲頃年以降、禅念両宗充満洛中、異類異形徘徊路頭、亡国之因縁、放埒之至極也、剰夢窓(・疎石)法師構亀山(嵯峨)皇居於禅堂、卜聖王覧(霊カ)跡於荘室、希代之狼藉、奇怪之所行也、山門(延暦寺)争不加炳誡乎、結句過帳(頂カ)之余、以自所之草庵、申成勅願寺、為遂供養、可奉勧臨幸云々、事実者朝代之楚忽、山門鬱陶也、急速於彼夢窓法師者、任申請被放遠島、励円宗之再興、為抽御願忠節、所告申如件、

康永三年十二月日

○『園太暦』康永四年七月八・十九・二十・二十二日条、「山門訴申」・「康永四年山門申状」（『大日本史料』六編

九、一二二一〜一二三三頁）、「光明院宸記」康永四年八月四日条（同書一三三頁）、『太平記』（日本古典文学大系、二巻四一五・四二九頁）に関連記事あり。

康永四年（一三四五）四月八日、夢窓疎石が天龍寺法堂の開堂を行う。

七〇〔夢窓国師語録〕　『大正新脩大蔵経』第八〇巻、四六〇頁

康永四年四月初八新開法堂、此日武将両殿（足利尊氏・直義）下光臨法筵、上堂、先伸仏誕儀罷乃云、三世諸仏出現於世、唯為説法済度衆生、是以四弁八音並為説法軌範、鹿苑鷲嶺亦是度生道場、祖師門下単提独弄、直示本分不同教門、然鞠其旨帰、亦只為伝法救迷也、以故西天四七東土二三、各各相承以伝法偈、達磨大師云、吾本来茲土伝法救迷情、便見少室雪中断臂黄梅夜半伝衣、正法流通接踵躡武、樹下石上幽洞深巌無処不建法幢、有機必伝心印、百丈（・懐海）大智禅師創興叢林以来、震旦榑桑列刹相望、大小雖異、皆構法堂挙唱宗乗、茲者本寺開基歳序未幾、厨庫・僧堂・三門・両廊雖未畢其功、仏殿落成之後、先立法堂、此所以其表仏祖本意在説法利生者也、今当如来降誕日、已得法堂周備、時節因縁偶諧如合符契、（後略）

○夢窓疎石は貞和二年（一三四六）三月十八日に天龍寺住持を辞する（本書八〇号史料）。

康永四年（一三四五）八月三十日、光厳上皇が後醍醐天皇七回忌のために天龍寺に御幸し、夢窓疎石に金襴紫衣を賜う。

七一〔夢窓国師塔銘〕『続群書類従』第九輯下、五三七頁

八月
太上天皇（光厳上皇）臨幸、省枢二府官寮畢集、為後醍醐天皇七年忌賜金襴紫衣、師（夢窓疎石）対御陞坐、一星降于庭如白月、説法罷乃隠、（後略）

○『園太暦』同日条、「夢窓国師年譜」（『続群書類従』第九輯下、五一九頁）、「夢窓国師碑銘」（同書五四一頁）、「天龍紀年考略」（『続群書類従』第二七輯上、四二八頁）、『太平記』（日本古典文学大系、二巻四三三頁）に関連記事あり。

康永四年（一三四五）九月、夢窓疎石が春屋妙葩に道号を付与し、天龍寺法堂落慶時に着した説法衣を与える。

七二〔普明国師行業実録〕

『続群書類従』第九輯下、六四五頁

（前略）貞和元年乙酉歳、天龍寺将有開堂慶讃之勝会、師祖《夢窓疎石》命師為紀綱、一日祖為衆入室、祖問師曰、興化因甚麼打克賓、師《春屋妙葩》曰、五逆聞雷、祖然之、由此嘉誉焉、秋九月、紀綱職満、命師主雲居庵《天龍寺》、自是親炙師祖左右、晨昏参扣、祖毎以古徳機縁詰之、師応答如響、師屢呈見解、屢遭呵斥、且曰、汝趣向無差、只為知解所障耳、由此不事文筆、但随祖一向打坐、脇不沾席、一日因看円覚経、居一切時不起妄念、忽然有得、作二偈呈祖、祖領之、因書居一切時等八句文付師、頌春屋号付之曰、百花本是一枝花、遂見衆芳聯我家、驀地開門出和気、韶光従此遍河沙、又付以衣、天龍新開法堂日説法之衣也、師後来毎告人曰、我不證《示カ》悟、即先師洪恩也、若不遇真正善知識泊乎為《爰カ》邪、師所感一生自欺《ママ》人去在、

○春屋道号二大字は鹿王院蔵（『鹿王院文書の研究』五六号文書）。

康永年間（一三四二―四五）、真如寺住持天庵妙受が丹波国安国寺の住持となる。

七三〔天庵妙受丹波安国寺入寺山門疏〕綾部市安国寺蔵

『京都五山　禅の文化（図録）』、一四六頁

山門□□

処□□

大檀那勅命□□敦請真如《洛北》長老天庵《・妙受》大和尚、董莅当山　祝

延

今上《光明天皇》皇帝聖寿万歳者、

右伏以円照大道、伝于日東由聖一《円爾》祖翁建梵刹、而始無学《・祖元》大法興乎、天下憑我両将軍《足利尊氏・直義》、開仏国之功、自非万年正続《円覚寺》孫、孰激一滴曹源水、

恭惟、

新命《天庵妙受》堂頭和尚大禅師、道之所感以利見徳之攸、同以立誠五処住持五縁兼備高峯一下衆妙、雖是甚多、夢窓《・疎石》国師、並化唯狗云耳、令人拈☒暗号子、堅濂東山主盟随縁安着真如、以直気南禅宗旨、龍淵室内生、龍子鳳楼堂、打半鳳皇、点大明無尽燈、祝

上帝□無彊寿謹疏
康□□臈月日疏
○本史料は乾峰士曇筆。

貞和二年（一三四六）二月六日、竺仙梵僊が真如寺住持となり入寺する。

七四〔竺仙録〕『大日本史料』六編-九、七八九頁

師（竺仙梵僊）、於貞和二年丙戌二月、自南禅東堂受請、初六日入寺、指山門云、真如界内地闊天高、仏事門中雲行雨施、祖堂、赤県神州、有大乗器、十万流沙、一滴海水、拠室、拈拄杖云、一抹紅霞、千重錦障、万里無雲、当軒者誰、須弥山向者裡倒卓、帝釈殿上則且置、海龍宮内、道将一句来、指法座、向上一路不在此上、且道在甚処、便登祝聖畢、次拈大檀那二位将軍（足利尊氏）香、伏願同気連枝、開優曇華於棣蕚、如手若足、発般若智於天倫、帯固根深、天長地久、（後略）

七五〔三宝院賢俊僧正日記〕貞和二年二月六日条

『醍醐寺文化財研究所研究紀要』第一二号、一三九頁

六日、乙卯、真如寺（洛北）新明（命）入院梵僊（竺仙）云々、（後略）
○竺仙梵僊は貞和二年十一月二十九日に真如寺住持を辞して建長寺住持となる（「竺仙録」、『大日本史料』六編-一〇、二二四頁）。

貞和二年（一三四六）二月九日、足利尊氏室赤橋登子と娘が石清水八幡宮・六条八幡宮に参詣し、真如寺住持竺仙梵僊が同道する。

七六〔三宝院賢俊僧正日記〕貞和二年二月九日条

『醍醐寺文化財研究所研究紀要』第一二号、一四〇頁

九日、戊午、御台（赤橋登子）・姫君八幡（石清水）幷若宮（六条八幡宮）御参詣、執事（高師直）・豆（上杉重能）州・越（高師泰）州・二階堂安芸守（成藤）等来臨、令年始之間、引出物如形有之、児同、但阿衡来也、新童来、元（古先印元）西塔（堂）・真如寺（洛北）長（竺仙梵僊）老同侍者等同引之、可令用意之由相触社家之、及晩風呂有之、豆州来入、

貞和二年（一三四六）二月十日、三宝院賢俊・真如寺住持竺仙

梵僊等が高師直邸に参会する。

七七〔三宝院賢俊僧正日記〕貞和二年二月十日条

『醍醐寺文化財研究所研究紀要』第一二号、一四〇頁

十日、己未、雨降大風、児同、但尊玉入寺、今日罷向執（高師直）事亭、元西塔（堂）（古先印元）・真如寺（洛北）長老（竺仙梵僊）令参会、羽香呂等給之、時以後入寺、永舜御儲沙汰之、風呂有之、阿衡・亀徳等供奉了、（後略）

貞和二年（一三四六）三月一日、夢窓疎石が天龍寺で上堂説法を行い、足利直義等が聴聞する。

七八〔三宝院賢俊僧正日記〕貞和二年三月一日条

『醍醐寺文化財研究所研究紀要』第一二号、一四二頁

一日、庚辰、天晴、罷向天龍寺了、上堂聴聞了、武衛（足利直義）入寺、執事（高師直）以下数輩参上、談義以下如例、及晩直帰壇所了、今夜於御持仏堂、尊勝タラニ万巻摺写之間供之、鈍色平ケサ布施二衣一領、馬一疋鞍置也、

○「夢窓国師語録」（『大正新脩大蔵経』第八〇巻、四六二頁）に三月旦上堂の法語あり。

貞和二年（一三四六）三月十七日、光厳上皇が天龍寺に御幸し、夢窓疎石の説法を聴聞する。ついで夢窓が天龍寺住持を辞する。

七九〔三宝院賢俊僧正日記〕貞和二年三月条

『醍醐寺文化財研究所研究紀要』第一二号、一四四頁

十七日、丙申、降雨、天龍寺御幸、将軍（足利尊氏）俄留了、三条坊門殿（足利直義）参上也、参会公卿竹林院（西園寺公重）・執権（勧修寺経顕）・柳原（資明）・別当（油小路隆蔭）・三条中納言（実継）、三条者供養御幸、供奉殿上人宗光（柳原）朝臣以下五人云々、

十八日、丁酉、天晴、罷向柳原芝等之、夢窓（・疎石）今日返天龍寺云々、（裏書略）

八〇〔夢窓国師年譜〕『続群書類従』第九輯下、五一四頁

（貞和）二年丙戌（中略）三月十七日、太上天皇（光厳上皇）奉駕入山、師（夢窓疎石）対御簾前、上堂説法、次日鳴鼓告退、而居東庵、扁曰雲居（天龍寺）、蓋効雲居祐（元祐ヵ）禅師作三塔耳、嗣子無極志玄奉旨補席、而事無大小、皆由師成敗、（後略）

貞和二年（一三四六）秋、夢窓疎石が大覚寺宮寛尊法親王から空海筆『聾瞽指帰』をもらい受け、西芳寺の蔵書とする。

八一〔聾瞽指帰奥書〕『弘法大師全集』第九、一一五頁

此書是弘法《（空海）》大師所作也、初名聾瞽指帰、後改名三教指帰、此本乃大師真筆也、然草本故与世伝本少異耳、貞和丙戌《（二年）》秋、大覚寺二品親王寛尊授衣之時給之、秘在西芳《（嵯峨）》精舎、不得輙出他処矣、

（白文方印）「沙門疎石《（夢窓）》」

貞和二年（一三四六）十一月二十五日、光明天皇が夢窓疎石から受衣し、夢窓正覚国師号を賜う。

八二〔三宝院賢俊僧正日記〕貞和二年十一月二十二日条

『醍醐寺文化財研究所研究紀要』第一二号、一五四頁

廿二日、丙寅、天晴、参大覚寺《（嵯峨）》、以此次正法庵《（嵯峨）》巡見、次罷向天龍寺、入夜出京、西堂語云、来廿五日禁裏《（光明天皇）》可有御受衣事、

八三〔夢窓国師年譜〕『続群書類従』第九輯下、五一四頁

（貞和）二年丙戌（中略）十一月二十五日、主上《（光明天皇）》召師《（夢窓疎石）》入内、受衣展師資礼、次日特賜夢窓正覚国師、

○「夢窓国師塔銘」（『続群書類従』第九輯下、五三八頁）、「諸宗勅号記」（『続群書類従』第二八輯下、四一〇頁）、「東海一漚集」（『五山文学新集』第四巻、六六六頁）に関連記事あり。

貞和二年（一三四六）十二月二十三日、明叟斉哲が真如寺住持となり入寺する。

八四〔三宝院賢俊僧正日記〕貞和二年十二月二十三日条

『醍醐寺文化財研究所研究紀要』第一二号、一五七頁

廿三日、丁酉、真如寺《（洛北）》入院新明《（命）》哲斉《（明叟斉哲）》、等持寺《（三条坊門）》長老也、為真如寺長老、相兼等持院《（寺）》住持云々、

八五〔竺仙梵僊墨蹟〕大通院蔵（承天閣美術館寄託）

依安国《（四条坊門）》至孝《（無徳）》、禅師之発韻、以賀明叟《（・斉哲）》和尚遷主真如《（洛北）》禅寺、四海禅流斉渇望、開堂演法遠伝芳、万年松考真如境、懽見龍天護道場、

梵僊《（竺仙）》書

八六〔明叟斉哲真如寺入寺諸山疏〕龍光院蔵

『京都五山　禅の文化（図録）』、一〇一頁

諸山

　茲審

等持(三条坊門等持寺)明叟(・斉哲)和尚禅師、栄膺公命、遷主真如禅寺(洛北)、開堂

演法、闡発宗乗、我等同盟、合詞勧駕者、

右伏以万年松径正当雪後弥青、累代人又自是年来益著諸

山有望四海同懽、恭惟、

新命真如堂上明叟和尚禅師、行脚跨滄溟、親見中峯梃秀

決眥小天下、必教正脈流芳、新開選仏之場、旧有真如之

境、看九万鵬程挙翼、試一擲獅子翻身直上青霄、未為高

也、毋哂斗為法座、横行海上何其壮哉、不妨身満虚空、

謹疏

　今月　　日疏

安国(四条坊門)　至孝(無徳)

万寿(六条高倉)　宗昭(杲山)

東福　一鞏(固山)

建仁

天龍　志玄(無極)

南禅　智明(蒙山)

○本史料は竺仙梵僊筆。

貞和三年（一三四七）二月三十日、光厳上皇が天龍寺に御幸し、夢窓疎石・春屋妙葩が仏事を行う。

八七〔園太暦〕貞和三年二月三十日条

『史料纂集』巻二、一四五頁

(天龍寺御幸事)卅日、天晴、今日上皇(光厳)臨幸天龍寺也、可参之旨度々有仰、

仍営々参会、巳刻参寺門、烏帽子直衣、(著下袴)八葉車、(遣牛

飼、不懸下簾)、諸大夫光熙(藤原)・光連(藤原)・永季(高倉)、侍、重貞(橘)・源康成・

紀定景等在共、(皆布衣、上紐)、於惣門外下車、暫入長老坊休息、

少時御幸已近給云々、仍大夫参会山門辺(洞院実夏)、予徘徊仏殿辺(洞院公賢)、

(於山門御下車事)上皇於山門下御、(献御裏無事)殿上人(其人忘却)、立御榻、献御裏無、中将

兼親朝臣(楊梅)候御剣、此間予侍仏殿前壇下東方、上皇入御、

御拝・御焼香、(隆邦(四条)朝臣持御香合、花山院大納言(長定)伝進)、予等同入堂内、北方祗候、

楞厳会僧等於南方誦之、次出仏殿後戸、入御法塔、御聴

聞所在堂北方、上皇入御此処、公卿座在御聴聞所以西、

各廻堂外次昇著、殿上人御聴聞所以東敷紫畳為座、公卿座有床、殿上人座無床也、次僧衆次第進立仏殿、有礼、次長老（無極志玄）上人、自後戸参入、行者四人荷蠟燭、昇法座拈香、其後僧一人参学、数問答、次有誦事等、其後下法座、諸僧退出、次上皇同自後戸出御、入御長老坊、東堂夢窓（・疎石）上人参会、於西方叡覧嵐山花、数百株一時開敷、頗非俗人之所見歟、其後入御客殿、供点心、其後予已下花山院大納言直衣、下結、・左衛門督（油小路隆蔭）白襖狩衣、上結、・春宮大夫（洞院実夏）直衣、上結、・左兵衛督（足利直義）香狩衣、上結、等祗候、殿上人役送予与奪、長定卿為陪膳、兼親朝臣・教言（山科）朝臣・隆邦朝臣・教光（柳原）・時光（日野）・隆家（四条）等役送也、臣下陪膳、予者殿上人等相互役之、大納言已下役送上北面勤事大納言已下者、上北面両三人参会役之也、先供湯、次供饌、次供茶、次幸店、大井河東岸、向嵐山構之、被用御手輿、予等扈従、老骨、歩行凡難堪也、次幸東堂塔頭（天龍寺雲居庵）、此処夢窓祗候、自嵐山所掘出馬悩（瑙）大石、生石苔、琢之納槽、誠希異也、其大長七八尺、広五六尺、件石在所四角書一四句偈、乾坤之内、宇宙之間、前右、前左、中有一室、秘在形山、後左、後右、此石安置、令懸額、其字形山云々、御覧之間、東堂頗被述法語、次還御、於西面供御斎食、予等祗候如初、陪膳已下如先、次幸山門上、至門下被用御手輿、予等又歩行上下、登刻階数丈、曲折凡難堪也、眺望極眼界、件山門上層構観音殿、号普明閣、懸額、西方作山形、中央作居正観音像、其南北作立十六羅漢、前列香炉一口、茶盞一対安之、於観音前御焼香、其後御北方御座、北壇際南面敷大文二枚、其上施氈、御後立御屏風也、御座東方敷小文、予以下候之、其後自南方衆僧参入、中央観音像、敷畳数十帖、立標、但書々置之、又鼓二・鐃一口・鉢五六具置之、衆僧守標著座、次打鼓、突鉢并鐃、是観音懺法体云々、衆僧礼拝以下、声歟露々体有感、其儀良久、頗及一時余、事了衆僧退、東塔（堂）国師供行、長老南方祇候、当次下御、（後略）

八八〔無極和尚伝〕『続群書類従』第九輯下、五五六頁

三年（貞和）丁亥二月三十日、上（光厳上皇）駕幸天龍、師（無極志玄）陞堂祝聖、上曰、聖冑也、召対賜坐伴食、師六載住持、叢規井々、正覚会裡龍象皆在座下聴法、顧問長老世系、国師（夢窓疎石）具奏、此山（・妙在）西堂如是和尚、（建仁寺）居板首、春屋（・妙葩）首座智覚国師、居第二位、龍湫（・周沢）首座慈聖和尚、（南禅寺）侍薌黙庵（・周諭）（嵯峨）善入和尚、□掌蔵、

事物紀曰、貞和三年丁亥二月三十日臨幸、祝聖上堂、

後堂葩（妙葩）首座、蔵主周諭侍者、侍薬明応（空谷）上座、戊子（貞和四年）十月廿七日践祚（崇光天皇）、観応元庚寅、侍客応侍者、二年、前堂士（青山）永西堂、妙在西堂、焼香周沢首座、

貞和四年（一三四八）正月十五日、西大寺長老信昭と夢窓疎石が足利尊氏と南朝との和睦について仲介したという噂あり。

八九〔園太暦〕貞和四年正月二十日条　『史料纂集』、巻二、三〇〇頁

南方合戦西大寺長老中媒沙汰事

廿日、天晴、今日聊有和暖気、日吉禰宜行忠来、南方合戦事師直（高）未向吉野、自去十五日在大和国平（田）四荘（葛下・広瀬郡）、而西大寺長老（信昭）中媒、御和談事聊有沙汰云々、実否不審、又冷泉（洞院公泰）前大納言并実尊僧正来、各謁之、僧正向大夫方（洞院実夏）、聊以饗応、及晩帰了、僧正又相語、和談事夢窓（・疎石）上人各有云々事歟云々、

○舩田淳一「西大寺十代長老清算考」（『日本仏教綜合研究』一二、二〇一三年）により、本史料の西大寺長老を信昭と比定する。

貞和四年（一三四八）、絶海中津が西芳寺にいた夢窓疎石に師事する。

九〇〔仏智広照浄印翊聖国師年譜〕　『続群書類従』第九輯下、六六八頁

貞和四年戊子、師（絶海中津）年十三歳、烏頭而隷天龍籍、正覚（夢窓疎石）移而養老于西芳（嵯峨）精舎、師時々往侍、適月夜励声唔咿、正覚定起灯下呼来試之、師輒掩巻暗誦、琅々如甕水之奔注、正覚云、此児他日必為禦侮之器者、宜在叢林文字徒、可使役于茲哉、師固請之曰、見性在文字哉、執侍左右素願也、正覚奇其言、

貞和五年（一三四九）三月、足利直義が夢窓疎石から衣鉢を受ける。

九一〔夢窓国師年譜〕『続群書類従』第九輯下、五一四頁

（貞和）五年己丑春三月、武衛将軍（足利直義）訪師（夢窓疎石）於西山（天龍寺雲居庵）、咨問曰、往年在関東拝仏光禅師（無学祖元）真容、表弟子儀、今欲礼師親受衣盂如何、師曰、事同一家、遂受衣盂、（後略）

○玉村竹二『夢窓国師』（平楽寺書店、一九五八年）八一頁により、西山を雲居庵とする。

貞和五年（一三四九）閏六月二日、夢窓疎石の弟子妙吉が足利直義をそそのかし、天下大乱を起こすという噂あり。

九二〔園太暦〕貞和五年閏六月二日条

『史料纂集』、巻三、七二頁

二日、天晴、及晩彼是云、此間三條坊門武家第辺以下物忩、有用心事、近辺小屋或壊却之、或点定、可居心安之輩云々、随而大高伊与権守重成幷相原（粟飯原清胤）、（下総）守之宅等点定云々、或云相原逐電、重成云（者カ）無其儀、岐（吉）良左京大夫（満義）宿所可居替之旨仰之云々、縦横説以外事也、所詮直義卿与師（高）直有間、就之可有兵火旨、都人士女騒動、自東自西馳走、是併天魔所為歟、抑又如此事、近日武衛（足利直義）仰信禅僧妙吉申沙汰云々、但件上子細等、一向閭巷浮説也、更不信受、定知狂言綺語之輩所称歟、可慎々々、

（足利）直義卿第辺物忩事

九三〔太平記〕『日本古典文学大系』、二巻、四四七頁

宮方怨霊会六本杉事付医師評定事

仙洞ノ妖怪ヲコソ、希代ノ事ト聞処ニ、又仁和寺ニ一ノ不思議アリ、往来ノ禅僧、嵯峨ヨリ京ヘ返リケルガ、夕立ニ逢テ可立寄方モ無リケレバ、仁和寺ノ六本杉ノ木陰ニテ、雨ノ晴間ヲ待居タリケルガ、角テ日已ニ暮ニケレバ行前恐シクテ、ヨシサラバ、今夜ハ御堂ノ傍ニテモ明セカシト思テ、本堂ノ縁ニ寄居ツヽ、閑ニ念誦シテ心ヲ澄シタル処ニ、夜痛ク深テ月清明タルニ見レバ、愛宕ノ山比叡ノ岳ノ方ヨリ、四方輿ニ乗タル者、虚空ヨリ来集テ、此六本杉ノ梢ニゾ並居タル、座定テ後、虚空ニ引タル幔ヲ、風ノ颯ト吹上タルニ、座中ノ人々ヲ見レバ、上座ニ先帝（後醍醐天皇）ノ御外戚、峯ノ僧正春雅、香ノ衣ニ袈裟カケテ、眼ハ如日月光リ渡リ、觜長シテ鳶ノ如クナルガ、水精ノ珠数爪操テ坐シ給ヘリ、其次ニ南都ノ智教上人、浄（東山）土寺ノ忠円僧正、左右ニ著座シ給ヘリ、皆古ヘ見奉シ形ニテハ有ナガラ、眼ノ光尋常ニ替テ左右ノ脇ヨリ長翅生出タリ、往来ノ僧是ヲ見テ、怪シヤ我天狗道ニ落ヌルカ、将天狗ノ我眼ニ遮ルカハト、肝心モ身ニソハデ、目モハナタズ守リ居タル程ニ又空中ヨリ五緒ノ車ノ鮮ナルニ乗テ来ル客アリ、榻ヲ践デ下ヲ見レバ、兵部卿親王（護良）ノ未法体ニテ御座有シ御貌也、先ニ座シテ待奉ル天狗共、皆席ヲ去テ蹲踞ス、暫有テ坊官カト覚シキ者一人、銀ノ銚子

ニ金ノ盃ヲ取副テ御酌ニ立タリ、大塔宮《(護良親王)》御盃ヲ召レテ、左右ニ屹ト礼有テ、三度聞召テ閣セ給ヘバ、峯僧正以下ノ人人次第ニ飲流シテ、サシモ興アル気色モナシ、良遥ニ有テ、同時ニワツト喚ク声シケルガ、手ヲ挙テ足ヲ引カヽメ、頭ヨリ黒煙燃出テ、悶絶躄地スル事半時許有テ、皆火ニ入ル夏ノ虫ノ如クニテ、燋レ死ニコソ死ケレ、穴恐シヤ、是ナメリ、天狗道ノ苦患ニ、熱鉄ノマロカシ《(塊)》ヲ日ニ三度呑ナル事ハト思テ見居タレバ、二時計有テ、皆生出給ヘリ、爰ニ峯僧正春雅苦シ気ナル息ヲツイテ、「サテモ此世中ヲ如何シテ又騒動セサスベキ、」ト宣ヘバ、忠円僧正末座ヨリ進出テ、「其コソ最安キ事ニテ候ヘ、先左兵衛督《(足利)》直義ハ他犯戒ヲ持テ候間、俗人ニ於テハ我程禁戒ヲ犯サヌ者ナシト思フ我慢心深ク候、是ヲ我等ガ依所ナル、大塔宮、直義ガ内室ノ腹ニ、男子ト成テ生レサセ給ヒ候ベシ、又夢窓《(疎石)》ノ法眷ニ妙吉侍者ト云僧アリ、道行共ニ不足シテ、我程ノ学解ノ人ナシト思ヘリ、此慢心我等ガ伺処ニテ候ヘバ、峯ノ僧正御房其心ニ入替リ給テ、政道ヲ輔佐シ邪法ヲ説破サセ給ベシ、智教上人ハ上杉伊豆守重能・畠山大蔵少輔《(直宗)》ガ心ニ依託シテ、師直《(高)》・師泰《(高)》ヲ失ハント計ラハレ候ベシ、忠円ハ武蔵守《(高師直)》・越後守《(高師泰)》ガ心ニ入替テ、上杉・畠山ヲ亡ボシ候ベシ、依之直義兄弟ノ中悪ク成リ、師直主従ノ礼ニ背カバ、天下ニ又大ナル合戦出来テ、暫ク見物ハ絶候ハジ、」ト申セバ、大塔宮ヲ始進セテ、我慢・邪慢ノ小天狗共ニ至ルマデ、「イシクモ計ヒ申タル哉、」ト、一同ニ皆入興シテ幻ノ如ニ成ニケリ、夜明ケレバ、往来ノ僧京ニ出、施薬院師嗣成《(和気仲成)》ニ、此事ヲコソ語リタリケレ、（後略）

九四〔太平記〕『日本古典文学大系』、三巻、四三頁

妙吉侍者事付秦始皇帝事

近来左兵衛督《(足利)》直義朝臣、将軍《(足利尊氏)》ニ代テ天下ノ権ヲ取給シ後、専ラ禅ノ宗旨ニ傾テ夢窓《(疎石)》国師ノ御弟子ト成リ、天龍寺ヲ建立シテ陞座拈香ノ招請無隙、供仏施僧ノ財産不驚目云事無リケリ、爰ニ夢窓国師ノ法眷ニ、妙吉侍者ト云ケル僧是ヲ見テ浦山敷事ニ思ヒケレバ、仁和寺ニ志一房トテ外法成就ノ人ノ有ケルニ、咤祇尼天ノ法ヲ習テ三七日行ヒケルニ、頓法立ニ成就シテ、心ニ願フ事ノ聊モ不叶云事ナシ、是ヨリ夢窓和尚モ此僧ヲ以テ一大事ニ思フ

心著給ヒニケレバ、左兵衛督ノ被参タリケル時、和尚宣ケルハ、「日夜ノ参禅、学道ノ御為ニ候ヘバ、如何ニモ懈ル処ヲコソ勧メ申ベク候ヘ共、行路程遠シテ、往還ノ御煩其恐候ヘバ、今ヨリ後ハ、是ニ妙吉侍者ト申法眷ノ僧ノ候ヲ参ラセ候ベシ、語録ナンドヲモ甲斐々々敷沙汰シ、祖師ノ心印ヲモ直ニ承当シ候ハンズル事、恐ラクハ可恥人モ候ハネバ、我ニ不替常ニ御相看候テ御法談候ベシ、」トテ、則妙吉侍者ヲ左兵衛督ノ方ヘゾ被遣ケル、直義朝臣一度此僧ヲ見奉リシヨリ、信心胆ニ銘ジ、渇仰無類ケレバ、只西天祖達磨大師、二度我国ニ西来シテ、直指人心ノ正宗ヲ被示カトゾ思ハレケル、軈一條堀川村雲ノ反橋ト云所ニ、寺（大休寺）ヲ立テ宗風ヲ開基スルニ、左兵衛督日夜ノ参学朝夕ノ法談無隙ケレバ、其趣ニ随ハン為ニ山門（延暦寺）・寺門（園城寺）ノ貫主、宗ヲ改メテ衣鉢ヲ持チ、五山十刹ノ長老モ風ヲ顧テ吹挙ヲ臨ム、況乎卿相雲客ノ交リ近ヅキ給フ有様、奉行頭人ノ諛タル体、語ルニ言モ不可及、車馬門前ニ立列僧俗堂上ニ群集ス、其一日ノ布施物一座ノ引手物ナンド集メバ、如山可積、只釈尊出世ノ其古、王舎城ヨリ毎日五百ノ車ニ色々ノ宝ヲ積デ、仏ニ奉リ給ヒケルモ、是ニハ過ジトゾ見ヘタリケル、（後略）

○妙吉に関する記事のため、便宜的にここにおく。

貞和五年（一三四九）八月十九日、足利尊氏と直義が不和になり、夢窓疎石が調停を行う。

九五〔園太暦〕貞和五年八月二十一日条　『史料纂集』、巻三、一〇四頁

廿一日、天晴、遥久不出仕、仍今日参院、冠直衣、於折妻戸入見参、世上事等粗有勅語、一昨日歟夢窓国師（・疎石）参上、武士（足利尊氏・直義）上下不快事、彼是有命旨（被脱カ）之間、〔事〕方々問答、悉落居、罷帰西郊旨申之、武家沙汰成敗、如元直義卿可致其沙汰、執事如元師直（高）可申沙汰云々、静謐誠神妙事歟、

○〔 〕は『大日本史料』六編一二、八九九頁により校訂。

貞和五年（一三四九）十二月一日、足利義詮が夢窓疎石から衣鉢を受ける。

九六〔夢窓国師年譜〕『続群書類従』第九輯下、五一四頁

五年(貞和)己丑（中略）冬十(十)一月、鎌倉左典厩(足利義詮)上京、十二月一日、詣天龍寺、与師(夢窓疎石)相見於普明閣上、親受衣鉢、

貞和六年（一三五〇）二月八日、光厳・光明上皇・広義門院等が夢窓疎石から衣盂を受ける。

九七〔夢窓国師年譜〕『続群書類従』第九輯下、五一四頁

観応元年庚寅、春二月八日、両太上(光厳上皇・光明上皇)・大皇后(広義門院)、及皇太后(徽安門院カ)・諸宮妃、官女等、請師(夢窓疎石)内道場、各受衣盂法名、

○「夢窓国師塔銘」・「宋学士全集補遺」（『大日本史料』六編―一三、四二八頁）、「法皇外紀緇門鴻宝」（『続々群書類従』第二輯、四二頁）に関連記事あり。

観応元年（一三五〇）、絶海中津が剃髪して沙弥になる。

九八〔仏智広照浄印翊聖国師年譜〕『続群書類従』第九輯下、六六九頁

観応元年庚寅、師(絶海中津)是歳剃髪作沙弥、正覚(夢窓疎石)時在西芳(嵯峨)寺、命雲居(天龍寺)葩首座(春屋妙葩)曰、俾童蒙可執侍左右者来、師在旁聞曰、某以執侍為幸也、乞自行、葩公許之、師又侍正覚於西芳寺、正覚一日講円覚経、講畢而諸衲在相詰問未決、師在旁敢告以正覚所引之釈、所講之義、不謬一字、如指掌、衲子驚告碧潭(・周皎)、潭驚甚、而白正覚、正覚於此召師験之悦、師自是入室、凡毎見徴詰、応答如響、云子他日能支臨済者歟、厚自愛耳、

観応二年（一三五一）正月十七日、夢窓疎石が足利尊氏と直義の和睦調停を行う。

九九〔園太暦〕観応二年正月十七日条　『史料纂集』、巻三、四一七頁

竹林寺長老来、武衛禅門・将軍和談事雑談事

廿三日、晴陰不定、竹林寺(大和国平群郡)長老賢救上人来、謁之、雑談良久、武衛禅門(足利直義)・将軍(足利尊氏)和談事、去十七八日之間、夢窓国師(・疎石)媒介、以等持院(洛北)祖曇(晦谷)和尚被示申有(旨脱カ)、入道有種々告文云々、

観応二年（一三五一）二月二十六日、高師直・師泰の首級が真如寺に送られ、住持の別源円旨が葬儀を行う。

一〇〇〔太平記（天正本）〕

『新編 日本古典文学全集五六 太平記三』四五一頁

両殿(足利尊氏・直義)和睦上洛の事

観応二年二月二十八日に、尊氏(足利)は摂州松岡城(八部郡)より帰洛あつて、上杉伊豆守重能が宿所、三条富小路に移住あり、恵源(足利直義)八幡より上洛あつて、本宅に帰住あり、義詮(足利)は丹波の岩や(屋)(与謝郡)より御上りあり、やがて三人対面あつて、一献の礼ありしかども、さすがこの間の霍執片腹痛き心地して、互ひに言少なにてぞ帰られける、志を合はせぬる時は、胡越も地を阻てずと云へり、況や同じ父母の懐抱を出でて、一日も咫尺を離れざる連枝なり、一旦師直(高)・師泰(高)等が不義を罰するまでにてこそあれ、何事にか骨肉を忘れ、憂喜を異にする心あるべきとて、御兄弟は多日の霍執を謝し、向後の和睦を専らにすべしと、互ひに異儀なくてぞ座しける、錦小路殿(足利直義)は元来仁者の行を借つて、世の譏りを憚り玉へば、何しか天下の政務を執つて、威を振るふべきに非ずと斟酌ありしかども、世人の重んじ奉る事、日比に過ぎたり、されば、その被官の族たる物、事にふれて気色ばむ事、謂ふばかりなし、車馬門前に立ち連なり、賓客堂上に群集して、出入身を側め、揖譲礼を慎めり、かかる目出たき中にも、遁れぬ浮世の習ひなれば、錦小路鍾愛の一子(如意王丸)、四才になり玉ひしが、去る二十六日に失せ玉ひにけり、母上を始め奉り、一家の悲歎申すばかりなし、

かかるところに、今度摂州武庫河(武庫郡)にて討たれし師直・師泰が父子の頸ども、都へぞ上りける、その身の不義はさる事なれども、今まで天下の権を執つて、その有に誇る者の数を知らず、世挙つて帰服せし事なれば、さすが打ち棄てん事は不便なりとて、真如寺(洛北)へぞ送られける、時に長老旨別源(別源円旨)和尚、これを請け取つて葬礼引きつくろひ、一片の煙とぞなされける、その下火の仏事に、

昨夜春園風雨暴し　(昨夜春園風雨暴)
枝に和して吹き落す棣棠の花　(和枝吹落棣棠花)

と云ふ句のありけるを聞く人、皆涙をぞ流しける、哀れなるかな、この二十余年執事の職に居して、天下を行はれしかば、被官に身をよせ、恩にほこる者幾千万と云ふ事を知らず、昨日までは烏帽子の折、直垂の衣紋までも、「これこそ執事の中の人よ」とて、世に重んぜられしに、

今日は何しか引き替へて、貌を破し面を側めても、「すはや、その家風の人よ」と指をさされん事をぞ懼ぢ恐る、用ゆる則んば鼠虎となり、用ゐざる則んば虎鼠となると云ひし、東方朔が虎鼠の論、誠に当れる一言かなと、思はぬ者もなかりけり、

○『太平記』の異本にはこの記事なし。便宜的に高師直の没年におく。

観応二年（一三五一）三月十一日、夢窓疎石が持明院御所に参り、光厳上皇に法談をする。

一〇一〔園太暦〕観応二年三月条

『史料纂集』、巻三、四三二頁

夢窓国師参持明院殿事
十一日、天晴、伝聞、夢窓国師（・疎石）参持明院殿、上皇（光厳）御対面云々、内府（西園寺公重・実長）父子参会、数刻御法談云々、

昨日国師参之次、武家中南方和睦事
十二日、天晴、入夜大夫（洞院実夏）参院、深更退出、昨日国師参之次、武家中之趣密々申之、所詮南方和睦事、雖有申入之旨、只可有御出京之由也、只今物忩、嗣体已下事者不申云々、（後略）

観応二年（一三五一）三月二十一日、足利尊氏・直義・義詮が西芳寺に参詣し、夢窓疎石の法談を聴聞する。

一〇二〔園太暦〕観応二年三月二十一日条

『史料纂集』、巻三、四三九頁

将軍已下向西芳寺事
廿一日、（中略）伝聞、今日将軍（足利尊氏）幷武衛（足利直義）禅門・宰相中将（足利義詮）向（嵯峨）西芳寺、為歴覧花云々、但或説、武衛禅門許向云々、

一〇三〔正覚国師集〕『新編国歌大観』第七巻、七〇四頁

観応三（二）年三月廿一日左武衛将軍（足利直義）禅閤幷相公（足利義詮）羽林同道して来臨、法談後、庭前花下にて人人歌よみける次に、

をさまれる世ともしらでやこのはるも花にあらしのうきをみすらん
ゆく春のとまりをそことしるやらん花をさそひてすぐる山かぜ
これや又春のかたみとなりなましこころにちらぬ花の面影
又もこん春をたのまぬ老が身を花もあはれとおもはざらめや
行すゑの春をもひとはたのむらん花のわかれは老ぞかなしき

今年九月晦日巳刻入滅し給けり、

年月日未詳、足利尊氏・直義・義詮が夢窓疎石の法談を聴聞する。

一〇四〔正覚国師集〕『新編国歌大観』第七巻、七〇四頁

鎌倉亜相(足利尊氏)幷武衛(足利)直義朝臣、臨川寺の前にて会のありけるに来臨、法談の後、嵐山の花を見て、当座の人人歌よみける次に、

たれもみな春はむれつつあそべどもこころの花を見る人ぞなき

又華をみ給ひて

ちる花をこずゑのよそにふきたててあらしぞしばし枝となりける

なをも又あまたさくらをうゑばやと花見るたびにせばき庭かな

見るほどは世のうきこともわすられてかくれがとなる山ざくらかな

さくと見るまよひよりこそちる花を風のとがとぞおもひなれぬる

いま見るはこぞわかれにし花やらんさきて又ちるゆゑぞしられぬ

征夷将軍(足利)尊氏、(嵯峨)西芳寺の花のさかりにおはして、法談之後歌よみける次に、

心ある人のとひくるけふのみぞあたらさくらの科をわするる

(中略)

武衛将軍禅閤(足利直義)恵源、花の比西芳寺に来臨の時、人人歌よみける次に、

ながらへて世にすむかひもありけりと花みる春ぞおもひしらるる

ちればとて花はなげきの色もなしわがためにうき春の山かぜ

いきてなほことしも見るにならはれて又こんはるを花にまつかな

かずならぬ身をばあるじとおもはでやこころのままに華のちりゆく

征夷将軍同春来臨の時

山かげにさく花までもこのはるは世ののどかなる色ぞ見えける

この庭の花見るたびにうゑおきしむかしの人のなさけをぞしる

さく花はいまもむかしのいろなるにわが身ばかりぞおいかはりぬる

(中略)

貞和六年仲春(二月)廿六日、征夷将軍于時亜相幷典厩(足利)義詮、西芳寺に来臨、法談の後、庭前両株の佳花賞翫の次に、人人歌よみける、

いつも見はかくめづらしきことあらじちりしも花のなさけなりけり

いざしらず庭の木ずゑや影ならん池のそこにも花ぞさきける

ふくかぜも枝をならさぬ春なればをさまれる世と花もしるらん

(後略)

○年月日未詳につき、夢窓疎石の法談の記事にあわせて掲載した。

○臨川寺での法談について。足利直義が建武五年（一三三八）八月十一日に左兵衛督に任命され、康永三年（一三四四）九月二十三日に従三位に叙されているので、この和歌はその間のものと考えられる。
○西芳寺での法談について。西芳寺は暦応二年（一三三九）四月に再興したため、これらの和歌はそれ以後のものと考えられる。
○足利直義は貞和五年（一三四九）十二月八日に出家。

観応二年（一三五一）六月十九日、久我長通の雑掌と地頭職を持つ真如寺が尾張国海東中庄の年貢をめぐり相論する。足利義詮は未進年貢を久我家に渡すよう真如寺に命じる。

一〇五〔足利義詮下知状〕久我家文書

『久我家文書』第一巻、八二号文書

尾張国海東中庄（海東・中島郡）久我前太政大臣家御領（長通）雑掌定尋与地頭真□□□□□（如寺雑掌了）
□□□□□（元相論年貢事）
右、於当庄所務□□□□□□□□□□（條々者、就雑掌之訴、番二問二答）訴陳之間、所有其沙汰也、而地頭名并下司給□（重）枝・為枝・太郎丸以下庄官名等年貢、康永元年以来寄事於下地之相論、抑留之由、属各別賦定尋訴申間、尋下寺家□□□□□□（之処、雖載子細、所詮、）□□□□□（至彼年貢者）、対預所致其弁、毎□□□□□□□□□（年帯返抄之上者、可遂勘定）□□□（之由、了）元所捧陳状也者、承伏之上、不及子細、任申請之旨、□□（遂結）解、有未進者可究済之状、下知如件、

観応二年六月十九日

参議左近中将源朝□（臣）（足利義詮）（花押）

○欠損部分は『久我家文書』一〇五(一)号文書の案文により補う。

観応二年（一三五一）七月三日、室町幕府が尾張国海東中庄の年貢を久我家に納めるよう真如寺に命じる。

一〇六〔室町幕府禅律頭人奉書案〕久我家文書

『久我家文書』第一巻、一〇五(二)号文書

尾張国海東中庄（海東・中島郡）雑掌定尋（申脱カ）年貢事、重訴状如此、雑掌所預裁許也、早任御下知状、可被究済之状、依仰執達如件、

観応二年七月三日　治部卿（藤原）有範判

真如寺長老

○真如寺に年貢究済を命じる室町幕府禅律頭人奉書案が文和元年（一三五二）十二月十八日（『久我家文書』第一巻、一〇五(三)号文書）・文和二年二月二十八日（同書一〇五(六)号文書）にあり。海東中庄をめぐる訴訟のた

め真如寺雑掌の出頭を命じる室町幕府禅律頭人奉書案が文和元年十二月十八日（同書一〇五（四）号文書）・文和二年二月十八日（同書一〇五（五）号文書）・延文三年（一三五八）七月五日（同書一〇五（七）号文書）に出されている。

観応二年（一三五一）七月二十日、夢窓疎石が天龍寺に再住する。

一〇七〔夢窓国師語録〕　『大正新脩大蔵経』第八〇巻、四六二頁

再住天龍資聖禅寺語録　侍者周沢（龍湫）編

師（夢窓疎石）観応二年辛卯七月二十日陞座、拈香云、此一弁香、恭為今上皇帝（崇光天皇）・
太上天皇（光厳上皇）、祝延　叡算万歳万歳万万歳、恭願
聖徳不渝、永膺神符之籙、　皇謨不変久受天授之図、
次拈香云、此香奉為　征夷大将軍（足利尊氏）及両副将軍（足利直義・義詮）、資倍禄算、
伏願　身宮久保、不失輔上撫下之洪勲、智海弥深、永乗崇教興禅之大願、

又拈香云、此香未帰掌握、遍界都是真熏、纔挿炉中一会、只成仮弄、今日拈出供養前住巨福名山（建長寺）
勅謚仏国禅師高峯（・顕日）大和尚、聊表世俗礼儀、師就座、問答罷乃云、竺土大仙心、東西密相付、体量広大、機用霊明、法界凡聖含霊、咸受他恩力、世間興亡治乱、不擾此封疆、謂之大解脱門、亦号正法眼蔵、三世諸仏證此、以震大法雷、降澍一味平等之甘雨、歴代祖師悟此、以開大〔太〕鑪鞴、鍛錬鉄額銅頭之俊流、便見五家七宗、煒煒乎続祖燈於万世、顕演密説、恢恢焉張教網於群機、偉哉此箇大仙心、能成如是大仏事、雖然与麼、只是成得権化門中事、天龍今日為諸仁者、指出仏祖頂𩕳一著子去也、卓杖一下云、還会麼、其或未会、更下箇注脚、又卓一下叙謝不録、
復挙、障蔽魔王与諸眷属、一千年随金剛斉菩薩、求其起処不得、一日因忽得見、問曰、汝当於何住、求汝起処不得、菩薩曰、我不依有住而住、不依無住而住、如是而住、拈云、金剛斉菩薩是則固是、要且只入仏界、未入魔界、山僧在此山中十余年、有時依有住而住、有時依無住而住、与諸魔外不相誰何、何故、豈不見毘耶大士道、一切衆魔及諸外道、皆是我侍也、山僧与麼体裁与金剛斉菩薩行履、

還有優劣也無、云、良久、但見皇風成一片、不知何処是封疆、

○〔　〕は『大日本史料』六編ー一五、一三五頁により校訂。

○『空華日用工夫略集』観応二年条に関連記事あり。夢窓疎石は同年八月十七日に天龍寺住持を辞する（本書一一〇号史料）。

観応二年（一三五一）八月十五日、光厳上皇が夢窓疎石に夢窓正覚心宗国師号を賜う。

一〇八〔光厳上皇宸翰〕　夢窓国師語録

『大日本史料』六編ー一五、二〇三頁

光厳帝宸翰

心宗国師号

勅、道振三朝、名飛四海、主天龍席、再転法輪、秉仏祖権、数摧魔塁、表師資礼、往年已受袈裟、慕釈氏風、今載又添法号、追思霊山遺嘱之切、特賜夢窓（疎石）正覚心宗国師、

観応二年辛卯八月十五日

○「夢窓国師年譜」・「諸宗勅号記」（『大日本史料』六編ー一五、二〇三頁）に関連記事あり。

観応二年（一三五一）八月十六日、足利尊氏が夢窓疎石を開山として建立した天龍寺に、子孫・家人等が末代まで帰依するように書き置く。

一〇九〔足利尊氏御内書案〕　天龍寺文書

『天龍寺文書の研究』九八号文書

「（異筆）任此案文、不可有相違之状如件、

長禄四年四月廿日　（足利義政）（花押）」

天龍寺事、為奉報謝

先皇（後醍醐天皇）之恩徳、蒙

今上（光明天皇）之勅命、為御開山建立訖、公私之発願、濫觴異他、現当之願望仰伽藍之昭（照）鑑、仍当家之子孫・一族・家人等及末代、専当寺帰依之志、寺院幷寺領等事、可抽興隆之精誠、若現不義及違乱者、永可為不孝義絶之仁候也、可得此御意候、恐惶敬白、

（観応二）八月十六日　尊氏（足利）御判

侍者御中

○軸装。箱書には「天龍寺建立案文極書」とあり。

○「天龍寺重書目録甲」に案文所収、案文の端書として次の文が書かれる。

「開山国師（夢窓疎石）御自筆
此御書是観応二年九月二日自江州戦場、所下給御自筆置文也」、

観応二年（一三五一）八月十七日、夢窓疎石が天龍寺住持を辞し、臨川寺三会院に退く。

二〇〔夢窓国師年譜〕『続群書類従』第九輯下、五一五頁

（観応）二年辛卯、師（夢窓疎石）七十七歳、（中略）（八月）十六日国忌、就後醍醐聖廟多宝院（天龍寺）、陞座説法、満散翌日、鳴鼓辞衆、退蔵於三会院（臨川寺）、将謝世縁、（後略）

観応二年（一三五一）九月二十六日、夢窓疎石が自身の示寂後の仏事について遺訓を書く。

二一〔夢窓疎石遺誡写〕黄梅院文書

『鎌倉市史』史料編三、六頁

老僧（夢窓疎石）滅後不可定喪主、門徒老僧達同守左所載遺誡、以一々遵行、則中陰仏事等、無不弁焉、

遺誡、祭奠之儀、不論門徒・道旧、並皆禁止之、

一古来法式、長老示滅、則贈遺書於諸方、蓋是表其道義之篤耳、然諸方迎接之儀、其煩尤多、煩人之義、不如不為焉、

一滅後至于初七、本寺（臨川寺）小師、毎日公界粥罷、諷経之次、集会於塔前（臨川寺三会院）、誦大悲呪一遍、第七日楞厳呪、自第二七至于第六七之辰、毎遇其辰、於塔前誦楞厳呪、至尽七之辰、半斎拝請合山清衆、諷経一会、可有打嚫、此外中陰仏事、不可作之、天龍寺小師、宜就雲居庵（天龍寺）作仏事、其法式亦可倣此矣、

一百ヶ日仏事、可准尽七之式也、其日於南禅・真如（洛北）両寺、入牌祖堂、其日若有事繁、則他日亦不妨也、円覚・浄智両寺入牌、宜以後日倣之、入牌之時、打嚫、在別紙、上来仏事支用、宜割三会（臨川寺）・雲居資縁以充之、不須僧俗遺弟、則輸財物以資之、直饒送来、亦莫納焉、各々励志、荷担大法、是則能報老僧之恩者也、莫以世礼擬報謝之儀矣、

一他寺小師、宜在其本処工夫弁道、中陰之間、淹留当庵、以致其煩費則不可也、

一先師（高峰顕日）所授法衣、畦黒、地黄、顕文沙、元収雲居庵、今者老僧遺身、既葬于此、法衣亦宜随身、以故収在三会院、此衣伝付来歴、具在別紙、天龍寺供養時、朝廷頒賜袈裟、金襴、紫色、此二衣、莫

出他処、
一此外滅後遺誡、留在当院(三会院)・雲居庵及西芳寺(嵯峨)、遺弟当守
其法度、如違越者、非我門弟耳、
一天龍寺開山位牌、観応辛卯(二年)八月十五日、既自入之畢、
不許此外別安影像於祖堂、其間趣具載家訓、
夢窓(・疎石)

老僧平生、信口道著、都無途轍、並是翳睛之術、呼小
玉之手段也、面々随其各得解、以此作蘧廬、同還本源、
則老僧平生願望、千足万足矣、若有直受老僧印證者、
並為虚語、非是我之弟子、仏法中之誑惑者也、近聞種々虚説、因特記焉、
観応二年九月廿六日　夢窓

右、此遺訓、
先師入滅之先四日、自書之以収三会院、心岩(・周己)同写欲以
鎮于黄梅院(円覚寺)、故加證判者也、
永徳癸亥(三年)十一月十二日　雲居比丘妙葩(春屋)(花押)
「釈妙葩印」(朱方印)「春屋」(朱方印)

○臨川寺三会院に収めた法衣については、「三会院法衣箱入日記」(『天龍寺文書の研究』七九九号文書)に記録される。

観応二年(一三五一)九月三十日、夢窓疎石が示寂する。これ以前、光厳・光明上皇が見舞う。

二三〔園太暦〕観応二年九月・十月条

『史料纂集』、巻四、三二一頁

依夢窓国師所労、御幸天龍寺事
(九月)七日、癸丑、天晴、今日両院(光厳院・光明院)密々御幸天龍寺、
夢窓(・疎石)国師不食所労難治、大略待時体也、仍幸云々、(後略)
十九日、乙丑、天晴、夢窓国師所労猶危急、可訪(為イ)聞食、
両院密々幸天龍寺云々、(後略)
夢窓国師獲麟、仙洞可被混穢否事
廿九日、天晴、依召大夫(洞院実夏)参院、為御使仰云、夢窓国師獲
麟、就其有臨幸、如御焼香可有沙汰歟、就其穢否御不審、
就中(衍カ)奇庵時、亀山院奇庵(規庵祖円)、後宇多院一山(・一寧)等時例、若覚悟
者可申入、又今度内侍所御座仙洞之間也、混穢可為何様
哉云々、予(洞院公賢)所存奇庵事は亀山院非御世務時分候歟、一山
又御世務否不分明、所詮亀山院時分事者不覚悟、後宇多(院)

（脱カ）時分大略雖為覚悟之体、件時臨幸之由者、粗雖承及、天下穢遍満之由不承及、民部卿（洞院公泰）其程睦近臣也、相尋可申入、但於今度者、主上（崇光天皇）御同宿、内侍所御坐、旁彼穢及仙洞之條不可然歟、於臨幸御焼香程（礼イ）者可被略哉、且時宜体被遣勅使、被謝仰可足歟、就中寺辺道俗定成市歟、近日院中体臨幸彼砌、旁可謂天下之恥哉之旨存候、仍可被略臨幸哉之由（旨イ）申入了、其後入夜被下勅書、（後略）

夢窓国師円寂事
廿日、天晴、抑夢窓国師今日巳刻円寂云々、就其没後国師礼毎事不可及沙汰之旨、慇懃申置云々、但天下穢遍満勿論歟、近来称国師禅門之輩円寂多之歟、而天下穢不必然歟、如何、

依夢窓事可為天下穢否事
（十月）一日、朝間猶陰、天下穢事大略遍満歟、然者清浄儀無益于沙汰歟旨、去夕有勅定、此事尤驚存也、如此上人入滅、其穢遍満雖非無疑、現在禁裏仙洞無分明混合之時、強不及天下穢事也、仏法世法尊崇異他之條雖勿論、争忘往躅可有沙汰哉、且武家帰住者行幸可還御云々、然者内侍所同可還御、穢中賢所遷御非常例之由、去年十二月御沙汰事旧了、其時清澄（小槻）注進招（選カ）出進上之、穢事此御所真実無混合儀、只為世間遍満儀者、仮令可為丙歟、猶尋如此之時例、可申沙汰候哉旨、可被仰関白（二条良基）哉之旨申入了、頗経数刻有勅答、

三冬之初、一天康寧、於事幸甚々々、帰淳素之外不可有儀候〳〵、

抑世間穢間事、如此時先々儀別不及穢沙汰候歟、事理も其謂歟と覚候、今度儀又乙なとまてハ都無其儀歟、只人々群集頗可謂遍満歟、然而賢所御坐之間、本来正しく不可有混合之由、自昨日皆仰含了、強申候ハん之時ハ、丙なとの分も其疑もこそ候らめ、乙分者不可有之由思給候、賢所渡御事、清澄注進見給了、是又誠可有沙汰事候、去年けに沙汰候しと覚候、尤可用意事候、且又如先例相尋、兼可申沙汰候由、申関白候也、奏事なとの閣事、何箇日と未及存定候、是なとハ如先規分明にも候ハしと覚候、ともかくも可候歟、七箇日許なと懃行事候間、真実不可得隙候、其も急事者又勿論候也、（後略）

一三〔扶桑五山記〕

玉村竹二校訂『扶桑五山記』（臨川書店）一三四頁

山城州万年山相国承天禅寺（中略）

住持位次

第一、特賜夢窓（・疎石）正覚心宗普済玄猷仏統国師、塔于崇寿院（相国寺）、観応二年辛卯九月卅日、寂于三会院（臨川寺）、当山（相国寺）創建、至徳三季丙寅秋七月十日也、奉勧請以為開山始祖、自観応二年、（至脱カ）至徳三年、卅六年也、

○『空華日用工夫略集』観応二年条、「常楽記」（『群書類従』第二九輯、二二二頁）、「和漢合符」（『後鑑』第一篇、『新訂増補国史大系』第三四巻、四四二頁）に関連記事あり。東陵永璵が夢窓疎石を追悼して作成した詩文が「璵東陵日本録」（『大日本史料』六編―一五、三二七頁）にあり。

二四〔枝葉鈔抜萃〕

『醍醐寺叢書研究篇　枝葉抄　影印・翻刻・註解』四四九頁

夢窓国師疎石事

応永十三年丙戌七月十八日、三《禅》光院坊主中御門高倉与東洞院中歟、来談云、夢窓国師ハ俗姓平氏、武者所某カ息、侍所ノ人也、四歳ニシテ母ニ送レシヲ、父具足シテ甲斐国ニ下向、九歳ノ時其国能化ノ真言師静達上人ニ謁ス、上人此小児ヲ見テ、聡敏無双ノ法器タラン歟、アハレ此児ヲ我弟子ニ得サセヨカシト云々、父喜テ上人ニ進置之、器量抜群ニシテ敏智日ニ随テ倍増ス、十九歳ニシテ出家得度、習真言事大略瀉瓶歟、而ニ上人生死限アリテ入滅臨終ノ相聊不宜、爰此弟子見之心中ニ思ハル、様、所詮成仏ノ一大事ハ物シルニモヨラサリケリ、此上人ハ国中無双ノ能化、シリノコセル事モナシ、而如此臨終ノ儀不思様イカナル宗ニ□《鼠クヒ》□《鼠クヒ》カ真実得道ノ本望ヲハ遂ヘキ、願ハ諸仏□□《鼠クヒ》ヲ示シ給ヘト、百日之間致精誠祈念之□□《鼠クヒ》九十九日ノ夜ノ夢ニ見ル様、高貴ノ僧ノ□《鼠》衣キタル一人出来シテ、イテヤアソコニ面白キ所ノアル、見セ奉ラントイフニ、此御房ツレテユク高山ノ上ニ殊勝ノ楼閣宮殿アリ、其内ニ入テ見ルニ、荘厳太タ浄土モカクヤト覚タリ、即帰リ出ル時、此御房僧ニ尋テ云、是ハイツクソ、是ヲハ疎山ト申ス也、又ツレテユクニ、前ノ如クナル宮殿アリ、其内ニ房主トヲホシテ《キ本》ケタカテ僧アリテ相看ス、爰ニシテ絵一幅ヲ取出テ引与ヘラル、御房是ヲ取テ帰リ出ルトキ、又是ヲハナニト申スソト尋之、僧云、石頭ト申ス也云々、僧礼ヲナシテ是ヨリ別レ帰ルト覚ヘタリ、其後此絵ヲヒ

ラキテ見ルニ、半身ノ達磨ヲ書タル絵也、夢サメテ思之、禅宗ニ縁アル事ヲ知也、且又其比仏光（無学祖元）・仏国（高峰顕日）禅師ト云明僧有之、即衣ヲ改テ彼宗ニ入テ自疎石ト名ヲ付キ給フ、夢窓ト申モ此夢ニヨル道号ナルヘシ、□《鼠クヒ》ニハ師範ノ撰ニ当テ国師号アリケル□《鼠クヒ》ヘシ、

□《鼠クヒ》夢窓ノ初メツカタ仁和寺ノ法流某ト申ス真言師アリ、是鎌倉若宮別当某ノ弟子ニテ権威アリ、其人ニ相近ツヒテ閑談、真言ノ事ヲ互ニ語ラル、一箇ノ真言ノ習アルコトヲ語リ申サル、夢窓心中ニ思ハク、我故上人ニ逢テ真言ノ奥旨ヲ習フ、而ニ此事未知之、アハレ令許授給カシト申サル、御房子細アルヘカラサルヨシ領状、此所望ニ依テ連々夢窓此御房ノ坊ニ立寄ラルヌ、哀レ此事ヲト申サルレハ不可有子細之由ト云々、然而サラハ授申スソトハナクテ、如此両三トニ及フ、夢窓本意ナキコトニ思ハル、爰先代ホロヒテ鎌倉散々ニナル時代、御房遁世シテ夢窓国師ノ弟子ニナル、碧潭（・周皎）和尚トテ、西芳寺（嵯峨）ノ長老ニテマシ〳〵シ即是也、僧ノ後此真言ノ所望ヲ吐ラルト云々、夢窓問云、日比度々何ソ不被授乎、碧潭答云、強チ法ヲ惜ミ申スニハ非ス、其御志ノ□《鼠クヒ》ヲタメシ申ンカ為也ト、此碧潭ノ口決ヲ□《鼠クヒ》シタル一巻所持セリ、其外三巻ノ秘書トテ□《鼠クヒ》ノ奥義ヲ記セル物同所持之、然而予（三光院坊主）末□灌頂、仍無左右不及披覧候也、於四度ノ加行ニ者高野ノ宝生院（金剛峯寺）ニ受渡之、灌頂之志未遂之、内山（大和国山辺郡永久寺）僧正光賢授与事、故金剛王院（醍醐寺）法印実性約束之、彼又入滅之後、弥無其便云々、

予（満済）云、若猶有御志者内山（光賢）知音ノ子細アリ、可指南申之由約諾長老（三光院坊主）帰退了、

北山座主（満済）御坊公卿座対謁次有物語、翌日任彼言談記之、房（満済）云、人之発心可依宿習歟、強不可依宗之浅深、夢窓如元於彼宗門者有因縁乎、不可疑之、今聞此物語兮、彼名字道号等知有其子細霊夢之告、珍重々々、

○夢窓疎石に関する逸話であるため、便宜的に夢窓の示寂日におく。

観応二年（一三五一）九月三十日、これ以前、夢窓疎石が戦場での心労をねぎらう書状を出す。

二五〔夢窓疎石書状〕湖山集

『岐阜県史』史料編古代・中世四、七五六頁

去七月二日御札、先月拝見了、戦場御心労令察申候、濃
州騒動、無程静謐、定被聞食てニ候、恐々謹言、
九月八日　疎石(夢窓)（花押）
○コノ文書、宛所ヲ闕ク、

○年未詳につき、便宜的に夢窓疎石の示寂日におく。「濃州騒動」は観応元年（一三五〇）七月の土岐氏の蜂起を指すか。

観応二年（一三五一）十月十三日、春屋妙葩が、円覚寺正続院・建長寺正統院・下野国雲岩院への夢窓疎石入牌について正続院に指示する。

二六〔春屋妙葩書状〕正宗寺文書

『南北朝遺文』関東編第三巻、二〇六六号文書

老師(夢窓疎石)去九月卅日帰寂候了、依老病相逼、時節到来候之間、
始不能驚候、滅後之式、一切守遺誡遵行仕候、然而正(円
覚寺)続・正統(建長寺)・雲岩(下野国那須郡)入牌之事、不被載置候、此一段定忘却候
者歟、仍以当庵領常州下臼庭(多珂郡)土貢充之候、入牌以後々年
者、以彼土貢四分之三、可充年忌香燭等候、其子細、態
以使者可啓処、幸瑞泉院(相模国鎌倉郡)主下向之間、申談候、定可被披
露申哉、恐惶敬白、
十月十三日(観応二年)　妙葩(春屋)（花押）
進上　正続院侍司

文和二年（一三五三）六月五日、足利義詮が真如寺等に天下静謐の祈禱を命じる。

二七〔足利義詮御判御教書案〕醍醐寺文書

『大日本古文書　家わけ第一九』一〇、二五一頁

天下静謐御祈禱事、勤行不断陀羅尼、近日殊可被抽懇篤
之状如件、
文和六年(二カ)六月五日　義詮(足利)御判
金剛(高野山)▨(三)昧院長老

二八〔足利義詮御判御教書宛所注文〕醍醐寺文書

『大日本古文書　家わけ第一九』一〇、二五三頁

金剛三昧院長老　泉涌寺(東山)長老
以下文言同、
白毫寺長老　臨川寺長老

真如寺（洛北）長老　　東福寺長老
安国寺（四条坊門）長老　　万寿寺（六条高倉）長老
天龍寺長老　　南禅寺長老
神護寺（高雄）衆徒中　　以上十一通、如金剛三昧院文言、

（後略）

○『大日本古文書』で、前号史料と本号史料を含む十通の文書が紙質・筆蹟が同じとされ、その十通の内に金剛三昧院宛のものは前号史料のみであるため、本号史料は前号史料の宛所一覧と考えられる。

文和二年（一三五三）十月二十日、足利尊氏が常在光寺から二条万里小路邸へ移住する。

二九〔門葉記〕　文和二年十月二十日条

『大正新脩大蔵経』図像一一、「門葉記」五七一頁

同二十日（文和二年十月）、大樹（足利尊氏）所労逐日減気之間、今日自常在光院（東山）、令移住于二條万里小路御子左前大納言為定亭、其後弥属無為、食政大略祓本云々、

文和三年（一三五四）正月二十三日、足利尊氏の発願により、元弘以来の戦死者追善のため真如寺僧祖岳が「道行般若波羅蜜多経」を書写する。

三〇〔道行般若波羅蜜多経　巻第十〕

東京大学史料編纂所蔵一一七‐七

道行般若波羅蜜経巻第十　　鱗

後漢月支三蔵支婁迦讖訳

曇無竭菩薩品第二十九

（中略）

万年山真如寺（洛北）寄住比丘祖岳謹書

妙縦校正

「発願文（印記）

願書蔵経功徳力　世々生々聞正法
後醍醐院證真常　考妣二親成正覚
元弘以後戦亡魂　一切怨親悉超度
四生六道尽沾恩　天下太平民楽業

文和三年甲午歳正月廿三日

征夷大将軍正二位源朝臣『尊氏』（足利）（自筆）謹誌」

○『大日本史料』六編‐一九、三二〇七頁に「足利尊氏奉納一切経奥書」が掲載される。

文和三年（一三五四）二月晦日、三浦道祐が土佐国吾川山庄内上谷川村を春屋妙葩に寄進する。

一二〔三浦道祐寄進状案〕吸江寺文書

『南北朝遺文』中国四国編第三巻、二五七五号文書

（端裏書）
「三浦下野入道殿道祐寄進状案文」

土佐国吾川(吾川郡)山庄内上谷川村事

右所領者、道祐重代相伝之私領也、而為美作国西高田床(庄カ)(真嶋郡)内甘波村并安名替、限永代所令寄進也、二親菩提及道祐没後追善、不退転之様御計候者悦存候、但此内任先年寄附、拾貫文奉寄進吸江庵(土佐国長岡郡)者也、若於違此旨子孫者、可為不孝之仁候、為後證之状如件、

文和三年二月晦日　三浦下野守 道祐判

妙葩(春屋)首座御菴へ

文和三（一三五四）三月、春屋妙葩等の夢窓門徒が、円覚寺黄梅院の運営について議定する。

一三〔春屋妙葩等連署置文〕黄梅院文書

『鎌倉市史』史料編三、九頁

此状、三会院(臨川寺)、檀方、各一本有之、

夢窓(・疎石)正覚国師塔頭円覚寺黄梅院事、将軍家(足利尊氏)御在鎌倉之時、可令興行之由、檀那命鶴殿(饗庭氏直)被申成御教書之間、宏遠(方外)首座為塔主、所修造也、随而命鶴殿、被申寄常陸国結城(結城郡)村・色好村・椿村三ヶ所了、彼三ヶ村土貢内半分者、充当院支縁、半分者、為檀那受用分、永代塔主無懈怠、可被沙汰遣之、凡当院興行、依彼願力令成就之間、争無報謝之儀乎、若背此旨者、為門徒計、可改易塔主者也、為後證門徒之議如斯、

文和三年甲午三月　日　妙葩(春屋)（花押）

宏遠（花押）

志玄(無極)（花押）

年未詳七月十九日、春屋妙葩が円覚寺黄梅院月忌料足を武蔵国赤塚庄庄主に申し付けたことを黄梅院に伝える。

一三〔春屋妙葩書状〕正宗寺文書

『新編埼玉県史』資料編五 中世一、三五八頁

当院(円覚寺黄梅院)御月忌料足、如本寄進状可送進之由、申付赤塚庄(武蔵国豊島郡)主

候、近時余ニ作事多之間、両三人連署御請取にて、可被召候也、愚身も依病気、半身不遂之間、不能判形候、向後も所用事申入候ハん時者、梵相《円鑑》首座状を相副可進之候、恐々敬白、

「(印文不詳)《朱文方印》」七月十九日　妙葩《春屋》「春屋《白文朱方印》」

黄梅院方丈

○年未詳につき、便宜的に黄梅院の記事にあわせて掲載した。

文和三年（一三五四）十一月、春屋妙葩が夢窓疎石の事績を讃える碑を建立する。

三四　〔夢窓国師塔銘〕『大日本史料』六編-一五、三五四頁

前瑞龍山太平興国南禅々寺住持四明沙門永璵《東陵》撰

国師《夢窓疎石》示寂後三年、嗣子妙葩《春屋》具師行実請予曰、先師窣堵得銘以昭後世可也、予辞以不敏、退念国師有懐遠人之徳、奚可辞、当銘其塔序其事、（中略）二十七日《観応二年九月》永璵往問安、師対座茶話、又啖雪梨、特与手書、為予臨老養閑之所、使公府謀之、無違我語、嘱以寺務、述永訣之懐、使人哀感無已、二十九日乃書遺誡十数條、付門弟子、又書遺偈以寄大将軍《足利尊氏》、伸不能面別之意、嘱令外護、復書辞世頌、三十日粥罷、集両山之衆告別、怡然而逝、顔色不変、于時白気一道横貫正寝、緇素二万余哀慟不勝、門人奉全身、塔于三会院《臨川寺》、分在日所剪爪髪舎利如粟、塔于雲居《天龍寺》、遵遺命也、師生於建治乙亥《元年》、示寂于観応辛卯《二年》、僧臘六十、経渉八朝、嗣法弟子二十余員、前天龍無極志玄其上首也、度四衆弟子、具名于籍者、凡一万三千余、師操堅松柏、戒凛氷霜、義観靖深、慧学淵博、志欲隠居、無応世之意、迫於朝命、勉強従之、其於捉麈談禅、学徒景附、天下叢林、罕有儔者、至如扶宗樹教之功、摧邪顕正之力、天鑑照臨、人心悦服、道尊徳備、福慧両全、臨滅之際、晶明如此、蓋平生所履之験也、姑序其大概、詳載年譜、（中略）

文和三年甲午歳十一月日、守塔《雲居庵》小師比丘妙葩立之、

文和年中（一三五二-五七）、広義門院（光厳・光明天皇母）が伏見行宮の傍に大光明寺を建立する。

三五　〔智覚普明国師語録〕『大日本史料』六編-二五、一五二頁

（前略）又文和年中、広(義)儀門院(藤原寧子)、宣於伏見行宮傍、建造此精藍、専安修禅徒、而自称大光明院(伏見)者、蓋以追慕橘大(嘉智子)后遐蹤、兼別世号也、熟推原禅宗流行之因由、特興盛伏見・嵯峨之両地、孰知非両太后、曾秉願力、而前身後身、互相扶竪者乎、（後略）

延文二年（一三五七）二月十六日、空谷明応が夢窓疎石の弟子である無極志玄の頂相を作成させ賛を書く。

三六〔碧山日録〕長禄三年九月二十一日条

『大日本古記録』、上、六八頁

二十一日、庚子、又会洞書記、予問其祖無極(・志玄)禅師之行、洞曰、無極、諱志玄、始為兀菴之徒、一日侍雲居(天龍寺)(夢窓疎石)師講首楞厳之席、師罷其講、而延玄語此事、有甚所契也、共約曰、他後若出世名藍、互出以輔道儀云、師竟以詔命住於南禅、玄聴之従東州来、師悦之、自出洗足湯致其意也椎鐘請之於板首、玄応宿諾也、師後開天龍而住之、不幾退、而延玄以住之、乃第二世也、因供香於先▨(師)某也、住期満而退旧棲之地、師再請之以住也、于時以香供師、竟為師之的子也、一日、東陵(・永璵)和尚問師於病榻、師援筆書一簡曰、後事悉嘱玄老也、乃以之付東陵曰、公後為玄證之、又示寂之先、以胡桃相衣七処衣雲居住七処之衣、・鎖口訣仏光(無学祖元)法語、付玄也、其後、東陵呇雲居之徒弟曰、公等将誰某甲為師兄哉、答曰、春屋葩公也未有所決也、東陵乃出雲居之□(遺)書○以示之、徒弟睹此、咸伏膺而以玄為師兄也、無□(極)居於慈済(嵯峨)、預知入寂之日、延文二年二月十日、門人明応(空谷)、絵師肖像求賛、紀讃(其)辞之尾以二月十六日也、果至其日而坐化、世以為克知来也、洞公敦実不虚、故不疑其言而書之、

延文二年（一三五七）五月一日、足利義詮が播磨国多可庄地頭職を大光明寺に付け、赤松貞範に替地を与える。

三七〔足利義詮御判御教書〕赤松文書

『兵庫県史』史料編 中世二、一四〇頁

播磨国多可庄(加西郡)地頭職事、法皇(光厳)南方御座之時分、雖宛行赤松筑前守貞範、已還幸之上者、不日可沙汰付御雑掌(伏見大光明寺)、於替地者、早速追可相計之旨、相触貞範、可申左右、更不可有緩怠之状如件、

延文二年五月一日　　　　　　　　(足利義詮)(花押)
赤松律師(則祐)御坊

○本書一三七・一三八・一四五・一六〇・二〇七・二一六・二一九・二二二・二二五・四二三・四二五・四三四・一五一七号史料が関連。

延文二年（一三五七）九月三十日、夢窓疎石七回忌の仏事が天龍寺で行われ、足利尊氏・義詮が参列する。

二八〔園太暦〕延文二年九月条　　『史料纂集』、第六、九〇頁

廿六日、今年夢窓(疎石)国師七年忌也、武家(足利尊氏)可向天龍寺云々、
其間事、円忠(諏訪)法師以状談之、今日又有談事、
来廿九日両人(尊氏・義詮)詣寺(天龍寺)之間、著布衣可為乗輿候、雑色下部
者、可為折烏帽子直衣候、而懸(垂イ)総鞦於引馬候之條、(勿論之由示了、)不
相応之所難候、可為如何様候哉、内々有御伺、示賜候
者恐悦候、恐々謹言、
　九月廿六日　　　　円忠判
　左馬助(藤原親季)入道殿
卅日、天陰、今日夢窓国師七年忌也、将軍父子入寺(天龍寺)云々、
予(洞院公賢)已輿被借用、仍借遣了、又伏見殿両法皇(光厳・光明)、自去比御住
雲居庵(天龍寺)、令(之イ)営仏事給云々、武将入寺有、見物輩如堵云々、

○臨川寺三会院で行われた夢窓疎石七回忌仏事の法語が「諸回向」（慈照寺蔵）にあり。

延文二年（一三五七）、春屋妙葩が足利尊氏の請により等持寺住持となる。

二九〔普明国師行業実録〕　　『続群書類従』第九輯下、六四六頁

延文二年、丁酉、（中略）是歳、大将軍(足利尊氏)源公延師(春屋妙葩)住京師
等持寺(三条坊門)、

延文三年（一三五八）正月十六日、足利義詮が尾張国海東庄庶子等跡を天龍寺造営料として寄進し、このことを大勧進の春屋妙葩に伝える。

三〇〔足利義詮御判御教書案〕天龍寺重書目録甲
　　『天龍寺文書の研究』一六二号文書

一尾張国海東庄(海東・中島郡)庶子等跡事、為天龍寺造営所令寄進也、

仰大勧進春屋《(・妙葩)》和尚、任先例、可被致沙汰之状如件、
延文三年正月十六日　左中将《(足利義詮)》御判
当寺長老《(龍山徳見)》
○春屋妙葩が天龍寺造営の大勧進職に補任されたことは『天龍寺文書の研究』一六三・一六四号文書を参照。

延文三年（一三五八）四月三十日、これ以前、春屋妙葩が足利尊氏奉納一切経の再校をする。

一三一〔足利尊氏奉納一切経〕　『大日本史料』六編―二一、二八〇頁
（奥書）
霊亀山天龍資聖禅寺寓居比丘周向《(陽谷)》敬書、道悟一校畢、妙《(春屋)》葩再校了、
○年未詳につき、便宜的に足利尊氏の没年におく。

延文三年（一三五八）五月二日、足利尊氏の葬儀が真如寺で行われる。

一三二〔後深心院関白記〕延文三年五月条　『大日本古記録』、一巻、二二一頁
二日、（中略）今暁大樹《(足利尊氏)》葬礼云々、於真如寺《(洛北)》有此事、一向禅宗之沙汰云々、相公羽林《(足利義詮)》行向云々、
六日、（中略）大樹初七日仏事於等持院《(三条坊門)寺》行之、禅侶沙汰、観音懺法云々、宰相中将《(足利義詮)》自去二日坐此寺云々、五旬之間可有住寺云々、

延文三年（一三五八）九月六日、後光厳天皇が夢窓疎石に普済国師号を贈る。

一三三〔後光厳天皇宸翰加号勅書〕鹿王院文書　『鹿王院文書の研究』八九号文書
朕《(後光厳天皇)》以、教化之広莫若仏法、仏法之伝熟踰禅宗、惟禅宗以臨済為正、臨済十六世至円照其道特盛、子孫詵々出拠大方者固多、厥中先遁岩穴卓行高峻而后大振者、異国有中峰《(・明本)》、本朝有夢窓《(・疎石)》、彼者以不出山尚称国師、此上人者実為三朝国師、由是皆賜号、初曰夢窓国師、次加以正覚、又加以心宗、朕居潜位時侍上、嘗親炙教揚利済普及也、今以聞法之好永以不諼、特詔

三会塔(臨川寺)下頂戴衣盂以表
師資之礼、仍増加号曰
夢窓正覚心宗普済国師、
　延文三年九月六日
門徒老僧等中

○「諸宗勅号記」（『続群書類従』第二八輯下、四一〇頁）、「本朝歴代法皇外紀」（『続々群書類従』第二輯、三〇頁）に関連記事あり。

延文四年（一三五九）二月二十三日、夢窓疎石への国師追号の宸筆勅答が天龍寺にもたらされる。

一三四〔園太暦〕延文四年二月二十五日条
『史料纂集』、第六、二三六頁

廿五日、天晴、今日円忠(諏訪)法師又有示事、夢窓国師(疎石)追号(普済国師)、被下真筆(宸、以下同)於寺家(天龍寺)、勅使四條大納言(油小路隆蔭)入来、可謝申礼有無事也、更無才覚之趣報了、
後聞、今日内裏有御楽、次有舞御覧、左右舞人各三人、伶人、、、(本ニ已下不見)――舞只、、番云々、
夢窓国師追号、被下伏見殿(崇光上皇)真翰候、一昨日廿三日四條大納言家為勅使入寺候、可表其礼事候哉、云先例云色数、無故実候、内々可被示下之由可申入之間(旨カ)、寺家伝申候、得御意可伺給候、恐々謹言、
　二月廿五日　　円忠判
　左馬助(藤原親季)入道殿
夢窓国師追号真翰、寺家可謝申否事、如此叢林事、曾不(マヽ)蕭才学候間、不能御意見候、但事已違越了、後日沙汰若不可有所表候歟、然而猶々加濃淡、可有商量歟之旨也(候脱カ)、恐々謹言、
　廿五日　　妙悟(藤原親季)

○藤原親季（法名妙悟）は洞院家家司。

延文四年（一三五九）三月二十六日、足利尊氏の和歌を勅撰和歌集に載せる際、常在光院の法号が使用できるかについて議論がなされる。

一三五〔園太暦〕延文四年三月二十六日条
『史料纂集』、第六、二四五頁

廿六日、（中略）諏方(訪)大進円忠法師、又付妙悟(藤原親季)奉武家不

審二ヶ條、愚存(洞院公賢)以妙悟筆注遣之、
前将軍(足利尊氏)周忌之間、可被行法花八講之旨其沙汰候、南北
證義既雖乗(載)勅命、未参公請已前、武家勧請之條無先例
云々、可為何様候哉、御意之趣内々可示給候、又彼詠
歌、可加今度勅撰(新千載和歌集)候、被載常在光院(東山)寺号之由其沙汰候、
而関(東)奉(金沢)貞顕入道本願相続之條、不可然哉否、同可承存
之由内々其沙汰候、両條有御伺、可示給候、恐惶謹言、

三月廿六日　　円忠判

左馬助(藤原親季)入道殿

一(本折紙)御八講證義事
被許證誠之僧綱、座籍已下不論已役・未役、頗異他、
随而雖不勤公請、私御用令勤仕之例、粗若存之歟、但
猶不分明、顕宗僧侶可存知事也、可被相尋彼輩歟、
一先公(足利尊氏)勅撰御位署事
常在光院御号、以非自身草創及先祖建立之寺院、為其
号之條、雖廻思案猶不分明、贈官人署所先規不同歟、
被任撰者沙汰之條可無其難歟、
(後略)

延文四年（一三五九）八月、鎌倉公方足利基氏が夢窓疎石の直弟十人を関東に派遣するよう要請する。

一三六〔空華日用工夫略集〕延文四年八月条

辻善之助編著『空華日用工夫略集』六頁

八月、承春屋(・妙葩)命、赴于関東、蓋関東幕府基氏(足利)、特遣専使
幷手帖於雲居(天龍寺)春屋曰、請令開山(夢窓疎石)直弟十人而来于斯邦、
々々将弘国師法道、春屋与三会(臨川寺)龍湫(・周沢)和会、召余(義堂周信)出示関東
書、仍告曰、関東府君敬吾師如此、苟非其人、難副府情、
公其行矣、余辞不敢、且懇白云天下禅刹之盛、無如関東、
人材蔚如也、若能応命而叨臨大方、不啻取咲於広衆、必
辱国師宗、不敢也、両師兄呵責或慰諭曰、今海東乃法戦
之場、文物之苑也、方是時也、張吾軍輔吾宗者、捨公其
誰、勿拒也、余迫不得已曰、進退唯命也、於是属余以楷(模
模堂周楷)・向陽谷(陽谷周向)等九人、伴赴関東、々々府君喜甚、十八人中
五人建長、五人円覚、拈鬮参暇、余得円覚寺、(後略)

延文四年（一三五九）十一月二十日、足利義詮が院宣を受け、大光明寺領播磨国多可庄地頭職を雑掌に交付するよう赤松則祐に命じる。

一三七〔足利義詮御判御教書〕大光明寺文書（尊経閣文庫蔵古文書纂編年文書 呂）
『兵庫県史』史料編 中世九 古代補遺、六九〇頁

大光明（伏見）院（寺）領播磨国多可（加西郡）庄地頭職事、重申状副具書遣之、或被下御教書、或以使節閣是非、可去渡雑掌之由、触仰赤松筑前入道（貞範）可遵行之旨、重厳密雖仰下、無沙汰云々、何様事哉、仍所被下　院宣也、来月五日以前退濫妨輩、沙汰付下地於雑掌、可執進請取状、若猶令緩怠不可有後悔之状如件、

延文四年十一月廿日　（足利義詮）（花押）

赤松帥（則祐）律師御房

延文五年（一三六〇）八月二十二日、室町幕府が大光明寺領播磨国多可庄地頭職を雑掌に交付するよう赤松則祐に命じる。

一三八〔室町幕府御教書〕大光明寺文書（尊経閣文庫蔵）
『兵庫県史』史料編 中世九 古代補遺、六九〇頁

大光明（伏見）院（寺）雑掌良円申、播磨国多可（加西郡）庄地頭職事、重訴状副具書、如此、可止赤松筑前々司入道世貞（貞範）押領之由、或被下御教書事書、或以使節被仰之処、世貞猶申子細云々、太不可然、当寺為　広義門院（藤原寧子）御塔頭為異于他、来月十日以前可避退之旨、相触之、厳密沙汰付下地於良円、可執進請取状、若猶不承引者、不日可被注申、更不可有緩怠之状、依仰執達如件、

延文五年八月廿二日　相模守（細川清氏）（花押）

赤松律師（則祐）御房

康安元年（一三六一）十一月三十日、春屋妙葩が臨川寺を再興し、入寺する。

一三九〔智覚普明国師語録〕『大正新脩大蔵経』第八〇巻、六四三頁

住霊亀山臨川禅寺語録　侍者編

康安元年辛丑十一月三十日也、是歳十月二十九日表再興之儀、十一月十八日仏殿山門立柱、同二十六日上梁、因方丈畢功同三十日入院、

山門、大解脱門不労弾指、一鎔吹雪於時雪下、千山潑翠、入

得入不得、有利無利三十里、
仏殿、黄金地上一掃劫灰、白銀世界湧出楼台、但縁大士
威神力、引得山僧展拝〔抜〕来、乃礼拝、
土地、仏法冥資霊鑑無差、我今嘱汝、莫向一分飯上見王
老師、冥資額、
祖師一塵起大地収、一花開天下春、咦、東西密付底、鼻
孔搭上唇、密付額、
拈衣、仏祖契券衆生福田、提起云、看看、片雲覆大千、
拈帖、人天宝鑑叢林典刑、寰中依此勅重、塞外依此令行、
維那分明宣読、
此一弁香爇向炉中、奉為今上皇帝(後光厳天皇)聖躬万歳万歳万万歳、
陛下恭願仁風大播、統十華蔵而作封疆、皇道長行、積大
椿年以為寿算、
此香奉為征夷大将軍(足利義詮)羽林相公、伏願武徳掃尽狼煙、致聖
明於堯舜之上、願輪推破魔塁、回仏運於正像之時、
此香深秘形山不欲衒売、其奈余債在今日、不免対衆拈出、
供養本寺開山五代帝師夢窓(・疎石)正覚心宗普済玄猷国師、用酬
法乳之恩、

○〔 〕は『大日本史料』六編―二三、七八六頁により校訂。

康安元年（一三六一）十二月二十七日、足利義詮が南朝軍に勝利し、常在光院に入る。

一四〇〔後愚昧記〕康安元年十二月条　『大日本古記録』、一巻、四八頁

八日、今暁寅刻、主上(後光厳天皇)行幸叡山、将軍(足利義詮)以下士卒先是没落
江州了、天明之後、相模守(細川)清氏朝臣、刑部卿(頼房)号石塔、・楠
木判官政(正)儀以下、南方軍勢入洛云々、世上転変如夢幻、
廿七日、雨下、南方勢相模守清氏朝臣、石塔刑部卿頼
房・楠木判官政(正)儀以下輩、没落了、未刻以後、将軍方勢
等入洛、数千騎云々、入夜将軍入住東山常在光院、

貞治二年（一三六三）二月二十日、細川頼之が阿波国補陀寺に光勝院を創建し、春屋妙葩を請じて落慶法要を行う。また、春屋は飢饉に際し、貧人に粥を配る。

一四一〔普明国師行業実録〕　『続群書類従』第九輯下、六四七頁

癸卯《（貞治二年）》、細川左典厩源頼之於阿之《（板野郡）》補陀寺之側、創建光勝院、既而宝殿落成、請師《（春屋妙葩）》慶讃、故二月赴阿州、先於補陀寺表開堂之儀、二十日就光勝慶讃普説、于時国中大饑、途多餓殍、師備饘粥施貧人、乞者連日矣、太守以下官吏随喜而効之、依此蘇息不寡、（後略）

○このときに春屋妙葩が作成した法語は「智覚普明国師語録」（『大正新脩大蔵経』第八〇巻、六四四頁）にあり。

○この文章の続きは本書一四三号史料。

貞治二年（一三六三）四月八日、光厳法皇が伏見御領を大光明寺塔頭に付ける。

一四二〔光厳法皇置文案〕伏見宮御記録

『大日本史料』六編―二五、四九頁

「（朱書）光厳院御置文案、此一通回禄以前、以正本即染筆所写留也、

若為一字構虚言者、可蒙祖神之冥罰者也、　御花押」

伏見御領事、付大《（伏見）》光明寺御塔頭之儀、為将来廻思慮之旨候、不混物御領事、仙洞《（崇光上皇）》御余流何様ニも各別相続御管領可宜之由存候、以此趣、可被申入仙洞也、敬白、

貞治二年四月八日　光《（智）》―《（光厳法皇）》

勧修寺一位《（経顕）》殿

貞治二年（一三六三）七月二十二日、春屋妙葩が伏見にある大光明寺住持となり、広義門院七回忌の仏事を行う。

一四三〔普明国師行業実録〕

『続群書類従』第九輯下、六四七頁

癸卯《（貞治二年）》、（中略）秋七月奉太上天皇《（崇光上皇）》聖旨、住梵王山《（伏見）》大光明寺、二十二日承旨恭為国母《（藤原寧子）》光儀《（広義）》門《（院脱）》陞座、上皇臨莚而聴、（後略）

○この文章の前は本書一四一号史料。

○春屋妙葩が作成した広義門院七回忌の法語が「智覚普明国師語録」（『大正新脩大蔵経』第八〇巻、六四六頁）にあり。

貞治二年（一三六三）七月、光明法皇が大光明寺本尊の開眼を行う。

一四四〔本朝歴代法皇外紀〕

『続々群書類従』第二輯、三〇頁

暦応皇帝（光明天皇）
帝諱豊仁、正安之第二子、建武三年八月即位、在治十二年、貞和元年八月太上皇（光厳上皇）慶天龍寺、賜宸奎諸額、二年疎（夢窓）石入内受戒、展師資之勝、次日差中使賜夢窓正覚国師宸翰、四年禅位東宮、観応元年二月従疎石受衣盂法名、二年幸天龍寺問疎石疾、三年蒙塵吉野、延文二年還旧都、隠伏見落髪、法号真常智、貞治二年七月幸西芳寺（嵯峨）拝瞻仏舎利、勘計得一万三千余顆、又勅周皎号碧潭開光大光明（伏見）寺本尊、降手詔於元光号寂室、請問開示、光懇辞、再賜宸書、仍奉大梅即心即仏公案、三年七月幸丹州（桑田郡）常照寺、修先皇（光厳）葬儀、自昇神柩送蔵山阿、康暦二年六月廿四日崩、寿六十歳、

貞治二年（一三六三）九月十二日、足利義詮が大光明寺領播磨国多可庄地頭職を雑掌に交付するよう赤松則祐に命じる。

一四五〔足利義詮御判御教書〕馬越恭一氏所蔵文書

『兵庫県史』史料編 中世九 古代補遺、六九〇頁

伏見大光明寺雑掌良勝申、播磨国多可（加西郡）庄地頭職事、就去六月廿七日註進状、沙汰了、為 仙洞御領、非闕所重職厳重地也、縦新給人、雖掠給補任状、不可依彼状之子細、度々其沙汰了、赤松筑前入道（貞範）雖支申、不可許容、不日沙汰付下地於雑掌、可全彼寺用、使節尚緩怠者、殊可有其沙汰之状如件、

貞治二年九月十二日　（足利義詮）（花押）

赤松律師（則祐）御房

貞治二年（一三六三）九月、後光厳上皇が春屋妙葩から受衣し、無学祖元と高峰顕日に国師号を贈る。

一四六〔空華日用工夫略集〕貞治二年九月条

辻善之助編著『空華日用工夫略集』八頁

九月、先国師（夢窓疎石）十三年忌、余（義堂周信）受雲居嘱、幹事建長正統菴仏事、時有朝旨、追贈仏光禅師（無学祖元）曰円満（春屋妙葩）常照国師、仏国禅師（高峰顕日）曰応供広済国師、奎画降於正統・正続（円覚寺）両塔庵、命余董其事、

一四七〔普明国師行業実録〕

『続群書類従』第九輯下、六四七頁

貞治元年壬寅、蒙山(・智明)和尚董天龍日、請師分座、是歳天子(後光厳天皇)景慕先国師(夢窓疎石)風儀、特召師受衣盂、既而将賜国師号、師奏曰、先師道合三朝、特賜徽号数矣、然而先祖仏光(無学祖元)・仏国(高峰顕日)二師、未有国師之号、願追諡二師、以旌盛徳之尊、上善其言、乃諡仏光曰円満常照、仏国号応供広済、

○「諸宗勅号記」（『続群書類従』第二八輯下、四一二頁）に関連記事あり。

貞治二年（一三六三）十一月二日、春屋妙葩が後光厳天皇から天龍寺住持に任命される。

一四八〔後光厳天皇綸旨〕鹿王院文書

『鹿王院文書の研究』一一一号文書

(封紙ウハ書)「春屋上人御房　右中弁嗣房」

所被補天龍寺住持職也、宜専寺中之紹隆、奉祈天下之安全者、

天気如此、仍執達如件、

(貞治二年)十一月二日　(万里小路)右中弁嗣房□

(・妙葩)春屋上人御房

○「普明国師行業実録」（『続群書類従』第九輯下、六四七頁）に関連記事あり。このときの入寺法語が「智覚普明国師語録」（『大正新脩大蔵経』第八〇巻、六三三頁）にあり、入寺は貞治二年十一月八日とされる。

貞治三年（一三六四）二月二十日、細川頼春十三回忌にあわせて景徳寺仏殿が開堂され、春屋妙葩が法語を作成する。

一四九〔智覚普明国師語録〕

『大正新脩大蔵経』第八〇巻、六四九頁

貞治三年二月二十日、為細川(頼春)讃州太守宝洲繁公居士一十三回忌辰、西山(嵯峨)景徳禅寺開堂仏殿慶賛

法無定相、逢縁即宗、今日去年、赴阿之光勝(板野郡補陀寺)請、今年今日、開洛之景徳場、全是両段因縁、不出者箇時節、故李長者云、無辺刹境、自他不隔於毫端、十世古今、始終不離於当念、好箇大解脱門、刀山剣樹、遊戯道場、情〔与無情、斉唱正覚、文殊大士、為七仏師、〕依如斯門、説如斯法、手中利剣、本有智体現成、般若慧燈、一段霊光不昧、便見金毛頭上入正定、須弥頂上従定起、須弥頂上入正定、景福(徳)寺裡従定起、乃至南明山中入正受、諸人面門

三昧起、諸人面門入正受、驀拈拄杖、拄杖頭上三昧起、所以
従文殊門入者、牆壁瓦礫為汝発機、従観音門入者、蝦蟆
蚯蚓為汝発機、従衲僧門入者、亀毛兎角為汝発機、敢問
大衆、且擬向那箇門進歩、良久、四海而今清似鏡、行人
莫与道（路）為讐、卓上一下、復曰、今日仏事、細川典厩（頼之）、為先考
讃州太守、修冥福底意旨、山僧去年赴他請、在補陀之日、
語余（春屋妙葩）云、某甲欲報罔極恩久矣、只為身不私身、因受朝命
却国敵、于今不能果焉、偶逢今年世波少間、喜不自勝、
預伸一十三年忌追薦之儀云云、（後略）

○〔 〕は『南北朝遺文』中国四国編第四巻、三三七四号文書により校訂。
○「普明国師行業実録」（『続群書類従』第九輯下、六四八頁）に関連記事あり。

貞治三年（一三六四）四月二十一日、足利尊氏七回忌仏事が常在光院で行われ、足利義詮が参会する。

一五〇〔師守記〕貞治三年四月二十一日条

『史料纂集』、第七、一二〇頁

廿一日、乙卯、天晴、今日鎌倉大納言（足利義詮）被渡常在光院（東山）、有
曼陀羅供云々拈香（・慈均）平田和尚、有故将軍（足利尊氏）七年仏事、被修之、
来晦日也、漸次第被修之歟、委可尋、

（中略）

（頭書）「将軍乗輿云々、
於常在光院五部大乗経、読誦理趣三昧、泉涌寺長老、於
等持寺（三条坊門）拈香、住持、大衆諷経・五部大乗経等有之
云々、」

（後略）

○『師守記』同月二十九日条に関連記事あり。
○同月二十九日に作成した春屋妙葩の法語は「智覚普明国師語録」（『大正新脩大蔵経』第八〇巻、六七六頁）にあり。

年月日未詳、足利尊氏の年忌仏事が常在光院で行われる。

一五一〔龍湫和尚語録〕

内閣文庫和学講談所旧蔵本一九三－四五三、第一巻

等持院殿（足利尊氏）初会

在衆香国則以香塵説妙法、度迷人於五濁世、則用薫力除
罪垢抜苦輪、大日本国山城州京師東山常在光院山門、伏

値　本寺大檀那故征夷大将軍仁山等持院台忌之辰、預啓霊場、一衆読誦五部大乗経、今日満散、営備妙○《供》供養三宝、謹命合山衆諷経所鳩善利、奉為　台霊荘厳報地、伏惟等持院殿台霊、才略兼備名位倶隆、嘗為三軍将大策百戦功壮、頼義武徳於塞外復清和文明乎、寰中抑亦護祐教法、依帰心宗生、前恩被有截身、後徳施無窮、報恩酬徳一句作麼生、挿香云、香煙縷縷散薫風、

○便宜的に常在光院における足利尊氏年忌仏事の記事にあわせて掲載した。

貞治三年（一三六四）四月、春屋妙葩が大光明寺に住し、光厳法皇と問答を行う。

一五二〔普明国師行業実録〕　『続群書類従』第九輯下、六四八頁

（前略）夏四月、師《春屋妙葩》到大光明寺《伏見》、于時光厳法皇聞師来大悦、対語終日、遺嘱甚多、（後略）

貞治三年（一三六四）七月七日、光厳法皇が崩御する。ついで毎日の諷経と忌日仏事が大光明寺で行われる。

一五三〔敦有卿記〕『大日本史料』六編－二五、九一六頁

貞治三年七月七日、太上法皇《光厳》崩于山国御菴室《丹波国桑田郡》、依為兼日御素意、御中陰御仏事儀無殊事、只於大光明寺《伏見》、毎日大悲呪、朝夕各一反、毎七日待夜諷経許也、

七月廿六日、今日著御錫紵、左衛門佐資俊《武者小路》奉行、今出川大納言《公直》候御簾、陪膳同人、資俊・蔵人源雅忠役送、依無御遺誡、臣下不賜素服、

八月九日、今夜除御錫紵、奉行人幷御簾役人同前、陪膳左中将《揚梅》定行朝臣、役供《送カ》資俊也、

八月十三《一イ》日、今日五七日御仏事也、仍御幸大光明寺、先拈香、次諷経、以上禁裏《後光厳天皇》御沙汰、次陞座、拈香諷経、以上仙洞《崇光上皇》御沙汰、

八月廿六日、今日七々日御仏事、於大光明寺被行之、如例先有御談義、次諷経之外無殊事、禁裏御分於天龍寺有陞座拈香云々、

十月十八日、今日御百ヶ日、於大光明寺被行如例、拈香諷経観音懺法等有之、

○便宜上、貞治三年の光厳天皇仏事に関しては一括して掲載した。各々の典拠史料は以下の通りである。『大日本史料』六編－二六、六五・一一二・一一七・三三六頁。

○春屋妙葩が作成した光厳天皇五七日の法語は「智覚普明

国師語録」（『大正新脩大蔵経』第八〇巻、六五三頁）に、尽七日の法語は「智覚普明国師語録」（同書六五四頁）にあり。

一五四〔智覚普明国師語録〕

『大正新脩大蔵経』第八〇巻、六七三頁

承勅為光厳院一百箇日

破有法王乗願力、仏心天子比丘身、万年佳運亀山寺、一念追回鷲嶺春、汲澗銅瓶応宝器、飛空瓦鉢是金輪、桑門声価従茲重、教外流通更復新、大寂〔寂〕雲深檀特定、升遐幾日鼎湖因、叡襟猶見嚢墻慕、送御香来卒哭辰、

○〔 〕は『大日本史料』六編－二六、三三六頁により校訂。

貞治三年（一三六四）、春屋妙葩が曹操の建立した銅雀台の古瓦を用いた瓦硯を入手し、鎌倉府に献上する。

一五五〔空華集〕『五山文学全集』第二巻、一八二七頁

源府君（足利基氏）所蔵銅雀研記

昔者魏曹操、字孟徳、初事後漢為丞相、及受漢禅、建都於鄴、（西暦二一〇年）建安十五季（季）、創作銅雀台（河北省邯鄲）、蓋鋳銅為雀置台上、因以為名焉、或曰、銅雀乃銅鳳凰也、而台上有屋百二十間勢凌蒼穹、其上置宮妓、遺令曰、吾妓皆著銅雀台、月朔十五日、望吾西陵墓、及魏亡、台廃為墟、有里人耕其址者、往往得其古瓦、盛水為研、為世所貴重、由是文人題詠、登于史籍者多、今是研、実其一也、初天龍長老、春屋葩（妙葩）禅師、得之於海舶、献于関東幕府、惟大人府君源公、天資文雅、毎乗軍務之隙、従事翰墨、以文武兼資也、既得是研、而甚喜、於是命工雕匣以蔵之、鏤管以揮之、麝煤以研之、金鏌以滴之、呼為文房至宝焉、適出以示小比丘周信（義堂）、命俾作記、（後略）

○後略部分に「至今本朝貞治三年甲辰」とあり。

貞治四年（一三六五）五月十八日、赤橋守時三十三回忌の仏事が常在光院で行われ、足利義詮が参会する。

一五六〔師守記〕貞治四年五月十八日条

『史料纂集』、第八、二二一頁

十八日、（中略）今日相模守平守時（赤橋）▨故大方禅尼（赤橋登子）親父、大樹（足利義詮）外祖、三十

三年忌辰也、仍大樹於常在光院（東山）、被行曼陀羅供、導師山岡崎僧正桓覚歟云々、（後略）

貞治四年（一三六五）五月二十二日、足利義詮が北条高時三十三回忌の仏事を等持寺で行い、施餓鬼や春屋妙葩の拈香がある。

一五七〔師守記〕貞治四年五月二十二日条

『史料纂集』、第八、一三一頁

廿二日、（中略）今日先代故入道相模守平高時（北条）相当三十三廻忌陰之間、大樹（足利義詮）被修仏事於大炊御門西洞院大光明寺、有結縁灌頂、導師、、、、於等持□（寺）有施餓鬼云々、鎌倉（足利義詮）大納言有願文、大蔵卿菅原（東坊城）長綱（三条坊門）卿草進、清書勘解由（世尊寺）侍従二位行忠卿也、位署服解未復任之間、征夷大将軍従二位行前権大納言源朝臣（足利義詮）之由、載之、而有沙汰、只征夷大将軍従二位源朝臣之由、於行忠卿許書直之、征夷大将軍猶略之、位許可書歟、如何、此事於武家重々有沙汰、且先日以依田（時朝）左近大夫、内々被尋問家君（中原師茂）之間、位階許被載之条、可叶理歟之由、被注進了、彼願文内々借行忠卿、被写之、仍注裏、

「廿二日（裏書）

敬白

請諷誦事

三宝衆僧御布施

右、元弘之乱亡卒幾許、各抱懐土之恨、定無出塵之期歟、緬察其苦、専修此善、弔三十三霜之忌辰、祈無為無漏之妙果、洒揚九乳之清音、奉驚三宝之宜聴、仍諷誦所修如件、敬白、

貞治四年五月廿二日　弟子征夷大将軍従二位（征夷大将軍従）

行前権大納言（二位）源朝臣　敬白

側聞、後漢征虜将軍之好廉潔也、崇仏法而導亡卒、本朝伝教大師（最澄）之弘円宗也、感鬼神而救庶民、尤就邪正一如之教、須蕩存亡偏見之執、伏惟相州太守（北条高時）禅儀、鴻烈旌奇雄略策勲、専執元帥之権、甚得兆民之和、棠樹勿伐、久遺歌詠之愛、桃李不言、自成扶導之蹊、遂遁俗塵、熟練禅観、外不背老君之玄訓、内又叶仏祖之照鑑、是以芝泥　詔降忝贈通議之班、苔碑字新、忽呈栄進之名、経国之功、冥壌不朽者乎、然間元弘三年之夏、義

戦一起之日、失十過之道、入万死之場、倩思敗興之機、唯知否感之運、吁嗟自殺他殺之忘魂幾多許、前滅後滅之戦士不知数、或為無定河辺之骨、或為一聚路傍之塵、凡厥帰泉之類、定化望郷之鬼、無余胤之可修追福、無旧僕《僅》之、可酬道恩弟子、不資彼善因、誰人有救其苦患、方今筭一去一来之歩暦、当三十三廻之忌序、刻馱都而写八軸之華文、揮免毫而競一日之萍景、予攡常在光院（東山）、更排廻向浄場、当寺住持陞座説法、懸河之博弁、富楼之再生也、加之露地大衆整諷経之儀、春屋（・妙葩）和尚儼拈香之礼、諸山耆徳臨梵閣、十刹禅襟列斎筵、于時青山日暮僧磬鳴兮、五月之蟬災声、金炉煙細、仏香散兮、一枝之蓮助薫、景気感応道儀微妙、抑弟子稟前跡、於当家携右武而奉国思、全社稷之基、冀休塗炭之憂、吾心若無私者、叛党悉乞降歟、併積其善、須頼其慶、然則幽霊余執雲散、莫忍東関之故郷焉、七覚花開、宜照西土之浄台矣、乃至法界有情、含霊感此懇々之志、各破冥々之夢、敬白、

貞治四年五月廿二日

弟子 征夷大将軍従二位行前権大納言《征夷大将軍従二位》 源朝臣（足利義詮） 敬白

○本史料の大光明寺は伏見大光明寺とは別寺院で、大炊御門西洞院にあり。

一五八〔智覚普明国師語録〕 『大正新脩大蔵経』第八〇巻、六七六頁

為相州太守天台鑑公禅定門三十三周忌辰請 平氏（北条）高時

此香諸仏道樹列祖伝芳、生長怨親平等区域、敷栄物我一如覚場、大日本国山城州京師居住奉三宝弟子、征夷大将軍亜相源某甲（足利義詮）、今月二十二日伏値前朝相州太守天台鑑公禅定門及戦陣亡歿諸位覚霊三十三周遠忌之辰、特尽家財開法場、厳備香華燈燭等妙供、拝請本寺堂上和尚（三条坊門等持寺）、陞座説法、亦復奉請名刹諸大尊宿、此同證明之次、借手天龍住持比丘某甲（春屋妙葩）、爇此宝香供養云云、恭惟、覚霊躡右幕下蹤第八葉、効周亜夫治三十霜、物理終始非凡庸可測、世道通塞実曆数所当、遂見陵移成谷、何怪海枯変桑、此時相公甫四歳、不令武威振八荒、天授人与回風淳素、時至徳建佐政君王、仁化能救塗炭、利済無有限量、爰当三十三周遠忌、書写六万余言金章、供仏斎僧資冥福、陞座説法提宗綱、果知令真熏徹実際、更有何妄業成夢郷、今日

修善巾解結、積劫無明雪投湯、著著無不転身一路、塵塵助発本有霊光、且何以為験、水晶簾動微風起、満架薔薇一院香、

貞治四年（一三六五）五月二十二日、春屋妙葩が『夢窓国師語録』を編纂する。

一五九〔夢窓国師語録〕

『大正新脩大蔵経』第八〇巻、四八二頁

先国師(夢窓疎石)語要嘗不許伝于世、故吾徒多蔵之而未敢違嘱矣、然藤原公徳叟居士乃英烈丈夫而既身為門弟子、其機鋒与所存、雖預禅会古之名士輩未必過也、輒取語本以命梓、且不依所誡亦不令吾徒議之、吾則謂先師見之尚不過焉、諸方亦必為勘験之、但妙葩(春屋)勉従紀以歳月云、

貞治之四年歳在乙巳五月二十二日

天龍住山門人春屋妙葩謹書

貞治四年（一三六五）六月三日、赤松貞範が播磨国多可庄地頭職を大光明寺に明け渡す。

一六〇〔赤松貞範去状〕大光明寺文書（尊経閣文庫蔵）

『兵庫県史』史料編 中世九 古代補遺、六九一頁

辞進

播磨国多可庄(加西郡)替、美作国薪郷(苫西郡)地頭職事

右両所地頭職者、為勲功之賞、令拝領御下文・御施行、当知行之処、於多可庄地頭職者、可辞進伏見大光明寺之由、被成下御教書之間、雖歎存、応上裁以同勲功地美作国薪郷地頭職、為多可庄替、可辞進大光明寺之由、付令言上、寺家既御承諾上者、早於多可庄、任先度御下文・御施行之旨、可全知行旨、重被成下御教書、至薪郷□(地頭カ)職者、為多可庄替、不可有相違寺家御管領之由、被申成御教書、両方相互可全所務、若此所相違事出来者、以当知行之地、可立替申、仍為後證、所辞進状如件、

貞治三(四)年六月三日　沙弥世貞(赤松貞範)（花押）

(裏書)「為後證所封裏也、

貞治五年二月十六日

沙弥（花押）」

貞治四年（一三六五）六月十八日、常在光院で曼荼羅供が行われる。

一六二〔師守記〕貞治四年六月十八日条

『史料纂集』、第八、二八〇頁

十八日、（中略）今日於常在光院（東山）有曼陀羅供云々、導師山岡崎僧正（桓覚）、、云々、

貞治四年（一三六五）六月二十三日、等持寺で足利義詮母赤橋登子の四十九日仏事が行われ、春屋妙葩が遺骨を墓所の等持院に運ぶ。

一六三〔師守記〕貞治四年六月二十三日条

『史料纂集』、第八、二八六頁

廿三日、（中略）今日故大方禅尼（赤橋登子）贈従一位四十九日也、於等持寺（三条坊門）、禅林寺（南禅寺）前住蒙山和尚（・智明）有拈《子ン》香、次五部大乗経供養、導師近衛坂法印房聖、題名僧五人其儀了、鎌倉人（足利義詮）納言墨染狩衣、上結、▨▨大方禅尼骨入乎莒、赤地錦、裹亜相被持之、下庭上、着沓、天龍寺長老妙葩《ハ》（春屋）参向請取之、亜相蹲居被授之、長老取之乗輿、兼立輿於唐門内云々、次向等持院（洛北）墓所歟、其後大納言出南向上土門、被渡亭、歩行、被着沓、大名等扈従之云々、猶委可尋記、聞及分大概注之、伝聞、自禁裏（後光厳天皇）提婆品一巻被遊震（宸）筆被遊之、金泥・料紙花田、被置銀柳莒、被遣大樹（義詮）云々、（後略）

貞治四年（一三六五）七月一日、光厳天皇の一周忌に大光明寺仏殿が開堂され、同住持の春屋妙葩が法語を作成する。

一六四〔智覚普明国師語録〕

『大正新脩大蔵経』第八〇巻、六七四頁

共遇光厳院小祥御忌、大光明寺仏殿開堂奉安三聖者箇如輪王鉄、無明窟宅悉皆摧破、如将軍令、煩悩魔軍無不降伏、如獅子絃、衆声永絶和、如龍王雨、一味普随根、如千鈞弩、不為鼷鼠発機、如三摩定、無心善応無方、如苦海船筏、能度生死流転、如宝幢摩尼、施与涅槃安楽、大日本国山城州梵王山大光明寺（伏見）住持伝法沙門某（春屋妙葩）、恭遇本寺大功徳主先皇光厳院小祥御忌、伏承聖命新造立聖廟、落成大仏宝殿、奉安本師釈迦如来・文殊大士・普賢菩薩、自於今月初一日、仍命合山清衆看閲某経、今当満散謹爇

此香供養云、恭惟、尊儀曾在霊山受仏勅、示生澆世力治国、万乗至尊仰北辰、十善所熏見宿殖、果教百姓嚮淳風、亦化天下以皇極、海内煙塵不待掃、龍襟恩渥難可測、民免塗炭歓（懽）声伝、人学忠孝恐不得、于茲脱屣宝位栄、永為提奨迷倒惑、却嫌梁武学有（無）為、只貴達磨無功徳、肩上雲披無相衣、鉢中香盛禅悦食、愍念三界枉輪廻、嗟嘆六道徒匍匐、去年忽躡西帰蹤、今日寂場空厳飾、是権是実、天不知示来示去、三昧力宝殿新成、都史宮万行円備出自剋、但願諸仏諸菩薩龍天八部同賛翊、塵塵刹刹建法幢、長谿開妙荘厳域、衛護龍子幷龍孫、棠棣万歳聯春色、

○〔　〕は『大日本史料』六編―二六、九五五頁により校訂。

貞治四年（一三六五）七月五日、北朝が光厳天皇一周忌の仏事を大光明寺で行い、七日には観音懺法が修される。

一六四〔敦有卿記〕貞治四年七月条

『大日本史料』六編―二六、九五五頁

同（貞治）四年七月五日、於大光明寺（伏見）被行御回忌御仏事、明後日七日、雖当御正日、件日於天龍寺、禁裏（後光厳天皇）御仏事可被行之間、長老上人妙葩（春屋）、天龍・大光明両寺当住也、可計会、仍仙洞（崇光上皇）御分今日被行之也、先拈香諷経、以上仙洞御沙汰、次又陞座諷経、以上禁裏御分、

同四年七月七日、今日依為御正日、於大光明寺有観音懺法、

一六五〔光明上皇宸翰書状〕鹿王院文書

『鹿王院文書の研究』一一七号文書

（封紙ウハ書）
「天龍寺
　衣鉢侍者禅師几下　（光明上皇）（花押）」

（封紙端書）
「光明院勅書」

先日大光明寺（伏見）御仏事之儀、開堂安座、彼是兼備、事々儼然、殊勝之間、特歓喜仕候き、昨日本寺（天龍寺）陞座以下、定又無為無事被執行候歟、目出存候、

抑大光明寺永訣之儀、委細談合申候之間、悦存候、所詮始終一向▨（為）御自専之所、看坊等へも御計候て被置候之条、第一○（要枢）、自他安穏、無事之基候歟之由存候、仙洞時宜又以同前候、定直にも被申候歟、此儀真実為永格、不可有改転之儀候哉之由存候也、千万度々遂拝謁可令啓候、

可得御意候、恐惶敬白、

（貞治四年）七月八日　（花押）

衣鉢侍者禅師几下

○この書状は天龍寺住持春屋妙葩に宛てたものである。

貞治四年（一三六五）七月二十日、正脈庵が修理料足を捻出するため、庵領嵯峨朱雀大路西頬を天龍寺住持春屋妙葩に売却する。

一六六〔正脈庵慧迪等連署領地売券〕鹿王院文書

『鹿王院文書の研究』一一八号文書

（端裏書）「朱雀大路

前□通」

沽却　嵯峨朱雀大路西頬地事

四至　東限大道　南限持地院
　　　西限勝光庵（洛北真如寺）堺　北限在家
　　　見存丈数在于指図

右件地者正脈庵領往古知行無相違者也、而為当庵修理料足、現銭弐拾貫仁相副尾張守説行寄進状幷本券等、永代所奉沽却天龍寺長老春屋（妙葩）和尚也、仍証状如件、

貞治四年乙巳七月廿日　免僧　慧檀（花押）

御影侍者慧宣（花押）

塔主慧迪（花押）

貞治五年（一三六六）四月二十七日、春屋妙葩が空海筆の華厳経を東寺増長院清我に寄進する。

一六七〔春屋妙葩経巻寄進状〕醍醐寺文書

『大日本古文書　家わけ第一九』一六、六〇頁

（端裏書）「華厳経巻第廿四」

此一部華厳経、高野大師（空海）、於室生山（大和国宇陀郡室生寺）、辰一点把筆、巳末畢功、奉納南都弘福（興）寺伝法院之経也、一巻奉付東寺増長院清▨我法印御坊、以弘伝法益者也、

貞治五年丙午孟夏（四月）廿七日　天龍妙葩（春屋）

（朱壺形印）「春屋」（朱方印）「妙葩」

廿枚々別廿四行也、但端一紙十二行加内題、奥一紙十七行加題、

貞治五年（一三六六）六月一日、義堂周信が夢窓疎石の行状をまとめ、明の文人宋濂に碑文と銘詞を求めるよう、入明する絶海中津に伝える。

一六八〔空華日用工夫略集〕貞治五年六月一日条

辻善之助編著『空華日用工夫略集』九頁

一日、（中略）津侍者（絶海中津）号要関、告別将游江南、余（義堂周信）草先国（夢窓疎石）師行状而付之曰、蓋聞大明之朝、有文人宋景濂（宋濂）者、呈此以求碑文幷銘詞、

○宋濂が書いた「夢窓国師碑銘」は『続群書類従』第九輯下、五三九頁にあり。

貞治五年（一三六六）七月八日、伏見懐中庵主の入滅により、大光明寺の触穢が問題となる。

一六九〔吉田家日次記〕貞治五年七月八日条

天理大学附属天理図書館蔵二一〇・五–イ四九

八日、（中略）今日四条中納言（油小路）隆家卿被送書札云、指可申事候、可有来臨云々、即予（吉田兼煕）馳向黄門対面云、伏見懐中庵々主一昨日入滅、彼穢定及大光明（伏見）寺歟、然而大光明寺不触穢之由申之上者、向彼寺之条可為何様哉云々、

予答云、此条当道者就分明御問、惑令勘進先規、惑述中所存候、於混合之有無、兼煕曾不可存知仕候、所詮穢所（候（カ））之僧中幷雑人雖為一人令通達候者、大光明寺可為穢僧之間、卅日中御出入不可叶候、寺院僧尼之習、触穢之由不自称候歟、宜依現在候哉、且又 太神宮御遷宮以下第一之神態中御沙汰之最中、弥可被専清潔候、穢悪不浄者鬼神之所悪也、若御参入之時通達事露顕候者、忽以可為難義候歟、其間事宜被決御遠慮者、

黄門云、然者只今承之趣被載御状可給候云々、予答云急可注進也、

四日癸未、天晴、今日大光明寺事所存遣四条中納言畢、

貞治五年ヵ（一三六六）七月十一日、後光厳天皇が天龍寺住持春屋妙葩に南禅寺造営を命じる。

一七〇〔後光厳天皇綸旨〕鹿王院文書

『鹿王院文書の研究』一三四号文書

（封紙ウハ書）「天龍寺長老春屋和尚禅室左中将隆仲」

南禅寺造営事、任 亀山院叡願、正覚国師（夢窓疎石）絵図可被致其沙汰者、

天気如此、仍執達如件、

七月十一日（貞治五年ヵ）　左中将（西大路）隆仲

天龍寺長老春屋（妙葩）和尚禅室

○桜井景雄『南禅寺史』上（法藏館、一九七七年）一一三頁により本文書を貞治五年と推定。

貞治五年（一三六六）十二月二十六日、春屋妙葩が五条橋建立の奉行を務める。

一七一〔興福寺年代記〕貞治五年十二月二十六日条

『大日本史料』六編—二七、六七一頁

十二月廿六、五條橋造立、春屋《（・妙葩）》長老奉行、

貞治六年（一三六七）春、天龍寺住持春屋妙葩が高麗使を接待し、高麗使が春屋に受衣する。

一七二〔普明国師行業実録〕

『続群書類従』第九輯下、六四八頁

丁未《（貞治六年）》春、高麗国特遣朝臣、来請通好、公府館之於西山、師《（春屋妙葩）》憐其遠来、待遇甚厚、千戸金龍等二十五員、仰師仁慈、皆受衣盂、執弟子礼、

一七三〔太平記〕『日本古典文学大系』、三巻、四五〇頁

高麗人来朝事

四十余年ガ間本朝大ニ乱テ外国暫モ不静、此動乱ニ事ヲ寄セテ、山路ニハ山賊有テ旅客緑林ノ陰ヲ不過得、海上ニハ海賊多シテ、舟人白浪ノ難ヲ去兼タリ、欲心強盛ノ溢物共以類集リシカバ、浦々嶋々多ク盗賊ニ被押取テ、駅路ニ駅屋ノ長モナク関屋ニ関守人ヲ替タリ、結句此賊徒数千艘ノ舟ヲソロヘテ、元朝・高麗ノ津々泊々ニ押寄テ、明州《（浙江省寧波）》・福州《（福建省）》ノ財宝ヲ奪取ル、官舎・寺院ヲ焼払ヒケル間、元朝・三韓ノ吏民是ヲ防兼テ、浦近キ国々数十箇国皆栖人モナク荒ニケリ、

依之高麗国ノ王《（恭愍王）》ヨリ、元朝皇帝《（順帝）》ノ勅宣ヲ受テ、牒使十七人吾国ニ来朝ス、此使異国ノ至正二十三年《（貞治二年）》八月十三日ニ高麗ヲ立テ、日本国貞治五年九月二十三日出雲ニ著岸ス、道駅ヲ重テ無程京都ニ著シカバ、洛中ヘハ不被入シテ、天龍寺ニゾ被置ケル、此時ノ長老春屋《（・妙葩）》和尚覚普《（智脱）》明国師、牒状ヲ進奏セラル、其詞云、

皇帝聖旨裏、征東行中書省、照得日本与本省所轄高麗地境水路相接、凡遇貴国飄風人物、往往依理護送、不期自至正十年《（観応元年）》庚寅、有賊船数多、出自貴国地面、

前来本省合浦（高麗国慶尚南道）等処、焼毀官廨、掻擾百姓甚至殺害、経及一十余年、海船不通、辺界居民不能寧処、蓋是嶋嶼居民不懼官法、専務貪婪、潜地出海劫奪、尚慮貴国之広、豈能周知、若使発兵勦捕、恐非交隣之道、徐已移文日本国照験、頗為行下概管地面海嶋、厳加禁治、毋使如前出境作耗、本省府今差本職等一同馳駅、恭詣国主前啓稟、仍守取日本国回文還省、閤下仰照験、依上施行、須議劄付者、一実起右、劄付差去、万戸金乙貴、千戸金龍等准之、

トゾ書タリケル、賊船ノ異国ヲ犯奪事ハ、皆四国九州ノ海賊共ガスル所ナレバ、帝都ヨリ厳刑ヲ加ルニ拠ナシトテ、返牒ヲバ不被送、只来献ノ報酬トテ、鞍馬十疋・鎧二領・白太刀三振・御綾十段・綵絹百段・扇子三百本、国々ノ奉送使ヲ副テ、高麗ヘゾ送リ被著ケル、

○高麗の牒状は「報恩院文書」（『大日本史料』六編—二七、八二〇頁）のものがより正確である。

貞治六年（一三六七）四月二十一日、後光厳天皇が春屋妙葩を天龍寺造営大勧進職に補任する。

一七四〔後光厳天皇綸旨〕天龍寺文書

『天龍寺文書の研究』二一五号文書

（封紙ウハ書）「春屋上人御房右大弁嗣房」

天龍寺造営事、為大勧進職、早令致土木之成功、可被専寺院之再昌者、

天気如此、仍執達如件、

（貞治六年）四月廿一日　　右大弁嗣房（万里小路）

春屋（・妙葩）上人御房

○足利義詮に天龍寺造営を命じた同日付の後光厳天皇綸旨が『天龍寺文書の研究』二一三号文書にあり。

年月日未詳、春屋妙葩が焼失した天龍寺を復興させる。

一七五〔臥雲日件録抜尤〕文安四年七月十日条

『大日本古記録』、一七頁

十日、――天龍季照（・中明）来、蓋以既《既》前日再住也、因曰、往時天龍炎上、普明国師（春屋妙葩）、力致再興、然不要煩人、故無勧進、唯以寺産、漸々修造耳、凡天龍創業、乃暦応二年己卯也、爾後二十年、延文三年戊戌正月、炎上、同歳四月晦日、

等持院（足利尊氏）殿薨、爾後十年、貞治六年丁未二月廿九日、又炎上、同歳十二月七日、宝篋院（足利義詮）殿薨、爾後七年、応安五年癸丑（壬子）九月廿八夜、又炎上、爾来七十五年、又逢此厄、○『東寺執行日記』『大乗院日記目録』ニヨレバ、七月五日、天龍寺災ス、非唯慨吾宗奇数、又窃為天下寒心、又按慈氏（義堂周信）日工集（空華日用工夫集）、康暦二年庚申十二月十一日記曰、天龍寺仲（南禅寺）（無求周伸）・提（中提）・勝（古幢周勝）三姪弟来宿、又十三日記曰、与三人同飯、々后為仲首座求三体集序、忽告西山火、或云、天龍、遽赴西山、入天龍寺、即東廊及文庫燬矣、時都聞侘之、開山（夢窓疎石）以来公文、皆焼畢、雲居庵（天龍寺）無恙、東垣叢竹皆焦矣、過勝光院、与僧彔（録）（春屋妙葩）相見、略謝火事云々、自康暦庚申至今年、六十八年也、今文庫不全、文書皆焼、而雲居無恙、大抵与庚申厄相同、唯所恨七堂西廊尽燼、可太息哉、

○年未詳につき、便宜的に春屋妙葩の大勧進職任命の記事にあわせて掲載する。

貞治六年（一三六七）六月一日、洞院実夏が没する。これ以前、実夏は夢窓疎石から受衣する。

一七六〔師守記〕貞治六年六月五日条

（六月）五日、（中略）次参向洞院故内府（実夏）第給、前右馬（藤原）権頭光豊出逢門前、被訪申内府事、御相続人何仁御坐哉之由、被相尋之処、先就成人可申前中納言殿（洞院公定）之由、令申之間、被申驚存之由、本意之由、有返事、光豊語云、臨終正念也、日来夢窓（疎石）受衣弟子也、然而臨終時分念仏云々、次令向勧修寺一品（経顕）第給、以子息播磨守（勧修寺）頼顕被申奉、其後、帰宅給、（後略）

『史料纂集』、第九、二四一頁

貞治六年（一三六七）六月六日、足利義詮母赤橋登子の仏事が等持寺で行われ、春屋妙葩が出仕する。

一七七〔師守記〕貞治六年六月六日条

六日、（中略）今日於等持寺（三条坊門）有陞座《シンソ》・拈香《子ンカウ》云々、禅林寺（南禅寺）・天龍寺・建仁寺・東福寺・万寿寺・等持寺、六ケ寺長老出仕、其外春握（屋）妙肥（葩）和尚同出仕、陞座禅林寺長老（天境霊致）、拈香東福寺長老云々、鎌倉前大納言（足利義詮）被渡之云々、家君母儀（赤橋登子）仏事

『史料纂集』、第九、二四四頁

云々、（後略）

貞治六年（一三六七）六月七日、足利義詮が高麗への返書に「僧録」の二字を添えるよう春屋妙葩に伝える。

一七八〔足利義詮御内書〕鹿王院文書

『鹿王院文書の研究』一四一号文書

先日高麗消息上処、為外国披見不足覚候、僧禄（録）二字可添

給候也、恐々敬白、

六月七日（貞治六年）　義詮（足利）（花押）

天龍寺東堂（春屋妙葩）

○『後愚昧記』貞治六年六月二十六日条に、室町幕府が高麗使に返牒を遣わしたことがみえるので、本史料は貞治六年のもの。

貞治六年（一三六七）六月十一日、春屋妙葩が義堂周信に鎌倉瑞泉寺を兼任することを命じる。

一七九〔空華日用工夫略集〕貞治六年六月条

辻善之助編著『空華日用工夫略集』一二頁

六月十一日、専使回自京、報書皆至、就中黙菴（・周諭）書中説、将軍家（足利義詮）、去年八月十五日、納八幡宮金縢書、去月廿八日、以中沢掃部（信綱）為使出示、焚香拝読、蓋兄弟相譲、誓死不変云云、春屋（・妙葩）命兼管瑞泉（相模国鎌倉郡）、余（義堂周信）辞不受、十七日、大喜（・法忻）師帯瑞泉府帖来、再三勧諭以幼君（足利氏満）睹章之初、於是余不敢拒命、翻然往領寺事、乃寄書於京之雲居老（春屋妙葩）兄（天龍寺）、略叙瑞泉兼管事、

貞治六年（一三六七）八月十日、春屋妙葩が天龍寺に再住する。この日、天龍寺復興の鋸始が行われる。

一八〇〔師守記〕貞治六年八月十日条

『史料纂集』、第一〇、六三頁

十日、甲寅、天晴、酉剋以後細雨下、入夜終夜不絶、今日天龍寺長老春幄（屋）妙肥（葩）和尚入院云々、再住也、則寺事七堂鋸始有之云々、勅使頭右大弁藤原（万里小路）嗣房朝臣向之云々、後日引送馬一疋、置鞦、可尋実否仏殿跡前東三ヶ間儲幄着座云々、日時兼日勧修寺一品召暦博士賀茂在弘朝臣、被遣（経顕）武家（足利義詮）云々、勅使内々雖用意日時、寺家不乞之、頭弁滝口

二人召具之云々、（中略）
「(頭書)今日左近太郎(友永)遣葛野御稲、草代催促之、八十四文催促進之、
今日天龍寺事始、武家使吉良左兵佐(ママ)源満貞向之、」
「(裏書)十日
奉行頭弁令付之、
択申可被立天龍寺木作始日時、
今月十日甲寅　時辰
貞治六年八月十日　暦博士賀茂朝臣在弘」
「(裏頭書)後日尋在弘書之、」

一八一〔智覚普明国師語録〕

『大正新脩大蔵経』第八〇巻、六九五頁

再住天龍〔寺〕示衆謝大衆懇請、兼大同西堂時辞南禅請、前途債是也、

挙世相争是変通、誰人解捕樹頭風、浮生楽在罷休地、百歳易過弾指中、只為冤家添業繫、又匡清衆領天龍、前途有債償憑此、自覚蒼顔喜気紅、

○〔　〕は『大日本史料』六編-二八、二三三頁により校訂。

貞治六年（一三六七）九月二十九日、足利義満が天龍寺に行き、春屋妙葩から受衣する。

一八二〔師守記〕貞治六年九月二十九日条

『史料纂集』、第一〇、一八一頁

廿九日、（中略）
「(頭書)今朝鎌倉前大納言(足利義詮)子息大夫義満童形被渡嵯峨天龍寺云々、
是受衣天龍寺長老春惺(屋)和尚妙肥(葩)料也云々、
其後可被渡赤松妙禅(善)律師(則祐)山庄云々、秉燭間被帰之、共(ママ)
大名等結構云々、」
（後略）

貞治六年（一三六七）十一月十日、義堂周信が春屋妙葩に無準師範と無学祖元の墨跡を贈る。

一八三〔空華日用工夫略集〕貞治六年十一月十日条

辻善之助編著『空華日用工夫略集』一三頁

十日、送無準(・師範)・仏光(無学祖元)両祖墨蹟上春屋(・妙葩)、偈曰、白壁不酬双径字、黄金難抵万年書、看来等是公家物、送与春翁一粲如、命工絵前府君(足利基氏)玉岩肖像、充瑞泉(相模国鎌倉郡)常住供養、締香火之

勝縁、請建長中岩(・円月)讃、曰、聖斤刪正鶺鴒詩、良史修成尺布詞、誰識寥々千歳后、瑞泉甘露洒禅枝、○東海一漚別集参看、

貞治六年（一三六七）十二月七日、足利義詮が死去し、天龍寺住持春屋妙葩と等持寺住持黙庵周諭が臨終に立ち会う。十二日に真如寺で火葬が行われ、禅僧が取り仕切る。

一八四〔空華日用工夫略集〕貞治六年十二月十九日条

辻善之助編著『空華日用工夫略集』一四頁

十九日、武州大嶋使自京来、得天龍等諸書、府君(足利義詮)七日逝去、其日戌時、召天龍春屋(・妙葩)・等持(三条坊門等持寺)黙庵(・周諭)、対面坐、換衣盥嗽、披法服、坐椅子上、遺嘱訖、合掌而終、余(義堂周信)晩入府、白京之府君喪事中陰等事、幼君(足利義満)特遣使臣弔問、既在十六日也、

一八五〔後愚昧記〕貞治六年十二月条

『大日本古記録』、一巻、一四三頁

八日、大樹(足利義詮)去夜遂以入滅了、戌刻云々、或子刻、今年卅八歳也、今夕以平生之儀渡仁和寺真如寺(洛北)云々、政道事自先日譲与子(足利義満)息之義云々、実説可尋之、

十二日、天陰、今日大樹於真如寺有荼毘之儀、毎事禅僧之沙汰云々、入夜雨下、

一八六〔後深心院関白記〕貞治六年十二月十二日条

『大日本古記録』、三巻、一八六頁

十二日、（中略）大樹(足利義詮)去八日夜移等持院仁和寺、今日荼毘、▨▨毎事禅侶沙汰云々、今日左馬頭(足利義満)向等持院(洛北)云々、

一八七〔太平記〕『日本古典文学大系』、三巻、四七八頁

将軍(足利義詮)薨逝事

斯ル処ニ、同(貞治六年)九月下旬ノ比ヨリ、征夷将軍義詮身心例ナラズシテ、寝食不快シカバ、和気・丹波ノ両流ハ不及申、医療ニ其名ヲ被知程ノ者共ヲ召シテ、様々ノ治術ニ及シカ共、彼大聖釈尊、双林ノ必滅ニ、耆婆ガ霊薬モ其験無リシハ、寔ニ浮世ノ無常ヲ、予メ示シ置レシ事也、何ノ薬カ定業ノ病ヲバ愈スベキ、是明ラケキ有待転変ノ理ナレバ、同十二月七日子刻ニ、御年三十八ニテ忽ニ薨

逝シ給ニケリ、天下久ク武将ノ掌ニ入テ、戴恩慕徳者幾千万ト云事ヲ不知、歎キ悲ミケレ共、其甲斐更ニ無リケリ、サテ非可有トテ、泣々薨礼ノ儀式ヲ取営テ、衣笠山ノ麓等持院（洛北）ニ奉遷、同十二日午刻ニ、荼毘ノ規則ヲ調テ、仏事ノ次第厳重也、鎖龕ハ東福寺長老信義堂（義堂知信）、起龕ハ建仁寺沢龍湫（龍湫周沢）、奠湯万寿寺桂岩（・運芳）、奠茶真如寺清誾（中山）西堂、念誦天龍寺春屋（・妙葩）、下火ハ南禅寺定山（・祖禅）和尚ニテゾヲハシケル、文々ニ悲涙ノ玉詞ヲ瑩キ、句々ニ真理ノ法義ヲ被宣シカバ、尊儀速ニ出三界苦輪、直到四徳楽邦給ケント哀ナリシ事共也、去程ニ今年ハ何ナル年ナレバ、京都ト鎌倉ト相同ク、柳営ノ連枝（足利基氏）忽ニ同根空ク枯給ヒヌレバ、誰カ武将ニ備リ、四海ノ乱ヲモ可治ト、危キ中ニ愁有テ、世上今ハサテトゾ見ヘタリケル、

○足利基氏は同年四月二十六日に死去。

年未詳十二月七日、空谷明応が足利義詮忌日仏事の拈香法語を作成する。

一六八〔空谷和尚語録〕『大正新脩大蔵経』第八一巻、一二三頁

北山等持（洛北等持院）為宝篋院殿（足利義詮）諱辰 臘月七日

此香、一精明為種子、七大性所合成、托霊根於妙荘厳域而永堅固、布慈蔭於法菩提場以益繁栄、結光明雲台、弥綸空界、張広大宝蓋、包裹天形、如是供養供養中最、非算数譬喩可論評、共惟、瑞山大居士（足利義詮）、神気雄健、識見高明、適逢希逢嘉運、能化難化群生、有威可畏、有儀可則、如勁草受疾風偃、導之以徳斉之以礼、猶葵藿向大陽傾、乾坤帰掌握而覆載、日月入陶甄以虧盈、偉哉開拓宇宙安帖国城、況復仏門柱礎祖室藩屏、知心外無法、折旋俯仰保任自己、悟教外有禅、語黙動静脱離常情、弘宗願力、不滅有唐裴公美、護法深心、過如皇宋張商英、捐館四十年、年年竦動一国経営四事、設会一七日、七日感格諸聖奔走百霊、莫謂法有像季、勤則正法、莫謂乗有二三、開則一乗、但此一乗不拘賢愚凡聖、何于怠慢修行、跳出作止任滅、凌撥並別縦横諸人還信得也否、其或未然、来早挙首睹明星、

○年未詳につき、便宜的に足利義詮の没年にあわせて掲載した。

貞治七年（一三六八）正月二十五日、足利義詮死去にあたり諸五山住持が一斉に退院するが、天龍寺住持春屋妙葩は留任する。また春屋が義詮の御骨を等持寺から等持院に送る。

一八九〔花営三代記〕貞治七年正月二十五日条　『群書類従』第二六輯、六六頁

廿五日、故御所（足利義詮）四十九日御仏事以後、諸禅院長老退院、但天龍寺于時春屋和尚（・妙葩）無其儀、為造営云々、同天龍寺長老自等持寺（三条坊門）、被送進御骨於等持院（洛北）、

貞治七年（一三六八）正月、春屋妙葩が『虎丘紹隆和尚語録』の刊記を書く。

一九〇〔虎丘和尚語録〕『大日本史料』六編―三〇、二六〇頁

此録（巻末刊記）旧板已漫滅、茲者命工重刊、置于亀山（天龍寺）金剛禅院、伏願、仏種不断、世世建光明幢、祖印親伝、人人開無尽蔵、

貞治戊申（七年正月）孟春天龍住持比丘妙葩（春屋）題

応安元年（一三六八）二月、絶海中津が入明し、杭州中天竺寺・霊隠寺・径山万寿寺を巡る。

一九一〔仏智広照浄印翊聖国師年譜〕『続群書類従』第九輯下、六七〇頁

応安元年戊申、師（絶海中津）年三十三歳、大明洪武元年二月、航溟南游、寓抗（杭）（浙江省）之中竺（中天竺寺）、依全室禅師（季潭宗泐）、禅師甚器重之、命俾作焼香侍者、後復又転蔵主、師登于霊隠（浙江省杭州）、謁于道場、周旋於用貞良（輔良）公・清遠渭（懐渭）公之間、師嘗自謂曰、余入大明、最初依清遠於道場、以侍局命、辞不就、遂依中竺季潭和尚云〔云〕、其後師未為中竺蔵司前、良用貞引以霊隠書記、辞而不就、故了堂一（唯一）公賜師偈、有展開仏手、伸出驢脚之句、雖不就職、用黄龍南（慧南）之事歟、偈曰、開展（展開）仏手、伸出驢脚、露柱燈籠、築著磕着、特為此事、参尋布単、柱（拄）教売却、一顆如来蔵裡珠、日用霊光常烜赫、中竺津蔵主決志此道、袖紙徴語、書前偈以賜云、前天童（浙江省寧波）芥室唯一、四年辛亥、是歳登径山（浙江省杭州）、省全室和尚、延以後堂首座、師辞不就云々、

○〔　〕は『大日本史料』六編―三〇、一六九頁により校訂。

○本書一六八号史料が関連。『空華日用工夫略集』応安元

年十二月十七日条・同三年十一月三日条、「勝定国師年譜」（『大日本史料』六編-三〇、一七〇頁）に関連記事あり。

一九二〔碧山日録〕長禄四年五月二十二日条

『大日本古記録』、上、一一九頁

二十二日、戊戌、絶海(・中津)・観寰(観)中(・中諦)共入中州、学詩於渤季潭(季潭宗渤)、皆得妙、絶海、以一(流)水寒山路、深雲古寺鐘之句、観寰(観)中、作白雲流水路、紅葉夕陽山之句、見称、播其名也、余(太極)初聆観中句於客、紀之、

○コノ詩蕉堅藁ニ見ユ

○コノ詩青嶂集ニ見ユ

○便宜的に絶海中津の入明年におく。

○『空華日用工夫略集』貞治五年（一三六六）六月一日・応安元年十二月十七日・応安三年十一月三日・応安六年正月九日・永和三年（一三七七）十二月二十五日条、「勝定国師年譜」・「夢窓正覚心宗普済国師碑銘」・「絶海録」（『大日本史料』六編-三〇、一七〇～一七二頁）、『臥雲日件録抜尤』文安五年（一四四八）二月二十四日条に関連記事あり。

応安元年（一三六八）四月二十日、春屋妙葩が善入寺敷地の沙汰について六角氏頼に確認し、今後介入しないことを述べる。

一九三〔春屋妙葩書状〕古文書纂三二

京都大学文学部蔵

善(嵯峨)入寺敷地事、尋申六角(氏頼)候之処、御沙汰之趣委細載状中返事候、如此次第更依不覚悟候、度々申候之条、今更驚存候、所詮自今以後、自当方不可有口入申事候也、且将彼状員(カ)之候、可有御覧候、他事面拝候、恐々謹言、

応安元
卯月廿日　妙(春屋)葩（花押）

平岡御庵

応安元年（一三六八）閏六月二十九日、延暦寺大衆が祇園社社頭に集まり、南禅寺の破却と春屋妙葩の流罪等を求め、訴訟を起こす。

一九四〔祇園社社頭三塔集会衆議記録写〕八坂神社文書

『増補八坂神社文書』下巻二、一一五〇頁

応安元年閏六月日三千大衆法師等上

応安元年閏六月廿九日社頭(祇園社)三塔集会議曰、為寺家沙汰、且経奏聞、且可被相触武家管領事

治国利民者、賢政之法度、鎮朝護王者、天台教力也、

桓武天皇御記云、東大・興福両寺者、雖弘七宗鎮護国家之名留叡岳之霊崛云々、亀山院々宣云、吾国之中、雖多仏陀利生之梵宇、当寺(延暦寺)之外未聞　皇帝本命之道場云々、護国護王之要、術教密教之効験也、而近来禅法頻興行、大法漸陵夷、亡国之先兆、本朝之衰微也、敢不究教観之幽致、妄作謗法之大罪、剰以己之述作、称正法論、広以八宗之教迹、非如来的伝之正法云々、権実之教、悉金口之演説也、半満之法、豈非如来之言教畢(乎)、就中於天台円宗者、大覚世尊大迦葉已下師資相承継踵塔中本仏直受之秘伝、豈暗證之所知哉、兕(幾)具言教者、中台覚王内證之境界、上乗金剛秘密之奥蔵、曾非盲跛之所見、恣任微劣之妄見、謗八宗之諸教、破法不信故墜於三悪道、可悲可愍、加之及麁言悪言之条、更非僧徒之威儀、無慙無愧之態、越畜類残害之粧、重科軼五刑、罪累超五逆、是則妙葩(春屋)法師為被号再興開山、起増上慢之余、恭(忝カ)本願自造之精舎、欲改造之、徹(撤)却太平興国之題額、成曠野荒蕪之空地之条、併在妙葩之造意、於続正法論者、定山祖禅法師、為南禅住持、園城相剋綴此章藻、賦万方勒其莣(荒)筆与諸人、南禅一寺之張行、当寺住持之所為、更不可及異論、抑今月十七日、奉行性威(安威)対梶井宮(恒鎮法親王)御使申詞条々之内、続正法論非南禅寺之所行之由述之、上件之子細作忙然之申状引汲之至極歟、沙汰之外次第也、又伺武家(足利義満)幼稚之隙、及乱悪之企歟云々、於襁褓之中、受天位者本朝之嘉例也、雖幼主扶佐無私之時、朝天安全旧蹤多之、康永(四年八月二十九日)天龍供養両将(足利尊氏・直義)中止当日之臨幸、応安南禅悪行、武家更難与力哉、復申詞云、山門摩滅歟、武家滅亡歟、所存儲也云々、武家代始放呪咀之荒言歟、誰謂故実奉行、恐為不忠之佞(佞)類、飽耽僧中之賄賂、塞天下之政途之余、吐荒量之悪口歟、速被改山門奉行、仰廉潔輩、可被経正理之沙汰者也、彼円(阪)波大進忠者依以吾山比類于愛宕山之一言、永被改山門奉行畢、(諏訪)此性威好山門武家滅亡之詞罪責在于己者哉、於性威者被処不返遠流、且欲休衆鬱矣、次南禅寺邪僧等毀破八宗幷四箇之大寺、別而特対当山(東山)致悪口之上者、任嘉元寺之近例、被止邪類扶持之儀、被許一寺徹(撤)却之衆望、於妙葩幷祖禅法師者、永被遣遠嶋、至邪義張行之僧侶者、可召賜其身於衆徒中者也、条々及予義者、奉頂戴七社(近江国日吉七社)之神輿於帝都、可閣両宗護持於叡岳之旨、衆議如斯、

一九五（延暦寺政所集会事書案）『後愚昧記』応安元年七月二十三日条
『大日本古記録』、一巻、一七六頁

応安元年七月十日政所集会議曰、

早為寺家沙汰、不移時刻可被経　奏聞事、

右就今般大所（衆カ）　奏状、武家勒四箇条篇目、及　奏聞之由、以　勅使被申諸門跡之趣、衆徒等頗不弁志趣、猶一々之題（目カ）□□添鬱陶条事、

一山門（延暦寺）・南禅寺共為　勅願之処、山門致嗷々之沙汰、以犬神人欲令破却彼寺之条、不可然▨（云）々、此条武家縦雖及不知案内之　奏聞、　公家争可被仰三門跡（青蓮院・梶井・妙法院）哉、一人縦雖有御下知、上卿何重不伺　天気哉、恐君臣共可謂御失錯歟、其故者、　勅願有勝劣有浅深、日本一州之内、慕　勅願之称号寺院幾乎、然而対山門同等慢執実無之、　皇帝本命之道場、鎮護国家之嘉名、限叡岳不亙余寺之条、今古連々　奏状事書等篇朽畢、山門之独歩豈非之哉、彼南禅寺為　亀山法皇仙居之条、不及異論、而妙葩（春屋）住持時分、悉穿旧　製、恣致新飾、覆　叡願任己情之条、不可然由事、去年園城相剋之刻、勒奏状達　叡聞畢、果而　先皇悩九五王（之カ）　叡襟、仏天誡当時之監（濫）悪之故、寺門之騒乱為連綿歟、猶其段者、彼寺止住僧侶内、有情輩各愁吟云々、犬神人発向事、依能居身所居（与カ）又有優劣、本願濫觴雖不聊爾、住持僧侶悪行超過之間、欲加治罰之処、彼寺者、遁世異門之乞食法師等也、山門衆徒直発向不足敵対之間、任先規令下知神人所異（畢）、然而武家贔屓異于他、家々勇士、当時良将、悉（等カ）々馳集寺辺、対非人可決雌雄之旨、及其企之間、尫弱神人等無拠寺門徹（撤）却令退散畢、此段更非山門之恥辱、宜任天下之口遊、又背満山之衆命之時、犬神人発向非適于今、其時不論御領所・　勅願寺、令破却者故実也、就中如近日者、狭少之草堂、辺鄙之蓮宇、慕　勅願之号之間、頗無尽期者乎、更非衆徒今案嗷議事、

一続正法論、為落書之上者、不可及沙汰云々、此条先進奏状事書等子細事旧畢、凡明王聖主之政理、摂家槐門之行跡等、勒落書及褒貶者、自古至今證例非一、作者不露顕之時、不及御沙汰之条、又以不能左右、猶此偽論、十起自妙葩法師之造意、祖禅（定山）右筆之段、非所疑、其故者、去年三井（園城寺）法水悉欲令乾渇之刻、且顧一寺之芒（荒カ）

廃、且悲両宗之法滅、及山門扶持之群議、捧　奏状等畢、不忘其旧執、放諸宗誹謗之荒方、及山門・園城之悪口、理之所雄（推カ）、世之所知、妙葩・祖禅之造意張行無其隠、武家争就彼等浮言之陳謝、用此可被棄之哉、其段先度　奏聞事書奏状等、委悉之間、不及述之事、

一山門、建武以来、為天下四箇度不悉（忠）事云々、数箇度不忠何事哉、満山更不弁旨趣、遺武（建）　先皇後醍醐院、引百官、臨幸山門、武家卒（率）万軍発向吾山時、仏法王法案（安）否在彼時之刻、三千衆徒応　綸命、及放（防カ）禦之企之条、不可及異論、心為恩仕、命依儀（蟻）軽云々、雖為自今以後、一人従駕軍旅憑来者、何不及戮力之衆儀（議）哉、時宜之令然之条、無力次第也、仍一旦雖背武命、終被播原既之仁政、以後連々有忠貞、更一事之不忠無之、就中頃年以来、天下不静謐、海内動騒乱、当今（後光厳天皇）山門臨幸三箇度、武将入来又一両般、ト　皇居於瑞籬之処（咫尺カ）見、任聖運之安危於山王之袖（神カ）瞻、運　叡念於医王之冥助、懸八挺之無為於顕蜜（密）之法験、而間三千衆徒同悉（志カ）、満山禅侶無貳、或軽身命励軍功、或摧肝腑抽懇祈畢、其外君臣数千之旅宿、軍勢百万之兵粮、当所之煩費奈幾、云神物神税之料足、云彼岸講説之要脚、擬功程募公用之分、不可勝計、仍毎度被開　聖運前当（於カ）砌、遂不日之還幸、及速疾之入花畢、宜被尋先事前（於カ）廉直之旧臣者、一々之篇目、悉可被聞食披歟、且又　天慮争可有御亡（忘カ）却哉、比其大功者、山門之忠賞何事哉、此条累年之宿訴、地望未達、遮欲及上達之処、以事之次、衆徒等述卑懐、偏仰上寮（察）事、

一被称山門不忠内、如暗推者、若桃井播州（直常）北陸道上洛之時、以当所為通路之刻、群侶内少々与力輩在之歟、此条難治之至極也、凡吾山者在所渉三塔、衆徒及三千、自東自西之侶、其意不一味、其儀（議）又蘭菊也、数輩中野心雖交之、満山不若（諾カ）許者、余眛（殃）々争可覃惣山哉、一旦雖挿野心、翻僻執帰武命之条、恐何輩非其類哉、限山門天下不忠御沙汰痛入事、

以前条々、大概衆儀（議）如此、爰善忠法師（土岐頼康）乍為武将輔佐之器用、耦耽国賊禅徒之賄賂、猛悪之至、無比類者歟、内敵医王・山王、外失王法・武威、五刑猶不足、八虐尤為軽、須被処重科、所詮於妙葩・祖禅法師者、速被遣遠嶋、被停止邪法邪宗之興行、至南禅寺院者、忽止武家合力之儀、

被聴撤却之衆望者、山門属静謐、可専恒例数千之御願、
云《(云)》朝儀者武命、猶向異途之《(者)》、神輿入洛之大儀、不可有
予議、山門之魔滅時刻之到来、無力次第也、以此趣可被
達　叡聞、不日衆儀《(議)》畢、

○『後愚昧記』応安元年七月二十三日条に「延暦寺大衆法師等申状案」あり。『後深心院関白記』応安元年八月二十九日条に関連記事あり。

応安元年（一三六八）冬、雲渓支山が播磨国法雲寺住持となる。

一九六〔五山文編〕『大日本史料』六編-三〇、一六五頁

紅白梅唱和序　　雲渓《(・支山)》

（中略）戊申之冬《(応安元年)》、余《(雲渓支山)》叨補金華《(播磨国赤穂郡法雲寺)》、所居東軒之前、旧有一
株紅白梅、不記何時而栽之、余旦夕推窓相対而賞焉、或
謂余曰、繋昔、古源師《(・部元)》、嘗董茲席、亦愛此梅、首唱而詠、
蓋用判花之大手、以垂不朽之芳烈也、象先上人《(・梵超)》、其令子
也、想必弥而蔵焉、故余就上人、索其詩以観之、初有序
曰、紅者甚早、白者甚遅矣、余去古源師、僅十有余載、
承乏而来、且寓此軒、愛梅之情、有所攀慕焉、而当今観
之、白者漸落、紅者初開、何其所見、異乎所聞耶、其或
古之紅者、於今変白耶、今之後者、於古攙先耶、未可知
也、或亦曰、吁、何言之局也、人之於梅、猶梅之於人、
初無心於紅白先後之際、惟当与物両忘、付之造化自為耳、
余黙而退矣、今夕不寐、精爽飛越不能抑也、聊賡前韻、
歌以告山中友社、々々名流、属而和者、凡若干首、珠玉
輝映矣、象先上人、裒以成軸、且謂余曰、此梅也、我先
人遺愛也、因懐其人、而敬其樹、豈比之甘棠而已哉、今
又諸公之詩、感而託焉、孰知不如後之視今、々之視昔乎、
願陳列前事、以伝于後人、因授首簡、俾余序之、余辞以
不敏、其請益堅、故論梅之異、以為之序云、是歳応安三
年龍集庚戌嘉平望日《(十二月十五日)》、金華山人某戯書、

応安二年（一三六九）二月二十日、春屋妙葩が正脈庵修理のために売られた嵯峨勝光庵東の敷地を買い、勝光庵に譲る。

一九七〔春屋妙葩書状〕　鹿王院文書

『鹿王院文書の研究』一四八号文書

勝光庵《(嵯峨)》の東の地ハ正脈庵《(洛北真如寺)》の修理のためにうられ《(売)》候しをか《(買)》

いと（留）、めて候、この地候ハてハ勝光庵せ（狭）ハく候てなんき（難儀）たるへく候程ニ、手つきもん書（継文）ともそ（添）へてまいらせ候、このあん（案）の重書にそ（添）へておか（置）せ給候へく候、あなかしく、

応安二年二月廿日　　　　　妙葩（春屋）（花押）

応安二年（一三六九）二月二十六日、近衛道嗣が伏見大光明寺を巡礼し、ついで伏見殿に参上する。

一九八〔後深心院関白記〕応安二年二月二十六日条

『大日本古記録』、三巻、三〇三頁

（裏書）「廿六日、（中略）先巡礼大光明寺（伏見）、（光厳院殿御影被安置、故権大納言忠季卿（正親町）画之云々、今日奉拝之、）自寺中参伏見殿、御所巡見了帰洛、秉燭之時分帰宅也、」

応安二年（一三六九）七月七日、崇光上皇が伏見殿に行幸し、大光明寺で光厳天皇年忌仏事を行う。

一九九〔後深心院関白記〕応安二年七月七日条

『大日本古記録』、三巻、三二七頁

七日、（中略）早旦御幸伏見殿、依召進懸牛、今日於大（伏見）光明寺被修御仏事云々、（後略）

応安二年（一三六九）七月二十七日、延暦寺嗷訴のため、室町幕府が南禅寺楼門の破却を決定し、この日より破却が行われる。

二〇〇〔後愚昧記〕応安二年七月・八月条

『大日本古記録』、一巻、二〇四頁

（七月）廿七日、自今夜南禅寺新造楼門破却云々、自武家付奉行、召集番匠令壊之云々、仏閣破却、希代珍事也、山門（延暦寺）添威光、禅（宗）衆失権威之秋也、是併武家沙汰有若亡之故也、神輿入洛以前定山（・祖禅）流罪事令成敗者、不可及此儀歟、去廿一日就武家執　奏、被成綸旨於三門跡（青蓮院・梶井・妙法院）了、（武家申詞、去十九日、）就山門嗷訴事、日吉（近江国坂本）七社神輿入洛、為天下重事歟、為御帰坐偏奉優神威、可被撤却南禅寺新造楼門哉、宜為聖断之旨、可申入西園寺（実俊）家矣、（勅答、同廿日、）山門訴訟事、被聞食了、忩以此趣可被仰下之由、可被仰武家矣、

綸旨案、
山門訴訟事、七社神輿入洛、依(為脱カ)天下重事、併優神威、
可被撤却南禅寺新造楼門、此上早可奉成帰坐之由、可
有御下知三千衆徒之旨、
天気所候也、以此旨可令洩申入梶井宮(恒鎮法親王)給、仍執達如件、
七月廿一日　　頭弁也、右大弁嗣房(万里小路)
内大臣法印御房
（後略）
（八月）三日、未終刻○神輿(日吉)帰坐(也)○南禅寺楼門至今朝壊(也、)
之云々、柱許ハ猶相残云々、可翻礎石之由山門鬱憤之由、
兼所風聞也、然而既所成帰坐也、今度宮仕・神人等許供
奉之、衆徒無扈従之儀云々、定為先規歟、自祇園社至出
雲路辺路次之間、宮仕・神人等狼藉喧嘩出来及度々、見
物之者等多被刃傷殺害云々、其中花山院(兼定カ)青侍男(号能登左衛門云々、)被
主従二人被殺害了、宮仕法師又両三同可切殺云々、於土
御門京極辺有此事云々、又勧修寺一品(経顕)侍同被切云々、但
不及死門歟云々、言語道断狼藉也、

応安二年（一三六九）八月七日、南禅寺楼門が破却されたため、京都の禅院諸寺の住持・両班の僧が退居する。
二〇一〔後深心院関白記〕応安二年七月・八月条
『大日本古記録』、三巻、三三五頁

（七月）十四日、（中略）山門(延暦寺)訴訟可令落居之由風聞、
天下之大慶也、南禅寺停止新造之儀、於山門辺者(新造楼門)「者」(補書)
可被壊之云々、
十九日、（中略）伝聞、山門事、武家(足利義満)今日奏聞云々、彼
事書尋取、注裏、
(裏書)「武家申詞、
就山門嗷訴事、日吉(近江国坂本)七社神輿入洛、為天下之重事
歟、為御帰坐、偏優神威、可被撤却南禅寺新造之
楼門哉、宜為
聖断之旨、可申入西園寺右大臣(実俊)家矣、」
廿一日、（中略）山門事、被成　綸旨於三門跡(梶井・青蓮院・妙法院)云々、注裏、
(裏書)「山門訴訟事、七社神輿入洛、依為天下重事、併優神
威、可被撤却南禅寺新造楼門、此上早可奉成帰坐之
由、可有御下知三千衆徒之旨、
天気所候也、以此旨可令洩解(啓)梶井宮(恒鎮法親王)給、仍執達如件、
七月廿一日　　右大弁嗣房(万里小路)(紫野)

謹上　内大臣法印御房

勅答、廿日、山門訴訟事、被聞食候了、忩以此趣可被仰下之由、

可被仰武家矣、」

廿八日、（中略）▨南禅寺山門今日壊之云々、此上者今日即可奉勧帰坐之由、武家問答云々、不残一木撤却之後、可有帰坐之由、衆徒等堅申所存云々、

（八月）二日、（中略）南禅寺山門今日壊了云々、至礎石撤却云々、

七日、（中略）伝聞、洛中之禅院諸寺之長老・両班等悉隠居云々、是依南禅寺山門事也、檀渓（・心京）も於今者○暫不可来之由示之、

応安二年（一三六九）、碧潭周皎が大光明寺で『大乗起信論』を講義する。

二〇二〔笠山会要誌〕『大日本史料』六編-四〇、九頁

開山勅諡宗鏡禅師

師、諱周皎、字碧潭、東関故将軍北条氏之裔也、世称地蔵之再生、初学密部、教門之蘊奥、無事而不通、薦覚位於灌頂大阿闍梨、故称金剛仏子、瑜伽之一衆、指為宗之所在、後蒙正覚国師（夢窓疎石）之闡化、中心有慕、遂革服帰禅、日夕親炙、無幾国師之玄機、密契心源、天龍亀頂塔落成之日、国師特選師、充供養大導師、且附伽梨尼師壇、一時栄之、（中略）応安二年、師齢超稀者、而猶以激励学者為己任、於伏陽大光明寺、自講起信論、立三條之規、約学者云、坐禅行道修行之事、勤行焼香礼拝不可懈怠之事、真俗二諦為法同心之事、其簡易而整衆、大概可見矣、

（後略）

応安四年（一三七一）三月二十四日、これ以前、春屋妙葩が南禅寺住持就任の要請を断る。龍湫周沢が南禅寺住持となり、この日入寺する。

二〇三〔空華日用工夫略集〕

辻善之助編著『空華日用工夫略集』応安四年三月二十四日条　五七頁

廿四日、樹中心（心翁中樹）自京師来、且審京之近況、春屋（・妙葩）和尚却南禅寺之請、緊閉勝光（嵯峨）之関、龍湫（・周沢）和尚受南禅之請見住、称天下禅院之頭、（後略）

二〇四〔智覚普明国師行業実録〕

『続群書類従』第九輯下、六四九頁

辛亥歳（応安四年）、公府将復南禅旧規、特令百執事（細川頼之）親齎公帖来、扣師室（春屋妙葩）再三、師堅閉不出、百執事合〔含〕憤而帰、

○〔 〕は『大日本史料』六編‐三三、二八〇頁により校訂。

○後光厳天皇綸旨（慈氏院文書、『大日本史料』六編‐三三、二七九頁）、「龍湫和尚語録」・「南禅寺住持籍」・「天下南禅寺記」・「五山之上南禅禅寺住持名簿」（同書二八〇〜二八四頁）に関連記事あり。

応安四年（一三七一）閏三月二十一日、後光厳上皇が西園寺実俊の北山第に御幸する。

二〇五〔後光厳院御幸始記〕応安四年閏三月二十一日条

『群書類従』第三輯、六四八頁

廿一日甲戌、新院（後光厳上皇）御幸北山第、御脱屣以後初度也、右大（葉室）弁長宗朝臣奉行、如法可為巳〔午カ〕剋之由、大丞（葉室長宗）一昨日相触畢、然而伺時分人々参入、弁一点営参、馬引車後、鞍具足如常、鐙壺舌長舌短毛無子細之由、三條前内府実□（継）被命、指泥障也、召具舎人二人、一人薄色狩襖、一人水干、二藍葛袴、弁（広橋仲光）出之後、立車於一條烏丸辺、所伺幸路也、未斜御車令過一條大路御、

行列、下臈前行、

藤原孝継、六位判官代、御在位之時侍、中童一人、如木雑色一人、小雑色少少、

同永行、内蔵人、著青色、童一人、小雑色、

蔵人中務丞
菅原言長、極臈青色、童一人、小雑色、

藤原懐国、六位判官代、御在位之時極臈、童一人、如木雑色一人、小雑色少々、

右少将
顕英（白川）、舎人一人、童一人、随身二人、如木雑色二人、小雑色、

右衛門権佐
資教（日野）、看督長二人、前行、舎人二人、水干童二人、槿如木雑色二人、著槿（カ）帷、火長二人、小雑色、

修理権大夫
為敦（法性寺）、舎人一人、童一人、小雑色三人、

蔵人〔権〕右少弁
俊任（坊城）、舎人一人、如木雑色二人、

蔵人左少弁
仲光、舎人二人、一人水干、童一人、如木雑色二人、小雑色四人、

右中弁
資康（裏松）、舎人二人、一人水干、如木雑色一人、帷画鶴丸、小雑色、

蔵人左中弁
宣方（中御門）、舎人一人、如木雑色一人、小雑色、

右中将基明（園）朝臣、舎人一人、随身四人、如木雑色一人、小雑色、
左中将親忠（法性寺）朝臣、
内蔵頭教繁（山科）朝臣、
頭右中将基光（園）朝臣、舎人一人、随身四人、有馬前、童一人、如木雑色二人、小雑色、
宗泰（中御門）朝臣、舎人一人、随身四人、馬縁歩列、童一人、如木雑色一人、小雑色、
右大将長宗〔弁〕朝臣、舎人二人、共着装束、如木雑色一人、小雑色、
嗣房（万里小路）朝臣、舎人二人、各装束、舎人・居飼又注之、如木雑色二人、小雑色少々、
公卿、右大将外皆悉如此、
室町（四辻公彦）宰相、　清水谷（公広）宰相、
中院（通氏）中納言、　御子左（為遠）中納言、
藤中納言（柳原忠光）、雑色香帷、　今出川（実直）中納言、召具舎人・居飼、
近衛（兼嗣）大納言、侍二人、御馬左右、衛府長下毛野武者〔音〕薄色狩襖、付菊閉、〔著〕着沓候馬傍、侍後辺右方、歩列、其後散所雑色二人、如木歩列、
帥（三条実音）大納言、
右大将（花山院兼定）、先移馬舎人・居飼先行、番長騎馬前駆如例、舎人二人、一人水干、下臈随身張馬、舎人・居飼如木、
右府（九条忠基）、移馬舎人・居飼各二人下袴、前行、番長左右、騎馬前駆、兵仗宣下何日哉可尋記、舎人・居（飼脱カ）〔著〕着袴、侍五人、列馬右方一巡歩行、
次御随身、交名追可注、上臈六人騎馬、
次御車、唐庇、御車副四人、水干、御牛飼三人付綱、
御車副四人、水干、御牛飼三人付綱、
御牛飼、右鶴〔石〕丸、褐衣袴、〔著〕着下袴持御榻、
庁官持御、
下臈御随身六人、歩行、
召次六人、〔著〕着下袴、
次御厩別当西園寺（公永）中納言、召具舎人・居飼、
次後騎官人五位尉中原章頼、走下部六人、看督長二人、舎人搔副、若党馬左右、郎徒童、如木雑色一人、〔著〕着槿帷、下部四人、一人持桙、綾水干、熊皮袴、火長二人、
次関白（二条師良）御車、前駆二人、上臈随身四人、以上騎馬、前行如例、

○〔　〕は『大日本史料』六編―三四、一三頁により校訂。
○「後光厳院御幸始記」応安四年閏三月三日条で弁は「左少弁仲光」と書かれているため、本史料の弁を広橋仲光とする。
○本史料同月十一日条に関連記事あり。

二〇六〔後深心院関白記〕応安四年閏三月条

『大日本古記録』、四巻、五五頁

五日、（中略）右大弁長宗朝臣(葉室)来云、来廿一日可有御幸(後光厳上皇)北山▨(第)、大納言(近衛兼嗣)可令供奉者、答構試可申左右之由、

十一日、（中略）御幸始大納言供奉事、領状之由、仰奉行畢、

十七日、（中略）自新院(後光厳上皇)被下御書、季村朝臣(河鰭)・知輔(安居院)御幸供奉事也、▨▨▨季村故障、知輔所労之間、令申入其由了、

廿一日、天晴、今日新院御幸始也、御幸北山也、大納言為供奉、午一点着束帯、蒔絵剣・紺地平緒・無文帯、参新院、前駆二人、宗茂(藤原)・行冬(藤原)、殿上人、季村朝臣、雑色長武音(下毛野)、同代二人召具之、馬遅々之間、不令引車後、忩参之故也、申刻出御、先御馬御覧云々、予(近衛道嗣)於一條辺伺見之、威儀厳重、殆▨(令)超過先規歟、見物之桟敷・立車等如牆壁、雑人群集、紅塵満面、大納言於一條猪隈辺乗車帰家、後聞、御幸還御子刻云々、（後略）

○この御幸の記事は、「後愚昧記」同日条・「師守記」同日条・「大乗院日記目録」・「石清水文書」・「皇代暦」（『大日本史料』六編-三四、九〜二二頁）にあり。

○その他の後光厳上皇北山第御幸の記事は、「後愚昧記」貞治五年（一三六六）十月九日条・「師守記」同日条・「吉田家日次記」同日条（『大日本史料』六編-二七、四六五〜四七三頁）、「後愚昧記」同月十九・二十日条・「体源抄」（同書四九五〜四九七頁）、「後愚昧記」同年十月二十一日条（同書五二二頁）、「後愚昧記」同年十一月四日条・「師守記」同日条・「吉田家日次記」同日条・「壬生家譜」（同書五四一〜五四九頁）、「愚管記」応安四年六月十六〜十九日条・「師守記」同月十六日条・「祇園執行日記」（『大日本史料』六編-三四、一七二頁）、「愚管記」同年十月十五〜十八日条・「吉田家日次記」同月十五日条・「体源抄」（同書二九二〜二九三頁）、『後深心院関白記』応安五年（一三七二）十月二十四日・応安六年正月二十九日・五月二十八日・閏十月八・九日・十二月十六日条にあり。

応安四年（一三七一）九月十七日、室町幕府が大光明寺領播磨国多可庄地頭職を元通り寺家の管領とするよう命じる。

二〇七〔室町幕府御教書〕大光明寺文書（尊経閣文庫蔵）

『兵庫県史』史料編 中世九 古代補遺、六九一頁

播磨国多可庄（加西郡）地頭職事、為　院御領、御寄附伏見大光明寺之処、赤松筑前入道世貞（貞範）、令相博美作国薪郷（苫西郡）云々、一代住持不伺　叡慮、私相博甚不可然之上、就世貞申請、貞治五年三月十六日被成御教書之条、又以令参差之間、於多可庄者、如元所被付寺家也、可被存知之由候也、仍執達如件、

応安四年九月十七日　武蔵守（細川頼之）（花押）

当寺長老

応安四年（一三七一）十一月十五日、春屋妙葩が管領細川頼之と争い、丹後国雲門寺に退居する。春屋の門徒は名字を削られ諸方に分散する。

二〇八〔空華日用工夫略集〕応安四年十二月条

辻善之助編著『空華日用工夫略集』六二頁

十三日、京師清凝（魏）（独峰）蔵主至、即出去月廿二日書、々曰、当（十一月）月十五日、管領（細川頼之）欲動春屋（・妙葩）、々潜退雲居（天龍寺）菴而隠居于丹後州云々、先是或人告、京之管領細川武州（頼之）、欲動春屋和尚、々々潜逃匿于丹波州、或云丹後、未審其処、十六日、管領謁三会院（臨川寺）、和会雲居菴主之事、門徒皆号風冷患咳不集、十七日、管領命奉行依田（時朝）・松田（貞秀）二人、為専使入天龍寺、勾下春屋小師度弟僧沙喝共二百三十余人名字、其外在城東西諸刹所有諸弟子等、率相引而散矣、十九日、法眷評定、差清谿（・通徹）和尚主雲居、管領命再住天龍寺、或人云、南禅寺山門破却之後、管領与春屋結冤者五、未審如何、相陽城中、僧俗貴賤、来慰問春屋之事、（後略）

十五日、府君（足利氏満）遣以二階堂野州（行光）、訪問京之春屋、同刻管領上杉兵部（能憲）躬親来慰、

二〇九〔後深心院関白記〕応安四年十一月二十一日条

『大日本古記録』、四巻、一二九頁

廿一日、（中略）伝聞、春屋和尚（・妙葩）下向田舎（丹後国加佐郡雲門寺）云々、門徒法眷之輩方々分散、天▨（龍）寺已下已以空虚云々、希代事歟、春屋与頼之（細川）朝臣不快之故云々、或云、以使者被追出云々、不知其事、

二一〇〔吉田家日次記〕応安四年十一月十五日条

天理大学附属天理図書館二一〇・五-イ四九

十五日、今日天龍寺大勧進春屋妙｜（葩）逐電、是武家管領（細川頼之）相洲与不快、相洲令遣中之故也、後日聞逐電之在所丹後国云々、

二一〔智覚普明国師行業実録〕

『続群書類従』第九輯下、六四九頁

冬十月（応安四年）、師（春屋妙葩）以屢拒官命、隠于丹丘、送（途）中有偈曰、一鉢生涯天地寛、満身風雪幾雲山、多年苦屈今方述、鉄樹世須（也）春上顔、又曰、放捨万縁唯得閑、乾坤把作一蒲団、既無余債可消遣、主丈臥雲得処（何）山、師所寓之寺、改号雲門、蓋慕妙喜遺風也、有偈曰、丹陽山下雲門寺（加佐郡）、白髪倚窓江雪深、水鳥浮沈雲断続、漁舟載得一閑心、又曰、海島風軽釣艇横、枯叢岸々月華明、十年京洛紅塵夢、一夜寒潮拍々声、其間首尾九白、四方学徒、趨風来参、又先国師（夢窓疎石）会下飽参宿衲、咸喜師処閑静、而憧々来訪、師唯通々地炉焼葉、商確古今、鞭励後学、靡有一語以及世相、貼牓曰、曹商（渓）門下不容俗談、爾来代別拈語、往来酬酢多矣、門人編曰雲門一曲、大明国使趙秋（秩）可庸・朱本本中題其序跋、（後略）

○〔　〕は『大日本史料』六編-三四、三三〇頁により校訂。

二二〔智覚普明国師語録〕

『大正新脩大蔵経』第八〇巻、七二六頁

（前略）老師（春屋妙葩）応安辛亥（四年）之冬、謝事寓于丹之海嶼（丹後国加佐郡）古雲門寺、凡九年矣、（後略）

○「諸宗勅号記」（『続群書類従』第二八輯下、四一三頁）に関連記事あり。

○春屋妙葩が雲門寺に滞在中の漢詩を集めた「雲門一曲」が『大日本史料』六編-三八、一八三頁にあり。

応安五年（一三七二）七月二十日、後光厳上皇が大光明寺に御幸し、光厳天皇年忌仏事を行う。

二三〔後深心院関白記〕応安五年七月条

『大日本古記録』、四巻、一九一頁

十八日、（中略）藤中納言（柳原忠光）送書状云、明後日廿日、可有御幸大光明寺（伏見）、御懸一頭可引進者、答可令用意之由了、

廿日、（中略）新院（後光厳上皇）御幸伏見大光明寺、殿上人基光（園）朝臣・為有（御子左）朝臣・頼房（万里小路）・公仲（裏辻）、北面六人、御随身三人、召次・御牛飼等直垂也、御車寄帥大納言（三条実音）、

（裏書）「伝聞、新院渡御幸伏大光明寺、於門下御下車、即入御仏殿、修唐様之仏事云々、事了入御長老坊、先之本院（崇光上皇）経山路臨幸、被用御輿云々、○両院有御対面、次御点心、両院御坐、前内大臣（三条実継）実・帥大納言・権大納言（近衛兼嗣）・四條前中納言（隆持）・北小路中納言（武者小路教光）・藤中納言等候御前、御点心三種、先湯之後、後茶、如恒云々、事了本院依御痔御労、御休息便宜所云々、其間新院与御庵（光明法皇）法皇御事也、御対面、良久云々、其後両院又出御、進御時云々、公卿等祇候御前如先、事了本院還御、次新院与御庵又有御対面、次新院▨▨▨令奉拝○光厳▨院御影「給（補書）」、次入御本寺、直還御云々、

以顕保（四条）朝臣説記之、」

（裏書頭書）「公卿陪膳、雲客・上北面相交勤之云々、

今日時・点心、御庵御用意云々、」

○「伏見殿両院行幸記」（『大日本史料』六編‐三六、二一七頁）に関連記事あり。

応安五年（一三七二）九月二十六日、細川頼之が管領を辞して四国に下向しようとするが、足利義満が止める。頼之の行動には、春屋妙葩との対立が背景にあると噂される。

二一四〔後深心院関白記〕応安五年九月二十六日条

『大日本古記録』、四巻、二〇六頁

廿六日、（中略）

（裏書）「伝聞、相模守頼之（細川）朝臣有違所存之子細歟之間、辞重職、可令下向四国之由申暇之間、将軍（足利義満）再三止之、猶固辞之間、行向相誘之間、可罷止之由令領納云々、或云、是春屋（妙葩）和尚帰住嵯峨事、人々有籌策之旨之由、頼之聞之令鬱結云々、」

応安五年（一三七二）九月二十九日、後円融天皇が夢窓疎石に玄猷国師号を賜う。

二一五〔後円融天皇宸翰〕天龍寺文書

『大日本史料』六編‐三六、七七頁

応令南禅々寺上生院与天地倶長久事

伏惟、夢窓（疎石）正覚心宗普済国師、巨宋万年（無準師範）的裔、遠伝玄猷

扶桑、五帝師尊、高提祖印、故塔名祖印宝塔、而師号玄猷国師、願以此良因、従初会到三会之暁、亦護正法、自上生待下生之時、
応安五年歳次壬子秋九月廿九日

応安五年（一三七二）十一月十四日、室町幕府が大光明寺領播磨国多可庄地頭職を雑掌に交付するよう赤松義則に命じる。

二六〔室町幕府御教書〕大光明寺文書（尊経閣文庫蔵）
『兵庫県史』史料編　中世九　古代補遺、六九二頁

伏見大光明寺雑掌申、播磨国多可庄（加西郡）地頭職事、所執進之赤松筑前入道世貞（貞範）支状、不能許容、所詮、一代住持之相博非　叡慮之上、貞治五年御教書令参差之子細、再往其沙汰訖、厳重　勅願之寺領、輙難被改動畢、任先度被仰下之旨、不日沙汰付于雑掌、来月十日以前可被執進請取、若及難渋者、可有殊沙汰之状、依仰執達如件、
応安五年十一月十四日　武蔵守（細川頼之）（花押）
赤松蔵人（義則）左近将監殿

応安五年（一三七二）十一月二十七日、足利義満が臨川寺三会院の夢窓疎石塔を拝して受衣する。

二七〔足利家官位記〕『群書類従』第四輯、二七一頁

鹿苑院殿義満（足利）（中略）同（応安五年十一月）廿七日、御受衣、夢窓国師（．疎石）拝塔、法名道義、道号天山、
（後略）

二八〔華頂要略〕『大日本史料』六編―三六、一一六頁

同（応安）五年壬子十一月廿七日、御受衣、夢窓疎石拝塔、法名道義、道号天山、但不剃髪、

○「佐竹系図」（『続群書類従』第五輯上、四九四頁）に関連記事あり。

応安六年（一三七三）五月九日、室町幕府が大光明寺領播磨国多可庄地頭職を雑掌に交付するよう赤松義則に命じる。

二九〔室町幕府御教書〕大光明寺文書（尊経閣文庫蔵）
『兵庫県史』史料編　中世九　古代補遺、六九二頁

伏見大光明寺雑掌申、播磨国多可庄（加西郡）地頭職事、度々被張行之処、無注進、頗御沙汰無尽期歟、且世貞（赤松貞範）支状□（之）趣、

自由同篇之間、不能許容、厳重　仙洞御領、寺家御寄附之地、不伺申　叡慮、為武家及違乱之条、非無其咎、所詮、任先度被仰下之旨、付是非、先沙汰付雑掌、今月中可執進請取、至替之有無者、有所存者、退可申之由、可被相触也、此上猶不承引者、可有殊沙汰之状、依仰執達如件、

応安六年五月九日　武蔵守（細川頼之）（花押）

赤松蔵人（義則）左近将監殿

応安六年（一三七三）七月、春屋妙葩が使者を大内氏に遣わし、明使の趙帙に夢窓疎石塔銘を書写させる。

三三〇〔雲門一曲〕『大日本史料』六編―三八、一九一頁

僕奉使日本、客寓防州、嘗聴春屋（・妙葩）大和尚之芳名、充溢中外、参晤無由、癸丑（応安六年）秋七月、会師遣使諸（者）大内（順斉）（弘世）、命可（趙秩）庸別駕、書写天龍開山夢窓国師（・疎石）塔銘、天仮其便、輒賦近体一律奉呈、既而復命梅岩（・昌霖）侍史、持書返答、又以僕之客処窮途、恵以青蚨紫絹之属、媿領之至、兼示佳章、迺次僕之前韻、句法厳整、体格老成、而師之法嗣皆唱和焉、咸亦文辞幽雅、意義兼詳、足見師之門弟子、通儒通釈聞礼聞詩若是、則扶桑諸山、如雲門（丹後国加佐郡）者鮮矣、遂成一軸、録而記之、以為後来之観、猶一時之盛事也、

龍集癸丑（応安六年）十月二日　大明国使御史掌書四明朱

本頓首書于大内殿（周防国吉敷郡山口）之西庁、

斉字詩小序

愚奉旨出使日本、久聞春屋禅師之高名、嘗欲参拝、山高水長、弗克如願、耿々于中、烔如皦日、癸丑秋僕次周防、会師使者至、命可庸貳守、書写天龍開山石公（夢窓疎石）国師塔銘、大内居士亦命予篆額焉、使返、輒成近躰律詩四韻、奉呈法几、以賦馳慕之意（イ）云耳、

春屋高名北斗斉、龍門説法看天低、老僧有道居亀頂、俗客無縁到虎渓、緑水漫空杯作檝（梲イ）、黄金布地塔為梯、参禅擬上丹丘路、明月清風独杖藜、

（龍集癸丑十月七日書大内殿之西軒、）イ　（四明朱本九拝、）イ

昨遣人、就可庸別駕、求書先師（夢窓疎石）塔銘、不意大内居士請足下篆額、以発揮先師之光明、幸莫大焉、又辱佳什一章、謾次高韻、奉謝来意云、

丹丘芥室叟妙葩上

○（イ）は『大日本史料』の校訂による異本の字句を示す。

応安六年（一三七三）十一月二十四日、春屋妙葩の弟子であった後光厳上皇皇子の覚増が聖護院に入室する。

三一〔後愚昧記〕応安六年十一月二十四日条

『大日本古記録』、二巻、一二九頁

廿四日、（中略）今夜、妙法院宮(尭仁法親王)新院(後光厳上皇)宮、隆(鷲尾)右卿養君、出家云々、先被参 仙洞、又聖護院宮(覚誉法親王)日来被修大法祇候 仙洞、今夜結願退出之次、新院宮(覚増法親王)故右衛門佐局腹、奉具之、密々○被遂入室、即今夜同出家云々、此宮ハ為春屋上人(・妙葩)禅僧、弟子、先年入室、為喝食、而春屋為武蔵守(細川頼之)被追放之刻、還御乳父前右大将(今出川)公直卿、許給了、喝食入室門跡未曾有事也、去年伏見殿本院宮(崇光上皇)教光卿(武者小路)養君、(興信法親王)欲令入室聖護院、而三井寺衆徒捧奏状云、○非器之躰御坐之上、御母儀凡卑、不可用門主之旨訴之、仍本院宮令入室勧修寺門跡給了、而今以喝食入室、首尾不相応事也、所詮如巷説者、寺門(園城寺)衆徒訴訟、新院御結構造作之事也云々、謀略之至、可弾指々々、莫言々々、（後略）

応安六年（一三七三）十二月十二日、室町幕府が大光明寺領播磨国多可庄地頭職を雑掌に交付するよう赤松義則に命じる。

三二〔室町幕府御教書〕大光明寺文書（尊経閣文庫蔵）

『兵庫県史』史料編 中世九 古代補遺、六九二頁

伏見大光明寺雑掌良勝申、播磨国多可(加西郡)庄事、数箇度被仰之処、称紀州発向、不及遵行云々、太不可然、綷已令至極訖、争可令難渋乎、不日沙汰付雑掌、年内可被執進請取之状、依仰執達如件、

応安六年十二月十二日　　武蔵守(細川頼之)（花押）

赤松蔵人(義則)左近将監殿

応安七年（一三七四）正月十七日、春屋妙葩が『仏牙舎利縁起』を作成する。

三三〔智覚普明国師語録〕

『大正新脩大蔵経』第八〇巻、七二四頁

仏牙舎利縁起

涅槃経云、仏告帝釈、我今与汝牙舎利、於天上起宝塔可

供養、令福徳無尽、帝釈至荼毘処受仏牙、是時二捷疾羅刹、随帝釈後往取一牙、衆皆不見之、太平広記云、道宣律師問北天王太子張瓊曰、我聞捷迅思於涅槃会上抜仏牙走、北天王追落之、此事実歟、答曰、実也、其仏牙今何在、答曰、我持之、宣求瞻礼、瓊便献牙舎利、北天王名是毘沙門、領捷疾羅刹、仏祖統記云、唐代宗問綱律師曰、先師所秘之仏牙今何在乎、綱曰、我伝之、即迎朝拝瞻、歴代会要志云、仁宗迎禁中拝瞻、得分舎利製讃籠塔中、仏海禅師(瞎堂慧遠)住霊隠寺(浙江省杭州)、宋孝宗正月八日、幸霊隠焼香、親持舎利捧額敬之、召対仏海禅師問舎利因縁、師演説曰、漢朝已前不知仏、東漢孝明帝永平七甲子年(西暦六四年)、帝夢、金人身長丈六、項佩日輪、飛至殿庭、於是召群臣令占夢、通人傅毅奏曰、臣按、周書昭王二十四年甲寅四月八日、西域有聖人生、暴風起宮殿舎宅悉震動、夜有五色光、爾来今至一千一十年也、今所夢是乎、西域聖人年長謂之仏、仏長丈六、帝聞之信、即遣王遵・秦憬等十有八人於月氏国求仏末孫、遂遇迦葉摩騰・竺法蘭、携之帰洛陽(河南省)、駄経白馬来、所以建寺号白馬(河南省洛陽)、与騰蘭居是、帝乃幸其寺、騰蘭問曰、此寺東何館、帝曰、夜有光、民呼為聖冢、摩騰曰、阿育王分如来舎利八斛四斗蔵天下、凡八万四千処、於支那震且(旦)十有九処、是其一也、帝大驚即幸拝之、忽円光現冢上、呼侍衛万蔵、帝喜甚、壬申正月朔日、道士一千三百余人、上表誹謗釈門、於是騰蘭曰、仏経与余経焼之要見火験、即正月十五日、集余経凡七百四十余巻、白馬寺築壇置之、褚善信費叔才之徒、焚香持呪、火之則悉成灰、見之褚費自害而死、次積釈門経、火之則曾不焼、神変希有、自是仏法猶流布天下、于此日本相州鎌倉都督右府将軍源実朝夢、度大宋国到一寺、則長老陞座説法、実朝向僧問此寺号、答曰、能仁寺(浙江省杭州)、又問長老名、答曰、道宣律師、又問、律師入滅年久、何得現在、答曰、聖者生死無差別、今有律師再誕、汝知之乎、答曰、不知、僧曰、日本鎌倉実朝将軍也、又問、左辺侍者是誰、僧曰、鎌倉良真僧都、実朝夢覚成奇異想処、良真夢此趣、寿福寺(相模国鎌倉郡)開山千光(栄西)和尚亦夢之、三夢依相同、実朝信之、爾来希拝瞻張瓊所献道宣律師之牙舎利、乃作大船、積美木金銀貨財等、度十二人於大明国、到京師能仁寺、則衆皆問曰、因何到此哉、使者窃説夢、由是来献此美木金銀貨財、願一年可借賜仏牙、明年復積美木金銀貨財来献、応返謝舎利、一衆議而以借与使者、伝受之帰朝、乃立飛脚報実朝、実朝甚歓、出館待小田原（相模国足柄下郡）、奉載舎利於神輿帰鎌倉、便建寺名大慈（相模国鎌倉郡）安舎利、毎歳以十月十有五日為会、萩原（花園）天皇・後醍醐天皇、雖有可進上旨、依為鎌倉鎮守不献之、円覚寺建舎利殿、遷大慈寺舎利以禱国家安寧、
然処、後光厳院法皇、仏牙舎利事、勅夢窓（・疎石）国師有拝瞻求、国師達勅命旨於円覚寺、重而被成下綸旨、是時竟奉献斯舎利、
応安七年甲寅正月十七日、法皇詔対拙叟（春屋妙葩）直賜此牙舎利、何賜如之、因以貽之後代児孫　妙葩

応安七年（一三七四）二月七日、後光厳天皇四十九日の仏事として、観音懺法が大光明寺で行われる。

三四〔凶事部類〕『続群書類従』第三三輯下、二五六頁

後光厳院崩御
後普光園院（二条良基）記曰、応安七年正月廿九日寅刻御年卅七ニテ終崩御也、後光厳院トソ尊号ハ申メル、
（中略）
（二月）七日、今日依為御正日於大光明寺（伏見）有観音懺法、

応安七年（一三七四）五月十二日、室町幕府が赤松貞範による大光明寺領播磨国多可庄地頭職への押領を停止するよう山名義理に命じる。

三五〔室町幕府御教書〕大光明寺文書（尊経閣文庫蔵）
『兵庫県史』史料編　中世九　古代補遺、六九三頁

伏見大光明寺領播磨国多可庄（加西郡）地頭職事、守護人使節難渋之間、就隣国（美作国）、所被仰也、早止赤松筑前入道世貞（貞範）知行、沙汰付寺家雑掌、可被執進請取之状、依仰執達如件、
応安七年五月十二日　武蔵守（細川頼之）（花押）
山名修理（義理）権大夫殿

応安七年（一三七四）十一月二十九日、これ以前、春屋妙葩が炎上した天龍寺の復興に努め、龍湫周沢は常在光院住持となって南禅寺造営事業を掌る。

三六〔空華日用工夫略集〕応安七年十一月二十九日条
辻善之助編著『空華日用工夫略集』八七頁

廿九日、円覚大法(・大闡)・管領兵部(上杉能憲)同来、任余(義堂周信)以都幹縁之事、
余堅拒之、尚欲余必領、余以病固辞且謂、比者天龍遭鬱
攸之後、春屋(・妙葩)為雲居(天龍寺)菴主而領斯職、龍湫(・周沢)遷常在(東山)光院、為
南禅営興、亦領斯職、皆大尊宿之所任也、顧余病且弱、
誓不受焉、願旦越莫助逼、余必赴京師矣、円覚長老又来、
余引之於病床而対談、及寺門再興之事、乃密嘱之曰、凡
寺院興廃皆跡也、惟其規矩不随跡而変、則寺之再興可指
日而成也、苟其堂宇廃而規矩怠、則欲再興可得乎、但願
和尚、以本色而住持、以規矩而力行、雖且数間茅屋、乃
是万指叢林也、今寺既廃、凡庸躁進之徒、乗間而出、以
寺賤鬻、両序之任、帰於窃吹之手、則其弊百出、法道掃
地矣、

永和元年（一三七五）五月二日、室町幕府が須網右衛門尉による真如寺領尾張国海東中庄十三ヶ里等への押領停止を命じる。

三三七〔室町幕府御教書〕久我文書
『大日本史料』六編-四三、二三五頁

真如寺掠給奉書案
真如寺(洛北)領尾張国海東(海東・中島郡)中庄十三箇里・松野里・檜田(里脱カ)内田畠
等数拾町、須網右衛門尉非可押領(分カ)、而有尋沙汰、如元可
被沙汰付寺家、当庄公文名事、怙吉(ママ)将監弁年貢於寺家□
□由支申云々、有子細者、可被注申、無
□前々可弁年貢之由、可被触遣、次領家方
事、至年貢者、任先例可致其沙汰、於下地者、如旧規為
寺家進止、可被全所務之状、依仰執達如件、
永和元年五月二日　武蔵守(細川頼之)在判
土岐大膳大夫(頼康)入道殿

永和元年（一三七五）七月、明の洪武帝が絶海中津等の依頼をうけて宋濂に夢窓疎石の碑銘の作成を命じる。

三三八〔宋学士文集〕『大日本史料』六編-四四、七三頁

日本夢窓(・疎石)正宗普済国師碑銘
洪惟大明皇帝執金輪以御宝暦、声教所授与如来化境相為
遠邇、乃洪武八年(永和元)秋七月、日本国遣使者来貢方物、考功
監丞華克勤奏曰、日本有高行僧夢窓禅師、其入滅已若干
年、而白塔未有勒銘、其弟子中津(絶海)・法孫中巽(権中)、有慕中華
文物之懿、特因使者而求之、然人臣無外交、非奉勅旨、

不敢遽従所請、敢拝手稽首以聞、皇上欣然可其奏、特詔詞臣宋濂為之文、濂按其弟子住持善福寺《(相模国鎌倉郡)》周信《(義堂)》状云、（後略）

永和元年（一三七五）十二月五日、空谷明応が美濃国天福寺住持となり入寺する。

二二九〔空谷和尚語録〕『大正新脩大蔵経』第八一巻、一頁

師《(空谷明応)》初住濃州路正覚山天福禅寺《(土岐郡)》、以永和元年十二月五日入院、指山門云、尽十方世界、無礙解脱門、入得入不得、縦横得妙、左右逢原、

仏殿、世尊拈華、迦葉微笑、咦、混沌生七竅、

土地、陰陽不測、謂之神、伏惟自珍、

祖師、此土西天、入者保社、有甚麼長処、鼻孔大頭向下、

拠室、拈拄杖《〔主丈〕》、画一画、這裏鉄門限、超得三十棓、超不得三十棓、且免人言天福長老杜撰、

拈帖、世俗諦中有、勝義諦無、挙帖、白日当天衢、

拈山門疏、醯鶏負須弥、瞬息九万里、褒貶不相干、那裏是那裏、

諸山疏、瞻仰不及、諸峯入雲、此曲秖応天上有、人間能得幾回聞、

拈衣、鶏足守住、黄梅流伝、天福今日不滞両辺、搭衣、包裹《〔褁〕》三千与大千、

法座、説到行不到、依旧階下漢、行到説不到、凌辱須弥燈王、当頭坐断去、坤六断短、乾三連長、

拈香、此一弁香、恭為祝延今上皇帝《(後円融天皇)》聖躬、万歳万歳万万歳、陛下恭願、金輪永御、被聖沢於八紘《〔紘〕》、玉燭恒調、布皇風於四海、

次拈香、此香奉為征夷大将軍《(イ)(足利義満)》羽林相公、閫府尊官、同資禄算、伏願、高捧紅日、晟摶《〔摶〕》桑之光、功補青天、均湛露之恵、次拈香、此香為本寺大檀那《(イ)》典廐源公《(土岐氏光カ)》、伏願、永柱礎於皇国、能金湯於法城、又次拈香、此枯柴全無気息、不可得中只麼得、今日拈出、供養天龍第二代勅諡仏慈禅師無極和尚《(・志玄)》、以酬不為我説底広大恩徳、（後略）

○〔　〕は『大日本史料』六編－四五、五頁により校訂。

（イ）は『大日本史料』の校訂による異本の字句を示す。

二三〇〔常光国師行実〕『続群書類従』第九輯下、六九〇頁

後円融帝永和乙卯（元年）冬、師（空谷明応）四十八、出世岐陽天福（美濃国土岐郡）、公選也、

永和二年（一三七六）二月二十七日、真如寺領尾張国海東中庄地頭方の下地が領家方代官に押妨される。

二三一〔真如寺領尾張国海東中庄内自領家方押妨注文〕

久我文書、『大日本史料』六編―四八、四一七頁

（端裏書）
「中庄下地事　自真如寺送之、」

真如寺（洛北）領尾張国海東（海東・中島郡）中庄内諸領家方押妨注文事

重松名、加新田一反六十定、
一、六反大　卜六斗二升五合　六百三十八文　長夫恒例

同公田
一、一町二反小　分五斗 分七斗料米　一貫百六十文　同

公田、今八散田、式部公自作、
一、七反小　分銭五貫八百五十八文

七寺西
一、一町　分八貫五百文

穂田後丁田
一、一町　分九貫文

同所東
一、三反　分三貫文大宮入道自作

森大日堂前
一、四反　分四貫四百文

同在家地子畠分

一、四反六十歩庄司三郎作
分大豆六斗二升五合　百六十七文　長夫

半同新
分一斗五升

道土立田
一、五反　分大豆七斗五□（升）　二百文　長夫

一、五反　分大豆七斗五升　二百文　長夫

貞安名
一、二反　分大豆三斗

国元名、智願自作
一、七反　分大豆一石五升　二百八十文　長夫

平手進士屋敷
一、三反　分銭一貫五百文

已上八丁内　米一石八斗二升五合 銭三十四貫九百十三文 大豆三石六斗二升

右地頭方下地、如斯自領家方御代官違乱候、雖点札仕候、更年貢銭一銭も無▨責取事候、若此注文外、加点札等又者無違乱中事候、

永和二年二月廿七日　（花押）

永和二年（一三七六）六月五日、太清宗渭が鎌倉浄智寺住持となり入寺する。

二三二〔空華日用工夫略集〕永和二年五月・六月条

辻善之助編著『空華日用工夫略集』一〇〇頁

（五月）廿一日、浄智（相模国鎌倉郡）新命太清（・宗渭）和尚遣伝（儔カ）蔵主（友岩宗儔）告以来意、余（義堂周信）以東子（海翁周東）謝之、

廿二日、余就于東光(相模国鎌倉郡)与太清相看、略叙久濶之情而已、
(六月)五日、太清入院、○空華集九及ビ太清録住浄智語参看、
十二日、引両新命(太清宗渭・此山妙在)〔而〕入府(足利氏満)、次管領(上杉能憲)、々以病不面、(後略)

○〔 〕は『大日本史料』六編-四六、三三五頁により校訂。

○太清宗渭の浄智寺入寺法語が『大日本史料』六編-四六、三三五頁に、義堂周信が作成した太清の入寺を祝う漢詩は同書三三九頁にあり。太清は永和四年(一三七八)正月六日に浄智寺を退院する(『空華日用工夫略集』同日条)。

永和二年(一三七六)六月七日、崇光上皇が大光明寺で光厳天皇十三回忌の結縁灌頂を行う。

三三三〔後深心院関白記〕永和二年六月七日条
『大日本古記録』、五巻、一五九頁

七日、(中略)今日於城南仙洞(崇光上皇)被行結縁灌頂、以大光明(伏見)寺為会場、
光厳院十三廻御作善云々、御正忌来月也、○貞治三年七月七日崩、而
被引上云々、定有子細歟、

三三四〔仁和寺記録〕『大日本史料』六編-四六、三四四頁

五月廿五日、綱所相触云、
僧綱
弘雅法印権大僧都 乞戒呪願
長尊、、、、、、 誦経導師
定澄、、、、、、 ○唄 奉
成聖、、、、、、
道秀、、、、、、
光信権大僧都 小阿闍梨
成珍、、、、 散花 奉
権律師宏寿
、、、教遍
、、、成宗
已上持金剛衆
右六月七日結縁灌頂、任先日領状、自前日六日可被参宿、
次当日事、午一点、不相待綱所催促、令聞集会鐘給者、
各可令参集給之状如件、
永和二年五月廿五日 威儀師覚暹

袖書云、
　所作人法具事、可有御随身之由、先日被仰畢、必
　可令随身給矣、
自五日両太王（法守・永助）御参伏見仙洞、先新御所（永助法親王）被召御張輿、密々
入御光厳院、大聖院（法守法親王）御所被召御車、道秀法印幷永寿等参
候御車、其外源守・宗賢両法眼以下近習輩乗車同参、
六日、雨降、今日参住光聚院、（中略）予（禅守）当日早旦自光
聚院参大光明寺（伏見）之休息所、令乗車密々参、付衣、予進列
所、（中略）
　巻数案
大光明寺
　結縁灌頂所
奉終　金剛界供養法一箇度
奉供　仏眼真言一千三百遍
　　大日真言三千九百遍
　　降三世真言一百遍
　　一字金輪真言一千三百遍
右奉為禅定聖霊頓證菩提、整秘密道場修結縁灌頂、十
七口金剛仏子等、殊致精誠奉祈如件、仍勒遍数謹解、

永和二年六月七日
（道盛）伝燈大法師位
（成宗）権律師法橋上人位
（教遍）権律師法橋上人位
（宏寿）権律師法橋上人位
（成珍）権大僧都法眼和尚位
（光信）権大僧都法眼和尚位
（道秀）法印大和尚位権大僧都
（成聖）法印大和尚位権大僧都
（定澄）法印大和尚位権大僧都
（長尊）法印大和尚位権大僧都
（弘雅）法印大和尚位権大僧都
（禅守）大阿闍梨僧正法印大和尚位
置脇机案文除位署・年号月日許也、（後略）
○全文は『大日本史料』六編－四六、三四四～三六三頁に
あり。道場の指図あり。

永和二年（一三七六）九月、雲渓支山が播磨国護聖寺銅鐘の銘を作成する。

三三五　〔三勝寺銅鐘陰刻銘〕

『南北朝遺文』中国四国編第五巻、四三〇四号文書

播磨州永良(神西郡)荘宝華山護聖禅寺

余主播陽護聖之初寺有旧鐘撞破無声久矣、窃謂禅刹号令之厳莫先於鐘、晨昏扣之以警吾徒、其可不備乎、回命梟氏改而鋳焉、是歳秋告成厥功、東濃釈支山(雲渓)為之、銘曰、

百錬範金、千鈞成器、円音孔揚、克宣仏事、月夕霜晨、啓昏警怠、覚爾群生、聞性不昧、

永和二年丙辰九月日

住山比丘支山銘之、

(後筆)「周防州大嶋郡三蒲本庄志駄岸　八幡宮有鐘旧矣、敂(敬カ)之載久破裂無声、丁未(長享元年)之秋願主奨于檀門改為之晨昏考撃以警幽顕而　苦輪殆乎息矣勝利曷可測乎、随喜之余為銘曰、

陶万物銅、為宮廟哭、偉哉洪鐘、響動天地、廃為(ママ)亦㷀(興カ)、昨非今是、徳重周鼎、功侔梟氏、厥形可見、声従何起、聞声以眼、見色以耳、幽顕平等、斎脱苦累、檀心雨施、神徳風靡、希音万年、福溢邑里、

長享　元龍集丁未秋八月十五日

大檀那多々(大内)良政弘朝臣願主

前永興(以参)周省謹識

施主隆覚(周防国玖珂郡横山)

妙義

」

永和四年（一三七八）三月十五日、雲門寺に隠棲する春屋妙葩が円覚寺への寄付金を送る。また春屋は義堂周信に厳中周噩を託す。

三三六〔空華日用工夫略集〕永和四年三月十五日条

辻善之助編著『空華日用工夫略集』一〇八頁

三月十五日、丹之(丹後国加佐郡)雲門春屋和尚助縁円覚幹事、鏹宝一佰條、使僧昌統(旒カ)(玉林昌旒カ)者護来、余(・妙葩)(義堂周信)曰、老師兄(春屋妙葩)今在于隠約、尚鋭意戮力、欲起廃於宗門、徳量之大、不可測矣、書尾見囑周(厳中周噩)祐保任之事、

永和四年（一三七八）四月二十三日、絶海中津が明から帰国し、入京する。

三三七〔空華日用工夫略集〕永和四年四月二十三日条

辻善之助編著『空華日用工夫略集』一〇九頁

廿三日、津絶海（絶海中津）有書、帰朝達京、侑書以数物、半雲篆扁、周伯温（伯琦）書、称堅白老人者、空華歌○空華集巻首参看、幷大字、龍翔（江蘇省南京集慶寺）渤季潭（季潭宗渤）作、乃大明洪武（永和二年）丙辰（九年）也、余諱幷字二印、々材乃美璞、蓋蔣山（江蘇省南京）太子岩所産也、王充論衡等也、（後略）

二三八〔臥雲日件録抜尤〕康正三年二月三日条

『大日本古記録』、一〇〇頁

三日、斎罷、洪恩院（笁峯・周曇）（嵯峨）主来、茶話之次、問怡雲（汝霖妙佐）（嵯峨）先師自大明帰朝之事、答曰、雖帰朝尚在筑紫、普明国師（春屋妙葩）聞之、遣使頻促帰洛、蓋意在法嗣也、時絶海（・中津）同帰朝、欲直赴関東、時慈氏（義堂周信）（南禅寺）和尚在鎌倉、然国師命重、遂入京云々、（後略）

永和四年（一三七八）四月二十三日、絶海中津が明から帰国する際、権中中巽に夢窓疎石碑銘を持ち帰るよう託す。

二三九〔臥雲日件録抜尤〕宝徳二年九月十九日条

『大日本古記録』、五四頁

十九日、━━天龍東岳（・澄昕）来訪、款話及律宗授戒之儀、東岳曰、孤山（・智円）垂裕記論之云々、又曰、近時看濬天淵文集、蓋銘古鼎（祖銘）之嗣也、集中載送巽権中（権中中巽）帰日本序、権乃大統（建長寺）青山（・慈永）之嗣也、絶海（・中津）及帰朝、託之以天龍開山（夢窓疎石）塔銘之事、爾後銘出、権又託模（規外周模）菩薩、待日本使者便云々、━━

永和四年（一三七八）四月二十三日、絶海中津が明で長尾高景の武功を問われ、帰国後その肖像画を明に送る。

二四〇〔長尾景虎書状案〕歴代古案

『史料纂集』、第二、三二一頁

（前略）此名字従関東罷移、当国（越後）之行事儀不安子細共候、自然至于当代不足之儀有之者、難堪候間、弥揚当家（長尾）之意趣、家中迄も可為純熟之心底候処、皆共覚悟区々故歟、悉皆見除之躰ニ候、在此分者、果而難続候間、所詮可改進退之外無他候、物躰曩祖魯山（長尾高景法名魯山）、其頃無双之勇将、既震旦迄も無其隠候、絶海（・中津）和尚入唐之刻、被問其武功、魯山形像依所望、和尚帰朝之後、終成絵図、大唐へ被渡之云々、（後略）

○便宜的に絶海中津帰国時におく。長尾景虎書状は弘治二年（一五五六）六月二十八日付。

永和四年（一三七八）五月十四日、室町幕府が臨川寺を五山に列しようとしたため、夢窓派の僧が反対運動を起こす。

二四一〔空華日用工夫略集〕 永和四年五月・八月・九月・十一月条

辻善之助編著『空華日用工夫略集』一〇九頁

（五月）晦日、円覚使者回自京城、余（義堂周信）得等持（洛北等持院）元章（・周郁）及諦観（観中中諦）中書、々曰、去十四日、大光明（伏見）古剣（・妙快）首唱、恢復臨川為十刹旧制、清渓（・通徹）執筆、作状告官、因山林弁道者、応古剣唱而出、署花字於状末者無数、已達官府、未有報者、且請関東門徒、急々連署同心、請復旧制云云、

八月一日、京僧梵光蔵主出清谿・古剣等諸師兄書、皆為督臨川訴訟連署、蓋時清渓以下皆退席告官、々未報也、余帰報恩（相模国鎌倉郡）、江・濃・尾三州為門徒者、皆連署告官云々、遣中退於黄梅（円覚寺）時瑞泉（相模国鎌倉郡）古天（・周誓）及闇（悦巌智闇カ）首座来、与之議臨川事、余曰、子細思惟、臨川復旧固可矣、但連名結党告官、是乃今時悪事之基、亦非先師（夢窓疎石）素意、不連署而只告復旧同心之事如何、古天頷之、闇亦肯之、余因説、三会（臨川寺）門下之弊、至於此極、今也欲復臨川之位、諸老但須退歩、默示（爾カ）以待時至則可也、苟欲連朋結党争是非、則是以油救火也、祇益謗焰耳、古人為法忘軀、只止其身而已、未嘗以多人為援也、理果是、則雖一人可也、果非、則雖千万人復何益哉、

九月一日、瑞泉使者回自京師、説云、不遷（・法序）和尚去月再住天龍（天龍寺）、雲居・正持（徳叟周佐）（嵯峨）・向陽（嵯峨）三菴主亦帰復、蓋以官命堅執臨川五山之義也、又遵（用中昌遵）書記状中説、洛之門徒、争分如水火之異云々、又黄梅使者回、出京師報書数通、徳叟（・周佐）・月山（・周枢）泊弥・倍（信イ）・的三西堂皆還住、或失意、或無事、是皆破連署之義、臨川事未定、門徒分為両岐、未知如何、大義（・周敦）・絶海（・中津）・観中（・中諦）等意同前書矣、

十一日、中勛（月舟）維那、伝門徒書、来自京師、其書謂、清渓・大法（・大闡）・古剣・元章・謙叟（・周襲）・物先（・周格）・月庭（・周朗）・笑山（・周悆）・絶海・観中・天錫（・□寿）凡十又一人、皆為臨川復事未成也、挙欲余作告状上相府、以済其事為援云々、余引勛維那、炉辺細話、問臨川連署之起、乃知古剣自製告文、〇了幻集書簡ノ部参看、清渓執筆、門徒連署者無数、三会院主（徳叟周佐）亦預焉、余曰、凡今時連署皆悪事也、是故余自幼誓而不為也、今三会院主、

随群連署、是殊未暁、夫三会院者吾門宗廟也、主者宜尊厳、不与庸輩混、而坐断其事、世諺曰、考相撲者、自出相撲、則考勝負者誰哉、凡吾門下因臨川事退席者、不可勝計、此輩咸謂、雖十年二十年、臨川事不成、則誓不帰住不出頭、吁、是何言哉、夫世俗三年喪為孝行也、而不三十六月而三十五月則何、哀哉久廃家業、々々々則絶嗣、々々不孝之最也、今我三会門下退席者、十年二十年不帰、則不啻廃家業、吾宗泯滅矣、今諸老則各化一方、建立法門、相続家業、以寿吾宗、何忽与掃蕩之輩一概沈没哉、是甚不暁也、余不覚泣下曰、凡僧名和合、況同承先師法乳為同衣者哉、余不忍聴、

十六日、昌遵書記自京師帰、出管領(細川頼之)回書、々曰、嵯峨辺式、定被聞達、不可説之事也、其於今者、一向似対公方而被成敵、甚無勿躰、如此之事、不及是非、卒難尽紙墨、追可言上、併仰御料簡、事属無為多幸、恐惶敬白、八月二十八日、判、遵書記説曰、去月二十九日、与管領面別殷勤伝語、大意因臨川事、門徒強訴、一似山法師、某自居于当職以来、専以門下事而為己任、如此次第、奈何々々、是日、勛維那告帰、余謂勛曰、京師諸老有問、当報道、周信疾病、与死為隣、且承見索相公(足利義満)一書以解臨川之事、尸祝代庖、甚不宜也、連署結党、分為両岐、又甚不好、但当和合同心、扶起宗門、則臨川為五山也不妨、臨川為旧位也不妨云々、勛唯而去、乃召中応(・瑞芳)首座、代写京師諸老回書、大意見示一件、勛維那詳復、疾病不能備答云、

十七日、梵霈侍者持京諸書来、龍湫(・周沢)・不遷・徳叟咸謂、京管領等、欲余再住黄梅、蓋以例還住諸寺院也、余曰、已告退於三会(元章周郁カ)、々々未有再命、豈可随例而再住哉、

（十一月）廿九日、三会元章・天龍不遷・臨川曇芳(・周応)書至、皆令余再領黄梅之事、京之使僧、説京之飛語云、義堂(・周信)不肯帰住黄梅、退隠于上野州云々、蓋同門辞臨川者、作是流言也、余不獲已、乃再領黄梅事、

二四二〔空谷和尚語録〕『大正新脩大蔵経』第八一巻、三七頁

濃州一路亀山(天龍寺)法族辞臨川位次連署状

右某等(空谷明応)去歳(永和二年)秋伝聞、本寺(臨川寺)特承大檀越(足利義満)鈞旨、進位於五山之列、剏建法堂、初聞而不信、後却怪我門之中宿衲如林、何由未有一人、以先国師(夢窓疎石)素志達之宮府者乎、既而累月踰

年至于今歳仲夏（五月）、方知諸老懐連署之状、同詣大檀越幕下懇請、復寺位於旧日、永保（美濃国可児郡）国師家訓、当于此時、緇素喜動眉睫、胥謂曰辞、寵而居謙下、高而就卑、如斯一訟今世所希頗可矯、弊俗定協於台襟、吾儕亦期好音日夕入耳矣、不□今聞、大檀越由公憑已出稽于改旨、連署一衆、不獲所望、退席起単、東西離散、吾儕山川阻絶、雖不陪当初署字之席、豈無同声相応之心乎、故追住名如左謹言、
永和四年七月日　天福（美濃国土岐郡）退席法孫明応（空谷）

永和五年（一三七九）正月二十二日、真如寺が炎上する。

二四三〔後深心院関白記〕永和五年正月二十二日条
『大日本古記録』、六巻、八頁

廿二日、（中略）申斜西方有火事、真如寺（洛北）当寺十▨刹之第一也、回禄云々、於等持院（洛北）者不焼云々、大樹（足利義満）馳向云々、

二四四〔迎陽記〕永和五年正月二十二日条
『史料纂集』、第一、一三頁

廿二日、庚寅、真如寺（洛北）炎上了、等持院（洛北）無為云々、

二四五〔花営三代記〕永和五年正月二十三日条
『群書類従』第二六輯、一〇一頁

同日夜（正月二十三日）、真如寺（洛北）正脈庵炎上、自正脈庵出火云々、

康暦元年（一三七九）三月二十五日、日田利渉が真如寺住持となり入寺する。真如寺は火事の後、まだ造営されず。

二四六〔後深心院関白記〕康暦元年三月二十五日条
『大日本古記録』、六巻、二四頁

廿五日、（中略）東福寺長老日田和尚（・利渉）来、今日真如寺（洛北）入院之間、罷向之由語之、回禄事雖未及造営、先入院云々、

康暦元年（一三七九）四月二十四日、春屋妙葩が足利義満の命により、丹後国雲門寺から上洛する。

二四七〔智覚普明国師語録〕
『大正新脩大蔵経』第八〇巻、七二六頁

（前略）康暦改元之孟夏（四月）、俄得鈞翰上洛、尋被旨、（後略）

二四八〔足利義満書状〕鹿王院文書

『鹿王院文書の研究』一六六号文書

(封紙ウハ書)「普明国師禅室(春屋妙葩)　義満」

其後久不申承候条御無心元候、御上洛事悦喜仕候、妙事以面可申承候、恐惶謹言、

(康暦元年カ)四月廿四日　義満(足利)（花押）

○封紙ウハ書にある「普明国師」の号は康暦元年十二月二十八日付で与えられるが、本文中「上洛」の文言によりここにおく。

康暦元年（一三七九）閏四月十五日、春屋妙葩が上洛し、雲居庵に入る。

二四九〔後深心院関白記〕康暦元年閏四月十九日条

『大日本古記録』、六巻、三七頁

十九日（中略）、春屋(・妙葩)和尚去十五日上洛、年来住丹後国、頼之(細川)朝臣不快之故也、移住雲居庵(天龍寺)云々、今日大樹(足利義満)向雲居庵云々、

二五〇〔花営三代記〕康暦元年閏四月十五日条

『群書類従』第二六輯、一〇二頁

十五日、春屋(・妙葩)和尚自丹後之於西芳寺(嵯峨)点心、着雲居庵(天龍寺)、

○「諸宗勅号記」（『続群書類従』第二八輯下、四一三頁）、「南禅寺記」（『後鑑』第二篇、『新訂増補国史大系』第三五巻、一一八頁）に関連記事あり。

康暦元年（一三七九）閏四月十九日、足利義満が春屋妙葩に金剛院ならびに塔頭等を元のように管領させる。

二五一〔足利義満御内書案〕鹿王院文書

『鹿王院文書の研究』一六八号文書

(礼紙ウハ書)「侍者御中　義満」

(貼紙)「鹿苑院殿」

金剛院(天龍寺)幷塔頭以下事、如元可有御管領候也、恐惶謹言、

(康暦元年)後四月十九日　義満(足利)（花押）

侍者御中

康暦元年（一三七九）閏四月二十二日、春屋妙葩が南禅寺住持となり、僧堂・庫院・東司を一新する。

二五二〔後円融天皇綸旨〕　鹿王院文書

『鹿王院文書の研究』一七〇号文書

（封紙ウハ書）「春屋上人御房　右大弁俊任奉」

南禅寺住持職事、所有　勅請也、特専寺中之紹隆、須禱天下之安全者、

天気如此、仍執達如件、

（康暦元年）後四月廿二日　　右大弁（坊城）俊任奉

春屋（・妙葩）上人御房

二五三〔後深心院関白記〕　康暦元年閏四月条

『大日本古記録』、六巻、三八頁

廿三日、（中略）伝聞、性海（・霊見）受南禅寺○請之処、俄武家沙汰変改、以春屋（・妙葩）請南禅寺、以性海請天龍寺云々、

廿九日、（中略）今日遣使者於春屋和尚許、上洛幷南禅寺住持事賀之、僧俗群集云々、（後略）

二五四〔空華日用工夫略集〕　康暦元年六月十五日条

辻善之助編著『空華日用工夫略集』一一七頁

十五日、中季（・東英）自京帰、春屋（・妙葩）今月二日南禅入院、○智覚普明国師語録一住南禅語参看、緇素如市、乃春屋書中詳説云、

二五五〔普明国師行業実録〕

『続群書類従』第九輯下、六五〇頁

康暦元年己未、公府遣使召師、（春屋妙葩）師辞以老病、使堅請、不獲已而起、閏四月至京師、復主雲居（天龍寺）、六月有旨住南禅寺、師一住未終歳、僧堂・庫院・東司易地新之、

○「花営三代記」（『群書類従』第二六輯、一〇三頁）、「諸宗勅号記」（『続群書類従』第二八輯下、四一三頁）、「智覚普明国師語録」（『大正新脩大蔵経』第八〇巻、六三八・七二六頁）に関連記事あり。春屋妙葩は康暦二年（一三八〇）二月一日に南禅寺を退院する。

年月日未詳、春屋妙葩が薬師如来声明を復興させ、それを誠中中欸が会得する。

二五六〔臥雲日件録抜尤〕　康正三年二月三日条

『大日本古記録』、一〇〇頁

三日、斎罷、笁峯（・周曇）洪恩院（嵯峨）主来、（中略）又問唱薬師如来之事、

則曰、普明国師住南禅時、以此声明断絶、已及五十年、
欲復興之、択山中声明徒五十八、令(春屋妙葩)習之、皆不称国師意、
時誠(・中歎)仲(中)為書状侍者勤旧、在函丈令唱之、一唱能得其妙、
遂与梅靖・梅隠連唱、某(笠峯周曇)問此事於全牛(・中檗)、々曰、薬師如来
之妙、誠中得之云々、（後略）

○春屋妙葩が南禅寺在住のときの記事のため、便宜的に南禅寺入寺の記事にあわせて掲載した。

康暦元年（一三七九）十月十日、足利義満が春屋妙葩を天下僧録に任命する。

二五七〔足利義満御内書〕鹿王院文書

『鹿王院文書の研究』一七九号文書

(封紙ウハ書)「春屋和尚禅室　右大将義満」
(封紙端書)「僧録御教書」
(貼紙)「鹿苑院殿」
天下僧禄(録)禅家事、殊為仏法紹隆所令申也、早可有御存知
此趣候、恐惶敬白、
康暦元年十月十日　右大将(足利義満)（花押）
春屋(・妙葩)和尚禅室

二五八〔空華日用工夫略集〕康暦元年十一月十二日条

辻善之助編著『空華日用工夫略集』一一八頁

十一月十二日、樹中心(心翁中樹)書至自京、乃審春屋(・妙葩)和尚以十月十三日、領天下僧録之命、津絶海(絶海中津)止于雲居菴(天龍寺)、

○「普明国師行業実録」（『続群書類従』第九輯下、六五〇頁）に関連記事あり。春屋妙葩は康暦三年（一三八一）正月二十六日に僧録を辞す（『空華日用工夫略集』同年正月二十五日条）。

康暦元年（一三七九）十月、春屋妙葩が知行する山城国内の所領目録が作成される。

二五九〔山城国内春屋妙葩知行分所領注進状〕鹿王院文書

『鹿王院文書の研究』一八〇号文書

注進
山城国内　春屋(・妙葩)和尚知行分所領事
一円城寺(愛宕郡)▨村
一龍華院(南禅寺)　幷永観堂(東山)　無量寿院(東山)

一綾小路町屋地
一伏見公文名　幷金松名、附超願寺
一乙訓郡大覚寺
一石原（紀伊郡）庄内野里村
一大覚寺宮寄進中光寺粟殿名　玉河伊藤（葛野郡）　（葛野郡）海性寺地蔵尾山等
一嵯峨（葛野郡）椎野屋地等
一生田内修学院
右彼所々者、依　公券当知行雖無相違、重被成下御判
為備将来亀鑑、以注進如件、
　康暦元年十月　日
「（異筆）物而被成安堵上▨（就）目録加署矣、
　左衛門佐源朝臣（斯波義将）（花押）」

康暦元年（一三七九）十一月二十三日、後円融天皇が春屋妙葩から受衣する。

二六〇〔後深心院関白記〕康暦元年十一月二十三日条
『大日本古記録』、六巻、九二頁

廿七日、（中略）伝聞、去廿三日南禅寺長老春屋（・妙葩）和尚参
内、有御受衣之儀云々、

康暦元年（一三七九）十一月二十四日、足利義満が春屋妙葩を興聖寺（後の宝幢寺）の開山とし、寺領を寄進する。

二六一〔足利義満御内書〕鹿王院文書
『鹿王院文書の研究』一八二号文書

「（貼紙）鹿苑院殿」
興聖寺（嵯峨）事、為開山可有御沙汰候、将又播磨国安田庄（多可郡）寺家
分・山城国乙訓郡大覚寺・阿波国那賀山庄（那東・那西郡）内賀茂・和食
郷幷関等、任御寄進可為同寺領候、恐惶敬白、
　十一月廿四日（康暦元年）　義満（足利）（花押）
　春屋（・妙葩）和尚禅室
○興聖寺の寺号から、本史料を康暦元年とする。

康暦元年（一三七九）十二月二十六日、後円融天皇が春屋妙葩に智覚普明国師号を賜う。

二六二〔後円融天皇綸旨〕鹿王院文書
『鹿王院文書の研究』一八四号文書

（封紙ウハ書）「南禅寺長老春屋上人御房　嗣房」
（封紙端書）「国師号綸旨『二』（異筆）」
為表御授衣之礼可被号智覚普明国師、　勅使参向間、且
可有御存知之由被仰下候也、恐惶謹言、
十二月廿六日（康暦元年）　嗣房（万里小路）
南禅寺長老春屋（妙葩）上人御房

○授衣の年は「普明国師行業実録」（『続群書類従』第九輯下、六五〇頁）による。

二六三〔崇光上皇宸翰書状〕鹿王院文書
『鹿王院文書の研究』一八七号文書

国師号事、承悦無極候、併五代之余慶、及一朝之光栄候歟、尚々喜存候、千万期面之時候也、

○崇光上皇が春屋妙葩の国師号を賀した書状。『鹿王院文書の研究』一八八号文書（康暦二年〔一三八〇〕二月十二日）は足利氏満からの同趣旨の文書。

二六四〔後円融天皇宸翰諡号勅書写〕鹿王院文書
『鹿王院文書の研究』一八六号文書

（包紙ウハ書）「後円融院宸翰　鹿王院」
後円融院宸翰
天下太平興国南禅禅寺住持春屋（妙葩）和尚乃為正覚国師（夢窓疎石）之上足也、親受国師付属深明心法、根源道着一代徳被万邦所謂僧中之龍、法中之王者也、朕（後円融天皇）辱迎内殿、受付衣之儀而執弟子之礼、聞法恩大皇天罔極、爰加智覚普明国師之号、用旌皇天之下一人之上之尊云、
康暦元年十二月廿八日

○『後深心院関白記』康暦二年（一三八〇）正月二十六日条、「普明国師行業実録」（『続群書類従』第九輯下、六五〇頁）に関連記事あり。

康暦二年（一三八〇）四月十二日、後円融天皇が足利義満による春屋妙葩の僧録任命を承認する。

二六五〔後円融天皇綸旨〕鹿王院文書
『鹿王院文書の研究』一九〇号文書

（封紙ウハ書）「進上　前民部大輔殿　勘解由次官家房奉」
智覚普明国師（春屋妙葩）可為僧録之由被聞食畢之旨、可被仰遣武家之由、

天気所候也、以此旨可令洩申給、仍言上如件、家房(清閑寺)誠恐
頓首謹言、
(康暦二年)四月十二日　　勘解由次官家房奉
進上　前民部大輔殿
○前民部大輔は武家執奏西園寺実俊の家司である。

康暦二年（一三八〇）四月十五日、足利義満が春屋妙葩に大福田宝幢寺を建立し開山となるよう命じる。

二六六〔足利義満御内書〕鹿王院文書
『鹿王院文書の研究』一九一号文書

(貼紙)「鹿苑院殿(足利義満)」
大福田宝幢寺(嵯峨)事、為開山可被建立候、恐惶敬白、
康暦二年四月十五日　　義満(足利)（花押）
普明国師(春屋妙葩)禅室

康暦二年（一三八〇）五月二十六日、足利義満が播磨国有田庄を宝幢寺領として春屋妙葩に返付する。

二六七〔足利義満御内書〕鹿王院文書
『兵庫県史』史料編 中世七、七七六頁

(押紙)「鹿苑院殿御判(足利義満)」
播磨国有田庄(加西郡)事、如元所返申也、任光明院殿御書、為大福田宝幢寺(嵯峨)領、可有御沙汰候、恐惶敬白、
(康暦二)五月廿六日　　義満(足利)（花押）
普明国師(春屋妙葩)禅室

康暦二年（一三八〇）六月十九日、東坊城秀長が二条良基からの兵庫関材木役に関する書状を春屋妙葩に送る。

二六八〔迎陽記〕康暦二年六月十九日条
『史料纂集』、第一、六九頁

十九日、戊寅、今朝可参之由、昨日武家(足利義満)被仰出、仍早参之処、今日又花御会面々已参集、御計会之由、以彦部(秀定)被仰出、仍退出向天龍寺、奉謁春屋国師(妙葩)、准后(二条良基)御書遣之、兵庫(摂津国八部郡)関材木役事被仰之也、（後略）

康暦二年（一三八〇）八月二十七日、絶海中津が甲斐国恵林寺住持に任命される。

二六九〔空華日用工夫略集〕康暦二年八月・九月条

辻善之助編著『空華日用工夫略集』一三二頁

(八月)廿七日、往西山、賀太清(・宗渭)和尚再住、且与僧録(春屋妙葩)和会、欲令絶海(・中津)住恵林(甲斐国山梨郡)、遂督僧録参府、絶海恵林之命既定矣、

(九月)十四日、恵林新命絶海至、出示入寺法語、○絶海和尚語録住恵林語参看、留之夜話、仍招等持物先(・周格)同宿、相共款々、至于暁天而別矣、

康暦二年(一三八〇)八月、春屋妙葩が有馬温泉に行き、友を羚羊谷に訪ね漢詩を詠む。

二七〇〔春屋妙葩有馬温泉行之偈〕鹿王院文書

『鹿王院文書の研究』一九七号文書

康暦庚申(二年)八月間余(春屋妙葩)浴病温泉之次、訪道友羚羊谷(摂津国有馬郡有馬)其境非常固難与俗子暁聊綴絶句三首以見其意云、

行尽崎嶇入洞門、松風流水断吟鬼、因縁如遂把苑志、雲榻来分月一痕、

千仞岩前掛角庵、曾無蹤跡与人看、青黄不記雲山老、幾夜猿声落月寒、

一炉枯柏坐忘機、透屋飛泉瀉翠微、日暮松門相揖出、山中唯有白雲帰、

又三種塞紙尾

鐫仏巌

南泉証底喪天真、万古巍々清浄身、一自空生讃希有、玲瓏八面而花塵、

一葉渓

菜葉随流出世間、僧隣猿鶴与雲閑、不知那ヶ年中日、優鉢花開満此山、

振鷺瀑

蒼翠連天挟絶崖、振々白鷺界青開、三千尺雪清涼水、洗得人間炎熱埃、

前南禅芥室叟妙葩

「芥室」(白文朱方印)　「釈妙葩印」(白文朱方印)　「春屋」(白文朱方印)

康暦二年(一三八〇)八月、春屋妙葩が東福寺の通天橋の完成を祝い、漢詩を詠む。

二七一〔通天橋落成賀頌〕　詩軸集成

『五山文学新集』別巻一、九九六頁

通天橋是

開山（東福寺）恵日（円爾）聖尊直道也、諸人若従這裡得入、則龍子龍孫、跳天門有日矣、蓋　主翁成之意、在于茲耳、

前南禅比丘妙葩（春屋）謹題、

揮却風斤支落霞、虹蜺千尺截奔波、通霄一路脚跟下、来往人往鳥道過、

康暦庚申（二年）八月初吉、書于亀山（天龍寺）雲居芥室軒下、

謹和　高匀、奉塵　常楽新作亭橋、　用沢（周カ）九（龍湫周沢）○（拝脱カ）頓首、

新作亭橋高且大、任他渓磵起風波、路穿螮蝀腰間去、人履虚空背上過、

（後略）

康暦二年（一三八〇）十二月二日、足利義満が宝篋院（足利義詮）忌に際し、義堂周信の勧めで、等持寺八講を再興する。

二七二〔空華日用工夫略集〕　康暦二年十一月・十二月条

辻善之助編著『空華日用工夫略集』一三七頁

（十一月）七日、宝篋院（足利義詮）忌、請普明国師（春屋妙葩）、府君（足利義満）・管領（斯波義将）入寺、点心罷、君燕息、余（義堂周信）造謁、時管領在座白云、本寺（三条坊門等持寺）旧例、毎歳仏事、会諸宗教徒論議、謂之御八講、邇来久廃、今請起之、蓋自来十二月二日至六日、如旧例則如何、君顧余問如之何、余答曰、今諸教徒、若無本寺八講、則学仏法者掃地矣、是吾先師（夢窓疎石）康永年間所以勧両殿（足利尊氏・同直義）創此例也、今重興則最好矣、府君乃喜曰、吾恨聞此説晩矣、八講論議、一如旧例、於是遂下号令諸教宗徒、聞者咸喜曰、教其興矣、余又勧君曰、儒書中宜読孟子、府君頷之、君仍問、易者何書、余曰、只消慎字而已矣、

（十二月）二日、集衆就于宝雲閣（三条坊門等持寺）転読五部大経教、蓋来七日、宝篋院諱、輪次請五山十刹長老、比叡山（延暦寺）・三井寺（園城寺）、奉官命、就于本寺、八講論議、荘厳仏殿、敷設講筵而啓建矣、府君垂簾而聴講、余同席而坐、君或疑者即問、八講罷、臨夜就于方丈東閣、仮設道場、屏障荘厳、命大原来迎院懺僧六人及安居院僧正良憲・花園法印房淳修法華懺、仍命伶官及朝士能楽者、毎節一奏曲以相之、調乃七奏、琴四張、三張簾中人奏之、府君吹笙、々即号達智門、本朝秘器也、内府大夫人（渋川幸子）、垂簾而聴、及四更而散、

三日、論議、問者房淳・定聡・叡俊・心尊・隆兼、講師円兼・宗恵・興忠、證義権円寺房深、府君・管領入寺、点心、僧伴僧録（春屋妙葩）・物先（・周格）、四日、五部経満散、府君・管領入寺、斎伴太清（・宗渭）・相山（・良永）、斎罷、陪府君而聴講、時君問関東夷俗、余粗説其事、君笑曰、自今以後、莫起東帰興、
五日、清谿（・通徹）・徳叟（・周佐）、
六日、大法（・大闡）・月舟（・周勛）、府君在廉中聴講、余亦陪座、及二更講筵散去、
七日、赴等持院（洛北）法華堂、為宝篋院忌、自当寺弁供、以例也、府君伴筵、僧録洎余・管領而已、府君・僧録与余和会諸山住持宜復三年二夏旧制、両序二節、前資以下四節、余因白、諸山及両班時々変易、則叢林弗治、宜厳制之、臨斎、塔亭拈香、（○義堂和尚語録三拈香ノ部参看）諷経而散、々後為衆講坐禅儀、

康暦二年（一三八〇）十二月八日、通玄寺仏殿の経始が行われ、春屋妙葩・義堂周信が諷経する。

二七三〔空華日用工夫略集〕康暦二年十二月八日条

辻善之助編著『空華日用工夫略集』一三八頁

八日、早、赴通玄寺（三条高倉）仏殿経始之会、僧録（春屋妙葩）引小師十人、余（義堂周信）引等持（三条坊門等持寺）僧十人而諷経、命工試斧、点心罷帰等持、仏成道諷経、又就通玄寺打斎、寺乃今府君（足利義満）外祖母比丘尼聖通（智泉）所建也、

康暦二年（一三八〇）、足利義満が禅院を建立し、永徳三年（一三八三）九月に鹿苑院と名付ける。

二七四〔翰林葫蘆集〕『五山文学全集』第四巻、六七三頁

鹿苑院殿（足利義満）百年忌陞座

（中略）

前年康暦二年、公（足利義満）年二十三歳、建立一禅院、未設其名、永徳三年九月、以鹿苑為名、親書額以掲焉、

○「如是院年代記」（『群書類従』第二十六輯、一七二頁）に関連記事あり。「三国一覧合運」は「如是院年代記」と同文。

永徳元年（一三八一）十月二十三日、近衛道嗣が常在光院に行

き、奥山の水石・滝水・木石池を巡見する。

二七五〔後深心院関白記〕 永徳元年十月二十三日条

『大日本古記録』、六巻、一五八頁

廿三日、(甲)申〔戌〕晴、向速成院、(就脱)右府□〔相〕具、奉拝仏舎利、聖徳太子自百済国斉明王伝来之舎利云々、(近衛兼嗣)堂々巡礼、其後歴覧常在光院、(東山)近来出来奥山之水石、今日始見之、滝水幷木石池水□□〔誠以〕絶妙也、其後見知恩院、(東山)及晩帰宅、

永徳二年（一三八二）閏正月二十三日、足利義満が春屋妙葩を天龍寺住持に任命する。

二七六〔足利義満御内書〕 鹿王院文書

『鹿王院文書の研究』二二〇号文書

(貼紙)「鹿苑院殿」

天龍寺住持職事、任先例可令執務給候、恐惶謹言、

(貼紙)「永徳二」
閏正月廿三日　(足利義満)（花押）

(春屋妙葩)普明国師禅室

○「天龍紀年考略」（『後鑑』第二篇、『新訂増補国史大系』第三五巻、一八〇頁）に関連記事あり。

永徳二年（一三八二）二月七日、夢窓疎石の門徒が衆議で南禅寺慈聖院の美濃国大興寺管領を決定する。

二七七〔三会院守塔比丘大義周敦等夢窓門徒連署申状〕 南禅寺文書

『南禅寺文書』上巻、一五七頁

濃州揖斐大興寺、(大野郡)可為慈聖院御管領之條、(南禅寺)門徒之衆議治定候上者、永代御門葉、有相続、而可致興行給候、相副本券等進之候由、可有仰候、恐惶敬白、

永徳二季壬戌二月七日　三会守塔比丘周敦（花押）(臨川寺)(大義)

単寮　周僉（花押）(笑山)

多宝院周格（花押）(天龍寺)(物先)

西堂　周郁（花押）(元章)

臨川寺周冀（花押）(謙叟)

宝篋院通徹（花押）(嵯峨)(清渓)

進上　天龍寺衣鉢閣

二七八〔春屋妙葩書状〕 大興寺文書

『岐阜県史』史料編　古代・中世一、一二八五頁

濃州揖斐大興寺可為御管領之由、(大野郡)門徒衆議之状伝進候、

御門葉有相続、可令興行給候哉、恐惶謹言、

永徳二年壬戌二月十日　雲居（天龍寺）妙葩（春屋）（花押）

慈聖院（南禅寺）方丈侍几

永徳二年（一三八二）二月晦日、春屋妙葩が天龍寺に再住する。

二七九〔智覚普明国師語録〕　『大正新脩大蔵経』第八〇巻、六四〇頁

再住天龍資聖禅寺語録　侍者周祐（厳中周噩）編

師（春屋妙葩）永徳二年二月晦日、陞座拈香畢、趺座問答罷、乃云、声前一句、天子万年臨機、与奪格外威権、直得輝古騰今仏日赫赫、移風易俗王道平平、便見鳳闕翔雲、九重城春期芥劫、龍門有路、三級巌瀑掛層天、古聖道場色色仍旧、満山草木物物示禅、供衆底金圏栗棘撃節底古曲没絃、驀拄杖云、柱杖子出来不免、見義勇為、卓一下云、臥龍纔奮迅雲雨終又三千、

復挙、先師（夢窓疎石）開山国師挙法燈（無本覚心）和尚先師未了話拈云、法燈将謂、千年滞貨販売得時、可笑累世家私自揚向外、石上座谿山蔵醜拙、雲月入膏盲、只為無先師未了因縁、所以出来為他謝恩、山僧即不然、以一偈下注脚去、鷲嶺拈華少室春、伝芳的的憶古人、西帰三十有余載、丁嘱半千諸応身、宝塔湧空支落月、水磨無日不推輪、山僧袖短難蔵臂、慚愧先師未了因、撃払下座、

○春屋妙葩は永徳二年十月一日に天龍寺を退院する（『智覚普明国師語録』〈『大正新脩大蔵経』第八〇巻、六四三頁〉）。

○「普明国師行業実録」（『続群書類従』第九輯下、六五一頁）に関連記事あり。

永徳二年（一三八二）五月四日、足利義満が義堂周信に真如寺と正脈庵の立班の序列を問う。

二八〇〔空華日用工夫略集〕永徳二年五月四日条

辻善之助編著『空華日用工夫略集』一六六頁

五月四日、（中略）管領（斯波義将）話及元亨釈書之事、余（義堂周信）曰、日本僧史、莫先於此、昔吾禅家者流、有功於宗門者、如永（・延寿）明・明教（仏日契嵩）・大恵（・宗杲）・中峯（・明本）、皆以禅教託之於文字、千歳不刊伝也、今虎関（・師錬）亦如斯、府君（足利義満）又問余曰、行道・立班、有次

序否、曰、是、曰、然則和尚班在正脈(洛北真如寺)某西堂下何也、曰、真如在等持(三条坊門等持寺)上、正脈菴主真如東堂故、余推之、府君再三疑之曰、和尚則建仁旧事、如何令在真如東堂下、余因説、昔年公門請諸山長老於仏事、則或現住一列、或閑人一列、未嘗相間、近年以来、現・閑相雑、則先現住、次前住、如是遂次、以高卑為序、今以等持位在真如下故如是、非必推譲之過也、於是府君頷之、

永徳二年（一三八二）六月三日、春屋妙葩が通玄寺開山智泉聖通に法衣を賜う。

二六一〔春屋妙葩書状〕鹿王院文書

『鹿王院文書の研究』一二三号文書

法衣一頂地萌、畦紫、顕紋紗まいらせ候、すいふん(随分)ひさう(秘蔵)して候おまいらせ候、あなかしく、

永徳二年六月三日　天龍住持妙葩(春屋)（花押）

通玄寺(智泉聖通)東堂侍者御中

○曇華院文書にも同文の史料あり。

永徳二年（一三八二）六月十五日、大聖寺殿（足利義満室日野業子の叔母宣子）が茶毘に付され、下火の導師を春屋妙葩が務める。

二六二〔空華日用工夫略集〕永徳二年六月条

辻善之助編著『空華日用工夫略集』一六九頁

十四日、岡松殿(日野宣子)一品禅尼既逝矣、府君(足利義満)勧令提撕公案云々、一品以身後仏事等嘱府君、々命余(義堂周信)起骨仏事、下條将命、十五日、於正覚寺而茶毘矣、僧録(春屋妙葩)以府命巡報諸山皆々可赴茶毘之場、府君又遣下條曰、専要起骨仏事、不必赴茶毘、蓋以余怕風寒也、雖然冒夜同古剣(・妙快)会于正覚化壇、諷経行道者一千余人、鎖龕清渓(・通徹)、起龕蘭州(・良芳)、奠茶東福起山(・師振)、奠湯万寿(六条高倉)相山(・良永)、念誦不遷(・法序)、下火僧録、○智覚普明国師語録四小仏事ノ部参看、府君以拘世忌、潜乗輿如女人作證、

永徳二年（一三八二）六月十五日、春屋妙葩が大聖寺殿（日野宣子）の火葬の法語を作成し、宣子が意翁円浄のもとで参禅したことを讃える。

二六三〔智覚普明国師語録〕

『大正新脩大蔵経』第八〇巻、六八三頁

大聖寺殿（日野宣子）従一品無相円公禅定尼火
逝波弦急去悠悠、鉄索難欄夜壑舟、古鏡台前蔵影質、不知何処覓蹤由、共惟某人、青雲天上貴裔、丹闕楼中仙儔、承柔坤儀而具丈夫志気、斉剛乾徳能為師伝好述、早扣意翁（・円浄）室参決祖意、晩升金潭（・素城）場同気相求、信取虚玄道立処非外、了知無著宗転処即幽、規矩今日秦国太、俊機昔年凌行流、只如寂滅現前脱殻漏子、那裡是他安身立命処、挙火把起云、火雲朶朶焼空処、月上天心分外秋、

永徳二年（一三八二）六月十八日、春屋妙葩と義堂周信が大聖寺殿（日野宣子）の収骨をする。その後、安聖寺で中陰仏事を行う。

二八四〔空華日用工夫略集〕永徳二年六月・七月条

辻善之助編著『空華日用工夫略集』一七〇頁

（六月）十八日、早赴収骨之会、余（義堂周信）先与僧録（春屋妙葩）収骨畢、起骨仏事、○義堂和尚語録三小仏事ノ部参看、就于安聖寺、仮設中陰道場、府（足利義満）君既在安聖仮館而斎戒精進、起骨罷、余与僧録同往安聖而弔慰、却回、君切留点心、君乃長斎、手書金剛経、君約余而曰、毎日来談、吾所願望也、安聖者東福門徒奇秀（秀峰尤奇）峰別業也、

十九日、詣安聖仮道場、府君命余講法華薬王品、時太清（・宗渭）・古剣（・妙快）至、君又告余及二長老曰、毎日道話、勿不来也、

（七月）二日、左丞相府君、為従一品大聖寺（日野宣子）無相円公禅尼、預為弁五七忌仏事、就等持（洛北）禅院、千僧勝会、命余陞座、其讃説云、恭惟、今日大功徳主左相府大人相公、乗願輪来、為法檀度、外存君臣之道、内扶仏祖之宗、雖居私第而弗倦朝参、雖執政柄而弗廃仏事、茲者自一品禅尼属纊之後、牢記遺嘱、躬領仏事、例依禅苑之儀、屈請諸大長老、作種々仏事而闍維之、遂就安聖、仮設追修道場、謂之中陰、仍請天龍太清和尚・臨川古剣和尚及六員僧侶、毎日三時諷経念呪、毎遇（値）七日、必書法華経一部、請諸山長老一人、拈香仏事、府君（相公）長斎、自写金剛般若経、於其禅誦之余、毎日命太清・古剣及小僧、講説円覚・楞厳二大乗経幷大恵（・宗杲）祖師長書、今当五七忌（日）、特就于（ナシ）等持禅院、建千僧勝（ナシ）会、同音諷誦大仏頂万行首楞厳神呪、請万寿相山（・良永）和尚拈香説法、辱命小比丘周信、陞于此座、敷揚般若正宗、固辞不允、鄙俚之語、奉瀆鈞聴、惶恐（惶恐）○云々、○義

堂和尚語録二陞座ノ部ヲ以テ校ス、
十四日、安聖、演唱施食文、
○安聖寺は後に鹿苑院となる。

永徳二年（一三八二）六月十九日、足利義満が義堂周信・太清宗渭等に安聖寺で法華経等の講義をするよう命じる。

二八五〔空華日用工夫略集〕永徳二年六月条
辻善之助編著『空華日用工夫略集』一七〇頁

十九日、詣安聖仮道場、府君（足利義満）命余（義堂周信）講法華薬王品、時太清（・宗渭）・古剣（・妙快）至、君又告余及二長老曰、毎日道話、勿不来也、
廿日、赴安聖、君命令講円覚経、講文殊・普賢二章畢、道話及宗門公案、独坐大雄峰（江西省南昌府奉新県百丈山）・即心即仏・柏樹子・狗子無等話也、二條摂政（良基）准后、以秀長（東坊城）為使、問者二、余書而答焉、

永徳二年（一三八二）七月十九日、足利義満が等持院で大聖寺殿（日野宣子）の四十九日の仏事を行い、春屋妙葩が陞座を務める。

二八六〔空華日用工夫略集〕永徳二年七月十九日条
辻善之助編著『空華日用工夫略集』一七三頁

十九日、府君（足利義満）就于等持院（洛北）、為従一品（日野宣子）尽七忌、重設千僧会、天龍普明国師（春屋妙葩）陞座、○智覚普明国師語録三陞座下ノ部参看、性海和尚（・霊見）拈香、（後略）
○「智覚普明国師語録」（『大正新脩大蔵経』第八〇巻、六七〇頁）に陞座法語あり。

永徳二年（一三八二）十月三日、足利義満が新寺の建立について春屋妙葩と義堂周信に相談し、寺号を「承天相国」とする。

二八七〔空華日用工夫略集〕永徳二年九月・十月条
辻善之助編著『空華日用工夫略集』一七六頁

（九月）廿九日、三会（夢窓疎石）（臨川寺）忌斎次、府君（足利義満）話及関東事、余（義堂周信）曰、勿聴讒言、則天下安全、若一念動、則天下動、一切毀誉不動、則内外魔不能侵、点心罷、君入于書閣、召僧録（春屋妙葩）及余曰、吾欲創一寺、為十刹之列、可也否、僧録及余曰、何不可之有、君曰、衆限五十人、可也否、曰、可矣、
（後略）

（十月）三日、応召、与僧録同参府、々君曰、吾新欲建小寺、去月晦日、於三会略説其事、両和尚記否、皆曰、記之、君曰、然則奏于内裏(後小松天皇)、要承天気、今日々吉、請安寺号、僧録曰、宜在君意、君曰、吾那得知其由乎、僧録顧余曰、何等名可為善、余不能卒爾而白、忽入思惟三昧、僧録曰、君今位至大丞相、名為相国寺如何、余不覚失笑曰、余心所趣向、一与僧録同、唐土東京(河南省開封)有大相国寺、恰好云々、府君大喜、余曰、寺号或有四字者、有六字者、又奏承天気、喚作承天相国可乎、府君・僧録皆肯之、

永徳二年（一三八二）十月六日、足利義満が安聖院付近に寺院を建て、相国寺と名付ける。

二八八〔荒暦〕永徳二年十月六日条　『年報三田中世史研究』一二号、一二八頁

六日、辛巳、伝聞、安祥(聖)院辺可被建立伽藍云々、可号昌(相)国寺云々、

○「如是院年代記」（『群書類従』第二六輯、一七二頁）に関連記事あり。

永徳二年（一三八二）十月十三日、足利義満が西芳寺で相国寺造営についての評定を行い、東堂・西堂以下が参加する。

二八九〔荒暦〕永徳二年十月十三日条　『年報三田中世史研究』一二号、一二八頁

十三日、左府《義満》(足利)被向西芳寺(嵯峨)云々、後聞、摂政殿《良基》(二条)以下多以参会、但無指興遊、一昼夜坐禅工夫之外無他事云々、又昌(相)国寺造営事有評定、東堂・西堂以下接此座云々、

永徳二年（一三八二）十月二十一日、義堂周信が相国寺を大伽藍にするよう助言し、足利義満も賛同する。

二九〇〔空華日用工夫略集〕永徳二年十月二十一日条　辻善之助編著『空華日用工夫略集』一七八頁

廿一日、参上府、々君(足利義満)出先国師(夢窓疎石)和歌墨蹟而読之、且問新寺相国殿宇大小、安衆幾箇、修禅弁道等事、或五十人、或百人、要選僧侶共住、吾以道服、不時入寺行道、是吾建寺本意也、余(義堂周信)因白云、昔先代(北条氏)時、関東造立建長・円覚等寺、安衆幾乎一千人、先帝創建南禅・天龍、亦如是、府君但建大伽藍、準相洛五山、勿以事小刹、府君曰、吾

本乏貲財、欲建大伽藍効須達長者、必見笑於旁観者矣、余曰、不然、府君但令願力堅固、縦雖今生不成、在他生而必成就、古人曰、仏法無多子、久長難得人、又曰、古人有三生作浮図者、君聞喜曰、吾嘗窃作此念、然恨無人勧、今聞斯言、吾所願也、夫豈不遵承乎、府君於是有欲建大叢林之志、余又白云、殿下（足利義満）位極人臣、禄重泰山、所祈寿量也、而今崇建仏寺、尊敬僧法如此、延年之術莫大焉、殿下一人発心、乃天下之人発心也、凡匹夫之善悪、止其一身而已、殿下所行善悪、天下所系、可不慎哉、今殿下好善如此、天下之人皆好善、始於此矣云々、府君有愛狗二頭、道話之頃、忽走来、君欲余安其名、々其一曰有性、其二曰無性、

永徳二年（一三八二）十月二十九日、相国寺仏殿の立柱と法堂の上棟が行われる。

二九一〔空華日用工夫略集〕永徳二年十月二十九日条

辻善之助編著『空華日用工夫略集』一七九頁

廿九日、（中略）径過新寺（相国寺）、巡視基址土木、仏殿・法堂柱先立矣、（後略）

二九二〔万年山相国承天禅寺諸回向并疏〕

相国寺蔵（承天閣美術館寄託）

仏殿立柱法堂上棟疏　本寺（相国寺）開基小仏殿

立柱上棟諷経功徳文疏　祝献
護法諸天大権真宰三界万霊十方至聖
大日本国山城州京師居住奉三宝弟子左丞相右幕府征夷大将軍源　謹封

大日本国山城州京師居住奉三宝弟子左丞相兼右幕府征夷大将軍源（足利義満）
稽首百拝伏瀝卑悰上達　聖聡　切念
諸聖皆有成就衆生之願、吾儕寧無厳浄刹土之心、須達布金誠志、是新賢于揷草佳謨非遠、爰涓以吉日良辰、開基一片霊地創刱五堂権輿、特表仏殿立柱・法堂上棟之儀、虔備香華燈燭茶湯之誠、以伸供養、謹命現前比丘衆同音諷誦、
大仏頂万行首楞厳神呪消災妙吉祥陀羅尼、所集功徳回向、真如実際荘厳無上仏果菩提、十方常住三宝果海聖賢、住

世応身諸大阿羅漢尊者、普菴（・印蕭）大徳禅師、開山夢窓（・疎石）正覚心宗国師大和尚祝献、第一功徳尊天、大弁才尊天、大梵尊天、帝釈尊天、摩醯首羅尊天、東方持国天王、南方増長天王、西方広目天王、北方多聞天王、金剛密迹尊天、散脂大将尊天、菩提樹神尊天、堅牢地神尊天、韋駄尊天、摩利支尊天、訶利帝南尊天、日宮天子、月宮天子、天界列位一切聖衆、地界冥府一切霊神、水界龍王一切霊明、三界応禱聖聡、十方無極玄造、今年歳分主執陰陽権衡造化賞善罰悪一切聡明、年月日時奏事童子、護法無量金剛夜叉羅刹諸大神将、南方火徳星君火部聖衆、今上皇帝（後小松天皇）本命元辰吉凶星斗、戊戌本命福禄寿星、日本国伊勢太神宮、八幡大菩薩、賀茂下上大明神、松尾大明神、平野大明神、稲荷大明神、春日大明神、北野天満大自在天神等、大小福徳一切神祇、当境旺化諸位善神、山林樹木大海江河諸大百霊、諸庄田園守護神明、菜園土地主湯火井竈神君、修造方隅禁忌神将、行災主病一切明霊、尽祈禱会上無辺霊貺憑、茲妙善権者行徳実者帰真先願、　皇風永扇仏日増輝、四海昇平万民楽業、八部聖衆護正破邪、一切外徒回心向道、檀信堅固施門大開、福寿康寧善根増長、子孫昌盛家眷安和、在仏光中常護正法専祈、伽藍鎮静修造速成、火盗永消諸縁集慶、大法如泰山之安正宗似盤石之固、在々建立法幢、生々紹隆仏種、法界含識利益□（均）蒙者、

右伏請

三宝證明

諸天洞鑑謹疏

　永徳二年十月二十九日

　　日本国山城州京師居住奉三宝弟子源　疏

○本史料は「諸回向清規式」（『大正新脩大蔵経』第八一巻、六五三頁）にも所収。

永徳二年（一三八二）十月三十日、春屋妙葩が相国寺の伽藍造営を差配し、等持院法堂を移築し相国寺法堂とする。相国寺近辺の屋敷は他所に移動させせられる。

二九三〔荒暦〕永徳二年十月・十一月条

『年報三田中世史研究』一二号、一一九頁

（十月）三十日、今日昌国（相）寺上棟云々、後聞、延引云々、法堂已造畢云々、件法堂等持（洛北）院法堂被渡之云々、或云、

此寺号相国寺云々、実否未聞定之、此伽藍事、大略春屋（妙葩）国師被申沙汰云々、近辺敷地等皆以被点之、仍人々多以没落云々、末世末法之至極、不能左右々々々々、

十一月二日、陰、昼間雨下、今日院褻御幸始、左府（足利義満）第云々、予（二条経嗣）乗常住院僧正車見物、即前僧正（良瑜）・如意寺僧正（道意カ）・常住院（道尊カ）新僧正以下同車、（中略）於車中予与常住院前僧正雑談、被語云、今度草創昌（相）国寺近辺貴賤遷居於他所、如此事福原（摂津国八部郡）遷都之時之外無例云々、（後略）

○如意寺僧正と常住院新僧正の傍注は、近藤祐介「聖護院門跡と「門下」」（『修験道本山派成立史の研究』校倉書房、二〇一七年）を参照。

○『続史愚抄』永徳二年十月二十九日条に関連記事あり。

二九四〔幻雲文集〕『続群書類従』第一三輯上、三五四頁

松蔭硯銘并序

（中略）法然没後、此硯蔵於知恩寺、々在今出河、此即賀茂（上賀茂社）神宮寺也、安慈覚大師（円仁）雕刻丈六釈迦像、故名釈迦堂、又呼賀茂河原屋、司神職者延法然居焉、後平氏小松内府重盛之孫勢観房源智為主、改曰智恩寺、源智備中守（平）師盛子也、此硯平氏累世至宝、源智護以至末孫、鹿苑相公（足利義満）欲建相国寺於彼地、而移此寺、置小河西也、応仁兵乱之初、寺既罹災、硯亦失而不知所在矣、（後略）

○「幻雲文集」は月舟寿桂の詩文集。

○今出川にあった知恩寺を小川西に移す記事は年未詳のため、便宜的に相国寺近辺の屋敷移転の記事にあわせて掲載した。

二九五〔玉塵〕『新抄物資料集成』、第四巻、三八五頁

（前略）相国寺ヲ、鹿苑院（足利義満）トノ、御作アル時ニ落書ノ歌アリ、ミヤコニハ、ヒノキスギノ木ツキバテ、、ナゲキテツクル、相国寺カナト、ヨウタソ、（後略）

○相国寺創建時もしくは再建時に作成された落書の記事であるが、便宜的にここにおく。

永徳二年（一三八二）十一月十四日、太清宗渭が足利義満の命で『碧巌録』を講義する。

二九六〔空華日用工夫略集〕永徳二年十一月十四日条

辻善之助編著『空華日用工夫略集』一八〇頁

十四日、早赴上府、無相（日野宣子）諱斎、々罷、令余（義堂周信）講碧岩、推譲太清（・宗渭）、々嘗在安聖所読也、（後略）

○後略部分は本書二九七号史料にあり。

永徳二年（一三八二）十一月十四日、足利義満が禅室を造り「指月」と命名することに義堂周信が賛同する。

二九七〔空華日用工夫略集〕永徳二年十一月十四日条

辻善之助編著『空華日用工夫略集』一八〇頁

十四日、（中略）府君（足利義満）謂余（義堂周信）曰、坐禅無伴、独下條一人而已、欲創一室以備宴坐、扁曰指月、可也否、余曰、可也、因説霊山話月・曹渓指月等語、府君曰、凡人貪慾弗已者、以忘死大也、苟一念記死字、則何慾之有、

○中略部分は本書二九六号史料にあり。

○玉村竹二「蔭凉軒及び蔭凉職考」（『日本禅宗史論集』上、思文閣出版、一九七六年）一〇七頁によると、指月は鹿苑院内の禅室と考えられる。

永徳二年（一三八二）十一月十八日、足利義満が春屋妙葩に相国寺住持職として同寺の造営を差配するよう命じる。

二九八〔足利義満御判御教書〕鹿王院文書

『鹿王院文書の研究』一二六号文書

（封紙ウハ書）「普明国師禅室　（足利義満）（花押）」

（貼紙）「鹿苑院殿」

相国寺住持職事、有執務可被致造営沙汰之状如件、

永徳二年十一月十八日　（足利義満）（花押）

普明国師（春屋妙葩）禅室

永徳二年（一三八二）十一月十九日、相国寺上棟の引馬が行われ、足利義満がこれを喜ぶ。

二九九〔足利義満書状〕双柏文庫所蔵文書（中村直勝氏蒐集文書）

『中村直勝博士蒐集古文書』八六頁

相国寺上棟龍蹄引給候畢、殊喜存候也、恐惶謹言、

（永徳二年）十一月十九日　（足利）義満

永徳二年（一三八二）十一月二十六日、相国寺伽藍の上棟が行われる。春屋妙葩以下五山長老が行道諷経を行い、足利義満等が見物する。

三〇〇〔空華日用工夫略集〕永徳二年十一月二十六日条

辻善之助編著『空華日用工夫略集』一八〇頁

廿六日、参府、為新相国寺上棟之会也、僧録(春屋妙葩)以下諸老九人皆会、与府君(足利義満)少話、壁上中央掛円覚所進観音像、左右三笑・四睡、皆牧渓(谿)(・法常)和尚筆、名画也、府君見問三笑図上所題、余(義堂周信)読之曰、一人先行不到、一人末後太過、一人瞻前顧後、君曰、此義如何、余曰、蹉過了也、呵々、余因説、恵遠法師隠于東林(江西省廬山)、誓不出虎渓、天子(晋安帝)臨潯陽(江西省九江)、召之不出、後因送陶(淵明)・陸(修静)二友、不覚過橋、蓋不出与過渓、皆為道耳、点心罷、赴相国寺上棟之会、諸堂五所開創、仏殿・法堂二基、立柱・上棟同時也、大衆諷経畢、復就于府而飯、々罷下嚫、茶罷而散矣、

三〇一〔荒暦〕永徳二年十一月条

『年報三田中世史研究』一二号、一三一頁

十八日、有和漢百韻、言長朝臣(東坊城)・長敏(菅原)以下来、伝聞、明日武家(足利義満)願寺伽藍上棟云々、諸家一同可引馬云々、貧士又被免歟、周章無極、但於明日者延引云々、

十九日、彼上棟延引、山門(延暦寺)出嗷訴、山門管領之地被押領之故云々、依之上棟延引歟所推量也、但可為廿六日云々、

廿五日、陰、入夜雪降、明日武家寺院上棟云々、余(一条経嗣)可引遣馬、雖相尋未尋得、仍昨暁俄仰遣南都使者、入夜京着、祐廉(中臣カ)馬一疋引進之、月毛也、容儀頗見苦、可引替他馬之由中御門宰相《宣方》所申也、於栗毛鹿毛者依為火生可被嫌云々、尤難治々々、

廿六日、晴、雪積也、此日武家寺院上棟也、仍引遣馬、内々以状遣中山宰相中将《親雅》、但不尋逢、奉行下条《武家近習侍》──受取之進之、将軍《義満》已被向彼寺之間、無返事、諸方如此云々、彼上棟之儀無指儀、或国師(春屋妙葩)以下五山長老以下皆以出現、有行導諷経、番匠大工《天龍寺大工》云々、着束帯当座被引馬賜之云々、此外之儀如例、将軍幷室家(日野業子)以下構桟敷見物、被引綱云々、昨日馬大概依無子細引了、不及引替也、

永徳二年（一三八二）、相国寺建立のための材木が伊予国より進上される。

三〇二〔予章記〕『群書類従』第二一輯、五五一頁

（前略）其後永徳二年ニ後小松院御即位、此年同又相国寺御建立間、当国（伊予国）ヨリ過分ノ材木等御進上有ケル也、諸大名悉北山へ被移ケルニ、京都ハ只六角ト河野ト依為不弁遅滞シケルヲ、細川家ヨリ河野依有野心如是也ト巷説シケルニ、上意能者ヲバ群士嫉習也、以外申合リ、用心等モ大事ナレバ、国へ節々申下シ、勇人幷用途等可上之由催促也、国人等河野於万松院（伊予国風早郡）評定シ、勇人六十人、具足百五十、其外用脚等被認上、路次物忩ニシテ凶賊多シテ、内々細川家ノ悪党共寄事於左右可狼藉趣也、然間各々商人ノ躰ニ出立武具ヲバ千担櫃ニ作テ持セ、安々ト入洛シテ有レバ、公方様ヨリモ内々聞召被及、密々ノ御扶持共有ケレバ、兎角シテ北山へ被移ケレバ、即物言モ止ケリ、（後略）

三〇三〔改姓築山　河野家之譜〕

『大日本史料』七編－一、七三一頁

往ヌル永和ノ頃ヨリ、義満（足利）公洛陽室町ニ新館ヲタテ給ヒ、此亭ニ在シテ、政務ヲ聞玉フ、世ニ称花ノ御所ト、其後永徳二年、後小松院御即位アリ、翌年相国寺造営ノ事始ル、依之予州ヨリ材木等調進ス、（後略）

○本史料では永徳三年のこととするが、同内容の記事にあわせて掲載した。

○後略部分は本書三七一号史料にあり。

永徳三年（一三八三）五月九日、春屋妙葩と龍湫周沢が不和になったため、足利義満が春屋に不快を示す。

三〇四〔空華日用工夫略集〕永徳三年四月・五月条

辻善之助編著『空華日用工夫略集』一八八頁

（四月）十四日、（中略）太清（・宗渭）亦至、点心罷、間談及嵯峨門徒不和事、（後略）

十五日、（中略）府君（足利義満）入方丈、余（義堂周信）忙々地到方丈、与府君話、（中略）点心罷、燕于南（南禅寺）廂而説話、龍湫（・周沢）説及同門鬩牆等事、就法堂桟席聴法、（後略）

（五月）九日、早参府、々君怒形於色云、吾欲与嵯峨門徒絶、自今以後、不復為法眷、但為開山国師（夢窓疎石）門人而已、余問其故、則以春屋（・妙葩）・龍湫不和、諸弟鬩牆、今欲令之和、春屋不肯、不如与之絶交、余千方万計、救之解之、因勧召梵賀（慶仲周賀）、以請龍湫事与春屋和会、且謂勿急、先甲三日、

後甲三日、徐而思之、未晩也、
十二日、府君特召梵賀、重以請龍湫充三会院(臨川寺)主事而報国(春屋妙葩)師、其旨甚詳、誓言無私云々、是夜、臨川諸道人誤聴以為五山事、或有起単者、
十三日、国師再以中浩(龍江)・梵賀二人白府君、以請龍湫充三会院主定矣、及是臨川道人復帰猶或有不帰者、可笑也、
十四日、以例入府、一品忌(日野宣子)、君因説、前昨両日以浩・賀為使、与国師和会以三会請龍湫事幷臨川五山旧事、府君又曰、諸耆縦和睦、大義(・周敦)・謙叟(・周巽)二人未可知也、余与太清、切々和解乞免、

○足利義満と春屋妙葩が和解した記事は本書三〇七号史料にあり。

永徳三年（一三八三）五月、常在光寺が寺領の目録を提出し、官符宣の発給を求める。

三〇五〔常在光寺領目安案〕壬生家文書
『図書寮叢刊 壬生家文書』一巻、八〇頁

(端裏書)「□(常在)光寺」

□(目)安
常在(東山)光寺
加賀国大野庄(石川郡)内藤江村松村
丹後国大石庄(与謝郡)上下村幷稲富名
近江国田上杣庄(栗太郡)六ヶ村
丹波国市原村(多紀郡)
備中国田上庄(下道郡)東方
右、彼所々地頭職等被成下官符宣之□、被経御執奏、弥全寺用、為奉成天下泰平御祈禱、粗目安如斯、
永徳三年五月　日

永徳三年（一三八三）六月二十五日、常在光寺領の役夫工米以下諸役を免除する宣旨が出される。

三〇六〔後小松天皇宣旨〕壬生家文書
『図書寮叢刊 壬生家文書』一巻、八一頁

(端裏書)「□□(常在)光寺領事左少弁六・廿七　取目録長留」
宣旨今出河大納言(実直)
常在(東山)光寺申請、殊蒙　天恩、因准傍例、被免除造□(伊)勢

太神宮役夫工米以下諸役、当寺領近江国(栗太郡)田上六□(ケカ)村・丹波国(多紀郡)市原村・丹後国(与謝郡)大石庄上下村并稲富名・備中国(下道郡)田上庄東方・加賀国(石川郡)大野庄内藤江村松村事副本解、

仰依請

(右)□宣旨早可被下知之状、如件、

(異筆)「永徳三」
六月廿五日　少弁平(知輔)(花押)

(小槻兼治)左大夫史殿

永徳三年（一三八三）七月十六日、春屋妙葩が夢窓疎石三十三回忌の導師を望むが、諸老の衆議で否決される。また、義堂周信が足利義満と春屋を和解させる。

三〇七〔空華日用工夫略集〕永徳三年七月条

辻善之助編著『空華日用工夫略集』一九一頁

十六日、浩(龍江中浩)・相(円鑑梵相)二首座伝国師(春屋妙葩)命来、令余(義堂周信)過安聖院、白于府君(足利義満)、国師為来九月三十三忌、探伺鈞意、宜奉府命、吾恐府君与国師相忤、方便婉詞、以成就之、浩・相乃喜曰、幸矣、蓋天龍寺落成、慶讃供養、陞座導師、国師自任、且可譲龍湫(周沢)否事、府君問中浩・梵相二首座曰、為先師(夢窓疎石)諱斎陞座耶、為復天龍慶讃陞座耶、二首座曰、慶讃導師矣、府君良久曰、諾、蓋欲為先師忌陞座・拈香、専請他門尊宿則可也、而国師不肯、故云耳、

十九日、赴天龍方丈、会議九月仏事之式、国師本意、寺既重興、自任慶讃導師、諸老兄弟、窃議以為不可、蓋是専為先師三十三忌也、陞座・拈香宜請他門尊宿、若以当寺供養而為本、似非先師仏事、衆議不与国師意合、余先是潜与浩首座和会、席罷、浩諷相首座令納諫、相乃懇啓国師、々意於是解矣、陞座・拈香請他門長老充之、既定矣、浩首座又告余以二仏事幷院(崇光上皇)御幸等事、且約来日参府而白云々、

廿日、浩・相二首座同飯、々罷引入府、々君出接、余曰、昨日往天龍、預議仏事、天龍慶讃陞座之外、別請忌斎陞座・拈香、厳作先師仏事、府君乃喜曰、最可矣、蓋近来国師与府君不合、余設方便奇計、以和解之、浩・相二首座喜甚、余帰等持(三条坊門等持寺)、講清規、

○足利義満が春屋妙葩に不快を示した記事は本書三〇四号史料にあり。

永徳三年（一三八三）八月六日、足利義満が相国寺の敷地拡張のため、同所にあった安聖寺を聖寿寺内に移す。また、畠山基国が五条寝殿を相国寺方丈として寄進することを申し入れる。

三〇八〔吉田家日次記〕永徳三年八月六日条

天理大学附属天理図書館蔵二一〇・五－イ四九

六日、（中略）日野前大納言(土御門保光)以下来臨有一献之会、其砌前伯卿(顕邦王)入来、随思出記之、相国寺敷地被広之、安祥(聖)寺被壊退之、先運置聖寿寺(洛北)白雲(・慧暁)被付敷地可建立云々、其跡准(足利義満)后左大臣殿為御休所被立小御所、大宮前大納言実尚卿屋地被召了、其替頭左中弁資衡(柳原)朝臣母儀新造屋被点召之、賜彼亜相此両三日已移住也、本人未移徙也、此屋始終蔵人(町)権弁資藤頭弁舎弟可居住所也、追可賜替屋云々、又為相国寺方丈、畠山右衛門佐基国五条寝殿親父故尾州禅門(畠山義深)造立、百廿間屋也、被壊渡之、金吾(畠山基国)在陣川(河)内也、可寄進之由依申入也云々、（後略）

三〇九〔臥雲日件録抜尤〕享徳三年正月二十二日条

『大日本古記録』、八二頁

廿二日、象先(・会玄)和尚来、因問所居、答曰、寓于東福栗棘庵中安聖軒、昔者鹿苑相公(足利義満)、為無相禅尼(日野宣子)中陰追厳、寓安聖院、延義堂(・周信)・古剣(・妙快)・太清(・宗渭)等諸老、毎日道話、爾後移安聖、在聖寿寺(洛北)、就其旧《キウ》地、搆鹿苑院、又自聖寿寺移安聖、為栗棘庫坊、近時別造庫坊、而旧坊依旧、号○《安》聖、蓋象先今居此軒也、（後略）

永徳三年（一三八三）九月十四日、足利義満が旧安聖寺を鹿苑院に改め、同院の額を書く。

三一〇〔空華日用工夫略集〕永徳三年九月十四日条

辻善之助編著『空華日用工夫略集』一九三頁

十四日、（中略）今日府君(足利義満)与余(義堂周信)和会、改安聖而扁鹿苑、君親署今額、

永徳三年（一三八三）九月十六日、足利義満が絶海中津を鹿苑院主に任命する。

三一一〔空華日用工夫略集〕永徳三年九月条

辻善之助編著『空華日用工夫略集』一九三頁

（九月）十四日、一品忌《（日野宣子）》、例入府、講楞厳経、々罷及絶《（中》海《津）》居止之事、余《（義堂周信）》曰、謹仰鈞意、（後略）
十六日、入府、謝大慈《（六角）》荘田公文之次、白絶海住居之事、府君《（足利義満）》曰、吾将令絶海居于新鹿苑《（鹿苑院）》、余聞鈞命、代而拝其辱、帰寺修書告絶海、々乃来謝、
十八日、上府修懺、々罷与府君和会絶海鹿苑入院之期、定以来二十日、亦以使報之絶海、
十九日、特往天龍、稟国師《（春屋妙葩）》以絶海新鹿苑之事、
廿日、冒雨赴鹿苑院、絶海既入院、即旧安聖院也、府君道服、披袈裟、著僧鞋、帯一人、持傘衝雨而至、

三二〔続本朝通鑑〕永徳三年七月二十日条

『本朝通鑑』第一二（国書刊行会）四一七七頁

壬《廿》戌、義満《（足利）》以僧中津《（絶海）》為新鹿苑《（鹿苑院）》住持、先是義満就安聖院旧地、建一禅院、未設其名、至此、名曰鹿苑院、令津《（絶海中津）》居焉、

永徳三年（一三八三）十月二十五日、二条良基が相国寺に河内国玉櫛庄を寄進し、足利義満がそれを承認する。

三三〔相国考記〕永徳三年十二月二十五日条

『相国寺史料』第一巻、六頁

十二月廿五日、当寺《（相国寺）》領御寄進状云、寄進相国寺、河内国玉櫛《（河内郡）》庄之事、右摂政家《（二条良基）》任被申請、所令寄進也、早可被沙汰之状如件、
永徳三年十月廿五日　左大臣右近衛大将源御判《（足利義満）》　見于当寺古記、

永徳三年（一三八三）十月、足利義満が春屋妙葩を相国寺の開山に請ずるが、春屋は辞退し、夢窓疎石を勧請開山とすることを提案する。

三四〔普明国師行業実録〕

『続群書類従』第九輯下、六五一頁

冬十月《（永徳三年）》、且退居金剛院《（天龍寺）》、大丞《（足利義満）》相語師《（春屋妙葩）》曰、吾発誓願、将建大伽藍、便請和尚為開山、而成就吾願、師辞曰、向者使老拙領宝幢《（嵯峨）》事、以鈞命之厚、不克逃之、猶以過当、況其洪基乎、因挙当代尊宿顕着者両三輩護之、相公《（足利義満）》不允、師曰、然則追請正覚先師《（夢窓疎石）》、以為開山始祖、而予領住持事、

相公曰、宜任師意、迺創寺於京北、

○「本朝歴代法皇外紀」（『続々群書類従』第二輯、三〇頁）に関連記事あり。

永徳三年（一三八三）十一月二十九日、赤松則祐十三回忌の仏事が南禅寺で行われ、太清宗渭が陞座法語を作成する。

三五〔太清録〕『大日本史料』六編―三四、三八五頁

赤松自天（則祐）十三回忌陞座

索話、向上宗乗、祖師妙訣、只要作家直下参、咦、有麼

提綱、拈主丈云、拈起金剛王宝剣、森羅万象当頭截、大地山河剝々鳴、須弥倒卓虚空裂、舜若多神咲翻身、憍梵波提驚吐舌、寸糸不掛赤條々、梵情聖解紅炉雪、所以道、仏及衆生、皆為剰語、涅槃生死、総是夢言、且問、諸人還夢醒也未、若未醒、夢裡明々有六趣、若也醒去、覚后空々無大千、卓一下、

散説、大日本国山城州京師居住奉三宝弟子某（赤松義則）、永徳癸亥（三年）仲冬（十一月）二十九日、伏値先考某（赤松則祐）一十三年之忌辰、摺写華厳・方等・般若・法花・涅槃五部大乗経、一日頓写妙法花経一部、就于南禅々寺、供養一千余比丘衆、拝請等持（三条坊門等持寺）堂上（義堂周信）和尚拈香、且俾本寺（南禅寺）住持某（太清宗渭）陞于此座慶讃、所作仏事、所鳩善利、奉為先考資薦霊魂荘厳報地者、（後略）

永徳三年（一三八三）十二月二日、足利義満が春屋妙葩と義堂周信に相国寺の寺号について相談し、「相国承天」と決定する。

三六〔空華日用工夫略集〕永徳三年十二月二日条

辻善之助編著『空華日用工夫略集』一九四頁

十二月二日、八講啓建、府君（足利義満）・僧録（春屋妙葩）議定新相国寺之事、余（義堂周信）預焉、寺初号承天相国、余白于府君・国師曰、承天相国語似不熟、若或称相国承天、其可矣乎、府君・僧録頷之、

永徳三年（一三八三）十二月八日、足利義満が二条良基等を鹿苑院に招き、和漢聯句を行う。

三七〔空華日用工夫略集〕永徳三年十二月八日条

辻善之助編著『空華日用工夫略集』一九四頁

八日、余(義堂周信)在鹿苑(鹿苑院)、府君(足利義満)留太清(・宗渭)及余、不許帰寺、招摂相殿(二条良基)等倭漢聯句、

○足利義満が鹿苑院で和漢聯句を催した記事が、『空華日用工夫略集』至徳元年(一三八四)十二月八日・同二年八月十五日条にあり。

永徳三年(一三八三)十二月十三日、足利義満が夢窓疎石を相国寺の勧請開山とし、春屋妙葩を第二世の住持とする。

三八〔空華日用工夫略集〕永徳三年十二月十三日条

辻善之助編著『空華日用工夫略集』一九四頁

十三日、相国新寺追請先国師(夢窓疎石)而為開山第一祖、今日特命普明国師(春屋妙葩)而充住持職、第二世也、

三九〔常光国師行実〕『続群書類従』第九輯下、六九一頁

(永徳)三年癸亥、准三宮天山相公(足利義満)留禅空宗、刱建相国宝坊、追請正覚(夢窓疎石)為之開山、智覚国師(春屋妙葩)以第二世視事、未幾請老焉、相公顧慈氏(南禅寺)信(義堂周信)禅師、求一好漢可任重寄、信蚤与師(空谷明応)同学、得其為人、因薦師曰、方今多士如林、惟才徳兼全、堪妙選者、莫過此郎、相公即日召見府中、親賜鈞帖、令試手(乎イ)洛下(無イ)等持(三条坊門等持寺)、至徳甲子(元年)也、

永徳三年(一三八三)十二月十四日、足利義満が南禅寺・天龍寺造営の例に倣い、義堂周信とともに相国寺の土を運ぶ。

三〇〔空華日用工夫略集〕永徳三年十二月十四日条

辻善之助編著『空華日用工夫略集』一九五頁

十四日、一品(日野宣子)忌、入府、々斎罷、君(足利義満)引就鹿苑(鹿苑院)而道話、君問先祖(足利尊氏)昔開天龍基時事、余(義堂周信)曰、先公特為後醍醐天皇而所建立、初当開基址時、先公伯仲(足利尊氏・同直義)自担土者三次、先国師(夢窓疎石)作対、君又問南禅開基事、曰、余凡雖聞其由、而未詳之、亦未見南禅建立記文・南院(規庵祖円)行状等、然略欲陳余所聞而已、亀山法皇与大明国師(無関普門)嘗有香火之契、於是欲建大叢刹、然大明国師未及開其基而入滅、南院国師応詔刱建、法皇製錦嚢作土籠、与南院作対運土三次、法皇褻臣従侍者某、与南院聴叫作対而担之、府君聞而喜甚、及夜自鹿苑入新寺(相国寺)、退僧喝、召家臣、乗月普請、君且笑曰、何必用南禅錦嚢之製、即命作索籠、躬親搬土、命余作対、担者三次、而後君把両籠、合作一簣而運之、君命畠山将監・典厩、

与余之聴叫作対、三次運搬、蓋是倣法王（皇）従臣与南院聴叫之例也、預役者玉堂（斯波義将）・仲氏（斯波義種）・山科中将（教藤）・日野兄弟（資康・資教）・武田・下條等、自余不記、向夜半帰等持（三条坊門等持寺）、

三一〔康富記〕宝徳二年五月十六日条

『増補史料大成』三巻、一六二頁

十六日、（中略）清少納言（清原業忠）殿令語給云、聖武天皇東大寺御建立之時、主上自令荷仏壇土之由有所見、以此例、亀山院南禅寺御建立之時、天子自令荷土給云々、依此例相国寺草創之時、鹿苑院（足利義満）大相国自身令荷土給云々、後白川（河）法皇文治元年東大寺大仏令開眼給云々、其者各別事歟、

三二〔普明国師行業実録〕

『続群書類従』第九輯下、六五一頁

十二月、師（春屋妙葩）徒而居焉、相公（足利義満）自搬土築基、諸州大守以下、咸莫不服役者、

永徳三年（一三八三）十二月十八日、相国寺住持春屋妙葩と義堂周信が相国寺の行事について相談し、天龍寺に準拠することが決まる。

三三〔空華日用工夫略集〕永徳三年十二月十八日条

辻善之助編著『空華日用工夫略集』一九五頁

十八日、赴相国寺方丈、点心罷、住持普明国師（春屋妙葩）与余（義堂周信）議定本寺行事礼数十余件、所謂四時・三時・二時・四節・三八等、大半倣天龍之例、此時未与五山歯、但以修禅弁道而為最、是故礼数未備也、

永徳四年（一三八四）正月十一日、番匠木屋の条々が定められ、春屋妙葩が花押を据える。

三四〔番匠木屋定条々〕天龍寺文書

『天龍寺文書の研究』二七六号文書

定　番匠木屋条々

（花押）（春屋妙葩）

一朝夕出入事、奉行僧堅可点検、或令違仰、或不待期於随意輩者、報大工可停止寺家出入矣、

一同童部事、号木切取用木之条、非無其費、縦雖為無用、木五寸以上者、不可取之、但雖為五寸内為用木者不可

許之、
右此条々有違犯之輩者可処其過、将又奉行僧並行堂力者等於令見隠者随聞出、可為同罪也、仍所定置之状、如件、

永徳四年正月十一日

○木札裏に釘穴あり。
○永徳四年の年紀があるので相国寺造営時に作成されたと考えられる。

永徳四年（一三八四）正月十八日、足利義満・太清宗渭等が、赤松義則・六角満高による相国寺普請の様子を見る。

三五〔空華日用工夫略集〕永徳四年正月・二月条
辻善之助編著『空華日用工夫略集』一九六頁

（正月）十八日、相国普請、赤松（義則）充役、与太清（・宗渭）等引府君（足利義満）同観之、
（二月）廿一日、相国寺普請、佐々木（六角満高）充役、与府君出観、太清自南禅来観、

永徳四年（一三八四）二月二十五日、足利義満が相国寺住持春屋妙葩と義堂周信を召し、相国寺の座位について相談する。

三六〔空華日用工夫略集〕永徳四年二月二十五日条
辻善之助編著『空華日用工夫略集』一九六頁

廿五日、府君（足利義満）在鹿苑（鹿苑院）見召、又召住持普明国師（春屋妙葩）、君話及相国（相国寺）座位事、国師及余（義堂周信）略説其事、君曰、姑俟仏殿落成云々、

永徳四年（一三八四）二月二十六日、足利直義三十三回忌の仏事が等持院で行われ、太清宗渭が拈香を務める。

三七〔空華日用工夫略集〕永徳四年二月二十六日条
辻善之助編著『空華日用工夫略集』一九六頁

廿六日、冒雨赴等持院（洛北）大休寺殿（足利直義）三十三忌千僧勝会、陞座南禅太清（・宗渭）、拈香天龍徳叟（・周佐）、府君（足利義満）入院證明、

三八〔太清録〕瑞春院蔵

大休寺殿（足利直義）三十三回忌陞座
索話、半合半開唯自相許、賓中作主、互換相照、獅子嚬呻、主中作賓、要弁賓主、端的、試出来為指陳、提綱、

日暖風和二月天、満城花柳闘嬋娟、軽裘肥馬遊春客、
処々楼台誦管絃、頭々総是古仏真宗、物々無非祖師密印、
所以道、即此見聞非見聞、無余声色可逞君、這中若了全
無事、体用何妨分不分、若能於斯儻分明、無明窠窟竭
底掀翻生死疑根一時透脱、正与广（麼、以下同）時、吾大休寺殿古山源
公徳治丁未（二年也）随縁而生生無所生、文和壬辰（元年也）随縁而滅、々無
所滅、無生無滅、直證涅槃妙心、召大衆云、無生無滅且
置、喚甚广作涅槃妙心、拈丈云、鯨呑尽海水、露出珊瑚
枝、散説、大日本国准三宮（足利義満）永徳甲子（四年）二月廿六日、伏
値大休寺殿古山源公三十三年忌辰、預命等持禅寺（三条坊門）僧侶看
閲花厳等五部大経、頓写一乗妙文、今当散忌就于《廼乎》等持（洛北）禅
院、拝請一千比丘衆、同音諷演大仏頂万行首楞厳神呪、
特請天龍和尚（徳叟周佐）、拈香、供養十方常住三宝等、又俾南禅住
持比丘某（太清宗渭）、陞于此座、挙揚宗乗、所鳩善利奉為尊霊資助
冥福者、（後略）

永徳四年（一三八四）二月二十九日、天龍寺・真如寺・等持院の大衆が相国寺の建造物の基礎を築く。

三一九〔空華日用工夫略集〕永徳四年二月二十九日条

辻善之助編著『空華日用工夫略集』一九六頁

廿九日、府君（足利義満）設点心見召、時徳叟（・周佐）引天龍一衆及真如（洛北）・等（洛
持院北）衆、来于相国寺築礎、与府君出観、

永徳四年（一三八四）三月十六日、相国寺仏殿の立柱が行われる。

三二〇〔空華日用工夫略集〕永徳四年三月十六日条

辻善之助編著『空華日用工夫略集』一九八頁

十六日、虚熱瘴瘧者、隔日而発、心地不安、患風不赴相
国仏殿立柱之会、府君（足利義満）以使而召、余（義堂周信）懇囑使者辞之、

三二一〔普明国師行業実録〕

『続群書類従』第九輯下、六五一頁

至徳元年甲子、大仏殿成、山名万年、寺曰相国承天、

永徳四年（一三八四）三月二十七日、鎌倉公方足利氏満と関東管領上杉憲方が相国寺の造営費を助成する。

三三二〔空華日用工夫略集〕永徳四年三月二十七日条

辻善之助編著『空華日用工夫略集』一九八頁

廿七日、鎌倉殿《（足利氏満）》泊管領《（上杉憲方）》二書至、蓋為助成相国寺造料、

至徳元年（一三八四）八月七日、義堂周信が大光明寺住持の空谷明応を等持寺住持に推薦する。

三三三〔空華日用工夫略集〕至徳元年八月七日条

辻善之助編著『空華日用工夫略集』一九九頁

八月七日、宝篋《（足利義詮）》忌、府君《（足利義満）》入寺、夏末以来、余《（義堂周信）》乞退当寺《（三条坊門等持寺）》、府君不許、忌《（已カ）》過七月、病懶難堪于官寺累乞老身、仍懇説余意、府君曰、和尚告退切也、定交代人、可以収退、余曰、東西洛中、器用実多、君其択之、君曰、吾不知其人、但任和尚挙、余曰、明応西堂空谷、道学兼備、天性会禅、真叢林飽参、而近代本色衲子也、余嘗在天龍日、与余特厚、堂中並単、燈下共書、朝夕遊従、互至忘形、是以能知其為人、今在伏見大光明寺、領衆弁道、是乃当寺之材也、宜登庸斯人則可矣、君曰、其師為誰哉、余曰、法嗣先国師《（夢窓疎石）》上首無極《（・志玄）》和尚、国師喚作孫太郎者也、君曰、吾嘗聞之、乃笑而頷焉、於是余退既定矣、

三三四〔空谷和尚語録〕『大正新脩大蔵経』第八一巻、二頁

京師等持《（三条坊門）》禅寺語録

仏殿地蔵、仏也、菩薩也、声聞僧也、希有希有、能天能人、非人天所能、

拈帖、這箇大檀越、覿面付与底、乾坤合其徳、日月並其明、皇家依之盛大、祖道由之利貞、知有或未薦、堂下決疑情、

拈衣、世尊金襴、朝霞不出門、達磨屈眴、暮霞行千里、新等持同被同此、何故直下是、

○本史料は空谷明応が等持寺に入寺した際の法語であるが、便宜的に『空華日用工夫略集』の記事にあわせて掲載した。

年月日未詳、崇光天皇が大光明寺住持として空谷明応を招く。

三三五〔常光国師行実〕『続群書類従』第九輯下、六九〇頁

(前略)崇光帝遜于伏見之邸、有渇玄論、聞師(空谷明応)風采、徴住(伏見)大光明寺、皇華至再、乃就、進頌答制曰、紫詔飛来入白雲、三呼万歳謝　天恩、這回至化逃難得、但慮何由補法門、帝覧激賞、及謁奏対称旨、寵遇甚厚、(後略)

○年未詳につき、便宜的に空谷明応が大光明寺に在住していた記事にあわせて掲載した。

至徳元年(一三八四)閏九月十二日、足利義満が春屋妙葩に常在光院の住持を命じる。

三三六　〔足利義満自筆御内書〕　鹿王院文書

『鹿王院文書の研究』一四二号文書

(封紙ウハ書)
「相国寺
侍者御中　義満」
(封紙端書)
「常在光院□□(御カ)教書(異筆)『四十』」
(封紙貼紙)
「御所自筆御書」
(東山)常在光院住持事、先々之様可有御沙汰候也、恐惶敬白、
(至徳元年)後九月十二日　(足利)義満
侍者御中

○義堂周信が常在光院を十方住持の寺とする記事が『臥雲日件録抜尤』文安三年(一四四六)十二月二十四日条にあり。

至徳元年(一三八四)十月二十八日、崇光上皇が大光明寺で陽禄門院(崇光上皇母正親町三条秀子)三十三回忌の仏事を行い、春屋妙葩に仏事の差配を命じる。足利義満が参会する。

三三七　〔空華日用工夫略集〕　至徳元年十月条

辻善之助編著『空華日用工夫略集』二〇二頁

(十月)廿六日、預赴伏見大光明寺、蓋廿八日、伏見院(崇光上皇)之母后陽禄門院(正親町三条秀子)三十三御忌、以院旨普明国師(春屋妙葩)監諸仏事、府君(足利義満)館于指月(大光明寺)、廿七日、与太清(・宗渭)・相山(・良永)就于指月而点心、府命也、点心罷、応勅院参、飯罷、大光明寺有転経及舞楽之儀式、太上皇(崇光上皇)及府君・摂政殿(二条良基)相次転経、国師諸老宿、同大衆転経、親王(栄仁親王)在僧堂内、立転之、蓋避上皇御座也、転経罷、上皇及府君・摂(政)相以下、仮坐仏殿西軒、上皇半捲御簾、親王右坐、府君以下公卿左坐、上皇・親王弾琵琶、府君吹笙、伶官作舞、臨夜設庭燎、咸謂上皇・親王躬自弾琵琶、蓋為母后致敬尽孝、古今未曾有也、

廿八日、天気殊佳矣、復与太清・相山指月点心、々罷、

国師陞座○智覚普明国師語録三陞座下参看、諷経、

三三八〔椿葉記〕『村田正志著作集』第四巻、一三八頁

さて禁裏《後円融院》は御在位十二年ましく〱て、永徳二年四月御譲位ありしかとも、今度は伏見殿(崇光上皇)より御微望を出さる、に及はねは、あらそふ方なく一の御子《後小松院》御位につきぬ、新院《後円融院》は御治世なれとも、天下の事は大樹《鹿苑院》(足利義満)執行はせ給、その比ふしみ殿へ准后(足利義満)常に御参ありて、いと時めき給ふ、陽禄門院(正親町三条秀子)三十三とせの御法事、大光明寺(伏見)にて転経供養なと厳重に中沙汰ありて、はなやかなる御事ともありしかとも、御運の時刻や至らさりけむ、御本望は遂すしてやみぬ、

(後略)

三三九〔普明国師行業実録〕『続群書類従』第九輯下、六五一頁

冬十月、奉天上(太)天皇(崇光上皇)聖旨、就大光明寺(伏見)、恭為国母陽禄門院(正親町三条秀子)三十三白陞座、転経舞楽、其儀孔盛、普説上皇甚嘆其博弁、

○「陽禄門院三十三回忌の記」(『群書類従』第二四輯、一七三頁)に関連記事あり。

至徳元年(一三八四)十一月二十二日、足利義満の誕生日祈禱が鹿苑院で行われる。

三四〇〔空華日用工夫略集〕至徳元年十一月二十二日条

辻善之助編著『空華日用工夫略集』二〇三頁

廿二日、赴鹿苑府君(足利義満)誕生祈禱之場、府君為余(義堂周信)請、書大梁・南枝四大字、大梁乃上杉武庫道号(憲孝)、○空華集十四参看、南枝蓋大慈(六角)梅亭扁也、

至徳元年(一三八四)十一月、春屋妙葩が播磨国清水寺大塔に法華経等を寄進する。

三四一〔春屋妙葩法華経等寄進状〕清水寺文書

『兵庫県史』史料編 中世二、一九六頁

奉寄附

播州五岳山清水寺大塔

法華経三十三部

仏舎利宝器三重高麗物
右至于龍華三会暁、読誦功徳、併以回向法界衆生者也、
至徳元年甲子十一月日　相国妙葩（春屋）
「釈妙葩印」（白文朱方印）「春屋」（白文朱方印）

至徳元年（一三八四）十二月九日、室町幕府が相国寺領日向国三俣院の件について、守護に協力して処理するよう薩摩国・大隅国の地頭御家人に命じる。

三四二〔室町幕府御教書〕島津家文書
『南北朝遺文』九州編第五巻、五八六五号文書

（折封ウハ書）「薩摩国地頭御家人中　左衛門佐義将」
相国寺領日向国三俣院（諸県郡）事、早属守護手（大友親世）、可致忠節之状、
依仰執達如件、
至徳元年十二月九日　左衛門佐（斯波義将）（花押）
薩摩国地頭御家人中

○同文で宛所が「大隅国地頭御家人中」の文書（『南北朝遺文』九州編第五編、五八六六号文書）あり。
○三俣院に関する文書が本書四二一・四二四・四五三・四八九号史料にあり。

至徳元年（一三八四）十二月二十五日、常在光院の新方丈が落成し、院主の太清宗渭が足利義満を招待する。

三四三〔空華日用工夫略集〕至徳元年十二月二十五日条
辻善之助編著『空華日用工夫略集』二〇四頁

廿五日、赴常在光院（東山）、々主太清和尚（宗渭）請府君（足利義満）、新方丈落成、
（後略）

至徳二年（一三八五）正月二十五日、相国寺に都聞寮が設置される。

三四四〔空華日用工夫略集〕至徳二年正月二十五日条
辻善之助編著『空華日用工夫略集』二〇八頁

廿五日、冒雨赴相国寺新都聞局、奉接府君（足利義満）之伴也、

至徳二年（一三八五）六月二十九日、春屋妙葩が上乗院宮乗朝法親王から遍照寺領今里村内清浄寿院敷地の年貢公事を免除される。

三四五〔上乗院宮乗朝法親王令旨〕豊光寺文書

遍照寺（嵯峨）領今里村（乙訓郡）之内、清浄寿院（有栖川堂）敷地四段加東馬場事、御年貢・御公事等永代被免除候之由、上乗院宮（乗朝法親王）令旨所候也、恐々謹言、

至徳二年六月廿九日　　法眼乗性奉

普明国師（春屋妙葩）

至徳二年（一三八五）七月、絶海中津が阿波国宝冠寺の開山となる。また足利義満は絶海を京都に呼び戻そうとする。

三四六〔仏智広照浄印翊聖国師年譜〕

『続群書類従』第九輯下、六七一頁

二年（至徳）乙丑、師（絶海中津）四月始到[扌+靈]（羚羊）羚谷（摂津国有馬郡）牛隠庵云々、是歳秋、伊土讃阿四州摠轄桂岩居士（細川頼之）厚礼邀師、七月末到讃州、居士郊迎之、且安置于普済院（讃岐国鵜足郡）云々、居士於是将新創寺、偏巡邦内、相攸爽塏、而獲之阿州、其為境殆乎天慳地秘之勝也、居士意嘉之、居士乃親躬搬土築基、其主山形似宝冠、因名寺曰宝冠（阿波国阿波郡）、山曰大雄、請師為開山始祖云々、冬十月、准三后（足利義満）大相国悔往愆、而命慈氏和尚（義堂周信）（南禅寺）、発専使徴師、固辞以疾、十一月、大相国親製手書、賜四州摠轄、命以徴師、居士即命駕、夜到宝冠、諭大相国之命、涕泣曰、法門汚隆陋邦安危、係師之出処、師不獲已、而廼促装而上道、

（後略）

至徳二年（一三八五）八月十三日、足利義満が相国寺大殿に虹梁牌を掲げ、春屋妙葩がその銘文を作成する。

三四七〔相国考記〕至徳二年八月条

『相国寺史料』第一巻、八頁

八月、相国大殿掲虹梁牌、其銘曰、伏冀、仏恩海深、万境清真源之水、祖教春布、群萌放覚苑之花、大檀那准三后従一位行左大臣征夷大将軍源義満（足利）鼎建、掲之上間、恭願君臣道合、民帰父母之仁、文武才全、国服慈威之徳、至徳二年乙丑八月十三日、特賜智覚普明国師春屋妙葩敬白、掲之下間、見当寺古記、

三四八〔扶桑五山記〕

玉村竹二校訂『扶桑五山記』（臨川書店）一三二頁

「一覧亭」（白文黒長方印）

山城州万年山相国承天禅寺
大殿虹梁銘 (黒丸印)「梵秀」

上間

伏冀、仏恩深(下)海(上)、万境清真源之水、祖教春布、群萠放覚苑之花、

大檀那准三宮太政大臣従一位源朝臣義満(足利)鼎建、

下間

恭願、君臣道合、民帰父母之仁、文武才全、国服慈威之徳、

開山特賜夢窓正覚心宗普済玄猷仏統国師疎石敬白、

○年月日は『相国寺史料』の記事による。『相国寺史料』では下間の銘を春屋妙葩の作とする。

至徳二年（一三八五）九月三日、無学祖元の忌日仏事が真如寺正脈院で行われる。

三四九〔空華日用工夫略集〕至徳二年九月条

辻善之助編著『空華日用工夫略集』二一五頁

九月二日、赴真如(洛北)正脈院仏光(無学祖元)円満常照国師宿忌諷経、是日、府君(足利義満)回自南都径入山、宿忌上香、入夜館于法華堂北軒、余(義堂周信)与徳叟(・周佐)・謙叟(・周襲)・大義(・周敦)等宿于等持院(洛北)西廂、府君忽召余、々謁法華堂館処、夜話及仏光以上祖師・南都遊覧等事、

三日、天気甚佳、正脈祖忌、性海(・霊見)和尚陞座、椿庭(・海寿)和尚拈香、君自以綿襖幷諸礼物、回施陞座・拈香、蓋祖諱為諸孫者皆不受嚫、君亦為其児孫故、不受而回施也、府君助成緡宝百條・宝剣一口、故性海索話曰、金槌影動、宝剣光寒云々、府君責余以揖譲甚過、如関東例、自今日現住為首、前住次之、座位・行道並准此、法事罷散、諸老皆参府、賀仏事成就、余参稍遅、玉岡(・如金)参亦遅了也、

至徳二年（一三八五）十一月二十日、釈尊・文殊・普賢像が相国寺仏殿に安置され、相国寺住持春屋妙葩と南禅寺住持義堂周信が点眼仏事を行う。

三五〇〔空華日用工夫略集〕至徳二年十一月二十日条

辻善之助編著『空華日用工夫略集』二一六頁

十一月廿日、赴相国寺仏殿三聖安座点眼仏事之請、其略曰、伏承、準(准)三宮左相府源君(足利義満)、乗宿願輪来、為大功徳主、

新建一大禅刹、名曰万年山相国承天禅寺、未幾大仏宝殿先成、輪奐極美、及是遂涓吉日、取至徳二年歳次乙丑十一月二十日、集在城諸禅徳、大開千僧勝会、奉安三聖新像、本寺堂頭智覚普明（春屋妙葩）国師大和尚、命南禅住持法弟比丘周信（義堂）、代為安座点眼仏事、用伸慶賛（讃）之儀云々、○義堂和尚語録一住南禅語ヲ以テ校ス、

至徳二年（一三八五）十二月十九日、円鑑梵相が越前国清首座方への料足についての処置を円覚寺黄梅院に伝える。

三五一〔円鑑梵相書状〕黄梅院文書

『鎌倉市史』史料編三、四六頁

十一月廿八日御書、委細令拝読候了、抑越前清首座之方へ料足之事、自畠山殿（義清）方連々被嘆申候間、申入候処、委細蒙仰候、恐悦至候、随而去年・今年之分割符二上給候條、悦喜仕候、即畠山奥州（義清）方へ預置申候、軈々越前へ可令下候也、猶々委細示給候、千万喜入候、事々期後信候、恐々敬白、

至徳元年・二年、二ヶ年、清首座方用途二十貫文請取、

（至徳二年）十二月十九日　（円鑑）梵相（花押）

（円覚寺）黄梅院侍者御中

至徳三年（一三八六）二月三日、相国寺都聞が相国寺材木の運搬について便宜を図るよう東寺に願う。

三五二〔相国寺都聞中玲書状〕東寺百合文書ト函六七

京都府立総合資料館編『東寺百合文書』八、三六七頁

（端裏書）「相国寺都聞　材木運送通路事　至徳三二三」

新春御吉慶雖申旧候、尚以幸甚々々、

抑雖未申入候、以事次令啓候、就其者、相国寺材木自淀（紀伊・久世郡）・鳥羽（紀伊郡）運上大儀候、随而就通路所々難儀之内、定於御（東寺）貴寺辺同前候哉、雖然、車力歎申子細候哉、如何様次第哉、無相違之様ニ被仰付候者、公私悦入候、此等子細追可申入候、恐々謹言、

（至徳三年）二月三日　都聞中玲（花押）

謹上　東寺御奉行所

至徳三年（一三八六）二月七日、相国寺住持春屋妙葩が病のため退院を望む。足利義満は夏了の退院を許可し、次期住持に義堂周信を任じようとするが、義堂は固辞する。

三五三〔空華日用工夫略集〕至徳三年二月・三月条

辻善之助編著『空華日用工夫略集』二一九頁

（二月）七日、宝篋忌（足利義詮）、赴等持寺（三条坊門）、府君（足利義満）・管領（斯波義将）入寺、点心罷、君引余（義堂周信）入東閣而茶話、君密謂余曰、相国寺長老普明国師（春屋妙葩）、因中風発、窃通退意、吾亦預許以夏了、々々必和尚交代、余只一笑耳、何者南禅住院期未満、今亦是二月初也、夏了存命難測、是故笑爾、

（三月）十日、参府、々君出接、白絶海（・中津）上京事、君喜之、君忽召近臣、把聖徳太子伝来、命余読之十紙許、君聴太子行実、感歎不已、称未曾有也、余将辞去、君曰、来十四日無相忌（日野宣子）、可随例来、欲定相国住持并絶海居処、余曰、諾矣、

十二日、一品諱（日野宣子）、将赴鹿苑院、応召先参府、々君出接、且謂、夏了、南禅紀満、国師退定矣、預報和尚、相国寺入院用意云々、余曰、南禅二夏住院、無任究労、況宿疾交発、縦使勉強、不能匡衆、請先命別人、後必領寺事、君笑而不令免、遂往鹿苑（鹿苑院）、不幾府君亦至、点心罷、講楞厳経第七巻之上也、斎罷、府君還駕、余往過管領第、領乃対面、余謂曰、今日府君預報曰、夏了、相国入院、余再三固辞、不令肯免、伏望為余説于府君、以令止之、懇伸余意趣、領曰、諾、吾将白之、可与不可、宜在鈞意云々、

十八日、管領以浅倉（朝）而為使告曰、今日以御身上相国寺之事、懇白于府君、々先発悪、交以別語而後再三暁諭、君意少解、君遂笑曰、百事嘱義堂、事々無不被違背、蓋不是違背于我是謙遜之至也、相国住院之事、重以面和会且決定云々、

晦日、尊氏（足利）諱、赴等持寺、府君入寺、点心罷、君引余入東閣而道話、且謂、和尚面拒相国之命、管領亦伝辞退之語、其旨甚詳矣、雖然但要一年、今是却来也、不是出世、豈可拘三年二夏之制乎、余曰、已前既抽丹悃、又嘱管領、乞免切也、願檀越惻然愍我、姑令養衰質、後必応命、君曰、然則使誰住哉、余曰、応無如当寺長老空谷（・明応）、君曰、今之住院、即是和尚所挙也、余笑曰、一適再適三適、何不可之有、君亦笑而肯之、乃（及カ）是余免事遂定矣、

至徳三年（一三八六）二月十日、相国寺を五山に加えるため、

南禅寺を五山之上とする案を義堂周信が出し、足利義満の賛同を得る。

三五四〔空華日用工夫略集〕至徳三年二月十日条

辻善之助編著『空華日用工夫略集』二一九頁

十日、冒早赴鹿苑（鹿苑院）、少刻府君（足利義満）臨寵、点心罷茶話曰、新寺（相国寺）仏殿既成、去年有安座点眼、得列位於五山之中、則吾建寺之本意也、余（義堂周信）曰、最可矣、君曰、然則余得一寺、若或除万寿（六条高倉）而添相国耶、其未然、但以相国為準五山耶、抑亦不除万寿而為六山耶、余曰、皆弗可也、万寿古刹也、不可除、相・洛今有準十刹者、無準五山者、六山亦本無其例、唐国有五山之上者、但陞南禅位、為五山之上、補入以相国、不亦可乎、府君甚喜、国師（春屋妙葩）時有中風之患、是以謀之於余也、

三五五〔碧山日録〕長禄四年八月七日条

『大日本古記録』、上、二三五頁

七日、辛巳（亥）、勤行如規、正宗（・龍統）曰、瑞渓（・周鳳）和尚曰、昔以建仁・東福・万寿（六条高倉）及建▨（長）・円覚為五山、而出世住山湘・洛交聘、崇奉挙南禅、為天下第一山、此時明極（・楚俊）為住持也、後斥関東両寺、挙天龍・相国以為其列也、南禅曾以天下龍門掲其門、後撤之為天龍之門額、又義堂（・周信）住南禅之時、改第一山為五山之上云、

至徳三年（一三八六）五月十八日、室町幕府が相国寺の刻印のある材木を通行させるよう東寺に伝える。

三五六〔室町幕府奉行人飯尾為清書状〕東寺百合文書 イ函一七七

京都府立総合資料館編『東寺百合文書』一、二三九頁

（端裏書）「飯尾左衛門大夫相国寺材木車事」

相国寺材木車事、中都聞候処、寺家材木にハ、こくい（刻印）を打て候、其外ハ寺家とかうし（号）候とも、不可有御通之由、被申候、可得御意候、恐々謹言、

（至徳三年）五月十八日　為清（飯尾）（花押）

東寺進之候

○端裏書は折紙を開いて書く。

至徳三年（一三八六）六月二十四日、光明天皇七回忌の仏事が

大光明寺で行われ、空谷明応が陞座法語を作成する。

三五七〔空谷和尚語録〕『大正新脩大蔵経』第八一巻、一一頁

大光明寺(伏見)欽為光明院七年御忌

索話、白日麗天、清風帀地、不動繊塵、全彰祖意、莫有直下承当、不容擬議底麽、問答罷、乃云、古今天地、古今日月、古今人倫、古今山河、且道従何処得来、以払打一円相云、光明寂照遍河沙、凡聖含霊共我家、雖然百姓日用而不知、但有天縦聖人、乃能究尽、所以道、過去諸如来、斯門既成就、現在諸菩薩、今各入円明、正恁麽時、巨僧明応(空谷)、特奉勅命乃陞此座、都無一詞可措、豈不見、釈迦掩室於摩竭、浄名杜口於毘耶、須菩提唱無説以顕道、釈梵絶聴而雨華、斯皆理為神御、故口以之而黙、驀有拄杖出来道、如是告報、法久成弊、幸有光明院仏祖不伝頂門一著在、不可喚作転王髻中珠、豈敢妄比荘宗幞頭脚、今日何不於人天大衆前、分明説破、汝不能説、我為汝説、卓一下、諦観法王法、法王法如是、又卓一下、

復云、今日法筵鴻因、詳見叡願文疏、更不枚挙、共惟太(崇光上皇)上天皇、於光明院既有受禅恩、又抱天倫眷、種種仏事、特為成彼仏果、報彼洪恩也、(後略)

○光明天皇は康暦二年(一三八〇)六月二十四日に崩御したため、便宜的に七回忌を至徳三年六月二十四日とする。

至徳三年(一三八六)七月十日、足利義満が相国寺を五山第二に定める。同日、相国寺山門の立柱が行われる。

三五八〔日本禅院諸山座位次第〕

玉村竹二校訂『扶桑五山記』(臨川書店)三八頁

日本禅院諸山座位次〔第之〕事

五山之上

南禅寺

五山第一

天龍寺　建長寺

第二

相国寺　円覚寺

第三

建仁寺　寿福寺(相模国鎌倉郡)

第四

東福寺　　　　浄智寺（相模国鎌倉郡）
第五
万寿寺（六条高倉）　浄妙寺（相模国鎌倉郡）

右南禅者、為　勅願皇居之間、可為五山之上者也、仍長老・耆旧之位、可為天龍・建長之上、至自余五山者、随京都・鎌倉之所在、相互可為賓主之状如件、

至徳三年七月十日　　　　左大臣（足利義満）御判

○〔　〕は「和漢五山志」（松ヶ岡文庫蔵）により校訂。

三五九〔和漢禅刹次第〕『続群書類従』第二八輯上、三五五頁

南禅寺座位事、可為天下第一五山之状如件、

至徳参年七月十日　　　　左大臣（足利義満）御判

義堂和尚（・周信）

天龍寺座位事、可為五山第一之状如件、

元章和尚（・周郁）二十二世入院已後当寺座位、

五山第一天龍寺住持職事、任先例、可被執務之状如件、

至徳三年八月十二日　　　　左大臣

徳叟和上（・周佐）第一山開有帖云、天龍四十五世座位復転第一山、

（後脱）小松院年号相公鹿苑院義満
応永十七年庚寅二月廿八日

京師
南禅寺五山之上
天龍寺五山第一　　鎌倉 建長寺一
相国寺五山第二　　円覚寺二
建仁寺五山第三　　寿福寺三
東福寺五山第四　　浄智寺四
万寿寺（六条高倉）五山第五　　浄妙寺五

三六〇〔相国考記〕至徳三年七月十日条　『相国寺史料』第一巻、九頁

七月甲子十日、賜御教書於相国寺、定為五山第二、是日山門立柱上梁、是月廿八日、仍就方丈大会、大小諸山住持、開読公帖、相公（足利義満）證明、見于当寺古来住持籍普明之下（春屋妙葩）、御教書云、相国寺座位事、可為五山第二之状如件、至徳三年七月十日、左大臣（足利義満）御判、普明国師禅室、見于当寺古記、

年月日未詳、夢窓派関係の十刹寺院

三六一〔扶桑五山記〕

玉村竹二校訂『扶桑五山記』（臨川書店）四〇頁

十刹位次

等持寺（三条坊門） 京師、開山夢窓（・疎石）国師、旧号鳳凰山、義堂（・周信）和尚住持時、去此号、妥帖菴開山塔、聴雨、聚星、清晏斉（斎）故御所、宝雲閣観音殿、宗鏡堂、八講堂、

臨川寺 西山、開山夢窓国師、梵音閣山門、円融道場仏殿、枯木堂法堂、篩月軒方丈、三会院開山堂、霊亀山、

（中略）

真如寺（洛北） 北山、万年山、開山仏光国師（無学祖元）、正脈院、是開山塔也、有三塔、中曰常照仏光、東曰普済仏国（高峯顕日）、西曰心宗夢窓、帰元菴相那塔、此山（・妙在）之徒主之、宝光菴天菴（・妙受）塔、聖果院明叟（・斉哲）塔、鉤深軒在中（・広衍）寮

（中略）

宝幢寺（嵯峨） 西山、覚雄山、開山普明国師（春屋妙葩）、鹿王院開山塔、覚雄山大福田宝幢禅寺、

（中略）

崇禅寺（出羽国田川郡） 出羽州、龍嶋山、開山普明国師、大宝、蔵春軒、清陰、黒山、青塚、

（中略）

天寧寺（備後国御調郡） 備後州、海雲山、開山普明国師、如意石（岩カ）、

（中略）

光明寺 出羽州、東山、開山在中（・中淹）禾上、

（中略）

補陀寺（阿波国坂東郡） 阿州、南明山、嘉吉二年、歯于十刹、開山夢窓国師、安国補陀寺、

（中略）

瑞泉寺（相模国鎌倉郡） 相州、錦屏山、開山夢窓国師、檀那源（足利）基氏、法名玉岩昕公（道昕）、

○便宜的に相国寺の位次が定められた記事にあわせて掲載した。

年月日未詳、夢窓派関係の諸山寺院

三六二〔扶桑五山記〕

玉村竹二校訂『扶桑五山記』（臨川書店）四三頁

諸山

五畿内　山城州（中略）

霊亀山景徳禅寺（嵯峨） 西山、開山夢窓（・疎石）国師、山門閣曰梵音閣、

（中略）

伊勢州（中略）

明鏡山宏徳禅寺（飯野郡） 開山観中（・中諦）禾上、

（中略）

甲斐州

乾徳山恵林禅寺（山梨郡）　開山夢窓国師、

（中略）

金剛山福聚山法泉禅寺（山梨郡）　開山夢窓国師、勛月舟（月舟周勛）之徒主之、

（中略）

常陸州

大瑞山勝楽禅寺（佐都西郡）　開山夢窓国師、第二世嵩月山（枢）（月山周枢）、

（中略）

東山道八箇国　近江州（中略）

景（福）瑞山天寧金剛禅寺（蒲生郡）　開山夢窓国師、州之安国寺也、

（中略）

直指山宏済禅寺（浅井郡）　開山仏日常光国師（空谷明応）、

（中略）

美濃州（中略）

十刹
正覚山天福禅寺（土岐郡）　開山仏日常光国師、所曰肥田、

（中略）

出羽州

金剛禅寺　開山夢窓国師、応永年中廃壊、

（中略）

北陸道七箇国　若狭州（中略）

万（歳）年山安養禅寺（遠敷郡）　開山在中淹禾上（中淹）、在西津《シツ》、

越前州（中略）

少林山妙法禅寺（丹生郡）　開山仏光（無学祖元）・仏国（高峰顕日）・正覚（夢窓疎石）三国師、

（中略）

丹後州（中略）

神龍山雲門禅寺（加佐郡）　開山普明国師（春屋妙葩）、

（中略）

山陽道八箇国　播磨州（中略）

集雲山瑞光寺（多可郡）　開山夢窓国師、

美作州　安田庄（多可郡）　法幢寺　開山普明、妙心大愚築（宗築）、重興之、

（中略）

周防州（中略）

不動山永興禅寺（玖珂郡）　開山仏国禅師、中興普明国師、開山塔、安仏国・夢窓・普明三像、

（中略）

伊与州

石松山安国禅寺（温泉郡）　開山普明国師、

（中略）

讃岐州（中略）
万年山長興禅寺（鵜足郡） 開山夢窓国師、
阿波州
無畏道場仏殿、冥資土地、密付祖堂、宝珠殿地蔵、龍宮海蔵蔵殿、
南明山安国補陀禅寺（坂東郡） 開山夢窓国師、
霊芝山桂林禅寺（勝浦郡） 開山夢窓国師、在芝山桂浦、々々改曰勝浦、
土左州或作土佐、
五台山吸江寺（長岡郡） 寺元作菴、開山夢窓、絶海（・中津）相継住山云、十境、

○便宜的に相国寺の位次が定められた記事にあわせて掲載した。

至徳三年（一三八六）七月二十八日、相国寺方丈において大小諸山住持の公帖が披露され、足利義満がこれに立ち会う。

三六三〔扶桑五山記〕

玉村竹二校訂『扶桑五山記』（臨川書店）一三四頁

第二、特賜智覚普明国師、諱妙葩、号春屋、晶（嗣）夢窓（・疎石）国師、至徳三年丙寅七月十日、甲子之日、賜御教書、定為五山第二、是日、山門立柱上梁、同是月二十八日、仍就方丈（相国寺）、大会大小諸山住持、開読公帖、大檀越鹿苑院殿天山相公（足利義満）、入山證明、嘉慶二年戊辰八月十三日入滅、寿七十八、塔于大智院（相国寺）、

至徳三年（一三八六）十月二十六日、空谷明応が相国寺第三世住持として入寺する。

三六四〔空華日用工夫略集〕至徳三年十月二十六日条

辻善之助編著『空華日用工夫略集』二二七頁

廿六日、赴相国寺空谷（・明応）入院之会、府君（足利義満）与余（義堂周信）同居桟棚而聴法、（後略）

三六五〔常光国師行実〕『続群書類従』第九輯下、六九一頁

三年丙寅、五十九、領相国命、小春（十月）廿六日開堂、一香為仏慈（無極志玄）供、相公（足利義満）遣出三会（臨川寺）信衣、守塔者以師為孫、執欲無与、故師（空谷明応）拈云、信心已熟、衣不復伝、大小祖師不知機権物論、伏其知言、師行叢規僅三霜、飛楼湧殿幻出夜摩睹史、辞満休居鹿苑（鹿苑院）、

三六六〔空谷和尚語録〕『大正新脩大蔵経』第八一巻、二頁

山城州万年山相国承天禅寺語録
師（空谷明応）於至徳丙寅十月二十六日入寺、於鹿苑（鹿苑院）受請、指山門云、入此門来、不移寸歩、大衆認取一條官路、切忌顧佇、喝一喝、
仏殿、仏陀耶仏陀耶、十個指八個了、坐底立底、事同一家、
土地堂、神性虚通、如空裏風、一分飯謝往返、阿呵呵、受霊山記不得穏、
祖師堂、四七二三、尽販私塩、賊無種、相鼓弄、咦、
拠室、鎖口訣、翳睛術、閑家潑具、不労拈出、四方八面絶遮攔、不論了畢未了畢、疑則別参、咄、
拈帖、示衆云、唯此一事実、余二則非真、仏祖得之、号令一新、人天衆前、従頭開陳、
拈山門疏、雲霞生背面、日月繞檐楹、官物帰常住、宜如護眼睛、
諸山、新修宗社盟、一句甚叮嚀、開却虚空口、東山西嶺青、
同門、撃砕虚空骨、何曾有一物、従此子及孫、受用終無歇、
江湖、貧倣富装裹、知我亦罪我、江南一枝梅、明珠千百顆、
拈衣、信心已熟、衣亦復伝、大小祖師、不知機権、提衣云、無心雲出岫、弥布大三千、
指法座云、嶮如懸崖、平似鏡面、若不親到上頭、争得奔雷掣電、
陞座拈香云、大日本国山城州万年山相国承天禅寺新住持伝法沙門某（空谷明応）虔爇宝香、端為祝延今上皇帝（後小松天皇）聖寿万歳万歳万万歳、陛下恭願、徳洽群邦、同天地之覆載、智周万物、斉日月之照臨、次拈香云、此香爇向宝炉、奉為大檀那准（足利義満）三宮従一位行左相府征夷大将軍、資倍禄算、伏願寿山永固、過五百塵輾之劫波、福海弥深、等十三華蔵之香水、
又拈香云、此香祇固本根、不索高価、爇向炉中、供養天龍第二代勅諡仏慈禅師無極（・志玄）和尚、以表開山夢窓正覚心宗（・疎石）普済玄猷国師真孫、遂就座、南禅和尚（龍湫周沢カ）白槌云、法筵龍象象、当観第一義、師云、撃大法鼓、布大慈雲、有目者見、有耳者聞、賓主相見、要須驚群、有麼、問答罷、乃云、具丈夫気概、成丈夫事、於過量境界、発過量機、龍象蹴蹋、非驢所堪、獅子遊行、不借伴侶、所以大檀越、挶此名藍、如沙竭羅龍、降雨応念至、同清浄麼尼、雨宝満衆

望、若起仏法知見、祇是高廈万礎、若作世相分別、亦乃衆器一金、到這裡、不可以智知、不可以識測、三世諸仏、有分結舌、歴代祖師、口如磉盤、拈拄杖云、今日開堂、尽情部露、不敢嚢蔵、人人個個、頭戴天脚踏地、昼見日夜見星、金不博金、水不洗水、無糸毫漏逗、無糸毫動揺、永登解脱之場、共楽無為之化、且如雨順風調、民安国泰、一句又作麼生、卓一下云、天高群象正、海闊百川朝、叙謝不録、

（後略）

○このとき作成された諸山疏・江湖疏は「空谷和尚語録」（『大正新脩大蔵経』第八一巻、四〇頁）にあり。

至徳三年（一三八六）十月二十六日、足利義満が海印善幢に帰依し、海印を鹿苑僧録に任じる。同日、義満が鹿苑院で坐禅を行う。

三六七〔空華日用工夫略集〕至徳三年十月二十六日条

辻善之助編著『空華日用工夫略集』二二七頁

廿六日、（中略）々（法）会罷告帰、君（足利義満）留余曰、来日為新鹿苑（鹿苑院）斎伴、蓋是日鹿苑請善幢（海印）書記而為主、為弁道也、是夜府君・等持（三条坊門等持寺）絶海（・中津）・資寿（相国寺）無求（・周伸）泊余、同帰鹿苑僧堂、陪十二道人而坐禅、自三更一点及暁鐘鳴而出堂、次日煎点丼斎会罷、下嚫、

三六八〔碧山日録〕長禄三年二月二十一日条

『大日本古記録』、上、一一二頁

二十一日、（中略）海印（・善幢）頗有道風、天山相公（足利義満）敬仰之、故以辟命、為至徳丙寅（三年）之歳、為左街僧禄（録）、吾土未居名山諸刹大方之位而司此職者、始於海印也、具見慈氏（義堂周信）日工集、（後略）

三六九〔宗派目子〕東京大学史料編纂所謄写本二〇一六―一三四

後版諱等桂（芳園）、晶（嗣、以下同）如環循（等循）、々晶慶岩雲（等雲）、々晶大虚同（梵同）、々晶無相訓（中訓）、々晶海印幢（善幢）、々晶開山七朝帝師（夢窓疎石）、海印塔曰蔵光（伏見）、山曰龍幡、室扁就已、本尊塑釈迦像、安阿弥（快慶）彫刻之、有舎利塔、按八万四千粒、鎮守渡唐天神、相公釣座之間曰興運、書院曰研精、光明帝行幸之間曰帰雲、摂之（有馬郡）鎌倉谷有菴、曰清寥、和之（城上郡）三輪有菴、曰浄居、塔曰石田（宇治郡石田郷）実境、有仁和曰蔵勝、天山相公（足利義満）鹿苑院草創之日、請

師（海印善幢）為第一世、両度住鹿苑、北野経王堂本尊、請無相開光供養、

至徳三年（一三八六）十月二十九日、絶海中津が足利義満によって相国寺を追放された僧を保護したことにより、義満が等持寺仏事の臨席を拒否する。

三七〇〔空華日用工夫略集〕至徳三年十月条

辻善之助編著『空華日用工夫略集』二二七頁

廿九日、本院（常在光院）請府君（足利義満）、為紅葉会也、是日、府君面責播（叔英宗播）・柱二侍者不請暇夜宿雲門（南禅寺）之罪、擯出相国寺云々、
晦日、余（義堂周信）往等持（三条坊門等持寺）、将謝府君昨日之臨駕、府君不赴仏事会、蓋為絶海（・中津）昨於常在（光脱カ）院救播・柱二侍者也、余参府、々君告余以今日不赴等持仏事之趣、又曰、等持長老（絶海中津）不来謝云々、余復再往等持、詳説府君不来之事、絶海急参府、謝官旆不入寺也、

至徳四年（一三八七）二月二十九日、室町幕府が河野伊豆前司に相国寺浴室造営用木を輸送する際の海上警固をするよう命じる。

三七一〔室町幕府御教書写〕築山本河野家譜

『南北朝遺文』中国四国編第六巻、五〇五三号文書

相国寺浴室造営材木事、被執進之條、尤以所令然也、海上警固事、被仰便路守護之状、依仰執達如件、
至徳四年二月廿九日　左衛門佐（斯波義将）
河野伊豆前司殿

至徳四年（一三八七）三月二十日、足利義満が近衛道嗣の死去を悼み鹿苑院に籠もる。

三七二〔実冬公記〕至徳四年三月二十日条

『大日本古記録　後愚昧記』四、一四三頁

廿日、今夜前関白（近衛道嗣）葬礼也、戌刻許出門、一向平生之儀也、見物者説、○八葉車○（軒不懸簾云々、不懸下簾、先僧太子堂長老（即成就院静恵）同車、番頭少々、牛飼遣之、諸大夫・侍・殿上人等布衣騎馬在車後、先送河東太子堂、自其又至葬所、葬礼火葬也、其儀如出本所云々、若其時如車簾可懸軒歟、出本所者雖平生之儀、自寺至葬所之時者、可為葬儀歟、

後聞、元応寺(白川)公運為諷吟(経)向彼葬所、語云、其間事不便、
火葬之間、度木狭人死骸露顕、其躰恥辱也、人多見物
也云々、如此事一向僧中不覚也、俄仰更持来薪雖焼之、
不叶之間、石等少々積重云々、貴人如此事、可謂口惜事、
俗中如此事ハ無案内、迷悲歎許也、可思慮事也、世人嘲
之云々、抑左府(足利義満)依此事三七日籠居相国寺鹿苑院也、人々
多雖訪、愚身(三条実冬)雖欲向足、被行向寺之後、人○後紙闕ク、

至徳四年（一三八七）閏五月十日、相国寺が僧堂廊下の柱の運搬に際し、東寺門前の通過を東寺政所に依頼する。

三七三〔相国寺都聞中玲書状〕　東寺百合文書ア函九九

(端裏書)「相国寺都聞　至徳四　後五　、」
先日入御之時、折節他(カ)行仕候て、不懸　御目之条、非本
意候、抑当寺(相国寺)之僧堂廊下柱急速ニ召上候、御寺前無子細
御通候者悦入候、如何様以参拝可令申候、恐々敬白、
後五月十日　　都聞中玲（花押）
東寺
政所殿

至徳四年（一三八七）七月十三日、相国寺僧堂前の鐘が改鋳され、足利義満等が試し撞きをする。

三七四〔空華日用工夫略集〕　至徳四年七月条
辻善之助編著『空華日用工夫略集』二一八頁

七月十三日、赴相国寺鋳鐘之会、蓋改鋳僧堂前鐘也、
十四日、赴相国寺、楞厳会満散、鐘工試鳴鐘、府君(足利義満)以下
皆鳴之、其声陪(倍)万於旧模、

至徳年間（一三八四-八七）十月二日、空谷明応が近江国蒲生の安堵状について、鹿苑院領と区別して安堵されたかどうかを確認する。

三七五〔空谷明応書状〕　蒲生文書
『水口町志』下巻、二八二頁

蒲生御安堵御教書拝見仕候了、但就□(中)除鹿苑院領□(文)□聊
不審相存候、相□(尋カ)奉行、重可啓案内候、恐々謹言、
十月二日　　明応(空谷)（花押）
儀俄(氏秀)殿

○「蒲生御安堵御教書」は至徳二年（一三八五）十二月十

九日付足利義満御判御教書（蒲生文書、『近江日野町志』巻上、一一三頁）を指す。

嘉慶元年（一三八七）十二月二十日、空谷明応が環中庵に安置する釈迦三尊の点眼法語を作成する。

三七六〔空谷和尚語録〕『大正新脩大蔵経』第八一巻、二五頁

環中菴（相国寺）釈迦三尊安座点眼

衆相荘厳妙法身、金山煒煒出諸塵、十虚呈露金剛座、三界明円大日輪、本智威光師子現、浄心慈力象王馴、曇華瑞世雖希有、不離当人立処真、大日本国山州路環中禅菴主定元、窃念輪回七趣際、無数曠劫悩心神、自非截無明根本、争得出三界籠樊、誓除世間塵労垢、身著衲衣廁僧倫、捨旧私宅作菴舎、結伴薫修香火因、刻雕厳飾三聖像、大行大智大能仁、嘉慶丁卯（元年）臘念日（十二月二十日）、開光安座用心純、但願法界諸含識、咸成仏果獲益均、共惟、菩提樹下金剛座上、成等正覚盧舎那仏、大願三摩跋提菩薩、大智曼殊室利菩薩、九十一劫勤成覚道、千百億数専救迷津、不共法如衆星有月、無縁慈同万国行春、三而一竟泯理智、一而三且立主賓、慧剣揮時諸魔屛迹、願輪転処群類求親、赴感応機、不分三草二木、随物現形、何妨金範泥鈞、処処開闢寂光土、時時運出自家珍、至其微密徳用、広長舌自難陳、

○環中庵は後に寿徳院、さらに慶雲院と改称される。

嘉慶元年（一三八七）十二月二十五日、これ以前、土岐頼康が美濃国革手城の北に正法寺を建て、相国寺末寺とする。

三七七〔土岐累代記〕『続群書類従』第二一輯下、二三〇頁

土岐美濃守成頼濃州守護之事

（中略）其後大膳大夫（土岐）頼康文和年中葦（革）手ノ城（美濃国厚見郡）ヲ築シ後、城ノ北ニ当テ一寺ヲ建立ス、霊茶山正法寺ト号シ、相国寺末寺トシテ夢窓国師（・疎石）ノ法孫嬾椿和尚（嫩桂正栄カ）呼下シ開山ト成シ、土岐一流ノ氏寺トス、頼康父民部大輔頼清（土岐）ハ摂州堺（芥）川（島上郡）ニテ病死、依之菩提寺池田郡小島ノ瑞岩寺ヲ建立シ、数ケ所荘園其外一筆観音ノ絵ヲ寄附アリ、則頼康入道シテ後、瑞岩寺ニテ逝去ナリ、遺骨共ニ納ル、是ヨリ康行、康政、頼益、持益迄代々ノ遺骨ハ葦（革）手ノ正法寺ニ納ム、（後略）

○年月日未詳につき、便宜的に土岐頼康の没年におく。「土岐斎藤軍記」(『続群書類従』第二一輯下、二六三頁)に同内容の記事あり。
○『日本歴史地名大系』「正法寺跡」の項によると、正法寺開山は無本覚心法嗣の嫩桂正栄とされる。
○斎藤利藤が主君の土岐成頼の法事を正法寺で行った記事が「土岐斎藤軍記」(『続群書類従』第二一輯下、二六六頁)に、斎藤義龍が城下に正法寺を建てたため、相国寺末寺美濃国革手の正法寺が衰退した記事が「土岐累代記」(同書二五〇頁)に、永禄七年(一五六四)九月朔日に織田信長が斎藤龍興を攻めたときに相国寺末寺美濃国革手の正法寺が焼亡した記事が「土岐累代記」(同書二五一頁)にあり。

嘉慶元年(一三八七)、斯波義将が自邸を寺に改め玉泉寺となし、絶海中津を開山に請じる。

三七八〔勝定国師年譜〕『続群書類従』第九輯下、六七五頁

五十二歳、管領雪渓居士(斯波義将)捐玉堂為寺、請師(絶海中津)為開山、山曰金宝、寺曰玉泉、
○今枝愛真『中世禅宗史の研究』(東京大学出版会、一九七〇年)四五八頁参照。

嘉慶二年(一三八八)二月四日、東寺領山城国拝師庄が相国寺に寄進されるという話が東寺に伝わる。

三七九〔学衆方評定引付〕嘉慶二年二月四日条

東寺百合文書ネ函六一

(表紙)「学衆方評定引付 嘉慶二年戊辰」

学衆方評定引付 嘉慶二年戊辰

(中略)

二月四日

賢宝　性□(誉カ)他住　常全他住　頼暁　宏寿　教遍　□(融カ)然
隆禅　頼遍　宗仲　俊宗　宗海　救運　堅済

一拝師庄古文書所持(仁)可(寄進)相国寺由有其聞間、後公文(案)等八内縁より出候分沙(為)汰之外物之間可返由▨(衆)義了、

嘉慶二年(一三八八)四月四日、義堂周信が示寂し、絶海中津が義堂の遺命により掩土仏事を行う。

三八〇〔空華日用工夫略集〕嘉慶二年四月四日条

辻善之助編著『空華日用工夫略集』二三八頁

四日、師(義堂周信)問侍僧曰、時候何刻、僧曰、四更禅罷、而五更

鐘鳴、師乃端坐、開静板未鳴、泊然而寂、方更襯之時、全身軟如綿、移坐椅子、相国(空谷明応)・等持(絶海中津)(三条坊門等持寺)両和尚、急輿而至、視師顔貌、泫然曰、師頬上生紅、是入定之相也、速可歛焉、諸子涕泣、龕奉全身、安于客堂、乃貼銘於龕陰、太(・宗渭)清和尚来弔、告諸子而曰、吾老且病、当攙師先、不謂師攙我先、乃焼香三拝、繞龕一帀、読龕陰銘、命侍者挙大悲呪、次龍湫(・周沢)和尚至、即指龕而説云、師弟棄老兄、先著一鞭、炷香、誦大悲呪而礼拝、回向畢、就于後面、読龕陰銘、潜焉弔慰諸子而還、次椿庭(・海寿)和尚、先焼香一炷、自挙棱厳呪、繞龕三帀、大展三拝、亦自回向、就龕陰而読銘、右繞立龕前、高声慟哭三次出、是唐様也、諸子聴之、愈泣咽、自余弔慰者、不能悉記、及戌時、門人以遺命移龕于塔所(南禅寺慈氏院)、坎而蔵焉、以土掩之、安石浮図於其上、掩土儀式、見于上也、

等持和尚、承遺嘱、掩土仏事、挙唱法語、々曰、這裏是慈氏宮殿、這裏是大寂定門、龍蟠虎踞、拓至人之玄境、瑞草異花、開自己之田園、恭惟、〔某〕福慧兼備、徳望倶〔共〕尊、景星鳳凰、是〔惟〕〔ナシ〕師之雅表也、玉佩瓊〔潏〕琚、是〔惟〕〔ナシ〕師之美言也、揭開釈天日月、独歩仏国乾坤、三千刹界、空華結果、六十四年、葉落帰根、無量劫来、成就逝多国土、今日因甚麼〔ナシ〕、向钁頭辺埰跟、師兄々々、聯芳続燄、須付後昆、隻履空棺、莫誑児孫、○絶海和尚語録住相国語ヲ以テ校ス、

師預告諸子曰、吾歿之後、不必誦経呪、但対石浮図坐禅則足矣、是故自今日至卒哭、追修法式、率如遺勅、而就于塔亭、毎日大悲呪一遍而已、

師族土州人、周念道人曰、母願生男子、跣足詣于州之五(長岡郡)台山、禱文殊大士、約以百日、期限将満、纔余三日、其夜夢、白気一道、自殿中出而入其懐、覚而有娠、歴十有三月、方誕矣、父平氏、母藤氏、

室扁空華、大明国全室老人季潭泐(宗泐)公作歌幷大字、平日著述者有善福(相模国)・建仁・南禅三会之語一巻、偈頌詩文若干巻、号空華外集、梅洲老人中岩月(円月)公嘗作叙幷跋、撰集者有古今雑集若干巻・東山空和尚外集抄十巻・禅儀外文抄十二巻・枯崖漫録抄二巻・重編貞和類聚祖苑聯芳集十巻・日用工夫集四十八巻、今是集、略而書焉、

嘉慶二年（一三八八）四月四日、これ以前、信濃国善光寺が多宝塔を再建するため、資寿院主無求周伸に協力を求める。無

求は義堂周信に募縁疏の作成を依頼する。

三八一〔空華集〕『五山文学全集』第二巻、五四〇頁

信州水内郡善光寺重建宝塔募縁疏

寺安三聖霊像、秘重惟謹、神変莫測、自推古朝至今、已閲八百春秋、厥感応愈験、故挙国無貴賤老幼、弗遠千里、帰者如市、歳歳弗絶、然以法盛招魔、頃厄畢方者数、今殿宇雖稍復旧、独宝塔之役未挙、是欠典也、有令簡道人、隠居近境、闔郡道俗、用迦葉頭陀故事、逼令任塔役、茲擬即基重建、厥費浩繁、道人馳本州禅匠季成立(昌立)公書、抵于都下大相国寺、以幹事謀于資寿院(相国寺)無求(・周伸)禅師、無求求余(義堂周信)為疏、以不文辞、迫無求之求弗已、乃命毛穎為疏、道人持去、遍叩十方諸檀、睹此揮金、宝塔再現、即幸甚幸甚、

寺称善光、表三聖降霊之瑞、塔号多宝、示二尊分座之儀、其奈積油為災、屢罹劫灰之厄、要見陵空三百尺勢、須憑抜地四十囲材、六殊勝八吉祥、肯同童子聚砂之戯、左青龍右白虎、益壮長者布金之基、庶幾集成、母(毋)俟湧出、

○年未詳につき、便宜的に義堂周信の示寂日におく。この文書は無求周伸が資寿院主となった至徳三年（一三八六）十月二十六日（『空華日用工夫略集』）から義堂周信が示寂する嘉慶二年四月四日までのもの。

○資寿院は後に崇寿院と改称される。

嘉慶二年（一三八八）四月五日、春屋妙葩が嵯峨清浄心院の敷地を絶海中津に譲与する。

三八二〔春屋妙葩譲状〕守屋孝蔵氏所蔵文書

『南北朝遺文』関東編第六巻、四三九六号文書

嵯峨清浄心院敷地、武田奥州道光(大井信明カ)、相副亡父雪渓(武田信武)相伝証文等、寄附老拙之間、領掌無相違之地也、然又相副彼文書等十余通、奉譲与絶海(・中津)和尚、早有興行、且為故雪渓塔頭所、可奉訪後菩提給者也、仍永代譲与之状如件、

嘉慶二年戊申初夏(四月)五日

鹿王(嵯峨宝幢寺)比丘(春屋)妙葩「春屋」(白文朱方印)

嘉慶二年（一三八八）七月十日、空谷明応が相国寺僧堂の完成に際し法語を作成する。

三八三〔万年山相国承天禅寺諸回向幷疏〕

相国寺蔵（承天閣美術館寄託）

僧堂開堂疏

大日本国山城州万年山相国承天禅寺住持比丘　謹封

始開雲堂諷経功徳文疏　回向
真如実際無上仏果菩提祝献
護法諸天三界万霊十方至聖

仏恩広大　法力宏深　天道昭々　神功浩々
仰冀仏天　俯垂昭鑑
大日本国山城州万年山相国承天禅寺住持（空谷明応）特抽丹悃上達、
聖聡茲者
大檀那准三宮征夷大将軍源（足利義満）　営建那伽大定霊場、正値
落成之日雕造、曼殊室利尊像、特涓安厝之辰、虔備香華
燈燭茶果珎羞以伸供養、住持比丘某安座仏事之次、仍命
合山清衆諷誦、大仏頂万行首楞厳神呪所集功勲回向、真
如実際荘厳無上仏果菩提、
現座道場大聖文殊師利菩薩、十方常住三宝果海聖賢　祝
献、大功徳尊天、大弁才尊天、大梵尊天、摩醯首羅尊天、
帝釈尊天、東方持国天王、南方増長天王、西方広目天王、
北方多聞天王、金剛密迹尊天、散脂大将尊天、菩提樹神
尊天、堅牢地神尊天、韋駄尊天、摩利支尊天、訶利帝南
尊天、日月両宮天子、
今年歳分主執陰陽権衡造化賞善罰悪一切聡明、南方火徳
星君火部聖衆、
今上皇帝（後小松天皇）本命元辰吉凶星斗、
大檀那戊戌当生本命元辰吉凶星斗、
現前一衆各々本命元辰吉凶星斗、
日本顕化伊勢太神宮、八幡大菩薩、賀茂下上大明神、松
尾大明神、平野大明神、稲荷大明神、春日大明神、日吉
山王、祇園牛頭天王、北野天満大自在天神等、尽日本国
内大小福徳一切神祇、修造方隅禁忌神将先願、皇風永扇、
帝道遐昌、仏日増輝、法輪常転専冀、太檀那堡障皇家金
湯仏法子孫有慶家世無窮更祈、山門鎮静、内外咸安、僧
侶和合進道無魔主盟相承振宗不退、四恩総報三有斉資法
界有情同円種智者、
右伏請、
三宝證明、
諸天洞鑑、謹疏、

嘉慶二年七月十日万年山相国承天禅寺住持比丘某疏

○本史料は「諸回向清規式」（『大正新脩大蔵経』第八一巻、六五四頁）にも所収。「空谷和尚語録」（同書二四頁）に関連記事あり。

嘉慶二年（一三八八）七月二十二日、太清宗渭が相国寺第四世住持として入寺する。

三八四〔太清録〕瑞春院蔵

相国承天禅寺語録　於嘉慶二年七月廿二日入院、

山門

重開巨闢、太《大》道坦然、纔行一歩、脚下九天、

仏殿

高楫《揖》文殊・普賢、不拝釈迦・老子、不是慢心、理当如是、

祠堂

禍瑶福善、顕正摧邪、山僧只道、蘭奢々々、

祖堂

列祖伝燈、芳聯焰続、子細検点、乱世英雄、太平奸賊、

拠室

掩室杜詞、多事了、閉門面壁太傷慈、万年別有非常旨、

不是知音説向誰、還有知音者广(歷)、喝一喝、

帖

者箇是太神呪、是大明呪、無上呪無等々呪、却請維那諷演一通、

山門疏

山中説話、皮裏陽秋、将謂主賓和会、不知冤債相求、

諸山

四六八対、黼黻青黄、西山致爽、東壁分光、

法座

歩々登高者、不能従空放下、従空放下者、不能歩々登高、両頭坐断、不漏糸毫、

会耴向上行李、坐断毘盧頂額、便是恁广(歷)人、正好提祖令、

祝聖

日本国山城州万年山相国禅寺住持伝法沙門某(太清宗渭)進寺之初、謹焚宝香、祝延　今上皇帝(後小松天皇)聖躬万歳々々万々歳

恭惟　皇帝陛下、徳高堯舜、開寿域於八荒、道邁義軒、流恩波於四海、

檀香

此香奉為準(准)三宮(足利義満)従一位征夷大将軍、資倍禄筭、伏願、文

武兼全、輔皇猷於有永、誓願愈固、隆祖教、於無窮、
　嗣香
此香焚向炉中、供養前住建仁宝覚真空禅師雪村（・友梅）和尚、用
酧法乳之恩、
（後略）

嘉慶二年（一三八八）八月十三日、春屋妙葩が鹿王院で示寂し、春屋の爪髪が大智院等の塔所に納められる。

三八五〔普明国師行業実録〕

『続群書類従』第九輯下、六五二頁

戊辰（嘉慶二年）秋八月十二日暮夜、師（春屋妙葩）語侍僧曰、五世縁已尽、与若
等永別、黎明怡然而逝、世寿七十八、僧臘六十四、即日
午時、奉全身窆于鹿王之塔（嵯峨宝幢寺）、万衆慟哭、如喪考妣、分平
生所剪爪髪、塔于南禅之龍華、相国之大智、建長之龍興、
師天資純料、而襟度豁如也、望之儼然、近則和気薫人、
道徳高一代、故王臣庶士靡不欽仰者、師神異甚多、嘗誦
虚空蔵求聞持呪、時舎利如雨、又一昼夜之間、持曼殊五
字洛叉、米粒盈壇、于時碧潭（・周皎）和尚證之為勝相、師不屑之、
掃而投池中、如此之類、不可枚挙、門人不欲流布焉、師
平日所為身行口言意思、其事殊別而一次弁之、人以為異
焉、所度四部弟子、籍其名者凡八千五百余員也、

三八六〔常楽記〕嘉慶二年八月十三日条

『群書類従』第二九輯、一二三四頁

八月十三日、春屋妙葩普明国師円寂、

嘉慶二年（一三八八）八月十三日、これ以前、春屋妙葩が病のため後事を気に懸けて書状を出す。

三八七〔春屋妙葩書状〕鹿王院文書

『鹿王院文書の研究』二八五号文書

先日拝面畏悦余身候、二世所願併令成就之由存候、此所
労已以危急候、命□（報カ）待旦暮候、就其師跡房舎遺領等物別
其数候、一生如幻之上者、同雖可付空花候、云祖師之追
孝、云門弟之止住、旁難敷妄念候、末世之風俗同朋傍輩、
猶以非無濫吹之怖畏候、年来奉憑、（後欠）
○箱書「普明国師尊翰　鹿王常住」

○年未詳につき、便宜的に春屋妙葩の示寂日におく。

嘉慶二年（一三八八）八月十三日、これ以前、春屋妙葩が正賡庵より開山所持の『伝燈録』を受け取る。

三八八〔春屋妙葩書状〕毘沙門堂文書

東京大学史料編纂所影写本三〇七一・六二−一八七−二

伝燈録一部三十巻重又送給候、強辞申候も其思候之間、
先拝納候、開山所持御本之由承之間、一生涯充看経、可
奉看読候、此恐連（カ）自寺方令啓也、恐々謹言、
後四月十三日　妙葩（春屋）（花押）
謹上　正賡（カ）菴方丈

○年未詳につき、便宜的に春屋妙葩の示寂日におく。
○正賡《しょうこう》庵は丹波安国寺開山堂か。

嘉慶二年（一三八八）八月十三日、これ以前、春屋妙葩が開山塔の造営を喜ぶ。

三八九〔春屋妙葩書状〕鹿苑寺文書（承天閣美術館寄託）

悦承候了、抑開山塔御造営事重畳、下地塔婆築事、雖
然当ニ来世不朽之大福田候之儀、殊目出度存申間、菴号
定渡遣指図同答（カ）候、大小宜相調申歟、寺領幷菴頭事、聊
加愚案可被申計候者也、恐々謹言、
卯月廿日　妙葩（春屋）（花押）
土地堂司殿　御返事

○箱書「普明国師墨跡　鹿苑寺」
○年未詳につき、便宜的に春屋妙葩の示寂日におく。
○文中の「開山塔」の所在は不明。

嘉慶二年（一三八八）八月十三日、これ以前、春屋妙葩が東峯の力で仏事を無事に遂げたことを喜ぶ。

三九〇〔春屋妙葩書状〕宝鏡寺文書

東京大学史料編纂所写真帳六一七一・六二−四九−一

（貼紙）「普明国師状」（春屋妙葩）
十三日の御仏事こと、ゆへなくとけおこなハせ給候御事、
返々故東峯の御願力といまさらふしきに覚つさせをハし
まし候、開山以来師資相承いまにさう（相違）ゐなく候処、すき（過）
候ぬるふしきとも、かくも申つ（尽）くしかたく覚へさせ給候、
故東峯の御遺言かたくうけ給候て程、今度の事ハは、か

りをかへりミす、いろい（綺）申て候、我々か候時世のすへま
ても、無為なるやうに、はからひおかせ給候へかしと思
ること候、此よしを御申候へく候、あなかしく、

○年未詳につき、便宜的に春屋妙葩の示寂日におく。

嘉慶二年（一三八八）八月十三日、これ以前、春屋妙葩が山城国東山円城寺に関する闕所地を竹鼻氏から買得したとして領有を主張し、これに対して東寺が反論する。

三九一〔東寺申状案〕　東寺百合文書ケ函三三三

山城国東山円城寺間事

右当寺者弘法（空海）大師第四之附法益信僧正止住之聖□（跡カ）也、彼
僧正忝備寛平（宇多天皇）聖主之師範、以当寺奉□□□（法皇カ）□□以降、継
二十許代之血脈、送四百余廻之星霜、御相承敢無依違、
其旨官符○勅裁幷代々御譲状等明鏡也、而開田准三后（法助）御代
佐々目有助僧正以為宿老之寺僧、被補当寺別当畢、其後
高時（北条）滅亡之刻、闕所之由雖有掠申輩、就御法流御管領之
伽藍、以一旦別当職恩補之号混私領難被闕所之間、元弘三年十一月○以
勅裁被付○進別当職於仁和寺畢、而竹鼻新左衛門入道覚智
伺優（擾）乱之時分隙、雖掠賜於聖跡、重被聞食披於子細止竹鼻
領知、被返付仁和寺之由度々御教書等炳焉也、爰西東寺
西院回禄之刻、以当所当寺敷地幷同寺領江州愛智円城寺被寄附于御影堂訖、仍預御教書被
打渡於敷下地之処、春屋（・妙葩）国師○春屋称自竹鼻手買領被申於子
細歟、竹鼻拝領既被棄置之上者、買得之人争令領知哉、
為仰有道之政化粗録理運之子細矣、

（異筆）「為仰有道之　政化　東山」

○年未詳につき、便宜的に春屋妙葩の示寂日におく。

嘉慶二年（一三八八）八月十三日、これ以前、春屋妙葩が訴訟に関わり、室町幕府との間を仲介する。

三九二〔春屋妙葩書状〕石谷コレクション所収文書

『新鳥取県史』資料編　古代中世一　古文書編上、一九頁

先日委細之芳札、返々悦入候、訴□（訟カ）間事、三宝内々雖籌
策候、遅々間、今月九日被申公方候之処、以外厳密被加
御下知候、歓喜無申計、大概にて可令下向由存候処、上
裁厳重間、よくほりのミにて、いまに在京候、於于今者
不可然候、令下向者直可登山候、此間之活計、心労相半

にそ候へ、可有御察候哉、さてハいまた御在山候て候ける、正願院事、心外候、東福へもいまたひま候ハて不罷向候、事々期下向候也、恐々敬白、

六月廿日　　妙葩（春屋）（花押）

○年未詳につき、便宜的に春屋妙葩の示寂日におく。

嘉慶二年（一三八八）八月十三日、これ以前、春屋妙葩の弟子中郁侍者の依頼により、楚石梵琦賛の春屋頂相が作成される。

三九三〔春屋妙葩頂相賛〕鹿王院蔵

『京都五山　禅の文化（図録）』、一二二頁

生縁甲州、雅号春屋（・妙葩）、天性淳粋道機円熟、参従伯父夢窓（・疎石）国師、接太祖翁、遥山正続其侍竺僊（竺仙梵僊）和尚於浄智（相模国鎌倉郡）也、金鶏拍翅啼一声、其見清拙（・正澄）禅師於南禅也、宝蔵流光五千軸、兜率天宮法已、宣雲居（天龍寺）庵主人皆伏禅衲満堂天龍推轂（カ）宗、亦通説亦通福亦足慧亦足、此是扶桑大導師、六六元来三十六、

日本天龍春屋葩禅師寿像小師中郁侍者請賛、

楚石道人梵琦謹題「楚石」（朱方印）「（印文不詳）」（朱方印）

○年未詳につき、便宜的に春屋妙葩の示寂日におく。

年月日未詳、太白真玄が春屋妙葩の追悼文を作成する。

三九四〔峨眉鴉臭集〕『五山文学全集』第三巻、二二二一頁

祭春屋（・妙葩）和尚文

嗚呼仏之出也、聞之昔時、祇陀献園、世以尊之、師之出也、見之今茲、相国覆簣、国得之師、仏既前甬、師復後椅、如合契巻、実同化儀、法道之盛、疇媿于斯、恵忠恵斌、冥之与弟、国師之号、僧録之司、兼之一巳、千歳一奇、師之所莅、惟愛永遺、師之所去、惟徳永思、所以吾党、斗仰景隨、今則厭世、吾其依誰、慈航欻覆、苦海測瀰、彼迷溺者、通津奚知、嗚乎、仏之滅也、鸖樹春衰、師之滅也、亀山秋悲、滅無所滅、雲散天涯、出無所出、月現晴池、既無出滅、吾胡嗟咨、所嗟咨者、独在我私、吾老且疾、頼師支持、巳矣斯世、龍華是期、力疾率衆、輿詣繐帷、炉香椀茗、敢告哀辞、嗚乎哀哉、伏惟尚亨、

○年未詳につき、便宜的に春屋妙葩の示寂日におく。

○「峨眉鴉臭集」は太白真玄の詩文集。愚中周及が作成し

た春屋妙葩追悼文は「草余集」（『五山文学全集』第三巻、二二六九頁）にあり。愚中周及が作成した春屋妙葩頂相賛は同書二三一九頁にあり。

嘉慶二年（一三八八）十月五日、雲渓支山が相国寺第五世住持として入寺する。

三九五〔雲渓和尚語録〕　東京大学史料編纂所謄写本二〇一六―五一

雲渓（支山）和尚住万年山相国承天禅寺語録
就東山大龍庵（建仁寺）受請、十月五日入寺、
山門、北極雲開、天関屹立、大地人躋攀不及、驟歩云、看々不渉階梯、一超直入、
仏殿、巍々万徳尊、喚作乾屎橛麻三斤、展坐具云、礼云礼云、
土地、神而明之、冥権不測、正法弘通、寧非汝職、
祖師、漢現胡来、神出鬼没、西抹東塗、逓相漏循、
拠室、這裏綿々密々、百匝千重、結漫天網、打鳳羅龍、若有来不入網底俊流、山僧主丈為渠開封、卓丈一下、
帖、掌内定乾坤筆端回造化、相公付我威権、今日大行此語、（後略）

○『相国寺前住籍』（彰考館蔵）では、雲渓支山の入寺日を嘉慶二年十一月八日とする。

嘉慶二年（一三八八）、太清宗渭が相国寺で開堂を行い、ついで寿塔の雲頂院を相国寺内に建造し移居する。

三九六〔太清和尚履歴略記〕　『続群書類従』第九輯下、六六五頁

至徳丙寅（三年）冬、起師（太清宗渭）於常在光寺（東山）、再住南禅、其秋寺始陞位于五山之上也、道望弥高、玄化益広、且夫当山（相国寺）則鹿苑院（足利義満）殿発大願心、為子孫万世植福之大梵刹也、当初精選主盟、不漫授人、以師福慧兼備、為衆所欣慕、嘉慶戊辰（二年）秋敦請開堂、万衆雲臻、歓声雷動、都邑四方人弥崇益敬、即就寺（相国寺）西偏而営寿塔、曰雲頂、冬移居焉、王公士庶無不望塵以拝伏之、与夫神秀之居天宮、恵安之老嵩岳、異世同調、不亦美哉、

康応元年（一三八九）二月十五日、相国寺帰一軒が所領の能登国穴水郷内来迎寺阿弥陀堂田を来迎寺に寄進する。

三九七〔帰一軒田地寄進状案〕来迎寺文書
『加能史料』南北朝Ⅲ、三〇四頁

奉寄進
能登国(鳳至郡)穴水郷内来迎寺阿弥陀堂田之事
合百刈者、坪八穴水南方杉本畔塚田也、七枚有上二又四枚八地蔵分、
右、件下地八、相国寺帰一之依為所領、彼来迎寺ニ毎月
為仏供燈明之、阿弥陀宝前ニ永代奉寄進処也、仍為後證
寄進状如斯、
康応元年歳次己巳二月十五日
相国寺帰一御使
穴水庄主
有会（花押）

○『加能史料』はこの文書を要検討とする。
○帰一軒は「相国寺供養記」（『迎陽記』第二、一九八頁）に登場する。

康応元年（一三八九）八月十一日、東寺御影堂庇の造営について足利義満が承認したことを絶海中津が増長院義宝に伝える。

三九八〔絶海中津書状〕東寺文書
『東寺文書聚英』解説篇、一三三二頁

(押紙)「等持寺」(三条坊門)
東寺御影堂庇指事、伺中室町殿(足利義満)候処、被聞召候了、宜有
計御沙汰之由、被仰出候、可得御意哉、恐々敬白、
(異筆)「康応元」八月十一日　中津(絶海)（花押）
(東寺)増長院(義宝)御坊中

三九九〔増長院義宝書状〕東寺百合文書ル函二一七

御影堂庇事、去八日津絶海(絶海中津)被伺申候之処、御返事無相違
之条、殊以目出候、彼地則進候、可有御披露衆中候哉、
恐々謹言、
八月十一日　義宝(東寺増長院)
年預僧都御房

康応元年（一三八九）八月十三日、雲渓支山が春屋妙葩一周忌の陞座法語を作成する。

四〇〇〔雲渓和尚語録〕
東京大学史料編纂所謄写本二〇一六―五一

智覚(春屋妙葩)普明国師周祥忌請陞座、拈香云、此香、具一切種智、霊根真風揚、曠却円三徳、涅盤(槃)妙杲(果)、大定在那伽、爇向宝炉、供養三世十方婆伽至尊、微塵刹海諸賢聖衆、西天東土諸大祖師、所集供因、奉為国師大和尚、上酬慈蔭、伏願、世々随方、常為善知識、塵々赴感、普現優鉢羅、焼香畢、就座垂語云、奏猊筋琴、則高低衆音皆絶、樋塗毒鼓、則遠近諸(国脱カ)聞悉喪、若是独脱英霊底、不妨出来相共敲喝、問答罷、乃云、大人具大見、大智得大用、所以指揮仏祖、開活眼於舜若身中、号令人天廓神光於毘盧頂后、霊機絶待、善応無私、日照天臨於四方、雷動風行於一世、縦奪在我、巻舒随時、種々施為種々展演、捻在這裏、拈主丈云、諸人還見广(麼、以下同)、即今普明国師従寂滅定中起、放大光明、説大法義道、諸仏不出世、亦無有涅槃、方便度衆生、故現若斯事、雖然恁广、這是国師、暫時遊戯三昧、事畢竟涅槃后、有大人相、在什广処、良久云、上下四維無等匹、廓周沙界是全身、卓丈一下、復曰、大日本国万年山相国承天禅寺大智院守塔万宗(・中淵)禅師、康応元年八月十三日、恭遇乃師当山第二世前住天龍后住南禅特謚智覚普明国師大和尚周祥忌辰、荘厳此梵場、修崇諸仏事、今当散忌、命本寺(相国寺)住持沙門某(雲渓支山)、陞乎此座、挙唱宗乗、所集殊勲、上酬慈蔭、所冀、待三会当来、益振玄献於不墜、承万年正続、更致慧命於無窮、惟昔開山正覚国師(夢窓疎石)出興之日、三朝帝者師而敬焉、四方学者則而崇焉、既尽善矣、何以加焉、逮乎普明国師、栄遇○時、当朝徳業益乎、

○「雲渓和尚語録」に雲渓支山が作成した春屋妙葩百ヶ日忌の拈香法語があり。

康応元年（一三八九）九月六日、足利義満が雲頂院に摂津国昆陽寺庄西方地頭職等を寄進する。

四〇一〔蔭凉軒日録〕延徳三年五月十九日条

『増補続史料大成』四巻、三七一頁

十九(日脱)、(中略)接(摂)州昆陽寺庄(河辺郡)西方地頭職幷笠池平次郎名等事、康応元年己巳九月六日天山相公(足利義満)御寄附于当院(相国寺雲頂院)以来、年月考之則至延徳三年辛亥一百三年也、永徳二年壬戌始建立相国寺、八年目康応元年也、(後略)

康応元年（一三八九）十月二十九日、鹿苑院仏殿の立柱が行われる。

四〇二〔万年山相国承天禅寺諸回向幷疏〕

相国寺蔵（承天閣美術館寄託）

鹿苑院後仏殿立柱疏

普光明殿立柱諷経功徳文疏　祝献 護法諸天大権真宰三界万霊十方至聖	大日本国山城州京師居住奉三宝弟子准三宮征夷大将軍源　謹封

仏身充満於法界云々　仏功徳海難尽賛揚
大日本国山城州京師居住奉三宝弟子准三宮征夷大将軍源（足利義満）
稽首百拜伏瀝卑悰上達
聖聡切念頃相吉祥之攸、茲開鹿苑（鹿苑院）更発広大之志、改造
覚場、特涓日辰始立殿柱、虔備香華燈燭茶湯之誠、以伸
供養、仍命現前清衆同音諷誦、大仏頂万行首楞厳神呪消
災妙吉祥神呪、所集功徳仰賛、十方常住三宝果海聖賢、
大慈悲父広大霊感観世音菩薩、普庵（印肅）大徳禅師、開山国師（夢窓疎石）
大和尚祝献、大功徳尊天、自十八天至禁忌神将同前、
先願、皇風永扇、仏日増輝、天下太平、兵戈永息専祈、
修造速成、無諸魔事、法輪常転、済度迷流、大法如泰山
之安、洪基似盤石之固、院門類于忉利兜率、檀那斉于匿
王、給孤一礼一瞻咸登　普光明殿或聞或見同入、甘露妙
門法界群生均蒙利益者、
右伏請、三宝證明、諸天洞鑑、謹疏、
康応元年十月二十九日
山城州京師居住奉三宝弟子　源疏

四〇三〔続本朝通鑑〕康応元年十月二十九日条
『本朝通鑑』第一二（国書刊行会）四一九九頁
廿九
甲子、立鹿苑院仏殿柱、
康応元年（一三八九）十一月二十五日カ、雲渓支山が通玄寺開山智泉聖通の一周忌にあたり陞座法語を作成する。

四〇四〔雲渓和尚語録〕

東京大学史料編纂所謄写本二〇一六－五一

通玄尼寺開基智泉（聖通）禅師小祥忌請陞座、垂語云、如来禅祖
師禅、打作一塊、頓在面前、這裏莫有安排得出供養法筵
底广（麼、以下同）、問答罷、乃拈主丈云、十方婆伽梵、一路涅槃門、
左辺卓云、過去諸如来、斯門既成就、卓一下云、過去心
不可得、左辺卓云、未来修学人、当依如是法、卓一下云、

未来心不可得、中間卓云、現在諸菩薩、今各入円明、卓一下云、現在心不可得、所以道、心不忘《妄》取過去法、亦不貪着、未来事、不於現在有所住、了知三世悉空寂、三世既悉空寂、則妙明真浄、廓徹霊通、無一法不是真如解脱、無一法不是菩提涅槃、輝騰今古、迥絶見知、円満十虚寧有方所、山河大地、不礙眼光、真俗男女、性相平等、心々不昧、驪龍簸弄明月珠、法々現前、海神捧出珊瑚樹、又卓一下云、於斯薦淂（得）、一々功徳、一々荘厳、一々殊勝、捴従這裏流出去也、正恁广時、諸人還見智泉禅師行履処广、良久云、祥雲布処曇華綻、葉々流芳遍界香、復挙浄居定光大師、因値大恵（・宗杲）（慧）為衆入室、恵問僧曰、不是心不是仏不是物是ヶ甚广、大師側聞頓領厥旨、拈曰、大恵以一粒還丹、投之路傍、定光拾得、用之、無端、点鉄成金去也、山僧重成一偈、挙示諸人、々間一服紫河車、駐淂朱顔未足誇、弱水蓬萊三万里、乗風飛去到仙家、

○智泉聖通は嘉慶二年（一三八八）十一月二十五日示寂。

明徳元年（一三九〇）四月八日、これ以前、相国寺八講堂が建立され、雲渓支山が上堂を行う。

四〇五〔蔭凉軒日録〕延徳三年十二月条

『増補続史料大成』、四巻、五二一頁

三日、不参、天晴、自伝奏以使者云、八講事於相国寺有其例、以記録被白之、記録云、於相国寺八講事、自明徳二年辛未至応永五年戊寅八ヶ年有之云々、返答云、一昨日御使之由白鹿苑（錦江景文）（鹿苑院）、々々云、昔於相国寺東南角有八講堂、其跡建法住院（相国寺）、彼見移八講堂於二條万里小路（三条坊門）、一乱以来八講堂滅却、以故借等持寺仮仏殿、八講有之、（中略）雲渓（・支山）和尚賸隠集、師於嘉慶二年戊辰十月五日相国寺入寺、同明徳元年庚午閏三月旦上堂、与仏誕生上堂之交、八講堂上堂有之、云、鼎建八講堂、上堂、此大講堂洞開、南方黄金為壁、白銀為床、荘厳殊特、煒々煌々、日月星辰為之蔽色、山河国土為之騰光、諸宗競奪、談玄之席八会厳臨、説法之場北岳名師高提南炬、南京碩匠大振玄綱、権実頓漸之門互相弁拆、性相空有之旨肆自宣揚、哮吼金獅子回旋玉象王、雖然恁麼若約向上宗乗天地懸隔、卓丈云、主大頭辺挑仏日（亀泉集証）、承天法運万年昌、（後略）

四日、（中略）予云、応永五年見移八講堂於二條、天山（足利

相公（義満）者応永十五年薨、然者見移講堂後十年御存生也、然間連署仁鹿苑院殿（足利義満）御代以来云々、如此見書者可然云々、明徳元年始見建八講堂、於相国寺講堂開上堂、雲渓和尚為住持勤之也云々、（後略）

○『臥雲日件録抜尤』文安五年（一四四八）八月十九日条に鹿苑寺東にあった北山第懺法堂（八講堂）が等持寺に移動する記事あり。

明徳元年（一三九〇）四月二十一日、足利義満が相国寺八講堂で御筆御八講を行う。

四〇六〔清原業忠勘状〕八坂塔供養記抄

『大日本古記録 薩戒記』六巻、一三一頁

賀茂祭御神事中依法会被立勅使例、

明徳三（元）年四月廿一日、於相国寺八講堂、被始行御筆御八講、公家（後小松天皇）被立御誦経使、右中将満親（中山）朝臣勤之、廿三日賀茂祭也、応永廿一年四月十四日、於等持寺（三条坊門）、被始行御筆御八講、公家（称光天皇）被立御誦経使、左中将雅清（飛鳥井）朝臣勤之、十八日賀茂祭也、

三月（永享十二年）十五日

大外記清原（船橋）業忠

明徳元年（一三九〇）四月二十八日、相国寺八講堂で結縁灌頂が行われる。

四〇七〔文亀二年曼荼羅供記〕

『続群書類従』第二六輯下、二五一頁

（前略）

一上所記円座幷供掌燈先規事、

明徳元年四月廿八日、相国寺八講堂結縁灌頂、大阿闍梨上乗院宮乗朝、施主武家（足利義満）、次第云、勅使参上立幔門外、家司逢申事由、蔵人敷円座、公卿座末、燈事

又云若入夜者供掌燈、高座左右各一本、御聴聞所前一本、蔵人役之、庭前奉仕立明、

（中略）

一明徳元年四月廿八日、上引之、相国寺八講堂差図正面脇簀子惣在庁座在之、

同次第云、衆僧着座、威儀師昇同階着座云々、

（後略）

四〇八〔曼荼羅供雑記〕明徳元年四月二十八日条

『後鑑』第二篇（『新訂増補国史大系』第三五巻）、二八二頁

曼荼羅供雑記云、明徳元年四月廿八日、相国寺八講堂結縁水丁（灌頂）、大阿闍梨上乗院宮（乗朝）、施主武家（足利義満）、次第云、勅使参上、立幔門外、家司逓申事由、敷円座（公卿座末）、又云　燈事、若入夜者供掌燈（高座左右各一本、御聴聞所前一本、蔵人役之、庭前仕立明）、又八講堂（南向）、差図正面脇、簀子惣庁座在之、同次第云、衆僧着座、威儀師昇同階着座云々、

明徳元年（一三九〇）四月三十日、足利尊氏三十三回忌の仏事が相国寺八講堂で行われる。

四〇九〔足利尊氏三十三廻追善結縁灌頂略記〕

東寺百合文書丙外一九

結縁灌頂略記

明徳元年庚午四月卅日、故等持院贈左相府尊氏（足利）卅三廻追善

道場相国寺南門脇新御堂（八講堂）東西五ヶ間除庇定、南北五〻四ヶ間除庇定、今度被新造〔之〕灌頂以前五日十講被行之、

今度連日顕密法事、依被准　勅会、綱所致奉〻令行〻仕、仍灌頂色衆等、以綱牒○令催之、○万里小路大納言嗣房卿、○奉〻行人毎事所執沙汰也、行〻之

当日早旦威従等奉仕堂荘厳事○自前日其儀如常、有用意云々、

此・新堂中央造○廻壇欄令〻奉居本尊像尺迦（釈）、件仏壇依難動転、其前立高座在登橋等、鉤天蓋無言行道之時、令籠遶彼壇也、

仏壇左辺東第一間自北闔去五六許尺、東西行立十二天屛風一帖甲帖其前敷、〻、〻、〻、〻、〻、〻、〻、〻

○〻敷高麗端帖小文一枚、為大阿闍梨法親王（乗朝）御座、観音院儀法親王大阿サリ時重・敷二帖云々、今度被用一枚、是○当時御故実歟、正面南除廂、東第一間東西行敷小文高麗一帖、為小阿闍梨座、相対大阿サリ座、西第一二間除南庇〔廂〕、迫西闔、

南北行三行各〻〔重〕敷高麗○八枚▨○東〻一〻枚▨〻紫端四帖帖為色衆座、東二行僧綱座高麗、西一行凡僧座紫端、中

央間南廂立散花机二脚東西行合妻立之、敷地舗・在覆帯等〔在之、〕納花筥三十枚

○正面庇東第一〻〻○脇間〻庇迫南柱敷高麗端帖小文一枚、為大施主准（足利義満）后御座○自此以東同帖一枚・並敷之、為公卿座、同〻庇西脇間以西敷高麗端一枚▨為公卿座、南面大床東西〻○脇間之通各〻迫南欄東西行敷紫端帖一枚、為堂童子座（威儀師）○・其

西敷紫端一枚、為威儀師座、
母屋毎間懸列餜幡花鬘、今度堂内令敷満弘莚、是観音院
灌頂例云々、抑厳麗会場令敷簾〔荒〕莚藁莚、其儀頗見苦躰也、
粗検旧記観音院道場以南面七ヶ間同以孫廂也、以此所為
戒場故、依有其恐令敷満弘莚歟、○於母屋本堂者敷○莚
之条可無其詮〔似〕歟、○▨▨不可為例高〔カ〕哉、但猶可尋子細矣、
「〔東寺百合本〕〔中御門〕経宣卿記□〔性円法親王〕
正和二年正月廿二日大覚寺二品親王御入壇記云堂内弘莚事、兼
日有其沙汰、任嘉元徳○☒等例被略之、是前大僧正所被計也云々、」
於南庭去南築地五六許尺構緑絹幄屋置誦経案、在小莚、
於堂前立龍頭棹八本、懸糸幡八流▨家令奉行云々、今度
莚道東西両方各四本立重之、通例莚道左右次第一行列立
之由綱所雖申所存、去元徳年於大覚寺不壊化身院被修結
縁〻丁○〔灌頂〕時〔藤原忠子・後宇多天皇後宮〕談天門院御菩提云々、指図分明之由官家頻申之、不及改直
之、雖然恐違〔常〕進○□途〔儀〕歟、
今度於堂西辺子午借屋五ヶ間被新造之、
又自堂前至集会所辺莚道三行敷之、掃部寮役之歟、中莚道上施
褥、〔不重裏、只単也、〕緑絹置鎮子内蔵寮役之歟、莚道西其端立高机二脚置法螺・鐃・鈸〔鉢〕寄立玉
幡二流、此所引幔門、
当日未剋撃集会鐘莚道西砌釣殿○鐘、色衆各参着西集会所、
讃頭人不依臈次令着讃衆一座、是仁和寺例云々、集会所
東西各南北行敷小文高麗三帖紫端二帖、為色衆座、又傍
南墻立山水屛風片方、其前東西行敷小文高麗一枚、為大
阿サリ御座、然而不及御着座、此御座可重敷二帖歟、如
何、
於集会所砌為綱所沙汰折紙注左右僧名各〔各〕令取合点了、折紙注之

左方	右方
衆僧前	衆僧前
螺吹	螺吹
教紹	維兼
栄暁	定守
厳仲	行融
尊賀	宣守
朗厳	光朝
慶深	賢仲
道盛	禅俊

亮顕　俊宗
頼遍　宗仲
融然　隆禅
乗性　宏寿
宗誉　永守
頼暁　教遍
性厳　隆覚
朝厳　成珎
　　公助
持幡童　　持幡童
　大阿闍梨
　　光信

已上折紙注之、鎰取廻覧之、

次威儀師立幖於僧座、

次准后（足利義満）幷諸卿令着堂前座、寿永元年観音院灌頂大阿サリ登高座之程、諸卿着座云々、是法親王大阿闍梨時、親王庭上、諸卿堂上、其儀無骨故也、

次従儀師催従僧列、今度左右立様〔樧〕従儀師覚悟不分明歟、臨期錯乱、其儀頗見苦躰也、

従儀師二人左右相分引率従僧昇自南階、各守幖令置法具於僧座、僧綱敷草座、置居筥・香呂筥、凡僧○置香呂箱許置物具了、各経本路引還〔退〕、今度遅参従僧等依不加于○行列、雖臨堂内進退失度、迷惑無極比興次第也、

次事具之後、威儀師催僧衆列、乞戒小阿サリ、従僧者不加列于列各持物具相従列云々、

先色衆出自集会所経幔門脇、赴立莚左右莚道上、不○改〔及〕草鞋、威儀師為引頭、

次大阿闍梨香○法服衲横皮五股水精念珠檜扇等如常、自御堂被渡之、自御休所（相国寺）資寿院令赴列所給、先之自常盤井親王（満仁親王）亭御出立、先駈扈従等各連車、令移入資寿院、令相〔奇〕待法会剋限給、准后今日御参詣等持院碁〔墓〕所（洛北）云々、仍時刻遅引歟云々、

荷輿丁八人各着退紅白袴・立烏帽子、今度依臨期参差腰輿闕如立烏帽子、仍被用手輿、是非常儀也、威儀僧徒・御童子等左右行列、扈従僧綱一人、供奉十弟子四人、各持物具追従二行、一臈左・居箱・草座、二右┃香呂箱・如意、三左┃戒躰箱・座具、四右┃御草鞋、令撤幔門高机等、専当役之、後令降立中莚道西端給、十弟子一人役御草鞋、持幡童二人於此砌棒玉幡、進寄机辺〔机〕○傍寄懸○玉幡自取持之、

各進立左右莚道上、執蓋一人六位、執綱二人五位、各存本役、傍立莚道砌、十弟子着鼻広、経莚道外於南階前脱鼻広了、

行列次第

先衆僧前四人五位二人、莚道外進立〔莚道外進立〕六位二人、次螺吹二人鈍色白裳小袈裟、莚道外傍立、次引頭威儀師〇（二人）法服赤ケサ、次讃衆十人法服青甲、次持金剛衆十八人法服納衣、已上左右相分、下臈為先、讃頭〇（二人）持鉢前行、先音頭二人臨高机〔辺〕之時自承仕進取渡左右鉢〔取持之〕最持之（取）末二人打鐃、鐃持〇（二役人）相副立鈍色白裳小ケサ、次乞戒導師法服紫甲提三衣持香呂、不着集会所直加立莚道、灌頂立持幡中間、為不踏褥寄立左辺莚道也、〇従僧持法具 次持幡童二人総角襲装束、相従、次大阿闍梨、次執蓋綱張役人、次十弟子四人、各持物具、次小阿闍梨法服納ケサ、提三衣持香呂、不着集会所直加立〇（左辺）莚道、従僧持居筥（箱）・香呂箱、草座相従慶僕〔カ〕等済々、次讃頭発音両段了次第徐歩、即色衆等引率昇南階、入堂内群立散花机以西、〇（通例）昇南階時左右色衆〇（頂）一行〇（頂）〔交〕可経昇〇也、今度不然、越度歟、又於衲衆者於堂上造輪上衆下臈次第相向列立、於讃衆者群立、是常儀也、今度左右色衆於堂中〔内〕猥雑体也、頗以見苦悪歟躰也、乞戒師同進昇佇立散花机西辺、次引頭立留南階以西蹲踞砌、下衆僧前執蓋〔蓋〕綱取等経本路退帰、次大阿闍梨令佇立南階前褥上給、此間十弟子各進出、昇南階相分左右、令置物具、居箱置左机、香呂箱・如意置右机、前机置戒躰箱、片供〔養〕折敷兼被置前机、高座上敷座具、平座上敷草座、末二人降立階下請取玉幡、令立高座前机左右、持幡童経本路退帰、所役了四人各群居〇（高座）後辺、次大阿サリ昇南階入正面中間、経散花机以東、廻高座東北二面令登高座給、於高座砌暫有加持作法、次小阿闍梨昇南階着座、先之〇従僧相従敷草座置居箱・香呂箱、〔法具〕 次乞戒師進立礼盤下先之〇従僧置以居筥・香呂箱加如意、於前机敷草座（置以）於礼盤〇（敷）平座了退去、或説敷礼盤上云々 次持金剛衆行道三帀、此間讃衆尚〇（群）立堂〇（内）西辺、鐃・鈸発響、螺吹在階下不休吠声、次諸僧着座、〇（此時）鐃・鈸・螺吹各止響、〔讃衆着座、鐃鈸（持）〕〇螺吹〔等〕引帰了〔畢〕僧座前一行北上東面、第二行南上東・面已上北上歟、衲衆、第三行南上東面東面已上甲衆、〔北上〕次令撤莚道、次乞戒師〔〇〕着礼盤、〔衲衆同時可着也、〕次威儀師昇自南階着堂前座、今度大床西端不置円座一枚了 次大阿闍梨令取香呂給、次威儀師催惣礼二音、衆僧同時執香呂三礼、次大阿闍梨作法在序、次乞戒師金二打唱礼仏頌、此間○准后依窮屈令退出道場給——近習公卿大略追従、臨法会、終頭〔顕〕○准后令還着仍堂前座給也、了

次○乞戒師礼盤上三礼了金一打、

次○堂童子着座、左右各二人自東西進着〔左右各二人自東西進着、〕

次唄師取香呂発音、

次堂童子〔進〕賦花箱了、複本座、但今度不及着座、〔今度乞戒師礼仏頌時、賦花箱不知案内之至歟、〕

次散花師持香呂花箱起座、到〔列〕堂後戸辺取座具、従僧自兼此所相役於正〔設〕面者依無便宜也、次第散花如常対楊了、臨於後戸返賜座具於従僧了

複○本座、

次堂童子取花筥〔箱〕、如元納机〔札〕了退入[去]、

次乞戒師金一打、表白神分已下如常○表白之間度者使隆信朝臣時間隆信卿束帯剣

持笏進入西脇間堂前就高座右辺、仰之、〔但〕只気色許也、大阿ヽヽ聊少揖、

勅即使経本路退去、経西殿上、降下庭上臨〔臨〕南庭○聊聊以

二拝了退去、○、拝以前家司賜禄白掛也

次大阿ヽヽ引退鈴杵於前机東、令開戒躰箱、取香呂、御

表白発音、次々作法如例、

次大阿ヽヽ仏名教化了○次乞戒師随善乞誓了金一打下礼盤、取香呂礼拝三了、

任臈次加着色衆座、従僧自昇自南階移置法具於平座了即退帰、

次大阿闍梨行歯木作法、十弟子役之、

次大阿ヽヽ降高座、一礼向南、了〔畢〕着御平座、今度色衆等不及揖礼頗無謂失念歟、

次十弟子渡置法具、於御座左右戒躰箱・如意等撤之、自持之、

次誦経導師起座、着礼盤、先従僧置香呂箱於前小机了退出、

打磬持香呂三礼如来唄表白等如常、

表白之間、公家御誦経使満中山親朝臣参上、其儀同、度者使

堂達授諷誦文於導師、綱所兼授堂達、此時公家御諷誦同令渡之、密令示〔示云〕、先可授准后御諷誦於導師之旨云々、

綱所於正面○大床令催御誦経鐘二音、

導師聞鐘音了○即読諷誦文打磬発願四弘仏名教化〔以下〕如例、教

化之間賜禄綾被物一重、左中弁資柳原藤朝臣持参〔之〕、令置

導師左辺了退出、

堂達返取諷誦文対進呪願師前乞呪願了、至正面間読〔諷誦〕

文了複座、〔次導師〕又公家御諷誦令行之、其儀如前、今度綱所不催御誦経鐘只遣使令突之云々、

（料紙切断により文字欠）

堂達作法如前綍了導師降礼盤複座、従僧撤被物幷香炉〔呂〕箱
依退出了、依及昏黒可令備章燈〔カ〕之処、不及其儀、只庭前
立明許也、仍堂中闇昧、奉行人之越度也、
次〔被〕引諸僧〔御〕布施、先之承仕令撤却散花机、大阿サリ御
布施准后自令取給、綾・被物一重 手長重々在之、於正面奉渡之、此時諸僧去席蹲踞、法
親王〔卿〕御動座令請之給、准后即御退出、東方 次西園寺大納言〔公永〕令
取被物、次々月卿雲客各守次第令引、色衆布施了、公卿手長
之在、各自西退出了、
次撤布施幷法具、大阿サリ〔御〕布施十弟子撤之、於〔御〕西廊出
色令渡従僧色衆布施面々従僧撤之了、
次還列、
所司敷莚道如初、
先持幡童進立階下十弟子取玉幡授〔渡〕之、螺吹衆僧前執蓋・
執綱等進立砌下、
次色衆起座退下、
次大アサリ同退下、
先十弟子○各持法具相従○先令蹲居高座辺、大阿サリ退下之時、
同追従、

已上行列次第如進儀、
次讃頭発音、第二遍只頭出許也、
次法螺発音、
色衆等至莚道之西端、突鉢返了引退便宜之所、
次大阿サリ出莚道外、乗輿持幡執蓋等退散了、承仕即○令
撤却戒場道具・綵幡花鬘幷庭▨幡等了○受等了更料理夜時道場、
具在別記、今度法会次第、二条関白〔師嗣〕被機〔令〕進之〔給云々〕注云々、
〔差図端裏書〕「相国寺新造結縁灌頂差図 明徳元年四月晦日」
三摩耶〔昧〕戒 道場差図
（一九〇－一九一頁の差図はこの位置にあり）
上乗院 大阿闍梨無品法親王 乗朝 常盤井李部親王御子 亀山院御孫子
色衆卅口 東寺観音院恒例灌頂色衆卅口内 加威従四人、今度不然別請之、
法印権大僧都 大納言 安楽〔花〕家院 公助 乞戒 随心院住 大納言 証菩提院 光信 小阿サリ 大覚寺住 兵部卿 朝厳 上乗院住 〔花蔵〕宝持院 内大臣 成珎 呪願 仁和寺住

證聞院 右大臣 性厳

法印権少僧都 大教院 仁 隆覚 誦経導師

〃〃〃〃 〔中将〕妙観院 東 教遍 散花

権大僧都 〔刑部卿〕普光院 東 頼暁

仁 宗誉　〔内大臣〕密厳院 仁 永守

太政大臣 上〔乗院〕 乗性

権少僧都〔小納言〕 宝厳院 東 宏寿　〔兵部卿〕仏土院 東 融然

〔宰相〕按察 西酉 宗仲　按察 東 隆禅

〔弁〕宝輪院 東 頼遍

権律師 大夫 西酉 亮顕　〔按察〕宰相 西酉〔東〕 俊宗

宮内卿 仁 道盛　宰相 毘〔沙門谷〕 禅俊

以上持金剛衆

大法師 小納言 東 栄暁 頭讃　弁 ・仁 慶深

按察 東 賢仲　十輪院 随〔心院住〕 朗厳

大納言 上 光朝　宰相 仁 定守 讃頭・

中納言 上 尊賀　恵明院〔大納言〕 仁 宣守

刑部卿 随 厳仲　宰相 仁 行融 堂達・

以上讃衆

威儀師二人 教▨紹 継兼

従儀師二人 祐済 相▨淳

十弟子四人

・毘・兵部卿 澄厳 居箱 〃如意 〃草座

・毘・宮内卿 性俊 香呂箱 〃草座 〃如意

・毘・式部卿 有尊 戒躰箱 座具

・安祥寺住・三位 興恵 草鞋役

承仕六人

預 能命　預 長舜　相命 持鏡

長命 持鏡　寛命 吹螺　定仙 吹螺

持幡童

左 曼珠丸　右 鶴寿丸・

着座公卿

〔准后左大臣従一位〕

准三后左大臣 公永 西園寺大納言　隆郷 四條大納言

大施主

公定 洞院大納言　嗣房 万里少路大納言　資康（裏松） 日野大納言

仲光（広橋） 勘解由少路大納言　季顕 四辻中納言　資教 日野中納言

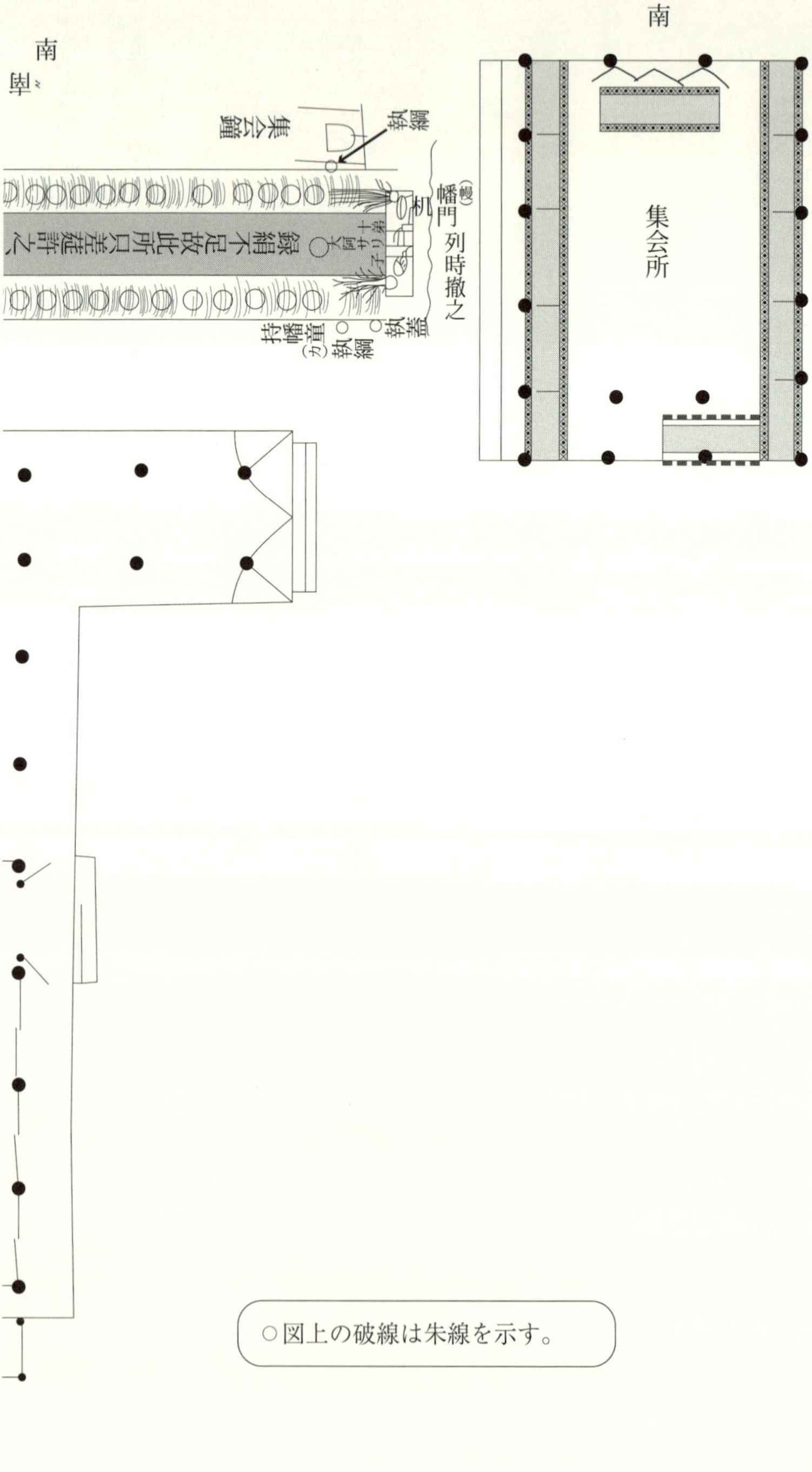

○図上の破線は朱線を示す。

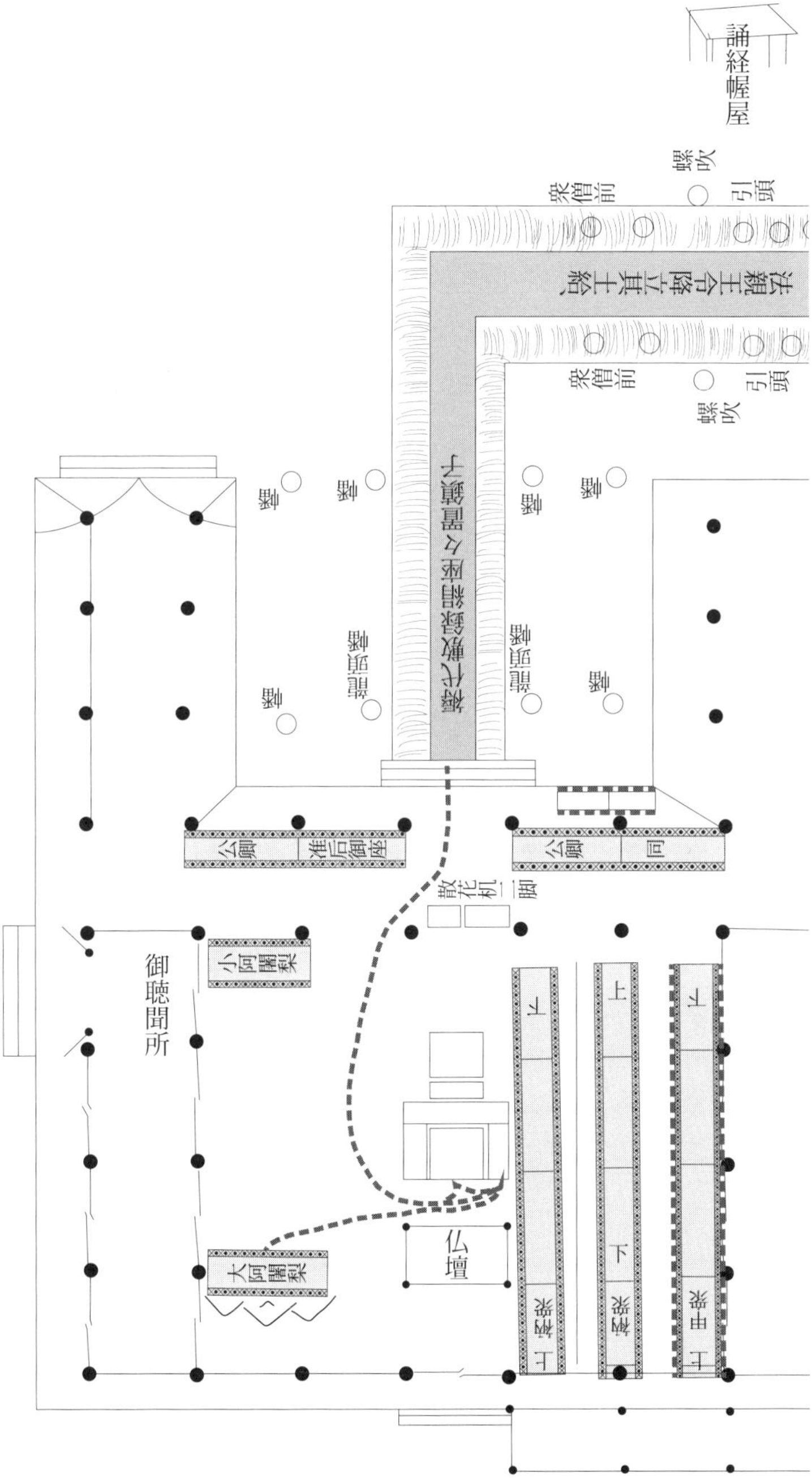

誦経幄屋
螺吹
衆僧前
引頭
御聴聞所
小阿闍梨
大阿闍梨
仏壇
公卿
准后御座
同
散花机二脚

親雅左衛門督（中山）　基光園中納言　（公仲）（裏辻）権中納言
隆仲（西大路）大宮宰相　資俊（武者小路）藤宰相　資衡（柳原）別当

〔已上〕

殿上人
法性寺親忠朝臣　山科教遠〃〃　四条隆信〃〃度者使　月輪季尹〃〃
冷泉永行〃〃　（西洞院）親良〃〃　飛鳥井雅縁〃〃　勘解由少路行俊〃〃
言（東坊城）定長〃〃　（藤原）実量〃〃　（日野）○重光〃〃　御誦経使（中山）満親〃〃
中御門〃宗量〃〃　（山科）教興〃〃　三条中将○実清〃〃　（橘）知季〃〃
（白川）資忠〃〃　業俊　（菅原）方長守〃　（藤井）嗣保
（藤井）嗣忠　（小川）経豊○　（万里小路）重房御子左為右　（白川）定清
（清水谷）実次　誦経導師布施取資藤朝臣

堂童子
（安居院）知兼　（西洞院）知高左　（東坊城）長遠　（土御門）資家右

執蓋
右近将監秦重宗

執綱
内蔵允〔用〕丹波光重　散位藤原季吉

衆僧前
五位左京権大夫高階泰世
大膳権大夫大江俊重
六位宗岡行重
同　行言

一下行物事
大阿闍梨御訪〃分　銭貨二万疋、以此内緩《綾》〃被物二重被用意之、
色衆卅人訪〃分　各○六百五十疋〃〃〃〃〃、六百七十疋　六貫七百文　以此内僧綱綾〔後〕被物一重平嚢一、凡僧、練〃繰《貫》被物一重、紙嚢一用意之、共入長櫃、退紅仕丁舁之、

所作人役人加布施事
小阿闍梨光信　乞戒公助　誦経導師隆覚等〔加布施有之〕
各三百疋下行之〔云々〕、以此内各緩（綾カ）被物一重平嚢一用意之、仍役人〔所作〕被物二重用意之、

一行粧事
大阿闍梨〔前駈二人〕前駈二人此内呈僧綱一人、各従召具之、各鈍色白裳、指貫小袈裟、御後一人○鈍色指貫　乗性大僧都勤之、
装束同前、扈従僧綱一人〔色〕職衆中也、

中童子一人染装束、大童子二人・此・内長一人〔列〕別一人○力者○六人衣　十二人　中童子一人　牛飼三人水干

仕丁一人唐笠〔持〕侍、

色衆〔或〕乗車或〔乗〕輿在之或内々自相国寺・蜜々出仕云々、〔従僧一人鈍色白裳小ケサ、或指貫、或表袴着云々、〕中間三人召具之、力者四人衣二人小頚二人依人少々在加減、○牛飼一人狩衣、（大童子一人狩衣、仕丁一人唐笠持、）

（三宝院旧記）「卅人各如斯、但乗輿人力者六人大童子等召具之、牛飼仕丁ｰ無之、

此内小阿闍梨従僧二人染装束中童子一人召加之、」

卅人各如斯、面々従僧鈍色、白裳、小袈裟指貫或表袴着之、一人召具之、従僧中間三両人、

但小阿闍梨許従僧二人、中童子一人染装束召加之、刷儀分▨

綱牒案

今般儀或仁和寺一品親王（法守入道親王）毎事御指南云々仍所作役人之間

等自（カ）▨▨被計申候云々色衆交名○所作役人等依御室御

（料紙切断により文字欠）

合点被請定之○了（カ）、▨▨▨役人等自御堂被計▨▨▨

▨

一　綱牒案

僧綱

融然権少僧都

右奉請来廿八日於相国寺新御堂、可被行結縁灌頂、持金剛衆如件、

明徳元年四月廿一日　従儀師祐済

威儀師教紹

副状案

来廿八日結縁灌頂法具在御用意、可被召具従僧之由、被仰下候、恐々謹言、

四月廿二日　教紹

兵部卿僧都御房

追申候

御年戒被付冬夏、可注給候、

〔僧〕凡歟○僧綱

厳仲大法師

右請定、来廿八日於相国寺新御堂、可被行結縁灌頂讃衆
如件、
明徳元年四月廿一日　　従儀師祐済
威儀師教紹
（料紙切断により文字欠）

同請文事案
謹領　綱牒一紙
右於　相国寺新御堂、以来廿八日可被行結縁灌頂讃衆、
謹領如件、
明徳元年四月廿一日　　大法師厳仲

凡僧如斯、僧綱又准之、年号下位暑(署)事、法印権大僧都ハ略法印字〔ヲ〕、権大僧都某ト許書之、平法印ハ只法印某ト書云々、今度如斯云々、次副状事、小僧都以下ヘハ不論老若、悉以恐々謹言ト書之、法印・大大(衍カ)僧都ヘハ共ニ恐惶謹言ト書之、或又依人某謹言ト書之云々、返事凡僧▨(也)・僧綱平均ニ恐々謹言ト書之歟、但依人依所可相替者乎、御礼節事不似
（料紙切断により文字欠）

(三宝院旧記)
「今般儀、仁和寺一品親王毎事御指南之間、色衆交名所作人等、依御室御合点被給定之了、」
余(予)可令参色衆○(令)勤仕小阿闍梨之由雖蒙、竹苑内々厳旨老屈不階之身、依不堪(カ)参仕○(難堪)不献領状、然為拝邂逅○(之)厳儀雖○(令)臨会場、依及昏陰不見聞、異儀僅耳目所触略部(注)記大概定多訛謬歟、重可加添削也、
明徳元年五月日　　法印権大僧都賢宝
延享第二歳次乙丑初秋既望、繕装了、
僧正賢賀世寿六十二

(三宝院旧記)
「同五年(明徳)五月十日、以観智院(賢宝)(東寺)法印草本書之、彼時儀式予親見聞之、僧俗出立不可記尽之耳、　実信生年三十

此法会以前五日十講被行之、被擬震(宸)筆御八講云々、相当中日大行道有之、当官職卿相雲客凡無残人、大施主准后(足利義満)・二条関白(師嗣)・徳大寺左府(実時)・久我右府(具通)・左右大将菊亭(実直)左大将・花山院右大将(通定)以下、各刷行粧、出仕月卿雲客五十余人、各持捧物、相加行列、僧俗出立希代見物也、八講参勤僧名如左注孝尋大乗院大僧正今度任大僧正云々、興円守僧正、寺房淳法印兼講、

良寿兼講、長懐、、兼講、
已上證義
山心兼法印、興長雅法印、山心尊大僧都、興実恵僧都
山叡俊、、、山忠慶、、、東大義宝、、　已上講師
山良誉権少法印、山実円法眼、山幸円権律師
山心俊、、、東弁弘、興実雅、興兼覚、興隆俊、寺頼深
興光暁、興円範、興孝俊、東房顕、寺房祇　已上聴衆
自四月廿一日始行云々、但依神事中間両日被閣之、仍廿五日相当中日、左右大将・別当以下今度初任之間、今日各拝賀云々、以上見聞之分、為後日大概注之了、
実信
去十一日、為大政所(豊臣秀吉)太閤母儀尽七日追善、於東寺西院結縁灌頂修行、大阿闍梨予(義演)勤仕、職衆廿二口、庭儀、仍報恩院記録申出之、為従資令書写已下、于時
天正廿年九月廿四日、於金剛輪院西窓記草了、
准后(義演)（花押）卅五　」

○「　」は「三宝院旧記」（東京大学史料編纂所謄写本二〇一五-五八二）第三冊により校訂。
○差図は東寺百合文書のものを掲載した。「三宝院旧記」の差図は、冨島義幸「等持寺仏殿と相国寺八講堂」（『仏教芸術』二七三、二〇〇四年）に掲載される。

四〇〔結縁灌頂次第〕東寺百合文書丙外二〇-六

明徳元年庚午四月卅日故等持院贈左相苻(府)尊氏(足利)卅三廻追福結縁灌頂於相国寺南門脇新堂、今度被新造之、被行之、大阿闍梨上乗院無品法親王、乗朝、自去年被隠居西脇別所、今般依厳命御出頭被参、大アサリ、色衆卅口、此外被加威従四人、両寺灌頂○例色衆卅口内被加威従四人、今度不然為色衆巨多也、着座公卿十、人、雲客数十輩、道儀厳重希代壮観也、法会之儀被模院中式、綱所仍色衆以下以綱牒令催之役、
小阿闍梨法印権大僧都光信、
乞戒導師法印権大僧都公助、
誦経導師法印隆覚、
散花権大僧都教遍、
讃　栄暁上堂・定守還列、
十弟四子四人、
澄厳兵部卿　性俊宮内卿

三位興恵　民部卿有尊

持幡童

左曼殊丸　右鶴寿丸

承仕六人

預能命　預長舜　　相命鐃持

長命鐃持　寛命螺吹　定仙螺吹

四一〔和久良半の御法〕『群書類従』第二四輯、一二三頁

（前略）明徳《後小松》はじめのとし卯月廿日あまりの事にや、都にまれなる聴聞侍りとて、嵯峨・仁和寺・醍醐・勧修寺のかたほとりよりも、見聞の裏頭あやしのきぬかづきに至るまで、一條辺二條のあたりなどさながら布を引たるがごとし、しかあれば是はいかなる御仏事にてましますやらんと世におぼつかなかりしかば、たれとなく行来の人にむかひつゝ、うはの空にたづね侍しかば、ある人の申やう、是こそ等持院殿《(足利)尊氏》三十三回の遠忌をこの晦におくりむかへさせ給ふ、その御ため、顕密の外まで色々の御仏事どもを修ぜられ候なる、中にも御八講をむねとせさせ給ひて、四ヶ大寺の碩学をめされつゝ、よろづ長元《後一條》の例にまかせ、すでにけふより始行せられ侍り、（中略）さて彼道場は相国寺の傍に七間の大堂を俄に建立せらる、本尊は釈迦坐像、等身の泥仏一躰也、仏閣金銀をちりばめて、即時に成風之功をなされ侍り、扨此修行者やう〳〵相国寺の辺り八講堂のあたりへのぞみ侍れば、門の守護は赤松《(義則)》とかや、左右の幕打あげつゝ、弓末ふりたて、矢筈相とゝのへ、殊更時の侍所としてけいごを致つゝ、所司代はかなむち持て雑人をはらひ侍れば、裏頭きぬかづきの外には、左右なく面をむくべしとは覚侍らず、（中略）廿九日には相国寺にして大《(太)》清《(・宗渭)》陞座し給ふ、拈香は当住《(相国寺)》雲谿《(渓)(・支山)》にてましますも也、大鹿苑院にては一切経を転読し給けるをけふ経蔵におさめられ侍るとて、左右伶人音楽を発して一奚婁を打侍れば、大衆廊下に列立して転経にし給ふなり、さて晦日にはまづ主人《(足利義満)》払暁に仁和寺の等持院《(洛北)》へ入せ給へば、五山の長老たちも我先にといそがせ給ふ程に、また夜をこめて坐禅の床よりぞまし〳〵ける、さて陞座は鹿苑院長老空谷《(・明応)》、拈香は建仁寺長老物先和尚《(・周格)》にてぞまし〳〵ける、去ほどにけふは結縁

灌頂をむねとせさせ給べしとて、いそぎ還御ありていらせましますに、八講堂にはひしめきわたりつゝ、見聞の人々又市をなし侍り、さて着座には主人、西園寺大納言(公永)、四條大納言(隆郷)、洞院大納言(公定)、万里小路大納言(嗣房)、日野大納言(裏松資康)、勘ケ由小路大納言(広橋仲光)、四辻中納言(季顕)、左衛門督(中山親雅)、園中納言(基光)、権中納言(裏辻公仲)、大宮宰相(西大路隆仲)、藤宰相(武者小路資俊)、別当(柳原資衡)等十五人なり、さて堂童子には左に知兼(安居院)、知高(西洞院)、右長遠(東坊城)、資家(土御門)等也、殿上人には、親忠朝臣(法性寺)、教遠朝臣(山科)、隆信朝臣(油小路)、季尹朝臣(月輪)、永行(高倉)朝臣、親良朝臣(西洞院)、雅縁朝臣(飛鳥井)、行俊朝臣(世尊寺)、言長朝臣(東坊城)、実量(藤原)朝臣、重光朝臣(裏松)、満親朝臣(中山)、宗量朝臣(松本)、教興朝臣(山科)、資藤(町)朝臣、実清朝臣(三条西)、知季朝臣(橘)、資忠朝臣(白川)、業俊、長方(菅原)、嗣(藤井)保、経豊(勧修寺)、為右(御子左)、定清(白川)、実次(清水谷)等にいたるまで、二十六人にて侍とかや、けふは主人ばかり直衣を着し給ひけり、よろづこのほどにはひきかへたる堂荘厳のありさまなり、されば庭の幡莚道等にいたるまでまことに厳重におぼえ侍り、まづ従僧の列ありて色衆の道具を置侍り、其後大阿闍梨上乗院(乗朝)、大唐玄奘三蔵の御けさを着し給て、腰輿に乗じましませば、駕輿丁これをかきたてまつり侍り、さて幔門の前にしておりさせ給へば、色衆三十口、庭の讃たかく雲をうがちて、すすみて貝ふき、持幡童・執蓋・執綱等にいたるまで、誠に秘密甚深のすがたたつとく覚え侍り、けふも度者御誦経等のつかひありて、乞戒誦経導師等もはてしかば、主人阿闍梨の御布施をひかせ給ふ、色衆にもこと〲くこれをひかる、さて灌頂主人をはじめ奉りて、簾中簾外のこらずうたせ給へば、みじか夜程なく明過るまでに及けるとかや、かやうに顕密諸会座座の御仏事、寸善尺魔の障碍なく、ことさら真言上乗の床にして結願のむしろをまかせ給へば、尊霊すみやかに𑖀字門におもむきて、仏果増進し給ふべき也、さる程に衆僧も事ゆへなく喜悦の眉をひらきて、いそぎ本寺本山へかへり給ふなり、(後略)

四二〔太清録〕瑞春院蔵

等持院殿(足利尊氏)三十三回忌就于相国寺陞座

索語、臨済三玄戈甲撥乱乾坤、是太平洞山五位君臣不敢触著当今諱、祖師門下不論如何若何、伶利衲僧直得左転右転、還有問話者广(麼、以下同)、時有僧出問云、直下打翻生死窟、

無端推倒涅槃城、丈夫自有衝天気、不向如来行、処行、
師云、驚○(群)須是英霊従(漢)、敵聖(勝)還他師子児、僧云、恭承本(相国寺)
寺大且(旦)越(足利義満)今月晦日伏値、　先祖等持院殿三十三回諱、預
於当山開八座講筵転三蔵秘典以伸諸供養、次特命和尚陞
座説法有功徳广、（中略）拈主丈云、主丈子出来、謂山
僧云、今日大且(旦)那請和尚(太清宗渭)陞座説法、専為等持院殿仁山大
居士資厳覚路□(何カ)故只褒誉、　相公(足利義満)洪業慶讃、新寺(相国寺)落成、
抜済一句未曾道著、卓主丈一下幾乎忘却、表白、娑婆世
界南瞻部洲大日本国山城州京師居住奉三宝弟子従一位准(足利義満)
三宮、明徳庚午(元年)孟夏(四月)晦日、伏値等持院殿贈一位左相府仁
山大居士三十三回之諱辰、預於日前荘ム(厳)大法筵成就諸仏
事、自染台翰書写妙経、新建講堂(相国寺八講堂)、会諸宗碩徳講論此経、
兼営備結縁灌頂、及十種供養等諸法事、又就鹿苑(鹿苑院)精舎東
山尊衆、看閲大蔵毘盧真詮、夫以八講之作由来尚矣、
（後略）

○本史料は、太清宗渭が作成した陞座法語。

四三　〔空谷和尚語録〕『大正新脩大蔵経』第八一巻、二一一頁

相国為等持院殿(足利尊氏)仁山居士三十三年忌
此香、蟠根同閻浮樹、清蔭斉勧喜園、貞実心周遍千如百
界、時時真風叙暢、清虚理該括三世十方、刹刹勝義騰鶱、
共惟等持院殿、除民庶一時煩苛、扶持王室、建児孫百代
基業、高大武門、文経武緯安定社稷、仁風義気充塞乾坤、
参究祖師宗旨、明群霊大本、図絵薩埵儀形、救七趣迷魂、
龍門一派流行天下、偏憑外護力、象季三宝恢復古先、豈
非光寵恩、游他方経十万億土、万法虚偽不分彼此、帰天
上過三十余歳、九世刹那何隔晨昏、履霜露厳備六種珍供、
限時日看閲五部金言、多宝塔廟中、見釈迦客作、弥勒楼
閣前、咲善財埰跟、涅槃妙理、触撥広額屠児、般若深智、
悩殺薩埵波崙、或説方等、勅龍天魔梵単単付嘱、或与記
莂、説劫国名号遠遠思存、如是善利、報答洪徳、回此余
薫覆蔭後昆、且如国師末後大事、豈許法姪少分理論、凛
凛金剛王宝剣、千年万歳絶魔怨、

○本史料は、空谷明応が作成した拈香法語。『雲渓和尚語録』（東京大学史料編纂所謄写本二〇一六-五一）には同法会で雲渓支山が作成した拈香法語があり。

四四　〔大乗院日記目録〕明徳元年四月晦日条

『増補続史料大成　大乗院寺社雑事記』一二巻、二九三頁

於相国寺七間大堂、四月廿一日初之、廿四日・廿五日・廿六日・廿七日晦日、等持院殿(足利尊氏)三十三廻御八講、一座證義孝尋大僧正寺務、二座前別当僧正円守兼證義、権別当法印権大長懐、法印権、良寿山、法印権大房淳寺、講師権少――義宝東大、大僧都長雅、権大――実恵、法印権大心兼山、権大――心尊山、叡俊山、丁衆弁玄凡人東大、房顕東大、隆俊、実雅、兼覚、円範、光暁、孝俊、皆得業也、権少、良誉山、忠慶山、法眼実円山、権律師叡隆凡人山、叡隆(ママ)山、幸円凡人山、内供奉凡人頼源寺、房祇寺、

四一五〔仁和寺諸院家記〕『仁和寺史料』寺誌編一、一二七七頁

権僧正乗朝　式部卿恒明親王息、禅河院(法守法親王)御室御付法、自御室被譲進之、

広隆寺別当、相国寺塔供養記云、上乗院二品親王乗朝云々、明徳元年四月卅日、故等持院(足利尊氏)贈左相府卅三年結縁灌頂、於相国寺被行之、大阿闍梨御勤仕、色衆卅口、此外威従四人、

○「東寺王代記」(『続群書類従』第二九輯下、八八頁)、「喜連川判鑑」(『続群書類従』第五輯上、三二七頁)、「荒暦」(『歴代残闕日記』第一六巻、四五五頁)に関連記事あり。

明徳元年(一三九〇)八月四日、空谷明応が相国寺に再住する。

四一六〔空谷和尚語録〕『大正新脩大蔵経』第八一巻、七頁

再住相国禅寺語録

師(空谷明応)於明徳庚午(元年)八月四日入院、指山門云、舎那化境、楼閣門開、顧視左右、果然不見一法在門外、

仏殿、仏真法身、猶若虚空、儞儂端坐、山僧鞠躬、彼此無伎倆、遍界自清風、

土地堂、神五不能、仏三不能、何以五十歩咲百歩、以手打一円相、至鑑洞明、日輪当午、

祖師堂、這一隊漢、如遇如魯、軽軽触著、那吒忿怒、

抝室、相国門下、開売薬舗、或時将醍醐作毒薬、或時将毒薬作醍醐、要渠自知苦辣、要渠自弁耳腴、驀拈杖画一画、那個男児不丈夫、卓一下喝一喝、便起、

上堂、霊山密付、不漏糸毫、少室単伝、放開線路、但有大力量漢、一肩担荷、若還纔有一糸頭、便是一糸頭、更須界経分明、田地穏密始得、正与麼時、受誰恩力、一人

居日下、弗与衆人同　挙閻王請羅山閑（道閑）禅師開堂、山陞座、方収斂僧伽梨乃云、珍重便下座、閻王近前、執山手云、霊山一会、何異今日、山云、将謂是箇俗漢、拈云、相国准三后（足利義満）、近日使山僧（空谷明応）開堂、特与僧迦梨、山僧今日陞堂、不敢収斂、却搭肩上、胡説乱道、莫是霊山一会、不異今日麼、具眼者弁取、
上堂、挙馬大師（馬祖道一）問南岳（・懐譲）云、如何用心、即合無相三昧、岳曰、汝学心地法門、如下種子、我説法要、譬彼天沢、汝縁合故、当見其道、拈云、既是無相三昧、為甚有種子、有心地、有天沢、有縁合、喝云、休将閑学解、理没祖師心、雖然如是、且要因苗弁地、（後略）
○除夜小参の法語を略す。

明徳元年（一三九〇）八月十日、日野資康の葬儀が行われ、空谷明応が秉炬の法語を作成する。

四一七〔空谷和尚語録〕『大正新脩大蔵経』第八一巻、一二六頁

日野大納言（資康）真浄院殿秉炬

寒暑平分八月天、樹凋葉落是年年、了知有物無流動、曠劫刹那無促延、共惟、某、生従何来、十方世界明皎皎、死向何去、庭台千古月娟娟、生界乃仏界、野色更無山隔断、仏界乃生界、天容直与水相連、昨日訣別言猶在耳、多生沈迷甘自招愆、只者一念破無明窠窟、只者一念出有漏蓋纏、位極一品、禄秩千鐘、無非前定、庖羅八珍、食列五鼎、宜貽後賢、仮使千秋寿齢、詎会打毬子於急水灘上、任従百年富貴、争似拾明珠於糞掃堆辺、老拙（空谷明応）与亜相（日野資康）、夙結大因縁、此生会遇、毎毎相見、未曾不以本分周旋、会与不会、並没交渉、挙心動念、早隔天淵、須知此事、不可嚮邇、如火燎原然、
○便宜的に日野資康の没年におく。

明徳元年（一三九〇）八月十三日、春屋妙葩三回忌の仏事が大智院で行われ、院主の万宗中淵が焼香する。

四一八〔空谷和尚語録〕『大正新脩大蔵経』第八一巻、一二二頁

普明国師（春屋妙葩）大祥忌、大智院（相国寺）請

此香、尋之仏国土、得之正覚山、拈向瑞龍発祥光、裨皇家蘿図、灼就霊亀現神兆、断衲子性命、仙境蔵千歳之嘉

運、帝城起五色之非煙、七十有八来年、已是過去、五十六億万載、猶是未来、滅後三周八月十三日正是現在、今当此時、大智禅院守塔比丘中淵（万宗）、焼此宝香、供養前住南禅後住当山特賜智覚普明国師、直得融三際於一念、接十虚於毫端、挿香、試於香煙起処、見国師分身百億、入百億国土、説三世平等法門、度脱無量無辺、不可説不可説、算数譬喩所不能及、諸衆生衆而無量無辺、算数譬喩所不能及、諸仏菩薩諸賢聖衆、同此證明、諸人還信得及、見得徹麼、若能信得及見得徹、桂子月中落、其或未然、天香雲外飄、

○本史料は、空谷明応が作成した拈香法語。

明徳元年（一三九〇）九月二十八日、足利義満が相国寺領の諸役を免除する。

四一九〔相国考記〕『相国寺史料』第一巻、二九七頁

九月廿八日、准三宮（足利義満）賜御教書於相国寺、其書云、当寺領諸国諸役神社役・公家武家関渡役・寺家門前諸役・守護使入部・諸国洛中寺領屋地諸役等事、永所停止也、早可被存此旨状如件、明徳元年九月廿八日、従一位（足利義満）御判、相国寺長老（空谷明応）見于当寺古記、

明徳二年（一三九一）四月十四日、空谷明応が相国寺法堂の落慶法要で拈香を務める。

四二〇〔空谷和尚語録〕『大正新脩大蔵経』第八一巻、七頁

結制前一日（四月十四日）、法堂（相国寺）慶讃、上堂指法座云、地湧金剛座、天垂宝華蓋、自家一段風、漏泄周沙界、諸人猶渉遅疑、更聴山僧一場敗闕拈香云、正当法歳首、新開法雷堂、大日本国山城州万年山相国承天禅寺住持伝法沙門（空谷明応）某甲、虔爇宝香、恭為今上皇帝（後小松天皇）、祝厳聖躬万歳万歳万万歳、陛下恭願、聖徳日新、当天心合人意、皇風永扇、握乾符闡坤珍、遂就座問答罷、乃云、此方真教体、清浄在音聞、世尊出世、三百余会説法、遂致流伝天上人間、充満龍宮海蔵、是其験也、法随法行、法幢随処建立、祖師西来、一華五葉、聯芳、但得不立文字語言、直教見性成仏、是其由也、祖宗未振、多依律寺、百丈（・懐海）禅師肇設叢林、新布法則、要須説法住持、長合規度也。世尊在日、別無香室、徳山（・宣鑑）老人折却仏殿、独置法堂、表示揚化当代、師道最尊也、大

法東漸、盛行日域、吾大檀越（足利義満）創建本寺（相国寺）、八周寒暑、殿堂巳嵒嶢、最為殿後、経営法堂、纔経数月、棟宇亦輪奐、乃臨結制、本寺住持比丘某、特陞此座、開堂演法、仰観此堂高広宏曠、宛如天福力所出生、夜摩都史宮殿、倏爾降閻浮提洲、又観此座荘校厳飾、都似上妙功徳、成就須弥、相国仏座、俄頃移王舎城裏況復高懸繒蓋、同五百長者子供養具、大張宝幔、類分身釈迦文来集時、人天交接、緇素囲繞、当茲時節、説甚麼法、豈不見道、応化非真仏、亦非説法者、阿那箇是説法者、驀拈拄杖云、若非者箇竟説不得、者箇法、終日説未曾宣一字、諸人終日聴、未嘗著一塵、正恁麼時、山河大地亦説、草木国土亦説、雷音堂亦説、師子座亦説、繒蓋宝幔、左欐右梁、無物不続、山僧到這裡、借水献花、用力不多、諸人諦聴、卓一下云、弾指円成八万門、洪音長振三祇劫、

明徳二年（一三九一）六月十九日、これ以前、太清宗渭が赤松則祐像の開眼仏事の法語を作成する。

四二 〔太清録〕 瑞春院蔵

赤松自天（則祐）写照点眼

衆色合時成一身、々中無我脱根塵、筆端三昧神通力、庇蔭児孫億万春、恭惟某人、幕府副将、王室元臣、百戦功勲偃戈矛於四裔、両州刺史、救焦溺於黎民、思惟密察、不違無邪之訓、恵施深広、毎依博愛之仁、染指宗乗、並駕唐朝裴（裴休）相国、遊心聖典、拍肩晋代郄（郄詵）嘉賓、法々円成、世出世、妙用、縦横平眼親、雖然恁广（麼）（如本）、争奈未具択法眼、今日為爾一時点出放大光明去也、以筆点云、左眼右眼無差互、八両元来是半斤、

○便宜的に太清宗渭の示寂日におく。

明徳二年（一三九一）八月七日、室町幕府が相国寺領日向国穆佐院・三俣院への押領を停止するよう命じる。

四三 〔室町幕府御教書案〕 樺山文書

『南北朝遺文』九州編第六巻、六一八九号文書

相国寺雑掌申日向国穆佐院（諸県郡）・三俣院（諸県郡）等事、退押領人等、沙汰付寺家雑掌、可被全知行、更不可有緩怠之状、依仰執達如件、

明徳二年八月七日　右京大夫(細川頼元)御判

嶋津又三郎(元久)殿

明徳二年（一三九一）八月十二日、室町幕府が大光明寺領播磨国多可庄地頭職を大光明寺に交付するよう赤松義則に命じる。

四三〔室町幕府管領細川頼元施行状〕大光明寺文書（尊経閣文庫蔵）

『兵庫県史』史料編　中世九　古代補遺、六九三頁

播磨国多可庄(加西郡)地頭職事、任御下知之旨、可被沙汰付大光(伏見)明寺雑掌之状、依仰執達如件、

明徳二年八月十二日　右京大夫(細川頼元)（花押）

赤松上総介(義則)殿

明徳二年（一三九一）九月二十一日、空谷明応が室町幕府から日向国穆佐院・三俣院を相国寺領とする命令が出たことを島津元久に伝える。

四四〔空谷明応書状案〕樺山文書

『南北朝遺文』九州編第六巻、六一九六号文書

以事次令啓候、抑当寺(相国寺)領就穆佐院(日向国諸県郡)・三俣院(諸県郡)事、被成御教書候、無相違之様御成敗候者、所仰候、委細之旨、章蔵主可被申候、恐々謹言、

(明徳二年)九月廿一日　明応(空谷)御判

嶋津殿(元久)

明徳二年（一三九一）十月十九日、室町幕府が大光明寺領播磨国多可庄地頭職半分について俗人の代官を停止するよう命じる。

四五〔室町幕府御教書〕大光明寺文書（尊経閣文庫蔵）

『兵庫県史』史料編　中世九　古代補遺、六九三頁

大光(伏見)明寺領播磨国多可庄(加西郡)地頭職半分、被停止俗人代官之由事、可有御存知之状、依仰執達如件、

明徳二年十月十九日　右京大夫(細川頼元)（花押）

当寺(大光明寺)長老

○永享三年（一四三一）七月五日、稲田三郎左衛門が大光明寺領播磨国多可庄の代官職の安堵を受け、伏見宮家に参上した記事が『看聞日記』同日条にあり。

明徳二年（一三九一）十月、相国寺の鐘が鋳造される。

四二六〔相国考記〕明徳二年十月条

『相国寺史料』第一巻、一二頁

十月、当寺(相国寺)鋳巨鐘、住持空谷(・明応)上堂之次、挙之曰、一鼓洪瀘天地驚、檀心雄器頓円成云云、見于語録、

四二七〔空谷和尚語録〕『大正新脩大蔵経』第八一巻、九頁

鋳鐘上堂、一鼓洪炉天地驚、檀心雄器頓円成、音聞普利閻浮界、号令新厳王舎城、顕発真機斉昼夜、撃開妙性済幽明、倶留青玉非倫類、聴取鯨魚第一声、

明徳二年（一三九一）十一月十四日、雲渓支山が示寂し、玉龍庵に塔が立てられ、事績がまとめられる。

四二八〔禅林僧伝〕内閣文庫林家本一九〇-六八、第七巻

相国雲渓支山

師諱支山、字雲渓、玉龍庵(相国寺)卯カ塔曰明空、播(神西郡)永良有宝華山護聖寺、々十境、蒲団山、禅定岩、方丈有西岩之額、有西岩集二冊、律詩也、室名曰贐隠、有贐隠集五冊、有蒲団石上真相、兆殿主(吉山明兆)所筆也、俗縁土岐全(善)忠(頼康)舎弟也、故分岐字、

○便宜的に雲渓支山の示寂日におく。

四二九〔本朝高僧伝〕『日本仏教全書』第一〇三巻、四九四頁

京兆相国寺沙門支山伝 五山歴代 和漢禅刹次第 五山伝 延宝伝燈録第二十二 五山名僧小伝

釈支山、号雲渓、濃州太守源頼清土岐氏子、自得法於雪村梅(友梅)禅師、如播之長良県(永)(神西郡)、開護聖寺作第一世、遠邇靡然嚮風久之、受京師安国(四条坊門)之請、開炉上堂、迅景頻驚節序催、三秋已破一冬来、箕箒掃戸寒風透、榾柮囲炉暖気回、只任口辺生白醭、何嫌頭上積青灰、無賓主話商量絶、雨後荒庭落葉堆升万年山(相国寺)、上堂、相国只依本分住、初非有奇特商量、随分飢餐困臥、灼然一切平常、無法令可施設、無宗乗可挙揚、尽日鶯啼緑樹、残春蝶恋紅芳、聞無聞而聞尽、見無見而見忘、声色純真処、糸毫不覆蔵、妙徳空生斉讃歎、狸奴白牯発毫光、結制次日上堂、日照月臨、物物同入大光明蔵、天高地闊、塵塵尽開大解脱門、便見全真即妄、全妄即真、真妄同源、脱縛無二、不守九旬禁足、何拘三月安居、無修之修為寂滅行、無證之證即菩薩

乘、一切処任性逍遥、一切時随縁放曠、我個山中一衆、尽住自三昧、各各不相知、譬如虚空普遍一切、於諸国土平等随入、不是強為法如是故、山僧不曾蹉口道著仏法二字、雖然与麼抜萃任汝抜萃、光靴任汝光靴、以払子撃牀下座山、機語円転才藻映発、毳衣之士莫不羡慕、退靖玉（相国寺）龍菴、明徳二年十一月十四日示疾坐蛻、寿六十二、有語録幷賸隠西巌二集、

明徳二年（一三九一）十二月三日、相国寺領三河国高橋庄内猿投社が、社領の年貢催促が停止されたため嗷訴しないことを誓う。五日に相国寺都聞が高橋庄上使に指示を下す。

四三〇〔猿投社請文草案〕猿投神社文書

『愛知県史』資料編九 中世二、二九一頁

相国寺領高橋内（三河国加茂郡）
○猿投社免田事、両使方へ注進之外、雖段歩候無之、若寄事於左右、○子細申候者、可被（中行）殊御罪科候、次九日（月カ）神事ハ地頭御方之御役候、料足百二三十貫計入申候由承候、社領事、先刻閣御催促候上者、不可致嗷訴候、尚以社人等致強儀候者、社領悉可被没収候、若此条々偽申候者、可罷蒙
○当社権現御罰候、仍請文之状如件、

明徳二年十二月三日 ――

四三一〔相国寺都聞某書下〕猿投神社文書

『愛知県史』資料編九 中世二、二九一頁

相国寺領高橋庄内（三河国加茂郡）猿投宮神領事、雖於公方歎申候、不帯公験之間、不蒙免許、雖然為寺家沙汰被注申分、以別儀、先可被止年貢催促候、後々事ハ追可有沙汰候、若社人等寄事於左右、致嗷訴候者、悉可令勘落之状如件、

明徳二
十二月五日 都聞（花押）

高橋上使御中

四三二〔某書状〕猿投神社文書

『愛知県史』資料編九 中世二、二九二頁

（三河国加茂郡）猿投免田事、相国寺都聞状加一見候了、目出候、恐々謹言、

（明徳二年）十二月五日 ☒☒（花押）

小納言阿闍梨御房
（以下礼紙ヵ）
（ウハ書）「小納言阿闍梨御房（墨引）　☒☒」

明徳二年（一三九一）十二月晦日、相国寺行者等が惣門で明徳の乱に乗じた悪党の乱入を防ぐ。

四三〔明徳記〕『群書類従』第二〇輯、二六二頁

去程ニ山名播磨守満幸、廿九日（明徳二年十二月）宵ヨリ峯ノ堂ヲオリ下テ夜半計ニ桂川ヲ越シ、梅津ニ陣ヲ取寄テ明行天ヲ待ケル処ニ、十二月晦日卯ノ剋計ニ二條大宮辺ニ軍有ト覚テ、上ハ冷泉中御門、下ハ三條四條ノ通マデ時声ヲビタヾシク聞エケレバ、（サテハ此手ヨリノ攻口社遅延ナレ急キ押寄テ彼手ト徹合ティ）○同時ニ西ノ京口ヨリ責入ベシトテ大将播磨守ヲ尋ケレバ、播州更々陣ノ中ニ見エ給ハズ、（中略）赤松上総介義則一千三百余騎、二條猪熊、松文字書タル大旗ヲ真前ニ進テ申ケルハ、今朝ノ合戦ハ大内（義弘）勢手ヲ砕ヌ、当手ノ兵荒勢ニテ合力ノ為ニ馳向ベキ由仰下サレツル上ハ他人ノ軍ヲ待ベカラズ、先一番勢ニ懸入テ、命ヲ捨テ軍トテ旗ヲ二條ヨリ南ヘ進テ、クツバミヲ並テ待懸タリ、山名中務大輔（氏家）五百余騎、早々猪熊ヲ上ニ押寄テ、赤松勢ノ真中ヘエイ声ヲ揚テ切テ入テ、（中略）上総介ノ兵ハ戦屈シテアラケ立テ、二條ヲ東ヘ、猪熊ヲ北ヘナダレ引タリケル、其中ニモ上原入道ト申老武者アリ、引ケル御方ニ半町バカリ先立テ、猪熊ヲ上ニ一條マデ逃タリケルガ、馬ノ足音時ノ声耳ニ付テ、乗タル馬ノ三ソ（サンヅィ）ノ上ニ聞エケレバ、敵ガ近付タルゾト心得テ、相国寺ヲサシテ馳行ケリ、悪党乱入ノ為ニ、相国寺ニハ惣門ヲ差堅メテ行者仁供（人工）大勢ニテ門ヲ固メタル所ヘ、内野ノ時声未ダ聞エケル最中ニ、上原入道ハセ来テ、門ヲアケラレ候ヘトヲンハク計ニ呼リケレバ、若敵デモヤ有ラントテ、人々（人供行者ィ）行堂バウチギリキヲ持テ打出シケレバ、是ニモ敵ノ有リケルゾヤトテ鞭ニ鎧（鐙ィ）ヲ揉合、八講堂（相国寺）ヲ東ヘ、万里小路ヲ北ヘ向テ鞍馬ノ奥ヲ志シテ、馬ノ足モヲル、計ニテ逃タリケル、ミゾロ池ノ辺リニテ、馬更ニハタラカザリケレバ暫ク引エテ都ノ方ヲ顧タレバ、我逃ツル跡ニハ人一人モ見エズ、（後略）

明徳三年（一三九二）二月七日、室町幕府が大光明寺領播磨国多可庄地頭職について、半済を口実とした押領分を大光明寺に引き渡すよう赤松義則に命じる。

四三四〔室町幕府御教書〕大光明寺文書（尊経閣文庫蔵）

『兵庫県史』史料編 中世九 古代補遺、六九三頁

大光明寺《伏見》雑掌申、播磨国多可庄《加西郡》地頭職事、申状・具書如此、於半済者、先度有其沙汰、被返付寺家之処、此内猶有渡残云々、太不可然、不日止彼妨、沙汰付相当下地於寺家、可被執進請取之状、依仰執達如件、

明徳三年二月七日　右京大夫《細川頼元》（花押）

赤松上総介《義則》殿

明徳三年（一三九二）三月二日、細川頼之が死去する。足利義満が鹿苑院に御成し、頼之の追善仏事を行う。

四三五〔明徳記〕『群書類従』第二〇輯、二九九頁

（前略）細川武州《頼之》入道常久、聊風気ノ事有ト聞シカバ《ヘシガイ》、三月二日終ニ逝去シ給ニケリ、（中略）御所様《足利義満》還御成セ給シカバ、軈テ鹿苑院ニ御座有テ、毎日座禅《作善イ》ノ御訪、七日々々ノ仏事共ネムゴロニ仰付ラレテ、円頓一乗御真文《妙イ》ヲ御自ラアソバシテ彼追善ニギセラレシカバ、高キモ賤キモ、一天下ノ人オシナベテ、此御志ノ忝ナサ、忠節ヲ尽スナラバ、誰ヲモ角コソ召レンズレトテ、勇ム心ノ有ニ付テ、ソゞロニ袖ヲゾヌラシケル、（後略）

四三六〔細川頼之公祠堂記〕『続々群書類従』第三、五頁

（前略）明年《明徳三年》壬申、公《細川頼之》六十四歳、少示所悩、三月二日、淹爾卒、臨瞑絶之際、遺弟頼元《細川》、遺啓義満《足利》、而致区々忠誠、義満驚且泣曰、嗚呼国家如何、天之毀吾之股肱民之耳目、奚其速邪、後三日葬神柩於西山《嵯峨》谷之地蔵院、義満及碩臣鉅卿、擗踊徒跣而執紼者、以万指数矣、義満不帰台駕於柳営、直館鹿苑寺《院》斎居、手写梵経一部、賻送緇衣、以資冥福矣、公舎人三嶋氏某、不耐哀慕、割腹為殉、誠君臣之感遇、一時為希有也、（後略）

明徳三年（一三九二）四月十日、足利義満が山名氏清など明徳の乱の戦没者を追善するため、相国寺で大施餓鬼を行う。

四三七〔万年山相国承天禅寺諸回向幷疏〕

相国寺蔵（承天閣美術館寄託）

奥州（山名氏清）太守古鑑居士大施餓鬼疏

諷経功徳文疏　祝献 淡墨紙 三界聖衆十方幽霊	大日本国山城州京師居住奉三宝弟子准三宮従一位征夷大将軍源　謹封

仏身充満云々、仰冀洪慈、俯垂昭鑑、
大日本国山城州京師居住奉三宝弟子准三宮従一位征夷大将軍源（足利）義満、比日逆臣作乱義士致忠、剣戟交鋒寃親共殞命、肝脳塗地魂魄無所帰、因茲義満特生悲心抜済幽苦、厳備六種妙供、預令〔命〕清浄僧侶、勤課諸部竺墳、逐日頓写 大乗妙法蓮華経七部、看誦 五部大乗経一部、某経、某呪、今当満散、謹集一千僧衆同音諷誦、大仏頂万行首楞厳神呪、灼化経馬銭財等所鳩善利祝献、十方常住一切諸仏世尊、十方常住一切菩薩摩訶薩、天界地界水界一切善神、憑茲善利救済亡霊者伏願、多生罪垢憑仏日、以消除累劫寃愆仗慈風而蕩滌、六塵雪釈三毒氷消、乗吾呪力早超生随此梵音明解脱、化苦海而為法海、回業縁而作善縁、帰依自己之弥陀、遊戯此心之浄土、渉寃親平等之域、登生仏一如之途、
右伏請、三宝印知、万霊洞鑑、謹疏、
　明徳三年四月十日
山城州京師居住奉三宝弟子准三宮従一位征夷大将軍源疏

○〔 〕は「諸回向清規式」（『大正新脩大蔵経』第八一巻、六五一頁）により校訂。

四三八〔明徳記〕『群書類従』第二〇輯、三〇〇頁

（前略）五山ノ清衆一千人ヲ以大施餓鬼ヲ行セ玉ヒ、陸（山名）奥前司氏清幽儀幷ニ諸卒戦死亡霊六道有情三界万霊悉皆得道ト廻向セサセ給シカバ、何計諸仏モ納受シ給ヒテ、亡魂モ受悦給フラント聴聞ノ貴賤モ涙ヲ流シ、只当時ノ善修ノミニ非ズ、末代ノ規範ニモ祈禱ニモ成セ給フベキハ今日ノ大仏事也、去バ弥天下モ安泰ニシテ御運長久ノ基也、万人首ヲ低レテ値遇ノ結縁ヲ喜ビケリ、（後略）

明徳三年（一三九二）四月二十一日、相国寺八講堂で御筆御八講が行われ、朝廷から御誦経使が派遣される。

四三九〔大外記清原業忠勘状〕八坂塔供養記抄

『増補史料大成　八坂神社記録』四巻、五八七頁

賀茂祭御神事中、依法会被立勅使例、
明徳三年四月廿一日、於相国寺八講堂被始行御筆御八講、
公家被立御誦経使、右中将満親（中山）朝臣勤之、廿三日賀茂祭
也、応永廿一年四月十四日於等持寺（三条坊門）被始行御筆御八講、
公家被立御誦経使、左中将雅清（飛鳥井）朝臣勤之、十八日賀茂祭
也、
（永享十二年）三月十五日　　　大外記清原（船橋）業忠

明徳三年（一三九二）六月二十五日、足利義詮室渋川幸子（香巌院）が死去し、その葬儀で空谷明応が下火の導師を務める。

四四〇〔続明徳記〕

『後鑑』第二篇（『新訂増補国史大系』第三五巻）、三二七頁

続明徳記云、御年六十一、義満（足利）公御母（渋川幸子）、等持院（洛北）にて御茶毘あり、下火の御仏事は、相国寺の仏日国師（空谷明応）とぞ承る、

○葬儀の月日未詳につき、便宜的に渋川幸子の死没日におく。

明徳三年（一三九二）八月二十二日、相国寺仏殿の上棟が行われる。

四四一〔万年山相国承天禅寺諸回向并疏〕

相国寺蔵（承天閣美術館寄託）

仏殿上棟疏

仏殿上棟諷経功徳文疏　祝献 護法諸天三界万霊十方至聖	大日本国山城州云々　　源　謹封

仏恩広大云々、仰冀仏天、俯垂昭鑑、
大日本国山城州京師居住奉三宝弟子准三宮従一位征夷大将軍源（足利義満）、特抽丹悃上達
聖聡義満、伏聞　諸聖咸有成就衆生之願、吾儕寧無厳浄刹土之心、因茲自投寸誠、欲徼洪造択得一片霊地、落成覚雄宝場、今当上欐之辰、
仰祈鎮基之裕、仍集　現前清衆諷誦、
大仏頂万行首楞厳神呪消災妙吉祥神呪、所鳩善利先用回向、真如実際常住三宝果海聖賢、普庵（・印肅）大徳禅師、開山国師（夢窓疎石）大和尚復次祝献、大功徳尊天十八天以下星名神名如常、

伏願此箇小堂遍于法界、化作無辺仏事紹隆、広大善根消
除群類、愆尤永離幻妄区域、證入三聖境界、同登妙荘厳
場、次冀　皇風永扇　帝道遐昌、仏日増輝、法輪常転、
兵革永息、災殃不興、四海太平、万民和楽更祈、山門鎮
静中外咸安、本寺檀那増福増寿、現前僧衆無障無魔者、
右伏請、三宝證明、諸天洞鑑謹疏、
　明徳三年八月二十二日
　　　山城州京師居住奉三宝弟子　源　疏

明徳三年（一三九二）八月二十六日、後小松天皇が空谷明応から衣鉢を受け、空谷に仏日常光国師の号を賜う。

四四二〔常光国師行実〕『続群書類従』第九輯下、六九一頁

壬申之歳（明徳三年）、相公（足利義満）奏師高行于朝、秋八月廿六日、召対内殿、頂戴衣孟（盂）、展師（空谷明応）資礼、翌日遣中使、特賜仏日常光国師徽号、師望闕謝恩、畢対勅使敷演、緇林栄之、

四四三〔後小松天皇宸翰写〕「諸祖行実」慈照院蔵

今上皇帝（後小松天皇）宸翰　常徳之祖塔（相国寺）掾（掲）之、
万年山相国承天禅寺住持空谷（明応）和尚、迺正覚（夢窓疎石）嫡孫、仏慈（無極志玄）親子、能使心徳朗耀四衆具瞻、猶日光昭回万国同照、朕延請内殿受衣盂、於是特賜○（仏日）常光之号、以旌天下師表之尊云、
明徳三年八月廿八（七）日
応永丁亥（十四年三月三日）上巳日掲、

○「空谷和尚語録」（『大正新脩大蔵経』第八一巻、四〇頁）、「諸宗勅号記」（『続群書類従』第二八輯下、四一五頁）に同内容の記事あり。

四四四〔広光卿記〕明徳三年八月二十七日条
『歴代残闕日記』第一九巻、二七二頁

一国師号事、（中略）
一納言為勅使令持向　勅書於寺家事、
明徳三八廿七常光国師（空谷明応）号　勅書権中納言資教（日野）卿持向寺家畢、弁官尋常例也、仍被仰右大弁重光（裏松）朝臣之処、依目所労辞退之間、為臨時処分被可参向、殊更又尊崇也云々、
（後略）

明徳三年（一三九二）八月二十七日、朝廷からの要請で、北野社が相国寺供養で使用する獅子頭を貸し出す。

四四五〔三年一請会引付〕『北野天満宮史料』古記録、一六五頁
北野天満宮文書

相国寺供養師子(獅、以下同)曲料当社(北野社)師子頭事、万里少路大納言(嗣房)奉書如此、可借進之由、可令相触給之旨、被仰下候也、恐々謹言、

八月廿六日　顕円

大納言法印御房

相国寺供養可有師子曲、北野社師子頭可借渡之由、可有御下知候間其沙汰候也、恐惶謹言、

八月廿五日　嗣房

竹内御坊(曼殊院道豪)

一相国寺供養廿八日在之、当社赤頭同廿七日出了、師子行貞参上請取申了、

明徳三年（一三九二）八月二十八日、相国寺落慶の供養が行われ、空谷明応が導師を務める。

四四六〔相国寺供養記〕『史料纂集　迎陽記』第二、一七五頁

明徳三年歳次壬申八月廿八日丁丑、天顔快晴、秋気清爽、今日万年山相国承天禅寺供養也、（中略）御車到惣門(相国寺)壇下、公卿等下車遅々間、暫有御待、直参寺門、公卿、左府(徳大寺実時)・右府(久我具通)以下数十人、殿上人数十人、両局輩四位史小槻宿禰兼治、大夫(壬生)㋣史同光夏、大外記中原師豊、六位外記中原重貞、等、悉参会惣門内、列立左右、先陣随兵等、先入惣門候左右、敷床敷皮着之、（中略）御沓役重光(裏松)朝臣、則取御裾入惣門、経橋上令入山門給、左府徳大寺実時公、薄色下襲、紋竹、此間歓楽、仍申暇、自惣門早出、右府以下諸卿殿上人奉相従、

導師当住仏日常光国師、空谷明応、昨日被授国師号、金襴袈裟、

請僧十口、西面一列、

南禅徳叟和尚、周佐、　天龍伯英和尚、徳俊、
建仁(温)蘊中和尚、清瑜済イ、　東福哲岩和尚、祖濬、
(六条高倉)万寿器之和尚、令簠、　(三条坊門等持寺)等持観中和尚、中諦、
(洛北)真如独山和尚、以雄、　(四条坊門)安国季高和尚、祥登、
(嵯峨)臨川季成和尚、昌立、　(嵯峨)宝幢翠岩和尚、周濃、

於山門下奉迎謁、此時対導師有御揖、下御裾、次請僧十口、

先入堂、侍者一人、各召具之、次鋪莚道、其上鋪地鋪氈、掃部寮役之、次導師、国師、入堂、侍者五人、焼香侍者周厳首座、書状侍者梵召侍者、請客侍者中様侍者、湯薬侍者道召（昌イ）侍者、衣鉢侍者（簡翁）忠敬（志イ）蔵主、禅客一人同相従、先行持幡童二人、尊賀丸、（醍醐寺理性院）宗助僧正沙汰之、春喜久丸、（忠ト）（三宝院）定恵法印沙汰進之、今度有御沙汰、皆児童也、執蓋執綱役人事、（三月二十七日）元徳二年大講堂（延暦寺）供養、当代（尊雲法親王・尊澄法親王）親王呪願導師勤仕之時、雲客也、摸彼例、今度有御沙汰、兼被出御点被催之、仍執蓋大内記（東坊城）菅原長遠、執綱内蔵頭（山科）藤原教興朝臣、兼少将、白河新中将源資忠朝臣、三人皆引裾持之、相従導師到階下、五人同前、導師昇月壇之後、引廻山門下、令進立次有礼仏儀、檀主（足利義満）黄色御表袴、青朽葉下襲、捻重也、螺鈿御剣、有文御帯、瑠璃、紺地御平緒、山門正面間給、有御揖、（中略）諸卿列立後、両頭資（町）藤朝臣、重光朝臣、立加公卿末、一同置笏於地、合掌三拝之、畢両頭退、次令進仏殿給、御裾役同上（之ト）、衛府長前駆、衛府侍等、皆供御共、留階下（候ト）、於月壇上、又御礼仏、置御笏一拝、於石階下御揖御着座、右府以下次第相従経舞台上到階下、不引裾、登階次第着座、引裾、座揖如常、公卿着座畢後、師（獅）子出臥舞台傍、伶人奏曲、次師（獅）子行貞、舞、二人引綱、二人持打輪、号蝿払、相従師子、笛戸部政千吹之、大鼓津守国久打之、住吉神主国量子、於舞台上舞列拝、次掛額（仏ト）法事、南禅徳叟和尚勤仕之、次陞座、国師、先対仏面立倚子、敷畳錦法被、禅客二人、梵清首座、妙詮蔵主、国師者、人天眼目、仏家棟梁、法音高揚、如震雷之響百里、弁舌巧湧、似長河之落九天、尊卑驚耳、梵釈点頭者呼、次請僧十口、解経紐、法華経一部十巻、先曲禄十脚、各懸氈、立仏面左、南上西面一列、有前机、有打敷、置経各一巻、陞座畢後、撤倚子曲禄等、次大衆諷経、次敷導師五山長老座、左脇士前、北上西面、残請僧座、右脇士前、北上東面、次左右楽、行事催之、

（後略）

○この記事は『群書類従』第二四輯を底本とするが、ⓣの部分は東北大学附属図書館狩野文庫本で校合している。

○「大乗院日記目録」（『増補続史料大成 大乗院寺社雑事記』一二巻、二九五頁）、「足利家官位記」（『群書類従』第四輯、二七二頁）、「如是院年代記」（『群書類従』第二六輯、一七二頁）、「東寺王代記」（『続群書類従』第二九輯下、九〇頁）、「妙法寺記」（『続群書類従』第三〇輯上、二八四頁）、「土岐家聞書」（『群書類従』第二三輯、二四六頁）、「細川系図」頼元の項（『続群書類従』第五輯上、三七三頁）、「体源抄」（『後鑑』第二篇、『新訂増補国史大系』第三五巻、三三七頁）に関連史料あり。

四四七〔常光国師行実〕『続群書類従』第九輯下、六九一頁

越廿又八日、相公(足利義満)率文武官落新蘭若(相国寺)、師(空谷明応)披正覚(夢窓疎石)金襴、即供養天龍衣、就覚雄宝殿(相国寺仏殿)陞座、慶賛提唱、略曰、妙荘厳域、恢々含吐十虚、法菩提場、落々弥綸群有、既非眼耳所及、豈可心識能量、雲横北極、水過南津、呈露劫初勝概、金烏東昇、玉兎西墜、発現格外峻機、直(宣イ)得物物全真、頭々妙用、挙足下足皆是道場、得念失念無非解脱、一切補特伽羅、互相依倚、十方薄伽至尊、光厳住持云々、復美精藍像設之成功盛陳、大檀越(足利義満)秉宰衡(辞イ)、撥乱反正、崇仏乗端(イ無)翊王度之意、因引善財入毘盧楼閣中、見其広博無量、皆七宝成、身心踊躍、得菩薩自在智故事説長偈、以證之、是日達䞋泉布三千緡、黄金百鎰文、馬十疋、他物称是、而師一切輟帰常住、相公聞而嘉嘆、廼命割丹陽上腴田若干頃、施于常徳寿塔(相国寺)旌之、師謝事、居鹿苑(鹿苑院)、

四四八〔万年山相国承天禅寺諸回向幷疏〕

相国寺蔵（承天閣美術館寄託）

本寺供養疏

慶讃伽藍諷経功徳文疏　回向
真如実際無上仏果菩提　祝献
護法諸天三界万霊十方至聖

大日本国山城州京師居住奉三宝弟子従一位征夷大将軍源　謹封

仏身充満於法界云々、仏功徳海難尽賛揚、
大日本国山城州京師居住奉三宝弟子准三宮従一位征夷大将軍源(足利義満)　、特抽丹悃上達
聖聡義満、切念職理陰陽功扶社稷、将頼
覚雄威力、保崇官栄兼侍　神徳昭明持委寄重、故相攸城北遂取、則竺乾星霜僅逮十周金碧高輝九漢、奉安　盧舎那如来、普賢文殊二大士尊像図絵、補陀大士、護法十八天聖儀及　冥資諸神、密付列祖像設尽成、今取八月二十八日、特伸　伽藍慶讃、拝請　堂頭国師大和尚(空谷明応)陞座、挙揚宗乗、高掲　覚雄宝殿(相国寺仏殿)額、拝請
南禅和尚(徳叟周佐)開演法語、諸官僚台旆臨砌羽儀法筵、十禅刹☒幢入山證明仏事、謹命　現前僧衆、諷誦大仏頂万行首楞厳神呪、如上建造道場及彫刻彩絵仏菩薩種々功徳回向、
真如実際無上仏果菩提、普庵大徳禅師(・印蕭)、
開山国師(夢窓疎石)大和尚、次伸祝献、護法列席諸天、
三界万霊十方満空聖衆、今年歳分主執陰陽権衡造化無量

聖聡、南方火徳星君火部聖衆、今上皇帝(後小松天皇)本命元辰吉凶星斗、戊戌本命星君照臨乾象、日本顕化伊勢太神宮、八幡大菩薩、賀茂下上大明神、松尾大明神、平野大明神、稲荷大明神、春日大明神、日吉山王、祇園牛頭天王、北野天満大自在天神等大小福徳一切神祇、先祖等持院殿(足利尊氏)、先考宝篋院殿(足利義詮)神儀外、及前後戦陣亡没魂衆、若親若寃若近若遠、一切死亡無帰魂魄、将此功徳平等回向普用資厳、

伏願 如来不違本願聖境冥通普会含識、慈力接受、転凡成聖返妄帰真各悟無生咸證妙果、一切幽冥成最正覚六道、苦趣生極楽邦所、冀 皇風与祖風以永扇 仏日幷帝日而斉明国土昇平干戈、永息乾坤道泰朝野民安、更祈 源義満 寿算綿邈、致太平乎、海河之晏清身宮康寧比福寿乎、天地之長久、子孫昌盛、家眷和合、長為 仏法金湯、永作 皇家堡障、千災消殞、万善咸臻、在 仏光中吉祥如意、亦復所祈 山門粛静、内外咸安火盗消除、海衆康楽、大法若盤石之固、正宗如泰山之安、開大施門普利遐邇一瞻一礼、同入 覚雄道場、或見或聞、咸登華厳法界、

右伏請、三宝證明、諸天洞鑑謹疏、

明徳三年八月二十八日

山城州京師居住奉三宝弟子准三后征夷大将軍源義満疏

四四九 〔相国寺塔供養次第〕 青蓮院文書

東京大学史料編纂所写真帳六一七一・六二―六七―一

(元軸装表書)
「明徳三八廿八
相国寺(ママ)塔供養次第　　(粟田口青蓮院)青蓮蔵」

(端裏書)
「□(相)国供養法割(カ)」

万年山相国承天禅寺供養次第明徳三八廿八

檀那(足利義満)近排門便始大開静、至山門則止焉、随兵剣帯在山門外、導師(空谷明応)幷十講僧預於東廡、待檀□(那カ)□至山門頭十講僧、先導師歴置道入仏殿、十人侍者随之、便於置□(庭カ)□開莚道、則青(カ)絹、楽官相率至山門起楽、天童左右持幡、天童二人理(性)院(醍醐寺)三宝院勤之、卿掌宝蓋楽官在□(導)師前奏舞楽、導師徐々歴莚道入仏殿、両班預立定、大衆在後門、十講僧雁列東序之前、導師焼香、々々畢罷舞取莚道、檀那於山門向仏殿三拝候畢、赴仏殿楽官又奏舞楽迎檀那、々々至月壇又三拝、拝畢、於仏殿西栄着座、便始獅子舞日域開闢以来今及八度、舞畢、依図(カ)列拝

候畢、依位立定、導師至講僧頭、立維那焼香請掛額仏事、南禅寺佐徳叟（徳叟周佐）、仏事畢両序転位立導師陞座、禅客二人、十講僧於陞座之間、転法華一巻、陞座畢諷経楞厳呪、疏畢、始（カ）舞楽十番、舞罷於祖堂前設座、導師・講僧着座、檀那親持布施被物幷一（カ）物十（カ）献導師三拝、諸卿各行講僧嚫侍者各納之矣、布施員数見于後、十講僧、南禅佐徳叟・天龍俊伯英（伯英徳俊）・建仁瑜温中（温中清瑜）・東福浚哲岩（哲岩祖浚）・万寿篚器之（器之令篚）・等持（三条坊門等持寺）諦観中（観中中諦）・真如（洛北）雄独峯（山）（独山以雄）・臨川立季成（季成昌立）・安国（四条坊門）登季高（季高祥登）・法幢（嵯峨宝幢寺）濃翠岩（翠岩周濃）、
御導師、仏日常光国師（空谷明応）、御布施金百両、附銀、打敷、銭三千貫、被物十重、打枝、用僧百貫馬一疋、被物、打枝、金一裹、大衆各十貫文、

四五〇〔鎮増私聞書〕『続天台宗全書』史伝二、四五八頁

其冬（明徳二年）ノ十二月晦日ニ内野合戦アリ、正月三日、播州府中（飾東郡）辺ヘ聞タリ、又摂州神呪寺（武庫郡）ヨリ請申間、三月二十二日生宝寺ヲ立テ、二十三日神呪寺着リ、宿坊龍象坊、同二十四日ヨリ直談在之、談義結願ナレトモ、今度ハ此寺ニアリ、後ニハ学頭坊ニ移住シテ、悉曇《タン》ノ談義、四教名目ナント談義アリ、又同八月二十八日、相国寺供養在之、近代ノ見物トモ云ツヘシ、如夢幻泡影ノ観法トモ云ツヘシ、（後略）

明徳三年（一三九二）八月二十八日、相国寺供養が御斎会に准じて行われ、外記や弁官局の史が出席したことが嵯峨宝幢寺供養の先例とされる。

四五一〔康富記〕応永二十七年閏正月六日条

『増補史料大成』、一巻、一〇一頁

六日、（中略）押小路大外史師勝朝臣来臨、来月九日嵯峨宝幢寺供養、両局参否事（局務・官務）、局務外史内々被尋於伝奏之（広橋大納言）（仲光）〔処〕、雖無所役、為厳儀之間、両局輩及位次可被皆参之由、自広橋返事有之云々、仍師勝朝臣可構参之処、不具之間計会之由被語之、就者六位外記可不参歟、其故、一臈師野（中原）、二臈宗種（清原）、三臈親種（清原）等各同心不具云々、今度供養儀、可相国供養例之由御沙汰在之間、彼寺供養明徳三年也、同塔供養応永三年也、両度祖父一人御参之間、予（中原康富）尤可構参

條理運也、雖然如此重事参事不具之間、其故障非一事、心中計会無極者也、為聖道家法会者、至六位外記史所役在之者也、今度ハ禅僧供養之間、両局参事不甘心、去相国寺幷塔供養之時ハ准御斎会之間、不及左右、外記史被参者也、雖然今度ハ参事為伝奏指南云々、別段之事也、

『大日本古記録　後愚昧記』三巻、一五四頁

明徳三年（一三九二）八月二十八日、この頃、愚隠昌智が相国寺供養についての書状を出す。

四五二〔愚隠昌智書状〕

（端裏、ウハ書）
「人々御中　　（愚隠）昌智上　」

伊鬱之処貴札畏入候、初雪面白候しかとも、有興風情も候ハて無正躰候き、不食大略本腹（復）かと存候間、悦入候、十八九日間可令参入言上候、其比相国寺へ罷向候ハ、やと存候、期便宜候、年内誠不幾、毎事いつくも奉察候、廿八日御仏事御計会いかゝせられ候つれ、無何察申入候、尚々御音信返々恐悦候、毎事期参上候由、可令申入給候、恐々謹言、

十一月十六日　　昌智上　　○本文書正文ナリ、

○前紙闕、

可相尋候、出来之必可進入候、染装束打任ては定其分歟、夫者下重上下許にて候歟、表袴一具の事にて候へハ、縮線綾勿論候なれとも、只上下許にても何事候哉、所詮興醒たる事候、三公二公は不能左右候、今一公者大ニ不定、旁辞退致二年と存候、年内今一度出微言候ハやと存しか、今たへ事に候、如何、相国供養事、寺辺僧中候ハ、更寺内ニハ無沙汰候、下方も春中者いかにも、真実供養までも周章無心元なと、堅固之議不申候、又元日御出々御之僧返々喜入候、依田舎□若御治定候ハ早々無何可承存候、飾剣事承候了、又御指貫事畏入候、愚物候道者紙衣候ハて候、申て（後欠）　　○本文書正文ナリ、

○右掲ノ紙背文書二通ハ、永徳二年以後ノモノナラン、相国寺、同年十一月二上棟アリ、

○年未詳であるが、相国寺供養に関連しているため、便宜的にここにおく。

明徳三年（一三九二）九月十七日、室町幕府が相国寺領日向国穆佐院・三保院への押妨を停止するよう命じる。

四五三〔室町幕府御教書〕島津家文書

『南北朝遺文』九州編第六巻、六二三一号文書

相国寺雑掌申日向国穆佐院（諸県郡）・三俣院（諸県郡）等事、号半済高木押妨云々、太不可然、早止彼妨、可沙汰付一円下地於寺家雑掌之状、依仰執達如件、

明徳三年九月十七日　右京大夫（細川頼元）（花押）

嶋律（津）又三郎（元久）殿

明徳三年（一三九二）九月二十七日、香厳院（足利義詮室渋川幸子）百ヶ日の仏事として、相国寺で結縁灌頂が行われる。

四五四〔足利尊氏三十三廻追善結縁灌頂略記〕

東寺百合文書内外一九

明徳三年九月廿七日、於相国寺〔新堂〕重被行結縁灌頂、為准后御母儀〔大御所〕・、、百ヶ日追福也、〔云々〕大阿サリ上乗院法親王（乗朝）（仁和寺）・先之同廿六日奉授二品親王了、色衆卅口○綱牒也毎事如去々年儀綱牒也、万里小路亜相（嗣房）奉行之、十着座公卿廿七人云々、乞戒光信法印、誦経導師成珍法印、散花宏寿僧都、小阿、、隆覚法印、

○〔　〕は「三宝院旧記」（東京大学史料編纂所謄写本二〇一五-五八二）第三冊により校訂。

○「東寺王代記」（『続群書類従』第二九輯下、九〇頁）に関連記事あり。

明徳三年（一三九二）十月三日、絶海中津が相国寺第六世住持となり入寺する。

四五五〔絶海和尚語録〕

『大正新脩大蔵経』第八〇巻、七三三頁

絶海（・中津）和尚住山城州万年山相国承天禅寺語録

小師恵䶊（鄂隠）等編

師（絶海中津）於明徳三年壬申八月晦日、就北山等持院受請、十月初三日入寺、指山門云、広大門風威徳自在、一路通霄十方無礙、喝一喝、

仏殿、一仏二菩薩六耳不同謀、一等敬礼以恩報讐、便礼拝、

土地堂、儞捧銅槃、我執牛耳、敢忘宗盟、霊山在彼、

祖師堂、東西密付胡漢風殊、各自鼻孔各自頭顱、一一按

過、黔之驢黔之驢、
拠室、拈竹篦云、妙密鉗鎚鍛錬仏祖、還他烹金炉、我這裏即不然、仏来祖来也未饒渠、何故重賞之下必有勇夫、以竹篦打卓云、参、
拈公帖、這箇是大人相公(足利義満)把尽乾坤大地、一印印定底無上大陀羅尼印、今日因甚麼付在津上座手裏、獲赤水珠者夫惟罔象乎、
拈山門疏、法無定相、随処作主、従前過量孟八、今日歇後鄭五、
拈諸山疏、千金択友、百万買隣、以磨以琢、光輝日新、
拈道旧疏、睦州(・道蹤)攙掇臨済(・義玄)、雲峯激発老南、寥寥千歳下、道誼固難担、
拈江湖疏東西山二疏、亀嶠水浄、鴨川緑肥、交流天一碧、白鳥共忘機、
拈同門疏、同條一句迴隔天涯、莫挙鼇山旧話、雪後不忝楊花、
拈衣、吾家爛牛皮、年久成諸訛、拈来輓露柱、露柱笑呵呵、且道、笑這甚麼、笑新相国羊質虎皮、
指法座云、纔作高広想、此座不能陞、衲僧家没規縄、只要当頭坐断挙揚宗乗、便陞座拈香云、此一弁香爇向炉中、端為祝延今上皇帝(後小松天皇)聖躬万歳万歳万万歳、陛下恭願、聖図広大試浮幢王刹而無窮、皇祚綿延閲恒河沙劫而逾久、次拈香云、此香大椿八千歳春秋以比寿考、扶乗六十州疆土以連根株、爇向宝炉、奉為本寺(相国寺)大檀越准三宮(足利義満)従一位征夷大将軍資陪禄算、伏願輔文教昭武徳、九錫冊桓文之功、熙庶績新旧邦、二南歌周邵之化、又拈香云、此香一炉爇却、以奉供養本寺第一鼻祖帝王五代門師天龍開山夢窓正(・疎石)覚心宗普済玄猷国師、用酬法乳之恩、斂衣就座、南禅和尚(徳叟周佐カ)白椎云、法莚龍象衆、当観第一義、師垂語云、第一義如何観、仏祖無門窺覰、釈梵無分讃歎、雖然恁麼、観水有術、必観其瀾、頂門具眼底、相共激揚看、問答罷廼云、中原一宝耀古騰今、恢恢乎弥綸十虚、而体不可見、蕩蕩乎廓通三際、而徳不可名、多子塔前放開線路、曹渓(・慧能)門下漏泄真風、聖人得之君臨四海、賢相得之子育万邦、便見国泰民豊、風調雨順、一一無非皆承他恩力、津上座幸対龍象筵、不敢囊蔵被蓋、拈来撒向諸人面前了也、拈拄杖卓一下云、諸人還識中原一宝麼、若能識得、依旧十月孟冬、其或未然、重為指出、又卓一下云、長安是日辺、

復挙、僧問虎丘（・紹隆）和尚云、為国開堂一句作麼生道、丘云、一願皇帝万歳、二願重臣千秋、師云、一言分賓主、一句定乾坤、則非無虎丘祖師、其忝一字入公門九牛車不出、今日有僧問山僧為国開堂一句作麼生、便対他云、千峯朝崋岳、万派粛滄溟、

○惟肖得巌が作成した絶海中津相国寺入寺の山門疏が「惟肖巌禅師疏」（『五山文学新集』第二巻、一〇三九頁）にあり。

明徳三年（一三九二）十一月三日、相国寺大塔の基礎が定められる。

四五六〔三国一覧合運図〕京都御所東山御文庫記録

『大日本史料』七編-一、二五頁

十一月三日、大塔定基壂（盤）、

四五七〔大乗院日記目録〕

『増補続史料大成 大乗院寺社雑事記』一二巻、二九五頁

（明徳）三年（中略）月　日、相国寺塔建立、

○「如是院年代記」・「和漢合符」（『大日本史料』七編-一、二五頁）に関連史料あり。

明徳三年（一三九二）十一月三十日、崇光上皇が空谷明応を戒師として出家する。

四五八〔椿葉記〕『村田正志著作集』第四巻、一四一頁

（前略）城南の離宮には閑素として歳月を送りまします程に、明徳三年十一月卅日上皇（崇光）は法皇にならせ給、御戒師は常光国師（鹿苑院主）（空谷明応）なり、法親王にこそ御受戒あるへけれとも、閑居（幽閑）の院中沙汰にをよはす、さりなから禅律の御戒師先例なきにもあらす、

○〔　〕は『大日本史料』七編-一、三八頁により校訂。

四五九〔伏見宮御記録〕『大日本史料』七編-一、三八頁

崇光院

明徳三年壬申十一月卅日御出家、五十九、法諱勝円心、改大道、御戒師常光国師（空谷明応）、相国寺前住、於伏見仙洞泉殿有此儀、毎事密儀也、第九十八治三年

○「皇年代略記」（『大日本史料』七編-一、三九頁）に関

連史料あり。

明徳三年（一三九二）十二月六日、円覚寺の舎利が鹿苑院に安置される。

四六〇〔大乗院日記目録〕

『増補続史料大成　大乗院寺社雑事記』一二巻、二九五頁

十二月六日、円覚寺之舎利上洛、安鹿薗（苑）院、

○仏牙舎利の移動を応永三年（一三九六）とする史料（本書五一六号史料）があり。

明徳三年（一三九二）十二月二十七日、絶海中津が海寇の鎮圧を求めた高麗からの書状の返書を作成する。

四六一〔善隣国宝記〕『訳注日本史料　善隣国宝記』一〇二頁

後小松院明徳三年壬申、答朝鮮書、此以下二書、絶海撰、（・中津）

日本国相国承天禅寺住持沙門某（絶海中津）、端粛奉復高麗国門下府諸相国閣下、仲冬（十一月）初、貴国僧覚鎚来、将諸相国命、達書于我征夷（足利義満）大将軍府、諭以海寇未息、両国生釁、此事誠如来言、海隅民敗壊教化、実我君臣之所恥也、今将申命鎮西守臣（今川了俊カ）、禁遏賊船、放還俘虜、必当備両国之隣好、永結二天之歓心、実所願也、然而我国将臣、自古無疆外通問之事、以是不克直答来教、仍命釈氏某、代書致敬、非慢礼也、今遣臣僧寿允、細陳情実、乞僉察焉、不宣、

明徳三年壬申十二月廿七日

明徳三年（一三九二）、薬師如来新像が雲頂院に安置され、絶海中津が開眼の法語を作成する。

四六二〔絶海和尚語録〕

『大正新脩大蔵経』第八〇巻、七三三頁

雲頂院（相国寺）薬師如来安座並開光明指仏云、他是瑠璃世界尊、端厳妙相耀人天、度生悲願何時了、又向閻浮坐宝蓮、共惟東方浄琉（瑠）璃世界教主、薬師琉（瑠）璃光如来、開十二願門、利済広被、遊恒沙国土、応用無辺、其徳備哉、統群生之大本、其道至矣、尽万法之大全、故夫称揚讃歎者衆善来集、恭敬供養者諸悪忽蠲、寒者得衣、飢者得食、貧人得

宝、病人得痊、因中本願如是故、果上化他亦復然、力救六趣之沈溺、普解三塗之倒懸、宜哉日光月光護持宝蔵而照臨昼夜、大将夜叉饒益有情而囲遶後先、頭上宝冠顕頂王之三昧、掌中薬壺灑甘露於八埏、雖然如此、若約衲僧門下頂門正眼、猶隔天淵、且道、衲僧家有甚麼威権、以筆点眼云、等閑拈起須弥筆、点出光明照大千上堂、祖師心印状似鉄牛之機、去則印住、住則印破、戢玄機於未垂、蔵冥運於即化、堪笑黄面老漢、一生走上走下、多子塔前一著、至今調高和寡、堪笑碧眼胡僧、少林九年冷坐、強言分皮得髄、却被露柱覷破、相国全無伎倆、何会是個非個、尋常困眠飢飡、随時経行坐臥、若是真正挙揚、未開口先話堕、還有為人処麼、叉手云、謹白参玄人、光陰莫虚過、

明徳四年（一三九三）三月二十九日、僧江安が仏事銭として相国寺都聞ならびに庄主方に十六貫文を出す。

四六三〔僧江安料足進納証文〕　総持寺文書

『加能史料』室町Ⅰ、一頁

御仏事残銭三十五貫文之内、為安堵秘計及度々、都聞（周三）（相国寺）方
幷（能登国鳳至郡櫛比庄）庄主方之用々に、都合拾六貫文也、此内委細之事、当
位ニ談合申候了、仍為後日状如件、

明徳四年三月廿九日　　江安（花押）

明徳四年（一三九三）四月二十七日、後円融天皇が泉涌寺で茶毘に付され、相国寺住持絶海中津が回向文を作成する。

四六四〔万年山相国承天禅寺諸回向幷疏〕

相国寺蔵（承天閣美術館寄託）

後円融院茶毘後就泉涌（東山）寺諷経回向

妙性円明、離諸名相、霊光独耀、迴脱根塵、

仰冀　尊霊俯垂昭鑑、

大日本国山城州万年山相国承天禅寺住持比丘某（絶海中津）、謹集合
山僧衆諷誦、
大仏頂万行首楞厳神呪、所萃殊利、奉為
大行（後円融）皇帝、資厳
聖駕、伏願
神遊八極、想雲車風馬、来臨位證中天、受玉殿瓊楼快楽、

十方三世云々、

○『大日本史料』七編－一、二一〇頁に翻刻文が掲載される。

明徳四年（一三九三）五月、足利義満が後円融院五七日の仏事を相国寺で行い、絶海中津が陞座を務める。

四六五〔絶海和尚語録〕　『大正新脩大蔵経』第八〇巻、七四〇頁

後円融院五七日聖忌請陞座垂語云、正法眼蔵涅槃妙心、当陽顕示日照天臨、於是薦得、塵劫来事全在于今、其或未然、且向唱教門中、吹無孔笛弾没絃琴、畢竟誰是知音、問答畢乃云、法身清浄量等虚空、在聖同聖、在凡同凡、在天則天中之主、在人則人中之尊、如金鋳像全像是金、如水生波全波是水、悟此旨者、住煩悩而不乱、居禅定而不寂、法法無礙物物円融、摂無辺刹境於毫端、融十世古今於当念、雖然恁麼、猶是暫時岐路窮家活計、若約衲僧分上、坐断毘盧頂不受釈迦文、兎角杖挑潭底月、亀毛払繋樹頭風、傍有拄杖子出来云、只如大壇（檀）越（足利義満）開大法筵慰、先皇在天之霊、世法仏法並行、皇恩仏恩共報底一句、且如何道取、卓拄杖云、雲自帝郷去、水帰江漢流、復挙、月氏国王往罽賓国、礼祇夜多尊者、修敬既畢乃請、尊者当為開演、尊者曰、大王来時好道、今去亦如来時、王乃歎伏、後来仏果老人頌云、至簡至易最尊最貴、往還毘盧頂𩕳頭、世出世間不思議、弾指円成八万門、一超直入如来地、相国（足利義満）今日恭遇後円融院五七日聖忌、聊挙一則因縁、以充法供養、不免以蛍火擬大陽去也、至簡至易最尊最貴、曾従仏地現王宮、今従王宮帰仏地、去時好道如来時、随身宮殿無有異、始終何曾落正偏、百二山河王化裏、

四六六〔相国考記〕明徳四年五月条　『相国寺史料』第一巻、一五頁

五月、大檀越（足利義満）恭遇後円融院五七日聖忌、開大法筵於相国寺、慰先皇在天之霊、特命住持某絶海（・中津）陞座云云、見于絶海録、

明徳四年（一三九三）五月、足利義満が花御所で絶海中津に首楞厳経を講義させる。

四六七〔続本朝通鑑〕明徳四年五月条

『本朝通鑑』第一二（国書刊行会）四二二六頁

五月、（中略）義満（足利）召中津（絶海）於花御所、講首楞厳経、明応（空谷）等老僧亦預聴、

明徳四年（一三九三）六月十一日、島津元久が、相国寺領三俣院の事が落着していないため、参洛の命令に応じられないと答える。

四六八〔島津元久書状写〕薩藩旧記

『南北朝遺文』九州編第六巻、六二七二号文書

追令啓候、

雖乏少之至極候、虎皮五枚（虎皮三枚、豹皮二枚）、梅絵四幅・料足一万疋令進覧候、重恐惶謹言、

参洛事被仰候、畏入候、致其用意候之処、去年相国寺領三俣院（日向国諸県郡）事、御教書被成下候、仍未道行子細出来候之間、延引仕候、此事落居候者、早々可令上候候（衍字カ）、其子細為申入、酒匂新左衛門入道令進候、委細使者可申入候、恐惶謹言、

明徳二（四）年六月十一日　藤原（島津）元久

進上　人々御中

○明徳三年九月十七日に室町幕府が三俣院等への押妨停止を命じる（本書四五三号史料）。

明徳四年（一三九三）六月二十四日、相国寺大塔の立柱が行われる。

四六九〔万年山相国承天禅寺諸回向幷疏〕相国寺蔵（承天閣美術館寄託）

大塔立柱疏

宝塔立柱諷経功徳文疏　回向
護法諸天三界万霊十方至聖

娑婆世界云々　源　謹封

仏恩広大云々、仰冀仏天、俯垂昭鑑、

娑婆世界南贍部洲大日本国山城州京師居住奉三宝弟子准三宮従一位左相府征夷大将軍源（足利義満）特抽丹悃、上達　聖聡、義満切念、将挪

七層宝塔、奉安　五智如来、茲当立柱之辰、

仰祈鎮基之裕、仍命　現前清衆、諷誦　大仏頂万行首楞厳神呪、消災妙吉祥神呪、所鳩善利、先用回向、真如実

際、常住三宝果海聖賢、
普庵（・印蕭）大徳禅師、開山国師（夢窓疎石）大和尚、復次祝献、
大功徳尊天、十八天以下、星名、神名、如常、
当境旺化、諸位善神、修造方隅禁忌神将、山林界相、大
小樹神、所有一切守護百霊、伏願専酬歴劫聚沙之志、速
孱不日合尖之功、法界塔婆、当念円成、大日覚皇、随処
示現、所冀　皇風与祖風倶扇、仏日兼帝日斉明、国土昇
平、干戈永息、更祈　源義満寿算綿邈、致太平兮、海晏
河清、身宮康寧、比福寿兮、天長地久、子孫昌盛、家眷
和同、長為仏法之金湯、永作　皇家之堡障、千災消殞、
万善咸臻、在　仏光中、吉祥如意、亦復所祈、山門粛静、
内外咸安、火盗消除、海衆康楽、大法若盤石之固、正宗
如泰山之安、開大施門、普利遐邇、一瞻一礼、證淂本地、
法身或見或聞、悟入荘厳蔵海、
右伏請、三宝證明、諸天洞鑑、謹疏、
明徳四年六月二十四日
山城州京師居住奉三宝弟子　源　疏

○本史料は『大日本史料』七編－一、一二三五頁にも翻刻文が掲載される。

四七〇〔万山編年精要〕『大日本史料』七編－一、一二三六頁

六月廿四日、当寺（相国寺）大塔立柱、其疏云、准三宮従一位左相府徃（征カ）夷将軍源（足利義満）、、、切念、七層宝塔、奉安五智如来、茲当立柱之辰、仰祈鎮基之祐云々、年月日源義満疏、見于当寺古回向集、

○「鹿苑僧録歴代記」・「武家年代記」・「如是院年代記」・「三国一覧合運」・「南方紀伝」（『大日本史料』七編－一、一二三六頁）に関連史料あり。

明徳四年（一三九三）九月九日、絶海中津が重陽の上堂を行う。このとき、太鼓が張り替えられ、鐘は元興寺から来たものを使用する。

四七一〔相国考記〕明徳四年九月条　『相国寺史料』第一巻、一五頁

九月、当寺（相国寺）法鼓新鞔洪鐘、自南京（南都）（元興寺）而至、見于絶海録重陽上堂、

○「絶海和尚語録」（『大正新脩大蔵経』第八〇巻、七三四頁）の明徳四年の重陽上堂に同内容の記事あり。応永四年（一三九七）に、元興寺の鐘が相国寺に懸けられた記事あり（本書五三七・五三九号史料）。

明徳四年（一三九三）十月二十二日、能登国総持寺で住持入寺の際、櫛比庄庄主の相国寺僧に対して檀那香が焚かれる。

四七二〔普済救和尚法語〕永光寺蔵

『新修門前町史』資料編二 総持寺、四〇頁

能州諸岳山（鳳至郡）惣（総）持寺普済（善救）和尚入院仏事 ○コノ行、元禄八年版普済禅師語録（以下「イ」ト略称）ナシ、

明徳二年癸酉（十月二十二日）小春念二日、巳剋、○イニ「師於明徳四歳癸酉年小春初二日、就太原山聖興寺（加賀国能美郡）、受請、本月念二日入院、」トアリ、

両班 ○以下八行、イナシ、

都寺 妙貞監寺　　維那 見丰知客（.良秀）実峰和尚会下僧、

典座 玄祐　　蔵主 性崇維那 実峰会下僧、

知客 正周　　浴主 智性

侍香 ▨悟蔵主 妙（省山）（.宗令）大徹和尚会下僧、　　侍状 良珍（玉叟）

侍客 正舜侍者　　侍湯 道頤（ママ）実峰和尚会下僧、

侍衣 義春侍者

白槌 定光（能登国）実峯東堂（指山門云イ）山門

大解脱門、八字打開、一超直入、顧左右云（顧視イ）、従這裏来、

仏殿

仏是西天老比丘、我是今時小比丘、礼汝還因我出頭、

土地（堂イ）

護法安人、応霊山（霊鷲山）記、説法度人、在住山位、

祖師（堂イ）

四七（達磨）二三（慧能）、伝燈法光、一花五葉、五葉聯芳、

拠室

只箇方々一丈中、横説竪説、只箇主翁、

拈衣（イナシ）上堂前、

不是鶏足山中得、不是黄梅夜半伝、（イナシ）山僧為甚麼即今得頂戴云、即頂戴云、善哉解脱服、無相大福田、

法座（指法座云イ）

高々一座、豎窮三際、横亙十方、乃仏乃祖、皆依是位商量、

祝聖香（遂登座拈香云イ）

此一弁香、爇（爇イ）向法炉（宝）、恭奉為祝延（端イ）今上皇帝（後小松天皇）聖躬万歳万歳万々歳、伏願（陛下恭願イ）、久居北闕之尊位、長保南山之聖寿、

檀那香（次拈香云イ）相国寺庄主・吉見伊与殿（櫛比庄）（玄幸）是両人、○相以下十三字、イナシ、

箇香奉為本寺大旦〔檀イ〕那資〔陪イ〕倍禄算、伏願、緇白〔文武イ〕相共、仏家柱
石、巾舃同時、法門金湯五獄為〔作イ〕寿山、四溟為福海、
（中略）
〔次謝檀越云イ〕
謝旦那庄主
次惟〔イナシ〕、山門大旦越〔檀イ〕明興監院禅師、祖域英標、叢林傑出、
法臘与椿松長秀、道体兼金石全固、
（後略）

明徳五年（一三九四）三月二十一日、相国寺大塔の材木引人夫が一国平均役として東寺領播磨国矢野庄に課される。

四七三〔僧良快奉書〕「廿一口評定引付」東寺百合文書ち函一　『大日本史料』七編一一、三六一頁

書下案

庄家令落居、還住之条、尤神妙候、此上者耕作以下事、
可致忠節之由可被相触候、
一陣役長夫幷引原材木引両条之免状二通、被執下候、目
出候、書下之会尺二献分二貫文入候、次於相国寺材木
者、一国大儀候、無左右難閑候、先少々可被立候、追
可被経御沙汰候、
一百姓還住之上者、年貢未進幷去年被仰守護方〔赤松義則〕仕足、将
又段銭沙汰用途、致催促、可被進上候、条々重可被仰
候也、恐々謹言、
〔明徳五年〕三月廿一日　　良快奉
〔播磨国赤穂郡〕矢野例名沙汰人御中

四七四〔造営方算用状〕東寺百合文書そ函二一　『大日本史料』七編一三、七五〇頁

〔端裏書〕「甲戌造営方散用状応永元算合了、□奉行宝厳院」
注進　造営方散用事
納分
（中略）
一五方御寄合料足分、
二十三文　去年十二月廿八日御奉行御出分、
百六十二文　同諸方文書エリノ時分、
三百七文　同御奉行渡分、
二十七文　二月廿五日御奉行御出分、

三百三十文　三月廿一日客人モテナシ、
五百三十文　四月二日相国寺木引時分、
九十三文　度々御祈支具、
四十文　九月廿五日御奉行御出分、
二十七文　十月十九日同分、
四百五十七文　観一上人坊客人御モテナシ、
百三十九文　稲荷祭礼時公人方分、
一貫文　至徳四年植松方借物且分、
已上三貫百四十七文

（中略）

応永五年五月九日算合了、

四七五〔僧良快奉書〕　東寺百合文書ち函一「廿一口評定引付」『大日本史料』七編‐一、三六二頁

（播磨国赤穂郡）矢野書下案

地下還住先以目出候、耕作等事殊可致忠節候、
一相国寺材木事、天下之御大事、諸国平均之煩候、無力次第候歟、雖然以機嫌七条方可申談候、先喜多野方へ〇被遺状候、諸事可為此人之計候、能々可被仰候、尚無優恕者、重可被注進申候、
一未進等事、定抜群候歟、百姓還住候者、急可致沙汰之処、無其儀候、何様事候哉、可有催促候、
一去年被仰候守護方（赤松義則）作州之会尺事、地下分被借物候之間、大略及一倍候、去年既可進上之由令申之処、依逃散不及是非候、忩可被沙汰進候、
一段銭沙汰用途、同被借物、任去年御書下、可被致沙汰候、
一夫役免状会尺二貫文事、同被引違了、此内半分逃夫可致沙汰歟、於半分者、地下可致其沙汰候、
一貞次名酒肴料事、半分令当進、半分可捧来秋之請文之由、対上御使、乍令約諾、無沙汰何様事候哉、条々急速可有其沙汰之由、被仰下候也、

（明徳五年）四月十一日　良快

明徳五年（一三九四）四月二十五日、法華八講が相国寺で行われる。

四七六〔第二相国寺御八講記録〕　天理大学附属天理図書館蔵一八六‐イ一二

「（表紙）
改元応永
明徳五甲戌　御筆御講　応永二乙亥　同三丙子
同四丁丑　同五戊寅　同六己卯　不被修之、
同七庚辰　同八辛巳　同九壬午
同十癸未　同十一甲申　同十二乙酉

第二
相国寺御八講記録

同十三丙戌　同十四丁亥　同十五戊子
同十六己丑　同十七庚寅　同十八辛卯
同十九壬辰　同廿癸巳　御筆御講　同廿一甲午
大法師光暁
二品〇☒親王」

明徳五年四月相国寺御八講自廿五日始行、

（付箋）
「證義一人事」
（カ）
単證義僧正円守

初日朝座講師心兼　　問者隆俊

問、講讃経文付明観門之相、且玄文々句中明一念三千観耶、

問、無明法性貴本有真実法也、可云耶、

夕座講師心尊　　問者幸円

問、列令経同聞衆中雑衆中尺トシテ、少光上下天寿命之、相引倶舎所明、少光上下天大全半為劫文見、爾者所云寿命之相ヲハ末師、如何判之耶、

同、（摩）广訶止観中判四種三昧之相見、爾者常坐三昧意ノ止観ニ於テ念ル弥陀故者妙楽、如何判之耶、

第二日朝座講師忠慶　　問者房淳

問、常同常別義者亘因早耶、

問、感大果実報寂光中ニハ何耶、

夕座講師幸円　　〔問者心尊〕

問、一処解尺中引判トシテ他宗義挙四宗六宗等ノ不同見、爾者其ノ同異之相ヲハ如何判耶、

問、本迹二門所詮理ニ有浅深不同耶、

第三日朝座講師隆俊　　問心兼

問、断見惑之時證修惑実性歟、

問、今同依他事、

夕座講師心明　　問孝俊

問、法華已前、明円虫三諦耶、

問、円教意初住分三重無明貴（カ）入心障歟、

第四日朝座講師房顕　　問房祇

問、一家三論意観音称念、人滅定業歟、

問、宗家意付明菩提サタ修行相、且不経三祇一念断惑スト可云耶、

夕座講師房祇　　問房顗

問、三周不可(カ)去(カ)春ニ大通結縁人歟、

問、円教意初住位断元品無明耶、

第五日朝座講師孝俊　　問心明

問、如仮尋伺事、

問、遣虚存実事、

夕座講師房淳　　問忠慶

問、普賢経中不断菩薩不離五欲又説円教何位耶、

問、广(摩)訶止観中於観不思議境立三種妙境見タリ、爾者其中修得ノ妙境ハ唯識観也、可云耶、

当年依所身辞申入畢、出題等事、尋光堂僧都忠慶注之畢、

(中略)

応永三年四月廿五日始行相国寺御八講

証義長懐僧正　房淳才、、(権)(僧正)兼

(中略)

応永四年丁丑四月廿五日始行相国寺御八講

証義者僧正円兼　于時別当召具御前六人仕丁二人帯紅

、、長雅(僧正)　才、、(権)(僧正)房淳兼

(中略)

同(応永)七年庚辰十二月二日　御始行

御八講堂御営作未被終功、仍於北山殿御所被修之、以殿上為集会所、

中綱六人仕丁二人召具之、

証義別当僧正実恵結日転正　権僧正房淳

威儀師隆紹　従、、(儀師)相淳

(中略)

応永十三年丙戌十二月二日御始行

於青蓮院門跡被修之、御堂御営作未被終功故也、

証義者権別当権僧正隆俊

権僧正忠慶

(付箋)「於青蓮院被修八講事」

(中略)

応永十三(四)丁亥十二月三日御始行

於新御堂被修之、号正在受用院、二日依為御衰日被延引、三日云云、御堂御新造御願初故云云、

證義者大僧正孝円
権別当
権僧正実雅
権僧正忠慶
（中略）
応永十五年十二月二日始行於正在受用院被修之、
證義大僧正孝円　権僧正実雅兼（于時権別当）
権僧正忠慶兼
（中略）
応永十六年五月二日始行於正在受用院被修之、
證義前大僧正孝円初中後三ヶ日御出仕、第二日第四日計出仕、
権僧正良寿第二日依十種供養御導師勤仕、不出仕、
権僧正忠慶
（中略）
応永十七年五月二日始行於等持寺（三条坊門）被修之、
證義者
（付箋）「證義法印権大僧都事」
山僧正良寿　山権僧正忠慶兼　興法印権大僧都光暁非正権・兼
（後略）
○〔　〕は興福寺典籍文書二二函二六号（奈良文化財研究所写真帳）により校訂。

○本史料には明徳五年（一三九四）～応永二十一年（一四一四）の御八講が記録される。
○応永十三年（一四〇六）十二月二日の八講は本書七三三号史料に、応永十六年五月二日の八講は『教言卿記』同月二・六日条、「大乗院日記目録」同月二日条（『増補史料大成　大乗院寺社雑事記』一二巻、三〇三頁）に記事あり。

応永元年（一三九四）七月二十八日、東寺領播磨国矢野庄が相国寺大塔の材木人夫役の免除を同国守護に求めるが、一国平均役のため許されず。

四七七〔学衆方評定引付〕東寺百合文書ワ函一二
『相生市史』第七巻、二六八頁

（表紙）
「学衆方評定引付明徳五年甲戌（異筆）『改元応永元』」
（中略）
学衆方評定引付明徳五年甲戌
（中略）
七月廿八日
（東寺）観智院　宣承他住　全基他住　頼暁　教祐他住　教遍

宏寿　融然他住　隆禅　頼遍　隆恵　俊宗他住　弘経
宗海　救運免　堅済　頼寿

去廿五日播州守護（赤松義則）祈禱巻数、以乗観、為使節、遣之了、同廿七日上洛、即返事到来、以此次、陣中夫幷千草山材木引、相国寺塔婆材木引事、雖歎之、於相国寺塔婆材木引事者、依為一国大儀、不可叶云々、陣役幷千草山材木引者、無相違、可止催促之由、成書下畢、其状云、

東寺領播州矢野庄（赤穂郡）人夫役事、先々免除之段、無子細、雖然、相国寺塔婆材木引人夫事者、可有其沙汰、千草山材木引幷今度南都発向陣役人夫、従守護代方、及催促云々、此両条固所被閣也、可有存知者、仍執達如件、

応永元年七月廿六日　　（飯尾）頼祐在判
（喜多野）能総（綱）在判

小川七郎入道殿

（後略）

応永元年（一三九四）八月二十二日、相国寺材木を運ぶ人夫の出費が播磨国矢野庄の散用状に記される。

四七八〔播磨国矢野庄学衆方年貢等散用状〕東寺百合文書ヲ函三五

『相生市史』第八巻上、五八八頁

（端裏書）「矢野庄学衆散用状応永元年分算勘畢、」

注進東寺御領播磨国矢野庄（赤穂郡）学衆方
応永元年御年貢・夏麦・雑穀等散用状事

（中略）

一国下用事

二百十文　六月二日、広瀬福田状アリ、京上夫壱人被懸、使中一日逗留雑事・引（出）手物、
百五十文　同夫之粮物、則責立也、
百十五文　七月十一日、奈良向夫使以広瀬書□（下）催促使二人雑事・酒直分、有折紙、
五百五十文　同十九日ヨリ長夫二人立遣粮物、但此之内壱人者、四十四ヶ日帰畢、
六十五文　同廿六日、喜多野之中村以書下、相国寺材木引夫使一宿分、
百六十文　八月廿二日、相国寺材木広瀬之奥へ三方ト謂所也、人夫大勢被懸、騎馬使四人名字甲山・石

見・高田・円山・肥塚二次（木）（播磨国赤穂郡矢野庄）宿行向之時、
酒直分、但無書下、
一石一斗八升　同晦日、廿人立遣粮物、十五日役分、一
方百五十人分、自矢野、一日路余所行也、
百五十文　同日、奈良陣役長夫事、幷相国寺材木引
事、被懸申飛脚夫賃、

（中略）

右、散用状之条々、若偽申候者、当所五社大明神、殊者
大師八幡大菩薩之御罰、各可罷蒙候、依起請文注進如件、
応永貳年二月廿八日　田所家久（花押）
明済（花押）

○紙継目裏ごとに、頼暁の花押が据えられている。

応永元年（一三九四）九月二十四日、直歳寮からの火災で、相国寺の諸堂・諸寮が焼失する。

四七九〔光明峯寺禅閤御灌頂記（裏書）〕
『大日本史料』七編－一、六八七頁

九月廿四日、辛酉、丑刻相国寺炎上、

四八〇〔鹿苑僧録歴代記〕『大日本史料』七編－一、六八七頁

応永元甲戌歳九月廿四日夜、相国災、台駕臨焉、自直歳寮、
而諸堂諸寮皆焼失、

四八一〔碧山日録〕長禄四年閏九月二十三日条
『大日本古記録』、上巻、一四八頁

二十三日、丙寅、過永安、謝以昨日、退耕（東福寺）之西堂、号旭（・慧桑）
昇者、在座、余（太極）因問其祖性海（・霊見）禅師之事迹、粗謂其一二曰、
師入唐遍歴諸老之門、于時鐘（金）山（丹波国天田郡天寧寺）愚仲（・周及）為同伴、共研究己事、
愚仲参了即休（即休契了）而得其印可也、師毎快々曰、我参大唐、諸
師莫如日本錬（虎関師錬）和尚者、帰朝遂嗣於海蔵（東福寺）、天山相公（足利義満）欽仰道
風、累聘住諸大刹、而三住南禅、師毎受辟命固辞之、至
其三請、則欲晦韜於山藪、相□（公）知之、遣使曰、和尚若辞
之、海蔵一門之徒、固禁止畿内之往来云、師乃幡然曰、
以老朽豈帯累数人乎、乃出勤其住、相公大悦、晩年甚嫌於（赴）
官斎、屏居退耕、弊衣垢面、不剪爪髪、々鬚鬖々、宛然
一丈夫也、応永甲戌（元年）之歳、相国新寺災、相公憂之、止接
謁之礼、絶海（・中津）和尚自付曰、若非性海之至、相公不出接、

遂扣退耕告之、師諾焉曰、余有出、乃可剪髪鬚、海先告之於相公、々曰、師若去其頂髪、猶富士峰頂無雪也、海又密告相公之意、師散髪弊衣而至、相公喜之出迎、乃出金襴五條衣奉之、又乞師所着之衣着之、師慰問新寺之厄、且説法要、移刻而退、公自是出接諸寺名宿・列廷大臣及諸大夫也、師又一日以相公之請、遊於(嵯峨)西芳精舎、前池有舟、師先乗焉、相公手執師之履、以納舟、師看之自若也、師平生得台意、皆類之云、

○「東寺王代記」・「勝定国師年譜」・「翰林葫蘆集」（『大日本史料』七編－一、六八七頁）、「如是院年代記」（『群書類従』第二六輯、一七二頁）、「東寺長者補任」（『続々群書類従』第二輯、六七〇頁）、「皇代略記」（『続群書類従』第四輯上、四六頁）、「和漢合符」（『後鑑』第二篇、『新訂増補国史大系』第三五巻、三六三頁）、「相国考記」同日条（『相国寺史料』第一巻、一六頁）に関連記事あり。

応永元年（一三九四）十月一日、空谷明応が相国寺に三住する。

四八二〔扶桑五山記〕

玉村竹二校訂『扶桑五山記』（臨川書店）一三五頁

三住、〔仏日〕常光国師(空谷明応)、応永元年甲戌十一月一日入寺、

（後略）

○〔 〕は『大日本史料』七編－一、六九六頁により校訂。

四八三〔鹿苑僧録歴代記〕『大日本史料』七編－一、六九六頁

空谷(・明応) 応永元甲戌歳十月一日、公(足利義満)復起常光、而住持相国、

四八四〔常光国師行実〕『続群書類従』第九輯下、六九一頁

応永之元(九月)杪秋寺(相国寺)燬、師(空谷明応)復起住持、閲両歳、百廃一新、然道旺則魔盛、俄与相公(足利義満)違言、蓋公違言(四字衍カ)、蓋公取禅数輩、易服帰教、師固争、以為下喬木入幽谷、理豈然哉、

○「相国寺前住籍」（彰考館蔵）は入寺日を十月一日とする。

○傍点は『大日本史料』七編－一、六九六頁により校訂。

応永元年（一三九四）十月十九日、室町幕府が相国寺山門造営のため、寺社領から土貢を借りあげる。

四八五〔足利義満御判御教書案〕東寺百合文書オ函八七

『愛知県史』資料編九 中世二、三一〇頁

相国寺山門造営□□、不除分国付尾州智□(多)海東両郡、□□(之内カ)寺社領幷
人給、国□□(中平)均五ヶ年之間、借□□一土貢、宛彼要脚
□□(候、可カ)致其沙汰状如件、
応永元年十月十九日□
一色左京大夫(詮範)殿

応永元年（一三九四）十一月一日、相国寺再建の事始が行われる。

四八六〔和漢合符〕『大日本史料』七編一一、七一七頁

十一月一日、相国寺事始、十一月廿八日、仏殿・山門事始、○三国一覧合運図同ジ、

四八七〔武家年代記〕『大日本史料』七編一一、七一七頁

十一一、事始、同廿八、仏殿・山門等事始、

応永元年（一三九四）十一月二十五日、鶴岡社衆会所が相国寺再建段銭の免除を求める。

四八八〔鶴岡社衆会所珍誉書状写〕鶴岡事書日記

『大日本史料』七編一一、七一八頁

十一月会所頓学坊
相国寺御助成段銭事、会所之間、衆中披露申候処、開闢
已来被停諸公事之上者、堅社家へ致訴訟最中候、暫可有
御待之由、可被申御使候、恐々謹言、
応永元也、十一月廿五日　衆会所 珍誉在判
佐坪(上総国埴生郡)政所殿

応永元年（一三九四）十一月二十六日、日向・大隅・薩摩国守護島津元久が、相国寺領嶋津庄内日向方三俣院のうち五町を給分として岩元清左衛門尉に与える。

四八九〔島津元久書下〕薩藩旧記

『大日本史料』七編一一、七四〇頁

嶋津庄日向方三俣院(諸県郡)、雖為相国(寺脱カ)領、下地五町事、為給分
所相計也、任先例、可領掌之状如件、
応永元年十一月廿六日　元久(島津)（花押）
岩元清左衛門尉とのへ

○嶋津庄は薩摩・大隅・日向三ヶ国にまたがる。

応永元年（一三九四）十一月二十八日、相国寺仏殿・山門の立柱が行われる。

四九〇〔翰林葫蘆集〕『五山文学全集』第四巻、六七五頁

鹿苑院殿（足利義満）百年忌陞座

（中略）

散説

（中略）同年（応永元）十一月二十八日、仏殿（相国寺）・山門立柱、彼賢于長者、道挿一茎草、建梵刹竟者、理上興建也、不及公向事上、不歴時日、而一再起之者、其余教苑講肆、無不一新、経所謂三世一切諸仏之大檀越者乎、

○「和漢合符」（『後鑑』第二篇、『新訂増補国史大系』第三五巻、三六四頁）に関連記事あり。

応永元年（一三九四）十二月十七日、これ以前、足利義満が絶海中津の頂相を描かせ、絶海が自賛をする。

『大正新脩大蔵経』第八〇巻、七五七頁

四九一〔絶海中津頂相賛写〕

征夷大将軍（足利義満）従一品大相公、絵予（絶海中津）陋質以徴著語、謹応鈞命露醜拙爾、

鈍牓状元戯場参軍、崇飾街談巷説、排斥魯詁竺墳、機境在前見如不見、毀謗随後聞如不聞、大明立極主、本朝賢相君容得箇様閑漢、畢竟直甚分文咦、万年山（相国寺）頂演宗旨、玉帳清香四海薫、

○年月日未詳につき、便宜的に足利義満の将軍在職最終年におく。

応永二年（一三九五）二月二十四日、相国寺仏殿の立柱が行われる。

四九二〔万年山相国承天禅寺諸回向并疏〕

相国寺蔵（承天閣美術館寄託）

本寺再興仏殿立柱疏

三世如来殿立柱諷経功徳文疏献上
護法諸天三界万霊十方至聖

娑婆世界云々　従一位源　謹封

仏恩広大云々、仰冀仏天、俯垂昭鑑、

娑婆世界南瞻部洲大日本国山城州京師居住奉三宝弟子准

三宮太相国従一位源(足利義満)、
重開万年相国洪基、布金如嚢昔新建　三世如来○大殿、立
柱涓茲辰、仰乞　三宝冥資、伏祈　諸天擁護、仍命　現
前清衆、諷誦　大仏頂万行首楞厳神呪、所集功徳、仰賛
十方常住三宝果海聖賢、本師釈迦如来、西方無量寿仏、
当来下生弥勒尊仏、西天東土歴代祖師、普菴(・印肅)大徳禅師、
開山国師(夢窓疎石)大和尚、祝貢　護法列席諸天、三界万霊十方満
空聖衆、今年歳分、主執陰陽、権衡造化、善悪聡明、南
方火徳云々、以下神名如常、
大小福徳一切神明、修造方隅禁忌神将、山林界相大小樹
神、所有一切守護神祇、先願
皇風永扇、仏日増輝、天下太平、兵戈永息、専祈　修造
速成、無諸魔事、法器円就、警覚迷流、大法如泰山之安、
洪基似盤石之固、寺門類于忉利兜率、檀越斉于匿王給孤、
一礼一瞻、咸登妙荘厳域、或聞或見同到大解脱場、法界
群生、被蒙利益者、
右伏請、三宝證明、諸天鑑格、謹疏、
応永二年二月二十四日
山城州京師居住奉三宝弟子　源　疏

○『大日本史料』七編-一、九六〇頁参照。

四九三〔実冬公記〕応永二年二月二十四日条
『大日本古記録　後愚昧記』四、一七三頁

廿四日、相国寺仏殿立柱也、去年炎上後立之、是主人(足利義満)力
云々、諸堂諸大名支配作之、

四九四〔如是院年代記〕応永二年二月二十四日条
『群書類従』第二六輯、一七二頁

乙亥(応永)二、正月七日太政大臣(足利義満)拝賀、二月二十四日相国寺立柱、
六月十八日重改立、

○「勝定国師年譜」・「東寺王代記」・「官公事抄」・「和漢合符」(『大日本史料』七編-一、九六一頁)に関連記事あり。

応永二年(一三九五)三月二十一日、足利義満が来たる四月七日に行われる相国寺八講堂での法華八講に参仕するよう三条実冬に命じる。

四九五〔実冬公記〕応永二年三月二十一日条

『大日本史料』七編-二、一八頁

一自来月七日、於相国寺新御堂、五ヶ日可被講讃御筆法
華経、可令参入給之由、太政大臣殿（足利義満）御気色所候也、仍
言上如件、重房（万里小路）誠恐謹言、
三月廿一日　権右少弁重房奉
進上　右大将殿（三条実冬）
追言上、
五巻日可令相具捧物一捧給候、重謹言、

応永二年（一三九五）四月七日、足利義満が足利義詮三十三回忌を繰り上げ相国寺で法華八講を行う。十一日に法華八講が結願する。

四九六〔永承三年高野参詣記裏書〕応永二年四月七日条
『大日本史料』七編-二、二頁

四月七日、故宝篋院殿（足利義詮）卅三年遠忌引上被行之、相国寺八
講云々、聴聞廿人、證義三人、捧物被尽美了、

四九七〔東院毎日雑々記〕応永二年三月・四月条
『大日本史料』七編-二、二頁

三月六日、御八講請書到来、
十一日、今日自修南松法師上洛云々、御八講御宿所之料云々、
廿八日、大乗院（孝尋）御上洛云々、
四月二日、上洛畢、雨下、但四打程ヨリ属晴、京都人数、
予（光暁）、助殿、寺主、信教房、及晩京著、
七日、御八講始行、主人（足利義満）御著座、毎事大都如先年、但大
乗院上童被召具之、委細如別紙、○別紙所見ナシ、楽人舞人遅参、
八日、御講在之、
九日、御講在之、主人御著座、薪行道在之、於事儼然驚
目畢、
十日、御講在之、
十一日、御講結願、主人御丁（聴）聞、今日御捧物被分之、
十三日、下向南都、日中菜嶋（綴喜郡）ニテ田辺職人搆之、今日馬
買代物十貫文替之、
十四日、（中略）大乗院御下向、不開御門ニテ見物之、

四九八〔足利義満諷誦文草案〕諷誦願文草案

『大日本史料』七編−二、二四頁

宝篋院(足利義詮)贈左相府卅三回八講願文諷誦

准三宮(足利義満)太政大臣家政所、応永元年十二月廿五日任相国給、

請諷誦事

三宝衆僧御布施

右奉仰偁、引上先公(足利義詮)三十三回之御忌、特抽弟子一色一香之悃誠、、、、、、、、、、、、者奉仰諷誦所修如件、

敬白、

応永二年四月七日

別当権右少弁正五位下藤原(万里小路)朝臣重房奉

当忌者廿九年也、被引上卅三回、当年四月、本忌十二月六日、於相国寺、御筆御経八講也、

同願文御位署、

応永二年四月七日弟子太政大臣従一位源朝臣敬白、

四九九〔興福寺略年代記〕

『続群書類従』第二九輯下、一八七頁

四月七日、御筆御八講始行、道儀〔義〕(足利義満)大都如明徳(元年四月)之御願、

○〔 〕は『大日本史料』七編−二、二五頁により校訂。

五〇〇〔東寺王代記〕『続群書類従』第二九輯下、九二頁

四月七日、相国寺御筆八講始行、講聴二十余人、着〔著〕座公卿以下尽数、中日大行道、僧俗捧物済々、上六角、下八條〔坊門〕、東々洞院、西々洞院、故宝篋院(足利義詮)故〔殿〕三十三廻被行上之、

○〔 〕は『大日本史料』七編−二、二五頁により校訂。

五〇一〔実冬公記〕応永二年二月・四月条

『大日本古記録　後愚昧記』四、一七八頁

(二月)六日、(中略)今日下遣長州深川庄(大津郡)、来四月為宝篋院(足利義詮)贈左大臣、如先年(明徳元年四月)可有大八講、為顕職不出頭者可為生涯、用脚為秘計、所下飛脚也、

(四月)七日、(中略)自今日相国寺八講被始行、先々以七日(正日)也、為結願、今度以正日為初日、人々可尋記、今日随身▨(狩)胡簶・弓等、自諸司方遣随身等了、非扈(尻)乗等馬加番長定、六疋自前夕可引遣随身等方由下知、可謂早旦(為)故也、八日、送捧物於行事所、退紅仕丁二人舁之、直垂中間一

人相従、可為白張装束、雑色直垂略儀也、先度如此、状幷送文付重房（万里小路）、有返事、捧物銀牡丹打枝〇（長一尺七寸）大五寸評〇（同銀）蝶一付之、以針金付之、偏如蝶動、至蝶幷打枝、銀三十両余、後聞、此捧物殊宜由、人称美也、入長櫃、在敷席、威徳寺（実禅）僧都・毘威〔沙〕門（出雲路）堂僧都（実円）捧物入同長櫃、於門外取替進〔付〕之、力者各相従副状、

送文書様、

右大将家（三条実冬）

　奉送　御八講捧物送文有裏紙、上下押折、如立文、

　　牡丹打枝在蝶、

右奉送如件、

　　応永二年四月八日　　　令志摩守高橋長職

（後略）

十一日、天陰、雨下、相国寺八講結願也、〇（駕八葉車）早旦向相国寺寮舎、著装束、赤色薄物下重、如常、無文帯、前駆一人、随身番長外一二五座、皆壺垂袴、可令参会由仰之、但於随身遣非乗尻〔尻乗〕馬、番長以下参会彼寮舎、小雑色少々、車方一向令略之、今日大略関白（一条経嗣）以下卜寮舎、出仕人々多於寮暫相待時刻、午刻向八講堂、自寺有道、経廊下、暫之人々参集、未刻許准（足利義満）后自鹿苑院被来、人々鼓操（譟）、直欲被著堂前座間、大乗院（孝尋）僧正遅参被相触待、嗣房卿（万里小路）遣人度々、暫参寺門、行粧頗済々焉、先々諸卿著東廊座、奉行告事具由、左府（今出川公直）仰鐘後、分著両座、中臣著西座、人々各経堂後廻西、主人被著後、各著座、僧侶参上、法用論義了、僧退下、次夕座始、散花事了間、被仰度者、夕座了、有行香、主人（足利義満）以下八人、主人・関白・左府・右府（花山院通定）・内府（洞院公定）・予（三条実冬）・嗣房・仲光（広橋）、其儀如常、関白作《ツクル》レ輪《ワヲ》間、落輪《リンヲ》於准后裾上、香落失了、関白乞香於左府、々々分与、可謂不可、返輪直佇立東廊、此処儲布施、関白以下次第置布施、帰著本座、公卿〇〔毎〕取布施、殿上人取裹物置〔僧〕前、殿上人中更▨〔不〕見知者多、准后問嗣房卿、彼卿称不知由、不可説々々々、散状継奥、布施了、主人帰鹿苑院、人々退出、予向寮舎、自其密々駕八葉車帰宅、此間雨脚滂沱、

後聞、昨日分賜捧物等諸僧也、

（中略）

御筆御八講

　證義者

前大僧正（孝尋）

僧正(長懐)兼、
権僧正(房淳)兼、

初日

朝座講師僧正　　　　問者兼覚(興福寺)
読師経音(東大寺)　　唄　仲承(延暦寺)
散華房顕(東大寺)
行香呪願前大僧正　　三礼仲承
▨(暮)座講師権僧正　　問者心能(延暦寺)
読師兼覚　　　　唄　経音
散華房祇(園城寺)

第二日

朝座講師実恵(興福寺)　　問者経音
読師仲承　　　　唄　心明(延暦寺)
散華孝俊(興福寺)
暮座読師(講)心兼(延暦寺)　　問者幸円(延暦寺)房祇
読師心明　　　　唄　光暁(興福寺)
散華仲承

(後略)

○「大乗院日記目録」(『増補続史料大成　大乗院寺社雑事記』一二巻、二九六頁)に関連記事あり。

応永二年(一三九五)六月十八日、細川頼元の依頼により、足利義満が土佐国介良庄成武郷内大嶋中潮田村等を同国吸江庵に寄進する。

五〇二〔足利義満袖判寄進状〕吸江寺文書

『大日本史料』七編一二、五四頁

(端裏書)
「□□御教書
将軍案堵状[　　]」

寄附　吸江庵(土佐国長岡郡)
土左国介良庄(長岡郡)成武郷内大嶋中潮田村、片山庄(長岡郡)蓋村入交
分六名、成松名、吉末名、久吉名、重富名、国雑色、
梶取以下事
右任右京大夫(細川)頼元朝臣申請、所寄附之状如件、
応永二年六月十八日
前太政大臣源朝臣(足利義満)御判

○応永五年(一三九八)十月二十二日に足利義満が同地を再度安堵する(本書五六〇号史料)。

応永二年（一三九五）六月二十日、足利義満が室町第北御所で出家する。戒師を相国寺住持空谷明応、剃手を絶海中津が務める。

五〇三〔官務壬生雅久所進足利義満落飾記案〕蜷川家文書

『大日本古文書 家わけ第二一』一、二六二頁

○モト端裏書ナラン、

「官務雅久（壬生）所進記案文明十七 六 七」

応永二年六月十九日、御（足利義満）出家御暇事、今日以万里小路大納言嗣房卿・日野大納言資教卿等、被申 禁裏（後小松天皇）之処、如此懇切御申之上者、一向不可有御抑留、当年計可被待申之由、

勅答、重御 奏聞云、有御用者、雖為何年被仰下、至朝要之期可待申、無其儀、有御免之由、被仰下條、可畏入之由、再三御

奏聞之間、此上事、重難被仰、然而余無念、今暫可有御延引、於御免者、不可有子細云云、

廿日、卯剋准后（足利義満）前太政大臣従一位、於北御所（室町第）御得度、御戒師相国寺住持仏日常光国師（空谷明応）、御剃手絶海和尚（・中津）也、於夢窓国師（・疎石）御影前被遂其節、先着御道服、懸御袈裟不着給、○御烏帽子不着給、御

拝 神宮（伊勢）、次拝四方給、次拝 八幡宮（石清水八幡宮）給云云、同時等兄喝食剃髪、事訖四辻前大納言季顕卿・中山前大納言親雅卿両人依仰於御前出家、戒師絶海和尚云云、両卿随身直綴・袴等、於御前着用之、公武諸人馳参、更不及申入、管領（斯波義将）以下雖祗候無御対面、但於管領者、両三ヶ度参上、入夜不及掌燈、有御対面云云、

廿一日、今夕修理大夫義種（斯波）於北御所落飾、 入道大（太）政大臣殿令剃之給、則授戒給云云、御布施万疋翌日進上之、

七月二日、渡御管領左衛門佐義将朝臣亭、御得度之後御出始也、御道服、御乗輿――

廿四日、管領義将朝臣今日叙正四位下、任右衛門督、於北御所得度、入道前太政大臣殿令剃始給之後、絶海和尚被剃之、今川右衛門佐仲秋今日同落飾――

廿六日、 入道前太政大臣殿御得度以後始御参 内――

五〇四〔蔭凉軒日録〕文明十七年六月条

『増補続史料大成』二一巻、二〇九頁

三日、（中略）自螓（蜷）川不白（親元）方以壬生官務記録曰、如此記

録有之、絶海(・中津)和尚為三会(臨川寺)塔主歟、貞宗(伊勢)不審可問予(亀泉集証)之命有之、検之曰、鹿苑院殿(足利義満)応永二年六月廿日卯刻、於北御所(室町第)御得度、前太政大臣(足利義満)准三后御年三十八歳、御戒師国師(空谷明応)、御剃手絶海和尚、六月三日、雅久(壬生)、予答云、絶海和尚此時三会院為塔主歟不知之、乃遣悰子(・宝松)於勝定院(相国寺)主喬年方問之、則乃撿祖師年譜以可校之云々、
四日、早旦、喬年和尚携広照国師(絶海中津)年譜来、視之応永元年甲戌九月末、為崇寿(相国寺)塔主、同三年丙子崇寿造功畢、由是観之応永二年乙亥、勝定国師為崇寿塔主決矣、（後略）

○「公卿補任」・「足利家官位記」・「武家年代記」・「東院毎日雑々記」・「大乗院日記目録」・「興福寺年代記」・「如是院年代記」・「荒暦」応永二年六月二十・二十二・二十三・二十六日・「柳原家記録」（『大日本史料』七編-二、五六〜六〇頁）に関連記事あり。

応永二年（一三九五）九月二日、大宮実尚が相国寺に尾張国黒田庄南方を寄進し、それを足利義満が安堵する。

五〇五〔万山編年精要〕『大日本史料』七編-二、一〇九頁

九月二日、賜御教書於当寺(相国寺)、書曰、寄附、相国寺、尾張国黒田庄(葉栗郡)南方事、右任大宮前大納言実尚卿寄進状、可為当寺領之状如件、応永二年月日、入道准三宮前太政大臣(足利義満)、御判、見于当寺古記、

年未詳三月三十日、空谷明応が尾張国黒田庄の課役のうち相国寺分についての事情を説明する。

五〇六〔空谷明応書状〕大光明寺文書

黒田庄(尾張国葉栗郡)来月六日課役之事、二千疋可令沙汰之由、去年申遣候処、地下半分契約本主分千疋可随催促、相国寺分向後不可綺之由、去年申来候條、自此者催促難義覚候、幾度も相国寺へ自奉行方可有催促候哉、以此旨可有御披露候、恐惶敬白、

三月卅日　明応(空谷)

○尾張国黒田庄関係の記事のため、便宜的にここにおく。

応永三年（一三九六）三月、松尾社神主が、社領丹波国雀部庄等に課せられた相国寺修造のための一国平均段銭の免除を願う。

五〇七〔松尾社神主相季申状案〕 松尾大社文書（社蔵文書）

『福知山市史』史料編一、一四八頁

松尾社神主相季謹申社領丹波国雀部庄（天田郡）幷桑田庄（桑田郡）神戸田等段銭役歎間事、

右当社者、為賀茂社御祖神日域第四神祠也、仍 大嘗会役夫工米以下之朝役・国役等、毎度被准彼社之例所被免除也、 宣旨等支証謹進覧之、爰為相国寺修造、近年一国平均雖有段銭之催促、於三社領者被閣彼役畢、然者当社事被准賀茂社儀上者、両庄之段銭役預御免許、全来四月国家之大祭者、当庄役供進等之神用、倍為奉致天下平安御禱之精誠、粗目安言上如件、

応永三年三月 日

応永三年（一三九六）四月二日、相国寺法堂の立柱が行われ、足利義満が疏を書く。

五〇八〔万年山相国承天禅寺諸回向幷疏〕

相国寺蔵（承天閣美術館寄託）

法堂立柱疏

潮音堂立柱諷経功徳文疏 献上 十方常住三宝一切護法諸天	娑婆世界云々 准三宮 謹封

仏恩広大云々、仰冀云々、

娑婆世界南瞻部洲大日本国山城州京師居住奉三宝弟子准三宮（足利義満）道義、寺門再繁興、法堂将営造、今当立柱之日、特禱鎮基之全仰乞 三宝冥資、伏望 諸天擁護、仍命 現前清衆同音諷誦、大仏頂万行首楞厳神呪、所集功徳、仰賛 十方常住三宝果海無量聖賢、祝献

大功徳尊天、十八天以下星名神名如常、尽日本国内大小福徳一切神祇、修造方隅禁忌神将、山林界相大小樹神、所有一切守護神祇、先願 皇風永扇、仏日増輝、天下太平、

兵戈永息、専祈

修造速成、無諸魔事、願心成就、開大法門、

法社如泰山之安、洪基似盤石之固、寺門類于忉利兜率、

檀越斉于匿王給孤、一礼一瞻、咸登 荘厳域、若遠若近、

均聞海潮音、法界群生、被蒙利益者、

右伏請、三宝證明、諸天洞鑑、謹疏、

応永三年四月初二日

　山城州京師居住奉三宝弟子准三宮道義疏

○『大日本史料』七編ー一、九六一頁参照。

五〇九〔扶桑五山記〕

　玉村竹二校訂『扶桑五山記』（臨川書店）一三五頁

三住、常光国師（空谷明応）、応永元年甲戌十一（十）月一日入寺、同三年丙子四月二日、新開三世如来殿（相国寺仏殿）、

○相国寺仏殿新開の疏は六月二十三日のため、この記事は法堂立柱の誤りか。「五岳前住持籍」もほぼ同文。

応永三年（一三九六）四月二十九日、相国寺木引に関する出費が播磨国矢野庄の散用状に記される。

五一〇〔播磨国矢野庄学衆方年貢等散用状〕　東寺百合文書カ函八〇

　『相生市史』第八巻上、六〇七頁

「（端裏書）矢野庄学衆方年貢散用状　応永三年分 同五年三月算勘了、」

注進東寺御領矢野（播磨国赤穂郡）学衆御方御

　応永三年年貢幷夏麦・雑穀等散用状事

（中略）

一国下用事

六十五文　四月廿一（九）日、相国寺木引使雑事・引出物、

百文　百姓逃散間、木引事坂本へ侘（詫）出、粮物二度、

二百廿五文　同夫賃相残分、自地下出了、

百五十文　七月廿五日、地下事注進申、人夫粮物、

五十文　上使送夫粮物、八月十日

五十文　上御使下部得法師上粮物、八月十五日

百五十文　八月十二日、自広瀬、京都へ進物夫二人、懸（出）使三人雑事・引手物、

（中略）

右、散用条々、若偽申候者、当庄　五社大明神、殊者大師八幡大菩薩御罰、各可罷蒙候、仍注進如件、

　応永四年正月十六日　家久（花押）

　　　　　　　　　　　定深（花押）

「（異筆）応永五年三月八日

　算勘了、（花押）（隆恵）」

○紙継目裏ごとに、隆恵の花押が据えられている。

応永三年（一三九六）六月三日、仁和寺自性院門跡が相国寺に備中国巨勢庄を寄進し、毎年二百五十貫文を相国寺から同院に遣わす。

五二一〔空谷明応・昌三連署契状〕南部晋氏所蔵文書

『大日本史料』七編―二、七一三頁

（端裏書）「巨勢庄請文」

相国寺領備中国巨勢庄（上方郡）事

右当庄者、雖為仁和寺自性院門跡領、多年不知行所也、而永代御寄附当寺地也、雖然以門跡契約之儀、毎年貳佰伍拾貫文内毎月貳拾貫文宛、為公用可致沙汰者也、若雖為少事、有不法懈怠者、可被改寄進之儀、仍為後證之状如件、

応永参年六月三日　都聞昌三（花押）

住持空谷（・明応）（花押）

応永三年（一三九六）六月二十三日、相国寺仏殿が落成し、足利義満が疏を書く。

五二二〔万年山相国承天禅寺諸回向并疏〕

相国寺蔵（承天閣美術館寄託）

新開三世如来殿疏

新開三世如来殿諷経功徳文疏　献上 十方常住三宝一切護法諸天	娑婆世界云々　准三宮　謹封

娑婆世界南贍部洲大日本国山城州京師居住、奉三宝弟子准三宮（足利義満）道義、特抽丹悃、上達　聖聡、道義伏聞、諸聖咸有成就衆生之願、吾儕寧無厳浄刹土之心、因茲重開　万年相国洪基、落成　三世如来大殿、謹命現前清衆同音諷誦、大仏頂万行首楞厳神呪、消災妙吉祥神呪、所鳩善利、仰賛　十方常住三宝果海聖賢、本師釈迦如来、西方無量寿仏、当来下生弥勒尊仏、西天東土歴代祖師、普庵（・印粛）大徳禅師、開山国師（夢窓疎石）大和尚、復次祝献

大功徳尊天、十八天以下星名神名如常、大小福徳一切神祇、修造方隅禁忌神将、山林界相大小樹神、所有一切守護神祇、先願　皇風永扇、仏日増輝、天下太平、兵戈永息、専祈　大檀那大小眷等、家門吉慶、千災消殄、百福駢臻、長為仏法金湯、身宮康泰、永作　皇家堡障、子孫昌盛、家眷合和、在　仏光中、常安常楽、更祈　山門粛静、内

外咸安、火盗消除、海衆康楽、大法若盤石之固、正宗如泰山之安、一礼一瞻、咸登　妙荘厳域、或聞或見、同到大解脱場、法界群生、被蒙利益者、
右伏請、三宝證明、諸天鑑格、謹疏、
応永三年六月二十三日
山城州京師居住奉三宝弟子准三宮　疏

○『大日本史料』七編ー二、四六一頁参照。

応永三年（一三九六）七月十日、相国寺山門の立柱が行われ、足利義満が疏を書く。

五三　〔万年山相国承天禅寺諸回向并疏〕

相国寺蔵（承天閣美術館寄託）

山門立柱疏

山門立柱諷経功徳文疏　献上 十方常住三宝一切護法諸天	娑婆世界云々　准三宮　謹封

娑婆世界南瞻部洲大日本国山城州京師居住、奉三宝弟子准三宮（足利義満）　闢八吉祥之地、建三解脱之門、涓以吉良之辰、特禱鎮基之祐、仰希三宝感格、伏望　諸天冥資、仍命　現前清衆同音諷誦、大仏頂万行首楞厳神呪、消災妙吉祥神呪、所鳩善利、仰賛　十方常住三宝果海聖賢、祝献　大功徳尊天、大弁才尊天、大梵尊天、帝釈尊天、以下星名神名如常、大小福徳一切神祇、修造方隅禁忌神将、山林界相大小樹神、所有一切守護神祇、先願　皇風祖風永扇、仏日帝日斉明、至大道行普天之下、無為化及率土之浜、専祈　大檀那大小眷等、家門吉慶、千災消殄、百福駢臻、長為仏法金湯、身宮康泰、永作　皇家堡障、子孫昌盛、家眷合和、在　仏光中、常安常楽、更祈山門粛静、内外咸安、火盗消除、海衆保綏、
大法若磐石之固、正宗如泰山之安、開漚和門、度諸輪転、入般若海、利済無窮、法界群生、均蒙利益者、
右伏請、三宝證明、諸天洞鑑、謹疏、
応永三年七月十日
山城州京師居住奉三宝弟子准三宮　疏

○『大日本史料』七編ー二、四六八頁参照。

応永三年（一三九六）九月五日、足利義満が法住院近辺散在本

寺領洛中所々地を法住院に安堵する。

五一四〔足利義満御判御教書案〕東寺百合文書ユ函五八・四 『大日本史料』七編‐二、四九五頁

法住院近辺散在本寺領幷洛中所々地目録在別紙、事、任本主等
寄附、寺家領掌不可有相違之状如件、
応永三年九月五日
入道准三后前太政大臣(足利義満)御判

○応永十七年（一四一〇）九月付「法住院支状案」（本書八〇一号史料）より、応永十七年以前に法住院が相国寺塔頭になっていたことがわかる。

応永三年（一三九六）九月二十八日、相国寺惣門の内に酒屋があり。

五一五〔東院毎日雑々記〕『大日本史料』七編‐二、四八三頁

九月廿八日、上洛畢、相国寺惣門内新右家酒屋上著、二合一荷、二合二荷、二合一荷 万里(万里小路嗣房)、晟侍者、士(坂)仏法印音信畢、

応永三年（一三九六）、足利義満が円覚寺の仏牙舎利を相国寺に移す。後に仏牙舎利は応仁の乱の最中に賊に奪われ紛失する。

五一六〔翰林葫蘆集〕『五山文学全集』第四巻、六七七頁

鹿苑院殿百年忌陞座

（中略）

同(応永)三年取鎌倉円覚寺仏牙舎利、使者乃東英(・中季)長老也、関東都元帥氏(足利)満公不克固拒焉、究此仏牙来由、北天太子那吒献于南山宣(道宣)公者也、即仏右辺上頷一牙也、自唐至宋安置之於京之能仁寺(浙江省杭州)、其後日本国右府将軍(源)実朝夢遊于能仁、因見長老説法、向傍僧問、長老為誰、僧曰、当寺開山宣律師也、応現随処、今出于日本称実朝者是也、実朝覚而奇之、従此有度宋之志、不能果之、遂遣使賚金以通其情実、宋僧感其至誠、持仏牙与其使者来此、既入吾国、道経京城、天皇有旨留之、安内道場、実朝怨望、天皇不得已而還之、載之宝輿、実朝躬自舁之、紅雲一道自鶴岡来擁之、瘞大慈寺(相模国鎌倉郡)安焉、後於円覚寺、建舎利殿以遷之、今之万年山正続院(円覚寺)是也、毎年十月十五日、有舎利会、隋高祖以十月十五日、下舎利於三十州之石函、今選日者有自

也、天下有変則禱焉、皆得霊験、後醍醐天皇再有勅欲迎之、竟不進献、而公遣一介僧輙取之、其威名度越乎前代者可知矣、公心無他、欲使王城被其福也、内経曰、仏有四牙、一在忉利、一在龍宮、一者在師子国、一者在烏萇国、取于鎌倉者、所謂曰在忉利者是也、宋太祖迎洛陽唐高宗顕慶年間天王太子所献仏牙於東京相国寺而安奉、仁宗復迎之、祖宗御封、帝手啓之、灌以海上薔薇水、公復安之於相国寺、名実相族者乎、乃宋帝所迎仏牙是也、応仁之乱、仏牙入賊手、不知所在、伝聞前年円覚寺有霊異事、一日有物降自天、視之則舎利也、東人至此者言之、将信然乎、不信然乎、京師鎌倉兄弟之国也、得之失之、楚人弓耳、況復舎利有砕身有法身、々々舎利者、初無所得、今亦不失、吾仏光祖臨滅有僧問曰、和尚滅後有舎利否、祖留一偈、其尾曰、老僧舎利包天地、莫向空山撥冷灰、火浴後不遺一骨節、公素欽祖風、何必執一塊臭骨董耶、法身砕身、魚目明珠、請子細看、

○春屋妙葩が作成した「仏牙舎利縁起」は本書二二三号史料にあり。本書四六〇号史料も関連。

応永三年（一三九六）、崇寿院昭堂が同院主絶海中津の尽力により建てられる。

五一七〔勝定国師年譜〕『続群書類従』第九輯下、六七六頁

六十一歳、崇寿《(相国寺)》照《(昭)》堂塔宇、師《(絶海中津)》自励力、罄衣盂之資畢工、

五一八〔蔭涼軒日録〕文明十七年六月四日条

『増補続史料大成』二巻、二〇九頁

四日、早旦、喬年《(・宝松)》和尚携広照国師《(絶海中津)》年譜来、視之応永元年甲戌九月末、為崇寿塔主《(相国寺)》、同三年丙子崇寿造功畢、由是観之応永二年乙亥、勝定国師《(絶海中津)》為崇寿塔主決矣、（後略）

応永四年（一三九七）正月中旬、足利義満が西園寺家の所領であった北山に山荘を造営する。義満が諸大名に土木作業を命じる。

五一九〔足利治乱記〕『増補新訂史籍集覧』第一六冊、一三三頁

前相国義満《(足利)》公北山別業御建同御移事

同《(応永)》四年ノ春正月中旬ヨリ、北山ノ麓ナル西園寺ノ領地ヲ、前相国義満入道々義公御隠居トシテ、西園寺殿《(実永)》ニハ、河

内国ニテ多ノ領ヲ与ヘラレテ、既ニ御普請ノ奉行十六人、下頭ノ衆廿人、大和・河内・和泉ノ御家人等御役タリ、唐ノ倭ノ珍キ材木ヲ以テ、巧ミハ古往今来本朝ノ見物ナリ、金泥ヲ以テ悉クタミ(彩)タレハ、京童トモ是レヲ金閣トソ申奉ル、(後略)

○後略部分は本書五二六号史料にあり。

五三〇〔相国寺塔供養記〕『大日本史料』七編―二、七七九頁

一條のおほきおとゝ(太政大臣)公経公(西園寺)、世のおほえも時めきておはせしかは、北山の山庄を結構して、まつ西園寺といふ御堂をそ立られける、(中略)近比ハ家門の力もおとろへ行給ふにや、はか〳〵しき修理をたにもせられねハ、あそこゝやふれて、さしもみかき(磨)みかゝ(磨)れし所ともみえす侍りしに、今かゝる御所になされて、むかしにも立まさりて、玉をしき金をのへて、つくりとゝのへ(整)させ給ふ、舎利殿なとはまめやかに、まはゆきまてに侍るとそうけ給る、いまたよくもおかミまいらせねハ、くはしき事はしり侍らす、かやうに御心をとゝめて御さたなからましかは、西園寺もたゝ名計こそあらむすらめとおほえたり、これもよろすをすて給ハぬ御めくミのあまりにこそ、

(後略)

五三一〔臥雲日件録抜尤〕文安五年八月十九日条

『大日本古記録』、一一八頁

十九日、――最一検校来、留而宿焉、――最一夜話、(中略)予(瑞渓周鳳)又問、鹿苑院殿(足利義満)、於此移宅之事(北山第、後の鹿苑寺)、曰、創基恐在于泉州合戦(応永の乱・応永六年)之前一両年歟、初命諸大名之士、役于土木、独大内義弘曰、吾士以弓矢為業而已、不可役于土木、此即義弘深逆鈞旨之濫觴也、経営未畢時、略令考其費、則二十八万貫也、然則至于畢功、則殆百万貫乎、隆楼傑閣、画棟雕梁、東西南北、碁布星羅、如自天降、如従地涌、故法雲寺殿(斯波義将)雪渓居士、咨鹿苑(苑)院殿曰、此新第(北山第)、不可以換西方極楽也、天下于今以為口実焉、今寺西南、有護摩堂、東有懺法堂、今為等持寺(三条坊門)宗鏡堂者是也、懺法堂東、有紫宸殿、今為南禅院者是也、紫宸殿東、有公卿間、又謂之天上間(殿カ)、今為建仁方丈者○是也、舎利殿北、有天鏡閣、複

道○（与舎利殿）相通、往来者似歩虚、閣北有泉殿、々今則廃矣、閣曾為南禅方丈閣、而去歳回禄為灰燼、可惜、又会処（金閣第一層）東北山上、有看雪亭、内安七仏薬師像、々今在法水院耳、亭則無焉、云々、（後略）

五三二〔翰林葫蘆集〕『五山文学全集』第四巻、六七八頁

鹿苑院殿百年忌陞座

（中略）

同（応永）四年北山刱別業、于時公（足利義満）四十歳、為謝万務也、其壮麗也、絶勝于古今、築黄金台、鉄鳳翔乎上、架拱北楼、長虹横于空、山囲水繞、麋鹿濯々、白鳥翯々、於牣魚躍、名花異草、奇石怪松、各得其所、昔魏文皇帝（孝文帝）弘雅好浮図之学、常有遺世之心、乃奉皇帝璽綬、伝位於太子宏（孝文帝）、々五歳、群臣奏曰、今皇帝幼冲、万機大政、猶宜陛下総之、徙居崇光宮（河南省洛陽）、々在北苑、建鹿野寺（河南省洛陽）於苑中、与僧居之、時談禅理、今公之別業、与魏人似也、此時世子義持（足利）公年十二歳、居于室町之邸、諸僚奉之、雖然、事無大小、摠之於北山殿、而有公暇、則集禅林諸老、而道話、円顱方袍、孰為相公、孰為諸老、別業則今鹿苑寺、存乎什之一二耳、

応永四年（一三九七）正月、相国寺領が尾張国山田庄東三条に、また絶海中津の知行地が同国萩原郷にあり。

五三三〔尾張目代光守国衙領不知行地注進状〕醍醐寺文書

『大日本古文書 家わけ第一九』一三、四一一頁

（端裏書）「正税方神講并無其沙汰注文 応永四正 目代進之」

注進 尾張国々衙正税内神講并無其沙汰在所事

合

（中略）

四貫文 東三条（山田郡山田庄）、相国寺御領

（中略）

五貫文 萩原郷（海東郡）、絶海御（・中津）知行 芝山得寿名内（海東郡）

（中略）

已上八百二十七貫三百二十三文

右、注進言上如件、

応永三（四）年正月 日 法眼光守（花押）

応永四年（一三九七）二月二十八日、これ以後、足利義満が相国寺を夢窓門派の門徒寺とする。

五二四〔扶桑五山記〕

玉村竹二校訂『扶桑五山記』（臨川書店）一三五頁

再住、広照国師（絶海中津）、応永四年丁丑二月廿八日入寺、奉公命、
始為門徒寺、

○便宜的に絶海中津が相国寺に再住した日におく。

応永四年（一三九七）四月一日、北山第建築の人夫に関する支出が東寺領播磨国矢野庄学衆方年貢等散用状に記される。

五二五〔播磨国矢野庄学衆方年貢等散用状〕 東寺百合文書ヲ函四三

『相生市史』第八巻上、六一五頁

（端裏書）「矢野庄学衆方散用状 応永四年分 同五年勘定了、」

注進　東寺御領矢野庄（播磨国赤穂郡）学衆御方応永四年御年貢

幷麦・大豆・雑穀等散用状事

（中略）

一国下用事

（異筆、以下同）「請取有之、」
二百八十文　二月二日、広瀬ヨリ長夫使三人一宿雑事・引出物、

「同」
二百五十文　同夫賃、

二百九十文　三月三日、同長夫催促使三人一宿雑事・引出物、

百八十八文　重同七日、催促力者二人一宿雑事・□（引）出物、

二百五十文　同替夫粮物、

一貫弐百文（二百）　同九日、三人百姓名田打渡一献分幷雑事分、

「請取有之、此請取ハ、為地下肝要之間、下遣了、」
百七十五文　四月一日、北山殿木引人夫催促使一宿雑事・引出物、

「同」
二百廿五文　夫食立用、

七十五文　同七日、有年木引両使打寄雑事分、

百五十文　同廿一日、新二郎（実次）名田守護方（赤松義則）ヨリ被記時、注進夫賃、

「折紙有之、」
二百卅文　五月十一日、広瀬京上夫被懸、力者三

人一宿雑事・引出物、

「請取有之、」百五十文　同京上夫賃、

百文　同十九日、重新二郎・兵衛五郎(実長)跡名田押置時之注進夫賃、客僧ヤトイ(雇)申、

「折紙有之、」二百五十五文　七月十九日、広瀬京上夫被懸、力者三人一宿雑事・引出物、

「同」百五十文　同夫□(賃)、

卅文　八月廿五日、十分一上成使打寄、酒分、

百卅文　同晦日、広瀬ヨリ京上夫被懸、使二人一宿雑事分、

百五十文　同夫粮物、

百文　□(九)月十五日、□雑事分、

「請取有之、」百八十五文　同廿日、北山殿檜皮持人夫催促使并奉行相副雑事分、

四斗二舛　同人夫百五人食料、

「折紙注進上之由申之、」百五十文　十月十五日、広瀬ヨリ和塚向長夫催促使雑事分、

二百五十文　長夫粮物、

百五十文　同人夫庄家乱入、質物取時、注進申粮物、

五十文　北山殿地引沙汰人催促使酒分、

百文　十月廿五日、十分一弁時、雑事分、

百五十文　十一月廿二日、長夫御書下坂本へ付時、逗(留)立雑事、

百文　十二月十三日、十分一結計(解)時、

「催促折紙有之、」二百十一文　同十五日、坂本ヨリ京上夫二人被懸、使并罷出粮物、

百五十文　同人夫粮物、

百廿六文　二月十日、坂本へ去年御書下遅々間、催促時雑事分、

（中略）

右、散用之条々、偽申候者、当所五社大明神、殊大師八幡大菩薩御罰可蒙各罷者也、仍注進如件、

応永五年二月十六日　家久（花押）

定深（花押）

「応永五年三月九日算合訖、
（花押）《隆恵》」

○紙継目裏ごとに、隆恵の花押が据えられている。

応永四年（一三九七）四月八日、足利義満が室町御所から北山第に移住し、ついで北山第の立柱が行われる。

五二六〔足利治乱記〕『増補新訂史籍集覧』第一六冊、一三三頁

前相国義満《足利》公北山別業御建同御移事

（中略）殊ノ外急キ給フニ依テ、夏始ニハ悉ク成就シテ、四月八日《応永四年》ニ、道義《足利義満》公室町殿ヲ当将軍義持《足利》公へ御譲リ有テ、北山ノ別業ニ御移徙ナリ、在京ノ大名小名不残供奉ス、花ヤカナル行粧ハタトへン方ナシ、公家武家参向シテ門前ニ市ヲ成ス、道義公、天下ノ奇物国々ヨリ集リケレハ、物トシテ御心ニ不叶事ナシ、或時ハ又新ヲ用ラレテ金ヲチリハミ、後代ノ見物ニ残サレントテ、巧ミ作ラセ給へハ、日本ノ器物ハ、此御代ヲ以テ、後世ノ手本トセリ、
（後略）

○中略部分は本書五一九号史料にあり。

五二七〔蔭涼軒日録〕文明十七年六月六日条
『増補続史料大成』二巻、二二一頁

六日、斎罷謁東府《足利義政》、崇寿院《相国寺》御得度場可然乎不可然乎之由問之、鹿苑院《惟明瑞智》曰、不然由被白之、以此旨達台聴、然者可有御成于三会院《臨川寺》、戒師亦可為院主月翁《周鏡》和尚、御得度御施物事亦与勢州《伊勢貞宗》議之、勢云、能可尋先規云々、雖相尋先規無記録由條々白之、白次堀河殿又相公《足利義政》曰、官務記録云、北御所《室町第》云々、不識何御所事、曰北御所哉考之、非北山御所事、鹿苑相公《足利義満》御得度者、応永二年也、北山御所者応永四年始有御移也云々、（後略）

五二八〔大乗院日記目録〕応永四年四月十六日条
『増補続史料大成　大乗院寺社雑事記』一二巻、二九七頁

四月十六日、北山殿立柱・上棟、

五二九〔在盛卿記〕『続群書類従』第三一輯下、一九頁

武将代々御在所事

（中略）

鹿苑院殿《(足利義満)》、

（中略）

応永四年丁丑四月十六日戊戌、北山亭立柱上棟也、
人々多進馬於室町殿、

五三〇〔足利家官位記〕『群書類従』第四輯、二七三頁

同《(応永)》四年四月十六日北山亭新造立柱也、同月御移徙、

五三一〔鎌倉公方九代記〕『国史叢書』、一〇六頁

京都将軍隠居附足利直冬卒去

（中略）同《(応永)》三年四月に、北山新造の別業に移り住み給ふ、其壮観綺麗なること、いふ計なし、玉を鏤め金を彫りて、善尽し美尽せり、世に之を金閣寺と号す、即ち鹿苑寺のことなり、京都室町の亭、花の御所は、義持《(足利)》に譲り渡さる、（後略）

○本史料は足利義満の北山第移居を応永三年（一三九六）とする。

応永四年（一三九七）四月十六日、彦部忠春が北山第金閣の造営を奉行する。

五三二〔彦部家譜〕彦部彦四郎所蔵文書

東京大学史料編纂所謄写本二〇七五-七一五

彦部四郎忠春彦部四郎

実光春之末子、光春卒時生後八十余日、
貞治五年七月十日、松法師丸俄ニ卒去、無胤子、弟四郎法師丸十二歳也、以将軍家《(足利義詮)》厚恩、賜遺跡、

（中略）

応永二年九月十六日、入道准《(足利義満)》三宮東大寺登壇入戒之日、同落髪受戒、法名道謹仰山、還御供奉於北山閑居、
同四年四月十六日、北山御所立金閣之日、作事以下奉行之、
永享七年十一月九日、寂八十一歳、鹿苑寺塔頭龍華庵開祖、号龍華庵仰山道謹禅師、

応永四年（一三九七）五月十四日、土佐国吾川山樅木谷が春屋妙葩の避状等に基づき、同国吸江庵の所領となる。

五三三〔都寺桂珍渡状〕吸江寺文書

『大日本史料』七編-三、六九頁

（端裏書）「桃木山渡状」

（花押）

（嵯峨）宝幢寺領土佐国吾川（吾川郡）山之内

（縦）桃木谷事、任本主三浦下野守（道祐）寄進状、先国師（春屋妙葩）避状明鏡之処、庄主違乱云々、事実者太不可然、所全（詮）彼下地渡於吸（土）江（佐国長岡郡）、可被進於請取、於向後不可有庄主綺之状如件、

応永四年五月十四日　　都寺桂珍（花押）

吾川山庄主禅師

応永四年（一三九七）六月六日、室町幕府が法住院雑掌に唐橋以南猪熊以西の地を引き渡すよう命じる。

五三四〔室町幕府御教書案〕東寺百合文書ゐ函五六

『大日本史料』七編-二、八二八頁

（端裏書）「法住院安堵御教書案応永四 六 六」

法住院雑掌申、唐橋以南、猪熊以西東西貳拾四丈伍尺、南北拾伍丈、地事、当寺不知行雖経年序、治承粉（紛）失状以来、度々　勅裁幷安堵以下支證分明也、爰東寺雑掌、帯元亨院宣・文和奉書等、当知行由、雖支申、両方證文所有前後也、所詮於理非者、追可有糺明、早退寺家雑掌、可被沙汰付院家雑掌之由、所被仰下也、仍執達如件、

応永四年六月六日　　沙弥（斯波義将）判

（京極高詮）佐々木治部少輔入道殿

○応永十七年（一四一〇）九月付「法住院支状案」（本書八〇一号史料）が関連。同史料より、応永十七年以前に法住院が相国寺塔頭になっていたことがわかる。

五三五〔室町幕府侍所頭人京極高詮遵行状案〕

東寺百合文書フ函七二、『大日本史料』七編-二、八二九頁

（端裏書）「侍所渡状案」

法住院雑掌申、唐橋以南、猪熊以西東西貳拾四丈五尺、南北拾五丈、地事、任今月六日御教書旨、沙汰付院家雑掌、可取進請取之状如件、

応永四年六月十一日　　京極殿侍所 沙弥（高詮）在判

若宮新左衛門尉（秀重）殿

五三六〔法住院領所領目録案〕東寺百合文書ト函二二〇

京都府立総合資料館編『東寺百合文書』九、二八三頁

（端裏書）「法住寺所出文書案」

法住院領五ヶ所目録本法常住院

一所　八條南堀河（川）面、十八戸主余八▨丈

一（所）々　針小路南堀川東、十八戸主余八丈六尺五寸

一々　針小路北油小路東角、二戸主

一々　針小路北油小路東半許、三戸主余十丈九寸

一々（今度返賜在所）唐橋南猪熊西唐橋面、二十四丈五尺、南北十丈

○京都府立総合資料館編『東寺百合文書』九では、本史料を応永四年のものとする。

応永四年（一三九七）六月二十八日、元興寺の鐘が足利義満の命令で相国寺に運ばれる。

五三七〔東院毎日雑々記〕応永四年六月二十八日条

『大日本史料』七編―二、八七九頁

六月廿八日、（中略）元興寺（大和国添上郡）推鐘、依室町殿（足利義満）之御下知下之、

卅日、（中略）元興寺鐘曳、見聞成市云々、

○同年九月七日に関連記事あり（本書五三九号史料）。

応永四年（一三九七）七月十七日、朝廷が勝定院領諸末寺等の諸役を免除する。

五三八〔官宣旨〕吸江寺文書

『高知県史』古代中世史料編、五七二頁

（端裏書）「吸江（土佐国長岡郡）、片山官封宣（符）」

左弁官下

応因准傍例、免除造伊勢大神宮役夫工米・御禊・大嘗会以下勅役・院役、幷都鄙寺社所役、及国中棟別段米・関米、凡恒例臨時公役、永為相国寺内勝定院領諸末寺等以下事

右得彼寺住持比丘中津（絶海）今月日奏状偁、謹撿案内、勝定院為相国寺内之塔頭、爰当海内偃戈之時、奉祈天下同文之治、然者早下賜諸役免除之鳳綸、欲備万代不易之亀鏡、者　権大納言藤原朝臣俊任（坊城）宣、奉　勅依請、者国宜承知、依宣行之、

応永四年七月十七日　大史小槻宿禰（壬生兼治）「仏法僧宝」（朱文方印）

右中弁藤原朝臣（勧修寺経興）

応永四年（一三九七）九月七日、元興寺の古鐘を溶かして大鐘が造られ、相国寺に懸けられる。

五三九〔大乗院寺社雑事記〕文明十五年九月十三日条　『増補続史料大成』、八巻、七四頁

元興之寺（大和国添上郡）（中略）

一鐘楼一宇　道場法師之事ハ於（前）本元興寺之事也、

鐘在之、件鐘楼造様勝於諸寺、尤希（奇）妙也、今云（者）此鐘名物也、応永四年九月七日京上、被懸相国寺了、其後度々焼失了、

（後略）

○〔　〕は『大日本史料』七編一二、八七九頁により校訂。

○同年六月二十八日に関連記事あり（本書五三七号史料）。

五四〇〔天下南禅寺記〕『群書類従』第二四輯、二二五頁

与所謂選仏之場相望、庫之前少折而南向有天授之塔（南禅寺）、塔上東嶺曰羊角、有鐘楼、曰天銘、故菅相公（菅原道真）銘鐘也、北野天神筆跡、摺墨呷汁、痁瘧立愈、大鑑禅師（清拙正澄）掛鐘云、堂々北野銘、光耀永鎮南禅、祝紫宸、癸酉変塹嗄、応永初、相国寺鋳大鐘、以此銘鐘洎和州元興古鐘（添上郡）、鎔冶為一、今天龍寺（嵯峨法華山寺）大鐘是也、本寺新鋳小瘖、相公義持（足利）命互換、西山峯堂大鐘也、

応永四年（一三九七）十月十三日、空谷明応が無本覚心百回忌のため紀伊国興国寺で説法を行う。空谷は得た布施を貧者に施したとされる。

五四一〔常光国師行実〕『続群書類従』第九輯下、六九二頁

是歳（応永四年十月）孟冬十又三日、適丁紀之鷲峰（海部郡興国寺）開山法燈国師（無本覚心）百回忌、師（空谷明応）奉鈞旨、受其徒請、往而説法、遂游三山而帰、

五四二〔蔗軒日録〕文明十七年九月二十日条　『大日本古記録』、一〇〇頁

廿日、晴、赴善通寺点心、与天圭（・中瓏）禾上方丈打話、常光国師（空谷明応）赴由良開山（紀伊国海部郡興国寺）百年忌（無本覚心）普説之請、嚫金千貫、帰路散施貧乏

之者云、凡収千貫之施者、一生之間三度云々、由良開山
塔額曰妙応、々々者常光之名也、是以知其為覚心再来也、
（後略）

応永四年（一三九七）・同五年、讃岐国長尾庄代官である相国寺僧昌緯副寺が年貢を取り立てようとしたが、百姓が逃散する。

五四三〔某覚書〕醍醐寺文書
『大日本古文書　家わけ第一九』一二、二二五頁

応永六年己卯二月十三日、長尾庄（讃岐国寒川郡）預家職分地頭、寒川《サムカウノ》出羽守（元光）、、参上、請申之、申▨（次参川（領））長円法眼・（信の）幸禅法橋二人也、兼日聊内々有申旨歟、所詮京定三百貫也、其内百貫文、来月十一日興福寺供養御大儀以前ニ、可沙汰進之、此百貫雖為公用、不可申利平、又一献料十貫文、今日持参之、賜御宛文了、御袖判事、強申請之間、以別儀被下也、請文即書進之、先当年一所務也、若無不法懈怠者、雖向後不可有相違之由、被仰出了、
去年、去々年、相国寺緯（昌緯）副寺、雖請申之、百姓逃散等之間、御年貢備進、有名無実歟、依来月御出立御大事、殊及此御沙汰者哉、為後日聊記子細耳、

応永四年（一三九七）、東寺領若狭国太良庄が相国寺に分一銭を支払う。

五四四〔若狭国太良庄領家方年貢散用状〕東寺百合文書オ函一〇三
『若狭国太良荘史料集成』第四巻、二三三頁

「（端裏書）太良庄領家方散用状応永四年分」
（注）任進太良庄（若狭国遠敷郡）領家方応永四年御年貢散用事
合
半分定八十一石九斗七舛一合一夕八才内
除分
肆斗　大般若御奇（寄）進、
肆斗五舛　井料、
肆石七舛九合　本河成、
肆石一斗四舛五合　自応安五年不作・河成、
例（捌）斗　同六年不作、
以上　玖石八斗七舛四合

残定米柒十貳石九斛七合一夕八才内
参拾陸石参斗五斛五合代十六貫文、和市、石別四百四十文定、十一月四日進上、
拾壱石五斗三斛代六貫文、和市、石別五百二十文定、応永五年十一月十三日進上、
玖斗代四百文、和市、石別四百四十文定、武田殿（長盛）京上時ハナムケ
貳石貳斗六斛代壱貫文、和市同前、御仏事料足守護方出、（一色詮範）
参石壱斗六斛七合　守護方細々使入部
壱石五斗八斛代七百文、和市同前、西御所御飯米コシチム、（越賃）
（異筆）「か様人夫役、自往古為地下役公平ニ除之条不可然、」
貳石二斗六斛代壱貫文、和市同前、守護代殿下向時、
伍石五斗　　相国寺十分一、
（捌）
伍石　　御代官給分、
例斗　　保一色あれ、
貳石七斗四斛五合一夕八才西向前未進、
以上
一　秋地子分壱貫玖百文内
（異筆）「○春成○夏地子已上分、教実預申已前公文執沙汰之間、不入散用云々、」
壱貫陸百五十文　進上御請取在定、
貳百五十文　　相国寺十分一、

以上
右散用状之面偽申候者、
日本国中之大小神祇、殊者大師八幡御罰各可蒙候、仍
状如件、
応永柒年八月日
公文弁祐（花押）
御代官禅朝（武田）（花押）

応永四年（一三九七）、法住院築地内と同寺前路が東寺の年貢散用状に年貢免除地として記される。

五四五〔巷所方年貢銭散用状〕　東寺百合文書キ函一七―三

巷所方応永四年御年貢散用事
合参拾七貫七百六十七文内
除
玖百五十五文　　針小路地蔵堂寄進分
参百五十五文　　八条猪熊地蔵堂分
四十四文　　同路分
六百九十四文　　法住院築地内分
百廿三文　　同寺前路分

四百十文自当年不可除之、自応永五年百文斗(カ)つ、　九条面クロノ分
二百文　茶菀分
五百五十三文▨▨▨▨▨　信乃小路堀川百姓申事追可有沙汰、
百廿三文　針小路猪熊西頬路分
以上参貫四百六十六文
残参拾四貫三百一文内
貮貫八百廿七文　直納　千宝跡分
百文　執行房押領分
七百文　竹屋彦六入道押領分
貮百十五文　円忍歎分
伍百文　収納酒分
以上四貫三百四十二文
定残　二十九貫九百五十六文内
現納分　拾貳貫三百十一文
未進分　拾柒貫六百四十五文
(朱筆)「∫弁之了」
○本書六一一・六五八号史料が関連。

応永五年（一三九八）正月二十三日、崇光法皇の葬儀が伏見大光明寺で行われる。

五四六〔凶事部類〕『大日本史料』七編―三、一九五頁

崇光院崩御応永五正十三、在位後小松院
(綾小路)敦有卿記曰、応永五年正月十七日、卯剋以御葬礼儀、被送申(伏見)大光明寺、(綾小路)信俊朝臣奉行之、兼日可勘進日時之由、仰前(賀茂)陰陽頭在弘朝臣、勘申云、来十九日、廿二日、但数日延引不可叶歟、然者十七日、七頗雖為不快、可被宥用歟云々、此子細被仰国師空谷、(・明応)落飾之時、元来当家御帰依之上、為御戒師之間被仰之、之処、来廿二日武家御衰日之間、毎月為御祈禱、有観音懺法、殊年始御祝著之時分、難奉行之由、固被申切之、被延引件日以後之條、玉躰漸御損色之間、先今日以御葬礼儀、被送申大光明寺之後、可有御入龕、其後事不可被知食之由、被治定畢、来廿二日、又可被葬申山作所者、凶事可及両度之條可憚歟、其儀、剋限各布衣著藁沓、参候庭上、次寄御輿、次乗御、兼日為僧沙汰御沐浴、令著御香御衣袈裟、奉居御倚子、次出紙燭、経(田向)良朝臣取之、被差付召次所持松明、次出香炉、信俊朝臣取之、渡下北面、此間親王栄仁、崇光院長子、下御庭上、少将(楊梅)親家献御沓、

侍従(庭田)重有、経定(藤原)取松明、御輿出御之間、親王御蹲居、毎事如御平生之
時、聊被送申之後、親王御堂上、先御壺召次幸若、菊若、菊若子、
取松明先行、次上北面可候松明而無之、次下北面源康豊
持香呂、
　次御輿
　次公卿
　次殿上人
　　(楊梅)兼邦朝臣　　真覚(五辻ヵ)朝仲入道也、聴仙籍、
　　(冷泉)範定朝臣同、　永豊朝臣聴仙籍、
　　(正親町三条)公敦朝臣　(庭田)経有朝臣
　　経良朝臣　　(慈光寺)光仲朝臣聴仙籍、
　　(西大路)隆躬朝臣
御輿到大光明寺、即御入龕、奉安本仏殿、次各退出、召
次幸若丸出家、自今夜御籠僧禅僧、六人祗候、
　御葬礼仏事役者
下火　国師 鹿苑院明応 空谷、
起龕　前南禅 雲居庵(天龍寺)周佐 徳叟、
鎖龕　前天龍 荘厳蔵院(東福寺)士綱 南宗、
点茶　前万寿 寿寧院(嵯峨)福謙 益宗(叟)、
点湯　前臨川 上生院(南禅寺)中高(嵩) 中岳(山)、
念誦　前天龍 等持院(洛北)周己 心岩、
収骨　楞伽院(南禅寺)海寿 椿庭、
喪主　前臨川 大光明寺
鼓　中遇西堂(月庭周朗)　中杲(果)西堂
鈸　中固西堂　梵珣西堂
　本帰首座　本瑞首座
旛　景川侍者　隆稾侍者
　本長侍者　殊弁侍者
御位牌　法皇王(用健)周乾侍者
推火　法皇王 阿栄上座
未被奏遺詔、大略御葬礼以前歟、但安元二年六月十三日、(殊子内親王)高松院崩御、七月廿六日、被奏遺令云々、又貞治三年七月七日、光厳院崩御、十一日、被奏遺詔、又同御時元来著御禅衣之間、御中陰儀幷素服等事、不可有沙汰之由、被仰置之間、無其事、今度又無此事、先例被仰置可被下

素服之人数、旧院庁令調進事也、而不被仰置之間、旧臣等不著素服、只喪籠祇候、太以無念也、又御茶毘之間、被進御使於山作所例也、是唯今何事御程(ママ)候哉之由也、而今度於傍御拝見之間、無御不審之間、不被進之云々、

○『続群書類従』第三三輯下の「凶事部類」は誤字が多いため、『大日本史料』を掲載。

五四七〔迎陽記〕応永五年正月二十三日条

『史料纂集』、第一、八八頁

(朱筆)「伏見法皇御葬礼事」

廿三日、辛未、今日参内、束帯、年始御読始也、見別記、○別記今見エズ、

伝聞、今日伏見法皇(崇光)御葬送也、已及十一ヶ日、昨日為室町殿御誕生日、空谷(・明応)国師可有執沙汰之間、昨日以後可然之由被計申云々、於大光明寺(伏見)有其儀、所作人等如此、

御茶毘仏事之衆

下火　鹿苑院　国師

起龕　雲居菴　徳叟(・周佐)(天龍寺)

鎖龕　荘厳蔵院　南宗(・士綱)(東福寺)

点茶　寿寧院　益宗(・福謙)(嵯峨)

点湯　上生院　中岳(山)(・中嵩)(南禅寺)

念誦　等持院　心岩(・周已)(洛北)

収骨　楞伽院　椿庭(・海寿)(南禅寺)

喪主　大光明寺　月庭(・周朗)(伏見)

五四八〔空谷和尚語録〕『大正新脩大蔵経』第八一巻、一一六頁

奉為崇光院秉炬

鳳質龍章一代尊、観時方闢涅槃門、此中広大還真寂、諸仏凡夫鏡上痕、共惟、大行太上法皇(崇光)、来無所従、虹飲華渚、去無所至、日沈虞淵、陰陽随呼吸、乾坤入陶甄、至哉、聖人宝位、但堪瞻仰、偉矣上天暦数、焉論促延、枯槁類望煦育化、凋瘵□昇平年、□天時不利、遂使国歩遭邅、南狩帰□江月、西内居静、消白日於断簡残編、参透最初句末後句、不滞如来禅祖師禅、梁武問聖諦猶執有相、宋宗発真機惜欠師伝、十身調御亙

今亙古、三会鍛錬無党無偏、燈明出家得果、五里牌在廓門外、能仁化火自焼、十字街頭揚碌瓢、直得踏断毘盧頂、抹過尊貴辺、更有一訣、聴火把宣、一点無明火種、全提指示人天、凡情聖解空尽、遍界常光現前、

○この記事は、空谷明応が作成した秉炬法語。

応永五年（一三九八）三月五日、吉田兼敦が真如寺の仏事に参列する。

五四九〔吉田家日次記〕応永五年三月五日条
天理大学附属天理図書館蔵二一〇・五‐イ四九

五日、壬子、晴陰、時々霰雨降、寒嵐甚於玄冬、早旦予（吉田兼敦）向神光寺詣如何、幷顕深法印、次向真如寺（洛北）、有時点心、数刻閑談、帰畢之処、自殿（一条経嗣）被下御書、窮屈之躰雖心苦思食、就重事、可被仰談何時可参由被仰下、仍推（カ）参仕御談合之旨趣不能記、被下一献了、

（後略）

応永五年（一三九八）四月、足利義満が北山第に移居する。同月二十一・二十二日、北山第で輪撥供養・安鎮法が修される。

五五〇〔在盛卿記〕応永五年四月条
『続群書類従』第三一輯下、一九頁

武将代々御在所事（中略）
鹿苑院殿（足利義満）（中略）
同（応永）五年四月、令移徙給、此度山庄（北山第）之儀非式之移徙之礼、

五五一〔輪撥供養表白〕曼殊院文書
『大日本史料』七編‐三、一一五四頁

応永五卯廿一、於北山新御所行之時御表白、
輪撥供養表白、不及出声、心中啓白之、
仰啓常住三世十方如来、一切三宝諸天善神、冥官冥類、殊大日教令不動明王、八方護世天、堅牢地神部類眷属等、言此輪者、即大日如来周遍法界ノ功徳ノ中ニ入、金剛薩埵之身、以教令輪身慈救真言加持之、大日如来、金剛薩埵、不動明王、依加持家国安鎮也、要賊不破之、異敵不侵之、成堅固之地、成不動之城、水火風雨ノ難払之、毒虫疾病之恐退之、安穏ニ守護之、長久ニ擁衛シテ、始自此一室、広遍万国、普可令披一天、威徳自在加持相応物

ト成給ヘリ、故今捧三宝ノ供具ヲ、奉供法身ノ妙体也、
明王垂照鑑、諸天饗納給ヘ、

五五二〔門葉記〕応永五年四月二日条　『大日本史料』七編-三、二五二頁

入道一品尊道親王号後青龍院、応永五年四月二日(廿二)、於北山被修安鎮法、于時天台座主、一品親王六十七歳歟、助修廿口、桓教僧正護摩壇東方鎮、顕熙法印十二天壇、東南奉行、顕円法印南方、隆恵法印聖天西方、隆覚法印西方、忠慶法印西北、宣尋大僧都、長禅大僧都、忠賀(大僧都)、、、仲祐、、、東北方、長高、、、、心能僧都神供、隆基(僧都)、、、玄経、、、尊雅、、唱礼、光俊律師、長尋(律師)、、、玄什、、、恵采阿闍梨、淳慶(阿闍梨)、、、、承仕六人、善鏡、法行、明勝、禅教、善寿、常善、行事僧、泰村法眼、

五五三〔新撰座主伝〕『続々群書類従』第二輯、三四五頁

第百四十五　一品尊道親王十楽院、（中略）
同(応永)五年四月廿二日於北山殿被修安鎮法、助修廿口、護摩師桓教僧正、奉行僧顕熙権大僧都、行事僧泰村法眼、承仕六人、善鏡、法行、明勝、禅教、善寿、常善、

五五四〔足利義満御内書〕猪熊信男氏所蔵文書　『大日本史料』七編-三、二五三頁

安鎮大法邂逅之儀、一事無違乱被遂行候條、祝著無極候、御自愛亦奉察候、事更両種進上之候、其間事猶以泰村法眼言上候、道義(足利義満)誠恐敬白、
(応永五年)卯月廿九日　道義
(慶御丸)慶御殿

○慶御丸は、青蓮院尊道入道親王の侍童。
○「尊道親王行状」(『大日本史料』七編-三、二五二頁)、「南部氏記録」(同書二五三頁)に関連記事あり。

応永五年（一三九八）五月二十六日、伏見宮栄仁親王が空谷明応を戒師として出家する。

五五五〔伏見宮御記録 元二 後小松院御記歟〕応永五年五月二十六日条　『大日本史料』七編-三、二八九頁

応永五年自五月十八日同月廿六日、両日○後小松天皇宸記ニアラズ、記者明ナラズ、

五月廿六日、霽、親王（栄仁親王）御方、今日於指月庵（伏見）、被遂御素懐、御戒師国師（空谷明応）被参申、只如夢如幻、被期御前途之処、俄如此之御進退、併彼相国（足利義満）申沙汰也、（後略）

応永五年（一三九八）六月二十四日、足利義満が香厳院（足利義詮室渋川幸子）七回忌のために鹿苑院三重塔を建立し、絶海中津が供養の導師を務める。

五五六〔三国一覧合運図〕京都御所東山御文庫記録

『大日本史料』七編-三、三一六頁

六月廿四日、鹿苑院塔供養、道（導）師絶海（・中津）和尚、

五五七〔鹿苑僧録歴代記〕『大日本史料』七編-三、三一四頁

絶海（・中津）再住、応永五寅六月廿五日、大相公（足利義満）命絶海、慶讃於鹿苑三重宝塔、為香厳院（渋川幸子）殿七周忌、

○渋川幸子は明徳三年（一三九二）六月二十五日没。

五五八〔絶海和尚語録〕

『大正新脩大蔵経』第八〇巻、七三六頁

香厳院（渋川幸子）従一品芳林太夫人諱日、慶讃鹿苑院三重宝塔、奉安五大虚空蔵菩薩、先説安座点眼偈云、巍然坐断宝蓮台、体等虚空靡不該〔䛟〕、十箇眼睛頂門上、等閑点得五双開、便以筆点眼、次拈香云、此香衆妙香厳栴檀宝樹千仏瑞応優鉢羅華、散真薫於仏国三千刹土、凝瑞靄於帝居百二山河、熱向宝炉、以奉供養三重塔中成就富貴五大金剛虚空蔵菩薩、鉤召五字明王、洎三世出興婆伽至尊、十方常住菩提薩埵、果海諸賢聖衆、次伸祝貢梵天帝釈四大天王護法列席諸天仙衆、此方他界大小福徳一切神祇、恭願大功徳主准三宮（足利義満）、信力弥堅善根増長、福海深於無辺香水、寿山高於百億迷盧、次願香厳院従一品芳林太夫人、乗此勝力超昇〔升〕浄邦、現殊勝身受最妙楽、遂就座垂語云、鹿野苑中撃甘露鼓、不妨著箇戯衫、多子塔前伝金襴衣、畢竟承誰恩力、衆中莫有識端的底麼、此日相府（足利義満）賜金襴袈裟、問答畢乃云、心同虚空界、示等虚空法、證得虚空時、無是無非法、譬如虚空体非群相、而不拒彼諸相発揮、如来蔵中性覚真空性空真覚清浄本然周遍法界、随衆生心応所知量、於是了得三界唯一心心外無別法、縦横掛域中之日月、巻舒立方外之

乾坤、正与慶時、自然国富民豊、時清道泰、説甚生善滅悪接物利生、人人楽無為之化、個個帰有道之仁、一善生於心、而万善随於身、一刑息於家、而百刑息於国、以此慶賛宝塔、慶賛無不至、以此追厳慈親、追厳無不周、処処円融法法無礙、雖然恁麼、若約祖宗門下、猶是功勲辺事不渉功勲一句、且如何道、驀拈拄(主丈)杖云、道泰不伝天子令、時清休唱太平歌、散説不録、

復説偈曰、七宝荘厳一霊塔、重重法界悉包容、如是荘厳従何起、全在英檀一念中、檀施如山咄嗟弁、突兀高標跨層穹、中安五大虚空蔵、身衣首冠各不同、一塔普含百千塔、広大信心等虚空、落落露盤昇夜月、琅琅鈴鐸語天風、時時演説微妙法、眼声耳色互相融、求富貴者与富貴、求長寿者寿無窮、伏願乗此功徳力、檀門福禄日増崇、梵釈天龍長擁護、皇運仏運倶紹隆、卓拄(主丈)杖下座、

○〔 〕は『大日本史料』七編—三、三一四頁により校訂。

五五九〔翰林葫蘆集〕『五山文学全集』第四巻、六七八頁

　鹿苑院殿(足利義満)百年忌陞座

（中略）

同(応永)五年六月、於鹿苑院、慶賛三重宝塔、拝請広照師(絶海中津)以伸其儀、法会殊勝、

応永五年（一三九八）十月二十二日、細川頼之が土佐国吸江庵に同国介良庄成武郷内大嶋等を寄進し、足利義満がそれを安堵する。

五六〇〔足利義満御判御教書案〕吸江寺文書

『大日本史料』七編—三、五六九頁

(端裏書)「吸江御寄進状案　本院ニ有時写之、」

寄附　吸江庵(土佐国長岡郡)

土左国介良庄(長岡郡)成武郷内大嶋并中潮田村、片山庄(長岡郡)内衣笠村入交分六名、成松・吉末・久吉・重富等名之国雑色、梶取以下事、

右任武蔵入道(細川頼之)常久寄進状、領掌不可有相違之状如件、

　　応永五年十月廿二日

鹿苑院殿(足利義満)入道准三宮前太政大臣 御判

勝定院(相国寺)住持之時於本院写之、如此明鏡之義共候、寺奉

行へ為一見写進之候、

吸江納所

吸江住庵
（花押）

○応永二年（一三九五）六月十八日に足利義満が同地を安堵する（本書五〇二号史料）。

応永五年（一三九八）十月二十三日、能登国総持寺で住持入寺の際、櫛比庄庄主の相国寺僧に対して檀那香が焚かれる。

五六一〔護国笠山和尚語録〕桂林寺蔵

『新修門前町史』資料編二 総持寺、四二頁

師(笠山得仙)於同(応永)五年戊寅十月念三(二十三)日、徙于能州(鳳至郡)諸嶽山総持禅寺、
山門 以拄杖指左右云、南北東西、入路広大、入門卓一下云、誰在門外、
仏殿 前仏後仏、同体一身、鴦池相逢、相見了也、展具云、看看新人扶旧人、
土地 陰陽不測、一霊五通、看破洞山老、千古振威風、
祖師 的的相承、彼此一般、西天東土、月白風寒、
室間 以竹篦打禅床左右云、諸獄室中、電馳雷轟、有五逆者、掩耳諦聴、靠篦良久云、靠篦収嚢、正是安寧、
拈衣 以法印心、木人則撃鼓、以衣表真、石人又作舞、後代児孫作略殊、挙起云、一頭伽梨伝古今、
法座 高高須弥、燈王宝座、従上仏祖、這裏垜跟、胡言漢語、撤沙簸土、山僧不免眼黄昏、
祝聖 此一弁香、奉為祝延今上皇帝(後小松天皇)聖躬万歳万歳万万歳、陛下恭願、金枝衍茂、玉葉聯芳、舒宝光於三界、騰瑞彩於十方、
檀那 此一弁香、奉為山門大檀那貞公(櫛比庄庄主、相国寺僧)鑑院禅師幷源朝臣(吉見義頼)前伊予大守玄幸禅定門、伏願、付法三会暁、鷺民九穂秋同、武名飛天下、聖徳普扶桑、

（後略）

応永五年（一三九八）、御八講が相国寺で行われ、足利義満が願文を書く。

五六二〔壬生雅久勘文案〕壬生家文書

『図書寮叢刊 壬生家文書』五巻、一二四七頁

鹿苑院殿(足利義満)御得度以後御願文以下御署事
応永八年五月十四日於日吉社被行御八講、御願文被載

准三后
入道前太政大臣、（足利義満）　啓白、
先年。相国寺御八講応永五御願文仏子。被載敬白、
御諷誦別当奉仰
准三后前太政大臣家宮
請諷誦事
三宝衆僧
六月廿二日　雅久（壬生）

応永六年（一三九九）二月十九日、美作国大原庄の年貢十分の一が相国寺要脚年貢として納められる。

五六三〔相国寺要脚年貢散用状〕金剛三昧院文書
『高野山文書』第二巻、二二〇頁

（端裏書）
「□州東方大原庄十分一応永五別用請取」（美作国英多郡）
納　相国寺要脚拾分壹年貢色々事
合
一米方　参拾貳石柒斗　庄斗之十合、七升貳合斗之
公文職分加之、
一銭方　柒貫六拾七文
一大豆　肆斗貳升三合三勺　庄斗之、
一麦　陸斗三升三合九勺　同之、
一油　三升貳合　同之、
一綿　貳拾枚　壹枚別銭目八匁宛之、
一漆　四合　十合升之、
一麻　七目貳　大小在之、
以上
右、任先勘候旨応永五分、拾分壹方所遂散用也、仍勘定之状
如件、
応永六年二月十九日　左衛門尉（花押）
沙弥（花押）
沙弥（花押）

○紙継目に裏花押あり。

応永六年（一三九九）四月八日、播磨国三方西小野村一分地頭が相国寺塔婆材木要脚を納める。

五六四〔相国寺塔婆材木要脚所納状〕円尾文書
『兵庫県史』史料編　中世三、一〇五頁

「引付（証判）了、貞知（実カ）（花押）
助行（花押）
兼久（真カ）（花押）」
納　相国寺塔婆御材木要脚拾分一御年貢事
米壱石陸斗柒升六勺五才
合　銭五百四文　　者
大豆捌斗参升四合
右為播磨国三方西（宍粟郡）小野村神戸地頭職加定、一分地頭職、応永四年
分、大河原左衛門大夫沙汰所納如件、
応永六年四月八日　□（兼カ）実（花押）
重富（花押）

応永六年（一三九九）四月十四日、大法華経法が北山第で修される。ついで法華懺法が修される。

五六五〔迎陽記〕応永六年四月条　『史料纂集』、第一、一二〇頁

十四日、（中略）自今日於北山殿青蓮院宮（尊道入道親王）御勤仕大法花法、伴僧卅二口、脂燭教遠（山科）・教興（山科）・隆直（四条）・為守（五条）・長方（粟田口）等朝臣云々、（後略）
「（朱筆）於北山殿法花懺法事」
十九日、己未、晴、自今日於北山殿被行法花懺法、有御共行云々、御人数、房淳僧正、勝林院僧正（良雄）幷門弟四人、心兼法印、散花殿上人満（親）―朝臣・教興朝臣・長方朝臣・経（勧修寺）豊朝臣・重房（万里小路）・資高（白川）・有光（日野）・永藤（高倉）・持光（日野）・定光（広橋）、有御楽、所作人――、（後略）
「（朱筆）北山殿大法花法結願事」
廿二日、壬戌、晴、今日北山殿大法花法日中結願也、自去十四日始行、昨日可被結願之処、賀茂祭〇日之間、延引今日了、且建久慈（慈円）鎮和尚御勤仕有延引云々、奉行頭中将満（親）―朝臣也、取松明参仕、長頼（東坊城）・長政（西坊城）同車了、今出河大（公行）納言外無人、後夜御時程也、定（定助）法寺僧都云、可為五㋖〔打〕程云々、人々次第参集、（中略）巳刻阿闍梨（尊道入道親王）御入道場、御時結願、次永藤・長頼巻廂御簾幷幕等、次経豊朝臣巻内陣幕、次公卿着簀子座、階間東一間被立閼伽棚、一二三間折北、高麗三帖敷之、為公卿座、今出河大納言・坊城大納言（俊任）・藤中納言（柳原資衡）・西園寺中納（実永）言以上皆帯剣・下官（東坊城秀長）等也、次満（親）―朝臣帯剣、進今出河大納言座下、仰勧賞事、追可被申之由歟、還（退カ）入、大納言起座、進阿闍梨座

下申之、復座、次教興朝臣、衛府一人引出御馬、坊官請取之、次公卿次第起座、取御布施、阿闍梨一重今出河大納言、一裹教遠朝臣、護摩壇（道豪、後の道順）竹内僧正一裹坊城大納言、以下皆一裹也、卅二口次第被引之、公卿五人之外、御布施教遠朝臣・教興朝臣・隆直朝臣・為守（五条）朝臣・長方朝臣・経豊朝臣○（・永藤）・長頼・長政等也、引了公卿自下臈起座退入、（後略）

廿六日、丙寅、晴、北山殿御懺法今日結願云々、（後略）

○この記事は宮内庁書陵部蔵藤波本を底本としているが、㊖の部分は京都大学付属図書館蔵菊亭本により校訂。

『迎陽記』応永六年四月二十・二十一・二十五日条に関連記事あり。

応永六年（一三九九）五月六日、朝廷が延暦寺・園城寺・東寺・東大寺・興福寺に相国寺大塔供養への出仕を命じ、各寺院では請僧の手配が進められる。

五六六〔相国寺塔婆供養請僧人数注文案〕東寺百合文書ウ函六八―一

『大日本史料』七編―四、九七頁

（表紙）「相国寺塔婆供養記」

相国寺塔婆供養請僧千口

延暦寺　四百口
園城寺　百口
東寺　百口
東大寺　百口
興福寺　三百口

五六七〔僧綱牒案〕東寺百合文書ウ函六八―二

『大日本史料』七編―四、九七頁

僧綱

東寺百口

右来九月上旬、被供養相国寺御塔、請僧可被注進之由、可相触之旨、所被仰下如件、

応永六年五月六日　従儀師相淳
威儀師隆紹

五六八〔勧修寺経豊奉書案〕東寺百合文書ウ函六八―三

『大日本史料』七編―四、九八頁

相国寺御塔供養請僧御教書案

来九月上旬、可被供養相国寺御塔、東寺小野、広沢、請僧百口事、殊無懈怠之様、可有御下知之旨、別而被仰下候

也、以此旨可令申入給候、恐々謹言、

応永六
五月七日　　　　　　職事勧修寺
経豊

(隆覚)
大教院法印御房

五六九〔大教院隆覚奉書案〕　東寺百合文書フ函一九二―二

来九月上旬相国寺御塔供養請僧事、御教書如此、百人(口)之
内、当寺々僧十口被出御点候、不廻時日可被触催候、若
寄事於左右於故障之輩者、可有殊御沙汰之由、被仰下候
也、恐々謹言、

五月七日　　　　　　(大教院)
隆覚

一条威儀師御房殿

○本史料の直後に「大教院法印、威徳寺法印、刑部卿僧都、花蔵院僧都、大蔵卿僧都、宮内卿僧都、大進律師、大蔵卿律師、大夫律師、幸融殿」と名前が載せられるが、これらは本史料の宛所と考えられる。

五七〇〔仁和寺御室永助入道親王令旨案〕　東寺百合文書ウ函六八―四

『大日本史料』七編―四、九八頁

御室令旨相国寺塔供養
来九月上旬、相国寺御塔供養請僧事、御教書如此、百口
之内、東寺之僧定額等三十口被触催、不廻時日可被申散
状、寄事於左右、不可有緩怠之由、可有御下知之旨、御(永助入道親王)
室御消息所候也、仍執啓如件、

応永六
五月八日　　　　　　大教院
法印隆覚奉

謹上　(俊尊)
長者僧正御房

五七一〔東寺長者俊尊御教書案〕　東寺百合文書ウ函六八―五

『大日本史料』七編―四、九八頁

寺務御教書
来九月相国寺御塔供養請僧事、東寺方百口之内、当寺分
(永助入道親王)
御室令旨如此候、急速可被申沙汰之旨、長者僧正御房所
候也、恐々謹言、

五月九日　　　　　　凡僧別当
権大僧都宏寿

謹上　(行宝)
年預法印御房

五七二〔東寺供僧行宝請文案〕　東寺百合文書ウ函六八―六

『大日本史料』七編―四、九九頁

来九月相国寺御塔供養請僧、東寺方百口之内、当寺分三
十口事、　(永助入道親王)
御室令旨以下令披露于衆中候了、当寺常住衆
纔及廿四五人候、此内毎日御願勤仕輩、度者以下候之間、

所詮廿口分可構参之由、衆中一同令啓候、以此旨、可有　大僧正
御披露候哉、恐々謹言、
五月十日　法印行宝
謹上　別大僧都（宏寿）御房

五七三〔相国寺御塔供養会僧〕三宝院文書
東京大学史料編纂所影写本三〇七一・六二―三、六六巻、七五頁

（端裏書）「相国寺御塔供養掾官以上会僧　応永六」

相国寺御塔供養会僧

衲四百人
一品法親王尊道　山 青蓮院　導師
二品法親王乗朝　東 上乗院 下川原
永助　東 御室　呪願
堯仁　山 妙法院　引頭
無品法親王寛教　東 大覚寺　引頭
弘助　東 相応院
前大僧正
尋源　山 石泉院
禅守　東 真光院
守融　東 菩提院
賢快　東 地蔵院 西酉（醍醐寺）
大僧正
長雅　興 薬師寺
尊経　寺 常住院　唄
良昭　興 一乗院
道豪　山 竹内　唄
桓教　山 岡崎
僧正
良雄　山 行林院　唄
隆源　東 報恩院 西酉　散花
道尋　山　散花
実意　東 勝（宝）法院　散花
守快　東仁 成就院
厳叡　東石山 随心院
権僧正
実恵　興 修南院
豪猷　寺 住心院　散花
超済　東 妙法院 西酉
円尋　興 東門院
行悟　寺 円満院

道意　寺 聖護院　唄
慈弁　山 浄土寺　唄
孝尋　興 大乗院
増珎　寺 実相院
頼昭　寺 理覚院
俊尊　東 金剛乗院
通賢　東 松橋 西酉
観海　興 東南院
相厳　山 檀那院　讃
定助　寺 花頂　散花
房深　寺 近江坂
房淳　寺 花園　散花
範伊　寺 上乗院　散花
頼俊　東 金剛王院（光海）　散花
実円　山 毘沙門堂　散花
満済　東 三宝院

東
勧修寺
尊興
山(延暦寺)十人　興(興福寺)六人
寺(園城寺)十人　東(東寺)十七人

五七四〔威儀師隆紹書状〕　東寺百合文書あ函七二

(端裏書)
「物在庁状題者事」

今度可有御出仕候哉、返々御計会察申候、々々、又粗内々承及候、実事候哉、不審(カ)候、理性院僧正今度寺務令還補候ハ、、可出仕候様、承及候、東寺辺御沙汰候、無心候て、尚々便宜ニ可承及候、御点ニハ被除候間、不審(カ)候、

如仰、無差題目候間、其後久不申承候、相構々々御入寺之時者、可預御尋候也、殊委細承候、本望承悦候、抑相国寺御塔供養御料定者、東寺分可被進沙汰之由、被申候哉、御計会候察申候、就其、此仁躰事、承了、山門(延暦寺)大講堂幷興福寺供養其躰ハ、山門ハ所司分奇(寄)人勿論事候、さのミさ汰候物等ハ、不可叶候、既ニ錫杖衆末可加着候間、承仕等申類ハ、曾不可然候哉由存候、得此御意可有御計候哉、毎事御不審事等者、雖何時候、可預承▨(知カ)候也、心事構、期後信時候、恐々謹言、

(応永十六年)六月六日　隆紹(威儀師)

(切封)
―――　隆紹

五七五〔相国寺塔供養修僧交名案〕　東寺百合文書タ函一三五

相国寺御塔供養請僧交名
延暦寺四百人
衲衆百六十八人内
京都名僧　五十人
山上住侶　百十人
法印権大僧都尋海　桓賀
盛憲　隆禅
光運　叡宣

定慶　俊芸
栄成　教雲
俊慶　晴憲
真海　祐成
献運　常(カ)舜
覚増　賢瑜
昌慶　快済
俊尊　勒運
幸円

｜法印

実□　栄勝
雅運　良禅
海運　快秀
円俊　心厳
賢成　益運
賢□　朝心
賢運　最秀
増賀　永俊
宏運　澄運
実源　長(カ)尋

良忠　崇運
賢成　玄俊
木□　頼明
頼全　憲禅
慶承　教尋
快義(カ)　慶澄

権少僧都

厳栄　澄恵
□顕　錐助
春賢　賢春
承具　春澄
良叡　行慶
救運　泉運
尊瑜　源運
厳豪　親慶

権律師

良尊　聖海
能賢　最雅
全増　清尊
泉円　快俊
俊理　財運

顕秀　道堯
賢清　聡潤
尊叡　実清
還兼　良重
俊賢　増舜
慶恒　皇海
能厳　定尋
良存　救憲
賢賀
賢秀　覚俊
大法師
恵詮　栄尊
賢重　重英
憲運　頼経
頼宗　教範
恒賢　光芸

甲衆私云百六十人四段書之、
承舜　厳覚　永聡　暹秀
源範　良覚　淵運　祐兼
澄有　経暹　〻救成〻　〻行祐〻
（異筆1）「救成　行祐

行俊　長舜
直算　宴全
融盛　澄舜
宰俊　憲俊
重俊　澄有
賢尊　教瑜
範有　木健
秀尊　暹祐
宣運　昌海
行弼　貞存
最仙　祐快
慶栄　勢運
木賢　永範
幸海　行快
豪秀　維什
顕運　光春
源弼　仙秀
貞舜　深運
有円　豪春

豪海　長慶
雄俊　光全
豪心　澄尊
道賢　有実
朝舜　亮春
頼存　頼〃存〃
祐尊　舜栄　宗範　教豪（カ）
全算　尊慶　春賀　弁俊
実助　宗存　祐秀　永教
円韋　叡可　寛芸　慶暹
隆信　維源　承秀　玄慶
弘兼　尊祐　秀慶　賢一
首運　経舜　賢俊　兼賢
増恵　祐海　実舜　光能
玄顕　源真　禅運　充俊
澄源　承慶　豪珎　真舜
賢経　椿全　行英　頼叡
良潤全　幸淳　観覚　祐賢〃会
継潤〃　承秀　貴運　貞承〃

真秀　幸朝　良慶　尊俊
源運　昌覚　慶春　維全
秀憲　隆雅　英舜　良算
源秀　親宣玄　英助　心賢
栄玄　印栄〃　栄直　厳仙
幸恵　幸〃恵〃　全誉　快俊
心舜　印恵　〇〃　」
（異筆2）「隆叡　承暹　憲誉　公信
円芸　快朝　幸澄　快源
賢澄　頼運　俊救　祐海
景秀　澄源　英昭　義運
恵俊　澄算　性尊　経全
種運　賢審
梵音衆四十人
永春　厳芸　稔運　慶海
頼清　禅全　定健　円心
恵祐　円顕　快秀　能海
救賢歟　生運　幸賢　緒運
契舜　弘基　梵運　納運

詮覚　盛賀　賢勝　快全
豪俊　心明　隆暹　憲円
厳尊　光栄　幸覚　厳澄
海賀　政（カ）承　舜佳　重慶
良海　俊運　心運　豪恵
錫杖衆四十人
最尊　円慶　璋運　倖運
歓意　頼憲　康海　盛厳
承済　定祐　定秀　教浣（カ）
祐恵　光（カ）経　澄賢　義慶
定俊　憲教　昌宗　栄弼
道俊　顕秀　尋栄　教暹
澄秀　賢暹　行俊　源秀
俊秀　尭栄　彦芸　慶信
諭運　信宗　賢芸　祐芸
直範　賢俊　有全　真尋
已上錫杖衆　」

○『大日本史料』七編-四、九九～一一二頁に以下の関連史料が収録される。五月十四日付「仁和寺御室永助入道親王令旨案」、五月十五日付「東寺長者俊尊書状案」、五月十七日付「東寺供僧行宝書状案」、五月二十二日付「仁和寺御室永助入道親王令旨案」、五月二十四日付「東寺長者俊尊施行状案」、五月二十六日付「仁和寺御室永助入道親王令旨案」・「東寺長者俊尊施行状案」、六月一日付「東寺供僧衆請文案」、六月十三日付「仁和寺御室永助入道親王令旨案」、六月十五日付「東寺長者俊尊施行状案」、七月十一日付「東寺供僧衆申状案」、八月二十一日付「東寺供僧衆請文案」（以上、東寺百合文書ウ函六八）、九月十一日付「東寺長者俊尊自筆御教書」（東寺百合文書あ函三四）、「相国寺御塔供養請僧百口交名東寺方」（三宝院文書）、「相国寺御塔供養職衆東大寺百口分交名」（東寺百合文書ひ函二七）。

応永六年（一三九九）五月八日、足利義満室藤原慶子（勝鬘院）が死去する。美濃国座倉半分が追善料として相国寺に寄進される。

五七六〔相国考記〕応永六年五月八日条　『相国寺史料』第一巻、二一〇頁

五月八日、鹿苑院殿（足利義満）御台、勝定（足利義持）・普広之萱堂（足利義教）、勝鬘院殿（藤原慶子）贈一品栄室大禅定尼法名慈蕃逝矣、在世四十三歳、往年師於

常光国師（空谷明応）、濃州坐倉（大野郡）半分御追薦領、見于当寺古記、

○「等持院常住記録」（東京大学史料編纂所謄写本二〇一五-六八二二）によると、応永十三年（一四〇六）七月七日に、足利義満が藤原慶子などの菩提料として美濃国座倉郷を等持院に寄進している。

応永六年（一三九九）五月十二日、大六字法が北山第で修され、十九日に結願する。

五七七〔迎陽記〕応永六年五月条　　『史料纂集』、第一、一三二頁

十日、（中略）、来十二日、泰山府君御都状草進、付奉行頭弁兼宣朝臣（広橋）了、

十二日、（中略）、（朱筆）「於北山殿大六字法事」『自今夜於北山殿、聖護院（道意）被行大六字法、脂燭教遠朝臣（山科）・教興朝臣（山科）・隆直朝臣（四条）・為守朝臣（五条）・長方朝臣（粟田口）等、指大阿闍梨、長方朝臣指護摩壇、常住院僧正（尊経）、皆以束帯也、長遠朝臣（東坊城）寄宮（ママ）三宝坊了』、○以上『』ハ十一日条ニ在リ。㊈ニヨリ此処ニ移ス。

大六字法

護摩壇

前大僧正　尊経　息災

僧正　増珎　延命

　　頼昭　増益

権僧正　房深　調伏

　　豪猷　鉤召

　　範伊　敬愛

此外助修廿人、

「十七日」（衍カ）自今日泰山府君御祭有世卿（土御門）奉仕之、

（朱筆）「北山殿大六字法結願事」

十九日、己丑、晴、今日北山殿大六字法日中結願也、奉行頭弁兼宣朝臣兼日御点之由催之、仍払暁召具長政（東坊城）参仕、束帯、道場之儀、御本尊等皆被撤之、只可為御加持許云々、刻限大阿闍梨以下入道場、次公卿、日野大納言（資教）衣冠、下結、・坊城大納言（俊任）束帯以下同前、・藤中納言（柳原資衡）・中院中納言光顕（五月二日任権中納言）、奏慶舞踏、申次教興朝臣（山科）、如木二人、侍一人上結、具之、・下官・橋本宰相中将（公音）等着座、次御加持、次勧賞、日野大納言進阿闍梨傍、申之、復座、次公卿自上臈次公卿自上臈退、取御分施〔布㊈〕、先御馬、教興朝臣、衛府一人、次被物二重、両大納言、裹物、隆直朝臣、次常住院僧正分、被引御馬、同人引之、次被

物一重、藤納言、次勧賞事、兼宣朝臣進申之、御布施以前可申歟、裏物、為守朝臣、次実相院(増珍)僧正分、被物一重、中院納言、(中脱ヵ)裏物、(勧修寺)経豊朝臣、次頼昭僧正裏物、下官取之、左肩中風気、不及挟笏、仍懐中了、次房深僧正裏物、宰相中将、次豪猷僧正裏物、(葉室)定顕取之、次範伊僧正裏物、兼宣朝臣、次公卿自下臈退入、次僧衆自下臈退、四人僧正自取裏物退、三人貴種伴僧皆撤之、此後退出了、(後略)

○この記事は宮内庁書陵部蔵藤波本を底本としているが、㋖の部分は京都大学付属図書館蔵菊亭本で校合している。

○「吉田家日次記」(『大日本史料』七編-五、三五三頁)に足利義満が北山第で修法を去々年(応永七年)より毎月行っていることが記される。

○応永十一年(一四〇四)八月十五日に行われた大六字法の記事は『兼宣公記』同月十五・二十一日条にあり。

○北斗法については、応永六年七月二十日に行われた記事が『迎陽記』同月二十・二十六日条に、応永九年十二月六日に行われた記事が「北斗御壇所中雑略記」(松崎文書、『大日本史料』七編-五、三六一頁)に、応永十年二月四日に行われた記事が『兼宣公記』同日条にあり。

○無名大法については、応永六年八月十九日に行われた記事が『迎陽記』同月十九・二十五日条にあり。

○舎利会については、応永六年八月十九日に行われた記事が「華頂要略」(『大日本史料』七編-四、二二三頁)、「新撰座主伝」(『続々群書類従』第二輯、三四六頁)にあり。

○金剛童子法については、応永六年九月二十二日に行われた記事が『迎陽記』同月二十二・二十九日条に、応永八年九月三日に行われた記事が『迎陽記』同月三・七・十日条に、応永十一年二月十八日に行われた記事が『兼宣公記』同月十八・二十四日条にあり。

○七仏薬師法については、応永七年二月十六日に行われた記事が『兼宣公記』同月十五~二十二日条に、応永八年二月十八日に行われた記事が『迎陽記』同月十八・二十四日条、「吉田家日次記」(『大日本史料』七編-四、九〇九頁)に、応永十年二月十九日に行われた記事が『兼宣公記』同日条にあり。

○尊星王法については、応永八年正月二十四日に行われた記事が『迎陽記』同月二十二・二十四日条、「続史愚抄」(『大日本史料』七編-四、八六八頁)に、応永十一年正月十六日に行われた記事が『兼宣公記』同月十六・二十三日条に、応永十三年正月十六日に行われた記事が『兼宣公記』同月十六・二十三日条、「砂巌記」(『大日本史料』七編-七、七八九頁)に、応永十四年正月十六日に行われた記事が『教言卿記』同月十六・二十三日条、「応永十四年暦日記」(八幡宮愛染王法雑記裏書、『大日本史料』七編-八、七一一頁)に、応永十五年正月十六日に行われた記事が『教言卿記』同月十六・二十三日条にあり。

○不動法については、応永八年閏正月十七日に行われた記事が『迎陽記』同月十七・二十四日に、応永十一年十一月十三日に行われた記事が『兼宣公記』同月十三・二十日条に、応永十二年十一月八日に行われた記事が『教言卿記』十一月八・十五日条に、同年十一月二日に行われた記事が「真言諸寺院記」（『大日本史料』七編-七、一四頁）に、同月八日に行われた記事が『教言卿記』同月八・十五日条に、応永十三年正月二十八日に行われた記事が「真言諸寺院記」（『大日本史料』七編-七、七八九頁）にあり。

○大般若法については、応永八年三月十日に行われた記事が『迎陽記』同日条に、応永十一年三月十日に行われた記事が『兼宣公記』同月十・十七日条にあり。

○如法経会については、応永八年五月二十八日に行われた記事が「門葉記」五月二十一・二十七〜三十日・六月一〜二十日条（『大日本史料』七編-五、一五頁）、『兼宣公記』五月二十一・二十七・二十八日・六月九・十八〜二十日条（同書四〇頁）、『康富記』五月二十八日条（同書四六頁）、「足利義満如法経始行記」（同書四六頁）にあり。

○尊勝法については、応永八年七月二十四日に行われた記事が『迎陽記』七月二十四日・八月一日条、「門主伝」（『大日本史料』七編-五、七五頁）、「新撰座主伝」（『続々群書類従』第二輯、三四七頁）に、応永九年九月八日に行われた記事が「門主伝」（『大日本史料』七編-五、六七八頁）に、応永十一年九月八日に行われた記事が『兼宣公記』同月八・十四日条にあり。

○熾盛光法については、応永八年八月八日に行われた記事が『迎陽記』同月三・十日条にあり。

○文殊八字法については、本書六五九号史料のほか、応永十一年四月十九日に行われた記事が『兼宣公記』同月十九・二十五日条に、応永十三年閏六月十九日に行われた記事が『教言卿記』同月十九・二十六日条にあり。

○仁王経法については、応永十一年五月十六日に行われた記事が『兼宣公記』同月十六・十九・二十二日条にあり。

○一字金輪法については、応永十一年七月十九日に行われた記事が『兼宣公記』同月十九・二十六日条に、応永十二年七月四日に行われた記事が『兼宣公記』同月一・四・五・十一日条、『教言卿記』同月十一日条にあり。

○法華法については、応永十一年十月十三日に行われた記事が『兼宣公記』同月十三・二十日条にあり。

○金剛宝珠法については、応永十一年十二月十九日に行われた記事が『兼宣公記』同月九・十九・二十三・二十六日条にあり。

○北山第で行われた大法については、応永九年正月二十二日に行われた記事が『兼宣公記』正月十・十三・十四・十六・二十二〜二十五・二十八日・二月一・十六日条に、同年五月十八日に行われた記事が「吉田家日次記」同日条（『大日本史料』七編-五、五三四頁）にあり。

応永六年（一三九九）六月二十三日、足利義持が絶海中津から衣を受け、顕山道詮の法名を授かる。

五七八〔足利家官位記〕『群書類従』第四輯、二七三頁

勝定院殿　義持(足利)

（中略）同(応永六年)六月廿三日御受衣、(絶海中津)広照国師御弟子、法名道詮、道号顕山、

○傍点は『大日本史料』七編―三、一〇〇一頁により校訂。

五七九〔臥雲日件録抜尤〕康正二年八月十八日条　『大日本古記録』、九七頁

十八日、―清少納言(清原業忠)来、伝公方(足利義政)命曰、等持院殿(足利尊氏)以下受衣年月日、可有録進、又公方様受衣年月日、同可見録也、（中略）―就勝定院(相国寺)、問勝定院殿(足利義持)受衣年月日、院主俊誉(以仁)西堂、録来曰、応永六年己卯六月廿三日、就鹿苑(鹿苑院)受衣、法名道詮、―

応永六年（一三九九）六月二十三日、五壇法が北山第で修され、七月一日に結願する。

五八〇〔迎陽記〕応永六年六月・七月条　『史料纂集』、第一、一三六頁

（六月）廿三日、（中略）自今日五壇法也、(朱筆)「於北山殿五壇法事」於北山殿被行之、中壇青蓮院宮(尊道入道親王)、其外竹中僧正(道豪、後の道順)(曼殊院)・岡崎僧正(桓教)(実乗院)・竹中新僧正(良順)・忠慶法印等也、一門招請也、助修中壇八口、自余各六口歟、脂燭殿上人、教遠朝臣(山科)・教興朝臣(山科)・隆直朝臣(四条)・為守朝臣(五条)・長方朝臣(粟田口)、皆布衣云々、中壇許也、

（七月）一日、(己)巳、天晴、(朱筆)「北山殿五壇結願」今日北山殿五壇法日中結願也、奉行[頭弁](キ)兼宣朝臣(広橋)兼日催之、仍卯刻着束帯召具蔵人長政(西坊城)参入、人々参集、以寝殿被構道場、

（二八二頁の差図はこの位置にあり）

先青蓮院宮御入道場、御加持、助修六口、唱礼二口、御加持了、伴僧退入、兼宣朝臣[進](キ)日野大納言(資教)直衣、下結、前、仰勧賞事、追可被仰云々、日野大納言進阿闍梨傍、仰之復座、次被引御馬、教興朝臣束帯、在馬右、衛府一人在左、引出之、坊官一人進出請取之、次日野大納言起取被物、長政伝之、置阿闍梨前復座、次教遠朝臣取裹物、其後伴僧撤御布施、次宮御退出、次竹中僧正着座、小文西面、御加持了、伴僧退、坊

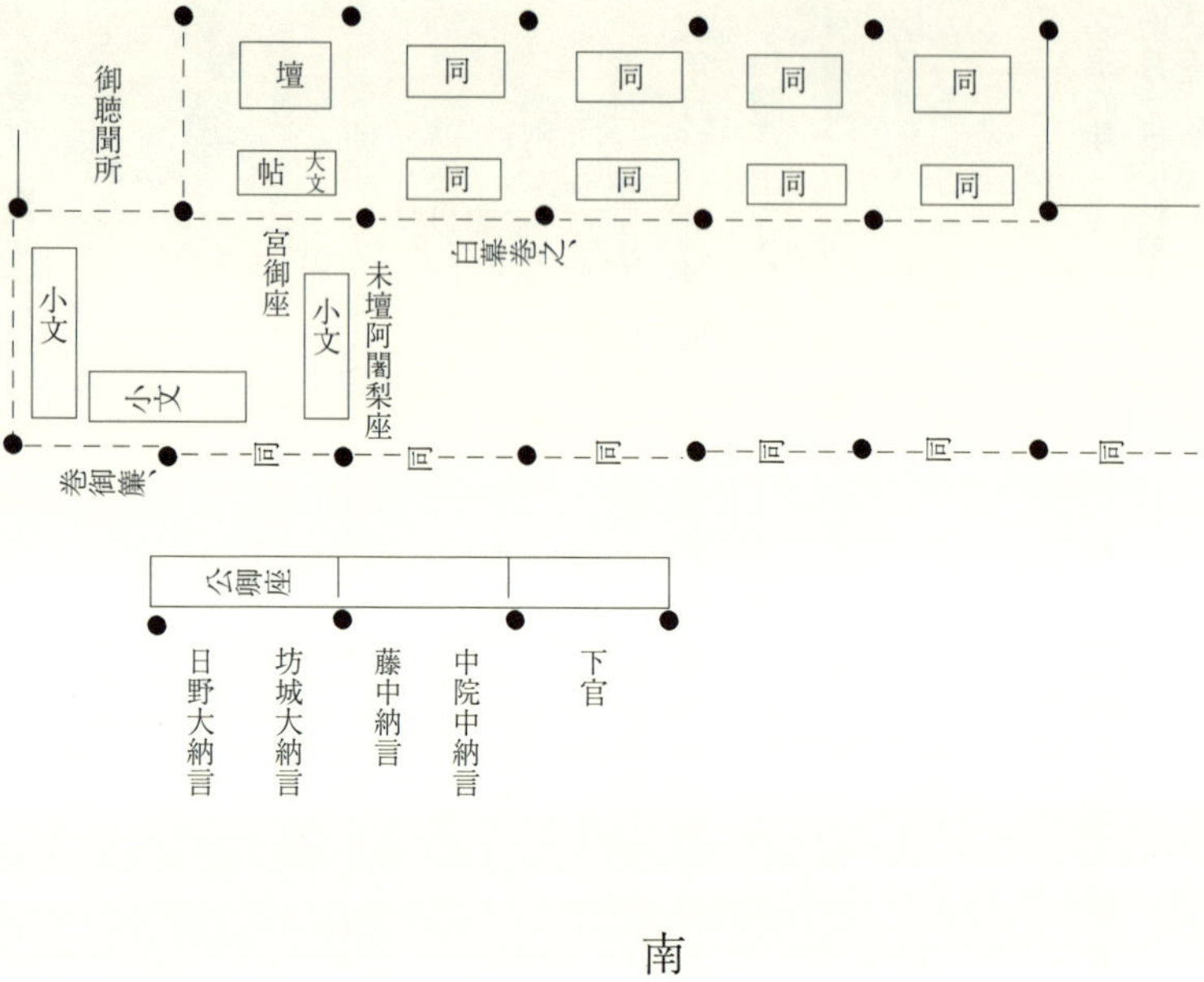

城大納言（俊任）取被物、長政伝之、隆直朝臣取裏物、伴僧撤之、僧正退入、次岡崎僧正桓教、同前、藤中納言（柳原資衡）取被物、為守朝臣取裏物、次竹中新僧正同前、中院中納言（光顕）取被物、為守朝臣又○取裏物、次忠慶法印同前、余（東坊城秀長）取被物、長政伝之、蹲居、復座、次奉行兼宣朝臣取裏物、次余起座退入、次第各退入、

○この記事は宮内庁書陵部蔵藤波本を底本としているが、㋖の部分は京都大学付属図書館蔵菊亭本で校合している。

○「門葉記」同日条（『大日本史料』七編-三、九八六頁）、「五壇法記」（同書九九九頁）、「柳原家記録」（同書一〇〇〇頁）、「尊道親王行状」（同書一〇〇一頁）、「新撰座主伝」（『続々群書類従』第二輯、三四六頁）に関連記事あり。

○五壇法については、応永七年（一四〇〇）六月一日に行われた記事が「柳原家記録」（『大日本史料』七編-四、五七〇頁）、「五壇法記」（同書五七一頁）、「尊道親王行状」（同書五七二頁）に、応永八年六月二十三日に行われた記事が『迎陽記』七月一日条、「五壇法記」（『大日本史料』七編-五、五二頁）、「五大成」（同書五四頁）に、応永九年六月九日に行われた記事が「五壇法記」（同書五六八頁）に、応永十年六月五日に行われた記事が『兼宣公記』同日条、「五壇法記」（同書一七七頁）に、応永十一年六月十三日に行われた記事が『兼宣公記』同月十三・二十日条、「五壇法記」（『大日本史料』七編‐六、六〇七頁）に、応永十二年六月九日に行われた記事が『教言卿記』同月九・十五日条、「五大成」（『大日本史料』七編‐七、一二頁）、「五壇法記」（同書一二頁）に、応永十三年六月十九日に行われた記事が『教言卿記』同月十九・二十六日条、「五大成」（『大日本史料』七編‐七、七九三頁）、「五壇法記」（同書七九五頁）に、応永十四年六月二十一日に行われた記事が『教言卿記』同月二十一・二十七日条、「五大成」（『大日本史料』七編‐八、七一四頁）、「五壇法記」（同書七一四頁）、「三井続燈記」（同書七一四頁）にあり。

応永六年（一三九九）六月二十七日、相国寺領能登国櫛比庄内にある総持寺免田畠等が総持寺住持に安堵される。

五八一〔相国寺都聞周三奉書〕総持寺文書

『大日本史料』七編‐三、九八一頁

相国寺領能登国（鳳至郡）櫛比庄内惣（総）持寺免田畠等事、任勘定状面、
知行不可有相違者也、仍執達如件、
応永六年六月廿七日　　都聞周三（花押）
当寺（総持寺）住持禅室

応永六年（一三九九）六月二十七日、相国寺大塔供養の日時と担当の公家が定められる。

五八二〔迎陽記〕応永六年五月・六月条

『史料纂集』、第一、一三七頁

（五月）廿一日、辛卯、晴、参執柄（一条経嗣）、大塔供養御出立取帳
有沙汰、予（東坊城秀長）執筆書之、
（六月）廿七日、丙寅、晴、今日大塔供養日時定幷行事定（朱筆）「大塔供養日時定幷行事定」
也、伝聞、上卿左大臣（三条）実冬公、公卿藤（柳原）中納言資衡、・吉田（清閑寺）
宰相家房、等参陣、建久（五年十二月）隔中両月有此定、仍被模其例
云々、僧名同時也、而未整之間、今度先日時幷検校・行
事等許被定之、日時陰陽頭在方（賀茂）朝臣勘申之、検校以下定
文相公書之、其書様如此、不相違建久書様也、

検校
左大臣
応永六年六月廿七日
行事
右近衛大将藤原（今出川）朝臣公行

権大納言藤原(坊城)朝臣俊任
権中納言藤原朝臣資衡
権中納言藤原(四辻)朝臣実茂
参議藤原朝臣家房
参議藤原(油小路)朝臣隆信
応永六年六月廿七日

行事
左中弁藤原(土御門)朝臣資家
右中弁藤原(勧修寺)朝臣経豊
左大史小槻(壬生)宿禰兼治
右大史清原真人頼季
応永六年六月廿七日
(後略)

応永六年（一三九九）七月十三日、高倉永藤・日野有光が来たる九月十五日の相国寺塔供養に供奉することを了承する。

五八三〔高倉永藤請文〕大手鑑　『陽明叢書　国書篇』第一五輯、二五一頁

(端裏書)「永藤」
来九月十五日相国寺御塔供養御出供奉事、得心奉候畢、
早可被存知候也、恐惶謹言、
七月十三日　永藤(高倉)

五八四〔日野有光請文〕大手鑑　『陽明叢書　国書篇』第一五輯、二五二頁

(端裏書)「有光」
来九月十五日御搭(塔)供養御共事、謹承候了、早可存知候、
可得御意候、恐惶謹言、
七月十九日　左衛門(日野)権佐有光

応永六年（一三九九）七月二十日、法隆寺が相国寺大塔供養の費用捻出のため、播磨国鵤庄に段銭を賦課する。

五八五〔応安年中以来法隆寺衙日記〕『大日本史料』七編-四、一一二頁

応永六年己卯七月廿日、評定云、
為今度相国寺塔婆供養用僧出立要脚、所懸于播州鵤庄(揖保郡)

段銭参拾貫文事、邂逅重事、為寺門大儀之上者、彼庄
民等以参路（洛）、雖有歎申子細、都以不可有免許儀事、
一付此段銭事、於為寺僧衆有引級于在庄預所并庄民、集
会評定之趣令通之躰者、後日必以落書探出其躰、不日
可処厳重罪科事、

五師所大法師毅訓
、、、長済（花押）
、、、英脩（花押）
、、、隆尊
、、、有真

応永六年（一三九九）八月三日、相国寺普請催促の使節に出した酒代が矢野庄学衆方年貢等散用状に記される。

五八六〔播磨国矢野庄学衆方年貢等散用状〕教王護国寺文書

『教王護国寺文書』二、八二八頁

（端裏書）「矢野庄学衆方散用状 未進徴符奥有之、广（応）永六年分・同七年 七月廿九日算合訖、」

注進

東寺御領矢野庄（播磨国赤穂郡）学衆御方応永六年御年貢并麦・大豆・雑穀
等散用状之事

（中略）

一国下用事

（中略）

廿文　八月三日、相国寺普請催促之使節酒直、
廿文　同日、自坂本、京上一人カクル（懸）使酒直、
百五十文　同人夫粮物、
十五文　同日、衣笠方永夫□（三）人カクル（懸）使之酒直、
百五十文　同人夫粮物、
二百三十五文　自衣笠方、長夫三人被懸之処ニ、一人ヲハ立、二人ヲハワヒ（詫）一献分代、
三十文　同廿五日、延永名後家方（上月性厳）ヘ渡トテ催促、衣笠方使酒直、
十五文　同廿八日、自坂本、京上夫一人カクル（懸）使節酒直、
百五十文　同人夫粮物、
十五文　同十分一上成催促使酒直、

（中略）

右、散用之条々、偽申候者、当所五社大明神、殊者、大
師八幡大菩薩御罰、各可罷蒙者也、仍住(注)進如件、
応永七年三月十日　　家久（花押）
定源(深)（花押）

○紙継目に頼寿の裏花押あり。
○〔　〕は『相生市史』第八巻上、六三二頁により校訂。

応永六年（一三九九）八月二十八日、相国寺塔供養段銭が東寺領から納められる。

五八七〔相国寺塔供養段銭納状〕教王護国寺文書

『教王護国寺文書』二、八三二頁

御塔供養段銭料足且納足分事
七□(貫)□(五)百文　上久(乙訓郡)□(世)□(庄)分
六貫四百□(文)　下久世庄分(乙訓郡)
貮□(貫)貮百文　上野庄□(分)(葛野郡)
六□(百)六十六文　所々納候納分
已上拾□(陸)貫漆百□□(六十)六文
八月廿八日(応永六年)　　□(快)舜（花押）

五八八〔相国寺塔供養段銭支配状〕教王護国寺文書

『教王護国寺文書』二、八三三頁

御塔供養料足諸方段銭納足事
貮拾陸貫六百文　上久世庄分、(乙訓郡)
拾貮貫百八十二文　下久世庄分、(乙訓郡)
五貫四百文　上野庄分、(葛野郡)
壹貫百二十二文　納候段銭幷地口分、委可注給候也、
已上都合四十五貫三百七文内
四十貫文　二十人口別二貫文下行申候、
残分五貫三百七文　此内□□(少々)引違申分納候、五日マテ今月六日ヨリ必納申候、
応永六年九月六日　　快舜（花押）

応永六年（一三九九）九月九日、陰陽頭より相国寺塔供養の日程について延期が申し入れられるが、足利義満がこれを拒む。

五八九〔続本朝通鑑〕応永六年九月九日条

『本朝通鑑』第一二（国書刊行会）四二四七頁

九
丙子、（中略）従二位刑部卿兼陰陽頭安倍(土御門)有世奏曰、昨

夜客星以管見測之、則太白与熒惑合交、九十日間大兵起、会戦流血、大将軍一年中易地、不可不慎焉、無貴無賤、皆懼不安心、勅奉幣於諸社、公卿僉議、勧道義（足利義満）延相国寺塔供養、道義曰、今年我先考宝篋院（足利義詮）三十三回忌也、我造塔為其追善也、況既准勅会、定勤役公卿及僧綱、而儀状既備矣、洛中貴賤屈指待期、鎌倉・筑紫遠人為結縁来聚、何俄停大営哉、公卿不能重言之、先是二條禅閤師嗣作供養次第、関白剃髪則称禅閤、左大臣藤実冬（三条）作式、既賜准勅会之宣旨、頭左大弁藤兼宣（広橋）、右中弁藤経豊（勧修寺）奉行職事、四位史小槻《オツキノ》兼治、大外記清原頼季施行両局之事、薬師寺別当僧正長雅奉堂塔荘厳之事、皆勘先例、有所拠、而従時宜損益之、

応永六年（一三九九）九月十一日、大宮実尚が死去したため、大宮家領等が空谷明応に寄進され、相国寺領となる。

五九〇〔迎陽記〕応永六年九月十一日条

『史料纂集』、第一、一四八頁

十一日、（中略）今日大宮前大納言実尚、帰泉云々、無子息、家領等寄進国師（空谷明応）、為相国寺領、

応永六年（一三九九）九月十一日、仁和寺御室永助入道親王が、相国寺大塔供養の無事遂行を祈るよう東寺に命じる。

五九一〔仁和寺御室永助入道親王令旨〕　東寺百合文書あ函八一

（端裏書）「大教院法印」

来十五日相国寺御塔供養、無風雨之難被遂行之様、特可励精祈由、可令御下知東寺之旨、被仰出候、急可令加下知給由、可申旨候也、恐惶謹言、

（応永六年）九月十一日　法印隆光奉

謹上　長者僧正御坊（俊尊）

五九二〔東寺長者俊尊施行状案〕東寺百合文書あ函三四

『大日本史料』七編-四、一〇四頁

（端裏書）「寺務御教書御塔供養御祈禱事广（応）永六□」

則奉□

来十五日相国寺御塔□□（供養カ）御祈禱事、御室御教書如此、殊可被致精祈候也、恐々謹言、

九月十一日　俊尊（金剛乗院）

別当大僧都御房

応永六年（一三九九）九月十四日、北山第から相国寺までの道が清掃され、武士等が警固を行う。

五九三〔続本朝通鑑〕応永六年九月十四日条

『本朝通鑑』第一二（国書刊行会）四二四八頁

十四 辛巳、自北山殿、至相国寺、街陌清道絶塵、悉構仮閣、入夜武士等警衛街衢、

応永六年（一三九九）九月十五日、相国寺大塔供養が行われる。

五九四〔相国寺塔供養記〕『大日本史料』七編−四、三七頁

〔前略〕相国寺の御塔供養、此《〔応永六〕》月《〔九〕》十五日一定とて、天の下ひゝきのゝしり侍るをは、しらせ給はぬか、やう〳〵そのあたりもさうこん《〔荘厳〕》せらるゝよしきゝ《〔聞〕》侍るほと《〔程〕》に、今一きハゆかしくて、ひるま《〔昼間〕》ハ人めもはゝからハしけれは、夜まきれに杖にすかりつゝ、思ひ立侍り、天竺しんたん《〔震旦〕》ハしらす、日本国中にきこえ《〔聞〕》て、筑紫かまくら《〔鎌倉〕》よりのほり《〔上〕》つとひて、おかミたてまつ《〔奉〕》り《〔る〕》御塔を、九重の都の内《〔うち〕》にて、いま《〔今〕》ゝて庭《〔場〕》をもふミ給はぬこと《〔事〕》もある《〔有〕》やと、はちしめらるれハ、けにやさ〔な〕らぬ霊仏霊社には、十日廿日の道をたにもしのき《〔凌〕》てこそまうて《〔詣〕》侍るに、これハ中《〔過〕》〳〵めちかきをたのミにて、よそなからあふき見つゝすき侍るハ、こゝろ《〔心〕》ならぬをこたりにこそ、諸法ハ縁にしたかふならひなれは、さらハたゝいま《〔只今〕》やかてともなひ《〔伴〕》たてまつ《〔奉〕》らん《〔む〕》とて、物さハ《〔わ〕》かしなから立出たり、ありきもかひ〳〵しからぬ身なれとも、かほと《〔程〕》老かゝまりたる人たにもある《〔有〕》そかし、かんたんにあゆミをうしなへるかことくにて、やう〳〵と御塔のもと《〔本〕》にたとりつきぬ、東の四足の門の外《〔北〕》にハ、東南にむかひていかめしきかりや《〔仮屋〕》をたてられたり、是は衆僧集会の幄《〔あく〕》〔屋〕とかや、門の内にいり《〔入〕》て見れハ、七重のいらか《〔甍〕》、さなりて、四面のとひら、たるきの彩色、夜め《〔目〕》にもかゝやくはかりなり《〔也〕》、衆僧の幄《〔あく〕》屋、左右の楽屋、舞台なと心ことは《〔言葉〕》もをよは《〔及〕》す、御塔のうしろにハ、御休所とおほしくて、御所の屋をたて《〔立〕》られたり、西のかと北によりて、五間の御桟鋪《〔敷〕》あり、崇賢門《〔広橋仲子〕》・通陽門《〔三条厳子〕》両女院の御見物のためかときこゆ《〔聞〕》、あなたこなた此翁を

先達にて、巡礼し侍れハ、呪願導師の高座、こゝ〔爰〕は公卿の座、かしこは式部弾正の幄〔や〕とかやなと、才かく〔覚〕たつもおかし、（中略）この〔此〕御塔こそ経文にもかな〔叶〕ひて、さるハたか〔高〕さも法勝寺（白河）の塔にハ〔も〕まさりたり〔る〕とそうけ〔承〕給はる、是ハ龍花の暁までも有ぬへき御塔とハ見えたれ、扨も今年宝篋院殿（足利義詮）三十三年にあたらせ給ふほと〔程〕に、此供養もその〔其〕御ためにかね〔兼〕てよりの御心あてかひときこえ〔聞〕し、孝行の御心さし〔志〕も、けにいかてか仏天の感にも通せさるへきとおほえ〔覚〕〔へ〕たり、（中略）

十五日、雲霧おさまりて、秋の空高くはれ〔晴〕ぬれハ、いつる〔出〕朝日ののとけさも、春かとおもふはかりなり〔思斗也〕、けふの御塔供養ハ、建久（六年三月十二日）東大寺供養の例に准て、一千僧を請〔せ〕らる、（中略）次楽屋乱声、左右の舞人舞台にすゝみ〔出〕て、ゑんふ（振鉾）三節とかや、はてゝ楽人一越調の調子をふく、安楽ゑんを奏して衆僧をむかふ、治部、玄蕃を先と〔た〕して、衆僧次第にすゝミて、左右の幄座につく、衆僧前ハ諸大夫四人、左二人、泰臣、すゑかた、右二人、のりひて〔範秀〕、すけもち、いつれ〔何〕も関白殿（一条経嗣）の前駆なり〔也〕、次宗明楽を奏して、呪願・導師をむかふ、是も治部省、玄蕃寮さきにあり、呪願仁和寺二品法親王（永助入道親王）、導師〔座主〕一品法親王（尊道入道親王）座主、おなしく〔同〕手輿にめす、駕輿丁これ〔是〕を〔出〕かく、五位殿上人一人蓋をさす、四位殿上人二人綱をとる、呪願〔ノ〕執蓋ハのりひて〔範秀〕（安倍）、執綱ハまさひて〔政秀〕（綾小路雅秀）朝臣、なかとし〔長俊〕朝臣、導師〔ノ〕執綱とものり〔知教〕（橘）、執綱嗣忠（藤井）朝臣、為守（五条）朝臣なり、両師左右のはし〔階〕より舞台をへて、まつ礼盤につきて三礼し給ふ、威儀師惣礼をとなふれハ、衆僧これ〔是〕にしたかふ、高座にのほり給ふて後、楽人楽屋に帰入、呪願導師ともに香〔ノ〕法服、衲袈裟、威儀たと〔たう〳〵〕くみえ〔見へ〕給ふ、釈迦多宝の半座をわかち給ひけんもかくやとおほえ〔覚へ〕たり、さて惣礼なといそかるへきよし、蔵人長政（東坊城）もて諸卿に仰せられけれは、やかて下臈より次第に座をたち〔立〕て、東の塔下〔壇〕にてたち、平緒を撤せらる、座上にてときをか〔お〕るゝ人もあり、（中略）次に十天楽を奏すれハ、菩薩、伽（迦）陵頻、胡蝶各花をさゝけ〔捧〕て舞台を下て、呪願・導師の十弟子にさつくれハ、證誠の十弟子次第にとり伝て仏前に供す、さて菩薩蝶鳥かはる〳〵まいり〔参〕てしりそく、天人快楽のすかた〔姿〕もさなからめ〔目〕のまへなり〔也〕、次楽人溢金楽をそう〔奏〕する時、唄師六人御塔のうち〔内〕に入て、左右の座につき〔着〕給ふ、聖護院僧正道意、常住院僧正尊経、浄土寺僧正慈弁、曼殊院僧正道豪、岡崎〔実乗院〕僧正増〔桓〕教、松〔勝〕林院僧正良雄、いつれも舞台をへ〔経〕すして、直に西東の脇戸よりいり〔入〕給ふ、別の位〔仰〕によりてなり〔也〕、唄の声ことにたうとくきこ〔聞〕ゆ、これ〔是〕よりさきに定者〔有〕とかやす、ミたつ、次さもなきそすこ〔少〕し、たひ〔次第〕にたかひたる堂童子四十人、をの〳〵〔各〕花筥をとりて、左右の衆僧に〔く〕かハる、いつれ〔何〕もそめ装束〔染さうそく〕也、（中略）

其後散花師十人舞台にのほりて、北面〔向〕にならひたつ、水本僧正隆源、松橋僧正通賢、勝宝院僧正実意、上乗院僧正道尋、龍花院僧正定助、南如院僧正房淳、住心院僧正豪猷、随心院僧正範伊、金剛王院僧正頼俊、毘沙門堂僧正実円、などなり〔也〕、引頭には、妙法院二品親王堯仁、大覚寺〔法〕親王寛教、衆僧を引てすゝみ給〔ふ〕、楽人しんかてうを奏して、西東より舞台にのほりて、衆僧の中より定者の前にくハゝる、師〔獅〕子さきにあり、此間空より花をふらす、是は御塔のこしことに〔毎〕僧十人つゝのほらせて〔せられ〕葩〔花〕をちらされける也、泉涌寺〔東山〕、法勝寺〔白河〕、安楽光院〔深草〕、太子堂、元応寺〔白河〕、此五ヶ寺の律僧達とそ聞え〔へ〕し、永保〔三年十月一日〕に九重塔供養、保延〔二年〕十月十五日に法金剛院〔塔〕供養も、か様にありけるとかや、但保延には、菩薩のほり〔登〕て天人楽を奏してけるとも、或旧〔日〕記に見え〔へ〕たり、さて〔扱〕散花引頭、衲衆、〔甲衆〕、梵音、錫杖なと次第に歩つらなる〔り〕、衆僧には、上乗院二品親王乗朝〔道〕、をはしめ〔始〕て、相応院僧正行助〔弘〕、石泉院僧正尋深〔源〕、菩提院僧正守融、薬師寺僧正長雅、一乗院僧正良雅〔昭〕、大乗院僧正孝尋〔教〕、実相院僧正増珍、尊滝院僧正頼照〔昭〕、金剛王院僧正尊〔乗〕俊〔俊尊〕、東南院僧正勧海〔観〕、随心院僧正厳叡、法性〔住〕院僧正房深、修〔脩〕南院僧正実意〔恵〕、妙法院僧正超済、東門院僧正円尋、円満院僧正行悟、三宝院僧正満済、勧修寺僧正尊興、皆上童をめしくせ〔召供〕らる、此外法印僧都以下はしるすにをよ〔及〕ハす、こと〳〵〔悉〕く舞台の上をへて、西東わけ〔分〕て左右の楽門をいつ、楽行事を先とす、左宗量〔松木〕朝臣、右実清〔三条西〕朝臣也、左右とも〔共〕にわかちて、御休所の北〔の〕方にてわ〔輪〕をつくる、かやうに大行道をハ〔お〕りて、もと〔本〕のことく舞台を過て、左右の幄座に帰りつく、楽人楽屋に入、次裹頭楽を奏すれは、讃衆舞台に登て讃をとなふ〔唱〕、讃頭ハ檀那院僧正相厳、石山僧正守快、なり〔也〕、所作はて、くたる〔下〕時ハらうくしを奏す、次慶雲楽を奏して、梵音衆舞台にて梵音を唱〔へ〕て後〔に〕くたれハ、又はいろ（陪臚）を奏す、次錫杖衆す、みてさほ（作法）う常のことくにて〔伝〕帰りつく、此登楽ハなくて下楽五常楽はかり〔斗〕なり〔也〕、次御導師御願文をよませ給て、表白のことはり〔理〕あり、此間御誦経の使内蔵頭教興（山科）朝臣、東の方の公卿の座の前のひろむしろ〔広筵〕にす、みて、上卿にきそく〔本〕して帰りいつ、次度者使公顕〔頼〕（正親町三条）朝臣、御導師の高座のもとにす、ミて、つえ〔杖〕つき給ふ由を仰す、是ハみな〔皆〕御願けんてう〔厳重〕のよし〔由〕きこし〔聞〕めし〔召〕て、公家より勅使を立らる、儀にて侍るとかや、其後関白殿、左のおと、（三条実冬）、内のおと、（近衛良嗣）なと座をたち〔立〕て、御塔のうしろ〔の〕とのかた〔方〕へめくりて、各御布施をとり〔取〕給〔ふ〕、先證誠の御分、関白殿しろき綾の被物を六位の蔵人知興（橘）もち〔持〕たるを、橋本宰相中将とり〔取〕つきてまいらせらるれハ、関白殿笏をさし〔指〕て是をとりて、西方の戸に入て御座の前にをき〔置〕て、笏をぬきてしりそき〔退〕給〔ふ〕、（後略）

○〔　〕は相国寺蔵「相国寺塔供養記」（承天閣美術館寄託）により校訂。

五九五〔迎陽記〕応永六年七月・八月・九月条　『史料纂集』、第一、一四八頁

（七月）十六日、甲申、晴、参二條殿（師嗣）、来九月十五日御塔（相国寺）供養○呪願導師腰輿（輿）駕与丁等事有御問、御申詞被仰談之、大法会時、御導師一人勅請例連綿也、両口儀先規未分明、一人已乗用、両人又准拠歟、且大講堂（延暦寺）幷興福寺供養之時、両人共乗之云々、近例分明也、其分被申云々、

（八月）十八日、丙辰、晴、参北山殿、於新少納言休所面々参会、大塔供養為見任不参、有其恐、為職無念、仍直参御寺（相国寺）可候着座之由存之、内々可伺時宜之由、示長方（粟田口）朝臣、次向浦松（裏、以下同）（重光）殿、日野亜相休所、面々会合、半更帰宅、

十九日、丁巳、晴、参北山殿、着座事可参仕之由、以長方朝臣被仰下、眉目也、近日人々所望、皆以不許歟、構見参了、退出、向浦松殿、

参二条殿、今日大塔御次第事被申之、仍被召之間、所参也、兼治宿禰（壬生）参仕、御次第堂荘厳分先被草之、余（東坊城秀長）執筆、

及晩退出、（後略）

廿一日、己未、晴、参二條禅閤（師嗣）、御塔供養御次第今日被成

立、長頼(東坊城)奉仕中書、明旦先内々可被遣奉行勘解由小路(広橋仲光)一
禅之由有仰、半更退出、
(朱筆)「御塔供養楽所始」
廿七日、乙丑、晴、今夜御塔供養楽所始也、於北山殿被行
之、長政(西坊城)参仕、奉行頭弁兼宣(広橋)朝臣也、
(朱筆)「御塔供養僧名定」
廿八日、(中略)今夜御塔供養僧名定也、上卿左府(三条実冬)、
(朱筆)「八幡一社奉幣結政請印」
(九月)四日、辛未、晴、今夜八幡(石清水八幡宮)一社奉幣、被申御塔供
養事、上卿坊城大納言(後任)、参議家房卿(清閑寺)・隆信卿(油小路)等参陣、使
中院中納言(光顕)、次官兼邦朝臣(楊梅)、宣命長頼草進、参陣了、結
政請印、四条宰相(油小路隆信)、少納言言長朝臣(東坊城)参行了、
十一日、(中略)御願文今日持向奉行許(広橋仲光)了、(後略)
十二日、己卯、晴、向頭弁(広橋兼宣)許、御願文商量、少々申愚存了、
次参青蓮院宮(尊道入道親王)、御願文令点持参之、有御感、
(朱筆)「丹生貴布禰両社奉幣」
十四日、辛巳、天晴、今夜被行明日供養祈晴奉幣、丹生・
貴布禰両社也、宣命長頼草進之、奉行頭弁与奪定顕(葉室)了、
上卿藤中納言(柳原資衡)、宣命草清書渡奉行了、
(朱筆)「相国寺御塔供養」
十五日、壬午、晴、相国寺御塔供養也、
十六日、癸未、晴、室町殿(足利義満)、為被賀申昨日無為、御出青蓮
院宮也、聖護院御参会、御大飲入夜、御導師御布施二千
貫被進之云々、(後略)

五九六〔寺門事条々聞書〕応永六年九月十五日条
『大日本史料』七編-四、八〇頁

一九月十五日、壬午、相国寺御塔七重、供養在之、呪願御室(永助入道親王)、
導師青蓮院(尊道入道親王)、色衆、千僧、四色皆著法服、当寺(興福寺)分三百
僧、山門(延暦寺)四百々、東大寺百々、三井寺百々、東寺百々、
綷美麗、儀厳重、前代曾不聞其跡、希代見物也、室町(足利義満)
殿御出仕、被摸亀山法皇御跡云々、而青蓮院ハ唯密宗
也、顕供養導師懃仕之條、希代不思議也、未聞其跡、
一加行者上洛事、古様モ有注置旨、僻事歟、於今度御供
養、毎事厳密間、維摩会講師、研学竪者為色衆上洛畢、
不可然事也、但時宜無力次第也、

五九七〔大乗院寺社雑事記〕文明三年正月十八日条
『増補続史料大成』、五巻、五三頁

十八日、（中略）

一成恩寺殿（一条経嗣）御記披見之次、相国寺大塔供養次第書写之、

応永六年九月十五日供養也、一千僧也、先諸僧諸卿関白（一条経嗣）以下悉以出仕、

（中略）

一自北山殿至相国寺東門烈次第、

先殿上先駆二十二人、下臈為先、各召具如木・当色童子、衛府官有随身、頭弁具居飼・御廏舎人、

次公卿七（十六）人駆馬同前、左大臣（三条実冬）・内大臣（近衛良嗣）以下、

（後略）

五九八〔相国寺塔供養記〕相国寺蔵（承天閣美術館寄託）

（端裏書）「相国寺塔供養記」

相国寺塔供養記

一　綱牒事

僧綱

前大僧正

右依　宣旨、奉請来九月十五日被供養相国寺御塔衲衆、如件、

応永六年七月七日　従儀師相淳

威儀師隆紹

謹請

綱牒一紙

右、来九月十五日相国寺御塔供養衲衆可参勲之由、謹所請如件、

応永六年七月八日　前大僧正賢快

以厚紙一枚書之、無礼紙以一枚巻之、上下押折（カ）之、不捻之、

九月十五日天晴、○去十二日堂荘厳、御塔供養有之、両三日以前依同十三日大風大雨、宝幢幡・花鬘等悉散失、十四日天晴、重懸幡釣幢、入夜有開眼、青蓮院一品親王尊道也、今度御導師勲仕之、如御次第者、当日寅刻云々、諸僧参会卯一点也、予着法服、冬装束也、後可為夏装束、今度大略皆用意冬装束云々、但少々著夏装束人相交、呪願之著夏装束給云々、懸衲袈裟、持半装束念珠・独古、以金薄紙裹之、着鼻広出仕力者八人、恪勤四人、此内一人持草鞋、以赤地金鑭（欄）張之、居柳筥、一人持香呂箱・居箱、草座可略之由、依有沙汰也、但草座所持之人々少々有之、上童

一人、召具童二人狩衣侍一人、童二人、雑色四人着染装束、前駆二人、力者二人、童一人、中間四人、大童三人、各召具之、御後侍一人、中間八人、力者二人、郎儻一人、童一人、中童子二人、中間二人、郎儻一人、各具之、大童子四人、如木二人、烈二人、退紅一人、白張一人持唐笠、大童子取鼻広渡大童子、大童子取之渡中童子、取之渡御後、々々渡上童、々々取之奉也、集会所右方ハ可為南之幄処、明朝被▨以之(カ)北○古右方諸人計会内外幄左右不可相替之処、内幄以東為左、以西為右、門前幄以南為左、以北定右之条、不得其理之由、諸人申之、依門内之左右者、以南為右、以北可為左也云々、着衆会所之時分、皆改鼻広着草鞋、少々以▨金欄錦張之、予同之、所役次第同之、此時取香呂持之、従僧着練貫裳織指貫、懸白五帖袈裟、進之、諸人進退不一様大略ハ持半装束、少々又持皆水精人々有之、先日相尋聖護院(道意)大僧正之処、證誠并呪願導師之外ハ可為半装束之由返答之間、予持半装束了、草座又可略之由有沙汰、但菩提院大僧正守融敷草座了(カ)着座、其外少々敷之、居箱又可略之由有沙汰、加入三衣袋於香呂箱皆持之、是又少々香呂箱・居箱持之人有之、予出仕之時者雖持両種、諸人不持居箱之間、臨期略之畢、

依導師御成敗、今度自集会履草鞋人々出仕予同之、仁和寺菩提院僧正等南都(興福寺)僧綱共令申不得其心之由、皆着鼻広参了、誠庭上行道草鞋不得用草鞋歟、但登舞台時鼻広又無忽歟、南御堂御出仕於東門前御下車○御鼻広役大教院香御法服衲横皮持皆水精念珠大五百給、法印隆覚懃之、菩提院前大僧正守融・石山僧正(守快)(アキママ)扈従云々、皆乗毛車畢、御室(永助入道親王)御車毛車廂車也、皆用下簾了、公卿殿上人済々供奉了、諸人故室町殿御車之由、蹲踞衆会前畢、○為御室御▨車自(カ)人々申候間、皆趨(カ)衆会所了、其後御導師御出仕、御鼻広役上童尊松丸懃仕之、扈従二人竹内前大僧正道豪・岡崎前大僧正桓教也、公卿殿上人不及供奉云々、令着海老名染御袍給、衲横皮皆水精念珠令持之給了、御室扈従者着衆会所了、道豪・桓教両人直参、依為唄師之役者歟、入室御御車者取立四足北方畢、其後室町殿(足利義満)御出廂御車、妙法院宮(堯仁法親王)廂車・大覚寺宮(寛教入道親王)廂車・聖護院僧正・浄土寺(慈弁)僧正・三宝院(満済)僧正等扈従云々、供奉▨卿上雲客済々関白殿之供奉給、御車、上童一人着舞装束、以金荘之、以金荘之着舞装束、童十(カ)人召具之、於門前令駕腰輿給、天冠等皆以金作之、童十人具之、各着左右舞装束云々、於門

前御下車、令乗○移腰輿給、駕御輿長十人奉舁之、指蓋張
綱扈従僧幷関白已下人々令供奉、

一　證誠布施事
関白（一条経嗣）取之、扈従三宝院僧正撤之、

一　導師布施事
左大臣（三条実冬）取之、扈従僧綱撤之、非僧正云々、

一　呪願布施事
左大将（二条満基）取之、十弟子撤之、諸人難申也、

五九九〔鎮増私聞書〕『続天台宗全書』史伝二、四六〇頁

応永六年二月十日、但州御越云云、於処処、堂供養直談在之云云、五月十二日、明忍坊下向シテ可有御上洛之由堅申候間、俄但州ヨリ播州大山七宝寺（神東郡）ヘ御着アリ、丹波路ヲ御上アリ、十六日ニハ善法寺ヘ御着アリ、二十一日ニハ世尊寺（一条大宮）ヘ御借住ナリ、九月十九（五）日ニ相国寺塔供養アリ、天下第一ノ大儀、古今無双見物也、導師ハ石泉院ノ大僧正（尋源）、證誠ハ青蓮院ノ尊道親王、呪願ハ御室（永助入道親王）、請僧千人、四箇ノ大寺ト東寺トヘ被仰、南都北京ノ律僧六十人請シテ、塔ノ上ノ六重ニテ散花ス、金銀ノ花ヒラヲ、一人シテ三百枚ツツ持テ散花シタレハ、余所ヨリハ近辺ノ虚空ニ吹散シテキラメキ飛ケルカ、一向塔ノ炎上スル様ニ見ケリト云云、後ニ炎上スヘキ前相ナリ、又供養ノ最中ニ、五条辺大焼亡アリテ計会ス、是モ悪ノ前相ナリ、新造塔結構ト云ヒ、檀方ト公家・武家・諸門跡ノ出仕行粧ト云、天下無双ノ見物ナリ、何ナル魔王モ障碍セヌ事ハヨモアラシト覚タリ云云、（後略）

六〇〇〔翰林葫蘆集〕『五山文学全集』第四巻、六七八頁

鹿苑院殿（足利義満）百年忌陞座

（中略）

同六年（応永）九月、於相国寺慶賛七重大塔、其高三百六十尺、較之慈恩塔、則彼不及此者、百六十尺、可謂弾圧前古、常光師（空谷明応）代公製疏曰、奉三宝弟子源（足利）義満、比日逆臣作乱、義士致忠、剣戟交鋒、冤親共殞命、肝脳塗地、魂魄無所帰、因茲義満特生悲心、抜済幽苦、仍集一千僧衆、同音諷経、云々、由是視之、営造大塔者、専為追薦亡魂也、

○「翰林葫蘆集」は景徐周麟の詩文集。

○『兼宣公記』応永十年（一四〇三）六月三日条、『教言卿記』応永十四年六月二十三日条、「東院毎日雑々記」・「醍醐寺新要録」・「相国寺御塔供養次第（京都御所東山御文庫記録）」・「本朝文集」（『大日本史料』七編-四、七九～九六頁）、「仁和寺諸院家記」（『群書類従』第四輯、六九四頁）、「如是院年代記」（『群書類従』第二六輯、一七二頁）、「皇代略記」（『続群書類従』第四輯上、四六頁）、「新撰座主伝」（『続々群書類従』第二輯、三四六頁）に関連記事あり。

応永六年（一三九九）九月二十二日、日野時光三十三回忌の仏事が行われ、絶海中津が陞座を、観中中諦が拈香を務める。

六〇一〔迎陽記〕応永六年九月二十二日条　『史料纂集』、第一、一四九頁

□以頭弁兼宣（広橋）朝臣也、□陞座、絶海（・中津）、拈香、観中（・中諦）、云々、故大納言時光（日野）卿□□仏事也、□故日野大納言時光、三十三回也、仏事経供養□□導師房淳僧正遺諷誦云々、予草之、（東坊城秀長）

○□は現状空白であるが、元来文字があったと判断できる箇所を示す。

応永六年（一三九九）十月二十七日、絶海中津が足利義満の命で和泉国堺に行き、大内義弘に対し上洛するよう説得に努める。

六〇二〔寺門事条々聞書〕『大日本史料』七編-四、一三二頁

応永六年己卯雑々聞書

一大内助入道（義弘）、率数千騎軍兵、自西国上洛、和泉堺（大鳥郡）云々、

一大内上洛于和泉堺辺事ハ、関東（足利満兼）同心、申謀叛之由、有其聞、

一大内謀反縡実也、仍自室町殿（足利義満）、以相国寺長老（絶海中津）雖被仰誘、以御自筆自判御教書、可追討大内入道之由、菊地（池）以下西国皆以被成御下知、更不弁其謂、不便次第也、所詮御振舞毎事背儀（義）之間、自関東被仰下子細在之者、不可自専旨申切了、

六〇三〔堺記〕『大日本史料』七編-四、一三一頁

応永六年九月の比、客星南方に出けるを、陰陽師有世卿（土御門）勘申けるハ、太白犯熒惑、九十日ノ中ニ有大兵乱て、大戦流血ヲ、大将軍慎云々、又云、兵乱有て、年中可易地ヲ云々、又惑（或）陰陽師勘申けるは、兵乱ありと云とも、国主の凶に非す、謀叛の大将慎有て、可易地とそ申ける、依之占文の旨不軽とて、諸寺諸社に於て、御祈禱とも有とかや、乍去是程天下清平の世に、何ノ事か有へきとそ、人々申合ける、爰同年十月十三日、大内左京権大夫入道義弘、和泉の堺（大鳥郡）に参著す、是ハ度々の依召ニ上洛と聞ゆ、然者聽京都に可上洛之処ニ、其儀ハ無して、平井新左衛門尉を以案内を啓し、其身ハ上洛の企もなし、和泉、紀伊国には、筑紫、中国の勢共満々たりと聞ゑあり、さるほとに、野心の企あるかと風聞す、既上聞に及、青蓮院（尊道入道親王）の宮被申云、野心の風聞ハ候へとも、さる事ハ候ハし、忩き上洛すへしと、人を可遣由被申て、伊与法眼（泰村）を御使として被仰之処に、條々怖畏無きに非ハ、依何ニか可上洛仕（衍カ）へきよし申之、さてハ野心治定なる者哉と沙汰あり、乍去是ハ内々門跡よりの御使也、上として一往事の子細を被尋候ハては如何あるへき、若一旦の荒説唐説なとにて含恨ヲ、世上の乱をなし、民間を悩さむ事も不可然、彼又不誤者、累世武略の忠節を失ハむ事も不便也、能々子細を可被尋とて、以絶海和尚（・中津）、十月廿七日、専使として堺に下向、聽大内方へ被経案内ヲ之処ニ、大内、上意及再三ニハ、御返事如何可申哉と、先内談する処ニ、新介（大内弘茂）申けるハ、度々の仰を疑奉り、実否不分明伝説を以て、上意を違犯せむ事愚案の至なり、凡先祖にハ一国にも任せさりしに、当代に至て六ヶ国を拝領し、栄花身に余て、剰上意を軽せん事不可然、今度ハ僧中尊宿の絶海和尚を以て被仰下、是他ニ異なり、如何にも先非を翻し、先参洛を企られ候ハ、可然かと申せは、平井の備前入道（道助）、此趣尤其謂多端、縦為上テいかなる御計ありといふとも、為下テは幾度も被歎申こそ、常の義にて候へ、又随仰ニ上洛有て被嘆申者、縦何なる事を思食企といふとも、なとか御優（有）免の儀なからむ、今ハ剰上より被宥仰分にてこそ候へ、無御承引者、忽君臣の義に背き、朝敵と成へし、然者当家の滅亡時刻を廻すへからすと、詞を残さす教訓しけるハ、朱雲か折檻を、辛毘か引裾けるも、かくやとそ覚ける、されとも忠言逆耳ニ故にや、其心にたかへり、去程に杉豊後入道(弘信)進出て申けるは、抑都鄙ニ於て多の大敵を亡し、忠のミ有て更不忠を存せす、其賞に依て国々を拝領す、子々孫々までも不易の思を成処ニ、今何の罪科有てか国を被召放へき御企有そや、是ハ偏ニ当家を亡へしと之御巧也、仍其遺恨を散せむか為に、此堺ニ御越あり、内儀ハやく外聞す、天下の大事を思食立上者、一往之御宥を以て、たやすく仰に被レ随條、事いるかせ也と申せは、運の極にや、此儀尤可然とて、軈絶海和尚ニ対面す、絶海の給けるハ、先立被仰之処に、被遺心緒ヲ之由被聞食間、重て上意の趣具に申へしとて、愚僧下向仕候、所詮以浮説上意を計奉られん事不可然、千万の巷説ありといふとも、忩き参洛を遂て、御目に懸て此間の旨趣をも被申披、又上意をも承分らるへし、百聞一見ニ不如とこそ申候へ、以(衍カ)一朝之忩を以て、上方の素意を被掠申事、似無遠慮と被仰けれは、大内、仰のとほり、又御教訓の旨畏所候、(後略)

六〇四 〔応永記〕『群書類従』第二〇輯、三〇二頁

同キ年(応永六年)十月十三日、大内左京権大夫義弘入道和泉ノ堺ノ(大鳥郡)浦ニ着キ、平井新左衛門ヲ以案内ヲ啓シテ、其身ハ不令参洛、和泉・紀伊国ニハ築紫・中国ノ勢充満テ野心ノ企アリナンド披露スル間、既ニ依テ及フニ上聞ニ、門跡青蓮院殿(尊道入道親王)ノ伊予法眼(泰村)ヲ以早速ニ可宥由ヲ被仰下処ニ、條々奉不意依有子細、不可参洛之由申畢、去テハ聞ユル野心ノ條々勿論也、乍去若シ一旦ノ讒言広舌ナンドニテ恨ミヲ含ミ成シ世上ノ乱ヲナシ、悩民事不可然、能々可被尋子細トテ、以絶海(中津)和尚十月廿七日ニ専使トシテ堺ノ浦ニ下向ス、大内ガ方へ被歴案内処ニ、大内ハ上意及再三、如何御返事可申乎ト内談スル処ニ、新介(大内弘茂)申ケルハ、奉疑度々厳命ヲ、実否分明ナラズ、以伝説違背仰ヲ愚案ノ至ナルベシ、凡先祖ハ一国ヲモ不任、至当代六ヶ国迄拝領シ栄華余身、奉軽御意、御意ノ出来ルニヤ、今度ハ上意殊ニ有子細ト覚テ、僧中ノ尊宿以絶海和尚被仰下、如何ニモ翻先非、随上命可有参洛ト申セバ、平井備前入道(道助)此趣可然候、縦イ如何ナル有御計、為下幾度モ歎キ申サンコソ常ノ義ニテハ候へ、今ハ剰へ自上被宥仰條條不軽、猶以無承引叛君臣之義、可為朝敵、然則当家ノ滅亡不可廻時刻ト不残詞教訓シケルハ、朱雲カ折檻、辛毘ガ引裾

ケルモ角ヤトゾ覚ケル、去レ共忠言逆耳其心ニ違ヘバ、杉豊後(弘信)入道進出テ申ケルハ、於都鄙多クノ大敵ヲ亡シ、忠ノミ有テ不存不忠、其忠賞ニ国々ヲ拝領ス、今依何カ可離召分国御企有之乎、偏ニ可滅当家ト云御巧也、仍為散其意恨、当国ニ御越ヘ、内儀早ク外聞ス、天下ノ大事ヲ思食立上ヘ、以一往之御宥輒可随仰之條、可有如何ト申セバ、運ノ究メニ此儀可然トテ、絶海和尚ニ対面ス、絶海宣ヒケルハ、先ダテ被仰処ニ、聊被残心緒之由被聞食之間、重テ上意ノ趣ヲ令申トテ愚僧下向ス、所詮世間ノ浮言ヲ以上意ヲ奉(意イ)計事不可然、千万雖有広説、急ギ遂上洛懸御目、此間ノ旨趣ヲ被申開、又上意ヲモ可被承分、百聞不如一見トコソ申候ヘ、以一朝之忿上方ノ御意ヲ被掠申事似無遠慮ト仰セケレバ、大内、上意ノ通リ亦御教誡ノ旨畏テ承リ候、誠ニ君ノ御恩高於大山深於巨海、去レバ蕭何ガ功ヲサミシ、陳平ガ義ヲ重ズ、君ノ御為ニ軽一命コト風前ノ塵モ非喩、就中九州一統トシテ御敵数万騎中国ニ打越ベキ企アリ、仍今川伊予(了俊)入道ヲ為探題雖被差遣、其勢僅ニ三百余騎、微力ニシテ不能令渡海九州、然間致合力可発向九州之由蒙上命、某十六歳ニシテ率四千余騎、探題相共ニ渡海九州、二十箇年ノ間、此彼コニ宗徒ノ合戦ドモ二十八箇度、滅敵致無二忠節、所世知也、又近年山名陸奥守(氏清)俄ニ京都ヘ発向スル間、不及催遠国勢、其勢二百余騎ニテ取陣処ニ、彼先陣ニ小林、七百余騎ニテ懸当陣間、入道捨生涯合戦仕テ、好敵十余人懸我手、某モ二箇所手負ヒ、小林以下ノ兵百余騎討取ル、去バ一陣破ヌレバ残党不全、故ニ(イ無)其軍破レ、陸奥守討死畢、仍其勲功ニ和泉・紀伊国給両国、某南朝御和睦ノ事ヲ取申シ、両朝一統スルノミニ非ズ、三種ノ神器ヲ当朝ニ納ム、凡神器ト申ハ大国ノ秦ノ李斯ガ藍田ノ玉ニテ造シ印璽ニハ替リテ、忝モ天照大神ヨリ相伝リテ、帝々相伝シ玉フ三国無双ノ霊宝トコソ承候ヘ、是又非随分忠節乎、其後去々年少弐(貞頼)退治ノ事再三仰ヲ蒙ル間、舎弟伊予守(大内満弘)、同六郎(大内盛見)ヲ為大将、五千余騎ニテ発向于九州処ニ、少弐、菊池(武朝)、千葉、大村以下敵大勢也、身形ハ小勢ニテ合戦延引スルノ間、入道罷下テ不日ニ退治大敵、後日ニ承レバ、入道可被退治之由小弐(少)・菊池ガ方ヘ窃ニ被仰下ト云々、三十箇年之間致無二之忠節処ニ、有何子細加様ノ御計ヒ有ケルゾヤ、是一、又和泉・紀伊国、眼前ノ御大事ニ可及リシヲ、入道一命ヲ捨テ致忠間、依其御感拝領彼国、去レバ子々孫々迄モ御違変有間敷カト存ル処ニ、無幾程シテ可被召放云々、是一、又少弐退治ノ時、舎弟伊予守討死仕ノ処ニ、其子不預勲功之賞、是一、結句召上セテ於京都可被誅トノ御評議ト云々、（イ無）是程ニ違御意テハ争カ上洛可仕乎ト被申ケレバ、絶海又度々之忠節ノ事天下無隠、去レバ重賞勝于世者也、但少弐退治ノ事ハ深ク違上意テ被加退治上ハ何ゾ彼ヲ贔負（屓）セラレン、一事両様ノ御沙汰可有乎、只宗間ガ謀トシテ、自京都被仰下之旨有リトテ、九州ノ国人ヲ相語フ事ヲバ、ナジカハ上方可有御存知乎、又両国可被召離ト云事、更ニ被仰出旨無之、又拝領ノ人モ無シ、然ルニ以世ノ広説奉恨上事、卒爾之次第也、又予州（大内満弘）討死ノ後、聽テ可上洛之由度々雖被仰下、参洛于今遅々ノ間、彼忠賞之事延引、是一、非深御遺恨、於京都可被討ト云事ハ内外無其沙汰、若シ左様ノ趣有之バ、縦雖為上意、為僧家身争カ可致失人籌策、條々御恨雖似有其謂、其忠却可為不忠、范蠡仕越王勾踐ケルガ、与呉王戦テ軍破テ、越王被生捕テマサニ恥辱ヲ受、范蠡口惜キコトニ思テ、出入ニ嘗胆、臥則枕戈、其恨ヲ不忘、果シテ与呉王戦テ終ニ雪会稽恥、越王是ヲ以テ大ニ欲行賞、辞シテ不受之、功成名遂身退天之道也トテ越ヲ去ル、是ヲコソ賢臣トハ申セ、其禄ヲ乍持奉軽上事可違天命、神明仏陀モ不可有御加護、能々可慎乎ト宣ヒケレバ、大内可奉諫政道由与関東同心申ス有子細、今随仰上洛仕ナバ、関東ノ契諾可相違、来月二日関東同時ニ上洛仕ルベキノ由可有御申トテ座敷ヲ立ケレバ、絶海此上ハ是非ナシトテ、同廿八日ニ有上洛テ、義弘ガ申趣具ニ被言上ケレバ、御所様（足利義満）此由ヲ聞シ召レテイ
有上聞、（後略）

応永七年（一四〇〇）四月二十五日、勧進猿楽が北山で行われる。

六〇五 〔吉田家日次記〕応永七年四月二十五日条

天理大学附属天理図書館蔵二一〇・五-イ四九

廿五日、（中略）今日於北山有勧進猿楽、入道殿（足利義満）桟敷赤（カ）松云々、座主宮（尊道入道親王）・聖護院（道意）御渡御桟敷云々、

応永七年（一四〇〇）四月二十六日、室町幕府が相国寺領内に

ある美作国布施社の年貢を仁和寺無量寿院へ納入するよう命じる。

六〇六〔室町幕府御教書案〕　美作古簡集註解

『岡山県史』第一九巻、八五三頁

仁和寺無量寿院雑掌申美作国布施社（苫西郡）事、訴状具書如此、依為相国寺領内、近年寺納云々、所詮、於当所者、各別之段、支証等明鏡上者、止庄主綺（ママ）、可被沙汰付下地於雑掌之由、所被仰下也、仍執行如件、

応永七年四月二十六日　沙弥（畠山基国）判

赤松上総（義則）入道殿

六〇七〔美作国守護赤松義則施行状案〕　美作古簡集註解

『岡山県史』第一九巻、八五三頁

仁和寺無量寿院雑掌申美作国布施社（苫西郡）事、去月廿六日御教書如此、早任被仰下之旨、止相国寺領主綺、可被沙汰付下地於雑掌之状如件、

応永七年五月十四日　沙弥（赤松義則）判

浦上美濃入道殿

○美作国布施社は相国寺領富美庄（苫西郡）内にある布施神社に比定される（中野栄夫『荘園の歴史地理的世界』同成社、二〇〇六年、二六〇頁）。

応永七年（一四〇〇）四月二十七日、足利義満が北山第で大法を修する。

六〇八〔吉田家日次記〕応永七年四月二十七日条

天理大学附属天理図書館蔵二一〇・五-イ四九

廿七日、壬戌、晴陰雷鳴不雨降、北山殿（足利義満）准后大法結願也、着座公卿六人日野大納言（資教）・右大将（今出川公行）・坊城大納言（俊任）・藤中納言（柳原資衡）・中院中納言（光顕）・菅宰相（東坊城秀長）・御布施取殿上人済々焉、右幕去年四月御修法結願着座、于時顕職以前、称佳例所望云々、（後略）

○「兼敦朝臣記」（『大日本史料』七編-四、五五二頁）に関連記事あり。

応永七年（一四〇〇）五月十五日、室町幕府が大光明寺に山城国伏見庄を領知させる。

六〇九〔室町幕府御教書写〕伏見宮御記録

『大日本史料』七編-四、五五六頁

御料所山城国伏見（紀伊郡）事、所被預置大光明寺（伏見）也、早於四至傍（牓）示者、任旧例、沙汰付寺家、可被全領知之由、被仰下也、仍執達如件、

応永七年五月十五日　　沙弥（畠山基国）徳元判

結城越後入道（満藤）殿

六一〇〔足利義満御判御教書〕山本秋太郎氏所蔵手鑑

『大日本史料』七編-四、五五七頁

預置大□山庄、山城国伏見（紀伊郡）庄事、所預置大光（伏見）明寺也、早於四至傍（牓）示者、守旧例、可被領知之状如件、

応永七年五月十八日　　（足利義満）（花押）

当寺長老

応永七年（一四〇〇）五月二十二日、空谷明応が摂津国兵庫下庄堺・黒松谷用水田畠を明け渡し、足利義満がこれを認める。

六一一〔足利義満御内書〕若王子文書

『大日本史料』七編-四、五六九頁

（付箋）「御自筆、鹿苑院殿」

若王子（東山）領摂州兵庫（八部郡）下庄堺上者限神撫山峰、下者限乳子谷、并黒松谷用水田畠已下事、応保證験分明之上者、任常光国師（空谷明応）去状、御知行不可有相違候也、恐々敬白、

（付箋）「応永七年」

五月廿二日　　（足利義満）（花押）

応永七年（一四〇〇）五月、法住院築地内と法住寺前路が東寺の年貢散用状に年貢免除地として記される。

六一二〔巷所方年貢銭散用状〕東寺百合文書キ函一八

巷所方年貢散用状□□

合参拾柒貫柒百六十七文

除

九百五十五文　　針小路地蔵堂寄進分、

三百五十五文　　□□□□□（八条猪熊地蔵堂）

四十四文　　同路分、

六百九十四文　　法住院築地内分、

百廿三文　同寺□(前路分カ)
百十文　九条面クロノ分、
百廿三文　針小路□□□□□□(猪熊西頬路分)
弐百文　茶苑分、
弐貫八百廿七文　千宝□(跡分カ)□
弐貫四百八十七文　円忍分、直□(納カ)
五百文　収納酒、
已上捌貫肆百廿□(八文カ)
残弐拾玖貫参百四十文
新興行分　五百四十八文
都合弐拾玖貫伍百八十七文
除参百文水損　弐百文衛門太郎百文□
定残弐拾玖貫五百八十□
現納弐拾貫百二文
未進玖貫四百八十七文
同年貢　同六年分
合参拾○柒貫柒百六十七文
除
捌貫四百廿七文定除分、

定残弐拾玖貫三百四□(十文)
新興行残分、
弐百四十三文　唐橋大宮ト猪熊(ママ)間□□(北頬カ)茶屋以西茶屋ニ除、以東地子三百文者、自当年阿弥陀堂寄進之、
并弐拾玖貫五百八十▨三□
現納拾八貫三百文
未進拾壹貫弐百□▨三文
惣都合両年未進分
弐拾貫七百七十六文
応永七年五月廿□□(一カ日)

○本書五四五・六五八号史料が関連。本史料の欠損部分は本書五四五号史料より補った。

応永七年（一四〇〇）六月五日、足利義満が彦龍西堂に雲頂院末寺山城国下久世庄内大慈庵とその庵領を安堵する。

六二三〔足利義満御判御教書案〕　東寺百合文書そ函一一六-一二

雲頂院(相国寺)末寺山城国(乙訓郡)下久世庄内大慈庵、同菴領注文別紙在之、事、
早任本主寄進状之旨、可令領知之状如件、
応永七年六月五日　御判(足利義満)

彦龍西堂

六二四〔室町幕府管領畠山基国施行状案〕 東寺百合文書 そ函二六-三

雲頂院(相国寺)末寺山城国乙訓郡(乙訓郡)下久世庄内大慈菴、同菴領等注文別紙在之、
事、早任 御判之旨、可被沙汰付彦龍西堂雑掌之由、所
被仰下也、仍執達如件、

応永七年六月九日　　沙弥(畠山基国)

結城(満藤)越後入道殿

○前号史料と本史料は本書六六一号史料に書き継がれる。

応永七年（一四〇〇）七月四日、足利義満が北山第や諸寺で関東静謐を祈り五壇法を始める。

六二五〔柳原家記録〕『大日本史料』七編-四、五九〇頁

同(応永)七年七月四日、関東隠謀露顕之間、為彼御祈、於七ヶ
所同日被始行之、
寺門分(園城寺)
中壇　前大僧正道意十二度、
降三世　前大僧正増珍八度、
軍荼利　僧正頼昭七度、
大威徳　権僧正豪猷三度、
金剛夜叉　権僧正範伊五度、
中壇道場北山殿小御所北向、可向本方之由、自公方(足利義満)被計申、自余於本坊
修之、
園城寺住侶於本寺五壇護摩同始行、
山門分(延暦寺)
中壇　一品親王尊道第八度、
降三世　前大僧正桓教第七度、
軍荼利　法印大僧都忠慶第三度、
大威徳　法印権大僧都顕煕初度、
金剛夜叉　法印権大僧都仲祐初度、
以上各於本坊被始行之、
山門住侶同於本山護摩始行之、
仁和寺分
中壇　二品親王永助
降三世　前大僧正守融
軍荼利　前大僧正禅守
大威徳　僧正守快

金剛夜叉　法印権僧都成珍
　以上於本坊各被行之、
東寺分
中壇　僧正俊尊（于時一長者、）
降三世以下護摩住侶懃仕之、
醍醐寺分
中壇以下悉護摩住侶懃仕之、
同六日、寺門京都阿闍梨参中壇道場、奉仕後加持、
同八日、十楽院宮（尊道入道親王）相伴末壇阿闍梨幷伴僧等、各被勤修
後加持、
同十日、仁和寺宮（永助入道親王）相伴末壇阿闍梨伴僧等、各々被奉仕
後加持、
同廿一日、結願、寺門分本寺京都御巻数十枝進之、御
撫物事、京都分為各別之在所、各一領、（仍五領也、）本寺分一領被
渡之、此子細兼日中壇阿闍梨被計申、山門、東寺等、
或各々、或一領被送之云々、
六一六〔尊道入道親王行状〕
『大日本史料』七編-四、五九四頁
同七月四日（応永七年）、為北山殿御祈、五壇法中壇勤仕之、於花園
御所被行之、降三世岡崎（桓教）於本坊始行、軍荼利尊勝院（忠慶）於本
坊始行、大威徳顕煕於受用弥陀院廊始行、金剛夜叉仲祐
於本坊始行、
奥州軍率（卒）可背関東之由令風聞之間、可被宥仰之由、修中
自関東被申云々、

応永七年（一四〇〇）八月、若狭国太良庄領家方年貢から、相国寺に分一銭が支払われる。

六一七〔若狭国太良庄領家方年貢算用状〕教王護国寺文書

『教王護国寺文書』三、四頁

（注）□進　太良庄（若狭国遠敷郡）領家方応永五年御年貢散（用）之□（事）
合
□□□□（捌拾壹石）玖斗漆升□□□□□（一合一勺八才）
除分
肆斗　大般□（若）□
□□□（五升）　井□（料）□
肆石七升九合　本□□

肆石壹斗四升五合　□□

□□(斗)　　□□

以上玖石捌斗七升四合

残定米漆拾貳石玖升七合一勺八才内

参拾貳石陸斗玖升代拾漆貫文和市、石別伍百二十文定、　十一月四日　進上、

漆斗六升代四百文和市同前、　武田殿(長盛)京上時ケハナム(餞)

壹石玖斗三升代壹貫文和市同前、　公方御仏事料足、守護方(一色詮範)出、

壹石九斗三升代壹貫文和市同前、　守護代殿(小笠原長春)下向時一こん(献)分、

貳石伍斗六升代壹貫参百三十二文、和市同前、　御撰(遷)宮料足、守護方出候、

参石壹斗六升七合　守護方ニ細々□(使)入候、

漆石貳斗九合七勺　相国寺十分一

壹石貳斗九升七勺　同斗上・莚付・かす米

伍石　□(御)代官給□(分)

漆石貳斗　損亡　御寺よりハ地頭・領家ニ五石

(異筆)「御免ハ地頭・領家ニ五石也、引過三石五斗三升三合三勺三才」

御免候お、百姓等ハ十分一引

申□(候)也、

壹石二斗　保一色、あれ(荒)

壹石代五百十八文和市同前、　相国寺十分一銭足分、

陸石壹斗五升九合七勺八才　応永七年正月廿五日、兵粮米、

守護方出候、

代銭貳貫漆百七十五文　和市石別四百五十文定、

此内

貳貫文　兵粮米、守護方出候、

漆百七十五文　同さいそく(催促)使入候、

以上

一春成分　壹貫参百八十一文　請料

壹貫参百五十文　修理替物

以上貳貫七百参十一文内

貳貫文　三月十四日、請取在之、

(異筆)「自往古、為地下役、」

伍百三十二文　西御所ヒハタモチ(檜皮持)ノ人夫チ(賃)ムニ御百姓□(等)引申候、

貳百文　庄未進

以上

一麦地子　壹貫玖百文　西御所ヒハタモチ(檜皮持)ノ人夫ノチン(賃)、御百姓等引申候、

(異筆)「同可為地下役、」

一秋地子　壹貫玖百文　十二月十五日、清(請)取在之、

以上
右、散用状之面、偽申候者、
日本国中大小神祇、殊者、大師八幡御罰、各可蒙候、仍
状如件、
応永漆年八月　日　　公文弁祐（花押）
御代官禅朝（武田）（花押）

応永七年（一四〇〇）十一月二十八日、斯波義将が北山新邸に移住する。

六一八〔吉田家日次記〕応永七年十一月二十八日条
天理大学附属天理図書館蔵二一〇・五－イ四九

廿八日、（中略）今日右衛門督（斯波）義将朝臣前管領入道道将移徙北山新亭云々、准后（足利義満）入御云々、

応永七年（一四〇〇）十二月二十五日、後小松天皇が禅僧の位と朝廷の官職との相当関係を定める。

六一九〔後小松天皇宸記〕応永七年十二月二十五日条
『増補史料大成　歴代宸記』、四〇一頁

廿五日、甲子、晴、東西堂已下参内、午刻始、左右大臣（三条実冬・九条教嗣）、大納言東上北面、三木ハ北上東面、公卿着座、東堂西庵着座、各東上南面、草（単）寮已下各北上西面、座定已後、職事以可催之由仰遣了、次其西堂已上注幸（ママ）之□已、
新禅林式次第　右大将已下参入被下候刻申遣候　あらまし書之、
国師当太政大臣
禅師　同上、然トモ前官ヲ比也、
東堂　一東宅、或東庵、〔左右大臣〕
西堂　一西宅、或西庵、
当〔二〕大納言、大中納言〔之〕、末座為中納言、
〔単〕草寮　当三木、
首座　当四位三木、
侍者　非職六位也、
〔沙弥　元服已前ノ児ト同事タル由、亀山帝私記ニ見タリ、
沙弥ハ元服ノ已前ハ人カラニヨラス、公卿ノ上ニモ下ニモ有、其通リナリ、別而無座、此座然トモ侍者ノ上、単寮ノ下カ、〕
外詳新禅式、

被尋申之條此分書遣了、即経有ヲ申付、彼寺江為持遣也、

○〔 〕の部分は、相国寺蔵「後小松天皇宸翰叢林秘事之内僧官位抜書」により校訂。なお、相国寺蔵（承天閣美術館寄託）「後小松天皇宸翰」には〔 〕の部分なし。

応永八年（一四〇一）三月五日、室町幕府が相国寺を五山の第一とし、住持観中中諦が謝恩の上堂を行う。

六三〇〔観中和尚語録〕『大日本史料』七編－四、九三五頁

観中（・中諦）和尚住山城州万年山相国承天禅寺語録

（中略）

応永八年春三月五日、大檀越准三宮（足利義満）陞相国位、為天下第一刹、時為謝恩上堂、先拈帖云、這箇是無上法王大陀羅尼、維那対衆宣読、頂戴奉持遂登、拈香云、大日本国山城州云々陛下、伏願、始出岷、恭致朝宗之意、宗曰岱、敬迎司命之君、次拈香云、此香、在朝廷者、謂之中原至宝、九鼎重而黍稷騰馨、在叢社者、謂之本地風光、一門興而桃李交色、爇向宝炉、奉為大檀越准三宮資陪禄算、恭願、擎皇天日月、福海達瞻部州、統仏国乾坤、寿山逾須弥頂、就座垂語云、祖令当行、十万坐断、独歩丹霄底、直入裡頭看、有麼、僧問、天得一以清、地得一以寧、聖人作而万物睹、宗風扇而千日明、答曰、真語者、実語者、如語者、不誑語者、不異語者、問曰、茲承大檀那陞本山住居五山第一之尊、莫是業灯万世慶集一切麼、答曰、已得真人好消息、人間天上更無疑、問曰、不啻山林増気象、又見礼楽重一新、答曰、燈籠歓喜、露柱證明、問曰、台旆云臨、法筵改観、祝聖一句、願聴提唱、答曰、皇帝万歳、重臣千秋、問曰、直得開寿域於八荒、儼霊山之一会、答曰、入得世間、出世無余、問曰、如和尚今日陞此座、揚宗乗、未審還有向上事否、答曰、無、問曰、与麼則透過千聖路、不堕第二機、答曰、向道無、問曰、千峯勢到岳辺尽、万派声帰滄海消、答曰、若不恁麼争知端的、僧礼拝、師乃云、播揚大教、建立法幢、頂得機感、冥通因縁、会自然事々現成、当於時節無到、不動一歩、直踞千聖頂𩕳、不労一念、坐致四海太平、所以道障尽願満、便登解脱清浄法殿妙荘厳域、大檀越陞相国勝藍冠五山最頂、颺下従前活計、提撕向上真規、更無糸毫差殊、亦無糸毫隔碍、竪窮三際、則三際廓徹、横亘十方、則十方円融、塵々是正覚之場、刹々有通霄之路、皇居気是現出特地乾坤、仏寺金銀輝騰、

斬新日月、希有々々、時哉々々、正好承続門風、隆盛家業、以払撃禅床云、虚空有尽、君恩無謝、叙謝、山門、伏承大檀那、昇本寺為天下第一刹、公帖到山、歓声騰海、当代住持比丘、未鳴鼓、某衆中謝鴻恩万一、第恐言辞卑俚、不能尽賛物之美、但中諦昨夢斯挙、恐任其責、窃料避賢路於山中宿徳、遺美言於海内禅流、以故詣公府再三致解投、切屏営之至、伏乞哀慈亮察、謹承大檀越、台旆入山、寵光臨座、清筵盛事、千載一時、共惟、大檀越道隆徳洪、神相人詠、文武余勲莫墜、伊周威権有増、若夫到乎昇名藍位、奉吾徒安楽、興礼楽於既廃之余、定典刑於鼎新之隆、雖老師宿衲、不敢置一辞於其間、自非多生夙願之中、来能如是耶、更祈願力弥堅、而金湯全外諸、皇道有頼、而山河相始終、至禱至祝、復挙、粛宗皇帝問南陽国師(・慧忠)曰、如何是十身調御、国師曰、檀越蹈毘盧頂上行且道、国師当時直為粛宗答、更有懸記耶、相国有一偈、剖判去也、檀越蹈毘盧頂行、万年佳気鬱崢嶸、今朝指出南陽旨、日在扶桑枝上明、

六二一〔鹿苑僧録歴代記〕『大日本史料』七編-四、九三七頁

八(応永)辛巳三月五日、大檀越准三宮(足利義満)、陞相国位為天下第一刹、観中(・中諦)特為謝恩上堂、

応永八年（一四〇一）四月三日、相国寺僧緯副司や周興西堂が讃岐国長尾庄の庄主を務める。

六二二〔讃岐国長尾庄代官職次第注文〕醍醐寺文書

『大日本古文書 家わけ第一九』一一、二一一頁

(包紙ウハ書)「長尾庄(讃岐国寒川郡) 寒川請文」

(包紙ナカ書)「

長尾庄給主次第

广(応、以下同)永三、二、十九 石川入道浄志二百貫雖請申之、依地下四百石請文、石川被改之了、地下請文分云々、

若狭 賢円法眼 当御代最前 广永三年 所務

緯《ヰ》副司 相国寺庄主 請申之、

广永四年 同五年 両秋所務百姓逃散等不甲斐云々、

右京大夫(細川満元)被管寒川出羽守(元光) 長尾庄地頭也、

同六年己卯二十三請文有之、京進三百貫定、

同七年庚辰所務無子細、三百貫文分、

同八年春中致其沙汰、皆済之後辞申之、

其謂三百貫京進過分也、今五十貫計分被減少

者如元可預之由云々、仍又所望僧ニ被仰遣之
云々、
同八年辛巳四月三日請文有之、」
相国寺僧云々、
周興西堂

応永八年（一四〇一）四月十三日、室町幕府が観中中諦に嵯峨永泰院の領掌と、門葉による永代相続を認める。

六三〔細川満元書下〕慈照院文書

（端裏書）「岩栖院（細川満元）永」
永泰院（嵯峨）事、為御領掌、御門葉可有永代相続状如件、
応永八年四月十三日　右京大夫源朝臣（細川満元）（花押）
観中和尚（中諦）

○『分散した禅院文書群をもちいた情報復元の研究』（研究代表者・山家浩樹、以下略）五九頁参照。

応永八年（一四〇一）四月十四日、相国寺法堂が落成する。

六四〔観中和尚語録〕『大日本史料』七編-四、九七七頁

観中和尚（中諦）住山城州万年山相国承天禅寺語録
（中略）
同年（応永八）四月十四日、法堂（相国寺）新成上堂、索話、撃大法鼓、吹大法螺、須得大手段、宗師方顕此荘厳、此座高広、只今有少許仏法、且与諸人作箇定場、衆中莫有笑、拍相随底麼、問答不録、乃曰、以大円覚、為我伽藍、身心安居、平等性智、大衆只這性、無壊無難、無欠無余、窮古今而不移、亘万世而不変、有時一毫頭上現宝王刹、有時微塵裡転大法輪、以此祝聖人、則聡明文思、以此祝重臣、則阿衡大保、以此播揚大教、則胸中流出、蓋天蓋地、驀拈主丈云、主丈子出来云、須知新法堂新法座、亦従大檀越（足利義満）自性根本智中流、出我更為諸人説這新法去也、便遶須弥一帀、長跪叉手云、耳朶裡打鼓、鼻孔裡焼香、薫風自南来、殿閣生微涼、叙謝罷結座曰、高堂猊座忽開新、説法端酬彼上人、只合檀心成一片、能教吾道重千鈞、金襴帳映千門日、復鉢華回祖苑春、慚愧香風来不断、炉煙細々祝尭仁、

応永八年（一四〇一）七月二十八日、足利義満が相国寺塔頭の敷地を住持である観中中諦に安堵する。

六三五〔足利義満御判御教書〕　普広院文書

相国寺塔頭敷地当寺乾、東西南北各参拾丈、事、不可有相違之状如件、

応永八年七月廿八日　（花押）（足利義満）

観中和尚（・中諦）

○本文書は文明九年（一四七七）十二月十九日付「足利義政御判御教書」と合わせて軸装される。

（箱書）「鹿苑慈照両相御判物　普広院」

（軸外題）「鹿苑慈照両相御判物　普広院」

（付紙）「鹿苑東山両相公御判物　普広院」

○『分散した禅院文書群をもちいた情報復元の研究』五九頁参照。

応永八年（一四〇一）八月十一日、絶海中津が相国寺に三住し、鹿苑院主も兼ねる。

六三六〔仏智広照浄印翊聖国師年譜〕

『続群書類従』第九輯下、六七二頁

八年（応永）辛巳、師（絶海中津）歳六十六、檀命（足利義満）強起、而復住相国寺、乃第三次也、七月十六日、就鹿苑院受請、以寺位陞為五山第一也、八月十一日入寺、兼領鹿苑院、按大周（・周奝）和尚同門疏序曰、寺乃以辛巳某月日、官命陞位于五山第一、而復起吾法兄前南禅絶海（・中津）禅師於鹿苑（鹿苑院）以住持焉、視篆茲山〔本寺〕（相国寺）、今当第三次、往歳再命之日、入大殿而有已説、今説当還我広長舌相之語、吾輩窃相謂曰、禅師必当三拠兼〔茲〕席、敷演大教、代仏揚化、而今其言験矣、抑亦此挙不是独賢労於禅師、欲増重其山也、内外相須者如此云々、

○〔　〕は『大日本史料』七編-五、六五五頁により校訂。

応永八年（一四〇一）、足利義満が北野経王堂の万部経会に参詣する。その時の姿を描いた義満像が鹿苑寺金閣に安置されていた。

六三七〔大報恩寺縁起〕『大日本史料』七編-五、一八四頁

北野経王堂願成就寺者、将軍義満（足利）公建立也、其由致者、山名氏清依返（反）逆、義満起兵、戦於内野、得氏清首、凱歌而帰、然氏清天下勇士、是故為彼霊及一族追福、始万部経于内野、為其道場所建立也、是以恩宥怨之善巧無人不称嘆、時明徳三年也、或説言艮角柱礎下埋氏清首也、万部経開白導師善応寺正範律師也、其後応永五年、移読経

于北野、始為定式、同八年、建立経王堂、義満公自書経王堂三大字、榜大殿焉、有云、万部経修行之日、義満公著袍服、乗輦車而仏詣、其時遺像今見在鹿園(苑)寺金閣、輦車在経王堂、寛文年中、彼堂廃毀之日、移大報恩寺、今見在大殿後堂也、(後略)

応永八年（一四〇一）、地蔵六体が南禅寺から相国寺に送られ、ついで北山第の足利義満のもとに運ばれる。

六二八〔武家年代記〕『大日本史料』七編-五、一八七頁

地蔵六体自南禅送相国寺、自相国送北山、

応永八年（一四〇一）、仲方中正が遣明使とともに明に渡航する。

六二九〔補庵京華前集〕『五山文学新集』第一巻、二四六頁

書江山小隠図詩後

江山小隠図詩、我養源(曇仲道芳)老漢作之、蕉堅(絶海中津)老師添竄之、書則乃普光(広)(相国寺)仲方(・中正)老人之真蹟也、(中略)老人始従養源而学、此詩想此時所華也、後遊蕉堅之門、凡所聞之道、不得於養源者、得之蕉堅也、探賾百家、游刃諸芸、其書法也、当世第一、真艸兼備、自成一家、求其書者、戸外之屨常満矣、夫仏廬官舎之碁布天下也、或榜殿門、或題柱壁者、尽出於老人一手、寔希世至宝也、鹿苑相公(足利義満)、蚤聞其名、徴而見之、自此出入蓮府、献納無虚日矣、応永辛巳(八年)、従国信使而南遊、蓋奉鈞命也、時大明永楽紀元也、於是乎、華言我使者不通以牘奏対、天子以老人善於筆札、試御書院、遂命老人、書永楽通宝四字、鋳之銅銭、書相国承天禅寺六字綉之法被、以贈我国、々人到今栄焉、既而昼錦回国、硯於鯨海、筆於燕山、書勢倍万于前可知也、勝定(足利義持)・普広(足利義教)両相、継起老人、又従事其側、如鹿苑故事、今相(足利義政)当軸之始、特降鈞帖、擢任大方西堂之位、辞而不就、寿七十九、

(後略)

○本史料は文明六年（一四七四）立秋後一日に横川景三が書いたもの。

応永九年（一四〇二）三月十六日、夢窓疎石の門徒が円覚寺黄梅院華厳塔の造営について評定する。

六三〇〔円覚寺黄梅院華厳塔勧進銭注文〕黄梅院文書

『鎌倉市史』史料編三、七二一頁

(端裏書)「当院勧進門徒中助成銭帳　三通」
(円覚寺)黄梅院勧進銭事　門徒中
(鎌倉)五山　拾貫文
(関東)十刹　五貫文
諸山　参貫文
単寮　東西　壹貫文
蒙堂　五百文
前資以下　百　文
相国寺　五拾貫文
天龍寺　五拾貫文
臨川寺　五拾貫文
(三条坊門)等持寺　五拾貫文
(嵯峨)宝幢寺　五貫文
(甲斐国山梨郡)慧林寺　参貫文
(阿波国板東郡)補陀寺　参貫文
(蒲生郡)金剛寺　江　五貫文
(讃岐国綾歌郡)長興寺　貳貫文
(嵯峨)景徳寺　参貫文
(周防国玖珂郡)永興寺　参貫文
(美濃国土岐郡)天福寺　貳貫文
(備後国御調郡)天寧寺　参貫文
(美濃国加茂郡)米山寺　貳貫文
(コノ間一行分アキ)
(臨川寺)三会院　百貫文
(天龍寺)雲居菴　百貫文
(洛北)等持院　廿貫文
(嵯峨)西芳寺　拾貫文
鹿苑院　廿貫文
(相国寺)崇寿院　拾貫文
(南禅寺)上生院　参貫文
(伏見)大光明寺　参貫文
(阿波国板東郡)光勝院　参貫文
(相国寺)大智院　五貫文
(嵯峨)鹿王院　五貫文
(相国寺)常徳院　参貫文
(相国寺)勝定院　参貫文

（天龍寺）金剛院　壹貫文
（嵯峨）法苑寺　五貫文
（嵯峨）地蔵院　参貫文
（南禅寺）慈聖院　五貫文
（嵯峨）善入寺　五貫文
（六角）大慈院　貳貫文
（嵯峨）寿寧院　参貫文
（嵯峨）正持菴　貳貫文
瑞雲菴　南禅寺　五貫文
宝福寺　五貫文
（嵯峨）霊松菴　参貫文
（嵯峨）永泰院　五貫文
（嵯峨）三統院　貳貫文
（嵯峨）三秀院　一貫文
法住寺　五貫文
（南禅寺）慈氏院　参貫文
（宇治）蔵勝菴　参貫文
瑞雲菴　今熊野　一貫文
（嵯峨）護法院　一貫文

（常陸国久慈郡）正宗菴　貳貫文
玉泉寺　参貫文
（石川郡）円楽寺　賀州　参貫文
（嵯峨）慈済院　参貫文
（嵯峨）華蔵菴　貳貫文
浄聖寺　貳貫文
正法院　近江　貳貫文
無量寿院　一貫文
（揖斐郡）大興寺　濃州　一貫文
（建仁寺）大統菴　貳貫文
（嵯峨）香厳院　五貫文
（嵯峨）大雄寺　一貫文
光徳菴　一貫文
（相国寺）環中菴　一貫文
（甲斐国山梨郡）清白寺　一貫文
嘉祥院　参貫文
普済寺　濃　一貫文
（甲斐国山梨郡）長禅寺　一貫文
定恵寺　濃　一貫文

祥勝院　同　一貫文
（甲斐国山梨郡）勝善寺　一貫文
（嵯峨）護宝院　参貫文
（嵯峨）流芳菴　貳貫文
（嵯峨）亀渓菴　参貫文
（土佐国長岡郡）吸江菴　貳貫文
（嵯峨）明白菴　参貫文
（嵯峨）会雲菴　一貫文
（嵯峨）済北菴　貳貫文
（相国寺）広恵院　参貫文
（相国寺）乾徳院　参貫文
（嵯峨）宝積菴　参貫文
（嵯峨）宝寿院　一貫文
（嵯峨）吉祥菴　一貫文
（嵯峨）給園菴　一貫文
（南禅寺）龍華院　貳貫文
（嵯峨）宗源菴　貳貫文
（播磨国多可郡）瑞光寺　貳貫文
（瑞光寺カ）続宗菴　一貫文

延福寺　一貫文
（天龍寺雲居庵カ）聚景菴　一貫文
（知多郡）大興寺　尾　一貫文
瑞龍菴　常　一貫文
興聖寺　摂　一貫文
称名寺　一貫文
黄梅寺　貳貫文
（太秦）安楽院　一貫文
（嵯峨）本源菴　一貫文
普光菴　一貫文
（嵯峨）正受院　一貫文
（嵯峨）瓜瓞菴　一貫文
（南禅寺）正因菴　一貫文
（南禅寺）下生院　一貫文
（嵯峨）華厳院　一貫文
（嵯峨）宝雲菴　一貫文
（嵯峨）逢春菴　一貫文
（嵯峨）保寧菴　一貫文
（嵯峨）瑞芳菴　一貫文

三仏寺　一貫文
蔵拙菴（西芳寺カ）　一貫文
禅栖院（嵯峨）　一貫文
普済院（阿波国カ）　一貫文
法幢寺（多可郡）播　一貫文
大幢菴（東福寺）　一貫文
宝成院（嵯峨）　一貫文
常足菴（嵯峨）　一貫文
持地院（嵯峨）　一貫文
裒勝菴（嵯峨）　一貫文
禅度院（嵯峨）　一貫文
勝光菴（嵯峨）　一貫文
林光院（三条）　一貫文
平田菴　一貫文
東光寺（東福寺）　参貫文
普同菴　一貫文
龍光院（嵯峨）　参貫文

（コノ間六行分程アキ）

黄梅院勧進評定衆　応永九年三月十六日

雲居庵（空谷明応）国師　鹿苑院（・中津）絶海
相国寺（・周崇）太岳　寿寧院（・福謙）益叟
等持院（洛北）（・中淵）万宗　崇寿院（・中諦）観中
天龍寺（・周朗）月庭　万寿寺（六条高倉）（・周亨）大椿
等持寺（・中季）東英　慈聖院（・中淹）在中
竺初西堂　上生院海雲
臨川寺（・梵晃）東啓　宝幢寺（・中遇）全威
大智院（・梵相）円鑑　護法院即宗
多宝院（天龍寺）（・中果）霜林　三会院（・周快）此宗

応永九年（一四〇二）夏、足利義満が相国寺大殿において祈雨祈禱を命じる。満散日に大岳周崇が神泉苑に赴き偈を唱える。

六三二〔黙翁和尚・大岳和尚語録〕　慈雲院蔵

応永第九壬午之夏天下大旱、万民罹于此憂、天山相公（足利義満）降鈞命於禅教諸刹、以五日為限祈雨、万年山相国大殿集衆看閲大般若、慧林老人（大岳周崇）（相国寺）現居鹿苑（鹿苑院）、丁散期日直赴神泉苑（三条大宮）、綴唱一偈、勅善女龍請雨、官使未返、雨降滂沱、相公感悦之余、以家紋金襴裁伽梨而見贈、其偈云、

泉苑欲尋空海蹤、霊山仏意勅神龍、方令天下憂枯涸、一雨宜霑万国農、

応永九年（一四〇二）七月二十五日、足利義満が相国寺僧衆に雨乞祈禱を命じる。

六三二〔吉田家日次記〕応永九年七月二十五日条

天理大学附属天理図書館蔵二一〇・五-イ四九

廿日、辛丑、天陰、昼程雖小雨降、不及湿地、草民猶愁炎旱云々、（後略）
廿一日、壬寅、天晴、暁更小雨灑、猶不快降、北山辺井水涸尽云々、（後略）
廿五日、丙午、晴、自昼天陰、及昏黒雨聊降、此十余日連日雖有陰雲之瑞、更無降雨之実、内典諸流之御祈無其験之由、頻有沙汰、或説、北山殿(足利義満)被仰相国寺僧衆、已諸門跡之懇丹無効験、禅侶祈念難覃歟、若有霊瑞者、可為高名者、以彼寺中、清撰百口、（後略）
廿六日、丁未、雨快降、尤甘澍也、（後略）

○『大日本史料』七編-五、五八二頁参照。

応永九年（一四〇二）八月十日カ、真浄院（日野資康）十三回忌の仏事が常徳院で行われ、空谷明応が陞座法語を作成する。

六三三〔空谷和尚語録〕『大正新脩大蔵経』第八一巻、一六頁

日野真浄院殿(資康)十三年忌、就常徳院(相国寺)請、
索話云、火雲蒸太虚、太虚不熱、商飆払大虚、大虚不涼、清虚一理、言喪慮亡、若是知有底漢、不妨格外商量、有僧出問、大施門開大法筵、善知識是大因縁、一塵開闢諸塵刹、華蔵重重正儼然、答曰、毛呑巨海、芥納須弥、進云、伏承亜相藤公(裏松重光)、恭値先君真浄院殿一十三回忌辰、就于本院(常徳院)、処備伊蒲之膳、厳設桑門之斎、特拝請和尚(空谷明応)、陞座普説、慶讃一句、願賜指陳、（後略）

○日野資康は明徳元年（一三九〇）八月十日没のため、十三回忌は応永九年（一四〇二）か。
○応永二十九年八月十日に行われた日野資康の三十三回忌の記事が本書九四六・九四七号史料にあり。

応永九年（一四〇二）八月、仲方円伊が播磨国法雲寺の衆寮造営と浴室運営の勧進疏を作成する。

六三四〔懶室漫稿〕『五山文学全集』第三巻、二五五九頁

法雲建衆寮募疏（播磨国赤穂郡苔縄郷）、
切謂、本寺乃為関右具体之望刹、壮規宏模、弾厭山川形勝、井々梵制、粛々禅儀、牧衆之方、百色裕如也、而衆寮之設、蔑爾不胥称焉、寔欠典也、第廿九住持釈円伊（仲方）奮然曰、権輿吾責也、克潰于成、寧無後手乎、乃出衣貲十千以謀之、都管比丘祖広々操心廉、急公於私、事無巨細、談咲而弁、歆艶余義、勇董其事、伐山相材、運土拾礫、於是衆咸驩呼、与蒼頭短畯、攙先執役、厥礎既奠、厥材孔良、而寺産有恒、産給食藉締搆之費、惟其難矣、謹持干疏、仰叩衆檀、伏望、翕然委輸、成茲奇勲、豈曰小補之哉、

赤松仙府、　峰巒削九畳之芙蓉、
金華洞天、　岩谷被五色之錦繍、
輪奐崇殿隆閣、
鏗鍧莫鼓晨鐘、
創業実為百世師、　草木猶可畏敬、
継席多得四海士、　泉石皆経品題、
益図叢社之荘厳、
爰営衆寮而綿蕝、
主伴講礼問訊、　回春風於旃擅林中、
兄弟挟策商量、　回春風於旃擅林下、
惟捽人氏之将奏技、
奈金王老之末点頭、
般若三檀、　大褒楽施功徳、
毘尼十重、　深防吝嗇過非、
呼筆疾書、
指囷能散、

六三五〔懶室漫稿〕『五山文学全集』第三巻、二五六一頁

法雲化淋汗疏（播磨国赤穂郡苔縄郷）
慈覚頤（宗頤）公曰、為衆僧浣濯、故有浴主、軽徐静默、不昧水因、所以衆之報浴主也、湯水不定、寒暖失宜、非浴主所以浣衆也、桶杓作声、用水無節、非衆之所以報浴主也、吁浴堂之儀備矣、盛夏之月、暑威毒人、流汗渙然、如坐深甑、吾儕進脩、毎憂疲憊昏墊之煩也、於是毎日設浴、為衆淋汗、洗滌湿膩、頓得軽安、而費用不貲、仰于衆助、若賜微沛、束薪杓水、功不

浪施者、
暑天扇暍、仁豈洽群下乎、暮春浴沂、時未救困極也、欲論広博浄妙之益、莫若鬱燠灌沐之勲、新布七浄花、式滌五濁垢、世界恁歴炎熱、得冷処於鑊湯之中、身心自然清凉、悟水因於薫籠之上、欲成仏子住、須闢檀度門、

法雲化淋汗疏

寒月五日一浴、暑天毎日淋汗、蓋叢林旧典也、可闕焉乎、而桶杓薪柴、資何而出乎、持疏偏干、伏願大家出手、成茲浄縁、恐有頴悟古霊揩背之妙用者、豈小補哉、
炎埃坱軋、難矣赤脚蹈層氷、蒸湿晦霾、甚乎全身坐深甑、昏々不堪揺扇、喘々徒労披襟、衆善設浴為先、宜使緇衣衲子離垢、六度従檀而始、要見白水真人点頭、浄智荘厳、円通證入、

○「懶室漫稿」は仲方円伊の詩文集。
○岐陽方秀が作成した仲方円伊の播磨国法雲寺入寺の江湖疏（「不二遺稿」〈『五山文学全集』第三巻、二九七七頁〉）が応永九年八月付のため、便宜的にここにおく。

応永九年（一四〇二）九月五日、足利義満が北山第で明の使僧天倫道彝・一庵一如を接見する。ついで明使は絶海中津のもとを訪れる。

六三六〔翰林葫蘆集〕『五山文学全集』第四巻、六七九頁

鹿苑院（足利義満）殿百年忌陞座

（中略）

同（応永）八年進貢于大明、同九年八月迎大明之船、九月五日、接大明之使者天倫禅師一庵講師於北山別業、儀仗甚盛矣、大明老皇帝（建文帝）封以王者之号、所頒賜之奇琛異宝、及錦繍綾羅、載船而積委矣、宋太宗雍熙（永観二）元年、日本国僧奝然入朝、因言、吾国伝世八十、歴年三千二百歳、帝聴此言、称賞吾国君臣之道、今接禅講二師於此、通其好者久矣、況至吾公（足利義満）屢遣使奉土宜、禁海島之賊、以除辺憂哉、回書称其賢達、宜哉、（後略）

○「翰林葫蘆集」は景徐周麟の詩文集。

六三七〔福照院関白記〕応永九年九月・十月条

『大日本史料』七編-五、六六七頁

九月五日、唐朝使入朝、参北山殿、有別記、
十月一日、辛亥、今夜亥子也、或人持来今度返牒、書様
以外也、是天下重事也、
奉天承運皇帝（建文帝）詔曰、覆載之間、土地之広、不可以数計、
古聖人疆而理之、於出貢賦・力役、知礼義、達於君
臣・父子大倫者、号曰中国、而中国之外、有能慕義而
来王者、未嘗不予而進之、非有他也、所以率天下、同
帰于善道也、朕自嗣大位、四夷君長朝献者、以十百計、
苟非戻於大義、皆思以礼撫柔之、茲爾日本国王源道義（足利義満）、
心存王室、懐愛君之誠、踰越波濤、遣使来朝、帰逋流
人、貢宝刀・駿馬・甲冑・紙・硯、副以良金、朕甚嘉
焉、日本素称詩書国、常存朕心、序（弟）軍国事殷、未暇存
問、今王能慕礼義、且欲為国敵愾、非篤於君臣之道、
疇克臻茲、今遣使者道彝（天倫）・一如（一庵）、頒（班）示大統暦、俾奉正
朔、賜錦綺二十匹、至可領也、嗚呼、天無常心、惟敬
是懐、君無常好、惟忠是綏、朕都江東、於海外国、惟
王為最近、王其悉朕心、尽乃心、思恭思順、以篤大倫、
毋容逋逃、毋縦姦宄、俾天下以日本為忠義之邦、則可
名于永世矣、王其敬之、以貽子孫之福、故茲詔諭、宜
体眷懐、
　建文四年（応永九）十（衍）二月初六日
○明の国書は『訳注日本史料 善隣国宝記』一〇八頁で校
合し、異字を（　）に示す。

六三八〔満済准后日記〕永享六年五月・六月条
『続群書類従』補遺一（下）、五七五頁

（五月）十二日、（中略）以日野中納言（広橋兼郷）、両條仰旨在之、
唐朝牒使御対面儀可為何様哉、鹿苑院殿（足利義満）御時御対面次第
ハ、誠事外御賞翫、且又不可然歟、又疎儀如何、旁大事
思食云々、可申意見云々、（中略）予（満済）申入旨、唐使御対
面儀、如被仰出、故鹿苑院殿御沙汰事過タル様、其時分
内内道将（斯波義将）入道等申候し、愚眼所及、又同前候キ、但今度
御音信、唐朝歓喜無比類、仍又日本人数百人賞翫儀、超
過前々云々、如此之処、於此方唐使以下御賞翫之儀、御
無沙汰之儀候者、自今已後、日本人渡唐時儀、若無沙汰
之儀モヤト存様候、然者為本朝御興隆、立大事渡唐不可
有其曲歟之間、以折中儀、唐使御対面儀ハ先可宜候歟、

其折中儀、鹿苑院殿御代、最初応永九年時、公卿十人、殿上人十人、各染装束着〔著〕用候しか、当陽明（近衛良嗣）前閤其時内府候歟、并菊亭（今出川）公行公于時左大臣、両人ハ惣門マテ参向、楽人奏一曲、鹿苑院殿四脚門マテ御出御、法服、海老色、御平袈裟、白地金襴、予扈従、相兼三衣役、于時僧正着〔著〕香染、上童一人召具供奉了、唐朝書唐人捧頭上前行、北山殿寝殿庇間敷満広席、母屋出衣以下、尽善尽美、被荘厳候キ、高机於立母屋前、其上被置唐書、先御焼香、次三拝、以後跪テ唐書お御拝見候キ、此儀式ハ不甘心申入候キ、諸人又同前儀候ける歟、（後略）

（六月）五日、天快晴、唐使御対面、将軍（足利義教）御冠直衣云々、唐使引率公卿両人三條前右府（公冬）、大炊御門前内大臣（信宗）、参向四脚門、伶人参向惣門、公卿殿上人中門外東上南面烈立、天書御拝事、今度有沙汰、二拝御沙汰云云、御被覧事、臨期在之、唐使頻申入云々、乍立御披見云々、鹿苑院殿御披見時ハ御蹲踞、今度依関白（二条持基）意見、母屋庇被室礼、仍母屋東迫北立曲彔一脚、主人御座、母屋西曲彔二脚、庇曲彔三脚被立之、唐使着〔著〕彼云々、内官三人、外官二人、唐使臨階下時分、将軍令出大床給、天書御礼云々、唐人捧天書、置御前高机、次御焼香二拝、次御披覧云々、次令着〔著〕曲彔給、茶礼在之云々、此儀鹿苑院殿御代、最初応永九年時在之由、正蔵主（仲方中正）申入間、御沙汰云々、其時予参扈従、一会之儀雖拝見、茶礼之儀、分明ニ不覚悟、今度御茶給仕何者沙汰哉、追可尋記、（後略）

○〔 〕は『大日本史料』七編-五、六六八頁により校訂。

六三九〔宋朝僧捧返牒記〕応永九年九月五日条

石田実洋・橋本雄「壬生家旧蔵本『宋朝僧捧返牒記』の基礎的考察」（『古文書研究』六九、一五頁）

（第一紙〜第三紙）「応永九年九月五日記」

応永九年九月五日、天晴、今日唐客僧二人（天倫道彝・一庵一如）捧宋朝返牒参入北山殿、依可有御相看也、彼僧去八月五日相伴自本朝遣唐使匹夫祖阿、到著兵庫津（摂津国八部郡）之間、為被御覧彼宋船蜜々渡御彼津、同九日申斜許還御云々、入夜牒使僧二人并侍者僧以下京着、被入仁和寺・法住寺（東山）、帰唐之間可寄宿彼寺云々、被居兵士於彼寺門、依不可被入唐僧於洛中也云々、今日参入公卿参着殿上、是公卿座依僧綱着座、予（壬生兼治カ）敷小文

帖於殿上為公卿座云々、
其儀、寝殿南面七箇間垂母屋御簾、巻庇御簾敷満弘莚、
中央間五箇間副母屋御簾立亘四尺屛風、東西端各一間立
几帳奥小几帳被立之云々、出衣袖、一間各二領、副階間母屋屛風立曲録(彔、以下同)一
脚為御座、階間東西間立曲録各一脚為僧客座、中門南脇
南北行、・南築垣東西行、・西山脇南北行、等各引纐纈幔、
未一点唐僧参上、発楽声、路次儀、先通事二人、匹夫祖阿等歟、
乗手輿、次本朝僧二人、相国寺当住大岳和尚(・周崇)、建仁寺前住大年和尚(・祥登)、次唐僧之侍者、
持牒状、乗手輿、次唐僧二人、天倫、一菴、相対二行、共男二人、
行者・法師等捧錫杖以下道具各歩行、次唐僧之侍者僧等
乗手輿、差蓋、
此間公卿内大臣(今出川)右大将、公行公、・権大納言藤原卿(二条満基)福照院殿、左大将、・同(三条)実豊
卿・同(裏松)重光卿・同(西園寺)実永卿・同(花山院)忠定卿・権中納言同(三条)公宣
卿・同(四辻)実茂卿・同(広橋)兼宣卿、今日奉行、・参議同(鷲尾)隆敦卿、殿上
人頭左大弁藤原(中御門)宣俊朝臣・頭右中将同(三条西)実清朝臣・内蔵頭
同(山科)教興朝臣右中将、・左中将源(木造)俊泰朝臣・左中弁藤原(勧修寺)経豊朝
臣・右中将同(三条)公頼朝臣・蔵人右中弁同(万里小路)豊房朝臣・蔵人右
少弁同(葉室)定顕・左少将同(月輪)尹賢・右兵衛佐同(広橋)定光公卿以下各染装束、近衛幷
衛府佐各帯剣、等降立中門外庭上、公卿中門北脇、西上南面、
正笏、曳裾、有揖云々、大将随身上臈相従之、殿上人公卿末、北上西
面、公卿一列、殿上人一列、僧綱聖護院僧正道意、・浄土寺僧正慈弁、・
石山僧正(守快)、、、・毘沙門堂僧正実円、・竹(内)中僧正道豪、・花頂(実蔵
院)僧正定助、・岡崎(実乗院)僧正恒教、・尊勝院(曼殊院)僧正忠慶、・上乗院僧正
道基、・三宝院(醍醐寺)僧正満済、等降自中門南切妻同列立、中門内、
副前庭南築垣西上北面一列、中門北脇北上西面一列、両列
也、各五人、次上童四人降自南階列立御殿西傍、北上東面、
「(第四紙)唐僧御対面歴名」

唐僧御対面

公卿

内大臣　左大将
三条大納言　北小路大納言(裏松重光)
西園寺大納言　花山院大納言
三条中納言　四辻中納言
新中納言(広橋兼宣)　鷲尾宰相

殿上人

宣俊朝臣　実清朝臣

教興朝臣　俊泰朝臣
経豊朝臣　公頼朝臣
豊房朝臣　定顕
尹賢　定光
（東坊城）菅原長政　（五辻）源教仲

僧中

聖護院　前大僧正、浄土寺
竹中　勝林院大僧正、
岡崎僧正、　上乗院
花頂　毘沙門堂
三宝院　石山

（第五紙）「唐僧御相看儀次第」

唐僧御相看儀

御殿南面七箇間垂母屋御簾、巻庇御簾敷満弘莚、中央間五箇間副母屋御簾立亘四尺屏風、東西端各一間懸几帳出彩袖、副階間母屋屏風立曲録一脚為御座、階間東西間立曲録各一脚為僧客座、

中門南脇南北行、・南築牆東西行、・西山脇南北行、等各引纐纈幔、

剋限唐僧参上、随楽声公卿・殿上人降立庭上、中門外、公卿中門北脇、西上南面、殿上人列其末、北上西面、

僧綱等降自中門南切妻同列立、中門内、副前庭南築牆西上北面一列、中門北脇北上西面一列、両列、各五人、

上童降自南階列立御殿西傍、北上東面、

次出御自御殿西作合格子遣戸、僧綱一人捧御居箱奉従御後、

殿、役人献御草鞋、

此間童・僧綱各蹲居、

唐僧経公卿・殿上人列前入中門、進立庭中、

次御一揖、御昇殿着御曲録、

次僧客捧返牒昇殿、

次御一拝被召返牒、被置御前机、

次連置進物於御前、置畢僧一拝、々畢着曲録、

礼畢僧起座下、殿如初下御、僧退後登殿入御、

○「翰林葫蘆集」（『大日本史料』七編-五、六六九頁）、「武家年代記」（同書六七〇頁）、「和漢合符」（同書六七〇頁）、「興福寺略年代記」（同書六七〇頁）に関連記事あり。

六四〇〔絶海録〕『大日本史料』七編-五、六七〇頁

和韻謝天寧（浙江省杭州）天倫（・道彝）禅師、上竺（浙江省杭州）一庵（・一如）講師過訪
院深昼静少人来、佳菊庭前帯露開、不有二尊枉神足、為誰一径掃荒苔、久欽輔教璉嵩筆、喜遇宗門遷固才、吾国山川霊異甚、好風十日送君回、

六四一〔蕉堅稿〕『大日本史料』七編—五、六七〇頁

鹿苑（鹿苑院）絶海（・中津）和尚曩遊中華、卓錫于龍河、時当大明洪武九年之春也、太祖高皇帝召見英武楼、顧問海邦遺跡熊野古祠、勅令賦詩、欣蒙賜和、未幾東還、宝蔵珍護積有年矣、壬午（応永九年）秋、余使日本国、一見万年山（相国寺）中、沐以旧遊為懐、数相詢慰、一日捧示御製詩軸、幸護欽覧、既而徴次厳韻、執筆未敢、辞固弗容、謹拝頓首書其末云、

採薬秦人旧有祠、春風幾見求苗肥、老禅会到中華国、御筆題詩賜遠帰、
道彝（天倫）

掛錫龍河古仏祠、一生高潔厭軽肥、賦詩召入金鑾殿、携得天香満袖帰、
会稽一如（一庵）謹和

○「蕉堅稿」は絶海中津の詩文集。
○「相国考記」（『相国寺史料』第一巻、一二三頁）に本史料の内容要約があり。

応永九年（一四〇二）十月十七日、吉田兼敦が吉田社領能登国富来院代官の在中中滝に公用残分の注進を求める。

六四二〔兼敦朝臣記〕応永九年十月条
『加能史料』室町Ⅰ、一二九頁

十五日、乙丑、天霽、能州神領（羽咋郡富来院）事、代官（在中中滝カ）入来、談合了、
（後略）
十七日、（中略）遣兼村（吉田）於滝西堂（在中中滝）、能州富来院事、所残之公用可被注出之由令申了、（後略）
廿八日、（中略）向南禅寺滝西堂、兼村相伴之、被出引物然与返遣了、富来院代官職事、縦雖被執心不許之故也、
○本書六五三号史料が関連。

応永九年（一四〇二）十二月二日、足利義満が北山第で御八講を行う。

六四三〔吉田家日次記〕応永九年十二月条
天理大学附属天理図書館蔵二一〇・五—イ四九

二日、辛亥、天晴、自今日北山殿御八講也、中山宰相（満親）為着座参仕申慶之間、為見訪卯刻向彼宿所、兼村（吉田）為装束招

引之間相具候、予(吉田兼敦)兼村憚申也、然而彼相公又服仮(カ)也、仍
所行向也、
毛車花山院大納言(忠定)借渡候、懸下巻、立車於門外、明朝披之、 車副一人如木、乱緒、 牛童二人一人如木、乱緒、一人布衣、無単袴、 如木雑色二人着沓垂☒(カ)、 小雑色六人重衣、 共侍一人作☒衣、童一人水干、調度懸一人褐、舎人一人、中間六人、 在車後辰刻出門於門外乗車、侍▨沓役、如木雑色立榻、
着(カ)参北山殿、後聞中沢(次カ)教興(山科)仰致拝舞、則着座御講事了、参内
拝舞之後則退出、不及堂上云々、次参一位大納言殿(足利義持)将軍家、次参殿下(一条経嗣)不及拝云々、雖為罷出(カ)申引時(カ)被着御前云々、(後
略)
五日、(中略)御八講日々参仕公卿済々焉云々、委可尋
記候、兼村為装束雖招引参向方々云々、(後略)
六日、(中略)今日御八講結願也、右少弁定顕(葉室)朝臣為御
布施取参仕、先春四品之慶云々、為装束招引之間、兼村
参向云々、

御八講

証義者　僧正孝円、興福寺別当大乗院　権僧正忠慶、兼

初日　朝座講師心憲、問者隆俊、読師心尊、
唄　実雅、　散華仲承、
行香呪願僧正、三礼心明、
暮座講師心尊、問者仲承、読師心憲、
唄　隆俊、　散花心能、

着座公卿

三条大納言実豊・西園寺大納言実永・洞院大納言実信・
花山院大納言忠定・藤(柳原)中納言資衡・新(三条)中納言公宣・新藤(広橋)
中納言兼宣・中院宰相中将通守・大炊御門宰相中将宗
氏・満親朝臣中山宰相、

第二日
朝(座)、講(師)、隆俊、問(者)、心憲、読(師)、実雅、唄心尊、散(華)、光
暁、
暮、講、実雅、問、心能、読、隆俊、唄心憲、散、心
明、
着(座)、
西園寺大納言・帥(町)中納言資藤・四辻中納言実茂・新藤
中納言・冷泉中納言為尹・四条(油小路)宰相隆信・鷲尾宰相隆敦、

第三日
朝、講、房親、問、権僧正、読、仲承、唄実雅、散、
心能、

暮講、仲承、問、心尊、読、房親、唄心憲、散、光暁、
着座
三条大納言・洞院大納言・藤中納言・新中納言・新藤
中納言・菅(東坊城)宰相秀長・中院宰相中将・満親朝臣、
第四日
朝、講師心能、問者実雅、読、光暁、唄房親、散、心
明、
暮、講、光暁、問、心明、読、心能、唄隆俊、散、仲
承、
着座
花山院大納言・帥中納言・中院中納言光顕・新藤中納
言・冷泉中納言・四条宰相・鷲尾宰相、
結願
朝、講、心明、問、光暁、読、仲承、唄房親、散、心
能、
暮、講、権僧正、問、房親、読、心明、唄心尊、散、
仲承、行香呪願僧正、三礼心明、
着座
三条大納言・西園寺大納言・洞院大納言・花山院大納
言・藤中納言・帥中納言・新中納言・四辻中納言・中
院中納言・新藤中納言・冷泉中納言・四条宰相・鷲尾
宰相・中院宰相中将・満親朝臣、
　堂童子　永藤・知典
　御布施取殿上人
資(土御門)家朝臣　経(勧修寺)豊朝臣

『大日本史料』七編-五、七七九頁

六四〔応永九年記〕応永九年十一月・十二月条

十一月廿四日、天晴、御八講御習礼於禅(興福寺)定院在之、当年北山殿御八講一座證義ニ御寺務(孝円)ヲ被請申故也、導(道)場等大概被料理之、唄(興福寺)松林院法印実雅、読師(興福寺)法雲院法印実照、散花(興福寺)東北院僧都孝俊、三礼禅光院得業教家、講師良継(孝尋)僧都、大御所御同学、問者憲胤得業、御寺務御同学、論義二帖重難、威儀師栄舜権寺主、花籠役千若殿、孫松殿、従僧以下付衣ニテ令祗候了、
十二月一日、天晴、明日ヨリ御八講始行也、浄花院(土御門室町)ヨリ、北山殿へハ路次遠之間、兼而ヨリ奉行広橋一品禅門(仲光)ニ被仰之、千本ノ歓喜寺(千本今出川)被点之、今日御移住、大御所御同車、彼寺辺ノ在家十余間、広橋侍所(土岐頼益)ニ仰テ点進之、共(供)奉人之

宿所也、
同二日、天晴、北山殿御八講ニ御出仕、御車〈御牛飼、如木〉、香御法服、甲御ケサ、従僧憲実法眼、教秀法橋、各法服五帖、後車一輛ニ同車、御前三綱二人、栄舜権寺主、寛舜権寺主、〈于時会所目代〉、御前中綱六人、北山殿惣門辺小官(屋カ)ニテ著装束、門内ヨリ参向了、惣門ノ内、女院(崇賢門院)御所ヘ今四五間行ツカスシテ御下車、御前仕丁二人、大盤仕丁一人、〈両革持之〉、御童子、御下部等ハ歓喜寺ヨリ共奉了、御中童子、御大童モ惣門ヨリ参向了、
同三日、天晴、御出仕如昨日、
同四日、天晴、今日ハ可有御休息之由被申之間、不及御出仕、
同五日、天晴、御出仕如此間、
同六日、天晴、御出仕如此間、今日結願也、御布施被物以下如法云々、厳重御講結願之後、やかて於公卿座御対面、申次広橋一品禅門、種々御雑談云々、
同七日、天晴、御下向、毎事如御上洛之時也、

○「兼宣公記」(『大日本史料』七編-五、七八一頁)、「応永九年十一月八講散状幷僧名」(同書七八二頁)、「応安三年宸筆御八講記」(同書七八九頁)、「大乗院日記目録」(同書七八九頁)、「興福寺略年代記」(同書七八九頁)に関連記事あり。

応永九年(一四〇二)十二月二十四日、足利義満が北山第で大法を修し、結願を迎える。

六四五 〔吉田家日次記〕応永九年十二月二十四日条

天理大学附属天理図書館蔵二一〇・五-イ四九

廿四日、癸酉、天晴、念誦地蔵薩埵、
北山殿大法結願也、大阿闍梨青蓮院一品親王〈尊道〉也、凡此御修法毎月事也、尊道親王〈青蓮院〉・道意僧正〈聖護院〉等▨隔月▨令勲仕給、今月竹園(尊道入道親王)也、毎月大法呪願明(カ)未曾有事歟、竹園御勲仕之時、公卿着座済々焉、御布施取殿上人廿人許也、僧正参儀之度者着座公卿被御布施歟、雲客少々也、今日内府(今出川公行)被参十二衣(カ)云々、堂相以下束帯也、大炊御門宰相中将初参、八葉小車被借用之条、然候了、被立榻云々、出小車者不立榻候由有一説歟(ゝカ)与近来多被借用此巨(カ)車無子細之条勿論歟、(後略)

応永九年（一四〇二）、相国寺が炎上する。

六四六〔大乗院日記目録〕

『増補続史料大成　大乗院寺社雑事記』一二巻、三〇〇頁

五月四日、法印孝円為寺務、廿六日任権僧正、廿五、
月　日、相国寺炎上、
五月六日、新三十講始行、

○他の史料では、この年に相国寺火災の記事なし。

応永十年（一四〇三）正月十九日、吉田社供僧が北山第惣社で大般若経を転読する。

六四七〔吉田家日次記〕応永十年正月十九日条

『大日本史料』七編–六、二八頁

十九日（中略）今日於北山殿惣社、以供僧四口（神楽岡西麓吉田社供僧也、）転読大般若経一部、社頭繁昌、幸甚々々、（後略）

○『吉田家日次記』応永十年正月二十一日条に北山第惣社の神事神楽の記事あり。

応永十年（一四〇三）二月五日、北山第中門の立柱が行われる。

六四八〔新訂増補兼宣公記〕応永十年二月条

『史料纂集』、第一、一二〇頁

四日、（中略）今夕脂燭教遠（山科）・教興（山科）等朝臣参仕、明日造作棟上事就聴食及、自陽明（近衛良嗣）衣柳、一領被進之、此造作事、中門之造合、聊致沙汰申（事）候、はか〳〵しき不造作候之処、如此御沙汰、頗迷惑之由被申之、入夜廬山寺長老（明空志玉）参仕、於北廂禅閤（広橋仲光）有御対面、
五日、未明禅閤御参北山殿、為昨日之御礼、妙法院宮（堯仁法親王）有御参之間、為御参会也、次又廬山寺々領事、為被伺申也云々、是昨日於妙法院殿、依有被申旨也、午終禅閤還御、八幡御共人々相触了、
抑今日御造作立柱也、葉室大納言入道（宗顕）馬一疋進之、但代物一結也、御留守之間、予（広橋兼宣）先（遣）御返事了、有世卿（土御門）又引進御馬、月毛、彼是被返遣者也、上棟儀ハ延引、追可致沙汰、其時引入給者可悦入之由也、雖然葉室猶重進之、番匠酒肴五百疋被下行云々、（後略）

応永十年（一四〇三）二月十八日、無説景演が尾張国下切須賀

垂の田地を妙興寺天祥庵に売却する。

六四九〔無説景演売券〕妙興寺文書

『愛知県史』史料編九、三七六頁

（端裏書）「寄進状　須賀垂」

沽却　下切（尾張国中島郡）須賀垂田地事

合五段者　在所坪付在本証文、

右件田地者、雖景演（無説）相伝之地、而依有要用、現銭五貫文仁、限永代、相副本証文等、令沽却尾張国（中島郡）妙興寺天祥庵処実正也、若違乱煩出来者、以本物一倍、三十ヶ日内可令糺返也、仍為後代亀鏡、証文之状如件、

応永十年癸未二月十八日　景演（花押）

応永十年（一四〇三）二月十九日、明の使僧天倫道彝・一庵一如が帰国するため北山第へ挨拶に赴く。絶海中津が明への国書を作成する。

六五〇〔吉田家日次記〕応永十年二月・三月条

天理大学附属天理図書館蔵二一〇・五-イ四九

（二月）十九日、（中略）今日唐僧等参北山殿（足利義満）、則今日至八幡（綴喜郡）辺進発、為▨▨（帰唐也、自）兵庫（摂津国八部郡）来月三日可乗船云々、種々兵具以下被遣之、此次亦為商売、諸大名沙汰遣之、抑異朝事、有種々説、去年冬比有大変、当帝（建文帝）之叔父（永楽帝）致退治即位云々、但此条不知慥説、仍今度所被下遣之御書両通被用意之、此御書絶海和尚（・中津）草之、自当朝亦被下御使、天龍寺住持（堅中）和尚（・圭密）也、此長老為此昨日入院天龍寺、唐僧等懃所役事、北山殿御出、上童二人御共（供）、出立美麗云々、

（三月）三日、庚辰、霜降如雪、（中略）

（頭書）「後聞、今日渡唐之船、始出兵庫云々、」

六五一〔善隣国宝記〕『訳注日本史料　善隣国宝記』一一〇頁

同（応永）九年

日本国王臣源（足利義満）——

表、臣聞、太陽升天、無幽不燭、時雨霑地、無物不滋、矧大聖人、明並曜英、恩均天沢、万方嚮化、四海帰仁、欽惟大明皇帝陛下（永楽帝）、紹堯聖神、邁湯智勇、戡定既（戡）乱、甚於建瓴、整頓乾坤、易於返掌、啓中興之洪業、当太平之昌期、雖

垂旒深居
北闕之尊、而
皇威遠暢東浜之外、是以謹使僧圭密(堅中)・梵雲(祥庵)・明空(・志玉)・通
事徐本元、仰観
清光、伏献方物、生馬貳拾匹・硫鉱壹万斤・馬脳大小
参拾貳塊、計貳百斤・金屛風三副・槍壹千(十カ)柄・太刀壹
佰把・鎧壹領并匣・硯一面并匣・扇壹佰把、為此謹具
表
聞、臣源━━
年号━━日　　日本国王臣源━━□　○□ハ印影ノ枠ナラン、
右、応永八年以来両国通信、建文・永楽両朝来書数通
見于左方(右カ)、然日本書表、今纔得二通、此表其一也、表
末不記年号、蓋天倫(・道彝)・一菴(・一如)帰国日、日本又令密堅中、
随之行、恐此時表乎、又不知此表何人製之、訢笑雲(笑雲瑞訢)曰、
天龍寺永育書記、堅中弟子、嘗謂人曰、我師三通使命
於大明、其表皆我師所作也、予謂(瑞渓周鳳)、此説必然、堅中壮
年遊大明、能通方言、帰朝之後、屢通使命、如其応永
年中随天倫・一菴行、則謝建文帝来使之意也、然及至
彼国、永楽帝新即位、天倫・一菴為前帝(建文帝)使、纔入国耳、
不得反命、於是堅中号賀新主之使、仍通此表也、彼国
以吾国将相為王、蓋推尊之義、不必厭之、今表中自称
王、則此用彼国之封也、無乃不可乎、又用臣字非也、
不得已、則日本国之下、如常当書官位、其下氏与諱之
間、書朝臣二字可乎、蓋此方公卿恒例、則臣字属於吾
皇而已、可以避臣於外国之嫌也、又近時遣大明表末書
彼国年号、或非乎、吾国年号、多載于唐書・玉海等書、
彼方博物君子、当知此国自中古別有年号、然則義当用
此国年号、不然、摠不書年号、惟書甲子乎、此両国上
古無年号時之例也、凡両国通好之義、非林下可得而議
者、若国王通信、則書当出於朝廷、代言之乎、近者大
将軍為利国故、窃通書信、大抵以僧為使、其書亦出於
僧中爾、大外記清三位(清原)業忠近代博学之士也、与予従遊
者三十余年矣、以向所謂年号及朝臣二事告之、三位以
為是、且記於此、以諭異日預此事者云、

応永十年（一四〇三）二月二十一日、足利義満が北山第で受戒する。

六五二〔新訂増補兼宣公記〕応永十年二月二十一日条

『史料纂集』、第一、一一五頁

廿一日、天晴、今日御受戒也、午剋許着直衣、参北山殿、禅閤(広橋仲光)同御参、中終事了退出、委細注○別記了、(後略)

応永十年（一四〇三）三月九日、吉田兼敦が吉田社領能登国富来院のことで在中中淹と争うが、この日和解する。

六五三〔兼敦朝臣記〕応永十年三月九日条

『加能史料』室町Ⅱ、二五〇頁

九日、丙戌、天晴、早旦向慈聖院(南禅寺)淹西堂(在中中淹)、就能州神領事(羽咋郡富来院)、自去年不快連々被示之、予(吉田兼敦)所存又僧侶事也、和平了、被出一献引出、以後於訥蔵主寮又同前、

○本書六四二号史料が関連。

応永十年（一四〇三）三月晦日、夢窓疎石の門徒が円覚寺黄梅院華厳塔の造営について評定する。

六五四〔円覚寺黄梅院華厳塔奉加銭評定事書〕黄梅院文書

『鎌倉市史』史料編三、七九頁

黄梅院(円覚寺)塔婆奉加銭事

京都門中厳密致其沙汰畢、関東門中少々難渋之由、有其聞、甚不可然、若於未進懈怠之人者、停止門徒之会合、向後塞出世出頭之路、於諸末寺者、可被除門徒之列、仍評定之議如斯、

応永十年三月晦日　院主梵晃(東啓)（花押）

相国寺周崇(大岳)（花押）　臨川寺中琮(西泉)（花押）
崇寿院(相国寺)中諦(観中)（花押）　等持寺(三条坊門)中季(東英)（花押）
等持院(洛北)中淵(万宗)（花押）　万寿寺(六条高倉)周亨(大椿)（花押）
鹿苑院中津(絶海)（花押）　大光明寺(伏見)中嵩(中山)（花押）
雲居庵(天龍寺)明応(空谷)（花押）　天龍寺中膺(無礙)（花押）
明白庵(嵯峨)周朗(月庭)（花押）
寿寧院(嵯峨)福謙(益叟)（花押）

応永十年（一四〇三）六月三日、落雷によって相国寺大塔と勝定院が炎上し、元興寺から移された鐘も焼失する。

六五五〔新訂増補兼宣公記〕応永十年六月三日条

『史料纂集』、第一、一三〇頁

三日、入夜甚雨、雷鳴、雨脚聊休止之時分、相国寺大鐘
頻有声之間、乍驚立出寝所、欲相尋子細之処、相国寺有（大）
（塔炎）炎上云々、凡迷惑無極者也、先揚鞭参室町殿之処、柳（足
（利義持）営已令出門給之間、不及下馬、則参御共、入御相国寺、
此時分御塔已倒了、依余煙勝場（定）院已焼亡、如今者、寺中
難遁歟之由有沙汰、頃之予（相国寺）帰華、雷火無疑云々、雖（為）○相
国寺々中別三国一塔也、掌燈（広橋兼宣）又無是云々、旁以雷火之由
謳歌、自第三層火出来、随見付僧達等等（雖）馳走、無其詮
云々、天災也、人力不覃者哉、勝場（定）院焼失外、寺中無為
云々、所天之令然歟、珍重々々、
抑此塔婆七重、者、自明徳四年草創、造営功成、応永六
年九月十五日被遂供養了、然今星霜未積、一時化灰燼、
仏法之破滅、有情之輩、誰不傷嗟乎、殊又供養事、禅閤（広橋
（仲光）御伝奏、予申沙汰了、可歎可悲、
六五六〔南都七大寺巡礼記〕
『続々群書類従』第一一輯、五七七頁
元興寺 大和国添上郡 平城左京五條四條七坊之内 （中略）

鐘楼一宇

在鐘一口、此鐘在霊云々、永徳之頃、大将軍義満（足利）建立相
国寺、件鐘渡彼寺云々、其後応永十年寺炎上之時焼失
云々、其金（鐘）又鋳直之云々、（後略）

○「東院毎日雑々記」・「長専五師記写」・「雑々勘例」・「如是院年代記」・「石清水八幡宮記録」・「鎌倉大日記」・「武家年代記」・「大乗院日記目録」・「南方紀伝」・「仮名年代記」（『大日本史料』七編-六、一七六頁）に関連記事あり。

応永十年（一四〇三）六月、伊勢国法楽寺雑掌が寺領同国桑名神戸東西に対する雲頂院の押妨を訴える。

六五七〔法楽寺雑掌申状案〕醍醐寺文書

『大日本古文書 家わけ第一九』四、一九〇頁

（端裏書）「伊勢棚橋領目安」

目安

伊勢国度会郡棚橋太神宮法楽寺雑掌謹言上

右当寺者、為醍醐三宝院之末寺、代々相続御祈禱所也、
随而桑名（伊勢国桑名郡）神戸東西者、自往古為寺領之随一、管領無相違

之処、近来依不知行、両宮（内宮・外宮）法楽之勤行退転之処、当門主（満済）御代当寺御興行之時分、被経御沙汰、被成下御教書、知行無相違之処、雲頂院（相国寺）号本知行、掠賜御教書、押妨之條、濫吹之至極也、所詮且依寺領之支證、且任先度御教書之旨、重被成下安堵御教書、全知行、弥為抽天長地久懇祈、目安言上如件、

応永十年六月　日

応永十年（一四〇三）八月五日、法住院築地内が東寺領巷所の年貢散用状に年貢免除地として記される。

六五八〔巷所坪付幷地子銭注進状〕教王護国寺文書

『教王護国寺文書』三、一四八頁

（端裏書）「巷所坪付幷分銭事」

注進　東寺御領巷所御年貢足帳事

合　　応永十年

本帳分参拾漆貫七百六十七文内

除分

二段半　下司給分、九条猪熊与堀河間堀河寄、

五十一坪七尺五寸　地蔵堂敷針小路北、大宮面東頬、

（九）□百五十五文　針小路地蔵堂、八条与針小路間堀河面□□、（一）

四百二文　八条猪熊西頬地蔵堂、路分加定、

八百四十文　法住院　築地内成分、

百二十三文　同寺前路分、東頬、

百二十三文　同西頬路分、

五百五十三文　信濃小路堀河地蔵堂、

二百文　唐橋大宮茶苑分、

已上三貫百九十三文

（中略）

定残三十二貫七十二文

応永十年八月五日　公文法橋（快舜）（花押）

○紙継目に裏花押あり。
○本書五四五・六一二号史料と関連。

応永十年（一四〇三）十月八日、足利義満が北山第で八字文殊法を修する。

六五九〔吉田家日次記〕応永十年十月条

天理大学附属天理図書館蔵二一〇・五-イ四九

八日、（中略）今夜於北山殿被修大法、聖護院僧正（道意）御房為阿闍梨、日来十楽院故一品親王尊道此僧正隔月令懃仕

給、竹園（尊道入道親王）御事以後聖護院毎月令懃仕給、脂燭殿上人済々焉、（後略）

十四日、（中略）今日北山殿大法結願也、大阿闍梨聖護院僧正御房八字文殊、着座公卿西園寺大納言実永、三条大（新）納言公宣、帥（町）中納言資藤、藤（広橋）中納言兼宣、中山宰相満親、殿上人教遠（山科）朝臣、教興（山科）朝臣、定光（広橋）等云々、教興朝臣与侍一人、布衣、真下子息歟、引御馬、毎月事也、大阿闍梨被仰勧賞、是又恒規也、（後略）

○北山第で修された八字文殊法の事例は本書五七七号史料の注記にあり。

応永十年（一四〇三）十月二十九日、足利義満が北山第で高麗の客人を接見する。

六六〇〔吉田家日次記〕応永十年十月二十九日条

『大日本史料』七編-六、三四八頁

廿九日、（中略）今日高麗客、参北山殿、有御対面云々、

応永十年（一四〇三）十月、雲頂院末寺山城国下久世庄内大慈庵が寺領への使節入部と臨時課役を停止するよう地頭の東寺に求める。

六六一〔山城国下久世庄内大慈庵申状案〕東寺百合文書 そ函二六-一

「（端裏書）下久世大慈菴之事」

相国寺雲頂院末寺山城国（乙訓郡）下久世庄内大慈庵領事

副進　二通　御判幷御施行

右当庵領帯　御判知行無相違者也、雖然東寺依為地頭、毎度懸反鐵（銭）等課役、所詮就当菴領不経　上載（裁）、公私之使節入部幷臨時公私課役等可有停止之由、願蒙制札之御下知、仍言上如件、

応永十年十月　日

○本史料の後に応永七年（一四〇〇）六月五日付「足利義満御判御教書案」（本書六一三号史料）と同月九日付「室町幕府管領畠山基国施行状案」（本書六一四号史料）が書き継がれる。

応永十年（一四〇三）閏十月十四日、足利義満が北山に大塔を再建するため、東寺・天龍寺等の僧衆を工事に動員する。

六六二〔鎮守八幡宮供僧評定引付〕東寺百合文書ワ函一九

『大日本史料』七編-六、六八一頁

「（表紙）鎮守八幡宮供僧評定引付応永十癸未」
鎮守八幡宮供僧評定引付
応永十年癸未七月二日
（中略）
閏十月十四日、（中略）
一塔普請事、可催上下庄（乙訓郡久世）之由被評定畢、
閏十月十八日、（中略）
一北山殿御塔普請人数、鎮守供僧卅人之内、宿老ノ法印、病悩之輩者可被免、但可被出人、於力者已下之物者、不可有許容之由治定畢、西方院（東寺）ハ一万座別行千日護广（摩）沙汰之間、曲可被免之由所望、則被免畢、加行者等則可被免也、

六六三〔吉田家日次記〕応永十年閏十月二十五日条
『大日本史料』七編-六、六八一頁
廿五日、（中略）今日大塔敷地普請、天龍寺僧衆勤仕之、諸大名已（ママ）沙汰之、南禅寺僧同参勤之云々、相国寺塔婆回禄之後、被改彼地、可被建立北山云々、以外之大儀歟、

応永十年（一四〇三）閏十月二十九日、相国寺の西隣にあった永円寺が、仁和寺摂取光院の敷地に移転する。永円寺跡は在中中淹に与えられる。

六六四〔吉田家日次記〕応永十年閏十月二十九日条
天理大学附属天理図書館蔵二一〇・五-イ四九
廿九日、（中略）今日師卿（日野町資藤）書札到来、是以前一両度有問答事、
永円寺事、祖父（柳原資明）・亡父（柳原忠光）骨を惣塔ニ籠置候、可有憚候哉、七ヶ日憚候哉、所詮奉行にもみせ候や（う）と遊給候ハヽ、悦入候、恐々謹言、
後十月廿九日　資藤
吉田殿（兼敦）
重仰恐入候、永円寺事、惣塔ハ諸人骨ともを少分つヽ為結縁籠置候、則御父祖御両代御墳墓ハ法界寺勿論候歟、最少分被籠置候儀候ハヽ、当日之外不可憚歟之由存候、仍不及載進別紙候、惣塔事何日壊渡候哉不存知候、内々被尋仰、不相当五日候様、可有御計候、先度申入候つるハ、明茂（和気）入道夫妻墳墓彼在所之間、兼敦可為七ヶ日假候、折節周章仕候、兼敦謹言、

抑今夕明直(和気)示送云、明茂入道夫妻墳墓今日已壊渡了云々、仍尊堂御遷坐他所、可為廿日假也、予(吉田兼敦)七ヶ日假也、相当斎月折節無骨、此間連々雖問答、彼跡建立一宇、今日事始之間、北山殿(足利義満)若公姫公御墓所昨日已被渡之云々、此上無力之次第也、此濫觴者永円律寺相国禅寺之西隣、当乾、移住仁和寺摂取光院之敷地、永円寺之跡被宛行天龍寺長老中淹和尚道号在中、之間、日来所建立永円寺之墓所等悉改葬云々、於摂取光院者被追立之、周章失度云々、尤不便歟、（後略）

○『大日本史料』七編-六、三六一・四七五頁参照。

応永十年（一四〇三）十一月二十九日、空谷明応が赤松則祐三十三回忌の仏事で陞座を務める。

六六五 （空谷和尚語録）『大正新脩大蔵経』第八一巻、一五頁

赤松宝林寺殿(則祐)三十三年忌請

索話云、洪鐘在簴、高低響而随扣撃、明鏡当台、妍醜彰而依臻臨、難逃日中影、宜発古大音、有僧出問、白銀状榻黄金壁、百宝荘厳開道場、無上法王無畏説、人間天上有宏綱、答曰、天下無二道、進云、慈惟北山居住、奉菩薩戒弟子、孝男前総州別駕(赤松義則)、応永十年十一月二十九日、伏値先考宝林寺殿自天祐公三十三回之遠忌、拝請和尚、挙唱宗乗、願垂一言、資薦冥果、（後略）

○赤松則祐は応安四年（一三七一）十一月二十九日没。

応永十年（一四〇三）十二月二日、足利義満が北山第で足利義詮遠忌の法華八講を行う。

六六六 （吉田家日次記）応永十年十二月条 『大日本史料』七編-六、三九五頁

（十一月）卅日、（中略）吉田相公(清閑寺家房)来臨、御八講参条々談合也、（後略）

（十二月）二日、（中略）自今日於北山殿被行御八講、来七日故宝篋院殿(足利義詮)御遠忌之故也、僧名着座公卿等可尋記之、

六日、己卯、天晴、和暖也、北山殿御八講結日也、着座公卿済々焉、具可尋記之、（後略）

○「応永九年記」（『大日本史料』七編-六、三九五頁）、「東院毎日雑々記」（同書三九七頁）、「遍智院宮御入壇記」（同書三九八頁）、「大乗院日記目録」（同書三九八

頁）、「諷誦願文草案」（同書三九八頁）に関連記事あり。
○応永十二年（一四〇五）十二月二日に行われた北山第での法華八講の記事は『教言卿記』同月二・六・十日条、「北山殿御八講参仕記」（『大日本史料』七編-七、五四三頁）、「続史愚抄」（同書五四四頁）に、応永十四年十二月三日に行われた北山第での法華八講の記事は『教言卿記』同月三・七日条にあり。

応永十一年（一四〇四）正月八日、杭州浄慈寺住持祖芳道聯が春屋妙葩の弟子昌繕の依頼により、春屋の頂相に賛を書く。

六六七〔春屋妙葩頂相賛〕光源院蔵（承天閣美術館寄託）

（白文朱長方印）「（印文不詳）」　（白文朱方印）「（印文不詳）」

道重丘山、行昭日月、以大海為境界者七十八年、将万像作弁舌兮熾然演説、黒竹篦不立聖解凡情、烹金炉鍛尽頑銅鈍鉄、千載振其高風、四衆仰其芳烈、磊々落々作師
日本天王、巍々堂々飛声
大明天闕、正所謂天柱中立狂瀾障回、象王行処狐踪屛絶者、是矣、
智覚普明国師春屋（妙葩）和尚遺像、其徒弟昌繕請賛、
永楽二年（応永十一年）歳在甲申春正月初八日、武林（浙江省杭州）浄慈住山拙逸叟道（祖芳）聯書、（白文朱方印）「祖芳」　（白文朱方印）「宗鏡堂印」　（白文朱方印）「（印文不詳）」

○『大正新脩大蔵経』第八〇巻、七二七頁参照。
○頂相は吉山明兆筆。

応永十一年（一四〇四）正月三十日、北山大塔の石引人夫が東寺領播磨国矢野庄から動員される。

六六八〔播磨国矢野庄供僧方年貢等散用状〕東寺百合文書れ函一一-一
『相生市史』第八巻上、六八三頁

（端裏書）「矢野庄供僧方散用状　応永十年分」
注進
東寺御領矢野庄（播磨国赤穂郡）供僧御方応永十年御年貢
　幷麦・大豆・雑穀以下散用状事
　合佰拾捌石捌斗伍合内
拾石玖斗三（二）舛九合三夕　年々川成、検（注）住以後
七舛四合三夕　康応元年川成（成脱、以下同）
三舛四合七夕　明徳三年川
四斗三舛七夕　応永三年川
二升四夕　同四年川

三斗六舛三合　　　同六年川

壱石捌斗一舛八合五夕　庄立用　如前々、

　已上拾三石六斗八〃（七）舛九夕

　残百伍石壹斗二〃（三）舛四合二夕

（中略）

一国下用

（中略）

応永十一年
四百文　正月卅日、北山殿大塔之石引人夫衣笠（北山）在
　京間、長夫一人立返一人、但代ニテ取之、
　半分定、

（中略）

右、散用之条々、若偽申候者、当所五社大明神、殊者大
師八幡大菩薩御罰、可罷蒙候、仍起請文注進如件、
　応永十（十一）年二月廿三日
　　　　　　　　了済（花押）
　　　　　　　玄舜（花押）

○紙継目に裏花押あり。
○「学衆方年貢等散用状」（『相生市史』第八巻上、六九〇頁）にも同内容の記載あり。

応永十一年（一四〇四）二月十六日、北山大塔の石引が行われる。

六六九〔南都真言院伝法灌頂記裏書〕

『大日本史料』七編―六、六八四頁

二月十六日、戊子、北山殿石引、

応永十一年（一四〇四）三月二十五日、足利義満が東寺に北山大塔建築の人足を出すよう求める。

六七〇〔廿一口方評定引付〕東寺百合文書く函一

『大日本史料』七編―六、六八二頁

（表紙）
「廿一口方評定引付応永十一年甲申」

（中略）

廿一口方評定引付応永十一年甲申

（中略）

（三月）
同廿五日、（中略）

一　北山
　御塔普請事

自（満済）三宝院（醍醐寺）、昨夕以状、来廿七八九日之間、御塔普請可
有之、自寺家可被出人衆之由被仰之間、披露之処、此

事去年冬可有其沙汰□□(之由)被相触了、而于今延引了、所詮衆中者除法印、其外悉可有御出、但病者幷加行者等可除之、又他住久世(乙訓郡)供僧○可催之、○近所諸庄園名主百性(姓)等悉可催之由治定了、就中堅済○明日参三宝院、且事子細共巨細可尋申之旨、評議了、

（後略）

同廿八日、（中略）

一　北山御塔普請人衆事

御塔普請可為明日、廿九日、就之自当寺凡僧中四人、土持料可被出之、奉行分両人実相寺法印隆禅、堅済、可出之由、三宝院被仰之間、於凡僧中四人可被参仁躰難計歟、所詮以合点可治定之由評定、仍令合点之処、重賢アサリ、乗守アサリ、光尊アサリ、宣隆阿闍梨合点了、彼仁躰可被参之由治定了、

一　気助料足支配事

衆中輒各百文、夏衆幷侍預等五十文、門指以下▨坊卅文可下行之云々、但他住供僧逐被出代官之方々百文遣之了、於当寺自身出仕方々百文○支配之之間(衍カ)、従以下支配無之、被出代官之人々、勘人数、人別下行之、

同廿九日、（中略）

一　普請人数事

御塔普請可為今日之由治定之間、既参于三宝院之処、○依雨降、今日普請可為延引云々、仍面々帰寺了、就其明日普請、御所様(足利義満)幷児達御沙汰之上者、自寺家人衆不足歟、仍衆中悉可被参歟之由披露之処、既自三宝院普請可被出人衆事被定申之上者、衆中悉可出之條不可然歟之間、如元可為人衆之旨重治定了、

応永十一年（一四〇四）四月三日、足利義満が北山に大塔を建立する。

六七一　〔大乗院日記目録〕応永十一年四月三日条

『増補続史料大成　大乗院寺社雑事記』一二巻、三〇一頁

四月三日、北山大塔立桂(柱)、

○〔　〕は『大日本史料』七編-六、六八一頁により校訂。

○「興福寺年代記」・「武家年代記」（『大日本史料』七編-六、六八一頁）、「和漢合符」（同書六八四頁）に関連記事あり。

六七二〔翰林葫蘆集〕『五山文学全集』第四巻、六七九頁

鹿苑院殿（足利義満）百年忌陞座

（中略）

同（応永）十一年四月、復於北山建七層大塔、公（足利義満）謂近習臣曰、天益乎吾、以功徳善根也、大哉善根、至哉功徳、昔魏主之長安（陝西省西安大荘厳寺・大総持寺）北台起七級塔、而高三十丈者、金主之大明寺（江蘇省揚州）造九級塔者、皆止于一次耳、公之随敗随興者、広大願心、唯天堪並矣、吾〔五〕仏在忉利天宮坐白玉座上、説造塔功徳之量、一切衆生、未有塔処、建立之者、其状高妙、出過三界、乃至々小如菴羅果、其人功徳、与諸天等、金口所称嘆、不可校〔校〕量、雖然、茲有一箇無縫塔、層落々乎他国師百年之後、影団々乎吾台霊百年以前、千古万古与人看、露、

○〔 〕は『大日本史料』七編―六、六八四頁により校訂。

応永十一年（一四〇四）、北山大塔供養が行われ、東寺僧が参仕する。

六七三〔東寺長者補任〕『続々群書類従』第二輯、六七八頁

同（永享）三年四月廿八日於等持寺（三条坊門）八講堂、有結縁灌頂、大阿闍梨満済准后、三宝院（醍醐寺）、色衆三十口、当寺々務再任三度之間、寺家三綱上衆四人、各二貫文宛下行之、中綱四人、上衆各百五十疋宛下行之、職掌二人各百疋宛下行之、先例北山御塔供養之時者、三綱各十貫文、中綱各五百疋、職掌各二百五十疋也、

○本史料には、先例として北山大塔供養に際しての下行額が記される。

○月日未詳であるが、便宜的に北山大塔建立にあわせてここにおく。

応永十一年（一四〇四）四月二十一日、鹿苑院侍者である鄂隠慧奯が山中橘六を院領近江国柏木御厨内宇田前河原下司職に補任する。

六七四〔鄂隠慧奯・昌琳連署補任状案〕山中文書

東京大学史料編纂所影写本三〇七一・六一―八一―四、一二丁

案文　せつかい（絶海中津）国師御院主の時、御下知ニより御いふ（衣鉢）侍者かくいん（鄂隠慧奯）の御下知、

補任　近江国甲賀郡柏木御厨内宇田前河原事、

右所者、任道俊（山中）・浄俊（山中）・善俊（山中）譲状之旨、帯代々安堵幷本主宛状等、当知行之上者、更不可有改動之儀、仍重而所

令補任之状如件、

応永十一年卯月廿一日　　主事昌琳在判

恵巌

山中橘六殿

但宝篋院（足利義詮）・鹿苑院（足利義満）殿様御判ハ御奉行所ニ在之、

○『水口町志』下巻、三四三頁に本文書正文の翻刻文が掲載されるが、正文には冒頭の案文以下の一行と末尾の但書がないため案文を掲載した。

応永十一年（一四〇四）六月十四日、これ以前、室町幕府が鹿苑院に美濃国鵜飼庄地頭職を寄付したが、当知行地であったため、京極高光に還付する。

六七五〔室町幕府御教書写〕佐々木文書

『大日本史料』七編-六、七二六頁

美濃国鵜飼荘（方県郡）地頭職事、雖被寄附鹿苑院、為土岐高山跡当知行之旨支申之間、先被閣畢、如元可全佐々木民部少輔（京極）高光所務之由、所被仰下也、仍執達如件、

応永十一年六月十四日　　沙弥（畠山基国）

土岐美濃入道（頼益）殿

応永十一年（一四〇四）九月十一日、相国寺の所領が山城国下久世庄内にあり。

六七六〔山城国下久世庄田数注文〕東寺百合文書リ函八五

注進　東寺八幡宮御領下久世（乙訓郡）□□田数事

合

貳拾捌町八段百拾二歩地頭本田幷加徴田内

除

壱町八段　安宗（養カ）院田　守護御方免状有是、

参町九反　相国寺（仁和寺カ）正□　□（守）護御方免状有是、

参町七反三百歩　大慈庵（雲頂院末寺）領　守護御方免状有是、

参町三百歩　三会院（臨川寺）領　守護御方免状有是、

参反小　密厳院（東寺）領　守護御方免状有是、

貳町五反半　賀茂平兵衛　守護御方免状有是、

七段大　願徳寺（乙訓郡寺戸）領　守護御方免状有是、

壱反半　八幡田　守護御方直納、免状有是

五反　西三昧田　守護御方直納、

以上拾六町八段大

残田十一町九反大□修理職二反宝勝庵除、残十一町七反大、

応永十一年九月十一日　　快春（花押）

○西谷正浩「室町時代における土地所有の様相」（『福岡大学人文論叢』二八-三、一九九六年）を参照。

応永十一年（一四〇四）十二月二十五日、この頃、足利義満が北山第（後の鹿苑寺）を造営するため、北山にあった曼殊院を移転させる。

六七七〔続本朝通鑑〕応永十一年十二月二十五日条

『本朝通鑑』第一二（国書刊行会）四二七一頁

廿五 壬辰、道義（足利義満）令竹内僧正良什、領曼殊院門跡及北野社別当職、依旧式、永以為例、

伝称、竹内寺院、旧在北山、至良什時、道義取之入鹿苑寺内、而以他地代之、授良什、

○足利義満は応永四年（一三九七）四月八日に北山第に移住しているため（本書五二六・五二七号史料）、曼殊院の移転はそれ以前か。

応永十二年（一四〇五）春、空谷明応が足利義持に顕山の道号を与える。

六七八〔常光国師行実〕『続群書類従』第九輯下、六九二頁

乙酉（応永十二年）春、再還鹿苑（鹿苑院）、相公（足利義満）欽慕如初、其在雲居（天龍寺）也、征夷大（足利義持）将軍入山問道、師（空谷明応）示以臨済（・義玄）語要、至是又求法諱別号、師為書顕山二字幷偈、献之、乃顧近侍曰、華厳錦冠云、経是心教、心起名言、詮顕此理、故名為経、斯語可以證焉、

（後略）

六七九〔空谷和尚語録〕『大正新脩大蔵経』第八一巻、三四頁

顕山号（足利義持）征夷大将軍

高挿蒼穹遠近看、玲瓏八面絶遮攔、煙雲秀気増温潤、草木欣栄極鬱蟠、愛静仁人甘域奥、入深仙客楽居安、寿与堯時崧岳並、三呼万歳四方歓、

応永十二年（一四〇五）四月五日、絶海中津が示寂する。

六八〇〔真愚稿〕『五山文学全集』第三巻、二七四七頁

応永乙酉孟夏（十二年四月）、和山上人自関西而至、謁吾勝定老翁（絶海中津）於病室、翁力疾而語諄々然、其翌且（旦）翁乃示寂、上人泣謂

予（西胤俊承）曰、吾叔大疑順化数載于茲、翁亦如此、則吾所可依頼者又誰耶、将還旧隠、友麋鹿、侶魚鳥、以楽暮年之情、何計如之、及秋八月、来訪予於抱節軒下曰、吾先計已決、遂出示一詩巻曰、是往在西山子之所、共交游者作、而其題辞亦子之師所親製也、子宜賦一章、以附見名於編末〔篇末〕有栄耀焉、予披覧之、歿者過半、而存者又各散処、嗟乎廿余年、而嚮之所共交游者、殆已尽矣、今上人亦遠去矣、予亦老矣、欲期重会厥惟難哉、於是改写旧編、以図画以装潢、且贅以小詩、而寓懐古傷今之意、上人今更字復菴云、

昔在亀山（天龍寺）日、英材会一時、何知三十載、各有死生離、白首対新画、多情検旧詩、臨行漫揮筆、転見後人悲、

○「真愚稿」は西胤俊承の詩文集。
○〔 〕は『大日本史料』七編―七、四六頁により校訂。

六八一〔峨眉鴉臭集〕『五山文学全集』第三巻、二二二五頁

祭絶海（中津）和尚文

維応永十有二年、歳次乙酉、四月丙寅朔、五日庚午、前南禅絶海和尚大禅師、唱泥洹於勝定（相国寺）精舎正寝、越壬申（七日）、南禅住持比丘某（太白真玄）、茲率一衆、粛詣霊幃、（後略）

○「峨眉鴉臭集」は太白真玄の詩文集。

六八二〔仏智広照浄印翊聖国師年譜〕『続群書類従』第九輯下、六七三頁

十（応永）二年乙酉、辞世頌曰、虚空落地、火星乱飛、倒打筋斗、抹過鉄囲、平日所常課者也、円覚、首楞厳、師（絶海中津）自謂、我嘗閲首楞厳有失笑之分也、

○「南禅寺住持位次」・「和漢禅刹次第」・「鹿苑僧録歴代記」・「扶桑五山記」・「五岳前住籍」・「武家年代記」（『大日本史料』七編―七、四四～四七頁）に関連記事あり。

応永十二年（一四〇五）四月五日、これ以前、絶海中津が伏見蔵光庵主の後任について、休翁普貫がふさわしいことを蔵勝庵に伝える。

六八三〔絶海中津書状〕慈照院文書（承天閣美術館寄託）

蔵光庵（伏見）事、光明院勅願異他御事候間、御一期之後者、誰人御方へ雖付嘱候、我々同門御事候間、非可見放申事候、今時分殊更観（貫）庵主（休翁普貫）御住候者、尤可然相存候、昨日観庵主

対面之時、此事再三雖辞退候、様々問答申候間、不可有
子細之由、御領掌候、御心安可被思食候哉、明日之程ニ
以参拝重可申定候、尚々此事無相違候間、悦喜此事候、
恐惶敬白、

十月十一日　中津《(絶海)》（花押）

蔵勝庵《(宇治)》侍司
(海印善幢カ)(切封)
｜｜

○年未詳につき、便宜的に絶海中津の示寂日におく。
○『大日本史料』七編-七、八四頁に翻刻文が掲載される。

応永十二年（一四〇五）四月五日、これ以前、絶海中津が林光院の中興開祖となり、絶海の門流が同院住持を継承するが、後に諸派から住持が出る。

六八四〔碧山日録〕応仁二年正月一日条　『大日本古記録』、下巻、二八頁

一日、（中略）赴紹《(鶴隠周紹)》公之請於霊雲《(東福寺霊雲軒)》、有点心之具、座有一
老衲、曰、余居関東歳久矣、諸山多《挙》年少比丘、任住持之
職、有梵竺隠、二十歳而住円覚、顕山相公《(足利義持)》召焉、欲睹其
妙年而着黄服、称長老之相反矣、遂応辟命、館於二條街
林光精舎、居五六年、後回於相、林光旧五條大后《(懌子内親王)》故宮也、
捨為仏寺、延請勝定師絶海《(・中津)》、為始祖、其孫輪次主焉、従
竺隠僑居、為諸派之棲止云、

○便宜的に絶海中津の示寂日におく。

応永十二年（一四〇五）四月五日、これ以前、絶海中津が関東五山の職位について、室町幕府の命令を円覚寺に伝える。

六八五〔絶海中津書状〕円覚寺文書　『鎌倉市史』史料編二、三三〇頁

関東五山職位之事、如元、天下通行、不可相違候、向後、
堅可被守京都定法之旨、去十八日被仰出候、寿福《(相模国鎌倉郡)》・浄智《(鎌倉郡)》・浄妙《(鎌倉郡)》、同以此旨、可被触候也、恐惶謹言、

五月十九日　中津《(絶海)》（花押）

円覚寺方丈

○年未詳につき、便宜的に絶海中津の示寂日におく。絶海中津が鹿苑院主であったのは、永徳三年（一三八三）九月二十日（『空華日用工夫略集』）から至徳元年（一三八四）六月（「仏智広照浄印翊聖国師年譜」）まで、応永七年（一四〇〇）四月以前から同十一年四月以後（今枝

愛真『中世禅宗史の研究』、東京大学出版会、二八四・二八八頁）であるので、このいずれかの期間に書かれたものである。

応永十二年（一四〇五）四月五日、これ以前、相国寺の鐘が鋳られる。

六八六〔絶海和尚語録〕

『大正新脩大蔵経』第八〇巻、七五三頁

和韻相国寺鋳鐘

寰海今無波浪驚、鋳鐘銅若鋳山成、焔吹石炭灌金穴、勢鼓土嚢融鉄城、掲示此方真教体、足資聖代煥文明、耳聞争似心聞好、莫認羅雲敲戛声、

○年月日未詳につき、便宜的に絶海中津の示寂日におく。相国寺の鐘を改鋳する記事は至徳四年（一三八七）七月十三日（『空華日用工夫略集』本書三七四号史料・「万年山相国承天禅寺諸回向并疏」）と明徳二年（一三九一）十月（「相国考記」本書四二六号史料）にあり。

応永十二年（一四〇五）四月五日、これ以前、絶海中津が天徳長老太初理淳尼の道号頌を作成する。

六八七〔絶海中津道号頌〕里見忠三郎氏所蔵文書

『書と人物』第二巻 僧侶、一〇五頁

大化渾然該万象、真風迥不落今時、威音劫外通消息、鉄樹華開第一枝、

天徳長老理淳（太初）大姉、従幼出家、嘗入先国師（夢窓疎石）南禅之室、清脩篤実、行業精勤、経教語録、古今機縁、無不淹貫矣、至乎玄解一発横機迅捷、則雖古之末山尼・劉鉄磨、不多譲也、別称太初、需語発揚、遂書一偈以塞其請云、

同門絶海道人中津「絶海」（白文方印）

応永十二年（一四〇五）四月五日、これ以前、絶海中津が細川頼之肖像に賛を書く。

六八八〔絶海和尚語録〕

『大正新脩大蔵経』第八〇巻、七五七頁

武州太守（細川頼之）桂巌居士

徳容春温、従之遊者、未嘗覚其機密、正色冬凛、望之畏者、未嘗睹其室虚、動而恒静、親而若疏、樹旗幢以臨辺、

威震夷狄、坐廟堂以論道、信及豚魚、遂能擁幼主（足利義満）於危疑
之際、全神器於分崩之余、彼方鳥合而蟻聚、吾乃霆掃而
風除、人徒見成績於今日、而不知予手之拮据、迄乎大縁
夙契投機雲居（天龍寺）、弄西河獅子、躍済北瞎驢、殺活自在縦横
巻舒、宿師老衲有所不如、然則致君与利民、豈非道真之
土苴也耶、

○年未詳につき、便宜的に絶海中津の示寂日におく。

応永十二年（一四〇五）四月、北山大塔建立の人夫に関する支出が東寺領播磨国矢野庄供僧方年貢等散用状に記される。

六八九〔播磨国矢野庄供僧方年貢等散用状〕

東寺百合文書ら函六、『相生市史』第八巻上、七三〇頁

（端裏書）「矢野庄供僧方散用状応永十二年分加新開畠成定、同十三年閏六月十八日算合了、」

注進
東寺御領矢野庄（播磨国赤穂郡）供僧御方応永十二年年貢
幷麦・大豆・雑穀以下散用状事
（中略）
守護役国下用事

（中略）
廿五文　四月六日、大塔（北山）木引（挽）之人夫催促使一宿、
半分定、
六百文　同四月八日、大塔木引用途催促騎馬の使
二騎入、八日より十一日まて、日別雑用、
半分定、
二百廿五文　同使の立符わひて（詫）取時、奉行ニ振舞ニ行
時、道の雑用、半分定、
三貫七百五十文　四月十九日、同大塔木引人夫用途二人半
の分、半分定、
二百廿文　同日、坂本へ納行時、道雑用度々分、半
分定、
二百文　同大塔人夫用途二人半にわひなす時、奉
行ニ振舞、半分定、
（中略）
右、散用之条々、若偽申候者、当所五社大明神、殊者大
師八幡大菩薩御罰、各可罷蒙候、仍起請文注進如件、
応永十三年三月廿一日
玄舜（花押）
了済（花押）

○紙継目裏ごとに、鎮守八幡宮供僧である快玄の花押が据えられている。

応永十二年（一四〇五）五月一日、明使三百余人が入洛し、北山第に参上する。足利義満が一条大門で見物する。

六九〇〔東寺王代記〕応永十二年五月一日条

『大日本史料』七編―七、一九四頁

五月一日、唐人入洛、上下三百余人云々、当寺（東寺）金堂且休、其間高麗人為礼拝来、即於礼堂砌下礼唐人、此高麗人去三月廿八日入洛也、即一日唐人等参北山殿（足利義満）、此時一條大門ニテ出御、其御乗物腰輿云々、

六九一〔官公事抄〕応永十二年五月一日条

『大日本史料』七編―七、一九四頁

五月一日、唐人入洛、上下三百余人、去三月入洛也、今日参北（足利義満）山殿、

応永十二年（一四〇五）五月二十二日、相国寺領能登国櫛比御厨内総持寺領段銭が免除される。

六九二〔相国寺都聞某奉書〕総持寺文書

『加能史料』室町Ⅰ、一六二頁

相国寺領能登国櫛比御（鳳至郡）厨内惣（総）持寺領段銭事、可被止催促候也、仍執達如件、

（異筆）「応永十二」
五月廿二日　都聞（花押）

両庄主禅師

（裏書）「為後證、所加判形也、

神保肥前入道（氏久カ）沙弥（花押）」

応永十二年（一四〇五）六月六日、北山大塔の真柱が引かれる。

六九三〔教言卿記〕応永十二年六月六日条

『史料纂集』、第一、一一頁

六日、（中略）

一大塔（北山）真柱引之、大勢云々、見物済々歟、

（後略）

応永十二年（一四〇五）六月十四日、天龍寺と相国寺が明使の

接待をする。

六九四〔教言卿記〕応永十二年六月十四日条

『史料纂集』、第一、一五頁

十四日、（中略）

一宋人ハ天龍寺ト相国寺ト沙汰之、破子ハ管領（畠山基国）云々、

（後略）

応永十二年（一四〇五）七月十一日、足利義満室の日野業子が没し、空谷明応が定心院の追号を授ける。越中国五位庄が追善料として相国寺に寄進される。

六九五〔教言卿記〕応永十二年七月十一日条

『史料纂集』、第一、二六頁

十一日、（中略）

一御台（日野業子）御円寂法（ママ）五十四才云々、御追号定心院、国師（空谷明応）被授申云々、

六九六〔相国考記〕応永十二年七月十一日条

『相国寺史料』第一巻、二四頁

七月十一日、鹿苑院殿（足利義満）御台族日野殿、定心院殿（日野業子）従一品大喜大禅定尼法名性慶逝矣、清住院（建仁寺）蘭洲（・良芳）和尚御弟子、越中五位（礪波郡）庄御追薦領、見当寺古記、

○『兼宣公記』同日条に日野業子死去の記事あり。「常光国師語録」（『大日本史料』七編-七、三四九頁）に空谷明応が作成した定心院殿秉炬の法語あり。

応永十二年（一四〇五）八月二日、北山第南御所が放火される。

六九七〔教言卿記〕応永十二年八月二日条

『史料纂集』、第一、三三頁

二日、晴、乙丑、（中略）

一北山殿南御所ニ子丑之時程放火、珍事々々、但打ケス、目出々々、

応永十二年（一四〇五）九月二十六日、山科教言が備中国呰部郷について常徳院主に申し入れる。

六九八〔教言卿記〕応永十二年九月二十六日条

『史料纂集』、第一、五七頁

廿六日、（中略）
一以資興（美作）盛都（昌盛）聞寮へ昨日礼申遣之、且引物雖為軽微、銚
子提・杉原十帖遣之処、早払暁ニ下向云々、留守僧如
此申、次呰部（備中国英賀郡）事常徳院（簡翁志敬カ）（相国寺）申遣之処、廿九日マテハ開山（夢窓疎石）忌
惣別無隙、来月可申試云々、
（後略）

応永十二年（一四〇五）九月二十七日、播磨国矢野庄田所家久子息の相国寺僧梵誗が庄内福勝寺住持職を望むが退けられ、充勝監寺の住持職が安堵される。

六九九〔廿一口方評定引付〕　東寺百合文書く函二
『相生市史』第七巻、三〇七頁

（表紙）「廿一口方評定引付 応永十二年乙酉」
廿一口方評定引付 応永十二年乙酉
（中略）
（九月）同廿七日（中略）
一　（播磨国赤穂郡）矢野庄内福勝寺住持職相論事
故田所家久子息号梵誗小僧住相国寺福勝寺住持職事、
代々田所一族中相伝之、依不慮子細、故住持源瑩西堂、
令義絶在京仁、雖然、於彼寺者、為我等一族中相伝寺
之上者、可預補任之由、○自去六月比令申之間、且出帯両方之支
証、可及其沙汰之由、令（先）度評定間、福勝寺当住持充勝監寺、雖
捧文書之案文、随身正文、可上洛之由、先度評定時、
依仰下、随身正文、上洛仕之間、以正文、及御沙汰之
処、於文書者、如判形、難知子細等有之歟、所詮、当
住持事、去年既被補任之上者、今更難及改動哉、仍○急下賜
案堵状、於田所少僧訴訟○者、可令棄置之由、評定落居了、
（安）案堵状案
東寺領播広（磨）国矢野庄例名方奥山福勝寺住持職事、為瑩
西堂弟子、久止住此寺之条、庄家無其隠歟、仍去年彼
西堂在生之間、既所被補任也、爰田所少僧梵誗、号有
由緒、近日雖出訴訟、義絶于瑩西堂、移他門、存生之
間、遂以不及向顔云々、此上者、敢非御沙汰之限哉、
早任先度補任之旨、全住持、弥可被専興隆之状、依仰
執達如件、
応永十二年九月廿七日　公文法橋祐円
権大僧都　法橋快舜

権少僧都
　　充勝監寺

応永十二年（一四〇五）十月十四日、室町幕府が東寺等諸権門領に北山大塔の用木を引く人夫を賦課する。

七〇〇〔大塔用木配符〕東寺百合文書ミ函五八
　　　　『大日本史料』七編‐七、五〇五頁

配符　大塔（北山）用木引事
　合八本者、六人もちのき（木）なり、かミの、
右、けんもんせいけ（権門勢家）の御りやうない（領内）をのそ（除）かす、さいそ（催促）く申へきよし、御けふしよ（教書）かくの○（こ）とし、今月廿日いせんニひきしんせらるへく候、もしいきのところあらハ、くはう（公方）（足利義持）よりかたく御さいくわ（罪科）あるへく候、ちけ（地下）のとのはら（殿原）たちふきやう（奉行）にいてらるへく候、
　　応永十二年十月十四日　　　　（花押）

応永十二年（一四〇五）十月二十八日、北山大塔用木引の夫役が東寺領山城国上野・久世・植松庄等に課せられたため、東寺側は免除の訴訟を起こす。

七〇一〔廿一口方評定引付〕東寺百合文書く函二
　　　　『大日本史料』七編‐七、五〇六頁

廿一口方評定引付 応永十二年 乙酉
「（表紙）廿一口方評定引付 応永十二年 乙酉」
　　　（中略）
　同廿八日、（十月）（中略）
一　上野（葛野郡）庄人夫役間事
今度御塔（北山）材木引人夫事、以別儀、先日既致沙汰但以代銭守護夫取之、上野夫三人分八百文、加宿直定、久世上下（乙訓郡）庄廿七人分五貫四百文、人別二百文宛云々、之処、重懸夫役之間、不可叶之由返答之処、地下入大勢催促云々、仍自寺家夏衆以下三四十人、去廿四（五）日夜下庄家、相支之間、不及譴責、而此事無念之由申之、同廿六日○（相依近隣近郷）率大勢、帯甲冑、既発向庄家之由風聞之間、夏衆以下急可罷上之由、加下知了、仍同夜忍入庄家帰（出）寺了、事儀以外之間、○（管領）付訴申、寺家奉行被仰斎藤上野入道（玄輔）、守護方（高師英）被成奉書、仍守護夫役可止催促之由、遵行之間、斎藤上

野入道可被御会尺哉事披露処、二百疋・榧一、年預可
随身之由評定了、

七〇二〔東寺八幡宮雑掌申状案〕東寺百合文書を函五一

『大日本史料』七編-七、五〇五頁

東寺八幡宮雑掌謹言上
社領山城国上野庄(葛野郡)・久世(乙訓郡)・植松庄(葛野郡)等人夫役間事
右社領夫役事者、被優神威、預御免候条、度々御教書明
白也、仍今度御材木(北山大塔)引夫役、尤雖可歎申入、先随仰可召
進人夫之由、加下知之処以代銭可給之由、守護使申之間、
既致其沙汰了、上野庄人夫三人分八百文、久世庄廿七人分五貫四百文、而上野庄重懸人夫
之間、重役不便之由為歎申、神人幷寺官等在庄之処、去
夜廿六日、守護(高師英)使両人鶏冠井、隅田、率大勢、帯甲冑押寄彼所之
間、寺官幷百性(姓)等悉逃落了、剰打擲神人、及種々狼藉之
條、言語道断之至也、如今者可及御願之違乱神事闕退之
条勿論歟也、早被経厳密之御沙汰、於守護使両人者、預御
罪科、於夫役者、被任度々御教書□(之)旨、蒙御免、為全神
事、謹言上如件、

応永十二年十月　日

応永十二年（一四〇五）十一月三日、空谷明応が北山第南御所で円覚経を講ず。

七〇三〔教言卿記〕応永十二年十月・十一月条

『史料纂集』、第一、六一頁

（十月）十三日、（中略）
□□□□□(等)持院予(山科教言)ニ預言付、恐畏入者也、北山殿(足利義満)
細々□□□□□(洛北)□(義)云々、円覚経歟、
（後略）
（十一月）三日、（中略）
□□□□円覚経於南御所、国師(空谷明応)、

応永十二年（一四〇五）十一月十四日、室町幕府が山城国伏見庄の四至を確定し、大光明寺に管領させる。

七〇四〔室町幕府御教書写〕伏見宮御記録

『大日本史料』七編-七、五三五頁

御教書案
御料所山城国(紀伊郡)伏見庄事、被預置大光明寺(伏見)之旨、去応永七

年被成御判御教書訖、而四至傍（牓）示於三方者無相違、至于西方者、自方々打越堺云々、早任大宝（マヽ）年中之例、可被沙汰付寺家雑掌之由、所被仰下候也、仍執達如件、

応永十二年十一月十四日　沙弥（斯波義教道孝）判

高（師英）土左入道殿

応永十二年（一四〇五）十一月二十一日、相国寺昌盛都聞が美作国富美庄の杣から北山大塔の材木を搬出する。

七〇五〔教言卿記〕応永十二年十一月・十二月条

『史料纂集』、第一、八〇頁

（十一月）廿一日、（中略）

一水田（備中国英賀郡）ヨリ盛都聞（昌盛）使下向、請取幷状等遣之、都聞ハ杣山ニ公方御材木為奉行罷入之間、送文許ニテ無状、然而是ヨリハ委細状、倉部（山科教興）或ハ人絵扇十本遣下者也、

（十二月）廿九日、（中略）

一盛都聞音信、富美庄（美作国苫西郡）ヨリ、杣ニ此間北山殿御材木奉行之間、依計会年内水田土貢不進、何様明春早々可進之云々、且蠟一器送給、闕乏之処自愛々々、即懸之、

（後略）

○美作国富美庄は相国寺領（本書六〇六・一五六三・一五八八号史料）。

応永十二年（一四〇五）、夢窓疎石の碑銘が明よりもたらされ、その後、大巧如拙に命じて碑の建立が準備されるが、取り止めになる。

七〇六〔臥雲日件録抜尤〕文安五年三月十五日条

『大日本古記録』、一二六頁

十五日、今日問古邦（・慧淳）、開山（夢窓疎石）碑銘、今在何処、古邦曰、在勝定院（相国寺）云々、応永十二年、此銘自大明来、将刻以建之崇寿院（相国寺）祖塔云、々主観中和尚（・中諦）、先命中穎侍者写之、穎因循不果、後鄂隠（・慧奯）居鹿苑（鹿苑院）時、咨于勝定院殿（足利義持）、欲刻之於石、因命如拙（大巧）、行四判（州）求碑石、々難致、勝定相公、問其費、則拙曰、不役万人、則不可得、勝定相公、恐煩国民而止矣、

—

○文中にある鄂隠慧奯の鹿苑院主在任は応永二十一年（一四一四）六月十一日（『満済准后日記』）から応永二十五年（一四一八）六月十二日（『看聞日記』）まで。

年月日未詳、絶海中津が大巧如拙と命名する。

七〇七 〔三教図賛〕 両足院蔵

『禅林画賛』一三五頁

（前略）能画者、其名曰拙《如拙》、広照師《絶海中津》所命、取大巧如拙之義也、絵三教於同幀、以明一致之旨、雖云墨戯《戯》、不為無補於世、友人雲菴、需題其上、遂叙其出興始末、庶幾知吾宗本源乎、彼嘆鳳綱常之教、或可尋其緒、至猶龍虚無之徒、則此邦所無也、白牛先生《宋濂》宋文公、有日東曲、曰、青牛不度大洋海、莫怪無人読道書、金華阿徒罕臏叟題、

「《朱文鼎印》（印文不詳）」「《方印》（印文不詳）」

○「三教図」は伝大巧如拙筆。前号史料に如拙が登場するため、便宜的にここにおく。

年月日未詳、大巧如拙が相国寺に居住する。

七〇八 〔本朝画史〕『訳注本朝画史』一九八頁

僧如拙《大巧》 九州人、居相国寺、善画山水人物花鳥、似南宋馬遠・夏珪・牧渓《谿》・玉澗、及胡元顔輝、古来倭手能画者未学宋元風、如拙始学之、大得其法、

○大巧如拙に関連する史料のため、便宜的にここにおく。

年月日未詳、大巧如拙が吉山明兆に師事する。

七〇九 〔丹青若木集〕『日本絵画論大系』Ⅱ、三三七頁

如《大巧》説《拙》〔一為拙亦為雪〕 東福寺派僧也、不知所住、師明《吉山》兆臻丹青妙所、全不拘形似、惟要於神気活動筆墨秀潤、而不可逮于学、惜哉図絵不多、狩野氏祐《正信》清《勢》初倣如説、代々発画名、

○大巧如拙に関連する史料のため、便宜的にここにおく。

応永十三年（一四〇六）**正月二十五日、無求周伸が北山第で足利義満から寿星像を贈られる。**

七一〇 〔臥雲日件録抜尤〕宝徳三年四月二十四日条

『大日本古記録』、五九頁

廿四日、希世《・霊彦》侍者来過、――話次及福禄寿之事、希世曰、吾少年、聞惟肖《・得巌》説曰、（中略）又挙惟肖題岩栖院殿《細川満元》扇面寿星詩曰、老人星是太平祥、現則時清主寿昌、丹頂緑毛千万歳、比公猶是少年場、予《瑞渓周鳳》亦挙太《大》岳《・周崇》与予《無求周伸》先賛寿星之詩

告之、凡寿星像、在々有之、大略写予先人（無求周伸）所蔵也、按応永十三年丙戌、先人居崇寿院（相国寺）、正月廿五日、鹿苑院殿（足利義満）、請諸老宿於北山府第、各有多色寵贈、寿星像、乃賜先人之一也、故以此為詩題也、（後略）

応永十三年（一四〇六）二月十七日、山科教言が備中国呰部郷の庄主の補任について空谷明応に相談する。

七二〔教言卿記〕応永十三年二月・三月・四月・七月条

『史料纂集』、第一、一二二頁

（二月）十七日、（中略）

一常徳院（相国寺）ヘ罷向、呰部（備中国英賀郡）事重補任状被遣、盛都（昌盛）聞可入人之由申談之処、退蔵（伏見）坊主（本瑜）ニ可申云々、

十九日、（中略）

一退蔵庵来臨、呰部重補任状事申試、忩々国師（空谷明応）ニ伺申、状可取賜云々、珎重、勧一盃、殊更引物ミノ紙モロクチ一束、扇居之、左道、比興々々歟、次常徳院来臨（参会）、同一献勧之、入興々々、

一盛都聞国ヨリ呰部事如何トテ人ヲ上之由、承祁副寺来申也、資親相対、勧一盃也、

（後略）

廿一日、（中略）

一退蔵庵来臨、呰部補任状事国師ニ令申之処、只為上意、且壇（檀、以下同）方可有沙汰之由被申、忩可伺申云々、裏松（日野重光）ニ可申也、

（後略）

（三月）三日、（中略）

一退蔵庵坊主入来、呰部事忩可申云々、所詮為壇方伺上意可相計之旨事、

（後略）

四日、晴、甲午、時正結日、

一退蔵庵入来、国師ニ令申之処、只為壇方公方ヘ被申、何トモ可有計沙汰云々、先目出、且昨日薬師寺参等持（洛北）院、今年ハ某奉行仕、御年貢不可有無沙汰之由申ケリ、仰天之躰候云々、一昨日ハ正守護（細川頼重）為礼トテ参申ケル、肝要ハ壇那方沙汰由薬師寺ニ返答云々、形勢分推量歟、寺家僧漏▨（達）歟、比興々々、

（後略）

六日、（中略）
一倉部（山科教興）裏ヨリ帰宅、呰部事能々令申了、常徳院モ折節参
会之間、相共ニ令申云々、目出々々、
（後略）
八日、晴、戊戌、
一呰部事裏松へ申之処、無子細可成奉書之由領状、目
出々々、大概案文進之、倉部持参、
（後略）
廿九日、（中略）
一常徳院来臨、所詮裏松ヨリ国師へ呰部郷事補任不被出
之段ハ、何様子細哉、就其可申沙汰之由被申、一途出
来神妙也、
（後略）
（四月）十七日、（中略）
一常徳院来臨、呰部事重補任不可有之、所詮我只可改替
之由申上之者、以其分忩々可有申沙汰、万一有尋沙汰
者、分明ニ可申云々、何可有疑哉、国師被申、此上者
裏松モ不可有疑貽（殆）哉、早々可申之由倉部ニ申者也、
（七月）十九日、（中略）
一倉部呰部事為国師中景徳寺（嵯峨）敬首座（簡翁志敬）、罷向也、常徳院・
退蔵等可申事敬首中条（座脱）斟酌也、何様便宜ニハ物語ハ可
申云々、
（後略）

○呰部郷の関係記事は、他に『教言卿記』応永十三年正月
二十日、二月二十七・二十九日、十月二十七日条にあり。

応永十三年（一四〇六）三月八日、北山第の北御所寝殿の立柱が行われる。

七二 〔教言卿記〕応永十三年三月条
『史料纂集』、第一、一三一頁

三日、（中略）
□（一）菊第（亭）右府（今出川公行）被参北御所（北山第）、震（寝）殿御造作之時分御対面無在所、
何事被参ソト、以教興（山科）朝臣被尋申、別事不候、余久不
参入之間、為礼参入之由云々、被然者静ニ可有御参之
由被仰也、
□（一）赤松入道（義則）普請大勢群参、彼入道対教興朝臣申礼云々、
神妙々々、

（後略）

八日、（中略）

一北山殿北御所柱立、目出、

（後略）

○「荒暦」（『大日本史料』七編－七、八七六頁）に関連記事あり。

応永十三年（一四〇六）四月三日、観中中諦が示寂する。

七三〔名僧行録〕『大日本史料』七編－七、九二四頁

勅謚性真円智禅師大和尚

師諱中諦、字観中、本貫阿州人、族姓日奉氏、始其母夢、有一沙門、面甚皓白、左手持錫、右手挐錦裹物、置之懐中、捫而睹之利刀也、遂有娠焉、九齢而入京師、親見天龍開山正覚国師（夢窓疎石）、始預籌室一数、而其明年国師俄戢化、権入般涅槃、由是不及参扣一指頭禅、蓋後来冷暖自知者也、晩年還阿州、董莅補陀之席、塔在天龍曰永泰、源氏（細川頼元）右京兆為其兄桂岩居士（細川頼之）追厳所（衍カ）所建也、在讃州曰普済、武州所憩也、在相国曰普広、旧号乾徳、有碧岩抄、曰青嶂集、有三体詩抄等、此外機縁当院回禄之時、語録紛失、故整雖為後裔（脱アラン）、応永十三年丙戌四月三日逝、寿六十五歳、寂于永泰寝室云々、

応永十三年（一四〇六）四月三日、これ以前、観中中諦が摂津国勝尾寺に同国守護細川頼元の制札を送り届ける。

七四〔観中中諦書状〕勝尾寺文書

『箕面市史』史料編二、三八六頁

守護殿（細川頼元）制札之御判并長塩方副状取進候、於向後者、背此旨輩者、註（注）名字可給候也、恐々謹言、

五月廿四日　中諦（観中）（花押）

勝尾寺（摂津国豊島郡）衆徒御中

○年未詳につき、便宜的に観中中諦の示寂日におく。

○本史料は年未詳であるが、細川頼元が摂津国守護在任時に守護代であった長塩氏がみえることや、観中中諦が阿波国出身で細川氏と密接な関係にあったことから、摂津国守護を細川頼元に比定した。この推定に基づけば、頼元の没年である応永四年（一三九七）以前となる。

応永十三年（一四〇六）四月三日、これ以前、観中中諦が大用庵の件は国内の動乱が鎮まってから沙汰することを土佐国吸江庵に伝える。

七一五〔観中中諦書状〕吸江寺文書

東京大学史料編纂所写真帳六一七一・八四-二

白布五段・羊皮一枚拝領下▨▨候、蠟燭三十ヶ進之、
此旨可書出候、

御札委細拝見仕候、国中物忩計会仕候、乍去貴寺辺属無為付承候、大啓此事候、就其候てハ、蒙仰条々雖不存等閑候、今時之分国中沙汰一切ニ令停止候間、不及披露候、定可属無為候歟、其時件之沙汰可仰候、就中大用庵事ハ、自鹿苑院被仰出子細候間、此上ハ愚身難斗候、其子細此僧ニ直ニ申入候、可有御尋候、但福園寺免田一段文書上候て候へハ、可有御沙汰存候、此事ハ鹿苑院委細仰大用庵、無理様ニ被思食候間、不可道行候、先暫御指置候て可然存候、尚々国中静後、今度条々可中沙汰候、御心安思食候、恐々謹言、

五月廿五日　　中諦（観中）（花押）

謹上　吸江庵方丈（土佐国長岡郡）

○年未詳につき、便宜的に観中中諦の示寂日におく。

応永十三年（一四〇六）五月十五日、日野量子（円照院）が死去する。円照院は空谷明応に帰依していたため、美濃国座倉半分を追善料として相国寺に寄進する。

七一六〔相国考記〕応永十三年五月十五日条

『相国寺史料』第一巻、一二五頁

五月十五日、鹿苑院殿御息室勝鬘院殿（藤原慶子）御妹、円照院殿贈三品勝林大禅定尼逝矣法名浄殊、師於常光国師（空谷明応）、坐倉半分御追薦領、見于当寺古記、

○日野量子は足利義満室藤原慶子妹。

○『大日本史料』七編-一三、二一四頁の円照院贈三品勝林殊夫人遠忌拈香（「一華東漸和尚龍石藁」）が関連。

応永十三年（一四〇六）五月二十日、足利義満が乾徳院を相国寺の塔頭に列する。

七一七〔足利義満御判御教書〕普広院文書

(端裏貼紙)「鹿苑院殿」(花押)(足利義満)

相国寺乾徳院事、可為当寺諸塔頭之列之状如件、

応永十三年五月廿日

○『分散した禅院文書群をもちいた情報復元の研究』五九頁参照。

○乾徳院は後に普広院と改称される。

応永十三年（一四〇六）五月、北山大塔建立の人夫に関する支出が東寺領播磨国矢野庄学衆方と供僧方の年貢等散用状に記される。

七八〔播磨国矢野庄学衆方年貢等散用状〕東寺百合文書ヲ函五五―一

『相生市史』第八巻上、七四四頁

(端裏書)「矢野庄学衆方散用状广(応)永十三年分、同十四年四月十日算勘了、」

注進

東寺御領(播磨国赤穂郡)矢野庄学衆御方応永十三年御年貢

并麦・大豆・雑穀以下散用状事

（中略）

守護役国下用

（中略）

三百十五文　五月廿七日より廿九日まで、(北山)大塔木引騎馬使日別雑用、半分定、

九十文　同廿八日、坂本の使立符取行時、道雑用、半分定、

三貫七百五十文　同廿九日、大塔木引人夫代、二人半代、半分定、

百文　同人夫代坂本へ納所□□(する)時、道雑用、度々分、半分定、

（中略）

右、散用之条々、偽申候者、当所五社大明神、殊者大師八幡大菩薩御罰、可蒙各罷者也、仍注進如件、

応永十四年二月九日　玄舜（花押）

定深（花押）

○紙継目に裏花押あり。

○「供僧方年貢等散用状」（『相生市史』第八巻上、七五七頁）にも同内容の記載あり。

応永十三年（一四〇六）六月十一日、明使が入洛し、北山第に

向かい、足利義満が室町殿一条総門で見物する。

七一九〔教言卿記〕応永十三年六月十一日条

『史料纂集』、第一、一七四頁

十一日、晴、己巳、
一唐人参北山殿（足利義満）云々、如先規伶人等一曲云々、散状追可尋記也、
一鶏楼（奚婁）ハ右舞人多忠興云々、
一鼓ハ同忠信云々、俄之間不及相触南都歟、

七二〇〔東寺王代記〕応永十三年六月十一日条

『大日本史料』七編‐八、五四頁

六月十一日、唐人入洛、進物済々驚目畢、今日直参了、北山殿（足利義満）一條総門御参向、御乗物腰輿云々、

○この時の明国書は『大日本史料』七編‐八、五四頁にあり。

応永十三年（一四〇六）七月二日、足利義満が寿塔の建立を望み、その実地検分に空谷明応が立ち会う。

七二一〔教言卿記〕応永十三年七月二日条

『史料纂集』、第一、一九六頁

二日、降、己未、
一常徳院（相国寺）来臨、等持院（洛北）へ□御成、所詮御塔頭ヲ▨可立、先今日地形御沙汰云々、珎重々々、只国師（空谷明応）許御相看云々、次飛驒古川（姉小路尹綱）上洛、裏松（日野重光）参申度、可媒（介）之由倉部（山科教興）ニ常徳被仰也、

（後略）

応永十三年（一四〇六）七月五日、周防国にある相国寺領・鹿苑院領への東寺修理料段銭が免除される。

七二二〔室町幕府御教書案幷事書案〕東寺百合文書て函九‐六

『大日本史料』七編‐八、一〇九頁

（端裏書）「周防国段銭御教書幷事書案」
周防国段銭事、所被付○東寺修理要□（脚）也、早守事書之旨、厳密可被執進之由、所被仰下也、仍執達如件、
応永十三年七月五日　沙弥（斯波義教）判

大内周防(盛見)守殿

事書
一　周防国段銭事（応永十三 七五）

以反別五拾文宛、所被付東寺修理要脚也、早召出太田文、令支配国中公田、（除三社領、三代御起請地、相国寺并鹿苑院領、）不謂諸権門領、厳密加催促、来十月中可被執進、於難渋之所々者、遂使者入部、可被譴責、尚以及異儀者、為有殊沙汰、云在所、云交名、載起請之詞、可被注申之也云々、

応永十三年（一四〇六）七月十一日、定心院（足利義満室日野業子）一周忌の仏事が等持院で行われ、万宗中淵が拈香を務める。

七三〔教言卿記〕応永十三年七月十一日条

『史料纂集』、第一、二〇〇頁

十一日、（中略）

一等持院(洛北)へ新御所(足利義持)成、故定心院(日野業子)一廻為御焼香、御共ニ右(山科教冬)兵衛督参、神妙々々、拈香相国寺前住万宗(・中淵)和尚云々、

応永十三年（一四〇六）七月二十四日、正脈院主堅中圭密が東寺最勝光院領遠江国原田庄細谷郷の代官職に任命される。

七四〔最勝光院方評定引付〕東寺百合文書る函二一

『静岡県史』資料編六中世二、六六四頁

（表紙）
「廿四
最勝光院方評定引付（応永十三 丙戌）」

最勝光院方評定引付（応永十三 丙戌）

（中略）

同(七月)廿四日

頼暁　教遍　隆禅　堯清　快玄　宣弘

一遠江国原田(佐野郡)庄細谷郷代官事

先代官鈴蔵(常喜)他界、仍彼代官正脈院主(真如寺)蜜(密)禅師(堅中圭密)所望、請人事、三條辺知行屋地有之、彼代官可立之由申候間、無不法之儀者、可宛行由、評儀候了、

八月四日

頼暁　教遍　杲淳　快玄　宣弘

正脈院(堅中圭密)請申候間、不可有子細処、請人事、更心得尋候、雖無請人、可被預置由歎申候、彼僧事者、天龍寺先住也、然者自身捧請文、不可有子細之由、依面々意見、治定了、

東寺領遠江国原田庄細谷郷領家方所務職半済定、事、所被宛
行也、毎年京進貳十貫文除運賃・雑用幷庄立用、十月中、無懈怠、可
令沙汰之給之由、所衆儀也、恐々謹言、
七月廿八日　　宣弘
正脈院方丈

（後略）

○後略部分に次号七二五史料が写されている。

応永十三年（一四〇六）八月三日、正脈院主堅中圭密が東寺最勝光院領遠江国原田庄細谷郷代官職を請負う。

七二五〔正脈院主堅中圭密代官永哲代官職請文〕

東寺百合文書ヤ函五二、『静岡県史』資料編六中世二、六六七頁

（端裏書）「細谷郷代官正脈院（真如寺）請文正文応永十三八三」
請申　東寺御領遠江国（佐野郡）原田庄細谷郷寺用米半済定、御代官職
事
右、為寺家被宛行之上者、自当年無懈怠、毎年十月中、
不云地下之損不、貳拾貫文除運貨（賃）・雑用幷庄立用、可致其沙汰、若有
不法之儀者、速可被召放所務職者也、仍為後日請文状如
件、
応永十三年八月三日　　正脈院代官 永哲（花押）
圭密（堅中）（花押）

七二六〔正脈院主堅中圭密代官永哲代官職請文案〕

東寺百合文書さ函九〇、『静岡県史』資料編六中世二、六六七頁

（端裏書）「細谷郷代官職請文案応永十三八三」
請申　東寺御領遠江国（佐野郡）原田庄細谷郷寺用米半済定、御代官職
事
右、為寺家被宛行之上者、自当年無懈怠、毎年十月中、
不云地下之損不、貳拾貫文除運賃・雑用幷庄立用定、可致其沙汰、雖
為少事無沙汰時者、可為請人弁、万一猶有不法之儀者、
速可被召放所務職者也、仍為後日請文状如件、
応永十三年七（八）月三日　　（真如寺）正脈院御代官　哲蔵主（永哲）
正脈院請人

年未詳三月三十日、正脈院永哲が遠江国原田庄細谷郷の年貢上進につき東寺に返書する。

七三七〔正脈院永哲書状〕東寺百合文書さ函一五〇

『静岡県史』資料編六中世二、六七四頁

（端裏書）
「正脈院細谷事」
御状委細拝見仕候、抑年明候者、自是可進人之由存候処
ニ、唐船未九州ニ延引候間、か様之事共人々上下共細々
候間、取乱候て無其儀候、又此間、依寺領事共計会共候
間、人をも不進候条、背本意候、一昨日人給候、聽て御
返事待候処ニ心付候て延引候、只今状かき進之候処、重
御状給候、恐入候、細谷郷（遠江国佐野郡原田庄）之御年貢の事、代官方へ年内
承候しことく申下候、此間上洛候て可申候由申候間、待
入候、若延引候て、又人を下候て委細承候て可申入候、
愚身も自田舎申候間も心（不）得候、重て尋候て可申入候、如
此未進共候事、失面目候、委細尋候て、無正躰式にて候
ハヽ、自是も可存候、其子細候者、逐而可申入候、此旨
御披露候ハヽ、喜入候へく候、諸事期面之時候、恐々謹言、

三月卅日　　永哲（花押）

御返事

（切封）
ー

御返報　　自正脈院（真如寺）
　　　　　　永哲

○年未詳につき、遠江国原田庄細谷郷代官職の史料にあわせて掲載する。

年未詳十二月十六日、正脈院主堅中圭密が東寺に当年分の年貢の内訳を説明する。

七三八〔正脈院主密書状〕東寺百合文書さ函二〇七

『静岡県史』資料編六中世二、六六八頁

（礼紙ウハ書）
「ー　　正脈院
東寺　御返事　　圭密」

御状委細承候、兼又彼年貢事、当年ハ及半分候て、守護
方へ被取候、請取を先日進之候、相残分拾壱（五百）貫文にて候、
人を給候て委細是にて可申候、明後日十八日当寺（真如寺）入院に
て候間、折節物忩候、十九日廿日之間、自是可進人候、
其時委細可申候、恐々謹言、

十二月十六日　　圭密（堅中）（花押）

○正脈院主堅中圭密が代官職を務める東寺最勝光院領遠江国原田庄細谷郷に関するものと考えられるので、細谷郷

代官職の史料にあわせて掲載する。

応永十三年（一四〇六）八月二十四日、北山殿拱北楼が大風により倒壊する。

七二九〔三国一覧合運〕応永十三年八月二十四日条

東京大学史料編纂所影写本三〇四〇・〇-一一-三

十三（応永） 八月廿四日、夜大風、北山拱北楼倒、

応永十三年（一四〇六）八月、鄂隠慧奯・西胤俊承等が土佐国吸江庵の規式を評定で定める。

七三〇〔土佐国吸江庵法式〕吸江寺文書

『高知県史』古代・中世史料編、一〇七八頁

吸江庵（土佐国長岡郡）法式

一諷経坐禅不報公界而懈怠者可有罰、

一号先師之門弟、常ニ来集費用常住公物、甚不可然、若有向晩来者、勿過一宿一飯及信宿、則可自出陪堂、又雖住侶不許私借用銭穀、寺官亦勘定時不可出借状而止、

一菴中僧衆幷行者人力勿致闘諍、若有小紛争則守職者勧令和合、及于相罵相打不論理非両倶出院、

一門内不許入酒、

一諸荘園庄主職事、以三年為限、勘定之時莫立荘未進、況於納分乎、至于淂（得）分可為寺納十分一、背此旨者、雖為三年中可改易之、

右件々本院（勝定院）末寺堅守之、莫忽諸、

応永十三年八月日評定

妙勒（花押）
俊承（西胤）（花押）
恵奯（鄂隠）（花押）

応永十三年（一四〇六）十一月二十八日、日野重光が常徳院領但馬国小佐の守護押領を足利義満に訴える。

七三一〔教言卿記〕応永十三年十一月・十二月条

『史料纂集』、第一、二六三頁

（十一月）廿七日、薄雪、癸未、

一泰嗣（安倍）朝臣宿所へ北山殿（足利義満）御成、仍為役送倉部（山科教興）可参之由、自裏松（日野重光）被仰之間参也、裏松被参、十四献、重宝御小袖

四五十重、云々、目出々々、此辺事種々御雑談、且至常
御房但馬事、裏被申出云々、
廿八日、（中略）
一常徳院（相国寺）来臨、予（山科教言）不相看、倉部於泉坐敷（ママ）対面、所詮但馬
小佐（養父郡）事・故怡雲庵（嵯峨）事有御雑談之処、裏松守護（山名時熙）押領之由
被申出歟、如此聞及彼西堂来也、
（後略）
（十二月）五日、（中略）
一常徳院来臨、小佐事不可有子細之様御沙汰、畏入々々、
為礼倉部ニ相看也、
（後略）

応永十三年（一四〇六）十二月一日、神楽が北山惣社で行われ、足利義満の命で綾小路信俊が笛を奏す。

七三二〔御神楽雑記〕応永十三年十二月一日条
『大日本史料』七編－八、三〇三頁

同（応永十三年）十二月一日、北山惣社御神楽也、隆躬（西大路）朝臣病気之間、
予（綾小路信俊）可為笛所作之由、以裏松（日野重光）承之間、俄神楽笛ヲ景秀（大神）ニ伝
受之、
目六
庭火、縒合、阿知女、榊、無尻上、比興也、韓神、才男子、音
取、誰贄人、閑野、千歳、折之、早歌、星、三首、先音
取、朝倉、其駒、
所作人
本拍子、忠興（多）、末拍子、多久乙、付歌、多忠信、同忠清、同久武、笛、予、初度、
篳篥、兵部卿揚梅兼邦卿、和琴、陪従経方（源）、出羽守、五位、人長秦久遠、景房（大神）、
安部季英等著座、
予被催笛之間、拍子地下也、神楽之体以外比興、左道珍
事也、凡追年随日雖陵遅、事外聊爾、最略行之、不可然
歟、更不可成祈禱、猶々不快珍事也、予笛所作当年初度、
俄被仰之間、初而渡之、雖聊爾不可然、依北山殿（足利義満）貴命無
力之、
○北山惣社神楽は毎年十二月一日に行われる。応永十四年（一四〇七）の記事は「御神楽雑記」（『大日本史料』七編－九、三四五頁）、応永十六年の記事は同記（同書七編－一二、二五六頁）、応永十七年の記事は同記（同書七編－一三、四三九頁）、応永二十六年正月一日（前年十二月

一日分が翌年に延期される）の記事は同記（同書七編－
三三三、二二九頁）にあり。

応永十三年（一四〇六）十二月二日、北山第で作事があるため、北山八講が青蓮院で修される。

七三三〔大乗院日記目録〕応永十三年十二月二日条
『増補続史料大成　大乗院寺社雑事記』一二巻、三〇三頁
十二月二日、北山八講、於青蓮院修之、北山作事故也、
證義隆俊・忠慶、講師憲胤、
○本書四七六号史料と関連。

応永十四年（一四〇七）正月十六日、空谷明応が示寂し、足利義満がその死を悼む。

七三四〔教言卿記〕応永十四年正月条
『史料纂集』、第二、八頁
（正月）十四日、（中略）
一等持院（洛北）へ参賀、国師（空谷明応）歓楽云々、常徳院（相国寺）参会、驚入々々、
（後略）
十六日、（中略）
一国師御入滅、戌刻、辞世頌、
倒《サカシマニノテ》騎二木馬一、踏破《タウハス》二虚空《ヲ》一、欲レ覓二蹤跡《ヲ》一、結《ムステ》レ網《アミヲ》　繫《ク》レ風《ヲ》、
応永丁亥（十四年）正月十六日
弥重　明応
十七日、（中略）
一嵯峨慈斉（済）院へ以資親常徳院並景徳寺（箇翁志敬）（嵯峨）・退蔵庵（本遹）（伏見）訪之、尤
倉部（山科教興）雖可参申、御祈禱中、且予（山科教言）老屈之間不参、無念々
々、
（後略）
○空谷明応の辞世頌は『碧山日録』寛正三年（一四六二）
八月三日条にも掲載される。

七三五〔常光国師行実〕『続群書類従』第九輯下、六九三頁
丁亥（応永十四年）正月五日地大震、十又二日師（空谷明応）示疾、相公（足利義満）慰問、名医
上薬、相望於道、十六日薄暮師索浴、浄髪更衣跏趺、侍
僧以遺偈為請、師揶揄曰、堪作何用請勤、乃執筆書曰、
騎倒（倒騎）木馬、踏（蹈）破虚空、要覓蹤跡、結綱係（繫）風、移頃而化、

輿帰（嵯峨）慈済、龕留一日、神色猶生、緇白駿奔哀動、朝野門人遵治命、奉全軀、窆于仏慈率堵西偏、俗寿八十、坐夏六十二、相公聞之、悼惜累日、咤曰、吾於仏心宗、得国師為内護、便爾戢化乎、寵贈金銭者、再殊渥飾終、罕見其比、師形端重、疎眉秀目、音吐如鐘、雖或機鋒一触電射霆砕、而平居薫然慈仁、望見意消、其奉身節倹、使令者在側如路人、髣香補襪、皆躬為之、寒不附火、脇不沾床者四十余祀矣、晩境雪老氷枯、加以脚疾、杖乃能行、然寅昏香火無少懈、戒撿精厳、率類此、（後略）

○〔 〕は『大日本史料』七編―八、七二四頁により校訂。

○愚中周及が作成した空谷明応頂相賛は「草余集」（『五山文学全集』第三巻、二三二〇頁）にあり。

応永十四年（一四〇七）正月十六日、これ以前、空谷明応が大聖寺三尊像の点眼法語を作成する。

七三六〔空谷和尚語録〕『大正新脩大蔵経』第八一巻、二五頁

大聖寺三尊安座点眼

普賢濡首釈迦文、一体三身遍刹塵、雕刻木頭開眼看、霊山勝会儼然新、共惟、五百大願刺頭入膠盆、四十九年説夢詎平人、菩提樹下成等正覚、鹿野苑中現劣応身、般若智水洗空塵垢、方広光明照破迷津、維摩室内淵黙、截断邪径、長者門前大車、運出家珍、有時露三種密、示因中果、末後拈一枝華、回劫外春、或跨象王遠行絶類、或騎獅子威風逼人、欠一足而鼎実覆、行依智速、具三点以伊字成、智得行純、且道、者裏還有本来相麼、点筆云、頂門竪亜摩醯眼、坐断須弥転法輪、

○年未詳につき、便宜的に空谷明応の示寂日におく。

応永十四年（一四〇七）正月十六日、これ以前、空谷明応が相国寺都聞への書状を書いたことを伝える。

七三七〔空谷明応書状〕慈済院文書

『天龍寺文書の研究』付録慈済院文書四号文書

相国寺都聞方之状令書進候、無異義候ノ条目出度候、近日以参謁可申入候、恐惶敬白、

四月五日　（空谷）明応

○年未詳につき、便宜的に空谷明応の示寂日におく。

応永十四年（一四〇七）正月十六日、これ以前、空谷明応が来月六日御仏事についての相国寺都聞の状を進上する。

七三八〔空谷明応書状〕鹿苑寺文書（承天閣美術館寄託）

来月六日御仏事、相国寺都聞許状令進上候、彼方之状令返
進候事候、以拝謁可申入候、恐惶敬白、

乃時　　　　（空谷）明応

○年未詳につき、便宜的に空谷明応の示寂日におく。

応永十四年（一四〇七）正月十六日、これ以前、空谷明応が遠江国初倉庄の段銭が徴収できず、諸庄主を上洛させる旨を南禅寺に伝える。

七三九〔空谷明応書状〕天授菴文書

今枝愛真『中世禅宗史の研究』、二八一頁

（遠江国榛原郡）初倉段別不遵行候之由承候、結句百姓逃散候之由其聞候、
所詮不還住候者、諸庄主令上洛、面々可上表候之由、可
被仰付候、恐惶敬白、

三月八日　　　　（空谷）明応（花押）

南禅寺方丈侍司

○年未詳につき、便宜的に空谷明応の示寂日におく。

年月日未詳、鹿苑寺護摩堂不動尊の化身が空谷明応から剃髪を受けたとする伝承あり。

七四〇〔化不動尊略縁起〕鹿苑寺文書

化不動尊略縁起

抑此不動尊ハ智證（円珍）大師の御作にして当山護广（摩、以下同）堂の本尊なり、世に此本尊を化不動と申奉る由来は、そのかミ万年山相国寺に住し給ふ常光国師（空谷明応）と申せしハ、道徳四海に散発せり、或時国師の禅室に壱人の化人来り、国師にまミへていわく、願くハ我を御弟子と被成、剃髪じゆかい（受戒）なさしめ給へと望、国師其てい相を見玉へハ、へん身より火ゑん出、眼より光明をはなつ異人なれハ、ていはつの儀をゆるし玉はす、重て懇望すといへとも、かたく辞し玉へハ、彼人本意なきていにて禅室を立さりぬ、或時国師仏殿にまふてさせ給ひ、座禅の床により御心をしづめ玉へば、御すいめん（睡眠）催しける夢中に件の化人来、重て剃髪の儀をのそむ、国師辞するに所なく、剃刀をとらせ給

ひ彼化人の頂をなてさせ給ふと覚しめせハ、御ねふり（眠）さめぬ、あまりふしきにおほしめし、左右を見玉へとも人もなく、御ころものすそに一の鬢髪あり、其にほへることせんたん（梅檀）・しんずい（沈水）香のことし、国師うつわものを乞せ玉ひ、彼そり髪を納め仏だんのかたわらに置せ給、三日過て後、件化僧来て、国師にまミへて剃髪の儀を謝礼し、あわれ願くハ我に御袈裟一けんをあたへさせ給へと乞、時に国師ミづから御袈裟をさづけ玉ふ、有がたく頂戴してさりぬ、「無（貼紙）」僧侶是をあやしみ御跡をしたひけるが、洛北紙屋川高橋の辺にて見失ひ、せんかたなく相国寺に帰、此由国師に申上るに、さもあらん、ただ人にはあらずとはかりおほせられ、其後五三日過て当山に来らせ玉ひ、諸堂じゅん参有て護广堂へいたらせ、本尊を拝し給へハ、過頃ていはつ被成しハ正く此大聖不動明王にて渡らせ給ふなり、御かた（肩）の廻りを拝し玉へハ、国師より受与被成し御袈裟を掛させ玉ふ、国師弥御信心まし給ひける、其護广堂と申ハ応仁の兵火に掛り焼失ひぬ、諸人おもへらく彼不動明王ハ生不動にてましますに、定て兵火の中に焼玉はん事をかなしミ、軍散し火しづまりて後、焼あとに至り彼方此方を尋見れとも、大聖不動明王の焼させ給ふていもなく、諸人ふしぎのおもひをなす所に、山谷忽しん動して、護广堂より北の山に火ゑんはなち立せ給ふ、人々よろこび一宇を建立し明王院と号し、此霊像をあんち（安置）し奉る、或時ハぼん人と化して国師に剃髪をのそミ、或時は化僧と成て袈裟をうけ給ふ、よつて化不動と号し奉るもの也、

○本史料は近世のものであるが、空谷明応に関わる伝承のため、便宜的に示寂日におく。

応永十四年（一四〇七）二月九日、常徳院領但馬国小佐郷の庄主常円が石原平四郎名を石原弥五郎に宛てがう。

七四一〔但馬国小佐郷庄主常円名畠宛行状〕日光院文書

『兵庫県史』史料編 中世三、六二〇頁

宛行　常徳院（相国寺）御領恒富名（但馬国養父郡小佐郷）石原之平四郎名之事

合　畠四反小（内脱カ）、一反屋敷分、一反堂畠
　　弐反御油畠小蔴代（胡麻カ）

右件之名畠ハ、弥五郎所宛行申実正也、任先例、備御年貢、更莫令未進懈怠、仍為後日之状如件、

応永十四年二月九日

常円《庄主》（花押）

石原弥五郎殿

応永十四年（一四〇七）三月五日、大聖寺開基の玉巌悟心尼（西園寺実衡孫）が示寂する。

七四二〔大聖寺世代譜〕『大日本史料』七編-八、八一二頁

前景愛当寺（大聖寺）勧請開祖玉巌悟心尼長老
俗系西園寺大相国実衡藤公之孫女、早拝大歓喜寺（千本今出川）開山勅諡広照禅師金潭（・素城）和尚、方袍円頂、而後為金潭之嗣、住第二世、爾後同寺永為尼刹矣、永徳二年、無相禅尼（日野宣子）逝後、以為其親眷、奉台命視篆於室街御所内大聖寺、為第一世也、此時節以大聖寺観在御所内、朝野通称曰御寺御所、後奉朝旨台命、管轄尼五山甲刹景愛寺（五辻大宮）輪住職住、而賜紫矣、此件当寺以玉巌為権輿、而後代住職長老分上之員、準此格為寺門之永規也、応永十四年丁亥三月初五日寂、

七四三〔大聖寺之記〕『大日本史料』七編-八、八一二頁

大聖寺《岳松山》御年譜

開基玉巌悟心尼禅師
西園寺家息女、称岳松、以元祖名為山号云々、応永十四丁亥年三月五日遷化、

七四四〔大聖寺世代考〕『大日本史料』七編-八、八一二頁

開祖玉巌悟心尼長老
寺伝に、西園寺大相国実衡の孫女とし、応永十四年三月五日示寂とす、無相尼（日野宣子）寂後廿六年の後也、其余寺伝のまゝなるべし、委は略す、

七四五〔玉巌悟心尼禅師頂相賛〕大聖寺蔵
『大日本史料』七編-八、八一二頁

維大聖開基玉巌（・悟心）尼大禅師四百五十年遠忌在近、而慈容幀上未具賛辞、為闕典哉、越義天豊大師等奉尊崇其徳之余、請余補之、因綴小祇夜以叙鄙誠云、

福慧荘厳行操潔、慈威兼備徳功宏、岳松（大聖寺）風月無今古、
景愛衣珠伝得明、
嘉永壬子（五年）春三月上澣

前南禅見相国周整（盈冲）龔題「周整」（方印）「盈冲」（方印）

応永十四年（一四〇七）三月、北山大塔建立の人夫に関する支出が東寺領播磨国矢野庄供僧方年貢等散用状に記される。

七四六〔播磨国矢野庄供僧方年貢等散用状〕

東寺百合文書れ函一六-一、『相生市史』第八巻上、七七五頁

（端裏書）「矢野庄供僧方年貢散用状 応永十四年分加畠成田 同十五年九月十三日算合了、」

注進

東寺御領（播磨国赤穂郡）矢野庄供僧御方応永十四年御年貢

幷夏麦・大豆・雑穀以下散用状事

（中略）

国下用目録 応永十四年二月廿八日始

（中略）

五十文　三月八日、坂本より大塔（北山）人夫代催促、配符
入時、使一宿雑事、半分定、

五百文　同九日、大塔人夫代致是沙汰、同請取進上、
半分定、

百文　同坂本へ沙汰之時、道雑用、半分定、

百五十文　三月十二日、大塔人夫代余ニ少分之由申て、
使重て入時日別、半分定、

四百文　三月十三日、同大塔人夫代致沙汰候、請取
進上、半分定、

卅文　同坂本為沙汰、道間雑用、下人にて遣之、
半分定、

三百文　三月廿二日より同三日まで□之鳥居木尋
使二騎在庄間、日別雑用、半分定、

百五十文　三月廿三日、大塔木引人夫代那波・佐方分
問答坂本ニ在庄間、雑用、半分定、

百文　四月十五日、大塔御免状書下、坂本へ付時、
道間雑用、半分定、

百五十文　四月廿五日、大塔人夫御免状文章わるき（悪）由
申て、用申候ハす候間、重て注進、京上夫
賃、半分定、

（中略）

右、散用之条々、若偽申候者、当所五社大明神、殊者大
師八幡大菩薩御罰、各可罷蒙候、仍注進如件、

応永十五年三月五日　玄舜（花押）

○紙継目に裏花押あり。

了済（花押）

応永十四年（一四〇七）三月、大光明寺が長講堂領摂津国葺屋庄の領家職を保持する。

七四七〔宣陽門院覲子内親王領目録写〕「集」、八代恒治氏蔵

『神奈川県史』資料編三 古代・中世三上、八二三頁

（朱合点）長講堂領目六　（島田）益直注進

（覲子内親王）宣陽門院御領目録

一長講堂領

山城国願徳寺（乙訓郡）

年貢忝（香）三石六斗

大和国八釣庄（高市郡）

年貢小莚二百枚

和泉国吉見（日根郡）・莵田庄（日根郡）　吉見方 熊野山　莵田方 高野山

年貢油五斗

摂津国葺屋庄（莵原郡）　（伏見）大光明寺

年貢米百石

（中略）

応永十四年三月日　前筑後守益直

応永十四年（一四〇七）四月二十六日、空谷明応の百ヶ日仏事が常徳院で行われる。

七四八〔教言卿記〕応永十四年四月・五月条

『史料纂集』、第二、五四頁

（四月）廿三日、（中略）

一水田（備中国英賀郡英賀庄）一昨日残二十貫到、目出々々、千疋進之、常徳院（相国寺）当住志敬（簡翁）西堂故国師（空谷明応）百ヶ日来廿六日之間、為香銭倉部（山科教興）送遣者也、

（中略）

一今日慈斉（済）院（嵯峨）ノ百ヶ日仏事云々、

廿五日、（中略）

一常徳院先日留守之間、今朝送遣者也、使者資興、就中資親小師之間、如形百疋進之歟、志之至神妙々々、

（後略）

廿六日、降、庚戌、

一故仏日常光国師（空谷明応）百ヶ日也、為御焼香北山殿（足利義満）御成常徳院

云々、（後略）

（五月）二日、（中略）

一常徳院敬西堂、来臨、先日香銭為礼云々、予（山科教言）相看、倉部出行之間対面也、

（後略）

応永十四年（一四〇七）六月十五日、北山第の北御所寝殿新造につき、安鎮法が修される。

七四九〔教言卿記〕応永十四年六月条

『史料纂集』、第二、七八頁

十四日、（中略）

一永藤（高倉）侍従来、与干飯也、明日ヨリ御修法被行、大阿闍梨山（延暦寺）岡崎（実乗院）桓教僧正、指脂《指燭》ハ永藤▨・雅清（飛鳥井）・教高（山科）三人被仰之、安鎮法云々、

（後略）

廿一日、晴、癸卯、

一北山殿今度新造御所安鎮法結願、大阿闍梨、山岡崎僧正桓教、著座

公卿、花山院大納言（忠定）・別当（広橋兼宣）・左大弁宰相（万里小路豊房）、殿上人、教（山科）引御馬、如恒、興朝臣・資高朝臣（白川）・雅清・知興（橘）・経興（勧修寺）・菅原長政（西坊城）、

五壇法

一自今夕恒例御祈禱可有始行、脂燭教興朝臣・長方朝臣（粟田口）付車、・永藤・雅清・教高付車、五人如先々、中壇聖護（道意）院、其余ハ可尋注之、如先々寺門（園城寺）許歟、

（後略）

○「応永十四年暦日記」（『大日本史料』七編-八、九三七頁）に関連記事あり。

応永十四年（一四〇七）六月二十一日、相国寺山門閣に安置された十六羅漢像の前で初めて懺法が行われ、足利義満が臨席する。

七五〇〔教言卿記〕応永十四年六月二十一日条

『史料纂集』、第二、八一頁

廿一日、（中略）

一相国寺山門十六羅漢初而有懺法云々、北山殿（足利義満）御成云々、

珣（梵珣）西堂帰路来、勧干飯也、

七五一〔万年山相国承天禅寺諸回向并疏〕相国寺蔵（承天閣美術館寄託）

新開山門閣疏

娑婆世界云々、　特抽丹悃、上達　聖聡、茲者
大檀那（足利義満）日本国王、巨闢八吉祥之地、刱建三解脱門、隆閣
告成、衆工畢事、命工雕造
円通教主大慈悲父観音大士、洎十六大阿羅漢尊者、善涓
安厝　吉日、専致慶讃祝詞、虔備香華云々、　仍命清衆
勤修円通妙懺、同音諷誦、大仏頂万行首楞厳神呪、消災
妙吉祥神呪、所鳩善利、仰賛　十方常住三宝果海聖賢、
祝献
大梵尊天云々、　大小福徳一切神祇、修造方隅禁忌神将、
山林界相大小樹神、所有一切守護神祇、先願皇風祖風永
扇、仏日帝日斉明、至大道行普天之下、無為化及率土之
浜、専祈
大檀那　家門吉慶、致太平乎海河之晏清、身宮康寧、比
福寿乎天地之長久、更祈　山門鎮静、内外咸安、火盗潜
消、海衆康楽、大法若磐石之固、正　宗如泰山之安、開
漚和門、度諸輪転、入般若海、利済無窮、法界群生、均
蒙利益者、右伏請、

応永十四年六月二十一日

○『大日本史料』七編-八、九四八頁参照。

応永十四年（一四〇七）六月二十四日、雨乞の祈禱が相国寺で行われる。

七五二〔応永十四年暦日記〕応永十四年六月条 八幡宮愛染法雑記裏文書

『大日本史料』七編-八、九四三頁

廿四日、丙午、雨御祈相国寺被仰之、五山等禅院承之、始例歟、
卅日、壬子、相国寺祈雨結願、七ヶ日之間夕立三ヶ日、法験御感云々、真読大般若、三ヶ日行道、五百僧読之、又法句経書写入神泉苑（二条大宮）云々、

○応永九年（一四〇二）七月二十五日に相国寺僧衆が雨乞祈禱を命じられる（本書六三二号史料）。

応永十四年（一四〇七）八月五日、足利義満が北山第で明使を接見する。

七五三〔教言卿記〕応永十四年八月条

『史料纂集』、第二、一〇三頁

五日、（中略）

一唐(宋)人参北山殿、如先々伶人一曲云々、裏松(日野重光)・大理(広橋兼宣)祗候、
今度鵝眼十万五千貫宋人進上之由風聞也、珎重々々、

六日、（中略）

一藤(豊原)秋来、昨日之儀物語、有茶礼之儀、唐人三人、乗輿、
御所(足利義満)御輿即唐ヨリ進上輿云々、惣門マテ御出、

（後略）

○『教言卿記』同年八月七・十八日条に関連記事あり。

応永十四年（一四〇七）九月二十二日、東寺領山城国拝師庄の下地二段が相国寺に沽却される。

七五四〔学衆方評定引付〕東寺百合文書ネ函八一

(表紙)「学衆方評定引付 応永十三(四)年 丁亥」

学衆方評定引付 応永十四年 丁亥

（中略）

同(九月)廿二日

隆禅　快玄　賢仲　良秀　□□(重賢)　杲暁

一拝師(紀伊郡)損亡事披露之処、十分一分可有[　　]之由衆儀畢、

[　　]□□(真幡カ)木里大坪下地二段事、
□(御カ)下地数年鳥羽明賢雖作之未進振(カ)作之間、召放、自去
年付別人畢、而明賢□下地相国寺へ沽却云々、言語道
断[　　]仍百姓歎申云、去年自相国寺年□(貢カ)[　　][　　]□□
仕事、当年又可□(カ)煩(カ)之歟之間、[　　][　　]□□寺家[　　]
□□由申間被[　　][　　]

応永十四年（一四〇七）十月二十日、足利義満が明人とともに常在光院で紅葉を見る。

七五五〔教言卿記〕応永十四年十月二十日条　『史料纂集』、第二、一四一頁

廿日、（中略）

一北山殿(足利義満)宋人共有御同道、常在光院(東山)紅葉歴覧、即唐人装
東之躰ニテ唐輿ニメサレ、即宋人舁申云々、希代事也、

（後略）

応永十五年（一四〇八）二月十二日、足利義満が北山大塔本尊を造立するため、東寺塔婆本尊の模写と同八大菩薩の名前を注進するよう仏師に命じる。

七五六〔廿一口方評定引付〕東寺百合文書く函四

『大日本史料』七編-九、七六一頁

(表紙)「廿一口方評定引付応永十五年戊子」

廿一口方評定引付応永十五年戊子

(中略)

二月十二日(中略)

一　為大塔(北山)本尊被写当寺(東寺)塔本尊間事

為上意仏師椿井法橋(成慶)有入寺、塔本尊四仏八大菩薩像奉写之、彼仏師摂(接)宝泉院坊、一献勧之、

(後略)

二月十八日(中略)

一　当寺塔婆安置八大菩薩名字事

当寺塔婆八大菩薩名字可有御注進之旨、為上意之由、先日来臨仏師椿井法橋奈良仏所云々、申之間、披露処、此條尤難儀至極也、其故者於四仏者不及異儀、而八大菩薩(アキママ)者依八大菩薩マタラ経説之由、旧記雖注置之、尊像名字不載之間、披彼経一々挍勘尊像之処、不合経文、少々相同、仍勘理趣釈経以下余経説、如此印相更不合、而間旧記○云、不詳其ノ尊号云々、此上事者、於尊名者無左右雖難注進、今程儀不及注進者、定衆中未練之由、可及御沙汰歟、還又可失面目之条勿論也、仍▨▨或任印相符合、或約方位相同、大概注進之了、重能々可有糺決歟、

東寺塔婆本尊

四仏脇士、八大菩薩

東阿閦 左尊、弥勒菩薩　右尊、金剛蔵菩薩

南宝主(生) 左尊、除蓋障菩薩　右尊、虚空蔵菩薩

西弥陀 左尊、文殊菩薩　右尊、観自在菩薩

北不空 左尊、普賢菩薩　右尊、地蔵菩薩

以上

(後略)

応永十五年(一四〇八)三月八日、後小松天皇が北山第に行幸する。

七五七〔教言卿記〕応永十五年三月条

『史料纂集』、第二、二一七頁

応永十五
三月八日、晴、丁巳、

一行幸北山殿、公卿、

左大将(徳大寺)公俊・西園寺大納言実永・三條大納言公宣・洞院大納言実信・花山院大納言忠定・日野(町)新大納言資藤・帥(広橋)中納言兼宣・今出川中納言実富・北畠(木造)中納言俊泰・勧修寺中納言経豊・四条新宰相隆直・中山宰相満親・剣璽三条宰(正親町三条)相中将公雅・今小路宰相中将満冬・別当(万里小路)豊房

少納言

(粟田口)長方朝臣、

次将

左

頭中将(松木)宗量朝臣・法性寺中将親信朝臣・平松中将資敦朝臣・月輪中将尹賢朝臣・一条中将雅秀朝臣・土御門少将(幸徳井)定守朝臣、

右

綾小路中将(田向)経良朝臣・三条中将(正親町三条)公頼朝臣・正親町中将実秀朝臣・千種中将雅光朝臣・四条少将隆夏、

左衛門府

(坂上)明雄、

左兵衛府

(坊城)俊長、

右兵衛府

(橘)知興、

職事

奉行(清閑寺)家俊・(海住山)清房・(中御門)宣輔・(西坊城)菅原長政・(冷泉)藤原永基・(五辻)源教仲、

反閇

(賀茂)在方朝臣、

天晴、申半刻出御、々路東洞院北行、一条西行、大宮北行、北小路西行、酉刻渡《著》御也、

一倉部(山科教興)八祇候本所(北山第)北御所、束帯、闕腋、螺鈿野剣、巻纓、老懸、随身一人、狩胡籙、市比(茵麻)脛、雑色三人召具也、

一北山殿(足利義満)四足有御参、御法服被令著給、三衣莒役花頂僧(定法寺)正云々、定助、

九日、降、戊午、舞童御覧、依雨降延引、

一新御所(足利義嗣)若公、十五才、蘇合御伝授、珎重、御奥書ハ隠岐守(豊原)定秋進上之、追案文可写也、

一同賀安丸(山科嗣教)伝授之奥書大御所(足利義満)ヨリ被下之、

蘇合一具説々口伝所授嗣教也、

応永十五年三月九日　御判(足利義満)

一蘇合一具所奉授山科童大夫(嗣教)殿也、
　応永十五年三月九日
　　従五位上隠岐守豊原朝臣定秋判

一太刀一振梅花皮、進上大御所、御祝許也、
一新御所へ御太刀一振、為礼也、御諱被下之間、御祝也、忝畏入者也、
十日、降、己未、
一奥御会所十五間、被幸申、数献之、猿楽道阿弥トヤラン舞ヲトリ哥云々、御飾具足等悉被進之、其外重宝以下且又鵝眼三千貫被進之、道阿ミニ内裏(後小松天皇)御所平鞘御太刀被下云々、
一若公様於御前御楽被遊之、太平楽急、猶卜被申、盤渉調御音取、青海波、次千秋楽被遊之、彼是御楽三云々、殊勝々々、
　今夜御会之砌御賀殿被搆見参、用脚万疋被進之、山名修理亮歟、因幡守護、美男云々、同懸御目、万疋進上之、
一御引物砂金百両・金襴十段・ナンリヤウ(南鐐)三十両云々、
○後小松天皇の還御は三月二十八日。『教言卿記』同年正月二十・二十五・二十八・二十九・晦日・三月二・十一〜十四・十七〜二十八日条に関連記事あり。

七五八〔椿葉記〕『村田正志著作集』第四巻、一五四頁
さても准后(足利義満)は北山に山荘を立らる、此所は西園寺(実永)の居所にてあるを申受られて、昔常磐井(西園寺実氏)の相国の造営せられしにも猶たちこえて、玉をみかき、金をちりはめて、つくり立られて、応永十五年三月行幸を申さる、十日はかり御逗留のあひた、舞童御覧・三船・和歌・蹴鞠なと御遊を尽されしに、伏見殿(栄仁親王)をも申されて、舞御覧の御所作、内々の御楽なとにも御参ありし、これそ御思出とも申ぬへき、

七五九〔有俊卿記〕文明十四年十一月二十日条
　『歴代残闕日記』第二〇巻、二四七頁
廿日、自甘露寺(親長)送状云、
　簾中御所作事、凡依為女房之儀、箏・比巴勿論候、親王御方笙御所作事可為如何候哉、云先規、云当座、可

被申御所存之由被仰下候也、恐々謹言、

（文明十四年）十一月廿日　親長

楽林軒（綾小路有俊）

応報案

御懺法講之時、被巻御簾出御之日、於簾中親王御方笙御所作可為如何事、更無覚悟候、但　行幸北山殿舞御覧之時、栄仁親王于時御法躰、於簾中笛御所作候、其時笛簾中之由被載散状之条分明候歟、且女房管所作事、信（豊原）只秋女母歟秋女載笙血脈候条、勿論之由存候、此等之趣得御意、可然之様可令披露給候也、恐々謹言、

十一月廿一日　有播（綾小路有俊）

（頭書）「後日勘之、□（女カ）房吹笛例、基政（大神）女号夕霧・基賢（大神）夕霧ニ習笛、」

○「栄仁親王御法体」は応永五（一三九八）～二十三（一四一六）年の間。その間の北山第行幸は応永十五年三月八日に行われる。

七六〇〔塵塚物語〕『大日本史料』七編-二、八〇〇頁

鹿園院殿（足利義満）北山之別業三重金閣事、付富士埋木事

鹿苑院殿大相国義満公、去応永十五年春、後小松院行幸をきた山の別業に申入させたまふ、此経営によりて、増々金殿紫閣をみかきつくりそへさせ給ひ、滝水を引、池をほらしめ、池中に洲崎をかまへ、水中に伊勢・島（志摩）・雑賀（紀伊国海部郡）の名石をならへ、海島の意味になそらへ、風情をつくして結構あり、是かたしけなくも天子（後小松天皇）鳳輦をうなかしめ給ふによつてなり、そのうへ義満公、後小松院御猶子の御約束有之に依て、わきて奔走せさせたまふも御理なり、扨池の汀に、南面にかまへたる三重の閣あり、四壁に金はくを押て、彩色の絵あれは、俗に金かくと云、此閣より水上をのそむに、瀲灩たる池崎うき草をうこかし、陰森たる緑樹影沈て魚鼈枝にあそふ、又遠山をみれハ、白雲花色をうはひ、薄霞山岳をゑとる、絶景無二の壮観なり、これによりて、天子も龍顔殊うるはしく、廿余日の止宿とそきこえけり、扨彼金かく三重の上の天井をハ、一枚の板をもつて、方一丈をふさかれけるとなん、もつともふしきの大木にてもありぬると、此事人口にいみしく、今の世までも云伝へ侍ル、

（後略）

○関連史料として「北山殿行幸記（仮名）」（『群書類従』第三輯、五二三頁）、「北山殿行幸記（真名）」（『群書類従』第三輯、五四四頁）、「関白経嗣公記」応永十五年三

月八日条（『大日本史料』七編-九、八一五頁）、「足利家官位記」（同書八三三頁）、「翰林葫蘆文集」（同書八三三頁）、「京極家譜」（同書八三三頁）、「東寺王代記」（同書八三三頁）、「大乗院日記目録」（同書八三三頁）、「宮寺見聞私記」（同書八三三頁）があり。応永十五年正月十七日に洞院実信が後小松天皇の北山第行幸の供奉を命じられた記事が「政部類記裏文書」（同書八〇〇頁）にあり。

応永十五年（一四〇八）五月六日、足利義満が北山第で死去する。

七六一〔教言卿記〕応永十五年五月六日条

『史料纂集』、第二、二五三頁

六日、（中略）
一北山殿（足利義満）御円寂、五十一才歳霜也、申斜、珎事々々、天下諸家哀慟無極々々、寅剋等持院（洛北）被成申云々、
（後略）

七六二〔続本朝通鑑〕応永十五年五月六日条

『本朝通鑑』第一二（国書刊行会）四二九一頁

六
甲寅、前征夷大将軍太政大臣従一位准三后源（足利）道義殂於北山鹿苑寺、歳五十一、号鹿苑院天山大居士、

七六三〔足利系図〕『続群書類従』第五輯上、三〇二頁

義満（足利）初諱義茂、後改義満、
母従一位紀良子、石清水撿挍法印通清（善法寺）女、養母一品尼源（渋川）幸子、渋川刑部少輔義季女、延文三年八月二十一日誕生、（中略）応永元年十二月十七日辞征夷将軍、同二十五日任太政大臣、同二年六月十三日辞太政大臣、同日出家、法名号道有、後改道義、十五年五月六日薨于北山、五十一歳、同九日被贈太上天皇尊号、即辞退云々、

○関連史料として「東院毎日雑々記」・「東寺執行日記」・「鹿苑院殿をいためる辞」・「椿葉記」・「鹿苑僧録歴代記」・「濫觴抄」・「足利家官位記」・「常楽記」・「宮寺縁事抄」・「東寺王代記」等（『大日本史料』七編-一〇、一五〜二六頁）があり。

応永十五年（一四〇八）五月十日、足利義満の葬儀が等持院で行われ、五山僧等が勤仕する。

七六四〔慈照院殿諒闇総簿〕

『大日本史料』七編－一〇、九頁

応永十五年戊子季(季)五月六日、鹿苑院殿(足利義満)薨、同十日酉刻、就等持院(洛北)茶(荼)毘、五山度諷経、定衆三千員、此外等持寺(三条坊門)・真如寺(洛北)・臨川寺・宝幢寺(嵯峨)・景徳寺(嵯峨)・西禅寺(嵯峨)・三会院(臨川寺)・鹿王院(嵯峨宝幢寺)・法住寺・本(院カ)院(鹿苑院)之衆五百員、其外結縁衆不知幾若干矣、

（後略）

○この後に葬儀図が続く。

七六五〔鹿苑院殿薨葬記〕『大日本史料』七編－一〇、一一三頁

准三宮征夷大将軍義満(足利)、号天山、御道

北山准三宮大相国禅下□御中陰等法事略記

一薨逝等事

応永十五年戊子五月六日、酉刻、薨、御歳五十一、同夜潜自北御所(北山第)御賀□屋云々、奉盗出于等持院(洛北)、其儀密々也、御張輿自座主(満済)被進之、御平日所被乗用也、力者六人、単直垂、同被進之、座主則被奉送等持院之後、則此御房北山御退出、諸大名以下思々如此歟、御荼毘可為来十日、日次不宜故也云々、

一同十日御茶毘等事

寺僧沙汰、五山以下諸長老群参、衆僧三千人云々、其外伴僧幷比丘尼々衆、念仏衆一類、、、勤行及五更云々、

一役者交名事

下火　鹿苑院当住大岳(・周崇)

起龕　雲居庵(天龍寺)中山(・中嵩)

鎖龕　相国寺前住無求(・周伸)

点茶　大徳院(相国寺)在中(・中淹)

点湯　相国寺当住東啓(・梵晃)

掛真　天龍寺前住益叟(・福謙)

挙経　相国寺歓(歎)西堂誠中(・中歎)

念誦　南禅寺当住玉海(・良芝)

起骨　大光明院(伏見)(寺)月庭(・周朗)

初七　大智院(相国寺)円鑑(・梵相)

喪主　等持院ヽ(万)宗(・中淵)御喪已下総奉行也、已上、

座主(満済)御房自巳刻令参儲等持院給、寮一局被点之、其期僧俗猥雑

出入不輒云々、
午刻許京御所(足利義持)右幕下大納言、令渡御等持院給、御車、八葉皆具并牛童等自座主被召進之、番頭十人、御牛飼之外無別供奉人、内々御儀歟、
於近習輩者、参会等持院門前辺云々、
新御所(足利義嗣)宰相中将、御舎弟、今度御元服、同渡御、裏松大納言(日野重光)被参御車云々、彼亜相車歟、
女院(日野康子)渡御、御輿、御力者、又大方殿(紀良子)小川殿、渡御、其外女中或輿或車、凡不知其数、又管領(斯波義教)墨染衣袴、勘解由小路入道(斯波義将)、絹直綴、自故御所賜之云々、諸大名沙弥等各鎧直垂、紺、奉行已下如此云々、
但俗男者思々直垂也云々、赤松(義則)為侍所奉警固等持院、自今日京御所并御舎弟新御所、御同宿等持院御座、裏松大納言、管領同之、御中陰之儀一向僧沙汰也云々、（中略）

一御位牌事

新甍　鹿苑院准三宮従一位大禅定門　尊霊位

(三条坊門)等持寺御位牌銘如此云々、

新捐館　鹿苑院殿准三宮大相国天山大禅定門　台霊

七六六〔相国考記〕『相国寺史料』第一巻、二二五頁

五月六日、天山相公(足利義満)薨、同月十日酉刻、就于等持院(洛北)而闍維、于時喪主等持院主万宗(・中淵)和尚、念誦南禅玉海(・良芝)和尚、鎖龕寿徳菴(相国寺)無求(・周伸)和尚、掛真寿寧院(嵯峨)益叟(・福謙)和尚、起龕雲居菴(天龍寺)中(・中嵩)山和尚、奠湯相国寺東啓(・梵晃)和尚、奠茶崇寿院(相国寺)在中(・中淹)和尚、下火鹿苑院大岳(・周崇)和尚、挙経誠中(・中欵)西堂、起骨大光明寺(伏見)月庭(・周朗)和尚、就于等持院中陰勤行、高僧十員、大岳和尚・廷用(・宗器)西堂・直菴(簡翁志敬)西堂・誠中西堂・叔英(・宗播)西堂・秋白(・妙銑)西堂・——(鄂隠慧奯)西堂・梵章(無文)首座・中正(仲方)蔵主・中穎侍者、初七日拈香大智(相国寺)院円鑑(・梵相)、二七日拈香天龍寺祥菴(・梵雲)、三七日拈香建仁寺聖徒(・明麟)、四七日拈香東福寺金峰(・明昶)、初月忌拈香玉海、陞座日東(・祖旭)、五七日拈香大業(・徳基)、陞座万宗、尽七日拈香東啓(・梵晃)、陞座中山云云、賀州粟津保(能美郡)半分御追薦領云云、正覚国師(夢窓疎石)拝塔弟子、見当寺古記、

○「万山編年精要」（『大日本史料』七編―一〇、一三頁）では、「——」の部分に「鄂隠西堂」と書かれている。
○寿徳庵は後に慶雲院と改称される。

七六七〔黙翁和尚・大岳和尚語録〕慈雲院蔵

鹿苑院殿(足利義満)秉炬

五百歳間無比賢、万邦斉楽太平年、身騎箕尾帰天上、気

象長留北岳嶺、　共惟鹿苑院殿准三宮大相国天山大禅定門、銓衡公直藻鑑高懸入与廟堂之謀、則依勅目以遍堯天雨露出陳股肱之力、則按版図以定禹貢山川利沢如江河之在地、清明似日月麗天迄于其大縁、夙契以悟教外有別伝、論甚麼先哲軌範、見自己大用現前造寺度僧、誰道並無功徳勧善懲悪、総是為好因縁、年纔過半百遽爾戢化権来也、已乗願力去也、必脱蓋纏十方廓爾一念洞然正当恁○（麼）時、諸人要知相公生死岸頭事、得力句麼、擲火把云、木馬踏翻三有漏火中放出一枝蓮、

○『教言卿記』同月十・十一日条、「鹿苑院殿追善記」（『大日本史料』七編―一〇、一五頁）に関連記事あり。

応永十五年（一四〇八）六月七日、足利義持が北山第に居住することを決める。

七六八〔教言卿記〕応永十五年六月七日条
『史料纂集』、第二、二六五頁

七日、（中略）
一北山殿可為御座之由治定云々、目出々々、
次新御所（足利義嗣）ハ春日殿御里（義嗣母・摂津能秀女）ニ先御座被定、目出々々、

応永十五年（一四〇八）六月下旬、足利義持が足利義満肖像に賛を書く。

七六九〔足利義満肖像〕鹿苑寺蔵（承天閣美術館寄託）

身従無相中受生、猶如幻出諸形象、幻人心識本来無、罪福皆空無所住、
応永龍集戊子（十五年六月）季夏下澣　道詮（足利義持）薫毫九拝書
「道詮」（白文朱方印）「顕山之章」（白文朱方印）

○『大日本史料』七編―一〇、一四八頁に肖像が掲載される。

応永十五年（一四〇八）八月六日、若狭国太良庄の公文・代官が隠田をしていることを半済方代官である相国寺大徳院僧が守護方に訴える。

七七〇〔若狭国太良庄地頭方評定引付〕東寺百合文書タ函七二
『若狭国太良荘史料集成』第四巻、二八九頁

（表紙）
「（付箋）『除料足注文此引付ニ在之、』」

太良庄地頭方評定引付「応永十五 戊子」

（中略）

太良庄地頭方評定引付 応永十五 戊子

（中略）

八月六日

頼暁　教遍　隆禅　杲淳○快玄

光演　賢我　宗源　宗源

此題目領家方引付可被付之処、奉行他行之間、如此付置了、
一当庄之公文幷代管相共致隠田之旨、自半済方代管申懸、訴守護方、（一色満範）付所職以下可令罪過之由令申之旨、彼両人令上洛、歎申寺家之間、今日被尋仰半済方（相国寺大徳院）○（代管）之処、隠田事地下注進勿論也、本所方代管陳申趣不審多之、仍為寺家召彼等、以起請文不偽申分可被召仰、此如此為寺家陳承上者、守護方使事、聊可相延引趣承諾了、万一就此事彼等及罪過者、寺領失墜也、仍今刻以御一献（可脱カ）及守護沙汰之様、可被仰大徳院之旨評儀了、一献料事、彼等両人可致其沙汰之由可仰含云々、

七日、任評定之旨、一献料事疋事申付之処、二百疋致其沙汰之間、百疋事為寺家被補之、同九日、以三百疋被向大徳院（宝泉院）（快玄）之処、料足事辞退云々、仍各銭主方返弁了、大徳院申云、寺家上使を地下、半済方庄主相共可糺決之旨申之、随而出折紙状了、旨趣在別、

同十日

教遍　杲淳　快玄　良秀　光淳

光演　賢我　宗順　宗源

此題目領家方可沙汰之処、奉行依他行如此記置了、
一当庄公文隠田事、無其実之旨、昨日九日被仰大徳院処、下寺家上使於地下可明之旨、出折紙状之間、其分披露衆中之処、衆議云、彼代管両人無隠田分以起請文雖陳之、半済方猶以不承引上者、下上使先以半済方之趣、庄主方可尋之云々、上使事、可下岩見之旨治定了、下粮物事、○（可為地下）代管○（可沙）沙汰（由）云々申含了、

応永十五年（一四〇八）八月十七日、足利義満百ヶ日の仏事が常徳院で行われる。

七七二〔一華東漸和尚龍石藁〕

『大日本史料』七編―一〇、三八一頁

鹿苑院(足利義満)天山大相国卒哭忌辰就常徳院(相国寺)拈香
五十光陰下瀬舟、世間富貴若雲浮、本来寂滅真為楽、桂子香飄八月秋、大日本国山城州平安城北山居士奉(住イ)三宝弟子藤氏女慈常(足利義満側室北向局)、応永十五年八月十七日、恭迎鹿苑院殿准三宮天山大相国卒哭之忌景、預卜此日、就于万年山(相国寺)内常徳禅院、抽施浄財、勤修白業、敷設梵筵、供仏施僧之次、宣拝命現前清衆、諷演楞厳秘章之次、仍属東福小比丘健易(東漸)、焚此宝香、以伸供養、本師釈迦牟尼大覚世尊、現座道場浄妙界主普賢大薩埵、華厳法界諸善知識、仏日常光(空谷明応)国師大和尚、尽虚空界常住三宝、世俗和合海中諸賢聖衆、所哀勝利、奉為台霊資厳冥福、所冀憑此般若勲、来為内外護、紹隆仏種、建立法幢、更願一切群萠、同霑余霈者也、共惟、鹿苑院殿准三宮天山大相国、乃文乃武、以剛以柔、出将門居相位、挟天子令諸侯、徳種外区、底西旅熬献越裳雉、威清大慜、帰華山馬放桃林牛、膺世間気、答天鴻休、其咨詢祖乗也、抗実参放裴(休)・李(翶)、其諧弼聖治也、纘丕続於伊周、允矣皇家柱石、大哉仏門庇庥、窣雲一千尺之塔婆、不滅永寧基業、布金八十頃之宝地、以旺正覚宗猷、於戯、不奈百年如幻、又見十旬将道、祇如今日供設、華燭吐優曇之徳、盛饍陳伊蒲之羞、台霊、則今儼臨于此、諸人還見也不、山僧更有一偈、供水献花去、用香点一点云、崑崙句子截衆流、活却従前死路頭、仏日光中全体現、為消一炷妙兜楼、

○「一華東漸和尚龍石藁」は東漸健易の法語集。

応永十五年（一四〇八）十一月二日、足利義持が北山第で修法を行い、九日に結願する。

七七三〔教言卿記〕応永十五年十一月条　『史料纂集』、第三、一一六頁

二日、（中略）
一自今夕北山殿御祈禱被始行、当代(足利義持)被始也、脂燭人数、教興(山科)朝臣・雅清(飛鳥井)朝臣・永藤(高倉)・教高(山科)・資光(広橋)、始而加歟、
九日、晴、癸丑、
一御修法結願、公卿、日野一位大納言(重光)・帥中納言(広橋兼宣)・北畠(木造)俊泰中納言・勧修寺中納言(経豊)・中山宰相(満親)、殿上人、教興朝臣・雅清朝臣・菅原長政(西坊城)、御馬引伊勢七郎右衛門(貞種)引御馬如恒、

尉、
○『教言卿記』同年十一月七日条に関連記事あり。
○同月二十五日に足利義持が北山第で修した五壇法の記事が『教言卿記』同日条、「五壇法記」（『大日本史料』七編一一、一九頁）にあり。応永十六年（一四〇九）正月二十三日に足利義持が北山第で修法を行った記事が『教言卿記』同月二十三・二十八日条にあり。

応永十五年（一四〇八）十一月六日、北山院（足利義満室日野康子）が相国寺で大施餓鬼を行う。

七七三〔教言卿記〕応永十五年十一月六日条　『史料纂集』、第三、一一八頁

六日、（中略）
一大施餓飢於相国寺被行之、女院（日野康子）御発気、有難、珎重々々、（後略）

応永十五年（一四〇八）十一月十日、地震が発生したため、北山第で祈禱が修される。

七七四〔教言卿記〕応永十五年十一月十日条　『史料纂集』、第三、一二一頁

十日、（中略）
一御祈禱自今夕又被始行之、地震事歟、

応永十五年（一四〇八）十一月二十六日、足利義持が法住院に院領九条院田等を安堵する。

七七五〔足利義持御判御教書案〕東寺百合文書ユ函五八-五　『大日本史料』七編一一、一二二頁

法住院領九条院田（紀伊郡）幷散在田洛中所々地目録別紙在之、事、任当知行之旨、寺家領掌不可有相違之状如件、
広（応）永十五年十一月廿六日

七七六〔室町幕府管領斯波義教施行状案〕東寺百合文書ユ函五八-六　『大日本史料』七編一一、一二三頁

山城国九条院田（紀伊郡）幷散在田洛中所々地目六在之、事、早任安堵之旨、可被全法住院雑掌所務之由、所被仰下候也、仍

執達如件、

广（応）永十五年十二月三日　沙弥（斯波義教）

赤松（義則）上総入道殿

七七七〔室町幕府侍所頭人赤松義則遵行状案〕東寺百合文書ユ函五八-七

『大日本史料』七編-一一、二三頁

山城国（紀伊郡）九条院田幷散在田洛中所々地目六在之、事、今月三日

御教書如此、早任被仰下旨、可全法住院（相国寺）雑掌所務之由、

可被相触之状如件、

广（応）永十五年十二月五日　沙弥（赤松義則）

浦上美濃入道殿

応永十五年（一四〇八）十二月二日、足利義持が足利義詮遠忌のため、北山第で法華八講を行う。

七七八〔教言卿記〕応永十五年十二月条

『史料纂集』、第三、四三頁

二日、（中略）

一御八講被始行於山（北脱カ）殿、故宝篋院（足利義詮）殿為御仏事也、

六日、晴、庚辰、

一今日御八講結願、散状別紙アリ、○別紙所見ナシ、

（後略）

七七九〔東院毎日雑々記〕応永十五年十一月・十二月条

『大日本史料』七編-一一、三〇頁

十一月卅日、為御八講上洛、

十二月二日、御八講始行、出仕畢、

六日、御八講結願、懸御所（足利義持）御目畢、

○応永十六年（一四〇九）五月二日に足利義持が北山第で八講を修した記事は『教言卿記』同月二・六日条、「大乗院日記目録」同月二日条（『増補続史料大成　大乗院寺社雑事記』一二巻、三〇三頁）にあり。

応永十五年（一四〇八）十二月二十日、足利義持が北山第北御所で泰山府君祭を行う。

七八〇〔教言卿記〕応永十五年十二月二十日条

『史料纂集』、第三、五二頁

廿日、（中略）

一北山殿於北御所泰山府君被行之云々、

応永十六年（一四〇九）正月十六日、相国寺門前が焼亡する。

七八一〔教言卿記〕応永十六年正月十六日条

『史料纂集』、第三、六八頁

十六日、（中略）

一北小路東洞院相国寺前焼亡、在家放火云々、法印（坂士仏）至前在家焼止、此辺近々、凡仰天々々、

応永十六年（一四〇九）二月十日、足利義持が三条坊門邸を建てるため、北山第の建物を壊して材木を使用する。

七八二〔教言卿記〕応永十六年二月十日条

『史料纂集』、第三、七八頁

十日、（中略）

一京御所（三条坊門）小御所幷台屋、北山殿被壊渡云々、

応永十六年（一四〇九）二月二十七日、無求周伸が足利義満像の安座点眼法語を作成する。

七八三〔勝定院殿集纂諸仏事〕名古屋市蓬左文庫蔵一〇四-六六

『大日本史料』七編-一一、三七九頁

□（五十八）鹿苑院殿（足利義満）安座点眼拙語、謹承　鈞命、録呈

殿下（足利義持）

□（去カ）歳中秋（八月）落木日、今春二月発花時、山僧再安維摩座、□（不）二門一黙姿、　共惟、

□（鹿）苑院殿准三宮大相国天山大禅定門、季世間出、天□□知、大智施大引、大人具大機、功蓋万代、徳斉二儀、丕輔朝廷密勿、文経武緯、力護法門峭峻、金城湯池、等閑移睹史於人間、開相国万年基、信手摶香積於他界、□（維）□摩詰神威、霊鑑懸胸、照破聖凡之窠窟、智刃在掌、○截断生死之羈縻、外現声聞形、内秘菩薩慈、即俗諦顕真諦、□（出カ）有為入無為、嗟哉、世縁云畢、遽爾示滅、甘棠遺愛、天下皆悲、帰元性（惟）無二、真化終不移、便見、一身変現百千万億応身八十相好、塵々具足、一□（門カ）普摂八万四千□□（法門カ）八百功徳、法々無虧、振正覚於不墜、千燈無尽、観垂□於無窮、奕葉増滋、雖然如是、更有説不到処、且為諸人点発去也、以筆点双□□（眼云カ）、毫端点出金剛眼、扶桑□□□□

曦、

応永十六年己丑二月二十七日

前南禅老拙周伸（無求）拝呈

応永十六年（一四〇九）三月六日、鹿苑院主大岳周崇が等持院に安置する足利義満像の安座点眼法語を作成する。

七八四〔勝定院殿集纂諸仏事〕名古屋市蓬左文庫蔵一〇四‐六六

『大日本史料』七編‐一一、三七八頁

□（六十二）応永十六年三月六日、就于（洛北）等持禅院、為
天山太相国（足利義満）、安座開光明仏事
去歳北山花柳春、　相公専候　翠華臻、笙歌鼎沸猶如聴、
俛仰誰言跡已陳、共惟、
鹿苑院殿準（准）三宮太相国天山大居士、謀宜廊廟、望重搢紳、
口雖未言、威疾於霆、令雖未出、化馳如神、所以絶□不
羈之王、嚮風欽徳、万里難制之虜、稽首称臣、由来尋百
王墜緒、元是乗千仏願輪、論其輔教護法之勲□、則裴休
相国不敢多譲、言其説禅験僧之機用、則陳操尚書□（不）堪比
倫、即真而俗、即俗而真、々俗不二、内外倶泯、正恁广（麼）
時、宗祧陰隲、垂裕後昆之処、端的如何指出、□□□云、
看々、扶桑万国双眸下、坐断終無第二人、
右拙語、謹奉
鈞命、　鹿苑（鹿苑院）比丘周崇（大岳）頓首録上

応永十六年（一四〇九）三月十六日、足利義持が病気のため、北山第で大般若法・五壇護摩が修される。

七八五〔教言卿記〕応永十六年三月十六日条

『史料纂集』、第三、九七頁

十六日、（中略）
一馬場御所（足利義持）御違例云々、一昨日十四日ヨリ、今朝法印（坂士仏）被召、即
参御脈、御風気、聊驚入云々、卿房同之、
一法印相尋之処、御風気被発御汗之由告也、先目出々々、
而間裏松殿（重光）明暁奈良物詣令延引也、
一御祈禱自今夜被始行云々、大般若法云々、

○足利義持の容態に関する記事が『教言卿記』同月十七・十八・二十・二十一・二十三・二十五～晦日条にあり。

七八六〔五大成〕柳原家記録

『大日本史料』七編―一一、三八八頁

同（応永十六年）三月廿四日、於北山殿馬場御所、五壇護摩被行之、道
場各々在所也、
中道意（朱書、以下同）「寺」、降尊経「醍」聖快、軍満済「醍」、大増珍「寺」、金尊経「寺」云々、
中壇、大威徳、金剛薬叉三壇、以寝殿為道場、降三世、
軍荼利二壇、以会所二階殿為道場、増珍、尊経両僧正
雖為上臈、満済僧正勤仕軍荼利、尊経僧正又雖為上首、
勤金剛薬刃（叉）、増珍為次座修大威徳、令賞金剛薬刃（叉）故歟、
大威徳・軍荼利両法、三井意賞大威徳歟、東寺習以軍
荼利為終決云々、（○五壇法記異事ナシ、）

○「東寺王代記」（『大日本史料』七編―一一、三八八頁）に関連記事あり。応永十六年閏三月二十日に北山第で行われた足利義持の病気祈禱の記事が次号史料にあり。

応永十六年（一四〇九）閏三月二十日、足利義持が病気のため、北山第で五壇法が修される。

七八七〔東寺執行日記〕『大日本史料』七編―一一、三九九頁

一閏三月廿日、於北山殿五壇法被行之、是即大将（足利義持）家御違
例御祈禱也、中壇正（聖）護院（道意）也、

○『教言卿記』同日条、「五大成」（『大日本史料』七編―一一、三九九頁）に関連記事あり。

応永十六年（一四〇九）五月六日、山科教言が鹿苑院の足利義満木像を見る。

七八八〔教言卿記〕応永十六年五月六日条　『史料纂集』、第三、一三一頁

六日、戊寅、降、
一予（山科教言）為焼香、未明ニ参詣鹿苑院、木像御影（足利義満）始拝見、殊以
似、殊勝哀也、南都仏師云々、
（後略）

応永十六年（一四〇九）六月十八日、厳中周噩が朝鮮に遣わす国書を作成する。

七八九〔善隣国宝記〕『訳注日本史料　善隣国宝記』一三四頁

同十六年　遣朝鮮書　厳中（・周噩）撰
日本国管領源道将（斯波義将）、拝覆

朝鮮国議政府左右政丞両相公閣下、
今年三月、
貴朝専使至、
所贈之物、如数収之、既
進達、礼意之厚、可勝言也、茲者本邦不天、去歳（応永十五年）五月
初六、
先君（足利義満）即世、
新主（足利義持）銜哀百務暫廃、故修報頗緩、今将命者濡滞、加之
久旱種不土、公府窘窶、賓館蒭米冷、僕当是時、叩（叨）執
枢府之事、何啻泚顔而已哉、雖然
嗣君仁倹、海内無事、両邦通好、不可与前時異也、先
是西鄙島夷、無頼之徒、泛海為賊、以有擾
貴国之辺者、今已申命州牧、固制之、若有犯者、罪当
族誅、勿為慮焉、抑亦其方之民、流落吾土而不能帰、
被虜略而為奴婢者、自今以後、必能撿視而護送之、不
肯食言也、爰有一件、僕頃創構小刹、仏宇・僧房略備、
而法宝闕焉、伏聞、
貴朝一大蔵教、鏤板流布、儻憐陋邦之乏少、賜以七千
軸全備之蔵、則其恩其徳、何日而忘之、特遣周護書
記・徳林蔵主、専達此意、庶恕貪求之罪、以附利済之
心、亦柔遠之一端也、如吾土所産者、或有所欲、亦所
不辞也、遠冒
威厳、請容焉、季夏極熱、万冀為国保重、不宣、
永楽七年六月十八日　日本国管領源道将　拝覆
朝鮮国議政府左右丞相公閣下、

応永十六年（一四〇九）七月五日、足利義持が北山第で明使を接見する。

七九〇〔応永年中楽方記〕応永十六年七月五日条
『史料纂集　教言卿記』第四、八九頁

同（七月）五日、晴、乙亥、
一宋人参入北山殿云々、如先々一鼓奚楼伶人楽奏也、

応永十六年（一四〇九）九月十四日、後小松天皇が絶海中津に仏智広照国師号を贈る。

七九一〔絶海和尚語録〕
『大正新脩大蔵経』第八〇巻、七五七頁

後小松帝宸翰

尊其徳楽其道、必建称号、以示天下後世、乃是古今之通規、而国家之盛典也、朕聞、前住相国後住南禅絶海（・中津）和尚、紹円照（無準師範）之緒、承正覚（夢窓疎石）之宗、徳溢寰区、沢被殊域、所謂儀範仏祖師表人天者也、其謚可曰仏智広照国師、

応永十六年九月十四日

○この文書に続いて応永二十三年（一四一六）十二月日の称光天皇宸翰（浄印翊聖国師号を賜う）があり（本書八七三号史料）。

応永十六年（一四〇九）十月二十六日、足利義持が北山第から三条坊門邸に移居する。

七九二〔在盛卿記〕『大日本史料』七編－一一、二二一頁

武将代々御在所事（中略）

勝定院殿（足利義持）

（中略）同（応永十六年）七（十）月廿六日、乙丑、令移徙三條坊門御所給、亥刻自北山殿御乗車、騎馬之輩着直垂、尋常裏打直垂、六騎、御所様令着白生絹直垂給、三献、倍（陪）膳之輩従其時着白直垂云々、管領（斯波）治部大輔義淳被経営御祝等、貞治四年、宝篋院殿（足利義詮）令移徙当御在所給云々、

七九三〔足利家官位記〕『大日本史料』七編－一一、二二二頁

勝定院殿　義持（足利）　同年（応永十六年）十月廿六日、自北山移徙三條坊門御亭、○武家伝・室町家伝異事ナシ、

○「大乗院日記目録」・「東寺王代記」・「武家年代記」（『大日本史料』七編－一一、二二二頁）は義持の移居を十月二十六日とする。

応永十七年（一四一〇）正月六日、万宗中淵の経歴がまとめられる。

七九四〔宗派目子〕　東京大学史料編纂所謄写本二〇一六－一一三四

○法住院（相国寺）

万宗（・中淵）老師自号曰旅泊老衲、

┃西山（嵯峨）塔曰大通、

┃三董万年山（相国寺）、

┃高麗伽梨有人之恵、

┃常講清規聚聴□於講序、

━━董万年之日天山（足利義満）相公親賜金襴伽梨、
━━北山東京両塔随処皆曰法住、
━━勝定（足利義持）相公持来水精念珠以賜、
━━大通塔安観音、法住塔安弥勒、
━━住甲州（山梨郡）南林（恵）南（寺）之時登士峰題一偈其略曰、
万里分明無寸屮春雷有路是通玄、
○便宜的に万宗中淵の示寂日におく。

応永十七年（一四一〇）二月二十四日、相国寺昌盛都聞が青蓮院門跡領備前国三野新庄の代官となる。

七九五〔教言卿記〕応永十七年二月二十四日条

『史料纂集』、第三、一九二頁

廿四日、晴、辛酉、
一裏松殿（重光）ヨリ盛都聞（昌盛）契約所領備前国三野《ミノ》新《シン》庄（御野郡）青蓮院門跡
領云々、三百貫之地、伝聞也、
（後略）

応永十七年（一四一〇）四月十五日、相国寺鎮守八幡宮が造営され、石清水八幡宮から御神体が勧請される。

七九六〔宮寺見聞私記〕石清水八幡宮記録二十五

『大日本史料』七編－一四、九頁

十五日、相国寺鎮守遷宮在之、当宮（石清水八幡宮）御正体被安置申、役
人執行宗村、山城方二人、楠葉方二人、宮守二人、俗別
当在京、八幡ヨリ左女牛（西洞院）八幡マテハ神人等白直垂、其ヨ
リ装束著用也、公記可勘可付、

応永十七年（一四一〇）五月三日、足利義満三回忌のため、北山第で十種供養や禅僧の陞座が行われる。

七九七〔応永年中楽方記〕応永十七年五月条

『史料纂集　教言卿記』第四、一一二頁

五月一日、（中略）
一私習礼、北山殿十種供養、宗明楽・蘇合序・同三帖・
同四帖・同五帖・同破急・万歳楽破・輪台・青海波・
千秋楽、
一笙右金吾（山科教興）・教有朝臣（山科）・教豊朝臣（山科）・為秋（豊原）・幸秋（豊原）、篳篥季（安

英(倍)、
笛教高(山科)・景秀(山井)・景清(山井)、大コ景親(山井)、

同三日、己巳、晴、

一故御所(足利義満)第三廻(回)御仏事也、北山殿十種供養、文車右金吾乗、教有・教豊・教高(山科)此四人同車、皆悉衣冠上結也、散状目六(録)別紙アリ、○別紙所見ナシ、

七九八〔相国考記〕応永十七年五月条
『相国寺史料』第一巻、二一八頁

五月、鹿苑院殿(足利義満)大祥忌、就北山門院内宮、無求(・周伸)和尚陞座、見于語録、

○五月六日が足利義満の忌日。

七九九〔無求和尚語録〕慈照院蔵

鹿苑院殿(足利義満)大祥忌就北山門院皇太后(日野康子)内宮陞座

垂語云、忉利善法堂法莚大開張、聖信有帰祖風大扇叡鑑無私、仏日増光千載一遇、在今日少林的旨、誰敢激揚有广(麼)、問答畢、乃云如来往昔為衆生、修治法海無辺行、有如清涼雲消炎暑、普滅衆生煩悩熱、所以乗大悲願力示現世間、為三界大師四生慈父、如優曇華時、一現爾故我皇太后与釈迦如来同一根本同一悲心、亦乗大悲願輪随順世間、篤生輔治之大聖能、為衆生之慈母博厚稟地、化育万類之滋、高明配地位尊一人之上、摂十方刹土為一家、視一切衆生如赤子、以仏心為心譲正法推誠、依此国豊民安依此河清海晏嗚呼盛哉、於茲迎鹿苑院殿大祥忌辰、因追厳真浄院殿(日野資康)冥福、特就内宮設勝妙会、乃命禅侶挙揚直指単伝宗旨張千枝之燈、以為恵炬使、一切衆生得證光明三昧門、陳百味之羞、以為妙供使、一切衆生得證法喜禅悦楽、便見無一塵、而不具足仏事無一法、而不円満正宗十方菩薩、咸来集道場八部天龍同展、慶讃直得四生六凡斉承恩力、三塗八難悉脱苦輪、皆莫不従皇太后、清浄微妙大悲願力之中流出蕩ニ乎恢ニ焉、不可思議不可称量拈主、又云看ニ鹿苑院殿与真浄院殿同在山僧主丈頭上、或放大光明或現十八変、与三世諸仏同一広長舌相、同一転大法輪、諸人還信得及广(麼)、其或未然、且教主丈子説破去也、卓一下云、大人境界大人現華蔵重ニ願海中、
記得嵯峨天皇請大唐義空禅師、来於本朝館京師東寺西院、時ニ、召問教外玄旨於慈茲皇后宿植開発一見便悟、山僧

借水献花、輒呈一偈云、橘氏檀林皇太后（橘嘉智子）、続芳五葉少林
春、媧皇今展補天（カ）手、撥転如来正法輪、

応永十七年（一四一〇）六月十五日、足利義持が足利義満像を作成させ、崇寿院主大周周奝がその像を勝定院に安置し、安座点眼法語を述べる。

八〇〇〔勝定院殿集纂諸仏事〕 名古屋市蓬左文庫蔵一〇四-六六

『大日本史料』七編-一三、二九二頁

□（五）十九為鹿苑院殿（足利義満）安座点眼

□入塵労馭願輪、灼然金粟是前身、大円鏡裡融真俗、□
□無縫塔中忘主賓、　共惟
鹿苑院殿准三宮太相国天山大禅定門、洪烈蓋世、元勲格
天、蔚乎王国英主、卓爾将門鉅卿、斉楚晋秦之統覇国、
富貴功名、非無当時栄顕、伊傅周召之柄朝政、仁義忠信、
寧有今日聖明、措万物於鈞陶之中、躋黎民於仁寿之域、
蓋従十地三賢位、仮示宰官居士身、興浄刹□□門、無処
不徧、護法城摧魔塁、有利必施、及乎諸天□雨、珎異玩
好之具、而彼衆類各充、希求楽欲之心、恒沙妙用如斯、
一代化儀亦爾、大虚片雲、巻舒多態、暫順世縁、巨海一
漚、起滅不停、俄赴真寂、遺風余烈、竦動寰宇、盛徳大
業、輝騰古今、茲者、大孝一品相公（足利義持）右幕□（下）、命工雕刻
遺像、涓取庚寅（応永十七年）六月之望（十五）日吉辰、□謹用安奉
万年山相国承天禅寺勝定禅院之霊塔、示与先国師大（絶海中津）□（和）尚、
法喜之交、法属之義、終始一如也、本院厳奉□鈞旨、以
命小比丘周奝（大周）、安座開光明、旦法要、法身無相恢々乎、
十虚空、未足包其量、法眼無瑕晃々乎、百日月□足配其
明、戴髪含歯、一々円具真体、昏衢暗巷、頭々発□（揚）智光、
但能悟明、即為諸仏、刹那而登正覚、抂自昧□、是号衆
生、曠劫而受沈淪、熱悩苦哉三有界、炎塵不□□（水）晶宮、
快楽勝似四禅天、微涼迴入南熏殿、正与麼時、是它掃除
生仏二見、透出明昧両岐、洒々落々、得大□□（自在）、更要令
它向者裏、安身立命、動地放光去、拱揖云、□々坐断法
空座、安住不動如山王、以筆点空云、毫端点出頂門眼、万
里神光照無方、

応永十七年六月十又五日

崇寿（相国寺）小比丘周奝謹録上進

応永十七年（一四一〇）九月、法住院雑掌と東寺雑掌が唐橋猪熊の地をめぐり争う。

八〇一〔法住院支状案〕東寺百合文書ユ函五八－一

『大日本史料』七編－一四、二二四頁

（端裏書）「法住院支状案（唐橋猪熊）妙見寺事」

相国寺法住院雑掌謹支申

　唐橋猪熊地事四至見證文、

別進

　安堵御判幷御教書以下案文依事繁数通略之、

右彼地者、既被経御沙汰、当知行于今無相違地也、爰東寺雑掌掠賜之由申之、奸訴次第也、證文明鏡之上者、不能巨細言上、速任安堵之旨、彼雑掌訴状為被棄捐、恐々言上如件、

　応永十七年九月　日

○応永四年（一三九七）六月六日に同地を法住院に安堵する室町幕府御教書が出される（本書五三四号史料）。

○本史料にみえる法住院・妙見寺に関しては、応永十七年八月日付「東寺雑掌申状案」（東寺百合文書ト函八五）、「妙見寺差図」・「大悲心院残地注文」（同ニ函一〇一）、永享二年（一四三〇）三月日付「東寺雑掌申状案」（同ほ函五八）、永享四年十二月日付「東寺雑掌申状」（同オ函一三七）、嘉吉二年（一四四二）十二月付「東寺雑掌申状」（同み函六四）があり。

応永十七年（一四一〇）十月五日、足利義持が丹波国弓削庄年貢のうち百貫文を大光明寺に安堵する。

八〇二〔足利義持御判御教書写〕心華院文書（承天閣美術館寄託）

天龍寺領丹波国弓削庄（桑田郡）年貢内毎年佰貫文事、早任光明院殿御寄附、伏見大光明寺領掌、不可有相違之状如件、

　応永十七年十月五日　（足利義持）（花押影）

　（大光明寺）当寺住持

応永十七年（一四一〇）十月、在中中淹自賛の頂相が作成される。

八〇三〔在中中淹頂相賛〕慈照院蔵

住山五処薄福深、慚無法可説無禅、可参安心一句有、誰会海月山霊共、香語（対談）

中濡侍者絵予陋質請賛、応永庚寅（十七年十月）小春初吉、
前南禅中淹（在中）書
「印文不詳」（白文朱方印）「在中」（白文朱方印）

○〔 〕は「名僧行録」第二巻（東京大学史料編纂所謄写本二〇一六-五八一）の「在中和尚」の項により校訂。

応永十八年（一四一一）三月、足利義持が大智院を鹿王院末寺として安堵する。

八〇四〔宝幢寺領・鹿王院領・諸末寺目録〕鹿王院文書
『鹿王院文書の研究』三四三号文書

（貼紙）「勝定院殿義持御判」
（異筆）「此所々為両寺領当知行云々、永代領掌不可有相違之状如件、
応永十八年三月十七日
内大臣源朝臣（足利義持）（花押）」

宝幢寺領（嵯峨）
加賀国倉月庄（石川・河北郡）松寺村・赤浜村
播磨国安田（多可郡）領家職半分
但馬国鎌田庄（城崎郡）地頭領家一円
土佐国吾川（吾川郡）山地頭職
摂津国吹田（島下郡）西庄内倉殿地頭職
山城国乙訓郡大覚寺
摂津国多田庄（河辺郡）内阿古谷上下

鹿王院領（嵯峨）
越中国井見庄（新川郡）領家職
丹後国余戸里（加佐郡）地頭職半分領家一円
武蔵国赤塚郷（豊島郡）・同国高坂郷
近江国忍海庄（坂田郡）同国散在注文在別紙
備前国軽部庄（赤坂郡）山手村
山城国石原庄（紀伊郡）内野里村幷大岡庄同国散在注文在別紙 洛中屋地等
遠江国小高郷（佐野郡）
飛騨国大八賀郷（大野郡）内蕭条庵跡
若狭国倉見庄（三方郡）内黒田小野加屋三名
丹波国知見谷（桑田郡）同国散在注文在別紙

諸末寺
南禅 龍華院　天龍 金剛院　相国 大智院
嵯峨 持地院　嵯峨 勝光庵　東山 無量寿院

丹後 雲門寺（加佐郡）　備後 天寧寺（御調郡）　周防 永興寺（玖珂郡）
伊与 安国寺（浮穴郡）　出羽 崇禅寺（田川郡）　建長 龍興院
美濃 妙音寺　甲斐 継統院（山梨郡）　丹波 瑞巌寺（氷上郡）

応永十八年辛卯三月　日

○管領畠山満家の継目裏花押一顆あり。裏打紙上に「畠山真観寺殿道端裏判」の貼紙あり。

応永十八年（一四一一）十二月五日、足利義持が大岳周崇のために恵林院を創建する。

八〇五〔三国一覧合運〕『大日本史料』七編―一五、一一頁

（応永）十八　十二月五日、大岳（・周崇）和尚落其（ママ）塔院恵林、（相国寺）相公（足利義持）降（ママ）、

八〇六〔和漢合符〕『大日本史料』七編―一五、一一頁

（応永）十八辛卯　十二月五日、相公（足利義持）請大岳（・周崇）、創恵林院于相国寺裏、

応永十八年（一四一一）十二月二十四日、東寺領若狭国太良庄の百姓が守護段銭・相国寺段銭の負担が多すぎることを嘆く。

八〇七〔若狭国太良庄代官禅朝公文弁祐連署注進状〕

東寺百合文書ツ函二八七、『大日本史料』七編―一五、一七四頁

畏申上候、

抑御年貢残分さいそく（催促）仕候て、進上仕候、

一今度段銭子細なく御免状御申候て、御下候御事畏入候よし、御百姓等申上候、それにつき候てハ、今度御使あまりニひはう（非法）ニ、大使を入られ候て、せめられ候間、京都御左右□□申までもなく、地下こらゑす候て皆済仕候、▨▨今度酒肴料足も御百姓等沙汰を仕候、

一秋地子もさいそく仕候ところに、御百姓等申上候事ハ、半済方の未納利分もちいられす候て、せめられ候間、ふたゑなし仕候、守護（一色義範）殿段銭と申、相国（相国寺）段銭ハ御免あるとハおほしめされ候へとも、これも皆々沙汰仕候、かれこれに御百姓等無正躰なりはて候て、皆々てうさん（逃散）仕候間、さいそくにおよはす候、一方ならす候、領家方□□方々へ御年貢も沙汰せす候、委細事ハ領家方御代官存知事にて候、御たつね候へく候、此旨可有御披露候、恐惶謹言、

十二月廿四日　　　　公　文弁祐（花押）

御代官禅朝（花押）

進上　公文所殿

応永十八年（一四一一）、建仁寺詩僧江西龍派等が詩会において夢窓疎石の諱を犯したため、足利義持が江西等を流罪に処する。

八〇八〔続本朝通鑑〕応永十八年条

『本朝通鑑』第一二（国書刊行会）四三〇二頁

是年(応永十八年)、（中略）建仁寺詩僧龍派(江西)・真玄(太白)・龍惺(瑞巌)・龍琛(九淵)・龍攀(慕哲)・器重(九鼎カ)等題詠化松石、義持(足利)覧其詩巻、大怒曰、彼等何犯夢窓(・疎石)国師諱哉、石字夢窓諱也、悉配流之、（後略）

応永十九年（一四一二）二月十三日、正脈院永哲が東寺領遠江国村櫛庄の件で、同院主堅中圭密に書状を送る。

八〇九〔正脈院永哲書状〕東寺百合文書さ函九九

『静岡県史』資料編六中世二、七〇九頁

(端裏書)「正脈状応永十九」

東寺領村櫛(遠江国敷智郡)事、先度蒙仰候、忘候て不申候、更ニ身ハ存知不仕候、凡身ニ請文候しとなと、、高井殿(祐尊)被申候しか共、身ハ言にても領掌不申候、又ハ請状なく候ハて、所を人ニ預候事あるましく候、此事ハ細谷本家御請候し時、被申候し事にて候、はや三、四年ニ及候、いまゝて被申候ハす事にて候、高井殿忘却候かと存候、是非ニ請候事なくも、身か状なと寺家ニ候かと御尋あるへく候、か様に身請候文なとゝ被申候由をハ、御前にて物語申て候しまてにて候、返々更ニ於身候てあるましき事にて候、此由をかたく可被仰候也、此旨委細可有御披露候、恐惶敬白、

二月十三日　　　　永哲（花押）

進上　正脈院(堅中圭密)衣鉢侍者禅師(洛北真如寺)

応永十九年（一四一二）四月二十二日、田楽が常在光院で行われ、足利義持が見物する。

八一〇〔山科家礼記〕応永十九年四月・八月条

『史料纂集』、第一、一五頁

（四月）廿二日、同（天晴）、今日於常在光院（東山）田楽アリ、御所様（足利義持）渡御ト云々、（後略）

（八月）廿一日、同（天晴）、常在光院ニテ田楽アリ、御所様モ渡御、（後略）

応永十九年（一四一二）五月六日、足利義満の年忌にあたり、御八講が開かれ、相国寺でも仏事が行われる。

八二一〔山科家礼記〕応永十九年五月六日条

『史料纂集』、第一、一一六頁

六日、同（天晴）、御八講今日結願、御出居様（山科教興）又御着座ニ御参、其外相国寺等ニテノ御仏事種々ニ被行云々、

応永二十年（一四一三）六月八日、東寺最勝光院方が、正脈院主堅中圭密の遠江国原田庄細谷郷代官職を解任し、織田浄祐を任命する。

八二二〔最勝光院方評定引付〕東寺百合文書る函二六

『静岡県史』資料編六中世二、七一七頁

（表紙）「卅

最勝光院方評定引付 応永廿 癸巳」

最勝光院方評定引付 応永二十 癸巳

（中略）

六月八日

教遍　杲淳　宗海　快玄　弘経　宣弘

一正脈院（堅中圭密）（洛北真如寺）所預遠江国原田庄（佐野郡）事

（異筆）「織田主計方（浄祐）所望、仍補任了、」

東寺領遠江国原田庄細谷郷所務職事

自当年可有執御沙汰之由、衆儀所候也、恐々謹言、

応永廿

六月十日

請申東寺御領遠江国原田庄内細谷郷御年貢事

右御年貢、自当年請切申之上者、不論地下之損否幷臨時国役・運賃・雑用・庄立用等、毎年貳十貫文、京定、十一月中必可致其沙汰者也、万一雖為小事、有不法儀者、速可被召放所務職者也、仍為後日、請文状如件、

応永廿年六月十四日　浄祐在判

当寺領細谷郷所務事、依執申、織田主計方ニ被宛行之上者、万一背請文之旨、令参差出来、又年貢未進懈怠之時

者、以当寺本供僧以下得分、相当分可有御立用、此旨衆中可有御披露候、恐々謹言、

六月十四日　　堯清在判

宝輪院（宣弘）御坊

応永二十年（一四一三）六月三十日、雨乞の祈禱が相国寺で行われる。

八一三〔満済准后日記〕応永二十年六月・七月条

『続群書類従』補遺一（上）、二一四頁

（六月）卅日、丁丑、天晴、風呂、相国寺祈雨已及数日歟、猶不□間、今日三百□（後略）

（七月）二日、己卯、天晴、清滝講如昨日、公方（足利義持）様渡御畠山将監（貞清）亭云々、祈雨奉幣重被行云々、（後略）

四日、辛巳、天晴、祈雨事可被仰三門徒中之由内々申沙汰畢、仍自今夕水天供勤仕、及暁天降雨如法験、

五日、壬午、天陰、自未半剋計雷鳴降雨及終日終夜、水天供三時、降雨間結願、（後略）

応永二十年（一四一三）七月四日、足利義持が、備後国福田庄地頭職・同国則光庄西方地頭職等を乾徳院に安堵する。

八一四〔足利義持御判御教書〕普広院文書

（端裏貼紙）「勝定院殿」

備後国福田庄（葦田郡）地頭職・同領家方預所職・同国則光庄（世羅郡）西方地頭職・丹波国八木嶋地頭職・伯耆国所子保（汗入郡）半分・楊梅烏丸南東頬地壱町除篝地・北林屋敷等事、任当知行、乾徳院（相国寺）領掌不可有相違之状如件、

応永廿年七月四日

内大臣源朝臣（足利義持）（花押）

○『分散した禅院文書群をもちいた情報復元の研究』五九頁参照。

応永二十年（一四一三）七月十三日、足利義満母紀良子（洪恩院）が死去し、その追善料として若狭国倉見庄が相国寺に寄進される。

八一五〔相国考記〕応永二十年七月十三日条

『相国寺史料』第一巻、一一八頁

七月十三日、宝篋院殿（足利義詮）之室、鹿苑（足利義満）・養徳両院殿之萱堂逝
矣、号洪恩院（紀良子）従一位月海大禅定尼、法名如光、（足利満詮）族善法寺（石清水）、
往年受衣盂於普明国師（春屋妙葩）、追薦領若州（三方郡）倉見庄、見于当寺古記、

○「等持院常住記録」（東京大学史料編纂所謄写本二〇一五-六一二）によると、若狭国倉見庄は応永二十年十二月十九日の段階で、洪恩院追善領所として足利義持により等持院に寄進されている。相国寺領かどうか要検討。

応永二十年（一四一三）七月十九日、足利義満母紀良子（洪恩院）の葬儀が等持院で行われ、相国寺僧が勤仕する。

八一六〔満済准后日記〕応永二十年七月十九日条
『続群書類従』補遺一（上）、一二五頁

十九日、丙申、天陰、雨止、小川大方殿（紀良子）御葬礼、公家武家参集、
天龍寺・相国寺計僧渡畢、公方様（足利義持）御浄衣絹、新御所（足利義嗣）御浄
衣布、御後御供奉、浄土寺（持弁）・宝池院（義賢）・予（満済）同道、重衣、諸
大名□小川殿（足利満詮）絹衣袴御着用、薄黒御袈裟、同御□
被勘□條□用法□以後□無之□蒙□申□

八一七〔教興卿記〕応永二十年七月条
『史料纂集』、一三九頁

□（十）三日、□ヨリ御所様（足利義持）御籠居、辰刻ハカリニ小河（紀良子）
殿御円寂云々、（後略）
□（十）九日、□今日ヨリ□ニ御籠居、未明ニ小河
殿御茶毘、於等持院（洛北）此儀アリ、予（山科教興）面々令同道参了、予之（日野東洞院資教）
一品禅門・左大弁宰相（日野有光）・
儀委細別紙ニ注之勘解由少路（小）大納言（広橋兼宣）・北畠中納言（木造俊泰）・飛鳥（雅縁）
井禅・左衛門督（裏松）（烏丸豊光）・同右佐（裏松）（日野義資）・高倉宰相入道（永行）・同侍従（永藤）・中山
宰相中将（満親）・坊城大蔵卿（東坊城長遠）、

八一八〔勝定院殿集纂諸仏事〕
『大日本史料』七編一八、二五九頁

□（六十六）洪恩院殿（紀良子）月海大禅定尼秉火
七十有八年、仙遊謝世縁、水流元在海、月落□（不）離天、
共惟、　新物故洪恩院殿従一位月海大禅定尼、至貴至尊、
為天下母、惟徳惟行、継三（三宝）世賢、慈心広大、視衆生如赤
子、願力堅固、護正法奉金仙、霊山会上、夙預作仏記、

正覚室内、親参活祖禅、一機瞥転、大用現前、踏(蹈)翻生死窠窟〔臼〕、脱却聖凡蓋纏、撃砕龍女献仏珠、発霊光於塵刹外、打破演若迷頭鏡、見面目於未生先、浄裸々赤洒々、恢々焉晃々焉、正恁广(歴)時、諸人還知(識)、月海別有転身一路广(歴)、挙火把云、炎々火〔宅〕坑変城(成)池、便見仏身坐宝蓮、

応永癸巳(二十年)七月十九日　周仲(無求)書

○〔　〕は「無求和尚語録」（慈照院蔵）により校訂。

八一九〔養浩集〕『大日本史料』七編―一八、二六〇頁

洪恩院(紀良子)殿奠茶

王甌暁汲井華湘、古仏家風不覆蔵、一啜呼回深閣夢、豁然除熱得清凉、共惟、新物故洪恩院殿従一位月海大禅定尼、天上平章誰争其品、下土種草共譲其芳、悟万般世相之幻、早除無始昏滞、参一味教外之禅、頓得換骨霊方、不事膏油首面、元自玉雪心腸、所以自用医薬之初、精神愈爽、及啓手足之後、牙頰益香、万斛春風斉漏泄、孫枝子葉久昌々、只如一漚未発已前消息、作麼生挙揚、翻却銚兮擲下盞、月裡顧兎著錦襠、

○「養浩集」は厳中周噩の詩文集。

応永二十年（一四一三）八月十九日、真如寺に住持が入寺し、足利義持がこれに臨む。

八二〇〔満済准后日記〕応永二十年八月十九日条　『続群書類従』補遺一（上）、二一七頁

十九日、丙寅、天晴、変異御祈自今夕始行、愛染護摩、入寺、真如寺(洛北)入院、公方様(足利義持)渡御、還御管領亭(細川満元)ニ成御云々、御精進解歟、京極(高光)死去、四十云々、

応永二十年（一四一三）九月十八日、東寺が寺領若狭国太良庄領家・地頭方の所務を乾嘉副寺に任せる。

八二一〔若狭国太良庄地頭方評定引付〕東寺百合文書夕函八三

『若狭国太良荘史料集成』第四巻、三三二頁

(表題)「太良庄地頭方評定引付応永廿年癸巳」

(若狭国遠敷郡)太良庄地頭方評定引付

（中略）

九月十日

融然　隆禅　宣弘　救遍◦◦快玄
重賢　宗海　紹清◦宗源　宣経
快祐　宏済　光演　快寿　杲淳

一当庄代管職事、金蓮院（杲淳）及数箇度所望事被取続申候間、万一彼本人有限年貢等有無沙汰者、○金蓮院可有取沙汰之由、可被進請文、就中、於被立請人者、不可有子細之由衆儀了、金蓮院請文幷請人弥五郎請文三通有之、彼補任状○案云、

東寺領若州太良庄地頭方代官職事、所被預申也、早任先例、可令所務給之由衆儀候也、恐々謹言、

九月十四日　　宣経

金蓮院御房

地下書下云、

当庄地頭・領家所務事、嘉（乾嘉）副寺被申付候、早可被渡申候之由候也、恐々謹言、

九月十八日　　東寺公文所法眼
魏（巍）永

太良庄公文殿

応永二十年（一四一三）十一月二十六日、足利義持が摂津・因幡国等にある大徳院領を安堵する。

八三〔足利義持御判御教書〕　慈照院文書（承天閣美術館寄託）

相国寺大徳院領摂津国散在地頭護摩田・因幡国岩井庄（巨濃郡）領家職・同国勝部（気多郡）東分地頭職・但馬国八太庄（二方郡）領家職・美濃国小瀬（武儀郡）・伊勢国上箕田郷（河曲郡）・遠江国曾我（佐野郡）領家職延久名（豊田郡）相撲田宮代下郷内田地拾町屋敷参ヶ所・越中国田河保（礪波郡）地頭職・五条室町同富少路京極屋地幷当院敷地・同西北屋地等事、早任当知行領掌不可有相違之状如件、

応永廿年十一月廿六日

内大臣源朝臣（足利義持）（花押）

○『分散した禅院文書群をもちいた情報復元の研究』七九頁参照。
○大徳院は延徳三年（一四九一）三月に慈照院と改称される。

応永二十年（一四一三）十二月六日、乾徳院領福田庄庄主梵済が公用銭を送る。

八二三〔僧梵済公用銭送状〕明王院文書

『大日本史料』七編−一九、二九六頁

送進

乾徳院（相国寺）領福田庄（備後国葦田郡）公用銭事、

合拾捌貫文者、

右所送進之状如件、

応永廿年十二月六日　梵済（花押）

御奉行所

応永二十年（一四一三）十二月十二日、室町幕府管領細川満元が足利義持の大徳院領安堵を施行する。

八二四〔室町幕府管領細川満元施行状〕慈照院文書（承天閣美術館寄託）

相国寺大徳院領摂津国散在地頭護摩田・因幡国岩井庄（巨濃郡）領家職一円・同国勝部（気多郡）東分地頭職・但馬国八太庄（二方郡）領家職・美濃国小瀬庄（武儀郡）・伊勢国上箕田郷（河曲郡）・遠江国曾我（佐野郡）領家職延久（豊田郡）名相撲田宮代下郷内田地拾町屋敷参ヶ所・越中国田河保（礪波郡）地頭職・五条室町同富少路京極屋地幷当院敷地・同西北屋地等事、早任去月廿六日安堵、可被全領知之由、所被仰下也、仍執達如件、

応永廿年十二月十二日　沙弥（細川満元）（花押）

院主（大徳院）

○『分散した禅院文書群をもちいた情報復元の研究』七九頁参照。

○「去月廿六日安堵」は本書八二二号史料。

応永二十年（一四一三）十二月二十五日、室町幕府管領細川満元が足利義持の乾徳院領安堵を施行する。

八二五〔室町幕府管領細川満元施行状〕慈照院文書

（端裏貼紙）「岩栖院殿」

乾徳院（相国寺）領備後国福田庄（葦田郡）地頭職・同領家方預所職・同国則光庄（世羅郡）西方地頭職・丹波国八木嶋地頭職・伯耆国所子保（汗入郡）半分・楊梅烏丸南東頬地壹町除篝地、・北林屋敷等事、任今年七月四日安堵之旨、領掌不可有相違之由、所被仰下也、仍執達如件、

応永廿年十二月廿五日　沙弥（細川満元）（花押）

当院（乾徳院）々主

○『分散した禅院文書群をもちいた情報復元の研究』五九頁参照。
○「今年七月四日安堵」は本書八一四号史料。

応永二十年（一四一三）十二月、若狭国太良庄代官の乾嘉副寺が年貢散用状を作成する。

八二六〔若狭国太良庄地頭方年貢散用状〕東寺百合文書リ函九八
『若狭国太良荘史料集成』第四巻、三二四頁

（端裏書）「太良庄地頭方散用状応永廿年分同廿一年十二月九日勘定畢、」
註進
（若狭国遠敷郡）太良庄地頭方応永廿▨御年貢算用状事
合
半分定参拾斛壹斗壹舛九夕内
除
参斛壹斗　不作・河成
貳斛肆斗五舛　自応永十二年河成
貳斛　自同十三年河成
貳斛六斗　自同十四年河成
已上拾斛壹斗五舛

残定米拾玖斛九斗六舛九夕内
参斗五舛　早米寺納
参斛　代貳貫参百十文、石別七百七十文充、十月八日和市、
拾肆斛六斗壹舛九夕　代拾壹貫百七文、石別七百六十文充、
壹斛五斗　代壹貫百四十三文、同前、
五斗　（一色義範）守護方細々雑用地下持□（之カ）、
已上拾九斛九斗六舛九夕
一銭成分
貳貫貳百参十捌文　秋地子
貳百五十文　栗代
都合銭拾柒貫四十三ミ八文内
五百文　垸飯料足守護方出之、
壹貫文　采女・修理替守護方出之、
壹貫貳百文　御飯米越賃
已上貳貫七百文
（朱筆）「五　六十文　蔵未進二百十二文」
定残拾肆貫参百四十三ミ八文　寺納
（朱線）「｜　｜｜｜」
右所註進之状如件、

大師八幡・当国上下大明神、別者当庄三社大明神之御罰
可罷蒙候、仍註進状如件、

応永廿年十二月　日　　御代官乾嘉（花押）

「（異筆）公文弁祐（花押）」

○本史料は乾嘉の筆跡である。
○同年に領家方年貢算用状（教王護国寺文書、『若狭国太良荘史料集成』第四巻、三三三頁）も作成される。乾嘉が署名した太良庄領家方・地頭方算用状は、正長元年分（東寺百合文書リ函一一五・一一六〈同書第五巻、八十五頁〉）まで残る。

応永二十年（一四一三）、相国寺が伯耆国久永御厨内由良郷を知行する。

八二七〔長講堂領・法金剛院領・熱田社領・播磨国衙別納目録写〕京都御所東山御文庫記録

『大日本史料』七編一九、一一一頁

「（別筆）応永廿写　遣武家」
（六条）長講堂御領　「（別筆）八釣庄」（大和国高市郡）
〵大和国慈光寺（生駒郡）　国民等押領
〵摂津国松村庄（武庫郡）
〵伊勢国豊田御厨〔庄〕（朝明郡）　守護（世保康政）被管人知行云々、
〵尾張国野間庄（知多郡）　細河中務大輔
同国内海庄（知多郡）　畠山将監入道（貞清）
同国稲木庄（丹羽郡）十七箇郷内安良郷寺家（長講堂）当知行、十六ヶ郷守護（斯波義重）幷土岐一族等、
遠江国山香庄（豊田・榛原郡）　守護（斯波義教）
〵駿河国富士庄（富士郡カ）
〵能登国家田庄（羽咋郡）　守護（畠山満慶）
同国上日本庄（鹿島郡）　同
〵越中国新保御厨（射水郡）
〵丹波国弓削庄（桑田郡）　天龍寺
同国和久庄（天田郡）
〵丹後国久美庄（熊野郡）　守護（一色義範）
〵但馬国朝来庄（朝来郡）　同（山名時熙）
〵伯耆（国脱カ）久永御厨（久米郡）　此内由良郷　相国寺
〵周防国玖珂庄（玖珂郡）　金剛院（天龍寺）
長門国阿武御領（阿武郡）　守護（大内盛見）

紀伊国石垣庄(有田郡)　同(畠山満家)
淡路国福良・賀集庄(三原郡)　同(細川満俊)
阿波国麻殖庄(麻殖郡)　同(細川満久カ)
同国宍咋庄(海部郡)　同
肥前国巨勢庄(佐賀郡)
(葛野郡)法金剛院領
山城国松井庄(綴喜郡)　善阿弥跡
伊勢国高志御厨(飯高郡)
能登国土田庄(羽咋郡)　守護
美作国豊福庄(英多郡)　(斯波満種カ)左衛門佐入道
阿波国秋月庄(阿波郡)　守護押領歟
土佐国朝倉庄(土佐郡)　同(細川満元)
筑前国赤馬庄(宗像郡)　速成就院
熱田社領
尾張国木田郷(知多郡)　一色
同国堀津五箇郷(中島郡)　(斯波義教)守護
同国星崎郷(愛知郡)　同
播磨国衙別納
(播磨国明石郡)明石津
(播磨国神西郡)的部南條　天龍寺

応永二十一年(一四一四)正月十八日、天章周文は大巧如拙に師事し、如拙から『君台観左右帳記』を授けられる。

八二八〔丹青若木集〕『日本絵画論大系』Ⅱ、三三七頁

(天章)周文都官　字等慶、東福寺派僧也、不知庵座、以善絵其名冠絶当代、師傚(大巧)如(拙)説、出新意成一家法、筆力能得範、超越他画、尤難逮于学、世人甚宝蓄之、画上以二印、多画人物山水、応永二十一年正月十有八日、自如(拙)説授画譜君台観左右帳記、尤画家為秘本矣、自応永廿一年寒暑二百五十有余歳、

応永二十一年(一四一四)三月十二日、悪星が出現したため、相国寺等諸五山で祈禱が行われる。

八二九〔満済准后日記〕応永二十一年三月十八日条　『続群書類従』補遺一(上)、四二頁

十八日、壬辰、天晴、忠西堂・藤蔵主(春林周藤カ)・沈蔵主等来臨、悪星出現、寺々大事、先規不快云々、仍十二日ヨリ今日マデ相

国寺祈禱云々、諸五山同前云々、

応永二十一年（一四一四）四月二十三日、右馬寮名主職が大幢院に寄進される。

〈三〇〉〔満済准后日記〕応永二十一年四月二十三日条
『続群書類従』補遺一（上）、四四頁

廿三日、（中略）右馬寮名主職寄進大幢院（相国寺）、

○大幢院は後に長得院と改称される。

応永二十一年（一四一四）四月二十六日、北山院（足利義満室日野康子）が足利義満七回忌の仏事を常徳院で行う。

〈三一〉〔満済准后日記〕応永二十一年四月二十六日条
『続群書類従』補遺一（上）、四五頁

廿六日、己巳、天晴、雷鳴不降雨、宝鑰談義中巻初畢、聞書等如昨日、於相国寺常徳院、鹿苑院（足利義満）御仏事、北山女院（日野康子）御沙汰云々、

応永二十一年（一四一四）四月二十八日、足利義満の七回忌追善仏事が勝定院で行われる。そのため、足利義持がこの日から鹿苑院に滞在する。

〈三二〉〔満済准后日記〕応永二十一年四月二十八日条
『続群書類従』補遺一（上）、四五頁

廿八日、辛未、天晴、公方様（足利義持）自今日御座鹿苑院、於勝定院（相国寺）故御所（足利義満）御仏事在之云々、

○同年五月六日に鹿苑院で行われた足利義満七回忌の法語が「勝定院殿集纂諸仏事」（『大日本史料』七編-二〇、一七二頁）、「養浩集」（同書一七五頁）に、勝定院で行われた仏事の法語が「三周集」（同書一七七頁）にあり。

応永二十一年（一四一四）五月十六日、鹿苑院で五部大乗経が開板される。

〈三三〉〔像法決疑経〕東寺観智院蔵
『大日本史料』七編-二一、二四二頁

（刊記）応永二十壹甲午五月十六日、就于万年山鹿苑院（相国寺）、五部大乗経形木新開板畢、

奉行　本紹
相奉行礼高

応永二十一年（一四一四）五月十八日、仲方中正が足利義持に近江国高島の文書を披露し、その文書を地蔵院に返却する。

八三四〔近江国高島郡一切経保田文書請取状〕地蔵院文書

『西山地蔵院文書』二八三頁

（ウハ書）
「地蔵院」

観空上人

等信副寺（・印元）古先弟子

祖光菴主

碧潭（・周皎）和尚俗弟子

古先和尚法眷〃〃

文書十四通此外奉行折紙

今日懸御目候、

五月十八日　中正（仲方）（花押）

地蔵院主事

御寮（宿所カ）

（端裏書）
「中正蔵主」

中正（仲方）蔵主の御所（足利義持）の御めにかけられたるおりかみ（折紙）の、あふ（近江国）ミのくにたかしま（高島郡）のほうてん（保田）のもんしよ（文書）を、たしかに〳〵かゑし（返）給候、

応永廿一年五月十九日

応永二十一年（一四一四）六月五日、止雨の祈禱が相国寺で一切経を転読して行われる。

八三五〔満済准后日記〕応永二十一年六月五日条

『続群書類従』補遺一（上）、四七頁

五日、丁未、降雨、止雨奉幣被行之、於相国寺一切経転読、止雨御祈云々、

応永二十一年（一四一四）六月七日、これ以前、鹿苑院主大岳周崇が『禅林僧宝伝』を講義する。

八三六〔臥雲日件録抜尤〕文安五年十一月二日条

『大日本古記録』、三二頁

二日、｜｜定水庵主（清水寺）来、｜｜庵主話次曰、太（大）岳和尚、在鹿苑（鹿苑院）時、読僧宝伝（禅林僧宝伝）、一日講投老二字曰、吾少年、侍夢岩（・祖応）講筵、常誦荊公（王安石）霜松雪竹鍾山寺、投老帰歟寄此生之句、

投レ老二字、似謂至老、先是聞人読誦此句、「似投老身句」就夢岩質疑、
又自翻覆以為此或不可疑而疑之則不可乎、故不問之、後
見投老二字注曰、投至也云々、予(瑞渓周鳳)曰、予亦聞僧宝伝講、
然偶不記之耳、予常読坡詩之次、解此二字、与夢岩所読、
自然相同、故於脞説中、多引荊公前後用此二字之句、以
為證也、――

○年月日未詳につき、大岳周崇が鹿苑院を退院した日におく。

応永二十一年（一四一四）八月四日、相国寺立西堂が若狭国安養寺仏殿・山門の上棟に立ち会う。

八三七〔若狭郡県志〕『大日本史料』七編―二一、一九四頁

同(応永)二十一年八月一日安養寺仏殿山門造営之、同四日有上
棟之儀、相国寺立西堂来、于茲而監之矣、今不知其処、
西津郷(遠敷郡)松原以北田地之字、有称安養寺之処、斯寺古在此
地、退転之後為田地之号者乎、

応永二十一年（一四一四）十二月、若狭国太良庄代官の乾嘉副寺が守護方入目注文を作成する。

八三八〔若狭国太良庄守護方入目注文〕教王護国寺文書

『若狭国太良荘史料集成』第四巻、三三六頁

(端裏書)「太良庄代管嘉(乾嘉)副寺守護役等入足
(捧)□注文歎申間、被免了、広(応)永廿二卯十五日」
(若狭国遠敷郡)太良庄応永廿一季守護方入目之事

領家方御分三分二之定
壱貫六百文　九世戸夫二人　弐貫文　三方(範忠)下向時礼、
壱貫四百文　三方上洛時夫二人　弐貫文　馬夫四人、
陸佰六十五文 新守護代礼　四百六十五文守護代上洛之時夫、
　已上捌貫百三十文
同地頭方御分三分一定
捌百文　九世戸夫一人　壱貫文　三方下向時礼
柒百文　三方上洛時夫一人　壱貫文　馬夫二人
参百卅二文 新守護代礼　弐百文　守護代上洛時夫
　已上四貫参拾二文
此外
壱貫文　季始礼、長法寺方(納)　壱貫文　勧進猿楽
壱貫文八月廿八日　長法寺方礼　五百文　西津勢間方

参百文　郡使　　壱貫文　歳末礼
已上四貫八百文
応永廿一季十二月　日　御代管乾嘉（花押）

応永二十二年（一四一五）三月一日、足利義満の息女で鄂隠慧奯の弟子である覚窓性仙が示寂する。

八三九〔知恩院住持位記〕近衛家文書
『大日本史料』七編―二二、五九頁

尼寺入江殿、院号三時知恩院卜云、
鹿苑院殿（足利義満）御息女、法名性仙、号覚窓、
鄂隠（・慧奯）和尚御小師、相国寺之内長得院ノ僧也、
前住三時知恩院覚窓仙公尊儀
応永貳拾貳乙未年二（三）月朔日御逝去、

○『満済准后日記』応永二十二年三月一日条に覚窓性仙示寂の記事があるため、三月におく。

八四〇〔尼寺入江殿事書〕近衛家文書
『大日本史料』七編―一〇、四七頁

尼寺入江殿院号
三時知恩院卜云、
鹿苑院殿（足利義満）御息女、法名性仙、号覚窓、
鄂隠（・慧奯）和尚御小師
相国寺之内長得院ノ僧也、（後略）

○便宜的に覚窓性仙の示寂日におく。

応永二十二年（一四一五）三月十六日、常徳院が炎上する。

八四一〔満済准后日記〕応永二十二年三月十六日条
『続群書類従』補遺一（上）、六六頁

十六日、甲寅、天晴、菩提寺御仏事如常、相国寺塔頭常徳院炎上、午末刻、故裏松一品（重光）第三回、僧達悉留守□

応永二十二年（一四一五）六月十三日、日吉社神輿が嗷訴のため下山し、守護大名等が内裏・相国寺等の警固にあたる。

八四二〔満済准后日記〕応永二十二年六月十三日条
『続群書類従』補遺一（上）、七一頁

十三日、己卯、大風雨、神輿客人已山王畠マテ御下、寅時□

□猥雑、方々警固等被置之、内裏西向四足同小唐門

管領（細川満元）、北陣畠山右衛門佐（満家）、東赤松伊豆守（貞村）、仙洞東面武衛（斯波義淳）、

河原ニハ山名（時熙）・赤松（義則）両人、相国寺大内（盛見）警固云々、三條殿

ニハ近習以下、自余□群参、（後略）

八四三〔官局公事分配注文案〕壬生家文書

『図書寮叢刊　壬生家文書』六巻、一一九頁

（折紙折裏端書）「六月分配」

（異筆）「

十三日大風吹、　二日一字一石紋率都婆壬生角又立之了、

六日辰刻山門法師□□十許、

走（延暦寺）趁入祇園社祠抜取鳳形等、

□日々吉神輿　鳥井等打折帰山云々、

□洛之由、依有其　入自南門自東出云々、

□、諸□名▨▨▨

管領（細川満元）右京大夫入道守護内裏○四足門云々、

（十）□四日祇園祭礼、雖無神行、桙山等渡云々、」

六月公事　応永廿二年

十日御躰御卜奏　左一史

十一日月次祭　指次史　二番

神今食　同人　二番

廿一日国忌　同人　四番

廿九日最勝寺御八講　左一史　四番

施米　新少史

晦日大祓　同人　四番

臨時

（異筆）「十九日畠山　巳刻　舎弟（満慶）大夫入道父子重又発向伊勢、打寄蓮花王院奈

良通云々、

十三日被立両使於江州山上庄（蒲生郡）、治部河内守（則栄）・松山備前等

廿日両使幷守護使・山門使節等検知之、山上・市原庄（近江国蒲生郡）公文私

宅壊出之焼上了、用水中分之由下知、

廿一日上洛了、

十三日

内裏四足門管領（細川右京大夫入道（満元））、同棟門摂津（満親）各西向、

北門畠山（満家）、東門赤松廷尉（貞村）・同越後（持貞）等、

仙洞　武衛禅門（斯波義淳）

相国寺　大内入道（盛見）
多々（糺）洲河原　赤松（義則）
法成寺太馬場　山名（時熙）于時侍所
此外大名・近習等悉参　室町殿□
同日
官庁西庁并東西廊顛倒□□例北門者吹破□、神祇官門悉
顛倒、」

応永二十二年（一四一五）六月二十三日、相国寺山門上で変女が徘徊したため、同寺で祈禱が行われる。

八四四〔満済准后日記〕応永二十二年六月二十三日条

『続群書類従』補遺一（上）、七二頁

廿三日、己丑、天晴、相国寺山門上変女徘徊、或乗馬体ニテモ見輩在云々、白昼事也、仍寺家祈禱三ヶ日可始行云々、

応永二十二年（一四一五）七月十九日、雨乞祈禱が相国寺と天龍寺で行われる。

八四五〔満済准后日記〕応永二十二年七月十九日条

『続群書類従』補遺一（上）、七三頁

十九日、甲寅、天晴、入堂、楠木一類蜂起云々、仍畠山（満家）遣勢ヲ河内国了、於相国寺・天龍寺祈雨在之云々、

応永二十二年（一四一五）十月二十日、真如寺正脈院主が高峰顕日百回忌の仏事を行う。

八四六〔勝定院殿集纂諸仏事〕

名古屋市蓬左文庫蔵一〇四―六六

卅四　仏国（高峰顕日）応供広済国師百年忌拈香

高々峯頂立家風、夜半金鳥出海東、一弁兜楼軽触忤、法身偏満大虚空、茲者、平安城北真如禅寺正脈院主比丘等、応永乙未（二十二年）之歳冬十月二十日、伏値前住建長仏国応供広済国師大和尚一百年遠諱之辰、先庚若干日、就于当院、厳設忌斎、延請現前清衆、諷⿰言寅（演）仏頂心呪、特承鈞旨、命小比丘通恕（惟忠）、爇此妙香、不啻穿却三世十方、諸□（大）菩薩、現座道場円通大士、歴代祖師鼻孔、専為　仏国

応（供脱カ）広済国師、酬恩雪屈者也、恭惟　真慈、知見深宏、言辞贍粋、親見常照、芥輥針投、一唱一酬、始無凝滞、迨乎接玄学者、奔雷掣電、各随其機而激励焉、常照倒把一柄断命刀子授師、々得之、蔵鋒東山雲岩（下野国那須郡）、露創乾明（相模国鎌倉郡万寿寺）・巨（建長寺）福用来、受用臨時、殺活自在、仏祖乞命、魔外潜蹤、師遂以其柄授先雲居、々々得之、或時拈作臨済金剛王、或時揮為徳山條白棒、或時喚作毘盧印、或時呼為毱多籌、而後献之天子、々々提之、整粛八紘、秘在王庫、呈之将府、々々用之、建最勝幢、坐鎮邦国、卿士大夫得之、防意如城、策功蓋代、蛮夷縮々、生民熙々、門下諸弟□（子カ）得之、法戦当機、正按傍提、七穿八穴、至今抛大□（方）之主盟為金鑾之上客者、何限究其源委、陰翊日域聖化、而使流通宗門正脈、則　真慈一臂支之力也、奇哉々々、希有々々、雖然恁地、　国師百年後、不動本位、応供来此法筵、諸人還有相見分也無、挙起香云、只這是、

応永二十二年（一四一五）十一月二十一日、乾嘉等が若狭国太良庄から伊勢に赴く人夫の食糧米の注文を進上する。

八四七〔若狭国太良庄代官乾嘉等連署起請文〕　東寺百合文書し函九〇

『若狭国太良荘史料集成』第四巻、三四六頁

再拝々々敬白起請文之事

右元者、伊勢むき（向）の夫のろうま□（粮米）事、住（注）文進上申候、
此内一銭にて□（も）ゑ御百性（姓）等かんきよく（奸曲）お申候ハす候、
若これいつわり申候わは、
上者梵天・帝釈・ゑんま法王・五道冥□（官）、下地のすしや
くハ伊勢天照大神・熊野三所護現（権）、王城ちん（鎮）守八大明
神・大師八まん（幡）大菩薩・天満大自在天神、別当国□守
上下大明神・八まん大菩薩、殊者当□（社）氏宮三社明神、
惣日本国六十余州□（之カ）神罰冥罰、八十三のおりほね九万
八千の□（け）あなことにまかりかうむり候て、今生に□
ひやくらい（白癩）・こくらい（黒癩）のやまいおうけ（受）、来世に□む（無）
けん（間）にたさい（堕在）すへし、仍起請文之如状（ママ）件、

応永廿二年十一月廿一日　助太夫（花押）　助九郎□
公文弁祐（花押）　弥介護（権）守（略押）　法阿弥（略押）　右近（略押）
御代官乾嘉（花押）　成阿弥（略押）　平内大夫（筆印）　藤介（略押）
幸阿ミ（略押）

○本史料は木版刷「熊野山宝印」の裏に書かれる。

応永二十三年（一四一六）正月九日、北山大塔が落雷により焼失し、足利義持は大塔を相国寺に移して再建するよう命じる。

八四八〔看聞日記〕応永二十三年正月九日条　『図書寮叢刊』一巻、五頁

九日、雨降、戌刻雷電・暴風以外也、此時分赤気耀蒼天、若焼亡歟之由不審之処、北山大塔七重、為雷火災上云々、雷三度落懸、僧俗番匠等捨身命雖打消、遂以焼失、併天魔所為勿論也、去応永七年（十）相国寺大塔七重、為雷火災上、其後北山ニ被遷之、造営未終功之処又焼失、末代不相応歟、法滅之至可悲可歎、驪又相国寺ニ被遷可被建立之由、則有其沙汰云々、後日伝聞、北山女院（日野康子）八日御夢想ニ、故（足利義満）北山殿有入御女院ニ被申様、近日之間御肝つふさる丶事あるへし、雖然他所ヘ不可有御出、か様ニて可有御座云々、御共ニ候男、折烏帽子着云々、以祓奉祓女院之間、何事ッましく〵と被仰けれハ、北山殿是ハ御為ニ無為なるへき御祓也と被申之由被御覧、御夢醒（覚）了、翌日大塔炎上、不思儀之御夢想也云々、仍焼亡之時、女院（日野康子）他所ヘ不出御、人々雖驚中御所ニ有御座云々、又聞、九日大塔上ニ喝食二三人・女房等徘徊、入夜蠟燭二卅廷（挺）ハカリトホシテ見ヘケリ、不経幾程炎上云々、天狗所行歟云々、

八四九〔後七日御修法幷太元法注記〕醍醐寺文書　『大日本史料』七編-二四、二二五頁

今年（応永二十三年）九日（正月）、陰定遍満、戌初刻雷電、驚聴、遂而北山大塔上雷落、懸火出来塔婆、片時其残焼失、塔本辺不断言广（護摩）愛染王堂焼失、本尊奉出也、塔本之木屋已下悉無残、但北山御所無為、此大塔御建立已及十四ヶ年、去年大略九輪等上之、当年可周備之処、凡無念、無力事歟、火事以後大風数刻、今夜真言院（東寺）散々吹破、或吹顚之間、翌日又被立候云々、

八五〇〔満済准后日記〕応永二十三年正月九日条　『続群書類従』補遺一（上）、八二頁

九日、壬寅、降雨、雷鳴、戌末刻雷鳴頗消肝畢、亥初刻北山大塔為雷火焼失、一両度落懸云々、初ハ奉行僧打消云々、希代事也、

○「後七日御修法阿闍梨名帳」・「東寺長者補任」・「東寺私用集」・「皇代暦」・「皇代略記」・「大乗院日記目録」・「興福寺年代記」・「立川寺年代記」・「和漢合符」・「三国合運」・「三国一覧合運」・「南方紀伝」・「建仁年代記」・「続史愚抄」（『大日本史料』七編-二四、二二六〜二二八頁）、「如是院年代記」（『群書類従』第二六輯、一七三頁）に関連記事あり。

応永二十三年（一四一六）三月十一日、猿楽が大光明寺で行われ、鹿苑院主鄂隠慧奯等が見物する。

八五一〔看聞日記〕応永二十三年三月十一日条　『図書寮叢刊』、一巻、一七頁

十一日、晴、猿楽如昨日、大光明寺(伏見)打挟敷、鹿苑院主(鄂隠・慧奯)和尚、以下、権門僧達詔請見物云々、自僧中禄物済々賜之、六番仕云々、御所様(栄仁親王)灸治有御沙汰、其後御楽、盤渉調楽五・朗詠等也、三位(田向経良)宿所、芝俊阿宿所借住、客人来急退出、源宰相(綾小路信俊)相伴、楽可張行云々、大鼓申出、宿所へ罷出、道すから源宰相吹青海波、三品(田向経良)吹笙、重有朝臣(庭田)打大鼓云々、行豊(世尊寺)厭舞ヲ舞、自宿所参向云々、頗酔狂歟、其後大飲、猿楽乱舞云々、（後略）

応永二十三年（一四一六）五月九日、大光明寺得都主が父三十三回忌仏事を営み、伏見宮栄仁親王が聴聞する。

八五二〔看聞日記〕応永二十三年五月条　『図書寮叢刊』、一巻、一七頁

八日、晴、大光明寺(伏見)得都主参、点心料代持参、是明日有仏事、長老(徳祥正麟)被拈香、御所様(栄仁親王)有御聴聞者、可畏入之由申、得都主亡父卅三廻追善執行、仍如此申云々、可有御聴聞之由被仰、賜御盃、茗十袋賜之、（後略）

九日、雨降、早旦大光明寺拈香、御聴聞ニ御所様御出、新御所(治仁王)・椎野(嵯峨浄金剛院)同御出、予(貞成王)不参、侍臣等皆参、長老徳祥和尚拈香也、（後略）

応永二十三年（一四一六）五月二十七日、相国寺大塔建立の人夫に関わる支出が東寺領播磨国矢野庄供僧方と学衆方の年貢等散用状に記される。

八五三〔播磨国矢野庄供僧方年貢等散用状〕東寺百合文書れ函二五-一　『相生市史』第八巻上、九一七頁

（端裏書）「矢野庄供僧方年貢散用状応永廿三年分同廿四年三月十一日結解畢、」

注進
　東寺御領矢野庄（播磨国赤穂郡）供僧御方御年貢応永廿三年
　　幷大豆・雑穀等散用状事

（中略）

国下用

（中略）

拾文　五月廿七日、大塔（相国寺）御桟（材）木引人夫、惣庄へ
　卅人被懸候、四分一寺領へ七人半当候、
　其時使一宿分、半分定、
七十五文　同人夫請負定時、坂本道間雑用、
一貫貮百文　同人夫粮物、半分定、
二百廿五文　同人夫サイ（宰）料（領）廿日間引原ニテ雑用、サイ
　料ヲ付候ハネハ、人夫日数経候間、付之
　候了、

（中略）

右、散用条々、若偽申候者、当庄五社大明神、殊者大師
八幡大菩薩御罰、各可罷蒙者也、仍注進状如件、

応永廿四年二月十三日　玄舜（花押）
　　　　　　　　　　　了済（花押）

○紙継目に裏花押あり。
○「学衆方年貢等散用状」（『相生市史』第八巻上、九二二頁）にも同内容の記載あり。

応永二十三年（一四一六）六月一日、足利義持が畠山満家に相国寺内の兵具を検知させ、兵具を所持していた僧を召し取り侍所に預ける。また、行者・下部百余人も召し取る。

八五四〔満済准后日記〕応永二十三年六月条
『続群書類従』補遺一（上）、八八頁

一日、辛酉、天晴、（中略）相国寺々中兵具検知、畠山（満家）内者共也、御所様（足利義持）御出云々、大塔普請ト号シテ数百人召具之、俄ニ寺中ニ乱入テ捜求間、長櫃二合分取出了（之）、希代事也、
二日、壬戌、天晴、御入寺（醍醐寺）御礼今日申入了、御対面、昨日相国寺兵具事等御物語、如法之御腹立、及夜陰昨日兵具所持僧数十人悉被召取、被預置侍所云々、猥雑言語道断、
十九日、己卯、天晴、（中略）侍所者共乱入相国寺、行者・下部百余人召取、

○〔　〕は『大日本史料』七編-二四、三九一頁により校訂。

八五五〔看聞日記〕応永二十三年六月一日条

『図書寮叢刊』、一巻、三〇頁

六月一日、晴、愛染王所作如例、護仏奉供養、東寺教遍法印奉供養、抑伝聞、相国寺僧衆兵具令所持事不可然云々、為御検知室町殿（足利義持）寺家入御、俄大般若経可被転読、大衆悉仏殿ニ可集会之由被触之間、大衆悉参集、然間其留守ニ以武士侍所歟、寺中寮々塔頭々々悉被検知、兵具八十余求出之、所持之僧卅二人召捕、被預侍所、此内二人武衛（斯波義淳）申預云々、二人於侍所逐電云々、相残廿八人可被遠流云々、此騒動根元喝食以金鞭打破僧頭云々、依之兵具不可持之由厳密御沙汰云々、

応永二十三年（一四一六）七月十五日、施餓鬼が大光明寺で行われ、伏見宮栄仁親王等が聴聞する。

八五六〔看聞日記〕応永二十三年七月十五日条

『図書寮叢刊』、一巻、四五頁

十五日、晴、孟（盂）蘭盆如例、蓮供御祝着如恒規、寺（大光明寺）施餓鬼御所様（栄仁親王）御聴聞、新御所（治仁王）・予（貞成王）不参、夜石井（紀伊郡）・船津（紀伊郡）念仏拍物密々令見物、

応永二十三年（一四一六）九月四日、東大寺大仏修造用の金箔が相国寺で作られる。

八五七〔看聞日記〕応永二十三年九月四日条

『図書寮叢刊』、一巻、五八頁

四日、（中略）将亦東大寺大仏彩色旧損之間、可被修理云々、金数百両薄師ニ賜之、於相国寺金薄ニ打之、僧令奉行云々、室町（足利義持）御夢想以下有御慎事、仍被発大願有御祈禱云々、

応永二十三年（一四一六）九月八日、相国寺僧が今出川公直室四十九日の仏事として、観音懺法を行う。

八五八〔看聞日記〕応永二十三年九月条

『図書寮叢刊』、一巻、五八頁

七日、晴、入風呂、菊第（今出川公直室）南向四十九日仏事、明日引上執

行云々、仍浄土三部経一部一筆自写遣之、加布施二百疋、雖乏少表懇志許也、自御所提婆品一巻、南向翻遺書、布施茶垸・体立名、引合十帖、被遣之、左府(今出川公行)返事畏悦不知所謝云々、亡魂定受悦申歟、慈雲院主比丘尼達等入来、行施餓鬼云々、
八日、雨降、菊第仏事、相国寺僧達十三人詔請、観音懺法執行、五旬之間、無為無事沙汰終之由申承悦也、

応永二十三年（一四一六）十月七日、足利義持が大光明寺を訪れ、徳祥正麟等が応対する。

八五九〔看聞日記〕応永二十三年十月七日条

『図書寮叢刊』、一巻、六三頁

七日、晴、室町殿(足利義持)大光明寺(伏見)光臨被詔請申、先退蔵庵(伏見)入御、点心了蔵光庵(伏見)入御、其後寺へ入来、斎被聞食、則還御云々、長老達(徳祥正麟)六人請飯申、雑談之次御所(栄仁親王)御事被尋申之間、御窮困式長老達加芳言被申云々、御共申大名管領(細川満元)子息(持元)・畠山(満家)子息(持国)・山名(時熙)子息(持豊)・一色(義範カ)・赤松越州(持貞)・富樫兵部大輔(満成)、近習十余人云々、御装束道服唐物白、懸掛羅、大光明寺御引物小袖・襪・扇云々、退蔵庵同前、

応永二十三年（一四一六）十月十三日、前関東管領上杉氏憲の謀叛の報をうけ、室町幕府が相国寺僧浦雲周南を使者として関東に下向させる。

八六〇〔看聞日記〕応永二十三年十月十三日条

『図書寮叢刊』、一巻、六四頁

十三日、（中略）抑聞、今夕自関東飛脚到来、今月二日前管領上杉金吾(氏憲)発謀叛、故満氏(足利氏満)末子(満隆)当代持(足利)氏舅、為大将軍、数千騎鎌倉へ俄寄来、左兵衛督持氏無用意之上、諸大名敵方へ与力之間不馳参、管領(上杉憲基)(憲定)上杉房州子息、為御方纔七百余騎無勢之間、不及合戦引退、駿河国堺へ被落云々了、同四日、左兵衛督持氏館以下鎌倉中被焼払了、此由注進申、室町殿(足利義持)因幡堂(五条東洞院平等寺)御参籠之間、諸大名馳参、有御評定、駿河ハ京都御管領之間、先駿河へ可入申之由、守護今川金吾(範政)、被仰、関東へ先御使可被下云々、相国寺南西堂(浦雲周南)可下向云々、（後略）

応永二十三年（一四一六）十月二十日、足利義持が弟の義嗣を捕らえ林光院に幽閉する。

八六一〔鎌倉大草紙〕『群書類従』第二〇輯、六六七頁

（前略）其比（応永二十二年末）京都将軍家（足利義持）の御弟権大納言義嗣（足利）卿は御兄当（足利義持）公方を可奉傾よしひそかに思召立事ありて、便宜の兵を御催し有けり、其時分佐々木六角（満高）御勘気にて守護職を召上られ、閉門して居たりしを御頼ありけり、佐佐木いかゞ思案しけるにや、不応貴命、其事無程色あらはれ、応永廿三年十月廿日公方より義嗣卿をめし捕奉り、林光（二条）院へ押籠申きびしく守護をすへをきける、義嗣御出家有て法名道縄と申、是は故鹿苑院殿（足利義満）の御愛子にて、後後には当公方義持公を御隠居なさしめ、此若君に一度天下をもたせ可被申よしおぼしめしこめられけれども、不幸にて北山（足利義満）どのはやく御他界にて、義嗣卿は天下の御望無之といへども、当公方と内々は御中不和と聞えし、（後略）

八六二〔看聞日記〕応永二十三年十一月九日条　『図書寮叢刊』、一巻、七〇頁

九日、陰、寺（徳祥正麟）長老（伏見大光明寺）参、御対面、抑聞、押小路（足利義嗣）大納言已落髪（也）云々、臨（林）光院可被移住云々、（後略）

応永二十三年（一四一六）十一月十三日、伏見宮栄仁親王が大光明寺住持徳祥正麟の求めに応じ、寺領保全のための置文を書く。

八六三〔看聞日記〕応永二十三年十一月十三日条　『図書寮叢刊』、一巻、七〇頁

十三日、晴、寺（徳祥正麟）長老（伏見大光明寺）参、被申当所事、寺家為後証御置文被染御筆可被下云々、御書云、梵王山大光明禅寺者、光厳院御草創也、仍崇仰異于他者也、為我子孫若致当所管領者、寺領之田畠竹林等、背寺家之儀致押領遣（違）乱者、奉行人及地下輩可被処不忠之罪科者也、仍為後証状如件、

十一月十三日　御判（栄仁親王）

大光明寺方丈

御袖書

光厳院御置文案被相副候、如此御置文者、檀方事為寺家殊可被崇仰候、然者寺官等同守此旨、於地下無故不可有不義者哉、

○本書八六九・八七〇号史料が関連。

応永二十三年（一四一六）十一月二十日、伏見宮栄仁親王が死去し、足利義持が栄仁親王の葬儀を大光明寺で行うよう命じる。

八六四〔看聞日記〕応永二十三年十一月二十日条　『図書寮叢刊』一巻、七二頁

廿日、（中略）御悩之式御持病之風気連々発御、凡御病体増気以外御窮屈之様令見御、昌者（竹田）連日雖被召不参珍事也、自今暁御痢両三度下、弥御窮屈、自夜前左御脈絶了、医師不候之間、悪脚不弁、未刻聊御かゆ被聞食、聽御平臥、予（貞成王）御後ニ祇候奉抱、事之体以外令見給、対御方（三条実継女）御前祇候、被悲泣、被御覧体如存如亡、予御後抱申、移刻之間、比丘尼玄経（田向経良妹）相替奉抱、可有起居之由被仰之間奉起、而御顔色以外也、不能言語、御口を開様也、蘇合入御口、不能聞食、已及難儀之間、新御所（治仁王）・近衛局（日野西資国女）・重有朝臣（庭田）等御前不祇候、忩召之、自元御前祇候、予・対御方・長資（田向）朝臣・比丘尼玄経等也、長資朝臣御後又奉抱、人参以水雖入御口、不及呑入、已閉眼之体也、蔵光庵（伏見）主（無相中訓）・寿蔵主（中寿）等馳参奉見之、御事切之由申、迷惑悲泣之外不弁是非、男女上下仰天更無言詞、則大光明寺（伏見）長老徳祥和尚（正麟）、参、焼香申、寺庵僧比丘尼等馳参、大光明寺僧衆・寺庵僧達参諷経申、寺長老則出京、御葬事室町殿（足利義持）へ為伺申入也、就鹿苑院主（鄂隠慧奯）被披露之処、殊驚入之由被申、御荼毘事、崇光院崩御之時沙汰之様不相替、以其例可被申沙汰之由長老（大光明寺）ニ被仰、御返事長老之衣鉢侍者馳帰申、先以如此被計申、愁中悦喜也、但崇光院御例上代也、更不可事行、可有省略之由面々有評定、抑御安堵院宣事、未無御裁許之間、御閉眼、以隠密之儀御悩已火急之由就勾当（藤原能子）仙洞（後小松上皇）へ被申、然椎野（嵯峨浄金剛院）被申、六僧坊院宣到来、播州国衙以下院宣未到也、時宜之趣如何々々、三品（田向経良）在京之間、被告仰、椎野（用健周乾）・乾蔵主・蔭侍者（松崖洪蔭）等同告申、則夜中面々被馳参、乾蔵主御荼毘事、鹿苑院為談合夜中立帰被出京、三位（田向経良）秉燭以後帰参、不逢御終焉之条、無念至也、及深更対御方・陽明局（日野西資国女）、於物得庵（伏見）被落髪、戒師蔵光庵主（仲訓蔵主）也、小時帰参、其姿見之、弥哀傷銘肝、悲涙満眼、予去応永十八年此御所へ参候、

爾来以降六年之間、日夜昵近、朝暮致孝、殊更去年自御病悩至御臨終、看病競寸暇、励忠孝之懇志而已、倩案、進退之安否前後惘然、只拭愁涙之外無他念者也、及暁更召替御衣沐浴了、移改御座、其役大光明寺・蔵光庵僧達懃仕、常御所立廻屛風、御座唱光明真言僧達祗候、

応永二十三年（一四一六）**十一月二十日、伏見宮栄仁親王が死去し、遺書により、大光明寺に所領が寄進され、塔頭大通院が建立される。**

八六五〔椿葉記〕『村田正志著作集』第四巻、一六七頁

（前略）かくて同廿三年(応永)十一月廿日親王(栄仁)つゐに薨給ふ。兼より遺書をあそはしをかれて、大光明寺(伏見)に料所を寄られて、御塔頭をたて、大通院と御称号を申へき由定をかる。（後略）

応永二十三年（一四一六）**十一月二十一日、播磨国衙別納内石見郷が大光明寺に寄進され、伏見宮栄仁親王の菩提料所とされる。**

八六六〔看聞日記〕応永二十三年十一月二十一日条

『図書寮叢刊』、一巻、七四頁

廿一日、晴、乾蔵主(用健周乾)・寺長老(徳祥正麟)(伏見大光明寺)等帰参、御茶毘事、鹿苑院(鄂隠慧奯)主令談合了、所詮故御所(栄仁親王)所有御置文、日来乾蔵主ニ被預申、仍被(披)開之、播摩(磨)国衙別納之内石見郷(揖西郡)為御菩提料所大光明寺被寄附、御没後事以此年貢可被執沙汰、毎事以簡略之儀、不可有寺家之費、将亦御位牌大通院無品親王ト可奉書之由委細被遊置了、以御置文被見鹿苑院主之間、則室町殿(足利義持)へ入見参披見之、御置文之上者如然可有其沙汰云々、御茶毘役者、火下金剛院(天龍寺)主古篆和尚(・周印)、念誦廿日堂院(東山)主文明和尚(・周篆)、収骨仏事大光明寺長老可勤仕之由被定仰、御中陰之儀於大光明寺可執沙汰申、籠僧可為十人云々、年内月迫可沙汰終之由委細被計申、仍如然被治定、来廿四日御茶毘之由被定、寺家計会馳走也、毎事暗然如失東西、寺庵僧数輩参、終日終夜光明真言唱之、新御所(治仁王)・予(貞成王)出座、侍臣等同唱之、自菊第(今出川公行)興衡(三善)朝臣為使参、左府(今出川公行)未吉服之間不参、仍以使者且申云々、予於殿上対面、毎事語之退出、正永(冷泉範綱カ)・勝阿・益直(島田)六条庁、参、正永・勝阿者御中陰之間、可祗候之由申、尤神妙也、仏種寺長老宗兼上人、参被訪申、抑対御方(三条実継)

女）局女別当今日令落髪、就主進退如此相計歟、尤神妙也、今夜物得庵(伏見)比丘尼達参諷経申、

応永二十三年(一四一六)十一月二十三日、伏見宮栄仁親王の遺体が大光明寺に移される。

八六七〔看聞日記〕応永二十三年十一月二十三日条

『図書寮叢刊』、一巻、七五頁

廿三日、晴、前源宰相(綾小路信俊)参、依神事不入門内、予(貞成王)庭ニ出対面則退出、行豊(世尊寺)・隆富(西大路)参、隆富者一両日可祗候云々、今夜寅刻大光明寺(伏見)出御、密儀也、時刻僧達刷尊儀、奉乗御輿、先男女焼香申、御輿簾巻上拝見尊顔、聊モ無変色、平生御時如眠、凡御終焉之儀不現悪想、可謂御往生者歟、今年六十六歳、宝算雖長久如夢如幻、嗚呼登極御先途遂以不被達之条、生前之御遺恨在此一事、毎事悲歎落涙之外無他事、時刻常御所自南面出御、新御所(治仁王)・余・侍臣等庭上ニ立、御輿進時蹲居、御輿出門之時門内ニ留、則帰入、長資(田向)朝臣候、御所ニ留候、依先規如此、大光明寺御共人々、経良(田向)卿・重有(庭田)朝臣・隆富、服暇之間、自元着色直垂、・常勝、着黒衣、依此御事暇申入、今日着之、此外椎野殿(嵯峨浄金剛院)・周乾蔵主(用健)・阿栄蔵主崇光院宮、・洪蔭蔵主(松崖)以上宮々、大光明寺僧十余輩供奉、寺家渡御、則御入龕、地蔵殿奉置諷経、其後侍臣等帰参、委細語之、哀傷一段添色、悲涙万般湿襟者也、入江殿・真乗院殿(瑞室)出御之儀被見申、今夜是ニ有御座、明日御荼毘可逢給云々、正永(冷泉範綱カ)今朝出京、明日可帰参云々、寺御出不供奉之条自由之至歟、

応永二十三年(一四一六)十一月二十四日、伏見宮栄仁親王の葬儀が大光明寺で行われる。

八六八〔看聞日記〕応永二十三年十一月二十四日条

『図書寮叢刊』、一巻、七六頁

廿四日、晴、経時(町)朝臣・隆盛(四条)朝臣・経興(勧修寺)参、於門前重有(庭田)朝臣申次、則退出、九条右府(満教)以公興(八条)朝臣被訪申、三位(田向経良)申次、三福寺(東山)長老参、亳(豪)融(住心院)僧正・郷秋(豊原)・敦秋(豊原)等参、晩頭岡(真栄)殿入御、兼覚房御共参、御荼毘可逢給云々、酉刻大光明寺(伏見)(大慈院)罷向、新御所(治仁王)・予(貞成王)・椎野(嵯峨浄金剛院)・対御方(三条実継女)・近衛局(日野西資国女)・経良(田向)卿・重有朝臣・長資(田向)朝臣・隆富(西大路)・正永(冷泉範綱カ)・勝阿等参入、入江殿・真乗院(瑞室)殿・岡殿、自物得庵(理勝)(伏見)直ニ桟敷ヘ入御云々、御

荼毘所、寺東門之外松・椙等切払、荒檜墻黒木鳥居等建之令荘厳、鳥居之前左右南北、構桟敷、南方御所桟敷、一所ニ被座北方桟敷入江殿・真乗院殿・岡殿・惣得庵等桟敷構之云々、時刻先新御所・余・椎野、地蔵殿ニ参、龕尊前焼香中、長老(徳祥正麟)(伏見大光明寺)謁則桟敷ニ入了、

尊儀荼毘所渡御之儀、先於地蔵殿龕前仏事訖、次撞鉢鼓、次第行烈、先行者二人持灯炉先行、次旗四流、警侍者・瑛侍者経良卿息、・殊侍者行蔵菴(伏見)・策侍者等持之、次鉢本愈首座退蔵菴(伏見)・継首座大光明寺、次鼓轄書記・華蔵主(用健)、次御位牌洪蔭蔵主大通院宮奉持、次龕奉舁、御縄椎野・周乾蔵主・経良卿・重有朝臣・隆富・寿蔵主行蔵菴(中寿)等引之、次長老以下大衆百人許唱阿弥陀大呪、次御荼毘之儀、次下(火)下古篆(天龍寺)金剛院主(・周印)和尚天龍寺前住、普明国師(春屋妙葩)弟子、念誦文明(東山)廿日堂院主(・周篆)和尚建仁寺前住、普明国師弟子、次諷経、次寺庵幷入江殿・真乗院殿・岡殿以下尼・比丘尼等諷経事訖、大衆諷経了時分、新御所・予・女中等帰了、凡御葬之儀厳重也、拝見心中悲涙之外無他、抑後聞、御荼毘最中人魂飛、御桟敷辺より出云々、不思儀歟、帰宅之後祝着之儀有一献、是定法式云々、

「(頭書)人魂事、次年思合、新御所魂歟、諸人申云々、雖難信用面々沙汰之間記之、且有恐云々、」

応永二十三年（一四一六）十一月、足利義持の子孫が伏見を管領する際に大光明寺領を押妨しないよう、義持が置文を同寺に与える。

八六九〔足利義持御判御教書〕「古文書貼交屏風」

『本法寺文書』一、一二三一頁

光厳院御置文案文一通相副者也、

「(端裏書)☒中様□判了、」

(伏見)梵王山大光明禅寺者

光厳院御草創之所也、仍崇仰異于他也、為我子孫若致当所管領者、寺領之田畠及竹木等、背寺家之義致押妨違乱者、奉行人及地下輩、応被処不忠之罪科者也、仍為後證之状如件、

応永廿三年十一月日　(足利義持)(花押)

大光明寺方丈

○文中に「我子孫」の文言があり、本史料の文面は本書八六三号史料とほぼ同文のため検討を要す。

八七〇〔某置文写〕大光明寺文書

（端裏書）「此案聊被直了、」

（花押影）《（足利義持）》

梵王山大光明《（伏見）》禅寺者、我　先祖光厳院御草創之所也、以故崇仰異于他也、為我子孫者当所・他所寺領之田畠及竹木等、背寺家之義、致押妨違乱之輩者、於子々孫々諸眷属等、応被処不孝之罪科者也、仍為後證之状如件、

応永廿三年ム月ム日

大光明寺方丈

○花押影は足利義持のものであるが、文書内容と不整合。

応永二十三年（一四一六）十二月十三日、称光天皇が絶海中津の御影の前で受衣し、絶海に浄印翼聖国師号を賜う。

八七一〔看聞日記〕応永二十三年十二月条

『図書寮叢刊』、一巻、八二頁

十三日、（中略）抑絶海《（・中津）》国師拝塔ニ内裏《（称光天皇）》有御受衣之儀、鹿苑院主鄂隠和尚《（・慧奯）》、参内取続申、舞人参向厳重儀云々、（後略）

十四日、晴、聞、絶海和尚国師号被送遣、浄印翼聖国師云々、勅使日野中納言有光卿也、勅使禄鵝眼百貫・沙金等自寺家《（相国寺）》送遣云々、禁裏《（称光天皇）》御受衣、御諱大宝寿云々、抑御諱躬仁也、而躬之字室町殿《（足利義持）》被難申、身ニ弓アリ可有難歟云々、鹿苑院鄂隠和尚被仰談、躬字同声之字ニテ可被改直申云々、自僧中可計申之条、有斟酌之由雖被辞退申、重被仰、仍実仁《ミ》ト被直申云々、僧中勘進先例不審、希代事歟、白河院皇子実仁《サネ》親王同字歟、如何、（後略）

八七二〔満済准后日記〕応永二十三年十二月十三日条

『続群書類従』補遺一（上）、九八頁

十三日、庚午、天晴、内裏《（称光天皇）》御受衣、絶海《（・中津）》国師拝塔之儀云云、其儀式被懸国師御影、於其前御焼香、次被持衣鉢、媒介鹿苑院々主鄂隠《（・慧奯）》和尚、則彼国師弟子也、御前ニハ室町殿様《（足利義持）》御座許云々、兼宣卿《（広橋）》祇候大床云々、（後略）

八七三〔絶海和尚語録〕

『大正新脩大蔵経』第八〇巻、七五八頁

称光帝加号宸翰

朕聞、昔在暦応・康永之間、発大願力、痛救末法之弊、具大弁才、普応十方而無礙者、夢窓(・疎石)正覚国師而已、升其堂入其奥、親獲本有清浄之心印、印定万像於方寸、陰翊四海同文之聖治、乃仏智広照国師(絶海中津)也、兹恨生晩不及瞻其光儀矣、昨迎慈像於内殿、頂戴衣盂於真前、自非特立称号以表示天下、無以昭慕道欽悳之意、先是己丑歳(応永十六年)、上皇(後小松)既賜大諡、今加徽号、宜曰浄印翊聖国師、

応永二十三年十二月日

○応永十六年（一四〇九）九月十四日に後小松天皇が絶海中津に国師号を賜う（本書七九一号史料）。

応永二十三年（一四一六）十二月十三日、赤松満弘が播磨国江河郷本位田内公文職を大徳院に売却する。

八七四〔赤松満弘売券〕森川文書

『大日本史料』七編－二五、一二四頁

沽却　播磨国江河郷(佐用郡)本位田内公文職事、

合壹所者

右彼在所者、直銭以捌拾貫文、限永代所令沽却也、雖末代更不可有違乱煩、仍為後證沽却状如件、

応永廿三年十二月十三日　満弘(赤松)（花押）

大徳院(相国寺)

八七五〔赤松満弘遵行状〕森川文書

『大日本史料』七編－二五、一二五頁

(播磨国佐用郡)本位田郷内公文職事、令契約于大徳院候、彼庄主方可被打渡候也、恐々謹言、

十二月廿一日　満弘(赤松)（花押）

福原若狭入道殿

「(付箋・後筆)大徳院相国寺塔頭、後改大徳為慈照院、在中(・中淹)禾(和)上開基、在中者龍湫(・周沢)之嗣也、」

応永二十四年（一四一七）二月九日、足利義持が柏堂梵意を使節として鎌倉府に遣わす。

八七六〔満済准后日記〕応永二十四年二月九日条

『大日本史料』七編－二七、三八頁

九日、丙寅、天晴、（中略）関東へ御使柏堂（・梵意）□□□（和尚相）国寺
前□（住）□御内書方□、

応永二十四年（一四一七）二月十一日、上杉禅秀の乱で自害した人々を弔うため、相国寺で大施餓鬼・千僧供が行われる。

八七七〔満済准后日記〕応永二十四年二月条

『続群書類従』補遺一（上）、一〇三頁

十日、丁卯、天陰、晩頭降雨、　明日於相国寺大施餓鬼在之□出
参小河殿（足利満詮）、
十一日、戊辰、降雨、雷鳴、大施餓鬼千僧供在之、南禅寺・相国寺
□院僧云々、十余人也、今度於関東自害輩為追善自
御所（足利義持）□、□（珍）重々々、殊勝々々、予（満済）依仰丁聞、

応永二十四年（一四一七）二月十四日、伏見宮治仁王の荼毘に際し、大光明寺住持徳祥正麟が導師を辞退し、蔵光庵主が引き受ける。これ以前、絶海中津が治仁王の道号を書き与える。

八七八〔看聞日記〕応永二十四年二月条

『図書寮叢刊』、一巻、一〇〇頁

十二日、晴、御荼毘事有評定、大光明寺（伏見）以前之儀重畳之
上、近日関東事静謐、無為大慶之時分、又鹿苑院主（鄂隠慧奯）天龍
寺入院旁以珍重之折節、公方様（足利義持）披露有憚、只蜜々於蔵光（伏見）
庵可被執沙汰之由坊主（無相中訓）ニ被仰之処、先領状、但大光明寺（徳祥正麟）
長老可有御談合歟之由被申、仍寺へ被仰之処、長老留守
也、嵯峨ニ被座云々、衣鉢侍者則嵯峨へ馳参申、長老返
事之趣、公方近日披露難叶時分也、只以蜜儀蔵光庵可被
執沙汰之由被申、仍蔵光庵ニ又被仰之、今日訪申人々
済々、寺庵・比丘尼等群参、入夜僧四五人参、唱光明真
言、抑長資朝臣（田向）内裏小番参之間、籠居不可然、仍忩退出、
卅ヶ日可在京云々、
十三日、晴、寺長老御荼毘事、堅被故障申、仍蔵光庵御
問答之処、有思案之子細之間難儀之由被申、両方故障珍
事也、尊霊不運、没後恥辱也、今夜尊体落髪、戒師廓首
座指月坊主、剃手大光明寺僧也、一両人参懃仕之、有諷経、
抑御位牌事如何様可申哉有沙汰、御法名許者、尋常之儀
有恐歟、可奉付称号事、無左右如何之由有評定、而絶海（・中津）
和尚被書道号一紙、蔵光庵持参、松屋云々、先以之可奉
付道号之由被計申、仍此分治定了、松屋衍公尊霊ト奉書、

拝見之、弥悲涙満眼、愁歎断腸、御年齢卅七歳也、御一瞬不幾、旧主(栄仁親王)御遺跡相続、纔一両月如夢、人間不定、今更無常被驚上下哀傷之外無他、御存生之時、絶海和尚為御弟子、御法名景衍奉号、自菊第(今出川公行)興衡朝臣(三善)為使参、出門前対面、委細語之、大原野祭大納言(今出川実富)参行之間、依神事左府(今出川公行)不参之由被申、椎野(嵯峨浄金剛院)以状被申、

十四日、晴、夕雨降、乾蔵主(用健周乾)可有来臨之由以愚(貞成王)状申、毎事為申談也、御茶毘之儀至今日未定、計会無是非、蔵光庵所存者、大光明寺可執沙汰申之条、代々儀勿論也、而蔵光庵執沙汰不可然歟、但猶御事闕者、為後日支証、寺長老状被出者、可執沙汰之由被申、仍長老ニ此子細申之間書状被出了、仍蔵光庵被領状申、治定了、前源宰相(綾小路信俊)参、勝阿参、聊有盃酌、

十五日、晴、経時朝臣(町)・隆盛朝臣(四条)・経興(勧修寺)等参、予(貞成王)未経時、経興不対面之間、重有朝臣(庭田)申次、則退出、三位入道(慈光寺光仲)通光参、於庭上対面、則罷出、庁益直(島田)参、周乾蔵主(用健)・洪蔭(松崖)蔵主光臨、今夜御茶毘也、在弘卿(賀茂)尋日時、今日時戌之由勘進、秉燭之間密々奉盗出、自宝厳院庭前出御、此間余庭上ニ降立、前宰相(綾小路信俊)・三位(田向経良)・重有朝臣等候、則蔵光庵ヘ罷向、女中対御方(三条実継女)(栄仁親王室)・近衛局(日野西資国女)・比丘尼達・局女・女官等悉参、時刻先龕前仏事、次山作所ニ御出、此時予・源宰相・三位・重有朝臣・勝阿等御共申、次茶毘念誦蔵光庵主(無相中訓)、此時雨降、面々取笠、雨猶甚降、仍念誦未終時分予帰、前源宰相・勝阿共候、則帰宅了、三品(田向経良)・重有朝臣留候、一会令拝見云々、惣得庵(理勝)・寺庵僧達少々渡諷経申、於大光明寺僧衆者一向ニ溜(止)之、其故者長老憚公方之時宜被見所之条無念也、於当所者、代々為檀那寺家執沙汰申条勿論也、而見所之条遺恨之間、寺僧等諷経被止了、事訖帰宅之後、如例聊有祝着、自今夜荐導場、以新御所(治仁王)御方為導場、引時人数被結番、寿蔵主(中寿)・善喜・周郷為籠僧祇候、香雲庵主即成院・見徳房・宝厳院・比丘尼達両人同候、其外男女結番如先度、今日以状訪申人々、入江殿・帥中納言(正親町三条公雅)・勾当局(藤原能子)等也、深草禅衆参、

応永二十四年（一四一七）二月十七日、伏見宮貞成王が遺跡相続を円滑にするため、鹿苑院主鄂隠慧奯に受衣を希望する。

八七九 〔看聞日記〕応永二十四年二月・三月・四月条

『図書寮叢刊』、一巻、一〇一頁

（二月）十七日、甚雨降、今日御収骨也、依甚雨不及仏事歟、仍蔵光庵（伏見）ニ不参、抑今上臈新御所（治仁王）陪妾、自去年懐妊、産気出来、仍産所庭田、怱退出、酉刻御産無為也、姫宮（智久）云々、此御腹姫宮有三人、男子無御座間、無御相続之人、仍予（貞成王）御遺跡相続申、不慮之儀、且神慮也、大通院（栄仁親王）御存生之時、年来励忠孝併冥伽之至也、毎事蒙昧短慮之身可相続申之条、斟酌無極、然而依無其仁無力次第也、蔵光庵主（無相中訓）有意見、鹿苑院主（鄂隠慧奯）為弟子可受衣鉢之由被入根、公方様（足利義持）快然之間、御遺跡事可被申談可有其便云々、尤可然之間面々同心了、善喜（即成院）一献聊申沙汰、

廿一日、（中略）抑予受衣事、鹿苑院主ニ可申試可賜愚状之由、寺長老（徳祥正麟）（伏見大光明寺）被申之間則書遣了、（後略）

廿三日、（中略）寺長老入来、昨日鹿苑院罷向、御受衣事令申、凡不可有子細、但室町殿（足利義持）ヘ伺申可御返事申云々、此間北野御参籠也、御下向之時怱可申云々、

（三月）一日、（中略）鹿苑院ヘ為使罷出、御遺跡事・受衣等事為催促也、栄蔵主御帰寺、勝阿退出、

四日、（中略）寺長老以警侍者被申、鹿苑院主御受衣事催促之処、室町殿近日伊勢・八幡（石清水）可有御参、下向以後可披露申之由被申云々、前宰相（綾小路信俊）以状申、二日鹿苑院罷向之処、自触穢中参来、対面不可叶、御参宮以後可有来臨之由被申云々、将又勾当局（藤原能子）ヘ御遺跡事・虚名等事、可然之様仙洞（後小松上皇）ヘ可被申之由申遣之、

廿四日、小雨灑、三位（田向経良）為御使出京、鹿苑院・広橋（兼宣）・常宗（清原良賢）等、御遺跡事、室町殿ヘ可得其意之由令申、将又鹿苑院ヘ受衣事申、就其両種遣之、硯箱一、箱同石也、自仙洞八朔御返大通院（大光明寺）被進了、・近思禄（録）五巻、表紙手跡等殊勝者也、定累代御物歟、遣之、此書可然歟否、蔵光庵（無相中訓）談合之処、俗書大意僧中肝要書也云々、仍遣了、

（後略）

廿六日、（中略）一献最中三位帰参、以外酔気也、鹿苑院返事、安堵事、此間ニ可披露申、更不可有等閑云々、就中両種拝領、殊珍敷御物能々可秘蔵、畏悦之由以面被申云々、広橋・常宗等不可有等閑、以機嫌可然之様可披露之由慇懃申云々、方々返事無為也、先以珍重也、（後略）

(四月)廿三日、(中略)抑三位帰参、鹿苑院被申、一昨日室町殿条々披露了、委細有御尋、時宜之趣無子細云々、受衣事有御所望者、不可有子細者歟、法号可被書進之由被申、珍重之由被申云々、(後略)

○鄂隠慧奯が貞成王に法号を書き与えたことは本書八八九号史料にみえる。

応永二十四年(一四一七)二月十八日、足利義持が室町邸観音殿で観音懺法を行い、諸五山僧が参仕する。

八八〇〔満済准后日記〕応永二十四年二月十八日条

『続群書類従』補遺一(上)、一〇四頁

十八日、乙亥、陰晴、不定、於室町殿観音殿、観音懺法在之、毎月之儀歟、諸五山僧□云々、

応永二十四年(一四一七)三月十三日、伏見宮治仁王の位牌に記す称号が定まり、遺骨が大光明寺に納められる。

八八一〔看聞日記〕応永二十四年三月条

『図書寮叢刊』、一巻、一〇七頁

(三月)十一日、(中略)大光明寺(伏見)へ来十三日為御仏事点斎料二百疋・茶子一折遣之、(後略)

十二日、陰、勾当局(藤原能子)点心料小事進之、抑御位牌称号事有沙汰、寺(大光明寺)長老(徳祥正麟)申談之処、則被注進之、葆光院(治仁王)大範衍公禅定尊儀云々、以前御道号松屋也、此字御法名ニ不叶云々、仍大範ト被改直了、称号事、葆光院・光徳院、此二注進可相計之由被申、面々評定、光徳院ハ仁和寺徳光院(直仁親王)萩原殿称号、打返様也、葆光院可然歟之由治定了、凡無御塔頭而院号可有巨難歟、如何之由有沙汰、然而雖無塔頭、付称号事先例常事歟、不可有巨難之由治定了、

十三日、晴、大光明寺へ葆光院御骨奉入、寿蔵主行蔵庵(中寿)持之奉渡、長老以下大衆奉迎、有諷経、事儀厳重云々、前宰相(綾小路信俊)参、盃酌申沙汰、自菊第(今出川公行)条々有申子細、

応永二十四年(一四一七)四月五日、伏見宮貞成王が大光明寺に関する栄仁親王の置文案に加筆する。

八八二〔看聞日記〕応永二十四年四月五日条

『図書寮叢刊』、一巻、一一四頁

五日、（中略）抑召継首座則参、大通院（栄仁親王）有御置文、大光（伏見）明寺就当所事、長老（徳祥正麟）被望申之間、雖被染御筆、文章聊有可被書加事、被打置了、其後葆光院（治仁王）彼文章以御案被遊置了、然予（貞成王）以此御案可書加之条有恐、雖然此文章肝要之間書加了、其子細継首座ニ令演説、自最初申次之間、御置文付遣了、今日長老留守也、絶海国師（・中津）十三年也、於鹿苑院有仏事、仍出京云々、帰寺之時可申之由被申、御置文被請取了、抑光厳院御置文正文伏見永代可有御管領事、大光明寺ニ所持之様、継首座申之、先年正文焼失之由、大通院有仰き、而寺家所持之由被申、尤不審也、正文相残者尤大慶也、能々可尋、

○「光厳院御置文」は貞治二年（一三六三）四月八日の文書（本書一四一二号史料）。

応永二十四年（一四一七）四月八日、相国寺住持慶仲周賀が勝定院掛額の法語を作成する。

八八三〔勝定院殿集纂諸仏事〕

名古屋市蓬左文庫蔵一〇四–六六

□（五十六）勝定（相国寺）掛額慶讃

二聖所　賜八字徽号之語、謹録上
大相公（足利義持）閣下伏乞
尊覧　　万季山主周賀（慶仲）頓首上

□□師表法中王、百二山河是道場、鳳詔重従九天降那伽定裏放毫光、　共惟
前住当山（相国寺）後住南禅特賜仏智広照浄印翊聖国師大和尚（絶海中津）、大哉其道、不可得而涯涘、至哉其徳、不可得而□□（楊）、一身任子鈞之祖道、隻手振三会之宗綱、四処住山、併懞万衲、一代妙唱、雷霆八荒、怒罵時藹然和気、慈悲処凛乎秋霜、況縁契　台閣、□（而カ）独歩　帝郷、或掩先□（仏）智燈、而広照群昏善応無碍、或提清浄心印、而陰翊聖治密跡益彰、
是故　上皇（後小松）既領令諡、名実相合、
今上（称光天皇）復加徽号、恩栄非常、　御墨淋漓、含僊露之瑞彩、
宸奎錯落、耀雲漢之光芒、善哉、希有中希有、吉祥中吉祥、看々　国師大和尚、即今現奮迅三昧作大獅子吼、□□（答カ）鴻休祝賛　聖寿無疆、以何為験、指額、両輪日月懸金幫、万古光明照十方、
応永丁酉（二十四年四月八日）孟夏迎仏会日

○後小松天皇が絶海中津に国師号を賜った記事は本書七九一号史料に、称光天皇が賜った記事は本書八七三号史料にあり。

応永二十四年（一四一七）五月四日、大周周奝が『碧巌録』を講義し、醍醐寺三宝院満済が聴聞する。

八八四〔満済准后日記〕応永二十四年五月四日条
『続群書類従』補遺一（上）、一〇八頁

四日、庚寅、天晴、御八講丁聞、以後碧巌談□（義カ）丁聞、□（大）周和尚（・周奝）
□読□、（後略）

応永二十四年（一四一七）閏五月八日、大光明寺住持徳祥正麟が『景徳伝灯録』を講義する。

八八五〔看聞日記〕応永二十四年閏五月八日条
『図書寮叢刊』、一巻、一二六頁

八日、晴、晩景指月庵（伏見）参、此間乾蔵主（用健周乾）被座、寺（伏見大光明寺）長老（徳祥正麟）前灯（伝カ）禄（録）
被談義、為御聴聞暫可被座云々、携一樽参、椎野（嵯峨浄金剛院）・三（田
向経良）位・重有（庭田）・長資（田向）等朝臣・慶寿丸（庭田重賢）相伴、盃酌了和漢連句有
一折、子刻帰了、

応永二十四年（一四一七）七月十六日、平賀時宗が安芸国高屋保を鄂隠慧奯と慶仲周賀に寄進する。

八八六〔平賀時宗寄進状〕平賀家文書
『大日本史料』七編-二七、二四二頁

（端裏書）「平賀次郎契状此方之分」
安芸国高屋保（賀茂郡）半分内参分壹之分、鄂隠和尚（・慧奯）へ進上申所也、
永代可有御知行候、後生事奉憑候、仍状如件、
応永廿四年七月十六日　平賀次郎 時宗（花押）
侍者御中

八八七〔平賀時宗譲状〕平賀家文書
『大日本史料』七編-二七、二四三頁

安芸国高屋保（賀茂郡）半分内参分貳之事、本文書相副、慶仲和尚（・周賀）
所譲申也、永代有御知行、天縦之跡、又者我々跡可預御
訪者也、若又於子々孫々違乱申仁出来者、可為不孝子者
也、仍譲状如件、

応永廿四年七月十六日　　平賀次郎 時宗（花押）

侍者御中

応永二十四年（一四一七）八月二十四日、足利義持が南都に逗留し、相国寺・鹿苑院・勝定院・崇寿院等の院主が同行する。

八八八〔看聞日記〕応永二十四年八月二十四日条

『図書寮叢刊』、一巻、一四六頁

廿四日、霽、室町殿（足利義持）南都下向、暫可有逗留云々、長老達被相伴、相国寺（慶仲周賀）・鹿苑院（鄂隠慧奯）・勝定院（相国寺）・等持寺（古幢周勝）・崇寿院（相国寺）五人云々、（後略）

応永二十四年（一四一七）十月八日、鹿苑院主鄂隠慧奯が伏見宮貞成王に法号を書き与える。

八八九〔看聞日記〕応永二十四年十月条

『図書寮叢刊』、一巻、一五六頁

八日、晴、夜大光明寺（伏見）長老（徳祥正麟）参来、夜中何事哉不審、忩対面之処、衣鉢法号事、鹿苑院主（鄂隠慧奯）今日被染筆之間、忩持参云々、自去春令所望之処、于今無沙汰、無心元之処、到来喜悦千万也、近日僧中権威異于他之間、殊所望也、且過去宿縁現在名聞也、長老夜陰被来之条、恐悦之由申、則被帰、

十日、晴、三位（田向経良）出京、鹿苑院為使節、法号之礼馬一疋進之、但代五百疋遣之、龍蹄難得之間、雖乏少香点分送遣了、以愚状（貞成王）進之、（後略）

十一日、晴、三位帰参、鹿苑院留守也、仍祐蔵主ニ申置、香点分預置云々、

十三日、晴、鹿苑院以祐蔵主有返報、龍蹄牽賜之条、恐悦之由慇懃有返事、凡書状始而被返事、（後略）

○貞成王が鄂隠慧奯からの受衣を希望したことは本書八七九号史料にみえる。

○応永三十二年（一四二五）七月五日に貞成親王が鄂隠慧奯の肖像前で得度する（本書九九四号史料）。

応永二十五年（一四一八）正月二十四日、足利義嗣が林光院に幽閉され殺害される。

八九〇〔看聞日記〕応永二十五年正月二十五日条

『図書寮叢刊』、一巻、一八六頁

廿五日、晴、瑛侍者・周侍者参、三品（田向経良）一昨日出京、帰参

語云、夜前丑刻輪(林)光院炎上、押小路亜相(足利義嗣)入道叛逆已後被押籠在所之間騒動、諸大名室町殿(足利義持)へ馳参、亜相令自焼被没落之間、奉討之由有披露、則取頸富樫(満成)宿所へ持参、廳等持寺(三条坊門)へ被渡云々、蜜(密)儀者室町殿富樫ニ被仰付、加賀守護代山川・々々舎弟奉討取頸云々、遁世者一人同被討了、其後寺家ニ放火焼払云々、焼亡最中、亜相旧宅ニ六歳男子嫡子・二歳男子等、母儀・乳母懐抱之処、押寄奪取、伊勢(貞経)宿所へ被渡、母・乳母等叫喚、其有様平家六代御前被召捕時も如然歟云々、去廿日、旗雲聳天、陰陽師晴了(安倍)被占之処、兵革瑞也、背御意輩急ニ可被討伐、若不然者兵乱可在于近之由占申、依之忩被討申云々、（後略）

八九一〔椿葉記〕『村田正志著作集』第四巻、一五七頁

世中は火を消たるやうにて、御跡つきも申をかるゝ旨もなし、此若公(足利義嗣)にてやとさたありし程に、管領(斯波義将)勘解由少路左衛門督入道おしはからひ申て、嫡子大樹(勝定院)(足利義持)相続せらるゝ、其後内大臣までなられて出家せられき、此若公は昇進大納言までなられしに、野心の企やありけん、露顕して遁世し給を尋出されて、臨(林)光院(二条)といふ寺におしこめて、つゐにうたれ給にき、これは人の御事申て無用なれとも、世にありし事なれはかたはし申也、

○『満済准后日記』応永二十五年正月二十四日条に林光院焼失の記事あり。『和漢合符』同日条には、足利義嗣の法号円修院が記される。

応永二十五年（一四一八）二月十三日、足利義嗣供養の仏事として、大施餓鬼・千僧供が相国寺で行われる。

八九二〔満済准后日記〕応永二十五年二月十三日条

『続群書類従』補遺一（上）、一二二頁

十三日、甲午、於相国寺、林光院(足利義嗣)御仏事、大施餓鬼・千僧供在之、依仰丁聞申□、

応永二十五年（一四一八）三月三日、北小路今出川の酒屋より出火し、相国寺法界門等が類焼する。

八九三〔看聞日記〕応永二十五年三月三日条

『図書寮叢刊』、一巻、一九四頁

三日、（中略）抑今暁京有焼亡、自北小路今出川焼出、自酒屋火出云々、仏之辻子ヲ南へ、咲（衣服）寺幷相国寺法界門一条南頬へ焼出、日野（資教）一品禅門旅店号御宿、・知興（橘）朝臣宿所等八町炎上了、禁裏（称光天皇）・仙洞（後小松上皇）近々間騒動云々、大工源内次郎参委細申之、岩神辺同焼亡云々、（後略）

八九四〔満済准后日記〕応永二十五年三月三日条

『続群書類従』補遺一（上）、一二四頁

三日、癸丑、天晴、今暁寅末刻相国寺門前焼□（一条烏丸）薬師堂以下八□（箇カ）町□仙洞東在家マテ焼失、雖然禁裏（称光天皇）・仙洞（後小松上皇）□室町殿（足利義持）様御出云々、

応永二十五年（一四一八）四月三日、足利義持が観中中諦十三回忌の仏事を乾徳院で行う。

八九五〔万山編年精要〕『大日本史料』七編―三三、二一七頁

四月三日、当山（相国寺）第九世観中（・中諦）和尚勅諡性真図（円）智禅師一十三白忌也、相国承天禅寺乾徳院守塔比丘梵覚号心源、等、欽奉大相公（足利義持）鈞命、拝請本源堂頭和尚拈香、慶讃仏事、兼命大慈（東福寺）小比丘性智号大愚、陞于此座、挙揚宗乗云々、陞座之次、伏承、大（足利義持）相公光賁法筵、證明仏事云々、見大愚和尚陞座、

○大愚性智が作成した陞座法語は「諸師行実」（『大日本史料』七編―七、九二一頁）にあり。

応永二十五年（一四一八）四月二十一日、雨乞の祈禱が相国寺・天龍寺で行われる。

八九六〔看聞日記〕応永二十五年四月二十一日条

『図書寮叢刊』、一巻、二〇一頁

廿一日、晴、此間炎旱、祈雨奉幣今日被行云々、相国寺・天龍寺有祈禱云々、（後略）

応永二十五年（一四一八）五月十六日、足利満詮の葬儀が等持院で行われ、大岳周崇が下火を務める。

八九七〔満済准后日記〕応永二十五年五月条

『続群書類従』補遺一（上）、一二七頁

十四日、甲子、天晴、入夜降雨、小川殿（足利満詮）薨逝卯末刻、御年□贈左大臣従一位、追号養徳院云々、下御所（足利義持）様毎事□殊

勝々、諸人令感歎申□、今夜奉渡等持院(洛北)、御輿内□
実□(相院カ)・宝池院(義賢)・地蔵院(持円)以下同参会云々、
十六日、丙寅、降雨、卯末刻小川殿御荼毘、諸門跡実相院(増詮)・浄土寺(持弁)・宝池院・地蔵院等各参向、付衣房官一人召具之、
毎事見所一向結縁計□聖道門不相綺〔綺〕故歟、

○〔 〕は『大日本史料』七編-三〇、二二八頁により校訂。

八九八〔薩戒記〕応永二十五年五月十四日条

『大日本古記録』、一巻、二四頁

(十)
廿四日、今朝入道権大納言源(足利)朝臣満詮内大臣(足利義持)殿叔父、薨去、年五十五、
諸人惜之如父、可葬等持院(洛北)云々、後聞、今夜故入道大納
言満詮卿有贈官位事、左大臣従一位也、権中納言(正親町)実秀、
参陣行之、奉行蔵人右少弁経興(勧修寺)也、少納言長政(東坊城)朝臣持向
宣命於葬所云々、今度無詔書、是等持院(足利尊氏)贈左府例也云々、
後日或人云、可号養徳院贈左府云々、

八九九〔看聞日記〕応永二十五年五月十六日条

『図書寮叢刊』、一巻、二〇六頁

十六日、陰、令持斎、退蔵庵(伏見)・指月(伏見)等行歴覧、椎野(嵯峨浄金剛院)相伴、
聞、小河殿(足利満詮)今暁荼毘云々、火下三会院(臨川寺)大岳(・周崇)和尚、鹿苑院前住、念誦環
西堂云々、称号養徳院贈左大臣也、遺跡事一向断絶、雖
有男子無相続之儀、有息女被進若公(足利義量)為聟、所領等悉被譲
与、近習奉公者共若公ニ可奉公之由被申置云々、此事室(足利義持)
町殿可訪申之由令申常宗(清原良賢)之処、室町殿触穢之間、公家人
不可参入之由被仰、仍常宗卅ヶ日不可参、可被仰広橋(兼宣)之
由指南申、彼卿者参入云々、
「(頭書)後聞、若公聟事無其儀、彼娘室町殿被成比丘尼、無念
事歟、」

九〇〇〔勝定院殿集纂諸仏事〕名古屋市蓬左文庫蔵一〇四-六六

『大日本史料』七編-三〇、二三一頁

(六十五)□ 養徳院(足利満詮)殿秉炬語

沙門釈周崇(大岳)欽録上

招揺指午不愆期、一雨送梅新樹滋、寂滅道場当処是、勤
求何必外奔馳、恭〔共〕惟、
新物故某、能養沖澹之気、丕承積徳之基、動容起居、不

蹈今時途轍、指揮号令、必存先哲風規、服膺阿〔何〕兄厳厲之訓導〔尊〕、報答　聖善劬労之恩慈、堪為百世準則、実是万人〔乗〕表儀、迄乎其隷法諱於三会（臨川寺）之籍〔藉〕、而得宗旨於一国之師、便悟諸相雖有生滅、一性曾無盈虧、煩悩不□〔得〕籠罩、生死豈能羈縻、風雲駛而月不運、舟楫行而岸不移、正与广〔麼〕時、某超然独脱不倚一物底一句、又作□□〔麼生〕道、縦横火焔熾然裏、菡萏華〔開〕門却外枝、

○〔　〕は「黙翁和尚・大岳和尚語録」（慈雲院蔵）により校訂。

応永二十五年（一四一八）六月十二日、鹿苑院主鄂隠慧奯が足利義持の勘気に触れ、土佐国吸江庵へ逃れる。

九〇一〔看聞日記〕応永二十五年六月・八月条

『図書寮叢刊』、一巻、二一〇頁

（六月）十三日、（中略）抑鹿苑院鄂隠（・慧奯）和尚、昨日被逐電兵庫（摂津国八部郡）へ下向云々、筑紫へ可被下之由風聞、僧中権門無比類之処、俄如此進退無定量人間、今更被驚、師弟契約相憑之処落力了、

十五日、晴、用健（・周乾）光臨、去五日後堂寮令退云々、鹿苑院主事、十二日逐電、土佐国汲（吸、以下同）江庵（長岡郡）ニ下向云々、弟子共悉相国寺請暇、然而於弟子者御免可参暇云々、時宜不快、中々不及謂是非云々、不便々々、香雲庵参来、

（八月）廿三日、晴、指月（伏見）ニ参、坊主ニ有可申事、鄂隠和尚隠居之後未音信之間、土佐汲江庵便宜不容易、大幢（相国寺）院有便宜之由廓首座指月坊主、被申之間、書状大幢院ニ付遣了、

○『満済准后日記』応永二十五年六月十二日条に関連記事あり。

九〇二〔心田詩藁〕『五山文学新集』別巻一、八七二頁

送人之吸江（土佐国長岡郡）鄂陰（隠）（・慧奯）和尚隠処也、

千林風雨半凋寥、諸老稀於社暁星、君去試看滄海上、頽瀾一柱立亭亭、

○「心田詩藁」は心田清播の詩文集。

応永二十五年（一四一八）七月四日、明の使者が兵庫に到着し、足利義持が古幢周勝に命じて応対させる。

九〇三〔康富記〕応永二十五年七月四日条

『増補史料大成』、一巻、三〇頁

四日、（中略）去月、唐船不可入都、自武庫（摂津国武庫郡）則可帰之由、自武家（足利義持）、以等持寺（三条坊門）長老古幢（古幢周勝）和尚被立御使云々、仍此旨被書遣云々、恵輪院（林）（大岳周崇）草之云々、予（中原康富）一本写了継左之、○不見如何、

○古幢周勝の応対については、『訳注日本史料 善隣国宝記』一三六頁にあり。翌年の明使への応対については、本書九一九・九二〇号史料にあり。

応永二十五年（一四一八）七月十二日、足利義持が称光天皇病気平癒の祈禱を五山寺院に命じる。

九〇四〔康富記〕応永二十五年七月・十月条

『増補史料大成』、一巻、三二一頁

（七月）十二日、（中略）此間主上（称光天皇）御不予（預）云々、仍五山東福寺・相国寺・万寿寺（六条高倉）・建仁寺・天龍寺・南禅寺等、御祈禱事被仰付云々、十四日・十五日〔ノ〕両日ヲ除テ、廿ケ日可致御祈禱云々、御祈禱事如此禅宗被仰付之條、其故如何、廿二日、庚午 晴、性通房請招申、或仁語云、主上御不予少令得減給云々、妙法院御高名歟、今度禁裏御祈禱事被仰付於五山相国寺・南禅寺等之事、不得其理歟、凡禅宗等隠遁之体也、如何可奉致天下御祈禱哉、徒真言本流東寺門跡済々被略之歟如何、武家公家不知何御沙汰者也、澆季之世事公武政併無道之時分者歟、

（十月）二日、甲寅、晴、早朝浄居庵（清原良賢）室町殿被参申、予（中原康富）面顔之処、今朝時可食之由被命之間、予留了、浄居庵自御所被帰被語云、主上御悩諸門跡御祈禱事堅被仰付了、料足百貫文宛門跡被進御祈禱料云々、其外五刹相国・南禅寺已下、十刹皆被仰了、次別而於北野・八幡（石清水）可有御立願、則御願書可被進云々、於北野者、一切経会可被行云々、（後略）

○〔 〕は『大日本史料』七編―三〇、三二五頁により校訂。

応永二十五年（一四一八）七月、相国寺法界門の立柱が行われる。

九〇五〔看聞日記〕応永二十五年八月十四日条

『図書寮叢刊』、一巻、二二五頁

十四日、（中略）聞、相国寺法界門去月立柱、此間有建
立、

応永二十五年（一四一八）九月九日、相国寺大塔の心柱が鳥羽から北山へ引かれ、それを足利義持が見物する。

九〇六〔康富記〕応永二十五年九月条

『増補史料大成』一巻、四〇頁

九日、壬辰、晴陰不定、重陽佳節珍重々々、
今日大塔（相国寺）クリン（九輪）ノ柱、自（出カ）鳥羽北山へ被引之、管領（細川満元）手者共
引之云々、室町殿（足利義持）則御馬御見物、塔下御入云々、万里小
路上引之、（後略）
十七日、庚子、晴、今日大塔真柱二本自鳥羽被引之、畠
山兄弟（満家・満慶）、手者共引之、油小路上也云々、御所（足利義持）則御出御見
物云々、東寺御出也、次寺家中御酒有之、次大内（盛見）亭入申、
数献被聞食了云々、

○「自鳥羽北山へ」は中原康富の誤りか。

九〇七〔満済准后日記〕応永二十五年九月十七日条

『続群書類従』補遺一（上）、一三五頁

十七日、甲子、天晴、大塔（相国寺）心柱木引、今度畠山兄弟（満家・満慶）奉行、今日
二本被引之、稲荷□ヲ□ミ辺ニテ御所様（足利義持）御成ヲ待申、還
御ニ於東寺西院長僧坊一献在之、寺家一向沙汰之、

応永二十五年（一四一八）九月二十九日、三田朝貞が夢窓疎石を勧請開山として建立した武蔵国宝林庵に田地を寄進する。

九〇八〔三田朝貞敷地并田地寄進状〕宝林寺文書

『大日本史料』七編―三三、一六九頁

奉寄附　宝林庵（武蔵国多摩郡長淵郷須高）敷地一所并庵前之田壹段半事
右所者、武州杣保（多摩郡）長淵郷すたかの（須高）、村内四郎次郎入道屋
敷一宇并朝貞（三田）手作田一所、四至境四方廻道現前也、然間
彼庵開山奉請夢窓国師（疎石）、被建立梵秀侍者之間、為朝貞現
当二世、永代令寄附者也、若子々孫々中ニ於彼所庵所并
田地、致違乱煩有輩者、為不孝之仁、朝貞跡一分不可知
行者也、仍為後證寄進状如件、
応永廿五年九月廿九日　平朝貞（花押）
三田左衛門五郎

応永二十五年（一四一八）十一月十九日、伏見宮栄仁親王の三回忌仏事が大光明寺で行われる。

九〇九〔看聞日記〕応永二十五年十一月条

『図書寮叢刊』、一巻、二四二頁

十三日、終日寒嵐吹、大通院(栄仁親王)第三廻御仏事、自今日始行、自戌時御時始之、用健(・周乾)・寿蔵主(中寿)・善基(伏見即成院)・周郷・梵祐喝食・御寮〈塔頭〉・玄慶・香雲庵等、其外男女結番如例、正永(冷泉範綱カ)参候、(後略)

十八日、晴、惣得庵(理勝)・明元等参来、点心持参、有盃酌、景愛寺東堂(瑞室・崇光天皇皇女)円覚経一巻、加布施〈二百疋〉賜之、明日御焼香可有入御云々、(後略)

十九日、晴、栄寿院殿(崇光天皇皇女)〈崇光院宮〉、光臨、円修房〈三条前内(公忠)府息女〉、御共参、茶子以下種々賜之、景愛寺東堂入御、〈崇光院宮〉、麗首座御共参、惣得庵参来、面々会合有一献、隆富朝臣(西大路)参、御仏事料進之、大光明寺(伏見)御仏事七ヶ日執行、今日満散之間、半斎諷経聴聞ニ参、前源宰相(綾小路信俊)・綾小路三位(田向経良)・長資朝臣(田向)・隆富・正永等召具、諷経了長老(文鼎中銘)謁則帰、東堂同入御、有御焼香、抑仙洞(後小松上皇)御仏事御助成二千疋被下、別当局(東坊城茂子)以奉書付永基(冷泉)、兼日計会次第聊有申入子細、仍預御助成、外聞実儀喜悦無極、且不存寄令迷惑御返事、且永基可得其意之由令申、就御助成俄観音懺法今夜可行之由面々評定、導師以下事、大光明寺ヘ令申、栄寿院御帰、東堂御逗留、晩導場室礼、大光明寺以下僧達参諷経申、其後夜懺法始之、導師長老〈大光明寺〉、香華維那、懺法衆用健・蔭蔵主(松崖洪蔭)以下十四人、〈僧名記別紙〉懺法了長老ニ謁、僧衆聊賜薬酒、懺法殊勝、聴衆済々候、椿一検校参、於仏前両三句語之、芝殿(田向経良室)、惣得庵等今夜祗候、

廿日、晴、早旦長老〈大光明寺〉(無相中訓)・蔵光庵(伏見)・退蔵庵(伏見)、以下僧衆廿人参、有点心、其後椿一語平家、長老以下僧達六七人聴聞、両三句了長老以下先退出、東堂御帰寺、〈諷経無聴聞、忩被帰、〉小時僧達参、先斎食、〈導場狭少之間廿人斎食、自余僧斎食了参、〉斎畢寺庵僧達四十余人参、諷経人数多之間、行道庭前ニ烈立、諷経了回向如例、僧衆退出、次仏前焼香申、則破導場如元室礼改了、(後略)

応永二十五年（一四一八）十一月二十五日、相国寺領丹波国大谷村の総田数目録が作成される。

九二〇〔相国寺領丹波国大谷村惣田数目録〕　丹波大谷村佐々木文書

『大日本史料』七編－三三、五八頁

(丹波国船井郡)大谷村惣田数目録

地頭方御年貢銭一反別六百廿文充、夫代百十文充、

一一田藤内作分(朱書、以下同)「今道法ト云、」

一反一ノ坪　此内廿五代分、上米一斗四升、

廿五代　一田ノ前　此内十二代半不輸、残上米六升、

已上一反廿五代

一同所右近三郎作

一反廿五代　一田前　此内四十五代不輸、残上米七升、

廿八代半　スミテン上米貳斗、

已上二反三代半

一同所形部(刑、以下同)次郎作「今ハ右近三郎作」

四十五代　畑スソ　此内卅七代半不輸、残上米六升、

廿八代半内八代不輸、残上米七升、

已上一反廿三代半

一同所形部作

一反六代半　一ノ坪　此内十七代不輸、残上米一斗四升、　一反　一ノ坪　此内十七代不輸、残上米一斗、

四十代　岸ノ前上米二斗二升、

一反廿五代　一ノ坪上米三斗、

一反四十五代　貝田垣内一反八荒田、残上米二斗七升、「自永享元年公平御免、」

十五代　一田ノ前　谷河西上米九升、

已上六反卅一代半「内一反荒田御免、」

一同所次郎三郎形部作「今本主在田道伝作」

廿二代半　畑スソ　此内十二代半不輸、残上米三升、

一同所庄司次郎作「今ハ持徳ト云、」

七代　スミテン上米四升、

一井上谷妙覚作

一反廿五代　井上谷前上米一斗四升、

一三塔佐　浄済後家作「今同所右近作」

四十四代　坪三塔佐前上米二斗三升六合、

一同所右近次郎作「右近ト云、」

一反廿五代　池谷口、

四十四代　三塔佐前上米二斗三升六合、

已上二反十九代

一同所形部三郎作

一反　坪池谷口　不輸、
一反卅八代　三塔佐前上米四斗七升二合、
已上二反卅八代
一同所浄久作「今在田源四郎・右近後家作」
廿五代　坪松本、
一清水右近四郎作「今在田道伝作」
廿五代　坪三塔佐前、
一同所形部「自永享二年海老谷窪道覚作」
廿五代　ツミ谷口　不輸、
一反　池谷口上米一斗五升、「自応永卅二年海老谷彦次郎作」
十六代半　三塔佐前上米一斗、
已上一反四十一代半
一谷左近五郎作「今ハ左近ト云、」
十七代　ツミカ口、　廿代　ミヨウト　不輸、
卅代　ツミ谷　不輸、　十五代　在田前　不輸、
十代　大道《ツミカ口》ノ下　内五代不輸、
已上一反四十二代
一在田右馬次郎作「今道伝作」
廿二代半　畑スソ上米三升、　十二代半　岩本上米三升五合、

廿五代　長町《三塔佐》、　廿五代　三反田ノ許、
廿代　ツミカ口上米一斗二升、
已上二反五代
一同右馬四郎右近作「今ハ道伝ト云、」
十二代半　ツミ谷口上米三升五合、　廿五代　坪同、
已上卅七代半
一同所治部作「今ハ道正ト云、」今ハ左近三郎
十七代　ツミ谷口、
一出五郎太郎作「自永享二年浄連作」
廿代　大河谷口向、　廿代　出前上米一斗八合、
已上四十代
一出藤内作「今ハ子三郎太郎ト云、」
「自永享元年松尾左近方行、依徳政也、」
○廿五代　三塔佐前、　一反　在田前上米二斗七升、
十五代　出前、　廿五代　東ノ前上米一斗五升、
已上二反十五代
一小方大工作「自応永廿八年殿垣内彦三郎作」自永享八年清水左近作
四十二代半　小方前上米二斗三升、　七代半　森明上米四升、
十二代半　東ノ前、
已上一反十二代半

一東右馬太郎作「今ハ刑部ト云、」
四十代　森明上米二斗一升六合、　一反　東ノ前上米二斗七升、
已上一反四十代
一同浄蓮作
一反　東ノ前、　廿五代　三塔佐前上米一斗三升五合、
一反　在田前上米三斗、
已上二反廿五代
一在田源四郎作
廿五代　松本、　十二代半　ツミカ口上米三升五合、
已上卅七代半
殿垣内
一昌意作「今ハ子六郎ト云、」
十五代　坪南田　不輸、
○一反松本上米二斗八升、「自応永廿八年向坊小納言作」
「内」一反十二代半「卅七代半　自永享元年西左近作」　岡前上米三斗三升七合五夕、「廿五代ハ六郎作」
已上二反廿七代半
一榎本兵衛作
○一反　在田前上米二斗八升、「自応永廿八年弟弥四郎兵衛作」
○廿五代　和田、「自応永卅三年兵衛弟四郎五郎作」　○廿代　殿垣内前、「弥四郎兵衛作」

○廿七代半　榎元前「内廿代、永享二年河成御免、是ハ応永卅四年水時、」　内廿五代　不輸、「都聞梵方都聞之時、」「自応永廿八年海老谷禰宜太夫作」
已上二反廿二代半
一塔土五郎作
十五代　塔土前　不輸、　十代　宮前　不輸
已上廿五代
一広長庵作
十二代半　坪長田前　不輸、
一西松尾兵衛四郎作「自応永卅二年同上左近作」
一反　坪三塔佐前、　九代　松尾前
已上一反九代
一同所衛門五郎作「今ハ左近ト云、」
廿○代「五」　森明　不輸、　○廿代　長田前　不輸、「自永享二年広長庵作」
廿二代　松尾前　内十五代　不輸、
已上一反十二代「又五代添、」
一松尾道椿作「今ハ子道慶作」
一反　坪大河谷口荒田、「自永享元年荒田公事御免」　一反　下中田、
四十五代　上中田、
已上二反四十五代「内一反　荒田除、」
海老谷
一進士作「自応永卅一年奥中務作」

廿代 下垣内前上米一斗八合、
卅代 御子谷前上米一斗六升二合、 十二代半 在田前、
已上一反十二代半
一窪形部作「今ハ道覚ト云、」
廿五代 井上谷前上米一斗五升、 廿代 岩本、
四十代 「内」御子谷前上米二斗一升六合、「十代 自応永廿九年小太郎作」「又五代 自同卅三年小太郎作」
已上一反卅五代
一海老谷小太郎作「今弟小二郎作」
○廿代「自応永廿九年葛屋右近作」坪下垣内前、 廿代 三塔佐前上米一斗八合、
卅五代 御子谷前上米一斗八升九合、
已上一反廿五代
一河原介作
卅五代 「内」奥前上米一斗八升九合、「廿五代 自応永廿七年奥中務作」「十代 自正長元年奥右馬允作」
一畠中庄司太郎作「自応永卅一年奥中務作」
十二代半 南前上米六升七合五夕、
一同藤内作「今ハ妙行ト云、」
十二代半 坪南前上米六升七合五夕、
十二代半 下垣内前六升七合五夕、

已上廿五代
一「大前」奥右近次郎作「今ハ右近ト云、」
廿代 南前上米一斗八合、
一奥禰宜太夫作
一反 坪室前 コミ田、 十五代 一ノ坪、
十五代 奥前、 一反 岡前上米二斗七升、
○十六代半「自応永廿八年奥彦二郎作」下垣内前、
已上二反四十六代半
一河原庄司作
十五代 坪森明上米八升一合、 廿五代 南前上米一斗三升五合、
已上四十代
一同源四郎作
十五代 森明上米八升一合、 廿五代 南前上米一斗三升五合、
已上四十代
一向坊中務作
一反一坊田田前上米二斗八升、
一反五代 貝田ノ前内八代不輸、残上米二斗二升五合、「自永享元年荒田、公事御免、」
十五代 殿垣内前上米九升、 一反十代 井ノ谷口荒田、

已上三反卅代「内一反十代　荒田御免也、」

一奥中務作「祐徳ト云、」

一反四十代　坪向垣内前　此内二反不輸、残上米三斗、

○廿五代　坪赤見、「是ハ柏木五郎三郎下地也、」「自正長二年東兵衛作預也、」　一反　在田前、上米二斗八升、

○一反　高橋爪、「自正長二年門兵衛作」　○一反　坪四町、「自永享元年向坊小納言作」

○廿五代　松尾前、「自応永廿八年松尾衛門太郎作」　五代　在田前、上米一斗八合

十二代半　下垣内前、上米六升七合五夕　廿代　御子谷前、

廿五代　南前上米一斗三升五合、

已上八反二代半

一奥二位作「今妙金」

一反　坪室中嶋、　○十二代半　岩本、「自永享元年在田谷左近作」

十代　奥前、上米五升四合　十二代半　阿弥陀堂前、上米六升七合五夕

已上一反卅五代

一奥右馬太郎作

一反　坪向垣内前　内廿五代不輸、　一反　南田、

十五代　一ノ坪、上米八升一合　卅代　奥前上米一斗六升二合、

已上二反四十五代

一同所形部次郎作「今ハ小方ニ居住也、」

十二代半　東ノ前、　四十二代半　小方前上米二斗三升、

七代半　森明上米四升、

已上一反十二代半

一柏掃部作「今浄璘ト云、」

○廿五代　和田上米一斗二升、「自永享二年子源三作」

○廿五代　柏前　内十代不輸、「永享二年河成　但応永卅四年水時分也、」「都聞梵方、庄主梵猊副寺、」

已上一反

一同右近作

○廿五代　和田上米一斗二升、「子次郎五郎作」

一反廿五代　柏前　内一反五代不輸、「内廿五代次郎五郎作　内廿代不輸」「内一反五代　永享二年河成御免、都聞梵方、庄主梵猊副寺、」　十代　宮前、

已上二反十代

一門弥四郎作

○廿五代　坪和田、「自応永卅三年弟四郎五郎作」　廿五代　南田、　二代半　坪津本、

已上一反二代半

一柏五郎三郎作

五代　坪シノ田　不輸、　五代　坪御旅所前　不輸、

廿五代　津本　内十代不輸、

已上卅五代
一同所次郎五郎衛門作「今ハ五反田ニ居住、」
廿五代　殿垣内前　不輸、
廿五代　坪南田、「自応永卅一年本主門弥四郎兵衛作」
已上一反
一九瀬五郎作「今ハ本主松尾谷左近作」
卅七代半　岡前上米二斗二合五夕、
一窪田道観作「今ハ子右近三郎」
「自永享元年西室兵衛作」
○四十代　松本上米二斗四升、
一反十代　殿垣内前　内四十代不輸、
卅五代「内」「廿代　子彦八作」穴虫前、「十五代　右近三郎作」
已上二反卅五代
一同小次郎作「今ハ弟右近三郎作」
一反　坪三塔佐前、　卅五代　窪田前内十五代不輸、残上米一斗二升、
十五代　穴虫前、
已上二反
一室衛門四郎作「自永享元年弟兵衛三郎作」
廿五代　坪室ノ上　不輸、　廿五代　室橋爪　不輸、
已上一反

一同衛門三郎右近作「今兵衛三郎ト云、」
二反　坪室前　内一反四十代不輸、残上米五升六合、
一西室衛門次郎作
一反　坪三反田ノ許、上米三斗、　卅代　室前向両所　不輸、
已上一反卅代
一同兵衛四郎作
「自永享元年道伝作」
○廿五代　坪東ノ前、　十代　室前　不輸、
十代　室向　不輸、
已上四十五代
一小納言作
廿代　坪榎元前、　「自永享二年本主宇津江妙円跡作」
○卅代　坪吉野部橋爪上米一斗八升、
已上一反
一清水五郎作
四十代　ヒノ窪上米一斗二升、
一吉野部形部作「十五代　弟清水刑部作」
卅代「内」坪高樋ノ許　不輸、
一中垣内浄仙作「今ハ子右近ト云、」
「今ハ公文実清作」
○一反　坪伊勢町上米三斗、　十代　門田上米五升、
廿五代　橋爪　不輸、　十二代半　山ノ上上米一斗、

一東兵衛作　　　已上一反四十七代半

一反　坪横枕上米二斗八升、

一反卅代　門田　内一反不輸、

　　已上二反卅代

一彦六作浄永

卅代　ヘラ町、　五代　河原畠前、　七代　同畠後、

四十代　水口町、　五代　山ノ上、　十代　山ノ上、

卅五代　大フケ、　廿代　寺田、

廿七代半　下垣内下　内十二代半不輸、

　　已上三反廿九代半

一浄覚作「今ハ子釈丸」

○一反　坪横枕上米二斗四升、「自永享元年中西源三郎作」　卅代　新源田上米一斗四升四合、

十代　山ノ上上米六升、

一源三郎作「中西」　　已上一反四十代

一反　坪吹谷口　内卅五代不輸、

○十五代　新源田、　○五代　下垣内許上米一斗一升七合、「并廿代　自永享元年清水左近作」但両所分、

　　已上一反廿代

一下垣内次郎太郎作「今弟五郎次郎作」

十五代　新源田、　五代　家前、上米一斗一升七合、但両所分、

　　已上廿代

一南作「七郎」

○一反　五ノ坪上米二斗八升、「昌泰尼公作」　四十代　大町上米一斗五升、

十代　三町田、　四十代　尾張町、

廿五代　横枕上米一斗五升、　十代　門田上米六升、

　　已上三反廿五代

一東彦三郎作

廿五代　坪柏木水口　内十二代半不輸、

已上公田拾壹町壹段貳拾肆代

「応永廿六年八月十三日洪水、
廿三代河成、門兵衛分、
「内」三反十代荒田自永享元年御免、庄主梵猊副寺・等欽都聞御代、
二反応永卅四年河成御免、庄主猊副寺・梵方都聞御代、」

「残十丁五反四十一代
卅七代定」

一仏神田

正月田
二反内　一反　山ノ上　室右近作、　四十代　山ノ上　彦六、

十代「内」柏前「三代河成」掃部作、「自永享三年」

二月墓射田
一反廿代内　一反　在田前　禰宜太夫、「自永享元年道伝作」

廿代 宮前 榎元兵衛作、
三月田
二反内 一反 在田前 二位、 一反 榎元前 奥中務、
四月田
二反内 一反 山ノ上 彦六、
一反内保貴田 吉野部形部作 三代河成、応永年中「今ハ弟清水形部作」今浄永
五月田
二反内 一反廿五代 坪田尻 南作、
十代 保貴田 形部作、
十五代 ヒノ窪 彦六 廿五代ニ成テ勘落、 但勘落、四斗代被定、
九月田
二反内 廿五代 宮後 松尾衛門五郎、
一反廿五代 宮後 昌意作、
十一月田
二反内 廿五代 田尻 小納言、 廿五代 保貴田 形部作、
廿五代 宮前 クセ五郎、 廿五代保貴田 孫四郎作、
経田
一反 坪殿垣内前 東兵衛作、
夏供田
一反内 四十代 保貴田、 十代 フシヤテウ 彦六作、
山神田
一反 坪山神前 二位作、
八幡田
一反内 坪南田、 廿五代 柏五郎衛門、 廿五代 六郎、
四箇村湯免
三反十代 四十代 吉野部ウツエ、 四十代 馬場ノ許 中村分、
四十代 東谷出垣内、 四十代 海老谷津本、
新宮正月田
一反 坪岡前 中務作、「自永享元年奥右馬允作」
同宮九月田
二反 坪大門前 二位作、
歓楽寺
四反内 二反 坪向坊前 小納言、
二反 坪寺田内 一反 円法、 一反 小納言、
薬林寺
四反内 一反 三塔佐前 小納言、 十二代半 在田前 柏掃部、
卅七代半 在田前 柏右近、 一反 在田前 小納言、
一反 在田前 宮坊主、
大日寺
三反内 一反 坪坊許 向坊中務作、 一反廿五代 山神ノ向 二位作、「内一反、自永享二年左衛門太郎作」
廿五代 坪山神ノ向 右馬太郎作、 但此分地頭方勘落、
已上参町肆段五代
一人給分
公文給
六反内 三反 吉野部前、 三反 五反田ノ許、
職事二人分
三反内 二反 一ノ坪 右馬四郎、
一反 坪中尻 左近五郎、
井料田
二反内 一反 坪松本 奥中務作、
一反 坪同 在田源四郎作、
領家方使厨屋田
二反廿五代内 一反 坪出橋爪 柏門弥四郎作、
廿五代 坪東ノ許 西室兵衛四郎作、
廿五代 坪高樋上 韜光院、
廿五代 津見カ堰許 谷五郎作、
已上壹町参段貳拾五代 此外領家方佃五段 分米壹斛五斗
応永廿五年十一月廿五日 (加地) 公文実清 (花押)
右此帳面者、自相国寺下地散合之時、結上分也、寺家ニ一通在之、内々之帳、別ニ在之、此帳ニハ上米悉者不書載、内帳ニ微細ニ在之、楚忽ニ不可有他見、 ○紙続目ゴトニ加地実清ノ裏花押アリ、

大谷村惣田数目録

本帳在別、細々為見写之、但是ハ内帳也、

（朱書）「正長二年ニ返下地ハ依御徳政也、但本物返計也、

正長二年四月廿七日改元、永亨元年也、　」

○朱書ヲ除ク本文ハ前掲ノ目録ト大略同ジナルヲ以テ略ス、

応永廿五季十一月廿五日　□（公）文実清（花押）

両上使十一月廿日下向、梵諒監寺、祥聚都寺、

庄主本宗都寺

地下散合寺社免田半済并公文給等、但除岳安分、

同十二月六日上使上洛、

（朱書）「是ハ内帳之間、色々微細之事を書載間、努々不可有他見物なり、実清（花押）」

（付箋）「古ヘハ其所之小名ヲ家ノ垣名ニシテ本名頭ニ箇様ニ書物ニ記シ申候、必々名字ニ而者無之候、其以来、箇様ニ記シ候而ハ名字ニ紛敷之間、書中事相止させ候由、申伝ヘ候、為後代相改記シ置者也、」

（付箋）「此公文実清ハ本名彦六左衛門尉と申候、弥次右衛門先祖也、則系図ニ有之也、法名ハ浄永と申候、」

○本文中の「○」はすべて朱書。

応永二十五年（一四一八）十二月十九日、相国寺鎮守八幡宮が炎上し、相国寺住持無説景演が逐電するが召し返される。

九二一〔看聞日記〕応永二十五年十二月十八日条

『図書寮叢刊』、一巻、二四八頁

十八日、（中略）今夜相国寺鎮守社伊勢・八幡・春日、炎上、自神子家出火云々、相国寺長老（無説景演）則逐電、聽被召帰云々、

九二二〔康富記〕応永二十五年十二月十九日条

『増補史料大成』、一巻、六一頁

十九日、乙未、晴、今朝寅剋許相国寺鎮守八幡炎上、御（足利義持）所様御成云々、（後略）

九二三〔満済准后日記〕応永二十五年十二月条

『続群書類従』補遺一（上）、一四一頁

十九日、乙未、降雨、今暁卯末、相国寺鎮守八幡社壇一所焼失云々、

廿七日、癸卯、天晴、為歳末御礼、参御所、御対面、宝池院（義賢）同道、如恒年、帰路若宮社□（参カ）、相国寺鎮守仮殿等事、可尋

遣融清(田中)法印由被仰、

応永二十五年ヵ（一四一八）、臨川寺三会院主大岳周崇が『夢窓疎石年譜』を講義する。

九一四〔臥雲日件録抜尤〕応仁元年六月十九日条

『大日本古記録』、一七八頁

十九日、――三会院(臨川寺)主察堂(・洪省)来、（中略）又曰、開山(夢窓疎石)年譜、有火生三昧之語、太(大)岳(・周崇)住三会之時、講国師年譜、岐陽(・方秀)為天龍長老、来陪講席、太(大)岳向岐陽曰、火生三昧、出於何経、蓋以岐陽精於教故也、或曰、此語在無動経云々、予(瑞渓周鳳)謂、莫虚度之語、蓋誡学者之意可乎、（後略）

○『看聞日記』応永二十五年五月十六日条に「三会院大岳和尚」とあるため、便宜的に応永二十五年におく。

応永二十六年（一四一九）二月十九日、足利義持が義満の御判御教書に任せ雲頂院領昆陽寺庄西方笠地地頭職等の諸役を免除する。

九一五〔足利義持御判御教書案〕足利将軍御内書幷奉書留

『大日本史料』七編―三三、四一九頁

相国寺雲頂院領摂津国昆陽寺庄(河辺郡)西方笠地地頭職幷沽却地平次郎名等諸公事・臨時課役・人夫已下事、任去応永三年七月十九日御判之旨、所免除之状如件、

応永廿六年二月十九日

奈良弾正(元俊)左衛門尉殿

応永二十六年（一四一九）三月晦日、若狭国太良庄代官の乾嘉等が、応永二十三年からの三年間に百姓が負担した金銭を書き上げ、負担の軽減を東寺に求める。

九一六〔若狭国太良庄守護役地下所済分注進状〕東寺百合文書オ函一一七

『若狭国太良荘史料集成』第五巻、五頁

太良庄(若狭国遠敷郡)守護(一色義貫)□□□□(方)

合応永廿三年分

□(四)貫文　領家方雇夫八人内三分二定人別七百五十文(充)□

壹貫文　材木持人夫雑用、

柒百文　小野寺勧進、

已上伍貫柒百文

弐貫文　地頭方雇夫八人内、三分(一定)人別□□

□百文　材木持人夫雑用、
□百文　小野寺勧進、
已上弐貫捌百文
応永廿四年分
□(柒)百文　領家方御飯米持越人夫増分、
□(三)貫文　雇夫六人内、三分二定、人別七百五十文宛、
弐貫文　勧進猿楽桟敷一間、三貫文内、
壹貫文　三方殿(範忠)親父他界訪、
壹貫文　駄賃馬一疋雑用、
已上漆貫七百文
肆百文　地頭方御飯米持越人夫増分、
壱貫五百文　雇夫六人内、三分一定、
壱貫文　勧進猿楽桟敷一間代、
五百文　三方殿親父訪之時長(納)法寺方へ、
五百文　駄賃馬雑用、
已上参貫玖百文
応永廿五年分
参貫文　領家方雇夫六人内、三分二定、人別七百五十文宛、
壱貫文　駄賃馬雑用、
已上肆貫文
一壱貫五百文　雇夫六人内、三分一、
五百文　駄賃馬雑用、
已上弐貫文
此三ヶ年分入目御百姓等立用申候畢、此外細々御公事
等多候へ共、自御代(乾嘉)管方堅御成敗候之間、地下役にて
仕候、先度も以目安如申上候、毎年守護役無是非候、
当年も庄主如御存知、二月十日比ニ徳銭ト被申候て、
当庄ヱ済々被懸候之間、様々歎候て弐拾伍貫文出候、
去年も狸穴の事により候て、御百姓等旁難儀至極此事
候、御代管守護方あいしらいねんころに御座候間、御
公事先々よりハ少減候、乍去国中如此御公事多候て、
御百姓難堪忍候、
此旨偽申候ハヽ、大師八幡・当国上下大明神、別者当
庄三社大明神可蒙罷御罰候、仍注進之状如件、
(応永二十六年)三月晦日　　公文　弁祐（花押）
孫大夫（花押）　右馬大夫（花押）
弥助権守（略押）　藤助（花押）
幸阿弥（略押）

御代管　乾嘉（花押）

応永二十六年（一四一九）五月四日、相国寺住持無説景演が、再造した足利義満像の安座点眼法語を作成する。

九一七〔勝定院殿集纂諸仏事〕　名古屋市蓬左文庫蔵一〇四-六六

六十一　改造

鹿苑院殿（足利義満）尊像安座点眼法語

正体元来無変易、神容特地作施呈、巍々坐断僧祇劫照耀
乾坤日月明、　共惟、
鹿苑院殿天山大禅定門、徳陶品類、気軋霄峥、処俗諦而
会真理、識量迥超裴公美、和公鼎以転法輪、見性肯譲張
商英、心宗三会之旨親領、鹿苑初転之化盛行、是故□（秉カ）四
海洪鈞、則四海権衡以正、護万年宗猷（相国寺）、則万年基業克成、
這回直登到□（宝カ）所、従前何経歴化城、看々着僧伽梨分　国
師半座、住正定□（聚カ）、資　後昆繁栄、人天□□歓呼、魔外
望風呑声、雖然恁广（麼）諸仁者還知、台霊□□（出カ）鑑天輝地大光
明種子广（麼）、拈筆、一毫端上千鈞力、□□金剛正眼睛、

応永（二十六年）龍集己亥五月初四日
　相国比丘景演（無説）　謹書

○『看聞日記』同日条に相国寺で行われた足利義満の年忌仏事の記事あり。

応永二十六年（一四一九）七月十一日、洪恩院（足利義満母紀良子）の仏事が相国寺で行われる。

九一八〔満済准后日記〕応永二十六年七月十一日条　『続群書類従』補遺一（上）、一五六頁

十一日、甲寅、為洪恩院殿（紀良子）御仏事、於相国寺転経在之、
青蓮院（義円）・聖護院（道意）・実相院（増詮）・浄土寺（持弁）・宝池院（義賢）・地蔵院（持円）為丁
聞可被参由被仰、宝池院・地蔵院同車云々、

応永二十六年（一四一九）七月二十日、足利義持が明の使者に外交の意志がないことを伝え、帰国を促すよう元容周頌に命じる。

九一九〔善隣国宝記〕『訳注日本史料　善隣国宝記』一三八頁

同年（応永二十六年）　諭大明使者、

征夷大将軍某(足利義持)、告元容(・周頌)西堂、今有大明国使臣、来説両国往来之利、然而有大不可者、本国開闢以来、百皆聴諸神、神所不許、雖云細事、而不敢自施行也、頃年我先君(足利義満)、惑於左右、不詳肥官(富カ)口弁之愆、猥通外国船信之問、自後神人不和、雨暘失序、先君尋亦殂落、其易簀之際、以冊書誓諸神、永絶外国之通問、孰辜先君告命、而犯諸神憲章哉、去歳既命古幢(・周勝)長老、往諭此意、今有使而至、蓋前諭之未達也、又責以海島小民数侵辺圉、是実我所不知也、今倘云止之、則前亦知而令之也、豈有人主而教民為不善者乎、何不思之甚矣、雖然逋逃亡命、或竄身於夐絶之海島、時時出害辺民者恐有之、当命沿海之吏制焉、西堂宜以此件款款説之、

　應永廿六年七月廿日

○本文書の起草者は大岳周崇。

九二〇〔善隣国宝記〕『訳注日本史料　善隣国宝記』一四〇頁

同前(応永二十六年)

同君(国)(足利義持)曰、夫与隣国通好、商賈往来、安辺利民、非所不欲乎、然而余(足利義持)之所以不肯接明朝使臣者、其亦有説、先君(足利義満)之得病也、卜云、諸神為祟、故以奔走精禱、当是時也、霊神託人謂曰、我国自古不向外邦称臣、比者変前聖王之為、受暦受印、而不却之、是乃所以招病也、於是先君大懼、誓乎明神、今後無受外国使命、因垂誠(誡)子孫、固守毋墜、其後僧使堅中(・圭密)、与明朝行人偕来、余欲不接之、以其未以如上事諭使臣、亦為弔先君来故、違誓而迎之、及乎使臣之帰令堅中為諭此意、不知、未詳通乎、去歳使船重来、亦使等特(持)(三条坊門等持寺)長老(古幢周勝)重伝此趣、使臣帰到本国、胡不以此意達爾主耶、余之所以不接使臣、兼不遣一介者、非敢恃嶮阻不服也、順明神之意、奉先君之命、以行事耳、昔元兵再来、舟師百万、皆無功而溺于海、所以者何、非唯人力、実神兵陰助以防禦也、遠聞是事、必為怪誕、古来吾国之神霊験赫、可不恐乎、事詳国史、今聞、将以使者不通為辞、用兵来伐、使我高深城池、我不要高我城、亦不要深我池、除路而迎之而已、至夫寇掠辺圉、則逋逃之徒、竄於海島之間者之所為也、欲討電滅颷逝、師還則烏合蟻聚、而不受吾命者也、捕而戮之可也、奚必帯而来哉、来書亦云、使臣至中国(国中)、或拘留、或殺戮、聴爾所為、是何謂哉、吾不

欲拘殺使臣、只要彼不来、此不往、各保封疆、荘子曰、
民至老死而不相往来、若此之時、則至治已、不亦休、
西堂《（元容周頌）》以此意、諭明朝行人、速回舟楫、幸甚、

応永二十六年（一四一九）七月二十三日、鹿苑院僧が明の国書の写しを作成し足利義持に進める。

九二一〔満済准后日記〕応永二十六年七月二十三日条
『続群書類従』補遺一（上）、一五七頁

廿三日、丙寅、今日午刻自妙法院《（醍醐寺）》移渡金院《（醍醐寺金剛輪院）》、先金堂等入
堂、於清□唐船一艘着兵庫浦《（摂津国八部郡）》、送進書案文
流布、今月十九日、於兵庫福厳寺《（八部郡）》、唐使官人以書参向、
自鹿苑院僧《（厳中周噩カ）》一人被下、披書一見、案文等校合、後官人如
元持書帰乗船、鹿苑院僧持案文備上覧云々、文言凡存外
也、所詮如文永時、不及是非、可被追帰分御治定云々、
蒙古已発向対馬、両方死人数輩在之云々、注進在之由風
聞、折節籠居寺住間、不及委尋聞、就風聞注之了、

応永二十六年（一四一九）八月十六日、相国寺塔頭永寿院が焼失する。

九二二〔看聞日記〕応永二十六年八月十六日条
『図書寮叢刊』、一巻、二九二頁

十六日、（中略）聞、今日相国寺塔頭永寿院《（崇カ）》炎上、不移
他所独焼亡云々、

○相国寺の塔頭に「永寿院」は確認できず。崇寿院のことか。

応永二十六年（一四一九）八月十八日、相国寺鎮守八幡宮の立柱が行われる。

九二三〔和漢合符〕
東京大学史料編纂所謄写本二〇四〇・〇一三、第四冊

八月十八日、相国鎮守立柱、

応永二十六年（一四一九）八月二十九日、仁和寺野僧が施主となり、中峰明本百回忌の仏事が相国寺で行われる。

九二四〔満済准后日記〕応永二十六年八月二十九日条
『続群書類従』補遺一（上）、一六一頁

廿九日、辛丑、天晴、大唐中峯（・明本）和尚百年忌、於相国寺在之、施主仁和寺野僧云々、中峯和尚孫弟歟云云、今日転経在之、依仰予（満済）丁聞、

応永二十六年（一四一九）十月九日、足利義持が相国寺の規則を作成し、住持・諸東堂・評定衆にこれを遵守するよう命じる。

九二五〔相国考記〕応永二十六年十月九日条

『相国寺史料』第一巻、三二頁

十月九日、顕山（足利義持）相公被定山門規式條々

一除四節并大法会之外、不可容比丘尼女人入門事、

一不可酒入門内事、

一現住之僧、非暫暇不出門外事、

一両班以下、至于喝食、被差寺役者、近来多弁供請人、甚無謂也、自今以後固禁之、若犯之則請者赴者両俱出院、

一諸名字不可吹挙、若有著諸尊宿諸官家挙状之輩、即時出院、

一不勤秉払問禅、不可任侍香職、五頭首禅客、雖書状侍者勤旧可差之、或及異議、即時出院、永不可許五山参暇、

一常住銭穀、雖一粒一銭、不可許佗借、縦雖官家諸塔頭諸東堂、猶禁之、況其下乎、

一現位都聞、不可領荘園事、

一荘主限以五年、不許再任事、

一諸荘勘定、不可過四月中事、

一隔衣者、可用綾并平絹、衫者可用白紗并平絹、若染色則雖他亦可也、

一内衣可用白絹、不許染之、又不許著有紋之帷、

一沙弥喝食内衣、可禁繍与画并貼金銀薄事、

一行者内衣、不許織并有紋者、許無紋染色、

右件々当代長老（古幢周勝）・諸東堂并評定衆、可被固守此規式之状如件、

応永廿六年十月九日　顕山居士御判

九二六〔続本朝通鑑〕

『本朝通鑑』第一三（国書刊行会）四三三一頁

冬十月壬申朔、庚辰《九》、義持《（足利）》定相国寺規式十四條、

応永二十六年（一四一九）十月二十日、足利義持が相国寺僧の飲酒を禁止し、諷経を怠った僧を寺中から追放する。

九二七〔看聞日記〕応永二十六年十月二十日条

『図書寮叢刊』、一巻、三〇五頁

廿日、雨降、聞、相国寺僧飲酒事、御《室町殿（足利義持）》禁制猶不拘之間、衆僧被書告文、於向後尽未来際可断酒之由書起請、又大衆諷経之時経不読、是又不可然、其人数悉御追出、寺中無左右細々不可請暇之由、条々有御制法云々、

応永二十六年（一四一九）十二月十二日、北山殿北御所・南御所の建物が取り壊され、その材木が南禅寺・建仁寺等に寄進される。

九二八〔看聞日記〕応永二十六年十二月十二日条

『図書寮叢刊』、一巻、三一三頁

十二日、（中略）抑聞、北山北之御所宸殿被壊了、南禅寺・建仁寺等御寄進云々、南之御所同被壊、女院《（日野康子）》御遺跡御領以下散在上村《（丹波国桑田郡）》・取鳥《（鳥取）（備前国赤坂郡）》ハ仙洞《（後小松上皇）》へ被返進云々、（後略）

〇本書九三六号史料が関連。

応永二十七年（一四二〇）二月十六日、鹿苑院主厳中周噩が仏護殿掛額の法語を作成する。

九二九〔勝定院殿集纂諸仏事〕

名古屋市蓬左文庫蔵一〇四―六六

五十五　仏護殿掛額

□□《（賛カ）》新成接斗魁、高懸金牓照三槐、洪基湏《（須カ）》共願心同《（カ）》、永鎮天京静九垓、共惟、大功徳主、起自覚地、示居上台、万徳身正逢嘉運、四海内不動繊埃、応念成仏国土、随処湧玉楼台、忉利天宮降下、伽羅陀山飛来、輪焉□《（奐カ）》焉、増他信向、瞻之仰之、阜此聖財、万善之所同帰、無□徳用従此流出、諸仏之所護念、河沙妙門由茲豁開、□□刹現円明鏡、六十州震淵黙雷、虚空叫希有、万象□□哉、便見、国安民安風□《（若カ）》雨□《（若カ）》子孫集慶家門消□《（災カ）》福源湧浩蕩、寿岳聳崔嵬、□道何以為験、指額云、一揮□《（椽カ）》○□《（風）》□鸞回、

応永庚子《（二十七年）》二月十又六日　鹿苑周噩《（厳中）》謹書

応永二十七年（一四二〇）四月十六日、大施餓鬼が相国寺で行われる。

九三〇〔師郷記〕応永二十七年四月十六日条

『史料纂集』、第一、一二二頁

十六日、今日於相国寺被行大施餓鬼之、

応永二十七年（一四二〇）四月二十三日、足利義持が相国寺で潔斎に入ったため、等持寺住持元璞慧珙と林光院主元容周頌が朝鮮使節宋希璟の意向を聞き取り、義持に取り次ぐ。

九三一〔老松堂日本行録〕

村井章介校注『老松堂日本行録』二一〇頁

二十三日（応永二十七年四月）深修菴書懐二首

二十一日入王（足利義持）部落、下馬於魏天家、陳外郎（大年）・魏天、設酒以慰、次王使人、呼外郎、々々即帰、俄而人、以王言来曰、経及礼物入置等持寺（三条坊門）、官人出在深修菴、予（宋希璟）心潜愧、又日没、因宿天家、翌日早朝宗金来又如前言、予曰、予奉我
殿下（世宗）書而来、今不見王開読、還奉書、出在深修菴、於礼不可、予不帰也、宗金曰、官人（宋希璟）之言雖是、而御所（足利義持）今日已入相国寺致斎、難以更白矣、日本人、謂其王曰御所、俄而陳外郎、送校子（轎、以下同）・従馬於我曰、官人速出深修菴也、予奉書契向深修菴、行路之際、外郎乗校子先行、使人言於我曰、官人随吾帰処来也、魏通事乗校子随来、予到深修菴、入堂坐、外郎・魏天皆入坐、外郎言於我曰、去々年
皇帝（永楽帝）使臣内官呂淵来兵庫（摂津国八部郡）、以
皇帝語向御所言曰、汝父（足利義満）及朝鮮
王（太宗）□□□皆事我、汝独不事、予（永楽帝）遣将同朝鮮行兵、汝乃高城深池待之、御所聞而怒、其使不入見、使海賊殺之、適風順海賊不及呂淵、還入帰也、去年六月、朝鮮兵舡到対馬島、小二殿（少弐満貞）報告御所曰、江南兵舡一千、朝鮮兵船三百隻、向本国（日本）而来、吾力戦却之、御所聞之、乃於小二殿多送賞物、向朝鮮甚怒焉、今官人適来到兵庫、吾等用心、故官人入来也、此意知之、予曰、馬島（対馬）行兵之事、則我乃説之、君可聴焉、向者宗貞茂向我
殿下、至誠尽礼、我
殿下知其誠心、給其米布前後無算、至於酒肉皆与之、

聖恩深重故、二十余年為一家也、去年春、馬島賊輩侵犯
上国辺鄙、殺掠人民盗帰兵船、我
殿下震怒、命将征伐也、
命将之時曰、只伐賊輩、其都々熊丸（宗貞盛）則存之、至於九州皆
安之、況本国乎、若我
殿下向本国有不好之心、則今王（足利義持）之請経、豈以給之、礼物
及回礼使、何以送之、於此可知我
殿下意也、其時我
殿下、召政府大臣及六曹曰、馬島在日本朝鮮間、常窃寇
盗、其王令亦不従、今予（太宗）討之、其王聞之、則必喜之也、
若彼
大明同心行兵本国之事、則必無之事也、如此之言、真荒
説矣、無明文之言、何足取焉、外郎曰、如此之言、何人
説之、所御（御所）全不知也、吾即達於御所矣、出外呼孔達・仁
輔曰、官人陪来書内、年号何、達曰、永楽、外郎曰、然
則官人必不回帰也、明朝、毋使官人知、潜持
書契来、以龍集改書年号可也、外郎還帰、達、手持片紙
書龍集二字、入来変色言予曰、如之何、予驚起曰、吾等
雖死、
御書何以改書乎、俄而等持寺住持恵珙（元璞）・林光院（二条）住持周頌（元容）
等来曰、官人為来事何、予曰、回礼及通信也、我
殿下即位今已三年、欲通隣好、然路有風濤之険、又海賊
之暴故、使臣不送、今王之使帰国而、還我
殿下命、臣同帰、回礼而通信也、故来焉、珙等曰、然又
求見
書契、予開〇草文示之、珙等見之、欣然相顧曰、
書内
殿下之意至厚、吾等伝書達于御所也、予使孔達書、呈珙
等、又有意而未吐、予曰、我国於日本無有他心、至於馬
島之事、則予皆説之、乃歴挙解説之、如対陳外郎之言、
珙等聞而喜曰、朝鮮
殿下無有他意、但与吾御所親厚之意也、吾等已知之、吾
等即達於御所矣、出帰也、深修菴自王所一里之地、其菴
無僧、唯倭二十人来守、而把門禁人出入、

応永二十七年（一四二〇）五月六日、五山十刹の住持・西堂が相国寺に集まり仏事を行う。

九三〔看聞日記〕応永二十七年五月条

『図書寮叢刊』、二巻、四五頁

三日、（中略）今日相国寺有転経供養云々、（後略）
四日、（中略）相国寺有大施餓鬼、（後略）
六日、晴、聞、相国寺有陞座拈香、五山十刹以下長老・西堂等悉詔（招）請云々、御八講結願也、今出川中納言（公富）出仕、公卿十七人云々、（後略）

○五月六日は足利義満忌。

応永二十七年（一四二〇）七月十五日、相国寺施餓鬼で喝食が飛礫を打ち合い、足利義持が喝食全員を相国寺から追い出すよう命じる。

九三三〔看聞日記〕応永二十七年七月十五日条

『図書寮叢刊』、二巻、六一頁

十五日、（中略）抑後聞、（中略）相国寺施餓鬼之間、喝食数輩以飛礫打合、室町殿（足利義持）御烏帽子ニ飛礫打当、喝食悉被追出云々、

応永二十七年（一四二〇）八月六日、春屋妙葩三十三回忌の仏事が相国寺で行われ、足利義持が参会する。

九三四〔満済准后日記〕応永二十七年八月六日条

『続群書類従』補遺一（上）、一七六頁

六日、壬寅、普明国師（春屋妙葩）卅三廻仏事、於相国寺転経在之、御所様（足利義持）御出、依仰参申了、

応永二十七年（一四二〇）八月十四日、中峰明本百回忌の仏事が鹿苑院で行われ、相国寺住持古幢周勝が拈香法語を作成する。

九三五〔勝定院殿集纂諸仏事〕

名古屋市蓬左文庫蔵一〇四―六六

卅八　大元普応国師中峰（・明本）大和尚百年忌拈香

此香、会万物以為一体、兼二儀共之同根、五分荘厳而円成衆徳、三昧発現以洞照群昏、揚芬芳於先烈、垂芘蔭於後昆、　大日本国山城州北山居住某等、以今後三年壬寅（応永二十九年）歳秋八月十四日、乃　遠祖大元普応国師天目中峰大和尚一百年遠忌之辰、預於今月今日、就鹿苑禅院、厳設諱斎、延請都下諸大老宿、特伝奉　鈞命、拝請　三会堂上（臨川寺）老師

陞座説法、讃揚仏事、仍集現前比丘衆、同音諷誦大仏頂
万行首楞厳神呪之次、命相国当代住持小比丘周勝（古幢）、爇此
妙兜楼婆、供養　大和尚、以上酬慈蔭者、共惟　真慈、
大元国中、偉人間出、天目峯頂、古仏儀存、胸中懸百千
日月、掌内握一□（会）乾坤、別滑生機一路、直把死関踏翻、
快哉施無方之大用、宏矣開衆妙之玄門、是故大方鉅刹交
聘而下起、窮□（谷）絶鳴任性而無掄、□（幻カ）也知幻離幻、水月空
華無非本有活計、住也無住而住、白雲青嶂総是自家田園、
瞻之仰之、東南一峰倚天鬱峙、朝也暮也、湖海俊衲望風
駿奔坐受五朝帝者之敬、称茲一国師表之尊、迨夫神機密
運通変難測、縦使仏祖也喪膽魂、到這裏、石門報汾州以
一甌茶、未断世礼、巴□（陵）為韶陽下三転語、猶結旧冤、只
如今日、諸遠孫等設忌斉、　真慈却有応供之分也否、山
野聊以一偈助供養去、来与不来倶勿論、搏（榑）桑震旦本同源、
巌々獅子罕人到、返擲還佗好子孫、

○中峰明本の示寂日は至治三年（一三二三）八月十四日のため、百回忌の正忌は応永二十九年（一四二二）。本文中に「以今後三年壬寅歳」とあるため、応永二十九年から足掛け三年前である応永二十七年におく。

応永二十七年（一四二〇）、足利義持が北山第寝殿を南禅寺南禅院に移建する。

九三六〔天下南禅寺記〕『群書類従』第二四輯、二二五頁

帝（亀山天皇）嘗以其在禅林寺（南禅寺）之南、顔（題カ）焉曰南禅院、
本尊釈迦無量寿、締搆巧妙奇麗、有亭臨曹源池、上池
者龍之象也、首于曹源泉、手足可観、太上皇（亀山）嘗在此宮、
水石愛翫、夏天納涼、勅侍臣曰、朕御天下、太平之日、
至今無敢違於叡思者、願言此池水騰湧凸者、避暑乗涼
壮観乎、侍臣即召都匠、以縄墨丈尺度之、以池水凸者
一尺奏之、上皇大悦、爾来此池水、大雷暴雨不溢于庭
際、大旱隆曦不涸于泉源、尾通于庫院、供仏斎僧、上
下何啻一千人耶、本寺（南禅寺）以大雲為三塔頭、住持当第三代
兼管此院也、自正応四年得百三年、自永仁元年百一年
而火、応永八年辛巳住山九峯和尚重建（・韶奏）、廿七年庚子廷（・宗器）
用和尚重董此山、相公（足利義持）命移北山寝殿、以地狭剗岸縮地
置今院、院北砌右有壮（牡）丹花、御愛也、其軒曰花王、有
御製詩、軒後曰静明、四明東陵璵（永璵）篆書、後有万年軒、
以双松得名、一山艸聖、筆勢為鉤、以百呼誤矣、有井、

曰斠碧、在左方、胥已久矣、永享庚戌（二年）重甃清冽、辛亥（永享三年）六月朔大雨水、山之左右、岸崩土裂、大木摧仆、澗水舂撞、池水不増減、凡此一石一草木、皆是名品、住吉松、龍田楓樹、難波葦蘆、歌津蝦蟇、至今尚存焉、

○本書九二八号史料が関連。

応永二十八年（一四二一）五月二十八日、相国寺が疫神の進入を防いだ夢を後小松上皇が見、それを聞いた足利義持が相国寺僧に勤行を命じる。

九三七〔看聞日記〕応永二十八年五月二十八日条

『図書寮叢刊』、二巻、一一九頁

廿八日、晴、正永（冷泉範綱カ）参語世事、洛中病死興盛、言語道断事云々、此間仙洞（後小松上皇）有御夢想、相国寺門前ニ牛千頭許群集、門内ヘ欲入、而門主防之追出、前ニ進ム牛声ヲ出シテ曰、誠座禅之所也、不可入トテ、牛共退散、京中ヘ乱入了、夢中ニ人云、是コソ疫神ニテ候ト申、御夢覚了、室町殿（足利義持）院参之時被語申、則退出、相国寺ヘ入御、僧達悉可依座之由被仰、大衆依座勤行云々、不思儀御夢也、（後略）

応永二十八年（一四二一）六月十五日、疫病死者の追善供養として、大施餓鬼が大光明寺で行われる。五山以下の諸寺でも施餓鬼が行われる。

九三八〔看聞日記〕応永二十八年六月十五日条

『図書寮叢刊』、二巻、一三三頁

十五日、（中略）抑今夕大光明寺（伏見）有大施餓鬼、是人民死亡為追善、五山以下寺々有施餓鬼云々、仍俄執行、地下上下勧進云々、

応永二十八年（一四二一）八月二十七日、大光明寺塔頭大通院の建立が進まず、足利義持がこれを急がせる。

九三九〔看聞日記〕応永二十八年八月・十一月条

『図書寮叢刊』、二巻、一四八頁

（八月）廿七日、（中略）抑大通院御塔頭建立事、雖有大通院（栄仁親王）御置文、寺家（伏見大光明寺）于今不造営之間、用健（・周乾）・鹿苑院主（厳中周噩）御談合之間、去十九日室町殿（足利義持）ヘ被伺申之間、不可有子細、新命入院之後可建立之由可被仰云々、慇懃ニ承之条為悦、新命

南禅寺前住大椿和尚周亨、也、来月之始可有入院云々、
播州石見郷（揖西郡）大通院御料所也、御存生之時御置文ニ、件郷大光明寺御寄進、御没後事可執沙汰申、就中御塔頭一宇可建立之由被仰置了、然而寺家乍知行、御塔頭不造営之間背御素意了、仍用健内々鹿苑院談合之処、急速令治定、併御素意之通成就珍重也、晩有盃酌、禅啓（小川）申沙汰也、
（十一月）廿四日、晴、夜用健来臨、慢首座同来、夜陰入来不審之処、鹿苑院為使節慢首座大光明寺参云々、大通院御塔頭事、忩可被建立之由、室町殿受御意長老ニ被申、仍領状、忩可企造営之由有返答云々、此事為告申夜中参云々、尤珍重喜悦也、聊勧一盞、則退出、
廿五日、雪霰等降、寒気甚、大通院建立事、以宰相（田向経良）長老（大椿周亨）ニ令申、御領状承悦之由申、不可有等閑云々、（後略）

○大通院建立の決定は本書八六五号史料にあり。

応永二十八年（一四二一）、東寺が相国寺東班衆乾嘉などに仏事費用を借用する。

九四〇〔五方年貢散用状幷借物注文〕 東寺百合文書レ函一〇二

（端裏書）「応永廿八年廿一口方納幷遣足注文」

五方年貢到来幷仕足注文 以下

応永廿八年辛丑

（中略）

寺家借物応永廿八辛丑

四文子
『久』貳貫三百五十文　久世方　四月廿八日両雑掌去年給分未下為下行　銭主清
利五百六十四文　自五月至十月六ヶ月分
以上本利貳貫九百廿三文（十七）

利同
『五』四貫文（「返弁了、」（追筆、以下同））　五方　公方御祈禱護摩支具以下　六月二日　銭主嘉（乾嘉）
利八百文　自六月至十月五ヶ月分
以上四貫八百文

利同
『植』貳貫文（「返弁了、」）　植松　五月六日御仏事足（足利義満忌）　銭主清
利四百八十文　自五月至十月六ヶ月分
以上貳貫四百八十文

利同
『太領』六百文（「返弁了、」）　太良庄領家方　宣陽門院（覲子）御仏事　六月七日　銭主嘉
利百二十文　自六月至十月五ヶ月分

以上七百二十文

『五』利同 弐貫百八十文「返弁了、」　五方　出払不足分　六月廿四日　　銭主同

利四百三十六文自六月至十月五ヶ月分

以上弐貫六百十九文

『上』利同 壹貫弐百文「返弁了、」　上野　六月廿五日　御仏事用途　六月廿三日　　銭同

利弐百四十文　自六月至十月五ヶ月分

以上壹貫四百四十文

『矢』三文子 弐貫文　矢野庄供僧学衆斎藤方会尺　八月三日　　銭主同

利百八十文自八月至十月三ヶ月分

以上弐貫百八十文

『五』利同上 壹貫百五十文五方盂蘭盆会　七月十日　　銭主同

利百三十八文自七月至十月四ヶ月分

以上壹貫弐百八十八文

『仏事方』利同 四百五十文本利四百九十二文返弁了、　七月九日湯足、以高田年貢可返弁、七月十日　　銭主同

利四十二文自七月至九月三ヶ月分

以上四百九十一文

『五久』利同上 拾貫文此内五貫八百五十九文五方、利参百五十文九十両月分上 進以下松万(カ)代四貫百三十八文久世方、利弐百八十八文　八月廿八日松万(カ)事料足　　銭主土肥

以上拾貫六百文三

此内五方分本利六貫百十四文「返弁了、」二

久世方本利四貫三百八十六文

以上本利両方分拾貫六百三文

『浮』四文子 四貫参百文　浮足御影供舎利講布施自正月至六月分　七月二日　　銭嘉

利六百八十八文自七月至十月四ヶ月分

以上四貫九百八十八文

『矢』利同 八百卌三文　矢野供僧学衆赤松⊠代　七月四日　　銭主同

利百三十三文自七月至十月四ヶ月分

以上九百三十三文

『最』三文子 五百文　最勝光院八月十四日御仏事足(後醍醐天皇忌)　八月十四日　　銭主同

利四十五文自八月至十月三ヶ月分

以上五百四十五文

『宝』利同 五百文「返弁了、」　宝荘厳院同御仏事足　八月十四日　　銭主同

利四十五文自八月至十月三ヶ月分

以上五百四十五文

『太地』利同 五百文「返弁了、」 太良地頭方同御仏事　八月十四日　銭主

利四十五文自八月至十月三ヶ月分

以上五百四十五文

『植』利同 八百十文「返弁了」、(貼紙)「植松　進門跡様松万(カ)」折二合代　九月三日　銭主増

利四十八文九・十両月分

以上八百五十八文「返弁了」、此内七百文、折二合赤松方矢野庄供僧学衆利▨▨九・十両月分

『矢五』利同 貳貫七百貳十三文 以上本利七百四十二文 貳貫貳拾三文、五方管領以下、諸方松万(カ)代、利百二十二文九・十両月分 以上本利貳貫百四十五文

利百七十三文九・十両月分　九月三日　銭主増

以上貳貫七百八十七文「返弁了、」（八百九十六）

『五』四貫文　五方　五月八日四月廿六日仏事布施料　銭主清阿

利九百六十文自五月至十月六ヶ月分

以上四貫九百六十文

『五』壹貫文　五方　五月二日門跡松覚法橋会尺足　銭主土肥

利百八文自五月至十月六ヶ月分

以上壹貫百八十文

(貼紙)「右壹貫文、利二百四十八自五月至十二月八ヶ月分 都合壹貫二百四十文、自公文所土肥方返弁了、」

都合本利五十貫六百十九文

此内五方分貳拾参貫貳百十五文内利平至十月分返弁也、

七貫参百九十四文、自公文所土肥方返弁之、

五方内矢野方ヨリ七百四十二文出候、

(貼紙)「此五方六貫二百十四文、以浮足土肥方返弁了、自五方可返浮足也、」

(貼紙)「都合増長院住僧　本利三□□□」

○『　』の部分は朱筆。

応永二十九年（一四二二）正月三十日、大通院の立柱が行われ、伏見宮貞成王等が大光明寺で見物する。ついで五月二十四日に大通院が落成する。

九四一〔看聞日記〕応永二十九年正月・二月・三月・四月・五月条

『図書寮叢刊』、二巻、一七八頁

（正月）十三日、（中略）長老(大椿周亨)(伏見大光明寺)被語、十一日大通院(大光明寺)御塔頭建立有事始云々、早速申沙汰珍重之由令申、（後略）

廿三日、晴、大通院敷地々形今日引初、地下人夫遣之、自寺家(大光明寺)申間仰付、(後略)

廿七日、晴、用健(・周乾)来臨、大通院造営日次事、陰陽師可有御尋之由長老被申、来月十五日以前可有立柱云々、地下人夫毎日令普請、早速可成功之由長老被申云々、

廿八日、雨降、立柱日次事、在方朝臣(賀茂)尋之、来月十五日以前無日次、可為今月卅日之由勘申、此由長老ニ令申、然者可為卅日之由被治定、(後略)

卅日、晴、大通院立柱、為見物大光明寺ニ参、東御方(三条実継女)(栄仁親王室)・廊御方(日野西資国女)(栄仁親王室)・二条殿(庭田幸子)(貞成王室)・宰相(田向経良)・重有朝臣(庭田)・長資朝臣(田向)・慶寿丸(庭田重賢)相伴、於維那寮見之、長老於此所同見物、大通院建立在所ハ地蔵殿西面也、先辰時居礎、申時立柱、戌時上棟也、立柱之儀、大工織狩衣着之、・引頭二人浄衣、・長一人直垂、其作法如恒、御馬五疋大工取綱、毎度二拝、自分一疋進之、用健一疋、宰相(田向)一疋、寿蔵主一疋、寺家一疋、凡造営要脚令勧進、宮々男女各奉加、相応院(弘助法親王)・椎野(嵯峨浄金剛院)・入江殿(三時知恩寺)・真乗寺殿(瑞室)・東御方・廊御方・典侍殿・前(綾小路信俊)源幸(宰)相・重有朝臣・隆富(西大路)・祐誉僧都・禅啓(小川)等各涯分、或馬一疋、或絹一疋代物有多少、進之、外様不及勧進、只奉公輩也、立柱了帰、上棟之儀不見物、毎事無為珍重也、長老急速申沙汰不知所謝、大通院御素意忽成就時刻到来、併冥慮也、用健可為看坊之間、殊被悦喜、(後略)

二月一日、晴、吉兆毎事幸甚々々、祝着如例、早旦徳祥(・正麟)和尚大光明寺前住、今雲居庵主、(天龍寺)来臨、対面、大通院建立事殊被悦喜申退出、文鼎(・中銘)和尚大光明寺前住、来臨、謁之、蔵光庵(伏見)ニ長老達被詔(招)請、鹿苑院主(厳中周噩)も被請、宰相(田向経良)為使蔵光庵ニ参、大通院建立事依申沙汰早速造営、喜悦之由令申、此事彼院主室町殿(足利義持)へ被申、厳密ニ被仰出了、併芳恩也、仍謝之返事委細奉之、昼用健・蔭蔵主(松崖洪蔭)入来、光照院良寿房参来、有一献、珠(洪珠)侍者参榼等持参、一献重畳及数献、御僧達御座、宰相以下、寿蔵主(中寿)等済々祗候、朔日殊祝着了、(後略)

(三月)十四日、(中略)晩景大光明寺花一覧、椎野・蔭蔵主・源宰相(田向経良)・重有朝臣・長資朝臣相伴、当年花散々也、古枝枯了、無見所無念也、大通院ニ参、造作一見、天井張過半出来了、於維那寮長老謁、已日暮之間帰了、(後略)

廿六日、(中略)抑長老以寿蔵主被申、大通院建立事、

室町殿被聞食、早速造営、長老申沙汰神妙之由有御沙汰云々、来月大光明寺ヘ可有入御之由被仰、其以前急々可造畢云々、寺家尽微力了、可預御助成之由被申、先度立柱之時面々勧進事申付了、重猶可申之由返事了、（後略）
（四月）廿三日、（中略）抑自相応院御馬一疋代二百疋、賜之、是大通院勧進御奉加云々、則大光明寺遣之、門跡御奉加余乏少歟、如何、
廿七日、晴、寺ニ参、長老談義聴聞、其後長老謁、大通院ニ参、造作大略周備了、奇麗也、用健・松崖・具(周具)侍者相伴帰、（後略）
（五月）廿四日、晴、今日大通院被開、僧達詔(招)請有斎食云々、（後略）

応永二十九年（一四二二）二月十一日、明日の足利義持の正誕生日祈禱として、在中中淹が相国寺で一切経の転経を行う。

九四二〔満済准后日記〕応永二十九年二月十一日条

『続群書類従』補遺一（上）、一九八頁

十一日、己亥、天晴、少雨、於相国寺一切経転経在之云々、御所様(足利義持)明日正誕生日御也、仍在中和尚(・中淹)申沙汰云々、

応永二十九年（一四二二）三月二十一日、足利義持が北山鹿苑寺に渡御し、一切経会に臨席する。

九四三〔新訂増補兼宣公記〕応永二十九年三月二十一日条

『史料纂集』、第一、三七五頁

廿一日、（中略）室町殿(足利義持)今朝渡御北山鹿苑(苑、以下同)寺、御点心以後御出一切経仮殿辺、余(広橋兼宣)令見物哉之由被尋下弁之間、宿坊ニ候之由申入之趣告送之間、以直垂躰参御座所、南鳥井外有御佇立、令○着御衣青色、御座、管領(畠山満家)以下諸大名参候、御経輿入御　社頭之後還御、又渡御鹿苑寺、御中食以後還御云々、余内々以輿帰寿域、（後略）

応永二十九年（一四二二）四月十五日、相国寺住持元容周頌が、三河国雲林寺住持比丘尼瑞林施入の三十三観音図に識語を記す。

九四四〔三十三観音画像中尊識語〕長興寺文書

『愛知県史』史料編九、五二一頁

三河国高橋庄(加茂郡)衣郷雲林寺住持比丘尼瑞琳、謹揮浄財、命
工奉絵図通大士尊像三十三体、同加装飾、専祈
天下泰平・国土安静・檀門繁栄・寺門昌盛、次冀瑞琳罪
愆消滅、願望円成、普導怨親、同登彼岸、
応永二十九年壬寅結制品(四月十五日)
万年山相国住持比丘周頌(元容)謹記

応永二十九年(一四二二)五月、厳中周噩が大蔵経を求めるため朝鮮に遣わす国書を作成する。

九四五〔善隣国宝記〕『訳注日本史料　善隣国宝記』一四四頁

応永二十九年　遣朝鮮書　此以下五通、厳中(・周噩)撰、
日本国源(足利)義持(勝定院殿)、拜覆
朝鮮国王(世宗)殿下、海路迢迢、久不嗣音、維時梅雨弄晴、
槐風嘘爽、共惟神衛森厳、尊侯納倍万之福、先是需釈
氏蔵経、皆得如願、無勝銘佩之至、今復有不尽之求、
重請一蔵、欲使此方之人植福於現当也、苟与其善、頒
以七千巻全備之典、則雖以刹(利カ)宝見付、未足為比焉、不
腆土宜、具于別幅、惟希亟輅閎休、式符真禱、不宣、
応永二十九年五月日

応永二十九年(一四二二)八月十日、足利義持が日野資康三十三回忌の仏事として、常徳院で転経供養を行う。

九四六〔看聞日記〕応永二十九年八月十日条
『図書寮叢刊』、二巻、一一六頁

十日、(中略)抑聞、日野故一位大納言資康卿今日卅三
廻也、御台(室町殿)(日野栄子)彼卿娘、以下一家人々仏事料若干出之、千七百余
貫出来云々、寺ニ施入、相国寺有転経供養、室町殿(足利義持)御沙
汰云々、

九四七〔花営三代記〕応永二十九年八月十日条
『群書類従』第二六輯、一一二頁

十日、心正院(日野資康)三十三年、号日野烏丸、御台(日野栄子)御父也、九日転経ア
リ、於相国寺常徳院有階(陛)座拈香、両日御所様(足利義持)・御台御出
アリ、御方御所様(足利義量)為焼香有御出、御供、
畠山次郎持純、　畠山中務少輔持清、
大館五郎持員、　(伊勢)次郎左衛門尉貞房、

以上四騎、御カクゴ（恪勤）二人也、
御台御供、
（伊勢）加賀守貞直、　海老名備中守持季、
熊谷近江守満実、　（伊勢）兵庫助貞慶、
（伊勢）貞弥、　以上五騎、

応永二十九年（一四二二）九月七日、飢饉による死者供養のための施餓鬼が五条河原で準備されるが、風雨により中止となり、五山の寺々で営まれる。

九四八〔看聞日記〕応永二十九年九月条

『図書寮叢刊』、二巻、二二〇頁

六日、（中略）抑聞、於（五条）河原今日大施餓鬼依風雨延引云々、此事去年飢饉病悩万人死亡之間、為追善有勧進僧、往来囉斎僧相集、以死骸之骨造地蔵六体、又立大石塔為供養、可有施餓鬼云々、此間有読経、万人鼓操打桟敷、室町殿（足利義持）可有御見物云々、五山僧可行施餓鬼云々、（後略）
七日、晴、時正結願也、七日間精進写経勤行了、抑河原施餓鬼事、勧進野僧為張行、五山僧衆可執行事不可然之由、自山門（延暦寺）支申、室町殿御見物事更不被仰出云々、又勧進僧と河原物（者）と喧嘩出来、僧一両人被突殺了、施餓鬼供具等散々取失、河原物取之、余過分之間天魔為障碍、大風大雨散々無正体罷成云々、勧進施物如山出来被入五山、於寺々可行施餓鬼之由自公方（足利義持）被仰云々、併天狗障碍不思儀（議）事也、

応永二十九年（一四二二）十一月十六日、足利義持が朝鮮国に大蔵経を求め、その折にかつて太宗が春屋妙葩の頂相を描かせ、春屋の弟子周棠に贈ったことを示す。

九四九〔世宗実録〕世宗四年（一四二二）十一月条

『李朝実録』第七冊、二六四頁

（世宗四年十一月）（応永二十九年）己巳（十六日）、（中略）日本国王（足利義持）及其母后、遣僧圭籌等、致書献方物、求大蔵経、其書曰、海路迢迢、久不嗣音、維時梅雨弄晴、槐風嘘爽、共惟神衛森厳、尊候納倍万之福、往歳、貴国（朝鮮国）使臣之到吾朝（日本国）也、時有国師、号曰智覚普明（春屋妙葩）、開館以厚遇之、厥後、其徒周棠者、去遊貴国、貴国先王（太宗）、使工図国師寿象（像）、命文臣李穡作賛、托

於周棠、回便以贈之、蓋不忘旧徳也、由是観之、貴国之於我国師、不可謂無因縁焉、塔院要安置蔵経、寅昏披閲、以報四恩、資三有、而未能得其本、爰欲就貴国以求之、予感其不憚鯨波危険、使法宝流通助喜附、以此書状、請憐其懇志、付之七千全備経典、則予亦同受其賜也、然則両邦之好、有加永久、不腆土宜具于別幅、敢冀函輅闊休式符真禱不宣、圭籌等入殿庭、以浮屠礼、欲不拝礼官使、通事諭之曰、無君臣之礼、則何以奉使而来隣国之使、拝於庭下礼也、不獲已、乃拝、（後略）

○同年五月に足利義持が大蔵経を求めた国書は本書九四五号史料にあり。

応永三十年（一四二三）三月八日、鹿苑寺住持在中中淹が円覚寺黄梅院に奉加銭を納める。

九五〇〔在中中淹等連署奉加銭注文〕黄梅院文書

『鎌倉市史』史料編三、八九頁

（円覚寺）黄梅院　御奉加銭之事

一　貳仟三百九十八貫三百文内、夫賃銭五十五貫七百文加定、

除五拾貫文、（蘭室妙薫）黄梅院主御下向之時路銭、以夫賃方銭了、

定銭貳仟三百四拾八貫三百文

応永三十年三月八日　納所（盛元）梵鼎（花押）

（在中）中淹（花押）　都寺昌等（花押）

黄梅院 侍衣禅師

○次号史料の注記を参照。

九五一〔在中中淹等連署奉加銭送状〕黄梅院文書

『鎌倉市史』史料編三、九〇頁

（端裏書）「京都勧進銭送状注文　応永廿九季　（・妙薫）蘭室和尚時」

送進　（円覚寺）黄梅院奉加銭之事

合

貳仟三百玖拾八貫三百文、諸寺諸塔頭以下目録別紙有之、

右銭、黄梅院所替之状如件、

応永三十年三月八日　納所（盛元）梵鼎（花押）

都寺昌等（花押）

鹿苑寺（花押）

黄梅院 侍真禅師

○『神奈川県史』では、本史料と次号史料の鹿苑寺の花押について「黄梅院造営勧進銭納下帳」(『鎌倉市史』史料編三、八四頁)の在中中淹の花押と同じとするが、前号史料の在中の花押とは異なる。

九五二〔在中中淹奉加銭送状写〕相州文書所収鎌倉郡黄梅院文書

『神奈川県史』資料編三 古代・中世三上、九一六頁

送進 黄梅院(円覚寺)奉加銭之事

合

貳仟三百玖拾八貫三百文、夫賃銭五十貫七百文加定、諸寺諸塔頭以下目録別紙有之、

除五十貫文、黄梅院主(蘭室妙薫)御下向之時路銭、

定銭二千三百四十八貫三百文

右銭、黄梅院所替之状如件、

応永三十年三月八日 (在中)中淹(花押)

鹿苑寺(花押)

黄梅院 侍衣禅師

応永三十年(一四二三)五月九日、相国寺大塔の足場が大風により崩れ、死者が出る。

九五三〔満済准后日記〕応永三十年五月九日条

『続群書類従』補遺一(上)、二二三頁

九日、降雨、大風、東寺東〔ノ〕不開《アケ》門ノ扉為大風開、希代事歟、関木砕ケテ金物等抜落云々、申末刻計也、此子細宝清法印注進之、其状云、雖可参申〔候〕、先罷向広橋(兼宣)亭、此様先令談合為令注進候、随其左右可参申云々、京中築地覆、少家等大略吹損云々、相国寺大塔足代木吹落、其ニ当ル力者・法師等、於当座四人被打殺云々、不便々々、(後略)

○本文中の〔 〕は続群書類従本による。

応永三十年(一四二三)六月、これ以前、相国寺が天龍寺領阿波国那賀山庄を借知行する。

九五四〔天龍寺領阿波国那賀山庄雑掌申状案〕天龍寺重書目録 甲

『天龍寺文書の研究』四〇二号文書

目安

天龍寺御領那賀山(阿波国那東・那西郡)雑掌申

欲令早被止山河半分并切流等桂林寺(阿波国勝浦郡)与守護方(細川満久)押領於寺家一円知行状、

右当庄、相国寺借知行之時、彩副寺為代官、桂林寺初而為興行、自那賀山出材木、号山河半分土貢定之山中用木、令略出之、木口即切置三文字、号彼寺之割、于今被押領、殊而今度洪水出材木等、守護方相共被註之、結句于致根本之木口印木被押領之段、無謂次第也、当庄之事者、加様之材木切流所務候於、如今者寺家御公平及失墜者也、既那賀山被御帰覆上者、彼被停止競望、自今已後山河并切流杉檜等悉可為寺家一円被成御下知、欲令全永代知行状如件、

応永三十年六月　日

応永三十年（一四二三）七月五日、大光明寺の画僧頓書記が屏風等を描く。

九五五〔看聞日記〕応永三十年七月・十一月条

『図書寮叢刊』、二巻、二七五頁

（七月）五日、晴、退蔵庵(伏見)ニ行令納涼、其後蔵光庵(伏見)ニ行、有絵書僧、大光明寺(伏見)住、長老(大椿周亨)弟子云々、書屏風、暫見之、殊勝也、宰相(田向経良)以下候、

（十一月）廿八日、晴、行豊(世尊寺)朝臣帰京、妻子皆相伴、余波不少、但片思歟、弥無人習悪事也、阿茶丸絵一幅大光明寺住僧頓書記筆、賜之、表餞送而已、（後略）

応永三十年（一四二三）七月、厳中周噩が朝鮮に遣わす国書を作成する。

九五六〔善隣国宝記〕『訳注日本史料　善隣国宝記』一四四頁

同(応永)三十年　遣朝鮮書

日本国道詮(足利義持)、再奉書

朝鮮国王(世宗)殿下、専使回、所需蔵経、与回礼使同到、喜慰可言哉、矧又祇(祗)領珍貺、感愧無量、茲従使者之所請、捜索被虜人於処処、以帰之、今重遣専使籌(圭籌)知客・副使齢(梵齢)蔵主、別有所陳、此事雖似得隴望蜀、要修隣好、寧可秘惜、聴貴国蔵経板非一、正要請一蔵板、安之此方、使信心輩、任意印施、若能運平等之慈、忘自他之別、頒法宝、以博其利、則豈非深福源、増寿岳之一端耶、苟得如所請、永以為好也、不腆土宜、具如別幅、麾頓為幸、敢冀、茂迎川玉(至カ)之祥、即膺天錫之社(祉)、

応永三十年七月日

○応永三十一年八月にも同様の文書が作成される（『訳注日本史料 善隣国宝記』一四六頁）。

応永三十年（一四二三）九月十四日、これ以前、大岳周崇が足利義満肖像に賛を書く。

九五七〔碧山日録〕長禄三年八月十八日条　『大日本古記録』、上巻、五九頁

十七日（八）、丁卯、赴紹公（鶴隠周紹）之請於清浄精舎、其亡母七々之諱（異筆）「居歟」辰也、有水陸之会、予窺舎（太極）之祠堂、有鹿苑相公（足利義満）之遺像、大岳（・周崇）禅師賛其上云、

　如天之蕩々、乃其道也、如山之巍々、乃其徳也、名実不謬、天山相国、周崇賛之▨（也）、

予悦其的論紀之、午而日色如赤金、殆似欲蝕矣、

○便宜的に大岳周崇の示寂日におく。

九五八〔続芳集〕東京大学史料編纂所謄写本二〇一六－五七二

天山大相国（足利義満）賛　恵林和尚（大岳周崇）語録

四十年太平英主五百世亜聖大賢、歴代所不能行者尽行矣、歴代所不能臣者尽臣焉、有賞有罰、無党無偏、威霆轟々南震百越之地、仁風蕩々北翔三韓之天、是皆以道真之余事、且能収天下之大権迄乎、大縁夙契玄枢独運、則理超権外照出言不（前）、雖云宿師老衲、而雖為相共周旋者也、

○「黙翁和尚・大岳和尚語録」（慈雲院蔵）に収録なし。年月日未詳につき、便宜的に大岳周崇の示寂日におく。

応永三十年（一四二三）十月六日、常徳院が近江国今西庄代官職の差配をしようとしたが、足利義持が熊谷氏を代官にするよう命じる。

九五九〔看聞日記〕応永三十年七月・八月・十月・十一月条　『図書寮叢刊』、二巻、二九四頁

（七月）十一日、雨降風吹、松崖（・洪蔭）入来、今西庄（近江国浅井郡）事有承旨、此所祐誉僧都令奉行、而常徳院（相国寺）ニ可被仰付之由有御談合之子細、旁以難治事也、（後略）

十五日、（中略）此間就今西庄事申承之間、殊不便無極、松崖被落御力歟、

廿四日、（中略）松崖入来、今西庄事自常徳院有申旨、

（後略）
（八月）五日、朝雨下、松崖天龍寺参暇、聚景坊主ニ請申云々、依窮困自去年此境移住、然間門徒老僧達加諷諫被帰寺、江州今西庄代官熊替（谷）改易、自常徳院執沙汰、松崖ニ有契約申子細、前宰相（田向経良）常徳院ニ参、委細申談畢、（後略）
（十月）六日、雨降、今西庄事、松崖為執沙汰、常徳院致奉行之処、今日広橋（兼宣）以状申、熊谷ニ如元御代官職可被仰付之由、自室町殿（足利義持）可申旨被仰下云々、御口入之上者不可有子細之由返事了、此間沙汰無正体之条、無力事也、海門和尚（承朝）相国寺長老、遮而室町殿ヘ可被申之処、遅々間熊谷以強縁入御耳了、仍御口入無力次第也、就其（土貢）加増事、自公方別而可被仰付之由、広橋ニ令申、
七日、雨降、椎野（嵯峨浄金剛院）軽服事在方（賀茂）朝臣尋之、今日可除服之由申、仍脱之、広橋有書状、今西年貢加増事伺申入之処、熊谷ニ難被仰之由可申旨被仰下云々、此上事無力事也、常徳院契約破了、松崖御不運也、祐誉如元奉行、彼幸運也、（後略）
（十一月）十六日、晴、祐誉僧都参、一献持参、塩津今（近江国浅井郡）西代官職事有申旨、（後略）

○近江国塩津・今西庄には、応永二十九年（一四二二）九月六日に大風で破損した伏見宮御所門の修理のため、同年十月二十三日条で段銭が賦課されている（『看聞日記』応永二十九年九月六日・十月二十三日条参照）。

応永三十年（一四二三）十二月三十日、山名氏清三十三回忌の仏事が相国寺無畏堂で行われ、巌中周噩が陞座法語を作成する。

九六〇〔勝定院殿集纂諸仏事〕　名古屋市蓬左文庫蔵一〇四－六六

六　奥州太守古鑑衡公（山名氏清）居士三十三回忌陞座
拈香曰、此無根樹、有大根力、弾指円成八□（万）門、□（刹）那□（滅）□（却カ）阿鼻業、爇向宝灯、奉供養周遍法界摩（カ）□（訶カ）毘盧舎□（那カ）云々、荘厳前奥州太守古□（鑑）衡公居士、及諸亡魂□□、伏願、夙障消尽、了畢竟空心花発明、照十方□（刹カ）、
索話曰、臘月三十日、消息□現前、誰得転身路、□□出□□先、有麼、
提綱曰、未有世界、早有此性、赫如杲日、廓若太虚、聖

也得之於心、愚也失之於旨、生死由是以始、涅槃対他以談、空実無花、病者妄執、月元非運、岸何曽移、人々気宇如王、箇々壁立万仞、於此薦得、刀山剣樹、即遊戯場、煩悩無明、全根本智、管甚釈迦出世、達磨西来、大似蓏外抽枝、空裡著橛、雖然如此、且於無方便中、開箇方便去也、拈主丈左辺卓一下、以此追薦古鑑居士、又右辺卓一下、以此抜済陣亡群霊、便見、業根転作善根、苦海化為法海、一人成仏一切成仏、一界清浄十方清浄、諸人要□(知)恩力所由广、又中間卓一下、只将補袞調羹手、撥□□(転如カ)来正法輪、□□(大日カ)本国応永三十年龍集癸卯臘月晦日、乃前奥州太守古鑑居士三十三回遠忌之辰也、於是、

大檀越大人相公(足利義持)、愍念古鑑含怨而没、及同時順逆之徒、触鋒鏑而損命者、特下

鈞旨、預於此日、就于万年山相国承天禅寺無畏堂設位追薦、先一日、頓写法華妙典、運転毘盧法宝、又集一千衆、修水陸供、加以、親染　鈞筆、書写般若心経、今当散忌、設供仏斎僧勝会、仍集現前清衆、同音諷誦大仏頂万行首楞厳神呪之次、命鹿苑(鹿苑院)小比丘周嚞(厳中)、陞此座、挙揚正法眼蔵涅槃妙心、所鳩殊勲、為諸霊懺滌罪愆、資厳覚果□也、

共惟、

前奥州太守古鑑居士、英気□(蓋カ)世、雄略過□(人カ)、□中□□

(中略)

陞座之次、伏承

大檀越大人相公、暫停台旆、厳臨法筵、下情無勝激切屏営□(之)至、共惟

大檀越、履大中以臨邦万類悉得其所、推□心以及物、□骨亦霑其恩、人神共懽幽明咸感、所祈□源深於□大海、寿岳高於五須弥至祝々々、

記得有人伝語趙州請転蔵経、州下禅床転一帀、乃□転□(経)□□(竟)、本寺日前、欽奉

鈞命、□(設カ)転経会、打鐃撃鼓、其儀済々、未審与趙州転底、是同是別、山僧当炉不避火、断此公案去也、老倒趙州筋力少、転経纔独帀禅床、何如七百衆龍象、手捧琅函放宝光、

鹿苑(後筆)「厳中」周嚞謹書

応永三十一年（一四二四）三月、厳中周嚞が足利義満肖像に賛を書く。

九六一〔足利義満肖像〕相国寺蔵（承天閣美術館寄託）

坐鎮扶桑七十州、河清海晏越殷周、威霊弥盛騎箕後、垂裕子孫千万秋、

鹿苑院《(足利義満)》殿天山大居士尊像

応永卅一年甲辰三月　鹿苑《(鹿苑院)》周噩《(厳中)》謹賛

「《(朱方印)》(印文不詳)」「《(朱方印)》(印文不詳)」

○『大日本史料』七編－一〇、一四九頁に画像が掲載される。

応永三十一年（一四二四）四月二十八日、この頃、足利義持が禅宗を我が宗と称す。また義持は相国寺懺法を聴聞し、長老が経文の一部を抜かしたことを指摘する。

九六二〔臥雲日件録抜尤〕寛正三年六月二十三日条

『大日本古記録』、一七二頁

廿三日、┃晩間林光院主《(笠華梵蕚)》来、茶話之次、及勝定相公《(足利義持)》、深信禅宗之事、林光《(二条)》曰、天台華王院《(花、以下同)》、曾等持寺《(三条坊門)》八講之時、講罷、与勝定相公談、公問華王《(證憲)》曰、所掛袈裟、始於何人、答曰、伝教《(最澄)》大師、為猿所製也、短小便於搭之故也、吾輩皆用之、相公曰、我宗無如是衣云々、華王曰、所謂我宗何宗耶、相公曰、禅宗也、華王曰、宜以諸宗為我宗、而可┃《不見》擁護之、何偏限禅宗耶、相公曰、諸宗無如禅宗者故也、又誠中《(中欸)》住相国之時、某《(笠華梵蕚)》為衣鉢侍者、一日相公、臨方丈聴懺法、及懺悔段畢、俄起去、到茶堂召某、便応命而到、相公曰、長老何不道懺《サン》雪《せ》罪《スイ》愆《ケン》増《スン》延《エン》福《フ》寿《ジュ》之語耶、蓋於等《テン》為《イ》法《ヤハ》界《カイ》之《ノ》等《ー》字ト与為《ー》ノ字《ト》之間《ニ》、有此八字、或道之、或不道之、相公為聞之故、俄来、不道之故、俄去也、因曰、明日十八日、懺法、臨其席、当道此八字云々、相公為如此法事、不憚往来、実嗜好、出於天資者也、

○誠中中欸が相国寺住持であったのは応永三十一年（一四二四）四月二十八日から翌年八月十九日以前（玉村竹二校訂『扶桑五山記』〈臨川書店〉一三九頁）であるので、本史料はその間のもの。便宜的に誠中が相国寺に入寺した日におく。

応永三十一年（一四二四）六月九日、足利義持の差配により、初めて後小松上皇の御所で観音懺法が行われ、相国寺住持誠中中欸が導師を務める。

九六三〔看聞日記〕応永三十一年六月九日条

『図書寮叢刊』、三巻、三七頁

九日、晴、仙洞(後小松上皇)観音懺法被行、道(導)師相国寺(誠中中欸)長老、僧衆十人、寺中能声被撰云々、是仙洞未無御聴聞之由被仰之間、室町殿(足利義持)被申沙汰云々、用健(・周乾)来臨、自鹿苑院(厳中周噩)有書状、有可申談事、急可有来臨之由被示云々、何事乎不審也、入風呂如例、

九六四〔満済准后日記〕応永三十一年六月九日条

『続群書類従』補遺一（上）、二七〇頁

九日、晴、今日於仙洞(後小松上皇)観音懺法被行之、室町殿(足利義持)申御沙汰也、僧衆十人、導師相国寺長老誠中(・中欸)和尚云々、仙院観音懺法初例也云々、今日関東西堂(芳照)来臨、法身院(醍醐寺・土御門御所東)対面、

○同年九月十日にも仙洞で観音懺法が行われる（本書九六七号史料）。

応永三十一年（一四二四）七月六日、大徳院が円覚寺正統院に造営勧進銭として五百余貫文を納める。

九六五〔正続院使統勝勧進銭請取状案〕円覚寺文書

『鎌倉市史』史料編二、三四三頁

請取申、関東正続院(円覚寺)勧進銭之事、

一 弐百四拾玖貫参百捌拾四文御材木山河入目 注文別紙在之、

一 弐佰陸拾貫文 材木船三艘運賃下行

一 弐貫五百文 同船祈禱入目

一 参貫文 自伊勢山田(度会郡)代佰八貫文取時雑用

一 弐貫文 桑名(伊勢国桑名郡)政(所脱カ)就船賃事(儀、以下同)礼銭

一 参貫文 材木自六年置所礼銭

一 壹貫五百文 正続使 愚身下向路銭

一 壹貫五百文 就船賃事京都注進両度分

一 六貫五百文 在津之間雑用入目 五月自廿一日至七月六日分

已上伍佰弐拾玖貫参佰捌拾四文

一 参貫文但、此分於京都請取、別紙進之、 在京間雑用

一 伍貫文同京都にて請取、別紙進之、 桑名下向時路銭

已上捌貫文

幷伍佰参拾柒貫参佰捌拾四文

応永卅一年七月六日

関東正続院使 統勝

応永三十一年（一四二四）七月十八日、梵瑩都聞以下の相国寺僧が醍醐寺灌頂院の造営の奉行をする。

九六六〔満済准后日記〕応永三十一年七月十八日条
『続群書類従』補遺一（上）、二七四頁

十八日、晴、醍醐灌頂院造営事始、巳時沙汰之、此営作事此両三年工夫只此一事也、宝池院(義賢)入壇遅々、併依此堂破壊也、彼千日大行当年十一月中已可被結願之間、此等子細今月二日以赤松越後守(持貞)申入間、門跡領両所可入置公用申上者、銭主等有御計可被仰付旨被仰出了、仍今日造作始事モ被計下了、在方卿(賀茂)撰日時ハ今月廿五日也、其日ハ師壇日間不可然、十八日予(満済)徳日也、雖然最吉日間、尤可宜旨御計之間、今日其沙汰致了、就之奉行事門跡中世間出世無其器用之間、相国寺僧ニ被仰付可被下事、如何由同伺申入処、此儀尤可然計也、仍鹿苑院(厳中周噩)・等持寺(三条坊門)両長老ニ被仰付、奉行僧以下事可計遣云々、仍惣奉行梵瑩《エイ》都聞、小奉行両人監寺・副寺等也、此等僧今朝早旦入寺、則材木少々以車上之、事始之儀有之、修理間堅固如形、番匠等装束不及着之、大工一人直垂着用計也、酒肴等無下行之儀、諸職人雖参同前也、祝着万々、奉行僧先悉出京、

応永三十一年（一四二四）九月十日、相国寺住持誠中中欵以下十人の僧が後小松上皇の御所で観音懺法を行い、足利義持が布施等の費用を負担する。

九六七〔兼宣公記〕応永三十一年八月・九月条
『史料纂集』、第二、二一一頁

（八月）廿三日、（中略）晡天藤宰相(高倉永藤)送使者云、忩可参御参籠所云々、仍忩参仕之処、以藤宰相被仰下云、只今自院(後小松上皇)被進　勅書、条々被仰愚老由被遊載、何事哉云々、余(広橋兼宣)申云、来月於　仙洞可被行御修法阿闍梨事、可為如意(満意)寺准□(后)歟、将又来月御懺法御所役僧衆十人御布施袈裟等事候之由申入畢、御祈禱事載別記、
御懺法事者、去六月九日相国寺長老(誠中中欵)以下十人僧衆、於仙洞観音懺法一座□(修)之、是為室町殿(足利義持)御沙汰、則自室町

殿十人僧衆各袈裟一帖被引之云々、任此御例、為　仙洞
御沙汰、以同僧衆、来月於　院可被行之、御布施事同又
可被引袈裟一頂云々、同用脚事為室町殿御計、可付進仁(中任)
庵主坊云々、如然事奉仰退出、
(九月)十日、壬午、晴、
午天着狩衣参　院、頭右中弁(広橋宣光)同参者也、頃之室町殿有御
参、先之相国寺維那参申、堂荘厳致沙汰者也、次相国寺
長老以下僧達十人去六月九日御人数同者也、被参申、於泉殿被行観音
懺法、為御聴聞　仁和寺一品宮(永助法親王)有御参、事終後有一献、
五献以後門主御早出、室町殿及晩御退出、按察大納言(土御門)資
家卿、・九条宰相(海住山)清房朝臣等依召参仕、為被下御酒也、
抑今日御懺法事、去六月九日者為室町殿御沙汰被行之畢、
殊勝に依被思食、今日者自　仙洞御沙汰也、御布施事、
去月十五日余為　勅使室町殿へ　勅問之処、去六月ニハ
各袈裟一帖被引云々、然者今度も可為此儀之由　勅定、
仍用脚を任庵主(中任)の許へ下行、彼庵主被致沙汰者也、今日
雖未出来先被行者也、仏供等事、可為如何様哉之由室町
殿へ伺申入之処、百疋可被下行行者之旨、可申鹿苑院(厳中周噩)
云々、仍自左金吾局(東坊城孝子)百疋被下行畢、鋪設翠簾者内々御沙
汰也、

仙洞御懺法衆十員、
御袈裟
黄袈裟　四頂
代貳拾肆貫文
黒袈裟　六頂
代貳拾捌貫貳佰文
合伍拾貳貫貳佰文
黄袈裟一頂別六貫文、
黒袈裟一頂別四貫七百文、
奉行周督(花押)

御袈裟十頂代伍拾貳貫貳百文、慥請取申候了、聽可申付
候、恐惶敬白、
応永卅一年八月廿七日　中任(花押)
御奉行所

○同年六月九日に行われた仙洞での観音懺法については本書九六三・九六四号史料にあり。

応永三十一年（一四二四）九月二十一日、鹿苑院主厳中周噩が足利義持に『碧巌録』を講義する。

九六八〔兼宣公記〕応永三十一年九月二十一日条

『史料纂集』、第二、二一五頁

廿一日、癸巳、晴、
参御参籠所如昨日、今日於御堂被行観音懺法之由、自昨日奉及之間、相計懺法之終所参也、次鹿苑院主（厳中周噩）被参申、有御談義、碧眼（厳）、次退出参妙法院殿（尭仁法親王）、及晩退出、

応永三十一年（一四二四）九月、鹿苑院領近江国柏木郷に居住する山中為久等が山賊を召し捕るよう命じられる。

九六九〔山中為久・氏範言上状案〕山中文書

『水口町志』下巻、三四八頁

（端裏書）「鈴鹿山山賊退治之訴状　山中太郎左衛門尉為久・同左京亮氏範差上候跡」

近江国甲賀上郡山中太郎左衛門尉為久 左京亮氏範 謹言上、
右去七月廿四日於山賊之在所者、先度上使如御検知、雖山中領黒河（近江国甲賀郡）知行分境半町、同黒河自関所三町計之間也、然仁我々居住者、鹿苑院御領柏木郷（近江国甲賀郡）候之間、山中村事者、雖為名字地、及五六里程隔候之間、曾以雖不存知仕候、彼山賊召捕可進上申之由、依被仰下候、則罷下諸方相尋候処、山賊之人数十人尋出、在所交名於註進上申候、此内六郎於今月二日召捕候之処仁、依余手御討留候畢、残少々者為主人可糺明仕之由、領掌申（仕）候、如此涯分致其沙汰候之処ニ、今度各可預御糺明之由、両佐々木（六角満綱・京極持高）へ被仰下候之条、愁訴之至極候、所詮蒙厳密御下知、為作安堵之思、粗謹言上如件、

応永卅一年九月　日

応永三十一年（一四二四）十月七日、後小松上皇が来十月二十八日の相国寺御幸に供奉するよう花山院持忠に命じる。

九七〇〔薩戒記〕応永三十一年十月九日条

『大日本古記録』、二巻、二三六頁

（九日）
院宣、用宿紙、（アキママ）朝臣毎度院宣用宿紙、此事定家説歟、（アキママ）［職］（ヲ）成事時用白紙、
来廿八日可有　御幸相国寺、可被供奉給也、依

院(後小松上皇)御気色執啓如件、

十月七日　　　左中弁(広橋)宣光

謹上　花山院(持忠)宰相中将殿

礼紙、追啓、
可為芸(藝)　御幸、同可被存知(アキママ)　也、

○本史料は『薩戒記』の宣下消息を抄出したもの。「薩戒記目録」同年十月九日条「花山相公被催相国寺御幸事、」にかかる。

○この記事は東山御文庫収蔵本第四二冊（宣下消息等）を底本としているが、㋶の部分は京都大学附属図書館所蔵平松本薩戒記抄出第五冊（宣下消息）による校合を示す。

○御幸は同年十月二十九日に行われる。

応永三十一年（一四二四）十月二十日、相国寺で高峰顕日忌の諷経が行われ、足利義持が聴聞する。ついで広橋兼宣が鹿苑寺に行き、不動明王等を見る。

九七一〔兼宣公記〕応永三十一年十月二十日条

『史料纂集』、第二、二二五頁

廿日、壬戌、晴、

巳初詣相国寺、是仏国(高峰顕日)忌之諷経可聴聞之由、一昨日室町(足利義持)殿於仙洞(後小松上皇)依被仰下也、一位禅(日野資教)・三条大(正親町三条公雅)・権大(日野有光)・日大(裏辻実秀)・万中(万里小路時房)・飛鳥井中納言入道(雅縁)等所令参会也、無転経、諷経許也、諷経事終詣北山鹿菀(苑)寺、是為不動明王拝見也、以次三階等拝見、次参　北野御読経聴聞、次向三条大納言亭、人□(々)同之、頭右中弁(広橋宣光)召寄盃、是始而入来故也、（後略）

応永三十一年（一四二四）十月二十九日、後小松上皇が相国寺に御幸し、仏殿・法堂で仏事を聴聞する。ついで鹿苑院、崇寿院等の塔頭に渡御する。

九七二〔看聞日記〕応永三十一年十月条

『図書寮叢刊』、第三、六八頁

六日、晴、院庁定直(島田)申、来廿八日相国寺へ可有御幸云々、天龍寺御幸例云々、其記録申出度之由申、件記不所持之由返事了、又諸家営々歟、内野御経如例、

十三日、（中略）行豊朝臣(世尊寺)参雑談、相国寺御幸来月二日延引云々、将軍義量(足利)、今日宰相中将宣下、御幸為供奉云々、

廿五日、（中略）抑相国寺御幸来月延引之処、又廿九日必定云々、五山以下長老達皆参、大光明寺長老(大淵)(伏見)も可参

云々、但於客僧者一人も不可参入云々、
廿九日、朝陰、昼雨降、今日相国寺御幸也、未初点出御、
御車寄内大臣(満季)洞院、御車八葉、御服御狩衣、供奉公卿・殿
上人狩衣色々織物、公卿、
一位大納言広橋(兼宣)、三条大納言(正親町三条)公雅、・権大納言(裏辻)実秀、・日野大納執権
言有光、・徳大寺大納言実盛、・万里小路中納言時房、・日野
中納言義資、・勧修寺中納言経興、・西園寺宰相中将公名、・
花山院宰相中将持忠、・宰相中将征夷大将軍義量、御剣役初出仕、裏松侍従資任扈従、

殿上人

宣光朝臣広橋頭右中弁・教豊朝臣山科中将・雅兼朝臣伯中将(白川)・雅永朝臣飛鳥井中将・公知朝臣清水谷少将(一条)・
永豊高倉侍従・資親日野侍従、

下北面

源康基・同康久・藤原定衡・源康長・藤原久国、
御随身〻〻・召次十人・御牛飼八人、
寺中之儀、於惣門御下車、於山門当住(誠中中欵)以下五山長老達・
諸寺長老・前住・寺中大衆等参集、唱薬師如来《ヤスシライ》皇帝万歳万々歳、薬師如来天下太平、尺(釈)迦如来、奉迎入大衆両三反唱之、次上堂当住、此間御
栈敷ニ入御、有御聴聞、其後方丈入御、被聞食御茶、無
御点心、御斎之儀雖令用意被止云々、御引物織小袖・五
重盆・香箱等献之、其後諸塔頭入御、鹿苑院・宗(崇)寿院号開山塔、・常徳院(空谷明応)常光国師塔頭・勝定院(・中津)絶海国師塔頭・輪蔵、寺中御手輿駕御、御力者六人妙法院被進、塔頭々々御引物同前、但於勝定院飾等別而被進
云々、室町殿(足利義持)直綴、被引導申、塔頭御巡礼了還御、此時
分雨下、見物之栈敷立車以下雑人群集無寸隙云々、自相
国寺惣門至法界門管領畠山(満家)、警固申、自仙洞至法界門勘
解由小路武衛(斯波義淳)警固云々、還御已後室町殿被進一献、兼者
室町殿へ可有御幸之由有沙汰、然而無其儀、相国寺大衆
之外、客僧一人も不被入寺中、沙弥・喝食も不被出云々、
毎事厳重荘観言語道断事云々、

九七三〔満済准后日記〕応永三十一年十月二十九日条

『続群書類従』補遺一（上）、二八四頁

廿九日、陰、今日相国寺御幸、未半刻御出、（中略）於山(相国寺)
門御下車、相国寺長老(誠中中欵)参テ聊示申参向体、則退出、次仏
殿へ渡御、御歩義、室町殿(足利義持)様内々又御引導被申、次於仏殿
御栈敷構之、兼日用意也、則渡御々栈敷、次薬師如来《ヤスシライ》ト

テ宝号ヲ唱事在之、能声二人、各西堂、一人芳西堂(祖室周芳)、一
人光西堂(仲晦周光)云々、衆僧七百余人云々、同音助音薬師如来後
大悲呪消災呪、次廻向、次又法堂大鼓鳴之、衆僧自仏殿
渡法堂、次此間ニ自御桟敷御出、於仏殿本尊前御焼香
云々、次又法堂御桟敷へ入御、御歩義、次長老自方丈入
法堂、行者四人燃灯亭前行、侍者五人召具之、次登法座
説法云々、因ニ頌一首作之云云、頌曰、五雲咫尺《シセキ》仰《ア》
ク二天顔ヲ一、龍尋筵ニ移ス二鴛鷺《エンロ》ノ班《ハン》ヲ一、不下為《タメ》ニ二看経《カンキン》ノ一労
セ中聖問上、一炉烟縷祝《ルシュク》ス二南山ヲ一、次上堂了渡御方丈ニ、
御茶等儀無之、長老参御前云々、次自方丈崇寿院へ渡御、
自是御手輿云々、御力者自妙法院宮被進之、御手輿此門
跡ニ預置進之了、御半畳御縄等新調進之了、次勝定院(相国寺)、
次常徳院(相国寺)、次鹿苑院、以上四ヶ塔頭へ渡御、悉御手輿
云々、自方丈御引物御練貫十重盆香合、自崇寿院五重盆
香合、常徳院・鹿苑院同前、自勝定院五重盆食籠云々、
自室町殿勝定院分御助成云々、自室町殿此外十重御盆以
下唐物被進之、以上御練貫四十重盆六枚香合五食籠一
云々、　還幸酉初刻、降雨、御車御雨皮進之、仍供奉公
卿殿上人各取笠、今度将軍(足利義量)御方初御供奉、降雨御当家毎
度御佳例歟、珍重々々、室町殿様御院参云々、

九七四〔兼宣公記〕応永三十一年十月・十一月条
『史料纂集』、第二、二一八頁

(十月)一日、(中略)抑御幸相国寺事、被召在方卿(賀茂)、
被尋聴日次之処、来廿八日吉日云々、儲日次可為来月二
日云々、珍重々々、依去月廿五・六両日地震、○於諸社諸
寺可有御祈禱之由、任例可申沙汰之由、依室町殿仰申沙
汰、自今日被始行者也、
五日、丁未、晴、
巳初自室町殿(足利義持)有御使、可参相国寺云々、則着直垂参、
御幸事并　将軍(足利義量)御方御供奉事等、有種々之御雑談等、頃
之退出、自今日北野御読経如年々被始行云々、
荒神〻〻
廿八日、庚午、晴、
午天同道頭弁(広橋宣光)参相国寺、依室町殿仰也、日野大納言(有光)同参
会、頃之室町殿還御、次余(広橋兼宣)退出、
廿九日、辛未、陰、自晡大雨下、

相国寺御幸也、委細載別記者也、
(十一月)二日、癸酉、陰、自晡程雨下、午天相国寺長老(誠中中欵)・鹿苑(苑)院主(厳中周噩)・崇寿院(相国寺)・勝定院(相国寺)・常徳院(相国寺)等入来給、一昨日 臨幸事畏悦之由可申入 仙洞(後小松上皇)云々、忩可経 奏聞之旨返答、則申入事之由之処、 勅答之趣、為 勅使各向寺家可申也、□□着狩衣参寺門、演説 勅語之旨、直参 仙洞、申入事之由退出之処、陽明(近衛房嗣)左幕、御参、是一昨日御幸無為珍重之由為被申御参賀、余 奏聞事由、御連歌御会程也、仍不及 出御、得其意可申之旨被仰下、陽明則有御退出、
今日為 勅使参相国寺事、まつ為伺室町殿時宜、以頭右中弁(広橋宣光)欲申入之処、自夜前御座富樫介入道(満春)宿(所之)□□間、雖奉待還御、日已及晩之間、不及申入頭弁退出、余参寺門、
三日、甲戌、雨下、
昨夕参相国寺事、以書状申入室町殿者也、晡程藤宰相(高倉永藤)送使者云、可有室町殿之御 院参、早可参 仙洞云々、仍頭右中弁同道参、頃之御参、一位禅(日野資教)・裏松(義資)両人俄申沙汰御粥、是依 叡旨也、余例又依酩酊平臥、形勢不快、為是如何、

九七五〔蔭凉軒日録〕延徳四年四月十六日条

『増補続史料大成』、五巻、八一頁

十六日、(中略)前堂禅客紹星侍者、同松屋来(・宏藻)、昨日前堂禅客首座師承云、慈徳老人相国住持時(誠中中欵)、太上天皇(後小松上皇)幸当(相国寺)寺、上堂有之、応永卅一年甲辰十月廿九日也、唱薬師宝号、了祝聖、鳴鼓上堂、住持誠中和尚、(後略)

九七六〔三国一覧合運〕応永三十一年十月二十九日条

東京大学史料編纂所影写本三〇四〇・〇一一一三

(応永)卅一 十月廿九日、大(太)上天皇(後小松上皇)幸相国寺、光飾極壮麗、唱薬師宝号畢、祝聖鳴鼓上堂、住持誠中(・中欵)和尚、

○「花営三代記」(『群書類従』第二六輯、一三五頁)、「行幸勘例」(『群書類従』第三輯、六〇二頁)に関連記事あり。「行幸勘例」では称光天皇の行幸とするが後小松上皇御幸の誤り。

応永三十一年(一四二四)十一月六日、鹿苑院の僧が盗人に殺害される。

九七七〔兼宣公記〕応永三十一年十一月六日条
『史料纂集』、第二、一二三一頁

六日、丁丑、晴、御八講僧名為伺申入欲参鹿苑院之処、夜前於此寺僧一人被害云々、盗人之所為云々、依此穢室（足利義持）町殿無御出云々、（後略）

○『看聞日記』応永三十一年十一月五日条に関連記事あり。

応永三十二年（一四二五）正月、厳中周噩が綿谷周瓞の道号頌を書く。

九七八〔厳中周噩筆綿谷号〕相国寺蔵（承天閣美術館寄託）

万年（相国寺）周瓞侍者見需別称字曰綿谷、偈以證焉、
源出自西漸向東、有如大法逐時隆、余波交洛又通漢、造化将推沢物功、
綿谷
応永三十二年乙巳正月書于
鹿苑（鹿苑院）東軒　厳中叟周噩（朱方印）「釈印周噩」（白文朱方印）「厳中」

○「綿谷」の文字は大書。

応永三十二年（一四二五）二月十八日、これ以前、鄂隠慧奯が阿波国宝冠寺に居住する。

九七九〔臥雲日件録抜尤〕文安五年正月二十九日条
『大日本古記録』、一二四頁

廿九日、━前刻信仲（・明篤）・勝剛（・長柔）話中、有一二可記者、信仲曰、曾住淡州栖賢（三原郡安国寺）之日、渡海訪鄂隠（・慧奯）、々居於阿州宝観（冠）寺（板西郡）、相共唱和、鄂隠詩曰、七年看尽嶺南梅、遺恨曾無帯雪開、今日階前闘清白、座中況遇北人来、蓋佳作也、（後略）

○年月日未詳につき、便宜的に鄂隠慧奯の示寂日におく。「鄂隠和尚行録」（『五山文学全集』第三巻、二七〇一頁）によると、鄂隠慧奯が細川頼之の招請で阿波国宝冠寺に住した記事は、相国寺入寺（応永十七年〈一四一〇〉三月二十三日）と鹿苑院主任命（応永二十一年〈一四一四〉六月十二日、『満済准后日記』）の間に書かれている。また、応永二十五年（一四一八）六月十二日に足利義持の不興を買って出奔した際（本書九〇一号史料）も阿波国宝冠寺に居住した可能性あり。

応永三十二年（一四二五）二月十八日、これ以前、鄂隠慧奯が地蔵院末寺東林院領丹波国大芋庄内吉久名のことで後小松上皇に陳情する。

九八〇〔鄂隠慧奯書状案〕西山地蔵院文書

『西山地蔵院文書』三四五頁

良久不啓案内候条、背本□(意)存候、兼又丹波国大芋(多紀郡)庄内吉久名事、東林院為地蔵院(嵯峨)末寺之間、彼院領事公方(足利義持)之安堵ニ被載、当知行之処、依本覚寺訴訟候て、自仙洞(後小松上皇)当絵所へ被仰下候由奉存候、此所之事者、絵所も私ニ不可自専候哉、仙洞様まて申上候事者、不思寄之事候、可然之様預御成敗候者、所仰候、委細之旨此僧可申入候、恐々敬白、

三月廿六日　恵奯(鄂隠)判

進覧之候、

「(ウハ書)広橋殿　自勝定院(相国寺)
□進覧之候　恵奯」

○年未詳につき、便宜的に鄂隠慧奯の示寂日におく。

応永三十二年（一四二五）二月二十七日、足利義量が死去し、法名を長得院殿鞏山道基とする。

九八一〔薩戒記〕応永三十二年二月・三月条

『大日本古記録』、二巻、一〇二頁

（二月）廿七日、戊辰、天晴、今日申剋征夷大将軍参議正四位下行右近衛権中将兼美作権守源朝臣義量(足利)薨、春秋十九歳、去、日来不例、内損、又怨霊故入道大納言義嗣卿(足利)以下、所致云々、入道(足利)前内大臣(義持)御一子也、於于今者更無相続之人躰、一天重事、万人愁傷也、自今日三箇日悪日也、不可来弔之由入道殿(足利義持)仰云々、仍先向日野中納言(裏松義資)・前藤宰相(高倉永藤)等許、触事之由帰華、人々又如此、後日可参申云々、或人曰、奉懸弥陀三尊画像於枕上、唱名号、臨終正念云々、云(或)人云、職恪惜哀傷言語道断也、後聞、彼伏給屋棟上染羽鏑矢立、又侍所上同箭立云々、或人曰、去年八幡神人数十人被害、仍八幡宮神罰歟云々、可恐怖々々、希代勝事也、

（三月）六日、丙子、天晴、向花山院(持忠)、撰宸筆御講記六以下、半漏帰華、或人云、故将軍可号長徳(得)院殿云々、

九八二〔蔭凉軒日録〕延徳四年四月十六日条

『増補続史料大成』、五巻、八一頁

十六日、（中略）同卅二(応永)年乙巳、宰相中将義量(足利)薨、二月廿七日号長得院、法名道基、号鞏山、（後略）

応永三十二年（一四二五）二月二十九日、足利義量の葬儀が等持寺で行われる。

九八三〔花営三代記〕応永三十二年二月条
『群書類従』第二六輯、一四〇頁

（二月）廿七日戊辰、御方御所様（足利義量）申剋御円寂、十九歳、道号鞏山、法名道泰久ィ、号長得〔徳〕㋮院殿、正四位下征夷大将軍参議中将義量也〔也義量〕㋮、畠（基）山信濃守持清、大館刑部少輔持房、伊勢守備中守貞慶、改国、畠山伊与九郎持安、次郎左衛門尉貞（伊勢）房、右衛門尉貞平（伊勢）、ツネノ御所西ガカク而、等持院（洛北）御出ノ程、御前ニ伺公之由、自大御所様（足利義持）被仰出也、又此六人、廿九日等持寺（三条坊門）御出之時、直垂ニテ御供ニ参、歩行也、其外御方伺公之〔御供〕㋮面々・被参也、

廿九日、庚午、於等持寺戌刻御タミ（荼毘）アリ、役人事、着白直垂大帷、ユノイカウヨリワランヂヲハク、刀緒ノ袋ニ入、御馬引之畠山伊与九郎持安、大館刑部少輔持房、備中守貞慶、次郎左衛門尉貞房、貞平、五人、畠山右馬頭次郎持純、畠山播磨三郎、曾我平ニ左衛門尉持康、御馬後縄引之大館五郎持員、中條左馬助持保、同右京亮持平、与一（伊勢）左衛門尉貞安、以上十二人、皆着白直垂、皆龕ニ手ヲ懸テ御供也、日野裏松中納言義資卿、浄衣ニテ御供也、畠山信濃守持清入道、下條兵庫助信秀入道、此両人廿九日自大御所様出家暇ヲ給也、御馬鹿毛、笠懸被遊御馬也、管（畠山満家）領進上也、御鞍内銀総ウネニ付、此御鞍皆具者、去年相国寺御幸供奉之時御鞍也、御手綱腹帯、白布、貞慶、白キタ網ニテ引之、貞安、後綱、管領道端、舎弟（畠山満慶）修理大夫入道道祐、細川右京（満元）大夫入道道観、黒直垂裏打、兵衛佐（斯波）義淳、直垂、此外少々被参也、

○㋮は前田本武家日記による校合を示す。

応永三十二年（一四二五）三月十六日、裏松義資が同重光十三回忌の仏事を常徳院で行い、足利義持が臨席する。

九八四〔東海璚華集〕『五山文学新集』第二巻、六〇七頁

復曰、大日本国応永乙巳（三十二年三月）季春十有六日、伏値　広寿院殿（裏松重光）兆年大居士一十三回忌辰、大孝令嗣義資（裏松）、謹就万年山相国禅寺常徳院、荘厳道場、延請浄侶云々、正当今晨、現前清衆、同音諷演仏頂神呪、以為散場、伝台命於少林小比丘得岩（惟肖）、陞于斯座、挙揚宗乗、慶讃法会者、伏惟、某

人、維岳降神、以陂為量、昕昏三接、咫尺万乗、廼祖廼翁、素冠北拱前列、故相今相、皆処東廂上賓、許史金張漢代俊遊、崔盧李鄭山東名閥、方之蔑如也、然当天恩雨露惟新、自覚世相幻泡可厭、親入本院（常徳院）国師（空谷明応）之室、伝持信衣、記葪心印、誓作檀度、衛護法門、毎旦課誦金剛般若経、公務繁劇、一日無怠、謂進退賢于謀身者、惜哉、天雖与諸福、寿独止壮齢、聖上不憖之哀、若人云亡之嘆、朝班野処、呱々相吊、居諸荏苒、十三忌辰茲届、枉龍象之高躅、結香華之勝因、大人相公（足利義持）、儼臨斎席、栄證法儀、冠蓋闐門、騎従溢路、生栄死哀、其盛典哉、雖出于相公恩私、令嗣孝順、亦非平日信道所感召耶、（中略）陞座次、共惟、　大人相公、決勝廟堂之上、千里折衝、推仁猷畝之間、万邦安堵、至于投誠祖教、致敬神祇、在往古而希聞、寧来今之可望、吾徒遭逢斯世、孰測喜幸所涯、只願寿考万年、本支百世、至禱々々、次惟、功徳主黄門侍郎義資、膺積慶而挺生、嗣前徽以母墜、渥洼真種、謝轡銜以追風、丹穴好雛、応律呂以瑞世、徳則多矣、言可尽耶、昭亮、又惟、諸封尊匠、一会勝流、数（・方会）以蕪辞、叨于清聴、無勝慙汗、幸乞恕容、　記得、楊岐室中、毎問学者、金剛圏作麼生透、鉄酸餡作麼生呑、大居士、平日所持之経、向印板文上打来、一字一句、皆是金剛圏、大孝令嗣、今晨所設之供、自香積厨中運来、一粒一団、無非鉄酸餡、事不虚設、理遇時彰、請主丈子、出来分疏看、拄丈、左辺卓云、金剛圏透了也、右辺卓云、鉄酸餡呑了也、畢竟如何、中辺卓云、欲知両段、元是一空、咄、

応永三十二年（一四二五）三月二十六日、足利義持が後円融天皇三十三回忌の仏事を鹿苑院で行う。

九六五〔看聞日記〕応永三十二年三月二十六日条

『図書寮叢刊』、三巻、一〇四頁

廿六日、（中略）抑聞、今日於鹿苑院転経供養、陞座拈香被行云々、後円融院来月御仏事被引上、室町殿（足利義持）申御沙汰云々、御仏事云々、

○後円融天皇は明徳四年（一三九三）四月二十六日没。

応永三十二年（一四二五）四月八日、正親町三条実雅が、称光天皇の勘気をうけたため丹波国大谷村政所に滞在し、庄主である相国寺景勲都聞が扶持する。

九八六〔丹波国大谷村公文加地実清置文〕　丹波佐々木文書

『丹波大谷村佐々木文書』（研究者代表者・榎原雅治、以降略）四四頁

岳安灯明下地之事、一段者、法成寺瓜生田云云、作職門常端也、然沽却之、致本役沙汰、加地子六斗、廿五代分者、常端前公事下地也、然当所百姓永享三年四年死去逐電跡荒田、年貢銭八貫文余也、堅雖歎申、自寺家無御免、浄永（加地実清）成弁之間、不及力、浄永前之下地廿五代帳面入立、常端前下地除廿五代分、代参百六十五文ニ毎年弐斗充米出、岳安灯明之足ニ参貫文ニ売申、寺家へ弁申、常端者参百六十五文、公文方へ致沙汰也、彼是八斗内四斗者、胡麻料、四斗者、彼灯明取沙汰仕候ハんする社僧之御恩ニ被下云云、抑彼灯明尋御寄進由来、三条殿（正親町三条実雅）未其時権中将実雅にて御座候時、　先帝称光院殿有御勘気子細、当所政所自応永卅二年四月八日至同卅四年八月十三日御座候間、其時庄主勲都聞（相国寺春熙軒景勲）御扶持被申也、然間、大谷（丹波国船井郡）・田原（丹波国船井郡）両社有御祈誓、既有御赦免御帰洛之間、彼事を無御忘、か様ニ被召下地、有御寄進也、堅守此旨、永代無懈怠様、為沙汰人可加成敗者也、若致無沙汰者、且背神慮、且背願主之儀者歟、能々可有下知之旨、依蒙仰、如此所記置之状如件、

　永享八年丙辰十一月廿八日　　　公文 浄永（花押）

「（貼紙）盛綱十一代
佐々木彦六左衛門尉実清事
　法名浄永と申候、」

応永三十二年（一四二五）四月十一日、後小松上皇が仙洞御所で後円融天皇追善の観音懺法を行い、相国寺住持誠中中欵が導師を務める。

九八七〔薩戒記〕応永三十二年四月十一日条
『大日本古記録』、二巻、一一六頁

十一日、辛亥、天晴、申剋小雨、晩来陰気也、今日於院被行観音懺法、是又後園（円）融上皇御追福也、雑具等悉自相国寺維那僧持参也、構堂荘厳、於泉殿東面有此事、西押板上中央奉懸本尊一幅、墨絵、観音一尊、馬遠筆也、其前立卓、覆赤地金襴打敷、其上備供具、立三具足、有臘燭、立花、其南方立卓、覆金紗打敷、中央立御位牌後円融院太上天皇尊儀云々、備供具、立三具足、此外同去年之儀、以北方簾中為御聴聞所、先懺法、

次首楞厳呪也、入道内相府(足利義持)令参給、一位入道(日野資教)・一位(広橋兼宣カ)・新(日野有光)一位入道・権大納言(正親町実秀)・万里小路中納言(時房)・日野中納言(裏松義資)・前(高倉永藤)藤宰相・予・中御門宰相(中山定親)・四辻宰相中将(季保)・三位中将(洞院実熙)・右(山科教豊)衛門督等御簀子聴聞(松木宗継)、殿上人候北方広縁、参入僧衆、

誠中(・中歎)和尚導師、相国寺当住也、自余皆相国寺住僧也、
周芳(祖室)西堂打鼓、
周光(仲晦)西堂同、
中誓(恕中)西堂大鉢、

已上十刹

諸山
乾治(用剛)西堂香華、
〃〃首座小鉢、
俊列(星岩)首座
本達蔵主
継由蔵主維那也、
乾俊蔵主

今日不賜布施、後日被送之歟、(後略)

九八八〔看聞日記〕応永三十二年四月十一日条

『図書寮叢刊』、三巻、一一〇頁

十一日、晴、今日仙洞(後小松上皇)観音懺法被行、相国寺僧衆参懃、室町殿(足利義持)中御沙汰云々、(後略)

○「本朝歴代法皇外紀」(『続々群書類従』第二輯、三一一頁)に関連記事あり。

応永三十二年(一四二五)五月二十五日、鹿苑院領近江国柏木庄庄主乾嘉等が下司職山中氏の自作地年貢の免除を認める。

九八九〔柏木御厨本郷下司給安堵状案〕山中文書

『水口町志』下巻、三四九頁

鹿苑院領柏木(近江国甲賀郡)庄本郷下司給事、
合弐町者 内 壱反者理部〔印〕一色公方散田也、
右件下司山中城方也、然就自作之年□〔貢〕未進、彼下地雖及勘落、買〔置〕主等未進相当之程、以一献歎申間、令免除畢、自今以後雖有加様之未進、於此給分下地者、不可有其煩者也、仍状如件、

応永参十弐年五月廿五日

上使寿広在判
庄主乾嘉在判

○〔 〕は東京大学史料編纂所影写本三〇七一・六一―八一―四、三三丁により校訂。

応永三十二年（一四二五）六月三日、竹渓周鳳が示寂する。ついで広橋兼宣が竹渓の弔問のため相国寺方丈に参る。

九九〇〔兼宣公記〕応永三十二年五月・六月条

内閣文庫広橋家旧蔵本、古四〇-六六三、第九巻

（五月）二日、（中略）抑周凰（鳳、以下同）竹渓西堂今日午剋遂以円寂云々、仍申入事之子細於室町殿（足利義持）之処、雖軽服暇中曾以不可有御障也云々、

此西堂事、多年依不慮題目沈淪、被座丹波国（桑田郡）宝光寺、去二月十五日御免之間上洛、同十九日入来此亭、被相語云、所労相萌候間周章云々、其後以種々良薬雖廻術計、遂以帰泉下畢、前後相逮之恨、為之如何、没後仏事等於嵯峨法成院致沙汰、自兼日申談御菴素玉御房、沙汰、遣用脚者也、

（六月）三日、（中略）夕方程参相国寺方丈、是凰西堂事為相訪、先日入来給之間、為還礼也、於方丈奉謁之処、自仁和寺頭弁（広橋宣光ヵ）送使者云、可有御　院参、余（広橋兼宣）可参儲　院之由有室町殿仰云々、（後略）

○『薩戒記』応永三十二年五月四日条に関連記事あり。その記事によると、竹渓周鳳は広橋兼宣の弟。

応永三十二年（一四二五）六月九日ヵ、足利義量百ヶ日忌の仏事が長得院で行われ、惟肖得巌が法語を作成する。

九九一〔東海璚華集〕『五山文学新集』第二巻、五八〇頁

長得院殿（足利義量）卒哭忌請陞座、香語、百和非香、徳馨惟酷、生芻一束、其人如玉、便就座、垂語、槐花黄挙子忙、要上心空第、来臨選仏場、問答罷、迺曰、大道無為、大功不宰、大善無迹、大位不居、是故、長得院殿征夷大将軍参議鞏山大居士、生元台之儲囲、立海宇之徳本、然而卑宮室、減衣服、視栄名如塵滓、避欲境若火坑、修而無修、安養界中種浄業、證而絶證、大法幢下定宗猷、十九年姑現将軍身、五百劫常居世主品、涅槃生死随機転運、善巧方便任意発揮、挙弗云、看々、即今在山僧払子頭上、忽然化生、結跏趺坐而説偈言、諸人今当知、我経行彼処、即時得一切、現諸身三昧、護国又護人、八荒開寿域、千秋并万歳、一気転洪鈞（鈞ヵ）、拈丈云、諸人却信得及麼、若又未、則聴主丈子注解一遍、卓一下、

復曰、此日陞座旨趣、乃今月初九日、伏値　長得院殿征夷大将軍参議鞏山大居士卒哭忌之辰、就于当院(相国寺長得院)、設八珎之盛供、延六和之高流、諷演仏頂神呪、以為散忌、特屈某和尚、拈香法語、無遺蘊矣、副命双桂(南禅寺)小比丘得岩(惟肖)、挙陞座演法之義者也、　共惟、　長得院殿、身居長適、徳系具瞻、制行倹素、不為富貴繁華之所籠絡、問寝過庭余暇、親扣禅関、兼修浄業、心々策勲、念々成就、未嘗斯須忘之、教内道、十地菩薩、住歓喜地、多作閻浮提国主、豪貴自在、常護正法、豈斯人徒歟、何以知其然、十金之家、沈酣世欲、不暇佗顧、而況富有国土、乃爾孜々仏祖之道、非乗願力而来、何能預於此乎、昔者魏国曹公幼倉舒、後封鄧哀王、刻船痕以知象斤重、穿衣如鼠囓、以救吏罪、実世智弁聡之才也、魏主及国人、惜其早世、如不及況、若　長得院殿之徳之行、世寿才十有九、使于而立日強之歯、益受義訓、左右府政、則重瀝累洽、世蒙慶沢、豈鄧哀王比而已哉、而今若此、非若人不幸、即天下蒼生之不幸也、雖然、按経律異相云、梵声仏寿命十億歳、阿弥陀仏無量寿、釈迦不満百年、而月面仏寿命一日一夜、須扇多仏、朝現暮寂、夫諸仏大士、降生入滅、皆観時節因縁、随衆生根、有為以為之、以区々世間寿夭長短、論之可乎、原夫衆生心中、円浄湛然、元無汚染、只為情生智隔、想変体殊、一妄暫興、万縁各立、繇此無始劫来、二十五有内、生此滅彼、昇墜往還、如汲井輪、非筭数所計、其間改頭換面、或作父子眷属、或作冤讐敵対、而愛之憎之、喜之悲之、非迷妄而何、於戯　大檀越大人相公(足利義持)、夙具霊智、不牽妄縁、自　長得捐館二月二十七日、至于今日、十旬之間、輟世相哭位之儀、専梵福追厳之供、々仏施僧、晨誦夜禅、香燈鐘磬、秸々然、井々然、人皆仰現前真慈之恩、知往者孝順之志、見者聞者、歓感景慕、展転郵伝、自邇及遐、将家化為慈父、将戸化為孝子、雖挙一世、置之至善之域、又何慊焉、所謂衆生心中、円浄湛然、元無汚染者、豈外於此耶、是謂善縁所感、眷属非妄業牽連所致、抑得非大権降迹、或為大人、或為寧馨、或保長寿、或致夭折、多方誘引、以勧発衆生善念者耶、又所謂以区々世間寿夭長短、論之可乎云者、孰得而誣焉、吁韙哉、小比丘得岩、厳命難逃、瞽言数発、其奈傍観忍咲、然識者不可咲何也、一曲村田楽、悲歓各共聞、　陞座次、茲承、　大人相公、作證法筵、無勝下情屛営之至、共惟、諸仏視衆生猶赤子、　相公以子育撫蒼生、可謂同一用心、此豈言辞讃説所尽、巻而懐之而已、伏願、　台照、次惟、　諸大尊老、合会勝流、猥拙之辞、冒瀆衆聴、各乞恕亮、
復挙、雲門(文偃)示衆云、今月(四月)十五日入夏也、寒山子作麼生、自代云、和尚問寒山、学人対拾得、即今有人問、今月初一半夏也、寒山子作麼生、若為祇対、有一偈、以充散場去、一夏平分畏日長、寒山拾得錯商量、風吹脩竹颯然至、無意涼人々自涼、久立珎重、

○「東海璚華集」は惟肖得巌の詩文集。

応永三十二年（一四二五）閏六月二十日、柏堂梵意が円覚寺黄梅院に月忌料足を毎月三貫文ずつ納める。

九九二〔柏堂梵意書状〕黄梅院文書　『鎌倉市史』史料編三、九一頁

態自是可申入処、好便候間、令啓候、
抑貴院(円覚寺黄梅院)月忌料足之事、愚老(柏堂梵意)自最初存知事候間、二会院(全牛中綮)中(臨川寺)談候て、如元参貫文充、自来七月可進由、以主事之状令申下候、自是可仰下候、此旨宜得御意候、恐惶敬白、
閏六月廿日(応永三十二年)　梵意(柏堂)（花押）
進上　黄梅侍者禅師

応永三十二年（一四二五）閏六月二十八日、中山定親が相国寺大塔の中を遊覧する。

九九三〔薩戒記〕応永三十二年閏六月二十八日条　『大日本古記録』、二巻、一七三頁

廿八日、丙申、天晴、為避暑相伴蔵人丞源重仲向東北院(鴨川西岸)池辺、次河崎聖源菴(鴨川西岸)、次相国寺大塔中、件塔在寺外、入道内府(足利義持)御建立、粉色之間也、在富小路東、毘沙門堂南也、

○相国寺大塔の位置が明記される。

応永三十二年（一四二五）七月五日、伏見宮貞成親王が大光明寺において鄂隠慧奯頂相の前で得度する。

九九四〔看聞日記〕応永三十二年閏六月・七月条　『図書寮叢刊』、三巻、一三五頁

（閏六月）七日、（中略）晩大光明寺（伏見）ニ参、得度事長老（大淵）ニ申談、明日鹿苑院ヘ為御使可被罷向之由令申、不可有子細之由被領状、為悦也、聞、禁裏御式同前云々、仙洞（後小松上皇）敢無御驚云々、時宜如何不審、

八日、鹿苑院ヘ遣愚状（貞成親王）、得度事室町殿（足利義持）ヘ可被伺申由之書状也、大光明寺長老為御使出京、昼長老被帰、用健（・周乾）来臨被語云、室町殿等持寺（三条坊門）御座之間、鹿苑院主（厳中周噩）祗候云々、仍等持寺ニ罷向、鹿苑院御前祗候之間、等持寺長老申次、愚状入見参、委細申入、先年鄂隠（・慧奯）和尚先授法名了、未及更衣之由令申、御返事之旨、鄂隠和尚御影大光明寺ニ可被渡、於影前長老大光明寺更衣并戒師事可被申沙汰之由有御計、今月閏月之間、来月之始可然之由有御沙汰、此旨等持寺院主載状被申、室町殿御意無子細、委細量奉之間、為悦也、大光明寺長老戒師者不足也、雖不庶幾法眷之上者、不可有子細歟、彼御計之上者勿論也、且寄（奇）縁歟、得度時刻到来、無力次第也、（後略）

（七月）五日、晴、天気快然、今日有得度之儀、早旦大光明寺ニ参、前宰相（庭田重賢）小狩衣・大口如恒、着布衣、・重有朝臣（庭田）・長資朝臣（田向）・隆富朝臣（西大路）・慶寿丸（田向経良）召具、於大通院（大光明寺）有点心、長老・用健・前宰相請飯、自余於内々座食之、点心了仏殿以下祖皇焼香申、先指月（伏見）ニ帰、其後又参、斎食如前、今日斎点心寺家中沙汰也、斎食了則帰、抑法衣事、依計会付衣不及用意、直綴許令用意、比興不可説也、且人々談合、近日之儀、直綴も不可有子細之由有意見、雖然内衣余比興之間、相応院（弘助法親王）殿御付衣以祐誉僧都内々申渡了、只今送賜、祐誉可持参之処、一両日之間口飧ニ足ヲ被食云々、仍不持参之由申、比興也、恩借無子細之間為悦也、抑御所侍善国・新左衛門尉有善（小川）地下公文禅啓息、有御共之志之由申、出家事望申間免了、則両人出家仕参、神妙也、堂上誰も無其人之処、地下御共申之条感悦、抑予鹿苑院院（衍）前住鄂隠和尚弟子也、未及更衣、先法名道欽、一紙書賜畢、其子細室町殿ヘ伺申之間、大光明寺長老大淵和尚、絶海国師弟子、（・中津）可執沙汰申之由、委細計奉了、鄂隠御影自大幢院（相国寺）被渡、鉢・袈裟同被渡了、得度口時事、兼日三位（賀茂）在方注進、今月五日、時申酉之由勘申、奉行重有朝臣也、僧中奉行寿蔵主（中寿）行蔵庵内々申次、於大光明寺雖可遂其節、寺中歴々也、毎事蜜儀之間、於指月庵沙汰之、且大通院（栄仁親王）於指月有御出家為佳例、自今日七ヶ日

持斎断酒也、抑余五十四歳、已及老年之間尤可然事也、時節到来自愛而已、崇光院五十九歳、大通院四十八歳、両代御出家以後、宝算長久也、予又可保万歳之条、祝着無極、除髪之儀委細在次第、

七月五日、早旦奉仕戒場御装束、

其儀、指月庵客殿東面額間、懸御簾巻之、南面一間端方、撤障子懸御簾垂之、於此内俗服法衣等改之、北面二間懸御簾垂之、西間奥押板、本尊尺（釈）迦像自元本尊、其前仏供香花等備之、其左脇副障子立屏風、懸鄂隠和尚御影、其前立机一脚有打敷、備香華、其左脇敷大文畳一帖東西行、為御座、本尊右脇敷小文畳一帖東西行、為戒師座、其前立机二脚有打敷、鉢・袈裟・灑水器等置之、艮角立棚一脚置雑具、手洗一口・椋一口・水瓶一口・御手巾一帖・髪剃二大光明寺長老髪剃二新調進之、・菊葉一折・敷紙檀紙等置之、脇息懸湯帷、傍置之、刻限酉初点、着装束、小直衣丁（長）絹大口、先戒師着座、大淵和尚、剃手二人衣鉢侍者・高蔵主、着座、用健傍被座、次出座、次御拝、先神宮、次八幡、各二拝、次尊親、次尊母、各三拝、次雑具等役人僧取之置御前、次戒師唱頌言、流転三界中、恩愛不能断、棄恩入無為、真実報恩者、次入簾中、改俗服着法衣先着直綴大口、出座、先例着俗服、有出家、其後入内着法衣出座、度々例如此、然而戒師教訓之間、先着法衣、但後白川院如此御沙汰、非無先例、次御拝、三世諸仏、次烏帽子・本結等撤之入簾中、重有朝臣役之、次落飾、戒師先説法次第如恒、次解本結御髪付札、先左、次右、此札兼書之置棚、剃手衣鉢侍者、剃之、高蔵主扶持之、前宰相・重有朝臣在傍扶持之、北廂二間簾外地下輩禅啓（小川）以下老者共祗候、拝見之人々不可見之由兼雖令製禁、猶伺見、狼藉也、然而不及追出、除髪之儀了本役人撤雑具、次入簾中着法衣、付衣、不卦袈裟、次供手水、次出座、有授衣之儀、戒師説法了頂戴鉢、次頂戴袈裟、則懸袈裟、次御影焼香礼拝、三拝、次御影布施練貫一重・引合十帖、前宰相経良卿、着香布衣、取之、置御影之前、次戒師布施練貫一・杉原十帖、重有朝臣取之、俗服小直衣大口、長資朝臣取之、鶴頭一茶碗染付、・卓一紫檀、隆富朝臣取之、置戒師之前、剃手二人布施内々賜之、衣鉢侍者湯帷一・百疋、高蔵主百疋、次起座、次戒師以下退下、無為無事果遂了、

○『看聞日記紙背文書・別記』（『図書寮叢刊』、三六九頁）に「貞成親王御出家記」があり。

○鄂隠慧奯が貞成王に法号を与えた記事が本書八八九号史料にあり。

応永三十二年（一四二五）七月二十七日、称光天皇が病気のため、足利義持が相国寺に参籠する。

九九五〔薩戒記〕応永三十二年七月二十七日条

『大日本古記録』二巻、一八六頁

廿七日、（中略）辰始剋令発御、入道内相府（足利義持）三箇度令参内給、御悩之間可座相国寺云々、御修法阿闍梨猶未定、各申故障云々、或人云、御吐気令出来御、又御咳気御座、各御悪相之由医師申云々、今日御脈六動云々、当時参入之医師非本道輩、号号寿阿弥、自入道内相府被召進也、自去々年御悩時奉療治之者也、（後略）

応永三十二年（一四二五）八月十四日、乾徳院からの出火で相国寺が炎上し、方丈・法堂・仏殿・山門や鹿苑院等の塔頭が焼亡する。

九九六〔薩戒記〕応永三十二年八月十四日条

『大日本古記録』二巻、二〇八頁

十四日、庚辰、天晴、放生会上卿花山院中納言（持忠）今日下向云々、未始剋北方有火、柳原辺云々、早鐘声頻聞、令下人見之処、相国寺塔中賢（乾）徳院云々、乱風忽起、飛炎及数町、常徳院（相国寺）・雲頂（相国寺）・鹿苑（苑、以下同）等院悉焼亡、其後火付相国寺僧堂、自僧堂付惣門、次方丈、次法堂、次仏殿、次山門、次風炉、及鎮守八幡宮悉焼、北風頻吹、遂吹付法界門、在一条面、号妙荘厳域、彼大路東西小家等悉焼、予亭（中山定親）頗危、仍女房等乗車向新善光寺、一条大宮、記禄（録）等大略渡他所了、火已欲及一条南、風煙掩禁裏・仙洞（後小松）、仍予乗馬馳参院、諸人鼓騒、武士等満門内、上皇御池中橋上、藤（柳原）中納言行光、・日野新中納言盛光、等候之、御所中男女騒動、然而依乱風此御所無強怖畏、内裏猶有恐、仍予馳参禁裏、舁立御輿於清涼殿巽方、主上（称光天皇）御悩未平癒、然而不窮屈御躰也、已欲出御、勾当内侍（東坊城茂子）着衣、持釼・璽候御共、入道内相府（足利義持）今日参籠清和院給、（正親町富小路）於一條東洞院、仰侍所令懐（壊）小家等、及西終火鎮之後退出、此火自賢（乾）徳起云々、抑相国寺者鹿苑院入道太相国（足利義満）建立、自（永徳二）年草創之処、応永元年（九月二十四日）之焼亡、其後又造営、于今不周備、但七堂悉被造営了、所々額承（勝）定国師道号絶海（・中津）、巽（翊）聖国師也、筆也、此寺為五山第一、仍以南禅寺為五山之上也、今他（化）一片煙、可惜、可悲、後聞、僧三人・喝食二人焼死云々、依之諸人無不触此穢、大略天下不浄云々、今日馳参内・院之人々、或衣冠・直衣、但内府（洞院満季）・徳大寺大納言（実盛）等着布衣参内、雖不昇殿不可然歟、予車進内裏了、寺中焼残所々、勝定院（相国寺）・大徳院（相国寺）・大智院（相国寺）・法住院（相国寺）・大幢院（相国寺）・崇寿院（相国寺）・輪蔵（相国寺）、此外少々相残云々、本寺中寮々一宇無之、又大鐘焼了云々、此鐘者南都（大和国添上郡）元興寺鐘也、中比鬼神依突此鐘、仍人成恐不突云々、彼寺荒廃之間、故鹿苑院相国取上被釣此寺、凡就件鐘有子細等云々、今已焼失、可悲々々、

（後略）

九九七〔師郷記〕応永三十二年八月十四日条

『史料纂集』、第一、五八頁

八月十四日、今日未斜、自相国寺塔頭乾徳院火出来、鹿苑院北、折節北風以外、則余焔及鹿苑院、則移隔寺、仏殿以下不残一宇払地、南自惣門及人屋法界門以下、門外鎮守八幡宮社壇以下無所残、一条面至今出川武者小路、東至富小路法界門以下悉以炎上、非言語之所及、室町殿（足利義持）参籠清和院（正親町富小路）之間、御出、被訪禁裏（称光天皇）・仙洞（後小松上皇）、余焔一条面北頬於在家火止了、事之次第非直也、天下之驚歎、只在此事者也、西斜許火止候了、

今日炎上所々、北小路万里小路日吉社、其南十禅師社壇・智恵光院・一条高倉恵見寺薬師堂法界門西脇、其外小社等不及注也、相国寺塔頭、已上六ヶ所炎上、相残塔頭六ヶ所云々、於所々人多以焼死、仍可為穢否事、有其沙汰、

九九八〔看聞日記〕応永三十二年八月条

『図書寮叢刊』、三巻、一四九頁

十四日、（中略）抑未刻京有焼亡、一時許焼了、在所不審之処、及晩風聞、相国寺鹿苑院以下塔頭々々悉炎上云々、法界門・衣服《エミ》寺同焼失、今出川以東、富小路以北、万里小路以西、一条以北焼了、前源宰相（綾小路信俊）宿所焼失、不便無極、窮困過法結句失家、不運無是非者歟、菊第（今出川実富）ハ無為云々、是又不思儀也、故興衡（三善）朝臣宿所近年相国寺成塔頭云々、其も焼失了、禁裏・仙洞余煙已火燃付、公武人々大勢馳参打消、無為無事也、室町殿（足利義持）清和院（正親町富小路）地蔵参籠之折節也、仰天々々、西北風吹、ほそくつ此辺まて飛来、併天魔所為勿論也、後聞、関東武将（足利持氏）亭此日焼失云々、信濃

善光寺(上水内郡)も焼失云々、但巷説不審也、
十五日、晴、聞、相国寺炎上所共、寺中七堂塔頭、鹿苑院・雲頂院(相国寺)・乾徳院(相国寺)自此院火出云々、・常徳院(相国寺)・玉龍院(相国寺)・鎮守社等払地炎上、▨▨(残所)共、輪蔵・大塔・崇寿院(相国寺)・大智院(相国寺)・大徳院(相国寺)・勝定院(相国寺)・慧林院(相国寺)・大幢院(相国寺)八ヶ所残了、抑鹿苑院文庫ニ有之、一ハ焼失、後白河法皇宸筆法花経此文庫ニ被預置、而此御経納置文庫不焼之間、御経無為也、毎年三月十三日六条殿御経供養之時被出之、無為之条冥慮之至、殊珍重也、(後略)
十六日、晴、炎上事以前宰相(田向経良)室町殿・鹿苑院(厳中周噩)・大幢院訪申、聽帰参、室町殿申次裏松(義資)也、御返事奉之、鹿苑院・大幢院被対面云々、室町殿明後日大光明寺(伏見)へ可有入御之由俄被仰云々、炎上御蒙気之時分如此被仰、不審也、
(後略)
十七日、(中略)聞、相国寺炎上之時、僧沙喝以下卅六人焼死、依之天下触穢ニ被定云々、乾徳院出火之間、彼塔頭僧可被罪科之由被仰、仍一人も不帰逐電云々、此塔頭前管領細川(満元)、檀那之間、彼誕生日祈禱、絵馬心経焼上、其火軒ニ燃付炎上云々、不思儀事也、相国寺立落書、

水車火の車ニソ成ニケル池ノ魚ヲハウシヲニ(潮煮)ニシテ
此心ハソウツノ水車焼失、又蓮池ノ水火気ニ湯ト成テ池魚煮ラレテ死、仍如此詠、定歌人落書歟、有其興、

九九 〔満済准后日記〕応永三十二年八月条

『続群書類従』補遺一(上)、三一八頁

十四日、晴、未初刻相国寺ノ塔頭乾徳院焼失、其余炎ニ常徳院(相国寺)・雲頂院(相国寺)・鹿苑院幷寺内七堂以下方丈・文庫・鐘楼一宇モ不残悉焼失、纔塔頭六ヶ所相残計也、崇寿院(相国寺)・勝定院(相国寺)・大徳院(相国寺)・大智院(相国寺)・恵林院(相国寺)・大幢院(相国寺)等也、門前東西在家同焼失、妙荘厳域門焼失、西半ニ焼閑了、乾北風以外、京中難残体也キ、言語道断猥雑不及言詞也、此弊坊所々已焼出、以諸人合力不思儀ニ属無為了、僧俗御所(足利義持)様へ参申入云々、予(満済)来十六日為六條八幡宮社参神事最中也、仍内々以妙法院(賢長)、赤松越州(持貞)方へ此由以便宜可意得旨申送了、妙法院宮(堯仁法親王)禁中御祈七仏薬師法已破壇、本尊等悉抱出、以外計会云々、内裏所所已焼出云々、珍事々々、
十五日、(中略)昨日相国寺炎上、於寺内僧喝食少々焼

死了、仍寺内へ入輩ハ三十ヶ日穢気也、（後略）
十七日、降雨、禁中御祈、妙法院宮勤仕七仏薬師法今日結願、日中、着座公卿等済々云々、修中十一日云々、此御祈中相国寺炎上、諸方偏執難在之云々、参御所、相国寺事等申入、時刻到来無力次第被仰、今度ハ元ヨリハ聊小可被造由被仰、古幢（・周勝）和尚再住、大勧進大徳院云云、惣寺勤行於崇寿院在之、鹿苑院勤行ハ於大智院被行之云々、
（後略）
廿二日、（中略）去十四日相国寺炎上、於寺内僧両三人焼死、仍諸人出入之間、方々穢気儀也、依之五（御）霊祭礼今月十八日令延引了、（後略）
廿九日、晴、御所様今日自清和院（正親町富小路）御出、当第八日也、今日御所様相国寺大徳院へ渡御云々、今度炎上後初入御歟、
○「東寺長者補任」（『続々群書類従』第二、六七四頁）に関連記事あり。

一〇〇〇〔応永三十二年具注暦〕応永三十二年八月十四日条
『東京大学史料編纂所研究紀要』第二二号、一三四頁

十四日、（中略）善光寺（信濃国上水内郡）与相国寺同時焼、十四日ニ相国寺悉焼失云々、但艮角塔三ノコル云々、
○記主は東寺あたりの僧と推定される。

応永三十二年（一四二五）八月十四日、相国寺法堂が焼失したため、同年冬の秉払は輪蔵で行われる。

一〇〇一〔綿谷瓞禅師行状〕『続群書類従』第九輯下、七二三頁

秋八月十四日本寺（相国寺）回禄、従予（瑞渓周鳳）帰寿徳（相国寺）、冬節諸頭首秉払、以輪蔵為法堂、於是勤書記秉払問禅、

応永三十二年（一四二五）十月一日、鄂隠慧奯が足利義量の師であったため、仏恵正続国師号が追号される。

一〇〇二〔続本朝通鑑〕応永三十二年十月一日条
『本朝通鑑』第一三（国書刊行会）四三五八頁

冬十月丁卯朔、（中略）追諡天龍寺僧恵奯号鄂隠、号仏恵正続国師、以義量（足利）曾与奯有師弟之約也、

応永三十二年（一四二五）十月七日、相国寺再建の事始が行わ

れ、武家が馬を献ずる。

一〇〇三〔師郷記〕応永三十二年十月七日条　『史料纂集』、第一、六一頁

十月
七日、今日相国寺事始云々、

一〇〇四〔薩戒記〕応永三十二年十月七日条　『大日本古記録』、二巻、二二九頁

七日、癸酉、天晴、依当番参院、今日相国寺事始云々、武家輩献馬云々、公家方不知云々、但少々有之歟、

一〇〇五〔満済准后日記〕応永三十二年十月七日条　『続群書類従』補遺一（上）、三三五頁

七日、晴、為北野御経丁聞可罷出由昨夕被仰、仍今暁未明出京、於法身院（醍醐寺・土御門御所東）時用意以後参経堂（北野）、御所様（足利義持）今日渡御相国寺ニ、今暁仏殿等事始云々、自方々御馬進之云々、自御寺直経堂へ渡御、管領（畠山満家）幷右京大夫（細川満元）・山名（時煕）等参祇、経五巻末還御、予（満済）同退出、

応永三十二年（一四二五）十月十四日、大徳院の仏殿等が盗人の放火により炎上する。

一〇〇六〔師郷記〕応永三十二年十月十四日条　『史料纂集』、第一、六一頁

十四日、今日巳剋、相国寺内塔頭大徳院在中（・中淹）和尚塔頭相国寺前僧也、仏殿・山門為盗人炎上、方丈・坊寮舎以下三尽云々、希代事也、什宝者盗参云々、今朝《午剋》一条万里小路南頬小宅両三間炎上了、

一〇〇七〔薩戒記〕応永三十二年十月十四日条　『大日本古記録』、二巻、二三二頁

十四日、（中略）丑終許北方有火、大徳院（相国寺）云々、

一〇〇八〔満済准后日記〕応永三十二年十月十四日条　『続群書類従』補遺一（上）、三三七頁

十四日、（中略）今夜丑終相国寺塔頭大徳院仏殿炎上、自余雖並軒無恙、珍重々々、付火云々、

一〇〇九〔看聞日記〕応永三十二年十月条

『図書寮叢刊』、三巻、一六三頁

十五日、(中略)抑聞、今暁相国寺塔頭大徳院炎上云々、此間連々付火、然而打消、遂焼失、天魔所行歟、

十六日、晴、鳴滝殿(智観)入来、抑大徳院ハ小堂・僧塔(堂)・山門炎上、自余無為云々、物取付火、仍焼亡最中走来僧以下召捕、被籠舎云々、室町殿(足利義持)ハ因幡堂(五条東洞院平等寺)参籠也、

応永三十二年(一四二五)十月、相国寺が輪蔵柱を南禅寺から借用する。

一〇一〇〔相国寺都聞等寮・修造司梵忠等連署借用状〕南禅寺文書

『南禅寺文書』上、二〇八頁

(端裏書)「輪蔵柱借状」

為 上意、借用中柱之事

合漆本者但此内

一本長二丈五尺五寸　本口二尺五寸

一本長二丈六尺　本口二尺六寸

一本長二丈七尺五寸　本口二尺五寸

一本長二丈六尺　本口二尺二寸

一本長二丈六尺五寸　本口二尺四寸

一本長一丈五尺五寸　本口二尺六寸

一本長一丈八尺五寸　本口二尺六寸

右柱所応永卅二年十月借用申状、如件、

応永卅五年四月　日　奉行中礪(花押)

修造司梵忠(花押)

前都聞正祝(花押)

都聞等察(花押)

南禅寺

修造司禅師

(包紙ウハ書)「(異筆)『正文二通在之』

応永卅三自相国寺、材木借状貳通在之、此本借書、方丈進之、」

○包紙は本文書のものと思われるが疑問の点あり(『南禅寺文書』上、二〇七頁)。本文書の案文が同書二〇九頁にあり。

応永三十二年(一四二五)十一月三日、相国寺仏殿等の立柱が行われ、足利義持が臨席する。同日、勝定院御坊が開かれる。

一〇二一〔師郷記〕応永三十二年十一月三日条

『史料纂集』、第一、六二頁

三日、戊戌、天陰雨降、今日相国寺仏殿以下悉柱立、室町殿（足利義持）御出、諸人者輩皆束帯参之云々、珍重々々、

一〇二二〔看聞日記〕応永三十二年十一月三日条

『図書寮叢刊』、三巻、一六四頁

三日、（中略）聞、今日辰一点相国寺仏殿立柱云々、五山以下献礼物、仍大光明寺（伏見）よりも千疋長老（大淵）持参云々、（後略）

一〇二三〔薩戒記〕応永三十二年十一月三日条

『大日本古記録』、二巻、二三七頁

三日、戊戌、朝間陰、午後小雨連々、及晩甚、終夜降、伝聞、今日相国寺立柱也、入道内相府（足利義持）令向彼所給、自院（後小松上皇）被遣御馬、其後人々大略献馬云々、但如予（中山定親）之類不及其儀也、

一〇二四〔満済准后日記〕応永三十二年十一月三日条

『続群書類従』補遺一（上）、三三〇頁

三日、降雨、相国寺仏殿立柱、諸門跡公家武家御馬各引進之、今日勝定院（相国寺）御坊開白、此書折紙進之、

応永三十二年（一四二五）十一月九日、大地震が起こったため、朝廷・室町幕府が五山に祈禱を命じる。

一〇二五〔看聞日記〕応永三十二年十一月九日条

『図書寮叢刊』、三巻、一六五頁

（十一月）五日、晴、巳剋有大地震、所々築地崩以外大動也、火神動占文不軽、公家（称光天皇）・仙洞（後小松上皇）・武家（足利義持）殊更御慎之由陰陽道占申云々、

九日、（中略）先日地震以外御慎之間、公武御仰天、諸社・諸寺・諸門跡御祈禱被仰、於五山真読大般若経、至今月来月可真読之由被仰云々、

応永三十二年（一四二五）十一月十六日、相国寺奉加帳が作成され、日野資教・日野有光・広橋兼宣などの公家が名を連ね

る。

一〇一六〔薩戒記〕　応永三十二年十一月十六日条

『大日本古記録』、二巻、二四五頁

十六日、辛亥、天晴、（中略）或人談曰、（相）国（禅）寺奉加帳日野入道（資教）一位儀同三司ト書テ加判、同新（有光）一位入道又書従一位加判、此事皆不可然歟、又広橋入道（兼宣）一位只書名常叔（寂）許、予（中山定親）案此儀、皆以不甘心、各書沙弥可加判歟、如何、

（後略）

応永三十三年（一四二六）七月十八日、御霊社御輿迎が行われ、御輿が相国寺に入る。

一〇一七〔兼宣公記〕　応永三十三年七月十八日条

内閣文庫広橋家旧蔵本、古四〇-六六三、第九巻

十八日、（中略）酉初刻、御霊社御輿進之、仍御拝　御入相国寺、其後御参　仙洞（後小松上皇）、則三門跡各御参、大飲御酒、

（後略）

応永三十三年（一四二六）十一月二十日、乾賀副寺が備中国新見庄代官職を所望し、最勝光院方の衆議で認められるが、細川持元の意見でこれが止められる。

一〇一八〔最勝光院方評定引付〕　東寺百合文書る函三五

『岡山県史』第二〇巻、九八七頁

（表紙）「最勝光院方評定引付応永卅三丙午」

最勝光院方評定引付応永卅三丙午

（中略）

十一月廿日

権僧正　宝清　重賢　宗源　隆顕　宏寛　宗順

一新見庄（備中国英賀・哲多郡）代官職事

乾賀副寺所望、仍以二百貫文分、可請定之由可申付、此分令治定者、代官職事、可仰付之旨、衆儀了、

同廿一日

宝清　重賢　宗源　隆顕　賢我　宏寛

一新見事、代官事、寺御領状、先以畏入申、但、請口二百貫事、難治之由歎申、以百七十貫、可致其沙汰之申由、衆儀之趣、尚以難叶、二百貫之由、尚可有問答

云々、（中略）

十一月廿四日

宝清　重賢　隆顕　宏寛　賢我　宗順　宗源

一新見代官、依広橋（宣光）挙達、自寺務（家）奉書旨、沙汰了、

同晦日

権僧正　宝清　重賢　宗源　隆顕　賢我　宗順

一新見庄代官職請口多少之間事、百八十貫文為請口、可有治定之由、衆儀□（了）、

一金蓮院（東寺）杲慶新見庄奉行得分事、百八十貫到来了、後拾貫文分、可有割分云々、

十二月六日

宝清　重賢　隆顕　宏寛　宗順　宗源

一新見代官職事、寺家可有直納之趣、可申入公方歟否事、披露之処、乾賀副寺所望之上者、付清泉（和泉）守（秀定）、可被申入之旨、衆儀了、

十二月十日

宝清　重賢　宗源　隆顕　宏寛　賢我　宗順

一新見事、既伺申、御返事趣、細川（持元）方へ可相尋之由也、仍思案相遣（違）之間、重而以目案、直納事可伺申之旨、治定了、

（中略）

十二月廿四日

宝清　重賢　宗源　隆顕　宏寛　宗順

一新見事、此間乾賀副寺可為代官之旨、大略治定之処、自典厩方（細川持元）、被申三宝院（醍醐寺）、被歎仰之間、如元、可為安富歟之由、自門跡（満済）、堅口入之間、衆中大略治定了、

（後略）

○「乾賀副寺」は本書九八九・一六二六号史料の乾嘉と同一人物か。

応永三十三年（一四二六）十一月二十二日、相国寺の方丈が開かれる。

一〇一九〔満済准后日記〕応永三十三年十一月二十二日条

『続群書類従』補遺一（上）、三九三頁

廿二日、（中略）今日相国寺方丈開云々、自清和院（正親町富小路）直御出也、（後略）

応永三十三年（一四二六）十一月二十五日、相国寺の大鐘が鋳造される。

一〇二〇〔薩戒記〕応永三十三年十一月二十五日条
『大日本古記録』、三巻、一二三八頁

廿五日、甲寅、天晴、御忌日如例、書写随喜功徳品、伝聞、相国寺鐘鋳云々、（後略）

一〇二一〔満済准后日記〕応永三十三年十一月二十五日条
『続群書類従』補遺一（上）、三九四頁

廿五日、晴、今日相国寺大鐘被鋳云々、自早旦公方様（足利義持）渡御、還御ニ御参内云々、昨夕及晩陰間、今日入寺、帰忌之間、理性院（醍醐寺）ニ一宿、

応永三十四年（一四二七）六月二日、足利義持が相国寺領甲斐国八幡庄を同寺雑掌に交付するよう命じる。

一〇二二〔足利義持御内書案〕「大館記」
『ビブリア』第八〇号、六六頁

一応永卅四年
相国寺領甲州八幡庄（山梨郡）事、故御所（足利義満）被成内書、今度又申候之処、未事行不可然候、厳密被渡付寺家雑掌候者、可為本意候、委細仰含上総介（大館満信カ）殿之状如件、
六月二日
左兵衛督（足利持氏）殿

応永三十四年（一四二七）七月二十六日、相国寺山門と鹿苑院仏殿の立柱が行われ、足利義持が臨席する。

一〇二三〔満済准后日記〕応永三十四年七月二十六日条
『続群書類従』補遺一（上）、四四三頁

廿六日、晴、御所様（足利義持）自北野御出云々、今日相国山門幷鹿苑院仏殿立柱云々、御所様自北野直御出相国寺云々、

応永三十四年（一四二七）十二月十八日、足利義持が赤松満祐の赦免を山名時熙に伝えるため、勝定院主の持西堂を使者とする。

一〇二四〔満済准后日記〕応永三十四年十二月条

『続群書類従』補遺一（上）、四六七頁

十七日、晴、今日欲参申処、遮而御使有之、若出京者可参申云々、旁参申御対面、赤松左京大夫(満祐)今暁已京着、珍重由申入了、罷上様誠神妙由被仰出キ、就其赤松今度書進上告文未被御覧、管領(畠山満家)ニ在之、罷向可一見由被仰出間、若令持参可備上覧哉由申処、只今北野御参詣也、還御時分可持参申云々、帰路ニ罷向管領彼告文乞出一見之、無殊文言、以前モ不存不忠、以後モ又不可有不忠由、載種々罰文了、帰坊之後又以御使被仰出、彼告文於北野可被御覧、早々可持参云々、仍参申了、於東僧坊南端被御覧、就之雖有被仰出旨、存寄通又一端申入了、時宜無相違條珍重、此告文則可被籠社頭云々、仍直ニ渡遣禅能法印(北野社松梅院)了、次山名右衛門佐(時熙)入道方へ未在国在陣中也、以御使今度赤松御免次第具可被仰遣、以何長老被仰哉云々、勝定院(相国寺)院主持西堂可宜歟由計申入了、然者愚身(満済)帰路ニ勝定院へ罷向此仰様具可申聞、山名方へ御書於ハ可被遣管領之由被仰出間、直罷向相国寺勝定院了、明日十八日則可罷立由上意之趣申聞了、細川右典厩(持元)同今暁上洛云々、須磨(摂津国八部郡)陣ハ未ハツスヘカラサル由被仰付云々、仍千余騎在陣云々、今日於北野此等勢可引退由可有御下知由被仰出了、

廿五日、晴、去十八日為御使山名右衛門佐入道方へ但馬国、罷下勝定院院主、今日午刻上洛、直ニ来臨法身院(醍醐寺・土御門御所東)、対面、山名昨日国於罷立、明日廿六日可上洛云々、御使余身忝畏入由種種申入云々、此子細明日可披露由申了、（後略）

応永三十五年（一四二八）正月十八日、足利義持が死去し、沐浴等が禅僧の手で行われる。位牌が勝定院に安置され、加賀国有松が追善料として寄進される。

一〇二五〔満済准后日記〕応永三十五年正月十八日条

『続群書類従』補遺一（上）、四七八頁

十八日、晴、今日巳半計〔歟〕、御事切了、御年四十三也、御沐浴等事一向禅僧沙汰之、其後床上ニ奉安置、諸人其時拝見之、各申焼香了、各退出、（中略）故御所(足利義持)御追号事可為勝定院由長老達計申了、

○本文中の〔　〕は続群書類従本による。

一〇二六〔相国考記〕応永三十五年正月十八日条

『相国寺史料』第一巻、三五頁

正月十八日、前大将軍義持（足利）捐館、世寿四十三歳、広照国（絶海中津）師之弟子、法名道詮、安御牌於勝定院（相国寺）、号勝定院殿、贈太相国一品顕山大禅定門、以賀州有松（石川郡）、為御追薦領、于見当寺古記、

応永三十五年（一四二八）正月十九日、足利義持後室日野栄子（裏松資康女）が常徳院主海門承朝を戒師として落髪する。

一〇二七〔建内記〕応永三十五年正月二十二日条

『大日本古記録』、一巻、四八頁

（正月）廿二日、（中略）伝聞、勝定院殿（足利義持）御室家（日野栄子）、号御台、故一位資康卿（裏松）女也、去十九日御落髪御戒師常徳院（相国寺）海門和尚（承朝）云々、畢、可著御黒衣給之由有御志云々、而不可然之由管領（畠山満家）等申止之、以日野中納言義資、故一位大納言重光卿女（裏松）妹也、御台御方宦女也（重子）、可為新武家（義円、後の足利義教）之御室家之由、管領申定之云々、又聞、未及其沙汰、若是内々評定之儀歟云々、（後略）

応永三十五年（一四二八）正月二十三日、足利義持の葬儀が等持院で行われる。

一〇二八〔建内記〕応永三十五年正月二十三日条

『大日本古記録』、一巻、四九頁

廿三日、巳（丙午）、天晴、晩雨、

勝定院（足利義持）贈太▨（相）国御葬礼也、於等持院（洛北）（仁和寺也、）可有此事云々、早旦著浄衣、吉服也、但略袖露、此時先々如此云々、又下袴絹可鳴之間事々敷、仍以故実之儀、只以腰次之布如下袴入之、応永十五年鹿苑院殿（足利義満）御葬礼之時、依山科故宰相（中納言）教興卿意見、勧修寺故大納言経豊卿・中納言入道豊房卿（万里小路）于時宰相、等如此云々、仍今度用此儀、其外毎事如常、内々乗輿、雑色□（一カ）人著直垂召具之、画図等不可然歟、仍浅黄直垂也、予先著裏無参寺門、於藁沓者令持雑色（万里小路時房）、臨期可著之也、参寺家、先於日野中納言（義資）寮舎休息、面々参会刻限可為未刻云々、先参仏殿西腋御龕前焼香、次於寮舎面々言談、入道（日野資教）□儀同三司已下法躰輩先（称）○可佇立御葬所辺、分散刻限面々参仏殿、堂中於御龕後乾角辺見聞之、御道服掛羅也、新武家（義円、後の足利義教）自仏殿○畠山御藁沓也、左馬助持御剣、在俗之大名・小名候之、先是鹿苑院住持玄中和尚（厳中周噩）已下僧乾角戸入仏殿、立御龕西辺給、○次鎖龕仏事、次▨（掛）真仏衆済々充満、事、懸御影於龕前、件御影土左守行広俄奉図云々、表背

絵等美麗也、次起龕仏事了、○錦幡已下鈸鼓等行灯已下役人次第先行、隆侍者蔵主（室町）殿御弟也、奉持御位牌、○次御影等同先行、次御龕力者奉舁之、（虎山永隆）武家近習之輩相副奉舁之、各奉肩之也、新武家執紼▨歩行龕前給、其儀白綾紼懸御肩、○其末持前方給也、御一身之外不引之、管領等（畠山満家）▨吉服之故歟、梶井殿（義承）可有御引歟之由有御尋之処、不可有其儀之由三宝院僧正（満済）指南中云々、公家俗中面々歩行其傍也、自仏殿西面仮造廊数ヶ間、一町許去西構火屋也、檜牆外引廻白生絹、御龕三帀、兆宅役人相従、御馬黒、置張鞍、同引廻歟、入道一位（日野有光）○・藤中納言（烏丸豊光）・日野中納言入道・藤宰相（高倉永藤）入道幷武家近習人々等、相副御龕辺同廻之三帀了、新武家棄紼出檜垣外、坐北方寮舎簀子、先御佇立次当火屋戸前去一丈許懸御影、立御位牌、三具足等在之、地上、次暫坐簀子、諷□（経カ）之時分坐簾中給也、予已下俗中輩不入垣内、只候傍、次奠茶仏事、次奠湯仏事、次下炬仏事、玄（厳）中和尚也、可為廷用和尚（・宗器、義満弟）之由有御遺言、而依所労辞之、仍鹿苑院主也、次見一片之煙、悲涙滴於□、緇素拭面、哀戚之至不知所裁、賢息・御比丘尼両所佇立南方給、尊慮奉察者也、比丘尼・五山住持已下済々在此列、僧衆諸五山済々如雲霞、此間諷経・行道次第法事□、新武家有御焼香、御位牌前、還方丈給、諸山諷経未了、○数刻可有御□歟、先可有還御之由等持寺長老（星岩俊列カ）（三条坊門）示▨管領也、此間公家・武家参集之輩面々焼香、次予退出、於寺門辺脱○棄藁沓、以踵踏脱之、此時如此云々、此著裏無、▨次乗輿、於蓬屋門外向北立、青侍自後以塩灑身清□（浄カ）□示之、次持来秣午（トカ）立解除了、帰家於沓脱上向北○以水洗足、以足自洗足、□□足□号ス也、次□行水了、仏事役人尋取記之、

（中略）

後聞、今日有被加御名字事、是若仏事廻向疏之類歟、可尋、准三宮義円ト□（令署カ）給云々、今夕後日以妙法院（醍醐寺）法印賢長自三宝院僧正相談云、御名字事、未被裹御髪之間可為御法名之条、予意見尤也、関白（二条持基）・広橋入道儀同三司（兼宣）・入▨道少納言良賢（清原）等同于予意見、皆以同前也、仍今日被載御法名了、而准三后義円ト被載之、（後略）

○厳中周噩が作成した下火法語が「続芳集（中）」（東京大学史料編纂所謄写本二〇一六-五七二）にあり。

一〇二九〔満済准后日記〕応永三十五年正月二十三日条

『続群書類従』補遺一（上）、四七九頁

廿三日、晴、今日未刻御荼毘之儀如先々、等持院(洛北)院主一向奉行、当御所様(義円)未御道服之体也、雖爾御縄ヲ可被引由有其沙汰云々、爰自管領(畠山満家)内々談合事在之、御草鞋《ハラウツ》可被召之歟、又只如御裏無可宜云々、予(満済)申云、蹤雖為御道服体御草鞋可然歟云々、次又管領自身来テ申様、御縄ヲ可被引事可為何様哉、山名(時熙)以下申様ハ為御冥加尤可然云々、予申云、可被引御縄條ハ勿論也、乍去未御異体間、自仏殿火屋マテハ遥々也、御進退モ又可被六借敷歟、哀先仏殿ニテ御縄ヲチト被懸御肩、其後ハ被略、御前《サキ》ニ火屋へ成候テ於彼所又御縄ヲ被引候ヘカシト存由申キ、管領此儀誠可宜云々、武衛(斯波義淳)又同此儀了、又管領立帰来申云、面々儀只始中終可被引御縄條可宜由被申如何云々、予申云、此上ハ可被任総意見歟、誠其モ又一途ニテ候ト申キ、管領又来申、御縄ヲハ左右ノ御肩何ニテ候ヤト云々、予云、不分明候、若右ノ肩ニテ候歟、但多分左ト申候歟、可有御尋僧中候由申了、今度右ノ御肩ニ被懸之如何、猶左ニテモヤト思案処ニ存也、今日御荼毘ニ参門跡事、大覚寺(義昭)、梶井(義承)、予(満済)、宝池院(義賢)(醍醐寺)、地蔵院(持円)(醍醐寺)也、此外山(延暦寺)岡崎(桓教)、光経僧正師弟、仏地院(興福寺)教俊僧正等参歟、不分明也、俗中日野儀同三司(資教)以下数輩也、法体ハ重衣着香袈裟、俗ハ布浄衣体也、武家管領以下入道カチ直垂、俗ハ染直垂也、凡僧俗男女群集無申限、天気快然、一事無障碍、珍重、

応永三十五年（一四二八）正月二十三日、裏辻実秀が鹿苑寺で出家する。

一〇三〇〔建内記〕応永三十五年正月二十三日条

『大日本古記録』、一巻、五〇頁

廿三日、（中略）

今日参集人々装束事

（中略）

正親町一位入道　権大納言実秀(裏辻)卿也、自旧冬依疎髪□(申カ)請暇、一昨日御筆秘事等　仙洞(後小松上皇)有天授云々、今日於鹿苑寺出家、法名祐定(実カ)、元来受衣受戒了、今日落髪已下(後カ)直参此庭云々、

白練絹直綴、

○前の中略部分には本書一〇二八号史料が入る。

応永三十五年（一四二八）二月十九日、足利義持の中陰仏事が結願し、遺骨が勝定院に運ばれる。

一〇三一〔満済准后日記〕応永三十五年二月十九日条

『続群書類従』補遺一（上）、四八六頁

十九日、晴、勝定院殿（足利義持）御中陰今日被引上御結願、凡此引上事先日諸大名意見在之、三月カケ不可然云々、仍結願日次事被尋仰在方卿（勘解由小路）処、今日幷廿五日可宜由申入故也云々、於等持院（洛北）禅僧仏事、陞座拈香《シムサネンカウ》等如常、陞座惟肖（・得巌）和尚、天下第一才人也云々、千僧供在之、（中略）今日御骨ヲ奉渡相国寺勝定院也、等持院院主参御輿、御骨ヲ奉持云々、細川讃岐入道（満久）、山名刑部少輔（持熙）両計供奉云々、自余無其儀如何、此両人モ非時宜、私ノ所意云々、尤神妙歟、今日御中陰御結願無為珍重由申入参申了、

応永三十五年（一四二八）閏三月二十七日、若狭国太良庄中誉が鹿苑院修造司（乾嘉カ）に年貢の損亡分について報告をする。

一〇三二〔若狭国太良庄中誉書状〕東寺百合文書ツ函一九八

『若狭国太良荘史料集成』第五巻、八〇頁

（封紙ウハ書）

「（進）□上　鹿苑修造□

□禅師　自太良庄（若狭国遠敷郡）　中誉」

尚々去年之事ハ、損亡と申兵粮米と申、又か様之未進・河成と申、料足なとも上候ハて無御心元存候、我々始にて候間、無案内事候、乍去無等閑御公事等沙汰仕候也、

態御使下給候、畏入候、御勘定事蒙仰候、近日ニ罷上候て算用可申候、此間少違例仕候て、延引恐入候、委細者御使可被申候、

一自去年度々申上候道正名内守護方（一色義範）へ被堀（掘）候くた、溝料、下地小にて候、分米四斗名主引候て不納候、可有御心得候、但是ハ自寺家守護殿へ御申候て、溝料を彼用水取候いまとミ（今富）の保よりさた（沙汰）させられ候へく候哉、

一大和大夫作保一色内、大河ニ成候て、年貢を□（引）候、是も大とは申候へ共、半ニ仕候て四斗不納候、

一平権守作同保一色内椢田二反大、是もこれより二里はかり他所に椢と申山之谷ニ候間、毎年作人付かね候、

去年も大水ニは(走)せむ(埋)め候て皆損候間、一粒も不納候、
当年も斗代を御さけ(下)候ハすは、作人不可付候、此分米
一石六舛七合にて候、
一庄未進北坊一石、大和大夫二石三舛、其外五舛・一斗
之人数七・八人前分四斗八舛七合、以上三石五斗一舛
七合にて候、是ハ来秋さた可申由申候、いつれも〳〵
本所之勘定ニ可入候哉、
一捨田半損之事ハ、三町三反之分米を、百姓等寄合候て
斗代をあて候て、半損を引記進候、同□(損)免之免状進上
仕候、
一兵粮米事ハ、先度申入候ことく何と申候とも返弁候ま
しく候、奉書なんとをめ(召)され候て堅せ(責)め候へハ、結句
為地下あた(仇)になり候、返事ハ候ハて、自然之時者にく(憎)
さう(相)をせられ候へく候、御心得候て本所様へも可有御
申候、委細者罷上候て可申上候、恐惶敬白、
(応永三十五年)壬三月廿七日　中誉（花押）
進上　鹿苑修造司御寮　看寮禅師
(切封)

○本史料の封紙は東寺百合文書オ函二九二。

正長元年（一四二八）五月十四日、諸五山禅院の庄主が非分の利益を得ることを室町幕府が禁止する。

一〇三三〔建内記〕正長元年五月十四日条

『大日本古記録』一巻、一三三頁

十四日、乙丑、雨下、
三宝院(満済)准后送使示給云、自昨夕出京也、以休暇可預御尋
云々、則詣門跡(醍醐寺)、有対面、言談条々、（中略）
一諸五山禅院、以契約押領掠領・等之所領、庄主非分得利不可
然、此一段又可有沙汰之由同御定也、予(万里小路時房)所領江州八(愛智郡)
木・大国(愛智郡)事、寺家請文分明之上者、可被任理運条勿論也、
必可伺上意、不可懇望管領之由、三宝院被示之、謝申
了、
予家領内、雖一所大綱之地為何処哉之由三宝院被尋之、
美作・備後両国衙各千許之地也、各近年貳万疋沙汰之、守護
結句五千疋各減少之、各万五千疋之沙汰也、□納有望
事也、播州吉川上庄(三木郡)領家職、五百許地也、而地頭□不済
以領家(進カ)止参差之地、無謂地頭悩百姓、直押領之致耕作、
不済本所年貢、以外也、此間沙汰之次第演説之、所詮任下庄例幷竹吉川

原村上庄内等例、但地頭破請文、当時非中分、地頭与領家被中分下地者、可為本意之由申之、追可申談由申了、

正長元年（一四二八）五月十九日、足利義宣（後の義教）の将軍就任後は諸五山禅院への祈禱命令が出されず。

一〇三四〔建内記〕正長元年五月十九日条

『大日本古記録』、一巻、一四二頁

十九日、（中略）諸五山禅院○御祈事、先々毎度自　武家雖被仰以付、当代（足利義宣）未被仰之、五月聊有存旨、仍只今不仰之由、勧修寺中納言（経興）自　室町殿（義宣）被申之云々、（後略）

正長元年（一四二八）六月二十五日、足利義宣が勝定院にある絶海中津の塔前で衣鉢を受け、道興と号す。

一〇三五〔建内記〕正長元年六月二十五日条

『大日本古記録』、一巻、二一八頁

廿五日、（中略）室町殿（足利義宣）今日午刻、於相国寺内勝定院国師（絶海中津）翼聖（翊）塔前有御受衣鉢事、以国師為拝塔○之尊〻之師、天龍寺前住和尚国師上足、弟子宿老也、相代肖像説戒授衣云々、御宝（法カ）名道興也、道永・道興自寺注進之、内々以三宝院（満済）（醍醐寺）被仰談合御執柄（二条持基）之処、道永〻（仰ノ上ノ被、塗抹符脱カ）者故七条入道法名也、道興可然之由被申、▨仍治定云々、還御之後人々少々進御剣、予為御法眷者也、（後略）

正長元年（一四二八）七月十三日、室町幕府が醍醐寺三宝院領尾張国鳴海庄に対する相国寺大徳院庄主の押領を停止するよう命じる。

一〇三六〔室町幕府御教書〕醍醐寺文書

『愛知県史』資料編九　中世二、五七七頁

三宝院（満済）（醍醐寺）門跡雑掌申尾張国鳴海庄（愛智郡）事、早退大徳院（相国寺塔頭）庄主、可被沙汰付彼雑掌之由、所被仰下也、仍執達如件、

正長元年七月十三日　沙弥（畠山満家）（花押）

左兵衛佐（斯波義淳）殿

正長元年（一四二八）十月二日、室町幕府が足利持氏反乱の報を受け、徳仲等懋を関東に派遣する。

一〇三七〔満済准后日記〕正長元年九月・十月条

『続群書類従』補遺一（上）、五三五頁

（九月）廿七日、晴、出京、参御所、関東へ御使、両使
祖堂和尚・等懋(徳仲)西堂事被治定了、
廿九日、晴、今朝早旦出京、御所様(足利義宣)御出相国寺崇寿院、
則参申彼所了、管領(畠山満家)以下諸大名悉祗候、関東へ両使僧今
日於崇寿院御対面、可被仰遣様面々ニ御談合、於仏殿御
桟敷談合、其人数、管領・武衛(斯波義淳)・右京大夫(細川持元)・畠山(満慶)匠作・
山名(時熙)・赤松(満祐)・細河讃岐(満久)・一色(義貫)等也、面々意見無殊事、当
御代依御無音都鄙雑説在之、旁不宜歟、毎事無為可為御
本意之由計也、次故勝定院殿(足利義持)為御訪先度被進御使條、御
悦喜子細〔等〕同被仰遣者也、此條可然由面々一同儀也、
仍今日両長老可進発云々、但今日門出、来二日可下向之
由申也、（後略）
（十月）二日、（中略）関東使者両長老今日進発云々、
○本文中の〔　〕は続群書類従本による。

正長元年（一四二八）十月七日、在中中滝が示寂する。

一〇三八〔本朝僧宝伝〕『加能史料』室町Ⅱ、二四七頁

在中(・中滝)和尚行状

師諱中滝、字在中、能州人也、其父某氏、其母某、将詣熊野(紀伊国)路、過洛下、留滞者有日矣、於是歴渉雒之東西仙仏霊跡、而偶遊天龍禅刹、観厥山川之明媚、精藍之輪奐、嘆之、殆乎塵外絶境也、眺望而不忍去、乍聆衆僧之趣法堂、以誦経之声琅然、自誓願、某若得誕子、投此地以為僧、則豈不啻三生至願哉、遂投宿清凉寺西観音堂、而精禱一七日、忽若肚裏有物、不堪痛艱、而帰洛之僑居、諸医診脈云、是有身之象也、故不詣熊野而直帰能州、終産一子、容貌太厳笑談可愛、逮厥日長而優寵日加、追思昔年之旧誓、而相携入雒、々下旺称龍湫(・周沢)和尚之道化、乃介厥第(弟)子某、以母子親提携、而投和尚室、粗演誕質之由、和尚奇之、既而登戒、日夜精修、慧弁冠衆、於是師資道契、衣法表信、未幾瑞世于相国、一弁供龍湫(・周沢)、次住天龍、人僉謂正覚国師(夢窓疎石)有龍子・龍孫、匡衆行道、允疑古仏出現矣、終応勝定相公(足利義持)之鈞選、住南禅之名藍、万衲欽服、諸檀衛護、大凡所住王処、起廃補欠、師為人和而温、察而貞、福慧兼全、然檀越所施、自不以有、尽帰常住、澹爾(在
恰如杜多之莫担、儲嘗在其相国、方丈蔵殿、未全備、師

(中中淹)尽力畢厥営功、而後構退基於南禅之艮方、扁曰瑞雲、仏殿按世音像、而名白華岩、又東京刱一宇(相国寺)、曰大徳、設仏龕以扁宝陀岩、祖塔号妙済、院在天龍(嵯峨)者曰南芳、又創実際軒、師到処莫不現宝坊、尽安観音者何也、蓋以先世之託生也、宜哉、済衆之慈大且広也、誠可貴矣哉、正長初元戊甲(申)歳十月七日溘爾示寂、世寿八十七歳、自讃肖像曰、住山王処、薄福深慚、無法可説、無禅可参、借問安心有誰会、海月山雲共対談、

或云、世伝、在中和尚偶詣鞍馬寺(愛宕郡)、以欲拝毘沙門、路臨渓口有物、沿流而下、近而睹之大黒天像也、傍有人云、和尚摭之、師云、是福神也、豈堕貧道手哉、若欲帰我則泝流而上、以杖一下、東風太急、天像泝流、師信受、奉之持帰、睹者奇之、而後福貴弥盛云々、

正長元年（一四二八）十月二十二日、今川範政が足利持氏反乱のため駿河国に下向する。範政が相国寺領を含む在所の預所を希望し、室町幕府が許可する。

一〇三九〔満済准后日記〕正長元年十月二十二日条

『続群書類従』補遺一（上）、五三八頁

廿二日、晴、今河上総守(範政)来、明日駿河国へ罷下云云、千疋随身、馬一疋太刀遣之、今河総州申入分国他人知行在所預所望申間、五ヶ所御免、此内相国寺領等在之、

正長元年（一四二八）十月二十三日、相国寺僧が庄主として近江国三村庄に下向し、代官から三百十二貫文を受け取る。

一〇四〇〔近江国三村庄代官宇野教林注進状〕東寺百合文書ケ函一二四

相国寺より庄主下向候て、三百十二貫を可請取之由申
□無是非事にて候了(カ)、
畏言上仕候、
抑三村庄(近江国愛智郡・蒲生郡)御寺用米事、先日注進申候様未収納候へ共、京都よりも下候料足を借用候て進上申候、員数事者いかほとにて候とも、此商人進上申候ハん程、御請取候て、京進分御請取を可下給候、将又守護殿(六角満綱)よりも三村庄嶋郷分に三百十二貫余を寺社本所幷給人給名共ニ悉々相かけられ支配候間、御寺用にても其支配相懸候ハんよし申され

候、但此給人達皆々よりあわれ候て、以目安屋形へ歎申
され候、御寺よりもさしあわせて御申もあるへく候処、
御披露あるへく候、委細者重而可注進申候、恐惶謹言、
(正長元)十月廿三日　教林(宇野)（花押）
進上　公文所御坊中

正長元年（一四二八）十月、近江国宏済寺雑掌が、同寺は空谷明応に譲渡されてから現在まで常徳院末寺であることを主張する。

一〇四一〔常徳院末寺近江国宏済寺雑掌支状案〕菅浦文書
『菅浦文書』上、九三頁

(端裏書)「常徳院雑掌支状案文　正長元十八」
目安
(相国寺)常徳院末寺江州(浅井郡)宏済寺雑掌申、
右彼寺者、常光(空谷明応)国師叔父海翁和尚開基之地也、（国師ハ嵯峨門徒、海翁ハ兀庵(・普寧)門徒也、）依寺僧不
法之儀、其時領主追出寺僧、依俗縁之由緒令進常光国師、
若有辞退之義(儀)者、則可成他門之由領主被申、然則彼海翁
位牌等被棄捐、可一寺破壊之間、即国師領掌、然間被成
常徳院末寺、其後可為諸山之列之由、被成下　御判畢、
門徒西堂相続令住持之事、已及十余代也、勝定院殿(足利義持)御代
雖及度々訴訟、国師在世之時、鹿苑院殿(足利義満)仰定在所也、不
及余義云々、仍而被成諸後(役)免除之御判、為常徳院末寺而
三十余年無移動者也、粗言上如件、自応永十三年次正長元二廿三年二成、
正長元年十月　日

正長元年（一四二八）十一月三日、近江国三村庄の給人等が同国守護六角満綱より相国寺への借銭について東寺の代官に嘆き訴える。

一〇四二〔近江国三村庄代官宇野教林書状〕東寺百合文書フ函九三

(端裏書)「三村庄代官状」(近江国愛智郡・蒲生郡)
猶々上米分四百三十石ニ此銭代相懸候間迩事候、戒上地
頭ニ上リ候て如此事共、取沙汰候間無是非事候、守護方
より御返事延引候者、三宝院(満済)(醍醐寺)様へ御申候て、公方(足利義持)より
の御使を御立候て、御落居候様、御了簡候へく候、此
使を一日も御と、め候て、御さ右を承候へく候、さ様
候ハ、使を御近所におかれ候へく候、

畏言上仕候、抑先日京着之御請取慥下着候間、目出度畏入存候、就其候てハ先度内々注進申候守護方（六角満綱）より相国寺へ借銭事、以目安給人等歎申候処、其返事ニ地頭戒上方よりも上米分ニ悉々可支配申下候間、三百十一貫六百文分斗別相懸候間、東寺御寺米ニも石別ニ七斗四舛一合宛落取候間、八十四石之内六十八（二）石二斗四合（舛）四合銭主方へ可取候間、残御米二十一石七斗五舛六合之内十石伊庭（満貞）方へ取候間無是非事候、いそき守護方へ以使者可被仰も、さいわいニ伊庭在京事にて候へハ、伊庭方へ可被仰之処、今程ハ伊庭申事を守護殿即聞入られけるも此二三年無足候て、結句又当年の御米を左にも如此落取候ハん事、無物躰存候、守護方よりの御返事ニより候て、　公方様へもいそき御申候て、御使をも御立候ハてハ、珎事にても、殊更当年所務於そなわり候処、御無沙汰候ハてハ不可有正躰候間、歎存云々（カ）、委細者此使可申上候、預御披露候者可畏入候、恐惶謹言、

正長元
十一月三日　　教林（宇野）（花押）

進上　公文所御坊中

正長元年（一四二八）十二月十五日、東寺が若狭国太良庄公文職・勧心名四分一・内御堂供僧職を山伏の下野房朝賢に安堵したため、太良庄の百姓・代官乾嘉が抗議する。

一〇四三〔若狭国太良庄本所方惣百姓申状〕　東寺百合文書 オ函一六三

『若狭国太良荘史料集成』第五巻、八三頁

太良庄（若狭国遠敷郡）本所分惣百姓中より謹言上、

抑今度珎泉坊（朝賢）上洛候て、自寺家公文職お安堵候由、国にて御披露候、無御心元候、就其候て此人之手なミのほとハ存知申たる事にて候、又寺家様へもふちうなる（不忠）人の事にて候お、御存知なく候て、如此公文職を被仰付候哉、それおいかにと申候に、ふうす（副司）（乾嘉）御代官をめされ候て、二年日の十月ニ三方殿（範忠）の御内のとんせい（遁世者）物の折紙をとり候て、東寺之御年貢米おおさゑ申され候間、百姓等（ママ）　寺家之所領ニ今更守護人を入、所領きす（疵）を付候てハいかゝと、御百姓等さわき（騒）候て、驪京都へ注進仕候処ニ、自寺家守護かたらい（語）たる無勿躰由ニ、地下をもはらい（掃）候へと被仰下候間、地下をはらい候之処ニ、彼仁御代官つき申候て、地下之安堵計をハ御ゆるし候へと被歎申候間、地下之安

堵ハ御代官としてさしをかれて候、其時彼　名田ほうおは、彼ひか(僻)事ニより候て、取はなされて候、其時余ニわひられ候程ニ、少〳〵おハもと(戻)されて候、いまのこり(残)候彼名四分一計の事にて候、其時之とんせい物のをりかミ(折紙)なんとふす《う》す方ニあるへく候、御らん候て御《了》御簡あるへく候、又よこた(横田)入道(躰興寺安信)下地事、公文職之内ニ補任を申籠られ《候と》由被申候由、地下にて被披露候間、無御心元候、彼よこた入道か下地の事ハ、地下ニふる(古)きとしよりとも(年寄共)の申伝候者、是ハかくへち(格別)ニの公方よりおんしやう(恩賞)の下地とこそ承及候、就其かの入道去年の十二月之末ニめてたくなりて候、此下地の事ハ、此入道之一期の後ハ、御公平にてあるへき由、古公文(弁祐)申候しを、今度公文預之内と号して安堵仕候由被披露候間、無御心元候、かの仁を公文ニ上として御さためある事にて候間、下として上お計申候事ハ候ハねとも、さりなから、かの人の事ハ不可然候、彼様ニ申候へハとて、地下として、公文をたや(絶)す儀にてハあるへからす候、余人の方おハさゝへ不申候、かの人の事ハ不可然候、尚々かの人ニ被仰付候者、始終地下ニ御百姓あるましく候、可然者公私目出度候ハんするやうに可有御計候、以此旨可預御披露候、恐惶敬具、

(正長元年)十二月十一日　　太良庄本所方
御百姓惣中

進上　東寺(越後賢増)
惣公文所

一〇四四〔若狭国太良庄代官乾嘉申状案〕 東寺百合文書 ハ函一五六

『若狭国太良荘史料集成』第五巻、八四頁

(端裏書)「太良庄事」

(若狭国遠敷郡)太良庄御代官(乾嘉)申、

一観(勧)心名四分一之事、山伏(下野房朝賢)今度罷上、御補任を申給候て、彼名を押候由申上候、今度之御成敗卒爾候哉、然彼山伏御領御代官之時、御年貢無沙汰仕候て、不上申候間、以寺家御評定、御代官職愚身蒙仰候、応永廿年、同廿一年ニ彼山伏相語守護方(一色義範)、取折紙、御領を押、御年貢を取散候ハんと仕候程ニ、御代官幷御百姓等以飛脚申上候処ニ、自寺家守護方へ被仰候間、落居候了、依其罪科、可掃領内よし寺家より蒙仰候間、其沙汰を申付候、其時如此之名共三持候を雖勘落候、彼仁《(朝賢)下野》之弟子いまの北坊(栄賢)歎申候間、一二ハ聽返付候、其も毎年未進過分ニ候間、始終ハ不可叶候哉、いま一の

観心名四分一の事ハ、山伏人ニ売候間、買主以証文歎候之間、任理運申付候、仍証文二通進上候、御披見候て可有御成敗候、

一内御堂之供僧職之事、山伏下野掠申御補任を給候哉、是又無勿躰次第候、此供僧職之事ハ、古公文弁祐為相続、別人ニ売渡事無其陰(隠)候、弁祐(政信)父子共之証文幷借状五通、又本所半済為代官任状二通・買主目安一通上候間、副進之候、如此に買得候上、内御堂之勤行等立代無懈怠勤候処ニ、山伏下野掠安堵之由申候事、言語道断之次第候、急々本主ニ可被仰付候、

一公文職安堵の事、是又不可叶由、以目安御百姓罷上、無勿躰由申候、堅自寺家御成敗候者、(御百姓等)他国可仕由申候、公私不可然次第候、彼山伏の事ハ、無正躰仁□(候)間、御百姓等背候て、地下へ不可入よし○もと神水を仕候て□(申カ)候程ニ、今又公文にても候へ、於是非御公事相共不可申談よし堅申□(候)、此條々、何も〳〵憲法之預御沙汰候て、厳蜜(密)被仰付候者、御領無為ニ目出度、御年貢・御公事等無煩進上可申候哉、委細蒙仰候て、御百姓方へ可申付候、仍小目安状如件、

正長元
十二月十五日

東寺
御奉行所御坊中

正長元年（一四二八）十二月十八日、来年正月の足利義持一周忌が引き上げられ、相国寺で仏事が行われる。

一〇四五〔師郷記〕正長元年十二月十八日条　『史料纂集』、第一、七九頁

十八日、乙卯、御八講結願也、是勝定院殿(足利義持)来正月御一周忌被引上之、有御沙汰、於相国寺陞座・拈香等有之云々、此外無殊事歟、（後略）

○足利義持は応永三十五年（一四二八）正月十八日没（本書一〇二五号史料参照）。

正長元年（一四二八）十二月、仲晦周光が足利義持と巌中周噩の画像を作成させ、惟肖得巌が賛を書く。

一〇四六〔東海璚華集〕『五山文学新集』第二巻、七一八頁

勝定院殿(足利義持)画像

美髯毵々、瞻視耽々、敬鬼神戦兢夕惕、勤王事顛沛朝参、

自投機於一国師（絶海中津）、却掃浄名丈室、而慕徳於三会祖（夢窓疎石）、清斎弥勒同龕、眼空一世自称過北、心服厳翁（厳中周噩）時要指南、風動張壁之絵像、屑霏対床之玄談、休矣五福欠一、溘然四十加三、視岸於舟移亦非動、蒙塵于鏡照吾所含、勝定安々当念、閲三祇億劫、真慈亹々再来、一（脱アルカ）現優曇、万年（相国寺）前席仲晦和尚（・周光）、命工図顕山大相国（足利義持）幷持地（嵯峨）法兄（厳中周噩）禅師慈像、装背尺度、二幅如一、舒之左右相面、使人起敬不已、属予（惟肖得巌）製之賛辞、焚香薫手、以書、正長元年臘月日、

同厳中和尚像

説法如三峡倒流、竦聴弗暇、摛文似雑花争地、弥望無窮、姑称余事、厚誣此翁、青出自藍、抹過普明古仏、白受其采、遭逢勝定相公、将謂内外護持、回古風於千古上、若為後先相逐、厭斯世於一年中、視其臨絶之偉、殆与不亡是同、地水火風、無端捏怪鼓合、皮肉筋骨、特地堅固玲瓏、議者繊塵填巨壑、褒之五彩画虚空、雖然走卒児童誦知、猶預展転随喜之益、同門伯仲羹煮、可視聯翩作興之功、

南禅前席厳中大和尚慈像賛辞、其説見于顕山相公幨末、幷読可也、視者誌之、

○「東海璚華集」は惟肖得巌の詩文集。

正長二年（一四二九）二月四日、鹿苑寺の庭石を足利義宣が召し寄せようとし、その可否について議論する。

一〇四七〔満済准后日記〕正長二年二月四日条

『続群書類従』補遺一（下）、一七頁

四日、晴、右京大夫（細川持之）来、自御所様（足利義宣）以大館入道（持房）被仰、北山殿当寺号鹿苑寺、御庭石、故勝定院殿（足利義持）御時震殿二階等被壊時徒ニ被積也、此石事只今此御所三條殿、御庭被沙汰直間、被召渡度也、雖然北山石木事不可被召渡之由、先度予（満済）意見申キ、尤被思食、然トモ此石ハ不立御庭徒ニ被積置計也、又管領（斯波義淳）意見之分モ、此石計事ハ可被召條可有何苦候哉之由申入、可為何様哉云々、予申入云、凡父祖御執心之所ハ、木石以下不可被荒之條古人申伝事也、雖然如仰徒ニ被積置御石、別而不可有苦之由存也云々、

正長二年（一四二九）二月二十二日、若狭国太良庄百姓等が同

庄代官乾嘉の改替を求める。

一〇四八 〔若狭国太良庄本所半済地頭領家方百姓等申状〕 東寺百合文書 し函二〇〇

『若狭国太良荘史料集成』第五巻、九三頁

目安

東寺御領太良庄（若狭国遠敷郡）御百姓等謹言上

右言上之旨者、去月以目安申上候処ニ正月中ハ寺家御さた（沙汰）あるへからさる由仰蒙候間、かさねて申上候、

一当御代官加ふうす（嘉副司）（乾嘉）就諸事ニ候て無正躰候、早々ニ新御代官を御下候て御公事等御さた候ハヽ、為寺家御為庄家可然存候、

一とくせい（徳政）の儀ニ付候て、自去年地下のさくらん（錯乱）中〳〵無是非候、か様のさくらんも、以前申上候ことく四人百姓の所行にて候、とりわけ道性入道ちやうきやう（張行）の本人にて候、御代官定候とも、まつ早々ニ上使を下申され候て、公文相ともニ地下の様すを御しつめ候へく候、さ候ハすハ地下（下地）の御したちあれ候へく候、

一小守護代今月十一日松山（常幾）と申仁下て候、いそき〳〵地下の事もしつまり候ハすハ、御寺領もいかゝ候へきと存候、尚々先代官のちうけん（中間）ちう（昼）夜ニ京いなか上下仕候、如何様の事をかたくミ候らんと心もとなく候、是非ニおき候てかふうす（嘉副司）をハ代官ニミ申ましく候、

一半済方の御百姓等もとく一円ニ御なり候へかしとまち申候、さ候間同心仕候、か様ニ候処ニ、けつく（結句）吉原殿御もちと申候て、ちけい（地下）よ〳〵さくらん候、今程の時分いそき〳〵御さたあるへく候、

一御年貢地頭・領家の分、去年のはる（春）内々申入候ことくニ御かんちやう（勘定）あるへく候、その内にて定のそき（除）あるへく候、

一地頭方の米のハし（和市）石別一貫▨（百）余領家方一貫▨（文）余たか《い》い（大概）此分にて候、

一御代官の事、先立おりかミ（折紙）をもつて別紙ニ申入候仁躰を定め申され候ハヽ、御百姓等いよ〳〵ちうせつ（忠節）をいたすへく候、委細の事ハ此御百姓等可申上候、恐惶謹言、

（正長二年）二月廿二日　太良庄本所半済地頭
領家　御百姓等上

一〇四九 〔若狭国太良庄百姓等申状〕 東寺百合文書 ハ函三七五

『若狭国太良荘史料集成』第五巻、九八頁

太良庄《若狭国遠敷郡》地頭・領家御年貢米幷銭足之事
一地頭方四十二石内、五斗すなう《収納》酒、五斗せつやしない《節養》、
五斗四月さんわう《山王》のまつり《祭》酒かう《肴》、二石五斗守護《一色義範》方五
せつく《節供》ニ出候、一と五百文、たいかい《大概》四石、のこり三
十八石、十一月・十二月のわし《和市》石別一貫百文、以上四
十一貫八百文ニあたり候、二月・三月ニハ石別一貫三
百文、以上四十九貫四百文ニあたり候、
春なし《成》三貫五百文、夏ちし《地子》三貫文、秋ちし三貫文、
一領家方七十五石、十一月・十二月のわし一貫卅文、以
上七十七貫二百余□《候カ》、二月・三月わし一貫二百文、以
上九十貫文ニあたり候、春なし三貫五百文、夏ちし三
貫、秋ち□《し》三貫文、たいかい此分にて候、かふうすけ《嘉副司》
んちう《検注》以後如此候、十七ヶ年このしよむ《所務》にて候、代官《乾嘉》
とく《得》分の事ハ存知不仕候、此内にて候へく候、とく此
分ひんき《便宜》ニ申上候、そんまう《損亡》の百姓まいり候時□《申カ》入候、
御せういん《承引》候ハて寺家の御そん《損》をめされ候、百姓のな《済》
し分をちうし《注》申候、かふうすを御かへ《替》候て、きとく《奇特》ニ
めされ候ハ、、寺家の御ためにて候、庄家の御百姓も
ふい《無為》候ハんするためニそせう《訴訟》申候、かふうすけんちう《検注》
以後如此候、公文方へ御たつねあるへく候、
卯月日《正長二年》　　太良庄地頭・領家御百姓等

正長二年（一四二九）六月十五日、斎藤御園五郎が林光院領加賀国横北庄の年貢を納めないため、林光院が室町幕府に訴える。

一〇五〇〔永享元年日記〕正長二年六月・七月条

金沢市立玉川図書館加越能文庫所蔵加能越古文叢二十二

『加能史料』室町Ⅱ、二九〇頁

永享元年

六月十五日、
一林光院《三条》領加賀国横北庄《江沼郡》年貢事、斎藤御園五郎致未済
云々、不日令究済、可申左右之由、可申含御園也、同
日以正蔵主《仲方中正》被仰付也、

同廿三日、
一林光院領加賀国横北庄年貢、斎藤御園致未済否事、松

田（貞清）対馬守相共可伺申之由、自管領（畠山満家）承之、

同日、

一同篇事、対馬守相共伺申之、御園陳申之條々、参林光院可尋申之由、被仰下也、

同廿九日、

一林光院雑掌重申状并年貢未進注文等、以木沢入道令披露之、

同晦日、

一同篇事、政都聞所務之目録不被出之間、下地興業難儀之由、御園申之、然者可被召渡政都聞目録歟之由、可伺申之旨、（自脱カ）管領承之、

七月五日、

一林光院領加賀国横北庄去年々貢、御園五郎致未済事、不及被召渡政都聞勘定状、且又寺家上使事、乍載請文令違背之條、非無其咎、然間於未進者、悉可致其弁、至向後者、守契状之旨、可被差下寺家使者、次去々年応永卅四、庄主未進事、任徴符致催促、同可執沙汰之、次八木入道事、可仰付守護（富樫持春）之由、被仰出也、対馬守相共伺申之、

一同篇目上裁之趣、今日五日、対馬相共申管領畢、

同八日、

一林光院領加州横北庄年貢未進事、御園五郎可致沙汰之旨申之、次八木入道事、召仰守護富樫介代之由事、彼是両條対馬守相共令披露之、

正長二年（一四二九）六月二十一日、足利義教が仲方中正をもって厳中周噩に対する禅師号宣下を後小松上皇に奏す。

一〇五二〔建内記〕正長二年六月二十一日条

『大日本古記録』、二巻、三七頁

廿一日、天晴、

禅師号事有御執　奏、是前住南禅厳中周噩和尚去年六月廿六日円寂、而門中出所望之間、志波（斯）兵衛佐義淳申室町（足利義教）殿、及御執　奏云々、昨日以中正（仲方）蔵主可　奏聞旨被仰下之、昨日両御所（後小松上皇・義教）御衰日也、諡号也、仍斟酌、今日所奏也、有　勅許、本儀陣儀也、而近年不及陣儀、只職事以消息下口　宣、大内記書　勅書、自遺弟許於柱下乞請之云々、頗陵爾歟、仍可為陣儀哉否伺申入仙洞之処、毎度被忩申之間、

近例不能陣儀、今度日次之沙汰可有其程者尤可為陣　宣
下、得其意可申沙汰之旨被仰下之、仍伺申　室町殿任本路、
以正蔵主申入之、之処、来廿六日以前所申請也、已無余日之上者、
任近例可有其沙汰之由有御返事云々、仍　奏聞、可仰職
事之由有　勅答仰、

一〇五二（師郷記）正長二年六月二十一日条
『史料纂集』、第一、一〇八頁

廿一日、丙申、厳中和尚（・周噩）禅師号内々被　宣下、上卿万里
小路大納言（時房）、職事頭左大弁房長朝臣（甘露寺）云々、号智海大珠禅
師云々、

永享元年（一四二九）九月二十五日、これ以前、惟忠通恕が観中中諦の頂相に賛を書く。

一〇五三（繋驢橛）『五山文学新集』別巻二、六二二頁

前相国観中諦（中諦）禅師

壮歳南游、孤錫万里、其面目森厳也、刮落呉天霜、其手
段辛辣兮、慣嘗蠹家水、試牛刀於補陀巌辺、卸象駕於万（相
季山裏（国寺）、密付単伝、不容擬議、垂一足何宗旨、莫是与渠
儂底鉗斧子、咄、

○「繋驢橛」は惟忠通恕の語録。年月日未詳につき、便宜
的に惟忠の示寂日におく。

永享元年（一四二九）、足利義教が絶海中津の塔を拝し、受衣する。

一〇五四（大乗院日記目録）永享元年条
『増補続史料大成　大乗院寺社雑事記』一二巻、三一九頁

月　日、将軍（足利義教）御受衣、絶海（・中津）国師拝塔、法名道興、道号慈
山、

一〇五五（足利家官位記）『群書類従』第四輯、二七四頁

同年（永享元）月日御受衣、絶海（・中津）国師拝塔、法名道興、道号慈山、

○正長元年（一四二八）六月二十五日に足利義宣（後の義
教）の受衣の記事あり（本書一〇三五号史料）。

永享二年（一四三〇）六月九日、室町幕府管領等が相国寺再建について諮問を受け、諸大名に造営を申し付けるが、明年に延期するよう答申する。

一〇五六〔満済准后日記〕永享二年六月九日条

『続群書類従』補遺一（下）、一五二頁

九日、晴、早旦出京、参室町殿、（中略）相国寺造営事、無尽期様思食也、畠山（満家）、当管領（斯波義淳）、山名（時熙）、此両三人意見可申入〔之〕由、内々為門跡可仰遣旨承間、以経祐・慶円両法眼、三人方へ申遣了、（中略）相国寺造営事、三人御返事大略同前也、面々申談重可申入云々、山名内々対門跡使節申様、先度諸大名ニ被仰付、堂々各令造営了、今度モ如然可有御沙汰歟、何様当年事ハ国反銭以下数多也、可被延明年歟云々、

○本文中の〔 〕は続群書類従本による。

永享二年（一四三〇）八月十八日、相国寺周辺の建物が大風により損壊する。

一〇五七〔満済准后日記〕永享二年八月十八日条

『続群書類従』補遺一（下）、一六八頁

十八日、大雨大風以外、方々破損云々、当寺（醍醐寺）諸院不及吹損、山上山下無為、珍重々々、大風午半歟止了、五（御）霊祭礼無為云々、公方様（足利義教）御見物云々、六條八幡宮（左女牛西洞院）御油神人清水寺参詣、帰路於五條橋上逢大風、自橋被吹落、主従二人没了、不便々々、其外如此類所所在之云々、官庁門二顚倒云々、相国寺辺ハ以外吹損云々、細川右京大夫（持之）亭祇園会御桟敷一二町他所へ吹落云々、十間計歟云々、

永享二年（一四三〇）十月五日、室町幕府が嵯峨正禅院を勝定院末寺とする。

一〇五八〔室町幕府奉行人連署奉書写〕御前落居奉書

『室町幕府引付史料集成』上、五四頁

（足利義教）（花押影）

一嵯峨正禅院事、号檀那申請、去年依有歎申族、被称長（相国寺）得院末寺之処、対勝定院（相国寺）数通書状在之、而参差之儀歟、甚不可然、早如元為当院可被定置住持之由候也、仍執

達如件、
永享二
十月五日
勝定院雑掌
（飯尾）貞連
（松田）貞清

永享二年（一四三〇）十二月三十日、檜皮師孫次郎と孫九郎が相国寺大工職をめぐって争い、室町幕府が裁定する。

一〇五九〔室町幕府奉行人連署奉書〕御前落居記録
『室町幕府引付史料集成』上、一九頁

（足利義教）
（花押）

一　檜皮師孫次郎与同孫九郎相論相国寺大工職事
（如カ）□孫次郎申者、亡父大夫次郎近吉嫁天龍寺大工（妙）□円息女是世後、経数年、至徳三年始而充近吉身被補任相国寺大工職畢、而近吉明徳四年孫九郎二歳之時拾取、為養子致扶持、去応永廿八年、於天龍寺以下所々者令譲与孫九郎之間、撰遣本證文者也、至相国寺以下所々者、依為実子孫次郎譲得之、互無其煩沙汰来之処、孫九郎男今年五月盗掠賜相国寺補任云々、如孫九郎陳状者、天龍寺・相国寺以下所々大工職、妙円遺跡、是世女相計之訖、仍為養母跡悉可相続之処、以令嫁是世由緒、為大夫次郎入道計支配之段、無謂、殊孫次郎所出帯至徳三年補任者、為充是世実子彦次郎身支證也、然間其子細就歎申令安堵云々、彼実否被尋下　公方之御大工近定并近宗・国近等之処、條々孫九郎申詞参差者也、訴人孫次郎申分無相違之旨、以告文捧注進状之上、彼孫九郎被養育近吉、乍受所々譲、不可用養父之間、□（捨カ）□其状之由申之條、旁以狼籍（藉）無理之段令露顕之上者、如元可成返補任於孫次郎之旨、可申寺家（相国寺）之由被仰出之間、両人秀藤、為行、罷向都聞寮（相国寺）、　上意之通申付訖矣、
永享二年十二月卅日
（飯尾）加賀守為行（花押）
（松田）左衛門尉秀藤（花押）

永享二年（一四三〇）冬、足利義教が相国寺僧を二百余人減員するよう同寺住持春林周藤に求め、九十余人が退出する。

一〇六〇〔満済准后日記〕永享三年正月十七日条
『続群書類従』補遺一（下）、二〇七頁

十七日、晴、山名禅門(時熙)来、相国寺僧二百余人可令退出由、自旧冬長老方(春林周藤)へ被仰出了、旧冬廿六日先九十余人退出了、其子細山名禅門於六角亭入御砌達上聞云々、其後廿九日以清和泉守(秀定)、年内ハ先以此分被閣、明春可有御沙汰旨、山名申入処、爾者任申請旨先可被閣云云、就之又当年以機嫌猶可申宥由物語了、珍重珍重、（後略）

永享三年（一四三一）二月三日、相国寺仏殿の組物を上げる日時を勘解由小路在方が注進する。

一〇六二〔大膳大夫有盛記〕長禄二年九月二十一日条

『続群書類従』第三一輯下、八頁

廿一日、先御代(足利義教)非大営少々事及日時与御沙汰哉、内々可申入候由、結城男申候間、退出一通勘之、

永享二年庚戌可被仰付御公事日、

今月　十二三日壬子、十七日乙卯、

九月十日　正三位在方(勘解由小路)

於仏(仙)洞　上様御粥御沙汰日、

今月廿三日己未、廿二三日庚申、十二月二日、

同三年相国寺仏殿組物上日、

二月三日戊戌時辰、正月廿四日、

御筒丸御上帯新調日、

今月廿一日丙辰時辰午、二月十七日、

可被仰付御作事日、

今月廿二日、　八月十八日、

庭中状披露日、

今月十三日甲辰、　十月一日、

同四年御的役人事可被仰出日、

今月十七日、廿一日、十月十四日、

同五年癸丑、常御所南可被構竹御廂日、

今月廿一日癸卯時卯巳、六月廿九日、

同六年可被射引目日、

今月廿二日丁子、　正月十八日、

付(結城持藤)勘解由左衛門了、雖小事就御尋注進如此也、可被准拠哉、

永享三年（一四三一）三月八日、大智院正融副寺が尾張国六師庄の直代官となり、僧と下部を在地に下向させる。

一〇六二〔建内記〕永享三年三月八日条

『大日本古記録』、二巻、二一三頁

八日、（中略）六師庄（尾張国春日部郡）代官職事、織田故伊勢入道（常松）尾張国守護代也、請之、百貫文請文両度出之、仰付御厩野多年致沙汰者也、而御厩野条々有不法事、百姓訴之逃散、結句永不可用之由有起請文之註進、仍可致直務之由、仰遣織田勘解由左衛門尉了、而未及返答、爰大智院（相国寺）正融副寺望此代官職、自浄華院（等熙）伝進之、依予（万里小路時房）命先相誘織田之処、織田云、御厩野事、可《就》他事有可誅戮事、而梅阿弥口入之間先閣之、所帯□（等カ）召上了、彼代官職事、故織田之時申請文了、我身不及請文也、御厩野不法之間可有直務之条不可有子細、但我身不請申事也、仍不及出避状、只被下代官可有所務、万一及違乱者、其時可加下知之由答之云々、仍百姓早還住可致耕作、可下他之《直之》代官也、且下上使之由《予》出下知状、行国奉書、正融副寺下遣僧幷下部、○《自》地下注進之使僧同道下行《向》也、副寺今日来、予謁見了、年貢之員数追可治定云々、（後略）

永享三年（一四三一）四月十四日、足利義教が夢窓疎石の弟子として臨川寺三会院で受衣する。

一〇六三〔師郷記〕永享三年四月十四日条

『史料纂集』、第一、一七四頁

十四日、（中略）今日室町殿（足利義教）渡御嵯峨三会院（臨川寺）、令成開山（夢窓疎石）御弟子給云々、元勝定院（絶海中津）国師御弟子也、有子細歟、今夜室町殿御院（後小松法皇）参也、仙洞御得度以後初而令参給、日比御咳気之故云々、

一〇六四〔看聞日記〕永享三年三月・四月条

『図書寮叢刊』、三巻、二八一頁

（三月）十五日、（中略）

（頭書）「聞、室町殿（足利義教）為開山夢窓（・疎石）国師御弟子於三会院（臨川寺）被受衣、無取次人、直被頂衣鉢云々、元絶海（・中津）国師弟子也、然而有子細如此云々、後聞、延引来月云々、」

（四月）十四日、（中略）

（頭書）「聞、今日室町殿於三会院被受衣云々、」

一〇六五〔大乗院日記目録〕永享三年四月十四日条

『増補続史料大成 大乗院寺社雑事記』一二巻、三三〇頁

四月十四日、将軍(足利義教)□御受衣、夢窓国師(疎石)拝塔、法名道恵、道号光山、后改善山、

一〇六六〔足利家官位記〕『群書類従』第四輯、二七五頁

同(永享三年)四月十四日重御受衣、夢窓国師(・疎石)拝塔、改道興為道恵、改慈山為光山、后改為善山、

永享三年（一四三一）四月二十八日、足利義教が母藤原慶子の追善のために等持寺八講堂で結縁灌頂を営む。その先例として相国寺の例が挙げられる。

一〇六七〔師郷記〕永享三年四月二十八日条

『史料纂集』、第一、一七五頁

廿八日、壬戌、晴、今日於八講堂(三条坊門等持寺)被行結縁灌頂、大阿闍梨三宝院(醍醐寺)准后満済僧正・少阿闍梨理性院(醍醐寺)僧正(宗観)、、着座公卿中御門大納言(俊輔)以下十四人、此外室町殿(足利義教)御着座、堂童子・所役殿上人等見散状、有度者・御誦経使・衆僧等、伝前奏万里小路大納言(時房)・家司権右少弁(土御門嗣光)、両局周枝宿祢(小槻)・師世朝臣(中原)・六位外記宗種(清原)・史盛久(安倍)等参之、六位御訪各二百疋云々、

室町殿御母儀勝鬘院殿(藤原慶子)御三十三廻、来月八日也、為彼追善、今日彼行之、御次第、摂政殿(二条持基)御作進之云々、

僧結灌頂、明徳元四廿、同三九廿一両度於相国寺八講堂有之、鹿苑院殿(足利義満)令執行給、今度之儀、毎事被摸彼例歟、当寮役大阿闍梨筵道葉薦、幷式部弾正幷図書等座分百二十疋被下行了、

○明徳元年（一三九〇）四月の結縁灌頂は本書四〇六～四一五号史料に、明徳三年九月の結縁灌頂は本書四五四号史料にあり。

永享三年（一四三一）五月十四日、鹿苑院僧が勝定院の沙弥を殴ったため、相国寺の沙弥・喝食が蜂起する。この事件に対して室町幕府が僧四十余人を捕える。

一〇六八〔看聞日記〕永享三年六月十九日条

『図書寮叢刊』、三巻、二九五頁

十九日、（中略）抑聞、去五月十四日相国寺沙弥預勝定院沙弥、被打擲、鹿苑院僧所行云々、依之沙喝蜂起、僧▨(堂)ニ閉籠、

寺を欲焼鳴鐘、寺中騒動之間、諸大名馳集云々、自公方（足利）（義教）被宥仰、先退散、此間猶有御糺明、鹿苑・勝定僧四十余人被召捕、侍所（満祐）赤松、被預云々、後聞、張本僧三人被流罪、自余被追放云々、

一〇六九〔満済准后日記〕永享三年六月六日条

『続群書類従』補遺一（下）、二五二頁

六日、（中略）一相国寺今度沙喝騒動以外也、就張本可有御沙汰、内々可相尋長老（春林周藤カ）云々、此等條々来八日出京時、可申付旨承了、（後略）

永享三年（一四三一）六月六日、相国寺が寺領山城国寺田郷代官畠山氏の年貢無沙汰を訴える。

一〇七〇〔満済准后日記〕永享三年六月条

『続群書類従』補遺一（下）、二五二頁

六日、晴、早旦出京、洪水之間四條橋へ廻了、則参室町（足利）殿（義教）処、南禅寺へ渡御云々、於浄土寺（東山）壇所待申了、不幾還御、早々可有御対面、（中略）申初御対面、條々被仰出子細等在之、（中略）一当国山城、寺田郷（久世郡）事、相国寺領也、代官職事畠山乍持之年貢無沙汰〔之〕由、寺家歎申、此庄事為公方御口入之間、契約畠山由寺家申入也、御口入一段無御覚悟如何候、同可相尋云々、（後略）

九日、（中略）九州事幷一昨日六日被仰出八ヶ條、御返事等申了、此内寺田郷事、今日未及返事間、不申入趣申了、（後略）

○本文中の〔　〕は続群書類従本による。

永享三年（一四三一）六月九日、室町幕府が大内盛見と大友持直の和睦を図り、大智院の無為周賾と雲谷頂騰を九州に下向させる。

一〇七一〔満済准后日記〕永享三年六月・七月・八月条

『続群書類従』補遺一（下）、二五三頁

（六月）九日、夕立、雷鳴、早旦両使長老九州下向相国寺大智院坊主無（周）為和尚（賾）今度天龍寺昇進、幷頂騰《トウ》（雲谷）西堂来臨、大内（盛見）雑掌安富来、其後巳初飯尾肥前守（為種）・同大和守（貞連）参、先肥前守・大和守両人召寄対謁、仰詞令書之、執筆肥前守也、則此仰詞以両奉行

肥前、大和、備上覧、無子細者以此趣可仰含両上使由申入了、午半歟両奉行帰来、此分無相違早々可被仰付、其後可有御参由申入旨被仰出云々、仍両長老、両奉行肥前、大和、大内雑掌等一所ニ召寄、仰旨申聞了、先大内方へ仰旨、予（満済）悉申之也、重上使下向事、可為無益由頻雖申入、以前上使沙汰様、未尽様被思食也、其上先両人大内、大友（持直）、和睦仕、九州令属無為、於両方訴訟篇者、追可被聞食入、於不令和睦者、是非共御成敗不可叶、以一度上使下向申詞計、一方御成敗時者、一向大内御引級様ニ諸人可存條、公私不可然由依被思食、為被尽事旁重上使被下遣、存其旨可専無為由、能々可仰時宜云々、次大友方へ仰様、以前可和睦由、以両長老被仰遣処、乍申入厳重御請、於国儀未同篇由、被聞食條尤不可然、閣是非先大内ト令和睦、於可歎申入題目者追可申入、必可被聞食入也、代々無二忠功只今可成無條、公私可被失御本意也、於不和睦者雖為何事、不可及御裁許由被仰出旨也、次両長老和睦一姿無之者、不可有上洛旨被仰出也、其和睦一途者、両人対面歟、不然者書状於以互和睦旨申通歟、又ハ内者可然者お以テ両方申通歟、此等内一途有時可被参洛云々、其後面々退出、（後略）

（七月）十六日、（中略）九州下向両上使無為和尚、頂騰西堂、方へ重可被下遣使者、僧事可撰器用由可被仰遣由云々、令存知由申入了、（後略）

十七日、晴、早旦畠山（満家）・山名（時熙）両人来臨、東使御対面御治定、尚々珍重、仍参礼云々、各二千疋随身、九州下向上使両長老無為和尚、頂騰西堂、方へ重被下遣僧、一人ハ大智院僧梵佶蔵主［云々］、一人ハ雲頂（相国寺）僧真□蔵主云々、今日召寄此門跡、以飯尾肥前守・同大和守、被仰下趣具可申付由、自昨夕承間申遣了、仍両人僧午終来、両奉行同参申間相共申了、條目一紙飯尾肥前書与両人僧了、其趣ハ九州時宜就今度大内入道（盛見）自害、大友・菊池（兼朝）以下心中振舞等、具被尋聞、早々企参洛可被申入云々、若両上使已参洛、九州近国ニテ両人僧行逢事有ラハ、自其重令同道可令下向、国時宜能々為被相尋也、若両上使参洛、中国ヲモ過程ナラハ、両人僧計九州へハ罷下、仰旨ヲ以テ国時宜具相尋可申入云々、此等子細等、委細奉行相共仰付了、（後略）

（八月）九日、晴、去六月九州へ下向上使両人、大智院無為和尚、并頂騰西堂夜前参洛云々、今日来臨、令対面了、九州事等被申、大内徳雄入道（盛見）打死事、六月廿八日筑前国糸郡（怡土）萩原《ハキノ》ト云所ニテ、被打條勿論云々、次大内分国豊前国モ、守護代杉伯耆守国ヲ捨、長門国へ引退了、筑前国中大内方者一人モ無之云々、大友少貳以下九州悉一統云々、仍両上使長老於筑前大内入道已被打由承間、自筥崎（筑前国粕屋郡）同廿九日下着長門赤間関（豊東郡）云々、其間両三日云々、爰自探題（渋川満直）被申様、大友方へ御内書被下歟、雖為何篇於此御内書者、先可被遣大内方條尤宜云云、仍任彼意見又自長門令渡海、筑前博多《ハカタ》（那珂郡）へ下着、則大友対面、御内書頂戴了、七月十六日請文自身持来、渡両上使、翌日（十七日）立博多、下着宗像（宗像郡）云々、於長門国大内新介（持盛）、同刑部少輔（持世）ニ対面了、両人共蒙疵云々、但非殊疵、仍対面云々、大内方勢手負以下以外体云々、大友申入旨、代々不引二張弓身事候間、雖為何事不可違背上意云々、予両使参洛事等為申入、酉終忩出京、先以使者自九州上使参洛申入旨、今夜可被聞食歟、又明日歟之由申遣一色左京大夫（義貫）方処、御返事、今夜被聞食云々、仍両奉行飯尾肥前・同大和守召給了、於京門跡（醍醐寺法身院）両上使申詞両人具承了、則帰参、予又同参申了、奉行両人披露次第、於御前予同聞之了、無相違旨申入也、自大内方（内藤入道智得）、申入三ヶ條事在之、一御旗可下給事、一河野民部大輔（通元）沙汰事被可（ママ）停止、其故ハ当河野刑部少輔（通久）九州へ為合力可罷立処、民部大輔訟訴出来事在之ハ、定一国軍勢令怖畏、悉不罷立歟儀也、一大友少貳雑掌可被放京中云々、此條條可為何様哉由御尋問、予申様、如以前可被仰談大名云々、仍来十二日畠山・山名両人方へ可仰談云々、及子終帰坊、（後略）

○本文中の〔 〕は続群書類従本による。

永享三年（一四三一）六月二十四日、室町幕府が但馬国高田庄の年貢納入より美作国豊田庄の年貢勘定を優先させるよう真如寺に指示する。

一〇七二〔室町幕府奉行人連署奉書案〕　『室町幕府引付史料集成』上、六八頁

（花押影）（足利義教）

一真如寺領但馬国高田庄（養父郡）年貢事、明日中可究済之旨、対

都官及催促云々、豊田庄(美作国勝田郡)勘定之間、先可止其責之由候
也、仍執達如件、

永享三
六月廿四日　　　　　　　　　　(飯尾)貞連
　　　　　　　　　　　　　　　(松田)貞清

当寺

○同月十八日付で同内容の室町幕府奉行人連署奉書写が『室町幕府文書集成　奉行人奉書編』上、四三頁にあり。

永享三年（一四三一）七月十二日、室町幕府が林光院雑掌に院領尾張国犬山郷に逃散した幕府料所の百姓を許さないよう命じる。

一〇七三〔室町幕府奉行人連署奉書写〕御前落居奉書
『室町幕府引付史料集成』上、六八頁

(足利義教)
(花押影)

一壹萬部御経御料所尾張国山田庄(山田郡)事、為庄務被差下蜷川
越中守親吉訖、自然百姓等及強訴者、令合力之、可被
沙汰居親吉於庄家、若被逃散、有許容他領之族者、為
被処罪科、云落着在所、云領主交名、載起請之詞、可
被注申由候也、仍執達如件、

永享三
七月十二日　　　　　　　　　　(飯尾)貞連
　　　　　　　　　　　　　　　(松田)秀藤

守護代(織田淳広カ)

一〇七四〔室町幕府奉行人連署奉書写〕御前落居奉書
『室町幕府引付史料集成』上、六九頁

一壹萬部御経御料所同国同庄(尾張国山田庄)(山田郡)事、為庄務被差下蜷川越中
守親吉畢、自然百姓及強訴、令逃散、雖落着富田庄(尾張国海東郡)、
一切不可有許容之儀、若不承引者、就惣庄可有殊沙汰
之由候也、仍執達如件、

同日(永享三年七月十二日)　　　　　(飯尾)貞連
　　　　　　　　　　　　　　　(松田)秀藤

道家次郎左衛門尉殿

一八事(尾張国山田郡)　　　　高田下総入道殿
一柏木(尾張国春日部郡)　市辺　井戸田　　等持院(洛北)出官
一味鏡(尾張国春日部郡)　　　玉泉寺雑掌
一豊場(尾張国春日部郡)　鳴海(尾張国愛知郡)　　三宝院(醍醐寺)雑掌
一犬山(尾張国丹羽郡)　　　林光院(二条)雑掌

一豊場(尾張国愛知郡)　中院《通淳》殿雑掌
一那古野(尾張国愛知郡)　今川左京亮殿代
一則武(尾張国海東庄)　畠山《持純》右馬頭殿代
一松葉(尾張国愛知郡)　土岐《持益》美濃守殿
一熱田　千秋《持季》刑部少輔殿
一八事(尾張国)　三上美濃入道殿
一堀江郷(尾張国)　大草《公範》三郎左衛門尉殿
一狩津(尾張国山田郡)　加治左京亮殿
以上　此所々文章同前、

永享三年（一四三一）七月二十七日、足利義持室日野栄子が死去する。栄子は空谷明応に帰依していたため、加賀国岡跡が追善料として相国寺に寄進される。

一〇七五〔相国考記〕永享三年七月二十七日条

『相国寺史料』第一巻、三七頁

七月廿七日、勝定院殿《足利義持》之室、長得院殿《足利義量》之萱堂、慈受院殿《日野栄子》
一位竹庭大禅定尼逝矣、往年師於常光国師《空谷明応》、法名浄賢、
在世四十二歳、以賀州岡跡、為追薦領、見于当寺古記、

永享三年（一四三一）八月二十二日、足利義教が無学祖元の法衣・自賛頂相を建聖院に安置するよう命じ、それを仲方中正が同院と景愛寺に伝える。

一〇七六〔仲方中正奉書〕宝鏡寺文書

東京大学史料編纂所写真帳六一七一・六二―四九―二

仏光国師《無学祖元》の法衣・同自賛の御影の事、もとのことく建聖院へ返しわたされ候へきよし仰出され候、あなかしく、
永享三
八月廿二日　中正《仲方》（花押）
景愛寺《五辻大宮》
侍者御中

一〇七七〔仲方中正奉書〕宝鏡寺文書

東京大学史料編纂所写真帳六一七一・六二―四九―二

仏光国師《無学祖元》の法衣・同自賛の御影の事、御相続の真證のことく当院《建聖院》へ返しわたされ候、よく〳〵安置申さるへきよし申候へと仰出され候、あなかしく、
永享三
八月廿二日　中正《仲方》（花押）
建聖院方丈侍者御中

永享三年（一四三一）十一月三日、相国寺仏殿の上棟と法界門の立柱が行われる。

一〇七八〔看聞日記〕永享三年十一月三日条

『図書寮叢刊』、三巻、三一九頁

三日、晴、今日相国寺仏殿上棟、法界門立柱云々、（後略）

永享三年（一四三一）十一月八日、室町幕府が崇寿院領和泉国堺南庄を七百三十貫文の契約で地下請とすることを決定する。

一〇七九〔室町幕府奉行人連署奉書写〕御前落居奉書

『室町幕府引付史料集成』上、八〇頁

（足利義教）（花押影）

一和泉国堺南庄（大鳥郡塩穴郷）事、先々不被居庄主旨、地下人等就歎申、糺決之処、地下請条分明之上者、任去応永廿六年二月廿八日寺家充状、召置柒百参拾貫文請文、可専寺役之由、所被仰下也、仍執達如件、

永享三年十一月八日

大和守（飯尾貞連）

肥前守（飯尾為種）

崇寿院（相国寺）

永享三年（一四三一）十一月十三日、相国寺で上棟の式が行われる。

一〇八〇〔満済准后日記〕永享三年十一月十三日条

『続群書類従』補遺一（下）、三一〇頁

十三日、雨、相国寺上棟云々、（後略）

永享三年（一四三一）十一月十四日、真如寺正脈院領近江国岩根・朝国内中下八田村と延暦寺領山上保が境をめぐり争論となり、室町幕府は正脈院を勝訴とする。

一〇八一〔室町幕府奉行人連署奉書〕御前落居記録

『室町幕府引付史料集成』上、三一一頁

（足利義教）（花押）

一真如寺（洛北）正脈院雑掌与法輪院（延暦寺）相論近江国甲賀・蒲生両郡堺事

如法輪院申者、山門（延暦寺）領蒲生郡山上保当知行也、仍中下八田村者為当保内之間、可致知行云々、如正脈院雑掌

申者、為甲賀郡岩根・朝国内、中下八田村多年当知行之処、自山上保令越境之由申之、所詮、彼実否以湯起請為被糺決、両方地下人可参洛之旨、就成奉書、於正脈院領百姓者則令上洛訖、至山上保地下人者、背度々召文、不可参決之由雑掌状在之、申切之間、以違背篇雖可有御下知、猶為被究淵底、被尋問守護人（六角満綱）之処、彼中下八田村者、為甲賀郡内正脈院数年知行之旨、注進分明之上者、不日退山上保競望、可沙汰付論所於寺家雑掌由、被成御教書於守護人幷山門使節中訖、

永享三年十一月十四日　（飯尾）加賀守為行（花押）

（飯尾）右衛門尉為秀（花押）

一〇八二〔室町幕府御教書案〕山中文書

『水口町志』下巻、三五〇頁

（洛北）真如寺正脈院領近江国甲賀郡岩根・朝国内中下八田村与（延暦寺）山門領同国蒲生郡山上保堺相論事、如山門雑掌申者、於中下八田村者、為蒲生郡山上保内候間、可致知行云々、正脈院雑掌者為郡各別当知行処、自山上保令越境之由申之、所詮彼実否以湯起請、為被糺決両方地下人、可被諸旨、就成奉書、於正脈院百姓者、則令上洛畢、至山上保地下人者、背度々召文、不可参決由雑掌状在之、申之間、以違背之篇、雖可有下知、猶為究淵底、被尋問両郡堺之処、彼中下八田村者為甲賀郡内、正脈院多年知行之旨、注進分明上者、不日退山上保競望、沙汰付論所寺家雑掌、可（被カ）付全所務之由、所被仰下処、執達如件、

永享三年十一月十四日　（斯波義淳）左兵衛佐在判

（六角満綱）佐々木大膳大夫殿

永享三年（一四三一）十一月二十八日、足利義教が相国寺僧・喝食蜂起の張本人を流罪に処し、他の赦免を検討する。

一〇八三〔満済准后日記〕永享三年十一月二十八日条

『続群書類従』補遺一（下）、三一四頁

廿八日、（中略）次相国寺僧・喝食及八十人御追出也、張本人已被流罪上八、御免可然云々、両條具申了、於諸五山事ハ、可相尋奉行云々、僧喝食事追可被仰云々、

（後略）

○追放された僧・喝食は同年五月十四日の蜂起に関わる（本書一〇六八・一〇六九号史料）。この僧・喝食は翌年五月二日に赦免される（本書一〇八八・一〇八九号史料）。

永享三年（一四三一）十二月三日、足利義教が諸五山寺領に段銭を賦課しようとするが、山名時熙の反対によって撤回される。

一〇八四〔満済准后日記〕永享三年十一月・十二月条

『続群書類従』補遺一（下）、三一四頁

（十一月）廿八日、（中略）山名金吾(時熙)来臨、諸五山寺領反銭以下、今度初被仰出守護、守護事不可然、被借召用脚難渋事在之ハ、其寺長老又ハ寺官、御切諌コソ尤ト存候へ、於一寺ハ不可有其咎事也、且御祈禱専一歟、可被閣様可申沙汰云々、（後略）

（十二月）三日、（中略）次諸五山領反銭事重申処、先可被閣由被仰出云々、珍重々々、此由相国寺長老(古幢周勝)方へ以慶円法眼申遣了、祝着云々、山名方へモ同申遣了、内々依執申入也、（後略）

永享四年（一四三二）三月十四日、伏見宮貞成親王が大光明寺で猿楽を張行する。

一〇八五〔看聞日記〕永享四年三月十四日条

『図書寮叢刊』、四巻、三三三頁

十四日、雨降、椎野殿(嵯峨浄金剛院)入来、猿楽為御見物也、天気陰晴未定之間、猿楽有無如何、大光明寺(雲峰梵興)長老・僧達可被見物之由令申、仍自方丈盆茶子二種々被進、明盛(生島)・小預参、明盛免許之間参、先日鯉小預召前令包丁、先有一献、天気欲晴之間、猿楽参、見物雑人群集、猿楽一番了、狂言之後又雨下、遣(違)乱無極、仍寺長老(雲峰梵興)於大光明寺可被御覧之由被申、先年於大光明寺有猿楽、以其例被申、雨甚降之間無力止猿楽、於寺可仕之由仰、雑人退散物忩不可説也、則寺へ行、椎野・女中以下悉行、於地蔵殿客殿、有猿楽、見物衆又群集猥雑也、猿楽先進目六、十番也、其内少々取替令所望、目録、

一番みす、於御所仕之、二々かつほの玉自是於寺仕、・三々すみた川・四々三蔵法師・五々自然居士・六々九郎判官東下向・七々重衝(衡)・八々よこ山・九々井手玉水・十々曽我五郎元服・十一々しつか白拍子、

至深更十一番了、禄物御所(貞成親王)・椎野・女中・男共・寺長老・退蔵庵(伏見)・寺官等各賜之、事了帰、雨雖遺(違)乱中々有其興、於御所猿楽近来無其儀、大通院(栄仁親王)御時於御所仕云々、邂逅之儀無為珍重也、(後略)

永享四年(一四三二)三月二十五日、伏見宮貞成親王の誕生日祈禱がこの日初めて大光明寺で行われる。

一〇八六〔看聞日記〕永享四年三月条

『図書寮叢刊』、四巻、三八頁

廿四日、晴、大光明寺(雲峰梵興)長老参、予(貞成親王)誕生日明日也、祈禱之書(疏)持参、都主(伏見)同参、長老焼香之後予加銘書法名、如例、当住別而誕生日祈禱事被申沙汰、仍当年初有此儀為悦、称蔵主参、梵昱(育)喝食暇事申、菊第(今出川公行室)比丘尼白河花園田地事、入江殿へ可被執申之由有書状、委細事珉(洪珉)書記申談了、入風呂如例、

廿五日、晴、寺祈禱大般若経転読云々、珍重也、長老執沙汰喜悦也、(後略)

永享四年(一四三二)四月十七日、室町幕府が嵯峨永泰院を観中中諦の門葉相続とすることを決める。

一〇八七〔細川持之書下〕慈照院文書

(嵯峨)永泰院事、観中(・中諦)和尚門葉相続領掌、不可有相違之状如件、

永享四年四月十七日　右京大夫(細川持之)(花押)

住持

○『分散した禅院文書群をもちいた情報復元の研究』五九頁参照。

永享四年(一四三二)五月二日、足利義教が法華八講のため大赦を出し、去年寺を追放された相国寺の僧・喝食が戻る。

一〇八八〔満済准后日記〕永享四年五月二日条

『続群書類従』補遺一(下)、三八二頁

二日、晴、今朝出京、参鹿苑院、御点心料千疋持参了、御対面、相国寺僧去年僧・喝食四十余人被追出了、此事山名(時熙)幷畠山修理大夫(満慶)申間、今日申処、無相違御免、面々祝着云々、(後略)

一〇八九〔看聞日記〕永享四年五月三日条

『図書寮叢刊』、四巻、五〇頁

三日、（中略）庭田宰相(重有)帰参、八講着座事広橋(兼郷)奉行可参之由申間、六日結願可参之由令領状云々、其日可奏慶也、計会之由申、彼御仏事被行大赦、被突鼻相国寺僧・喝食参服、帰寺ゝゝ裏松中納言(義資)大館楼(ママ)者等有御免云々、（後略）

○足利義教が相国寺僧・喝食を処罰した記事は本書一〇六八・一〇六九・一〇八三号史料。

永享四年（一四三二）五月五日、足利義満二十五回忌にあたり、等持寺八講が開かれ、転経供養が鹿苑院で行われる。

一〇九〇〔看聞日記〕永享四年五月条

『図書寮叢刊』、四巻、五二頁

二日、晴、等持寺(三条坊門)八講自今日始行云々、故北山殿(足利義満)廿五年忌也、別而有御仏事、室町殿(足利義教)自昨日鹿苑院御座云々、御経加布施、禁(後花園天皇)・仙(後小松法皇)・諸家被進云々、兼日無其沙汰之間、俄用意計会也、御経寿量品、経師光全法橋、仰付、御馬於地下尋之、（後略）

五日、雨降、端午嘉節幸甚々々、御節供如例、両宰相(庭田重有・田向経兼)・長資(田向)朝臣以下候、一献了庭田出京、明日拝賀八講着座等ニ罷出、室町殿寿量品表紙紅紫染分薄淡・水精軸・紐如恒、一巻高檀紙ニ裏居柳筥、・御馬黒鹿毛、一疋進之、広橋(兼郷)遣書状、明日早旦可遣之由、庭田ニ仰之、入風呂如例、

六日、自暁至朝雷鳴高声大雨降、午時属晴、御八講結願也、重有(庭田)卿初出仕、今夕可奏慶云々、御経・御馬早旦進歟、広橋奉行也、禁・仙以下被進云々、仙洞今日も御談義云々、（後略）

七日、晴、庭田宰相着束帯参、殊更拝賀之姿入見参云々、珍重也、一献持参有盃酌、前宰相(田向経兼)以下皆祇候、夜前拝賀之儀行粧如木一人・小雑色五人等也、自陣下参、先室町殿参、無申次、拝畢則退出、次内裏参、別殿行幸之間、無御対面、申次極﨟重仲(五辻)也、次仙洞参、申次同前、無御対面云々、御八講申初点事了、人々欲退出時分大雨雷鳴風吹、暫時晴退出云々、結願参人々、公卿、万里小路大納言(時房)・左大将太炊御門(信宗)・三条大納言(三条西公保)・勧修寺中納言(経成)・葉室中納言(宗豊)・広橋中納言・中山宰相中将(定親)・左大弁宰相中御門(松木宗継)・庭田新宰相(重有)・千種宰相中将(具定)(兼郷)、殿上人、

(六条)有定朝臣・(飛鳥井)雅永朝臣・(五条)為清朝臣・(冷泉)為之朝臣・(世尊寺)行豊朝臣・(平)知俊朝臣・(一条)公知朝臣・(高倉)永豊朝臣・(東坊城)益長朝臣・(中御門)明豊・(白川)資益・(烏丸)資任・(高辻)継長・(山科)繁宗・為親・(月輪)教賢・(平)知定・源重仲・源為治・藤原懐藤、
堂童子、(高階)経康・(大江)匡祐等也、
於鹿苑院四(五)日転経供養、六日陞座拈香等被行云々、自是進御経、御懇志之至殊喜入之由、慇懃之御返事広橋申云々、
(頭書)「後聞、転経供養両度、施餓鬼両度被行云々、」
○永享四年五月六日は足利義満二十五回忌。

永享四年（一四三二）五月十五日、足利家代々相伝の剣が紛失したため、室町殿で相国寺僧等が大般若経の真読や観音懴法などの祈禱を行う。

一〇九一〔看聞日記〕永享四年五月条
『図書寮叢刊』、四巻、五五頁

九日、（中略）抑室町殿重代之御剣ニ粉(紛、以下同)失、此間鹿苑院御座御留守之間、人盗取云々、七日被見付、御会所之御塗籠之内ニ被置、件剣ヌケ(抜)丸云々、今一者不知、仍洛中土蔵ニ被触仰被相尋之処、土蔵両所ニ件剣預置、則取進之間、天下之重宝粉失、以外仰天之処出来、御悦喜無極、仍御礼ニ御剣公家・武家進之、自是も可被進之由入江殿(三時知恩寺)告奉之間、則三条(正親町三条実雅)へ遣書状、御剣先可被進之由令申、（後略）
十五日、雨降、聞、室町殿以僧百人(相国寺等)七ヶ日大般若経真読・観音懴法等被行、是御剣粉失之御祈禱云々、御剣失事真実不思儀(議)表事云々、塗籠ニ重戸鏁(ママ)をねち切て取之、容易人不出入所也、而失之条怪異歟云々、盗人未被露顕、
(頭書)「後聞、大般若一日也、非七日、」
(頭書)「御所侍嫌疑之間、被糺問歟云々、」

永享四年（一四三二）五月二十日、北野社僧が鹿苑寺において刃傷事件を起こし、騒動となる。

一〇九二〔満済准后日記〕永享四年五月二十日条
『続群書類従』補遺一（下）、三八九頁

廿日、（中略）今日酉終歟、北野社僧三人、於北山鹿苑寺喧嘩事在之、一人ハ於当座死去了、一人ハ蒙疵遁去、

今一人ハ鹿苑寺ニ召取置之云々、此喧嘩題目ハ、只今社僧三人、北野馬場松原ニ立栖遊処ヲ、鹿苑寺一人其前ヲ過時、彼社僧牛カ罷透由申懸間、此僧正帰及過言云々、仍此社僧三人追懸間、此僧ハ鹿苑院へ逃籠閉門了、而此社僧等酔狂余、門ヲ打破トスル間、老僧為制禁罷出処、太刀ヲ抜欲傷刃(刃傷カ)間、又逃籠寺中、鐘ヲ鳴間、地下者共馳集、如此致其沙汰云々、為公方両奉行飯尾肥前守(為種)・松田八郎(秀藤)左衛門ヲ以テ御尋処、自寺如此答申云々、酔狂條ハ勿論云々、搦置社僧白浄(状カ)之儀同前云々、此喧嘩時刻ト、亭子院湯起請時節ト大略同時也、希代〔云々〕、（後略）

○本文中の〔 〕は続群書類従本による。

『図書寮叢刊』、四巻、五六頁

一〇九三〔看聞日記〕永享四年五月二十四日条

廿四日、晴、聞、去廿日北野社僧七八人児一両人相伴、下京辺勧進くせ舞見物、面々酔気之間、北山鹿苑寺未見之由申、帰路彼寺へ罷向、寺門ニ僧一人小便ス、児見之咲之間僧尤(抛カ)之、仍申合之間忽喧嘩及刃傷、北野法師二人死、僧一人死、自鹿苑寺北野へ欲押寄、室町殿(足利義教)被聞食、北野へ寄事不可然之由被止之、両方之儀被尋聞食、北野法師僻事之由被仰、彼輩被召捕被籠舎云々、不思儀天魔之所為歟、

永享四年（一四三二）六月三日、大内持世の弟である相国寺僧盛蔵主が還俗し、教祐と名乗る。

一〇九四〔満済准后日記〕永享四年六月三日条

『続群書類従』補遺一（下）、三九二頁

三日、（中略）大内修理大夫持世弟盛蔵主、相国寺僧也、依舎兄申状被還俗、今日実名教祐《スケ》、太刀一腰被下遣之了、山名(時熙)中沙汰之也、（後略）

永享四年（一四三二）六月二十四日、伏見宮貞成親王が光明天皇年忌につき大光明寺で焼香する。

一〇九五〔看聞日記〕永享四年六月二十四日条

『図書寮叢刊』、四巻、六五頁

廿四日、（中略）大光明寺(伏見)参、光明院聖忌焼香申、（後略）

永享四年（一四三二）七月七日、伏見宮貞成親王が光厳天皇年忌につき大光明寺で焼香する。

一〇九六〔看聞日記〕永享四年七月七日条　『図書寮叢刊』、四巻、七〇頁

七日、（中略）早旦先梶葉法薬、其後大光明寺（伏見）参、光厳院御忌焼香如例、両宰相（庭田重有・田向経兼）・長資（田向）・隆富（西大路）等朝臣以下参、

（後略）

永享四年（一四三二）八月十二日、相国寺領山城国寺田庄と小笠原持長知行分の山城国富野郷が境をめぐり争う。

一〇九七〔室町幕府奉行人連署書状案〕御前落居記録　『室町幕府引付史料集成』上、四二頁

一　相国寺領山城国寺田庄（久世郡）与小笠原備前守持長知行分同国富野郷（久世郡）相論堺事

被召決両方之刻、為富野郷沙汰召捕寺領百姓、剰一人令誅云々、且云中間狼籍（藉）、且云鹿苑院殿（足利義満）御仏事中、旁以領主難遁其咎、爰持長不存知之由陳申之、然者代官于時庄主、所行歟、不日可召進之旨被仰含訖、仍致参路（洛カ）、以湯起請其文章、取詮、如此題目為領主申付不致沙汰云々、有糺明之処、指腹白焼之、此上者咎已露顕之間、尤雖可被攻（取カ）公所帯、就寛宥之儀、以三重野論所地可被付寺家、早可書上御教書也、

永享四年八月十二日

大和守貞連（飯尾）

対馬守貞清（松田）

肥前守為種（飯尾）

永享四年（一四三二）八月十六日、足利義教が兵庫に下向し、相国寺等の唐船を見物する。

一〇九八〔看聞日記〕永享四年八月十六日条　『図書寮叢刊』、四巻、八五頁

十六日、晴、永基（冷泉）朝臣早旦罷帰云々、不参之条無念、室町殿（足利義教）明日兵庫御下向、是唐船被渡御覧、以次須磨（摂津国八部郡）・明石（播磨国明石郡）等名所共可被御覧云々、守護、、経営也、唐船公方・相国寺・諸大名等三艘也、

（頭書）「唐船可被渡事、自去年沙汰也、于今延引畢、如元唐土可被申通云々、」

永享四年（一四三二）十月五日、相国寺景勲都聞が丹波国大谷村公文職の辞任を認めないことを庄主に伝える。

一〇九九〔相国寺都聞景勲書状〕丹波佐々木文書

『丹波大谷村佐々木文書』四一頁

大谷(丹波国船井郡)公文職事、堅上表仕候、彼在所事、無公文候てハ不可叶候、殊譜代者事候、所詮、先度勘落分、如元被返付、上表事者、不可叶之由、評定衆被仰定候、如此候上者、年貢・公事等無等閑可致奉公之由、可被申付候、恐々謹言、

永享四

十月五日　　相国都聞 景勲(春熙軒)（花押）

庄主禅師

永享四年（一四三二）十月五日、相国寺景勲都聞が丹波国大谷歓楽寺の再建を庄主に命じる。

一一〇〇〔相国寺都聞景勲書状〕丹波佐々木文書

『丹波大谷村佐々木文書』四二頁

大谷(丹波国船井郡)歓楽寺事、炎上候、彼堂事者、性(往)古之在所にて候、致天下御祈禱候、然間、造営事堅歎申候間、先年勘落候下地、自当年子歳限酉、定拾ヶ年令免除候、以彼年貢可有造営之由、地下人等ニ可被申付候、恐々謹言、

永享四

十月五日　　相国都聞 景勲(春熙軒)（花押）

庄主禅師

永享四年（一四三二）十一月三日、この日から毎月大通院で庭田幸子（後花園天皇母）の誕生日祈禱が行われる。

一一〇一〔看聞日記〕永享四年十一月三日条

『図書寮叢刊』、四巻、一一〇頁

三日、晴、短冊葉室中納言(宗豊)遣之、領状不審、然而先遣大(雲峰梵興)光明寺長老為尋申(疏銘)参、南御方(庭田幸子)誕生日祈禱自今日被始申、(伏見)疏銘(庭田)重有卿書之、満枝(当所)(伏見庄)名寄進之間、於大通院(大光明寺)毎月誕生日可祈禱之由被申為悦、初度之間殊更茶子(百疋折紙)分被遣、（後略）

永享四年（一四三二）十二月十八日、侍所一色義貫が追捕のため勝定院に乱入し騒動になる。

一一〇二〔看聞日記〕永享四年十二月十八日条

『図書寮叢刊』、四巻、一二一頁

十八日、（中略）抑聞、夜前洛中以外有物忩事、室町殿（足利義教）ハ鹿苑院御座、諸大名帯物具馳参、是勝定院（相国寺）僧問注所子息野心者云々、被召捕、侍所一色（義貫）、夜中勝定院ヘ乱入之間、寺中騒動鳴早鐘、随而近辺寺々同鳴早鐘、此間依大和事有物言、畠山（持国）等御意不快用心之処、不知是非騒動、万人馳集、言語道断事也云々、然而無殊事、無為退散云々、

永享四年（一四三二）、遣明船の二号船が相国寺に充てられる。

二〇三〔大乗院寺社雑事記〕長禄三年十二月十四日条

『増補続史料大成』、一二巻、一四二頁

十四日、（中略）

一楠葉入道（西忍）物語、去永享三〔四〕年唐舟御入数事、一号船室町（足利義教）殿、二号船相国寺、三号船山名（時熙）、四号船三宝院（醍醐寺）聖護院 大乗院（興福寺）青蓮院（蓮）三条、

細川（持之）　同讃州（持常）　一色（義貫）　畠山（満家）

武衛（斯波義淳）　赤松（満祐）　善法寺（宗清）　田中（融清）、

五号船三十三間御堂、

同六年唐舟御人数事、

一号舟室町殿、二号舟相国寺、三号舟（アキママ）　四号舟山名、五号舟三十三間御堂、六号舟同、

享徳元年唐舟、

一号舟天龍寺、二号舟伊勢法楽者（社）、三号舟天龍寺、四号舟正福寺、六号舟大ツモ、七号舟大内、八号舟多武峰、九号舟法楽者（社）、十号舟天龍寺、

五号舟嶋津雖申出、勘合不渡之云々、

同進物色々注文

赤金十五万五千斤、スワウ（蘇芳）十万七千斤、

イワウ（硫黄）卅七万七千斤、太刀・長太刀一万フリ、

此外

イワウ別進一万斤、九号舟追帰イワウ二万三千斤、各百六十文目一斤、

○永享五年（一四三三）の遣明船の二号船が相国寺に充てられていることが『大乗院寺社雑事記』文明十五年（一四八三）正月二十四日条に記載される。

永享四年（一四三二）、丹波国桐野・河内の年貢のうち十一貫文が大光明寺に納入される。

二〇四〔丹波国桐野・河内年貢算用状案〕蜷川家文書

『大日本古文書　家わけ第二二』一、三〇頁

○モト端裏書ナラン、
「桐野河内永享四」
桐野河内(丹波国船井郡)永享四分

合九拾貫文内

一貫文　万貫進上之、
百文　若菜夫御祝前々ハ御屋形ヨリ御下行、
十二貫文　供御柴毎月下行、
十一貫文　大光明寺(伏見)二季進之、
五百文　北野御頭
十貫文　転法輪院殿(転法輪三条公冬)
五貫文　御寮
二貫▨(文)九百四十六文　同御雑事毎月百四十六文充、
四百五十六文　相賀小袖まいる、
二拾貫文　内田給分
料足荷　貳十人
雑々荷　三百五十人
人　五百人
馬　五十疋荷駄可有之、　○割注ノ裏花押アリ、

已上

永享五年（一四三三）正月十一日、長得院領安芸国高屋保の重書目録が作成される。

一二〇五〔安芸高屋保重書注文〕平賀家文書

『大日本古文書　家わけ第一四』六〇四頁

白長得院(相国寺)所出重書註文事、
一通　勝定院殿(足利義持)御判
一通　細川京兆(満元)施行
一通　入野次郎(平賀時宗)譲状

以上三通

永享五年癸丑正月十一日　　系惟（花押）

平賀尾張殿(頼宗)

永享五年（一四三三）五月二十日、足利義教が明の使者の滞在場所を鹿苑寺にすべきか否かを有力守護大名に尋ねる。

一二〇六〔満済准后日記〕永享五年五月二十日条

『続群書類従』補遺一（下）、四七一頁

廿日、雨、唐人可被置在所事、可為鹿苑寺歟如何之由、管領(細川持之)・畠山(満家)・山名(時熙)・武衛(斯波義淳)・赤松(満祐)五人方へ意見御尋問、次慶円法眼面々方へ申遣了、

永享五年（一四三三）六月三日、今川範忠が駿河国守護・民部大輔に補任され、その使者として星岩俊列等が駿河に下向する。

二〇七〔満済准后日記〕永享五年六月・七月条

『続群書類従』補遺一（下）、四八〇頁

（六月）三日、晴、早旦出京、参室町殿(足利義教)、駿河国へ御内書両通、一通総州方へ(今川範政)、御自筆、一通弥五郎(今川範勝)、奉行書之歟、御文章不分明、大略被仰付彦五郎(今川範忠)、其旨可令存知之由也、国人内者以下十三人方へ被成遣御教書、子細同前、両上使星巌(・俊列)和尚・周洪(浩)西堂(霊泉)両人今日懸御目了、條々奉行事書遣之也、今日両使則進発了、路次煩等一向為公方(足利義教)被仰付云々、津渡関等事国々守護ニ被仰付云々、奉行飯尾肥前(為種)守・同大和守(貞連)等也、（後略）

廿二日、晴、駿州下向上使星岩和尚・周浩西堂、今晩参洛之由自路次音信之間、明日(旦イ)於京都可入見参之由返答了、

廿三日、晴、早旦出京、星岩和尚・浩西堂対謁、今河弥五郎御請幷国人内者以下各載告文詞捧請文了、毎事如上意落居、既為彦五郎近(道迎イ)内者十余人参洛云々、則召寄飯尾肥前・同大和守・松田対馬守(貞清)、上使申詞具録之披露、予(満済)先参室町殿、上使申詞大概申入了、今河彦五郎ニ駿河国守護職幷官途民部大輔等事被仰付管領(細川持之)了、御使飯尾肥前守也、相尋吉日早々可令下国之由被仰付了、国御判同以吉日可被下云々、如然事等内々依仰申付飯尾肥前守了、此外就三浦、進藤等事、以管領奉書、狩野介、富士大宮司幷三浦、進藤等ニ、於国私弓矢不可取出之由堅被仰付也、（後略）

（七月）十四日、（中略）星岩和尚・周浩西堂来臨、今河治部少輔入道申事在之、非殊事、就今河民部大輔国時宜以下可致忠節旨、管領奉書等拝領可畏入云々、（後略）

十七日、（中略）次今河治部少輔入道同心駿河守護民部大輔可致忠節之由管領奉書拝領仕度由、以星岩和尚申入間、其由披露処、可仰付飯尾肥前守云々、今河新野申状又同前、同披露処、不可有子細云々、同申付飯尾肥前了、

新野事自星岩和尚以等持寺（三条坊門）僧伯蔵主被申了、仍令披露也、

（後略）

永享五年（一四三三）七月四日、鹿苑院領と延暦寺領の境をめぐって争いが起こり、延暦寺が室町幕府にこれを訴える。

二〇八〔満済准后日記〕永享五年七月四日条

『続群書類従』補遺一（下）、四八一頁

四日、晴、（中略）円明（円明坊）来、鹿苑院領ト山門（延暦寺）領ト堺相論事ニ付テ及喧嘩云々、仍自公方（足利義教）預御切諫之由歎申也、山〔門〕香寿院来、初対面了、（後略）

○本文中の〔 〕は続群書類従本による。

永享五年（一四三三）八月十二日、正親町三条公雅七回忌の仏事が相国寺等で行われる。

二〇九〔看聞日記〕永享五年八月十二日条

『図書寮叢刊』、四巻、二〇八頁

十二日、晴、三条（正親町三条公雅）仏事有経供養、其外相国寺・泉涌寺（東山）等種々有作善云々、（後略）

○正親町三条公雅女の尹子が足利義教室となっている。

永享五年（一四三三）十月二十七日、後小松法皇の葬儀が泉涌寺で行われ、五山僧が諷経する。

二一〇〔師郷記〕永享五年十月二十七日条

『史料纂集』、第二、四八頁

廿七日、（中略）今夜旧院（後小松法皇）御葬礼也、亥剋出御、八葉御車、僧両人一人者安楽光院住持（深草）、、、一人、、、参御車自東門出御、一条東行、京極南行、五条東行、大和大路南行、、、至于泉涌寺（東山）、供奉人々三条前右大臣（公冬）烏帽子直衣、御車寄、・万里小路（柳原）大納言時房・按察大納言（三条西）公保・花山院大納言持忠・藤中納言（日野西）忠秀・日野新中納言国盛・葉室中納言宗豊・四辻宰相中将季保・前参議（四条）右衛門督隆盛・三条（正親町三条）宰相中将実雅、殿上人長郷（高辻）朝臣・家輔（月輪）朝臣・為清（五条）朝臣・為之（冷泉）朝臣・行豊（世尊寺）朝臣・持俊（山科）朝臣・公知（一条）朝臣・益長（東坊城）朝臣・幸房（清閑寺）・持経（慈光寺）・有俊（綾小路）、已上布衣、藁沓、上北面信直（源）朝臣、下北面・御随身等可尋注之、

今夜　勅使頭中将隆遠（鷲尾）朝臣・蔵人左少弁明豊（中御門）・権右少弁（土御門）長淳等也、

今夜禅院五山渡諷経有之云々、

旧院御仏事方伝　奏万里小路大納言、奉行院司治部卿資宗（日野西）朝臣也、

○後小松法皇は同年十月二十日没。

永享五年（一四三三）十一月二十四日、足利義教が後小松法皇三十五日忌の仏事を相国寺で執り行う。

二二一〔看聞日記〕永享五年十一月二十四日条

『図書寮叢刊』、四巻、二四四頁

廿四日、（中略）旧院（後小松法皇）御卅《今日》五日有七僧法会、散状等委細可尋記也、室町殿（足利義教）於相国寺有陞座・拈香、御仏事料三百貫施入被申行云々、（後略）

永享五年（一四三三）十一月三十日、斯波義淳の危篤に際し、足利義教が相国寺僧瑞鳳蔵主を還俗させ、義郷と改名し斯波家の家督を継がせる。

二二三〔満済准后日記〕永享五年十一月三十日条

『続群書類従』補遺一（下）、五二八頁

卅日、晴、自将軍（足利義教）御書三條宰相中将（正親町三条実雅）持来、武衛（斯波義淳）所労危急、遺跡事ニ付テ当時奉公左衛門佐（斯波持輔）事以外無正体間不可叶、其弟僧在之云々、若器用歟、可被仰付、定自武衛可申歟、其由可申遣云々、自武衛方以両使織田筑後入道・飯尾美濃守申、所労既危急、待時式候間、続目案堵事申入処、可申此門跡之由被仰出候、達上聞事両奉行飯尾加賀守（為行）・同大和守（貞連）候、只今切角時節候、平御出京可畏入云々、返答御危急事自何驚入候、随而相続仁体事左衛門佐雖不能左右、時宜以外不快、一家総領職事不可叶器用之由連々被仰候、仍相国寺僧瑞鳳蔵主（斯波義郷）左衛門佐兄也、此仁事如被聞食及者可然歟之由先日内々仰旨候、就左様事可申此門跡之由被仰出歟、先此仁体事早々甲斐（将久）以下者ニ可被談合歟、何様ヤカテ可出京由申了、酉半出京、降雨以外、戌半京着、甲斐・飯尾美作守参申、以外内々被仰出器用仁体事可為上意、殊又畏入、然者命中案堵御判拝領心安可存置云々、仍以三條宰相中将此由申入了、然者実名官途事早々被仰出、案堵御判今夜吉日間可被下歟旨申了、三條宰相即披露云々、仍来申旨、此分不可有子細、早々可被成案堵御判、仍官途実名等事先々様相尋彼方、且可計申之由可仰

付云々、此由仰含甲斐処、官途毎度初度治部大輔、於実名事者可被計下云々、仍召寄為清(五条)朝臣実名事仰付了、次御字何ヲ可被下哉、彼家ニハ毎度上御字義ヲ被下歟、今度ハ下御字可被下條可畏入之由甲斐申趣申処、任先例上御字ヲ可被下云々、其子細申付為清、実名三載折紙進之、義勝・義郷・義昌、以三條宰相中将進之処、義郷御点也、今夜以飯尾加賀守続目案堵相当義郷被成下了、祝着云々、

（後略）

二一三〔師郷記〕永享五年十二月一日条

『史料纂集』、第二、五五頁

一日、（中略）今日武衛(斯波義淳)逝去年三十七、舎弟左衛門佐(斯波持輔)有之、然而為上意舎弟相国寺瑞鳳(斯波義郷)蔵人(主)還俗、可相続之由被仰之云々、

永享五年（一四三三）十二月十日、庭田幸子の母三十三回忌のため、大通院で施餓鬼が行われる。

二一四〔看聞日記〕永享五年十二月十日条

『図書寮叢刊』、四巻、二四九頁

十日、晴、於大通院(大光明寺)有施餓鬼、是南御方(庭田幸子)之母善照房(飛鳥井雅家女)比丘尼卅三廻明日也、仍仏事施入二千五百疋、七ヶ日看経執行、聴聞参、予(貞成親王)・若宮(貞常王)・姫宮・東御方(三条実継女)・南御方・近衛(田向経兼女)・春日(庭田重有女)・右衛門督(冷泉永基女)・今参(五辻教仲女)・御乳人自内裏只今帰参、・前宰相(田向経兼)・源宰相(庭田重有)・源三位(田向長資)・隆富朝臣(西大路)・重賢(庭田)・経秀(町口)・行資(世尊寺)・承泉等参、聴聞畢帰、此辺庵々点斎分施入、於宝厳院(嵯峨)別而有仏事、南御方以懇志涯分仏事被執行、禁裏(後花園天皇)御助成外聞実儀珍重、併孝子果報、幽霊得脱無疑者哉、

永享五年（一四三三）十二月十八日、足利義教が来年正月の足利義持七回忌を引き上げ、勝定院で仏事を行う。

二一五〔師郷記〕永享五年十二月十八日条

『史料纂集』、第二、五六頁

十八日、丁丑(卯)、雪降、御八講(三条坊門等持寺)結願也、今日於等持寺被行曼荼羅供、大阿闍梨三宝院(醍醐寺)(満済)准后也、頭(甘露寺忠長)右大弁申沙汰之、明年正月勝定院殿(足利義持)七年忌也、而被引上今日被修之、室町殿(足利義教)自昨夕御坐(座)勝定院(相国寺)云々、着座公卿可尋之、度者・御誦経使為之朝臣(冷泉)・持康朝臣(木造)云々、執綱・

執蓋可尋之、（後略）

永享六年（一四三四）正月二十八日、相国寺前住月渓中珊が示寂する。

二一六〔宗派目子〕

東京大学史料編纂所謄写本二〇一六―一三四

前相国月渓和尚諱珊、（中珊）昴序不遷、（不遷法序）塔在西山、（嵯峨）曰勝禅、在能州、曰如意山勝（嗣）寺、在摂之難波、曰善光、顕山（足利義持）相公使師書六喩経、師在横斜不帯丹沢月瀟洒村煙村両中之句、古今伝誦之、月渓和尚自号道隠、有道隠集云々、

○便宜的に月渓中珊の示寂日におく。

永享六年（一四三四）二月十六日、足利義教が裏松義資を訪問した人々を処罰したため、相国寺住持徳仲等懋が逐電する。

二一七〔看聞日記〕永享六年二月十六日条

『図書寮叢刊』、四巻、二八二頁

十六日、（中略）御乳人帰参語世事、裏松（義資）許へ行人々事、室町殿（足利義教）以外腹立、厳密及沙汰、公家・門跡・僧中・武家大略行向、門跡・執柄・清美（華）人々ハ遣使者云々、御室（永助入道親王）・相応院（弘助法親王）・九条前関白（満輔）・西園寺（公名）・花山院（持忠）等遣使、以外御切諫云々、頭弁忠長（甘露寺）朝臣所帯被召放、故房長（甘露寺）朝臣子息ニ給、家をもあけさせらる、長郷（高辻）朝臣去年安堵芝山庄（加賀国江沼郡）・筑紫之所領等被召放、殊以不便々々、先日御会祇候余波歟、西園寺も所領被召云々、八幡（石清水）田中（融清）所領悉被召、善法寺社務（宗清）ニ給、田中ハ逐電云々、南都人々も及生涯云々、惣而公家武家僧俗行向人六十余人也、所帯被注或逐電云々、相国寺当住（徳仲等懋）・鹿王院（嵯峨宝幢寺）主・芳庵（嵯峨）慈斎（済）院前住和尚も被逐電云々、凡天魔所行歟、非帝啻事御陸梁云々、綾小路少将有俊も行向人数也、所領被注云々、人次々参賀、無益事也、不便々々、陰陽頭有清（土御門）朝臣も所領共被召、有重（故有盛卿子）（土御門）ニ給、家をもあけさせらる云々、此外猶及生涯人々委細猶不聞、自是不遣使者之条、幸運之至珍重々々、不行向人々幸運也、（後略）

永享六年（一四三四）二月二十五日、後亀山天皇皇子小倉宮泰仁王の得度が計画され、その戒師として海門承朝が候補に挙がる。

二二八〔満済准后日記〕永享六年二月二十五日条

『続群書類従』補遺一（下）、五六三頁

廿五日、（中略）次小倉宮（泰仁王）得度事、以御書被尋仰之間、定可為近日歟之由申入了、戒師事、海門（・承朝）和尚歟之由被申間、宜為貴計之由申遣旨申入了、（後略）

○海門承朝は長慶天皇皇子。

永享六年（一四三四）三月二十二日、これ以前、醍醐寺武家祈禱料所山城国久世郷の年貢が相国寺への出費に充てられる。

二二九〔満済公武御祈以下条々置文〕醍醐寺文書二五函二〇七

『訳注日本史料　寺院法』三三六頁

申置條々

一　公家御祈

長日愛染王護摩供僧三口、料所鳴海庄、（尾張国愛知郡）

長日仏眼護摩供僧三口、料所野鞍庄、（摂津国有馬郡）

一　武家御祈

長日愛染王護摩供僧三口、料所久世郷（久世郡）、出相国寺事在、仍以舟木庄為料所、（近江国蒲生郡）

長日清滝権現本地供供僧三口、料所同上、

（中略）

永享六年三月廿二日

准三宮（満済）（花押）

○永享七年（一四三五）四月二日に久世郷の年貢千貫が相国寺に送られる（本書一一三六号史料）。

永享六年（一四三四）六月二十五日、唐人が相国寺に招かれる。

二三〇〔師郷記〕永享六年六月二十五日条

『史料纂集』、第二、七七頁

廿五日、晴、辛未、今日唐人被招請相国寺了、

永享六年（一四三四）七月十一日、大光明寺住持が寺領摂津国葺屋庄にかけられた守護段銭の免除を求める。

二三一〔看聞日記〕永享六年七月条

『図書寮叢刊』、五巻、五頁

十一日、（中略）大光明寺《(伏見)》領摂州葺屋《(菟原郡)》庄守護《管領》懸▨《段》銭可免除之由、以御書管領ニ可被仰之由、長老《(香林)》被申之間《(細川持之)》出一行、長老今日管領被出之処、不許之由長老参申《(大光明寺)》、無力事歟、御書雖恐存、自公方《(足利義教)》被仰出、不除権門勢家、一国平均天役之間、難叶之由、以面委細申云々、正蔵主《(仲方中正)》上意不快之間、僧中訴訟毎事不申次、計会之由閑談、
十二日、晴、（中略）寺《(香林)》長老申反銭事、三条《(正親町三条実雅)》へ遣状、明日可参申云々、
十三日、（中略）
「反銭事《(頭書)》、三条返事今日不得機嫌、十六日可披露云々、」
十九日、晴、御香宮参如例、源宰相《(庭田重有)》為使三条へ罷向、大光明寺反銭事也、十六日被披露、管領ニ有御尋、御返事可被申云々、（後略）

年月日未詳、伏見宮貞成親王が大光明寺領摂津国葺屋庄についての同寺住持の申状を支持する。

一二二〔貞成親王書状案〕『図書寮叢刊 看聞日記紙背文書・別記』二六四頁

思ひかけ候はぬ申入事にて候へとも、大光明寺《(伏見)》領の葺屋《(摂津国)》庄《菟原郡)》の事に付候て、長老《(大光明寺)》かやうに申され候、直には無案内に候ほとに、恐申入候はぬとて、なけき申され候ほとに、書物なから申入候、寺家一大事にて候へは、先例にまかせられて、しかるへきやうに、御はからひわたらせおはしまし候は丶、返〻かしこまり入候へく候、長老の状けさむ《(見参)》に入候よし、御心え《(得)》候て御ひろう《(披露)》□□《(候へ)》く候、あなかしく、

（切封）

○年未詳につき、便宜的に葺屋庄の記事にあわせて掲載した。貞成親王は康正二年（一四五六）八月二十九日没。

永享六年（一四三四）七月十七日、相国寺喝食を殺害した僧が市中・寺内を引き回されたあと、六条河原で処刑される。

一二三〔師郷記〕永享六年七月十七日条

『史料纂集』、第二、七八頁

十七日、壬辰、晴、今日申剋相国寺僧一人・建仁寺僧一人載雑車、被渡大路、町ワタリ云々、一向裸形云々、相国寺僧者、大徳院僧堂老僧也、去十

二日於相国寺大徳院殺害喝食〈歳十四歳、〉建仁寺僧者号正首座、去二日号上意召取僧〈於寺中〉〈号カウ首座、〉於仁和寺岡山軒之故也、相国寺僧ヲハ相国寺々中ヲ被渡了、建仁寺僧ヲハ彼寺々中ヲ被渡了、後両人日暮時分於六條河原被誅了、（後略）

一二二四〔満済准后日記〕永享六年七月条

『続群書類従』補遺一（下）、五九五頁

十一日、（中略）昨日又於相国寺喝食ヲ僧カ殺害、此喝食ハ山名親類云々、

十七日、晴、幸首座〈建仁寺〉召取、僧昌首座幷於相国寺喝食殺害僧、已上両人、裸形ニテ雑車ニ載セ、手足ヲ両方ヘシハリツケテ、物ニ腰ヲカケサセテ、自一條大路ヲ被渡云々、相国寺僧ハ相国寺々内ヲ渡シテ、大衆見物之、其間ハ建仁寺僧ハ惣門内ニ置之云々、又建仁寺僧ヲハ建仁寺々内ヲ渡テ、鳴鐘、大衆集会テ見物之、次於六條河原被切首云々、前代未聞事共也、此僧悪行、此御沙汰猶可謂不足歟之由、諸方沙汰之云々、（後略）

一二二五〔看聞日記〕永享六年七月十八日条

『図書寮叢刊』、五巻、七頁

十八日、晴、聞、昨夕相国寺僧〈（相国寺）大徳院住、〉〈、、首座、〉一人・建仁寺僧一人〈、、首座、〉於六条河原被刎〈刎〉首云々、濫觴者相国寺僧殺喝食、建仁寺僧ハ殺害僧、〈其旨趣重科也、不及記、〉被仰侍所召捕両人、車ニ□〈載〉テ裸ニ成テ縛付、〈牢形ヲ出、〉渡大路、相国寺々中渡大衆ニ令見、建仁寺僧同前、其後斬首、万人見之、言語道断事云々、重罪不及謂事歟、

永享六年（一四三四）八月二十日、南朝護聖院宮の子息二人が常徳院主海門承朝・鹿苑院主宝山乾珍の弟子となり、南朝が断絶する。

一二二六〔看聞日記〕永享六年八月二十日条

『図書寮叢刊』、五巻、一九頁

廿日、（中略）抑聞、南方護正〈聖〉院宮〈（惟成親王王子カ）〉両人喝食ニ被成申、不可被置御遺跡云々、奉公殿上人等少々禁裏〈（後花園天皇）〉可被召仕之由、以日野内裏〈（広橋兼郷）〉ヘ被申云々、凡南方御一流、於于今可被断絶云々、喝食ハ常徳院〈（相国寺）〉主海門〈（・承朝）〉和尚・鹿苑院主〈（宝山乾珍）〉等弟子ニ被成

中云々、（後略）

○海門承朝は長慶天皇皇子。宝山乾珍は足利直冬子。
○同年二月二十五日に海門承朝が後亀山天皇皇子の戒師となる（本書一一一八号史料）。

永享六年（一四三四）八月二十三日、明への返書に使用する年号が議論され、鹿苑院主宝山乾珍は干支のみを書くことを提案するが、明の年号を記すことになる。

一一二七〔満済准后日記〕永享六年八月二十三日条
『続群書類従』補遺一（下）、六〇三頁

廿三日、小雨、（中略）唐朝御返牒、今日被調之云云、就此事自管領(細川持之)以使者安富筑後守(元衡)申趣、御返牒年号事可為何様哉之由、奉行飯尾大和守(貞連)伺申入之処、日本年号勿論之由被仰出、仍可為其分候処、以前(永享四)、被遣唐朝御書、被書載唐年号了、此事御所様(足利義教)未被知食歟、可達上聞、所詮今度日本年号可被書載條、可有如何哉由、諸人申入也、鹿苑院々主宝山和尚(・乾珍)意見ニハ、支干計ニテ、一向可被略年号歟云々、此條モ又不可然歟、簡要意見之趣承可申入云々、予(満済)返答、此事ハ誠重事歟、愚案難及、乍去永享四年御書ニ、被載唐朝年号上者、只今又難被改歟、其故ハ、以前唐朝御音信初度之間、為不被違彼国所存、被載大唐年号、今ハ又彼国心落音信同心申入間、雖有何様御沙汰、可有何子細哉之由思食、被改之様存申入者、一向日本ノ表裏之様ニヤ、唐朝万人可意得申候歟、所詮今度ハ先如元唐朝年号被遊之、後ニハ此儀不可叶子細お、具別而以書被仰遣、幷唐使官人等ニモ、神国之間一向随(隋)唐朝儀ハ難叶、只以隣国好可申通條御本望之由、若可被仰遣歟云々、（後略）

○明への返書は『訳注日本史料　善隣国宝記』一五六頁にあり。同書には明の年号と干支が明記される。

永享六年（一四三四）九月二十日、室町幕府が遣明五号船料足の中から二百貫文を松尾社の使者に支払うよう相国寺都聞に命じる。

一一二八〔室町幕府奉行人連署奉書写〕東寺百合文書ち函一〇　廿一口方評定引付
『室町幕府文書集成　奉行人奉書編』上、六三三頁

此弐百貫文事、以五号船料足内可有下行松尾社使候也、仍執達如件、

永享六
同日（九月二十日）　　　　　　　　　貞連（飯尾）在判
　　　　　　　　　　　　　　　　　　為種（飯尾）
　相国寺
　　都聞禅師

永享六年（一四三四）十月十六日、来る二十日に足利義教が後小松天皇一周忌の仏事を相国寺で行うため、万里小路時房が公卿や僧に参仕を呼びかける。

一二二九〔建内記〕永享六年十月十六日条　　『大日本古記録』、一二巻、二六四頁

十六日、乙未、晴、天曙之程向日野（広橋）中納言兼郷卿、亭、付来廿日一回御法事条々折紙二枚幷愚状（万里小路時房）也、今朝可披露云々、来廿一日諒闇畢吉方出仕、公卿三人可入也、廿日御法事与廿一日吉方同人、若為御点者可為如何哉、連日之儀可有憚哉、又不可有苦哉云々、予答曰、為同日者別人可然歟、両日之儀也、雖同人御点不可有苦之由所存也、但可為賢慮者、黄門（広橋兼郷）曰、得其意云々、

昨日信都寺相語云、来廿日於相国寺奉為故院（後小松天皇）御一回、為室町殿（足利義教）御願可被修御仏事、陞座・拈香等可有其沙汰云々、来廿日仏国禅師（高峰顕日）正忌也、而彼御仏事可指合之間、為寺家之沙汰被行上執（引カ）行仏国忌云々、

本定
来廿日、旧院聖忌可有御経供養、可令参仕給之由被仰下候、恐々謹言、

　十月十六日　　　　　　　　時房

藤大納言殿（武者小路俊宗）　右大将殿（西園寺公名）

来廿日、旧院聖忌可有御経供養、可令申沙汰給之由被仰下候、恐々謹言、

　十月十六日　　　　　　　　○差出書闕ク、

治部卿殿（日野西資宗）　内々巨細仰了、案在奥、

来廿日、旧院聖忌御経供養御参事、只今被下御点候、為御存知且馳申候、恐々謹言、

　十月十六日　　　　　　　　時房

西園寺殿（公名）
武者小路殿（俊宗）以詞示了、

来廿日、旧院聖忌御経供養御導師事、只今被下御点候、可令参勤給候、且馳申候、恐々謹言、

　十月十六日　　　　　　　　時房

安居院(仲承)僧正御房

来廿日、於旧院可有御経供養、題名僧可令参勤給之由

被仰下也、(恐々脱カ)謹言、

十月十六日　　時房

遣之、但内々巨細儀也、

円龍院(範誉)法印御房　普賢院(房縁)僧都御房

法性院(房明)僧都御房　明王院(房胤)内供御房

（後略）

○同月十九日条まで後小松天皇一周忌仏事の準備についての記事が続く。

永享六年（一四三四）十月二十日、後小松天皇一周忌が仙洞御所で行われ、足利義教は相国寺で供養を営む。

二三〇〔看聞日記〕永享六年十月二十日条

『図書寮叢刊』、五巻、三七頁

廿日、晴、後小松院御一廻、於仙洞有御経供養、五部大乗経一部・法花花(ママ)頓写近臣▨私書之、等有之、此外無殊法事歟、委細事未聞、（中略）

「(裏書)廿日、於仙洞被五部大乗経供養、御導師安久居仲承僧正、題名僧円雑院寺法印範誉・普賢院寺僧都房縁・法性院寺僧都房明・明王院寺大法師房胤、預法眼明盛、承仕法橋光祐、

着座公卿、

藤大納言武者小路後宗、衣冠下括、・万里小路大納言時房、直衣下括、・右大将西園寺公名、衣冠下括、

御布施取殿上人

資宗朝臣(日野西)奉行束帯、・益長朝臣(東坊城)衣冠上括、・時兼、(西洞院)

堂童子

時兼・源為治、

主典代

紀(島田)定直衣冠、

庁官

盛(中原)定、

御経五部大乗経之外無供養之儀、諸家誰ニても御経無所進、近習旧臣等私ニ頓写法花経奉書云々、室町殿(足利義教)於相国寺陞座・拈香被執行云々、自是も御経不進、」

永享六年（一四三四）十二月、勝定院主用剛乾治が、院領土佐国片山庄の名主・庄官等へ同院に対して不忠を働かないよう

命じる。

二三一〔用剛乾治書下〕吸江寺文書

『高知県史』古代中世史料編、一〇八七頁

勝定院（相国寺）領土州片山庄（長岡郡）内名主庄官人等、或号守護代奉公、或借其権威、対寺家致不忠之条、自今以後堅可禁止之、若於背此旨輩者、名田等可令勘落之状如件、

永享六年十二月　日

勝定院主乾治（用剛）（花押）

永享六年（一四三四）、恕中中誓が遣明使となり明に渡る。

二三二〔流水集〕『五山文学新集』第三巻、三三四頁

恕中（・中誓）住天龍

礼曰、天子賜諸侯楽、則以柷将之、賜伯子男楽、則以鼗将之、雖吾桑門之徒、亦有賜乎、永享甲寅（六年）、会雲一夔（物先周格）恕中大禅師、以故相公（足利義教）之命、紹於介中華、于時皇帝（宣宗）与禅師相見、禅師一言而善、帝曰、舘於鴻臚矣、吁、禅師之栄、蔑以加焉、今又発自公撰、拝鈞帖于霊亀山天龍資聖禅寺、則嚮之所謂以柷以鼗者、胡為乎、凡瓜葛於法属者、拭目盛挙、靡弗忻抃、遂駢四儷六、式抒賀忱云、

亀之氛亀之枅、猶壮先帝（後醍醐天皇）離宮、龍在淵龍在天、矧護国師（夢窓疎石）行道、故称都下望刹、豈無僧中奇才、某、吐色糸詞、舞錦瑟筆、胸中五百活馬、脚下九万溟鵬、入銭塘観早潮、黙藁幾首、賜金縷旋日域、皇華惟栄、覃名蓋於寰中、迺興動於湖外、偽隠志屈、阿僧祇々々々、除書味長、波羅蜜々々々、爰提兎角、快説蠟氷、碧芯蒭歩々地霊、紅芍薬陣々風馥、開堂多瑞、方文殊仏下生之辰、同門有光、視迦葉波上首之昔、

○「流水集」は東沼周嚴の詩文集。

永享七年（一四三五）正月十六日、大般若経の真読が日野重子の御所で行われ、相国寺僧百人が参仕する。

二三三〔満済准后日記〕永享七年正月十六日条

『続群書類従』補遺一（下）、六四四頁

十六日、（中略）於女中御方（日野重子）真読大般若在之、相国寺僧

百人参申云々、両三年如此云々、出世無人之間、快円律師召寄了、

永享七年（一四三五）二月四日、室町幕府が延暦寺大衆四人を騙して相国寺・悲田院で討つ。

二三四〔東寺執行日記〕永享七年二月四日条

内閣文庫和学講談所旧蔵本一六二―一四七、第四巻

四日、（中略）同夜山門（延暦寺）大衆、円明（兼宗）・金輪院（弁澄）・月輪院・座禅院此四人、相国寺・悲田寺（院）ニテ自武家タハカリテ被打之、

○本書一一三九号史料と関連。

永享七年（一四三五）二月二十日、崇光天皇皇女瑞室七回忌の仏事が伏見大通院で行われる。

二三五〔看聞日記〕永享七年二月条

『図書寮叢刊』、五巻、八二頁

十一日、晴、麗首座帰寺、故瑞室（崇光天皇皇女）真乗院（嵯峨）寺院主、来廿日七年忌也、御仏事為申談首座参、聊可助成申之由令申、先日自公方（足利義教）給島一合真乗寺方丈へ進之、棚一脚御喝食へ進、

廿日、甚雨降、持斎去十六日懈怠之間、其分ニ斎食、大通院（伏見大光明寺）参焼香申、故瑞室真乗寺方丈、崇光院宮、景愛寺前住、（五辻大宮）七年忌也、於大通院執行之間、為焼香参、真乗寺へも千疋施入、如形御仏事表懇志了、涅槃捧物人々取孔子如例、

永享七年（一四三五）四月二日、三宝院満済が醍醐寺領山城国久世郷の年貢のうち千貫の要脚を相国寺に遣わす。

二三六〔満済准后日記〕永享七年三月・四月条

『続群書類従』補遺一（下）、六五九頁

（三月）晦日、晴、以理性院（宗観）（醍醐寺）僧正、内々申談三（条脱カ）黄門在之、不可有子細、可致披露云々、且祝着、（後略）

（四月）二日、（中略）一昨日内々申入千貫用脚事、以久世（久世郡）卿（郷）可出遣相国寺、仍可被仰付云々、三條黄門（正親町三条実雅）以書状申遣理性院了、僧正早々可罷出云々、祝着千万千万、

（後略）

○本書一一一九号史料と関連。

永享七年（一四三五）五月七日、土佐国吸江庵領の課役免除文書の正文が勝定院で保管される。

二三七〔土佐国守護細川持之奉行人奉書案〕吸江寺文書

『高知県史』古代・中世史料編、一二六一頁

（端裏書）「弘源寺殿（細川持之）御判案文　正文在本院（相国寺勝定院）」
土佐国吸江庵領分（長岡郡）於役夫工米幷段銭之外者臨時課役事、
可被免除之由所被仰出也、仍執達如件、
永享七
五月七日　飯尾備前入道
常勇　在判
小笠原参河入道殿

永享七年（一四三五）五月十六日、足利義教が相国寺大智院を鹿王院末寺として安堵する。

二三八〔宝幢寺・鹿王院・諸末寺目録〕鹿王院文書

『鹿王院文書の研究』四二八号文書

（端裏書）「普広院殿」
（異筆）「此所々為両寺領任当知行之旨、領掌
不可有相違之状如件、
永享七年五月十六日
左大臣源朝臣（足利義教）（花押）」

宝幢寺（嵯峨）領
加賀国倉月庄（石川・河北郡）内松寺東西・赤浜村
播磨国安田庄（多可郡）領家職半済分
但馬国鎌田庄（城崎郡）地頭領家一円
土佐国吾川山（吾川郡）地頭領家一円
摂津国吹田西庄（島下郡）内倉殿地頭職
山城国乙訓郡大覚寺

鹿王院（宝幢寺）領
越中国井見庄（新川郡）領家職
同国小佐味庄（新川郡）地頭職
丹後国余戸里（加佐郡）地頭職半分領家一円
武蔵国赤塚郷（豊島郡）　同国高坂郷（比企郡）
近江国忍海庄（坂田郡）同国散在注文在別紙、
備前国軽部庄（赤坂郡）山手村
山城国石原庄（紀伊郡）内野里村幷大岡庄同国散在注文在別紙、洛中屋地等、
遠江国小高郷（佐野郡）

飛騨国大八賀郷(大野郡)内蕭条庵跡
若狭国倉見庄(三方郡)内黒田・小野・加屋三名
丹波国知見谷(桑田郡)同国散在注文在別紙、

諸末寺

南禅 龍華院　天龍 金剛院　相国 大智院
嵯峨 持地院　嵯峨 勝光庵　東山 無量寿院
丹後(加佐郡) 雲門寺　備後(御調郡) 天寧寺　周防(玖珂郡) 永興寺
伊予(浮穴郡) 安国寺　出羽(田川郡) 崇禅寺　建長 龍興院
美濃 妙音寺　甲斐(山梨郡) 継統院　丹波(氷上郡) 瑞巌寺

永享七年三月　日

○管領細川持之の継目裏花押一顆あり。

永享七年(一四三五)五月二十三日、延暦寺座禅院が侍所に拘留され、相国寺延寿堂で糺問された後死罪となる。

二三九〔看聞日記〕永享七年五月・六月条

『図書寮叢刊』、五巻、一二二頁

(五月)廿三日、晴、聞、座禅院(延暦寺)事、伊勢国人長野搦取、侍所ニ渡、於相国寺延寿堂一夜被糺問、悉白状申、其後被勿(刎)首云々、同宿一人円明(兼宗)子、同被召捕被籠舎、依諸大名意見被斬云々、円明ハ平泉寺(越前国大野郡)隠居之由白状申、仍甲斐(将久)ニ被仰、越前下向可退治云々、

(六月)三日、(中略)抑座禅院子平泉寺隠居之由、先日座禅院被誅之時白状之間、被仰甲斐討手ニ罷下云々、而平泉寺長吏搦取参洛云々、円明ハ熊野浦ヘ落下云々、又聞、座禅院子平泉寺長吏ハ不召捕、甲斐召捕上洛、驢於悲田院被斬云々、

(頭書)「座禅院子為時衆導場隠居召捕云々、」

○本書一一三四号史料と関連。

永享七年(一四三五)五月二十八日、権勢を振るった仲方中正が足利義教の不興を買い、近江国山上へ逃げる。

二四〇〔看聞日記〕永享七年五月二十八日条

『図書寮叢刊』、五巻、一二四頁

廿八日、(中略)又聞、正蔵主(仲方中正)公方(足利義教)御突鼻之間失面目、江州山上(愛智郡)ヘ被落下云々、鹿苑院殿(足利義満)以来三代奉公、僧中権

戚傍若無人之処、忽及生涯被隠居、不定之世可驚々々、
突鼻之題目非指事云々、（後略）

室町期、仲方中正が足利義満から義教の代まで五山禅林の事務を行う。

一二四一〔蔭凉軒日録〕長享二年五月二十七日条

『増補続史料大成』、三巻、一七三頁

廿七日、（中略）自堀河殿一行到来云、蔭凉軒御暇事、
以御機嫌具披露、相公（足利義政）曰、中正（仲方）蔵主者自鹿苑院殿（足利義満）御代、
至普広院殿（足利義教）御代奉公、況一代不可有御免、堀重而白、事
外老蒙之故如此白御暇也、有御免者可忝云々、相公曰、
老蒙事不如、白交代無之、可堪忍之、可白云々、

○便宜的に仲方中正の記事にあわせて掲載した。

永享七年（一四三五）六月五日、季瓊真蘂が蔭凉職に補任され、鹿苑院内の蔭凉軒に移る。

一二四二〔蔭凉軒日録〕永享七年六月五日条

『増補続史料大成』、一巻、一頁

日録　永享乙卯夏六月五月廿七日、鹿苑（鹿苑院）南坊并公方御具足等請取之、
（中略）
五日、早晨移住本寮（蔭凉軒）、始与院主（宝山乾珍）参上（鹿苑院）御所、（後略）

永享七年（一四三五）六月十二日、足利義教の誕生日祈禱が行われる。

一二四三〔蔭凉軒日録〕永享七年六月十二日条

『増補続史料大成』、一巻、一頁

十二日、（中略）御誕生日、御本尊虚空蔵像、自積善院（良讃）
見贈之、六十六部経函塗出、

永享七年（一四三五）六月十三日、大智院主が三宝院満済の臨終に際し、沐浴を行う。

一二四四〔醍醐寺新要録〕『醍醐寺新要録』下、八三一頁

一　法身院（三宝院満済）准后御終焉事
同准后御日記云、正長二年○予（満済）没後用意事、今日沙汰之
初也、菩提寺江内々用脚等遺置之事、在之、菩提寺ニ
テ奉行長老・印乗・尊聖、以上三人、於門跡奉行、宗

済僧都・豪意法橋○

法身院准三宮満｜《済》御中陰雑記報恩院隆済僧正記也、御入滅、永享七年六月十三日卯刻、於金剛輪院（醍醐寺）御学問所、御臨終、入妙観察智三昧、頭北面西ニシテ臥シ正念正受ニシテ如眠シテ令終給キ、宝池院（義賢）殿砌ニ令座給テ御助念、其外祗候人衆、禅那院（賢性）僧正水丁（灌頂）御弟子当時大智院々務・妙法院（長済）僧都水丁御弟子・西南院（顕済）僧都印可御弟子・中将律師頼全、水丁御弟子・大貳法印印増・隆済・此外理性院《宗観》僧正・金剛王院（房仲）僧正已下数輩障子ノ外ニテ助修、

隆済御枕近ク祗候シテ鳴金、奉勤御念仏、其外輩不動慈数呪微音ニ唱テ奉祈念随魔障碍者也、事終之後、錫杖理趣三昧・アミタ大呪・光明真言等諸衆同音但御中陰祗候人数計也、其外輩此以前退出也、其後御休浴（沐）在之、相国寺大智院長老（春林周藤カ）其外或僧只二人被奉役之、其後又於御位ハイノ前、理趣三昧幷不断光明真言等、又菩提寺僧衆長老以下勤在之、

○春林周藤が永享六年（一四三四）八月二十四日に崇寿院を退院し大智院に移った（『満済准后日記』同日条）ため、このときの大智院主は春林か。春林は満済の近親者である（『蔭凉軒日録』長享二年〈一四八八〉二月十三日条）。

永享七年（一四三五）**六月十三日、これ以前、春林周藤が足利義教の御成が決まったため多忙であることを醍醐寺三宝院満済に伝える。**

二四五 〔春林周藤書状〕 満済准后日記紙背文書

『醍醐寺文書別集』二、二一〇頁

以参拝可申上候、来晦日公方様（足利義教）当寺（等持寺カ）へ光御之事御治定（用間、旁々取乱候て不能参上候、其已後可参申候、返々瑞（嵯堂中材カ）峨）林和尚事被懸御意候者、可為恐悦候、恐惶敬白、

六月廿七日 周藤（春林）（花押）

○年未詳につき、便宜的に三宝院満済の没年におく。

○『醍醐寺文書別集』一、一四九・二九二・二九九・三〇一頁に用剛乾治書状が、同書二、四五・一九七・二一九頁に春林周藤書状があり、三宝院満済との交流をみることができる。

永享七年（一四三五）**七月十五日、相国寺で施餓鬼が行われ、足利義教が臨席する。**

一二四六〔蔭凉軒日録〕永享七年七月十五日条

『増補続史料大成』、一巻、三頁

十五日、早晨御焼香于当院《(鹿苑院)》、遂　御成于等持院《(洛北)》、御斎、院主《(宝山乾珍)》参謝、当寺《(相国寺)》施餓鬼日入而御成、次御焼香于当院、於当寺施餓鬼時、周瓚喝食之事有　御訊、宗幹喝食度僧之事、播磨守殿《(赤松満政)》被申之、故班次之事有御訊、

○この時期、相国寺の施餓鬼は毎年七月十五日に行われる。

永享七年（一四三五）八月十三日、鹿苑院主宝山乾珍が先例に倣い真乗寺比丘尼喝食の剃髪をする。

一二四七〔蔭凉軒日録〕永享七年八月十三日条

『増補続史料大成』、一巻、六頁

十三日、（中略）真乗寺《(嵯峨)》比丘尼喝食剃髪之事、被訊先例、蓋通玄寺《(三条高倉)》曇花院并大聖寺《(岩倉長谷)》比丘尼喝食、則鄂隠《(・慧奯)》和尚、就其所而剃髪矣、院《(鹿苑院)》主《(宝山乾珍)》可被追其例也、（後略）

永享七年（一四三五）八月十五日、相国寺僧堂の立柱が行われる。

一二四八〔蔭凉軒日録〕永享七年七月・八月条

『増補続史料大成』、一巻、六頁

（七月）廿二日、当寺《(相国寺)》僧堂立柱、八月三日可無住持之故、以十一日入院可相易之事伺之、雖然立柱日、可択十一日以後之由被仰出、（後略）

廿三日、当寺僧堂、居礎択八月三日、立柱択十五日以伺之、（後略）

（八月）六日、（中略）十五日当寺僧堂立柱上棟、　御成可従鹿苑院殿《(足利義満)》先例之由、可白于院《(鹿苑院)》主《(宝山乾珍)》之旨被仰出、自他処之　御成遂御焼香于当院《(鹿苑院)》之時、以行路速不可従之旨有命、

七日、鹿苑寺　御成、斎、于時古銅香炉御寄進于鹿苑院殿真前、用中和尚《(・周本)》請取状、以播磨守殿《(赤松満政)》懸　御目、十五日当寺僧堂立柱、任鹿苑院殿先例、不可有　御成之由被仰出、涼気至故、有可略冷麺之命、

十三日、御誕生本尊御頂戴、疏銘謹代書之、十五日当寺僧堂立柱、疏銘被遊、（後略）

十五日、（中略）当寺僧堂立柱、被挽　御馬、

永享七年（一四三五）八月十七日、絶海中津開山の玉泉寺領加賀国得丸保内の田地が売却される。

二四九〔妙恵買得田地坪付注文〕岡本文書

『加能史料』室町Ⅱ、五三二頁

（押紙）「玖段四拾苅證文　一」

玉泉寺領加賀州（石河郡）得丸保買得田地等坪付之事

合玖段肆拾苅者、

伍段　分米柒斛陸斗五升、同段別銭五百文、鬼窪彦三郎殿売地也、

肆拾苅　分米壹斛、但依略段別銭、年貢米増之、鬼窪彦三郎殿売地也、

貳段　分米参斛陸升、同段別銭貳百文、梵徳都寺売地号熊野神田、也、

貳段　分米参斛六升、同反別銭貳百文、五分一館（石河郡）観音寺売地也、

已上、摠田数九段肆拾苅

定得米拾肆斛柒斗柒升加喬分定、反別三升充、

段別銭玖百文但一反別百文充、此内参百文、熊野宮神事引之、

右、田地坪付如件、此内半分妙恵一期之間、受用之、

永享七年乙卯八月十七日　妙恵（花押）

（嵯峨）雲松禅院

○玉泉寺の開山は絶海中津（本書三七八号史料）で、『蔭涼軒日録』延徳四年（一四九二）二月十八日条に玉泉寺が勝定院内に移転したことが記される。

永享七年（一四三五）九月十八日、足利義教が相国寺造営の緩怠を咎める。

二五〇〔蔭涼軒日録〕永享七年九月十八日条

『増補続史料大成』一巻、八頁

十八日、（中略）当寺（相国寺）造営緩怠之由被仰出、（後略）

永享七年（一四三五）九月二十日、鹿苑院主宝山乾珍と天章周文が相国寺仏殿の仏像を彫刻する仏師を選ぶため、建仁寺の仏像を見る。

二五一〔蔭涼軒日録〕永享七年九月条

『増補続史料大成』一巻、八頁

廿日、（嵯峨）宝幢寺御成、斎、当寺（相国寺）仏殿左右両尊可彫造之故、

使院（鹿苑院）主（宝山乾珍）与周文（天章）見建仁寺仏像、蓋択仏工故、廿四日、（中略）当寺両尊可彫造之故、建仁寺　三尊仏工之事被訊之、本尊則大進法印始造之、大夫法印改造之、左右両尊則西方大蔵法眼造之、雖然面貌則皆旧也、（後略）

○相国寺仏殿の仏像は同年十一月七日に彫り始める（本書一一五九号史料）。

年月日未詳、希世霊彦が天章周文画像に賛を付し、その画業を讃える。

二五二〔村庵藁〕『五山文学新集』第二巻、四六五頁

周文（天章）都管像、兵部墨渓、師其画、伝其印、写其真、求其賛、

此老平日、工窮天下之妙、而外視其容貌、則儻如無所能、芸兼衆人之善、而内察其意気、則苟如有所譲、或其把丹青、而描邈釈梵諸天之変相於仏寺堂宇之上、則以為飛動於牆壁、揮洒花鳥山水之状於王公貴人之第宅、則以為光輝於屛障、或其刻木捏泥、而符未来懸記者、作天王寺太子像、有功於吾禅門者、為片岡（大和国葛下郡）達麿（磨）像、衆工歛手而赧服者、於雲居（東山）寺造無量寿如来高四丈大像、是皆一時幻出於遊戯三昧中、所以淂賞遇於普広（足利義教）大丞相也、蓋聞呉道子、止於善画、楊恵之止於善塑、而二子独顕美名於李唐、夫是合道子恵之為一人、而綽然有余、之謂御前名藍万年者（都）管、越渓周文、其字天章者邪（耶カ）、

○天章周文に関連する史料のため、便宜的にここにおく。

○「村庵藁」は希世霊彦の詩文集。

年月日未詳、天章周文が相国寺で都寺になり、大巧如拙に師事する。

二五三〔本朝画史〕『訳注本朝画史』二〇〇頁

僧周文（天章）称春育、在相国寺為都司（寺）、其印文越渓周文者、所謂江州山上（神崎郡）永源寺之境越渓也、有故居此処称之、其所画淡彩山水・人物・花鳥、用馬（馬遠）・夏（夏珪）・顔（顔輝）之法、墨画極牧（牧谿）・玉（玉澗）之奥、興彦龍（彦龍周興）曰、胸呑王・呉、眼睨韋・郭、画中三昧手也、師如拙（大巧）有出藍之質、無不臻妙、然不為倭画、近世雪舟（等楊）・小栗（宗湛）・狩野（正信）之徒、以文為階梯、得上宋元堂、

○天章周文に関連する史料のため、便宜的にここにおく。

永享七年（一四三五）九月二十八・二十九日、開山忌の仏事が鹿苑院と崇寿院で行われ、足利義教が臨席する。

二五四〔蔭涼軒日録〕永享七年九月二十八日条

『増補続史料大成』、一巻、九頁

廿八日、当院(鹿苑院)開山(夢窓疎石)忌　御成、点心、半斎了、即回　御駕、（後略）

○この時期、鹿苑院開山忌は毎年九月二十八日に行われる。

二五五〔蔭涼軒日録〕永享七年九月条

『増補続史料大成』、一巻、九頁

廿八日、（中略）明日崇寿(相国寺)開山(夢窓疎石)忌　御成重伺之、（中略）

廿九日、崇寿院　御成、点心、建盞幷台・桂漿盆・段子・杉原被進上之、正等喝食懸　御目、（後略）

○この時期、崇寿院開山忌は毎年九月二十九日に行われる。

永享七年（一四三五）十月三日、細川持賢が喝食の相国寺掛搭について足利義教に伺いを立てる。

二五六〔蔭涼軒日録〕永享七年十月条

『増補続史料大成』、一巻、九頁

三日、（中略）建幢喝食、当寺(相国寺)掛搭之事、細河馬助(持賢)殿被伺　上意、即告報方丈(竺雲等連)(相国寺)、

九日、（中略）勝定(相国寺)筠書記以公命掛搭当寺、（後略）

永享七年（一四三五）十月二十六日、相国寺山門の立柱が行われる。

二五七〔蔭涼軒日録〕永享七年十月二十六日条

『増補続史料大成』、一巻、一一頁

廿六日、当寺(相国寺)山門立柱、被引　御馬、因朝雨嘉瑞之旨、被賀于院主(宝山乾珍)(鹿苑院)、乃為御使、（後略）

二五八〔相国考記〕永享七年十月二十六日条

『相国寺史料』第一巻、三九頁

十月廿六、当寺(相国寺)山門立柱会也、諷経疏銘、預於前日、相(足

公（利義教）打之、今日栄證云云、因朝雨嘉瑞之旨、被賀於鹿苑院（宝山乾珍）主、宝山日録、

永享七年（一四三五）十一月七日、足利義教が鹿苑院で彫り始められた相国寺仏殿の阿弥陀・弥勒像に一刀を加える。

二五九〔蔭凉軒日録〕永享七年十一月条

『増補続史料大成』、一巻、一三頁

七日、（中略）当院（鹿苑院）御成、即就客殿始刻劃、当寺（相国寺）阿弥陀・弥勒二尊之面貌也、眼鼻口所在各被着一刀、（後略）
九日、（中略）当寺本尊脇士寸尺之事伺之、与本尊斉則可乎、但可随旧規之旨被仰出、（後略）
十日、（中略）当寺脇士寸尺、与前仏不斉之事、被訊如何、即伝命院主（鹿苑院）（宝山乾珍）、
十三日、（中略）当寺脇士寸尺、与前仏可斉之由被仰出、但減五寸也、（後略）

○永享八年（一四三六）三月十二日、仏像が相国寺仏殿に安置される（本書一一七二号史料）。

永享七年（一四三五）十一月二十八日、季瓊真蘂が足利義教の勘気を蒙っていた斎藤国継の赦免を求める。

二六〇〔建内記〕嘉吉元年七月条

『大日本古記録』、三巻、二六八頁

嘉吉元　七　五
三宝院（醍醐寺）（義賢）僧正御房給御使、治部、謁見、斎藤入道常継事也、俗名国継、赦免事也、先御代（足利義教）時分及勘気、近日諸人御免連綿也、恩免可為御本意之由承之、彼事就南隣土蔵事有浮説之間、厳密相尋之、其身無過怠之條及告文、打刀ヤリ、両種朝日内宮地取之了、其成敗之不及之故歟、後日之御沙汰難治之間、放被管了已及多年、非殊自科、連々雖歎申未免之処、被聞食及蒙仰之条、其身面目過分之至也、早可免許之由申了、此事先日浄花院前住（等煕）・書状在裏、先年真蘂（季瓊）蔵主等可恩赦之由口入、今又門跡（醍醐寺三宝院）芳命無予儀者也、
先年蘂蔵主口入状、永享七年也、無何続之、
其後ハ不申入候、非本意候、仍国継（斎藤）及餒餓之由連々歎申候、以誓文無罪過子細分明候者、以御憐愍可有御赦免候、舎弟僧妙（寿妙カ）侍者数年同宿之事候て、切々嘆申候間

如此令申候、可得御意候、恐惶敬白、

十一月廿八日（永享七年）　　真蘂（花押）

○本文書正文ナリ、

人々御中

これにもとうかん（等閑）なく、大夫たにも心に入てさい〳〵申いたす事にて候に、なとやとく御ミちやりのなく候御事御うたてしく候、あなかしこ、

ふミ（文）〳〵ハしく〳〵うけ給候、さて〳〵上下二くいつれも〳〵うつくしく〳〵いてき候てしき申され候、又さうす（蔵主）（季瓊真蘂）申され候かの間事ハなにと候やらん、返々御心もとなくて、けさ御所にて大夫あいて間（候脱カ）、さきの月より御ふミにて申入られ候ける、いまた御さうなくて、もし万一それさまへ御たんかう（談合）なんと御申候ハヽ、御心へ候て給候へと申候て□（候カ）ける、けさも大夫かたよりけつくめい間そのよしを申て候けるとて、さうすハない〳〵ふミなんとにて申たる事にて候へ共、御さうもなく間（候脱カ）、しようせんもなき事を申たるよし、いまも申され候、身もめんほく（面目）なくて候、とく〳〵御申候へく候、御心え候へく候、あなかしこ、

しゆめう（寿妙）

けさ御所にてさうす大夫御あい候へハ、大夫申候ける、中御門殿して万里小路殿（時房）より度々かの間事うけ給候、大夫申候事ハいまその御所の御さつしやうをハたれ人か申て上さまへハ此事をハ申て候や、いまかやうにすいさう（蘂蔵王）（季瓊真蘂）すなんと御こうしゆの事にて候へハ御めん（免）も候かしと存候、その上ぬしのとか（咎）なき事にて候へハと申て候けるよし大夫申候けるよし、さうすこそ御物語候けれ、それへハいまたなにとも御申なく候や、御心もとなく候、さうすも申され候、大夫もかやうに申候へハ、とく〳〵御めんも候へかし（と脱カ）存候よし申され候ける、此よしその御所へも御申候へく候、御心え候へく候、あなかしこ、

しゆめう

六日、（中略）斎藤太郎左衛門入道常継、依三宝院僧正御房并等熙上人等口入今日赦免、対面者也、（後略）

永享七年（一四三五）十二月九日、相国寺が室町幕府から銭千貫を借り受け、住持以下が足利義教に感謝を伝える。

二六二〔蔭凉軒日録〕永享七年十二月九日条

『増補続史料大成』、一巻、一六頁

九日、（中略）寺家（相国寺）奉借公銭千貫、長老（笠雲等連）幷諸（相国寺）東堂・都聞、
礼謝之旨披露之、（後略）

永享七年（一四三五）十二月二十七日、相国寺都管が足利義教の命により、北野紅白両社の遷宮の差配をする。

二六二〔神記〕北野天満宮文書　『北野天満宮史料』古記録、三八一頁

紅白両社御遷宮ノ事 永享七年十二月廿七日巳刻、

（中略）

一彼御社ハ自公方（足利義教）相国寺都官（管）ニ被仰付テ御沙汰在之、

（後略）

永享八年（一四三六）正月二十九日、足利義教が御成の引物代を相国寺造営料に充てる。

二六三〔蔭凉軒日録〕永享八年正月二十九日条　『増補続史料大成』、一巻、一九頁

廿九日、等持院（洛北）御成、御点心、先御焼香、当寺（相国寺）造営要
脚処々御引物代有自都文寮之請取状、自今不懸　御目而
可證明之由有命、

永享八年（一四三六）二月四日、足利義教が明皇帝に使者恕中中誓を遣わし、貢物を献じ、これに対して正統帝からの国書がもたらされる。

二六四〔善隣国宝記〕『訳注日本史料　善隣国宝記』一五八頁

同（永享）八年
皇帝（英宗正統帝）勅諭日本国王源（足利）義教、
我国家、統有天下、薄海内外、罔不臣服、
列聖相継、無間遠近、一視同仁、爾日本為国東藩、世
修職貢、益永益虔、我皇考宣宗皇帝臨御之日、恩眷尤
厚、今遣使中誓（恕中）等、奉表来朝、幷献方物、礼意勤至、
朕嗣承
祖宗大宝、期与四海群生同楽雍熙、矧王篤於事大、良
可嘉尚、使者還、特賜王及王妃白金・綵幣、以答王意、
王其欽崇
天道、仁恤有民、永保蕃邦、以副朕望、故諭、
正統元年二月初四日

○恕中中誓は永享六年に明に渡り（本書一一三二号史料）、
同八年七月二日に帰国する（本書一一八〇号史料）。

永享八年（一四三六）二月二十三日、足利義教が乾徳院領備後国福田庄地頭職・同国則光庄西方地頭職等を安堵し、諸役を免除する。

一二六五〔足利義教御判御教書〕普広院文書

（端裏貼紙）「普広院殿」

乾徳院（相国寺）領備後国福田（葦田郡）庄地頭職・同領家方預所職・同国則（世羅郡）光庄西方地頭職・伯耆国所子（汗入郡）保半分・楊梅烏丸南東頬地壱町除篝地、・北林屋敷等事、寺家当知行云々、領掌不可有相違之状如件、

永享八年二月廿三日

左大臣源朝臣（足利義教）（花押）

○『分散した禅院文書群をもちいた情報復元の研究』五九頁参照。

○乾徳院は後に普広院と改称される。

一二六六〔足利義教御判御教書〕普広院文書

（端裏貼紙）「普広院殿」

乾徳院（相国寺）領備後国福田（葦田郡）庄地頭職・同領家方預所職・同国則（世羅郡）光庄西方地頭職・伯耆国所子（汗入郡）保半分・楊梅烏丸南東頬地壱町除篝地、・北林屋敷等臨時課役・段銭・人夫以下諸公事、所免許也、早為守護使不入之地、寺家可全領知之状如件、

永享八年二月廿三日

左大臣源朝臣（足利義教）（花押）

○『分散した禅院文書群をもちいた情報復元の研究』六〇頁参照。

永享八年（一四三六）三月六日、大光明寺の衣鉢侍者が同寺瑞見に殺害される。その検断を同住持の香林和尚が行う。

一二六七〔看聞日記〕永享八年三月六日条

『図書寮叢刊』、五巻、二四三頁

六日、（中略）抑浄喜（小川）浄喜（ママ）注進、今暁大光明寺（伏見）衣鉢侍者被殺害云々、去三日行道瑞見鶴《確》執、其遺（遺）恨歟、暁衣鉢侍者小便所ニ出所、瑞見待儲殺害云々、此由注進申、検断可如何之候哉之由申、為寺家事之間、長老（香林）可為計之由仰、

不思儀（議）事也、依喝食事、自兼両人中不快云々、果而如此、
（後略）

永享八年（一四三六）三月六日、相国寺の西廊が大風により倒れる。

二六八〔看聞日記〕永享八年三月六日条　『図書寮叢刊』、五巻、二四三頁

六日、（中略）自暁至夜大風吹、如辻風、其時分押小路東洞院焼亡、比丘尼庵一宇炎上云々、聞、愛多護（愛宕）山火打三粉（紛）失、天狗取歟、焼亡はやる時必失云々、大風時分相国寺廊下吹破顚倒云々、在家等不吹破而顚倒如何、天魔所為歟、

二六九〔蔭凉軒日録〕永享八年三月八日条　『増補続史料大成』、一巻、二二頁

八日、当院（鹿苑院）御成、斎、今月六日、及昏大風吹倒西廊之事披露之、（後略）

永享八年（一四三六）三月七日、相国寺僧堂が上棟の日に損壊するなど、怪異が連続して起きたため、住持竺雲等連が退院する。

二七〇〔看聞日記〕永享八年三月七日条　『図書寮叢刊』、五巻、二四三頁

七日、晴、聞、今朝相国寺僧堂棟上、一間許風不吹ニ破失云々、僧ハ不知、自外見付、不思儀（議）事也、併天狗所行歟、又聞、去月十三日室町殿（足利義教）御誕生日也、衆僧御祈禱申、行道之時見付、相国寺仏殿天井上棟木ニ鹿苑院殿（足利義満）御名字被書付、当御所（足利義教）御筆、其御名字傍ニ箭一筋被射立、自内方射付様也、不思儀（議）之間、非可隠密注進申、如此怪異連続之間、長老（竺雲等連）（相国寺）被退云々、三ヶ日真読大般若経被読、有御祈禱云々、（後略）

○本書一一六八号史料が関連。

永享八年（一四三六）三月十二日、伏見宮貞成親王が鹿苑院の文庫に預け置かれている後白河天皇宸筆の御経を拝見する。

二七一〔看聞日記〕永享八年三月十二日条

『図書寮叢刊』、五巻、二四六頁

十二日、（中略）明日長講堂《（六条）》御経供養也、宸筆《（後白河天皇）》御経被出、以次可有御拝見歟之由申間、未拝見、尤有其志、則持参、宸筆殊勝異于他也、表紙以外破損了、鹿苑院文庫被預置云々、（後略）

永享八年（一四三六）三月十二日、相国寺仏殿の脇士弥勒像と阿弥陀像が安置され、両像に足利尊氏の髪を納める。足利義教がこの法会に臨む。

二七二〔蔭凉軒日録〕永享七年十二月・同八年二月・三月条

『増補続史料大成』、一巻、二二頁

（永享七年十二月）廿九日、等持院殿《（足利尊氏）》御髪三茎、可納当寺《（相国寺）》脇士像之旨有命、雖然彫造未成之故未納之、等持院殿御髪、旧器幷木地香合二、錦嚢物一、以誉阿之奉預申也、旧器乃小葛籠、等持院殿御数珠、旧器幷段子袋一、金襴袋一、以誉阿之奉預申也、旧器乃黒漆桶、法華経可被遊続之旨有命、　御舎利殿、御厨子鑰一、等持院殿御髪、御数珠、器物鑰一、以誉阿之奉預申也、

（永享八年二月）廿三日、法住院《（相国寺）》御成、御斎、当寺《（相国寺）》脇士可奉安置之日、以三月十二日・同廿四日伺之、則十二日定、時刻辰也、

（三月）六日、（中略）来十三日、安置脇士之時、可有御成之旨有命、去月十三日、小矢著仏殿、梁牌之事披露之、（後略）

十二日、当寺脇士安置之、等持院殿御髪三茎奉納、内髻一茎則弥勒、両茎則阿弥陀、玉潤軒《（相国寺勝定院）》御成、御斎、先御成於仏殿、乃安置脇士之故也、（後略）

○脇士の制作過程は本書一一五一・一一五九号史料にあり。

永享八年（一四三六）三月十七日、室町幕府が借物返済のため、田向経兼が知行する山城国大野庄を取り上げ、相国寺訓都聞に宛てがう。

二七三〔看聞日記〕永享八年三月十七日条

『図書寮叢刊』、五巻、二四八頁

十七日、（中略）抑田向《（経兼）》知行大野庄《（相楽郡）》相国寺訓都聞可知行之由、以飯尾大和守《（貞連）》夜前被仰出、先日被仰依借物事御沙

汰也、以次被召放歟、一所懸命之地也、以之令在国、於于今生涯谷歟、不便々々、

永享八年（一四三六）四月十五日、足利義教が大智院常住物の龍虎図を召し出す。

二七四〔蔭凉軒日録〕永享八年四月十五日条

『増補続史料大成』、一巻、二四頁

十五日、西蔵主寮所掛之龍虎絵被召之、大智院《相国寺》常住物也、乃以三幅一対絵被換之、

永享八年（一四三六）五月二十八日、雨乞祈禱として観音懺法が相国寺で行われる。

二七五〔看聞日記〕永享八年五月二十九日条

『図書寮叢刊』、五巻、二七一頁

廿九日、晴、炎旱以外也、自昨日於相国寺休《ママ》雨祈禱、観音懺法百卅三人三ヶ日可読云々、其法験歟、聊夕立降、

（後略）

永享八年（一四三六）五月三十日、足利義教が法華経の新板を鹿苑院に置き印刷するよう命じる。また大般若経の開板の費用を鹿苑院に与える。

二七六〔蔭凉軒日録〕永享八年五月・閏五月条

『増補続史料大成』、一巻、二六頁

（五月）五日、法華闕字以例日之故不書畢、余一日付来日、（後略）

六日、（中略）法華闕字於今日了畢、

廿八日、法華開版成就之由披露之、折本印写而可献之旨有命、（後略）

三十日、雲居菴《天龍寺》御成、御斎、法華新板置当院《鹿苑院》、而無板賃、而可印写之旨被命、当院大般若経板所欠、可開続之旨被命、（後略）

（閏五月）四日、（中略）大般若経開板賃、百五貫七百文、自飯尾大和守《貞連》賜当院、

永享八年（一四三六）五月三十日、海門承朝が足利義教に毛益麝香絵四幅を進上する。

二七七〔蔭涼軒日録〕永享八年五月三十日条

『増補続史料大成』、一巻、二七頁

三十日、（中略）毛益麝香絵四幅、海門（・承朝）和尚私被進上、正実（将運）坊方当寺（相国寺）請取状、自今日可懸　御目之由被命、

永享八年（一四三六）六月二十七日、相国寺僧堂が開堂され、その法会に足利義教が臨席する。

二七八〔看聞日記〕永享八年六月二十七日条

『図書寮叢刊』、五巻、二八八頁

廿七日、（中略）相国寺僧堂開、因幡堂（五条東洞院平等寺）、、、六角堂（六角東洞院頂法寺）立柱云々、（後略）

二七九〔蔭涼軒日録〕永享八年六月条

『増補続史料大成』、一巻、三〇頁

廿六日、（中略）当寺（相国寺）開堂、度僧幷梵種喝食、度僧之事伺之、

廿七日、為開堂御成、於方丈御点心、次開堂諷経、又於方丈御斎、而後大衆就雲堂会斎幷茶礼、御引物扇子・高檀紙、蓋由旧例也、

永享八年（一四三六）七月二日、遣明使恕中中誓が帰国し、足利義教の御所に参上する。

二八〇〔蔭涼軒日録〕永享八年六月・七月条

『増補続史料大成』、一巻、三〇頁

（六月）廿六日、諸老宿、九州治平之礼辞披露之、当寺（相国寺）遣唐船重信之事被訊、未至也、（後略）

（七月）二日、（中略）遣唐使恕中（・中誓）和尚帰朝、被参　御所、

四日、大唐詔書以億阿被預置、方物之日記幷箱同鎖子皆有之、（後略）

十日、大唐勅書幷箱、自飯尾大和守（貞連）方被預置、

廿日、（中略）当寺都文祝公、遣唐使帰朝、無恙之故、献銭二十貫以攄謝、

○恕中中誓は永享六年（一四三四）に渡明する（本書一一三二号史料）。「大唐詔書」は本書一一六四号史料。

永享八年（一四三六）七月六日、足利義教が尼五山の位次について相伴衆の連判で奏上するよう命じる。

二八二一〔蔭凉軒日録〕永享八年七月条

『増補続史料大成』、一巻、三一頁

六日、当院(鹿苑院)御成、御斎、比丘尼五山次第、御相伴諸老、以聯判可被申之由被仰出、（後略）

十一日、尼寺位次之證状懸之　御目、

永享八年（一四三六）八月十二日、蔭凉軒御倉が建造され、この日初めて倉に物を納める。

二八二二〔蔭凉軒日録〕永享八年六月・八月条

『増補続史料大成』、一巻、三四頁

（六月）三日、（中略）当寮(蔭凉軒)倉之事伺之、即可命飯尾大(貞連)和守之由被仰出、（後略）

十七日、（中略）当寮造倉奉行之事、以大和守被命、

十八日、勝定院(相国寺)御成、御斎、倉差図奉懸　御目、

十九日、（中略）当寮倉午刻始置礎、

（八月）四日、（中略）当寮御倉、始置物之日涓来十二日、（後略）

十二日、方丈(相国寺)御成、御斎、長老(星岩俊列)(相国寺)即参謝、当寮御倉、始納物之事披露之、御具足挍割奉懸御目、（後略）

永享八年（一四三六）八月十五日、相国寺僧雲叟が入江殿において法華経談義を行い、足利義教等が聴聞する。

二八二三〔蔭凉軒日録〕永享八年八月・九月・十月、同十年五月・六月条

『増補続史料大成』、一巻、三四頁

（永享八年八月）六日、（中略）雲叟(梵慶カ)和尚法華講説権輿之日、被涓来十二日、

十日、法華講説権輿之日、又以来十五日被定矣、

十五日、（中略）法華講説始矣、講筵智恩院(三時知恩寺)、

十六日、雲叟和尚可被坐講座之由有命、（後略）

十八日、（中略）午後法華講説、

十九日、法華講説、為御使而謁雲叟和尚、

二十日、法華講説、

廿四日、諸地蔵菩薩像御頂戴、供仏餉、御焼香、雲頂院(相国寺)御成来九月十一日、常徳院(相国寺)同廿三日、常在光寺(東山)廿二日定

矣、松西堂所献仏舎利奉納御舎利殿、大壷又小壷舎利三
位相伝御不審之故、被預置於当寮、参詣清和院（正親町富小路）、互用之
罪御不審故、為御使于雲叟和尚、
廿五日、法華講説、（後略）
廿六日、法華講説、
（九月）二日、（中略）法華講説御延引、（後略）
（十月）十日、（中略）来十三日講経之事有命、
十四日、法華講説、
十五日、雲頂老師被献仏舎利、（中略）法華講説了、以
仏舎利奉納御壷、
（永享十年五月）七日、講筵御成、
十三日、（中略）法華講筵満散、可為来月二日之旨有命、
（後略）
廿二日、来廿五日大般若経、来廿六日法華講之事、以誉
阿弥蒙命、
（六月）二日、法華講満散、御布施一万疋、御臺（正親町三条尹子）御布施
盆一枚・沙金一裹、（後略）

○『蔭凉軒日録』永享十年五月九・十・十四・十五・十八〜二十・二十六日条にも法華講説の記事あり。

○『看聞日記』永享八年八月十五日条に「抑入江殿（三時知恩寺）自今日法花経談義被初、相国寺僧雲宗（叟）（梵慶カ）談之、公方（足利義教）・上様（日野重子）御聴聞、方丈へ被入申云々、」とあり、雲叟は相国寺僧とされる。

二八四〔蔭凉軒日録〕永享八年八月四日条

『増補続史料大成』一巻、三三三頁

永享八年（一四三六）八月二十四日、寧国院十三回忌の仏事が大智院で行われ、相国寺住持星岩俊列が拈香を務める。

四日、（中略）来廿四日、於大智院（相国寺）寧国院殿十三年忌、
陞座上生院（南禅寺）主季英（・妙孫）和尚、拈香相国寺星岩（・俊列）和尚定矣、

○応永三十一年（一四二四）八月二十四日に足利義持室日野栄子の母が没しているため、寧国院は日野栄子の母か。

二八五〔看聞日記〕永享八年十月二日条

『図書寮叢刊』、五巻、三二〇頁

永享八年（一四三六）十月二日、正親町三条実雅が病気のため、常徳院僧が大般若経の真読を行う。

二日、晴、源宰相（庭田重有）三条（正親町三条実雅）へ罷遣（違）例尋、昨日も発云々、真読

大般若経常徳院(相国寺)僧衆百人読云々、(後略)

永享八年（一四三六）十月十九日、大徳院書記が西芳寺での祈禱の折に狼藉し、大徳院主に預けられる。翌日、同院で火災があり、院主が出奔する。

二八六〔蔭凉軒日録〕永享八年十月・十一月条

『増補続史料大成』、一巻、三八頁

（十月）十九日、(中略)西芳寺(嵯峨)御成、御斎、被献香茶一千片、御祈禱時、狼藉人大徳院(相国寺)書記也、乃被預置大徳院主、

二十日、及暁鐘大徳院有災、書記可放逐之由被命、大徳院主出奔、

廿二日、有大徳院主応帰住之命、恩私賜蜜柑折二合、(後略)

（十一月）十六日、(中略)大徳院新院主、以周瑚西堂被定矣、(後略)

二八七〔看聞日記〕永享八年十月二十日条

『図書寮叢刊』、五巻、三二四頁

廿日、晴、今暁寅刻、相国寺塔頭大徳院之内塔頭二宇炎上、付火云々、寺中へ不移、無為幸運之至珍重也、

永享八年（一四三六）十二月十九日、尼喝食が景愛寺で鹿苑院主宝山乾珍の弟子となり、理永の名を与えられる。

二八八〔蔭凉軒日録〕永享八年十二月条

『増補続史料大成』、一巻、四一頁

十八日、(中略)小尼御喝食、来十九日於景愛寺(五辻大宮)、可為鹿苑院(宝山乾珍)御弟子之義、是故書理永二字被伺而定之、(後略)

十九日、(中略)鹿苑院理永御坊、御礼被白矣、

永享八年（一四三六）十二月十九日、足利義教が相国寺に丹波国須智村安堵の御判御教書を下す。

二八九〔蔭凉軒日録〕永享八年十二月条

『増補続史料大成』、一巻、四一頁

十九日、丹波国須智村(船井郡)、拝領御判、以大和守(飯尾貞連)被仰出矣、(後略)

廿日、大徳院(相国寺)御成、御斎、昨日御判拝領之旨謹白之、

（後略）

永享八年（一四三六）十二月二十三日、室町幕府が兵庫北関相国寺・等持寺国料の立替分を興福寺に返却するよう東大寺に命じる。

二九〇〔室町幕府奉行人連署奉書〕東大寺文書

『兵庫県史』史料編　中世五、六二八頁

興福寺雑掌申相国寺等持寺（三条坊門）国料兵庫北関未進要脚引違分事、早
遂結解可被返弁由候也、仍執達如件、
　永享八
　十二月廿三日
　　為行（飯尾）（花押）
　　貞清（松田）（花押）
　　為種（飯尾）（花押）
　東大寺雑掌

永享八年（一四三六）十二月、相国寺景勲都聞が代官として、和泉国日根野・入山田領家方算用状を作成する。

二九一〔和泉国日根野・入山田両村年貢散用状〕九条家文書

『図書寮叢刊　九条家文書』一巻、一五七頁

（端裏書）「日根野并入山田散用状　相国寺勲（景勲）都聞　永享九〃八　二〃十二月　十〃三〃」
　註進
和泉国日根野（日根郡）・入山田（日根郡）領家方永享八年散用状事
　合
一日根野分米肆拾五斛弐合八夕内
　拾伍斛　当損
残参拾斛弐合八夕内
　参斛　十分一
　参斗　舟（丹カ）生天神御神楽米
　壱斛壱斗五升　御倉付
　　已上肆斛四斗五升
　尚残弐拾伍斛五斗五升弐合八夕
一入山田分米参拾捌斛五升
同馬粥米壱斛五升　七ヶ月分
　并参拾玖斛壱斗内
　拾斛　当損
残弐拾玖斛壱斗内
　弐斛玖斗壱升　十分一
　壱斛　御倉付

已上参斛玖斗壱升
尚残弐拾五斛壱斗玖升
都合米伍拾斛柒斗四升弐合八夕内
柒斗柒升八合五夕　上使庄主入部時下用庄主折紙在之、
参斗壱升　内検上使時下用
已上壱捌升斛（壱斛捌升）捌合五夕
定残肆拾玖斛陸斗五升四合参夕内
肆拾斛四升四合参夕　京済内弐拾五斛八太唐米
分代五十陸貫四百七十五文内貫別七斗五升和市、十五石四升四合者貫別六斗五升和市、
玖斛陸斗壱升三夕　運賃　石別二斗四升宛、
已上
一両村夏麦分
日根野分壱斛参斗　入山田分弐斛四斗
幷参斛柒斗内　参斗七升　十分一
残参斛参斗参升内
壱斗　日根野分　舟（丹カ）生大明神御湯立散米
壱斗　同　天神社御湯立散米
弐斗四升　同　番頭給麦
壱斗　御倉付

已上五斗四升
残弐斛柒斗九升　分売代壱貫四百文百文別二斗宛、
一入山田胡麻分
弐斗捌升三夕内　弐升捌合　十分一
残弐斗五升二合三夕分売代四百六十文百文別五升五合宛、
一日根野納銭分
壱貫捌百七十五文　春成分
弐貫五拾文　秋成分
参百柒拾五文　十二月公事銭
陸貫文　夫銭毎月五百文宛分、
已上拾貫参百文
一入山田納銭分
壱貫捌百五十文　春成分
弐貫五拾文　秋成分
玖貫文　夫銭　毎月七百文分、
已上拾弐貫玖百文
幷銭弐拾参貫弐百文内
陸貫弐百文　先納之、
壱貫柒百文　十分一

已上柒貫玖百文
残拾五貫参百文
都合銭柒拾参貫陸百卅五文内
弐貫陸百文　両守護代方礼銭内六百文両奉行
伍百文　内検上使雑用
已上参貫百文
定残柒拾貫伍百卅五文　寺納
右所算用申之状如件、
永享八年十二月　日　　　定快《庄主》（花押）
但既徳年者、加脇分算用可申候、

○関連史料として、永享九年（一四三七）十二月「日根野・入山田両村年貢算用状」（『図書寮叢刊　九条家文書』一巻、一五九頁）、嘉吉元年（一四四一）閏九月十一日「日根野・入山田両村年貢算用状」（同書一六七頁）、同年「日根野庄年貢散用状案」（同書一六九頁）がある。

永享九年（一四三七）正月十三日、足利義教が諸寺院における誕生日祈禱の疏銘を記す。

二九二〈蔭涼軒日録〉永享九年正月十三日条　『増補続史料大成』、一巻、四三頁

十三日、御誕生、本尊正観音像御頂戴、疏御銘被遊、毎月之外所加八所也、乃天龍・真如（洛北）・安国（四条坊門）・広覚・大徳（紫野）・仏心（一条大宮）・徳雲・栖真也、大蔵乃除之、栖真乃清水寺回向也、来十六日御祈禱之事伺之、

永享九年（一四三七）二月十五日、足利義教が相国寺方丈の改築を命じる。

二九三〈蔭涼軒日録〉永享九年二月十五日条　『増補続史料大成』、一巻、四五頁

十五日、（中略）当寺（相国寺）方丈可改造之事有命、

永享九年（一四三七）二月二十七日、足利義量十三回忌の仏事が相国寺で行われる。

二九四〈看聞日記〉永享九年二月二十七日条　『図書寮叢刊』、六巻、二二三頁

廿七日、（中略）
「（頭書）今日征夷将軍参議中将義量（足利）十三廻、於相国寺有仏事云々、」

永享九年（一四三七）三月三日、足利義教が雲頂院・同院内雲沢庵などの額字を書く。

一二九五〔蔭凉軒日録〕永享九年三月三日条

『増補続史料大成』、一巻、四六頁

三日、雲頂院《（相国寺）》、雲沢庵《（雲頂院）》、瑞応寺《（相楽郡和束庄）》額字被遊、（後略）

永享九年（一四三七）三月十七日、相国寺領丹波国須智村の諸役が免除される。

一二九六〔蔭凉軒日録〕永享九年三月・文正元年五月条

『増補続史料大成』、一巻、四七頁

（永享九年三月）十七日、（中略）須智村《（丹波国船井郡）》諸役免除、御判拝領之、謹奉謝之、（後略）

（文正元年五月）十二日、（中略）丹州須智村為雲松庵跡、自普広院《（足利義教）》殿拝領、（後略）

○丹波国須智村は永享八年（一四三六）十二月十九日に相国寺領として安堵される（本書一一八九号史料）。

永享九年（一四三七）三月十八日、季瓊真蘂が常在光寺領の夫役免除について足利義教に伺いを立てる。

一二九七〔蔭凉軒日録〕永享九年三月十八日条

『増補続史料大成』、一巻、四七頁

十八日、勝定院《（相国寺）》御成、御斎、常在光寺《（東山）》領夫役免許之事伺之、（後略）

永享九年（一四三七）四月四日、相国寺僧殺害の風聞が流れるが、虚説と判明し、絶海中津三十三回忌の転経が勝定院で行われる。

一二九八〔看聞日記〕永享九年四月条

『図書寮叢刊』、六巻、三六頁

三日、晴、今朝相国寺僧被殺、寺中之間忽触穢、其子細瑞《（薬）》蔵主《（季瓊真蘂）》御所へ馳参注進、仍室町殿《（足利義教）》触穢卅ヶ日、内裏《（後花園天皇）》参入室町殿参候人可斟酌云々、賀茂祭御神事之間被触仰云々、（後略）

四日、晴、今《明》日絶海《（・中津）》和尚三十三廻忌辰云々、今日於相国寺有転経、天龍寺等有大仏事、抑依相国寺僧事、公方《（足利義教）》触穢之間、昨日三条少将《（滋野井実勝）》参時分御乳人《（庭田重有室）》是ニ候、仍内裏参入不可叶云々、但伊勢斎(祭)主(藤波清忠)ニ被尋之処、彼僧ニ御使令対面者可為穢、無其儀者不可為穢之由申云々、仍三条(正親町三条実雅)へ源宰相(庭田重有)参尋之処、彼僧不死中風云々、殺客(害)之条例之虚説也、不可説也、仍御乳人内裏参、
五日、晴、聊風吹、相国寺絶海和尚仏事、諸長老達悉招請云々、(後略)

二九九〔蔭凉軒日録〕永享九年二月・四月条　『増補続史料大成』、一巻、四七頁

(二月)十八日、(中略)勝定(絶海中津)二十三回忌、御成之事幷西(嵯峨)芳寺花時御成之事伺之、
(四月)四日、(中略)勝定院(相国寺)転経御成、遂宿忌、勝定有触穢事、触穢而御成、
五日、勝定院御成、御点心、諷経了、御斎、
六日、当院(鹿苑院)御成、御斎、勝定之献物売之、以施行飢人、於御塔施之、

三〇〇〔師郷記〕永享九年四月五日条　『史料纂集』、第二、一五二頁

五日、晴、今日故勝定院国師絶海(・中津)和尚三十三年仏事、於相国寺有之、昨日者転経云々、

永享九年（一四三七）四月二十日、相国寺法堂の立柱が行われる。

三〇一〔蔭凉軒日録〕永享九年四月二十日条　『増補続史料大成』、一巻、四八頁

廿日、当寺(相国寺)法堂立柱、諷経、御成、就方丈御点心幷御斎、管領(細川持之)御相伴、

三〇二〔看聞日記〕永享九年四月条　『図書寮叢刊』、六巻、四二頁

十九日、(中略)相国寺法堂立柱云々、(後略)
廿日、(中略)三条(正親町三条実雅)以使者被申、相国寺法堂立柱可被御剣進之由被告示、仍書状・御剣進之、昨日之由聞及之処、今日不存知被告之条為悦、(後略)

永享九年（一四三七）四月二十日、これ以前、惟肖得巌が大内

盛見所蔵の足利義満肖像に賛を書く。

一三〇三〔東海璚華集〕『五山文学新集』第二巻、七二六頁

鹿苑院殿(足利義満)天山相公画像賛　大先居士(大内盛見)奉持、予(惟肖得巌)在相国蘊真、

赫然雷砰電射、沛焉雨化露霑、舒惨分于呼吸、指揮在其須髯、任天下之所不敢、能古今之所不兼、以畛衣円顱視之耶、勤一王而周室復、嫠群孽而楚師熸、運幄神奇、倍蓰於晋宣魏武、経邦遠大、庶幾於韓琦仲淹(范仲淹)、以潭府帯剣視之耶、印法雲居口可伝哉、心符投芥開山相国、一為偉矣、再挙合尖、剏鹿苑転轂猶在、信曹渓帰根所占、抑亦非融二諦於一義、掃空中辺表裡、挈万区於同文、混合遐邇洪纎者也耶、髣徂徠万章以為墨、汗(汙カ)渭川千畝以為簡、雖可以大書特記、既失之後忽前瞻、咦、不識天山真面目、只縁身在妙荘厳、

○「東海璚華集」は惟肖得巌の詩文集。年月日未詳につき、便宜的に惟肖の示寂日におく。

永享九年（一四三七）五月二十日、伊勢外宮の池に変事があったため、室町殿で五壇法が、五山でも祈禱が行われる。

一三〇四〔看聞日記〕永享九年五月条　『図書寮叢刊』、六巻、四九頁

十九日、晴、昼夕立降、自今日内裏(後花園天皇)御修法北斗法、始行、阿闍梨随心院(祐厳)(小野)云々、室町殿(足利義教)五檀(壇)法被行、於五山御祈被行云々、是伊勢外宮御池変墨(黒)水、半日許流云々、社家注進申、仍有御祈云々、

廿日、雨降、清水三ヶ日代官参、五檀(壇)法自今日始行云々、

永享九年（一四三七）六月十五日、常徳院僧が喧嘩により、相国寺仏殿で殺される。

一三〇五〔看聞日記〕永享九年六月十六日条　『図書寮叢刊』、六巻、五四頁

十六日、（中略）抑聞、昨日相国寺有喧嘩、常徳院(相国寺)僧於仏殿被殺云々、寺中触穢之間卅ヶ日寺中僧不可出他所、寺中へも不可出入之由被仰云々、

永享九年（一四三七）六月十五日、允康書記が林光院領美濃国鵜飼庄年貢の押領について幕府庭中で訴え、足利義教は押領

分の返付を命じる。ついで相国寺祝都聞が庄主職に任命される。

二三〇六〔蔭凉軒日録〕永享九年六月・七月条

『増補続史料大成』、一巻、五一頁

（六月）十五日、允康書記、以鵜飼荘（美濃国方県郡）大蔵菴年貢横領事、庭中奏之、即包都寺分三十九貫文、鑑監寺分三十六貫文、大蔵庵領一町余田地、可渡之由被仰出、即命之、請取状両通懸之御目、（後略）

十八日、（中略）所庭中允康書記献千疋、折紙即被還、（後略）

（七月）四日、（中略）濃州鵜飼庄主式（職）事、被命当寺（相国寺）都文、乃林光院（三条）領也、（後略）

十八日、（中略）当寺都文祝公、見充林光院領鵜飼庄主職、是故懸　御目、即奉献三千疋也、

永享九年（一四三七）七月十二日、相国寺が室町幕府から加賀国永生寺を拝領する。

二三〇七〔蔭凉軒日録〕永享九年七月・十月条

『増補続史料大成』、一巻、五三頁

（七月）十二日、（中略）拝賜賀州永生寺幷南禅布雪軒矣、播州之奉也、（後略）

（十月）五日、賀州永生寺支證、自肥前守（飯尾為種）方来之、

○加賀国永生寺開発名については本書一四九二・一五五一号史料にあり。

永享九年（一四三七）九月十八日、季瓊真蘂が相国寺・鹿苑院・勝定院領の段銭免除について足利義教に伺いを立て、認められる。

二三〇八〔蔭凉軒日録〕永享九年九月十八日条

『増補続史料大成』、一巻、五七頁

十八日、疏御銘奉書之、真言塔御頂戴、勝定院（相国寺）御成、御斎、

当寺（相国寺）幷当院（鹿苑院）・勝定院領段銭免除之事伺之、諸塔頭乃除之、

（後略）

永享九年（一四三七）十月二日、この頃、鹿苑院領が越前国蕗

野保にあり。

三〇九〔妙観諸役免許状写〕専念寺文書

『福井県史』資料編三、六八八頁

鹿苑院領越前国蕗野保（足羽北郡）中野念仏道場之事

右道場者当代始而令建立上者、雖有就惣別異公事、為寺家之扶持所令免許諸役也、然者修造勤行等無退転令勤仕、永代領掌不可有相違之状如件、

永享九年十月二日　妙観（御判）有

道場

永享九年（一四三七）十月十五日、足利義教と日野重子が受戒する。

三一〇〔蔭凉軒日録〕永享九年十月条

『増補続史料大成』、一巻、五九頁

九日、（中略）授経受戒供仏之事、有命於雲叟（梵慶カ）和尚、

十五日、法住寺（東山）御成、御斎、遂御成於経王堂（北野）、雲叟和尚被奉授戒、同御台（日野重子）受経受戒、公方（足利義教）御布施則盆一枚・金香合一箇、同仏供養御布施百貫文、御台受戒、御布施則御小袖十重・盆一枚・香合一箇、受経御布施則砂金一裹・銀盆一箇也、侍者賜御小袖三重・香合一箇、公方亦同、

三一一〔続本朝通鑑〕永享九年十月九日条

『本朝通鑑』第一三（国書刊行会）四三九三頁

九
丙寅、義教（足利）携夫人藤重子（日野）、入相国寺共受戒、

永享九年（一四三七）十月二十五日、海門承朝が南禅寺大雲庵にある後醍醐天皇肖像に賛を書く。

三一二〔後醍醐天皇肖像賛写〕「仏祖宗派綱要」慈照院蔵

後醍醐天皇御容一幅、充大雲菴（南禅寺）永々香火供、一廻拝之、元亨・正中、升平気象、宛乎有在、塔主惟岳（・建崇）和尚謂余曰、前此或者以為菅丞相（菅原道真）遺像、誤持去者、両廻矣、早爾天日之表、龍鳳之姿、与（カ）彼飛梅夜松之標格、欲令観者、章然易暁、不亦可乎、為之奈何、予曰、必也正名乎、謹掲示尊号、以題上頭云爾、

永享丁巳（九年十月）小春二十五

兜率塔下懶衲承朝《海門》謹誌印　海門和尚亦皇種、以故識焉、

此両幅蓋大雲庵什物也、時（時カ）塔主説叟良演也、因是偶紫玉庵（南禅寺）有之、永正乙亥（十二年）九月旦、以事過之、仍写帰矣、集樹（茂叔）判、

永享九年（一四三七）十一月六日、相国寺僧が足利義教に仕える女中の小弁と密通したため、首を刎ねられる。

三三三〔看聞日記〕永享九年十一月六日条

『図書寮叢刊』、六巻、八九頁

六日、晴、聞、室町殿祇候女中・東御方（長慶天皇皇子）玉川殿御女、・小弁不調事露顕、両人可被流罪云々、小弁者被紏間（問カ）白状申、相国寺僧又行道等密通云々、仍彼等忽被勿（刎）首、又公方（足利義教）召仕遁世物も密通切首、小弁被懸護云々、其外猶申通輩共悉被罪科、或切腹云々、猥雑言語道断事也、（後略）

永享九年（一四三七）十一月十九日、足利義教が談合して計略を廻らすよう柏心周操に書状で指示する。

三三四〔足利義教御内書写〕『後鑑』第二篇（『新訂増補国史大系』第三五巻）

伊勢貞助記載

注進之趣、尤悦喜候、可然之様有談合、可被廻計略候、殊寒中心労痛思食候、委細満政（赤松）可申也、恐惶敬白、

（永享九）十一月十九日　御諱（足利義教）

柏心（・周操）和尚

○永享十一年（一四三九）六月九日、柏心周操が関東使節に任命される（本書一二五八号史料）。

永享九年（一四三七）、相国寺が東寺へ塔婆修理の費用として六百三十五貫六百文を送る。

三三五〔塔婆修理要脚散用状〕東寺百合文書キ函四七

（端裏書）「□婆御修理算用状永享八」

東寺塔婆御修理御料足《要脚》算用状之事

永享八年

□一千百四十七貫三百四十三文

□番匠　瓦　壁　才木等麁食分

□状（カ）事足事脚事（分要）
（現銭）六百三十五貫六百文 自相国寺現銭ニテ 九月〇廿七日〇▨▨▨（十六日）（晦日）両三日（カ）請取之申、
三百〇（八）六十五貫百
（御具足分）百八十八貫百五十一文 九月廿七日御具足ニ□請取申、
（御具足分）百四十九貫六百八百（拾）五文 同廿八日（カ）
（御□□）貳十七貫六十八文 同晦日 御具足ニテ請取之申、
二百文　猫一疋 十月廿三日 請取也、
三百卅七文　悪銭▨▨（晦日）請取也、
以上三百六十五貫〇（四）百卅七文

都合〇（一）千一貫四十七文　請取申、
百四十六貫二百九十三文未解 但此内百卅一貫文柱代可有立用資、
猶未納分十五貫二百九十三文

（中略）

以上佰七十八貫九十六文
都合八百九十一貫九百十五文（九百卅九貫六百十五文）

不足　十六貫五文

永享十年（一四三八）二月二十四日、竺雲等連が円覚寺黄梅院領への押妨を禁じる足利義教の命令を上杉憲実に伝える。

三一六〔竺雲等連書状〕黄梅院文書

『鎌倉市史』史料編三、一〇一頁

（円覚寺）黄梅院事外闕乏之□□（由候カ）間、其子細相尋候処、院領所々自権家押妨之間、毎事不如意之由□（注）進候、依之自公方（足利義教）御奉書被成候、可然様ニ□（御）成敗所仰候、所領相違之條々、別紙令書進候、此旨可得御意候、恐惶敬白、

（永享十年）二月廿四日　等連（竺雲）（花押）

上杉殿（憲実）
御奉行中

永享十年（一四三八）四月二日、相国寺法堂の開堂につき、住持柏心周操が上堂を行い、足利義教が臨席する。

三一七〔蔭凉軒日録〕永享十年二月・三月・四月条

『増補続史料大成』、一巻、六九頁

（二月）廿七日、（中略）当寺（相国寺）法堂可開之事、四月二日
定矣、（後略）
（三月）十日、（中略）当寺法堂開堂之上堂、長老（柏心周操）可掛
金襴衣之事伺之、（後略）
（四月）一日、来日開堂之　御成奉報之、
二日、方丈（相国寺）御成、煎点、蓋為開新法堂也、管領（細川持之）御相伴、
長老参謝、乃於御会所御相看、菓子折三合賜等持寺道場（三条坊門）、

三二八〔看聞日記〕永享十年四月二日条

『図書寮叢刊』、六巻、一四〇頁

二日、晴、相国寺法堂開云々、御剣可被進歟之由、三条（正親町三条実雅）
被告之間則進之、（後略）

三二九〔師郷記〕永享十年四月二日条

『史料纂集』、第二、二〇一頁

二日、（中略）今日相国寺法堂開也、

永享十年（一四三八）四月三日、観中中諦三十三回忌の仏事が乾徳院で行われ、足利義教が臨席する。

三三〇〔蔭凉軒日録〕永享十年四月三日条

『増補続史料大成』、一巻、六九頁

三日、乾徳院（相国寺）御成、御斎、実観中（・中諦）和尚三十三回忌也、
（後略）

永享十年（一四三八）四月九日、天章周文が伏見宮邸に参上し、貞成親王が周文筆の障子絵を見る。

三三一〔看聞日記〕永享十年四月九日条

『図書寮叢刊』、六巻、一四三頁

九日、晴、周文（天章）参、障子絵見之、此僧筆也、瑛蔵主（田向経兼息）・真珊同
道参、雖自筆猶無覚束歟、（後略）

永享十年（一四三八）四月十日、慶瑞院祐賢が通玄寺住持となり入寺する。足利義教が臨席し、鹿苑院主宝山乾珍等が相伴する。

三三二〔蔭凉軒日録〕永享十年二月・三月・四月条

『増補続史料大成』、一巻、六九頁

(二月)廿七日、常徳院(相国寺)御成、御斎、通玄寺(三条高倉)退院御免許、
新命慶瑞院也、(後略)
廿八日、通玄寺新命事、可重命云々、
(三月)十八日、(中略)通玄寺入院、以四月十日伺之、
(四月)十日、通玄寺入院、御成、煎点、御相伴鹿苑(宝山乾
珍)院・等持院(洛北)也、新命諱祐賢乃参謝、(後略)

永享十年(一四三八)四月十五日、相国寺の新法堂で秉払が行われ、足利義教が臨席する。

三三三 〔蔭凉軒日録〕永享十年四月条

『増補続史料大成』、一巻、七〇頁

七日、(中略)御逆修勤行衆十員、各賜袈裟、長老乃九
條・七條各一頂、平僧乃七條一頂也、新法堂秉払、首座
梵蕚(竺華カ)西堂賜九條一頂、
十五日、嘉隠軒(建仁寺大統院)御成、御斎、当寺(相国寺)秉払御成、首座秉払以
後還駕、

○この時期、相国寺秉払は毎年四月十五日・十一月冬至に行われる。

永享十年(一四三八)四月二十九日、伏見宮貞成親王が相国寺僧から針治療を受ける。

三三四 〔看聞日記〕永享十年四月二十九日条

『図書寮叢刊』、六巻、一五五頁

廿九日、(中略)抑相国寺僧針立上手云々、仍喚、光侍(相国
寺)者同道参、予(貞成親王)脚気令立針、度々効験有証拠云々、

永享十年(一四三八)五月八日、足利義教が陞座・拈香の法語を長文にするよう五山僧に命じる。

三三五 〔蔭凉軒日録〕文明十九年二月八日条

『増補続史料大成』、二巻、四三四頁

八日、(中略)献旧記、則永享十年戊午五月八日、普広(足利
義教)相公御成于等持寺(三条坊門)之次曰、凡近来陞座拈香法語甚短小、
於已後可長大之由被仰出、由是同年十月十六日、於永泰(嵯峨)
院有法会、相公御成、煎点、兼日請玉岫(・英種)和尚欲充陞座、
以玉岫峻拒遂請景南(・英文)和尚、陞座説法、相公聞之感歎曰、
今日陞座法語太長大、尤為可也、自今已後仏事法語当如
此云々、(後略)

永享十年（一四三八）六月六日、季瓊真蘂が足利義教に雲頂院領摂津国昆陽野の公事等の伺いを立てるが、義教は寺領の押領・違乱のことは耳に入れないよう命じる。

一三三六〔蔭凉軒日録〕永享十年六月六日条

『増補続史料大成』一巻、七二頁

六日、当院(鹿苑院)御成、御斎、臨川寺領賀州宮腰(石川郡)公事、万寿寺(六条高倉)領真宝押領事、雲頂院(相国寺)領昆陽野(摂津国河辺郡)公事各伺之、寺領押領幷違乱等事、不可披露之由被命、自重都寺寮幷家財被寄常住、

永享十年（一四三八）七月十六日、南禅寺・天龍寺・真如寺等の住持が一斉に退院する。ついで重丘真隆に真如寺住持の公帖が出る。

一三三七〔蔭凉軒日録〕永享十年七月・九月条

『増補続史料大成』一巻、七四頁

（七月）十四日、（中略）南禅・天龍・東福・万寿(六条高倉)・真如(洛北)・臨川可退院之事披露之、

十六日、十四日所記之諸寺、各退院、

廿二日、南禅新命遊叟(・周芸)和尚、天龍乃紹中(・周瓞)和尚、東福明篤(信仲)西堂、万寿乃得乗(無二)西堂、臨川寺乃周沅(芷陽)西堂、真如乃真隆(重丘)西堂、景徳(嵯峨)乃永隆(虎山)首座定矣、

廿三日、諸公帖出矣、見前、全固(子鞏)西堂参暇当寺(相国寺)、

（九月）廿七日、公帖一通出矣、見廿三日、栖真院(南禅寺)御成、煎点如恒、

栖真院大寧和尚、東福寺信中和尚、万寿無二和尚、真如真隆西堂、奉懸之御目、（後略）

永享十年（一四三八）九月十一日、竺雲等連が鎌倉の騒乱（永享の乱）から円覚寺正続院・黄梅院を保護するよう長尾景仲に依頼する。

一三三八〔竺雲等連書状〕黄梅院文書

『鎌倉市史』史料編三、一〇二頁

雖未申通候、以事次一筆令啓候、今度東□(府カ)不思寄題目出来候て、都鄙属不和候、千万浅間敷存候、乍去定不日ニ可属静謐候哉、依此喪乱、寺院大抵破却之由承及候、返々無勿躰候、正続院(円覚寺)幷黄梅院(円覚寺)、祖師(夢窓疎石)之道場候、以別義

被加衛護候者、可為大慶候、特諸荘園得安穏候様ニ被加御成敗候者、可畏入由、御披露所仰候、恐惶敬白、

（永享十年）九月十一日　（笠雲）等連（花押）

長尾左衛門尉（景仲）殿
人々御中

一三二九〔笠雲等連書状〕黄梅院文書
『鎌倉市史』史料編三、一〇三頁

先度官方へ之書状共進候、定参著候哉、陣中何方ニ候共、正続院（円覚寺）幷黄梅院（円覚寺）之事者、門下祖塔之事にて候、都鄙御賞翫之在所にて候由御披露候て、無恙候者可為大慶候、荘園之事者、先日上杉殿（憲実）、同長尾方（景仲）へ巨細令申候き、殊更自京洛御下向之方様、以此状可預衛護之由、可有御披露候、時宜来便可承候、恐惶敬白、

（永享十年）十月廿日　（笠雲）等連（花押）

拝覆黄梅侍真禅師

永享十年（一四三八）九月十八日、鎌倉騒乱のため甲斐使節の松堂等蔭・錦江景文が長期滞在を強いられる。

一三三〇〔笠雲等連書状〕黄梅院文書
『鎌倉市史』史料編三、一〇二頁

八月十五日之御書到来、令拝閲候了、鎌倉中喪乱之事、中々絶言語候、定不日属静謐候哉、将又、皇華僧達、等（松堂）蔭西堂・景文（錦江）首座、始ハ甲斐へ下向と相存候しか、さ様ニ在鎌倉候□□□（由承候カ）、此面々暫時下向と存置候処、長々滞留痛敷存候、極真之人達にて候間、何事も可然様ニ可有御談合候、方々之状如承候調進候、余ハ此御僧可有御申候哉、恐惶敬白、

（永享十年）九月十八日　（笠雲）等連（花押）

○コノ文書、宛所ヲ欠ク、

永享十年（一四三八）十一月二日、相国寺乾嘉都寺と嵯峨瑞芳庵が上久世庄内の買得地をめぐり相論する。

一三三一〔鎮守八幡宮供僧評定引付〕永享十年十一月・十二月条
東寺百合文書ワ函五四

（表紙）「鎮守八幡宮供僧評定引付永享十年戊午」

八幡宮供僧引付 永享十 戊午

（中略）

十一月二日

重耀　覚寿　快寿　公杲　弘賢　深清　厚清　寛祐

杲覚　堯杲　重増　堯秀　宗杲　快雅　融覚

一相国寺嘉都（乾嘉）寺申上久世（山城国乙訓郡）庄内瑞芳（嵯峨）庵買得下地○（公文押妨事）、先立寺

家雖事子細申入、○（依）不事行○（付沙汰於）国方、国▨（次自）国方以折紙寺

家雑掌相尋候間披露処、召公文事子細可（被）相尋云々、

（中略）

（十二月）同十六日

権僧正　宗宝　隆憲　覚寿　快寿　宗融　弘永　清円

寛祐　宗杲　快雅　融覚

一相国寺嘉都寺買得田地、嵯峨瑞芳庵相論於国方、被

付沙汰於嘉都寺趣折紙到来、此旨公文方へ厳蜜（密）可加下

知云々、

永享十年（一四三八）十一月九日、足利義教が相国寺領であった美濃国山口郷東方を佐竹基永に返付する。

三三二〔足利義教御判御教書写〕秋田藩家蔵文書一八 酒出季親
『茨城県史料』中世編四、三五五頁

（朱筆）「足利左府義教公書」

（足利義教）（花押影）

美濃国山口郷（武儀郡）東方事、早任度々御判之旨、所返付佐竹孫

三郎基永也、如元可領知之状如件、

永享十年十一月九日

○応永九年（一四〇二）、足利義満が美濃国山口郷を相国寺に寄進している（『蔭凉軒日録』長享二年〈一四八八〉五月十八日条）。

永享十年（一四三八）十二月十一日、八坂塔の立柱が行われ、相国寺大衆が諷経を行う。

三三三〔師郷記〕永享十年十二月十一日条
『史料纂集』、第二、二一九頁

十一日、（中略）今日八坂（東山）塔（法観寺）立柱云々、相国寺一寺僧悉

渡諷経云々、（後略）

一三三四〔蔭凉軒日録〕永享十年十二月条

『増補続史料大成』、一巻、八一頁

八日、（中略）八坂塔（東山法観寺）立柱、諷経御銘被遊、来十一日当寺（相国寺）大衆可赴塔立柱諷経之旨有命、（後略）
十一日、（中略）午剋八坂塔立柱諷経、当寺大衆勤之、

一三三五〔東寺執行日記〕永享十年十二月十一日条

内閣文庫和学講談所旧蔵本一六二―一四七、第五巻

十一日、八坂塔（東山法観寺）婆五重御事、初卯刻相国寺僧皆参、

永享十年（一四三八）十二月二十六日、相国寺乾嘉都寺が林光院領尾張国犬山庄庄主職に任命される。

一三三六〔蔭凉軒日録〕永享十年十二月条

『増補続史料大成』、一巻、八二頁

廿三日、（中略）林光院（二条）領尾州犬山（丹羽郡）庄主職事伺之、可択器用之由有命、（後略）
廿六日、（中略）林光院領犬山庄主職、以嘉都寺（乾嘉）被命、
廿七日、当院（鹿苑院）幷勝定院（相国寺）新餅献之、嘉都寺懸御目、乃献卅貫文、（後略）

永享十年（一四三八）十二月二十九日、大徳院主周瑚西堂が、将軍御成の引物に不備があったため、罰として相国寺山門の造営を命じられる。

一三三七〔蔭凉軒日録〕永享十年十二月条

『増補続史料大成』、一巻、八二頁

廿三日、大徳院（相国寺）御成、御斎、（後略）
廿七日、（中略）周瑚西堂為大徳院主、廿三日御成之御引物、有怠慢罪故、来廿九日一件事可被命也、
廿九日、（中略）瑚西堂依有罪過可造当寺（相国寺）山門之旨被命、

○周瑚西堂が財源不足のため山門造営を遂げられなかった記事が本書一二五七号史料にあり。『蔭凉軒日録』永享八年（一四三六）十一月十六日条で、周瑚西堂が大徳院主に決定している。

永享十一年（一四三九）正月十一日、相国寺山門の造営が始められる。ついで足利義教は鎌倉五山から将軍への献銭を山門造営費に充てる。

三三八〔蔭凉軒日録〕永享十一年正月・二月・十二月条
『増補続史料大成』、一巻、八三頁

（正月）十八日、（中略）山門《（相国寺）》造営、自十一日始之由御披露之、（後略）

（二月）九日、大徳《（相国寺）》御成御延引、山門造畢之後、可有御成之由被命、

（十二月）十八日、（中略）前十七日御点心料可充当寺山門造営料之旨有命、

晦日、（中略）午時当院《（鹿苑院）》幷勝定院《（相国寺）》御焼香、鎌倉五山所献堵物、可充当寺山門要脚之旨被命、（後略）

永享十一年（一四三九）正月十九日、足利義教が相国寺法堂の法座に色を塗るよう命じる。

三三九〔蔭凉軒日録〕永享十一年正月十九日条
『増補続史料大成』、一巻、八三頁

十九日、方丈《（相国寺）》御成、煎点、法堂法座彩色之事有命、（後略）

永享十一年（一四三九）閏正月二十五日、鎌倉公方足利持氏が反乱を起こし、相国寺住持柏心周操が室町幕府の使者として関東に下向する。

三四〇〔師郷記〕永享十一年閏正月・二月条
『史料纂集』、第三、五頁

（閏正月）廿五日、相国寺《（柏心周操）》長者《（老）》為御使下向関東、不知其故、

（二月）十日、後聞、今日鎌倉殿《（足利持氏）》自害、京都御使相国寺長老下着、直招房州《（上杉憲実）》□被仰付歟、上杉霜台《（持朝）》幷千葉介《（胤直）》為大将奉寄之間、先若公・姫君等《七人》自身被奉殺之、其後自害、則被懸火云々、言語道断之次第也、

三四一〔蔭凉軒日録〕永享十一年閏正月・二月・四月条
『増補続史料大成』、一巻、八五頁

（閏正月）廿五日、柏心和尚《（・周操）》蒙関東使節之命、

（二月）十三日、疏御銘奉書之、本尊御頂戴、柏心和尚在関東之故、当寺《（相国寺）》退院御免許、用剛和尚《（・乾治）》有再住之命、公帖即出矣、以再住之故、放参之次焼香耳、新長老即参謝、（後略）

（四月）廿五日、（中略）柏心和尚・乾楞（剛叟）西堂、自関東来帰、乃於殿中御相看、柏心和尚、献以馬三疋、盆一枚、龍虎絵二幅、乃賜以御小袖十重、（後略）

三四二〔建内記〕永享十一年二月条

『大日本古記録』、二巻、二八〇頁

二日、（中略）伝聞、自関東前筥根別当瑞禅上洛、（先日）彼自京都為御勢下向之者也、彼者依関東之議（依違）自先年在京者也、而有讒者、称可申披之由参洛之、或説、鎌倉武衛（足利持氏）御免（和睦）事、房州（上杉憲実）執申趣彼申次、仍被召置伊勢守（伊勢貞国）宿所、以外恐怖云々、一昨日已下向之、已申披之故歟云々、所詮無御進発者、鎌倉武衛被切腹之条無左右難有之由申之歟云々、奇怪之申状哉、為実事者無勿躰事也、
相国寺長老（柏心周操）下向関東、是猶可攻申武衛之由、被仰付房州（上杉）歟云々、
武衛事已○（除緑鬢）着黒衣之上者、有恩免、於子息者（足利義久）可被聴相続之由房州頻執申、而時宜不許、依之不及合戦、御勢相支送日、其故者、於野心之軍士者悉被誅了、其外者房州許也、房州多年奉対京都無不忠之儀、今度之儀又為御扶持房州被遣軍勢了、而今武衛依隠遁子息事彼執申之、欲属無為之処、自京都無御許容、依之滞停也、若猶及異儀者（無御許容）者、房州可切腹之由申之歟云々、然者可及合戦歟、大事出来難測事哉之由謳哥、早速静謐只挙手耳、
或説、房州為申請御和睦事、以無勢之所従近日可上洛云々、為被止彼事被遣相国寺長老云々、種々説満巷、更不取信、記而無益事也、（後略）
十五日、（癸巳）天晴、
早旦参賀　室町殿（足利義教）、直垂・大口等如例、候西面、関東事已属無為、鎌倉左兵衛督持氏卿切腹之由注進之故也、此事去十日事也、相国寺住持先日下向（為御使関東、）管領上杉房州可随上意之由申之、仍武衛切腹、近習少々同切腹云々、天下太平、幸甚々々、（後略）

三四三〔足利義教御教書〕小笠原文書

『信濃史料』第八巻、一二四頁

（封紙ウハ書）「（異筆）『義教御書』」

小笠原大膳大夫入道殿」

持氏（足利）誅伐事、為尋究上杉安房守（憲実）所存、柏心（・周操）和尚下向候、
就彼返事、為京勢可致沙汰之間、為用心、被仰佐々河（足利満貞）・
武田刑部大輔（信重）入道等了、自京都河野（教通）以下可令下向、然者
相待彼等著陣、諸陣加談合、差寄永安寺・保国寺（相模国鎌倉郡）、無越（報）
度様可致忠節、巨細両人可申也、

「（押紙）永享十一年二月十三日到来、」
閏正月廿四日　　（花押）（足利義教）
小笠原大膳大夫（政康）入道殿

永享十一年（一四三九）二月十日、これ以前、関東公方足利持氏が大徳院に嵯峨南芳庵領の管領を認可する。

三二四〔関東公方足利持氏書状〕森川文書

『神奈川県史』資料編三 古代・中世三上、九三六頁

嵯峨南芳庵領事、承候之間、則申付候訖、恐惶敬白、
六月二日　　持氏（足利）（花押）
大徳院（相国寺）侍衣禅師

○年未詳につき、便宜的に足利持氏の没年におく。

永享十一年（一四三九）二月十二日、尾張国大円寺僧周喜が寺領内に守護使が押し入ったことを蔭凉職の季瓊真蘂に報告し、棟別銭の返付を万里小路時房に依頼する。

三二五〔僧周喜書状〕『建内記』永享十一年二月記紙背文書

『大日本古記録』、二巻、三三四頁

妙蔵主方へ□之事、家門様（万里小路時房）へ尋御申候て被進候者
為悦候、

態令注進（候脱カ）、当寺（尾張国丹羽郡大円寺）領内百姓二家へ徳銭と申候て守護使打入、
随財物、至馬牛・鍋釜まで報代責取候、言語道断次第に
て候、雖未治定、寺家辺へも所用等可申様之沙汰候、権
門方へハ物而不申候、殊更一山門家寺庵領不沙汰候、縦
雖沙汰候、自薬蔵主（季瓊真蘂）被申候て出分返付候、当寺領今分に
てハ毎度如何様之儀可沙汰候、薬蔵主方へハ雖不仰（被）候、
御憑妙蔵主候て織田方へ被出被仰候者喜悦候、今度之徳
銭棟別事、大円寺領へ繾（譴）責之使嗷々儀、自寺家注進候、
無勿躰候由、此分織田方へ被仰者可然候、所詮彼寺事者
御祈禱所にて候、上様御存知寺にて候、不可然候哉、如
此儀被歎申者可達　上聞由、堅妙蔵主織田方へ被出被申

者、為自今以後可然候、今度之徳銭棟別分、寺家へ可被返付之由被申者恐悦存候、国方内者如此注進者可事行之由為告知之間、急注進仕候、　公方様無御存知事候、権門方へハ不申候□、自国方申候、毎事期後信時候、恐惶敬白、

（永享十一年）二月十二日　　周喜（花押）

越中殿進之候

○大円寺住持悦林中怡が同寺領内百姓に守護から徳銭を課せられたことを時房に報じる（『建内記』永享十一年二月十四日条）。

永享十一年（一四三九）二月二十一日、尾張国大円寺住持悦林中怡が同国六師庄代官職を相国寺景勲都聞に直に申し付けるよう万里小路時房に勧める。

二四六〔悦林中怡書状〕　『建内記』永享十一年二月記紙背文書　『大日本古記録』、二巻、三四〇頁

○前紙闕ク、

恐悦之由雖申□□（地カ）下人之事ハ以外ニ任雅意候、御百姓之事候間始終可失面目候、殊更只今者御公領以同□□間難儀候、成月迫御年貢等不窮済候、□□（可及カ）御代官生涯候、御為御本所不可然候、都聞（相国寺春熙軒景勲）方直ニ被申付候者御心安候、当寺（尾張国丹羽郡大円寺）□事ハ故実同宿も下人も不所持候間、□□不便□了、一人召使候、毎事不□（弁カ）候、過御察候、仍地下へ之御尋状申遣候処ニ如此答、捧注進状候、御代官職之事、可然之様ニ都聞へ御談合目出候也、依地下訴訟御代官被改候者□時節等可被仰候、題目等都聞ニ御談合候て堅被仰候者可然候哉、

先度令注進（候脱カ）寺領之事、可然之様□（如本カ）○次文ニ続クカ、

□令恐悦存候、一代か末代にて候哉、別而妙蔵主了簡喜入候、百姓等掛落仕候、外聞実儀非本意候也、拙者（悦林中怡）公帖之事先度申入候つ、御判物共一具ニ置候者可然之由蒙仰候間、寺家重書可被相副之由申候て、罷下候時□（可カ）令進之由相存候、自兼黒漆文之□（箱ニカ）入置候つ、そのまゝ進候き、か様ニ雖存□（候カ）若又失念候やと存候て、先度被□□（仰候カ）時、京都ニ残置候入物共雖撰候不見□、今度も猶以撰候へと申付候也、進置候重書之内猶々見せられ候ハ、恐悦にて候、事々不悉、恐惶敬白、

二月廿一日　　中怡（悦林）（花押）

万里小路殿（時房）
人々御中

○破線は紙の切れ目を示す。
○本書一二四五号史料が関連。

永享十一年（一四三九）二月二十二日、星岩俊列と瑞渓周鳳が足利義教より関東使節に任命され、この日関東に出立する。ついで四月二日に帰洛する。

二二四七〔蔭凉軒日録〕永享十一年二月・四月条

『増補続史料大成』、一巻、八六頁

（二月）十九日、西芳寺（嵯峨）御成、御斎、星岩（・俊列）和尚・周鳳（瑞渓）西堂、可為関東使節之旨、前夕已被命、故周鳳西堂不被参西芳寺、（後略）
廿一日、常在光寺（東山）御成、御斎、（中略）星岩和尚・周鳳西堂、懸御目、依関東使節也、
廿二日、（中略）星岩和尚・周鳳西堂各賜三十貫文、乃出立也、
（四月）二日、当院（鹿苑院）御成、御斎、為関東静謐賀也、星岩和尚・瑞渓西堂御相看、自関東帰来故也、（後略）

二二四八〔興宗明教禅師行状〕

『続群書類従』第九輯下、七四三頁

明年（永享九年）夏末、相公（足利義教）俄命師（瑞渓周鳳）住京之等持寺（三条坊門）、一住四年、于時関東有軍旅之事、相公令師往諭、著入東記、自京至関以東、途中所歴名山大川仏宇僧廬記而不遺、読之如東游者、

○興宗明教禅師は瑞渓周鳳の諡号。

永享十一年（一四三九）三月十四日、常徳院が復旧したため、足利義教が御成する。

二二四九〔蔭凉軒日録〕永享十一年三月十四日条

『増補続史料大成』、一巻、八八頁

十四日、常徳院（相国寺）御成、御斎、乃為塔頭復旧也、（後略）

永享十一年（一四三九）三月十五日、相国寺都聞が退寮を申し出るが、相国寺造営中のため、足利義教により留められる。

二二五〇〔蔭凉軒日録〕永享十一年三月・四月条

『増補続史料大成』、一巻、八八頁

（三月）十五日、公帖二通出矣、見前、三会院（臨川寺）御成、御斎、
当寺（相国寺）都文退寮事伺之、寺家造営中、可居職之旨蒙命、
（四月）三日、（中略）当寺都文懸御目、即献三十貫文、
為関東静謐賀也、（後略）

永享十一年（一四三九）四月七日、足利義教が相国寺総門額「万年山」と鹿苑院の額字を書く。

三五一〔蔭凉軒日録〕永享十一年四月条
『増補続史料大成』、一巻、八九頁

七日、東福寺御成、御斎、当寺（相国寺）摠門額被遊始、乃万字耳、
八日、（中略）摠門額季字被遊、（後略）
十七日、（中略）摠門額山字幷当院（鹿苑院）額被遊、

永享十一年（一四三九）四月十日、景愛寺新住持が入寺する。足利義教が臨席し、鹿苑院主宝山乾珍が相伴する。

三五二〔蔭凉軒日録〕永享十一年四月条
『増補続史料大成』、一巻、八九頁

三日、（中略）景愛寺（五辻大宮）入院、可為来十日之旨有命、
十日、景愛寺入院、御成、煎点、鹿苑院主（宝山乾珍）御相伴、（後略）

永享十一年（一四三九）五月十五日、足利義教が鹿苑院造営のため、御成の引物を同院に寄進する。

三五三〔蔭凉軒日録〕永享十一年五月条
『増補続史料大成』、一巻、九二頁

十二日、如是院（建仁寺）御成、御斎、当院（鹿苑院）昭堂、新彩色事伺之、
於如是院昭堂御焼香、
十五日、三会院（臨川寺）御成、御斎、御引物自今日御寄進于当院、
但造営之間也、於三会院昭堂御焼香、
十六日、於御所御祈禱如恒、長得院（相国寺）御成、御引物御寄進
于当院之故、院主（宝山乾珍）（鹿苑院）参謝、乃御相看、（後略）

永享十一年（一四三九）六月六日、東山雲居寺本尊の阿弥陀仏像が鹿苑院で彫り始められるが、翌年天章周文と奈良仏師に造り直すよう足利義教が命じる。相国寺景勳都聞が製作を差配する。

三五四〔建内記〕永享十一年六月十二日条
『大日本古記録』、二巻、三五二頁

十二日、（中略）伝聞、先年炎上之後（永享八年）雲居寺（東山）本尊阿弥陀事御衣木、室町殿（足利義教）去六日
於鹿苑院令刻始給、只被下御小刀許也、其後仏師去九日
歟造始之、件御仏如元可被作之、其記録在廬山寺、以其
寸法令算勘之処、六百九十貫云々、其内先以金村（ママ）含之、
太刀卅振自室町殿被施入云々、

三五五〔東寺執行日記〕永享十一年六月・八月条

内閣文庫和学講談所旧蔵本一六二―一四七、第五巻

（六月）六日、雲古寺（居、以下同）（東山）阿弥陀仏事、初於相国寺有之、
公方様（足利義教）自御沙汰也、
同日六日、於雲古寺者大仏師事初、但東方与高辻大宮仏
師依諍左右、先延引之、同九日有之、左高辻、右東方、
（八月）廿七日、雲古寺阿弥陀仏又事初、此子細者、南
都仏師申云、北京両人申分ノ代物過分千貫減シテ可仕之
由申之間、高辻、東方、両人ヲ召籠ラレテ且下行之足六百貫文
悉返進上也、其後南都者共作アシキニヨリテ、又禅僧周（天章）
文今ノヲ作之、雲古寺有之、南都其後大方殿修理アリテ百度大
路奉居之、北京ノハ御首計也、

三五六〔蔭凉軒日録〕永享十一年五月・六月・七月・八月・同十二年四月・五月・六月・七月・八月・九月・十月・十一月・十二月・嘉吉元年六月条

『増補続史料大成』、一巻、九四頁

（永享十一年五月）廿二日、御折三合賜密厳菴、来月六
日雲狐寺（居、以下同）（東山）大像可有御刀始之旨被命、即命両仏師、
（六月）六日、常徳院（相国寺）御成、乃静謐之謂也、当院（鹿苑院）御焼香、
雲狐寺大像面貌、於本房客殿始彫刻、乃眼口所在各被着
一刀、
八日、（中略）来九日、雲狐寺大像、両仏師可始彫刻之
旨伺之、
十一日、（中略）雲狐寺両仏師参賀之事披露之、（後略）
廿三日、（中略）雲狐寺造畢之年月注文懸之御目、可如
先規之由被命、乃伝命于両仏師、又伝此命于当寺長老（用剛乾治）也、
（七月）十四日、納豆・筍・于姫・胡桃、自宝福寺（相国寺）献之、
雲狐寺差図懸之御目、（後略）
廿八日、雲狐寺造営方御寄進之請取状懸之御目、乃自今
日始之、俗方幷他宗進上之分也、
（八月）廿八日、午刻於当院本房、雲狐寺大像被始彫刻

也、
廿九日、(中略)奈良仏師造雲狐寺大像之故、辞毎月地蔵像、乃於京仏師中可択器用之由被命、(後略)
(永享十二年四月)十一日、(中略)雲狐寺御成、本尊御拝見、不相応之由被命仏師、(後略)
十五日、雲頂院(相国寺)御引物請取、奉懸御目、雲狐寺本尊可作換之由被仰出、但依彼仏師触穢、先被閣之、(後略)
十九日、(中略)雲狐寺本尊彫刻、奈良新仏師与周文(天章)相共可彫刻之由被仰出、法観寺(東山)仏殿御寄進奉行可如雲狐寺由被仰出、(後略)
廿三日、(中略)率仏師与周文同道、而赴南都大仏殿(東大寺)中、奉拝脇尊、可為本之由、以西室(見賢)大夫所白披露之、即可赴之由、被仰出、即於殿中命大夫、
(五月)十三日、(中略)雲狐寺本尊不如先規故、可作換之由被仰出、即命于勲都聞(景勲)、
十四日、雲狐寺本尊無旧規、然則堂中相応而可造立之由被仰出、(後略)
晦日、雲狐寺本尊画図奉懸御目、(後略)
(六月)九日、(中略)奈良仏師両人大夫所被召置、即御免許、奈良両人家被還下之由被仰出、即大夫命之、(後略)
十一日、雲狐寺本尊御刀始、於当院御成、(後略)
十八日、(中略)雲狐寺本之本尊安治之所、自勲都聞白之伺之、(後略)
廿七日、(中略)雲狐寺本尊安治(マヽ)之地、可被買召之由、浄土寺(持弁)殿被仰出、即此旨命勲都聞、
(七月)六日、(中略)雲狐寺旧本尊安持之在所地之事、依勲都聞所白伺之、(後略)
廿八日、(中略)雲狐寺本尊光仏、洛中諸仏師配分而可被作之由伺之、(後略)
(八月)五日、雲狐寺本尊塗地之布之事、被尋下之、
十五日、雲狐寺古本尊塗地布之註文奉懸御目、
廿二日、奉報来日等持寺(三条坊門)御成、雲狐寺脇尊御刀始、来廿八日定之、
(九月)三日、(中略)雲狐寺本尊塗地御帷百十被出之、即命勲都聞、其請取懸御目、
十一日、(中略)雲狐寺本尊被御覧、可奉報塗之由被仰出矣、(後略)

十七日、（中略）雲狐寺脇尊造立伺之、来十月十日比紅葉御成之事、預被白之、
十八日、（中略）雲狐寺本尊御光、虹梁幷脇尊之事、以鬮試之、可塗虹梁幷柱之鬮取之、故此旨可命之由被仰出、即命勲都聞、（後略）
（十月）十五日、（中略）雲狐寺脇尊二本、柱前如旧可安之由被仰出矣、
廿七日、弘誓額被遊、蒙使命于実相院（義運）殿、雲狐寺本尊脇士幷御光鋳四百四十五両二分、但麁色五百六十二両二分、内三十二両二分被出之、
廿九日、雲狐寺方鋳四百四十五両二分、請取奉懸御目、
（後略）
（十一月）三日、雲狐寺方請取奉懸御目、五大堂築地成之由、以勲都聞所白披露之、（後略）
八日、（中略）雲狐寺方材木於五大堂借用分五百二十七貫五百五十文、返弁註文奉懸御目、但勲都聞白之、
十八日、勝定院（相国寺）御成、御焼香、御斎、雲狐寺方請取、奉懸御目、（後略）
廿六日、（中略）雲狐寺本尊頭中、御筆御書印心経被納、即命于勲都聞、雲狐寺二王御刀始、来日廿七日於等持寺方丈可有御刻也、
廿七日、（中略）自十月五日至十一月廿七日、雲狐寺方請取、奉懸御目、（後略）
（十二月）廿三日、（中略）五大堂造畢之由勲都聞白之、
（後略）
廿七日、（中略）五大堂本尊開眼供養、在新仏歟、不在古仏歟、来春可尋之旨被仰出矣、
（嘉吉元年六月）十四日、（中略）雲狐寺本尊造畢之由披露之、蓋勲都聞所白也、
十八日、（中略）雲狐寺仮堂造営幷本尊麁色、幷雲狐寺涅槃像麁色、奉懸御目、（後略）

永享十一年（一四三九）六月九日、足利義教が相国寺山門造営を大徳院主周瑚西堂に命じるが、財貨が尽きて進まず。

三五七〔建内記〕永享十一年六月九日条　『大日本古記録』、二巻、三五〇頁

九日、（中略）相国寺山門造営事、被仰大徳（相国寺）住門〔周〕カ瑚西堂、

已後連々下行、造営於于今者所在之財貨悉以払底、仍退寺外以告文付真蘂（季瓊）蔵主申此趣之処、左様無力〔二〕カ（ナ脱カ）ランニハト被仰テ無子細歟云云、（後略）

○この記事は内閣文庫所蔵浅草文庫本を底本としているが、㋕の部分は京都大学文学部国史研究室所蔵勧修寺本で校合している。

○周瑚西堂が山門造営を命じられた記事が本書一二三七号史料にあり。

永享十一年（一四三九）六月九日、柏心周操が関東使節に任命され、鎌倉に下向する。

二三五八〔蔭凉軒日録〕永享十一年六月・九月・十月・十二月・同十二年正月条　『増補続史料大成』、一巻、九四頁

（永享十一年六月）九日、（中略）柏心（・周操）和尚重蒙関東使節之命、（後略）

（九月）三日、（中略）黄梅院（円覚寺）主持先可停止之由伺之、即可命柏心和尚也、（後略）

（十月）十三日、（中略）黄梅院主被定之由、有柏心和尚之状、乃披露之、（後略）

（十二月）晦日、（中略）柏心和尚自鎌倉帰洛、被献馬并三千疋、

（永享十二年正月）十三日、（中略）関東五山使者御暇之事伺之、五山折紙請取五通并柏心和尚進上請取、奉懸御目、（後略）

永享十一年（一四三九）六月十一日、足利義教が嵯峨南芳院御坊の建物を蔭凉軒に移築するよう命じる。ついで蔭凉軒の立柱・上棟が行われ、十一月に落成する。

二三五九〔蔭凉軒日録〕永享十一年六月・八月・十月・十一月・十二月条　『増補続史料大成』、一巻、九四頁

（六月）十一日、（中略）蔭凉軒可移南芳院（嵯峨）御房之由被命、（後略）

（八月）三日、卯剋、移居新房（蔭凉軒）、（後略）

十七日、当院（鹿苑院）御坊立柱・上棟、来十月五日定矣、

（十月）五日、（中略）御坊（蔭凉軒）辰剋立柱・上棟、即被牽御馬、諸大名亦各被牽、（後略）

（十一月）九日、御坊御成、煎点、諸寺院并都文以下知

名者、各献折紙、即皆於御坊懸　御目、御点心之後、即御成于中居坊、御小袖三重・段子三端・盆一枚・壺一箇・小盆一枚・杉原十帖、私献之、又於御坊御斎、当院(鹿苑院)幷院主(宝山乾珍)各有進上之物、

十二日、帰雲院(南禅寺)・三統院(嵯峨)、各奉献千疋、以賀蔭涼軒落成、

(後略)

十四日、蔭涼軒庭可栽樹之事即伝命虎菊、

十五日、蔭涼庭栽木立石之事権輿於今日、(後略)

廿五日、蔭涼書院造営之事幷南庭可引水之旨有命、

蔭涼額可見書之旨有命、

(十二月)七日、慈観院献千疋以致蔭涼之賀、蔭涼庭樹、応護之旨、以伊勢守(伊勢貞国)被命、

廿日、蔭涼南庭小山水始具御覧、

廿五日、(中略)岡松可植南庭之旨被命、富士松則三條殿之庭可移之旨有命、

○この蔭涼軒移築については、玉村竹二「蔭涼軒及び蔭涼職考」(『日本禅宗史論集』上、一〇四頁)に詳しい。

永享十一年(一四三九)六月十一日、足利義教が南芳院僧堂を鹿苑院僧堂にするよう命じる。

三六〇〔蔭涼軒日録〕永享十一年六月十一日条

『増補続史料大成』、一巻、九四頁

十一日、(中略)又以南芳(嵯峨)僧堂可為当院(鹿苑院)僧堂之由幷被命、

(後略)

永享十一年(一四三九)七月十一日、相国寺が山門梁の用木として東寺最勝光院敷地の松木を購入する。

三六一〔最勝光院方評定引付〕永享十一年七月・八月・九月条

東寺百合文書る函四五、『大日本古文書　家わけ第一〇』五、二三九頁

(表紙)
「五十
最勝光院方評定引付永享十一己未」

最勝光院方評定引付永享十一年己未

(中略)

七月十一日

権僧正　重耀　宗宝　隆憲　覚寿　快寿　寛祐

一最勝院(光脱)敷地松木二本有之云々、仍相国寺之雑木方問丸来申云、為相国寺山門梁、此松木可申売徳云々、若有

難渋者、自都聞〻分方直可被申□此趣披露之処、可有沽却
之条、一定了、但、有公平様、相尋故実人、可問答由、
法眼可申付云々、先以乗順与門指一人、(東山)法性寺杣可談
合之由、申含了、

八月十三日

権僧正　重耀　覚寿　快寿　寛祐

一柳原松木事、以乗真・乗順両人、去月廿八日、直相国
寺都(聞)分案収蔵主尋之、此木代物事、百貫計候者可進之
由、申候了、

一今日相国寺蔵主方同宿僧来、先日返事申云、彼木二本
ツ合(都合)二十五貫文可給候云々、言語道断相違申候間○(只今)不
及御返事、重而可聞御返事□、加問答、僧返之了、如
彼所存者、押而申歟云々、此等趣、披露之処、廿一日
以前　御成、物急候間、不可有御返事歟、其内寺家大
工被見之、代物之様可有御存知云々、

九月朔日

権僧正　隆憲　宏寛　覚寿　快寿　宗宝

一最勝光院敷地大松木二本事、代物披露之処、枝葉事不
寺家存知、代四十貫文分令沽却、可成寺用之旨、其沙
汰了、代為此分者、地下々地損失不可云之之(衍カ)旨、治定
畢、

九月六日

重耀　隆憲　寛祐

一就最勝光院松木事、相国寺嘉都(乾嘉)寺口入申書状趣、本木
廿五貫文可賜之、其外枝葉等悉寺家可進云々、此分披
露之処、嘉都寺口入之間、此分可遣之由、衆儀了、以
納所、相国寺へ申遣了、同先日状返事、公文所ヨリ沙
汰之候了、

（後略）

永享十一年（一四三九）七月十四日、芷陽周沅が関東使節に任命される。

三六二〔蔭凉軒日録〕永享十一年七月・八月条

『増補続史料大成』、一巻、九六頁

（七月）十四日、（中略）臨川寺周沅(芷陽)西堂、蒙鎌倉使命、
中佐(徳翁)首座蒙奥州使命、（後略）
十六日、中佐首座為奥州使故御相看、今日即発足、賜行

資三十緡、周沅西堂亦同賜三十緡、（後略）

（八月）九日、（中略）周沅西堂自関東帰洛、（後略）

○これ以降に相国寺僧が室町幕府から使節に任命された記事は、乾徳院主玉芳等金の使節任命（『蔭凉軒日録』嘉吉元年〈一四四一〉五月十九・二十四日条）、維馨梵桂の関東使節任命（同書同年五月二十五日・六月二日条）、惟明瑞智の遠江使節任命（同書寛正三年〈一四六二〉二月二十三日・三月十四日条）、維馨梵桂の伊予使節任命（同書寛正六年九月十・十一・十四・十五・十八・二十九日・十月七・十四・十六日条）、春陽景杲の備中使節任命（同書延徳二年〈一四九〇〉八月十二・十三日条）等がある。

永享十一年（一四三九）七月十七日、足利義教が北野経王堂の大蔵経書写を計画するよう鹿苑院主宝山乾珍と蔭凉軒主季瓊真蘂に命じる。

三六三〔蔭凉軒日録〕永享十一年七月条　『増補続史料大成』一巻、九七頁

十七日、宝性院（嵯峨カ）御成、北野経王堂所書写之大蔵経可被続書之事、与当院（鹿苑院）主（宝山乾珍）可図之旨蒙命、

廿三日、経王堂書写蔵経之僧等所白披露之、五部大乗経目録書、以献之、所蔵由良（紀伊国海部郡興国寺）之一千余巻蔵経、可取上之由被命当院主、

永享十一年（一四三九）八月十二日、足利義教が正親町三条公雅十三回忌の仏事を勝定院で行う。

三六四〔師郷記〕永享十一年八月条　『史料纂集』、第三、一一〇頁

十一日、（中略）今日於相国寺転経也、明《依》日紹宏（正親町三条公雅）贈内府十三廻也、

十二日、晴、依贈内府十三廻、於所々被修法事、於聖護院被行庭儀曼陀羅供、於泉涌寺（東山）五部大乗経頓写有之、楽人等参向如□□会、於浄花院（清浄華院）（土御門室町）、至今日七ヶ日如法念仏有之、於相国寺陞座・拈香有之、陞座常在光院（東山）住持南渓（景南英文）和尚、拈香鹿苑院住持宝山（・乾珍）和尚也、以上御台（正親町三条尹子）御沙汰也、此外《御》作善有之云々、又於毘沙門堂（出雲路）経供養、導師彼僧正（公承）也、昨日八講也、於嵯峨紹宏院七ヶ日法華経頓写、於遬迎（来）院五種行、於清和院（正親町富小路）法事讃、以上左金吾（正親町三条実雅）沙汰也、

此外作善等有之云々、曼陀羅供幷経供養願文草為清卿（五条）、
清書行豊（世尊寺）朝臣也、

二三六五〔蔭凉軒日録〕永享十一年七月・八月条

『増補続史料大成』、一巻、九九頁

（七月）廿四日、（中略）八月十二日、紹興（宏）院殿（正親町三条公雅）十三回之仏事、於勝定院（相国寺）可勤之旨有命、（後略）

三十日、為紹興院殿仏事、被賜一千貫文于勝定院、乃飯尾大和守（貞連）奉之、

（八月）十二日、勝定院御成、煎点、陞座景南和尚（・英文）、乃御相伴、諷経之後御焼香耳、無御斎、建仁景繕（性天）、安国（四条坊門）万選、宝幢（嵯峨）徳慶懸御目、御小袖三重・盆・香合・高檀紙・杉原、自勝定院献之、乃御台（正親町三条尹子）始入寺之故也、雖然被還之、

○足利義教室は正親町三条公雅娘尹子。

永享十一年（一四三九）八月十八日、足利義教が万僧会を勝定院で行う。

二三六六〔続本朝通鑑〕永享十一年八月十八日条

『本朝通鑑』第一三（国書刊行会）四四〇六頁

十八
甲午、義教（足利）修万僧会於勝定院（相国寺）、施一千緡、

永享十一年（一四三九）八月二十五日、足利義教が雲頂院内雲沢軒領と諸末寺を安堵する。

二三六七〔蔭凉軒日録〕永享十一年八月二十五日条

『増補続史料大成』、一巻、一〇〇頁

廿五日、（中略）雲沢軒領（相国寺雲頂院）幷諸末寺、又禅仏寺（七条柳原）領案堵、御判三通贈之、乃飯尾大和守（貞連）奉之、

永享十一年（一四三九）九月三十日、季瓊真蘂が北山石不動に参詣する。

二三六八〔蔭凉軒日録〕永享十一年九月・十月条

『増補続史料大成』、一巻、一〇二頁

（九月）三十日、詣北山不動、（後略）

（十月）三日、詣北山石不動、

永享十一年（一四三九）十月十五日、益都寺以下の寮が罪科のため闕所となり、鹿苑院僧堂造営方に寄進されるが、同月十九日に因幡堂への寄進に改められる。

三六九〔蔭凉軒日録〕永享十一年十月条

『増補続史料大成』一巻、一〇三頁

十三日、（中略）益都寺(相国寺)・音都寺・仁書記寮、各依罪過可為闕所之由、伝命当寺都文、
十五日、法住寺(東山)御成、益都寺・音都寺・仁書記寮幷具足、被寄附当院(鹿苑院)僧堂造営方、（後略）
十九日、（中略）益都寺・音都寺・仁書記寮沽却、以可寄附因幡堂(五条東洞院平等寺)之由有命、其寄附被改初也、（後略）
廿七日、被寄附因幡堂之益都寺・音都寺・仁書記、具足等、可渡正実(将運)之由、以伊勢守(伊勢貞国)被命、（後略）

永享十一年（一四三九）十月二十七日、柏心周操が夢窓疎石百年忌奉加料を円覚寺黄梅院に納める。

三七〇〔柏心周操書状〕黄梅院文書

『鎌倉市史』史料編三、一〇四頁

祖師(夢窓疎石)百年忌奉加料、軽微憚入候へ共、先五緡進候、又報恩寺(相模国鎌倉郡)常住分五結進候、諸末寺門中老少出銭奉加之種子にて候、返々乏少恐入候、実従隗始之類候、如何様以参謁可申入候、恐惶敬白、

十月廿七日(永享十一年)　周操(柏心)（花押）

黄梅院(円覚寺)
侍衣禅師

永享十一年（一四三九）十一月二十二日、相国寺乾嘉都寺の名田への守護使入部が東寺鎮守八幡宮供僧評定で禁止される。

三七一〔鎮守八幡宮供僧評定引付〕永享十一年十一月二十二日条

東寺百合文書ワ函五五

(表紙)「鎮守八幡宮供僧評定引付 永享十一 己未」

（中略）

十一月廿二日

重耀　覚寿　快寿　融覚　宗融　清円　寛祐　杲覚
快雅　聖清

一相国寺嘉都寺(乾嘉)名田事、守護使中山入使節、可譴責舞田之由、令申寺家之条、守護使入部事、為向後不可然、

為寺家免責伏舞田可取遣渡状之由、評儀了、

永享十一年（一四三九）**十二月十五日、足利義持十三回忌の仏事料が足利義教の命で勝定院を介して東寺と金光寺に送られる。**

三七二〔三宝院義賢御教書〕東寺百合文書ソ函一一六五

来十八日　勝定院殿（足利義持）御仏事料五千疋当寺（東寺）へ可被入之由、
藥蔵主（季瓊真蘂）奉にて被仰出候、被認請取候、以雑掌早々可被進
之候、就其御作善勤行事何様之題目可有其沙汰哉、猶寺
家被加評定、可被注進申其趣候、此御注進をハ年預可被
持参申候、彼請取をハ先以雑掌早々可被進候由、可申之
旨、被仰出候、人夫等可被相副候哉、誠恐謹言、
（永享十一年）十二月十五日　経長

（切封）
「─　─」
宝厳院（カ）殿　経長

三七三〔廿一口方評定引付〕永享十一年十二月十五日条
東寺百合文書ち函一三

（表紙）「廿一口方評定引付 永享十一年己未」
廿一口方評定引付 永享十二年己未
（中略）
十二月十五日
権僧正　宗宝　隆憲　覚寿　快寿　聖清　弘英　禅海
融覚　宗融　快雅　宏寛
一従三宝院殿（義賢）（醍醐寺）奉書到来、其子細自公方（足利義教）○勝定院殿（足利義持）御仏事料足五千疋御施
入、以請取相国寺可執遣云々、自御門跡被仰出云、理趣
三昧可執行云々、引存（カ）理趣三昧経供養、諸衆鈍色供（カ）□
儀（カ）師法服甲□、

三七四〔勝定院主用剛乾治等連署仏事料送進状〕金光寺文書
『長楽寺蔵　七条道場金光寺文書の研究』一四九頁

送進
来年正月十八日
勝定院殿（足利義持）十三年忌今月十八日御仏事料之事
合弐佰貫文者
右所送進之状如件、

永享十一年十二月十五日　侍真乾清（花押）
金光寺(七条堀川)　院主乾治(用剛)
勝定院(相国寺)

永享十一年（一四三九）十二月二十四日、伏見宮貞成親王が、境内為延名小畠を伏見法安寺へ安堵するよう大光明寺に依頼する。

三七五〔貞成親王書状案〕「後崇光院御文類」巻二

『書陵部紀要』第一九号、七五頁

(端裏書)「大光明寺遺状案 永享十一　十二　廿四 法安寺訴訟事」

境内為延名小畠事、法安寺(伏見)帯支(カ)證歎申候、老体難期後日候、命中安堵大切之由、再三歎申候、最小所事候哉、仍不顧無心執申候、閣是非遵行候者、為悦候也、敬白、

十二月廿四日　(貞成親王)(花押)

大光明寺(伏見)方丈

(切封)

永享十一年（一四三九）十二月二十六日、高麗通信使が室町幕府に持参した献上物を正実坊御倉に入れる。御倉の台帳は蔭凉軒で管理される。

三七六〔蔭凉軒日録〕永享十一年十二月条

『増補続史料大成』一巻、一〇八頁

廿五日、当寺(相国寺)新餅献之、高麗通信使、来日於殿中可導之旨有命、伊勢守(伊勢貞国)之奉、（後略）

廿六日、高麗通信使参殿中、乃於南面欄中三拝、而奉書所貢方物、件々納之、正実坊公倉書幷別録則在当寮(蔭凉軒)、

永享十一年（一四三九）十二月晦日、季瓊真蘂が大徳院衆の除籍について足利義教に伺う。義教は処分を見送るよう命じる。

三七七〔蔭凉軒日録〕永享十一年十二月晦日条

『増補続史料大成』一巻、一〇八頁

晦日、（中略）大徳院(相国寺)衆可除僧簿否之事伺之、先可閣之旨有命、（後略）

永享十二年（一四四〇）正月十一日、鹿苑院主宝山乾珍等の相伴衆が足利義教に年始の参賀をする。

三七八〔蔭凉軒日録〕永享十二年正月十一日条

『増補続史料大成』、一巻、一〇九頁

十一日、（中略）南禅海門和尚(・承朝)、鹿苑宝山(鹿苑院)(・乾珍)、相国用剛(・乾治)、崇寿(相国寺)竺雲(・等連)、等持院柏心(洛北)(・周操)、等持寺瑞渓(三条坊門)(・周鳳)諸和尚被参、於御対面所御相看、（後略）

永享十二年（一四四〇）正月十一日、相国寺山門の造営が開始される。ついで西明楼の造営が計画される。

三七九〔蔭凉軒日録〕永享十二年正月・二月・三月・四月条

『増補続史料大成』、一巻、一一〇頁

（正月）十八日、（中略）当寺(相国寺)山門造営始于十一日、当(鹿苑)院山門前蓮池可鑿之由披露之、（後略）

（二月）廿日、（中略）鎮徳寺進上百貫文、為山門造営御寄進之由、以飯尾大和守(貞連)被仰出矣、

（三月）十二日、（中略）当寺山門方造営請取、奉懸御目、

（四月）七日、三会院(臨川寺)御成、御焼香、御斎、雲(居)狐寺方(東山)并当寺造営方請取、奉懸御目、（後略）

八日、（中略）雲(居)狐寺造営方、余材木柱自当寺被買、但為西明楼也、以勲都聞(景勲)状奉懸御目、（後略）

○同年十二月五日に相国寺山門が完成する（本書一三〇二号史料）。

永享十二年（一四四〇）正月二十六日、万里小路時房が尾張国六師庄年貢のうち二千疋を春熙軒景勲都聞への返済に充てる。

三八〇〔建内記〕永享十二年正月・三月条

『大日本古記録』、三巻、三〇頁

（正月）廿四日、戊辰、天晴、渡御善法寺京坊(宋清)云々、春熙(景勲)(相国寺)使来六師(尾張国西春日井郡)去年分返弁、来月五日以前出日請了、案在別、（後略）

廿六日、庚午、朝雨、後円融院供物如例、□□(備カ)進霊供如例、故右大弁宰相頼房(万里小路)朝臣□夜刃(叉)供物如例、二千疋為六師去年分内送勲都聞(景勲)許、請取到来者也、（後略）

（三月）九日、（中略）山田堤事・六師未進事、示遣春熙軒者也、

永享十二年（一四四〇）四月六日、足利義教が五月までに相国寺僧堂の外堂を造営するよう命じる。

三八一〔蔭凉軒日録〕永享十二年四月六日条

『増補続史料大成』、一巻、一一八頁

六日、（中略）晩来当院《鹿苑院》御焼香、来五月以前、僧堂外堂、可造営之由被仰出矣、

永享十二年（一四四〇）四月十三日、鹿苑院が足利義満三十三回忌の仏事費用を東寺・醍醐寺に送る。

三八二〔鹿苑院殿三十三年忌仏事要脚送進状〕

東寺百合文書ソ函一六八

送進

鹿苑院殿《足利義満》卅三年忌御仏事要脚事、

合伍拾貫文者東寺分

右所送進之状如件、

永享十二年卯月十三日　　侍真梵盛（花押）

御奉行所

鹿苑院

三八三〔鹿苑院殿三十三年忌仏事要脚請取〕

東寺百合文書ソ函一六九

請取申

鹿苑院殿《足利義満》卅三年御忌御仏事用脚事、

合伍拾貫文

右為当寺東寺分、所請取申之状如件、

永享十二年四月十三日　　年預法印覚寿

三八四〔鹿苑院殿三十三年忌仏事要脚請取案〕

東寺百合文書ソ函一七〇

請取申

鹿苑院殿《足利義満》卅三年御忌御仏事用脚事、

合伍拾貫文

右為当寺東寺分、所請取申之状如件、

永享十二年四月十三日　　年預：判

：判

三八五〔三宝院義賢御教書〕

東寺百合文書ソ函二二一九

（礼紙ウハ書）
「巳刻宝厳院御坊　⊠阿
（切封）
「ー　ー」

請取案認進候、如此用意候て可持参之由可被申、雑掌
ハ強杉原にて可有用意候、

自
公方様（足利義教）御仏事用脚五千疋被入寺家候、今日早々可被
請取之由、只今自鹿苑院之奉行之僧方被申候、急々可被
進雑掌候之由、可申旨候、恐惶謹言、
卯月十三日　⊠阿

三八六〔鹿苑院殿三十三年忌仏事要脚送進状写〕醍醐寺文書　『大日本古文書　家わけ第一九』一二、一〇頁

送進
鹿苑院殿卅三年忌御仏事結縁氵丁（灌頂）要脚
合三百伍拾貫文者、
右、所送進之状如件、
永享十二年卯月十五日　侍真梵盛判
御奉行　鹿苑院

永享十二年○五月記云々、

永享十二年（一四四〇）四月十六日、八坂塔供養が行われ、常在光院住持景南英文が導師を務め、瑞渓周鳳等が出仕する。

三八七〔師郷記〕永享十二年四月十六日条　『史料纂集』、第三、五六頁

十六日、晴、八坂法観寺（東山）塔供養也、導師景南和尚（・英文）常在光院長老、（東山）八講（高）僧等持寺（三条坊門）長老（瑞渓周鳳）以下八人也、各西堂云々、諷誦僧千人、自五山出云々、着座公卿四条新中納言隆夏卿・左衛門督（正親町三条）実雅卿・中山宰相中将定親卿、伝奏、布施取殿上人五人、持季朝（正親町）臣・実清（治）（阿野）朝臣・実勝（滋野井）朝臣・資任（烏丸）俊秀・教秀（勧修寺）、導師執綱康（源）俊・氏尚（源）、官人教久京極、門守護歟、勅使俊秀（坊城）云々、

室町殿（足利義教）御出、殿上人殿永豊（高倉）朝臣・雅親（飛鳥井）・資益（白川）以上布衣、室町殿自建仁寺方丈御出立、未剋被始行、舞楽如例、当寮役導師莚道薦沙汰進云々、去月御訪三百疋被下行也、布単下家司盛次沙汰進之了、薦百枚進之、三行敷之云々、導師御布施済々云々、可尋注之、

執蓋役忠行二階堂、
毎事被任康永例云々、
諷誦願文・呪願文等有之、草大蔵卿(五条為清)、清書行豊朝臣(世尊寺)、開十一日白同有之云々、

三八八〔東寺執行日記〕永享十二年四月十六日条

内閣文庫和学講談所旧蔵本一六二―一四七、第五巻

十六日、東山八坂御塔供養、導師常在光院(東山)長老(景南英文)、禅僧百口、京極佐々木加賀判官(高数)被成候、今度随兵渡之、

三八九〔蔭凉軒日録〕永享十二年四月十六日条

『増補続史料大成』一巻、一二〇頁

十六日、法観寺(東山)塔供養、午後御成于建仁寺方丈、被乗御車、陞座、次諷経、次舞、至昏黒還御、御小袖三重・扇子廿本・高檀紙・杉原各十帖、自建仁寺献之、法観寺又同前、導師景南(・英文)和尚為御礼被参、建仁寺天性(性天□禀カ)和尚、法観貲龍(雲沢)西堂、為御礼被参、景勲都聞為塔造畢并供養御礼献一万疋、即為八坂法観寺仏殿造営御寄進、又建仁・法観両寺献物又如此、勲都聞可致仏殿造営奉行之由被仰出、導師常在光寺(東山)景南和尚、禅客南禅僧琛首座、東福光伝書記、侍者南禅曇種首座、東福珠潮蔵主、八高僧等持寺(三条坊門)周鳳(瑞渓)西堂、臨川寺周沅(芷陽)西堂、法観寺貲龍西堂、乾徳院(相国寺)等金(玉芳)西堂、興雲庵(建仁寺)友南(陽谷)西堂、正法庵(東福寺)珠厳(粛翁)西堂、定林寺(美濃国)等邁(高雲)西堂、法住院(相国寺)周浩(芳源)西堂、摠記録可在中山殿(定親)、

三九〇〔翰林五鳳集〕『大日本仏教全書』三巻、一〇九頁

八坂(東山)法観寺塔婆供養結座頌　景南(・英文)

祇樹園南清水北、五層宝塔忽巍然、攀中階透龍蛇窟、到上□開雲霧天、百二山河玉欄外、両輪日月露盤辺、風前細聴鐸鈴語、叡算台齢億万年、

三九一〔八坂塔供養記抄〕永享十二年四月十六日条

『大日本古記録　薩戒記』六、一三二頁

十六日、天快晴、風殊静、今日八坂(東山)法観寺塔供養也、早旦参室町殿(足利義教)、中御願文御署、送遣奉行家司蔵人権弁資任(烏丸)

許、示可授導師侍者之由了、御出座之時入見参、進供養散状資任書也、幷舞楽人交名、家秋(豊原)注進御出散状予(中山定親)書之、等了、次向八坂宿所、法観寺東寿光庵云々、御塔造営奉行景勲(相国寺春熙軒)都聞所儲之也、著束帯、如常須帯剣・笏、於壇下撤之也、然而依有事略之了、参法観寺、八葉車、随身四人、雑色少々在供、又藤原親長(甘露寺)、布衣帯剣、在供、先是人々参集、但左衛門督(正親町三条)実雅、未参入、自門前禅院出立云々、

此間予見堂荘厳、

刻限壇(檀)主(足利義教)御入寺、

午一刻、内々令渡建仁寺方丈給、御板輿、御供人、単物、騎馬、

細川右馬助持賢持御剣革裹、同下野守持春、山名中務大輔熙(祐)貴、同小次郎(時長カ)、一色五郎教親、赤松播磨守満政、同兵部(広)少輔、同左馬助(則繁)、同伊豆次郎教村、細川六郎(教祐)、伊勢(伊勢)守貞国、同兵庫助貞親、

此外

赤松伊豆入道常宗(貞村)、大夫得業見賢、久阿等在御供、

於彼方丈著御々小直衣、藤練堅織物、面薄色、御文尾長鳥、以黄糸織之、裏萌黄錬之、御指貫浅黄生固織物、御文藤丸、於方丈門外御乗車、八葉、御牛飼弥藤丸遣之、出御、自寺西面北門南行、清水坂東行、建仁寺東路北行、法観寺西坂東行、到惣門、

先番頭八人、白裏直垂、左右二行、

次御牛童十二人、二行、直垂、尽善美、

次御車、弥藤丸奉仕之、御雨皮持、退紅仕丁、内裏釜殿也、

御笠持、白張仕丁、政所用意之、

次殿上人三人、一列、

左兵衛権佐(高倉)永豊朝臣、御簾役、

若鶏冠木歟、薄青錬薄物布衣、半色指貫、上括、不著衣、総鞦、

右少将(飛鳥井)雅親、御沓役、

花山吹狩衣、面朽葉浮線綾、裏黄、指貫如常、不着衣、総鞦、

左少将(白川)資益、御剣役、御剣金造也、御入院時御剣也、躑躅狩衣、面白練薄物、裏紅、比躑躅非普通、又一説歟、

同前、

次諸大夫二人、二行、

前左京大夫惟宗康任朝臣、御榻役、

黄練薄物狩衣、総鞦、

散位高階重頼、

萌黄狩衣、総鞦、

次衛府侍二人、一列、

朝日孫（持長）左衛門尉、御沓取次、
長三郎（家連）左衛門尉
於法観寺惣門外御下車、経山門幷塔西北、入御自御桟敷
北面、門守護官人佐々木（京極）大夫判官教久布袴、帯弓箭、候山門外
惣門内北方、床子敷熊皮居之、臨入御期居地平伏、看督
長・火長・走下部・桙持等群居傍、又平文直垂地紺布、押金薄文、
若党廿人在後方左右、父加賀（京極高数）入道々統著褐衣・鎧直衣（垂）、
蹲居総門外北方、単物若党数十人列居路左右、管領細川
左京大夫持之朝臣・山名右衛門佐持豊等著直垂、候惣門
外南辺、公卿・殿上人皆出惣門外蹲居、奉相従入山門、
先是女中（正親町三条尹子）入御々桟敷、八葉御車、御牛飼五人被召渡聖護院（満意）、・
御中間等各著絵直垂、自水堂御出立也、先出車二両（輛）、兼
寄御桟敷、又内裏女房達等取乗車二両、兼以被入候桟敷、
其外張輿・板輿数十廷（挺）寄之、不知誰人、
先公卿著座、
四條（油小路）新中納言隆夏、左衛門督（正親町三条）実雅、予、入山門、経塔西
南、登仮屋南階在東弘庇巡、擬塔土壇、不脱沓登之、著座、座経前著之、直裾
之後、各以沓整置座前、以鼻為外、

次勅使、賀茂御神事中、就法会被立勅使、多其例、著座如前、
蔵人（坊城）左少弁俊秀、束帯、正笏登仮屋南階、自座東方揖
著之、須自北方前也、著之也、又不直置沓、在座右方、
其鼻向北、賀茂祭御神事中、就法会被立勅使、多其例、
次請僧入堂、侍者各一人相従之、
等持寺（三条坊門）瑞渓西堂諱周鳳、
侍者一人、周徹蔵主、
臨川寺　西堂諱周元（沅）、（芷陽）
侍者一人、
本寺（法観寺）住持雲沢西堂諱貲龍、
侍者一人、源佐侍者、
相国乾徳院玉芳西堂諱等金、
侍者一人、周益侍者、
建仁興雲菴陽谷西堂諱友南、
侍者一人、良湫蔵主、
東福正法眼蔵院粛翁西堂諱珠厳、
侍者一人、珠喬侍者、
相国法住院霊泉西堂諱周皓（浩）、

侍者一人、梵迪蔵主、

侍者一人、秀桂書記、

定林寺(美濃国)高雲西堂諱等邁、

次導師入堂、侍者二人相従之、

常在光寺景南和尚諱英文、香染衣、著衲袈裟、

侍者二人、南禅曇種(菊畹)首座、聖徒(・明麟)和尚之小師、東福珠潮(守)(春江)蔵主、岐陽(・方秀)和尚之小師、

禅客二人、南禅僧探首座、玄瑛西堂之小師、東福光伝首座、明曇西堂之小師、

（後略）

○『薩戒記』永享十二年四月十六日条（『大日本古記録』、六巻、二一七頁）に関連記事あり。

永享十二年（一四四〇）四月二十二日、足利義教が蔭涼軒の額字を書く。

三九二〔蔭涼軒日録〕永享十二年四月二十二日条

『増補続史料大成』、一巻、一二二頁

廿二日、（中略）蔭涼幷玉聖院額字被遊、（後略）

永享十二年（一四四〇）五月二日、足利義教が相国寺住持用剛乾治を同寺造営の用脚奉行に任命する。

三九三〔蔭涼軒日録〕永享十二年五月二日条

『増補続史料大成』、一巻、一二二頁

二日、（中略）相国寺用剛(・乾治)和尚可為用脚奉行之由被仰出矣、

永享十二年（一四四〇）五月十二日、相国寺山門本尊羅漢像を造立するため、相国寺住持用剛乾治、鹿苑院主宝山乾珍等十一人の僧が奉加する。

三九四〔蔭涼軒日録〕永享十二年四月・五月・六月・七月・十月・十二月条

『増補続史料大成』、一巻、一二三頁

（四月）廿六日、（中略）当院(鹿苑院)塔可建幷当寺(相国寺)山門本尊羅漢可造之由被仰出、鎮守宮東班可造之由被仰出、即命于長老(用剛乾治)、（後略）

廿八日、（中略）当寺山門本尊羅漢御刀始、（後略）

（五月）十日、山門幷仏殿塗彩色、又脇門鐘楼造営之事被仰定、仏殿之石垣事被仰出、就山門彩色洛中絵師悉可

註進也、
十二日、山門羅漢一体、十五貫文充奉加之事被白、常在(東山)光寺景南(・英文)、三会院(臨川寺)玉岫(英種カ)、清涼院(梅津長福寺)用章(・如憲)、鹿苑院宝山(・乾珍)、相国用剛(・乾治)、林光院(二条)星岩(・俊列)、雲居庵(天龍寺)景嵩(春林周藤)、鹿苑寺徳仲(・等懋)、崇寿院(相国寺)竺雲(・等連)、等持寺(三条坊門)瑞渓(・周鳳)、某僧(季瓊真蘂)、以上十一員書立、奉懸御目、
十五日、黄梅院(円覚寺)献三千疋、山門彩色絵所、各御扇子一柄可献之由被仰出、（後略）
廿五日、土蔵、加賀、将監、安芸、此絵師各御扇子一柄献之、土蔵一人可勤山門彩色之由、以伊勢備後守(貞弥)被仰出、扇絵為被試其妙不妙、
晦日、（中略）山門羅漢奉加請取同前、（中略）山門彩色土蔵其外絵師相共可画之由被仰出、即命于都聞、
（六月）九日、（中略）山門本尊幷羅漢六体、公方様(足利義教)御造立、御寄進之中可有下行之由被仰出、（後略）
十一日、雲狐(居)寺(東山)本尊御刀始、於当院御成、山門羅漢木作御覧、（後略）
（七月）廿八日、（中略）山門羅漢於崇寿院昭堂被御覧、脇門始御成、但吉日択之、（後略）
（十月）廿八日、来日山門羅漢可被御覧之由被仰出矣、
廿九日、（中略）御成于山門、羅漢被御覧、（後略）
（十二月）廿四日、（中略）山門中堂御本尊安持御礼、御相伴衆諸長老、参而被懸御目、

永享十二年（一四四〇）六月二十四日、雲頂院出官瑶琳・納所集誠が尾張国愛智御器所内左女牛若宮田の代官職を請負う。

三九五〔雲頂院瑶琳・集誠連署請文〕若宮八幡宮社文書

『愛知県史』資料編九 中世二、六九〇頁

預置尾州愛智(愛知郡)御器所之内佐女牛若宮田壱町伍段小代管(官)
職事
右彼田地者若宮(尾張国愛知郡若宮八幡宮)自南房預置処也、但於年貢者、不謂損己(亡)、替賃諸公事等毎年伍貫文ニ定之、其之内三月仁壱貫参佰文、七月仁壱貫伍佰文、相歹(残)分十月中ニ皆済可申、若有無沙汰者、(裏花押)難(雖)為何時可有改易者也、仍為後日状如件、
永享十弐年六月廿四日
雲頂院出官(相国寺)瑶琳（花押）
同納所集誠（花押）
若宮
南房

○裏花押は差出者のものとは異なる。

永享十二年（一四四〇）七月十七日、相国寺など諸五山住持が退院し、八月二十九日に瑞渓周鳳が相国寺住持となる。先例として相国寺住持は将軍から直接公帖を受ける。

三九六〔蔭凉軒日録〕永享十二年七月・八月条

『増補続史料大成』、一巻、一二八頁

（七月）六日、（中略）諸五山退院之事伺之、（後略）

十七日、諸寺退院之事披露之、

十九日、南禅慶年（・永賀）和尚、天龍心関（・清通）和尚、相国周鳳（瑞渓）西堂、東福祖芳（一桂）西堂、万寿（六条高倉）全寿（伯春）西堂、入院公帖御判被遊、相国独参而被賜、蓋旧例也、（後略）

二十日、（中略）当寺（相国寺）入院、来月末可涓吉日之由被仰出矣、

廿二日、（中略）来八月廿九日当寺入院、同廿三日等持（三条坊門）寺入院之両吉日伺之、（後略）

（八月）廿九日、瑞渓（・周鳳）和尚入院、御成、煎点如旧、住持為御礼被参于当寮（蔭凉軒）、管領（細川持之）御相伴被参、（後略）

永享十二年（一四四〇）八月七日、足利義教が相国寺山門額と閣上額字を書く。

三九七〔蔭凉軒日録〕永享十二年七月・八月条

『増補続史料大成』、一巻、一三〇頁

（七月）廿八日、（中略）山門（相国寺）并閣上額字可被遊由被仰出矣、（後略）

（八月）四日、（中略）当寺山門額可被遊吉日、択来七日、（後略）

七日、当寺山門額并閣上額字被遊、（後略）

永享十二年（一四四〇）八月二十一日、足利義教が諸寺院領の半済を免除する。

三九八〔蔭凉軒日録〕永享十二年八月二十一日条

『増補続史料大成』、一巻、一三〇頁

廿一日、（中略）諸寺院所領半済御免許、御礼被白、即披露之、

永享十二年（一四四〇）九月二十一日、足利義教が摂津国多田で闕所となった平瀬入道跡とその家財を相国寺東廊造営料に充てる。

三九九〔蔭凉軒日録〕永享十二年九月・十一月条
『増補続史料大成』、一巻、一三四頁

（九月）廿一日、（中略）津州罪科人家財御寄進于寺家《（相国寺）》
之由被仰出矣、
廿二日、東福寺献物請取奉懸御目、前日於当寺《（相国寺）》御寄進之
御礼、長老《（瑞渓周鳳）》幷都聞被白之由披露之、
（十一月）十二日、（中略）摂州多田《（河辺郡）》闕所註進、謹白之、
十八日、（中略）多田闕所註文、奉懸御目、（後略）
二十日、（中略）摂州多田闕所平瀬入道、家財貳千貫文、
被寄進于当寺、為東廊造営也、
廿一日、（中略）多田平瀬入道、闕所文書、悉正実方《（将運）》贈
之、（中略）平瀬跡当年貢、即御寄進于寺家、

永享十二年（一四四〇）十一月六日、足利義教が天章周文に雲居寺仁王像の作成を命じる。

三〇〇〔蔭凉軒日録〕永享十二年十一月条
『増補続史料大成』、一巻、一三八頁

四日、霊光院《（東福寺）》献蜜柑折一合、摠門《（東山雲居寺）》二王麁色註文、奉懸御
目、周文《（天章）》所白三百貫文、仏師所白六百五貫文、註文在之、
六日、（中略）雲狐寺《（居、以下同）》材木過書伺之、雲狐寺二王、周文
可造之由被仰出、（後略）
廿七日、（中略）雲狐寺二王御刀始、於等持寺方丈《（三条坊門）》在之、

永享十二年（一四四〇）十一月二十一日、足利義教が相国寺総門切石料を寄進する。

三〇一〔蔭凉軒日録〕永享十二年十一月二十一日条
『増補続史料大成』、一巻、一三九頁

廿一日、（中略）摠門切石分二百貫文、御寄進于当寺《（相国寺）》、
（後略）

永享十二年（一四四〇）十二月五日、相国寺山門閣が完成し、足利義教が御成して懺法が行われる。

三〇二〔蔭凉軒日録〕永享十二年五月・九月・十月・十一月・十二月条
『増補続史料大成』、一巻、一四一頁

（五月）十四日、（中略）山門《（相国寺）》開日、来八月十八日前可

調之由被仰出、蓋来六月無余日之謂也、
（九月）十二日、山門閣開、吉日来月可択之由被仰出、
十四日、（中略）山門閣開、来十一日可択吉日之由被仰出矣、（後略）
十五日、（中略）山門閣開之吉日、可為十一月十五日之由被仰出、（後略）
（十月）廿三日、（中略）来十一月十五日、山門開御成、御点心、御斎之由被仰出矣、
（十一月）一日、（中略）来十五日山門御成為八幡（石清水）御参詣御延引、来十二月五日択之、
廿六日、（中略）来月五日、山門懺法、導師崇寿院（相国寺）用剛（・乾治）和尚、香華雲居庵（天龍寺）春林和尚（・周藤）、（後略）
（十二月）四日、奉報来日山門開方丈御成、
五日、山門開方丈御成、煎点、斎罷、御成于山門、懺法御聴聞、御小袖五重・盆一枚・段子三端・高檀紙・杉原各十帖、（後略）

永享十二年（一四四〇）十二月五日、室町幕府が鹿苑院塔材木の関所通行を許可する。

一三〇三〔蔭凉軒日録〕永享十二年十二月五日条

『増補続史料大成』一巻、一四一頁

五日、（中略）当院（鹿苑院）塔婆材木過書御免、

永享十二年（一四四〇）十二月十二日、相国寺定貞が法金剛院領摂津国土室庄領家職の代官を務める。

一三〇四〔法金剛院領摂津国土室庄領家職田数注文〕

法金剛院文書、東京大学史料編纂所写真帳六一七一・六二―一八六

法金剛院領摂州土室庄（島上郡）領家職田数事

合

重末名　玖段小　所当米　参石玖斗六舛五合四夕
末包名　壱町弐反小　所当米　肆石柒斗弐合八夕
重依名　壱町弐反小　同　肆石陸斗三合八夕
則元名　玖反小　同　弐石参斗三舛弐合五夕
土室名　壱町六反半　同　五石肆斗六舛六合
　已上柒町柒段小　分米弐拾柒石八斗弐舛五夕（合）八夕

一　一色散在

肆段《カンテン》　捌斗代
四反《ヒライ》　肆斗代
（中略）
壱反《上長人》　六斗五舛代
拾壱町柒段半　散田分
柒町七段小　名分
都合拾玖町四段三百歩宛
永享拾弐年十二月十二日　代官 相国寺 定貞（花押）

永享十二年（一四四〇）十二月十八日、足利義教が相国寺西廊の造営料として足利義持年忌の点心料を寄進する。

一三〇五〔蔭凉軒日録〕永享十二年十二月条
『増補続史料大成』一巻、一四一頁

十八日、（中略）勝定院（相国寺）半斎了、御成、御焼香、但以近年御焼香計之例如此、故後年又可弁此旨、勝定院殿（足利義持）御点心料之折紙并請取奉懸御目、於当寺（相国寺）御寄進之由被仰出、但西廊方御造営也、折紙於殿中奉懸御目、（後略）

廿一日、（中略）以勝定院殿年忌之御点心料、御寄進于当寺之請取奉懸御目、

永享十二年（一四四〇）十二月二十七日、相国寺鎮守社の遷宮が行われる。足利義教の命で石清水八幡宮の祭神を勧請する。

一三〇六〔蔭凉軒日録〕永享十二年十一月二十一日条
『増補続史料大成』一巻、一三九頁

廿一日、（中略）鎮守社（相国寺）遷宮、来十二月廿七日、自八旛（石清水）而可奉移其神之由被仰出、即命于飯尾肥前守（為種）、（後略）

永享十二年（一四四〇）十二月、山中大和入道が近江国柏木郷内上山村御堂の修理を鹿苑院代官慶副寺に依頼する。

一三〇七〔山中大和入道言上状〕山中文書
『水口町志』下、三五一頁

目安　山中大和入道謹言
近江国甲賀郡柏木郷内上山村御堂修理事
右上路遅参之事者、御年貢調進之時節也、殊自分之外、親類二三人之前入道執沙汰仕間、依不得寸暇於于今延

引非緩怠之儀歟、
一彼堂山城方管領仕、号修理料足売執事既雖及三十ヶ年仁、不致修理於間、依無勿躰存仁、其時之鹿苑院之主事権都寺幷地下之御代管（官）者慶副寺仁無此修理事於申上処仁、城方申次第者、此山更々自別当方、不可成綺於、其謂者故岡本之道空入道自筆自判仁書置事在之、彼仁為沙汰人間、可為後証由、自慶副寺依承仁、数日在京仕、其状於可披見申候由、頻仁雖慶副寺仁申、城方無出帯間、不及力、居下畢、加様仁証文所持之由、城方乍申、不罷上事者、依無実書也、雖然御糺明之儀無之、

（中略）

右条々有御不審者、蒙御免、告文等之可致沙汰歟、以此旨預御成敗者、弥畏入者也、仍粗謹言上如件、

永享十二年十二月　日

永享十二年（一四四〇）、**瑞渓周鳳が相国寺輪蔵の東辺に寿星軒を構える。**

一三〇八〔臥雲日件録抜尤〕宝徳三年四月二十四日条

『大日本古記録』、六〇頁

廿四日、（中略）

永享丙辰（八年）歳、宝山（・乾珍）再住相国時、普広相公（足利義教）、要看評頌席、時六月二日也、以扇面寿星像為頌題、普広相公、於此頌席、始識予（瑞渓周鳳）、蓋以季瓊（・真蘂）西堂相告也、其後庚申歳（永享十二年）、予住相国、与同門一二輩相謀、創小軒於輪蔵（相国寺）東辺、扁之以寿星、蓋有来由也、告希世（・霊彦）曰、為予作寿星記、以令後来者、知有此事可也、希世一咲而已、──

○中略部分は本書七一〇号史料。応永十三年（一四〇六）正月二十五日に崇寿院主無求周伸が足利義満から寿星像を贈られる。

永享十三年（一四四一）**正月晦日、柏心周操が、足利義教・上杉清方の指示で、結城の残党に対処するよう石川持光に伝える。**

一三〇九〔柏心周操書状〕石川文書

『神奈川県史』資料編三 古代・中世三下、一頁

（封紙ウハ書）
「石河中務少輔殿　　等持院（洛北）
　　　　　　　　　　周操」

結城館（下総国結城郡）落居以後、万一残党之族、其方江浦逃之子細候者、

被運計略、可有御忠節候、然者　公方様（足利義教）定可有　御感候、
委細之旨、自大将（上杉清方）可被申候、恐々敬白、
正月晦日（嘉吉元年）　　周操（柏心）（花押）
石河（持光）中務少輔殿

永享十三年（一四四一）二月十五日、季瓊真蘂が足利義教に相国寺山門十境の名を書いて献上する。

三三〇〔蔭凉軒日録〕永享十三年二月十五日条

『増補続史料大成』、一巻、一四六頁

十五日、（中略）山門（相国寺）十境名、書而献之、十境名曰祝釐堂、護国廟、円通閣、功徳池、大宝塔、洪恩音楼、天界橋、龍淵水、般若林、荘厳域、天界橋、図而懸御目、

三三一〔扶桑五山記〕

玉村竹二校訂『扶桑五山記』、一三二頁

山城州万年山相国承天禅寺

（中略）

境致

祝釐堂輪蔵、　護国廟鎮守八幡、
円通閣山門之上、　功徳池蓮池、
大宝塔　洪音楼
天界橋蓮池、　龍淵水
般若林惣門前壇、　妙荘厳域
覚雄宝殿仏殿、三世如来、旧日三世如来殿、又曰清浄宝殿、
鉄鴿（無学祖元）仏光国師、　金鳥（高峰顕日）仏国々師、

諸塔　無畏堂
鹿苑院（足利義満）檀那塔、　崇寿院（夢窓疎石）開山塔、始号資寿院、
大智院（春屋妙葩）普明国師、　常徳院常光国師、空谷、諱明応、応永十四丁亥正月十六日、八十寂、
雲頂院（・宗渭）太清禾上、　玉龍院（・中淵）雲渓禾上、諱文山《支乎》、
勝定院（絶海中津）広照国師、　法住院万宗禾上、始号広恵院、
乾徳院（・中諦）観中禾上、今号普広院　慧林院（・周崇）大岳禾上、
寿徳院（・周伸）無求禾上、始号環中菴　大徳院（・中淹）在中禾上、
長得院（・慧鳳）鄂隠禾上、始号大幢院　慶雲院

諸寮
含潤軒（・周格）物先禾上、　集慶軒（・中嵩）中山禾上、
春熙軒（・志敬）簡翁禾上、　瑞芝軒（・周勝）古幢禾上、今号宝寿、

蘊真軒　　洞雲軒

寿星軒無求禾上（・周伸）、　養浩軒厳中禾上、　諱周噩、

雲巣軒西胤禾上（・俊承）、　亀洋軒元容禾上（・周頌）、

睡足軒海門禾上（・承朝）、　慈徳軒誠中禾上（・中欸）、

心牧軒用剛禾上（・乾治）、　為雲軒星岩禾上（・俊列）、

玉潤軒宝山禾上（・乾珍）、　光聚軒徳中禾上（・等懋）、

来薫軒天錫禾上（・成綸）、　聯輝軒虎山、諱永隆、冊（嗣）常（空谷明応）光、鹿苑相公（足利義満）息、

万松軒仙岩、諱隆安（澄）、俗譜日野家、嗣常光、嘉吉二年二年二月十八日寂、八歳而伝常光衣、至今有八歳衣、第六十三世、号三辰老人、

○便宜的に相国寺の境致・諸塔・諸寮の記事をここにおく。

嘉吉元年（一四四一）三月二日、春熙軒景勲が尾張国六師庄公用銭の納入について、万里小路時房に書状を出す。

三三二〔春熙軒景勲書状〕　『建内記』嘉吉元年七月記紙背文書
『大日本古記録』、三巻、三一六頁

（尾張国西春日井郡）六師御公用其後如何躰御了簡候哉、無御音信候、御心元
無候、尚々延引候ハヽ、御代官方へ堅可致催促候由、自当
住被申候、御返事聽而可致披露候、恐々謹言、

（嘉吉元年）三月二日　景勲（相国寺春熙軒）（花押）

○『建内記』嘉吉元年三月五日条（本書一三三一五号史料）に関連記事があるため嘉吉元年とする。

年未詳二月二十三日、播磨国吉河上庄永谷村の名主・百姓が新池を造るため、池敷地の年貢免除を庄主春熙軒景勲に求める。

三三三〔播磨国吉河上庄永谷名主御百姓書状〕　『建内記』嘉吉元年七月記紙背文書
『大日本古記録』、三巻、三一六頁

尚々申状之躰恐▨▨（入候）、彼池敷はん免ニいり候へ共、
大儀之事にて候間、御申候て可給候、

態人を進候、就其候て此間何条御事御座候哉、無御心元
候、将又永谷（播磨国三木郡吉河上庄）新池思立候間、此池敷ハ御年貢のなり候田
にて候ほとに、そのためニ如此申候、本所へ此由御申候
て、此ひんきニ御左右承候ハヽ、恐悦可存候、年貢之事ハ
五斗ニたらす候事にて候へハ、未（末）代御免候ハヽ、畏入候へ
く候、此池ハ十町候、かヽる池にて候間其由御申候て可
給候、事々期後信時候、恐惶敬白、

二月廿三日　永谷名主御百姓上

庄（相）国寺庄主侍者御中（春熙軒景勲）

○春熙軒景勲に関連するため、便宜的にここに置く。

嘉吉元年（一四四一）四月十日、足利義教が大覚寺義昭の首実検を相国寺で行おうとする。

三三四〔建内記〕嘉吉元年四月十日条

『大日本古記録』、三巻、一五四頁

十日、（中略）大覚寺（嵯峨）（義昭）前門主御首京着、可有参賀之由今
夕有其沙汰、仍欲馳参之処延引、明日※於相国寺可有実検、
其後可有参賀云々、仍諸大名等退出云々、
（補書）「後聞、今夜於中山宰相（定親）中将東隣道場有実検、令立門外
給、自身御検知云々、御首者兼在道場内云々、先々賊
首於　室町殿西面四足門有実検、自身立門内給、賊首
在門外云々、依御舎弟之貴兼被置道場、臨彼門外有御
検知歟、来十三日可有荼毘之儀云々、其地可尋、爰翌
日伝聞、彼御首実検之処不分明、被召門跡候人長田等（令脱カ）
拝見之処、是又不分明之由申之、仍翌日重可有参賀歟
之処無其儀云々、而後日在十三日記有参賀也、実事治定之
故也、」

○「※」は補書が書かれていた原位置を示す。

嘉吉元年（一四四一）四月二十八日、万里小路時房が尾張国六師庄代官の春熙軒景勲に去年分年貢借物を完済する。

三三五〔建内記〕嘉吉元年二月・三月・四月条

『大日本古記録』、三巻、八六頁

（二月）廿七日、乙未、天晴、
向相国寺尋春熙軒（景勲）之処、已向雲居寺（東山）云々、次尋法住院（相国寺）、
他行、示置〓侍者、六師（尾張国西春日井郡）代官事也、（後略）
廿八日、丙申、天晴、
向相国寺法住院、他行、向〓都聞違例云々、示置六師代
官事、次向鹿苑（鹿苑院）南坊、示置六師代官事帰華、妙蔵主入来、
仍委示合同事了、相尋可申左右云々、（後略）
（三月）五日、天晴、
六師年貢事、問答相国寺了、（後略）
六日、（中略）相国寺事、今日分先約了、仍河内入道（常慶）▨（示）
合能登房（羽田承兼）、先以他秘計五千疋渡之、遣借書了、而及晩、明日可請取
云々、是▨（去）年分先可致沙汰之由示遣春熙之処、已可請返（悉）

之由兼約之上者、去年分計者難叶云々、仍示合小三郎也、
於近衛町光蔵坊事者、雖約諾毎事不思様之間令違変了、
小三郎事、云地下之思云奉行之縁旁可然事也、（後略）
七日、（一行分空白）六師請返料足内今朝且渡相国寺都聞寮、直可渡之由春熙軒返答之故也、而請取未出、然而不可有疑云々、重送使残分猶早可渡之由示之、一両日之間可皆済之由答了、
（四月）廿七日、（中略）六師庄代官事明日々付、補尊松丸、是羽田能□□（登房）承兼籌策也、代官得分毎年千五百疋定之、於地下者如日来大円寺庄主喜▨（蔵）主之由定之、得分以年貢内可引之、代官若令直務者別不可免之由定之、相当所用事可秘計参文子、之由定之、委細見補任案也、只今来納八千三百疋也、此先日五千疋本利可返弁之、残内二千三百余疋可送春熙軒、是皆去年之返納也、喜蔵主請文到来、封裏遣尊松丸了、尊松丸請文遣喜蔵主、西堂一見以後可返給云々、喜公明日可下向云々、委細以状申大円寺了、
廿八日、（中略）六師庄年貢借物去年分、今日皆済春熙軒、▨（是）可渡相国寺分也、算用状遣了、春熙請取折紙到来、加文書了、（後略）

嘉吉元年（一四四一）五月十五日、足利義教が鬮により鹿苑院塔の建立場所を蓮池の南地に定める。

三一六〔蔭凉軒日録〕嘉吉元年五月条

『増補続史料大成』、一巻、一五三頁

九日、（中略）当院（鹿苑院）塔可被建之在所、可被任鬮之由被仰出、（後略）
十日、（中略）当院宝塔、可被建於宜処之鬮在之、（後略）
十五日、（中略）鹿苑院宝塔在所、以蓮池之南地被定、

嘉吉元年（一四四一）六月十二日、足利義教が毎月地蔵料所の代官に景勲都聞を任命する。

三一七〔蔭凉軒日録〕嘉吉元年六月十二日条

『増補続史料大成』、一巻、一五六頁

十二日、（中略）毎月御地蔵料所、勲（景勲）都聞可為代官之由、被仰出、故献千疋即披露之、比年葛山知行之、依懈怠有此命也、（後略）

嘉吉元年（一四四一）六月二十四日、足利義教が赤松満祐に殺

害され、季瓊真蘂が義教の遺骸を等持院に運ぶ。義教妻の正親町三条尹子が鹿苑院主宝山乾珍を戒師として出家する。

一三二八〔看聞日記〕嘉吉元年六月二十五日条

『図書寮叢刊』、六巻、二八九頁

廿五日、晴、昨日之儀粗聞、一献両三献猿楽初時分、内方とゝめく(轟)、何事そと有御尋、雷鳴歟なと三条(正親町三条実雅)被申之処、御後障子引あけて、武士数輩出て則公方(足利義教)討申、三条御前之太刀を取て(御引出物進太刀也、)切払、顚倒被切伏、山名大輔(熙貴)・京極加賀入道(高数)・土岐遠山走手、三人討死、細川下野守(持春)・大(持世)内等腰刀計ニて雖振舞、不及敵取、手負て引退、管領(細川持之)・細河(川)讃州(持常)・一色五郎(教親)・赤松伊豆(貞村)等ハ逃走、其外人々右往左往逃散、於御前無腹切人、赤松(満祐)落行、追懸無討人、未練無謂量、諸大名同心歟、不得其意事也、所詮赤松可被討御企露顕之間、遮而討申云々、自業自得果無力事歟、将軍如此犬死、古来不聞其例事也、御死骸ハ焼跡より瑞(蘂)蔵主(季瓊真蘂)求出て、等持院(洛北)へ奉渡、御首ハ摂津国中嶋(西成郡)ニ御座之由、赤松注進、其使管領切首云々、雑説種々繁多也、委細不能記録、南御方(庭田幸子)室町殿参、上様(正親町三条尹子)御見参、夜前則被替御姿為黒衣、御戒師鹿苑院(宝山乾珍)、三条上臈(正親町三条公雅女)為比丘尼、北向(日野重子)ハ懐妊之間、無除髪、其外御子出生御傾城達、可然女中皆為尼、上様驤欲有退出之処、管領堅申留云々、盛者必衰之理眼前也、悲涙之外無他、

一三二九〔蔭凉軒日録〕嘉吉元年六月条

『増補続史料大成』、一巻、一五八頁

廿四日、酉刻御逝去(足利義教)、夜半某(季瓊真蘂)往于彼所、取御死骸、先奉送于当院(鹿苑院)、

廿五日、奉送于等持院(洛北)、某随其後奉送之、寅刻也、

一三三〇〔大乗院日記目録〕嘉吉元年六月二十四日条

『増補続史料大成 大乗院寺社雑事記』一二巻、三一八頁

六月廿四日、将軍(足利義教)前左大臣於赤松(満祐)館奉打之、御頸給之、下向幡州木山城(揖西郡)、一門輩自焼了、後日相国寺長老(瑞渓周鳳)下向、御頸乞請之、於等持院(洛北)御葬礼、号普光(広)院贈太政大臣、

嘉吉元年（一四四一）六月二十六日、室町幕府管領細川持之が足利義教の兄弟である虎山永隆や足利義嗣の子息である修山

清謹等を鹿苑院に移し警固する。

一三三一〔建内記〕嘉吉元年六月二十六日条

『大日本古記録』、三巻、二四八頁

廿六日、（中略）鹿苑院殿御子(足利義満) 香厳院(友山周師)・同、天台座主 梶井殿(紫野・義承)・同 鶏徳寺(嵯峨)(景)(虎山永隆)・金侍者(修山清謹)、(足利義嗣)林光院御子也、以上御四所渡御鹿苑院、為用心○近所御一所可然之由管領(細川持之)計申云々、（後略）

一三三二〔看聞日記〕嘉吉元年六月二十六日条

『図書寮叢刊』、六巻、二九一頁

廿六日、晴、今暁若公(足利千也茶丸・後の義勝)室町殿へ御移住、御兄弟(若 公 忩カ)□□□一所ニ御座、梶井門主(義承)(紫野・三千院)・鶏徳寺(虎山永隆)(景)(嵯峨)・聖賢院(香 厳)(友山周師)兄弟三人ハ鹿苑院ニ置申令警固云々、是御兄弟之中、野心之人取申歟之用心也、若公御成人之間ハ管領(細川持之)政道可申沙汰云々、（後略）

嘉吉元年（一四四一）六月二十九日、乾徳院が足利義教の院号である普広院に改名され、義教の位牌が安置される。

一三三三〔相国考記〕嘉吉元年六月二十九日条

『相国寺史料』第一巻、四八頁

六月廿九日、贈太政大臣之号於故義教(足利)将軍云云、院号普広、而後安御牌於乾徳院(相国寺)、仍改乾徳而作普広院、在世四十八歳云云、見于当寺古記、

嘉吉元年（一四四一）七月一日、畠山家の家督争いを調停するため、室町幕府管領細川持之が崇寿院主用剛乾治を河内国に遣わす。

一三三四〔建内記〕嘉吉元年七月一日条

『大日本古記録』、三巻、二六四頁

一日、乙未、天晴、孟秋(七月)朔幸甚々々、畠山事種々説満巷、管領細川京兆(持之)、令籌策、下遣崇寿院(相国寺)主用江(剛)和尚於河内国、尋尾張守(畠山持国)所存云々、畠山修理大夫(義忠)相副之(・乾治)、為教訓云々、畠山一流事、故左衛門督(畠山満家)入道道端逝去之後、長子尾張守持国朝臣相続為惣領、舎弟左馬助(持永)・弥三郎(持富)此両人他腹・当腹也、別家居住、惣領加扶持、多年者也無子細之処、被管人遊佐(国政)・斎藤(祐定)等令張行、内々伺時宜歟、於尾張守者惣領不可叶、退家宅可下向河内国、以舎弟左馬助可為惣領之

由被仰出之、是尾張守近年違時宜有形勢之間、為一流安全之謀歟、若党等如此令了見云々、仍尾張守不及一言之異議下向河内国了、左馬助移彼家各任上意了、而今普広院殿（足利義教）故室町殿御事也、薨御之間、人々恩赦之時分、尾張守可上洛歟之処、継母左馬助并弥三郎母事也、并遊佐或説等廻謀計、自管領入夜打討於尾張守居所、両三人生捕糺問之処、彼等所行露顕、仍尾張守率軍勢上洛可打入之由有其説也、後聞、崇寿院長老帰洛、今月三日歟事也、今以次載今日、彼返答之趣、我身対舎弟無隔心、弟又対我無疎略、只遊佐与因幡（斎藤祐定）所行背本意、先御代○彼物領事一変之儀、併彼張行也、所詮両人進退○随落居之様可存知也、於我身者在国・上洛・播州発向等、只進退可任京都之御成敗、於両人事者可被切腹也、率軍勢上洛事者先存止無其儀之由返答云々、而遊佐并斎藤因幡及自分之生涯之間、左馬助・弥三郎等令警固、共進退可同心之由勧之云々、（後略）

嘉吉元年（一四四一）七月六日、足利義教の茶毘が等持院で行われ、下火を常在光院住持の景南英文が務める。遺骨は鹿苑院に安置される。

一三三五〔師郷記〕嘉吉元年七月六日条

『史料纂集』、第三、一〇三頁

御頭奉□□下国之間、自僧家乞請之、茶毘申之、
六日、今日普広院殿（足利義教）御茶毘也、於等持院（洛北）有此事、下火仏事常在光院（東山）景南和尚（・英文）云々、大名・管領（細川持之）許被参之、公家衆四人被参之申云々、自今日被始御忌中、

一三三六〔建内記〕嘉吉元年七月六日条

六日、庚子、天晴、
卯刻、普広院殿（足利義教）御葬礼也、於等持院殿（足利尊氏）先例有此事、若公皆無御出、御少年之故云々、管領細川右京大夫持之朝臣相代毎事致沙汰云々、武家大名当時物忩之間、面々可斟酌之由管領相示之、只一身参入云々、
公家人々按察大納言（三条西）公保、・中山宰相中将（正親町三条実雅）定親、・権右中弁（烏丸）資任朝臣・三条少将公綱養父左衛門督依疵未平愈不参之間、為代官参入云々、
各浄衣参入云々、
禅家之沙汰、仏事役人可尋記、（補書）「下火常在光院（東山）景南和尚（・英文）南禅前住、念誦修林寺円和尚、五山前住点茶一山門徒長老（奠）天龍寺、五山、点湯一山門徒五山前住、（奠）

『大日本古記録』、三巻、二七一頁

山前住云々、可尋、掛真景陽和尚、五山前住、」

（中略）

御拾骨申刻云々、「仏事(補書)五山前住愚極(・礼才)云々、而宿坊遼遠遅参之間、臨期景南和尚勤之、令名誉云々、下火・拾骨重役如何、尤可(可)点他人歟、似無其人歟、」自今夕於鹿苑院被始五旬之御仏事、等持院(洛北)主(柏心周操)当時在関東之留守也云々、（後略）

一三三七〔蔭凉軒日録〕嘉吉元年七月六日条

『増補続史料大成』、一巻、一五八頁

六日、普広院(足利義教)殿御荼毘卯刻、下火常在光寺(東山)景南(・英文)和尚、鎖龕天龍和尚心関(・清通)傍等持院 起龕禅源庵(南禅寺)用章(・如憲)和尚、掛真信中(・以篤)和尚、念誦珠林寺、奠茶愚極(・礼才)和尚、奠湯竺雲(・等連)和尚、収骨常在光寺景南和尚以東越(・允徹)和尚遅参之故被補之、挙経仁中(・景寿)和尚、掛真周瓆侍者持之、御位牌某(季瓊真蘂)持之、諷経罷、安骨于当院(鹿苑院)、即調中陰之規式、当院乃鹿苑院也、

一三三八〔東寺執行日記〕嘉吉元年七月条

内閣文庫和学講談所旧蔵本一六二―一四七、第五巻

五(日)、、義―(教)御頸骨ニテ播广(磨)ヨリ相国寺僧取テ返、次六日、於等持寺(三条坊門)又御茶火(毘)、御世続八(足利千也茶丸・義勝)八歳、浦(裏)松殿(義資)妹(日野重子)腹、

一三三九〔公名公記〕嘉吉元年七月六日条

内閣文庫教部省旧蔵本一六二―九一、『管見記』第一七冊

六日、庚子、霽、今日、於等持院(洛北)有将軍(足利義教)荼毘、若公(足利千也茶丸、後の義勝)不被出、仍管領(細川持之)相代引善総(綱)云々、頸於播广(磨)致喪礼云々、申剋則拾骨云々、於相国寺鹿苑院有中陰儀、称号普広院云々、

○「足利系図」義教の項（『続群書類従』第五輯上、三〇四頁）に関連記事あり。

嘉吉元年（一四四一）七月十八日、足利義教五七日の仏事が鹿苑院で行われる。

一三三〇〔蔭凉軒日録〕延徳二年二月七日条

『増補続史料大成』、四巻、三三五頁

七日、（中略）棟(季材梵棟)季材来囲炉打話、愚手(亀泉集証)熬久喜以為肴勧盃、（中略）季材語云、普広相公(足利義教)御中陰五七忌、陞座用(・乾珍)章(・如憲)和尚也、其時坐牌次第、用章為主位、々々次院主宝山(鹿苑院)、

賓位景南和尚（・英文）、主対相国瑞渓和尚（・周鳳）、賓対拈香、々々仁体不覚之、宝山曰、当寺（相国寺）住持賓対迄下事者不可也、以故我位於主位之次安之、我童科時聴之云々、（後略）

○『建内記』嘉吉元年七月十八日条に「普広院殿五七日御法事、来廿九日歟、而被引上今日被修其儀云々、」とあるため、この日におく。

嘉吉元年（一四四一）七月二十五日、足利義教の中陰仏事が鹿苑院で行われる。

一三三二〔師郷記〕嘉吉元年七月二十五日条

『史料纂集』、第三、一〇三頁

廿五日、普広院殿（足利義教）御中陰終也、於鹿苑院被修之、陞座・拈香等有之、又有御経供養、御導師尊勝院（延暦寺）重慶、、勲之、

○尊勝院重慶は日野重光子。

一三三三〔建内記〕嘉吉元年七月条

『大日本古記録』、三巻、二九〇頁

十三日、丁未、雨降、着直垂・大口、参鹿苑院也、普広院殿（足利義教）御中陰於彼方丈被行之、先例等持（洛北）院也、而院主（柏心周操）在鎌倉、仍於此院（鹿苑院）被執行之、為焼香所参拝也、御影（御束帯画像、）前奉安御牌幷御骨、（以錦裹之、）本尊色々在別、鹿苑院主（宝山乾珍）以下僧衆済々読経之時分也、焼香・看経・念仏、奉廻向成等正覚者也、催悲涙之外無他、次参詣昭堂、鹿苑院殿（足利義満）御影前参拝了、次勝定院（相国寺）昭堂、（足利義持）参拝勝定院殿御影前了、国師（絶海中津）御影同参拝了、次帰家、（後略）

廿五日、己未、天晴、

普広院殿御中陰今日被引上被結願、不及五旬纔卅二日歟、於御作善者去六日御葬礼日始行、只廿ヶ日歟、光陰如夢、哀戚之外無他、武家之輩称憚三月懸、近年連綿引上之、仍勝定院殿御仏事被引上了、今又如此、太不可然、御中陰於鹿苑院方丈被行之、陞座・拈香・半斎如例、（後略）

嘉吉元年（一四四一）七月二十七日、相国寺僧が女犯で侍所に召し捕られ、宿所を差し押さえられる。

一三三四〔建内記〕嘉吉元年七月二十七日条

『大日本古記録』、三巻、二九七頁

廿七日、（中略）今日正親町以東〔北〕烏丸以東東頬、相国寺僧有女犯事、件僧自侍所召捕之、彼宿借用之所云々、検封云々、

（後略）

嘉吉元年（一四四一）八月二十三日、これ以前、足利義教の死去により諸五山の住持が退院し、新住持が定められる。

一三三四〔建内記〕嘉吉元年八月二十三日条　『大日本古記録』、四巻、三四頁

廿三日、（中略）南禅寺入院〔今日〕也、江西和尚（龍）了派、建仁寺僧也、云々、於管領（細川持之）許見及了、当代智徳高僧也、頂高額長、〔可云〕○異相、建仁寺入院昨日也、清播心田和尚（心田清播）、建仁嘉隠門徒（嘉隠軒開山柏庭清祖）、〔是〕也又与江西比肩云々、普広院殿（足利義教）薨御之後、諸五山退院、仍各被〔請〕定新命、是先例云々、東福寺者前摂政舎兄（一条兼良）一渓（慶）（雲章）西堂云々、（後略）

嘉吉元年（一四四一）八月三十日、梶井門跡義承が、足利義教の没後に相国寺都聞寮や伯三位持仏堂を転々とし、この日梶井門跡に戻る。

一三三五〔建内記〕嘉吉元年七月・八月条　『大日本古記録』、三巻二八八頁、四巻四四頁

（七月）廿三日、（中略）梶井殿（義承）座主僧正御房也、日来依御用心御坐相国寺、鹿苑院也、而依御仏事物忩奉移都聞寮也、而山門訴訟此所不可然之由申之云々〔由〕風聞、因茲廿四日〔今日〕自相国寺奉〔渡〕御伯三位（白川資益）近隣庵〔元持仏堂〕云々、今契約地蔵院、本銭返云々、云々、管領（細川持之）御路之間奉警固、武士済々及閉釘貫、仍下辺有喧嘩之雑説、大内已下差進多勢之間路頭物忩、言語道断也、然而承此儀各退出〔散〕云々、（後略）

（八月）卅日、（中略）門主（義承）日来依世間物忩、為御用心初御移相国寺、都聞寮、此所（梶井）不可然之由山門（延暦寺）有申旨、御移伯三位（雅兼王）持仏堂、今日先還御門跡（紫野・三千院）云々、（後略）

嘉吉元年（一四四一）九月十三日、足利義満子息の虎山永隆が等持寺の坐公文をもらう。虎山は梶井門跡義承帰坊後も相国寺都聞寮に逗留する。

一三三六〔建内記〕嘉吉元年九月十三日条　『大日本古記録』、四巻、七五頁

十三日、（中略）香厳院（友山周師）補相国寺住持職、鶏（景）徳寺（虎山永隆）補等持（三条坊門）寺住持職、各居公文云々、是先日事也、今度数日御旅所之儀被謝申之儀歟、梶井殿（義承）（紫野・三千院）被准三后之時分事也、梶井殿者御帰坊也、両御僧者猶令逗留相国寺都聞亭給者也、

（後略）

嘉吉元年（一四四一）九月十八日、万里小路時房が山名教清の違乱に対して家領美作国北美和庄代官職に恵林院内擷芳軒の等嘉都寺を補任する。

一三三七〔建内記〕嘉吉元年九月条　『大日本古記録』、四巻、八五頁

十五日、（中略）北美和庄（美作国苫東郡）代官職事為相談之、相国寺内忠（恵）林院内擷芳寮名、等嘉都寺入来、四条新中納言（隆夏）内内記右京亮引導之、謁見談合、可止山名大夫入道（教清）乱入之由、管（細川持之）領奉書無相違者、可代官毎事十分壱代官得分、由領状也、請文案明日可遣之、来十八日補任可取務之由約之、請人事西堂可立歟、不然者只今新造之寮可書入歟云々、卅疋随身称祝着、勧三献唱万歳、追可引馬之由示者也、

此代官事、大町六郎左衛門尉清守山名大夫入道内者也、□（去カ）月十日依懇望雖補之、背請文去月廿七八日之比以前終不立請人之間、於彼約者不叙（ママ）用、於梵普副寺事者大町談合之儀也、仍不承引之、以此等之謂欲談嘉都寺也、（後略）

十六日、（中略）北美和代官請文案、以右京亮四条新中納言内、見遣擷芳也、

十七日、辛亥、天晴、

等嘉都主（寺）入来、昨日案文不可有子細云々、仍明日先有便宜可示遣地下哉云々、

万里小路殿御領北美和庄領家一円・同公文職一円等御代官職事、相国寺恵林院擷芳等嘉都寺へ自本所可被預申之候、名主・御百姓且可有存知候、近日山名方被官人乱入之由、先日注進候間、於京都被歎申時分候、其間事、名主・百姓得其意可有問答候、次此御代官職事、大町六郎左衛門望申候間、雖被出御補任候、去月廿七八日之比必可立請人、其過候者他人ニ可被仰付由、請文を本所へ進置候、而請人立申候間、大町方へハ不被仰付候、たとい彼方とかく申候とも、以此旨不可被用候、普副寺事ハ一向本所より不被仰付候、共以不可有承引候、尚々

御代官をは嘉都寺へ可被仰付にて候、年貢山名公人せめられ候ハぬ様ニ内々心得候て、あいしらわれ候へく候由、可被存知之状如件、

九月十八日　（林）常慶

当庄名主・百姓中

（後略）

十八日、（中略）北美和庄領家一円・同公文職一円代官職事、補任相国寺恵林院顓芳軒等嘉都寺者也、案在別、正文今日以常慶送遣之、来廿一日請文可持参云々、

廿二日、丙辰、雨下、

北美和請文、嘉都寺先下遣人、云聞（ママ）地下之土貢、追可請文云々、書状到来了、（後略）

○この史料の底本は勧修寺本であるが、㈧は内閣文庫所蔵蜂須賀茂昭氏蔵本により校訂。

嘉吉元年（一四四一）九月二十一日、赤松満祐弟で雲頂院の僧であった真操の首級が六条河原で梟される。

一三三八〔建内記〕嘉吉元年九月二十四日条

『大日本古記録』、四巻、九一頁

廿四日、（中略）赤松伊与守義雅（赤松）満祐法師弟也、・其弟龍門寺（真操）さう侍者トテ相国寺雲頂院僧也、而近年在国、今度赤松下国已後還俗云々、両人賊首去廿一日夜京着、満祐法師首已被渡大路被懸獄門以後京着、被懸六条河原云々、至今日三ヶ日云々、伊与守者降参播磨守（赤松）満政陣、自身更不知此事無力馳下了、縁坐難遁之間於此陣可切腹、於小生者（後の性存）以降参之謂○被残置之様可得其意之由、示置播磨守云々、（後略）

嘉吉元年（一四四一）九月二十二日、万里小路時房が家領美作国国衙所務代官職に相国寺の乾正都寺を補任する。

一三三九〔建内記〕嘉吉元年九月条

『大日本古記録』、四巻、八七頁

廿二日、（中略）

判

万里小路大納言家御領
美作国衙一円所務御代官職事、所被預申相国寺（乾正）都寺也、御年貢以下随収納之月々可有執御沙汰候、於（ママ）御代官得分者定納内可為五分壹者也、有不法懈怠事者可被改御代官職、但有御引負者可有御弁済、又借物相残事者、先致返弁可有改易也、旁不可有懈怠、仍補任如件、

嘉吉元年九月廿二日　　　　常継(斎藤国継)
判
万里小路大納言家領
美作国衙所々一円所務御代官職事、所被預乾正都寺也、
任先例正税年貢已下可被致沙汰之由所候也、仍執達如
件、
嘉吉元年九月廿二日　　　中(源)務権大輔家種
当国正税等之沙汰人中

作州正税代官入部日次事、尋在貞(勘解由小路)朝臣之処、今日出門明
日下向可然云々、其外来月四日已下一両同撰之、示宝玉(周全)
庵可伝都寺之由也、(後略)
廿三日、(中略)乾正都寺入来、全侍者(周全)同道、美作国衙以彼僧
為代官事出下知状中務権大輔家種奉書也、者也、明日先下遣代官云々、
弥重々々、蔵人左少弁所領一宮(美作国苫西郡)事、同預彼僧云々、予(万里小路時房)引
付了、
○本書一三四一・一三四四号史料と関連。

嘉吉元年（一四四一）、閏九月五日、足利義教百ヶ日忌の仏事が等持寺八講堂と鹿苑院で行われる。

一三四〇〔師郷記〕嘉吉元年閏九月五日条
『史料纂集』、第三、一〇八頁
五日、及晩雨降、今日普広院殿(足利義教)百ヶ日也、於八講堂御経
供養有之、導師尊勝院(延暦寺)重慶、、、着座公卿、、○記事ナシ、
又於鹿苑院有陞座・拈香、(後略)

嘉吉元年（一四四一）閏九月八日、万里小路時房が家領美作国国衙代官の相国寺乾正都寺と同国北美和庄代官の恵林院内擷芳軒等嘉都寺等に、家領の直務を認めた室町幕府御教書を渡す。

一三四一〔建内記〕嘉吉元年閏九月・十月条
『大日本古記録』、四巻、一一三頁
(閏九月)八日、(中略)美作国衙・北美和庄(美作国苫東郡)・同公文
職・高倉庄(苫東郡)等代官、今日進発也、仍御教書正文渡遣両代
官、国衙・高倉乾正都寺、北美和等嘉都寺、使景需上座来、○付守護山名修理大夫入道常勝(教清)、可乞請正文、
仍案文封裏副之、又付守護遵(取)行、可請取(入部)地下之由示了、自地下(北美和)所
上洛之僧(使)所相具也、遣山名大夫入道愚状等同渡両僧了(万里小路時房)、
礼物等事、守護千疋、□、被管人高山入道示付之、

蔵人左少弁（坊城俊秀）所領作州一宮（美作国苫西郡）事、奉行奉書正文於此亭浄春渡乾正都寺、彼為代官之故也、

（十月）五日、（中略）美作国衙・同高倉庄領家・同北美和庄領家・同公文職等直務事、去月三日（閏九月也、）御教書以両代官（乾正・等嘉）僧使付遣守護之処、昨日件使上洛、今朝所来也、新守護（山名教清）緩怠之式、絶常篇云々、数日逗留（経十ヶ日云々、）様々返報書出之、大夫入道（景雲）・高山入道返報二通持来之、御教書正文抑留之、可執沙汰年貢之由返答、希代狼藉也、重御教書可申請也、

（後略）

○本書一三三九・一三四四号史料と関連。

嘉吉元年（一四四一）十月四日、足利義教後室正親町三条尹子が北小路今出川に瑞春院を建立し、同院に移る。

一三四二〔建内記〕嘉吉元年閏九月・十月条

『大日本古記録』、四巻、一六一頁

（閏九月）十四日、（中略）霊雲庵（尊覚比丘尼事也、）被送状、小女（万里小路時房女、算子）事、可為建聖院（五辻慈俊事、）弟子歟、然而不遅引事歟、上臈喝食御用之由、或方有御尋、可進置哉之由、慇懃承之者也、承悦、猶可参奉之由出返報了、当年九歳小女、醜顔比興者也、女房事不思寄之上、彼小年之時、病悩令本復者可入釈門之由、立願了、仍欲入建聖院室之処、一衣未及用意、叢林之躰於事大儀歟、姉姉（妹）相並、世態難治歟、思惟之時分令悦耳、即罷向於入江殿（三時知恩院事也、）謁霊雲庵相尋之処、普広院殿（足利義教）御後室御事也、御台（正親町三条尹子）御方被立御寺（瑞春院）、左衛門督（正親町三条実雅）亭以北、伊勢入道（貞国）宿所前、仍御傍あたりニ、官仕料上臈喝食御用也、予息女（万里小路時房）若可進哉之由、内々有御尋云々、即申領状者也、

（十月）四日、（中略）御台（一位殿御事也、普広院御後室、）室町殿御猶子（養母）之儀也、

廿三日申（午）刻可有御移徙新造御寺（瑞春院）云々、

廿三日、（中略）普広院殿御後室（一位殿、尼御前、御黒衣、贈内府公雅公女、左衛門督実雅卿、妹也、）奉号御台、又奉号上様、今日午刻御移徙新造御寺（北小路以北、今出河以西、也、）九歳小女今月十七日作喝食、（禅慈照也、）廿一日構見参、自今日即参候彼御寺也、（日来在霊雲庵、彼庵主同輿被扶持也、）

（後略）

嘉吉元年（一四四一）十月五日、筒井順弘が没落したため、筒井出身の相国寺僧（後の順永）が筒井家の惣領となる。

一三四三〔大乗院日記目録〕嘉吉元年十月五日条

『増補続史料大成　大乗院寺社雑事記』一二巻、三三二頁

五日、筒井順弘相憑立野没落、縁者故也、光宣（成身院）以下兄弟背物領故也、就中光宣之弟相国寺僧罷出、成物領之望云々、是順永事也、

嘉吉元年（一四四一）十月二十七日、美濃国古橋庄内中村郷代官の乾正都寺が万里小路家に年貢を納める。

一三四四〔建内記〕嘉吉元年十月二十七日条

『大日本古記録』、四巻、一八九頁

廿七日、（中略）美濃国古橋（莚田郡）中村郷年貢事、蓮乗坊止違乱、仍五百疋庄主沙汰・千疋同来了沙汰乾正都寺（周全）全侍者同道、持来之、自地下五百疋表札、先以珍重々々、

○相国寺乾正都寺が万里小路家領美作国国衙代官職に補任された記事が本書一三三九号史料にあり。一三四一号史料も関連。

嘉吉元年（一四四一）十二月二十一日、室町幕府が普広院を足利義教菩提所として、観中中諦門下で永代相続するよう命じる。

一三四五〔室町幕府御教書〕普広院文書

当院事（相国寺普広院）、為　普広院殿（足利義教）御菩提所、観中和尚（・中諦）門下永代可令相続之由、所被仰下也、仍執達如件、

嘉吉元年十二月廿一日　右京大夫（細川持之）（花押）

普広院方丈

○『分散した禅院文書群をもちいた情報復元の研究』六〇頁参照。

○慈照院文書に本文書の写あり。

○乾徳院から普広院への改名については、本書一三二三号史料参照。

嘉吉元年（一四四一）、東大寺年預が兵庫関における相国寺・等持寺国料についての文書をまとめて引き渡す。

一三四六〔嘉吉元年分文書勘渡帳〕東大寺文書

『兵庫県史』史料編　中世五、八三七頁

（端裏書）「勘渡帳　嘉吉元年　年預五師経真」

勘定　自嘉吉元年二月廿五日至同

二年二月廿五日勘渡帳

（中略）

十六段

一小畠橋爪之関請文案一通・同宛文案一通於正文者、学侶槙入了、
一兵庫関相国寺・等持(三条坊門)両寺国料奉書三通、同御請文案一
通・供目代状二通・同返事案一通、合七通、
一国料当寺(東大寺)事書一通・他寺事書案一通、合二通、
一自唐院出国料未進注文一通・同唐院状一通、合二通、
一国料出事無之云代官状二通、
一永享八年嶋(摂津国八部郡兵庫嶋)修理日記三通、
一万燈会日記幷炬手請定一通、合三通、
一北関道盛与五郎請文案文、於正文者学侶槙納了、
一北関相国・等持両寺国料未進注文二通幷両寺請取十九
通・小畠請文五通、加折紙定、
一臨時受戒会時御教書案文四通、
一棟別銭停止御教書等案文四通、
一東南院(珍覚)殿八幡宮山御寄進状一通、
一神人(東大寺)春吉八幡宮山寄進状一通、
一神人友房八幡宮山寄進状一通、
一神人重民八幡宮山寄進状一通、
一河上庄(大和国添上郡)沙汰人記(録)六一通、
一同庄八ヶ名百姓起請文九通、八名二通此内中河分返了、案文在之、
一同庄八ヶ名百姓請文八通、此内中河請文正文返了、案文在之、幷院方請取状在之、
一名張(伊賀国名張郡)記六一通、
一名張納所結解状九通幷納下帳双紙一帖、
一嶋修理結解状□水主等起請一通、
一河上庄散田之時、承仕小綱幷五人百姓起請文一通、
一管絃講幷延年日記双紙一帖、
一徳政方惣寺幷沙汰人方記六二通、
一兵庫関方記六一通、
一付美乃庄(大和国添上郡)事、唐院状以下合三通、
一付自京都御仏事注文幷諸寺返状八通、
一湯田事起請文四通、
一付御供事、神人方注文二巻、

嘉吉二年（一四四二）二月十八日、足利義満子息の虎山永隆が鹿苑院主に就任後、相国寺住持となる予定であったが、にわかに遷化する。

一三四七〔鹿苑日録〕『鹿苑日録』第二巻、二五五頁

天文廿二冊之内
自彦部雅楽（晴直）有書状、尋来子細者、御代々直弟御入室之例
在之否ト云々、則梅熟（春湖寿信カ）江尋遣也、返事曰、先御直子御入
室之例者、聯輝（相国寺）虎山也、諱永隆、鹿苑院（足利義満）殿御子、普広院（足利義教）
殿御舎弟也、既鹿苑院（相国寺常徳院）江御入院、然而相国寺江御入寺之
御造意ニテ俄ニ御遷化ト云々、然間万松（相国寺常徳院）宗山（・等貴）和尚者自鹿
苑先御退有テ後、当寺（相国寺）江御入院也、虎山和尚御入寺、自
鹿王（苑）直ニ不相調、不吉ノ故也ト云々、御直子御入室例歴
然也ト、彦部方江返事也、

○便宜的に虎山永隆の示寂日におく。
○『師郷記』同日条に関連記事あり。

嘉吉二年（一四四二）六月二十四日、足利義勝が普広院で足利義教一周忌の仏事を行い、義教の木像を安置する。

一三四八〔師郷記〕嘉吉二年六月二十四日条

『史料纂集』、第三、一三二頁

廿四日、今日普広院殿（足利義教）御一周忌也、於相国寺陞座・拈香
等有之、
自於〻今日於　禁裏被始行御懺法、為普広院殿御仏事也、具
行按察大納言（三条西公保）・中山中納言（定親）両人云々、僧衆毘沙門堂僧（公承）（出雲路）
正・尊勝院（延暦寺）（重慶カ）、、以下也、（後略）

一三四九〔江西和尚語録〕『五山文学新集』別巻一、三二一頁

普広院殿（足利義教）善山居士安座点眼

峨冠帯剣衮玄衣、自一騎箕幾日帰、松柏未深新廟路、都
人遥見五雲飛、
茲者、大日本国平安城裡源（足利）朝臣孝男義勝、今年（嘉吉二年）壬戌六
月廿四日、謹迎先君普広院殿征夷大将軍従一位贈大相
国善山源公大居士捐館以来一周忌之辰、先是万年山（相国寺）内、
崇建宝坊、不改乾徳之基、名曰普広之院、是月就緒、
乃奉遷木主、以配正覚国師（夢窓疎石）像之右、遂於是日、特命小
比丘龍派（江西）、開其光明、安其霊座、用伸慶賛之儀、因繫
之辞曰、
夫毘盧平等之床、示同居士、摩醯清浄之眼、分三徳輝、
是曰諸仏之秘蔵、又為群霊之真依、所以吾仏以之放百宝

無為之光、駁法輪於三界、我王以之践万世無疆之祚、開寿域於九囲、共惟、

故大檀越普広院殿善山相公大居士、踏毘盧頂、現摩醯威、入真入俗、示顕示微、以故躬執天下生殺之柄、坐総海内○(治)乱之機、於其政事也停車聴訟裁断厳明、猶如唐太宗励精於治規模三代、於其軍旅也授鉞分将経画素定、又似晋謝安燕集于内指揮合淝、其勲烈之盛、寔古今所希、加復、遵奉仏勅、帰心祖闈、故正山家贋沙門之誅、為正法而除害、多起洛陽古伽藍之慶(廃)、出内帑以若梓、嗚乎、敦我外衛、允迪前徽、於是現座道場須弥蔵菩薩、歓喜踊躍、即従座起、唱楽神之歌、々曰、有伷新宮在西方兮、黄金為屋煌朱扉、中有華座高且麗兮、粲彼芬陀耀朝暉、五劫之願所建立兮、六方之仏所嘆唏、八徳之水湛灩々兮、七重之樹蔚緋々、娑婆穢悪兮此土独浄、世尊燕喜兮湛露未晞、千秋万歳兮子孫享福、爰処○(爰)楽兮公無我違、諸仁者還撃節、倘或未然、更有山僧当陽顕出、以筆点両眼、左眼○(右眼)、日面月面、以指々座、当軒大坐、堂々巍々、

嘉吉二年（一四四二）十月十一日、相国寺が、円覚寺正続院・黄梅院の造営奉加銭の半分として三十三貫八百文を納める。

一三五〇〔正続院幷黄梅院造営奉加銭送進状〕円覚寺文書

『鎌倉市史』史料編二、三五六頁

（端裏）「二通」

送進

自京師門中、正続（円覚寺）幷黄梅（円覚寺）奉加銭半分之事、

合参拾参貫扒佰文者、相国寺分、

右、且所送進旨如件、

嘉吉貳年壬戌小春（十月）十一日

納所梵貞（花押）

侍真中鎮（季安梵鎮カ）（花押）

自黄梅院

万年（円覚寺正続院）

修造納所禅師

嘉吉二年（一四四二）十月十九日、後花園天皇が病のため、諸五山に祈禱が命じられる。

一三五一〔康富記〕嘉吉二年十月十九日条

『増補史料大成』、一巻、二九七頁

七社奉幣事、
十九日、丙午、晴、依禁裏（後花園天皇）御不予（御腫物也、）被発遣七社奉幣使者也、（中略）
今日先御神楽被結願、其後被始御修法云々、供料万疋自長橋局被下行云々、
一昨日（十八日）、於賀茂在方卿私宅、被祭略（修カ）泰山府君、御不予御祈禱也、供料三千疋被下行云々、
一諸社諸寺御祈禱事、蔵人右少弁（葉室教忠）為奉行被仰下之、
一賀茂社御神楽事、為別御願被行之云々、委可尋注之、
一禅家諸五山御祈禱事、同鹿苑院（海門承朝）為奉行被仰出之云々、

嘉吉二年（一四四二）十二月五日、鹿苑院出管が万里小路時房に山城国福枝・松崎地下人率分役について年貢からは取らないことを申し入れる。

三三五二〔建内記〕嘉吉二年十二月五日条

『大日本古記録』、五巻、五頁

五日、（中略）鹿苑院出管来、福枝（山城国愛宕郡）・松崎（山城国愛宕郡）地下人率分役事也、於年貢者不取之、不可有御寺之失墜也、至商売物者可致其沙汰耳、可得其意之由、可被下知歟之由▨▨▨（答示了）、
（後略）

三三五三〔建内記〕嘉吉二年十二月十一日条

『大日本古記録』、五巻、一三頁

嘉吉二年（一四四二）十二月十一日、万里小路時房が家領美濃国古橋中村郷代官職に相国寺の妙智監寺を補任する。

十一日、癸卯、天晴、
美濃国古橋（蒁田郡）・中村郷（可児郡）代官職事、相国寺乾正都寺伴来妙智監寺、（河内国玉櫛庄（河内郡）庄主、同宿云々、）入来、彼監寺可為代官、直可給補任云々、仍出補任、但自明年可所務分書載之、参百疋・榼等随身、（借状今日出之、云補任云借状明日々付也、）三千疋可廻秘計、先日正都寺少々已秘計也、

嘉吉三年（一四四三）五月十二日、室町幕府が諸五山に雨乞の祈禱を命じる。

三三五四〔建内記〕嘉吉三年五月十二日条

『大日本古記録』、六巻、一四頁

十二日、丙寅、天陰、「夜雨、」（補書）
近日炎旱以外也、○（去九日）祈雨奉幣（大和国吉野郡）丹生・（愛宕郡）貴布禰、一度之後、無殊事
歟、尤猶可有御祈請歟、諸五山事、自武家加下知禱所
云々、甘沢○（忽降、）万民蘇恬者哉、（後略）

嘉吉三年（一四四三）五月二十五日、近江国堀部春近の地下人が相国寺庄主と語らい、同寺領近江国堀部地頭職に堀部春近地頭職を含めて違乱する。

一三五五 〔建内記〕嘉吉三年六月八日条　『大日本古記録』、六巻、六八頁

八日、（中略）号佐々木堀部《ホリヘ》男帯奉書来、彼奉書云、
佐々木堀部熊千代申近江国（坂田郡）堀部春近地頭職事、被成御
教書之処、名主沙汰人幷百姓等寄事於相国寺領、年貢
相語庄主憑隣郷、或致狼藉或令逃散者、堅可被処罪科、
若猶於令許容彼等輩者、可為同罪之旨、可被相触三田（近江国浅井郡）
村之由候也、仍執達如件、
（嘉吉三）五月廿五日　（布施）貞基判
（飯尾為種）永祥判

（時房）万里少路家雑掌
堀部領家職（地頭歟、）者、相国寺領也、其（堀部内）内春近地頭職者、佐々木
堀部熊千代当管領畠山（持国）被管人也、本領也、而地下人等混乱相国寺領、
日来不致年貢之沙汰、仍令糺明歟（被成御教書了、）但相語相国寺庄主、若
及濫吹令逃散隣郷者、不可然之間、就近々所々被成奉書
也、為得其意也云々兼及其沙汰云々、予（万里小路時房）答云、（藤原）忠敦申次、一
紙給了、代官在地下、可得其意之由、早可成下知者、
堀部春近地頭職事、「依」（補入）佐々木熊千代令安堵云々就者（御奉書如此、）
彼名主・百姓等○（相憑隣郷、或致狼藉或有）若有令逃散事者、不可（於）許容若猶隠置之（有違犯）
輩者、可被処同罪之由（為処罪科、可被注申交名、可被相触三田村地下人等之由所候也、）公方御奉書如此案文封裏殊存其旨（若有）
（恐々）可被相触之由遣候万里小路大納言殿仰所候也（隠置）仍執達如件（違犯之輩者可被注申交名之由）
嘉吉三年六月▨（八）日　沙弥常慶（林）
三田村郷政所殿（中西範続也、）
袖書、此趣能々得有存知候、正文注進（可有）候、正文地下人一
見之後、可被返進候、

嘉吉三年（一四四三）六月十八日、刃傷事件が雲頂院で起こる。騒動が寺全体に及ばなかったため、万里小路時房が相国寺を訪れ、普広院に詣でる。

一三五六〔建内記〕嘉吉三年六月二十一日条　『大日本古記録』、六巻、八九頁

廿一日、（中略）今日詣相国寺、爰於去十八日雲頂院（相国寺）有兵刃事云々、先向三条（正親町三条実雅）、謁中将（三条公綱）尋子細之処、雲頂一所也、不及惣寺云々、仍更向寺門、先鹿苑院（相国寺）、賀用江和尚（剛）住院、詣等持院（洛北）云々、示置衣鉢侍者、允登首座云々、以次示五辻建聖院（・乾治）事、無何可被得其意由也、登首座云、北美和内善福寺事（美作国苫東郡）、当住者、我置人▨也、其子細何様可参申云々、次向勝定院（相国寺）、賀星巌（・俊列）和尚帰還住事、在普広院（相国寺）御仏事衆云々、次詣普広院、先於昭堂奉拝木像御影（足利義教像）、僧衆於仏前光明真言之程也、七ヶ日如此云々、次参向方丈、奉拝画像御影了、列星巌和尚在仏前、於傍申承之、上野利根庄（利根郡）挙状房州許事、申談之、證文等令見申了也、廿四日御仏事以後、委可承之可思案之旨、返答了、次帰家、

嘉吉三年（一四四三）六月十九日、鹿苑院領がある山城国西鴨田井と鴨社が用水相論を起こす。

一三五七〔康富記〕嘉吉三年六月十九日条　『増補史料大成』、一巻、三六六頁

十九日、癸卯、晴、供養僧了、詣清外史（清原業忠）亭、鴨社領与西（愛宕郡）鴨田井三方井相論事、未落居也、西鴨田井とは、梶井殿（紫野・三千院）御門跡領・鹿苑院領・裏松殿領・蓼蔵（愛宕郡）并氷田佐脇知行松（愛宕郡）崎等相論也、自社領ハ可立新井之由申之間、五方百姓等相支之者也、雖然本奉行飯尾肥前入道（為種）也、相奉行松田対（貞清）馬入道也、彼井手撿（検）知之奉行三人也、治部河内守（貞政）・斎藤遠江守（基世）・清筑後守（貞俊）等也、所詮於新井者、為難堪（渋カ）之間、件三方井之田本、自五方百姓方可築立出之由申之間、然者可出五方百姓請文之由、自管領（畠山持国）被仰出云々、（後略）

嘉吉三年（一四四三）六月二十三日、室町幕府が御八講を催し、相国寺では一切経の転読を行う。この日は女房衆が入寺を許される。

一三五八〔建内記〕嘉吉三年六月二十三日条

『大日本古記録』、六巻、九五頁

廿三日、丁未、天晴、
御八講第四日、公卿五人云々、
相国寺被転一切経、是又今度御作善随一云々、女中為御結縁渡御也、常時制女房入寺、今日為結縁貴賤群集云々、
（後略）

一三五九〔師郷記〕嘉吉三年六月二十三日条

『史料纂集』、第三、一五八頁

廿三日、今日相国寺転経云々、於清和院（正親町富小路）法事講有之、聴聞之、唱御作善也、

嘉吉三年（一四四三）六月二十四日、室町殿と鹿苑院等が大風による被害を蒙る。

一三六〇〔建内記〕嘉吉三年六月二十八日条

『大日本古記録』、六巻、一〇五頁

廿八日、（中略）今日、面々言談、先日（廿四日夜）大風室町殿・鹿苑院等殊吹損云々、或密語云、普広院（足利義教）木像御影御頭、件風夜不見云々、希代事也、実否可尋、彼大風、為昼者、可為御作善違乱之処（間）、入夜之条、無障碍也、（後略）

嘉吉三年（一四四三）六月二十六日、大智院善恂知客が禁裏御厨子所の南口率分代官職に補任される。

一三六一〔建内記〕嘉吉三年六月・七月・文安元年五月条

『大日本古記録』、六巻、一〇〇頁

（嘉吉三年六月）十一日、（中略）今朝、鹿苑院禅真知（善恂）蔵来河内入道（林常慶）許談合、南口率分代官職事、醍醐辺人所望云々、
廿六日、（中略）禁裏御厨子所雑分所率分大和口（南口）事也、壹所事、□代官職預大智院（相国寺）僧禅恂（善）知客、今日出補任□、可申請文、百疋持来、勧一盞了、彼僧、此間来河内入道常慶許、所望之、然刑部卿律師（法勝寺僧禅澄）良円房籌策、左右延引之間、送日之、無其実之間、示付彼僧者也、請文在別、（後略）
（七月）□（一日）（中略）大和口（禁裏御厨子所雑分所）率分在所事、当国（山城国）五ケ庄（宇治郡）可然、仍禅恂知客□□（領家）進□□□知事于今□□□□□写送

下知状、遣両沙汰人、折紙也、悦入之由、出返報了、此事去年於木（宇治郡）幡執沙汰之処、地下土一揆等悪□打破之間、其後懈怠了、今就彼進所五ヶ庄可致沙汰、是近隣傍庄地下人等濃談無相違之由、恂知客所示也、

（文安元年五月）廿五日、（中略）善恂来、南口請文事談合之、示愚意了（万里小路時房）、（後略）

廿八日、（中略）南口率分代官僧善恂来、○壹分代官事物請文到来、□□書、□示之、請文到来、加文書、出補任了、案文在別、（後略）

○本書一三八一号史料が関連。

嘉吉三年（一四四三）七月二日、高麗使が相国寺法堂において足利義教の霊前に焼香し、僧俗が見物する。

一三六二〔師郷記〕嘉吉三年七月二日条

『史料纂集』、第三、一五九頁

二日、今日高麗人於相国寺奉弔普広院殿（足利義教）、自兼日所望之間、於法堂行其儀云々、是奉祭後霊之儀歟、

一三六三〔看聞日記〕嘉吉三年七月二日条

『図書寮叢刊』、七巻、二七頁

二日、晴、高麗人相国寺参、法堂ニ立棚、供具数杯高麗布□段、等積置、唐人読祭文、焼香礼拝哭泣ス、普広院（足利義教）奉尊云々、廿四五人列参、僧俗見物群集、大方殿女中（日野重子）、尼衆参、三条（正親町三条実雅）・管領（畠山持国）・諸大名以下群参、門居警固□入雑人云々、珍敷儀也、

一三六四〔公名公記〕嘉吉三年七月二日条

内閣文庫教部省旧蔵本一六二-九一、『管見記』第二二冊

二日、晴、残暑如蒸、今日高麗人於相国寺、為普広院殿（足利義教）致仏事云々、

一三六五〔相国考記〕嘉吉三年七月条

『相国寺史料』第一巻、四九頁

七月、高麗使者来、祭故相公（足利義教）於相国寺、見于当寺古記、

嘉吉三年（一四四三）七月二十一日、足利義勝が十歳で死去し、鹿苑院主用剛乾治が戒師として義勝の剃髪を行う。

一三六六〔師郷記〕嘉吉三年七月二十一日条

『史料纂集』、第三、一六〇頁

廿一日、寅剋室町殿(足利義勝)御事、御歳十、無是非之次第也、今朝鹿苑院長老(用剛乾治)用康和尚奉剃御髪云々、御受衣(・疎石)夢窓国師拝塔御弟子分云々、御法名道春、御道号栄山、奉号慶雲院殿、(後略)

一三六七〔建内記〕嘉吉三年七月二十一日条

『大日本古記録』、六巻、一六五頁

廿一日、甲戌、(補入)「朝」天晴、昼○雨降、　赤口舌日、
卯刻室町殿征夷大将軍▨(左)中将、従四位下、十歳、御名義勝、普広院殿(足利義教)御長子、　御事切云々、自十二日御痢気、十三日興盛及十度許、温気以外、自十四日供御薬、件日母堂(日野重子)知給、御医療遅々、希代事也、邪気怨霊非一、鎌倉故武衛(足利持氏)・一色故義貫・赤松故性具(満祐)等云々、主人更不可有其恨、父公(足利義教)之御余殃無力事也、前典薬頭茂成朝臣(和気)良薬御減気之処、昨日御下血等以外御窮屈云々、難儀至極之由諸医申之、長生庵存傷風下血之由、所詮御療治相違云々、聡敏利性、後栄有憑之処、無常疾風、諸人嗟歎、一天愁傷也、予(万里小路時房)馳参之処、参小侍所、按察大納言(三条西公保)・尹大納言(中山定親)・帥大納言(正親町三条実雅)・○飛鳥井中納言入道(雅世、法名祐雅)・中御門中納言(松木宗継)・日野中納言(広橋兼郷)○・右衛門督雅永(飛鳥井)・頭右中弁資任朝臣(烏丸)卿、・右兵衛督永豊朝臣(高倉)・中将公綱朝臣(三条)・雅親朝臣(飛鳥井)・右兵衛権佐教秀(勧修寺)等参候、管領(畠山持国)已下諸大名在東面云々、梶井殿(義承)(紫野・三千院)・○三宝院(醍醐寺・義賢)御参、西面也、其外緇素成群、職事等無左右不可参内之由(入之由)、有其告云々、天下触穢勿論歟、但不知子細、明日当番事、尤可思慮哉、然而代々奉公事也他(異)、不及思惟、所参入也、於常御所御事云々、禅僧等参彼所始諷経、唱光明真言、哀慟悲歎、▨▨(女中)啼泣、其声不止(満室)、尤所奉察也、御母堂(日野重子)号大方殿、不分明是非給云々、哀哉々々、管領畠山三位入道、招三条(実量)・中山(定親)相談▨(事)在之、中山帰出示予曰、御贈官事可被申哉之由也云々、大納言談予、々云、公儀異他、可被申之条何事有乎、但御浅官也、贈官可為何官哉、但不依本位之高下(早浅)、被▨(贈)高官之例、曩祖良門雖浅官浅位被贈太相国、上古猶定有例歟、尤可被勘哉、於近例者、一向無懸隔之例歟、此御事各別之儀也、定不可有子細之由、相存之▨(旨)、答之、尹大納言同之、次彼早出、為尋沙汰歟、

少時、管▨〔領〕示三条云、十二間へ夕方奉出テ人々可有御焼香哉、然者、先今者皆可有御退出歟云々、仍面々先罷出者也、

○次雨降、〔先天陰、次晴、〕〔天晴日明雨下、所謂日泣歟、不祥哉、〕次又晴雷鳴、

夕方帰参、於南面御会所辺相待時分也、

於新御会所十二間立倚子奉居、〔北面、〕黒衣、袈裟、御落髪、御戒師可尋記、鹿苑院主用江(剛)和尚(・乾治)歟云々、

被懸影像、若御拝塔之分歟云々、

御▨▨〔道号〕、陽山〔栄ゞ〕云々、御名可尋、

管領已下諸大名○焼香了、〔已下武家人々〕

次予・按察大納言・○帥大納言〔尹大納言・〕・飛鳥井中納言入道・中御門中納言・日野中納言・月輪宰相入道(尹賢)・右大弁宰相(日野資親)・実治朝臣〔(阿)安野中将〕・永豊朝臣・雅親朝臣・公綱朝臣・裏松弁入道重政〔政光〕ゞゞ・孝孝〔堯〕ゞ僧都等参御前焼香、〔香合兼懐中用意之、〕稽顙了退出、風色鳥声無不悲哀、

伊勢入道(貞国)真蓮候御前、近習・武家人々祗候、

禅僧達唱光明真言、

御葬礼之時、御馬可被引之、武家御例也、件御鞍水干鞍歟、葛切付如何、御鐙無覆輪如何由、伊勢兵庫(貞親)尋中山・三条也、中山談予、予曰、風流之時、色々切付用之、元来為葛、尤雖不改之、有何事哉、御鐙事、凡如此之時、本来有飾之物猶可撤歟、今更為此御用可被造覆輪之条、不甘心歟之由、答了、中山云、所詮日来御用来之物、殊可然歟之由、答兵庫允了、

明後日〔廿三日、〕早旦先可奉出仁和寺等持院(洛北)、〔如御所在分内々可奉盗出云々、〕於御葬礼者、追可被択吉日云々、新君治定已後、避彼御衰日可点日次云々、(後略)

一三六八〔相国考記〕嘉吉三年七月二十一日条

『相国寺史料』第一巻、四九頁

七月廿一日、義勝(足利)公薨、贈一品左相府、正覚国師(夢窓疎石)拝塔弟子、法名道春、号栄山、更刱一院、奉安御牌、号慶雲院殿、在世十歳、〔見于当寺古記、〕

嘉吉三年（一四四三）七月二十四日、鏡室恵照（建聖院開山）の塔が正脈院にあり、万里小路時房が遠忌のための諷経料を用意する。

一三六九〔建内記〕嘉吉三年七月条

『大日本古記録』、六巻、一七一頁

十三日、丙寅、天晴、参詣所々相国寺内鹿苑院・長徳(得)院・○普広院・勝定院、次真如寺内正脈院(洛北)鏡室已下(・恵照)塔在之、・等持院(洛北)於此所、梶井殿(義承)御参之時、自然奉参会了、・白蓮社僧乗大徳勧湯漬・杜康、・安養院等熙上人勧素麺・黄流、等也、次帰家、(後略)

廿四日、(中略)今日、鏡室遠忌也、正脈院幷景▨(物)庵諷経料事、以香林院秘計内々可有其沙汰之由、昨日示秀首(賢秀)座者也、白川建聖院又有存例歟、(後略)

嘉吉三年（一四四三）七月二十九日、足利義勝の葬儀が等持院で行われる。

一三七〇〔建内記〕嘉吉三年七月二十九日条

『大日本古記録』、六巻、一七五頁

廿九日、(中略)慶雲院殿(足利義勝)贈(ママ)○左大臣従一位御葬礼也、去廿一日御事、廿三日以如在之儀渡奉移等持院(洛北)仁和寺、代々御菩提所也、

「(行間補書)後日、尹大納言(中山定親)云、在所已下、毎事如先規云々、勝定院殿(足利義持)御時、愚記了、同前歟、」

今朝有御葬礼也、為冥加分可参入之由存之処、在所狭少、衆人不可然之由、又及其沙汰、少々已治定云々、仍不参者也、禅僧之沙汰・役人等可尋記、

公家人々参入、尹大納言定親卿、浄衣、・帥大納言(正親町三条)実雅卿、浄衣、・飛鳥井三条中将○・○公綱朝臣浄衣、実雅卿猶子也、実者弟也、・裏松弁入道重政法名壹専、・左(日野)中納言入道雅世卿、兵衛佐勝光、浄衣、弁入道子也、重政入道子也、此外不参云々、

武家人々又少々云々、

「(補書)ハクシン(柏心周操)和尚起龕仏事忘却逐電、被召返云々、」(後略)一三七一〔師郷記〕嘉吉三年七月二十九日条

『史料纂集』、第三、一六一頁

廿九日、壬午、今日午剋云々、慶雲院殿(足利義勝)御荼毘也、於等持院(洛北)有此儀、下火仏事周(柏心)章(操)和尚之、点茶三会院(臨川寺)々主、椴田和尚忘却点茶仏事之間、則逐電云々、公家人尹大納言(中山定親)・帥大納言(正親町三条実雅)以下五人被参之、

今日午日葬事不審也、然而不可有子細之由在貞朝臣《勘解由小路》申之、有重卿《土御門》尤可被憚之由申之、在貞朝臣申分は、雖不弔人之日、於葬事者不可憚之由申之者間、被用今日了、（後略）

嘉吉三年（一四四三）八月三十日、足利義勝の中陰仏事が結願する。

三七二〔看聞日記〕嘉吉三年八月二十九日条

『図書寮叢刊』、七巻、四六頁

廿九日、雨降、時正結願、看経如例、慶雲院《足利義勝》中陰明日結願也、寿量品一巻、白薄様ニ裏、表紙淡付、軸水精、馬一疋河原毛、付三条《正親町三条実雅》進之、則伊勢《貞国》ニ被渡云々、明日御経供養、導師花園僧正《房能》、願文草益長朝臣《東坊城》、清書行豊卿《世尊寺》也、（後略）

嘉吉三年（一四四三）九月四日、大光明寺の惣門が大風により倒れる。

三七三〔看聞日記〕嘉吉三年九月六日条

『図書寮叢刊』、七巻、五〇頁

六日、（中略）一昨日大風、伏見以外吹、大光明寺《伏見》惣門顚倒、松原大木共廿本計吹倒、指月《伏見》之牆小家等吹破、散々式云々、宝厳院《伏見》も吹破、当年境内損亡希代事也、洪水出云々、（後略）

嘉吉三年（一四四三）九月二十六日、日野有光が後亀山天皇皇子の常徳院僧通蔵主兄弟を奉じて反乱を起こすが、通蔵主は捕縛され、摂津国太田付近で斬殺される。

三七四〔師郷記〕嘉吉三年九月条

『史料纂集』、第三、一六七頁

廿六日、今暁山門《延暦寺》使節勢押寄中堂合戦、凶徒多以被討、又被▨捕仍賊首・生捕等▨《上》洛、日野一位入道《有光》在此賊首之内云々、言語道断事也、彼大将、南方護聖院宮《世明王》子僧兄弟両人之、一人ハ金蔵主此間在万寿寺《六条高倉》、一人ハ通蔵主此間在相国寺、彼両人金蔵主ハ被討之間、為賊首上洛、通蔵主ハ為生捕上洛了、其外南方高倉・冷泉と号スル者有之云々、以後金蔵主可為王云々、不可覧事也、

於山上逃隠凶賊等尋求捕進之間、今日中数輩進之云々、

今日申剋管領《畠山持国》被管人寄右大弁宰相《日野資親》亭正親町、欲召取之間、

右大弁折節出行、留守青侍十人許召取之、於右大弁者於路次武者小路今出川召取之、管領宿所ニ被置之、（後略）

廿八日、先日自山上捕進凶徒幷右大弁青侍彼是五十余人、於六条河原誅戮之、於右大弁宰相者被遠流之由風聞、然而為侍所沙汰、於九条高倉辺被誅今日同云々、可哀云々、彼罪科之様、内々被尋申前摂政殿（一条兼良）云々、

一三七五〔康富記〕嘉吉三年九月条

『増補史料大成』一巻、三八九頁

廿六日、戊寅、晴、綸旨御教書等被成下□釈迦堂等、昨夕今暁致合戦□或取首、或生捕之、今日巳午剋則□御敵不日没落、天下之大慶何事□□慮、云皇威、厳重殊勝々々、所楯籠御敵等金蔵主（六条高倉）兄弟也、後亀山院子、金蔵主者万寿寺之僧也、通蔵主者相国寺常徳院僧也、□□（主・通）蔵主、日野一位入道祐光、俗名有光、冷泉、不知交名、高倉、、、鳥羽後鳥羽院後胤云々、鳥羽尊秀ト号云々、已下也、金蔵主幷一品入道禅門等、矢庭被打也、仍両人□通蔵主者召捕テ上ス、其外雑兵不知数□召捕之、今日終日所進上也、鳥羽ハ暗跡落失不知行方云々、（後略）

廿八日、（中略）禅僧通蔵主後亀山御□（子）、金蔵主之兄、被流罪、可為四国之由有沙汰、被預置飯尾肥前入道（為種）、今日被渡細川九郎（勝元）方也、彼被官人香川請取之云々、山名金吾（持豊）被官人曰、逐電後金蔵主□

一三七六〔東寺執行日記〕嘉吉三年十月四日条

内閣文庫和学講談所旧蔵本一六二―一四七、第六巻

四日、僧類蔵主流罪相国寺宮僧（客カ）、山門ニテ召取奉云々、構州（摂）太（島下郡）田ノ辺ニテ奉切之、切手ハ原林申者也、

嘉吉三年（一四四三）十月、相国寺銭納所梵種等が摂津国兵庫北関升米・置石の代官職に任命され、その請文を提出する。

一三七七〔摂津国兵庫北関代官職請文〕東大寺文書

『大日本古文書 家わけ第一八』二〇、三一二頁

請申 東大寺八幡宮領摂津国兵庫北関（八部郡）舛米幷置石代官職事

右舛米幷置石土貢、合毎年捌百五拾貫文、此外相国・等（三

持両（条坊門）寺之国料、代官方沙汰分伍十貫文、都合玖百貫文、可有寺納、月別自正月◦（至）十一月者各八十貫文宛、於十二月者貳十貫文、無懈怠於南都（興福寺）可沙汰申候、如此申定上者、曾不可有無沙汰者也、万一越月等之不法出来之時者、早御代官職可有御改替候、其時更不申一言之子細、可避渡関所候、千万寄事於左右、執心申候者、被訴申　公方可被経厳密御沙汰候、兼又御月宛未進等候者、進置候敷銭貳百伍十貫文之内、相当分可被引召候、御立用之外敷銭相残候者、可返給候、仍請文之状如件、

嘉吉三年癸亥十月　　景瑞（花押）

相国寺銭納所　梵種（花押）

文安元年（一四四四）四月十七日、延暦寺東塔西谷衆徒が、末寺丹波国光明寺の寺領を相国寺都聞が押領したと訴える。

一三七八〔建内記〕文安元年四月十六日条

『大日本古記録』、七巻、一三三頁

十七日、（中略）今夜、山僧（延暦寺）捧事書来宿坊、東堂（塔）西谷事書也、

誠惶誠恐謹言上

山門東塔院西谷衆徒等

夫吾山者、桓武天皇起立円宗以降、代々明王聖主特添尊崇、伝教大師（最澄）開闢当山之後、雖及六百余歳、止観遮那猶未失、三千徒衆、学顕密振智剣、護仏法守王法、専一天之安寧、祈四海之静謐矣、爰丹波国光明寺者、代々御祈願寺、▨▨（当山）之末寺也、於彼寺領、相国寺之都聞相語飯尾賀州（為行）入道、致無理之押領条、併猛悪不善之至也、次越中国船峅山（新川郡）泰隆寺者、当谷（谷已）以往之末寺也、而就彼寺領、管領之内吹田男成違乱間、帯支證雖及問答、更以不能承引間、愁訴無極上者、既雖可及祭礼之違乱、且謹為蒙　勅許、潜欲致　奏聞、但□令◦（停）滞、企大訴可歎申者也、所詮彼▢□□訴訟之趣、早被下勅議、可蒙安全之御遵行之旨、預　勅奏者、可為衆悦之由、粗謹白而已、

文安元年四月十七日

使節交名

「使節」（行間補入）

西谷弥勒院円秀
練禅房弁算
山門寺官
美濃法橋尋祐
予（万里小路時房）披露難治之次第、種々示聞之、使節云、其儀一々叶道理、尤所察存也、但以嗷訴申上之上者、所詮不可及　奏聞者、明日（今夜）神幸四社可渡御大宮、八王子駕与丁可令抑留云々、此上無□□（遅カ）上洛以後、可　奏之由答了、使節退散、（後略）

文安元年（一四四四）四月二十五日、相国寺妙智監寺が万里小路時房に借物の返済を催促する。

一三七九〔建内記〕文安元年四月・同四年二月条
『大日本古記録』、七巻、四八頁

（文安元年四月）廿五日、（中略）智監寺（妙智）使芳訢入来、借物催促事也、（後略）
（文安四年二月）廿四日、（中略）妙智監主使来、催彼先借返弁事、来秋□年貢到来之時、可返弁也、暫可被待之由答了、申次時常、

○『建内記』嘉吉元年（一四四一）十二月十一日条で相国寺乾正都寺が妙智監寺を同道しているので、妙智も相国寺僧である。

文安元年（一四四四）四月、上田重次・岡正清が摂津国兵庫北関相国寺・等持寺国料代官の沙汰分五十貫文等の納入を請負う。

一三八〇〔摂津国兵庫北関代官職請文〕東大寺文書
『大日本古文書　家わけ第一八』二〇、三一九頁

請申　東大寺八幡宮領摂津国兵庫北関舛米并置石代官職
事
右舛米并置石土貢、合毎年捌百伍拾貫文、此外相国・等（三条坊門等持寺）持両寺之国料、代官方沙汰分伍拾貫文、都合玖百貫文、可有寺納、月別自正月至十一月者各八十貫文宛、於十二月者弐十貫文、無懈怠於南都可沙汰申候、如此申定上者、曾不可有無沙汰者也、万一越月等之不法出来之時者、早御代官職可有御改替候、其時更不申一言之子細、可避渡関所候、千万寄事於左右、執心申

候者、被訴申　公方、可被経厳密御沙汰候、又彼御関所者、両人請申候、此外私而不可有余人申付代官増儀候、若さ様儀候者、如何様可預御罪科候、兼又御月宛未進等候者、進置候敷銭弐百伍十貫文之内、相当分可被引召候、御立用之外敷銭相残候者、可返給候、仍請文之状如件、

文安元年甲子四月　日　上田重次（花押）

岡正清（花押）

文安元年（一四四四）六月九日、大智院僧善恂が万里小路家領山城国三室戸御厨子所率分代官を務めるが、この後逐電する。

三八一〔建内記〕文安元年四月・六月条

『大日本古記録』七巻、一三六頁

（四月）廿七日、（中略）三室戸（宇治郡）○御厨子所之率分代官僧善恂来、三室戸請文持来、加文書、善恂請文令清書追可持来云々、自去月廿八日始行至今月廿日結解状持来、（後略）

（六月）九日、（中略）飯尾肥前入道永祥（為種）招雑掌、仍□□三室戸率分事、是居新□□役之由諸人訴申之、可召取之由□□間、予（万里小路時房）知行□□有其聞、可□申意見了、如何候哉云々、仍□□禁裏御厨子所雑分所率□関之儀、古来之率分也、但近□間、捧　綸旨幷　鹿苑院殿（足利義満）□□御教書以下前管領（細川持之）御時□成御教書了、○雖有公領之号、於地下者□在所者不定也、或国中□□商売之上、聊致其沙汰□□旅人之類更無致沙汰之儀、本□分明也、何可取毎物哉、但商□□年貢相混事難治之由、代官□□若就其儀一往相尋事等致訴訟□、非新関之条如此、前管領之時御教書□□即申沙汰也、取様事又如此、如何□示之処、然者御代□可被召歟□可披露云々、

（一行分空白）

此代官職事、本所分僧善恂□大智院（相国寺）僧云々、而依彼借用計会之間、□□室戸法師大聖寺（猷専）・一乗坊（猷舜）等彼一向□□由、先日所来示也、大聖寺・一乗坊□三室戸三分一方予契約分事也、代官□僧善恂近日有不慮事逐電□、但不可立寄由、大聖寺制止之故、□就濫行事於路次債銭□其事也云々、

大聖寺猷専・一乗坊猷舜参□□折紙仰遣之、上使

就□□間、明日忩可罷下之由、伝仰了《以等胖房》、（後略）

十二日、（中略）三室戸大聖寺猷専僧都・一乗坊□《(猷舜カ)》□奉行《奉行》飯尾肥前入道永祥可召上之由先日示之間、昨日依仰遣也、是三室戸三分一方大聖寺奉行也、予代官僧善恂也、万寿寺僧《(六条高倉)》云々、木幡松月庵《(宇治郡)》云々、相国寺大智院云々、而依計会以代官職預約大聖・一乗両人□、僧善恂已依不慮之恥辱大聖寺不許容之間、出行云々、而今日来会、幸而所向《同》奉行所也、以常慶送三人《(林)》、彼申詞「可」《(補入)》載状云々《之由》、奉行示之、仍与聖《大》寺・一乗坊以連署註進之、於善恂者不及註進、是附与両人之故云々、夕方、可聞左右之由、仰大聖寺云々、

（一行分空白）

商買《売》物内貫別三文之准、

商買《売》米内石別五合之分、

此外毎物毎人不可取之由、契約相定了《之時》、而如旅人毎物押取之由、有訴訟之人云々、仍及此沙汰云々、

（後略）

○善恂が御厨子所率分代官に補任された記事が本書一一三六一号史料にあり。

文安元年（一四四四）八月二十五日、鹿苑院が山中大和入道を院領近江国柏木御厨内宇田前河原下司職に補任する。

一三八二〔鹿苑院允登・等本連署補任状〕山中文書

『水口町志』下巻、三五四頁

乾治《(用剛)》（花押）

補任　近江国甲賀郡柏木御厨内宇田前河原事

右所者、任道俊《(山中)》・浄俊《(山中)》・善俊《(山中)》譲状之旨、帯代々安堵幷本主宛状・寺家補任等、当知行之上者、更不可有改動之儀、仍重而所令補任之状如件、

文安元年甲子八月廿五日

主事等本（花押）

侍衣允登（花押）

山中大和入道殿

文安元年（一四四四）十一月十五日、摂津国兵庫北関の代官が相国寺・等持寺国料五十貫文を納入することを誓う。

一三八三〔兵庫北関代官職請文〕京都大学文学部博物館所蔵狩野亨吉氏蒐集文書

『兵庫県史』史料編　中世五、六四〇頁

請申　東大寺八幡宮領摂津国兵庫（八部郡）北関升米幷置石代官職
事

右升米幷置石土貢毎年柒百伍拾貫文、此外相国寺・等持（三条坊門）寺両寺之国料代官方沙汰分五拾貫文、都合八百貫文可有寺納、月別自正月至十一月各柒拾貫文宛、於十二月者参拾貫文、無懈怠於南都可沙汰申候、若被破新過書等者、可公用増申候、如斯申定上者、曾不可有無沙汰者也、万一越月等無沙汰出来時者、御代官職可有御改替候、其時更不申一言子細可避渡関所候、千万寄事於左右執心申候者、被訴申　公方可被経厳密之御沙汰、亦於彼関所者、油倉請申候、私而不可申付余人候、若左様之義候者、可預如何様之御沙汰候、仍請文如件、

文安元年甲子十一月十五日　　油倉 玉叡（花押）

文安元年（一四四四）十二月十八日、相国寺風呂が炎上する。

一三八四〔師郷記〕文安元年十二月十八日条

『史料纂集』、第三、二三〇頁

十八日、酉剋相国寺風炉□（炎）上了、

文安二年（一四四五）四月十五日、崇寿院主瑞渓周鳳が在中中淹頂相の賛を書く。

一三八五〔在中中淹頂相賛写〕「法語」慈照院蔵

在中（在中中淹）和尚真賛

亀頂塔（天龍寺）前説法、龍淵室（南禅寺）入□談禅、中間一会、董答万年（相国寺）法宝蔵殿、弾指成就、睹史多宮随身現前、重建丈基、諸天散花狼藉一新、祖塔故家喬木鬱然、道所存也、功莫大焉、自非与鹿苑（足利義満）賢丞相、有鷲嶺旧因縁、豈能臻茲乎、是故子孫済々、至今瓞綿、点胸昔年、翠岩既能得真如喆、分座今日、黄檗（希運）要当出臨済玄（義玄）、万年第一座静甫喆（周喆）公禅師、見索先師真賛、固辞不允、遂露醜云、　文安第二結制日（四月十五日）　崇寿（相国寺）周鳳（瑞渓）

文安二年（一四四五）四月二十三日、相国寺僧であった六角氏の後継者（後の久頼）が還俗して室町幕府に出仕を始める。

一三八六〔師郷記〕文安二年四月二十三日条

廿三日、今日佐々木(六角)遺跡相続者相国寺僧也、而還俗了、始而出仕云々、

（後略）

『史料纂集』、第四、一九頁

文安二年（一四四五）八月九日、薩摩某等が東寺地蔵堂三昧免輿を相国寺・南禅寺・三聖寺に出すことを禁じる。

一三八七〔薩摩等連署置文〕東寺百合文書エ函八一

定東寺地蔵堂三昧免輿等事

一此輿幷綱簾事免中畢、但輿簾於一箇度之修理者不可及
一切違乱事、
一覆腐付幷炭木供具同力者銭共、一度別八百文宛定之、
一於無縁者一度別肆百文宛定之、
一於此輿者不可出相国寺・南禅寺・同三聖寺(東山)江候、若万
一火屋荒垣中結馬鞍千早幕等候者、悉皆坂之沙汰所へ
可渡賜候、於此輿不可有自寺家外仁御乗候、
右条々定申上者、不可有永代違乱者也、万一有異乱(違)中輩
者、為此方厳密加下知可処罪科者也、仍所定如件、

文安貳年乙丑八月九日

薩广(摩)（花押）　因幡（花押）　参河（花押）　日向（花押）
下総（花押）　丹後（花押）　和泉（花押）

文安二年（一四四五）秋、近江国菅浦日差・諸河と大浦の間で公事相論が起こり、常徳院の稚児が仲介をして、大浦方に有利な判決を引き出す。

一三八八〔菅浦物庄合戦注記〕菅浦文書

『菅浦文書』上巻、二八〇頁

(端裏書)「ひさし・もろかわのをきかき(置書)なり」
文安二年乙丑就日差・諸川(河)公事出来由来者、同年の三月比、
敵方大浦(近江国浅井郡)より状をこし、大浦山へ地下人不可入由状付了、
然者ひさし(日差)・もろかわ(諸河)へ大浦の者入へからすとて、同六
月八日敵方のかま(鎌)を七ちやう取、同日地下人大浦へのり
て候船をしと、むる、然所ニ海津西浜(近江国高島郡)乙名、中人にて
鎌と船を本々ニ取かゑ畢、さ候程ニ、かなた(彼方)こなた(此方)の物
ゆい(言)せひ(是非)をわきまゑす、かくてあるへきニあらねはとて、
堅田辻殿と中人、大浦又菅浦(近江国伊香郡)うわのり(上乗)たる間、中人ニな

り候へとも、大浦ひいきにて、地下のふそくなるによん（依）てもちいす、こゝに又西野中北方と申柳野中峯殿の婿なり、又大浦と知音にて媒芥（介）あり、然者如本たかい（互）ニ山へ可入相とさたまりけり、かゝるところニ、大浦者ハこなたへ入、こなたは大浦山へハ入ましきとさためて候をは不存知、七月二日地下若衆向山へ二卅人、船十そう（艘）はかりにて入ところを、大浦より大勢をそつ（率）してをしかくる、されとも仏神のかゝゐ又ハ地下のうんつ（運）をく（よ）して、一人もう（討）たれす、しつ〳〵とふねニのり、一度ニとんとわらいて帰けり、さ候程ニ大浦にはこなたよりよせぬ事ハあらしとて、海津東はま・今津（近江国高島郡）・堅田（近江国滋賀郡）・八木浜（近江国浅井郡）勢を入、雖相待とよせさる間、つゐ〳〵てこらゐかたくて、七月四日牛（午）時、自大浦をしよする、地下にはかねて申承候勢をも不入、只、西野・柳野勢四五十騎と地下勢はかりにて待かけたり、八木浜・堅田勢船数十そうにて海上ニひかゐたり、うしろの山猛勢にてをしよする、地下無勢なれ共、散々ニ合戦す、大門のきと（木戸）ニ火をかくる間、こなたの小家二煙（炎）上あり、かくて敵方引程ニ、追て出、大明神のまゐにて合戦ありて、敵方あまたうち手をふせて、地

下勢うたれす高名なり、○紙継目裏花押 かくてハいかゝあるへきに（と）て、同七月十日大浦へをしよする、地下勢ニハ八木公文殿・安養寺殿・河道（近江国浅井郡）北南・西野・柳野・しほつせい（塩津勢）・はる（春）の浦・海津西浜勢を引率してよする也、すの浦《ハマ》（近江国浅井郡）をはかいつ（海津）にしはま（西浜）うけとりてよする、其時かいつ勢六人うたれて候、山口をは地下勢と公文殿勢にてかゝゐたり、安養寺・河道・西野・柳野ハふなよせ（船寄）よりうゐの山へをしまわしよするなり、はるの浦勢・塩津勢ハおそなわり候て用にもたゝす、はやすのはまをはかいつせいにてをしやふる也、山口ゐもうち入、其時中二郎と申者一人うたれ畢、上の山の勢もきしをおり、面々ニ放火すといゐとも、ふなよせをやふらさる間、柳野・中峯殿一そく（族）九人までうたれさせ給う、此恩末代まてわするへからす、かくて其秋ハ田をはこなたへかり（苅）て取候、京都へ自地下も大浦よりも注進す、雑掌人上、色々たいけつ（対決）す、然間大浦には当御所のため、をちこ（御児）の御僧相国寺常徳院と申をゐんニとる間、まつ大浦へ安堵の状裏松殿（日野勝光）被成下畢、其冬ハひさし・もろかわの桑木を大浦へきられ畢、しかれとも

上意たる間、まつこらゑ畢、（中略）為向後心得如此書
付畢、
文安六年二月十三日　菅浦惣庄
執筆越後公也、
（裏花押）

文安三年（一四四六）六月五日、室町幕府が普広院領備後国福田庄地頭職・同国則光庄西方地頭職等を安堵し、諸役を免除する。

一三八九〔室町幕府管領細川勝元下知状〕普広院文書

（端裏貼紙）
「龍安寺殿」
（端裏貼紙）
「粘（貼カ）札ニ龍安寺殿ト在之ハ誤リ、訳如左、
（足利義教）普広院殿治世管領　細川右京大夫満元、号岩栖院殿、
（足利義政）慈照院殿治世管領　細川右京大夫勝元、号龍安寺殿道崇ト、文明元五年五月十一日卒、年四十四才、
右嘉吉元年ゟ勝元卒年迄其間弐十八年在之、
細川持賢ハ管領職不任右京大夫満元之三男也、
応仁二戊子十月七日卒、号崇禅寺殿右馬頭（右典厩）芳門賢公大禅定門ト、」

（相国寺）普広院領備後国福田庄（葦田郡）地頭職・同領家預所職・同国則光（世羅郡）庄西方地頭職・伯耆国所子保（汗入郡）半分・丹波国八木志万（船井郡）地頭職・播磨国太田庄（揖東郡）地頭職・同領家預所職・同国佐用（佐用郡）広岡名・備前国香登庄（和気郡）三分二・参河国東上郷（宝飯郡）・洛中楊梅烏丸南東頬屋地壱町除篝地・北林屋敷等事、任当知行之旨、寺家可（全）企領知之由、所被仰下也、仍下知如件、
文安三年六月五日
右京大夫源朝臣（細川勝元）（花押）

○『分散した禅院文書群をもちいた情報復元の研究』六〇頁参照。

一三九〇〔室町幕府管領細川勝元下知状〕普広院文書

（端裏貼紙）
「龍安寺」
（相国寺）普広院領備後国福田庄（葦田郡）地頭職・同領家預所職・同国則光（世羅郡）庄西方地頭職・伯耆国所子保（汗入郡）半分・丹波国八木志万（船井郡）地頭職・播磨国太田庄（揖東郡）地頭職・同領家預所職・同国佐用（佐用郡）広岡名・備前国香登庄（和気郡）三分二・参河国東上郷（宝飯郡）・洛中楊梅烏丸南東頬屋地壱町除篝地・北林屋敷等段銭・臨時課役以下事、

被免除訖、早可令為守護使不入地之由、所被仰下也、仍
下知如件、

文安三年六月五日

右京太夫（大）源朝臣（細川勝元）（花押）

○『分散した禅院文書群をもちいた情報復元の研究』六〇
頁参照。

文安三年（一四四六）六月二十六日、室町幕府が摂津国兵庫関の相国寺・等持寺の国料船について関銭を免除する。

一三九一〔大乗院寺社雑事記〕寛正二年九月五日条

『増補続史料大成』、三巻、三三三頁

五日、（中略）

一兵庫関（摂津国八部郡）管領（畠山持国）方千石船幷十艘般以下可停止之事、

以上

御教書等案文

興福寺雑掌申摂津国兵庫幷河上五箇関事、於新過書国
料者被停止了、至本過書国料者、不可有相違之由、所
被仰下也、仍下知如件、

文安元年八月廿五日　沙弥（畠山持国）判

七月一日兵庫関制札昨夕到来、仍下関所了、

禁制　春日社兼興福寺造営料摂津国兵庫関

右被停止過書国料之旨被成御教書訖、自今以後募諸権
門以下之号、於関賃難渋幷落船等族者、堅可被罪科之
由、所被仰下也、仍下知如件、

文安三年六月廿六日　飯尾肥前入道也（為種）沙弥判

高札裏書

可令勘過船以下条々

一大神宮船事　一公方御物船事

一石清水八万（幡）宮船事　一天龍寺船事

一山崎胡麻船事

国料分

一北野宮寺領船事　一相国寺船事

一等持寺（三条坊門）船事

文安三年六月廿六日　同 沙弥判

文安三年（一四四六）八月二十二日、相国寺東明楼が炎上する。

一三九二〔師郷記〕文安三年八月二十二日条

『史料纂集』、第四、一一一頁

廿二日、戊午、今夜子剋許、相国寺東明《ミン》楼炎上、不及余堂、珍重也、其時分雨下之間無為歟、

一三九三〔綱光公記〕文安三年八月二十二日条

『東京大学史料編纂所研究紀要』第二〇号、一〇六頁

廿二日、戊午、雨下、入夜相国寺東明楼火事、馳参賀室町殿馬也、驚入者也、

文安三年（一四四六）十二月十九日、足利氏の幼君が義成（後の義政）と命名され従五位上となる。勝定院主・崇寿院主・季瓊真蘂が参賀する。

一三九四〔臥雲日件録抜尤〕文安三年十二月十九日条

『大日本古記録』、五頁

十九日、幼府君（足利義成、後の義政）、新安名字曰義成、幷加階従五位上、故引等持・勝定（相国寺）・崇寿（相国寺）（性天景繕カ）二院主ー季瓊（・真蘂）西堂、同詣公府致賀、予（瑞渓周鳳）聞、鹿苑相公（足利義満）戊戌（延文三年）之歳誕生、君子曰、戊戌二字、皆従戈字、蓋武威定天下之兆也、果如其言、今幼君名字義成二字、亦皆従戈字、必与鹿苑相公同武徳乎、

○『建内記』文安四年（一四四七）四月十四日条に崇寿院主性天景繕とみえるので、本史料の崇寿院主も性天か。

文安三年（一四四六）十二月二十九日、相国寺納所徳岩正盛・都聞乾嘉等が兵庫北関同寺国料の受取状を出す。

一三九五〔相国寺国料公用銭請取状〕東大寺文書

『大日本古文書 家わけ第一八』二〇、二一八頁

納

相国寺領兵庫（摂津国八部郡）北関公用銭之事

合貳拾貫文者、

右所納之状如件、

文安参年十二月廿九日

納所（相国寺）正盛（徳岩）（花押）

監寺

都寺

都聞 乾嘉（花押）

北関奉行所

○本書一三九七・一四三五号史料が関連。『兵庫県史』史料編 中世五、六四九～六五九頁に、宝徳二年（一四五〇）二月五日・享徳元年（一四五二）十二月十九・二十七日・享徳四年二月十九日・康正元年（一四五五）九月二十七日・十二月二十六日・長禄二年（一四五八）十一月十九日・十二月二日・長禄三年六月十一日・十二月二十五日の相国寺国料請取状あり。

文安四年（一四四七）閏二月九日、細川勝元が頼春百年忌の仏事を行い、竺雲等連が陞座を務める。

一三九六〔続本朝通鑑〕文安四年閏二月九日条

『本朝通鑑』第一三（国書刊行会）四四四〇頁

九
辛未、（中略）細川勝元修高祖（細川）讃岐守頼春号元勝院、百年忌、雲居寺（庵）（天龍寺）等蓮（連）号竺雲、陞座説法、士林百年忌始于此、

○「光勝院縁起略」（『大日本史料』六編ー一六、一二三五頁）に関連記事あり。

文安四年（一四四七）三月二日、相国寺納所徳岩正盛・都聞乾嘉が兵庫北関同寺国料の受取状を出す。

一三九七〔相国寺国料公用銭請取状〕燈心文庫所蔵東大寺文書

『兵庫北関入船納帳』一二六頁

（端裏書）「相国寺国料請取　文安四年三―」

納　（摂津国八部郡）兵庫北関公用銭事

合参拾貫文者

右所納之状如件、

文安二年三月二日　納所　正盛（徳岩）（花押）

相国寺 都文乾嘉（花押）

奉行所

文安四年（一四四七）五月三日、万里小路時房が美作国北美和庄代官の妙安都寺から借銭をする。

一三九八〔建内記〕文安四年五月・九月条

『大日本古記録』八巻、一二四頁

（五月）三日、（中略）北美和（美作国苫田郡）去年分散用事、今朝可落居、大町山城入道曾俊遣借書於妙安都寺許、都寺可皆済年貢云々、連日催促成行李之煩、無沙汰絶常篇者也、

（後略）

四日、（中略）北美和庄去年分散用安都寺致沙汰、今日少分先到来、

（九月）十八日、（中略）妙安都主向北美和冬分三千疋秘計也、上葺修理等事為致沙汰也、

○新田英治「室町時代の公家領における代官請負に関する一考察」（『日本社会経済史研究』中世編、吉川弘文館、一九六七年）二〇一頁によると、妙安都寺は相国寺僧とされる。

文安四年（一四四七）五月九日、常徳院僧承寛都寺が春日社新三十講料所越前国坪江郷政所に補任される。

一三九九〔経覚私要鈔〕文安四年五月九日条

『史料纂集』、第二、七三頁

五月九日、今日被補坪江（越前国坂北郡）政所於相国寺僧云々、料所分事、敷銭等事仰遣了、

一四〇〇〔興福寺学侶衆徒群議事書案〕『建内記』文安四年五月二十一日条

『大日本古記録』、八巻、一四五頁

廿一日、壬子、天霽、（中略）

事書案

興福寺学侶衆徒群議曰、

越前国坪江郷（坂北郡）者、春日社為新三十講料所　勅施入以降、
専天下泰平四海安全之精祈条、事旧畢、爰当郷政所職
香西豊前入道（常慶）請口年貢無沙汰之間、令改易、申付相国
寺常徳院住承寛都主（寺）之処、為豊前入道所行、令抑留守（斯
護方甲斐（美濃守某、法名常治）遵行之条、欺詐之造意、猛悪之至極、以外之
次第也、如今者、厳重御願忽欲令闕怠、驚歎何事如之、
所詮早被棄捐豊前入道非分之申状、甲斐守遵行致其沙
汰之様、被成下厳密御下知者、殊以可為御祈禱専一、
若猶遵行令停滞者、無力令抑留当社造替、可及次第之
大訴旨、群議如斯、

文安三年五月　日

文安四年（一四四七）五月十八日、旱魃のため、室町幕府が五山に祈禱を命じる。

一四〇一〔康富記〕文安四年五月十八日条

『増補史料大成』、二巻、一二五頁

十八日、己酉、晴、炎旱之御祈禱五山彼（被）仰付云々、又仰付侍所開闔、布施民部大夫（貞基）、侍所未行事、以町人夫被掃除神泉苑（二条大宮）云々、

（後略）

文安四年（一四四七）五月、室町幕府が諸五山僧の嗷訴に対し、厳格な成敗を言い渡す。

一四〇二〔鹿苑日録〕『鹿苑日録』第一巻、五六頁

東福法式

沙喝嗷訴事出来候者、張本之坊主幷其親類名字逐一可有注進之由被仰出候、固守此法、可被及未来候、恐惶謹白、

十二月五日　鹿苑院 周噩（厳中）在判

東福寺侍者禅師

一近年、諸五山僧沙喝毎々帯武具、於殿堂内致嗷訴之條、甚不可然、所詮至向後者、雖有道理、及嗷訴者、自公方可有御罪科者也、万一有如此輩者、都文以下東辺衆相共守護殿堂、或捕嗷訴之輩、或尋退散之所、就其塔頭可究張本人者也、其外毎々夜中僧沙喝帯武具者、命行力等可被奪取之事、

一張本所在塔頭坊主、以寺官堅可有糺明、若被隠置者、寺領幷門徒出世之事、為公方一向不可有御存知事、

一住持幷寺官等、万一可被訴子細在之者、以隠（穏）便儀可被申之、其時自公方可有御成敗事、

文安四年五月　日　飯尾加賀入道（為種）在判

官使　同　大和入道（貞連）在判

同　美濃守（貞元）在判

○年未詳十二月五日付「鹿苑院主厳中周噩書状」は関連史料と考えられるため一緒に掲載する。厳中周噩は鹿苑院に応永二十五年（一四一八）六月二十一日に入院し（『看聞日記』同日条）、応永三十五年二月十日に退院を希望するが認められず（『満済准后日記』同日条）。

文安四年（一四四七）六月二十四日、足利義教七回忌の仏事が相国寺で行われる。

一四〇三〔師郷記〕文安四年六月条　『史料纂集』、第四、一七一頁

廿三日、癸未、御八講第四日也、今日相国寺有転経云々、

廿四日、甲申、今日御八講結願也、依御布施難渋、衆僧遅参、入夜云々、今日普広院（足利義教）殿御七年也、於相国寺陞座・拈香等有之云々、（後略）

文安四年（一四四七）七月十四日、沙弥・喝食が相国寺の堂舎に籠もり、住持側の行者・力者と闘争し死者・負傷者が出る。翌日、相国寺住持が退院する。

一四〇四〔師郷記〕文安四年七月十四日条　『史料纂集』、第四、一七四頁

十四日、甲辰、今夜相国寺輪蔵ニ沙喝少々閉籠、依有訴訟事也、而自長老（雪心等柏カ）方、以行者・力者等被払之間、及刃傷・殺害、小僧一人・喝食一人・之一人（力者）両三人死云々、被疵者数輩有之云々、

一四〇五〔康富記〕文安四年七月条　『増補史料大成』、二巻、一四〇頁

十四日、（中略）相国寺沙喝起事、相国寺沙喝背長老（雪心等柏カ）閉籠僧堂之間、行者・力者為止之罷向之処、沙喝切而出、仍行力負手、沙弥両人被切殺、喝食負手云々、

十五日、乙巳、晴、中元節也、盂蘭盆供也、今年殊窮迫之間、有志無供矣、相国寺長老今暁被退院、是依沙喝幷大衆之訴也、

文安四年（一四四七）九月十八日、これ以前、白川建聖院が勝定院末寺となり、院領も勝定院に付けられ、これに対して万里小路時房は、その返付を求める。

一四〇六〔建内記〕文安四年九月十八日条　『大日本古記録』、九巻、一〇九頁

十八日、（中略）白川建聖院付寺領摂津国円教寺（飾西郡）・播磨国竹原村（三木郡）西方（吉河庄）・美作国高倉庄（苫東郡）幷寺敷地・○秦（太）（葛野郡）等旧跡事、祖父儀同三司（万里小路仲房）草創建立、○応永年中以家領○○（在所在右、）寄作善料所其励微志之処、有掠申人、被成勝定院（相国寺）末寺之条、不便次第（至極）也、被返付家門、欲致興隆（全領知）矣、（後略）

文安四年（一四四七）九月二十三日、相国寺妙荘厳域に衣服寺薬師があり。

一四〇七〔臥雲日件録抜尤〕文安四年九月二十三日条
『大日本古記録』、二〇頁

廿三日、（中略）初更帰玉泉而宿焉、主人（梵恭）対坐、唔語及江文（愛宕郡）故事、昔平氏小松相公（重盛）病癰、就大秦《ウツマサ》薬師禱安全、薬師夢告曰、此病非予力所及、三条河原、有一老僧、能治此病、行当尋之、小松殿奇而験之、果河辺有一小堂、薬師如来、為之主、而老僧在焉、就僧求医治、而病果愈矣、此仏先是、自江文、乗河水而流出矣、今相国寺妙荘厳域西辺、衣服寺薬師是也、俗謂之蝦《エヒ》薬師云々、予（瑞渓周鳳）曰、蓋江文、或衣服訛者乎、（後略）

文安四年（一四四七）十二月八日、白川建聖院領播磨国竹原村西方領家職が室町幕府奉行人により違乱され、勝定院に寄進されたことを万里小路時房が訴える。この日、勝定院主明遠俊哲が返付することを記した返事を時房に送る。

一四〇八〔建内記〕文安四年十一月・十二月条
『大日本古記録』、一〇巻、八五頁

（十一月）廿六日、甲寅、天霽、

白河建聖院領○竹原村（播磨国三木郡吉河庄）西方〔領家職〕事、数年定置祈禱・仏事等料所無相違候之処、両人斎藤上野介（熙基）・飯尾左衛門大夫（為数）、今更違乱之由此旨承候、返々驚入候、忩自寺家忩被経御問答、若○猶不事行者承示預、可歎申入就公方武可歎申入候、尚々重可承候、○此趣可被伝申彼院主候持持候（住）也、敬白、

十一月廿六日　時房（万里小路）

勝定院（相国寺）方丈

白河建聖院当住文渓和尚、為南禅寺蔵経渡朝御使下向高麗、仍其間之留守職事申置慶雲院（東山）主允登西堂、仍為其使登胤入来、竹原村西方事、称可半済、斎藤上野介・飯尾左衛門大夫及違乱之間、問答之処、為赤松（満祐）寄進之地者、可違乱也、為万里少路殿御寄附者、不可有異議之由、返答也、為一見可書給御状云々、仍宛勝定院主書出了、案文在右、（後略）

（十二月）八日、（中略）白河建聖院領播州吉川上庄内竹原村西方寄附状正文撰預勝定院了、見遣違乱両輩追可返給之由、勝定院主俊哲（明遠）請文到来、（後略）

文安五年（一四四八）四月十九日、敷政門院（後花園天皇母・庭田幸子）の葬儀が大光明寺で行われる。

一四〇九〔師郷記〕文安五年四月条　『史料纂集』、第四、二二四頁

十三日、戊辰、今日酉剋許、女院（庭田幸子）敷政門院於仙洞崩御、御年五十九、自去年冬比御違例、噎御病也、医療雖被尽其術、終以無験、

（後略）

十五日、庚午、彼如法念仏、今日又聴聞之、今暁女院密々奉入伏見大光明寺云々、（後略）

十九日、甲戌、警固、上卿民部卿（海住山清房）、奉行左少弁（勧修寺教秀）、外記康（中原）継遅参云々、諸衛蔵人、、、

今朝卯剋、女院御葬礼有之、於伏見大光明寺有此事、

今日人々被弔申女院御事、親王（貞常親王）御方御座伏見之間、被参伏見云々、

文安五年（一四四八）四月二十二日、敷政門院（庭田幸子）の中陰仏事が大光明寺と大通院で行われる。

一四一〇〔康富記〕文安五年四月二十二日条　『増補史料大成』、二巻、二八四頁

廿二日、丁丑、霽、頓意喝食帰于円福寺、（庭田幸子）敷政門院御中陰儀、於伏見大通院（大光明寺）被修之、李部王（貞常親王）自去十六日有御座於法久庵、伏見殿御旧跡、今日素服著御云云、（後略）

一四一一〔師郷記〕文安五年五月二十五日条　『史料纂集』、第四、二二九頁

廿五日、庚戌、今日女院（庭田幸子）四九十日（十九日）御仏事被引上之、於大（伏見）光明寺有御経供養、御導師二尊院（臨空）（嵯峨）長老也、雖可被召名僧、御要脚不事行之間、以略儀御沙汰云々、御願文草（菅原在綱）宰相、清書侍従宰相（世尊寺行豊）也、

文安五年（一四四八）八月十六日、大光明寺領摂津国葺屋と兵庫が境をめぐって争う。

一四一二〔康富記〕文安五年八月十六日条　『増補史料大成』、二巻、三一六頁

十六日、（中略）是日或語云、赤松廷尉（教弘）治部少輔云々、知行分、

摂津国兵庫（八部郡）（福原庄上庄已下三ヶ庄云々）、被召放、為公領、当管領（細川右京大夫勝元）、被申預之云々、今日為御礼被参申室町殿（足利義成）、被進上御太刀、（名作重宝云々）、御折紙（百貫文）、等云々、伝承分、（伏見）大光明寺領葺屋（兎原郡）与兵（八部郡）庫有堺相論、先自葺屋押寄兵庫、少々令放火之間、為其報、当七月七日、自兵庫押寄葺屋、悉焼払之間、自大光明寺被訴申之之（衍カ）故也、七月七日以前先可閣弓矢之由、為管領被成奉書之処、兵庫不承伏之間、為罪科云々、

『本朝通鑑』第一三（国書刊行会）四四四六頁

文安五年（一四四八）、この頃、足利義成（後の義政）が障子に四時植物の絵を描き、竺雲等連・瑞渓周鳳等が詩を作る。

一四三〔続本朝通鑑〕文安五年条

頃年、義成（足利）図四時植物於障子、令禅徒作詩、廷臣及武士等詠歌、

前南禅英文（号景南）、正月梅詩曰、乾坤清気百花魁、占得春風第一開、従此長安二三月、任他桃李称輿台、倭歌則飛鳥井祐雅詠之、霊村（号愚極）、二月柳桜詩曰、鶯梭織柳線纖纖、日暖桜花雪圧檐、二月門庭春富貴、詩歌宴罷半鈎簾、倭歌則飛鳥井雅永詠之、等蓮（連）（号竺雲）、三月松藤詩曰、凌霄固有矮枝姿、成立依他不自持、滋蔓寅縁古松頂、開花占得暮春時、倭歌則冷泉持為詠之、東福寺明篤（号信仲）、四月早苗詩曰、農務村村佩犢耕、翠雲万境寸苗生、誰知禽語補王化、微雨渓辺布穀声、倭歌則飛鳥井雅親詠之、前天龍周勝（藤）（号春林）、五月若竹（若者稚也）、詩曰、清蔭能教仲夏寒、錦繃玉立幾千竿、何人倚笛江南雨、鳳羽毶毶染未乾、倭歌則細川道賢（持賢）（右馬頭成賢入道）、詠之、周鳳（号瑞渓）、六月瞿麦詩曰、堂前繍竹小嬋娟、碧黛紅裙日闘妍、誰記杜陵曾入寺、山庭寂寞麝香眠、倭歌則一色教親詠之、建仁寺清播《ハ》（号心田）、七月桐上三日月《ミカツキ》詩曰、桐葉曾知封弟情、至今雨露共恩栄、高枝涼月蒼蒼好、要聴来儀双鳳鳴、招月庵正徹（清巌）倭歌曰、散勢《チラセ》猶《ナラ》不見《ミヌ》唐《モロコシ》乃《ノ》鳳《トリ》毛《モ》不宿《ネズ》、桐葉《キリノハ》分留《ワクル》秋之三日月《ミカツキ》、（伝称、時人謂、徹歌諷刺時政、由是暫被貶謫、其後詠秀歌、被赦而帰、）一慶（号雲章）、八月萩荻詩曰、萩葉荻花同一窩、暁風吹月影婆娑、門前車馬塵如海、野水寒塘興雅多《ツネニ》、倭歌則常光院尭孝詠之、祖默（号存耕）、九月菊紅葉詩曰、未見題詩対御溝、満林楓樹暁紅稠、天憐霜葉芃無伍、為駐黄花伴晩秋、倭歌則久我清通詠之、龍惺（号瑞巌）十月檜落葉詩曰、野水東西岸岸

楓、飄零十月捲寒風、誰知雲幕画屛上、錦樹長留霜後紅、倭歌則畠山持純詠之、周嚴号東沼、十一月山雪杉詩曰、律入黄鍾寒尚加、満山矮木六英花、森森祇合漢皇剣、遠岫横雲走白蛇、倭歌則畠山義忠詠之、恵芳号華岳、十二月梅雪詩曰、一樹臘前新吐葩、瓊瑤枝重圧横斜、晩来莫使了童払、好有寒梅雪裏花、倭歌則正晃（後の正広）（招月庵）詠之、伝称、霊村善草書、学子昂（趙孟頫）筆法、住東福寺、諸方寺院額皆就求之、又好丹青、常画文殊像、云云、正晃者、正徹弟子也、

文安六年（一四四九）四月二十九日、足利義成判始。この頃、伊勢貞親が僧家の事を掌握する。

一四一四〔蔭凉軒日録〕延徳二年八月二十四日条　『増補続史料大成』、四巻、一四一頁

廿四日、（中略）愚（亀泉集証）返答云、御判始規式可記進上由奉之、普広相公（足利義教）御判始時分者、中正（仲方）蔵主為蔭凉、慈照院殿（足利義政）御判始之時分者、僧家事悉皆伊勢貞親公掌之、此両代御事季（・真）瓊（蘂）東堂無存知、何有記録乎、（後略）

○便宜的に足利義成の判始（『康富記』同日条・『公卿補任』文安六年足利義成の項）の日におく。

文安六年（一四四九）五月八日、瑞渓周鳳が杜甫の詩文の講義を鹿苑寺で行い、翌々年十二月に講義が終了する。

一四一五〔臥雲日件録抜尤〕宝徳三年十二月条　『大日本古記録』、六三頁

十六日、（中略）――十七日、○コノ音引及ビ日附胡粉ニテ抹消セルガ如シ、――読杜詩二十華、宝徳元己巳五月八日、於鹿苑寺開講、至今凡三十三月而結局也、予三（二カ）十三歳、寓于相国方丈厳中（・周噩）席下時、西胤（・俊承）西堂、居于考祥軒（瑞渓周鳳）講杜詩、自一至五而已、予聴此講、爾後西胤居勝定（相国寺）、又講之、自十七至二十、後十余年、就双桂（惟肖得巌）和尚、求聴此講、纔五六巻耳、蓋所未聞之巻也、中間聴厳中・子璵（・元瑾）・元璞（・慧珙）講、或両三巻、或四五巻而止矣、諸老之義、略記所聞、向来為蝦（鰕）西堂（天祐梵鰕）所告、皆是也、――

文安六年（一四四九）七月三日、朝廷が洛中諸五山に天変地震疫病飢饉等の祈禱を命じる。

一四一六〔康富記〕文安六年七月三日条　『増補史料大成』、三巻、一一六頁

三日、（中略）次行向飯尾肥前入道(為種)許面謁、今橋大和守家秋朝臣参会、数剋及種々雑談、有一盞、切麦等、肥前語云、関東管領上杉(憲忠)被官人、長尾四郎左衛門尉去月比在京也、（中略）又語云、今度五畿七道諸社諸寺官符宣天変地震疫癘飢饉等御祈禱事、事施行之様可遅々之間、申談伝奏、万里(万里小路時房)、於我亭書写官符宣旨、一ヶ国充封裏、某国々々守護付遣了、於諸寺者、召寄別当執行、予(中原康富)申付之、於諸社者、召寄社官申付之、其外洛中諸五山禅院等事、令申鹿苑院(春林周藤)了、自官務成給正文、及三十通歟、而於我許書写之国々支配之分及七八十通云々、さては新儀御了簡尤可然候、早速施行之方便候之由賀之、官務之助成之由戯了、（後略）

宝徳元年（一四四九）八月五日、相国寺西班衆が東班知事を訴えて蜂起する。

一四一七〔康富記〕宝徳元年八月五日条

『増補史料大成』、三巻、三六頁

五日、（中略）相国寺西辺頭衆方蜂起、訴申東辺知事方云々、一寺同心之大訴也云々、

宝徳元年（一四四九）十月三日、東大寺納所が相国寺国料立替え分七貫五百文を請け取る。

一四一八〔相国寺国料公用銭請取状〕東大寺文書

『大日本古文書　家わけ第一八』二〇、二〇七頁

(端裏書)「国料御請取普門院殿(英専カ)」

請取　料足之事

合七貫五百文者、

右相国寺之国料之方之料足替申候、仍□(相)国寺之請取をハ重而取可進候、仍状如件、

宝徳元年十月三日

納所助　春朝（花押）

筑前法橋　英専（花押）

宝徳元年カ（一四四九）十二月十三日、徳翁中佐が結城成朝の身上についての上意を上杉憲忠に伝える。

一四一九〔徳翁中佐書状写〕上杉家文書

『群馬県史』資料編七　中世三、一九一頁

就結城七郎(成朝)身上之事、上意厳重被仰出候、以前既被成御教書処々候了、送数月、未被開封條、如何次第哉、上

意之趣、於以後可為同前候、然者、早々出仕以下之事、
可有申沙汰候、兼又、左衛門督（畠山持国）之状如此候、為御披見進
之候、此等之子細、以急便可被申候、恐々謹言、
十二月十三日（宝徳元年カ）　中佐（徳翁）
上杉右京亮（憲忠）殿

○徳翁中佐は宝徳二年（一四五〇）十一月三日に相国寺住持となる（彰考館蔵「相国寺前住籍」）。

宝徳二年（一四五〇）正月二十四日、足利義嗣三十三回忌の仏事が林光院で行われ、東沼周嚴が拈香法語を作成する。

一四二〇〔流水集〕『五山文学新集』第三巻、五〇六頁

円修寺殿（足利義嗣）三十三白忌香　一夜而請之、

曹山孝満、三十三年、挙香云、梅花面目、一縷香煙、娑婆世界南瞻部洲大日本国山城州洛陽林光禅院住持比丘清謹（修山）、宝徳二年正月廿四日、宓値先考円修院殿（足利義嗣）贈一品亜相孝山純公大居士三十三白忌辰、預就于本院（林光院）、供仏斎僧、彫刻虚空蔵菩薩尊像一軀、法華経王、洒頓漸書写各若干部、修礼円通懺摩法一座、自余作善、不違枚挙、今当散筵、同音諷誦大仏頂万行悉怛陀般陀羅無上神呪次、拝請　東禅（南禅寺）堂頭（景南英文）大和尚、陞座説法、俄命小比丘周嚴（東沼）、焚此妙兜楼、以奉供養　本師釈迦牟尼大覚世尊、現座道場六道能化地蔵願王薩埵、及支竺扶桑伝法祖師、上界天衆、下界冥官、十殿慈王等、所鳩善利、専為　大居士、資助冥福者也、
夫以、甘露宝珠、以香打円相云、円修現前、出燕于三台、則者箇甘露作琴瑟作簫笛、入楽于群公、則者箇甘露（作脱カ）浮花作浪仙、菩薩淂之、荘厳六度万行、縁覚淂之、證得十二因縁、加以、俾三界貳十五有衆生、和清涼月乗般若船、自在々々、快活々々、譬如娑竭羅龍王雨大摩尼於化楽天、此是大居士生前没后得遊戯三昧底、祇如即今応孝子念、降臨此法筵、一句如何宣、以香指廟処云、神廟在彼、霊光巍然、

○「流水集」は東沼周嚴の詩文集。

宝徳二年（一四五〇）八月二十二日、後花園天皇と将軍足利義成（後の義政）が夢窓疎石御影の前で拝塔と受衣を行う。

一四二一〔康富記〕宝徳二年八月二十二日条

『増補史料大成』、三巻、二〇二頁

廿二日、（中略）是日室町殿（足利義成）有御受衣取名事、（禁裏幷公方御受衣事、）三会院（臨川寺）主竺雲連西堂（・等連）、有持参夢窓（・疎石）国師御影於御所、為拝塔儀云々、御法名道禎、於御道号者未被付申之、御影侍者堅西堂幷清岩安西堂、裏松殿（日野勝光カ）等同被参入云々、禁裏様（後花園天皇）今日同有御受衣事、夢窓国師御影有持参、又為拝塔、御尊号円満智云々、竺雲幷堅西堂御影侍者、清岩重安西堂、等被参内云々、（後略）

一四二三〔臥雲日件録抜尤〕宝徳二年九月二十八日条

『大日本古記録』、五四頁

廿八日、赴西山大慈、遂到三会院（臨川寺）、便入昭堂、真前焼香九拝、因読梁間所掲仏統国師（夢窓疎石）勅賜詞曰、嫩桂高風、伝余芳於日域、曹渓衆派、湛勝流於龍門、実非絶倫之英俊、争○挙列祖之紀綱、夢窓（・疎石）正覚心宗普済玄猷国師、無準（・師範）的孫、仏国（高峰顕日）真子、奉叡旨於三代、馳徽号於五朝、此土釈迦、濁世弥勒、朕（後花園天皇）受法衣而慕道化、染宸翰而加褒章、特諡曰仏統国師、宝徳二年▨八月廿二日（七カ）、蓋今月廿二日、今上皇（後花園天皇）帝、迎国師画像於内殿、頂戴衣盂、爾後勅賜此号也、

—

一四二三〔蔭涼軒日録〕文明十七年六月三日条

『増補続史料大成』、二巻、二〇九頁

三日、（中略）小補（横川景三）（相国寺常徳院）云、既宝徳二年、竺雲（・等連）和尚為戒師御受衣受戒等有之、今也重而御受衣受戒之事不理也、予亦（亀泉集証）同之、（後略）

一四二四〔京都御所東山御文庫記録〕諸寺五山

『大日本史料』八編-四、八五〇頁

見返「時元（大宮）宿禰」

御授衣並国師号等事、

宝徳二年八月廿二日、禁裏（後花園天皇）御授衣、夢窓（・疎石）国師御拝塔、竺雲（・等連）被持参内裏云々、同廿七日、夢窓国師重被贈国師号、仏統国師云々、勅使右中弁教秀（勧修寺）朝臣、束帯、持向勅書於三会院（臨川寺）、引物等在之云々、（後略）

○「足利家官位記」（『群書類従』第四輯、二七六頁）、「本朝歴代法皇外紀」（『続々群書類従』第二輯、三一頁）、

「三国一覧合運」（東京大学史料編纂所影写本三〇四〇・〇-二、下巻）に関連記事あり。

宝徳二年（一四五〇）八月二十七日、後花園天皇が夢窓疎石に仏統国師号を贈る。

一四三五〔康富記〕宝徳二年八月二十七日条

『増補史料大成』、三巻、二〇三頁

廿七日、（中略）国師号事、是日嵯峨開山夢窓（・疎石）国師重被贈国師号、去廿二日天子（後花園天皇）有御授衣、号仏統国師云々、勅使右中弁勧修寺、教秀朝臣束帯、参向寺家、其儀委可尋注之、国師号五箇度以前令蒙給、今度及六度、既六朝之国師也、古今希有歟、或云、寺家出勅使引物千匹練貫二重云々、勅使右中弁教秀朝臣、是日参向三会院（臨川寺）、

前菅宰相益長卿（東坊城）草進之、清書宸翰、

勅、嫩桂高風、伝余芳於日域、曹渓（慧能）衆派、湛勝流於龍門、実非絶倫之俊英、争挙列祖之綱記、夢窓正覚心宗普済玄猷国師、無準（・師範）之嫡孫、仏国（高峰顕日）之真子、奉叡旨於三代、馳徽号於五朝、此土釈迦、濁世弥勒、朕受法衣而慕道化、染宸翰而加褒章、特諡曰仏統国師、

宝徳二年八月廿七日、

或云、嫩桂トハ、達磨ノ禅法ヲ指テ云也、達磨ノ師般若多羅ノ達磨ニ示ス時ノ讖ノ文ニ、達磨ノ渡江以下ノ事ヲ言顕ス文ニ、二株ノ嫩桂久々昌々ト云詞アリ、仍禅侶ノ居処、双桂小林ナド云習セル也、曹渓ノ衆派ト云ハ、六祖ヲ曹渓ト云フ、達磨ヨリ至曹渓マデハ、正統一流也、六祖ヨリ庶流ノ支葉出来レリ、仍云々之也、龍門ハ天龍寺ヲ云、夢窓国師、正覚心宗国師、普済玄猷国師、是三代ノ国師号也、此外円満常照国師ト被送ヲハ、祖師仏光（無学祖元）ニ被譲進之、其後応供広済国師ノ号ヲバ仏国ニ被譲申之、夢窓国師ノ百年忌ハ来月卅日也云々、今年九月当百年忌者也、

一四三六〔碧山日録〕寛正三年八月八日条

『大日本古記録』、上巻、二一五頁

八日、庚午、天龍開山（夢窓疎石）之入滅、観応二年也、至宝徳二年庚午、実一百年也、有五朝之諡、是歳又加徽号於仏上統、

而天子（後花園天皇）勅曰、（中略）趙閑（寿諡）記之、余得之又紀焉、
○本史料の中略部分は前号史料『康富記』の勅書引用部分と同文。
○後花園天皇宸翰謚号勅書案は『宸翰英華』第一冊、三七四頁にあり。

宝徳二年（一四五〇）九月三十日、夢窓疎石百回忌の仏事が行われる。

一四二七〔康富記〕宝徳二年九月三十日条
『増補史料大成』、三巻、二一二頁

卅日、辛未、晴、向富松亭幷官務亭（壬生晨照）、
是日夢窓（・疎石）国師百年忌也、（夢窓国師百年忌事、）被入滅崇光院御代歟、種々有作善、諸五山之内彼門派者、先之今日中連々於寺々院々修其儀、嵯峨之仏事昨日有伝経（転）、臨川寺兼天龍寺間数町、常在光院（東山）仮懸渡廊下、於其上有行道云々、今日有陞座、景南（・英文）和尚被勤之、景南ハ東福寺門徒、拈香南禅寺前住藍田（・崇瑛）和尚勤給云々、自公家有度者使歟、尋之可記之、蔵人頭右大弁
（頭注）「春林ハ大覚門徒也」
藤原（日野）勝光朝臣束帯、乗車被向両寺、行粧尽美云々、室町（足利義成）殿無御聴聞、管領畠山（持国）金吾禅門已下諸大名不被参之、昨今大名有警固許也、可尋注之、
明日平座参外記事、昨日自局務（舟橋業忠）有状、同史事、官務廿七日有消息、皆康純（中原）可参之由也、
彼嵯峨門徒繁昌、天下四海之所仰、殊勝之余戯之、
　百年の跡をぞあふぐ嵯峨の山、さか行法の道をのこして、

一四二八〔東寺執行日記〕宝徳二年九月二十九日条
内閣文庫和学講談所旧蔵本一六二―一四七、第八巻

廿九日、為夢宗（窓）（・疎石）国師百年紀（忌）、於輪泉寺（臨川、以下同）、一切経伝経（転）有之、天龍寺与輪泉寺ノ間ニ、三四町ニ廊カケテ、両寺ノ一切経出之内二千巻計余云々、長老分ノ人三百五十三人ト云々、次日、晦日、依為本日、法会在之、今度ハ仏悟国師申之、帝皇（後花園天皇）御法名円満智、

一四二九〔和漢合符〕宝徳二年九月晦日条
『後鑑』第三篇（『新訂増補国史大系』第三六巻）、一一八頁

九月晦日、天龍開山夢窓（・疎石）国師一百年忌、陞座景南（・英文）、帝謚（後花

園天皇）天龍国師仏統、迎遺像、衣盂于紫宸殿、執弟子之礼、名円満智、相公（足利義成）亦執弟子之礼、名道禎、蓋竺雲（・等連）命之、沙汰有、

一四三〇〔東野州聞書〕『群書類従』第一六輯、四九七頁

一夢相（窓）（・疎石）国師百年忌、宝徳二年九月晦日也、天下大儀也と

東林寺へ　　木蛇寺殿

法の声のあるをもらして徒にくらしやすらん峯の松風

○「大乗院日記目録」（『増補続史料大成　大乗院寺社雑事記』一二巻、三四五頁）、『臥雲日件録抜尤』宝徳二年九月二十八～三十日条、『蔗軒日録』文明十六年（一四八四）十月十七日条、「如是院年代記」（『群書類従』第二六輯、一七四頁）、「天龍雑志」（『大日本史料』六編一一五、四四〇頁）に関連史料あり。

宝徳二年（一四五〇）九月、東岩蔵寺真性院雑掌が美作国英多保に対する鹿苑院の押領を訴える。

一四三一〔東岩蔵寺真性院雑掌言上状案〕大覚寺文書

『岡山県史』第一九巻、九七三頁

東岩蔵寺（観勝寺）真性院雑掌言上

若狭国藤井保（三方郡）・備中国県主保（後月郡）・備後国奴苛保（奴可郡）・美作国英多保（英多郡）・伊与国得能保（桑村郡）、已上五箇保各領家職幷敷地間

事

右、五箇保者、為尊勝寺法華堂領長日法華供養法、同読経堀川院御忌日等勤行、従康和年中已降二百四十余歳、無其退転者也、後光厳院殿御代彼堂依破壊、被移本尊幷勤行等於当寺訖、然而藤井・県主・奴苛三箇保幷敷地等者、当知行無其煩者也、但至奴苛保者、地頭宮下野守為請所、雖然如請口多年不致其沙汰、結句普広院殿（足利義教）薨御已後者、庶子物領相論、下地如形年貢有名無実也、所詮任請文之旨、可被返付下地於院家者也、次英多保者、相国寺鹿苑院混于英多地頭職押領、是又無理之至也、於領家職者、更無其支証之上者、早預御糺明、可被返下者也、以得能保混地頭河野庶子得能押領之間、忝鹿苑院殿（足利義満）御代応永七年応永七年被成下長禅寺殿（畠山基国）御教書、被仰付厳密之処仁、奉行方常広為籌策執沙汰年貢、其後又抑留之間、勝定院（足利義持）殿御代三嶋（大山祇神社）（伊予国越智郡）御造営使節松田若狭守下向刻、真観寺殿（畠山満家）被下御書雖被仰付、不及承引窮困次第也、早任証文之旨、被

成下安堵御判幷御施行、弥全勤行、倍為抽御祈禱之精誠、
言上如件、
宝徳二年九月　日
濃州
東岩蔵真性院雑掌中状　宝徳弐　九　二

宝徳二年（一四五〇）十月十八日、南禅寺・相国寺・建仁寺の僧千百人が出頭し、四条河原橋の橋供養が行われる。

一四三二〔康富記〕宝徳二年十月十八日条
『増補史料大成』、三巻、二一八頁

十八日、（中略）四條橋供養事、四條河原橋当年六月祇園会前渡之、九州之徳人有宿願懸之者也、今日遂彼橋供養、其儀請禅僧千百人令誦楞厳呪南禅寺、相国寺、建仁寺、三ヶ寺僧出合云々、者也、

一四三三〔東寺執行日記〕宝徳二年六月・十月条
内閣文庫和学講談所旧蔵本一六二―一四七、第八巻

（六月）七日、祇園会有之、四条橋三十六間九州住人正須《預》入道作之、御輿奉渡之、橋上ニ荒コモヲ敷、橋ノ供養八十月廿一日、禅僧一千口、相国寺・南禅寺・建仁寺僧達也、
（十月）廿一日、四条橋供養一千僧相国寺・南禅寺・建仁寺僧、

宝徳四年（一四五二）二月八日、相国寺都聞徳岩正盛が寺領丹波国船井郡大谷内吉野辺村歓楽寺推鐘免田を同村公文に還付する。

一四三四〔相国寺都聞正盛・庄主周存寄進状〕丹波佐々木文書
『丹波大谷村佐々木文書』、四八頁

奉寄附
相国寺領丹（波）彼国船井郡大谷内吉野辺村観楽寺推鐘免田之事、
合参拾陸代者、
右、件田者、雖為根本寄進地、依有懈怠、勘落之、但可有再興之由注進之間、以評儀、除目録之内、所令還附者入間、初夜後夜無退転可令勤仕、若有此下地違乱輩者、為公方御成敗、堅可被処罪科者也、殊当寺本尊東方歓喜国土教主薬師瑠璃光如来、南瞻部州大日本国化現、忝欲

令施与衆病悉除妙薬於一切衆生、有縁無縁群類済渡方便
也、然則就此霊地聞鐘声、煩悩軽、智慧長、菩提生、離
地獄、出火坑、願成仏度衆生而已、専祈檀那各々本命元
辰、吉凶星斗、現世安穏、後生善処砌也、仍為後証亀鏡、
所令還附之状如件、

宝徳二壬申年二月八日　　庄主周存（花押）

都文　正盛（徳岩）（花押）

吉野辺村
公文并御百姓中

宝徳四年（一四五二）二月二十一日、相国寺納所周苗・都聞徳岩正盛が摂津国兵庫北関国料公用銭の受取状を出す。

一四三五〔相国寺国料公用銭請取状〕東大寺文書（京都大学総合博物館所蔵）

東京大学史料編纂所影写本三〇七一・六五―一一―三

納

相国寺国料公用銭事、
合参拾貫文者、
右、為兵庫北関（摂津国八部郡）之沙汰、所納之状如件、

宝徳四年弐月廿一日　　納所周苗（花押）

都文正盛（徳岩）（花押）

御奉行所

○本書一三九五・一三九七号史料が関連。

宝徳四年（一四五二）三月二十三日、この頃、相国寺で維那衆が蜂起し、蔭凉軒主が不在のため、鹿苑院主竺雲等連と伊勢貞親がこれに対処する。

一四三六〔鹿苑日録〕長享二年七月二十六日条

『鹿苑日録』第一巻、四八頁

（七月）同廿六日、（中略）当御代（足利義政）初、竺雲（・等連）和尚住鹿苑（鹿苑院）、予之師（景徐周麟）
用□（堂）住方丈（相国寺）、官命開大頌場、鹿苑已下諸老会議而定執筆、
□（・中材）谷、□□（・宗箴）益之等在其選中、于時維那衆有□周茂
松庵、等即夜号大衆、叩諸院門曰、以維那元□（為種・為秀）
和尚所言也、一切除之、速可入社、僧録達于官、飯尾肥前兄弟
出令、曰、号大衆狼藉罪不可免之、大頌□□（執筆）衆諸老所定、
不可改之、竺雲一々書執於名字、加花押、度与伊勢貞親、
聴松庵主（南禅寺）、于時無蔭凉故如此也、（後略）

○用堂中材が相国寺住持であったのは宝徳四年三月二十三

日から翌年八月九日まで（彰考館蔵「相国寺前住籍」）。
便宜的に用堂が入寺した日におく。

宝徳四年（一四五二）六月七日、瑞渓周鳳・竺雲等連・東岳澄昕が鹿苑寺にある徽宗皇帝の画を見る。

一四三七〔臥雲日件録抜尤〕宝徳四年六月七日条

『大日本古記録』、七一頁

七日、━今朝在鹿苑寺、看徽宗画、有宣和殿御製一中之語、予（瑞渓周鳳）与竺雲（・等連）・東岳（・澄昕）、論一中之語、予曰、清規所謂一中、言茶或湯也、或中字言中盞也、然今就画有一中字、則不必言茶湯也、又中盞之義非也、予問中字之義、雲与岳皆曰、不解、岳曰、誠斎（楊万里）詩、又有斎一中字云々、又論勤巴子（圜悟克勤）之巴字、竺雲曰、一人巴頭子之語○言円悟也、蓋頭有疵也、予未及問此語出処而休矣、東岳曰、烏頭子、言無準（・師範）久不得為大僧之謂也、

宝徳年間（一四四九―五二）、竺雲等連が夢窓疎石の像を内裏に持参する。

一四三八〔臥雲日件録抜尤〕文明五年二月四日条

『大日本古記録』、一九四頁

四日、━広橋（綱光）殿所送、応永年中鄂隠（・慧奯）参内記录（録）、及宝徳年中竺雲（・等連）為三会院（臨川寺）持開山（夢窓疎石）像参内之記录（録）両巻、命之令不、失、━（後略）

享徳元年（一四五二）十二月二十九日、鹿苑院・常徳院・崇寿院が、円覚寺正続院の造営奉加銭を納める。

一四三九〔正続院造営奉加銭送進状〕円覚寺文書

『鎌倉市史』史料編二、三六四頁

鹿苑侍衣（花押）

送進

正続院（円覚寺）勧進銭、

合三貫百文、但、鹿苑院分、

右、所送進之状如件、

享徳元年十二月廿九日　　侍真等震（花押）

正続院侍真禅師

鹿苑院

一四四〇〔正続院造営奉加銭送進状〕円覚寺文書

『鎌倉市史』史料編二、三六五頁

送進
正続院（円覚寺）勧進銭之事、
合拾壹貫文者、
右、所送進之状如件、
享徳二年六月六日　　侍真承祥（花押）
鹿苑院
侍真禅師　　常徳院（相国寺）

一四四一〔正続院造営奉加銭送進状〕円覚寺文書

『鎌倉市史』史料編二、三六五頁

送進
正続院（円覚寺）奉加之事、
合壹貫佰文者
壹貫文　院主明遠和尚（・俊哲）
佰文　侍真
右、所送進之状如件、
享徳貳年六月廿五日　　侍真秀霖（花押）
鹿苑院
侍真禅師　　崇寿院（相国寺）

一四四二〔仙岩澄安書状〕浄智寺文書

『神奈川県史』資料編三 古代・中世三下、六四頁

壹緡令祝着候、
奉加之事、承候間、当院少助之分、鹿苑院へ贈渡候、恐惶謹言、
（享徳二年カ）六月三日　　澄安（仙岩）（花押）
正続院（円覚寺）
侍衣禅師

○鹿苑院が円覚寺正続院造営奉加銭を納めた文書は本書一四三九号史料。

享徳二年（一四五三）四月二十日、笑雲瑞訢・維馨梵桂等が乗船する遣明船が兵庫・博多・五島列島を経て寧波に到着する。

一四四三〔笑雲和尚入明記〕宝徳三年十月・十一月・十二月・享徳元年正月・八月・九月・享徳二年三月・四月条

村井章介・須田牧子編『笑雲入明記』一八二頁

日本国宝徳三年辛未冬十月二十六日、遣唐専使允澎(東洋)・綱司(如三)芳貞等辞京、
二十八日、至接(摂)州兵庫(八部郡)、寓永福道場、
十一月九日、夜半有東風、船出兵庫、
十四日、至備後尾道(御調郡)、留二旬、
十二月十一日、至長門国赤間関(豊東郡)、居永福寺、々前隔海一里、乃豊前文字関(企救郡)也、文字又作門司、
壬申(宝徳四)正月五日、船至筑前博多(那珂郡)、僦于妙楽寺(筑前国那珂郡)、
八月十八日、一号船出博多、掛于志賀嶋(筑前国那珂郡)、
十九日、二号船・三号船同至志賀、礼文殊大士、
廿三日、暁発志賀、行三十里、至平戸嶋(肥前国松浦郡)、居満福道場、
廿四日、検類船勘合、入夜薩摩船載硫黄至、一号船為本船、属之者、諺曰類船、
九月五日、朝発平戸、午至小豆大島(肥前国松浦郡)、
二十日、少有順風、将解纜、綱司集諸船々頭等大合議、々未半、水夫把撾開洋者二、三里、二号・三号従之、
廿一日、船頭等曰、今年不可有風也、待春可乎、
廿二日、一号・二号回棹于平戸島、二号将帰野古(筑前国早良郡)、
癸酉三月十九日、諸船早発大島、走四十里、日未晩、至五嶋奈留浦(肥前国松浦郡)、
三十日、有風、午後一号船開洋、類船七艘従之、一昼夜走六、七十里、
四月一日、類船只見三帆于六、七里外、
二日、衆人皆酔、我亦酔、困于船者、諺曰酔、
三日、午前無風、船衆黙禱、青鳩一隻飛来帀船、好風満帆、
四日、鷹来息桅上、午後海水少濁、水夫曰、已入唐地、
五日、早朝修懺、々未半、一夫見山、晩到此、或曰茶山、曰仏頭山、
六日、午至補陀羅山(浙江省舟山)、掛船于蓮華洋、詣観音而修懺摩法、
七日、画船一艘自沉(沈)家門(浙江省舟山)来、問曰、什麼船、従那裡来、通事趙文端答曰、日本国進貢船、
八日、彩船百余艘来遶船、淅(浙)東沿海将軍劉万戸送龍眼・茘支等、
九日、馬大人贈水一艘、劉大人贈酒一槽、
十日、聞日本三号・七号・十号船已到定海県、

十一日、劉大人又送莧菜・笋乾等、
十二日、到沆（沈）家門、牛大人・馬大人・劉氏・楊氏・王氏諸官人画船五十余艘、吹角打鼓帀船、
十三日、官船一隻、自巡検司来迎船、
十四日、大雨、掩篷而眠、
十五日、雨中推櫓行三十里、到舟山（浙江省）、従此六町一里、
十六日、乗潮行六十里、至三山（浙江省舟山）、不推櫓随潮而行、諺曰乗潮、
十七日、一潮到定海県（浙江省寧波）、々令贈以米二僊・酒二瓶・笋乾・桜桃・鵝・鶏等、
十八日、船中修観音懺儀一座、
十九日、出定海県、見一塔巍然、通事盧円曰、這箇是寧波府十三重大塔（招宝山鰲柱塔ヵ）也、
二十日、日本国一号船、暁泝淅（衍）江、平明達寧波府（浙江省）、乃大明景泰四年（享徳二年）癸酉夏四月廿日也、内官陳大人賓迎、専使允澎、綱司芳貞、従僧瑞訢（笑雲）・清啓（天与）等、就仮館揖茶、乗轎子入駅、々門額曰淅（浙）江市舶司安遠駅、々中日本衆所館額曰嘉賓、有諸房々額、安宇（字）一号房、専使居之、安宇二号房、綱司居之、安宇三・四号以下、居座・土官次第領之、予（笑雲瑞訢）居九号房、

一四四四〔続本朝通鑑〕享徳三年十月十五日条

『本朝通鑑』第一三（国書刊行会）四四七五頁

十五 癸巳、（中略）遣明使僧允澎（東洋）入洛、（中略）僧惟磬（維馨・梵桂）亦従澎（東洋允澎）赴大明、携東福慧鳳（翱之）所録竹居清事、前監察御史張式見其書、感文章之優達、自作跋、

享徳二年（一四五三）六月十七日、足利義政が初めて鹿苑院に参詣する。

一四四五〔三国一覧合運〕享徳二年六月十七日条

東京大学史料編纂所影写本三〇四〇・〇―一一三

享徳二　六月十七日、相公（足利義政）始入鹿苑院、

○同年六月十三日、足利義成は義政と改名する。

享徳二年（一四五三）七月九日、相国寺の維那衆が詩会の執筆衆から外されたため、武器を持って大衆が嗷訴を起こし、寺奉行が普広院を警固する。

一四四六〔臥雲日件録抜尤〕享徳二年七月十日条

『大日本古記録』、七八頁

十日、什蔵主自寿星(相国寺)来、因告、昨暮維那輩九人来寿星曰、竹香(・全悟)以維那輩為不可入執筆衆、何謂也、当以此旨咨鹿苑(竺雲等連)云々、此輩侍衛数十人、皆持兵器、充塞門外廊下、蓋以瓞首座(綿谷周瓞)為寮元、於是来訟也、又夜半大衆強訴曰、竹香・天英(・周賢)、専定執筆衆、甚不可也、鹿苑聞之、一向止頌云々

一四四七〔康富記〕享徳二年七月十日条

『増補史料大成』、四巻、一九頁

十日、(中略)後聞、今夜相国寺沙渇蜂起、可寄普広院(相国寺)之由有風聞、自公方(足利義政)被仰付奉行飯尾下総守(為数)、布施下野守(貞基)、等、被警固普広院云々、

享徳二年（一四五三）十二月晦日、南禅寺で松源派と無準派が冬至問禅の役配をめぐって抗争し、その調停書に鹿苑院主竺雲等連が連署する。

一四四八〔南禅寺役者連署定書〕東禅院文書

『信濃史料』第八巻、三一三頁

南禅寺今年冬至問禅之役、松源一派八人被差、而彼派下及異議条、甚無謂也、松源下六派、結為一党之事、何世何人所定哉、自今以後、自松源派差無準派七八人、又自無準派差松源派七八人、無異議可勤之、

上意如斯、

享徳貮年十二月晦日

(南禅寺)住持祖淳(朴堂)(花押)
(南禅寺)東禅英文(景南)(花押)
(南禅寺)雲門有諸(大有)(花押)
(南禅寺)慈光中曇(竺遠)(花押)
(鹿苑院)鹿苑等連(竺雲)(花押)

享徳三年（一四五四）九月十三日、土一揆が相国寺に討ち入り、祠堂銭・借物等を破棄する。

一四四九〔康富記〕享徳三年九月十五日条

『増補史料大成』、四巻、九二頁

十五日、癸亥、晴、依招引、伴参河守、参中御門(明豊)文第、賜朝飡、就磯谷押領氷所(丹波国船井郡吉富新庄)闕所事有密談子細等、終日雑談、彼質共悉取之由被戯之、律僧円心房被来、等運同被来会之、円心房致狂言被哥舞、希代之僧也、或語云、一昨日

十二日、夜、土一揆打入相国寺、破却祠堂銭借物等云々、

享徳三年（一四五四）十一月二日、足利義政が山名持豊を誅罰するよう命じ、鹿苑院主竺雲等連が使節として山名のもとへ行く。

一四五〇〔師郷記〕享徳三年十一月二日条　『史料纂集』、第五、二六一頁

二日、（中略）今日未剋（申剋）以後洛中物忩、以外事也、人々東西馳走、不知其故、入夜軍勢参室町殿、山名（持豊）可有御対治之故云々、依之、禁裏（後花園天皇）先可有　行幸室町殿、自室町殿可有臨幸鹿谷（東山）云々、室町殿（足利義政）東山若王子坊へ可有渡御云々、討手事、雖仰大名等、各辞申云々、管領（細川勝元）夜半許出私宅、向法勝寺辺、不知其故、依之、今夜事者延引云々、山名追討事、被申請綸旨云々、今夜、鹿苑長老（竺雲等連）［　］（鹿苑院）和尚為武家御使、被向山名許云々、

一四五一〔嘉吉記〕『群書類従』第二〇輯、三二二頁

（前略）将軍（足利義政）へ山名（持豊）ガ上ヲソシル由頻ニ讒言申セバ、大ニ怒リ、山名ヲ可被誅ノ評定アリ、十一月二日ノ夜、御所へ軍兵ヲ被召、相国寺ノ鐘ヲ相図ニ、山名金吾（時熙）ガ所へ押寄セ討果スベキニ定リケリ、（後略）

○「応仁記」（『群書類従』第二〇輯、三九九頁）、「応仁別記」（同書四九四頁）に関連記事あり。

享徳四年（一四五五）正月十日、大智院が炎上する。

一四五二〔師郷記〕享徳四年正月十一日条　『史料纂集』、第六、四頁

十一日、（中略）今夜亥剋、相国寺大智院炎上、余炎不及他所、塔頭之内無所残云々、自灯炉火出之云々、

一四五三〔康富記〕享徳四年正月十一日条　『増補史料大成』、四巻、一二五頁

十一日、（中略）今夜相国寺内大智院炎上、

一四五四〔斎藤基恒日記〕享徳四年正月十日条　『増補続史料大成』、八五頁

十日夜、相国寺内炎上、

○「三国一覧合運」（東京大学史料編纂所影写本三〇四〇・〇一―三）に関連記事あり。

享徳四年（一四五五）二月二十九日、南朝玉川宮の末孫である慶雲院主梵勝蔵主・梵仲侍者が逐電する。

一四五五〔康富記〕享徳四年二月二十九日条

『増補史料大成』、四巻、一三八頁

廿九日、乙巳、陰晴、時正初日也、入夜雨下、

相国寺慶雲院主梵（字不明）勝蔵主舎弟梵仲侍者兄弟昨日逐電云々、

不知行方、又不知子細云々、南朝玉川宮御末孫也、

○「相国寺慶雲院」とあるが、相国寺内の塔頭慶雲院は寛正六年（一四六五）十二月に寿徳院を改名したもの（本書一七四四号史料）。この時点の慶雲院は東山にあり。

享徳四年（一四五五）四月四日、相国寺都聞寮柴屋で火事が起こる。

一四五六〔師郷記〕享徳四年四月四日条

『史料纂集』、第六、一七頁

四日、（中略）今夜戌剋相国寺有火事、都聞寮柴屋云々、

然而不及他所、甲冑者多参室町殿、仍騒動以外也、

一四五七〔康富記〕享徳四年四月四日条

『増補史料大成』、四巻、一五四頁

四日、己卯、雨下、入夜相国寺都聞寮柴部屋失火出来、

即撲滅、雖然依此煙光、武士等馳参室町殿云々、（後略）

康正元年（一四五五）八月、丹後国に常在光寺と常徳院の荘園があり。

一四五八〔丹後国田数帳〕中里千族所蔵文書

東京大学史料編纂所謄写本二〇五三―五〇

注進丹後国諸庄郷保惣田牧帳目録

人皇九十一（マヽ）代伏見院御宇戊子年也、

合　康正元年　八月　日

加佐郡

□百六拾七町七段内

一（百）壱段七拾五歩　領家　延永左京亮

廿七町九段八十三歩　与保呂小倉筑後守
卅一町六反百二歩　地頭小野寺
（中略）
一（与謝郡）大石庄弐百拾三町六反百五十三歩内
百六町八反七拾四歩　御料所
百六町八反七拾四歩　（東山）常在光寺
一勝楽寺壱町壱反百八十歩　大石庄内在之、
（中略）
一（熊野郡）久美庄六拾弐町七段弐百八拾五歩内
弐拾町九反九拾歩　（相国寺）常徳院
四拾壱町八段百九拾歩　御料所
已上六百三拾弐町四反四拾四歩
惣都合田数四千六百六拾七町四段九拾三歩也、
人王百三代後花園院御宇己卯当（足利）義政将軍御代也、
長禄三年五月三日国富兵庫助帳写
（後略）

康正元年（一四五五）九月二日、相国寺の柴戸屋で火事があり法界門の材木が焼失する。

一四五九〔師郷記〕康正元年九月二日条　『史料纂集』、第六、四一頁

二日、甲戌、朝間雨下、今夜戌剋、相国寺有火事、柴戸屋焼失、先年法界門壊置在所彼辺有之、火燃付之間、法界門樹木悉焼失云々、

康正元年（一四五六）九月八日、正脈院子庭梵訓が建聖院から無学祖元の法衣を預かる。

一四六〇〔正脈院子庭梵訓法衣預状〕宝鏡寺文書
東京大学史料編纂所写真帳六一七一・六二一-四九-二

（端裏書）「仏光御法衣正脈院道号子庭名字梵訓預状正文康正元」
預申
（無学祖元）仏光国師御法衣壹頂、
右、所預申之状如件、
康正改元九月八日　梵訓（花押）
建聖院方丈　（洛北真如寺）正脈院

康正元年（一四五五）九月二十六日、順渓等助が相国寺住持となり入寺し、足利義政が臨席する。知事等が訴訟を起こしたため順渓が逐電する。

一四六一〔師郷記〕康正元年九月・十月条

『史料纂集』、第六、四四頁

（九月）廿六日、戊戌、今日相国寺入院、室町殿（足利義政）初而為御見物御出之処、斎時、知事等依致嗷訴、衆僧幷他寺僧等、不行斎退散云々、

（十月）十日、壬子、今日相国寺事落居、属無為云々、

一四六二〔康富記〕康正元年九月二十八日条

『増補史料大成』、四巻、一九九頁

相国寺新命逐電事、

廿八日、庚子、晴、依招引詣浄居菴、有時、局務之母堂（舟橋宗賢）之年忌也、舎弟清侍者同被坐、三位殿（舟橋業忠）令語給云、一昨日廿六日、等助（順渓）西堂有入院于相国寺、公方様（足利義政）有渡御云々、公方御帰之後、列摂（刹カ）諸老達之時不被用之（ママ）、南禅寺長老以下、空以被帰寺者也、其故、東班副寺○抄本云、副寺トアルハ非也、副守《フウス》ナリ、等、与西班同著座、可行時之由、出訴訟、相国寺長老有許容歟、此事諸寺長老不快、及臨期之問答之間、南禅寺已下、不用時各被退散云々、依之昨夕等助西堂被逐電云々、（後略）

康正元年（一四五五）十一月二十九日、裏松重政十三回忌の仏事が常徳院で行われる。

一四六三〔師郷記〕康正元年十一月条

『史料纂集』、第六、五三頁

廿八日、己亥、今日相国寺有転経、是日野故弁入道（裏松重政）、来月廿九日十三廻忌引上、今月被修之云々、（後略）

廿九日、（中略）今日、於相国寺常徳院日野亜相（勝光）被修十老父（裏松重政）三廻之作善、陞座東岳和尚（・澄昕）南禅寺当住、准后御舎兄（一条兼良）、拈香東旭和尚（・等輝）相国寺前住等云々、

康正元年（一四五五）十二月二十九日、有馬元家の住宅（相国寺水車・正実坊旧宅）が御倉となり、籾井に与えられる。

一四六四〔斎藤基恒日記〕康正元年十二月二十九日条

『増補続史料大成』、九〇頁

廿九日、（中略）

一赤松有馬上総介元家遁世、遺跡被仰付同名治部少輔（持彦）入道ー（道）衍、於住宅相国寺水車正実旧宅、被成御倉、糀井給之、

（後略）

康正二年（一四五六）三月二十九日、大智院本坊の立柱が行われる。同院が将軍足利義政の位牌所となることが内定する。

一四六五〔臥雲日件録抜尤〕康正二年三月二十九日条

『大日本古記録』、九五頁

廿九日、ー赴大智院（相国寺）慈徳斎、座中門徒、東堂・西堂耳、以予（瑞渓周鳳）居主位、然堅辞之、居賓位、斎罷、到寿星（相国寺）、待大智本坊立柱、申刻又到大智院、予出一緡代馬、鹿苑院常住、亦出一緡、蓋此院、近為公方（足利義政）塔頭故也、ー

康正二年（一四五六）八月二十九日、これ以前、伏見宮貞成親王が大光明寺住持の留任願を鹿苑院主に伝える。

一四六六〔貞成親王書状案〕

『図書寮叢刊　看聞日記紙背文書・別記』二八八頁

其後不申伊欝候、抑雖不思寄申状候、此喝食天龍寺掛塔（搭）之事望申候、当住へ無相違之様御伝達候者、為悦候、大（伏）光明寺難去被申候之間執申候、委細以僧令申候、恐々謹言、

八月十二日　道欽（貞成親王）

鹿苑院方丈

（切封）

○年未詳につき、便宜的に貞成親王の没年におく。貞成親王は応永三十二年（一四二五）七月五日に薙髪し道欽と名乗るので、この書状はそれ以降に書かれたもの。

康正二年（一四五六）八月二十九日、これ以前、大光明寺の境内が混乱し、土民が逃散したことで、伏見宮貞成親王が同寺住持に書状を書く。

一四六七〔貞成親王書状案〕

『図書寮叢刊　看聞日記紙背文書・別記』三〇六頁

（第一紙）境内錯乱之式周章無極候、公方（足利義政）仰御成敗最中候、近日耕

作之時分土民逃散、公領事者無力次第候、寺庵一同

○次号史料に続くか。

一四六八〔貞成親王書状案〕

『図書寮叢刊　看聞日記紙背文書・別記』三〇八頁

（第二紙）計会察申候、其間事可然之様、御了簡候へく候、自他計
会驚存候之間、如此令申候也、恐々敬白、

四月廿三日　（貞成親王）道欽

（伏見）大光明寺方丈

○前号史料より続くか。

○年未詳につき、便宜的に貞成親王の没年におく。貞成親王は応永三十二年（一四二五）七月五日に薙髪し道欽と名乗るので、この書状はそれ以降に書かれたもの。

康正二（一四五六）八月二十九日、これ以前、伏見宮貞成親王が大通院の寺領等を開基の用健周乾に委ねる。

一四六九〔貞成親王書状案〕「後崇光院御文類」巻五

『書陵部紀要』第一九号、七八頁

（伏見大光明寺）大通院事、（栄仁親王）故御所様任御置文之旨、自是可相計候之間、
不可及門中評定候、（用健周乾）乾首座為開基、寺領等可有御計候、
其子細（・梵興）雲峰和尚申談候了、超願寺事者法眷中可有御談合
候、御病気御本復念願之外無他候、恐々敬白、

二月十八日　（貞成親王）道欽

（袖書）「猶々大通院事、為御塔頭始終之儀、自他可申談候也、」

進之候

（切封上書）「用乾首座進之候　道欽」

○年未詳につき、便宜的に貞成親王の没年におく。貞成親王は応永三十二年（一四二五）七月五日に薙髪し道欽と名乗るので、この書状はそれ以降に書かれたもの。

○雲峰梵興は永享三年（一四三一）八月二十八日に大光明寺住持となる（『看聞日記』同日条）。

康正二年（一四五六）九月四日、伏見宮貞成親王の葬儀が大光明寺で行われ、東岳澄昕が下火を、東沼周曮が鎖龕を務める。

一四七〇〔師郷記〕康正二年八月・九月条

『史料纂集』、第六、一〇五頁

（八月）廿九日、丙寅、入夜雨下、今日申剋　（後崇光院・貞成親王）法皇於
仙洞（一条東洞院）薨給、御歳八十五、日来御所労也、七日遷幸以前、

渡御伏見、依御不予也、遷幸以後密々入御　仙洞、依無御幸、
其儀猶御座伏見分也云々、
卅日、丁卯、雨下、及晩晴、今日入夜　法皇密々奉入伏
見大光(明脱)寺、自伏見僧侶参御迎云々、自是無御共人云々、
親王(貞常親王)御方去比御瘧病、此両三日御平減分也、
（九月）四日、辛未、入夜雨下、今晩　法皇御荼毘也、
於伏見大光明寺有此事、下火東岳(・澄昕)和尚云々、今日御拾骨
云々、
自今日被始御中陰、大光明寺内地蔵殿云々、籠僧東岳和
尚以下十人云々、

一四七一〔流水集〕『五山文学新集』第三巻、五二五頁

後崇光院(貞成親王)鎖龕　九月四日、御闍維大光明寺、
器界陽烏如焔疾、不知何処大林歇、光明蔵裡却回頭、一
朶白雲捧玉闕、　共惟、
後崇光院、神武雷霆、文明日月、街淡(談)巷説、久恋禹湯、
山堅海椒、皆分尭桀、然雖恁麼、八十五年前来々実不来、
一二三四五六七、八十五年后去々実不去、七六五四三二一
一、自在々々、快活々々、畢竟以何為験、挙鎖子云、看々、
無鬚鎖子纔挿下、時節風香菊光仏、

○「流水集」は東沼周嚴の詩文集。

康正二年（一四五六）十月十一日、伏見宮貞成親王四十九日の仏事が大光明寺で行われる。

一四七二〔師郷記〕康正二年十月条　『史料纂集』、第六、一〇九頁

八日、甲辰、今日　法皇(後崇光院・貞成親王)二巻日御仏事云々、於大光明寺(伏見)
有御経供養、御導師二尊院(嵯峨)長老臨空(中統)上人也、御願文草菅
中納言(東坊城益長)、清書伊忠卿(世尊寺)也、
十一日、丁未、雨下、今日　法皇四十九日御仏事也、於
大光明寺被修之、一向禅方沙汰也、拈香東岳(・澄昕)和尚之、
（後略）

康正二年（一四五六）、内裏造営の段銭が相国寺諸塔頭領に課される。

一四七三〔康正二年造内裏段銭幷国役引付〕

『群書類従』第二八輯、四一〇頁

康正二年造内裏段銭并国役引付

合、

五貫八十文、 五月廿九日廿六日定、送状在、請取出、 嵯峨大雄寺領、 尾州味岡庄（春日部郡）段銭、

五貫文、 同日、同、廿五日定、 嘉隠領、（建仁寺） 段銭、

九貫六百文、 同日、同、廿六日定、 宝寿院領、 雲州飯田也、（大原郡大東庄）段銭、

参貫五百文、 同日、同前、 三條師殿御家領、（正親町三条実雅） 摂州細川庄（豊島郡）段銭、

拾貫文、 同日、同、 三條師殿御家領、 江州加田庄（坂田郡）段銭、

五貫文、 同日、同、廿八日定、 結城越後入道殿、 丹州舟波郷（丹波郡丹波郷）段銭、

壹貫六百文、 五月廿九日、送状アリ、請取出、 荘修理亮殿、 三川国荘山保段銭、

拾貫文、 同日、同、廿八日定、 北野社領、 所々段銭 宝成院、（北野社）

貳貫五百十六文、 同日、同、 大内五郎殿、 尾州青山一（春日部郡）段銭、

三百六十文、 同日、同、 大内五郎殿、 賀州挟村之段銭、

弐貫五百文、 同日、同、廿七日定、 尊勝寺法花堂領、 備中国之内段銭、

五拾貫文、 同日廿八日定、同、 相国寺諸塔頭、段銭嘉都聞、（乾嘉）

（中略）

二貫四百六文、 五月廿九日、廿四日定、送状アリ、請取出、 権太茶徳丸殿、 段銭、

二拾貫文、 同日、同、廿六日定、 常在光寺、（東山） 段銭、

（中略）

伍拾貫文、 （六月四日・五日・六日分）同日、六三日定、同前、（送状アリ、請取出、） 相国寺并諸堵頭領、（塔） 段銭、

（中略）

拾五貫文、 （六月自七日至十一日、送状アリ、請取出、）同日、同前、十日定、 常在光寺領、 段銭、

参貫文、 同日、同前、八日定、 鴨御社領 北向三位殿、 越中国吉良庄（岡カ）段銭、

九貫文、 同日、同前、九日定、 鴨御社領、 越前国志津庄（丹生北郡）段銭、

拾貫文、 同日、同前、九日定、 真如寺領、（洛北） 段銭、

拾貫文、 六月自七日至十一日、九日定、 善入寺領、（嵯峨） 段銭、

（中略）

五貫文、（六月廿日、送状在、請取出、）同日、同前、林光院《二条》、段銭之内、

拾貫文、同日、同前、廿一日定、正親町宰相《公澄》中将家、江州坂田郡内祇園保段銭、

貳貫七百文、同日、同前、廿一日定、伊勢因幡《貞勝》入道殿、丹波国相肺《桐野カ》河内村段銭、

拾参貫百五文、同日、同前、廿二日定、鹿苑《苑》寺領、同州味野郡段銭、

（中略）

五拾貫文、（六月廿五日、送状在、請取出、）同日、同前、廿三日定、相国寺幷諸塔領、段銭、

（中略）

惣已上、三千五百五十四貫八十三文、

康正三年（一四五七）六月十一日、相国寺延寿堂で火葬が行われる。

一四七四〔山科家礼記〕康正三年六月条

『史料纂集』、第一、四一頁

十日、北野殿円寂午刻、

十一日、北野殿タヒ《茶毘》、相国寺エンシユ《延寿》堂ニテ、

康正三年（一四五七）九月二十九日、相国寺山門規式が定められる。

一四七五〔扶桑五山記〕

玉村竹二校訂『扶桑五山記』（臨川書店）一四五頁

七十八、仙岩禾上、諱隆《澄》安、晶《嗣》常光国師《空谷明応》、康正三丁丑八月十二日入寺、不換斑《班》、不許参随挂塔、同九月廿九日、定山門《相国寺》規式、

長禄元年（一四五七）十一月六日、真如寺が千岩元長と中峰明本自賛の頂相を所蔵する。

一四七六〔臥雲日件録抜尤〕長禄元年十一月六日条

『大日本古記録』、一三一頁

六日、――過真如《洛北》、千岩《・元長》・中峯《・明本》自賛頂相、中峯賛曰、丹青写来、我元不会《識》、喚作本中峯、世間誰弁的、阿呵々休弁的、但只如斯掛《〻空、》○幻住道者明本、書于幻影之上、千岩賛曰、石頭上、青松下、有角非牛、元《無カ》蹄似馬、過三十年、豈可無人罵云々、――

長禄二年（一四五八）正月五日、常徳院が無極志玄賛の夢窓疎石頂相を所蔵する。

一四七七〔臥雲日件録抜尤〕長禄二年正月五日条

『大日本古記録』、一〇七頁

五日、━到常徳院（相国寺）講礼、因見御影賛、無極（・志玄）賛開山（夢窓疎石）曰、
靠兎角杖、拈亀毛払、三代国師、横説竪説、━

長禄二年（一四五八）正月十日、季瓊真蘂が蔭凉職に再任し、鹿苑院南坊に移る。

一四七八〔蔭凉軒日録〕長禄二年正月条

『増補続史料大成』、一巻、一五九頁

十日、僧中之事、如旧例、悉可令披露之由、以春阿被仰出、諸寺院年始御成可如旧也、（後略）
十一日、御礼如旧例自歳暮御礼如先規、公家門跡大名参賀、以前有御対面也、南坊（鹿苑院）可移居之由以春阿被仰出、
（後略）
十五日、（中略）来十八日鹿苑院御成、於南坊有間物、御扇子廿柄如旧、雖可有御成、彼南坊依廃壊即今不可有御成也、修理以後二月比、可有御成之由被仰出也、春阿奉之、（後略）
十六日、南坊移徙、参於御所謹白南坊移徙之御礼、奉献杉原十帖・胡銅香炉一ヶ、（後略）
十八日、南院本坊御成、煎点、（後略）

長禄二年（一四五八）、この頃、正月十一日に五山長老などの僧侶が将軍と対面する際、蔭凉軒が申次を務める。

一四七九〔慈照院殿御代三職已下事正月中様射事〕「大館記」

『ビブリア』第八七号、一二四頁

同（正月）十一日　長老達　法中少々　造宮司　真木嶋
（中略）
次長老達これハ蔭凉軒被申次也、其様躰御対面所のさいのき（軒端）ハへ《江》参て長老達と申入て、摂家なと参賀のことく御対面所の内より、西の御しやうしをあけ被申候て、御相伴之長老達一烈に被参て、御対面所の内にて、おの〳〵被見合て一度に御礼被申候て退出也、御送候也、さて蔭凉軒御縁のさいのきハへ被参て、

御障子をそとより立申され候也、其後、申次御対面所のさいのきハへ参て、法中と申入て、如前西御障子を明申て

次　法中南都衆（興福寺）一乗院大乗院以下一人充被参也、退出之御時御送ハ無之、其後、申次御縁のさいのきハへ参て、御障子を不及立申、自身ハ御ゐんに候て、御縁よりまうと申入也、然者常御前へ還御成候也、

（後略）

○毎年行われる正月の対面行事であるが、便宜的にここにおく。

○「長禄二年以来申次記」（『群書類従』第二二輯、二〇七頁）とほぼ同文。

一四八〇〔慈照院殿年中行事〕　『続群書類従』第二三輯下、一三三頁

正月十一日

将軍家御装束同前、出御于御対面所、御供衆、申次御礼之作法如例、申次出于御次間閾際、槙嶋ト披露シテ而後、槙嶋玄蕃助出座拝台顔、次造宮司進上之巻数申次持出於先席披露之、則御前江持参、御頂戴ノ後持退時造宮司奉賀之、次蔭凉軒出于先所、長老達ト言上シテ入于閾内、開西御障子砌、御相伴之長老達一同出席御目見、被退去之節御縁迄御送、於是蔭凉軒出于御縁、閉西御障子、退テ後申次出于先座、法中ト披露シテ、如最前開御障子刻、南都一乗院殿（教玄）・大乗院殿（尋尊）以下一人宛御礼退出ノ後、申次出于御縁閾際、事畢ノ由言上之、則入御于常御所、一乗院殿・大乗院殿ハ非准后故御送ナシト云云、槙島玄蕃助事、宇治代官惣頭ナリ、有御普請初従畠山殿被献御太刀金覆輪、但応仁乱前マテノ事ナリ、

○「長禄二年以来申次記」（『群書類従』第二二輯、二四四頁）、「殿中申次記」（同書二五六頁）、「年中定例記」（同書二八一頁）、「慈照院殿年中行事」（『続群書類従』第二三輯下、一四四頁）、「年中恒例記」（同書一六一・一八二頁）、「長禄年中御対面日記」（同書一九七・二〇一頁）に関連記事あり。

長禄二年（一四五八）、この頃、正月十六日に相国寺僧が将軍御所の寝殿で大般若経の読経を行う。

一四八一〔慈照院殿御代三職已下事正月中様射事〕「大館記」

『ビブリア』第八七号、一二九頁

（正月）同十六日　律家　法中少々　四条上人（定泉正実）

一大般若経未明ニ於御寝殿在之、相国寺僧達被参読者也、毎年正五九毎十六如此也、

（後略）

○毎年正月・五月・九月の十六日に行われる行事であるが、便宜的にここにおく。

○「長禄二年以来申次記」（『群書類従』第二二輯、二一三頁）とほぼ同文。

長禄二年（一四五八）正月二十九日、足利義政が御成引物を修理料として相国寺に寄進する。まず鹿苑院蔭凉軒の修理が行われる。

一四八二〔蔭凉軒日録〕長禄二年正月・二月条

『増補続史料大成』一巻、一六二頁

（正月）十九日、（中略）如南寺御修理旧例、先於当御（蔭凉軒）坊可有御修理也、（後略）

廿九日、等持院（洛北）御成、（中略）於御所間、奉懸御目等持（三条坊門）寺御成之請取、当寺（相国寺）及廃壊、而〔考〕而一作即、今以旧例被寄寺家、御成引物可有修復云々、先於鹿苑院蔭凉軒ニ被加修理也、御坊修理以後、如旧可被寄于山門也、復旧観之時節到来、上意之辱ナキ之由、諸老於愚老（季瓊真蘂）被来謝之旨謹白之、（後略）

（二月）廿四日、（中略）蔭凉庭頭可被栽葉樹之由被仰出也、善阿承尊命而来也、（後略）

廿六日、蔭凉泉水庭頭籠木被改栽也、

長禄二年（一四五八）正月二十九日、諸五山喝食の額髪・衣裳についての禁令が出される。

一四八三〔蔭凉軒日録〕長禄二年正月・二月条

『増補続史料大成』一巻、一六二頁

（正月）廿九日、（中略）喝食衣裳如旧可為一色之由、被仰出也、喝食額髪可為旧様之由被仰出也、叢林法様如先規、漸可致披露之由被仰出也、喝食額上髪幷衣服之事、召諸五山侍衣維那可相触之由命之、為支證各出愚書（季瓊真蘂）也、

（二月）廿一日、（中略）喝食悉如旧規被改、於御前唱

之、蓋額髪之事也、

長禄二年（一四五八）閏正月一日、足利義政が足利義教の代に制定された五山の規則を徹底するよう命じる。

一四八四〔蔭涼軒日録〕長禄二年閏正月・二月条

『増補続史料大成』、一巻、一六三頁

（閏正月）一日、（中略）諸五山住持時御相伴衆、住院被択事、名字（マヽ）幷掛塔荘〔考〕荘一作坐、主幷役者、官挙停止之旨、以普広院殿（足利義教）永享八年七月十六日、寺家御吹嘘、幷官挙被止之例、如旧規、悉可相触之由、以春阿被仰出、即於蔭涼軒奉召院主（鹿苑院）瑞渓（周鳳）・東堂春渓（洪曹）・崇寿（相国寺）順渓（等助）・都聞乾嘉・維那周瑋（子璞）蔵主厳命之、此旨有違犯之輩、則書其名字可令披露之由被仰出也、（後略）

（二月）六日、雲頂院（相国寺）御成、（中略）普広院殿於方丈御壁書被御覧、悉可為旧規之由被仰出也、

十一日、（中略）故御所（足利義教）御時、依諸事被仰出、不及書状、雖然依其事以書状被白、旧規如此也、当寺（相国寺）御法及于他時之由白之、

十八日、（中略）寺家風雅幷諸事可如旧之由被仰出、命于御相伴諸老也、（後略）

長禄二年（一四五八）閏正月二日、季瓊真蘂が湯治のため摂津国湯山に向かう。

一四八五〔蔭涼軒日録〕長禄二年正月・閏正月条

『増補続史料大成』、一巻、一六三頁

（正月）廿九日、（中略）来月以閏月之故為閑月、是故以春阿白湯山（摂津国有馬郡）湯治之御暇也、即御免許之由被仰出也、（後略）

（閏正月）二日、発軫于湯山、三七日湯沐、於廿六日帰洛、

廿六日、自湯山入洛、（後略）

○季瓊真蘂は長禄四年（一四六〇）十月二十八日から十一月二十一日（『蔭涼軒日録』）と、寛正四年（一四六三）十月十六日から十一月十日（同書）、文正元年（一四六六）二月二十九日から閏二月二十三日（本書一七六〇号史料）にも湯山に向かう。瑞渓周鳳は宝徳四年（一四五二）四月七日から二十七日に湯山に赴き、「温泉行記」を書す（『五山文学新集』第五巻、六二一頁）。

長禄二年（一四五八）二月五日、足利義政が大興寺住持仙岩澄安を相国寺大勧進に任命し、相国寺の再興を担当させる。ついで仙岩を常徳院主とする。

一四八六〔蔭凉軒日録〕長禄二年二月条

『増補続史料大成』、一巻、一六四頁

五日、（中略）大興寺（仙岩澄安）可為当寺（相国寺）大勧進之由被仰出、往于大興寺可伝此命之由被仰出也、

六日、（中略）大興寺仙岩和尚、可為当寺大勧進之由、蒙使命而往白之、謹被奉尊命、不日以上洛可申明之由被白也、帰洛入夜故、不及披露之、

九日、（中略）仙岩和尚大勧進、被謝尊命、以上洛重可被申之由披露之、（後略）

十三日　仙岩和尚当（衍カ）為当寺再興奉行之由被仰出、即領掌也、被献千疋、常徳院（相国寺）、可為院主之由被仰出也、即命于長老（相国寺）舒江（徐岡梵詳）・常徳春渓（・洪曹）・崇寿（相国寺）順渓（・等助）、可被評寺家再興之由被仰出也、

廿一日、（中略）仙岩和尚為再興奉行住持于常徳院之事披露之、今日移居焉、

○傍点は『大日本史料』八編‐七、五六頁により校訂。

○大興寺は『蔭凉軒日録』寛正六年（一四六五）十月十七日条（本書一七三五号史料）によれば、近江国にあり。

長禄二年（一四五八）二月五日、相国寺の評定衆が寺領河内国玉櫛庄庄主職の三任に反対し、修造司梵泉都寺が庄主に定まる。

一四八七〔蔭凉軒日録〕長禄二年二月条

『増補続史料大成』、一巻、一六四頁

五日、（中略）玉櫛庄（河内国河内郡）々主職事、於三任為上意被仰出事、無御存知之由被仰出、明日於雲頂（相国寺）自長老（徐岡梵詳）（相国寺）幷評定衆被嘆申之分、可有披露之由被仰出也、（後略）

六日、（中略）玉櫛庄三任事被略之、（後略）

九日、（中略）就于玉櫛庄三任事自都聞乾嘉方白之云々、於寺家評定衆、重以書状参差之所、究明而重可申明之由白之、

十一日、（中略）玉櫛庄就嘉都聞申状、自寺家以評義之状明参差之旨、即披露之、於盛都聞（徳岩正盛）返借物而可定新庄主、但遂盛都聞勘定可弁借物之由、自評定衆被白、即披露之、

（後略）
十五日、都聞乾嘉、当寮（藤涼軒）御成、煎点、進上物如旧也、玉櫛庄主修造司梵泉都寺定也、（後略）

長禄二年（一四五八）二月十五日、足利義政が相国寺・鹿苑院領等の不知行在所を寺家に返付する。

一四八八〔蔭凉軒日録〕長禄二年二月・三月・四月・六月・十二月条
『増補続史料大成』一巻、一六六頁

（二月）四日、（中略）寺院不知行所領可申之由被仰出也、（後略）
十五日、（中略）当寺（相国寺）并当院（鹿苑院）不知行在所伺之、寺奉行可申付之由被仰出也、（中略）召飯尾新左衛門尉（元連カ）命相国寺并当院寺領還付之尊命也、乾嘉都聞、以寺家闕乏目安白之、及御還駁之時奉献之、蓋為巨細具于上覧也、（後略）
廿三日、（中略）当寺并当院不知行、還付之御礼、被参之由白之、
廿七日、（中略）於寺家不知行在所、被返付、為寺家一新之義、面白歓喜之由、悉白之披露之、（後略）
晦日、（中略）大徳院（相国寺）不知行、同南禅帰雲院不知行、在所伺之、大徳院奉行以旧例飯尾加賀守（之清）被定矣、諸寺院領本復施行、遵行延引、別而被仰付之由被仰出也、（後略）
（三月）九日、（中略）臨川寺・三会院（臨川寺）・正脈院（洛北真如寺）不知行在所伺之、（後略）
十一日、（中略）臨川寺御成、先於仏殿御焼香、次方丈御点心、於御所間伺天龍寺并金剛院（天龍寺）・善入寺（嵯峨）・東福寺常喜院不知行在所并長得院（相国寺）新院主等奭西堂（棠陰）也、不知行在所施行遵行延引之事伺之、別被仰付之由被仰也、召諸寺各所之諸奉行命之、（後略）
十五日、（中略）大智院（相国寺）并法住院（相国寺）不知行在所伺之、（中略）諸寺院不知行在所施行遵行延引之趣、披露之、（後略）
（四月）五日、（中略）香厳院（嵯峨）領不知行在所、長得院并常（相国寺）徳院末寺永徳院・退蔵院・勝定院（相国寺）内玉潤軒各不知行之事伺之、（後略）
七日、（中略）当寺不知行、追訴之書立伺之、飯尾新左衛門命之、以飯尾左衛門太夫（之種）并新左衛門両奉行也、是故命之、
八日、（中略）常在光寺（東山）并南禅寺大雲庵・慶雲院（東山）・大通（伏見大

院《光明寺)》・如是院《(建仁寺)》、不知行白之、
十四日、（中略）常徳院末寺永徳庵領不知行之事、烏丸《(資任)》
殿有難渋、以其《(当カ)》常理来月雖為五月以旧例可有御成也、
（後略）
十七日、瑞雲院《(南禅寺)》御成、煎点、真如寺《(洛北)》・慈恩寺・大慈院・
持地院《(嵯峨)》・龍華院《(嵯峨)》、不知行在所伺之、
（六月）九日、（中略）大光明寺領不知行事、崇寿院《(相国寺)》領
作州打穴庄《(久米郡)》事、栖真院《(南禅寺)》崇蔵主献絵二幅・小盆・杉原、於
御所奉懸御目、但蔵主被成之礼也、（後略）
廿一日、（中略）正脈院領小谷闕所之事、玉龍富春《(相国寺)》不知
行之事、宝幢寺《(嵯峨)》領津守《(摂津国西成郡)》違乱之事、（後略）
廿三日、（中略）玉龍庵領不知行之在所、美濃国玉村保《(不破郡)》、
播磨国護聖寺《(神西郡)》幷寺領、同国福聖厳寺幷寺領等之事伺之、
即可被還附之由有命也、（後略）
（十二月）十九日、（中略）諸寺院御成、請取十一通奉
懸于御目、（中略）大智院競秀軒不知行之事、（後略）

○同年に相国寺諸塔頭の不知行所領が還付された記事をあわせて掲載した。

一四八九〔大乗院寺社雑事記〕長禄二年四月七日条

七日、（中略）
一随心院《(厳宝)》ヨリ申下、相国寺・建仁寺・東福寺等所領如元
被返付之、冷泉・飛鳥井《(雅親)》本領安堵云々、近日御成敗可
為如普光院《(足利義教)》御代云々、次十七日御元服治定、去三日自
禁裏《(後花園天皇)》二千疋ノ御訪在之云々、（後略）

『増補続史料大成』、一巻、三七六頁

長禄二年（一四五八）三月一日、足利義政が比丘尼寺禁法を公布するよう鹿苑院主瑞渓周鳳に命じる。

一四九〇〔蔭凉軒日録〕長禄二年三月条

『増補続史料大成』、一巻、一六八頁

一日、比丘尼寺禁法條々、自当院《(鹿苑院)》主《(瑞渓周鳳)》可被相触之由被仰出
也、條々、一住持年期未満事、一織色小袖、一沈麝香嗜
艶色、一酒宴遊楽事、此條々可被禁之由被仰出也、（後
略）
七日、（中略）大智院《(相国寺)》来月七日御成之由被仰出也、諸比
丘尼寺院自当院禁法被相触、其返章奉懸御目也、（後略）

長禄二年（一四五八）三月一日、足利義政が梵寅都寺を相国寺都聞に任命する。

一四九一〔蔭凉軒日録〕長禄二年三月条

『増補続史料大成』一巻、一六八頁

一日、（中略）当寺（相国寺）都聞梵寅都寺独書立伺之、即有御爪点也、

八日、（中略）当寺都聞梵寅都寺、於御所奉懸御目、献三千疋、令洪蔵主（範林周洪）披露之、（後略）

長禄二年（一四五八）三月四日、足利義政が相国寺領備中国新見庄等を安堵する。

一四九二〔蔭凉軒日録〕長禄二年三月条

『増補続史料大成』一巻、一六八頁

四日、新見庄（備中国英賀・哲多郡）安堵之事、被仰出也、飯尾新左衛門尉（元連カ）、可致披露之由被仰出也、

五日、新見支證新左衛門、於当軒（蔭凉軒）一見了也、

八日、賜新見庄并和束（相楽郡）・雲沢（嵯峨）・持地庵・永生寺（加賀国）囲〔開〕発居〔名〕・元亨庵（相国寺雲頂院）領四條坊門室町屋地、安堵之御判也、献段子・盆・杉原而奉謝之、（後略）

十六日、（中略）新見庄施行三通拝領也、

○〔 〕は『加能史料』室町Ⅳ、六〇頁により校訂。

○加賀国永生寺は永享九年（一四三七）に相国寺が拝領する（本書七二四号史料）。同開発名については本書一五五一号史料に関連記事あり。

長禄二年（一四五八）三月二十七日、相国寺僧堂の修復が始まる。

一四九三〔蔭凉軒日録〕長禄二年三月条

『増補続史料大成』一巻、一七〇頁

廿四日、（中略）来廿七日、当寺（相国寺）僧堂修復被加之事、択吉日白之、（中略）普広院（相国寺）御焼香、寺家修造、御寄進之請取、奉懸御目之事、蓋旧例否、預御尋是亦旧例、如此之由白之也、御領掌也、（後略）

廿六日、八幡（石清水）御社参、僧堂修復今晨被始之、

長禄二年（一四五八）三月二十八日、室町幕府が諸五山に二十貫文の、諸塔頭に三貫文の造伊勢神宮料地口銭を課す。

一四九四〔蔭凉軒日録〕長禄二年三月二十八日条

『増補続史料大成』、一巻、一七一頁

廿八日、（中略）造内宮料地口銭、於諸五山各可出廿貫文、於諸塔頭各三貫文可出之、此旨可相触之由被仰出也、

長禄二年（一四五八）春、鹿苑院主瑞渓周鳳が尾張国妙興寺住持古伯真稽の依頼により足利義教肖像に賛を書く。

一四九五〔足利義教肖像〕妙興寺蔵

『京都五山 禅の文化（図録）』、一六三頁

普広院殿（足利義教）善山大居士尊像賛

尾州（中島郡）長島山妙興禅寺乃円光大照禅師（滅宗宗興）創業、而為関左望寺也、住持古伯稽（真稽）公禅師与衆相謀、命工画普広相公尊像、永充本寺供養焉、按永享壬子（四年）秋台駕入東過、此留半日、林泉改観、于今以為□（集）矣、於是長禄戊寅（二年）春 大（足利義政）檀越親莅機務、毎事遵先相公（足利義教）條例、故諸寺荘園近為豪所奪者、悉令復旧、妙興亦其一也、画像之設不其宜乎、就予（瑞渓周鳳）求賛、々以八句曰、

北伐南征皆坐籌、威名最覚属東遊、八洲元帥輸先手、三代将軍譲上頭、士嶺相迎親侍立、清関不鎖入歌謳、妙興古寺留帰旆、香火旧縁今向修、

鹿苑瑞渓周鳳「瑞渓」（白文朱方印）

（異筆）妙興寺常住（花押）（足利義政）

長禄二年（一四五八）四月十日、相国寺が寺領近江国堀部上坂に対する京極持清と延暦寺の押妨を室町幕府に訴える。

一四九六〔蔭凉軒日録〕長禄二年四月十日条

『増補続史料大成』、一巻、一七二頁

十日、当寺（相国寺）領江州（坂田郡）掘（堀）部上坂、依京極（持清）并山門（延暦寺）違乱之義、以書状白之、即以寺奉行被仰付也、（後略）

長禄二年（一四五八）五月六日、足利義政が沙弥・喝食の闘争が起こった場合、寮坊主や老師も罰する法令を相国寺の制法とするよう命じる。

一四九七〔蔭凉軒日録〕長禄二年五月六日条

『増補続史料大成』、一巻、一七四頁

六日、（中略）天龍寺闘死之故、触穢之事并沙喝小諷経、

為僧衆不可相見之事、又沙喝闘諍之事出来、則其罪科可及于寮坊主并老師之旨、以寺奉行飯尾美濃入道(貞元)・同加賀(之清)守堅被命于寺家也、以報此命被及于当寺(相国寺)、蓋為諸寺之戒也、晩来飯尾新左衛門尉(元連カ)、於天龍寺如被仰出、於当寺制法被仰出也、両寺奉行於愚老(季瓊真蘂)可命于寺家之旨、致談合而可自(白カ)之旨被仰出故諸奉行到来于当軒(蔭凉軒)也、

長禄二年（一四五八）五月二十七日、北野社が相国寺領飛驒国荒木郷をめぐり訴訟を起こすが、足利義政は相国寺の当知行を認める。

一四九八〔蔭凉軒日録〕長禄二年五月二十七日条

『増補続史料大成』、一巻、一七五頁

廿七日、当寺(相国寺)領飛驒(荒城郡)荒木郷、自北野雖訴訟[考]訟一作證、之為当知行之旨、不可有違変之由被仰出、依之長老(徐岡梵詳)献盆・段子・杉原奉懸御目也、当寺(相国寺)合山歓喜之由披露之、(後略)

長禄二年（一四五八）六月九日、足利義政が諸五山に雨乞の看経を命じ、鹿苑院主瑞渓周鳳が諸五山に伝える。

一四九九〔蔭凉軒日録〕長禄二年六月条

『増補続史料大成』、一巻、一七六頁

九日、(中略)祈雨看経事、於諸五山被仰出也、(後略)

十一日、(中略)今月九日祈雨、以飯尾加賀守(之清)被仰出、即白于院主(鹿苑院)瑞渓和尚(・周鳳)命于諸五山、即晩来雨大降也、今日至十一日満散也、

長禄二年（一四五八）六月十七日、足利義政が常在光寺領丹後国守護段銭を免除する。相国寺領等も幕府料所に準じて免除する。

一五〇〇〔蔭凉軒日録〕長禄二年六月条

『増補続史料大成』、一巻、一七六頁

九日、(中略)常在光寺(東山)領丹後国守護段銭之事、

十一日、(中略)常在光寺領丹後国守護段銭、依前御代御免許之御判、奉懸于御目、故相国・等持院(洛北)・等持寺(三条坊門)領、被準于御料所、被成厳重之御判、以故守護段銭御判被成、免許之旨也、此由命于奉行也、(後略)

十七日、(中略)常在光寺領、丹後国守護段銭御免許之

事被仰出、被準于御料所之在所被免之、（後略）

長禄二年（一四五八）六月十七日、備前国守護山名教之が雲頂院領同国上道郷の知行回復の遵行を怠る。

一五〇一〔蔭凉軒日録〕長禄二年六月・八月条

『増補続史料大成』、一巻、一七七頁

（六月）十七日、（中略）安国寺領丹後国河部庄（加佐郡）、雲頂院（相国寺）領備前国上道郷（上道郡）各守護（山名教之）、遵行延引之事伺之、

（八月）十二日、（中略）等持院（洛北）（圏恐脱龍字）崗疏事、天福寺（美濃国土岐郡）不知行、南芳院（嵯峨）不知行、宝諸庵（渚）領不知行、嵯峨留雲庵不知行、雲頂院領備前上道遵行無沙汰、南北郷小串（近江国浅井郡）不渡事、大光明寺（伏見）自伏見殿（貞常親王）御催促事、香厳院（嵯峨）并慶雲院（東山）還附、御成（成行）引物之請取、奉懸于御目、

○増補続史料大成本で「等持院崗疏」を龍脱と推定しているが、このときの等持院主は竺雲等連（『蔭凉軒日録』長禄二年五月六日・七月十五日条）であり龍崗真圭ではない。

長禄二年（一四五八）六月二十三日、大慈院檀那である六角高頼が、同院を維馨梵桂に与えようとする。

一五〇二〔蔭凉軒日録〕長禄二年六月条

『増補続史料大成』、一巻、一七七頁

廿三日、等持寺（三条坊門）御成、御斎、先於仏殿御焼香、大慈院檀那六角（高頼）欲奪院与維馨（・梵桂）西堂之事伺之、即以飯尾加賀守（之清）不見許之旨被命六角、（後略）

廿四日、（中略）前日於等持寺伺六角取大慈院欲与維馨西堂之事、蓋鹿苑（鹿苑院）瑞渓（・周鳳）和尚被白分也、故礼謝之趣披露之、奉懸于御目也、（後略）

長禄二年（一四五八）六月二十五日、足利義政が東山慶雲院を足利義勝の菩提所として一山派門徒に還付する。

一五〇三〔蔭凉軒日録〕長禄二年六月・七月条

『増補続史料大成』、一巻、一七八頁

（六月）廿五日、雲頂院（相国寺）還附御成、御斎、来月二日等持院（洛北）御成、還附之御礼、四日宝幢寺（嵯峨）還附之御成、慶雲院（東山）如元為御菩提（所脱カ）被還附于門徒之由被仰出也、以布施下野守（貞基）并

飯尾加賀守（之清）両奉行、往于慶雲院被還附、蓋為慶雲院殿（足利義勝）御菩提所、被還於門徒之御判被成、則可為其望之由白之、依御領掌即命于両奉行也、重書如元請取之、以後警固之事、於聖護院岩坊被仰付也、我門之慶不可過之、（中略）慶雲院還附之御礼、明日則御着陣之御参内也、御礼之披露可為何日哉之旨伺之、即被仰出様者、明日御息劇也、明後日廿七日、管領（細川勝元）御成以前、可令参之由被仰出也、以我門一老代衆可令白礼謝之由披露之、
廿七日、慶雲院還附之御礼、我門之一老、転輪寺雲谷和（・頂騰）尚、於御所奉懸御目、献盆・段子・杉原十帖也、為慶雲院殿御菩提所、如元被還附于門徒之御判、可被成之由被仰出、即命于飯尾加賀守、蓋旧奉行之謂也、
（七月）一日、慶雲院如元被還附于門徒之御判被下也、依其〔考其一作某、〕甲（申カ）沙汰被下御判故、献盆・段子・杉原、為門徒之寵光之礼謝、謹以春阿白之、
二日、（中略）慶雲院本復之礼謝謹白之、次於自門他門被成公方御菩提所之事、於向後為御楽訴人訴懇披露之、蓋有御領掌之顔色也、（後略）

長禄二年（一四五八）七月四日、室町幕府が相国寺領丹波国本免庄内の本百姓について妨げがないよう命じる。

一五〇四〔蔭凉軒日録〕長禄二年七月四日条

『増補続史料大成』、一巻、一七九頁

四日、（中略）当寺（相国寺）領丹州本免内管領（細川勝元）被管人事、自管領以状被白、依為被管人御免許、其外寺家之本百姓之事、不可有妨之由被白也、（後略）

○『兼顕卿御記』（内閣文庫広橋家旧蔵本、古四〇-六六五）文明十一年（一四七九）四月十三日条に本免庄が押領された記事があり。

長禄二年（一四五八）八月十日、足利義政が大光明寺に寺領摂津国葺屋庄の下司・公文職も含めて一円領知するよう伝える。

一五〇五〔足利義政御判御教書〕武家手鑑

『武家手鑑 解題釈文』八九頁

伏見大光明寺領摂津国葺屋庄（菟原郡）内下司・公文両職事、雖為清式部四郎元俊知行分、依彼両職之錯乱、成捻庄煩之間、所預置当寺也、早於有限年貢者、致其沙汰、至下地者、

一円可全領知之状如件、

長禄二年八月十日

住持

（花押）（足利義政）

長禄二年（一四五八）八月十六日、寂路庵恵光が建仁寺修造高麗奉加銭を拒否したため罪科に処され、その家財が鹿苑院に寄進される。

一五〇六〔蔭凉軒日録〕長禄二年八月条

『増補続史料大成』一巻、一八四頁

十六日、寂路庵恵光、為不出建仁寺修造高麗奉加銭被罪科、被召置于聖護院、以家財被預置于当院（鹿苑院）也、飯尾左衛（門脱）大夫（之種）奉之、是故命于寺管・主事・納所・出管三員、使請取出之、（後略）

十七日、前日寂路庵家財、今日一々可有点検之由、飯尾左衛門大夫以使者先報之、（後略）

長禄二年（一四五八）八月十七日、足利義政の判始が行われたため、相国寺住持徐岡梵詳等、諸五山住持が一斉に退院する。

一五〇七〔蔭凉軒日録〕長禄二年八月十七日条

『増補続史料大成』一巻、一八四頁

十七日、（中略）南禅竺華（・梵蕚）、当寺（相国寺）徐江（徐岡梵詳）、其外洛中十刹諸山、賜退院、蓋公家御判始以先規如此、（後略）

○足利義政判始は八月九日（「大膳大夫有盛記」同日条〈『続群書類従』第三一輯下、七頁〉、「足利家官位記」〈『群書類従』第四輯、二七六頁〉）。

長禄二年（一四五八）八月晦日、足利義政が相国寺領河内国玉櫛庄から押し取った二百貫文を返すよう交野神人に命じる。

一五〇八〔蔭凉軒日録〕長禄二年八月晦日条

『増補続史料大成』一巻、一八六頁

晦日、当寺（相国寺）領玉櫛庄（河内国河内郡）、交野神人押取、二百貫文無謂之事、於社家奉行依寺家所申、可被仰付之由被仰出、但以春阿白之、（後略）

長禄二年（一四五八）九月二十七日、相国寺都聞徳岩正盛が美作国富庄庄主に補任され、相国寺輪蔵の修造を行う。

一五〇九〔蔭凉軒日録〕長禄二年九月・十月・十一月・十二月条
『増補続史料大成』、一巻、一八九頁

（九月）廿四日、等持寺（三条坊門）開山忌、御成、煎点、兵衛亮殿、以訴状被白之事、当寺（相国寺）輪蔵修造之事、於盛都聞（徳岩正盛）以奉加分可致修造之由被仰出也、（後略）
廿七日、（中略）盛都聞輪蔵修理之事、被仰付、以作州富庄（苫西郡）可補任之由、於寺家可命之由、以左衛（門脱）大夫（飯尾之種）、被仰出也、（後略）
廿八日、（中略）輪蔵修復、於盛都聞被仰付、其礼当寺柏岩和尚（・周寿）・当院（鹿苑院）瑞渓和尚（・周鳳）、御点心後、御前参而被致拝謝也、（後略）
（十月）七日、（中略）盛都聞可為富庄之主之事、重被仰定、（中略）盛都聞為修輪蔵以庄主職被仰出也、
（十一月）十日、（中略）作州富庄盛都聞辞退無謂之由被仰出、但寺奉行飯尾新左衛門大夫方、可被仰付也、
（十二月）廿日、（中略）来廿三日大徳院（相国寺）御成之次、輪蔵修造可被御覧之由被仰出、（後略）
廿三日、大徳院旧例御成、御斎、御宿直物一領、扇子十柄、高檀紙十帖被献、先於輪蔵御成、御覧修造、（後略）

長禄二年（一四五八）九月二十八日、足利義政が鹿苑院の蔭凉御倉を蔭凉軒の管轄とするよう籾井氏に命じる。

一五一〇〔蔭凉軒日録〕長禄二年九月二十八日条
『増補続史料大成』、一巻、一九〇頁

廿八日、（中略）当院（鹿苑院）蔭凉御倉、可渡于当軒（蔭凉軒）之由、可命于籾井方之由、於于春阿被仰出也、（後略）

長禄二年（一四五八）九月二十八日、足利義政が相国寺門前の柳原散所を相国寺領となす。

一五一一〔蔭凉軒日録〕長禄二年九月・十月・十一月条
『増補続史料大成』、一巻、一九〇頁

（九月）廿八日、（中略）当寺（相国寺）柳原掃地散所者、於寺家可領之由被仰出也、（後略）
廿九日、（中略）当寺門前柳原散所者、於寺家被免許之由被仰出也、可被下御奉書之由被仰出也、（後略）
（十月）七日、（中略）鹿王院（嵯峨宝幢寺）梵桂（維馨）西堂院主事、当寺領

柳原散所者以書立伺之、（後略）
（十一月）廿日、（中略）当寺柳原散所者、公方（足利義政）御免許之御奉書、可被成之事、可命于寺奉行飯尾左衛門大夫（之種）之由被仰出也、（後略）
廿二日、（中略）当寺領北畠・柳原散所、御免許于寺家之由、御奉書可被成之事被仰出也、（後略）

長禄二年（一四五八）十月七日、足利義政が石清水八幡宮の公用銭に充てていた相国寺領河内国玉櫛庄年貢銭を免除する。

一五二二〔蔭凉軒日録〕長禄二年十月条

『増補続史料大成』、一巻、一九一頁

七日、（中略）当寺（相国寺）領玉櫛（河内国河内郡）年貢銭、八幡（石清水）公用之事、向後停止之由、神人等以起請文白之、此分於寺家以飯尾下（為数）摠守被仰出也、
八日、当寺長老柏岩和尚（・周寿）、為八幡公用停止参謝于殿中、献盆・段子・高檀紙、奉懸于御目也、但以飯尾下摠守於寺家為向後支證可被成御奉書之由被仰出也、

長禄二年（一四五八）十月十二日、室町幕府が相国寺輪蔵築地のため散所を出すよう東寺に命じるが、東寺の支証をもって免除される。

一五二三〔廿一口方評定引付〕長禄二年十月十二日条

東寺百合文書く函二二

（表紙）「廿一口方評定引付長禄貳戊寅」

廿一口方評定引付長禄二戊寅

（中略）

同（十月）十二日

仁然　堯忠　堯杲　重増　宝済　澄基　融寿　杲覚

一相国寺為輪蔵築地散所可出之由、左衛門大夫（飯尾之種）奉書成了、以支配（證）免除事、可被仰遣云々、

○本書一五二五号史料が関連。

長禄二年（一四五八）十月十五日、鹿苑寺住持立之瑞幢が足利義政に同寺領の安堵を求める。

一五二四〔蔭凉軒日録〕長禄二年十月十五日条

『増補続史料大成』、一巻、一九一頁

十五日、鹿苑寺御成、御斎、但依小還附之義而恒例之外、
御扇子・高檀紙之外、御小袖三重・盆・段子・杉原献之、
立之（・瑞幢）和尚為住持還駁之次、律院南隣古御堂御成、於本尊
并鹿苑院殿（足利義満）御前御焼香、住持老律奉懸于御目、為御礼被
参于御所、而献千疋折紙也、鹿苑寺続目御判之事伺之、
（後略）

長禄二年（一四五八）十月十六日、足利義政が相国寺造営料を寄進する。

一五一五〔蔭凉軒日録〕長禄二年十月十六日条

『増補続史料大成』、一巻、一九二頁

十六日、永泰院（嵯峨）岩栖院殿（細川満元）三十三回忌仏事、煎点御成、御
点心以後諷経、御焼香、当寺（相国寺）御造営御寄進請取、奉懸于
御目、（後略）

長禄二年（一四五八）十月二十一日、足利義政が相国寺の進物を蔭凉軒修理料として寄進する。

一五一六〔蔭凉軒日録〕長禄二年十月二十一日条

『増補続史料大成』、一巻、一九二頁

廿一日、（中略）蔭凉軒造営帳勘定状、奉懸于御目、蓋
依廃壊自公方（足利義政）以寺（相国寺）家進物被寄于当軒（蔭凉軒）、被修理也、

長禄二年（一四五八）十一月四日、室町幕府が大光明寺領播磨国多可庄地頭職半分内諸名主等跡を大光明寺雑掌に与えるよう山名持豊に命じる。

一五一七〔室町幕府管領細川勝元施行状〕大光明寺文書（尊経閣文庫蔵）

『兵庫県史』史料編　中世九　古代補遺、六九四頁

伏見大光明寺領播磨国多可（加西郡）庄地頭職半分内諸名主等（注文在別紙）跡事、早任去八月十日御判之旨、可被沙汰付寺家雑
掌之由、所被仰下也、仍執達如件、
長禄二年十一月四日　右京大夫（細川勝元）（花押）
山名右衛門督（持豊）入道殿

長禄二年（一四五八）十一月五日、興福寺大乗院の尋雅が病気養生のため伏見大光明寺に身を寄せる。

一五一八〔大乗院寺社雑事記〕長禄二年十一月五日条

『増補続史料大成』、一巻、五一〇頁

五日、（中略）

一尋雅得業近日違例之間、為養性伏見寺ニ大光明寺ニ上洛、兄僧坊也、榼幷粮物以下予（尋尊）沙汰遣了、侍法師石見召具之、

（後略）

長禄二年（一四五八）十一月二十五日、足利義政が越前国の御領を相国寺に寄進する。

一五一九〔蔭凉軒日録〕長禄二年十一月・十二月条

『増補続史料大成』、一巻、一九五頁

（十一月）廿五日、越前国領知被寄附于当寺（相国寺）、以愚老（季瓊真蘂）幷飯尾下総守（為数）為使節、赴于方丈（相国寺）、即長老柏岩（・周寿）和尚為御礼被参于御所相看也、御盆・香合・高檀紙被献也、謹白捴寺謝志也、（後略）

廿六日、来月二日、依当寺御寄進就方丈御成之事伺之、可有御成之由被仰出、即命于方丈也、越前使節之可択両使之由、以飯尾加賀守（之清）・飯尾左衛門大夫（之種）被仰出也、与院（鹿苑院）主瑞渓（・周鳳）和尚量之、

（十二月）二日、方丈御成、御斎、但依越前新御寄進被白也、御小袖三重・盆・香合・高檀紙・杉原各十帖被献也、住持柏岩和尚、（中略）越前使節隗（中隗）西堂、真宗首座被命矣、

十二日、越前使節中隗西堂、安国寺公文御判被下也、宗首座之功、以後可被立之由被仰出也、

長禄二年（一四五八）十二月十三日、柴山孫衛門が加賀国富墓庄百石を雲頂院内雲沢軒に寄進し、足利義政が安堵の御判を発給する。

一五二〇〔蔭凉軒日録〕長禄二年十二月条

『増補続史料大成』、一巻、一九六頁

十一日、細河右馬頭（持賢）殿、於雲沢軒（相国寺雲頂院）栄（柴）山孫衛門新寄進、加賀国（江沼郡）富墓庄百斛之事、以彼書状伺之、於典厩以斎藤民部（親基）被尋下也、（後略）

十三日、雲沢軒、栄（柴）山新寄進、加賀国富墓庄御判、可書

上之由、於斎藤民部丞被仰付也、
廿日、（中略）雲沢軒加賀国富墓庄御判拝領之御礼参于
御所、盆・段子・高檀紙献之、於御前謹白恩栄之謝也、
（後略）

○「栄山」は『平凡社日本歴史地名大系』の「富墓庄」の項によると「柴山」。
○本書一五四〇号史料が関連。

長禄二年（一四五八）十二月十四日、琉球国への返書を作成するため、籾井が蔭凉軒御倉から御印を借り出す。

一五二二〔蔭凉軒日録〕長禄二年十二月十四日条
『増補続史料大成』、一巻、一九六頁

十四日、琉球国返章、御印、御但（衍カ）伊勢備後（貞照）殿方、以天龍
長老十如被仰也、徳有隣之印子也、籾井方森五郎衛門入
道、為使者来、即付封渡之、但御印三処印之、御書之後、
年号第二字之上印之、封章上、畏琉球国和字之第二字之
上印之、折紙賜物之後印之、三所謂、

○桑山浩然『室町幕府の政治と経済』（吉川弘文館、二〇〇六年）一六〇頁では、この記事は季瓊真蘂が管理する蔭凉軒御倉に関するものとする。

長禄二年（一四五八）十二月十七日、足利義政が雲頂院末寺美濃国龍門寺領への守護使不入を承認する。

一五二三〔蔭凉軒日録〕長禄二年十二月十七日条
『増補続史料大成』、一巻、一九七頁

十七日、（中略）雲頂院（相国寺）末寺濃州龍門寺（武儀郡）領不入之事、大
和国達磨寺（葛下郡）住持玉芳（等金カ）和尚、安国寺（四条坊門）住持宗昕西堂、秀桂西
堂、書立之、以宗昕西堂有御点也、両寺公文御判被遊也、
（後略）

長禄二年（一四五八）十二月十八日、足利義政が鹿苑院に元のように林光院を管領するよう命じる。

一五二三〔蔭凉軒日録〕長禄二年十二月十八日条
『増補続史料大成』、一巻、一九七頁

十八日、（中略）香巌（厳）院住持、以林光院（二条）修山和尚（・光謹）被仰出、
蓋以御通家之因縁也、近代之例如此也、林光院如旧自当（鹿
苑院）院致管領可勤行事之由被仰出也、（後略）

○これ以前に鹿苑院が林光院を管領した記事は見当たらず。文明十七年（一四八五）十二月には、林光院の修理を鹿苑院主が請け負う（『蔭凉軒日録』同月二十一・二十四日条）。

長禄三年（一四五九）正月二十日、足利義政の乳母今参局の初七日の仏事が雲頂院内雲沢軒で行われる。

一五二四〔蔭凉軒日録〕長禄三年正月二十四日条

『増補続史料大成』一巻、二〇一頁

廿四日、等持寺（三条坊門）御成、（中略）今月十八日依不慮之義御今上郎（臈）逝去、今月廿日当于初七日、於雲沢軒（相国寺雲頂院）営仏事、蓋頓写施餓鬼半斎諷経在之、法名性仁、道号寿峰、今朝於等持寺謹披露仏事之作善也、蓋春阿奉之、

長禄三年（一四五九）二月一日、室町幕府所司代が相国寺輪蔵築地のため散所を出すよう東寺に命じるが、東寺は断る。

一五二五〔廿一口方評定引付〕長禄三年二月一日条

東寺百合文書天地函三四

（表紙）「廿一口方評定引付長禄三年己卯」

廿一口方評定引付長禄三己卯

（中略）

二月一日

快寿　融覚　仁然　勝清　澄基　覚永　堯忠

一為相国寺輪蔵築地、自所司代散所催之披露之処、所司代幷（飯尾之種）左衛門大夫方へ可有詫候由、衆儀治定了、

○長禄二年（一四五八）十月十二日に東寺は免除を受ける（本書一五一三号史料）。

長禄三年（一四五九）二月十日、相国寺領能登国櫛比庄内総持寺が足利義政の祈願所となったため、相国寺庄主が総持寺に安堵を伝える。

一五二六〔相国寺領櫛比庄主紹寛書下〕総持寺文書

『加能史料』室町Ⅳ、一〇九頁

相国寺領能州櫛比（鳳至郡）五箇村内諸岡惣（総、以下同）持寺、為御祈願所任去年十二月廿四日御判之旨、於向後不可有違乱煩之儀者也、仍状如件、

長禄参年二月十日　　紹寛《庄主》（花押）

惣持寺侍衣禅師

長禄三年（一四五九）三月十日、真如寺住持崇奭西堂が延暦寺衆徒による寺領近江国垣見郷への押妨を室町幕府に訴える。

一五二七〔蔭凉軒日録〕長禄三年三月十日条

『増補続史料大成』、一巻、二〇六頁

十日、（中略）真如寺（洛北）崇奭西堂、就寺領江州（神崎郡）垣見郷山徒押妨之事、以状伺之、可命于飯尾大和守（元勝）之由被仰出也、

（後略）

長禄三年（一四五九）三月十三日、仙岩澄安が常徳院内に万松軒を建立し、足利義政がその額を書く。

一五二八〔蔭凉軒日録〕長禄三年三月・四月条

『増補続史料大成』、一巻、二〇六頁

（三月）十日、（中略）仙岩和尚（澄安）塔頭名号万松、（相国寺常徳院）圓始而万松建立、呼名号万松云々、可白額之文字之由伺之、（後略）

十三日、仙岩和尚新房、号万松、其額今日被遊矣、圓万松之額被遊、

（四月）十日、万松軒御成、煎点、住持仙岩和尚、御小袖三重・桂漿盆・小盆十枚堆紅、高檀紙・杉原各十帖被献之、（後略）

○大光明寺に足利義政が「万松」と書いた墨跡が所蔵されている。『相国寺史料』第一巻、五七頁に写真あり。

長禄三年（一四五九）三月十七日、季瓊真蘂が禅仏寺方丈を建立し、足利義政が落成を祝って御成する。

一五二九〔蔭凉軒日録〕長禄三年二月・三月条

『増補続史料大成』、一巻、二〇六頁

（二月）十二日、（中略）禅仏寺（七条柳原）還附御成、華之時可白之由粗披露之、書院幷方丈亭子額之字、被遊之事謹白之、殿中書籍被預置之、注文在之、

十四日、禅仏寺、紫藤、安楽窩、鶯雪之額可被遊之由、以春阿被仰出也、来十六日被遊之由被仰出也、

十五日、（中略）禅仏寺御成之事白出之、

十六日、（中略）禅仏寺方丈、紫藤、安楽窩、鶯雪、東福寺南明院、勢州海雲山妙光寺幷龍興庵、額字、為被仰

出献之、蓋為被遊也、
十八日、（中略）禅仏寺之額被遊、御礼参于御所謹以春阿白之、（後略）
（三月）十日、（中略）禅仏寺之華、漸欲開之事粗白之、
十七日、禅仏寺御成、煎点、先於仏殿御焼香、御小袖五重・盆三枚、（圏已下半行有余白）香合・青磁香炉壺・高檀紙・杉原各十帖、参于御所御礼謹白之、（後略）

一五三〇〔臥雲藁〕『五山文学新集』第五巻、五七〇頁

洛之禅仏古寺（七条柳原）、丈室新成、時桜花曰桐谷者盛開、大（足利義政）人相公入寺、鈞遊歓甚、花与主人（季瓊真蘂）、皆栄矣、実長禄三年己卯三月十有七日也、予（瑞渓周鳳）偶陪席、窃作二詩、以記、然腹藁耳、后三歳、辛巳（寛正二年九月）暮秋、筆之付禅仏克家集樹侍者（茂叔）、蓋東坡（蘇軾）居士書寿星竹軒詩、寄通悟師之例也、

仏寺金銀花亦開、都人争睹相公来、村僧何幸伴台席、白髪逢春又一回、
名花一種遍皇州、曾出相陽桐谷幽、鶯亦遷喬香雪底、金衣春暖侍鈞遊、

長禄三年（一四五九）四月四日、足利義政が義教の定めた相国寺勘定状の法に則り、各荘園五ヶ年中の勘定の提出を都聞に命じる。

一五三一〔蔭凉軒日録〕長禄三年四月四日条
『増補続史料大成』一巻、二〇七頁

四日、（中略）当寺（相国寺）勘定如先御代（足利義教）御法過今月、則可為御罪科之由被仰出也、先勘以普広院殿（足利義教）御代永享年中御法可被為旧法之由被仰出也、庄園毎所各可出五ヶ年中勘定状之由、命于当都聞也、（後略）

長禄三年（一四五九）四月十四日、瑞渓周鳳が寿徳院敷地を寺家の管轄とするように求める。足利義政は室町新第移転後に寿徳院敷地を返付することを決める。

一五三二〔蔭凉軒日録〕長禄三年四月十四日条
『増補続史料大成』一巻、二〇九頁

十四日、（中略）寿徳院（相国寺）敷地、不為寺家成敗之由、瑞渓（・周鳳）

和尚以書状被白分披露之命于飯尾加賀守（之清）也、以敷地指図白之、上御所御移居之後、可被返付之由被仰出也、（後略）

○足利義政は同年十一月十六日に室町新第へ移居する（本書一五五六号史料）。

○寿徳院は後に慶雲院と改称される。

長禄三年（一四五九）四月十八日、足利義政が観音殿を室町新第に移す。そのため、蔭凉軒で観音懺法が行われる。

一五三三〔蔭凉軒日録〕長禄三年四月・五月条

『増補続史料大成』、一巻、二〇九頁

（四月）十八日、観音殿被移于上御所、故於当軒（蔭凉軒）懺法在之、

（五月）十八日、当軒懺法、依観音殿以被引于上御所之故也、但山中之清衆也、（後略）

長禄三年（一四五九）四月十九日、相国寺行者二名が罪科に処され、所司代に引き渡される。

一五三四〔蔭凉軒日録〕長禄三年四月十九日条

『増補続史料大成』、一巻、二〇九頁

十九日、行者二員罪科被渡于所司代、御使飯尾左衛門大夫（之種）、斎藤四郎左（右カ）衛門尉（種基カ）、

長禄三年（一四五九）四月十九日、足利義政が大徳院領諸国所々の課役を免除する。

一五三五〔足利義政御判御教書〕　慈照院文書（承天閣美術館寄託）

（花押）（足利義政）

相国寺大徳院領諸国所々目録在別紙、段銭臨時課役人夫以下諸公事并守護役等事、所免除也、早可為守護使不入地之状如件、

長禄三年四月十九日

内大臣兼右近衛大将源朝臣（足利義政）

○『分散した禅院文書群をもちいた情報復元の研究』七九頁参照。

長禄三年（一四五九）五月十三日、足利義政が諸寺院に雨乞祈

禱を命じる。

一五三六〔蔭涼軒日録〕長禄三年五月・六月条

『増補続史料大成』、一巻、二一二頁

(五月)十三日、請雨祈禱之事、被仰出、命于諸寺院也、
十九日、請雨祈禱、以雨降故満散、(雨為未足云々、)
廿一日、請雨祈禱、諸寺院重可命之由被仰出也、
廿二日、請雨祈禱之事、重日今日可勤之由、以状報之、
前十三日請雨祈禱之事被仰出、至十五日以三日即雨降、
至十九日以一七日雨降、即満散、雖然以雨未足故、自今
日可勤之由重被仰出也、(後略)
(六月)三日、祈雨即雨降也、前月十三日、請雨祈禱之
事被仰出、至十九日雨降、蓋当一七日也、以雨未足之故、
自廿二日重請雨祈禱之事、被仰出也、
十一日、三日御祈禱満散之事、披露之、(後略)
十二日、請雨祈禱、懺法一百員有之、(書写請雨陀羅尼、或誦之、或沈于神泉苑(二条大宮))
云々、

長禄三年(一四五九)五月十五日、足利義政が鹿苑院主瑞渓周鳳に室町新第南面東床の額名を選ぶよう命じ、益之宗箴が「洗月」の字を書き進上する。

一五三七〔蔭涼軒日録〕長禄三年五月条

『増補続史料大成』、一巻、二一三頁

十五日、(中略)御新造南面東床、額字可被付進之由、
於院(鹿苑院)主瑞渓(・周鳳)和尚被仰出也、結城勘解由(政広カ)奉之書献之、雨降、
十六日、(中略)御新造御床之額名、書而奉懸御目也、
結城奉之、
十七日、院主瑞渓和尚、被献額名之書立折紙、其十名之
内、以濯月被用、雖然改濯作洗則可為可、但洗月之辞、
有其故事否、被尋下於院主、々答曰、樹呈風態度水洗月
精神云々、以洗月可定之由被仰出也、箴首座(益之宗箴)書而可献之
由在之、
十八日、(中略)献洗月之額字、尚改書而可献之由被仰
出也、(結城勘解由左衛門丞奉之、)
廿日、洗月之額字奉懸于御目、為可也、結城奉之、
廿二日、(中略)洗月之額字成献之、結城勘解由奉懸于
御目為可云々、(後略)

長禄三年（一四五九）五月二十二日、相国寺南面の公方御倉が室町新第に移され、その跡地に元のように水車を造る。

一五三八〔蔭凉軒日録〕長禄三年五月二十二日条

『増補続史料大成』、一巻、二一三頁

廿二日、（中略）当寺(相国寺)南面公方御倉、被移于上御所、則如元水車可造立、但正実被置、被建御倉否之事、以寺家申状連判白之、正実御倉之事、未畢定也、然則水車如元可営之由、被仰出也、但以春阿伺之、前廿一日伺之、廿二日召侍衣命于寺家也、

長禄三年（一四五九）六月一日、季瓊真蘂が蔭凉軒の御倉に足利義政の書籍を入れる。

一五三九〔蔭凉軒日録〕長禄三年六月一日条

『増補続史料大成』、一巻、二一四頁

一日、（中略）本坊公方御書籍請取之、蓋為置于当軒(蔭凉軒)之御倉也、但〔考〕一本無但字、目録在之、

○同年十一月二十八日に蔭凉軒御倉の書籍を室町新第持仏堂に移す（本書一五五八号史料）。

長禄三年（一四五九）六月二十七日、鹿苑院領美作国楢原が同国守護山名政清に押妨される。雲頂院内雲沢軒領加賀国富墓庄をめぐり北野社が訴えを起こす。

一五四〇〔蔭凉軒日録〕長禄三年六月二十六日条

『増補続史料大成』、一巻、二一六頁

廿六日、当院(鹿苑院)領作州(英多郡)楢原、号闕所守護(山名政清)押妨之事、雲沢軒(相国寺雲頂院)領賀州(江沼郡)富墓庄之事、自北野有申子細、則於馬頭殿(細川持賢)可有御尋之由、預披露之、右件々廿七日伺之、誤於今日記之、

○長禄二年（一四五八）十二月十三日に柴山孫衛門が雲沢軒に加賀国富墓庄百石を寄進する（本書一五二〇号史料）。

長禄三年（一四五九）六月二十七日、相国寺都聞徳岩正盛が普広院の本坊を借り、足利義政の御成を迎える。

一五四一〔蔭凉軒日録〕長禄三年六月条

『増補続史料大成』、一巻、二一七頁

十五日、（中略）来廿七日、盛都聞(徳岩正盛)於普広院(相国寺)本坊御成之事、崇寿院(相国寺)龍崗和尚(・真圭)住持之事、普広院々奉行之事、飯尾(之種)肥前守被白之事、当寺(相国寺)領丹州(何鹿郡)上林之事、以管領(細川勝元)之状可献

之由被仰出也、管領之状者、本給人下野殿(細川持春)・安昌(富)民部・秋庭(元明)此三員之事、可有御免之由被仰出也、故以其状可被仰出也、(後略)

廿七日、(中略)今晨普広院用堂和尚、雖為院主為盛都聞借与本坊而御成白之、院主御相伴不被参也、

長禄三年(一四五九)七月四日、雨乞のための懺法が相国寺山門閣で行われる。

一五四二〔蔭凉軒日録〕長禄三年七月条

『増補続史料大成』、一巻、二一七頁

四日、早天為祈雨於神泉淵(苑)被納仏舎利、自私(季瓊真蘂)可出之由、飯尾左衛門大夫(之種)告之(二条大宮)、故以舎利一粒遣之、於山門(相国寺)閣以百三十員誦懺法也、於仏殿誦大般若経也、及晩雷動雲興雨欲降、

六日、(中略)前自四日至六日三日、祈雨、就于山門閣上以百三十三員誦懺法、及晩雷動雲興而雨降、即満散為奇也、(後略)

長禄三年(一四五九)七月六日、足利義政が諸五山喝食楞厳頭を僧となす基準について、先規通りに行うよう指示する。

一五四三〔蔭凉軒日録〕長禄三年七月六日条

『増補続史料大成』、一巻、二一八頁

六日、(中略)諸五山喝食楞厳頭、以功度僧、雖然依其年少長大或有免許不免許之由以春阿披露之、如先規可致成敗之由被仰出也、

一五四四〔碧山日録〕長禄三年七月十三日条

『大日本古記録』、上巻、五二頁

十三日、癸巳、当寺(東福寺)従例解制、楞厳頭(正鵬)為侍客、賀其登位也、南禅・建仁及当寺、為童行楞厳頭者、前年咸届、此節祝髪為僧、而今大相公(足利義政)出令、以不許其稚(薙)髪也、蓋効相国・天龍之例也、

長禄三年(一四五九)七月二十四日、季瓊真蘂が未還付の相国寺・鹿苑院領を書き上げて足利義政に伺いを立てる。

一五四五〔蔭凉軒日録〕長禄三年七月二十四日条

『増補続史料大成』、一巻、二二〇頁

廿四日、当軒（蔭凉軒）御成、御斎、伺諸寺院幷当寺（相国寺）・当院（鹿苑院）還附未
成就之書立折紙、（後略）

長禄三年（一四五九）八月九日、太陽が二つ出たため、足利義政が諸五山・十刹に祈禱を命じる。

一五四六〔蔭凉軒日録〕長禄三年八月七日条

『増補続史料大成』、一巻、二二一頁

七日、自来九日諸五山幷十刹、一七日可有天下御祈禱之
由被仰出也、蓋前月廿日、天有二日云々、依之被仰出也、
（後略）

長禄三年（一四五九）八月二十九日、足利義政が鹿苑院塔の造立を命じる。この日、事始が行われる。

一五四七〔蔭凉軒日録〕長禄三年八月・十月条

『増補続史料大成』、一巻、二二三頁

（八月）十日、（中略）当寺（院）塔婆可造立之由被仰出也、
但当寺（相国寺）御寄進之御引物、可被寄于当院（鹿苑院）云々、与当院主（瑞渓周鳳）評
之、以鹿色可奉懸于御目也、
十五日、（中略）当院（鹿苑院）塔婆修造之事、被仰出、院主謹礼
謝之由被白也、諸奉行之僧等書立、重可被註申也、
廿二日、（中略）当院塔婆造営、奉行之書立幷鹿色七千二
百七十八貫八百三十六文之註文、奉懸于御目也、（後略）
廿四日、（中略）当院塔婆造作、御寄進之、（後略）
廿九日、当院修造事始在之、蓋塔婆之事也、修造司徳璉
都寺、（後略）
（十月）七日、（中略）被寄于当院塔婆之請取状、奉懸
于御目、（後略）

○長禄四年（一四六〇）四月二十四日に鹿苑院塔修造始の
記事あり（本書一五七三号史料）。

長禄三年（一四五九）九月五日、足利義政の希望により、鹿苑院主瑞渓周鳳が室町新第で観音経を講義する。

一五四八〔蔭凉軒日録〕長禄三年八月・九月・十月条

『増補続史料大成』、一巻、二二四頁

（八月）廿七日、（中略）当院主（鹿苑院）瑞渓和尚（・周鳳）、被召於殿中
新造之間被受観音経也、御布施盆一枚・段子一端、於御

前被進矣、（後略）

廿八日、院主瑞渓和尚、可被講観音経之由被仰出也、来月可被択吉日之由被仰出也、即於院主奉報之、観音経正其声而可被白之由在之、春阿奉之、

廿九日、（中略）来月五日、於殿中瑞渓和尚可被講観音経之由被仰出也、講義之間、限二日可有懇誦之由被仰出也、講日之緩急被尋、想以急五日以後十日割〔考一本割作計〕之由白之、即奉報此旨也、以春阿奉之、

（九月）三日、今月中御成、以書立献之、来五日院主瑞渓和尚、観音経講義、以五鼓之鳴奉始之由被仰出也、科註之本可献之由被仰出也、

五日、観音経之講、五鼓之時被始也、御新造之間被始之、同御内垂簾聴聞、某（季瓊真蘂）亦居座末、洪蔵主（範林周洪）・伊勢守（伊勢貞親）・法眼、侍于戸外之縁也、講日可隔二日之由有命、

八日、観音経之講在之、如恒也、

（十月）二日、御誕生御祈禱如恒、観音経之講畢了〔考一本無了字〕也、鹿苑院主瑞渓和尚、為講経御布施、練貫五重・香合一箇・盆二牧（枚）・水油三切六十両被拝受、於御会所被参于御前也、彼忱謝并講経了之御礼、（後略）

○観音経講義の記事が九月十一・十四・十七・二十三・二十六・二十九日条等にみえる。

長禄三年（一四五九）九月六日、室町幕府が諸五山喝食の華美な衣服を禁止する。

一五四九〔臥雲日件録抜尤〕長禄三年九月六日条

六日、季瓊（真蘂）来曰、諸五山喝食衣服、承公命禁華靡、――

『大日本古記録』、一一七頁

長禄三年（一四五九）九月二十八日、室町幕府が徳岩正盛から借用した三万疋の返済を進めるよう奉行に命じる。

一五五〇〔蔭凉軒日録〕長禄三年九月二十八日条

廿八日、（中略）盛都（徳岩正盛）聞借用三万疋之分、山城国上狛（相楽郡）被入置処、飯尾肥前守（之種）不渡之由白之、命于奉行也、（後略）

『増補続史料大成』、一巻、二二六頁

長禄三年（一四五九）九月二十八日、相国寺が富樫泰高による加賀国永生寺領開発名の押領を室町幕府に訴える。

一五二一〔蔭凉軒日録〕長禄三年九月・十月条

『増補続史料大成』、一巻、二二六頁

（九月）廿八日、（中略）賀州永生（寺脱カ）領開発名、富樫介（泰高）不渡之、普広院（足利義教）為南禅寺竺都聞闕所被下、至普広院御代拝領、当知行之上者、不可相違歟之由披露之、但可有其引懸也、以其例可被仰付之由被仰出也、（後略）

（十月）十七日、（中略）永生寺領開発名富樫介不渡之事、披露之、（後略）

○加賀国永生寺は永享九年（一四三七）に相国寺が拝領する（本書七二四号史料）。

長禄三年（一四五九）十月七日、相国寺銭納寮が炎上する。

一五二二〔蔭凉軒日録〕長禄三年十月・十一月条

『増補続史料大成』、一巻、二二七頁

（十月）七日、西芳寺（嵯峨）為紅葉御成、御斎、前暁、当寺（相国寺）〔考一本無寺字〕銭納不寮有大災（火）、即参而披露之、（後略）

十五日、（中略）当寺銭納寮、今月七日之夜炎上、以故逐電也、交代増都聞・湊都聞・珉都寺書立之伺之、（後略）

十七日、（中略）就于当寺火災之事、被召陰陽在貞（勘解由小路）・在盛（勘解由小路）二人、被召之以占文献之、自今晩祈禱之事被仰出也、即以此命付寺家也、

廿四日、（中略）寺家警固之事、即召寺管命之、蓋火災之事也、（後略）

（十一月）十日、当寺銭納所寮、中慶都寺、帰住于寺家致再住、以再興望中謝其罪、故評定衆之訴状有加判也、如元造立則可有御免許之由被仰出也、（後略）

長禄三年（一四五九）十月十五日、足利義政が焼香のため鹿苑寺に御成し、三重殿閣に登る。

一五二三〔蔭凉軒日録〕長禄三年十月十五日条

『増補続史料大成』、一巻、二二八頁

十五日、鹿苑寺御斎、先於仏殿幷法水院御焼香、斎後於鐘間御焼香、（中略）斎後三重殿閣御焼香幷御登覧也、（中略）以鹿苑寺住持立之（・瑞幢）和尚、為御礼被参于当軒（蔭凉軒）也、（後略）

長禄三年(一四五九)十月二十六日、足利義政が諸五山の知事(東班衆)から室町新第移居の費用を借用する。十一月二十日に鹿苑院主瑞渓周鳳等の相伴衆が移居を祝して参賀する。

一五五四〔蔭凉軒日録〕長禄三年十月・十一月条　『増補続史料大成』一巻、二三二頁

(十月)廿四日、(中略)来月十六日御所御移徙之後、諸事披露之事、参于御所可白之事被仰出也、(後略)

廿六日、(中略)就于上御所移徙之御用脚、其御用脚貳千貫文可命諸五山知事中有御借用之由、以伊勢兵庫助(貞宗)・松田丹後守(秀興)・飯尾加賀守(之清)・同左衛門大夫(之種)、可取沙汰之由被仰出也、即召諸五山評定衆首幷都聞命之、

廿七日、(中略)前日諸五山御備〔考備一作借〕用之事、於今日召評定衆首幷都聞命之、

(十一月)十二日、上御所御移徙之後、御相伴衆、来廿二日可有参賀之由被仰出也、其日諸門跡被参云々、(後略)

十六日、今日亥刻、自細川右馬頭(持賢)殿御移徙于上御所也、

廿二日、御相伴衆、等持院(洛北)等速(連)(竺雲)・鹿苑(鹿苑院)周鳳(瑞渓)・崇寿(相国寺)真圭(龍崗)・相国俊誉(以仁)・等持寺(三条坊門)棠(松堂守蔭)〔考棠一作守護〕、蔭・蔭凉某(季瓊真蘂)、各献千疋之折紙、於御対面所最先御対面、蓋旧例也、香厳院(嵯峨)清謹(修山)・普広(相国寺)永広・万松軒(相国寺常徳院)澄安(仙岩)・長福寺(梅津)元照・勝定(相国寺)俊雪(秀渓)・徳雲(南禅寺)良藤(春芳)・聯輝(相国寺常徳院)永俊・周洪(範林)蔵主、各献千疋、但香厳三千疋、蓋旧例、(後略)

○足利義政が室町新第に移居したのは十一月十六日。

○『蔭凉軒日録』長禄四年(一四六〇)七月十四日条に「等持寺松堂二夏三年之分退院之事被報之、」とあるため、十一月二十二日条の「棠蔭」は棠蔭等奭ではなく松堂守蔭である。

長禄三年(一四五九)十一月七日、足利義政が僧方の事務のうち将軍への報告は季瓊真蘂が、その他の用務は範林周洪が務めるよう命じる。

一五五五〔蔭凉軒日録〕長禄三年十一月条　『増補続史料大成』一巻、二三二頁

五日、来十六日、移徒(徙)以後、悉可守旧規之命有之、事及範林(・周洪)、

七日、(中略)就上御所移徙、某(季瓊真蘂)旧規之次第除披露之事外、大概洪(範林周洪)蔵主可勤之由、被仰出也、因書立條々之規式、

遣于蔵主、々々奉懸于御目之処、毎朝出仕之事者、不可有披露之事故、可略之、寺家御成、兼日幷御成之日、早朝奉報之事者、某可申之由被仰出也、（後略）

長禄三年（一四五九）十一月十五日、足利義政が室町新第に移居するため、季瓊真蘂が栗室御書院書籍や直垂・持仏堂本尊等を蔭涼軒御倉で預かる。

一五五六〔蔭涼軒日録〕長禄三年十一月十五日条　『増補続史料大成』、一巻、二三二頁

十五日、栗室《（高倉御所）》御書院書籍請取之、春阿奉之、請取出之、御直垂十七具、自藤中納言殿請取之、上御所移徙之前日也、小持仏堂阿弥陀本尊、御厨子幷御書籍請取之、（後略）

○桑山浩然『室町幕府の政治と経済』（吉川弘文館、二〇〇六年）一六〇頁では、この記事を季瓊真蘂が管理する蔭涼軒御倉に関するものとする。

○栗室書院の額字を作成する記事が『蔭涼軒日録』長禄二年（一四五八）七月二十日・八月一日条にあり。

長禄三年（一四五九）十一月二十日、相国寺秉払の際、普広院僧と常徳院僧が位次をめぐって争い、夜に常徳院衆と普広院衆が闘争する。

一五五七〔碧山日録〕長禄三年十一月二十一日条　『大日本古記録』、上巻、八〇頁

二十一日、己亥、昨日相国寺秉払之会、普広《（相国寺）》・常徳《（相国寺）》之両徒争位生事、以鉄鞭利剣相撃刺、入夜、常徳之徒攻普広、々々之徒張弓矢禦之、従而蒙傷者多矣、云精霊敢決武門之作也、為釈氏者、結冤報仇、蓋其服《面釈》武其心《為》何也、蓋以季世魔之強法弱也、若僧中有董狐者紀之、○宗門盗人乎也、

長禄三年（一四五九）十一月二十八日、室町新第に移した観音殿に本尊が移される。

一五五八〔蔭涼軒日録〕長禄三年十一月二十八日条　『増補続史料大成』、一巻、二三四頁

廿八日、（中略）観音殿本尊早晨被移也、小持仏堂本尊阿弥陀之像、前廿七日被移也、春阿奉之、来十八日懺法、御所御祈禱、未在之故、先来月於本坊観音前可勤修懺之

由、以春阿被仰出也、御持仏堂之西北之御棚之御書籍、并其当軒（蔭凉軒）被預置之中、於御所外記三位入道（舟橋業忠）択取之、被積于御棚也、春阿奉之、（後略）

○同年四月十八日に観音殿が室町新第に移される（本書一五三三号史料）。

○蔭凉軒御倉に足利義政の書籍を預ける記事が本書一五三九号史料にあり。

長禄三年（一四五九）十二月八日、仙岩澄安が備前国東野田保を鹿苑院塔造営料として寄進する。

一五五九〔蔭凉軒日録〕長禄三年十二月八日条

『増補続史料大成』、一巻、二三六頁

八日、当軒（蔭凉軒）御成、紅糟・索麺并御斎、仙岩和尚（・澄安）、備前国東野田保（御野郡）為当院（鹿苑院）塔婆料、奉寄進之由、以状被白披露之、即御領掌之、但彼所領者仙岩和尚以一千貫文買得管領細川殿（勝元）被管薬師寺出雲守ヨリ之重破契約之故、以彼代々御判奉懸于御目也、（後略）

十一日、（中略）当院塔婆領御判可書立之由、命于飯尾左衛門大夫（之種）、明日一端可白于管領之由、致披露而可書上御判之由評之、与伊勢守（伊勢貞親）共評之、（後略）

長禄三年（一四五九）十二月九日、足利義政が相国寺法堂における闘争の罪を問い、普広院顕侍者と相国寺前住以仁俊誉の侍衣岷蔵主を所司代に召し置くよう命じる。

一五六〇〔蔭凉軒日録〕長禄三年十二月九日条

『増補続史料大成』、一巻、二三六頁

三日、（中略）冬節之夜、於法堂（相国寺）闘諍之事、備披露之、前住以仁和尚（・俊誉）臨退院之辰、件々被侵禁法之事、備披露之、来八日以後一段可有御成敗之由被仰出也、（後略）

九日、（中略）普広院（相国寺）・常徳院（相国寺）闘諍之義并前住以仁和尚（相国寺）、不法之罪科被召出其侍衣、一段可有糺明之由、当寺奉行飯尾左衛門大夫（之種）・同大和守（元連）、往于普広院并常徳院可出張本人之由被仰出也、伊勢守（伊勢貞親）及愚老（季瓊真蘂）承此命而伝于両奉行也、

廿五日、（中略）常徳院・普広院・前住以仁和尚之侍衣、御罪科被召出之事、以伊勢守急可致成敗之由、被命于飯尾左衛門大夫并同大和守也、（後略）

廿九日、（中略）普広院顕侍者并前住以仁和尚之侍衣岷蔵

主、所司代可召置之由、以勢州被仰付于奉行飯尾左衛門
大夫幷同大和守也、

○普広院と常徳院との闘争の記事は、本書一五五七号史料にあり。

長禄三年（一四五九）十二月九日、東寺宝勝院が備中国新見庄代官の無沙汰を訴える。相国寺本都寺に談合したが解決せず。

一五六一〔最勝光院方評定引付〕長禄三年十二月九日条
東寺百合文書け函一〇、『岡山県史』第二〇巻、一一二三頁

（表紙）
「六十七
最勝光院方評定引付 長禄三年己卯」

（中略）

最勝光院方評定引付 長禄三年己卯

十二月九日

権僧正　融覚　公禅　仁然　宗寿

一新見（備中国英賀・哲多郡）之事、自宝勝院（東寺）（重増カ）承候子細、当代管（官）無沙汰之間、相
国寺之本都寺ニ、為寺家雖有御談合、今ニ不事行候歟、
然者、致了簡、寺家直納ニ申成、仍御代管（官）職永代申請、
於御年貢、如此間、毎年百五拾貫文可致沙汰候、但申
達候以後三ヶ年者、百貫文可納申候、此在所強所ニ候
之間、守護方（細川氏久）之物語、可有所務之由、被申候之間、披
露之処ニ、守護方被語候事、不可然候、但依人躰、可
有了簡候、仍人躰を尋可申之由、衆儀治定了、

（後略）

○本史料三月十八日・四月五日条に関連記事あり。

長禄三年（一四五九）十二月十七日、興福寺大乗院が勝定院に足利義持三十三回忌の仏事銭を納める。

一五六二〔大乗院寺社雑事記〕長禄三年十二月晦日条
『増補続史料大成』、一二巻、一五五頁

晦日、（中略）
一勝定院殿（足利義持）御仏事料足請取到来、雖被仰懸二十貫文、十
貫文進之了、納所相国寺之勝定院、
請所（取カ）申
勝定院殿三十三年忌御仏事銭事
合拾貫文者
右為大乗院（興福寺）進上分而所請所申之状如件、

長禄三年十二月十七日
奉行周知（明岩）判
安始判
侍真周超判
主事徳璉判
院主俊雲（霅）判
勝定院（秀渓）
「（追記カ）此請取同四年正月廿九日自柚留木（重芸）（大和国添上郡奈良）方進之了、」
（後略）

○この時の勝定院主は秀渓俊霅（『蔭凉軒日録』長禄三年十二月十二日・同四年正月二十二日条）。

長禄三年（一四五九）十二月二十一日、相国寺住持修山光謹等が寺領美作国富美庄から搬出する風呂造営用材木に対する同国守護山名政清の押妨を室町幕府に訴える。

一五六三〔蔭凉軒日録〕長禄三年十月・十二月条
『増補続史料大成』、一巻、二四〇頁

（十月）十五日、（中略）当寺（相国寺）領作州材木、為風呂造営自国方被押置之分、御免許之由被仰出也、（後略）

廿四日、（中略）当寺風呂材木、作州守護方（山名政清）、可成御奉書之由、飯尾左衛門大夫（之種）方命之、
（十二月）廿一日、（中略）当寺風呂材木、作州富美庄（苫西郡）取之、可被寄進于寺家之御奉書被成処、自守護方掠申、而被成御奉書、寺家愁訴之由、以長老修山和尚（光謹）幷都聞之状白之、於寺家可有御免許之御奉書、可被成之由、於寺（相国寺）家奉行左衛門大夫被仰出、即命之、（後略）

長禄三年（一四五九）十二月二十六日、常徳院領但馬国小佐郷恒富庄庄主が日光坊に石原大畠名の名主職を宛てがう。

一五六四〔但馬国恒富庄主良孝名主職宛行状〕日光院文書
『兵庫県史』史料編 中世三、六二三頁

宛行相国寺常徳院御領
但馬国小佐郷（養父郡）石原大鼻（畠）名識（職）之事
合壱名悉皆所者 大はたけ（畠）名とかうす（号）、
右彼名識（職）者、黒口村（養父郡小佐郷）水垣与二郎依有由堵（緒）、持米代々知行所実也、雖然、彼仁御公事・御年貢退崛（屈）仕候、本支證等相副、以上表状、寺家へ上進所実也、然間彼名者、無主

之地依不可然、為寺家無勿躰依存、日光坊仁補任之上者、全知行、有限御公事・年貢等無台(怠)慢、可有取沙汰者也、然者後々於寺家幷御代官、不可有違乱妨者也、仍宛行状如件、

長禄参年十二月廿六日

恒富庄(養父郡小佐郷)主良孝(花押)

日光坊へ

参

長禄三年(一四五九)十二月二十八日、足利義政が相国寺に持仏堂建造の費用として二百貫文の借用金を進上するよう求める。

一五六五〔蔭凉軒日録〕長禄三年十二月二十八日条

『増補続史料大成』、一巻、二四一頁

廿八日、依寺家御借用怠慢、以伊勢兵庫助(貞宗)被仰出也、為御持仏堂造作御用脚於当寺(相国寺)貳百(貫脱カ)文可進上之由、以伊勢兵庫助被仰出也、即召都聞命之、領掌之由、披露之、

長禄四年(一四六〇)正月十四日、足利義政が室町殿観音殿において懺法を行うよう命じる。

一五六六〔蔭凉軒日録〕長禄四年正月条

『増補続史料大成』、一巻、二四二頁

十二日、来十六日御祈禱、十八日当院(鹿苑院)幷蔭凉間物御成之事伺之、

十四日、来十八日懺法於観音殿、自今月可被修之由、又十六日御祈禱・御布施御用脚之事、可命于飯尾(之種)左衛門大夫之事伺之、

十六日、御祈禱如旧也、於御鬢所白案内奉始也、但洪蔵(範林周洪)主被白之、

十七日、奉報来晨当院御成煎点幷蔭凉間物之事也、

十八日、早晨参而奉報当院御成之事也、本坊御成御点心、自客殿御成于御所之間、御手水後、懺法御銘被遊也、

(後略)

長禄四年(一四六〇)二月十五日、仙岩澄安が足利義政の命に従って上洛し、常徳院内万松軒に住居する。

一五六七〔蔭凉軒日録〕長禄四年二月条

『増補続史料大成』、一巻、二四八頁

十一日、（中略）仙岩(・澄安)和尚可有在洛之由被仰出也、（後略）
十五日、（中略）仙岩和尚以上命御上洛之由、披露之、（中略）仙岩和尚可被居于万松軒(相国寺常徳院)之由被仰出也、即召璹首座幷容蔵主命之、
十九日、（中略）仙岩和尚住居于万松軒之由披露之、

長禄四年（一四六〇）三月五日、常徳院内養源軒と相国寺が養源軒北に位置する洞雲軒跡の敷地をめぐり相論する。

一五六八〔蔭涼軒日録〕長禄四年三月条

『増補続史料大成』、一巻、二五〇頁

五日、奉報来日方丈(相国寺)御成之事也、就養源軒(相国寺常徳院)被競望洞雲之(相国寺)敷地之事、飯尾美濃入道(貞元)披露之、雖然於寺家当院主(瑞渓周鳳)幷愚(季瓊真蘂)老、其子細被尋下也、仍長老(天英周賢)・諸東堂・評定衆(鹿苑院)、於当軒(蔭涼軒)列参、而無謂之由、被嘆申(相国寺)、明日可披露之、
六日、方丈御成、御斎、御小袖三重・盆・段子・高檀紙・杉原各十帖献之、養源軒之北敷地、洞雲之跡、罷養源之競望、可免大周(・周斎)和尚塔頭之旨、依寺家被申、可被免之由被仰出也、（中略）養源・洞雲争論之敷地、以指図奉懸于御目也、長老天英和尚為御礼被参当軒也、
八日、（中略）養源敷地之事、重披露之、（後略）
十二日、（中略）洞雲之敷地、為大周和尚一分渡于崇寿(相国寺)院龍崗(・真圭)和尚之由、又等持院(洛北)竺雲(・等連)和尚退之事、御抑留辱之由披露之、（後略）

長禄四年（一四六〇）三月十日、足利義政が諸寺院に還付された荘園の年貢を取り立てるよう寺家評定衆と寺奉行に命じる。

一五六九〔蔭涼軒日録〕長禄四年三月条

『増補続史料大成』、一巻、二五一頁

十日、（中略）寺院雖有還附所々年貢怠慢、為寺奉行者厳可致其披露之由、以伊勢守(伊勢貞親)於諸奉行被仰付也、（後略）
十六日、（中略）諸庄園年貢未納怠慢之事、厳竜(可カ)被仰付之事、於伊勢守第宅召寺家之評定家(衆カ)幷奉行、可被尋究之由、於伊勢守直被仰付也、即於院主(鹿苑院)瑞渓(・周鳳)和尚(伝脱カ)此命也、
（後略）

長禄四年（一四六〇）三月二十日、西芳寺に空海筆『聾瞽指帰』が夢窓疎石愛用本として伝わる。

一五七〇〔臥雲日件録抜尤〕寛正元年三月二十日条

『大日本古記録』、一二二頁

廿日、（中略）西芳寺（嵯峨）同書記（大虚梵同）、出国師（夢窓疎石）平日受用書籍、箱中有弘法大師（空海）聾瞽指帰、蓋弘法所作、又名三教《カウ》指帰、中有髦毛先生論・虚仮先生論・生死海賦等、皆遮眼耳、

――

○貞和二年（一三四六）に夢窓疎石が『聾瞽指帰』を賜わり西芳寺蔵本としたことが本書八一号史料にあり。

長禄四年（一四六〇）四月三日、真如寺正脈院主崇奭西堂が正脈院領近江国岩根郷と伊豆国安久保に対する建松等の押領を室町幕府に訴える。

一五七一〔蔭凉軒日録〕長禄四年四月・七月条

『増補続史料大成』、一巻、二五四頁

（四月）三日、正脈院（真如寺）領訴訟之事伺之、即命于飯尾加賀（之清）守也、江州岩郷（根脱）（甲賀郡）幷伊豆国布施民部丞（為基カ）押領両條之事也、（後略）

十四日、（中略）正脈院領江州岩根郷、松建（建松）彦兵衛可被召籠之事、以院主崇奭西堂訴状白之、即命于寺奉行飯尾加賀守也、（後略）

廿日、（中略）正脈院領江州岩根郷、就建松彦兵衛父子之事可被成御奉書之事伺之、（後略）

廿七日、正脈院領江州岩根郷、建松彦兵衛籠者之事伺之、命飯尾加賀守也、猥不可有御宥免之由預申之、

（七月）六日、（中略）正脈院領江州酒人橋（甲賀郡）之事、幷茶園広畠等押領之事被仰付寺奉行斎藤遠江守（基世）也、西芳寺領之事、誤書于正脈院領也、正脈院領江州岩根郷幷豆州安久（田方郡）保之事、布施民部大夫（為基カ）可被付之事、即命于寺奉行飯尾加賀守也、

長禄四年（一四六〇）四月十六日、常徳院と同院内万松軒が室町幕府の命により罪科の僧を差し出す。

一五七二〔蔭凉軒日録〕長禄四年二月・三月・四月条

『増補続史料大成』、一巻、二五五頁

（二月）三日、（中略）常徳院(相国寺)発向于普広院(相国寺)之張本三人可出之由、以伊勢守(伊勢貞親)被仰付于飯尾(之種)左衛門太夫也、（後略）

四日、（中略）常徳院罪人之事、伊勢守厳命于飯尾左衛門大夫、愚老(季瓊真蘂)命之、蓋前日被仰出之旨也、

十日、早晨、奉報来日常徳院御成事也、御掛絡之寸尺之事、明日可被仰出之由、以春阿被仰出也、常徳院罪人之事、依伊勢守不出仕、而今晨披露、先閣之、

十一日、奉報来日徳雲院(南禅寺)御成之事也、常徳院御成、御斎、以厳命被責常徳院罪人未出之怠慢之事、若尚怠、則向後不可被聞召常徳門中之訴訟之由、被仰出也、仙岩(・澄安)和尚可有在洛之由被仰出也、（後略）

（三月）二日、（中略）常徳院之罪人、早可被出之事、重以伊勢守并飯尾(元連)大和守、被命于万松軒(相国寺常徳院)也、（後略）

（四月）十六日、常徳院被召出、罪科之僧二人被出之、与伊勢守共披露之、（後略）

十七日、常徳院并万松軒、依彼罪科之僧二人出而彼門中御免許之由被仰出也、来十九日可有参礼之由伺之、

十九日、常徳院寮堂万松仙岩和尚、盆・段子・杉原、各為罪科之僧出之、門中安堵之被仰出、依之被参于御前(所カ)也、（後略）

長禄四年（一四六〇）四月二十四日、鹿苑院塔の修造始が行われ、足利義政が臨席する。

一五七三〔蔭凉軒日録〕長禄四年四月・五月・八月条

『増補続史料大成』、一巻、二五六頁

（四月）廿四日、当軒(蔭凉軒)御成、御斎、普広院(相国寺)焼香、当院(鹿苑院)塔婆修造被始之事被御覧也、詣于清和院(正親町富小路)、

廿五日、（中略）当院塔婆請取三通、奉懸于御目也、（後略）

（五月）廿六日、（中略）天龍都聞乾高為懸于御目献三千疋、即遣当院塔婆之造営方也、

（八月）廿四日、（中略）越前龍翔寺安堵、御判拝領、為御礼献千疋、被寄進于当院塔婆造営方也、（後略）

○長禄三年（一四五九）八月二十九日に鹿苑院塔事始の記事あり（本書一五四七号史料）。

○越前国龍翔寺は鹿苑院末寺（『蔭凉軒日録』長禄四年七月五日条）。

長禄四年（一四六〇）五月十六日、足利義政が蔭凉軒所蔵の義満・義持・義教筆の法華経を見る。

一五七四〔蔭凉軒日録〕長禄四年五月十六日条　『増補続史料大成』、一巻、二五八頁

十六日、御所御祈禱、大般若如恒也、晨起以後申案内奉始之、鹿苑院（足利義満）殿・勝定院（足利義持）殿・普広院（足利義教）殿、三院御筆法華経、以誉阿弥被召御覧、即覧被返置、但在当軒（蔭凉軒）御具足之内也、

長禄四年（一四六〇）五月二十六日、足利義政が寺奉行を介して蔭凉軒の勘定を督促する。

一五七五〔蔭凉軒日録〕長禄四年五月二十六日条　『増補続史料大成』、一巻、二五九頁

廿六日、（中略）当軒（蔭凉軒）未勘定之事、為寺奉行可督之由被仰出也、（後略）

長禄四年（一四六〇）六月二日、足利義政が病気のため諸五山に祈禱を命じる。

一五七六〔蔭凉軒日録〕長禄四年六月二日条　『増補続史料大成』、一巻、二六〇頁

二日、（中略）依御微恙、自今晩諸五山御祈禱之事、被仰出也、

長禄四年（一四六〇）六月二十三日、足利義政が、義教年忌に先立って罪科に処された勝定院・普広院・常徳院の僧と行者を赦免する。

一五七七〔蔭凉軒日録〕長禄四年六月二十三日条　『増補続史料大成』、一巻、二六二頁

廿三日、奉報来日普広院（相国寺）御成事也、勝定院（相国寺）・普広院・常徳院（相国寺）罪科僧・行者、普広院殿（足利義教）年忌之前、御赦免事、（図一本無事字）以院主（瑞渓周鳳）幷等持院主（笠雲等連）之状伺之、即御免之由被仰出、勝定院以仁和尚（鹿苑院）・岷蔵主（洛北）・普広院亨侍者・常徳院憬（悰カ）副寺・常春（・俊誉）行者也、藤監寺則於獄中逝矣、（後略）

○以仁俊誉と普広院僧が罰せられた事件は本書一五六〇号史料に、常徳院僧が捕縛された記事は同一五七二号史料にあり。

長禄四年（一四六〇）六月二十五日、室町幕府が諸五山に課した伊勢造営役夫工米を督促する。

一五七八〔蔭凉軒日録〕長禄四年六月・七月条

『増補続史料大成』、一巻、二六二頁

（六月）廿五日、（中略）造宮役工米事、諸寺家来、十五日以前可有直進之由被仰出也、伊勢守(伊勢貞親)以問註所并飯尾加賀(之清)所白被命之、即命于諸寺院也、

（七月）九日、役夫工米之事、於諸五山督之、問註所并飯尾加賀守依有折紙也、諸五山可勤之、返章有之、

長禄四年（一四六〇）七月十三日、鹿苑院で施餓鬼が行われ、足利義政が臨席する。

一五七九〔蔭凉軒日録〕長禄四年七月条

『増補続史料大成』、一巻、二六四頁

十二日、奉報来日晩来当院(鹿苑院)施餓鬼之事也、

十三日、奉報晩来当院施餓鬼、御成可申案内之事也、

（中略）七鼓之刻申案内、即御成、施餓鬼御成御焼香、管領(細川勝元)被参侍也、（後略）

○毎年七月十三日に鹿苑院の施餓鬼が行われる。

長禄四年（一四六〇）七月十八日、相国寺西明楼が倒壊したため、相国寺住持以遠澄期が逐電する。足利義政がこれを召し返すよう鹿苑院主瑞渓周鳳に命じる。

一五八〇〔蔭凉軒日録〕長禄四年七月十九日条

『増補続史料大成』、一巻、二六五頁

十九日、（中略）十八日申刻西明(相国寺)棲(楼)顚例(倒)、仍住持以遠和(・澄期)尚逐電、但以廃壊顚例倒(倒例)之故不為怪、以之院(鹿苑院)主瑞渓和(・周鳳)尚以長老可被召還之由被仰出、即奉命于院主也、

一五八一〔臥雲日件録抜尤〕長禄四年七月十八日条

『大日本古記録』、一二四頁

十八日、┃┃向晩、東北有振動迸去、蔭凉以箴首座来問此散之声、似雷非雷、良久、出官来報、明《ミン》(相国寺)楼崩矣、方丈(相国寺)免僧来報、長老(以遠澄期)退去、将以使諭蔭凉(季瓊真蘂)、々々以箴(益之宗箴)首座来問、此事可達上聞否、予(瑞渓周鳳)曰、速達則可也、予謂、当寺(相国寺)十年以来、住持頻換、就中為佳長老者、一両輩耳、今住持其一

也、人皆以明楼忽崩、為住持薄福所致、可慨也、明楼廃壊日久、況今夏、淫雨及百日、今日又小地震、故崩壊、理勢耳、非可疑、然住持、当此時、亦数奇也、按慈明(・楚円)謁神鼎諲(洪諲)、々問、汾州(山西省汾陽県)有西河師子、是否、慈明指其後、絶叫曰、屋倒矣、童子返走云々、諲嘆曰、汾州乃有此児耶云々、只此屋倒、前虚後実、雖同而驚也、相国今明楼崩倒之間、挙古人、以此為参禅之助者、可得児輩為紛怪談之一端耳、 ○底本「諲嘆」以下「一端耳」マデ「七月」ノ下ニアリ、線ヲ以テコヽニ入ルベキヲ示ス、追抄ナルベシ、

一五八二〔碧山日録〕長禄四年七月十八日条

『大日本古記録』、上巻、一三〇頁

十八日、壬辰、勤行如規、江州太守六角某(政尭)殺其家臣伊庭(満隆)子、天宇微陰、有虹、起於相国寺僧堂之後地、尋明楼崩倒、其声如山岳之摧、寺僧怖之、

○西明楼の崩壊により、同年八月十日に相国寺住持以遠澄期が退院する。玉村竹二校訂『扶桑五山記』（臨川書店、一四六頁）参照。

長禄四年（一四六〇）八月十五日、足利義政が普広院領備後国福田庄地頭職・同国則光庄西方地頭職等を安堵し、諸役を免除する。

一五八三〔足利義政御判御教書〕普広院文書

(端裏貼紙)「慈照院殿」

普広院(相国寺)領備後国福田庄(葦田郡)地頭職・同領家預所職・同国則光(世羅郡)庄西方地頭職・伯耆国所子保(汗入郡)半分・丹波国八木志万(船井郡)地頭職・播磨国太田庄(出石郡)地頭職・同領家預所職・同国佐用(佐用郡)広岡名・備前国香登庄(和気郡)三分二・参河国東上郷(宝飯郡)・洛中楊梅烏丸南東頬屋地壹町除篝地・北林屋敷等事、任当知行之旨、寺家可全領知之状如件、

長禄四年八月十五日

内大臣兼右近衛大将源朝臣(足利義政)（花押）

○『分散した禅院文書群をもちいた情報復元の研究』六〇頁参照。

一五八四〔足利義政御判御教書〕普広院文書

(端裏貼紙)「慈照院殿」

普広院(相国寺)領備後国福田庄(葦田郡)地頭職・同領家預所職・同国則光(世羅

（郡）庄西方地頭職・伯耆国所子保（汗入郡）半分・丹波国八木（船井郡）志万地頭職・播磨国太田（出石郡）庄地頭職・同領家預所職・同国佐用（佐用郡）広岡名・備前国香登（和気郡）庄三分二・参河国東上（宝飯郡）郷・洛中楊梅烏丸南東頬屋地壹町除篝地・北林屋敷等段銭・臨時課役以下事、所令免除也、早可為守護使不入地之状如件、

　長禄四年八月十五日

内大臣兼右近衛大将源朝臣（足利義政）（花押）

○『分散した禅院文書群をもちいた情報復元の研究』六一頁参照。

長禄四年（一四六〇）八月二十三日、細川勝元が醍醐寺義賢の門跡号辞退について、直接、季瓊真蘂を介して足利義政に申し上げるよう醍醐寺に伝える。

一五八五〔細川勝元書状〕醍醐寺文書

『大日本古文書　家わけ第一九』一、八五頁

（端裏書）「長禄四八廿三」

可申上間事、御披露御難儀之由、蒙仰候、不得其意候、且失面目候、事新様ニ候へ共、号御門跡之御事者、御代々自然之事、申御沙汰天下存知事候、殊当于御身（義賢）不可有御辞退事候、以次令申候、勝定院殿（足利義持）様御代、故御門跡（満済）之御時、祖父（細川満元）候者、面々令同道、御門跡へ参候て、申入事候し、則御披露候き、又当于御身候ても、普広院殿（足利義教）御代親（細川持之）候者之時、為御承、諸大名方へ被仰出事候し、又当（足利義政）御代にも度々被折御骨、毎事于今属無為候事、誰々も存知事候、只今就私、申御辞退、更不得其意候、其上以御門跡可申上之由、以蘂西堂（季瓊真蘂）、達置上聞候、所詮、御参候て御披露可畏存候、於題目者、此御返事已後参候て、直ニ可申候、恐々謹言、

（押紙）「長禄四年」

　八月廿三日　　勝元（細川）（花押）

　　禅那院（醍醐寺）進之候

（切封）「―　―」

長禄四年（一四六〇）八月二十四日、足利義政が禅僧の帽子や喝食の額髪を旧様に戻すよう命じる。

一五八六〔蔭凉軒日録〕長禄四年八月・九月条

『増補続史料大成』、一巻、二七〇頁

（八月）廿四日、（中略）叢林帽子、近来改様子云々、

甚為不可也、可（図一本無可字）、如旧様之由、可相触之由被仰出也、（後略）

（九月）二日、（中略）叢林帽子旧様之事、幷喝食額髪旧様之事、命于僧中也、（後略）

長禄四年（一四六〇）九月十五日、足利義政が相国寺・鹿苑院領年貢の勘定を終えるよう強く督促する。

一五八七〔蔭凉軒日録〕長禄四年九月条

『増補続史料大成』、一巻、二七二頁

十五日、当寺（相国寺）幷当院（鹿苑院）勘定等怠慢之事、以伊勢守（伊勢貞親）被命飯尾左衛門大夫（之種）幷大和守（元連）、今日中湊都聞可遂勘定、若及難渋可有御罪科之由被仰出也、（後略）

十六日、（中略）前日当院領作州英田（英多郡）楢原、湊都聞勘定、以上意成之故、今晨自院（鹿苑院）主（瑞渓周鳳）被申其御礼也、前日両奉行證明也、

長禄四年（一四六〇）九月二十六日、相国寺住持静甫周喆と大勧進仙岩澄安が、美作国守護山名政清による同国富美庄の相国寺風呂造営材木の無沙汰を室町幕府に訴える。

一五八八〔蔭凉軒日録〕長禄四年七月・九月・閏九月・十月条

『増補続史料大成』、一巻、二七三頁

（七月）五日、（中略）当寺（相国寺）風呂材木、作州富美荘（苫西郡）御成敗之事伺之、以伊勢守（伊勢貞親）与寺奉行飯尾左衛門大夫（之種）可相計之由被仰出也、赤松次郎法師（政則）知行分、就訴人所申、毎被尋下其子細之由白之、

（九月）廿六日、（中略）当寺風呂之材木、依作州守護（山名政清）無沙汰自寺家可取進之由、以長老静甫（・周喆）和尚幷大勧進仙岩（・澄安）和尚之状披露之、即可属寺家之由被仰出也、命于寺（相国寺）奉行飯尾左衛門大夫也、

（閏九月）十五日、当寺領富美材木遵行難渋之事、重披露之、以左衛門大夫堅被仰付于守護方也、（後略）

（十月）四日、（中略）富美庄当寺材木守護遵行難渋之由披露之、堅可致沙汰之由、以伊勢守被仰付飯尾左衛門大夫也、

九日、富美材木守護遵行難渋之事、以長老静甫和尚幷仙岩和尚之状、重可被仰付之由披露之、（後略）

廿一日、作州守護山名兵部少輔（政清）、依富美庄材木遵行被出

飯尾左衛門大夫、可懸于御目之由白之、仍披露之、（後略）

長禄四年（一四六〇）閏九月十四日、恵林院内攝芳軒等晃が播磨国大部庄公文方の代官職を請け負う。

一五八九〔恵林院攝芳軒等晃等代官職請文〕東大寺文書

『兵庫県史』史料編 中世五、四五四頁

請乞申

播磨国大部庄(加東郡)公文方就代官職請人事

右彼年貢者、米銭幷公事物以下堅契約被申上者、不可有不法懈怠儀者哉、雖然、赤松之上月大郎(貞景)次郎殿、彼公用以下被無沙汰申者、両人而悉可申弁寺納候、猶以及異儀者、被達

上聞堅可預御罪科者也、仍請文如件、

長禄四年庚辰潤九月十四日　恵林院攝芳軒(相国寺)等晃（花押）

宝徳寺談阿（花押）

長禄四年（一四六〇）十月十七日、仙岩澄安が相国寺明楼の修造を命じられる。ついで、足利義政が明楼上葺木材の諸関通行を許可する。

一五九〇〔蔭涼軒日録〕長禄四年十月・寛正二年二月・四月条

『増補続史料大成』、一巻、二九一頁

（長禄四年十月）十七日、公方大綱借与之事、為明楼修造、自寺家仙岩和尚(澄安)被申之、以伊勢七郎(貞熙)衛門伺之、無子細之由被仰出、即命千秋也、

（寛正二年二月）十六日、（中略）当寺(相国寺)明楼上葺之榑、過書之事伺之、就于神宮(伊勢)造営被停止諸関之過書、雖然寺家修造之事、別而可有御免之由被仰出、仍命飯尾加賀守(之清)也、諸奉行評而過書之事可出之由被仰出也、

（四月）十六日、大勧進仙岩和尚、在寺而可被致成敗之由被仰出也、蓋依明楼修造也、（後略）

十七日、仙岩和尚在万松軒(相国寺常徳院)可被申付明楼修造之事之由被仰出、仍領掌之由披露之、（後略）

長禄四年（一四六〇）十二月七日、足利義政が室町第泉殿に移居したため、鹿苑院主東岳澄昕等の相伴衆が参賀する。

一五九一〔蔭凉軒日録〕長禄四年十二月条

『増補続史料大成』、一巻、二八〇頁

五日、今日戌刻御成、殿御移徙之事有之、故被閣諸公事也、仍不致披露也、
六日、依御泉殿(室町第)之参賀、而今晨又不致披露、而退参也、
七日、御相伴衆為御泉殿御参賀、被参於御対面所、最先御対面有之、鹿苑(鹿苑院)東岳(・澄昕)・等持院(洛北)笁雲(・等連)・崇寿(相国寺)龍岡(崗)(・真圭)・等持寺(三条坊門)笑雲(・瑞訢)・蔭凉某(季瓊真蘂)、相国静甫(・周喆)、依不例不被参也、(後略)

○足利義政は寛正四年（一四六三）十二月十九日に室町第新造泉殿に移居し、その時も相伴衆が参賀する（『蔭凉軒日録』寛正四年十二月十九・二十一〜二十三日条）。

寛正元年（一四六〇）十二月晦日、興福寺大乗院門跡尋尊が、伯父である東岳澄昕の鹿苑院主就任を聞き喜ぶ。

一五九二〔大乗院寺社雑事記〕寛正元年十二月晦日条

『増補続史料大成』、二巻、三九〇頁

晦日、（中略）
一予(尋尊)白父(伯)東岡(岳)(・澄昕)和尚相国寺鹿薗(苑)院々主ニ成給云々、御面目不可過之者歟、早々可悦申也、（後略）

○『蔭凉軒日録』同年十二月二日条によると、東岳澄昕が鹿苑院主に就任しているため、「東岡」は東岳の誤り。

寛正二年（一四六一）二月十二日、足利義政が喝食楞厳頭の衣の刺繍を略すよう諸五山に命じる。

一五九三〔蔭凉軒日録〕寛正二年二月十二日条

『増補続史料大成』、一巻、二九〇頁

十二日、（中略）諸五山喝食楞厳頭、衫之綉物被略、則可然之由御相伴諸老被申分披露之、即自今以後可略之由被仰出、即命于諸五山也、（後略）

寛正二年（一四六一）三月五日、真如寺が炎上する。これにより、正脈院主崇頴西堂が真如寺再住の候補となる。

一五九四〔蔭凉軒日録〕寛正二年三月十六日条

『増補続史料大成』、一巻、二九四頁

十六日、真如寺(洛北)依炎上之事、正脈院(真如寺)崇頴西堂再住之事、書立之、大舘兵庫殿(教氏)白之、仍今月五日炎上之事披露之、

依之火事怱劇御成敗之事、被仰付于当職方也、

寛正二年（一四六一）三月二十二日、足利義政が諸五山とその塔頭に雨乞と天下泰平の祈禱を命じる。

一五九五〔蔭凉軒日録〕寛正二年三月二十二日条

『増補続史料大成』、一巻、二九四頁

廿二日、（中略）請雨御祈禱幷天下大平、加其語而諸五山幷塔頭可勤之由被仰出也、（後略）

寛正二年（一四六一）四月十日、昨年の旱魃・兵乱のため餓死者が続出し、足利義政が追善のため、諸五山に施餓鬼を行うことを命じる。この日、相国寺が四条河原の施餓鬼を務める。

一五九六〔蔭凉軒日録〕寛正二年三月・四月条

『増補続史料大成』、一巻、二九七頁

（三月）廿二日、（中略）四條橋上為餓死亡魂吊《弔》、自建仁寺可営施餓鬼之事、仍諸五山施餓鬼可勤之由被仰出也、（後略）

廿六日、奉報大徳院《相国寺》御成之事也、河原施餓鬼勧進分、自公方様《足利義政》千疋分可被出之由、依伺之被仰出也、即命于春阿也、（後略）

廿七日、（中略）河原施食警固之事伺之、所司代可命之由、命于飯尾《之種》左衛門大夫也、於四條道場《金蓮寺》而此山之大衆可着道具也、（後略）

廿八日、奉報来日法住院《相国寺》御成之事也、施食御下行物以御盆可被出之由被仰出也、（後略）

廿九日、（中略）河原施食御奉加、御盆一枚以春阿被出也、（後略）

（四月）三日、河原堂《当カ》寺《相国寺》施食、御奉加分、御盆一枚被出于寺家、仍以所請取、奉懸于御目也、（後略）

七日、（中略）来十日河原当寺之施食、当職警固之事、命于飯尾左衛門大夫也、施食諷経之疏御銘、以不及披露之聊代而書之、

八日、天龍寺就河原施食之事被申先規、於渡月橋被勤施食之事、天龍寺子庭和尚《・梵訓》、以状被申、即領掌之由被仰出也、（後略）

十日、（中略）四條河原施食、今晨当寺勤之、加以等持《三条》寺《坊門》・等持院《洛北》・鹿苑寺、（後略）

一五九七〔碧山日録〕寛正二年三月・四月条

『大日本古記録』、上巻、一六八頁

（三月）二十四日、丙寅（乙丑、）数日不雨、民不得○（下）穀種、相公（足利義政）命諸寺祈雨、以麦漸熟、雖飢饉少熄、又疫疾相続起、民死者無数、

（四月）十日、戊辰（庚）、以源相公（足利義政）命、相国寺一衆率其派等持寺（三条坊門）・等持院（洛北）・真如寺（洛北）之衆、於四條坊橋上開施食会、以薦饑疫死亡之霊、

一五九八〔大乗院寺社雑事記〕寛正二年五月六日条

『増補続史料大成』、二巻、四八二頁

六日、（中略）

一不動寺殿被下向、昨日迎人夫召上之了、元興寺郷（大和国添上郡）、

一同伝説云、自去冬至三月比京中人民飢死之輩毎日五百人、或三百人、或六七百人、惣而不知其数云々、仍被仰付勧進聖願阿弥、於六角堂（六角東洞院頂法寺）前毎日雖被行施行、飢死輩猶以不止之間、無力被略之了、先代未聞事也、彼死人悉以四条・五条之橋下ニ埋之、一穴ニ千人・二千人云々、此外東西於所々死人不及取埋分又不知其数云々、被仰五山於四条・五条橋上、大施餓鬼被行之、橋上大行道一山迷惑又不過之、依無下行供具以下代大衆各令出銭、相国寺分及二百貫文云々、可成追善条如何、去年諸国旱魃、幷河内・紀州・越中・越前等兵乱之故、彼国人等於京都悉以飢死了、於兵乱者御成敗不足故也、可歎々々、近日又京中役病（疫）以外事也、二条・月輪以下公家・武家輩少々他界、凡希代次第共也云々、

三月晦日、於五条橋建仁寺行之、

四月十日、於四条橋相国寺行之、

四月、於五条橋東福寺行之、

四月十七日、於同橋万寿寺（六条高倉）行之、

四月十九日、於四条橋南禅寺行之、

四月、於法輪寺（嵯峨）橋天龍寺行之、

（後略）

寛正二年（一四六一）六月十七日、富樫中務大輔が大徳院西北の敷地を望むが、室町幕府は大徳院の知行を認める。

一五九九〔蔭涼軒日録〕寛正二年五月・六月条

『増補続史料大成』、一巻、三〇四頁

（五月）廿二日、大徳院（相国寺）西北之敷地之事、以富樫中務大輔（泰成カ）競望自彼院致訴訟、可令飯尾加賀守（之清）撿知之由被仰出、即命于加賀守、
（六月）十一日、文殊経書写而以春阿献之、大徳院西北之地、富樫中務丞雖致競望、以彼院訴状被閣之、
十七日、（中略）大徳院幷大舎人玉琳庵（大徳寺）当知行之地、向後可被止違乱之御奉書可被成之由、被仰付于飯尾兵衛大夫（貞有）也、

○富樫中務大輔については、『史料綜覧』巻八、一二五頁で富樫泰高に比定するが、泰高が中務大輔と名乗った傍証なし。「富樫記」（『群書類従』第二一輯、二七三頁）には、寛正のころ「中務大輔泰成」が家督を継ぐと書かれる。

寛正二年（一四六一）六月二十六日、常徳院内万松軒僧の承泰喝食が室町第に参仕する。

一六〇〇〔蔭凉軒日録〕寛正二年六月・七月条

『増補続史料大成』、一巻、三〇五頁

（六月）廿六日、承泰喝食可被参仕干（于）殿中之由、以伊勢守（貞親）被仰出也、又興漸喝食度僧否之事、重以伊勢守被尋下也、召万松軒（相国寺常徳院）之僧、命此旨也、
廿七日、承泰喝食今晨被参、而自来晦日可被勤御番之由、受伊勢守之義也、御草履可被置之事奉教之、
（七月）二日、（中略）御誕生御祈禱疏御銘被遊、観音像御頂戴之御加持如恒也、但供（洪）蔵主（範林周洪）疏銘如恒被申之、御草履調之、以後不可有侍之由、可奉命于喝食之由、伊勢守奉之、此旨召当番承奉（泰）喝食説之、仍可被報申周蕙喝食之由、奉命承泰喝食也、

○玉村竹二「蔭凉軒及び蔭凉職考」（『日本禅宗史論集』上、一二六頁）で、承泰が蔭凉職を務めたとされる。
○片岡秀樹「因幡守護山名氏の活動―とくに応仁文明期について―」（『地方史研究』三三―二、一九八三年）によると、承泰は山名一族で、後に還俗し、上総介の官途を受け因幡に入国したとする。

寛正二年（一四六一）七月四日、徳岩正盛が相国寺修造の功績により、都聞職に再任を命じられる。

一六〇一〔蔭凉軒日録〕寛正二年七月・八月・十二月条

『増補続史料大成』、一巻、三〇六頁

（七月）四日、（中略）来十六日、当寺（相国寺）都聞以盛都聞（徳岩正盛）、可任劫来之由、依当寺修造之事被仰出也、江瓜三十籠、各被賜勝定院・普広院（相国寺）・等持院（洛北）・広覚寺也、

五日、（中略）盛都聞雖辞申都聞職重被仰付也、都聞職之間不可持寺領之御法、自勝定院殿（足利義持）雖被始之、但於盛都聞以寺家（相国寺）修造之大功故、以寺奉行飯尾左衛門大夫（之種）幷大和守（元連）、被遣于（于、以下同）方丈、於向後不可成其例之書立、可置于方丈之由命両奉行也、（後略）

八日、盛都聞再任于都聞職之事、領掌之由披露之、択吉日可移徙也、長老（雪庵澄鄂）幷大衆観喜（歓）之由披露之、

廿九日、（中略）当寺都聞盛都聞、以上意被再任、以来月吉日為御礼可申御成之由且披露之、献仙翁華一箇也、以伊勢肥前守（盛富カ）白之、

晦日、以盛都聞為河州十七箇所御料所御代管（官）、出銭懈怠之故、於愚老（季瓊真蘂）以誉阿弥窃被諭之、仍命都聞、乃貢三千疋也、諭者伊勢守（伊勢貞親）也、蓋依籾井方無沙汰也、

（八月）三日、正盛都聞、以有寺功、雖云現位可領、以後不可准于他之由、自公方（足利義政）以飯尾左衛門大夫・同大和守、於方丈被仰出、仍今晨以規式書被触也、以後来壁書之故也、

四日、廿二日、当寺都聞寮依再任、仍為御礼以松茸之時最先申之、（後略）

廿二日、都聞寮御成、御斎、松茸始調之、御小袖三重・盆・香合・高檀紙・杉原各十帖献之、蓋依都聞職為二任、仍為御礼申御成也、寺家領條々可仰御成敗之由以書立申之、命寺奉行速致披露、可有御成敗之由被仰出也、（後略）

（十二月）廿六日、（中略）正盛都聞所預置之河内十七箇所御年貢、御月充幷南御所御年貢可致沙汰之、以飯尾左衛門大夫被仰出、仍命之、以百五十貫文可進納之由白之、以飯左披露之、

寛正二年（一四六一）九月二日、足利義政が摂津国の田能村氏の闕所を普広院に寄進する。

一六〇二〔蔭凉軒日録〕寛正二年九月二日条

『増補続史料大成』、一巻、三一二頁

二日、（中略）普広院（相国寺）就闕所之事伺之、但依田能村罪科可成闕所也、預依競望窃披露之、実成闕所則可有御寄進也、此由命于普広院幷当都聞盛（徳岩正盛）都聞也、（後略）

○『大乗院寺社雑事記』同年八月二十二日条によると、細川氏被官田能村大和守が罪科に処され、田能村が闕所とされる。

寛正二年（一四六一）九月十一日、相国寺集元都寺が備中国新見庄代官職を二百貫文で請け負うが、東寺若衆方に反対される。

一六〇三〔最勝光院方評定引付〕寛正二年九月十一日条 東寺百合文書け函一二

『岡山県史』第二〇巻、一一二七頁

（表題）「六十九 最勝光院方評定引付 寛正二年辛巳」

最勝光院方評定引付 寛正二辛巳

（中略）

同（九月）十一日

権僧正　快寿　融覚　仁然　堯忠　杲覚　宗寿

公禅

一新見庄（備中国英賀・哲多郡）代官職事、相国寺集元都主（寺、以下同）、請切二百貫文、可致其沙汰之由申間、治定分致披露畢、

（中略）

同十五日

権僧正　快寿　融覚　仁然　堯忠　杲覚　宗寿　堯杲

公禅

一新見庄○新代官職事、自若衆方、兎角被申事、○無先記（規）、難心得、不可然之次第也、雖然、以○始終之興隆辺、如此申之由有之歟、所詮、為若衆方、被下可然之代官、可有寺納年貢者也、仍於元（集元）都主者、可被停止由、被仰遣了、使者乗観乗円、次ニ新見ヨリ上洛候僧、自今朝、不見、若押罷下歟之由、令披露了、

同十六日

権僧正　快寿　融覚　仁然　堯忠　杲覚　宗寿　堯杲

公禅

一自若衆方、以両使、御返事を被申、其趣為若衆申入旨、御許容全一候、先元都主御停止、可然之次第也、次ニ代官を若衆中相計、可下之由承候歟、其儀夢々不可有之、為宿老、可被仰付之由被申畢、仍重而猶々以両使、

被仰遣了、（後略）

寛正二年（一四六一）九月二十六日、足利義政が相国寺風呂修理材木の運搬につき、河上関の関所通行を許可する。

一六〇四〔蔭凉軒日録〕寛正二年八月・九月・十月・十一月条　『増補続史料大成』、一巻、三一四頁

（八月）廿五日、（中略）当寺（相国寺）風呂材木河上過書之事伺之、

（九月）廿六日、（中略）当寺修理材木幷榑御過書之事披露之、可有御免許之由被仰出也、（後略）

（十月）十五日、（中略）当院（鹿苑院）領津国安威庄（島下郡）内上分米廿石事、管領（細川勝元）被管安威新衛門無沙汰之事幷当寺風呂材木以南都両関（摂津国八部郡）押置（官）之、可仰御成敗之事伺之、（後略）

十七日、当寺材木河上過書之事、以伊勢守（伊勢貞親）厳被仰付于寺奉行飯尾左衛門大夫（之種）也、（後略）

（十一月）十五日、当寺風呂材木河上勘過事、以勢州堅被仰付于南都雑掌幷成身院（光宣）（興福寺）、仍勘過之事、即領掌之由、勢州披露之、此旨召侍衣幷盛都聞（徳岩正盛）命之、皆歓喜而去也、

十六日、当寺材木河上勘過之事被仰付、為礼謝長老（雪庵澄郢）・評（相国寺）定衆被参于当軒（蔭凉軒）之由、以春阿披露之、（後略）

寛正二年（一四六一）九月二十七日、崇寿院領和泉国堺が陣所となったため同院が制札を望む。足利義政が院奉行に制札の作成を命じる。

一六〇五〔蔭凉軒日録〕寛正二年九月二十七日条　『増補続史料大成』、一巻、三一四頁

廿七日、（中略）崇寿院（相国寺）泉堺（大鳥郡）可為陣所之事、依嘆申可被打制札之事、天龍寺領丹波国役繁多之事、関東使節元甫（・有良）西堂、以註進状巨細白之、暫可致堪忍之旨被仰出也、孰与伊勢（貞親）談之、仍披露之、（中略）崇寿院領泉堺制札之事、命院奉行飯尾左衛門大夫（之種）也、

寛正二年（一四六一）九月二十八日、足利義政が各所からの鹿苑院塔修造料を催促する。

一六〇六〔蔭凉軒日録〕寛正二年九月・十月・十一月条

『増補続史料大成』、一巻、三一四頁

(九月)廿八日、(中略)当院(鹿苑院)塔婆修造料足籾井方怠慢之請取、以洪蔵主(範林周洪)可懸于御目之由、以洪蔵主被仰出、仍今晨徳雲院(南禅寺)并江州(坂田郡)浄国寺還附之、御礼各献千疋、蓋其請取可懸于御目之事、譲于洪蔵主也、以塔婆方之請取、可懸于御目之由被仰出也、大名被参侍也、

(十月)二日、江州浄国寺還附御礼、去月廿八日於当院献千疋被寄当院、塔婆料取請取奉懸于御目也、(後略)

十一日、依光聚院前夜御困睡、無御出也、徳雲院進上千疋之分、為当院塔婆料之請取、以吉阿奉懸于御目也、今月中之御成之書立同献之、

(十一月)十一日、当院塔婆料貳百貫文分、仙岩和尚(・澄安)方有之、可致催促之由、以性秀命主事本都寺也、籾井方未進分、以書立可督之由命之、即領掌也、

廿四日、(中略)当軒(院カ)塔婆麁色勘定状、奉懸于御目也、為修造可入杣之由、以寺家所白伺之、取材木註文可伺之、杣之事者御領掌也、即此旨命寺家也、(後略)

寛正二年(一四六一)十月十日、備中国新見庄三職が、相国寺集元都寺の代官を下向させるよう催促する。

一六〇七〔備中国新見庄三職連署注進状〕 東寺百合文書サ函八五

『岡山県史』第二〇巻、七二三頁

(封紙ウハ書)

「(追筆)『寛正弐』

備中新見庄(英賀・哲多郡)より　公文宮田帯刀左衛門尉 家高
見談福本式部尉 盛吉
田所古屋弾正左衛門尉 衡氏」

東寺
進上　公文所殿

(端裏切封)

なを〳〵申上候、金蔵寺寺崎殿を御代官にと申上候事ハ、国ニ存知之処を申上られて候お、京都のとりなしにてハ申されす候、御代官にハいかやうなる御方々御下候とも、我ら三人御百姓(姓、以下同)中とかく申事あるましく候、いそき〳〵御代官御下あるへく候、此旨よく〳〵可預御披露候、仍愚状之躰、御免あるへく候、はや上使りやうそう御ありつき候、御心安くお

ほしめされ候へく候、又申上候、先日金蔵寺上之時、
御礼銭一貫文上せ申候由申て候へハ、京都にてけん
つうす（都寺）料足定こたへられ候ハんする間、それを一貫
文進上候て、給候へと申て候へハ、けんつうすこた
へ申されす候、さ候間、此僧も☒おちられ候間、
もたせ申さす候、今度之夫ニ上せ申へく候、返々此分
御心へニあつかり候へく候、ゆめ〳〵くわんたい（緩怠）の子
細にてなく候、畏入候、

畏申上候、
抑、先度愚状、以委細進遣申上候、さ候間、上使御下向
候、御目出候、乍去、御代官聽々御下あるへき由、上使
御物語候、未御延引無御心本候、仍先度之使之金蔵寺ニ、
我ら又御百性中よりの料足、相国寺けんつふす（元都寺）（集元）の御代官、
いなかの庄主へかわし申候て、状を請取申候て上せ申候
処ニ、京都にて御こたへなく候事、ふしきの子細候、上
使如御存知、是にて日々ニさいそく仕候て、料足を取帰
申候、聽々上せ申へく候処ニ、更々御さいふ（割符）候ハて、い
まに延引仕候、以前之分さいふを以進上申候、早々御代
官御下候ハヽ、御目出候、上使御下向を御代官と奉存候て、
御年貢等さいそく仕候、はや御百性中御公事御年貢納申
候、風渡隙懸候ハヽ、又さいふを以上せ申へく候、委細
ハ上使御申あるへく候、返々さいふ候ハて、此使僧ニ上
せ申さす候、さいふ尋候へハ、おそなわり候へ共（候間）、先々
上せ申候、きつと御代官御下あるへく候、しよむのひか
へハ未進等仕候、御心へあるへく候、諸事重申上へく候、
恐惶謹言、

十月十日　家高（花押）
進上　公文所殿へ　盛吉（花押）
衡氏（花押）

寛正二年（一四六一）十月十三日、富樫中務大輔が玉泉寺領加賀国得丸保を違乱する。

一六〇八〔蔭凉軒日録〕寛正二年十月十三日条
『増補続史料大成』一巻、三一六頁

十三日、玉泉寺領賀州得丸保（石川郡）、依富樫中務大輔（泰成カ）違乱、有
住持天錫（・成綸）状、（後略）

○玉泉寺の開山は絶海中津（本書三七八号史料）で、『蔭

凉軒日録』延徳四年（一四九二）二月十八日条に玉泉寺が勝定院内に移転したことが記される。
○富樫中務大輔については、本書一五九九号史料の注記参照。

寛正二年（一四六一）十一月六日、室町幕府が諸寺院に課した伊勢神宮役夫工米を督促する。相国寺は諸役免除の御判を提出する。

一六〇九〔蔭凉軒日録〕寛正二年十一月条

『増補続史料大成』一巻、三一九頁

六日、当院（鹿苑院）御月忌如恒也、役夫工米諸寺院怠慢、限此十五日以前可致其沙汰、若怠之以後、不可有裁挙（裁許）寺家公事之由、以津（摂津之親）并飯尾（之種）左衛門大夫被仰出也、即命寺家也、
七日、召天龍寺并臨川寺々管命役夫工米、来十五日以前、可致其沙汰之由也、命寺家之由、以当院出管報于津掃部并飯尾左衛門大夫也、
八日、役夫工米相触于諸寺院、皆領掌之由白之、但以前以御奉書命之故、就飯尾左衛門大夫御奉書可被成之由命之由、以春阿披露之、
廿七日、（中略）当寺（相国寺）諸関并渡諸役免除并役夫工米、其沙汰之御判、奉懸于御目也、（後略）
○本書一六一四号史料が関連。

寛正二年（一四六一）十一月二十日、足利義政が相国寺風呂材木の摂津国兵庫関通行を許可する。

一六一〇〔大乗院寺社雑事記〕寛正二年十一月二十日条

『増補続史料大成』三巻、八〇頁

廿日、（中略）
一相国寺風呂材木事、兵庫関（摂津国八部郡）勘過事、自公方（足利義政）御口入也、
於此段者成身院（光宣）（興福寺）計略之間、寺門之儀可応御意云々、
（後略）

寛正二年（一四六一）十二月三日、相国寺方丈後方の柴小屋から出火し、相国寺住持雪庵澄郢が逐電するが、五日に帰住する。

一六一一〔蔭凉軒日録〕寛正二年十二月条

『増補続史料大成』一巻、三二三頁

三日、（中略）五鼓刻方丈（相国寺）之後、柴小屋有火、即鳴鐘紛冗、雖然即罷也、今日山名殿（持豊）就管領細川殿（勝元）被申御成、未有還御、仍不及披露也、
四日、依夜前寺中火事、長老（相国寺）雪庵（・澄郢）退去云々、侍衣来報曰、即参而以大館兵庫殿（教氏）披露此由、早可有帰住之由被仰出、仍以僧今日可帰有住之由、命方丈幷当院（鹿苑院）主（東岳澄昕）也、（後略）
五日、長老雪庵帰住之事、（後略）

寛正二年（一四六一）十二月十八日、足利義嗣年忌の施餓鬼が相国寺で行われ、住持の雪庵澄郢が拈香を務める。

一六二二〔蔭凉軒日録〕寛正二年十二月十八日条
『増補続史料大成』、一巻、三二五頁

十八日、（中略）来月正月廿四日、林光院（足利義嗣）円修院殿御年忌之施食、預今日於当山（相国寺）営之、疏御銘被遊也、管領細川（勝元）殿御相伴被参也、大名幷外様御供衆諸奉行被参待也、拈香者当山住持雪庵（・澄郢）和尚、法語甚出一奇也、談余以梅花暦之事也、其意冬乎春乎被尋下也、取暦数之意乎之由、卒奉答之、重可註申之由披露之、以蓂莢之義説其意也、円修院殿御仏事、大乗経頓写、二十余年断絶可歎也、当年復之由披露之、

寛正三年（一四六二）三月七日、相国寺僧瑞盛智蔵が鞆淵八幡宮若宮造営の施主となる。

一六二三〔鞆淵八幡宮若宮棟札銘〕鞆淵八幡神社文書
『和歌山県史』中世史料一、六八六頁

寄語宋無忌　火光速入地
棟上　本願主万季山相国承天禅寺僧
処有壬癸神　日供万斛水

大工藤原朝臣右衛門大夫宗次　敬
瑞盛智蔵禅師　寛正三季壬午三月七日
匠大工藤原朝臣兵衛門大夫国次　白

○長さ一三八・五センチ、幅一五・〇センチ。

寛正三年（一四六二）三月十日、室町幕府が相国寺に課した伊勢神宮役夫工米を督促する。

一六一四〔蔭凉軒日録〕寛正三年三月十日条

『増補続史料大成』一巻、三三八頁

十日、（中略）神宮役工米、直銭怠慢之事可命之由、飯尾（之種）左衛門大夫於殿中督于予（季瓊真蘂）也、即命于当都聞・盛都聞（徳岩正盛）也、

○本書一六〇九号史料が関連。

寛正三年（一四六二）三月十四日、惟明瑞智が遠州使節に任命される。

一六一五〔蔭凉軒日録〕寛正三年二月・三月条

『増補続史料大成』一巻、三三八頁

（二月）廿三日、（中略）遠州使節自院主（龍崗真圭）（鹿苑院）被書立、瑞智（惟明）西堂・梵伊西堂・周立西堂、即渡之飯尾（之種）左衛門大夫也、

（三月）十四日、（中略）遠州使節瑞智西堂・梵伊西堂・周立西堂書立之、以上首二員有御爪点也、飯尾左衛門大夫奉之、即召本坊侍衣命之、（後略）

寛正三年（一四六二）三月十四日、季瓊真蘂が雲頂院雲沢軒内に松泉軒を新造し、小栗宗湛が障子画を描く。

一六一六〔蔭凉軒日録〕寛正三年二月・三月・五月・六月条

『増補続史料大成』一巻、三三八頁

（二月）十五日、奉報都聞（相国寺）寮御成之事也、御成、（中略）上堂、半斎、御聴聞、見于記録之由、御雑談之次、被仰出、仍松泉（相国寺雲頂院雲沢軒）新造至落成之日、来月之比可白御成之志謹披露之、仍障子之画倩小栗（宗湛）之由白之、当世除之無余子之由被仰出、尤彼寵光也、（後略）

廿五日、（中略）松泉軒障子画、小栗以達于上聞、厳勤之由披露之、（後略）

（三月）六日、（中略）松泉軒春阿、寿楽堂、如意庵幷霊山円勝之寺、宝雲庵、此五額今日可被遊之由被仰出也、命于春阿也、（中略）額之事命春阿也、筆墨幷紙幷板等持而可献也、今晨所伺之五額被遊也、但春阿奉之、十四日、奉報雲沢軒（相国寺雲頂院）御成之事也、御成、御斎、以普広院（足利義教）殿之御例調三之膳也、御菓子九種也、松泉軒御成、於青磁観音前御焼香、被御覧梨花幷盆山、御談笑刻遷、又於

四間被御覧小栗八景絵、尤被称美也、御談笑又数刻、美景兼并也、小栗出家為僧、法名曰宗湛也、奉懸于御目也、献以胡銅香炉小卓也、御小袖三重・盆香合鶴也・盆段子白地・高檀紙・杉原各十帖・桂装小盆一枚・絵二幅馬麟・杉原十帖、於松泉軒献之、還御之時被下七宝瑠璃壺花瓶一対并胡銅釣燈籠以春阿被下也、為御礼献胡銅香炉盆謹奉謝恩栄之万一也、自前日至早晨天陰雨降、雖然於御成之時俄天晴、日照台旆生輝光也、人文改観、往還相賀也、可謂老後寵栄不過之、前月廿四日雲頂院（相国寺雲頂院）并集雲軒御成、高檀紙代請取、奉懸于御目也、（後略）

（五月）廿五日、以御相伴諸老某外諸老、少有松泉軒慶賀、聊設会、為報謝也、

（六月）十五日、奉報等持寺（三条坊門）御成之事也、直御成于御桟敷而諷誦畢、（中略）雲沢軒内松泉之小牀之模様、被移于高倉御所之由、御談余重被仰出也、（後略）

寛正三年（一四六二）四月一日、足利義政が相国寺・大智院・恵林院・普広院等から庭木を召し、高倉御所の作庭をする。

一六一七〔蔭凉軒日録〕寛正三年四月一日条

『増補続史料大成』、一巻、三四〇頁

一日、天陰雨降、当寺（相国寺）・大智院（相国寺）・恵林院（相国寺）・普広院（相国寺）、為高倉御所御庭籠木被召樹也、南禅寺并建仁寺大統庵・如是院又同前也、

寛正三年（一四六二）四月二十四日、相国寺蓮池で怪異が現れたため、足利義政が諸寺に祈禱を命じる。

一六一八〔蔭凉軒日録〕寛正三年四月・五月条

『増補続史料大成』、一巻、三四四頁

（四月）廿八日、（中略）前廿四日、山門（相国寺）前蓮池西辺三丈計、上方妖怪白色一二間計之者、向西辺鹿苑（鹿苑院）僧堂上飛過西（西一作而）、散失云々、常住（相国寺）直歳見之、於高倉御所依尋下悉披露之、仍今晨披露之、自昨日信（真）読大般若経至明日限三日勤之由披露之、（後略）

小廿九日、悠然頷献之、依寺家妖怪之事常住并諸塔頭、可有祈禱之由、以春阿被仰出也、即命于寺家勤一七日之看経也、

（五月）二日、（中略）寺家依妖怪之事、御祈禱自一日始之由披露之、（後略）
三日、（中略）依廿四日妖怪諸五山及寺院可致一七日之御祈禱之由被仰出、仍命之也、（後略）
十三日、（中略）諸五山幷諸寺院御祈禱満散之由披露之、
（後略）

一六一九〔碧山日録〕寛正三年五月十日条
『大日本古記録』、上巻、二〇三頁

十日、甲辰、前月二十四日、自相国寺蓮池、有如白旛者、漸々出於水中、翻空而飛、于時浴後之僧皆見之、源相公（足利義政）聴焉以為妖、故命諸寺転経除災、今月三日、又有其怪、如前也、又叡山中堂（延暦寺根本中堂）之前庭有大鮎、躍於地而化燈籠、昇空去云、

一六二〇〔経覚私要鈔〕寛正三年五月二日条
『史料纂集』、第五、一八八頁

二日、（中略）
一随心院経誉（成身院）僧都来、語申云、相国寺内より障子ノ勢ホトノ物光テ西ヲ指飛了、此条可申入歟如何哉之由、面々談合之処、入（不）申入者不可然之由面々申之間、申入了、其剋又自江州矢ハせ（ゝ）（矢橋）（栗太郡）ノ渡ノ海中ヨリ（衍カ）障子ノコトクノ物ヒカリ出テ西ヲ指テ飛了云々、其由同注進云々、
十三日、（中略）
一或説云、自相国寺池火柱三本立了、一ハ仏殿方へ倒了、一ハ室町殿方へ倒了、一ハ南へ倒了云々、令卜筮之処、南へ倒ハ南都希也占申云々、可恐〳〵、

一六二一〔大乗院寺社雑事記〕寛正三年五月十四日条
『増補続史料大成』、三巻、一五六頁

十四日、（中略）
一相国寺蓮池ヨリ火柱三本立テ、一本ハ北、一本ハ御所方、一本ハ南へ倒云々、先日光物ハ一色御座所ヨリ出云々、

寛正三年（一四六二）四月二十六日、足利義持・義教の例に倣い、足利義政が諸五山制法に判を据える。

一六二二〔蔭凉軒日録〕寛正三年四月条

『増補続史料大成』、一巻、三四四頁

十四日、（中略）諸五山制法以普広院殿(足利義教)御判之例、可被載公方様(足利義政)之御判幷制法新文之事伺之、（後略）
廿六日、（中略）諸五山旧制法、以勝定院殿(足利義持)幷普広院殿御判之例被遊御判也、即渡于院(鹿苑院)主(龍崗真圭)也、自今以後叢林可守此御法也、大勧進、如旧被加成敗由白之、若無沙汰之義有之者、別而可被仰付云々、（後略）

寛正三年（一四六二）五月二十一日、相国寺風呂の材木が相国寺に到着し、大勧進仙岩澄安が造営を差配する。

一六二三〔蔭凉軒日録〕寛正三年四月・五月条

『増補続史料大成』、一巻、三四七頁

（四月）四日、（中略）当寺(相国寺)材木過書之事、以正盛(徳岩)都聞之状伺之、即命于飯尾左衛門大夫(之種)也、（後略）
五日、（中略）当寺風呂材木過書之事、命于飯尾左衛門大夫也、（後略）
（五月）廿一日、（中略）当寺材木就寺着、為仙岩(・澄安)和尚大勧進、如旧被加成敗由白之、若無沙汰之義有之者、別而可被仰付云々、（後略）

寛正三年（一四六二）六月二日、足利義政が奉行人飯尾之種・元勝を相国寺住持維馨梵桂・大勧進仙岩澄安のもとに遣わし、相国寺法堂・山門・総門の修造を急がせる。

一六二四〔蔭凉軒日録〕寛正三年六月・七月条

『増補続史料大成』、一巻、三四八頁

（六月）二日、御誕生御祈禱、疏御銘被遊也、就寺(相国寺)家修造之事、以飯尾左衛門大夫(之種)幷同大和守(元勝)、被遣于方丈(維馨梵桂)・仙岩(・澄安)和尚幷都聞寮、為使節被督之由被仰出也、
三日、（中略）自今晨限三日於山門(相国寺)祈禱、但山門幷公私之祈耳、且披露之、就修造御使節今日赴也、
六日、（中略）就当寺(相国寺)修造以使節於万松(仙岩澄安)幷方丈、又都聞寮被督之事披露之、法堂修造奉始之由披露之、
廿六日、（中略）山門造営厳重之由、今晨披露之、
（七月）十九日、当寺摠門修補之事伺之、仍閣風呂之修理之由伺之、（後略）

寛正三年（一四六二）六月二十一日、小栗宗湛が蔭凉軒で高倉御所の障子を描く。

一六二五〔蔭凉軒日録〕寛正三年六月二十一日条

廿一日、（中略）宗湛（小栗）自今日於当軒（蔭凉軒）画高倉御所障子也、

『増補続史料大成』一巻、三五一頁

寛正三年（一四六二）七月十三日、相国寺が延暦寺の所領を奪った報復と称し、延暦寺衆徒が近江国坂本で相国寺乾嘉都聞を殺害する。相国寺は室町幕府に成敗を求める。

一六二六〔碧山日録〕寛正三年七月十三日条

十三日、丙午、当寺（東福寺）以例作安居満散之会、是日、相国之僧賀都文（乾嘉）、自賀州之庄赴京路、歴叡山坂下（近江国滋賀郡）、叡徒殺之、蓋相国以奪叡山（延暦寺）之食地、為之報焉云、

『大日本古記録』、上巻、二二一頁

一六二七〔蔭凉軒日録〕寛正三年七月・八月条

（七月）十八日、（中略）嘉都聞（乾嘉）、今月十三日、於坂本（近江国滋賀郡）被殺之事、以自寺家（相国寺）之訴状奉懸于御目、仍以一段之計略可有御成敗云々、仍当院（鹿苑院）主事本都寺（紹本）、如嘉都聞、預所知行分、不可相違之由被仰出也、仍以兵衛大夫（飯尾貞有）召本光院雑掌被命也、蓋依本都寺所訴訟申也、（後略）

（八月）十七日、（中略）鹿苑院主事紹本都寺、献貳千疋、奉懸于御目也、蓋乾嘉都聞知行分、如旧例被仰付于彼其礼謝也、蓋以嘉都聞之後相続之義也、

『増補続史料大成』一巻、三五四頁

寛正三年（一四六二）八月十日、東福寺宝渚庵の雲章一慶による『勅修百丈清規』の講義がこの日まで行われ、益之宗箴・月翁周鏡・桃源瑞仙等の相国寺僧が聴講する。

一六二八〔百丈清規抄〕『続抄物資料集成』第八巻、六五〇頁

寛正三年歳在壬午八月十日、瑞林之東軒抄畢、蓋雲翁（雲章一慶）始講於恵日（東福寺）之宝渚而、終巻於鷲峰（常在光院）、従己卯（長禄三年）春迄今前後四更星霜焉、其間或断或続、而辛巳（寛正二年）之歳一切止之、以饑疾而事繁也、吁艱嶮何一至此哉、然臨其席者、皆一時名勝、吾山（相国寺）則益之箴（宗箴）公・月翁匡（周鏡）公・笑渓懽公・暘谷杲公・叔鳳逸公・菊英藹公・亀泉證（集証）公・月卿規公・寿春永（妙

（永）公・横川三（景三）公・万里九（集九）公・芳洲春（真春）公・景徐麟（周麟）公・龍皐則（南禅寺）希（世）聖彦（霊彦）公・利渉湊（守湊）西堂・蘭坡茝（景茝）公・東山正宗（建仁寺）統（龍統）公・天岩沢公・桂林昌（徳昌）公・古雲云（智云）公・恵峰（東福寺）則（・為学）大痴和尚・春起和尚・岷江（・士原）和尚・天覚（・宗綱）和尚・桃渓悟公・季弘（大叔）叔公・春湖鑑（清鑑）公・万寿（六条高倉）之天祐瑕（梵瑕）西堂与余之所（桃源瑞仙）発起也、他日以此人行此書于列刹、未為難矣、所恨皆不全其書、有上巻而終者、有下巻而始者、怠者一二而止、勤者三四而闕、唯当相共補益、力行之可而已焉、

○『続抄物資料集成』第八巻、六五三頁に安永五年（一七七六）の奥書あり。

寛正三年（一四六二）九月八日、足利義政が雲頂院内雲沢軒領丹波国須智村を足利義教追善料所として、雲頂院領摂津国昆陽野を足利義満追善料所として安堵する。

一六二九〔蔭凉軒日録〕寛正三年九月八日条

『増補続史料大成』、一巻、三三六四頁

八日、（中略）雲沢軒（相国寺雲頂院）領丹波（船井郡）須智村者、普広院殿（足利義教）御寄附之地也、是故普広院殿之御追善料所之御判事歎申、仍以雲頂院領摂州（河辺郡）昆陽野者鹿苑院殿（足利義満）御寄附之地、勝定院殿（足利義持）被成鹿苑院殿御追善料所之御判、奉懸于御目也、其例無余義、可被成御判之由被仰出、命于布施下野守（貞基）也、（後略）

○足利義満が昆陽寺庄西方地頭職を寄進した記事が本書四
○一号史料に、足利義教が須智村を相国寺に安堵した記事が本書一一八九号史料にあり。

寛正三年（一四六二）九月十日、鹿苑院塔の材木を切り出すことが同院の評議で決まり、足利義政がそれを承認する。

一六三〇〔蔭凉軒日録〕寛正三年三月・八月・九月・十月条

『増補続史料大成』、一巻、三三六五頁

（三月）十七日、（中略）大智院（相国寺）・相国寺・雲沢軒（相国寺雲頂院）・松泉軒（雲沢軒）御引物請取、奉懸于御目也、御小袖・堆紅盆・高檀紙・杉原為塔婆造営被出也、其外皆為御引物被召置、尤寵栄之至也、人皆相賀也、（後略）

（八月）廿四日、（中略）前十三日、等持寺（三条坊門）入院御成、進物盆幷段子、御倉被召置之、小袖三重六貫文、高檀紙一貫五百文、杉原四百文、以上七貫四文、被寄塔婆之請取状、奉懸于御目也、（後略）

（九月）十日、（中略）当院（鹿苑院）塔婆之材木、可入杣之由、

以評議自院主（龍崗真主）被申分伺之、即御領掌也、（後略）
（十月）三日、（中略）当院塔婆造営材木杣船頭、於山名兵部少輔（政清）為被管、仍可勤之由、可被仰付之事、山名殿木引人夫之事并諸国海上河上諸関并渡御過書之事伺之、即御領掌、仍命于飯尾左衛門大夫（之種）也、（後略）

寛正三年（一四六二）九月十七日、土一揆が発生したため、室町幕府が相国寺・鹿苑院の問丸を警固するよう命じる。

一六三一〔蔭凉軒日録〕寛正三年九月条

『増補続史料大成』、一巻、三六五頁

十五日、（中略）寺家（相国寺）就土一揆之事、警固之事、可被仰之事、先伺之事、実者依註進可伺之也、
十七日、奉報雲頂院（相国寺）御成之事也、御成、御斎、山名（持豊）并京（持清）極方公事、属無為之事、（中略）山名并京極方公事、無為御成敗之事、依土一揆、禅仏寺（七条柳原）警護、鳥羽小篠次郎、依為公方（足利義政）、当寺（相国寺）・当院（鹿苑院）問丸致警固、仍無災無難也、（後略）

寛正三年（一四六二）九月二十二日、相国寺辺で土一揆の大将蓮田と赤松軍が合戦をする。

一六三二〔長禄寛正記〕『群書類従』第二〇輯、三三七頁

（前略）同（寛正三年）九月廿二日七條禅仏寺（七条柳原）へ土一揆蜂起シ、乱防（妨カ）スト註進シケレバ、畠山中務大輔ニ被仰付、猶大名へ触ツカハシ是ヲ退治セラル、、御請申人人ハ京極（持清）衆・武田（信賢）衆・赤松次郎（政則）法師ガ勢等也、則赤松出勢シテ、相国寺ヘンニテ一揆ノ大将蓮田（兵衛）ト赤松衆ト合戦ヲハジメケル、蓮田大勢ナレバ赤松勢進兼テミヘケル、（後略）

寛正三年（一四六二）十月五日、室町幕府が相国寺をはじめ諸五山と東班衆に伊勢神宮遷宮の費用を出すよう命じる。

一六三三〔蔭凉軒日録〕寛正三年十月・十一月・十二月条

『増補続史料大成』、一巻、三七〇頁

（十月）五日、（中略）伊勢造宮銭之事、自当寺（相国寺）以百貫文可出之由、自飯尾左衛門大夫（之種）方報之云々、此旨如何、問于飯左、答曰、有先規、仍如此云々、（後略）
（十一月）十日、（中略）伊勢役夫工米之事、諸寺院無

沙汰幷遷宮料諸寺院及東班中無沙汰、堅可致催促之由、
以津(摂津之親)掃部頭与飯左、被仰出也、
十五日、(中略)役夫工米銭幷遷宮銭、雖受命、皆依寺家
闕乏、而歎事之由、且披露之、(後略)
十八日、(中略)就役夫工米銭幷遷宮銭之事、寺家幷盛都(徳岩正盛)
聞無緩怠之由披露之、(後略)
廿二日、(中略)役夫工米銭幷遷宮銭寺家怠慢之事、以津
掃部幷飯左被仰出也、
廿五日、(中略)前日召諸五山住持幷寺管、被督役夫工米
未進、東班遷宮銭之事也、及怠慢則可被借召寺領之由、
以津掃部頭幷飯尾左衛門同大夫、堅被命之、(後略)
(十二月)二日、(中略)役夫工米幷遷宮銭奔走之様披露
之、(後略)
三日、役夫工米幷東班中支配銭幷自公方御借銭千貫文之
事、急可進上之由、厳命于寺家也、
八日、(中略)諸五山役夫工米幷御借銭無怠慢之事披露之、
(後略)

寛正三年(一四六二)十月十三日、山名民部少輔が播磨国法雲寺領を違乱する。

一六三四〔蔭凉軒日録〕寛正三年十月十三日条

『増補続史料大成』一巻、三七一頁

十三日、(中略)播州法雲寺(赤穂郡)領山名民部少輔違乱之事伺
之、(後略)

○法雲寺は雪村友梅を開山とするが、宝永年間に相国寺僧天啓集伎が復興。

寛正三年(一四六二)十月二十四日、土一揆が相国寺東門前を攻めたため、斯波義廉・武田信賢等と相国寺知事や行者・力者等が警固する。

一六三五〔蔭凉軒日録〕寛正三年十月条

『増補続史料大成』一巻、三七二頁

廿一日、(中略)土一揆蜂起之由、自七條(七条柳原)禅仏寺註進之、
仍以畠山中書、如以前可有御成敗否之事伺之、即被召諸
奉行、被仰付于諸大名也、
廿三日、(中略)土一揆可掃之由、以京極(持清)・武田(信賢)・赤松
次郎法師(政則)可致警固之由被仰出、仍今晨出陣云々、但下京

可掃之旨、被仰出也、（後略）
廿四日、奉報晩来普広院（相国寺）御焼香之事也、土一揆蜂起、依責寺（相国寺）家之東門前而申警固之事、仍治部大輔（斯波義廉）殿幷左衛門亮殿被仰付、即出陣于東門前也、以伊勢備前守（盛定）申之、依土一揆遮路、（後略）
廿五日、御出御対面、土一揆蜂起可被静之由、依伺之寺之東辺治部大輔殿幷左衛門佐殿被警固、依為無人数而以武田大膳大夫（信賢）被加之、依伺寺家之事、自山門（延暦寺）可掃土一揆之由有之、
廿六日、御出、土一揆蜂起不已、御計略之様子、被仰出也、寺家鳴鐘集軍勢、数度即合戦云々、
廿七日、土一揆不已、仍命于諸大名、被掃除之、寺之東門、依三家戦闘費労、被加赤松次郎法師之衆云々、
廿八日、合戦不已云々、追出中賀茂林間土一揆、以赤松次郎法師忠節、而寺家使節諏方（訪）幷飯尾大和守（元連）披露之、有御感也、武田治部少輔（国信カ）殿幷伊勢為後陣合力勢云々、
廿九日、（中略）寺家知事幷行力警固、以両奉行有御感也、長老（維馨梵桂）（相国寺）幷評定衆、依御成敗属無為、仍為御礼被参謝于当軒（蔭凉軒）之由、今晨披露之、（中略）当院（鹿苑院）領松崎（愛宕郡）、依土一揆之蜂起罪科、而家数十間放火之、高野（愛宕郡）蓮養衆四五百人馳向而合力之、蓋以上意也、但当院寺管幷大智院（相国寺）衆発向云々、主事者本都寺（紹本）、納所元都寺也、
三十日、例日、土一揆依公方（足利義政）厳令、洛中四方、今晨悉退散云々、仍真俗皆発喜気也、可謂公方御威光也、以赤松次郎法師前廿八日之戦功、即今止此乱、仍真俗皆来賀也、依赤松次郎法師対治賀茂林間土一揆之戦功、自公方様、以伊勢七郎右衛門丞（貞熙）、有御感之御使、尤為寵光、蓋前二十八日之事也、前二十九日、浦上美作守（則宗）奏于御所、而奉拝謝云、

一六三六〔綱光公記〕寛正三年十月条

『東京大学史料編纂所研究紀要』第二三号、一七一頁

廿四日、乙酉、晴、東北両方入夜炎上、即又相国寺大鐘在声、先参　内、次参　御所、無程静謐間退出、土一揆所行也、竹田（武）党相国寺警固云々、狼籍（藉）断常篇者歟、為之如何、
廿六日、（中略）所々土一揆猶蓬（蜂）起、当東炎上、相国寺

大鐘頻有鳴事、為之如何、諸大名馳向云々、

寛正三年（一四六二）十月二十九日、足利義政が足利義教の追善料所として普広院に河内国山田庄を寄進する。

一六三七〔蔭凉軒日録〕寛正三年十月二十九日条

『増補続史料大成』、一巻、三七三頁

廿九日、普広院殿（足利義教）御追善料所、河内国（石川郡）山田庄御寄進為御礼、今晨院主（普広院）文渓（永舒）和尚献盆・段子・杉原被参、即御対面有之、（後略）

寛正三年（一四六二）十一月十日、足利義政が長得院の後方に位置する在家数十軒を除くよう命じる。

一六三八〔蔭凉軒日録〕寛正三年十一月条

『増補続史料大成』、一巻、三七五頁

十日、（中略）相国寺東北之角、長得院（相国寺）之后、在家数十間有之、火災或不浄、旁以不可也除之、可構築地也、但以艮方、曾被闕、北方如元闕此方、而只可除却在家之由、被仰出也、以寺奉行飯尾左衛門大夫（之種）・同大和守（元連）、被仰付于寺家也、以敷地之差図、懸于御目也、尚茂書記闕所被返付于武田下條入道（政信）幷春阿之御奉書之事伺之、（後略）

十三日、寺之東北艮方、河外寮幷在家壊之、可空其地之由、被仰出也、自長得院可欠艮方少許之由、致訴訟、仍尋于在貞（勘解由小路）、則曰、多少之事無憚、可被任上意之由申之、又曰、地形吉凶図艮角不足富貴云々、披露之処、如根本河外之地、一切空之、河内可構築之由被仰出、即命寺家幷院也、尚茂書記為闕所、被給于梶井殿（義承）（紫野・三千院）・細河右馬頭（持賢）殿・武田下條入道・春阿弥被下也、依尚茂書記重出濫訴不被許容、仍如元於四人被成御奉書之事、依春阿窃申伺之、即命于飯尾大和守、可被成還附之御奉書也、

十五日、東之東北艮方被空之事、領掌之由披露之、（後略）

寛正三年（一四六二）十一月十八日、徳政を行った罪で擯出された法苑寺紹久西堂が再住を企てたため、大智院主国用乾策等が追放するよう訴える。

一六三九〔蔭凉軒日録〕寛正三年十一月条

『増補続史料大成』、一巻、三七六頁

十八日、法苑寺紹久西堂、依行徳政之義、自門中被擯出、雖然欲再住之計略有之、仍大智院(相国寺)乾策(国用)并周方(実参)、以連判之状訴之、仍披露之、故紹久西堂在洛不可叶之由、被仰出也、仍鹿苑院龍崗(・真圭)和尚以此旨、可被命于門中之由、被仰出也、(後略)

廿日、紹久西堂依行徳政之義、以前治部大輔殿(斯波義廉)命于甲斐(敏光カ)被罰云々、雖然久西堂致歎事之由有之、不可承引之由、重可被仰付之由、自大智院連判衆被申之、仍飯尾大和守(元連)此旨可命于治部大輔殿之由被仰出、即命之、(後略)

寛正三年(一四六二)十一月二十二日、室町幕府が諸五山から借銭し、将軍御所の造営料に充てる。

一六四〇〔蔭凉軒日録〕寛正三年十一月・十二月条

『増補続史料大成』、一巻、三七七頁

(十一月)廿二日、(中略)公方御造営料、就被欠事、於寺家諸五山、可有御借用也、但以明年御用脚段銭、可被返弁之由、被仰出也、伊勢守(伊勢貞親)奉之、来廿四日於本坊(蔭凉軒)召諸老可被申也、(後略)

廿五日、(中略)公方御造作用脚之事、可被借召于五山之由、前廿二日被仰出之、寺家返答之様子、今晨於殿中、伊勢守并飯尾左(之種)問予(季瓊真蘂)、々答曰、寺家難叶之條々、懇申之、雖然、為上意依御用被欠之、被出仰上者、先以奉尊命於寺家致評義、可奔走之由申之、即命于寺家都聞方也、

(十二月)二日、(中略)公方御借銭千貫文、依寺家闕乏、以五百貫文計、可進上之由、且与勢州評之、又披露之、

三日、役夫工米并東班中支配銭并自公方御借銭千貫文之事、急可進上之由、厳命于寺家也、

六日、(中略)公方御借銭内、且下行方、諸職之由、命于結城勘解由(政広カ)之由、窃披露之、

八日、(中略)諸五山役夫工米并御借銭無怠慢之事披露之、(後略)

寛正三年(一四六二)十二月七日、足利義政が河内国山田庄を相国寺に寄進したため、それまで知行していた興福寺学侶が大乗院門跡尋尊に訴える。

一六四一〔大乗院寺社雑事記〕寛正三年十二月七日条

『増補続史料大成』、三巻、二六八頁

七日、（中略）
一学侶使節宗秀五師・宗算五師両人参ス、仏地院（興福寺）領河内国（石川郡）山田庄事、自公方（足利義政）被召放之、相国寺ニ御寄符（附）云々、此条歎存者也、仍為学侶種々雖訴申、為朝恩之間不可叶云々、所詮本来南都知行歟事両使節尋申之、予（尋尊）返事、為春日大般若料所、本到来当門跡（大乗院）領也、致再興可知行之由被仰孝俊僧正了、仍證文綸旨一通・代官算用状両通渡使節両人了、畏入云々、
（後略）

○同年十月二十九日、足利義政が普広院に河内国山田庄を寄進する（本書一六三七号史料）。

寛正三年（一四六二）十二月八日、足利義政が相国寺俵米の運搬を妨げている河上の新関を廃止するよう命じる。

一六四二〔蔭凉軒日録〕寛正三年十二月・同四年正月条
『増補続史料大成』、一巻、三七九頁

（寛正三年十二月）八日、（中略）河上諸関三百八十箇所有之、仍洛中衰微幷当寺（相国寺）毎月俵米怠転之由、都聞歎申之由披露之、被置根本之諸関、被破新関則可乎之由申之、窃与飯尾左衛門大夫（之種）評之由白之、有御領掌之気色也、
（後略）
九日、（中略）河上諸関、可被破之由、被仰談于伊勢守（伊勢貞親）幷飯尾左衛門大夫由有之、世皆歓喜云々、依当寺俵米之訴訟、仍前日伺之、今晨如此厳被仰出、尤為愚老（季瓊真蘂）栄也、
（後略）
廿三日、（中略）河上諸関被破之事、談余被仰出也、（後略）
（寛正四年正月）廿日、（中略）河上諸関被破之事、旧冬雖被仰付、未成、重伺之、（後略）

寛正三年（一四六二）十二月晦日、範林周洪が五山長老衆（相伴衆）の将軍への対面を取り次ぐ。

一六四三〔高倉永豊卿記〕寛正三年十二月晦日条
『東京大学日本史学研究室紀要』一八、一四三頁

晦日庚寅、陰晴、雪花散、出仕、大名以下同、長老達於御

対面所御対面、コウ（洪）蔵主（範林周洪）申次、御大口着御、御対面以後
御成普広院（相国寺）、御焼香、（後略）

寛正四年（一四六三）正月十八日、足利義政が近江国堀部上坂を相国寺に返し渡すよう延暦寺に命じる。

一六四四〔蔭凉軒日録〕寛正四年正月条　『増補続史料大成』、一巻、三八二頁

十八日、（中略）当寺（相国寺）領江州掘（堀）部（坂田郡）上坂、旧冬山訴（延暦寺）、被成
御奉書、又可被成還之訴訟、自寺家申之、仍伺之、可被
成還之由、可命于山門奉行布施下野守（貞基）之由被仰出也、
十九日、（中略）掘（堀）部上坂還附于寺家、仍可被成御教書
旨被仰出、自寺家其謝所申披露之、（後略）

寛正四年（一四六三）正月二十三日、足利義政が鹿苑院南門河南の掃地を鹿苑院と相国寺常住寺官に命じる。

一六四五〔蔭凉軒日録〕寛正四年正月二十三日条　『増補続史料大成』、一巻、三八三頁

廿三日、（中略）当院（鹿苑院）南門河南掃地之事、以千秋刑部少（勝季ヵ）
輔被仰出、仍命千（于ヵ）当院并常住寺管也、南河掃地之事、被
仰付于勢州（伊勢貞親）也、河南岸辺、積石之修補之事、今日以千秋、
被仰出也、（後略）

寛正四年（一四六三）二月六日、季瓊真蘂が絵師小栗宗湛の庵号を自牧と名付ける。

一六四六〔蔭凉軒日録〕寛正四年二月六日条　『増補続史料大成』、一巻、三八五頁

六日、奉報雲頂院（相国寺）御成、御点心并集雲軒（雲頂院）御斎之事也、
奉報来晨大智院（相国寺）御成之事也、両所御談余、有画師宗湛（小栗）僧、
就于愚老（季瓊真蘂）、索菴号、仍名曰自牧、夫如何、為紫野（大徳寺）養叟（・宗頤）弟
子、荷担禅又能画、故牧牛、或取牧渓（谿）和尚（・法常）之牧、名自牧
之由披露之、即有御感、即語于宗湛、拝屈而為寵光也、
御扇子廿柄・高檀紙十帖献之、

○本書一七五九号史料に、季瓊真蘂が「自牧」の由来を語る記事あり。

寛正四年（一四六三）二月七日、室町幕府が越前国の段銭をもって相国寺への借銭返済に充てる。

一六四七〔蔭凉軒日録〕寛正四年二月・三月・四月・六月・七月条

『増補続史料大成』、一巻、三八六頁

（二月）七日、（中略）法界門（相国寺）修造、以公方段銭、可被寄之分、与伊勢守（伊勢貞親）評之由、且披露之、去年自寺家被借召五万疋、仍御返弁之分、以段銭被当之、

（三月）十二日、（中略）就于公方御造作方、御要脚之事、去年五百貫文被借召、今年五百貫文可進上之由、以飯尾左衛門大夫（之種）・松田丹後守（秀興）、為伊勢之奉之由被仰出、以越前国之段銭、可有御返弁之由必定也、其数一千貫文、元来有之云々、即命于寺家也、伊勢守幷飯尾左衛門大夫、今晨於于殿中諾之、（後略）

（四月）三日、自当寺（相国寺）就于公方御造作方御用脚銭、以千貫文献之、仍以越前国段銭千貫文被返弁、謹白拝謝之志也、千貫文之外、可有御返弁之由、依伊勢守、語于盛都（徳岩正盛）聞、今晨当寺長老維馨（梵桂）和尚、以状被申、又以一国之段銭、可被加之旨、御領掌也、於伊勢守、諭此旨也、法界門東辺一條面、可被返下于寺家旨申之、即御領掌也、（後略）

十三日、（中略）当寺御返弁越前国之外、以一国可被副之由、以前被仰出重伺之、

（六月）廿四日、（中略）御焼香、御斎、御手水以後、伺当寺御返弁要脚、以越前国段銭一千貫、為有御返弁、被下飯尾彦三郎（為修）、雖然自寺家以上使相共収納、可為寺家之望之由、以訴状申之、又一国可被添之事伺之、御領掌之由被仰出也、（後略）

廿五日、（中略）越前段銭千貫文、可被返弁于当寺、仍自寺家可副上使之事、又可被副一国之事、相共命于飯尾左衛門大夫也、一国者以何国、可被副否之事、与飯左可評也、今晨飯左不出仕、仍召雑掌故命之、

（七月）五日、（中略）御借用之内、以越前段銭、先三百貫文有御返弁也、今晨披露寺家摠謝之由也、（後略）

○寛正三年（一四六二）十一月二十二日、室町幕府が御所造営費を相国寺に借りたことが、本書一六四〇号史料にあり。

寛正四年（一四六三）三月二十八日、足利義政が絵師小栗宗湛への月俸を鹿苑院と相国寺常住から出すよう命じる。

一六四八〔蔭凉軒日録〕寛正四年三月・四月・五月・十二月条

『増補続史料大成』、一巻、三九一頁

（三月）廿八日、（中略）画師宗湛（小栗）上坐受上意、雖云何処、可作画之由被仰出也、俸禄如周文（天章）上坐所受、自当院（鹿苑院）幷常住（相国寺）可御免許之由、被仰出也、但以春阿重可伺之旨披露之、即御領掌也、（後略）

廿九日、（中略）宗湛上座、前日被仰出旨諭之、不勝戦栗之由披露之、

（四月）二日、（中略）画師宗湛上坐、如周文上座、自常住幷当院被下行之月俸、可被下之由、春阿弥召当院主事承本都寺幷常住出管命之、以先規註文出之、宗湛上座、尤為恩栄之重也、

三日、（中略）宗湛上座、献胡銅香炉卓、謹白拝謝也、春阿弥白之、蓋前月廿八日被下月俸之御礼也、

（五月）三日、（中略）宗湛給恩之事、重被仰出也、此旨命于春阿也、（後略）

（十二月）八日、（中略）宗湛上座如周文都管、可被与御給恩也、然則臘月廿貫文充、御服一領被下也、献御扇子一柄之由披露之、御領掌也、廿貫御用脚者、命于飯尾左衛門大夫（之種）也、（後略）

十四日、等持寺（三条坊門）袈裟縫、建種・梵鎮・真護、以旧例可被下御服之由、依伺之被仰出、即命于春阿也、画僧宗湛、又同前也、（後略）

寛正四年（一四六三）四月三日、室町幕府が相国寺法界門再建のため法界門東一条面の地を相国寺に返付する。相国寺都聞徳岩正盛が法界門再建を担当する。

一六四九　〔蔭凉軒日録〕　寛正四年正月・二月・四月・七月条

『増補続史料大成』、一巻、三九二頁

（正月）廿二日、（中略）法界門（相国寺）再興幷馬場可被栽松之事、以飯尾左衛門大夫（之種）可命于盛都聞（徳岩正盛）之由、被仰出也、（後略）

廿八日、（中略）法界門幷馬場之事、如旧可成事、余談之中被仰出也、（後略）

廿九日、（中略）為法界合力、公方段銭幷闕所可被寄之事伺之、（後略）

（二月）七日、（中略）法界門修造、以公方段銭、可被寄之分、与伊勢守（伊勢貞親）評之由、且披露之、去年自寺家被借召

五万疋、仍御返弁之分、以段銭被当之、
十五日、都聞寮《(相国寺)》御成、煎点、御小袖三重・盆・段子・高檀紙・杉原献之、都聞正盛、以愚老《(季瓊真蘂)》脚損之故不参也、
（中略）都聞今日御成以後、可退寮之由、粗被聞召間、法界門造畢以前、可有堪忍之由、以洪蔵主《(範林周洪)》被仰出也、私窃以状申之故也、
（四月）三日、（中略）法界門東辺一條面、可被返下于寺家旨申之、即御領掌也、（後略）
七日、（中略）法界門東一條届出地子則久住之者、不可改之由、依高倉殿《(日野重子)》為御被管、以結城《(政広カ)》勘解由左衛門尉被仰出也、
十日、（中略）法界門東辺、塗師並経師可被居、其外出地子而久住之者、可被居之由、以結城勘解由左衛門尉、依高倉殿御申被仰出、即命于寺家修造司章都寺也、
（七月）十一日、（中略）法界門再興之事、以飯尾左衛門大夫、重被仰出于正盛都聞、即領掌也、（後略）
十四日、（中略）法界門如先規、寛狭可註進之由、以結城勘解由左衛門尉、被仰出也、即命于都聞、相尋于古老者、可註進之由被申也、（後略）
十六日、（中略）法界門建立之事、以飯尾左衛門大夫、被督于都聞也、
十八日、（中略）法界門東雖為寺家之敷地、依菊亭殿《(今出川教季)》無替地、先被閣之、仍新地拝領之間、可免地子之由被仰出、即命于寺家也、

○法界門再建に関する記事が本書一六八一・一七一五・一七一八・一七三一・一七五四号史料にあり。

寛正四年（一四六三）六月二日、足利義政が相国寺東門前の敷地を相国寺に管領させる。

一六五〇〔蔭凉軒日録〕寛正四年六月二日条

『増補続史料大成』一巻、四〇一頁

二日、（中略）当寺《(相国寺)》東門前敷地、毎度以俗方為被管人致難渋之義仍伺之、仍向後可為寺家管成敗之由被仰出也、
（後略）

寛正四年（一四六三）六月十五日、足利義政が雲頂院内雲沢軒の障子を小栗宗湛に描かせる。

一六五一〔蔭涼軒日録〕寛正四年六月十五日条

『増補続史料大成』、一巻、四〇三頁

十五日、（中略）雲沢軒（相国寺雲頂院）障子図画之事、可命于宗湛（小栗）之事、被仰出也、上命之外、不可写之由、以前被仰出也、仍以上命被免許、尤恩栄之至也、（後略）

寛正四年（一四六三）六月、土佐国吸江庵の運営について定めた規式に、勝定院主棠陰等爽が証判を加える。

一六五二〔吸江庵規式〕吸江寺文書

『高知県史』古代中世史料編、一一〇二頁

勝定院主（棠陰等爽）（花押）

定

吸江菴（土佐国長岡郡）条々事、

一守護不入之上者、可全寺領事、

一寺家及大破、則為領中之寺菴、致其合力可専修理之事、

一寺領目録帳、明徳四年阿波殿（細川満之）御取納可為本、新田開発寺家之余潤也、

一所務等此間号不熟、如前々不被取収之由有其聞、正続（鄂隠慧奯）国師御代之取帳可為簡要、若地下人等及違儀、則不日令註進、於檀方官領様致披露、可有其成敗者也、但可依季不熟、

一寺領社領并名田散田等、依其罪過自寺家可勘落、為坊主名主契約他所不可叶、

一衆僧員数可随寺納之土貢、

一普明国師（春屋妙葩）之御位牌可安祖堂、依桃木山（土佐国長岡郡五台山）一名御寄進也、

寛正四年六月日

主事　慈珊（花押）

免僧　昌運（花押）

侍真　妙彙（花押）

寛正四年（一四六三）閏六月十四日、普広院主文渓永舒が、師の死去により触穢となる喝食について、暇乞いを足利義政に申請し許可される。

一六五三〔蔭涼軒日録〕寛正四年六月十四日条

『増補続史料大成』、一巻、四〇八頁

十四日、（中略）守勢喝食之師者、云春西堂也、近日逝

去也、普広院（相国寺）主文渓（・永舒）和尚告曰、凡叢林以吾師之触穢、為如吾父母之穢、然則可賜御暇否之事、以伊勢備中守（貞藤カ）伺之、即御免許之由被仰出、仍命于普広院々主也、想五旬之間乎、

寛正四年（一四六三）七月十日、狩野正信が雲頂院昭堂後門壁に観音像と十六羅漢像を描き、季瓊真蘂が年月日と署判を加える。

一六五四〔蔭凉軒日録〕寛正四年七月条

『増補続史料大成』、一巻、四一〇頁

八日、（中略）雲頂院（相国寺）昭堂後門壁画観音幷十六羅漢画書了也、

十日、不参、雲頂院昭堂後門壁画観音幷羅漢、今晨安置之、画師鹿野（狩野正信）性玄、愚老（季瓊真蘂）施入之志為後證、加名判、又書年月日也、（後略）

寛正四年（一四六三）七月十日、足利義政が大智院の画軸三幅を見本として、小栗宗湛に絵を描かせる。

一六五五〔蔭凉軒日録〕寛正四年七月十日条

『増補続史料大成』、一巻、四一〇頁

十日、（中略）御新造、為御絵本、以大智院（相国寺）三幅、可被渡于宗湛（小栗）坊之由、能阿以折紙申之、仍可被使于能阿方之由、以能阿折紙、命于大智院実参西堂（・周方）也、

○「御新造」は長禄三年（一四五九）十一月十六日に足利義政が移居した室町新第（本書一五五四号史料）を指すか。

寛正四年（一四六三）七月十三日、足利義政が相国寺領御霊社東西散所・柳原散所の課役を免除する。ただし特別な場合は勤仕することとされる。

一六五六〔蔭凉軒日録〕寛正四年七月条

『増補続史料大成』、一巻、四一〇頁

十三日、（中略）当寺（相国寺）領御霊社（上御霊神社）東西散所者、公役之事、自所司代（多賀高忠）命之、忽則可致罪科之由触之、仍自寺家、以自鹿苑院殿（足利義満）、代々御免許御判幷御奉書支證、重奉懸于御目訴之、仍向後御免許之由被仰出、即以飯尾左衛門（之種）大夫、

以此旨可命于所司代之由被仰出、即命之、又此旨命于寺家也、懽喜踊躍也、（中略）寺領御霊社東西所散所之事、於高倉御所、御掃地之事、津頭（摂津之親）依怠慢、可有罪科之由申之、其時自寺家、出此支證、具于　上覧、即免許、停止之御奉書有之、即今依彼違乱、重伺之、

廿六日、（中略）当寺領御霊社柳原散所者、被免細々課役也、別而被仰付之事、可勤之由、以千秋刑部少輔（勝季カ）被仰出、仍命于寺家也、（後略）

寛正四年（一四六三）七月二十七日、慈受院（足利義持室日野栄子）三十三回忌の仏事が長得院で行われる。

一六五七〔蔭凉軒日録〕寛正四年七月条　『増補続史料大成』、一巻、四一三頁

廿一日、（中略）廿七日於長得院（相国寺）之慈愛（受、以下同）院殿（日野栄子）三十三回忌、御焼香者、斎罷以案内可申之由、被仰出也、（後略）

廿六日、奉報来日為慈愛院殿御仏事於長得院午時御焼香之事也、（後略）

廿七日、奉報斎罷、長得院就于慈愛院殿三十三回忌御仏事、御焼香之事并可申案内之事也、午後以案内御成、御焼香矣、

○日野栄子は永享三年（一四三一）七月二十七日没。

寛正四年（一四六三）八月五日、相国寺都聞徳岩正盛が相国寺入寺の斎料を拒んだため、鹿苑院主龍嵓真圭等が正盛を室町幕府に訴えることを決める。

一六五八〔蔭凉軒日録〕寛正四年八月条　『増補続史料大成』、一巻、四一四頁

五日、（中略）就来七日当寺（相国寺）入院列刹斎料之事、正盛（徳岩）都聞有難渋、仍当院（鹿苑院）主龍嵓（・真圭）和尚并評定衆、以連判之状申之、雖然、入院之前無余日、先閣之弁之、而入院以後、可仰御成敗之由訴状之、衆中被申、仍披露之、先閣之、（後略）

七日、今晨当寺入院同文（・景茂）和尚、（後略）

寛正四年（一四六三）八月十一日、足利義政母日野重子（勝智院万山性寿）の葬儀が等持院で行われ、喪主を等持院主竺雲等連が、下火を鹿苑院主龍嵓真圭が務める。

『増補続史料大成』、一巻、四一五頁

八日、高倉殿（日野重子）今暁御逝去、晩来申刻沐浴、諷経以後、於高倉御所、以案内可有御焼香之由、以伊勢守（伊勢貞親）被仰出也、御荼毘以下之日、在盛（勘解由小路）書立之、伊勢守奉之報之、即命于寺家也、今晩申刻、沐浴以後、於高倉殿真前、御焼香、御拾骨、役者、籠僧、御院号之事、晩来於高倉殿、申刻十一日寅刻、於等持院（洛北）、御出并入棺、卯刻御荼毘、申刻御焼香之次可伺之、三位在盛択時日、申刻以八鼓与七鼓之中間、申案内、即 御成、被奉見屏中尊体、而後屏外御焼香之次、伺御院号、御荼毘役者、籠僧之事也、御院号以勝智院定矣、役者次第、喪主笠雲和尚等持院諱等連、下火龍崗和尚鹿苑院諱真圭、鎖龕月泉和尚建仁常楽諱祖洵（祥）、起龕仙英和尚（臨川寺）三会院諱周玉、奠湯以遠和尚（相国寺）常徳院諱澄期、奠茶九淵和尚（建仁寺）霊泉院諱龍賝（睬）、念誦笠華和尚（二条）林光院諱梵萼、挙経玉崖西堂臨川寺諱梵琇、起骨大圭和尚（南禅寺）恵雲院諱宗价、中陰籠僧、院主龍崗和尚、崇寿院（相国寺）竹香和尚諱全悟、普広院（相国寺）文渓和尚諱永舒、松堂西堂（守）諱等蘂、字林西堂諱芳永、洪蔵主代（範林周洪）、蘭室西堂諱光秀、元甫西堂諱有良、道場維那、尭夫西堂諱承勛、仙岩和尚代（・澄安）、南谷西堂諱中邵、真肇首座（季瓊真蘂）某代、元暉西堂但十員外依望申被仰出也、来十一日先於真如寺（洛北）御成、可被乗御車之由、以伊勢守、被仰出也、即命于寺家也、等持院御荼毘以前、依無其間、於高倉御所、当寺（相国寺）并諸塔頭、各自諷経、以御座狭隘之故、諷経衆各十余員被参也、諸五山・両等持・慶（東山）雲院等亦同前也、伊勢守・愚老（季瓊真蘂）、此件々伺之、而後公方（足利義政）出御之様子并侍従之事伺之、日野殿（勝光）相共被評之、依無北堂之先規、与二條殿（持通）被評之、伝奏広橋殿（綱光）、与二條殿、懇々評之、以新義厳可計之由被仰付于伊勢、々々又語于愚老也、

九日、来十一日卯刻、勝智院殿（日野重子）御荼毘以後、就等持院御斎、御相伴可被参乎、御休息之事也、然則御前只一膳可献否之事伺之、仍御前計之事、被仰出也、以伊勢守評之、以伊勢七郎衛門（貞熙）申之、今晨無御出也、

十日、為奉弔勝智院殿、御相伴衆及愚老参候、依無御出、而奏者上野殿致披露退出也、明旦為勝智院御荼毘、為卯刻昧早可有御成、仍来晩先可赴于真如寺之由、以上野中

務大輔殿伺之、即御領掌也、
十一日、勝智院殿従一位万山大禅定尼、諱性寿、寅刻喪、輿入等持院、蓋従間道赴者、避北野廟辺也、白衣力者十二人奉舁之、力者乃自等持院出、即於仏殿入龕、安之于仏壇西、卯時御荼毘、台輿先入真如寺方丈、而脱御直垂、著浄衣、因乗車而臨等持院、乃於摠門外下車、不入山門、直自東廊南戸入仏殿、過仏壇東、赴方丈御所間、愚奉報葬、則著草鞋、而又入仏殿、於仏前西面而立、院主竺雲和尚為喪主而請念誦、竺華和尚乃於龕前念誦、次月泉和尚於龕右唱鎖龕仏事、次仙英和尚唱起龕仏事、々々了而又念誦如恒、白衣力者肩龕、愚執紼欲奉相公、紼太長之故綰之、使行者結而奉之、相公(足利義政)執之置右肩挽之、愚乃前引、大衆唱呪如恒、字林・大雅(真頌カ)・柔克・堯夫、四西堂打鼓、烹金・西派・錦江(・景文)・松(マヽ)崖、四西堂鳴鈸、周洪蔵主持御位牌、澄顕(景雪)侍者持華瓶、斉佺侍者持香炉、周蕙(芳畹)侍者持燭台、真春(芳洲)侍者持湯器、等悦(雲峰)侍者持茶盞、梵康侍者・寿益侍者・秀鞏侍者・守勢侍者擎錦旛、寿能侍者・妙運侍者・等深侍者・等昇(晋叔)侍者賦雪柳、霊龕繞窆所三帀而安之、窆上如常、相公釈紼愚収之、公到葬所前北辺而南面立、愚侍其左、公卿輩烏丸殿(資任・益光)父子・日野殿・広橋殿・兵衛頭(海住山高清カ)殿等、亦列座愚左、管領細川殿(勝元)・武衛(斯波義廉)・山名・一色(義直)・京極(持清)・山名相模守(教之)・同兵部少輔(山名政清)・富樫(泰高)・細川奥州(持豊)・佐々木(六角高頼カ)四郎、其外奉公輩、頭人奉行等、又列坐其左、近習輩乃列坐相公右、三宝院(義賢)(醍醐寺)・聖護院(道興)・浄土院(義尋)(東山)等諸門跡、乃立公卿左、諸比丘尼衆者、葬所之南北面立、於是喪主進請奠湯仏事、以遠和尚唱法語、次喪主請奠茶仏事、九淵和尚唱法語、次喪主請秉炬仏事、鹿苑龍崗和尚唱法語、々了、擲火把、都管妙会都文為直歳、而執火把度与愚、々受之奉相公、々執之往窆《陂験切》所、自下火而遂入棧敷、竺華和尚作山頭念誦、々々了、唱大悲呪々了、而臨川寺住持玉崖西堂挙経、大衆行道龍崗和尚為首回向了、而大衆各散、相公入方丈、待起骨、乃脱浄衣、著道服而看経、及食時而斎、無光伴、承泰喝食・光洲喝食給仕、斎后使書光明真言而受持于龍崗和尚焉、雖調湯漬而不喫、及申時而起骨、鳴鐘以集大衆、相公乃著墨色凶服与草鞋而起窆所、愚執紙与筋奉之、公収一骨、而出葬所外立旧処、諸輩如荼毘時而列坐、喪主請起骨仏事、行者以御骨裹紙、度与大圭和尚侍者、大圭和尚捧之、唱法語、々了、而玉崖西堂挙経、大衆行道院主竺雲和尚為首回向了、而大衆各散、　相公又著履乗車、到真如寺方丈、脱旧服著墨色御直垂、乗旧輿而還矣、京極大膳大夫（持清）為当職、而衛護真如等持五門、其威最厳焉、　相公初於真如寺赴葬時、聖護院准后加持、陰陽（土御門）博士有季祓焉、〔頭〕此時慈照殿（足利義政）従一位行左大臣、日野（勝光）唯称院殿正二位行権大納（言脱）、（中略）御収骨諷経以後、院主竺雲和尚奉載于御張輿、奉送于当院（鹿苑院）本坊道場、即鳴鈸奉安置之、仍結中陰勤行之儀也、於等持院被立龕後、金屏風被寄于当院道場也、蓋先規也、自高倉御所被出之屏風也、

○『大乗院寺社雑事記』同年八月十一日条に関連記事あり。以遠澄期が作成した奠湯法語が「続芳集（中）」（東京大学史料編纂所謄写本二〇一六-五七二）にあり。

一六六〇〔長禄寛正記〕『群書類従』第二〇輯、三四一頁

（前略）同八月八日ノ暁高倉ノ御所ニテ御他界有リ、将（足利義政）軍家ノ御歎キ可申様更ニナシ、同日申刻御沐浴有、土御（勘解由小路）門三位有（在）盛参リ時刻ヲ計ヒ申、諸五山ヨリ高倉殿ニテ諷経有リ、同十一日寅刻等持院（洛北）へ出シ奉ル、白衣ノ御力者十二人、御棺ヲ舁奉ル、将軍家ハ御輿ニテ御出、真如寺（洛北）ニテ御直垂ヲメシ改テ浄衣ヲ召御車ニノリ給、扨等持院ニテ七仏事ノ御荼毘也、喪主ハ等持院ノ竺雲（・等連）、下火ハ鹿苑院真圭（龍崗）、鎖龕建仁寺ノ月泉（・祥洵）、起龕三会院（臨川寺）仙英（・周玉）、奠湯ハ常徳院（相国寺）ノ以遠（・澄期）、奠茶ハ霊泉院（建仁寺）九淵（・龍賝）、念誦ハ林光院（二条）ノ竺華（・梵萼）、挙経ハ臨川寺ノ玉崖（・梵琇）、起骨ハ恵雲院（南禅寺）ノ大圭（・宗价）也、則御法号ヲバ勝智院殿（日野重子）従一位万山性寿大禅定尼ト称シ奉ル、（後略）

年月日未詳、鹿苑院主龍崗真圭が雪舟等楊の字説を書く。

一六六一〔図書考略記〕

田中喜作「図書考略記（覆刊）上」（『美術研究』七六）三九頁

○雪舟（・等楊）二字説

浮屠氏諱楊、以能画与縉紳庶士之輩游、亦好集昔賢墨妙、得楚石老人（・梵琦）所書雪舟二大字、以宝之、遂自号雪舟、俾予（龍崗真圭）作説、峻拒弗已、昨来又之、仍告焉曰、夫雪者遍周於器世界、表裏純浄、如玉壺之不受一塵也、視舟之泛泛在水、以南、以北、以東、以西、恒動弗止、杙而維之亦静也、譬之一心、雪之純浄不塵者、心真如之体也、舟之恒動亦

静者、心生滅之用也、子其只麼参去而後、得之心、以命之筆也、則所画増進矣、它日人皆議曰、今也子之所画者心画也、画有神品有妙品、神且妙也矣哉、若或擁柳柳州孤舟釣雪之句、王子猷渓雪乗舟之故事、以詰予説、子其痛斥之何也、夏虫不可以語氷、　鹿苑（鹿苑院）龍崗老衲書、
龍岡（崗）諱真圭、嗣大奝（大周周奝）、奝嗣天龍大照円熙、熙嗣夢窓国（・疎石）師、大奝在西山（嵯峨）、院曰永安、龍岡在相国、軒曰同慶、

○便宜的に龍崗真圭が登場する記事にあわせて掲載する。
○山口県立美術館雪舟研究会編『雪舟等楊―「雪舟への旅」展研究図録』二六八頁によると、本史料は寛正四年（一四六三）正月六日～同六年冬頃のものとする。

寛正四年（一四六三）八月十二日、室町幕府が勝智院（日野重子）の中陰仏事料を捻出するため万松軒主仙岩澄安と相国寺都聞徳岩正盛から借銭をする。

一六六二〔蔭凉軒日録〕寛正四年八月十二日条
『増補続史料大成』一巻、四一七頁

十二日、就于勝智院（日野重子）殿御中陰御仏事料、以万松軒（相国寺常徳院）仙岩（・澄安）和尚幷当（相国寺）都聞正盛（徳岩）、今度御仏事、六千貫費用也、各以其三分一、両所貳千貫充、以御領被当之、被仰出御借用之事、仍今日先盛都聞以貳千貫之御借銭之内、且貳百貫送于当（鹿苑院）院主（龍崗真圭）云々、（後略）

寛正四年（一四六三）八月十四日、勝智院（日野重子）初七日の仏事が蔭凉軒で行われ、雪庵澄郢が拈香を務める。足利義政が臨席する。

一六六三〔蔭凉軒日録〕寛正四年八月条
『増補続史料大成』一巻、四一八頁

十一日、（中略）御中陰日数、以在盛（勘解由小路）所択伺之、来九月十七日、為散忌初七日、拈香雪菴（・澄郢）和尚、二七日、拈香南禅住持国用（・乾策）和尚、以書立伺之、即有御点、（後略）
十三日、奉報来晨初七日以案内而御成之事也、御成時刻之事被尋下、以五鼓可申之由白之、於等持院（洛北）以百貫文可結御中陰之由、伊勢守（伊勢貞親）奉之、即命于等持院也、（後略）
十四日、奉報蔭凉軒御点心御成可申案内之事也、以五鼓申案内、即御成、先被改御装束、就于蔭凉客殿、御点心、於于御所間御手水、自北面於昭堂御成、而拈香雪庵和尚、

諷経了、御焼香幷本坊道場御焼香、於于蔭凉旧座御斎、々罷、被脱御装束也、御手水以後、伺三七日拈香天龍寺以崇和尚(・自(妙)敦)、四七日拈香雲居菴(天龍寺)梅谷和尚(・中薌)、五七日相国寺同文和尚(・景悳)、陞座存耕和尚(・祖默)、六七日拈香起龍和尚(・永春)、七々日拈香梅室和尚(・周馥)、陞座常在光寺(東山)雲荘和尚(・徳慶)等、自院(鹿苑院)主(龍崗真圭)之書立也、即有御点也、御点心料進上之、吉日択十六日、以其日可致披露之由、伊勢守申之由白之、即御領掌也、管領細川殿(勝元)御相伴彼(被)参也、院主龍崗和尚、崇寿院(相国寺)竹香和尚(・全悟)以為勤行衆不被参也、拈香雪庵和尚被参于御相伴、蓋旧例也、御装束則執又墨色也、雪菴和尚平日好奇語、仍拈香語、有女中堯舜歓喜花、八月梅花等之句也、吉祥月、功徳帷、断腸枝、妄想糸、黄金竹、天気快晴、誦経尤厳也、以愛阿弥可記忌日仏名而献之由、被仰出也、初七日不動、二七日釈迦、三七日文殊、四七日普賢、五七日地蔵、六七日弥勒、七々日薬師、百箇日観音、一周忌勢至、第三年忌阿弥陀、七年忌阿閦、十三年忌大日、三十三年忌虚空蔵、記之献之、

寛正四年（一四六三）八月二十五日、東寺領備中国新見庄代官が地頭方の禅仏寺領内で殺害されたため、寺領沙汰人・百姓等が地頭方政所を焼き払う。

一六六四〔備中国新見庄三職注進状〕東寺百合文書サ函一一〇

『岡山県史』第二〇巻、七三六頁

(封紙ウハ書)
(追筆)
「『寛正四　九　三』

金子弾正左衛門尉　衡氏
福本式部之允　盛吉
宮田帯刀左衛門尉　家高」

進上　東寺
御公文所殿
人々御中

畏申上候、

抑、御代官(祐清)今月廿五日当庄(備中国英賀・哲多郡新見庄)御宮めくり被召候、左候間、地頭方相国寺之善(禅)仏寺(七条柳原)御領中ニ、谷内と申地下人、家を作候処にて、下馬とかめ仕候て、谷内・横見と申者、両人して打申候、我らか在所より一里計候所の御宮にて、おつかけ打申候、則我ら時をかへす、彼敵方へおしよせ候へハ、いつれもおちうせ候間、家をやきはらい候、左候処ニ、彼人共地頭方之代官所ニこもり候由聞へ候、其上、御代官被乗候馬を、地頭代官所ニ被立置候間、一向

とうそく《盗賊》にて候やと、おしかけ候へハ、折節庄主他行仕候、
間、不及力候て、政所屋をやきはらい候、其まゝ陣をと
り敵を尋候へ共、行末なく落行候や、むかふ敵なく候間、
先引しりそき候、左候間、彼庄主いしか《石蟹》の郷《備中国哲多郡》新屋垣内と
申領ニ被居候程ニ、彼とか《科》人ニしやうかい《生害》させられ候て
給候へ、無御成敗候ハヽ、庄主ニしやうかいさせ可申由、
談合仕候て、同廿六日ニ、勢使仕候処ニ、当国守護《細川勝久》殿御内
人西尾方、又河合方両人罷被出候て、一見被申候様ハ、
若彼とか人共、帰国仕事候ハヽ、庄主と相共ニせいはい《成敗》
候て可給由、堅申され候間、先注進申上候、以此旨、可
然様ニ可預御披露候、恐惶謹言、

八月廿七日　　金子弾正左衛門尉　衡氏（花押）
　　　　　　　福本式部之允　盛吉（花押）
　　　　　　　宮田帯刀左衛門尉　家高（花押）

東寺
御公文所殿人々御中

○禅仏寺は季瓊真蘂が京都七条柳原に建立した寺（本書一五二九号史料）。

一六六五〔備中国新見庄地頭方政所見捜物注文案〕
東寺百合文書サ函一二三、『備中国新見庄史料』一二三八頁

（端裏書）
「見捜物注文案」
新見《備中国英賀・哲多郡》地頭方政所見捜物色々事

合

寛正四年八月廿五日

一大皮子中色々分
一ころも《衣》一ツ　　一きぬ《絹》一ひき《疋》
一ぬりのわた五ツ　　一わたすしう但むらさき也、
一大ふきのしつかい　　一たつなはるひ《腹帯》
一あかうるしふはこ《赤漆文箱》中ニちやう日記　　一はりふはこ中さうし共
一こものゝ上下一具あさき　　一こものゝかたひら《帷子》一ツまねひ
一大かたひら《帷子》まねひ　　一まきふすへかわ《巻燻革》二枚　此外ふすへかわ《燻革》半枚
一こつゝら《小葛籠》中色々分
一すミ《墨》八ちやう《丁》　　一あらかミそり《剃刀》一双同と
一ちやわんかうろ《茶碗香爐》　　一かいしゆ《皆朱》のかうはこ《香箱》
一もとい三つ御子用就御神事　　一しゆす《数珠》一連
一こかけかわこ《皮籠》の中色々分
一こせう三両　　一しゆ二つゝミ
一あつけ日記　　一かたゆわう五両
一大からひつ《唐櫃》中色々分

一くれないの花五きん　　一ぬきてわた二ツ
一くろぬりのやつき一ツ　　一ぬりてのつんきり一つい、ひたりまき（左巻）
一硯一めん　　一三百文あふき（扇）二本但一本代三百文宛
一八本あふき（扇）十五本　　一か丶ミ（鏡）一めんいゑ二入
一ひらさら（平皿）の本一ツ但かいしゆ（皆朱）　　一こさら（小皿）の本一ツ但かいしゆ（皆朱）
一かうろ（香爐）一ツ但こどう（胡銅）　　一くらののくつ
一こひつたい同硯共　　一吉ちや三きん
一あつかミ（厚紙）七てう（帖）　　一すきはら（杉原）五てう（帖）
一中紙三そく　　一かなつち一ツ
一ちやわん（茶碗）のくわひん（花瓶）一ツ　　一かいしゆ（皆朱）のこき（古器）一せんゑ入同さら三ツ同こきけ二入
一かいしゆ（皆朱）のおしき（折敷）大小二枚ふちくろ
一こかわこ（小皮籠）中分
一ちやう（帳）其外かんちやう（勘定）状共但ほうくはりなり
一中のかわこ（皮籠）中分
一ちやう（帳）いろ〳〵状共　　一くつわ二口此内一口ハ上

（中略）

右、たいかい（大概）注申候、此外事ニ不足之物、色々申不得候、

寛正四年十一月　日

代官宣中在判

寛正四年（一四六三）九月三日、季瓊真蘂が東寺領備中国新見庄代官の殺害と地頭方政所の焼打の件について、最勝光院方と話し合う。

一六六六〔最勝光院方評定引付〕東寺百合文書け函一四

『岡山県史』第二〇巻、一一四三頁

（表紙）「七十一
最勝光院方評定引付寛正三（四）年癸未」

最勝光院方評定引付寛正四年癸未

（中略）

九月三日

権僧正　融覚　公禅　仁然　杲覚　宗寿　堯杲　堯忠

一新見庄（備中国英賀・哲多郡）代官祐清幷中間男兵衛次郎、八月廿五日、於前仏寺（禅）（七条柳原）領地頭方内、依下馬相論、為谷内・横見二人、被殺害之間、寺領之沙汰人・百姓等、不廻時刻、押寄彼在所之処、敵人悉令遂（逐）電、更無敵人之間、焼払彼等住屋、則引退畢、然彼物

二人并祐清馬以下、地頭方政所ニ召置之由、有風聞之間、重廿六日、令発向于彼庄主所之処、折節、庄主令他行、又依為留守之間、不能散無念、先焼払政所屋、則取陣、庄主帰ルヲ相待之処、守護方（細川勝久）者、初（西）尾并河合両人、罷出申云、所詮、彼科人若帰国仕者、雖為何時、庄主与相共ニ、可致成敗也、先急、被引退者、可然之由、色々申之間、無力、罷帰候由、注進之、則致披露之処、此条言語道断之次第也、雖然、於国、三職以下、種々致沙汰之上者、於京都、重而、菟角難及其沙汰歟、肝要、先急、可被下上使之由、衆儀治定了、

（中略）

（九月）同十三日

公禅　仁然　杲覚　宗寿　堯杲　堯忠

一就新見庄代官喧○嘩事、自地頭方▨蘂（季瓊真蘂）西堂、両使出官ト童書記来申云、去月廿五日当寺領代官（祐清）、於前仏（禅）寺領谷内所、主従殺害之間、地下則令発向、焼払谷内家、彼返様ニ押寄政所、奪取資財雑具、剰焼払之条、言語道断之次第也、雖然、堅不及申也、所詮、所引散雑具等、返給者、可悦喜申云々、於当座、尽存分、先致問答、但承趣、令披露寺家、重可申御返事候由、使ニ申旨、披露之処、寺家之儀、不可過昨日之問答歟、以両雑掌、重而、可有同辺返答之由、衆儀了、

（中略）

十月五日

融覚　公禅　仁然　杲覚　宗寿　堯杲　堯忠

一就去八月廿五日於新見庄代官祐清於地頭方被殺害、同廿六日、領家方沙汰人・百姓等、押寄地頭方政所、令放火畢、然ルニ之、自蘂西堂方、依歎申、公方（足利義政）被仰出様、彼政所令新造、家具等悉返渡、取○西堂請取、可懸御目候由、昨日左衛門大夫（飯尾之種）申之旨、致披露之処、先以内者、可有詫事、随其左右、奉行方○御返事可被申也、仍宝生院（杲覚）・前仏（禅）寺坊可有談合之由、衆儀治定了、

同八日内談

金勝　実相　仏乗　宝生　宝輪　金蓮　堯忠

一新見地頭方政所屋之間事、左衛門大夫申趣、敵方政所ニ彼科人并死人馬入居之、為領家方、可出渡之由、申送之処、不承引之間、焼払之歟、若又、不及菟角之儀、令放火歟之間、慥尋究之、依其左右、可有了蕑（簡、以下同）云々、

次吉阿、檀那寺ニ談合之処、既為上意、堅被仰出之上者、雖如形、政所屋被造返者、尤可然歟、無其儀、公事難落居者乎、次至雑具者、重有詫事者、若可承引歟之由申旨、吉阿来申、此両条取合、披露之処、此趣誠可然也、仍急公方様御返事、可被申之也、随而、檀那寺所へ二百疋、令随身、能々可令談合云々、次実相（公禅）寺・堯忠、令同道、於雲頂院（相国寺）、詫礼等被仰者、尤可然之由、治定畢、

一新見上使事、大方、雖有其沙汰、不能落居者也、

同十日

融覚　公禅　杲覚　宗寿　堯杲　堯忠

一新見庄地頭方政所屋可造進之由、　公方様へ御返事申上候、仍其形、可得御意候由、蘂西堂（季瓊真蘂）方へ可被仰也、随而、実相寺令同道、罷向雲沢（相国寺雲頂院）之処、令対面、念比ニ承候条、悦喜申候云々、就其、地下三職方へ折紙ヲ給、可下之云々、此由披露之処、可被遣折紙之条、安間事也、但只今被下折紙於者、三職以下、定所存可申候歟、然ハ又、可為煩候間、於折紙者、先可有延引候由、可被仰之由、衆儀治定了、

一左衛門大夫、▨（給）一行、可致披露之由申之旨、披露之処、如此候、雖為斟酌之儀、如此申之上者、可被遣之由、衆儀落居畢、彼状云、

前仏（禅）寺領新見庄地頭方政所屋以下事、任被　仰出候之旨、可致其沙汰候、更不可有緩怠之儀候之由、可然様、預御披露候者、所仰候之由、衆儀候也、恐々謹言、

十月十日　　堯忠判

飯尾左衛門大夫殿

（中略）

（十一月）同十八日

権僧正　公禅　杲覚　宗寿　堯杲　堯忠

一新見地頭方政所屋、急可造立、次失物等事、同可去渡之由、（寺家）上使方へ折紙ヲ給、可下遣之由、自蘂西堂、被申之旨、披露之処、評議云、雑具等可渡之折紙ヲ、可被出雲沢之条、不可然歟、所詮、為寺家、堅可申下之由、以雑掌、可被仰遣之由、衆儀治定了、

同十九日

権僧正　融覚　公禅　仁然　杲覚　宗寿　堯忠

一新見政所屋、急可造立之由令下知事、自寺家ハカリニ

テハ、不可叶也、早々、給折紙〔但可出左衛門大夫方、〕可申下之
由、猶自雲沢申候間、重而、披露之処、如此返答候条、
定可有子細也、所詮、上月☒☒、付檀那寺、可有了蕳
之由、衆儀治定了、

(中略)

（十一月）同廿八日
権僧正　融覚　公禅　仁然　杲覚　宗寿　堯杲
　　　　堯忠

一新見地頭方政所屋等事、蘂西堂方江有少会尺、可然様、
可有御話〔誘〕歟之事、披露之処、此義一往可然歟、只今、
有会尺之条、更無其由、非前非後之儀タル歟、今少可
被守▨〔事〕次也、所詮、急下人於地下、雑具等堅可致礼□（明カ）
之由、可有下知事、尤可然之由、衆儀治定、仍雇喜阿
ミ、可被下云々、

(中略)

（十二月）同九日
権僧正　融覚　公禅　仁然　宗寿　堯杲　堯忠

一就新見政所屋事、雲沢辺事、可有御了蕳（簡）歟之由、披露
之処、国之儀、未知落居、喜阿ミ参洛、可有御待候由、
衆儀治定了、

(中略)

（十二月）同廿日
権僧正　融覚〔早出〕　公禅　仁然〔早出〕　杲覚　宗寿　堯杲
　　　　堯忠

(中略)

一新見政所屋事、来廿一日、宝輪院（宗寿）・堯忠令同道、出蔭（季）
涼（瓊真蘂）、可相尋其左右、仍折紙代千疋、可持之云々、

(中略)

（十二月）同廿七日
権僧正　公禅　杲覚　宗寿　堯杲　堯忠

一新見庄地頭方政所屋事、不被新造者、不可叶之由、昨
日〔廿六日〕、自雲沢、返答之趣、披露之処、（後欠）

『岡山県史』第二〇巻、七四四頁

寛正四年（一四六三）十月二十二日、備中国新見庄三職が、地頭方政所焼打に至る経緯を東寺公文所に報告し、相国寺からの報復を警戒する。

一六六七〔備中国新見庄三職連署注進状〕東寺百合文書サ函一一八

（封紙ウハ書）
「（追筆）『寛正四　十一　朔』
祐清事　新見庄より（備中国英賀・哲多郡）　金子弾正左衛門尉　衡氏
福本式部尉　盛吉
宮田帯刀左衛門尉　家高」
東寺
進上　御公文所殿

（端裏切封）
なを〳〵申上候、此彦四郎、其之時せつも、よく矢共い候て、うちのかされ候、其後も、地下さいそくともと申ほねをもおり候、それにて、御はうひ《褒美》あるへく候、万愚状之躰、御免あるへく候、

畏申上候、

抑、御祝言之愚状ハ別紙ニ申上候、随而、祐清上人之御中間彦四郎と申候者、罷上候、過つる子細共、御尋あるへく候、御ふしんあるましく候、祐清上人と、同うたれ候御中間兵衛次郎と申者の女等、色々物共しるしたて候、注文之まへ、御上使之御前へ御目ニかけ申候、委細ハ御代官一ツ書を以、御注進あるへく候、殊以、御本帳・納帳・未進帳堅く《ことく》取置申候て、御上使へ渡申て候、御書下共、こと〳〵く同渡申て候、すいふん《随分》、こゝもとの事ハ、はしりまいて候と存候、以前も、（申上候ことく）もし相国寺《季瓊真蘂》すいせい《蘂西堂》と、ふ様より、かたきうち《敵討》なんと、申かけらるゝ、子細候とも、下馬の子細にて候、さ候へハこそ、我らをうつさす《時》、おしよせ候て、祐清之てき《敵》人をも、うち候ハんと仕候へハ、はやおちうせ《落失》候、さ候間、地頭方政所々彼之てき《敵》人こもり候由、人々申候間、同おしよせ候へハ、そこをもおちうせ候、見候へ者、あんのことく、祐清上人其きわ、めされ候騎馬、彼政所家ニつなかれ候間、此上ハ、一向とうそく《盗賊》の儀にて候と、存候て、敵人之家、同地頭方政所所を焼払候、いかやうニ相国寺より申され候とも、此分御沙汰あるへく候、是もふそくと存候、彼の敵人共ニ、生涯させられ候ハてハ、叶ましく候、すてニ此方之代官を、下馬とかめにて、うたれ候上ハと御沙汰あるへく候、是ハ若相国寺様より申され候ハん時、御存知候ハてハと、奉存候て、御心への為ニ念比ニ申上候、委細ハ、とても彦四郎方罷上候間、御尋あるへく候、恐惶謹言、

十月廿二日　衡氏（花押）
盛吉（花押）
家高（花押）

進上　東寺
御公文所殿

寛正四年（一四六三）十月二十六日、相国寺の訴えにより室町幕府は東寺に地頭方政所の造営と紛失物の返却を命じる。これに対して新見庄より対処の確認がなされる。

一六六八〔備中国新見庄代官本位田家盛注進状〕　東寺百合文書ツ函二六二　『岡山県史』第二〇巻、一六二二頁

猶々申上候、御はうしよ（奉書）又ハ寺家様之御うけ（請）文あるとハ、上使被申候へ共、我らニはミセられす候、ことさら御うけ文めされ候て、人をも御下あるへく候と、まち申候処ニ、無其儀候間、一大事と存知候て、きつと注進申上候、

畏注進申上候、

抑、今月廿三日ニ相国寺より上使被下候て、此方へ被申候様者、地頭方政所所やかれ候間、其わひ事、公方様（足利義政）へ申上候間、上意よりも寺家様（東寺）へ仰出され候、子細者、其てき（敵）人の家をこそ、やき候へきに、彼方之政所屋までやかれ候事、くセ事之子細にて候、けつく（結句）見さくり（捜）なんとセられ候事を、　公方様へ申候間、東寺へ仰出されやう者、いそき政所家をもつくり、ミさくり物かゑし付候へと仰出され候間、東寺より御出候て、とかく仰候つれ共、　公方様よりかたく仰出され候間、政所家をもつくり、みさくり物をも申付、返可申候と、御うけ文をめされ候間、いそき候、政所家をもつくり、見さくり物をも返候へと、かたく被申候間、めいわく（迷惑）仕候、さ候間、三職とたんかう（談合）仕候て、彼上使所ゑ罷出候へ（候て）ハ、其時之子細を、ねんころニ彼上使ニ申て候、其ゆわれハ、此方之代官（祐清）、下馬を仕候ハぬとて、家つくりの物共、をんかけ（追）候、さ候間、谷内方家共、不存候て、下馬を不申候、御免候へと申候て、代官下馬候し、乍去、大セぬきつれをんかけ候間、祐清もぬき候てかまゑ候所ニ、さ候ハヽ、太刀を御さし候へと申候て、をんかけ、よこみ（横見）・谷内と申物申候間、下馬仕候上ハ、ともかくもと被申候て、太刀をさし候所ニ（を）、よこみ・谷内両人してうち候て、馬・太刀・具そく、其身のいセう（衣装）まて、はき取候よし申候て、地下ほうとう、其時とも仕候か、其セきのかれ候て申候間、時をうつさす、八月廿五日之ひつし（未）之時ニうたれられ候ニ、やかてとり（酉）の時に、三職・百性（姓、以下同）等同心にをしよセ（押寄）候、さ候間、谷内か家つくりの事にて候間、まつ谷内か

所ゑおしよせ候へハ、をちうせ（落失）候間、無力家をやき候、さ候間、よこみ（横見）か処へかゝり候処ニ、よこみ・谷内、地頭方之政所家ニこもり候、同祐清之馬をもつなきをき候、けつく（結句）たて（楯）をつき出し候、まねきかけ候間、さてハてき（敵）人、こもり候上ハと、存知候て、おしかけ候へハ、こゝをもおちうセ（落失）候間、政所家之内にもあるかと存知候て、やき出へきと存知候て、火をかけ申候、何事にか、かたきこもり候ハす候政所家へハ、かゝり可申候哉、あり之まゝ申て候、見さくりの事、承候、これ又すてニ別家ニくら候、其内へ者人壱人も入へからす候、火をもかけましきよし、三職せいはい（成敗）仕候よし申候、此由上使へもねんころに申て候へ共、はや京都にて東寺より御出候て、うけ文をめされ候上ハ、さう〳〵政所家をつくり候へと、被申候へ共、京（都）とへ一ちうしん（注進）可申候其（と）、御さう（左右）の間者、御まち候へと、かたく申候へ共、まつましき由かたく被申候、さ候間、当国之国人にていられ候たち（多治部）へ公方様へ被参候人に方、たて（伊達）て候、これハしゆこ（守護・細川勝久）方之人にて候、方、彼両人へ御はう（亡）所を付申、おそくつくられ候ハゝ、彼の同々（面々）以見セき（致）を至へきよし、かたく被申候、さやう

にも候ハゝ、彼政所家をつくり候へと、三職・（又ハ）百性へ申付候へハ、三職者、寺家様之御大事になり候ハゝ、めん（面目）ほくなく候へ共、ともかくもの心中にて候、御百性等ハ祐清之いきかゑられ候おもひにて、よこみ・谷内にセう（生害）かいをさセられ候共、政所家之事者、つくり申ましきよし、よりあい（寄合）を仕、ふつと申きり候間、たとゑ京とに御りやうしやう（領掌）候共、いかゝつくり候へきや、かたく承候ハゝ、ちくてん（逐電）可仕候よし申候て、日々に、より（組）合を仕候、此ゆわれハ、当庄之事ハ、地頭・両家、入（領）くミの事にて候、あさゆふ（朝夕）より、あい（会）候中（内輪）ハにて候か、此方よりやき（焼）、又此方よりこはし候を、かたきつくり候ハん事、まつ（末代）大までのちしよく（恥辱）にて候、其上、寺家様之御なをり（名折）にて御座候よし、かたく我らニなけき申候間、いかゝ可仕候哉、ことさら御年貢之時分、御百性等ちやうさん（逃散）仕候てハ、しかるへからす候、いかやうにも京都にて 公方様へよきやうニ御申し候てあるへく候、乍去、はや御うけ文をめされ候事、ちてう（治定）にて御座候ハゝ、きつと御上使を御下候て、地下をもやわらけられ候て、彼政所家をも、御つくらセらるへく候哉、我らかてちやく（手酌）ニ不及

候、何としても京都ニて御道やり候へかし、これにて我らも人(召)めし候か、めんほくなく存候、委細者、此僧申上らるへく候、御たつねあるへく候、此僧之事ハ、善成寺之僧にて御入候、いせん上られ候そう(僧)にてわたり候、あんないしや(案内者)之事にて候間、又やとい候て上申候、いつれにも、さう〳〵(早々)御一さう(左右)を仰被下候へく候、又今月廿二日ニ夫丸二人ニひこ(彦)四郎をあいそへ上申候つる、定目出度参可付候、同御さいふ(割符)三・うるし等進上申候、委細者いせん之注進状申上候、以此旨、▨(御カ)被披露候ハ、畏入候へく候、恐惶謹言、

　　十月廿六日　　　　　　家盛（花押）

進上東寺御公文所殿参

○関連史料が、寛正四年十一月六日付「備中国新見庄代官本位田家盛注進状」（東寺百合文書サ函一二一、『備中国新見庄史料』一三七頁）、同月十六日付「蔭凉軒出官集立書状」（東寺百合文書サ函三五七、『岡山県史』第二〇巻八七二頁）、同月二十一日付「備中国新見庄上総上使増祐等連署注進状」（東寺百合文書サ函一二二、『備中国新見庄史料』一三七頁）、十二月三日付「浄聰書下案」（東寺百合文書サ函一二五、『岡山県史』第二〇巻七五二頁）、同月十八日付「備中国新見庄上使上総増祐・代官本位田家盛連署注進状」（東寺百合文書サ函一三〇、『岡山県史』第二〇巻七五五頁）、同日付「備中国新見庄三職連署注進状」（東寺百合文書サ函一三一、『岡山県史』第二〇巻七五七頁）にあり。

寛正四年（一四六三）十一月二十四日、鹿苑院主龍崗真圭が足利義政に随求陀羅尼を伝授する。

一六六九　〔蔭凉軒日録〕寛正四年十一月条　　『増補続史料大成』一巻、四三六頁

十四日、（中略）随求陀羅尼、可被受于鹿苑院龍崗(・真圭)和尚、但吉日可択之由、被仰出也、（後略）

廿四日、奉報蔭凉軒御成之事也、随求陀羅尼、可被受于鹿苑龍崗和尚之吉日、択今日之旨伺之、仍斎罷被受之、此陀羅尼之功能、大概被申之、（中略）随求陀羅尼加点而献之、（後略）

廿五日、随求陀羅尼、七返被誦、則然乎之由、鹿苑龍崗和尚被申、即御領掌也、（中略）随求陀羅尼、為誰可被回向哉之事、被尋申于院主、被回向于一切衆生、則可也、然則願以此功徳四句、回向可然之由、被申之、御使者誉

阿弥也、
廿六日、依回向之事、以誉阿被尋下也、
廿七日、依回向之事、自院主龍崗和尚被申分仍露之、
（後略）

寛正四年（一四六三）十一月二十八日、室町幕府が光永書記を流罪とし、紕明のため大智院内競秀軒末寺伊勢国万年寺の文書を召し上げる。

一六七〇〔蔭凉軒日録〕寛正四年十一月・同五年三月条

『増補続史料大成』、一巻、四三七頁

（寛正四年十一月）廿八日、（中略）競秀軒《相国寺大智院》末寺、勢州万年寺之事、依永書記《光永》流罪、為法眷中、可計之御奉書被成、雖然就御紕明之事被召還、使飯尾左衛門大夫見《之種》之、万年寺支證之事、雖被召出光珪蔵主、難渋而不出、仍逐電之由申之、尤不可説也、
（寛正五年三月）廿日、（中略）宝聚軒《相国寺》内、鏡《競》秀軒末寺、勢州万年寺支證、依光永書記罪科、以飯尾左衛門大夫被召、仍今晨於殿中渡之、鹿苑院《足利義満》、勝智《定カ》院殿《足利義持》、普広院《足利義教》殿、御判五通并飯尾左衛門大夫御教書、目録也、祠堂銭持此支證者、可弁之由被命之由命之、仍飯尾左又領掌也、
（後略）

寛正四年（一四六三）十二月七日、大智院が八条遍照心院の仏殿を買得する。

一六七一〔蔭凉軒日録〕寛正四年十二月七日条

『増補続史料大成』、一巻、四三八頁

七日、（中略）八條遍照心院《大通寺》売却仏殿、自大智院《相国寺》可買得也、依競望伺之、無子細被仰出也、（中略）遍照心院沽却仏殿、可買得于大智院之由、以烏丸弁殿《益光》被仰付也、窃被報于愚老《季瓊真蘂》、

○『蔭凉軒日録』延徳二年（一四九〇）十月二十五日条に関連記事あり。

寛正四年（一四六三）十二月十八日、相国寺住持同文景忞等が伯耆国守護山名教之による寺領同国由良郷への違乱を室町幕府に訴え、幕府が違乱停止を命じる。

一六七二〔蔭凉軒日録〕寛正四年十二月十八日条

『増補続史料大成』、一巻、四四〇頁

十八日、（中略）当寺（相国寺）領伯耆国由良郷（八橋郡）、致守護（山名教之）違乱、懸五百貫文云々、以訴状住持同文和尚（・景茝）幷都聞正盛（徳岩）等申之、以寺奉行飯尾左衛門大夫（之種）幷同大和守（元連）可献停止違乱之折紙之由、被仰出、即命于両奉行也、於勝定院（相国寺）披露之、拈香長老同文和尚、尽旧例也、

○本書一六七八号史料が関連。

寛正四年（一四六三）十二月二十日、足利義政が鹿苑院主龍崗真圭の『臨済録』講義を希望する。

一六七三〔蔭凉軒日録〕寛正四年十二月二十日条

『増補続史料大成』、一巻、四四〇頁

廿日、（中略）至明年二月、臨済録可聴受于院主（鹿苑院）龍崗（・真圭）和尚之由、被仰出也、（後略）

寛正四年（一四六三）十二月二十四日、備中国新見庄上使が、地頭方奈良殿の屋敷を買い取り地頭方政所を再建すること、当年中に雑具を返還することを相国寺力者善性を介して申し入れる。

一六七四〔備中国新見庄上使上総増祐注進状〕東寺百合文書ツ函一四三

『岡山県史』第二〇巻、一五三頁

（包紙ウハ書）
（追筆）
「『寛正五 正 八日到来』
東寺
御公文所殿まいる
備中新見庄（英賀・哲多郡）より上総
増祐」

なを〳〵申入候、乗円早々御下あるへく候、一身して国之事了簡なく候、御心得之ために申入候、

去十八日喜阿ミ上洛之時、委細注進申入候へ共、相国寺御力者善性上洛候間、一筆忩申候、さ候間、乗円上洛之御左右を此間待申候へ共、廿四日ニ至候まて、御左右なく候間、地頭方なら殿の家を買候て、明日廿五日こほち候て、新造可仕候、又雑具之事ハ涯分相尋候て、当年中ニ少々可渡進候、更々我ら無沙汰之子細なく候へ共、遠国之事にて候間、如此候、委細ハ善性ニ申入候、京都之事者、可然様ニ可有御申候、国之事更々無等閑候、子細ハ委細善性ニ念比ニ申入候、定而相国寺にてハ可然様ニ、可有御披露候哉、色々申入度子細共候へ共、善性を待申候て、

注進申候間、不及是非候由、能々可預御披露候、諸事明
春ニハ早々ニ御吉事可申承候、恐々謹言、
十二月廿四日　　　　上使 増祐（花押）
御公文所殿まいる
（切封）「ー　ー」
（礼紙奥書・異筆）「去年十二月廿四日状　寛正五正八日到来　相国寺善性使立」
○関連史料が「最勝光院方評定引付」寛正五年（一四六四）正月十一日条（東寺百合文書け函一六、『岡山県史』第二〇巻一一四九頁）にあり。

寛正四年（一四六三）十二月二十五日、赤松持彦が雲頂院内雲沢軒に丹波国郡家庄を寄進する。

一六七五〔蔭凉軒日録〕寛正四年十二月条　『増補続史料大成』、一巻、四四一頁

廿五日、（中略）赤松治部少輔入道々衍（持彦）知行、丹波国（多紀郡）郡家庄可寄進于雲沢軒（相国寺雲頂院）之由有之、以布施下野守（貞基）、自御末使春日殿御局伺之、可被成御判之由、被仰出也、尤為寵光也、蓋売寄進之契約也、
廿六日、（中略）宗成喝食拝領御判并愚老（季瓊真蘂）拝領郡家庄御判書立之、自伊勢守（伊勢貞親）方献之云々、（後略）
廿九日、（中略）雲沢軒、以丹波国郡家庄、年来赤松治部少輔為本願、限永代寄進之、仍安堵御判、被成下也、為御礼進上盆一枚・段子一端・杉原十帖、以伊勢肥前守（盛富カ）披露之、治部少輔入道方、有売寄進与寄進状両通并本券数通也、
治部少輔息弥次郎、依貧乏不出仕、故売却此所領、而以量致出仕、是故先与伊勢守評之、仍披露之、被聞召訖、被成御判末代為雲沢軒領、尤老後之光華也、彼寄進事、初以春日御局白之、奉行布施下野守（貞基）書立之、

寛正五年（一四六四）正月二十二日、室町幕府が小栗宗湛へ去年分の給与二十貫文を渡す。

一六七六〔蔭凉軒日録〕寛正五年正月・十二月条　『増補続史料大成』、一巻、四四六頁

（正月）廿二日、（中略）宗湛（小栗）上座以文都聞（天章周文）之例、去年廿貫文可被下之由被仰付、雖然未下行之故、今晨香厳院（嵯峨）修山和尚（・光謹）、為光宅軒安堵御判御礼、参而献千疋、被懸于

御目也、以此折紙料足、伝与于自牧（小栗宗湛）、仍伺之、（後略）
（十二月）廿日、（中略）宗湛上座、毎望之由申之、可
命于飯左（飯尾之種）之由被仰出也、歳末献御扇子、拝受綾御小袖一
領也、年始参賀之次、拝領御練貫一重也、蓋周文随此例
也、御服被下、其奉行可命于千阿之由被仰出也、
廿一日、（中略）歳末并年始御礼之時、宗湛上座、被下御
服也、歳末者綾小袖、年者（始脱カ）御練貫一重、千阿為奉行可下
之由被仰出、即命之、
廿九日、（中略）宗湛上座、献御扇子一柄、白綾小服（袖カ）一
領被下也、但千阿奉之、（後略）

寛正五年（一四六四）二月十二日、室町幕府が八月出航予定の遣明船の疏を作成するよう瑞渓周鳳に命じる。

一六七七〔蔭凉軒日録〕寛正五年二月条　『増補続史料大成』、一巻、四五一頁

十二日、（中略）今年八月可有遣唐使之事也、仍遣唐之
疏可被製之事并正使并巨座等之事、可伺之由、伊勢守（伊勢貞親）説
于愚（季瓊真蘂）、仍伺之、択吉日可伺之由、被仰出也、疏可製之仁
者、瑞渓（・周鳳）和尚可乎之由、兼与伊勢守評之由、且披露之、
正使天与（・清啓）和尚、自信州早可有上洛之由、遣状之由申之、
（後略）
十三日、渡唐船之疏、可被製吉日伺之、在貞（勘解由小路）択今月十六
日・十七日・廿三日、与伊勢守談之何之、以来十六日可
申之由、被仰出也、文章者、以双桂（惟肖得巌）和尚旧例、命于瑞渓
和尚也、（後略）
十六日、（中略）遣唐之疏文章、択今日使愚老命于瑞渓
和尚、蓋双桂和尚奉命也、旧例也、雖云固辞、以厳命所
逼〔考〕逼一作通、不可辞之事、再三仍奉命也、（後略）
十七日、遣唐疏、瑞渓和尚可被製之事択吉日、以前日被
仰出、謹奉命之事、今晨申之、（後略）
○瑞渓周鳳が作成した遣明書は本書一七五二号史料にあり。

寛正五年（一四六四）三月二日、伯耆国守護山名教之が相国寺領同国由良郷から四百石を徴収したことを同寺が室町幕府に訴える。幕府が返付を命じる。

一六七八〔蔭凉軒日録〕寛正五年三月二日条　『増補続史料大成』、一巻、四五五頁

二日、（中略）相国寺領伯耆国由良郷（八橋郡）守護相模守（山名教之）国悉徳銭及四百石集取之、自寺家（相国寺）以訴訟状披露之、伊勢守（伊勢貞親）於寺奉行飯尾左衛門大夫（之種）命于守護所、被返付之請取奉〔考〕奉一作可、懸于御目之由被仰出也、（後略）

○寛正四年（一四六三）十二月十八日にも相国寺が山名教之に伯耆国由良郷を違乱されたことを訴える（本書一六七二号史料）。

寛正五年（一四六四）三月十八日、相国寺が備中国守護細川勝久の被官人による寺領同国大井庄の年貢緩怠を室町幕府に訴える。

一六七九〔蔭凉軒日録〕寛正五年三月十八日条

『増補続史料大成』、一巻、四五九頁

十八日、（中略）当寺（相国寺）領備中大井庄（久米郡）年貢、守護（細川勝久）被管人致緩怠之事、可〔考〕一本有仰字、御成敗之事、前日於興善院（東山）伺之、興善院檀那土岐美濃守（持益）参侍也、（後略）

寛正五年（一四六四）三月二十一日、備中国新見庄上使が地頭方政所の新造について、相国寺側の主張を東寺公文所に伝える。

一六八〇〔備中国新見庄上使上総増祐・本位田家盛連署注進状〕東寺百合文書し函一四九

『岡山県史』第二〇巻、一四五三頁

（端裏書）「寛正五年三月卅日到来」

態注進申上候、就其、正月廿五日御書下、二月八日当（到）来候、畏拝見申候、

一地頭方政所屋之事、本屋先一新造仕候て、不日ニ注進可申旨、被仰下候、則可取立候処ニ、正月十四日相国寺より、被申下候子細者、上意之御事ニ候間、古屋之事者、不可叶由、堅申され候、悉新敷材木にて、造立候へと申され候て、堅催促候間、古屋にて候へ共、御注進勘用にて候、平ニ此屋を立させられ候へと、種々にわひ事仕候間、庄主申され候子細ハ、是にて、是非之返事ニ不及候、色々承候間、注進可申○（候）とて、正月廿八日態納所をのほせられ候、其返事ニより候て、取立られ候へと申され候間、寺家之御書下之後、又相国寺之返事を相待申候、

一相国寺之御返事、二月十八日当(到)来候、其子細者、去年十月より、為　上意、堅被仰候処ニ、いまニ至、古屋なんと可取立候由、御注進候と、西堂ニ申候者、不可然候由、同宿あまた談合候て、被申下候子細者、とても庄主御渡候上者、領家方上使と談合候て、早々取立、注進候へと、内々申下され候、此上者、古屋にて候共、如元候者、御取立候へと、同日以使者、申送られ候、其後、三職幷御百姓中へ相ふれ候て、地を引、作事を仕候、

一本屋之事、元之石候間、彼屋ミしかく候所をハ、つき候て、如元取立候、仍破風・狐戸・面々垂木・木舞以下、新敷仕候、

一今月十七日ニ屋祢(根)をふき立候、其時者、地頭方百姓中も、各罷出候、さ候間、自然之事も出来候者、又一大事と存候て、色々斟酌仕候へ共、領家方御大儀と申候て、各罷出候、庄主も自然之事をハ、堅申付候と、申され候間、不及力、其分にて候、両方三百余人、罷出候間、十七日申剋ニ、屋祢(根)をふきおろし候、乍去、無為ニ罷帰候間、寺家之御ため、又我ら一身之大慶、此事に候、萱も七千束計入候、

一内作之事、御左右候間、日を延候て、一つゝ可仕候、早々無為ニ、御了蕳(簡)あるへく候、

一正月廿八日ニ罷のほり候納所ハ、玉と申者にて候、三月九日、善仏寺(禅)へ、(七条柳原)　公方様(足利義政)御成候とて、いまた不下候、返々、庄主之心得ニより候て、無為ニ候、御状を御下候ハヽ、可然存候、

一毎月相国寺へ上候長夫、今月廿日立候、其時政所本屋、如元新造候由、庄主注進申され候、相国寺ニハ、はや御存知あるへく候、御心得之ためニ申入候、

一同日、此方注進申度候へ共、三石関折紙を、大林入道ニ申候、他行子細候て、廿二日注進申候、

一うせ物之事、以前之三色渡候へハ、是ほとの物ハ、中〳〵、事たらぬ子細にて候とて、不請取候、いかゝ可仕候哉、

一三職・地下人ニ、堅申付候へ共、其後者、更々一も不出候、此上者、何共、無了蕳(簡)候、庄主も、此子細を、相国寺へ同今度注進申され候、

一去年進之候指図、入ましく候、本屋之石候間、如元、

新造候由、可被仰候、指図之是非ハ、入ましく候、同本屋之請取を、庄主ニ申候へハ、内作候ハぬとて、不出候、不及力候、
一台所之事、早々柱立仕候へと申候へ共、本屋先と、のへ候てと、申延候、
一台所新造候へと、被仰候者、三職・地下人も、罷出候ましきよし申候、末代之恥辱ニ候へ共、自寺家、堅蒙仰候間、本屋之時者、罷出奉公申候、以後者、罷出候ましき由、内々治定候、御沙汰あるへく候、既本屋一、立候上者、此分にて可然様ニ、御落居候ハヽ、可畏入候、
一高瀬・中奥之御百姓中、吉川と申者か、公事ニより候て、去年十二月十八日ニ、悉逃散仕候て、御年貢御公事等、打とゝめ候、就其、吉川ハ家をあけ候て、同廿日比、伯耆国へ罷越候、さ候間、一方たそ衛門と申者も、家をあけ、官領御領をたのミ落候、仍高瀬・中奥、十五名をあけ申候由、惣百姓中折紙を入候て、我らニ、吉川ニ彼下地を付候へと、申候へ共、承引仕候はて、打捨置候、さ候間、三職ニかゝり候て、堅申候間、二月十八日、三職各高瀬・中奥へ罷上候て、色々地下人と談合仕候て、無為ニ吉川罷帰候、就其、たそ衛門罷帰候、先無為候、目出度候、初よりの子細申入度候へ共、中〳〵申不得候、上洛之時、可申入候、
一国節《折》紙五束のほせ候、残ハいまの御公事ニより候て、いまた不納候、同御年貢等催促仕候、
一両職御補任料之事、堅申付候、又高瀬・中奥之公事之趣、以前注進申度候処ニ、年初之御事に候間、今度注進申候へと、三職申候間、如此候、毎事国之儀、京都ニ思食様にもなく候、言語道断之次第にて候、此条々、可然様ニ、可預御披露候、恐々謹言、

三月廿一日　　上使 増祐（花押）
　　　　　　　同 家盛（花押）

御公文所殿
　まいる

○新見庄上使・代官と相国寺人夫が上洛したことを記した同日付「備中国新見庄上使上総増祐・代官本位田家盛書状」（東寺百合文書ゆ函五八、『岡山県史』第二〇巻一四三三頁）があり。

寛正五年（一四六四）四月三日、室町幕府が相国寺法界門の材木の関所通行を許可する。ついで十一月二十一日に材木が相国寺に到着する。

一六八一〔蔭凉軒日録〕寛正五年四月・五月・九月・十一月条　『増補続史料大成』一巻、四六二頁

（四月）三日、（中略）法界門（相国寺）建立、材木過書之事、可被仰付之事、都聞（徳岩正盛）以状并材木註文過書、可被書之、註文懸御目伺之、御領掌、仍渡此経（註カ）文二通・状三通、以此旨命于寺奉行飯尾左衛門大夫（之種）也、此由命于都聞寮也、（後略）

（五月）十九日、（中略）当寺（相国寺）法界門建立之事、以寺奉行飯尾左衛門大夫并同大和守（元連）、被督于都聞盛都聞也、此由命于両奉行方也、（後略）

（九月）六日、（中略）当寺法界門材木京着相迫、仍過書之事伺之、被仰付于飯尾左衛門大夫也、（後略）

（十一月）廿一日、（中略）法界門材木到来之事披露之、

○相国寺都聞徳岩正盛が法界門建立の奉行をする記事が本書一六四九号史料にあり。

寛正五年（一四六四）四月五日、足利義政が河原勧進猿楽を催し、鹿苑院主龍崗真圭・崇寿院主雪庵澄郢等が相伴する。

一六八二〔蔭凉軒日録〕寛正五年四月条　『増補続史料大成』一巻、四六二頁

四日、（中略）明日桟敷、承泰喝食・光洲喝食、可被参侍否事、可被参之由、被仰出也、三宝院（義賢）（醍醐寺）桟敷、竺雲和尚（・等連）・鹿苑院龍崗和尚（・真圭）、可被参之事、依彼招而伺之、可被参之由、被仰出也、即奉命于院主（龍崗真圭）（鹿苑院）也、愚老（季瓊真蘂）引彼二老、先参于三宝院桟敷、而以後可赴于赤松次郎（政則）法師桟敷之由、今晨披露之次窃申之、天快晴、尤多可之由申之、聊御一咲也、

五日、今晨不参也、河原勧進申楽、観世、午後御成、能者七番、観之者若干人、不可挙数也、御桟敷杯盤狼籍（藉）、酒宴歓娯、絶古来今也、河原申楽以後、遂于管領細川左（右）京太夫殿（勝元）御成也、六十三間桟敷、公家、武家、騎馬、衣服改観、皆曰近来壮観也、日晴風静、公方（足利義政）被乗御車也、

八日、（中略）仍前日河原申楽、一会歌舞、被賞華麗（衣装カ）、神妙之至、在談中而刻移也、赤松次郎法師前日於御桟敷被召、被下御盃、仍今晨参而献折紙御太刀、以後来于弊

寮、伊其（伸カ）祝義、又前日被召事被仰出、即申其恭敬歓喜之懐也、崇寿院（相国寺）雪庵（・澄鄂）和尚、於当軒（蔭凉軒）始御相伴被参也、前日天気俄晴、御快然之由、被仰出也、天下太平時、必有勧進、是故上下和睦而相楽、尤公方御威勢不可過之、申楽七番過、而後御宴未終、見物者不得起座而若干人、其数不可量、比且（皆一カ）言之下脱笠、是又畏其威也、山名金吾（持豊）命于田楽永阿弥、使諸人脱笠、而不還御以前、皆不起座及還御而忽帰去、尤威之所服、不堪感謝也、

○同書同月七・九～十二日条にも関連記事あり。

寛正五年（一四六四）四月十日、備中国新見庄の件で、季瓊真蘂と東寺宝輪院宗寿が会合する。

一六八三〔備中国新見庄入足注文案〕東寺百合文書サ函一五五－一一

『岡山県史』第二〇巻、七七三頁

一寛正五年四月十日、蘂西堂（季瓊真蘂）・宝輪院（東寺）愚身（宗寿）両人罷出、其時輿舁貳百六十文、下部八十文、　一新見夫丸両度ニ（備中国英賀・哲多郡）貳百文下之、美濃取次、

一同月廿六日、了蔵新見へ被下、粮物七百文、訪ニ五百文、以上壹貫二百文、以乗観遣之、

一蘂西堂方一献料ニ○拾参貫文、四月八日歟、借物有之処、不入之間、
○先拾貫文之分可有返弁由、衆儀（議）候間、利平参百九十文相副、五月朔日返弁、参貫文借状遣之、

一五月二日、五百文春阿弥ニ被下、新見へ罷下時之御訪也、

已上貳貫六百卅六文

一三月廿日、春阿ミ○新見下向、粮物六百文借物子三文、此内且本三百文、二月利卅六文返弁、残三百文ハ五月ヨリ利平可有之、

已上三貫文内残廿五○文有之、

寛正五年（一四六四）四月二十五日、大智院昭堂の立柱が行われ、足利義政が引馬を贈る。

一六八四〔蔭凉軒日録〕寛正五年二月・四月条

『増補続史料大成』、一巻、四六七頁

（二月）七日、奉報大智院（相国寺）御成之事也、御成、御斎、御扇子・高檀紙被献之、御相伴杉原・襪子如恒也、唐錦打

敷一枚、御寄進于勝智院、々主字林西堂（・芳永）請取有之、唐織物打敷一枚・浮織物打敷二枚、御寄進于当院（鹿苑院）、々主龍崗（・真圭）和尚請取有之、天快晴、大智院本坊立柱之時、自公方（足利義政）被引御馬、昔年昭堂建立時、被引御馬之御判有旧例、然則即今昭堂立柱、可被引御馬歟、御沙汰始以奉行、可伺先規、然則可被任先規歟之由且例之、但依院主訴訟也、院主（・周方）実参西堂為御礼、被参于当軒（蔭涼軒）也、両院打敷請取、以上野殿奉懸于御目也、晩来日野殿（勝光）御成云々、

（四月）廿五日、（中略）大智院昭堂立柱、先日自公方被引御太刀御馬、為其礼謝、彼院主実参西堂被参、献以千疋也、但洪蔵主（範林周洪）披露之、依無急事、仍欠朝参、聊休息之意乎、　（後略）

寛正五年（一四六四）四月二十六日、東寺公文所が、備中国新見庄地頭方政所屋がほぼ再建されたことを寿ぎ、相国寺の紛失物を見つけ次第返すよう新見庄三職に命じる。

一六八五〔東寺書下案〕東寺百合文書サ函一三五

『岡山県史』第二〇巻、七六〇頁

（端裏書）
「三職方書下案　寛正五 四月廿六日」

誠地頭方政所屋造立、殊けつこうに立られ候由、注進目出候、一向三職之御忠節之条、御本所大慶此事候、但相国寺へ地頭方庄主の注進、事外ニ候之間、腹立候て、注進状并失物注文、奉行方へ被付候を、内者候て送たひ候間、うつし候て被下候、肝要ハ台所造立あり、本屋の内作早々ニ可有沙汰候、次ニ失物共之事、是又一大事候、委細ハ上使方へ被仰候、可然様御談合候て、随出現、可被渡候、尚々とかくの儀ニ及候てハ、本所地下之大事可出来候、条々厳密ニ御沙汰候者、可為大慶候、於京都、此間色々事をつくされ候て、御了蕑（簡）候へ共、不叶候間、無力事候、委細ハ了蔵条々可申候、書下之分、堅御成敗候者、三職御忠節不可過是候由、被仰下候、恐々謹言、

寛正五
四月廿六日　　公文法眼

三職御中

○関連史料として、寛正五年四月二十六日付「東寺書下案」（東寺百合文書サ函二八八、『岡山県史』第二〇巻八三八頁）、同日付「東寺書下案」（東寺百合文書サ函一三四、『岡山県史』第二〇巻七五九頁）、寛正五年四月カ「東寺書下案」（東寺百合文書サ函三七一、『備中国新見庄史料』一二五二頁）があり。

寛正五年（一四六四）五月二十四日、室町幕府が相国寺の大嘗会米課役を免除する。ついで鹿苑院の大嘗会米と官府銭を免除する。

一六八六〔蔭涼軒日録〕寛正五年五月条

『増補続史料大成』一巻、四七二頁

廿四日、（中略）当寺(相国寺)并西芳寺(嵯峨)、大嘗会米免除御判、奉懸于御目也、某寺奉行重致披露可伺之由申之、（後略）

廿七日、（中略）当院(鹿苑院)大嘗会米免除、官府銭之事、奉懸于御目、以斉藤遠江入道(基世)致披露、可有御免之由被仰出、与伊勢守(伊勢貞親)談之、（後略）

寛正五年（一四六四）六月三日、備中国新見庄上使が、地頭方政所の台所再建と、紛失物の糺明状況を東寺に報告する。

一六八七〔新見庄上使増祐・代官本位田家盛連署注進状〕

東寺百合文書サ函一三六、『岡山県史』第二〇巻、七六一頁

（封紙ウハ書）
「（追筆）『寛正五六八日到来』
　備中新見庄(英賀・哲多郡)より
　　上使上総
東寺
　公文所殿まいる　　増祐」

　猶々、台所之事ハ、土用以前ニ可取立候、為御心得之
　　申入候、

四月廿六日被仰下候御書下、五月二日ニ当(到)来候、畏拝見申候、就其、地頭方政所屋内作之事、急東(速)ニ可致其沙汰候処ニ、多治部と申在所へ板をあつらへ候、其板遅く候、又地頭方大工指合之子細候、さ様之事ニより候て遅々候、更々非疎略之儀候、次台所之事、庄主と致談合、可然屋を尋候て、今月二日地頭方政所屋へもたせ候、御目〇(出)度候、又庄主注進状并失物注文下給候、堅致糺明候て五色尋出、庄主方へ渡申候へハ、先倉のかきはかり被請取候、残四色ハ不被請取候、いかゝ可仕候哉、将又、相国寺へつかわされ候案文、去月十日庄主此方へ持参候、同善福同道候て、失物等之事催促候間、色々致糺明候へ共、其後者一色も無出現候、委細ハ了蔵可申上候、毎事可然様ニ可預御披露候、恐々謹言、

　六月三日　　　上使 増祐（花押）
　　　　　　　　同 家盛（花押）

東寺
　公文所殿まいる

一六八八〔東寺書下案〕　東寺百合文書サ函三七一

（端裏書）「我案文」

地頭方
一新見庄（備中国英賀郡・哲多郡）政所屋事、去月廿一日・同晦日両度注進状ニ本屋事有造立、殊於面分者、一向新造之由候之間、盛悦（感）之処、自相国寺地頭方庄主注進状幷失物注文一巻被副送之間、披読之処、両所注進相違以外次第候、若庄主注進事実候者、可為寺家大事候、早々ニ内作等事有造畢、庫裏同急速ニ可有造立候、更以不可有無沙汰儀候、随而□（有カ）彼方注進状幷失物注文一巻○（被）写下候、

一失物共事、猶当座火難分者不及力○（候歟、）其外若地下人等隠置在○（所）候者、堅可有糺明候、さ様在所定地頭方可有存知事候歟、千万無沙汰候者、為本所地下旁以可為大事候不可然候、

尚々厳密ニ可有其沙汰、努力不可有緩怠之儀由可申上候、

○年未詳文書であるが地頭方政所の再建について書かれているため寛正五年の史料である。本史料の内容より前号史料にあわせて掲載した。

○関連史料として寛正五年六月三日同日付「備中国新見庄上使上総増祐・代官本位田家盛連署注進状」（東寺百合文書サ函一三八、『岡山県史』第二〇巻七六二頁）があり。

寛正五年（一四六四）六月九日、相国寺領備中国大井庄・石蟹郷等の御譲位段銭が室町幕府に直納されるため、国元での催促を停止するよう幕府が守護代に命じる。

一六八九〔室町幕府奉行人連署奉書案〕　東寺百合文書サ函三〇一
『室町幕府文書集成 奉行人奉書編』上、一八八頁

相国寺領備中国大井庄（久米郡）幷石蟹郷（哲多郡）等御譲位段銭事、為直進之上者、可被停止国催促之由候也、仍執達如件、

（寛正五年）六月九日　布施下野守 貞基判
飯尾兵衛大夫 貞有判

守護代

一六九〇〔備中国守護細川勝久奉行人奉書案〕　東寺百合文書サ函一三九

相国寺領備中国大井庄（久米郡）幷石蟹郷（哲多郡）等御譲位段銭之事、任六月九日御奉書旨、可被停止国催促由也、仍執達如件、

寛正五
六月十四日
石河（資次）左近将監殿
庄（経郷）右京亮殿
有岡（経資）左近将監殿

基数在判

（後略）

寛正五年（一四六四）六月二十五日、相国寺紹本都寺が遣明船の居座となり、室町幕府が紹本の知行分である相国寺領備中国大井庄と越前国糸生郷の庄主職等を安堵する。

一六九一〔蔭凉軒日録〕寛正五年六月二十五日条

『増補続史料大成』、一巻、四七七頁

廿五日、渡唐発軫吉日、択来七月八日・十三日、時巳午、兵庫乗船吉日、十三日・廿三日巳午時発行、今晨伺之、命于正使天与（・清啓）和尚幷居座妙増都聞幷紹本都寺也、玉泉寺々奉行、以飯尾左衛門大夫（之種）被望申伺之、領掌被仰出、即遣状命之、蓋為後證也、紹本都寺為居座、赴于大唐、仍知行分当寺（相国寺）領大井庄（備中国久米郡）幷糸生郷（越前国丹生郡）、荘主職不可相違之事、美作国守護山名兵部少輔（政清）借物之事、以飯尾左衛門大夫、可被仰付于高（注一本有宮字）、山、石見入道之望有之、即命之、

（後略）

寛正五年（一四六四）七月十四日、室町幕府が譲位段銭を皆済するよう相国寺に命じる。

一六九二〔蔭凉軒日録〕寛正五年七月十四日条

『増補続史料大成』、一巻、四八〇頁

十四日、（中略）就当寺（相国寺）譲位段銭三百（貫脱カ）文、而今日中可致皆済之由、夜前以伊勢備中守（貞藤カ）被仰出、仍厳命于寺家、都聞盛（徳岩正盛）都聞可勤之由、被仰出也、昔年大徳院（相国寺）月浦（・中珊）和尚被出百五十貫文、今無其人、故捨五十貫文、自寺家可弁百貫文之由被仰出、雖然自寺家所出之三百貫文、尚以難弁、況月浦和尚之分、被閣則為幸之由白之、依寺産多少、被配当（注一本有也被二字）、究明追可被仰出之由被仰出、先以為喜也、

（後略）

寛正五年（一四六四）七月十四日、蔭凉職益之宗箴が遣明使に求めさせる書籍を挙げるよう足利義政に命じられ、瑞渓周鳳に相談する。

一六九三〔臥雲日件録抜尤〕寛正五年七月十四日条
『大日本古記録』、一五六頁

十四日、蔭凉箴(益之宗箴)首座来問、就渡唐、自公方(足利義政)将乞書籍、有可録呈其名之命、不知日本未渡書、縦雖先来、最希有者、何書可录呈耶、予(瑞渓周鳳)曰、当加思惟耳、後便記十五部送之、北堂書鈔一百七十三巻・虞世南撰兎園策十巻・同世南撰史韻四十九巻・銭諷正初撰・歌詩押韻・楊咨編遯斎閑覧・陳正敏撰老学庵筆記十巻・陸游撰范石湖集・文献通考所載、此外楊誠斎文集・張舜民画墁集・揮麈录・賓退录・百川学海・三宝感応录・教乗法数・類説、此八部、予曾見一本、然不聞有別本、以為希矣、——

寛正五年（一四六四）七月十六日、後土御門天皇即位のため、相国寺住持同文景慈をはじめ諸五山住持等が退院する。

一六九四〔蔭凉軒日録〕寛正五年六月・七月条
『増補続史料大成』、一巻、四八一頁

（六月）廿四日、（中略）大嘗会時、諸五山皆退院由被聞召、但可尋旧例之由被仰出、仍問訊于院主(龍岡真圭)(鹿苑院)也、（後略）

（七月）十五日、（中略）七月十九日、当　御即位、仍諸五山幷甲刹、悉可有退院之由、以先規被仰出、即奉報于鹿苑院院主也、以正長元年七月御即位、諸五山及甲刹退院之例如此也、就御即位諸寺退院之事、被尋先規、仍自鹿苑院被註出分、於等持院(洛北)、奉具台覧、南禅寺斉(叔)芳(・周仲)和尚、正長元年七月退院、見外(・宗眼)和尚入院、天龍寺惟芳(・梵梁)和尚同退院、雪心(・周安)和尚同十一月入院、相国寺用剛(・乾治)和尚同退院、星岩(・俊列)和尚同十二月入院、建仁寺竺(・□元)翁和尚同退院、文林(・寿郁)和尚同八月入院、東福寺古標(・大秀)和尚同退院、与可(・心交)和尚同十一月入院、万寿寺(六条高倉)紹中(・周篋)和尚同退院、慶年(・永賀カ)和尚同八月以後入院、（後略）

十六日、赤(マ、)後面々出仕也、今日酉刻譲位、行幸于仙洞云々、以此怱々事、不及披露僧中之事而退出也、周庸沙弥幷周建沙弥、為上意幷管領(細川勝元)御口入、切々被責之、以是故於方丈(相国寺)懇々督之、今日就于御即位而退院尚督之、又有免許之先規、庶以書之、仍被免許之、即奉報于管領幷春日御局及洪蔵主(範林周洪)方也、当寺(相国寺)長老同文(・景慈)和尚退院、蓋依御即位也、退院頌曰、元是丹陽一禿翁、名藍領衆愧無功、双

鞋揷翼秋風外、処々雲山想像中、

寛正五年（一四六四）七月十六日、室町幕府が相国寺領備中国大井庄・石蟹郷・新見庄地頭方に奉書を下したことを新見庄領家方の上使が東寺公文所に伝える。

一六九五〔備中国新見庄上使上総増祐注進状〕東寺百合文書サ函一四一
『備中国新見庄史料』一一五七頁

（封紙ウハ書）
「（追筆）『寛正五七廿四到来』
新見庄（備中国英賀・哲多郡）上使
上総
増祐」
東寺
御公文所殿まいる

猶々申上候、両職御補任料之事、度々被仰下候間、堅催促申候へ共、いまゝて無沙汰候、更々我ら無等閑候由、可預御披露候、委細者又本位田ニ御尋あるへく候、

態注進申上候、
抑地頭方政所屋（備中国英賀・哲多郡）幷台所、去六月六日柱立仕候て、同廿六日屋祢（根）以下ふきおろし候、御目出度候、さ候間、本屋内作之事、大略致其沙汰候、乍去三間之介未板なく候て、沙汰不仕候、杉茜者進候、委細者本位田可申上候、就其候てハ、御譲位反銭と申候て、六月廿五日自国方以大勢を致催促候、兼而配符等をも入候ハて、ふと大使付候間、地下之めいわく無申斗候、仍御百姓中談合之趣者、就為守護不入之在所、先々更々か様之無催促、急而守護（細川勝久）之使おい可立之由、定候間、三職我ら色々申候て、先国之儀無為ニ仕候、委細三職注進申され候間、巨細同前に候、早々　御奉書御下候ハてハ、重而使入へく候、其時者定而大事出現あるへく候、我ら罷上候て可申上候処ニ、去八日より違例仕候間、ふと本位田罷上候、又相国寺常住領大井庄（備中国賀夜郡）・石賀（蟹）幷地頭分御奉書案文乞進候、地頭・領家軒をならへ候処ニ、此方御奉（書脱ヵ）御下候ハてハ、就御年貢等一大事之子細にて候、早々御奉書を待申候、此旨可然様ニ能々可預御披露候、恐々謹言、

七月十六日

上使
増祐（花押）

東寺
御公文所殿まいる
（切封）
「ー　ー」

寛正五年（一四六四）七月二十一日、足利義勝の年忌仏事が東

山慶雲院で行われ、足利義政が仏事銭二千疋を出す。

一六九六〔蔭凉軒日録〕寛正五年七月条

『増補続史料大成』、一巻、四八〇頁

四日、（中略）慶雲院殿（足利義勝）御年忌、今月廿一日、御仏事御成也、以前勝智院（日野重子）御座之時、被出貳千疋分也、即今底自公方（足利義政）可被出也、但以慶雲院（東山）高中西堂状、与伊勢（貞親）談之伺之、御領掌、即命于千阿弥也、（後略）

五日、（中略）慶雲院殿御年忌、御仏事銭、当年始自公方様貳千疋分被出之、但千阿奉之、以代物売之、自初（マヽ）阿方出之、以前勝智院殿被営之、依無御座、自公方様被下行之、

九日、例日不参也、来廿一日慶雲院殿御年忌御仏事、貳十貫文分、自公方様被出之、請取以性秀行者渡于千阿弥方也、蓋彼奉之、仍遣之、自公方当年始之、

○東山慶雲院は寛正六年（一四六五）十二月五日に慧雲院と改められる（本書一七四三号史料）。相国寺内の慶雲院とは異なる。

寛正五年（一四六四）七月二十一日、足利義政が相国寺大衆の誦経の怠慢を指摘する。

一六九七〔蔭凉軒日録〕寛正五年七月二十一日条

『増補続史料大成』、一巻、四八三頁

廿一日、（中略）相国大衆誦経毎度怠慢之事、被仰出、次御雑談中、周洪蔵主（範林）被申様者、誦経怠慢之時、二三人被行厳科、則可乎之由有之、愚老（季瓊真蘂）承此言深慎之、人皆聞之怖畏之、以後衆中可不慎乎、能令大衆識之也、

寛正五年（一四六四）八月二日、足利義政の誕生日祈禱が蔭凉軒をはじめ二十九ヶ寺で行われる。

一六九八〔蔭凉軒日録〕寛正五年八月二日条

『増補続史料大成』、一巻、四八六頁

二日、御誕生御祈禱如恒也、毎月疏数二十九、例日不参、依御憑怱々閣諸事也、自今晨就本坊為勝智院（日野重子）一周忌御仏事、被始一七日勤行、仍今日（図一本有御誕生三字）御祈禱懺法在于蔭凉軒、忽薦一盞清茶也、勤行清衆、院主（鹿苑院）龍崗（・真圭）和尚、崇寿院（相国寺）雪庵（・澄鄂）和尚、竺淡西堂洪雲、楚崖西堂周宝、道場維那、玉崖西

堂、㊎一本有（梵琇）、柔克西堂（宗剛、蔭凉代（季瓊真蘂））、天圭西堂（中　元暉、瓏）、紹坡西堂（梵蘣、洪蔵主代（範林周洪））、継章西堂、三十一字、紹繁書記仙岩代（・澄安）、

寛正五年（一四六四）八月十日、大内教弘が大唐名鐘を相国寺に寄進する。

一六九九〔蔭凉軒日録〕寛正五年八月十日条

『増補続史料大成』、一巻、四八九頁

十日、（中略）大内右京大夫（教弘）入道、恵以大唐名鐘、其音声形模希代奇宝、観者拍手皆絶歎也、

寛正五年（一四六四）八月十二日、幼少の喝食が相国寺で増加したため、評議により掛搭を許可する者の身長基準を定める。

一七〇〇〔蔭凉軒日録〕寛正五年八月十二日条

『増補続史料大成』、一巻、四八九頁

十二日、（中略）当寺（相国寺）近来喝食幼少掛搭尤繁多、而不勤其役、仍任勝定院（足利義持）殿御代御制法、長短可許掛搭之由、以評議被定也、其寸尺凡三尺八寸五分被定也、依不記取勝定院殿之寸尺、以評定量之、但以前被仰出之旨也、（後略）

寛正五年（一四六四）九月二日、足利義政が諸五山の沙弥・喝食の衣裳を一色にするよう命じる。

一七〇一〔蔭凉軒日録〕寛正五年九月二日条

『増補続史料大成』、一巻、四九二頁

二日、（中略）沙喝衣裳、可為一色之事、重依上意之厳而各召侍衣触于諸五山、若犯此法、則為常住、即可被出院之由堅命之、

寛正五年（一四六四）九月十八日、相国寺僧が室町第観音殿での懺法を務める。

一七〇二〔蔭凉軒日録〕寛正五年九月十八日条

『増補続史料大成』、一巻、四九六頁

十八日、観音殿懺法疏御銘、依無御出而洪蔵主（範林周洪）代被書之、観音殿懺法、自当寺（相国寺）勤之、

寛正五年（一四六四）九月晦日、相国寺が播磨国矢野庄代官職に上月太郎次郎を推挙するが、別人に決定する。

一七〇三〔廿一口方評定引付〕東寺百合文書ち函一八

『大日本古文書　家わけ第一〇』四、三三五頁

（表紙）「廿一口方評定引付 寛正五年 甲申」

廿一口方評定引付 寛正五年 甲申

（中略）

（九月）同晦日

権僧正　融覚　公禅　仁然　堯忠　堯杲　宝済　覚永

融寿　俊忠　厳信　重禅　宗寿

一自相国寺、矢野庄（播磨国赤穂郡）代官職事、如元上月太郎次郎被持候者、可為悦喜由、被申候間、披露候処、代官之事者、既別人申付、庄家入部之上者、無力次第也、所詮、先上月方又代官横淊（沼）当年之引違分、去年散用状過上分、可被返渡由、衆義了、

（後略）

○本書一七〇五号史料が関連。

寛正五年（一四六四）十月十四日、瑞渓周鳳が足利義政のため法華経の講義を始める。

一七〇四〔蔭凉軒日録〕寛正五年九月・十月・十一月・十二月条

『増補続史料大成』一巻、五〇一頁

（九月）廿八日、（中略）普広院殿（足利義教）御代、雲叟（梵慶カ）和尚、法華経講説何日被始哉之事、被尋下、引記（図一本有録字）、可申之由（図一本有申字）之、講説何人可哉由被尋下、仍以瑞渓（周鳳）和尚為可乎之由申之、按記録、法華経御談義、永享九年八月十六日始、同十年六月二日満散、御布施一万疋、御台様（日野重子）御布施、沙金一裹・盆一枚被下、其記録見之書之献之、以伊勢肥前守（盛富カ）披露之、

廿九日、（中略）法華講義之事、可命于瑞渓和尚之由被仰出也、講義自来十月可被始之由、被仰出也、（中略）来十月十日以後、択講義吉日可申之由被仰出也、即会于在貞方（勘解由小路）也、

（十月）二日、（中略）瑞渓和尚法華講日、択来十四日伺之、講以四鼓可始之、講所者三時知恩院也、講日其数幾許、可注申之由被仰出也、（後略）

八日、（中略）就瑞渓和尚法華講日之事、以普広院（相国寺）旧記奉懸于御目也、旧記者其講説三年之内四十度也、今者来年勝智院殿（日野重子）大祥忌、八月八日之前可了畢之由被仰出、然則今月十四日始之、毎月五度御精進之日、可有御聴聞也、四鼓可申案内之由被仰出也、（後略）
九日、（中略）普広院殿御代、雲叟和尚、法華経講義講日旧記、奉献之、以伊勢備中守（貞藤カ）献之、（後略）
十日、（中略）来十四日於智恩院（三時知恩寺）瑞渓和尚可被講法華、仍奉見彼講所也、（後略）
十三日、奉報来晨於知恩院法華講被始之事也、御聴聞所、普広院御代講所如旧也、喝食一員以輪番可被参侍之事、自知恩院聞四鼓以性秀行者可申案内之事、来十五日自鹿苑寺可有御成于講所之事伺之、（後略）
十四日、奉報来晨鹿苑寺御成之事并今日法華経之講始之事、以四鼓可申案内之事、（中略）講義以先規、同宿僧可致聴聞之由伺之、御領掌也、以案内御成、即講義始之、御輿被停于門外也、御供奉衆、被待于門也、瑞渓和尚御簾之前、向本尊講説也、
（十一月）廿四日、（中略）法華講可被終二之巻也、来年可被始三之巻也、普広院御焼香、法華談義、長者倡〔考倡一作偶〕如之、上様（日野富子）御聴聞、（後略）
（十二月）廿一日、（中略）聞四鼓以案内御談議、法華二之巻終之、御対面所御硯、御筆禿損、可致易之由命于千阿弥也、（後略）

○十月十四日以降は、主要な記事のみを載せる。この法華経講義は翌年七月二十五日に終了する（本書一七二三号史料）。
○本史料中に法華経談義が永享九年（一四三七）に始まるとあるが、『蔭凉軒日録』には永享八年八月十五日から雲叟が法華経談義を行ったことが記録される（本書一一八三号史料）。

寛正五年（一四六四）十月十四日、播磨国矢野庄代官上月氏に不義があったため、東寺が代官職の改替について相国寺に連絡する。

一七〇五〔廿一口方評定引付〕寛正五年十月六日条　東寺百合文書ち函一八

『大日本古文書　家わけ第一〇』四、三三七頁

（表紙）「廿一口方評定引付寛正五年甲申」

廿一口方評定引付寛正五年甲申

（中略）
同（十月）六日
権僧正　公禅　杲覚　堯杲　宏清　宝済　覚永　融寿
俊忠　厳信　　宗寿
（中略）
一矢野庄（播磨国赤穂郡）代官上月不義条々、相国寺へ、以一書、被仰畢、
（中略）
同（十月）十四日
仁然　杲覚　宝済　覚永　融寿　厳信　宗寿
（中略）
一就矢野庄（播磨国赤穂郡）代官改替、相国寺へ重而可被仰事書案文、披
露之処、重而猶々可致談合由、衆義了、
○本書一七〇三号史料が関連。

寛正五年（一四六四）十月二十四日、大智院主実参周方が畠山政信による院領尾張国内海庄への競望を室町幕府に訴える。

一七〇六〔蔭凉軒日録〕寛正五年十月条
『増補続史料大成』、一巻、五〇三頁

廿四日、（中略）（相国寺）大智院領内海庄（尾張国知多郡）畠山刑部少輔（政信）致競望、
仍以大智院周方（実参）西堂訴状申之、巨細被聞召、而被閣之由
被仰出、即示於南隣洪蔵主（範林周洪）達于大智院也、（後略）
廿七日、（中略）大智院就于内海公事被閣之、而院主実
参西堂、献千疋、被懸御目也、（後略）

寛正五年（一四六四）十一月七日、後花園上皇が室町第に御幸し、その後鹿苑院主龍崗真圭等の相伴衆が座敷を拝見する。

一七〇七〔蔭凉軒日録〕寛正五年十一月条
『増補続史料大成』、一巻、五〇五頁

六日、（中略）明日御幸、殿中荘厳尤厳也、（後略）
七日、今日於御所御幸、天快晴、人皆慶之、四鼓刻公方（足利義政）
御院参也、八鼓前御幸于御所（室町第）也、
八日、奉報晩来当院（鹿苑院）勝智院殿（日野重子）御月忌、御焼香之事也、前
日就御幸御座敷御相伴衆并雲叟（梵慶カ）和尚、普広院殿（足利義教）御代永享
九年十月廿一日行幸之時、以前廿日、被拝覧御座敷、仍
以其例伺之、御領掌、可被拝覧之由被仰出、即奉報之、
以伊勢七郎右衛門尉（貞熙）申之、夜前御幸、半夜以後還幸云々、
前日快晴、風景如春天、半夜以後還幸之後、洒小雨尤為

奇也、御相伴鹿苑院龍崗(・真圭)・等持院(洛北)栴室(・周馥)・崇寿院(相国寺)雪庵(・澄郢)・相国栄陰(・等奭)・蔭凉某(季瓊真蘂)・等持寺(三条坊門)綿谷(・周瓞)、御座敷被見之、御泉殿、次御廏、次観音殿、次御会所、次御泉水奉覧之、其華麗其珍宝種々殆不可枚挙也、(後略)

寛正五年(一四六四)十一月二十四日、相国寺が多治部氏と備中国新見庄地頭方代官職の契約を結ぶ。

一七〇八〔備中国新見庄上使本位田家盛注進状〕

東寺百合文書サ函一五六、『岡山県史』第二〇巻、七七四頁

(封紙ウハ書)
「(追筆)『寛正五 十二 三京着、
上総訴詔両条』
自新見庄(備中国英賀・哲多郡)　本位田
家盛」
進上　東寺
御公文所殿

(端裏書)「(切封)『｜　｜』
本位田状
寛正五 十二 三京着」

なを〱申上候、見銭弐貫五百文、上せ申候と申て候へ共、御年貢おもかさ上せ申度▨(存)候間、又五貫文のさいふ(割符)をとり候て、上せ申候、同夫ちん五百文にて候、以上廿七貫五百文上せ申候、夫ちんともにて候、御請取を下給候ハヽ、畏入候へく候、

畏申上候、

今度御書下之旨、委細拝見仕候了、仍御年貢之割符弐っ、代弐貫五百文進上申候、先度の御書下にも、割符すくなき由、蒙仰候へ共、御上使如御存知、地頭方政所屋入目なんと、いまゝて返弁仕候と申、又夏麦等夫銭なんとの事、仰下され候へ共、是又地頭方之入目ニ入候間、其分も不進之候、当毛御年貢等之事、かいふんさいそく仕候へ共、いまた過分にも不納候間、先此分進上申候、今月来月之間ニ、かたくさいそく仕候て、今度夫ニ進上申へく候、

一公事紙之事、仰下され候、去年未進分三束進上申候、残分又当年分かたくさいそく仕、かならす〱来月之夫丸ニ進上申へく候、

一反銭之事、仰下され候、先度も御上使相共ニ、かたく御百性(姓)中へ申付候へ共、先拾貫文之分進上申候、力不及候、日々ニ三職方相共ニさいそく仕候処ニ、重而蒙仰候間、其分地下へ申付候へハ、おく里談合仕候て、

今度の夫丸ニ御返事可申由申候、
一算用状之事、仰下され候、寛正三年分、祐清之時之請取をかり候て、かならす来月之夫丸ニ進上申へく候、先度も申上候ことく、十分一の通、仰下され候へ共、地下さいそくの為と申、人おもふち仕候と申、又ハ国之あいしらいと申、いか丶仕へく候哉、五分一の通を御扶持候ハヽ、畏入存へく候、
一地頭方政所屋ゑんのすのこの事、御上使上落(洛)候後、やかて／＼我ら罷出候て、こと／＼くかきそろへ候て、わたし申て候、
一地頭方之御代官職、多治部方へ相国寺より御けいやく候、さ候間、此方へ礼ニ出られ候間、我らも礼ニ参て候、
一宮田・福本補任料、かたくさいそく仕候へハ、来月之夫丸ニ進上可申候由申候、
一福本方鞍之事、弐貫文分御ふち候事、畏入候由被申候、
一守護代より一切経勧進之由申され候て、折紙を被入候、三職方と談合仕候て、先返事仕候やうハ、今度反銭之事ニ御使を被入候之時さへ(も)、本所東寺へ注進仕候間、公方様へ其御わひ事、被上申候て、すてニ(御)免之御書書(ママ)成下候、乍去、京都へ注進可申候由、返事ニ申て候、いか丶仕へく候哉、委仰下され候へく候、同守護代よりの折かミ、又地頭方代官よりの折かミ、いつれもそへ進上仕候、御披見あるへく候、諸事重申上へく候、恐惶謹言、

十一月廿四日　　家盛（花押）

進上　東寺
　御公文所殿

寛正五年（一四六四）十二月八日、相国寺都聞徳岩正盛が同寺門前の諸商売に関する課役免除を室町幕府に求める。

一七〇九〔蔭凉軒日録〕寛正五年十二月八日条　　『増補続史料大成』一巻、五〇九頁

八日、（中略）当寺(相国寺)門前就諸商売圏売一本買、課役以先規免除之事、以正盛(徳岩)都聞之訴状、加持(住持)住(・等爽)棠陰和尚判披露之、無先規之課役、則尋于飯尾左(之種)、可有御免之由被仰出也、（後略）

寛正五年（一四六四）、翱之慧鳳が雪舟等楊に寄せて詩を作る。

一七一〇〔竹居清事〕『五山文学全集』第三巻、二八〇〇頁

寄揚知客（雪舟等楊）　幷序

揚雲谷、蓋慕顔（顔輝）秋月・常牧渓（牧谿法常）之為人、以伝染居於人之上者也、方今雒下登画榜者、不過数人、里譚巷論、児童走卒咸知西周有揚知客、予（翱之慧鳳）偶以事届此間、一日扣其蝸房、頗説前十年握手者、不能無故人之意、仍揮毫、而作有声之画、以戯之云、

京洛曾遊揚客卿、結茅此地要終生、喜君画格出天下、児卒亦知雲谷名、

○「竹居清事」は翱之慧鳳の詩文集。

○山口県立美術館雪舟研究会編『雪舟等楊―「雪舟への旅」展研究図録』二六八頁によると、本史料は寛正五年十月から十一月に細川勝元の使者として山口に下向した翱之慧鳳が雪舟と再会したときのものとする。次号史料も同様。

寛正五年（一四六四）、翱之慧鳳が大巧如拙・天章周文・雪舟等楊という三代の画系を明記する。

一七一一〔竹居清事〕『五山文学全集』第三巻、二八三五頁

跋如拙（大巧）画後

雲谷（雪舟）名等揚（楊）、海東備府人也、発其所韞之妙於画、而以越江之文（天章周文）公為師、文乃以如拙為師焉拙之於雲谷也、三世之祖也、雲谷之視此墨本、箕裘也、青氈也、宜矣珍襲、瑞庵又借重於其尾、可謂二妙併帰於雲谷之屋裏、

○「竹居清事」は翱之慧鳳の詩文集。本史料の成立年については前号史料の注記を参照。

寛正六年（一四六五）二月十五日、足利義政が相国寺都聞寮に御成し、その引物を鹿苑院塔造営料に充てる。

一七一二〔蔭凉軒日録〕寛正六年二月条

『増補続史料大成』二一巻、八頁

十五日、奉報都聞寮（相国寺）御成之事也、御成、都聞出迎恭敬、御相伴着座以後、奉懸于御目也、御点心、僧楞厳頭周鏗上座、寿晃喝食、周迦喝食書立之、御爪点有之、（後略）

廿八日、（中略）前十五当寺都聞寮御成、御引物御寄進于当院（鹿苑院）、塔婆之請取状、奉懸于御目也、（後略）

寛正六年（一四六五）二月十七日、土岐持益が勝定院造営料を出す。

一七一三〔蔭凉軒日録〕寛正六年二月十七日条

『増補続史料大成』、二巻、九頁

十七日、（中略）勝定院（相国寺）造営料、自土岐方（持益）所預置百貫文、以勝智院（嵯峨）請取渡之、但飯左方（飯尾之種）書、在請取之裏也、（後略）

寛正六年（一四六五）三月四日、足利義政が花見に出かけ、相国寺法界門を通過する。

一七一四〔蔭凉軒日録〕寛正六年三月四日条

『増補続史料大成』、二巻、一一頁

四日、四鼓刻花覧出御、華麗奪目、天下改観、皆曰一代奇事也、自室町北小路、法界門（相国寺）、一條万里小路、近衛川原東行、（後略）

寛正六年（一四六五）四月十三日、徳岩正盛が相国寺都聞職の辞意を申し入れるが、足利義政が法界門の建立まで慰留する。ついで等珉都寺が都聞に就任する。

一七一五〔蔭凉軒日録〕寛正六年四月・五月条

『増補続史料大成』、二巻、一五頁

（四月）十三日、（中略）正盛（徳岩）都聞依不例、而以細川右京大夫殿（勝元）、当寮（相国寺都聞寮）御暇之事申之、但法界門（相国寺）建立以前者、退之事不可叶之由被仰付、雖然依不例、就于京兆申之、以法界門修造之事、限九・十月、可落成之、然者以寺奉行飯尾左衛門大夫（之種）幷同大和守（飯尾元連）、副京兆使者、堅可命之由被仰出、即命于細川殿幷両奉行也、（後略）

廿二日、（中略）盛都聞被当寮御免許之事、依右京大夫殿被申也、仍以飯尾左衛門大夫幷同大和守、限来九・十月、可建立法界門、然則当寮御暇、可被下之由被仰付也、（後略）

廿三日、（中略）当寺（相国寺）新都聞等珉都寺伺之、即御領掌、仍命之、（後略）

（五月）二日、（中略）当寺都聞以等珉都寺被仰出、仍来晨可懸于御目之由披露之、（後略）

三日、当寺新都聞等珉奉懸御目、献三千疋也、洪蔵主（範林周洪）被申之、（後略）

寛正六年（一四六五）四月二十七日、仙岩澄安が山城国和束庄瑞応寺の訴訟を室町幕府に取り次ぐ。

一七一六〔蔭凉軒日録〕寛正六年四月・五月・七月条

『増補続史料大成』、二巻、一八頁

（四月）廿七日、（中略）和束庄（相楽郡）瑞応寺就本和僧強入、以状被歎申、仍伺之、命諏方信濃守（忠郷）、被致罪科之由被仰出、即命之、来晨通玄寺（三条高倉）入院、管領（畠山政長）御相伴被参、被尋旧例也、瑞応寺之事、自仙岩和尚（・澄安）被申之、詣于鞍馬山[考]一本無山字、也、

（五月）二日、（中略）仙巌和尚[考]一本有和字、東（東カ）瑞応寺本和僧可被召上之由、諏方信濃守可到披露之旨、先申之、（後略）

廿日、（中略）仙巌和尚瑞応寺之事、令諏方信濃守申之、（後略）

（七月）廿日、奉報来晨慶雲院（東山）御成之事也、仙巌和尚瑞応寺看坊緩怠、御成敗之事、諏方信濃守、東福寺栗棘庵、当知行安堵御判事、細川右馬頭（持賢）殿被申之由、斎藤四郎右衛門尉（種基）使両人披露之、愚老（季瓊真蘂）先開口之、（後略）

廿六日、就仙岩和尚瑞応寺本科僧所申、而斎藤四郎右衛門尉、以彼僧支状申之、先披露之、重与諏訪信濃守可対決之由、且披露之、（後略）

○和束庄は長禄二年（一四五八）三月八日に相国寺に安堵される（『蔭凉軒日録』同日条）。

寛正六年（一四六五）五月二十七日、室町幕府が相国寺・鹿苑院等と相国寺門前に即位段銭を賦課しようとするが、先規により免除される。

一七一七〔蔭凉軒日録〕寛正六年五月・六月条

『増補続史料大成』、二巻、一三頁

（五月）廿七日、不参、就御即位御用脚之事、当寺（相国寺）東班衆幷天龍寺・万寿寺（六条高倉）書立、其名字於小侍所、渡于摂津頭（之親）幷飯尾左衛門大夫（之種）・清和泉守（貞秀）方也、与周洪（範林）蔵主共図之、再三雖辞之、依厳命所逼献之、以南禅寺・建仁寺・東福寺尤貧乏、而不及書之由、諭于諸奉行等也、以西班衆無其例之故、堅説破之、（後略）

（六月）十二日、当寺当院（鹿苑院）幷常在光寺（東山）、臨川三会幷西芳（嵯峨）寺、御即位段銭之事、先規被免除之支證、奉懸于御目、

仍先規被閣之、則可有御免之由被仰出、即命于即位奉行
津掃部頭（摂津之親）方也、（中略）当寺門前商売公事、就御即位段
銭被懸之、往古不致沙汰之由歎申之、仍御領掌、即以此
旨命之、（後略）
十八日、（中略）門前商売之者被懸課役、以無先規之故、
懇々披露之、仍御領会、但可被仰談于伊勢守（伊勢貞親）之由被仰出、
以此旨命于摂津掃部頭方也、当寺諸塔頭、与常住一具也、
然則御即位段銭、可被免許也、鹿苑院殿（足利義満）有厳重御免許之
御判、依之被閣之、（後略）

寛正六年（一四六五）六月十九日、足利義政が相国寺法界門の用材について河上諸関の通行を許可する。

一七一八〔蔭涼軒日録〕寛正六年二月・六月条

『増補続史料大成』、二巻、二六頁

（二月）十五日、（中略）法界門（相国寺）材木、川上諸関、勘過
之事、与飯尾左衛門大夫（之種）談而可申之由、預披露之、（後
略）
（六月）十九日、（中略）川上法界門材木過書之事、依
盛都聞（徳岩正盛）望申、命飯尾左衛門大夫也、過書注文有之渡之、
此前日所伺也、忘却故在此也、

寛正六年（一四六五）六月二十日、室町幕府が足利義教二十五回忌の仏事銭三万銭を捻出するため、公方御倉の画軸を売り払う。

一七一九〔蔭涼軒日録〕寛正六年六月二十一日条

『増補続史料大成』、二巻、二七頁

廿一日、（中略）前日為　普広院殿（足利義教）廿五年忌御仏事銭、
自公方御倉、以三万銭代物、被出御画軸、其中君沢（孫）筆四
幅山水、其筆妙甚美、是故以三十五緡分買之、尤為奇観
也、

○足利義教二十五回忌の仏事は同月二十四日に行われる（『蔭涼軒日録』同日条・『親元日記』同日条）。

寛正六年（一四六五）七月八日、季瓊真蘂が、足利義政に鹿苑院塔が完成しない理由を尋ねられ、鹿苑院が大破し、欠乏していることを訴える。

一七二〇〔蔭涼軒日録〕寛正六年七月八日条

『増補続史料大成』、二巻、三二一頁

八日、（中略）当院（鹿苑院）塔婆未成、可被為如何哉事被仰出、毎々御寄進者、材木方下行之、当院及大破、尤闕乏之由披露之、量院事、可被申之由被仰出、常住方丈又同前、召寺管堅命此旨也、（後略）

○鹿苑院塔の造立は長禄三年（一四五九）から始まる（本書一五四七号史料）。

寛正六年（一四六五）七月十四日、相国寺住持璧渓等璜等が相国寺修造を担当する都聞に定湊を任命するよう室町幕府に願い、了承される。

一七二二〔蔭凉軒日録〕寛正六年七月十四日条

『増補続史料大成』、二巻、三二一頁

十四日、（中略）相国寺璧渓（・等璜）和尚并東堂・西堂、以連判、可被成定湊都聞修造都聞之由被申、仍伺之、即御領掌也、

（後略）

寛正六年（一四六五）七月二十四日、勝定院周能上座が遣明使に任命され、足利義政と対面する。

一七二三〔蔭凉軒日録〕寛正六年七月二十四日条

『増補続史料大成』、二巻、三三五頁

廿四日、（中略）勝定院（相国寺）周能上坐、依渡唐御使而奉懸于御目也、献華瓶・古銅・方盆・紅華・縁葉、杉原十帖献之、（後略）

寛正六年（一四六五）七月二十六日、日野富子が法華経講義の布施を瑞渓周鳳に与え、瑞渓はその一部を相国寺輪蔵の修造と寿徳院常住の費用に充てる。

一七二四〔蔭凉軒日録〕寛正六年七月条

『増補続史料大成』、二巻、三三五頁

十九日、（中略）来廿五日、可有講之由、被仰出也、其日結願也、（後略）

廿五日、（中略）御談義畢、御布施百貫文被遣之、伊勢備中守（貞藤）奉之、上様（日野富子）御布施、今日御徳日也、明日可被遣也、寿徳院（相国寺）瑞渓（・周鳳）和尚万疋、為御布施被拝受之、請取状以伊勢備中守而披露彼礼謝之誠也、

廿六日、(中略)沙金一裹・盆堆紅一枚、自　上様為法華
講御布施、被賜于瑞渓和尚、但伊勢備中守奉之、示予(季瓊真蘂)、
即持参、予寿徳院、以彼請取献之、渡于備中也、一万疋
内五十貫文、為輪蔵(相国寺)之換柱助成也、五十貫文、以為寿徳
院常住也、(後略)

○この法華経講義は寛正五年(一四六四)十月十四日に始まる(本書一七〇四号史料)。

寛正六年(一四六五)八月七日、鹿苑院で懺法が行われ、足利義政が転経を参観し、大名・公家・近習が懺法を聴聞する。

一七二四〔蔭凉軒日録〕寛正六年八月条

『増補続史料大成』二一巻、三八頁

四日、(中略)来七日当院(鹿苑院)懺法、導師等持院(洛北)梅室(・周馥)和尚、
香華勝智院(嵯峨)芳永西堂伺之、勝智院所司代多賀豊後守(高忠)参侍、
而警固尤厳也、蓋慶雲院(東山)警固之例也、但自当年始之、
(後略)
七日、奉報晩来転経御成可申案内之事也、当寺(相国寺)度僧、承
恵喝食・等怡喝食・周理喝食・真棠喝食、御免許、依御
仏事、先規如此之由披露之、御仏事銭請取、奉懸于御目
也、度僧之事、自方丈(松堂守藤)被申之、以案内転経御成、宿忌以
後、昭堂幷本坊道場、御焼香也、懺法無御聴聞也、大
名・公家・近習悉参侍也、(後略)

○慶雲院は東山に所在し、南禅寺塔頭でもあるか(『碧山日録』長禄三年〈一四五九〉七月二十一日条)。

寛正六年(一四六五)八月二十四日、室町幕府が崇寿院領和泉国堺の棟別銭を免除する。

一七二五〔蔭凉軒日録〕寛正六年八月・十月条

『増補続史料大成』二一巻、四一頁

(八月)廿四日、(中略)崇寿院(相国寺)領泉州堺(大鳥郡)、御即位段銭、
以前諸役免除御奉書、奉懸于御目、仍棟別之事、先被閣
之由被仰出、但公役之事、有先規之由被仰出、雖然棟別
先以可閣之上意、尤幸哉、(後略)
(十月)五日、(中略)崇寿院領和泉堺、棟別御免許之
由、被仰出也、(後略)

寛正六年（一四六五）九月十四日、大流星が出現したため、足利義政が諸五山等に祈禱を命じる。

一七二六〔蔭凉軒日録〕寛正六年九月十四日条

『増補続史料大成』、二一巻、四四頁

十四日、夜前四鼓之後、自西南角、大流星飛入東北角、其光芒射人、其鳴如大地震、人皆聞之驚倒也、在（有）季（土御門）・在（勘解由小路）貞占之〔考之一作文〕、曰、兵乱病事、五穀不収、人民死亡、貴人慎云々、記之献之、殿中上下、皆談論之、諸門跡并宗門・諸五山御祈禱之事被仰出、即命之、（後略）

寛正六年（一四六五）九月十八日、大内教弘・政弘が伊予国に侵攻したため、室町幕府が維馨梵桂を使節として伊予に下そうとするが、後日中止となる。

一七二七〔蔭凉軒日録〕寛正六年九月・十月条

『増補続史料大成』、二一巻、四六頁

（九月）十日、（中略）就伊予国之事、於大内（教弘ヵ）方、以使節長老可択進之由、日野殿（勝光）并伊勢守（伊勢貞親）告之、仍与院主（龍崗真圭）（鹿苑院）評之、明日可書進之由申之、（後略）

十一日、奉報来晨雲頂院（相国寺）御成之事也、就伊予国、於大内方可被下使節之事被仰出、仍書立文渓（・永舒）、以遠（・澄期）、維馨（・梵桂）、壁渓（・等璜）献之、以日野殿并伊勢守、被仰出于愚老（季瓊真蘂）、以鹿苑龍崗和尚、可為使節之事被仰出、即奉命院主、々々難義之由、件々被申、先往日野殿所、可説懇志之由被申之、待彼返答而可到披露也、

十四日、（中略）院主龍崗和尚、於大内大膳大夫（教弘）方、為御使節可被赴之由、以日野殿并伊勢守被仰出、即奉命于院主、有未諾之語、仍譲于日野殿而先閣之、午後於殿中参而可申院主返答之由有之、

十五日、（中略）院主往于日野殿帰、而対予（季瓊真蘂）説予州之乱也、蓋依使節之命難応乎、（後略）

十八日、懺法疏御銘被遊也、当寺（相国寺）勤之、予州使節、鹿苑院龍崗和尚官命雖云再之、依被固辞而御免許也、然則南都可被参由報之、維馨和尚使節之事、以日野殿并伊勢守被仰出、即命之、行路資自細川殿（勝元）可出之由、伊勢守申之、仍命寺町三郎左衛門尉（通賢）也、（後略）

廿九日、（中略）予州使節維馨和尚、依予州事散、以前使節御書文章可被改易、仍滞留之由来告也、就予州合戦

而細川殿方者、尤多死亡也、（後略）
（十月）七日、（中略）就兵衛佐殿（斯波義敏）与大内以離別可被別居之事、伊勢守評之、愚老状遣于使節維馨和尚方、可就乎、不然則可有公方御奉書乎、可尋于宿老之由被申之、依之可伺公方之由、懇々被申之、来日依彼左右可伺之、
十四日、（中略）兵衛佐殿与大内方離別、可被成御内書之由被仰出、但依伊勢守申而御同心也、伊勢守可申続之由被仰出、即命于伊勢守也、御内書可申付于伊勢守（衍カ）駿河（貞雅）入道之由、伊勢守被申、仍命之、（中略）予州使節維馨和尚、即今可略之由、細川右京大夫殿対面之次被仰、然則可語伊勢守之由答之、（後略）
十六日、（中略）予州使節維馨和尚、先可閣之由、依細川殿被申、而与伊勢守談之伺之、即被閣之、仍命維磬（馨）和尚也、（後略）

○大内教弘は寛正六年九月三日に伊予の陣で没。

寛正六年（一四六五）九月十九日、相国寺住持松堂守蔭が寺僧の課役免除を室町幕府に求める。

一七二八〔蔭凉軒日録〕寛正六年九月十九日条

『増補続史料大成』、二巻、四六頁

十九日、（中略）当寺（相国寺）長老松堂和尚（・守蔭）、就十八人課役幷宏歓監寺御免事、以摂津掃部頭（之親）、而愚老（季瓊真蘂）参而申之、此社参（春日社）紛冗、仍還御以後、御思案可有御成敗之由被仰出、則於殿中召維那・侍衣・出管、告此命、諭于大衆、仍寺家安静也、長老為快而来謝也、（後略）

寛正六年（一四六五）九月二十一日、足利義政が南都に社参し、鹿苑院主龍崗真圭・相国寺住持松堂守蔭等が同行する。

一七二九〔蔭凉軒日録〕寛正六年八月・九月条

『増補続史料大成』、二巻、四六頁

（八月）廿三日、（中略）奈良御社参之間、当寺（相国寺）幷当院（鹿苑院）警固之事、与伊勢守（伊勢貞親）評之、命寺家幷当院也、（後略）
廿九日、（中略）来九月廿一日、南都御社参、同廿九日還御之次、自伏見指月軒前、可有帰洛之由被仰出、仍召大光明寺（伏見）僧而命之、蓋為掃地也、依典奏（伝）広橋殿（綱光）被申而命之、

(九月)十七日、(中略)南都御還御、伏見浦被寄御船、而遂御還御、於指月并大光明寺無御成云々、(後略)

(九月)廿日、今暁南都発軫、八鼓刻来宿于東大寺内新禅院、即参于大仏殿(東大寺)・二月堂・大鐘・八幡宮也、活(闊カ)伽藍悉瞻〔考一本有之字〕、仰之、尤為奇也、

廿一日、前夜雨洒、今晨雨乍晴、南都人皆喜之、東北院(興福寺)問訊、新禅院前住并当住問訊、東大寺雑掌、池田問訊、御相伴、鹿苑(鹿苑院)龍崗(・真圭)・等持院(洛北)栴室(・周馥)・相国松堂(・守蔭)・等持寺(三条坊門)徳秀(・興賢)、宿坊曰真言院(東大寺)也、青天白日如待台旆臨也、申刻御成、御馬黒、先駆御輿、曰四方前後囲繞、華飾転害(轄カ)大路、或曰(日カ)午擦(際カ)大路、御〔考御一作街〕巷揚塵、裏頭大衆、限碧他(池カ)北畔集如雲、真俗見者如堵牆、皆曰希有也、即於一乗院(興福寺)参侍、而伺来夜延年風流諸老参、而可奉見之事、仍御領掌、仍礼謝而退出也、入夜五鼓後、街巷火炬丈余、光曜如白日也、延年様子、奇異不堪記、中間底祝言曰、漢武帝御遊宴于万歳山云事、再三唱之、後両児自万歳山出而舞、大衆歓呼、尤頻繁也、及深更帰去、火炬尚明也、愚老(季瓊真蘂)十五歳時、従勝定院(足利義持)両度御参詣、後殆四十九年今当也、此(比カ)日再見之、実千歳一遇、尤為老後光寵也、

廿二日、今日御社参、天快晴、今日御社参、普広院(足利義教)御代、諸老立輿于東大寺、不開門、西奉見之云、雖然、今時不依先規、為有押妨略之、諸老又同心矣、往東北院礼謝也、四鼓後御社参、人皆帰而説其華麗、悦乎而如見之、其威光可知也、問訊範林典蔵(・周洪)宿坊也、

廿三日、天快晴、前廿一日御成之時、大衆皆吹螺相迎台駕、聞説大衆悦予和楽之意表之、入夜、又吹螺、延年蜂起之意也、皆先規之例也、往于西室(東大寺)・北室・東室之内安楽坊礼謝也、真言院所寓諸老宿、鹿苑・等持院・相国寺・等持寺住持等、自大仏殿謁之、茶話移刻、逮帰彼諸老宿、又来話矣、此御社参之約、在去々年、然依有大故、至今歳、々々乃酉也、考古勝定院殿御社参、又酉歳也、普広院殿御社参、亦酉歳也、三代如合符節、豈不奇乎、豈不異乎、入夜、初夜鐘鳴、以後延年火炬、光曜如昼也、大衆舞、三人三番、太子仏法繁昌所之事営之、殿閣修造、鳥獣飛走、巧工神妙、尤驚人也、群児嬌艶、小歌妙舞、不勝絶嘆〔考嘆一作笑〕也、祝語内有西王母献桃之故事也、此延年者、名曰〔考曰一作日〕自延年也、表寺家懇志也、

廿四日、早晨参謁于一乗院御所、披露今日御巡礼於大仏

殿、而参侍奉迎御退出也、
天快晴、人皆喜之、御巡礼以後、戒壇院（東大寺）御受戒、又於西室御成云々、開東大寺宝物被御覧也、南都献物金銭、悉如先規御寄進之由、今晨於殿中聞之、一乗院南門、畠山管領（政長）守之、帷幕相擁、公武列参、如有威也、午後御巡礼、於大仏殿前上間、東辺北首班立、三宝院（義賢）又従之、公方（足利義政）上于蓮華座、以後、堂中巡帀還御也、入或出両度、賜回顧、寵光不勝蹈舞也、愚老曰、一顧千金也、鹿苑龍崗曰、一顧傾城云々、此方他宗殊嫌禅尤甚、是故顕所荷担禅而如此乎、実不堪感歎、為宗門之栄也、歴覧興福寺・元興寺及猿沢池并大乗院（興福寺）泉水、帰去、至途中一町許、以使者招愚、而小飯談話、勝于十年之旧也、仍献五百疋折紙、及昏黒門主（一乗院教玄）来謝、賜奈良紙一百束、懇々懇〔考〕懇一作謝、之、
廿五日、東大寺務西室（公恵）、延請諸老及愚老并侍者等而煎点小飲、清茶談笑、逮帰即参謁于一乗院御所、仍四座申楽、圓就御社参、四座猿楽勤之、今春（金、以下同）・金剛・観世・宝掌（生、以下同）、依観世有寵顧、第一番被抽之、其余三座、以鬮定次第、金剛・宝掌・今春、仍如此也、各出奇、尤為壮観也、各勤三番、仍十二番以後、観世勤一番也、今春、音阿弥、雖為老者、各勤一番也、四座四翁列舞、希代奇観也、中楽首尾十三番也、

○『蔭凉軒日録』同月二十六〜二十九日・十月一〜三日条、『大乗院寺社雑事記』同月二十一・二十二日条、『親元日記』同月二十一・二十二・二十四日条、「春日社参記」（『群書類従』第二輯、四〇四頁）に関連記事あり。

寛正六年（一四六五）九月二十一日、足利義政の春日社参に同行した横川景三が、相国寺領山城国寺田庄において詩を詠み、社参の費用を室町幕府が僧に課すことを批判する。

一七三〇〔補庵集〕『五山文学新集』第一巻、二一八頁

宿寺田庄（久世郡） 相公（足利義政）有春日社参、費用多々、官求銭於僧、
古寺置田秋已登、数宵借宿旅家灯、今年米価賤何益、県裏求銭夜叩僧、

○「補庵集」は横川景三の詩文集。
○寺田庄は相国寺領（本書一〇七〇・一〇九七号史料）。

寛正六年（一四六五）十月七日、足利義政が陰陽頭に方角の吉凶を占わせ、翌年正月に相国寺法界門の立柱を命じる。

一七三一〔蔭凉軒日録〕寛正六年十月・十二月条

『増補続史料大成』二一巻、五二一頁

（十月）七日、奉報来晨蔭凉軒御成之事也、盛都（徳岩正盛）聞重建法界門（相国寺）、但当年南方塞断云々、吉凶如何之由伺之、仍尋于在貞（勘解由小路）、帰家与在盛（勘解由小路）評之、重可註進之由有之、（後略）

八日、（中略）法界門立柱、当年東南角忌之、仍歳分御方違以後、明年正月中、立柱之由択之伺之、仍命于盛都聞方也、（後略）

（十二月）十九日、（中略）来正月中法界門建立、択吉日之事命于在貞、以後寺奉行飯尾左衛門大夫（之種）幷大和守（元連）赴于盛都聞所、以上意可督之由被仰付也、（後略）

○法界門の立柱は寛正七年（一四六六）正月二十八日に行われる（本書一七五四号史料）。法界門修造については本書一六四九・一六八一・一七一八号史料を参照。

寛正六年（一四六五）十月八日、足利義政が東山恵雲院の場所を山荘の建設予定地とすることに決定する。

一七三二〔蔭凉軒日録〕寛正六年八月・十月条

『増補続史料大成』二一巻、五二一頁

（八月）十日、（中略）恵雲院（東山）依住山水之勝、［考］住山水之勝一作佳山勝水、可為御山庄之地乎、結城勘解由（政広カ）左衛門尉今晨於殿中告之、為幸之由答之、恵雲院地形為御山荘可一覧之由、以結城勘解由左衛門尉被仰出、即与結城幷千阿、同道而往也、

（十月）八日、（中略）為御山荘勝地被択之、択恵雲院而為佳境、遂今晨御成、被御覧其地次、御成于若王子云々、愚老（季瓊真蘂）又可参侍于恵雲院否、以伊勢備中守（貞藤）伺之、急使不可及参侍之由被仰出、仍閣之、恵雲院御成被御覧其勝、而御山荘之地必矣、

若王子御成、御宴、御歌被遊、加御判而賜于坊主也、

九日、前日東山恵雲院之地、為御山荘地而必笑（矣カ）、尤称美之由、被仰出也、仍今晨彼地被定、尤為幸、御礼某（季瓊真蘂）謹白之、（後略）

○この山荘建造計画は実行されず。慈照寺の前身である東山山荘とは場所が異なる。

○本書一七四三号史料が関連。

寛正六年（一四六五）十月十日、足利義政が小栗宗湛に石山寺即岩坊の座敷障子に絵を描くよう命じる。

一七三三〔蔭凉軒日録〕寛正六年十月十日条

『増補続史料大成』二巻、五三頁

十日、無御出、仍不参也、天快晴、来十七日石山（近江国滋賀郡）御参詣、御宿坊即岩坊也、御座敷障子画、可借宗湛（小栗）手之由、飯尾（之種）左衛門大夫申之、即参殿中、以伊勢七郎右衛門尉（貞熙カ）伺之、御免許之由、被仰出也、即召宗湛命之、（後略）

寛正六年（一四六五）十月十五日、足利義政が鹿苑寺に御成し、御経を聴聞する。

一七三四〔親元日記〕寛正六年十月十五日条

『増補続史料大成』二巻、六頁

十五日、御成御供一鹿苑寺、直ニ御経御聴聞、

寛正六年（一四六五）十月十七日、足利義政が石山詣のついでに仙岩澄安が住持する近江国大興寺に御成し、風景を楽しむ。

一七三五〔蔭凉軒日録〕寛正六年十月条

『増補続史料大成』二巻、五五頁

十六日、（中略）来日石山（近江国滋賀郡）御参詣、先於大興寺（近江国）可有御点心与斎、愚僧（季瓊真蘂）可為御相伴之由、以日野殿（勝光）被仰出、仍自松波三郎左衛門方有状也、（後略）

十七日、夜中八鼓以後参侍、而奉待御晨起也、七鼓鳴、御晨起、以伊勢備中守（貞藤）奉報大興寺御成、而先駆行也、御成、御点心、南面亭上御覧、林頭湖遠山近島、釣船往来、尤為絶景也、房之南西、引水栽松、自然山、天然樹、碧茂紅飄、美景可愛、仍小宴、談話刻移、愚老又被召出、賜盃尽酬酔忘前矣（失カ）後、然後御斎、御相伴中間、酔余小眠、于時対座日野殿被驚起予而笑之、公方様（足利義政）又御一笑、尤為千歳美談也、被乗御船、参詣于石山観音也、自松本関所（近江国滋賀郡）雖可被乗御船、湖上風起浪漱〔考〕漱作漸、而不已、依待之、於大興寺刻移、仍自善哉崎（マヽ）被乗、蓋以船程之近也、帰路暫憩于上大路旅店、高枕酔余一小睡耳、帰于寺則放参鐘鳴也、御相伴、住持仙岩和尚（澄安）・某・日野殿、御前給仕、承泰喝食・光洲喝食、御相伴給仕、周虎喝食・周芳喝食・慶昇喝食、洪蔵主（範林周洪）、被見御座敷如恒也、仙岩和尚賜盃、以後使愚老賜盃、以後洪蔵主并給仕、喝食、皆被召出而賜盃、還御以後、小飲笑話、尤和楽也、御前日野殿取銚

子、於予勧酒、又伊勢侍于傍戯笑、而再三勧之、洪蔵主目(同カ)前、

寛正六年（一四六五）十月二十八日、室町幕府が相国寺都聞徳岩正盛からの借物を返還するよう北野社松梅院に催促する。

一七三六〔蔭凉軒日録〕寛正六年十月二十八日条

『増補続史料大成』二巻、五七頁

廿八日、天龍寺大衆并評定衆申状披露之、正(徳岩)盛都聞所答申而評議而可有御成敗也、与伊(伊勢貞親)勢守評之、正盛都聞借物自(北野社)松梅院無沙汰、任以前御奉書之旨、可致其催促之由被仰出、即命于北野社家奉行布施下(貞基)野守并当(相国寺)寺奉行飯尾左(之種)衛門大夫命之、（後略）

寛正六年（一四六五）十一月三日、室町幕府が後土御門天皇即位要脚千七百貫文を相国寺東班衆に課す。

一七三七〔蔭凉軒日録〕寛正六年十一月・十二月条

『増補続史料大成』二巻、五七頁

（十一月）三日、無御出、仍不参也、就御即位以先規於東班衆被出銭也、凡被仰様者、当都聞・珉(等珉)都聞・湊(定湊)都聞、各百貫文宛、盛(徳岩正盛)都聞五百貫文、東班衆中千貫文、以上千七百貫文、今月十日以前可出之由、以摂津掃部頭(之親)・飯尾左(之種)衛門大夫・清和泉守(貞秀)、於洪蔵主(範林周洪)并愚老(季瓊真蘂)、可命寺家之由被仰出、即奉請院主(龍崗真圭)・東堂竹香(全悟)和尚・評定衆・維那・都聞・出管、而与洪蔵主共(鹿苑院)告公命、各帰去、皆有失色之顔也、熟柿折一合、以伊勢肥前守(盛富カ)献之、

五日、例日不参、就御即位、而当寺(相国寺)東班中課銭之事、難叶之由、以都聞并出管、自衆中訴之、仍与興蔵主共此趣不可及披露之由、問答而還之、

七日、（中略）都聞・出管依出銭之事、来而歎之、不及披露之由、申而還之、以来十日待衆中返事可否而可致披露之由、与洪蔵主評之還之、

十日、無御出、天快晴、当寺課銭、盛都聞・湊都聞・当都聞・珉都聞、雖云愁訴多強、可随上意之由申之、盛都聞者五百貫文、湊・珉両人者各百貫文宛、領掌之由被申也、東班衆中三百貫文可献之由申之、与洪蔵主共参、而於摂津掃部頭并清和泉守、告之春日御局并飯尾左衛門大夫、不例而不出仕、仍明日可致披露之由、津頭領掌之、

此趣洪蔵主召出管、可被命之由計之、凡副【考】一副一作別、使之問、若輩説之、仍譲之、

十二日、無御出、仍不参也、以三使以前被仰出、東班衆中一千貫文分、可出(召カ)之由被仰出、仍名長老・都聞・出管而命之、与洪蔵主共承之、

十四日、始御出云、今晨先閤参也、前三日以後、無御出也、課銭之事、被召而被督之、即召都聞幷出管也、

十六日、不参、以行者督東班課銭也、都聞幷出管来歎、

十七日、例日、不参也、東班衆課銭一千貫文、配当之事成敗、都聞幷出管来告、而謹文有之、与洪蔵主量之、

十九日、(中略)当寺課銭千七百貫文配当之事、以摂津守・清和泉寺(守)・飯尾左衛門大夫披露之、以前択八員被命課銭五十貫、最前被仰出之刻領掌、尤被感也、仍被加于摠衆、可致其沙汰之由被仰出、為籠光之由、愚老代而披露之、

(後略)

廿五日、(中略)当寺東班課銭、今日中皆(中カ)納、則可有御罪科之由、以一色七郎(政熙カ)殿、厳被仰出(不脱カ)也、即召都聞・出管命之、以後不及督之、(後略)

廿六日、(中略)寺家課銭之事、於御所而摂津守・飯尾左衛門大夫、召盛都聞・湊都聞・都聞(当脱カ)・珉都聞・出官、而評之量之、定日限、尤為可也、

(十二月)三日、(中略)東班中課銭、先督門中、調彼請取、示摂津守幷飯尾左、即披露之也、蓋為厳命所逼、重々如此乎、(後略)

七日、(中略)依東班課銭之事、於殿中而摂津守・飯左幷治部河内(国通)共談之、除当寺外天龍・南禅・建仁・東福・万寿(六条高倉)此五寺之東班衆員数、記而可献之由、以【考】一本無以字、摂津掃部頭・飯尾左衛門大夫・清和泉守被仰出、蓋為課銭乎、

九日、(中略)当寺課銭難弁、仍十余員起単、以其闕可使僧参暇之由、被仰出也、摂津守・飯尾左衛門大夫幷清和泉守奉之、課銭千七百貫文、可有進納之由、被仰出也、即召侍衣・都聞・出管命之、(後略)

十日、例日不参也、天快晴、就課銭、命雲頂院(相国寺)東班衆而出之、記之献之、蓋依　公方厳命、於愚老所逼、仍図之、是為重厳命也、其数五十八貫六百六十文、(後略)

十五日、無御出、仍不参也、天晴霜厳、諸五山東班衆書立之、渡于摂津守・飯尾左衛門大夫幷清和泉守也、諸五山当課銭書立之分、各召出官命之、【考】一本有与洪蔵主共図之、七字、

寛正六年（一四六五）十一月六日、足利義持・義教・義政の御判を据えた山門規式が鹿苑院主侍衣に渡される。

一七三八〔蔭凉軒日録〕寛正六年十一月六日条

『増補続史料大成』、二巻、五八頁

六日、山門規式御判、勝定院殿(足利義持)・普広院殿(足利義教)・当御代(足利義政)御判三枚、召院(鹿苑院)主(龍崗真圭)侍衣渡之、(後略)

寛正六年（一四六五）十一月十九日、足利義政が真如寺を追放された祝都寺の借物の処置を同寺寺奉行飯尾元連に命じる。

一七三九〔蔭凉軒日録〕寛正六年十一月十九日条

『増補続史料大成』、二巻、五九頁

十九日、真如寺(洛北)祝都寺、雖云擯出之、於彼借物百貫文、雖云返弁之、以異義不請取之、然則以此要脚、可被成公物歟、又可被寄于寺家歟伺之、有真如寺住持状、命于彼寺奉行飯尾大和守(元連)、可被任先規御成敗之由被仰出、即召大和守報(行カ)雑掌而命之、(後略)

寛正六年（一四六五）十一月二十三日、和泉国半国守護細川常有が日野富子産所の作事等の費用を調達するため、崇寿院領和泉国堺南庄の有徳銭が賦課される。

一七四〇〔斎藤親基日記〕寛正六年十一月二十三日条

『増補続史料大成』、一一七頁

廿三日、午刻、若君御誕生、義ー(尚)御事也、御台様(日野富子)、御産所、細川刑部少輔常有、泉州半守護、作事以下諸事両守護(細川常有・持久)相共ニ沙汰也、仍泉州平均段銭棟別有御免被相進(逃イ)之、但少々除地在之、崇寿院(相国寺)堺南庄(和泉国大鳥郡)徳銭同前、(後略)

一七四一〔蔭凉軒日録〕寛正六年十二月条

『増補続史料大成』、二巻、六六頁

十日、(中略)和泉守護(細川常有)力乏而難弁、仍崇寿院(相国寺)領和泉堺(大鳥郡)有徳之事、限今度被仰付、以後可有御免許之由、懇々被仰出、以此趣命于崇寿也、但此事者、前日被仰出、忘却在于今日也、(後略)

十七日、(中略)崇寿院領和泉堺有福被懸、以来年々貢三百貫文可弁、然則有御免許者、可為望之由被申、以松

田丹後守(秀興)可相尋之由、被仰出也、（後略）

寛正六年（一四六五）十一月二十四日、足利義政が後土御門天皇即位に際し、相国寺領御霊之前散所に内裏掃地を命じる。

一七四二〔蔭凉軒日録〕寛正六年十一月二十四日条

『増補続史料大成』二巻、六〇頁

廿四日、（中略）当寺(相国寺)領御霊之前散所者、以鹿苑院殿(足利義満)御代、被免許諸役、雖然、依今度御即位、被仰付内裏御掃地之事、限此御即位、依無人而被仰付、以後者可有御免之由、懇々被仰出、尤可敬也、依閉却彼屋、以折紙伝此旨、命于所司代多賀豊後守(高忠)也、（後略）

寛正六年（一四六五）十二月五日、足利義政が東山慧雲院の地に山荘の建築を計画し、相国寺寿徳院を慶雲院と改め、足利義勝の御影を同院に移し、備前国播多郷を寄進する。

一七四三〔蔭凉軒日録〕寛正六年十二月・文正元年七月条

『増補続史料大成』二巻、六三頁

〔寛正六年十二月〕五日、（中略）寿徳院(相国寺)被成慶雲院、以備前播多郷(上道郡)為御寄進、而可被成御判也、以慶雲院(東山)被成慧雲院也、以播州置塩庄(飾西郡)為御寄進、而可被成御判也、即命于慧雲院也、以此旨命于師兄雲々(衍カ)頂(相国寺)大圭和尚(・宗价)也、法眷聴此命而老少歓喜踊躍、(不脱カ)堪蹈舞之至也、以上命為御使往于寿徳院、達瑞渓和尚(・周鳳)、仍受命之由、参于　公方而以伊勢備中守(貞藤)披露之、恵雲(東山)之地以佳山勝絶、被為御山荘之地、仍如此御成敗也、

六日、（中略）以寿徳院被成慶雲院之事、瑞渓和尚領掌之事并以慶雲院被成恵雲院、仍諸老僧、恭敬之由、参而申由披露之、尤為我門万代之栄也、於殿中与伊勢守(伊勢貞親)談之図之、（後略）

七日、奉報来晨蔭凉軒御成之事也、来十七日慶雲院殿(足利義勝)御影、可被移之吉日、在貞(勘解由小路)択之、仍伺之、即命于今慶雲院(相国寺)也、来年七月御年忌、始可有御成之由、預披露之、（中略）慶雲院殿御影、以来十七日可被移之事、以集箴(益之)首座命于慶雲院瑞渓和尚、

十八日、（中略）改寿徳院号慶雲院、安置御影、仍今晨勝定院(相国寺)還御以後、往于慶雲院、焼香次与瑞渓和尚相見了、喫一盞茶、仍談笑旧而相揖去也、　慶雲院尊像、容貌美

麗威儀粛然也、（後略）
廿九日、（中略）慶雲院幷恵雲院御判之事、今晨於殿中督之、答曰、今晨御判東（奉）献之、然則雖云晦日入夜、必可出之由被申之、仍諸之侍之、〔考一本無侍之二字〕、就之督之者、則伊勢守也、蓋御判奉行之謂也、
（文正元年七月）六日、（中略）以我祖恵雲院之地青山佳絶、被為御山荘之地之次、凡御先祖御影、皆在于相国山中、独慶雲院殿在于東山而炎天之時節、御成尤不宜、仍寿徳院作慶雲院、以慶雲院作恵雲院、蓋恵雲院御所望、為代地被改之、仍以播磨置塩庄、始御寄進于恵雲院、是懇切之新恩栄、尤為我門之光華乎、今晨御判拝受、其文章為万代之證也、（後略）

○東山恵雲院の地が山荘の予定地とされたことは本書一七三二号史料にあり。この山荘の場所は慈照寺の前身である東山山荘と異なる。
○東山慶雲院改め恵雲院は南禅寺塔頭（玉村竹二校訂『扶桑五山記』〈臨川書店〉六六頁）。

一七四四〔親元日記〕寛正六年十二月十日条
『増補続史料大成』、二巻、四八頁

十日、（中略）寿徳院（相国寺）使、来十七日慶雲院殿（足利義勝）御影可奉移当院由被仰出之、雖無塔可奉移哉如何、御返事為　上意之上者、雖為客殿不可（カ）答之由云々、（後略）

一七四五〔綿谷瓞禅師行状〕『続群書類従』第九輯下、七二四頁

丙戌（ママ）（文正元年）冬、官命以寿徳（相国寺）為慶雲院、院則雖易地改名、而主則（瑞渓周鳳）不動也、

○「丙戌」は文正元年（一四六六）であるが、慶雲院への改称は前号・前々号史料より寛正六年である。

寛正六年（一四六五）十二月十一日、足利義政が大徳院から逐電した院主周耽を召し還すが、その罪科の是非を問う。

一七四六〔蔭凉軒日録〕寛正六年十一月・十二月条
『増補続史料大成』、二巻、六六頁

（十一月）廿四日、（中略）大徳院（相国寺）院主梵栄西堂、周雄西堂、自彼院書立之伺之、以在洛之故、以雄西堂、有御爪点也、前院主耽（周耽）西堂、共院衆而逐出之、檀那一色大夫（義直）殿被扶持、前院主仍御爪点、御領掌之後、洪蔵主（範林周洪）於御前

進曰、此事者有其故也、然則一段可被尋于一色殿歟之由
被申之、雖然、凡自寺家伺之、被仰出皆其例也、被尋下
則可為其例歟、然者不及御尋之由、厳被仰出、仍洪蔵主
又失色、而問之、以御爪点、命于大徳院侍真也、（後略）
廿七日、（中略）大徳院々主召周耽西堂、可帰住之由被
仰出也、争論之事、以後可有御糺明之由、以伊勢備中守（貞藤）、
被仰出也、雄西堂御点、先召還而直（置ヵ）之、（後略）
（十二月）三日、（中略）大徳院周耽西堂帰住之事、召
侍真重命之、（後略）
九日、（中略）大徳院主耽西堂、以　上意被召還、雖然
檀那一色殿管領彼院無謂之由、伊勢守（伊勢貞親）於愚老（季瓊真蘂）窃説之、然
則理之必然乎之由謹白之、仍御領会也、（後略）
十一日、不参、天快晴、大徳院周雄西堂御点被加之、折
紙召還而置之、蓋以後為後住也、但周耽西堂依其罪科糺
明之是非、而其時可弁也、

寛正六年（一四六五）十二月二十日、大徳院と勝定院が大徳院僧堂からの出火で焼ける。このため勝定院御坊を本坊とする。

一七四七〔蔭凉軒日録〕寛正六年十二月条

『増補続史料大成』、二巻、六八頁

廿日、（中略）夜中四鼓以後、大徳院（相国寺）僧堂僧寮火出、而
及勝定院（相国寺）、雖然昭堂幷御坊、南陽及維北遣〔傍〕遺之、長老松（・守藤）
堂和尚幷勝定院（相国寺）主棠陰和尚（・等奭）出奔、即被召還也、伊勢備中（貞藤）
守披露之、
廿二日、例日不参、前廿日夜、大徳院火、仍来日旧例御
成、不及伺之、天快晴、大徳院有災、雖云無御成、毎歳
進上御宿直物、可献之由被申、仍与伊勢守（伊勢貞親）談而重可命之
由答之、西堂二員、自院為使者来而告之、彼院有触穢之
義云々、仍閉門而不通云々、（後略）
廿三日、（中略）大徳院今晨依災、無御成也、御宿直物
進上之事、依無御出、仍伊勢守不参、仍不及談之、而先
閣之、勝定院以御坊為本坊、又諸寺管移之勤院務云々、
尤〔考一本無尤字〕、為奇〔考奇一作可〕也、
一七四八〔経覚私要鈔〕寛正六年十二月二十日条
『史料纂集』、第七、四七頁
廿日、（中略）

一今夜相国寺勝定院仏殿計残、・大徳院両所悉回禄了、亥剋事也、

一七四九〔斎藤親基日記〕寛正六年十二月二十日条
『増補続史料大成』、一二〇頁

廿日、（中略）同夜、自伊勢守（伊勢貞親）許還御已後、大徳寺（院）（相国寺）・勝（相国寺）定院等炎上、

一七五〇〔親元日記〕寛正六年十二月二十日条
『増補続史料大成』、二巻、六〇頁

廿日、（中略）相国寺大徳院炎上、勝定院内寮少々類火夜也、還御已後也、（後略）

一七五一〔大乗院寺社雑事記〕寛正六年十二月二十九日条
『増補続史料大成』、四巻、二〇頁

廿九日、（中略）
一相国寺中大徳院・勝定院去比炎上云々、西八条（遍照心院）如法仏炎上云々、

寛正六年（一四六五）、瑞渓周鳳が明に遣わす国書を作成する。

一七五二〔蔭涼軒日録〕延徳四年七月二日条
『増補続史料大成』、五巻、一四七頁

二日、（中略）遣桂子（竺英有桂）於永徳（相国寺）、遣唐書借之、書一篇写之、乃返之、
寛正六年乙酉　遣大明書　瑞渓（・周鳳）和尚製之、
黄河北流、一清以生
上聖、白日西照、再中以発
皇明、既
徳、共惟
安億兆之心、孰敢二三其
大明皇帝陛下、統接千載、
威加四方、
重熙累洽、誕
膺昌期、合慶同歓覃
及弊邑、渺茫海角、難（雖）不隷
版図中、咫尺

天顔、猶如在
輦轂下、茲遣専使清啓(天与)長老、謹捧方物、親趨
闕庭、伏望
寛容、曲
賜省察、謹
表以
聞、
右寛正五年甲申二月十六日、蔭凉軒真蘂(季瓊)西堂来、伝可製
大明信書之公命、且曰永享年中両回遣使大明、皆惟肖(・得巌)和
尚製表、今其例也、予(亀泉集証)曰、老来抛筆硯久矣、矧惟肖例非
擬倫乎、彼此非予所堪、雖然公命既降不得已爾、同年六
月蔭凉使者集箴(益之)首座来曰、大明正使近日当赴筑紫、請賜
表草以浄書便付之去、(後略)

○「遣大明書」の部分は『訳注日本史料　善隣国宝記』一七六頁により読点を加えた。
○寛正五年(一四六四)二月十二日、室町幕府が瑞渓周鳳に遣明書作成を命じる(本書一六七七号史料)。

寛正七年(一四六六)正月二十八日、季瓊真蘂が赤松政則邸で祈禱として大般若経を看読する。

一七五三〔蔭凉軒日録〕寛正七年正月二十八日条
『増補続史料大成』二巻、七九頁

廿八日、(中略)就赤松次郎(政則)宅祈禱、大般若経看読以後、
入夜有小宴也、天雨、蓋旧例、在于御談笑中也、

寛正七年(一四六六)正月二十八日、相国寺法界門の立柱が行われる。ついで法界門袖築地の修造が行われる。

一七五四〔蔭凉軒日録〕寛正七年正月・二月・三月・四月・五月・六月・七月条
『増補続史料大成』二巻、七八頁

(正月)廿二日、(中略)法界門(相国寺)今日立柱之由、自盛都(徳岩)
聞(正盛)方報之、仍伺之、(後略)
廿六日、(中略)法界門立柱、択来廿八日之由伺之、此
門修造之間、塞通路築垣牆、蓋止往来之人之由、自寺家
所申伺之、(後略)
(二月)廿四日、(中略)法界門修造、詣于清和(正親町富小路)之次観
之、一條活(闊)路尤為山門之栄也、非正盛都聞力量、則孰又
栄《サカヤカサン》之、(後略)

(三月)一日、(中略)御対面所、吉良(義真)殿御対面、(中略)愚老(季瓊真蘂)湯山(摂津国有馬郡)帰洛後、今晨始懸于御目、仍法界門成就、脇築地先規、命于侍所町人夫、仍其由伺之、土用以後、可被仰付也、(後略)

十一日、愚老今度湯沐之間、依法界門成、卒爾妙荘厳域額揚之、塗沫厳飾而可掲之由被仰出、即召盛都聞雑掌命之、(後略)

(四月)五日、(中略)法界門袖築地可命于当職之事、同妙荘厳域額彩色之事、以寺奉行飯尾肥前守(之種)・同大和守(元連)、被仰付于正盛都聞也、即命于両奉行也、(後略)

六日、(中略)前日被仰出、法界門袖築地幷額彩色、此両條之事、飯尾肥前守以脚痛不出仕、仍以檀那寺三郎左衛(飯尾為修)門尉召之、以上意可命于正盛都聞之旨、懇々諭之、(後略)

七日、(中略)法界門袖築地、以飯尾肥前守、被命于盛都聞之由有之、奉報来晨当軒(蔭凉軒)御成之事也、(後略)

八日、(中略)法界門袖築地事、窃披露之、(後略)

廿五日、(中略)法界門袖築地、重可被仰付之事、就于鹿苑院(龍崗真圭)可聞是非之由、依臨川寺被督之、伺之、早可決由被仰出之由、命于布施下野守(貞基)也、(後略)

(五月)廿四日、奉報当軒(蔭凉軒)御成之事也、地蔵像幷光明真言塔御頂戴也、洪蔵主(範林周洪)勤之、御成、御斎、安国寺永豊西堂、公文御判被遊也、御談笑刻移矣、(中略)法界門袖築地瓦葺又通路之事、在于談中也、(後略)

廿六日、(中略)法界門袖築地之事、厳可被仰付之旨、窃披露之、蓋依盛都門(聞)怠堕乎、(後略)

(六月)廿五日、寿陽蔵主擒取事、法界門可被仰付事、修理大夫殿(斯波持種)移居之事、伊勢守(伊勢貞親)領掌、重調時宜可申之由披露之、与伊勢守懇々評之、(後略)

(七月)八日、(中略)法界門築地幷瓦葺之事、盛都聞勤修尤厳之由、被仰出也、(中略)法界門馬場闊路、可逐旧規之由被仰出也、於八九月之間可栽松樹也、(後略)

○法界門の修造については、本書一六四九・一六八一・一七一五・一七一八・一七三一号史料が関連。

寛正七年(一四六六)二月六日、勝定院諸老僧が足利義政からの奉加と、寺領丹波国黒井の還付を室町幕府に願う。

一七五五〔蔭凉軒日録〕寛正七年二月六日条

『増補続史料大成』、二巻、八一頁

六日、（中略）勝定院（相国寺）諸老宿依今度天変、自公方様（足利義政）御奉加之事并丹波黒井本（氷上郡）復之事、西條訴證（ママ）訟之事列参而被申、仍調訴状可被申之由申之、而先還之、（後略）

寛正七年（一四六六）**二月七日、足利義政が義教代の先例に基づき相国寺僧に観世能を見せることを許す。**

一七五六〔蔭凉軒日録〕寛正七年二月七日条

『増補続史料大成』、二巻、八二頁

七日、（中略）来十日初午東福寺懺法御聴聞、三宝院（義賢）又可被参侍之由被仰出、即以僧奉報之、三宝院北辺（醍醐寺法身院・土御門御所東）赤松次郎（政則）宿所有之、以隣好被贈小鼓、其声尤美、仍珍愛之、彼被官中楽幸弥七敲此鼓而一夕勤能、聞之被羡之、然則召弥七可有歌舞乎之由申之、先領掌也、凡此趣御談笑之次披露之、普広院（足利義教）御代、以観世能可被見于相国大衆之由、被仰付而已、以前御代素意被果之、為光寵乎之由披露之、尤有御領掌之御気色也、（後略）

寛正七年（一四六六）**二月二十三日、小栗宗湛が飯尾之種邸の御座の間に絵を描く。**

一七五七〔蔭凉軒日録〕寛正七年二月二十三日条

『増補続史料大成』、二巻、八八頁

廿三日、（中略）飯尾肥前守（之種）所、来廿五日御成、仍御座之間宗湛（小栗）上座図之、往而見之、華麗荘厳之由披露之、且御一笑也、（後略）

文正元年（一四六六）**二月末、鹿苑院主事に定湊都聞が任命されたことに反対し、相国寺僧衆が蜂起する。**

一七五八〔蔭凉軒日録〕文正元年閏二月五日条

『増補続史料大成』、二巻、九三頁

五日、前二月晦日、以寛正年号、見改文正云々、昨夜京師来使聞之、又就鹿苑主事定湊都聞事、前月末連宵鳴鐘鼓蜂起而訴之云々、（後略）

文正元年（一四六六）**閏二月六日、季瓊真蘂・小栗宗湛等が摂津国湯山で湯治をする。季瓊が宗湛の庵室に自牧と命名した**

ことが話題になる。

一七五九〔蔭凉軒日録〕文正元年二月・閏二月条

『増補続史料大成』、二巻、九六頁

（二月）廿七日、宗湛（小栗）上座湯沐御暇之事伺之、御免許之由被仰出、（後略）

廿八日、（中略）次伺湯沐御暇之事、仍御領掌也、来日湯沐発軫御暇之事、以披露之次伺之、御領掌為幸也、今出河殿（足利義視）参而白之、伊勢守（伊勢貞親）於殿中告之、雖然以使者告于伊勢守并同備中守（伊勢貞藤）方也、往于院主（龍崗真圭）（鹿苑院）并洪蔵主（範林周洪）方告之、先職細川右京大夫殿（勝元）并右馬頭殿（細川持賢）、以使告之、蓋歴過摂津国道路之故乎、天【考】天一作大、陰（・龍沢）和尚来問、泉式部并鶯宿梅両枝付花嚢九箇、光洲喝食贈之、想湯山（摂津国有馬郡）餞送之意也、晩来勢州所御成、蓋御母始被申也、観世勧能云々、朝鮮国被遣之疏御印者、徳有隣也、蓋旧例也、湯山且（旦）過坊主聞有愚老湯沐、而以状贈薬器両箇、為礼謝也、天快晴、仍来日発軫、尤為幸也、

廿九日、湯山発軫、暁天大鐘中出寺、於七條至天明閣火炬也、於久我（乙訓郡）願王寺喫午飯也、宿于荒蒔上月大和守（景久）所也、談笑小宴入夜、

晦日、飯後湯山発軫、八鼓刻入于御所坊、即浴沐、其妙美倍于旧也、屋後青山黒旧（呈カ）面カ、【傍】而、緇白粉冗、家々如競也、日野殿（勝光）【考】一本有被字、管修理大夫同浴来問、多賀豊後守（高忠）同行同浴、来話前日晴、今日雨、浦上美作守（則宗）并宗湛上座同伴也、崇寿（相国寺）雪庵（・澄郢）同浴来問、池田来問、安富勘解由（元盛カ）入道同浴、修隣好而来問也、

（閏二月）二日、天晴、霜白寒多也、寒中浴尤美也、慶阿弥来伴也、集哲又同問云、彼等元孤独者、依此浴湯想得其便乎、午浴以後、所司代多賀豊後守偈（偶カ）来喫茶、次聊小宴談笑、北隣安富勘解由（元盛カ）左衛門尉、日野殿内修理大夫、同墓崎若狭守、東坊宗湛、巣河又次郎、慶阿弥、今春与四郎、二條町千千代、小歌小舞、談笑消日、可謂希有之事也、（後略）

六日、（中略）宗湛画裏神妙、比古之牧渓（谿）（・法常）也、就愚老一（季瓊真蘂）日求室名、称彼筆妙名曰自牧、牧之字者、準擬牧渓、殆不多譲也、即今満座、緇白皆有名【考】一本有者字、然則此湯沐之次会合、実千載一遇、又云（衍カ）、彼又云、為老後之楽也、

（後略）

○季瓊真蘂は閏二月二十三日に帰洛。『蔭涼軒日録』同年閏二月一〜二十三日条に関連記事あり。
○季瓊真蘂が小栗宗湛の庵号を命名した記事は、『蔭涼軒日録』寛正四年（一四六三）二月六日条（本書一六四六号史料）にあり。

文正元年（一四六六）閏二月二十五日、相国寺領美作国見明渡村の井伊将監が罪科に処せられたため、その跡を相国寺都聞が望む。

一七六〇〔蔭涼軒日録〕文正元年閏二月二十五日条　『増補続史料大成』、二巻、一一五頁

廿五日、（中略）当寺《（相国寺）》領美作国見明渡村《（真島郡建部庄）》井伊将監、依罪科可被召置之事、以状命于飯尾肥前守《（之種）》、但都聞所望也、
（後略）

文正元年（一四六六）閏二月二十六日、伊勢貞親の被官人が鹿苑寺の山に入り松を伐ったため、同寺僧と喧嘩になる。

一七六一〔蔭涼軒日録〕文正元年閏二月条　『増補続史料大成』、二巻、一一六頁

廿六日、（中略）勢州《（伊勢貞親）》被官人入鹿苑寺山伐松、仍有喧嘩之事、俄告之来、即入夜弁之、尤其興不多也、
廿七日、天快晴、為命前日之事、召鹿苑寺官也、自伊勢方両度以使者督之、為可究決其是非乎、伐松者勢州被官人愛阿弥云、（中略）鹿苑寺喧嘩之事、以当院《（鹿苑院）》出管達于蜷川新左《（右カ）》衛門尉《（親元カ）》、々返答曰、此旨可達于勢州之由有之、
（後略）

文正元年（一四六六）三月二十日、雲頂院山門の上棟が行われる。

一七六二〔蔭涼軒日録〕文正元年三月二十日条　『増補続史料大成』、二巻、一二一頁

廿日、雨降、雲頂山《（相国寺）》門上棟、午刻赤松次郎《（政則）》引馬、愚老《（季瓊真蘂）》亦同前也、祝義以後看経、圏一本有々字了、合院啜粥、東西相慶賀也、往于松泉《（雲頂院雲沢軒）》、聊休息、啜粥喫茶帰去也、

文正元年（一四六六）三月二十三日、勝定院御坊と昭堂が焼失し、相国寺住持松堂守蔭と勝定院主棠陰等奭が逐電する。

一七六三〔蔭凉軒日録〕文正元年三月条

『増補続史料大成』二巻、一二二頁

廿三日、（中略）今晨四鼓刻、勝定院（相国寺）御坊幷昭堂忽有火、即滅却可嘆也、（中略）勝定両度災、不及常住、尤為幸也、（後略）

廿五日、天陰、例日、不参、無御出、長老松堂和尚（・守藤）・勝定棠陰和尚（・等奭）、依勝定両度災、両和尚逐電云々、（相国寺）御参宮以後無御出、仍不懸御目、不及披露也、想来廿七八両日之間可参賀乎、其時可披露僧事也、（後略）

二十八日、（中略）勝定院主妙茂（笠芳）西堂〔考〕一本有俊霅西堂、以上首有御爪点也、前廿三日勝定院昭堂、廿一字、幷御坊火災之事伺之、当住（常カ）殿堂無恙、尤可之由、披露之、（後略）

一七六四〔斎藤親基日記〕文正元年三月二十三日条

『増補続史料大成』一三〇頁

廿三日、午刻、勝定院（相国寺）炎上、七年（去）十一月焼残分、（後略）

一七六五〔後法興院記〕文正元年三月二十三日条

『増補続史料大成』一巻、一一一頁

廿三日甲午晴、（中略）未刻北方有火事、相国寺勝定院云々、旧冬之焼残云々、

○勝定院は寛正六年（一四六五）十二月二十日にも火災に遭う（本書一七四七号史料）。

文正元年（一四六六）三月二十八日、法住院が欠乏により、足利義政の御成を数年延期するよう希望する。この年の御成は中止される。

一七六六〔蔭凉軒日録〕文正元年三月二十八日条

『増補続史料大成』二巻、一二三頁

廿八日、（中略）法住院（相国寺）年始御成、依闕乏難申之由、自日野殿（勝光）為檀那被申之、法住院々主周久西堂（黙堂）、以状遣于松波三郎左衛門方、雖云四五年之延引望、先以一年可延之由、状中懇々記之、披露之、先以当年被閣之被仰出、即命日野殿内松波三郎左衛門尉方、又命于法住院周久西堂方也、（後略）

文正元年（一四六六）三月二十八日、近日、相国寺の所々で火事が起こるため、室町幕府がその糺明を相国寺住持松堂守蔭等に命じる。

一七六七〔蔭涼軒日録〕文正元年三月二十八日条

『増補続史料大成』、二巻、一二三頁

廿八日、（中略）寺家近日所々着大（火）、想盗賊之計歟、究明而可決之由伺之、即召長老（相国寺）松堂（・守蔭）和尚・勝定院知西堂并侍真并維那・都聞・修造司、而可糺明其罪人之由、以上命圏一本有厳字、命之、（後略）

文正元年（一四六六）四月五日、安楽光院の献上物が鹿苑院塔の造営に充てられる。

一七六八〔蔭涼軒日録〕文正元年四月五日条

『増補続史料大成』、二巻、一二五頁

五日、（中略）自安楽光院（深草）被献、其請取状奉懸于御目也、蓋為当院（鹿苑院）塔婆営造歟、（後略）

文正元年（一四六六）四月八日、小栗宗湛が津田某を殺人の罪で室町幕府に訴える。

一七六九〔蔭涼軒日録〕文正元年四月八日条

『増補続史料大成』、二巻、一二六頁

八日、（中略）（小栗）宗湛所訴津田事、窃披露之、仍有御領掌色也、彼者殺害之罪也、（後略）

文正元年（一四六六）四月八日、相国寺と諸塔頭が大嘗会棟別銭と段銭の免除を求め、許可される。

一七七〇〔蔭涼軒日録〕文正元年四月・五月・六月条

『増補続史料大成』、二巻、一二六頁

（四月）八日、奉報当軒（蔭涼軒）御成并普広院（相国寺）為為（先カ）月廿四日分御焼香之事也、御成、先入昭堂、御焼香以後御斎了、後寺家（相国寺）訴状伺之、大嘗会棟別并段銭御免許之事被申、以前雖云大嘗会有御免也、不可依一切停止御判也、於大嘗会以別儀致沙汰也、其先規可尋之由被仰出、非被破御判之由被仰出、尤清直之至也、召常住出管命之、（中略）大嘗会臨時課役御免許官符寅（宣）并代々御判分明之旨、奉懸于

御目、仍与伊勢守(伊勢貞親)可仰(申カ)合之由被仰出、尤為寺家之仰望也、
与津掃部頭(摂津之親)於殿中談之、共談之由即披露之、(後略)
十六日、(中略)寺家御禊、大嘗会以官符宣免除御免許之由被仰出、命于寺家也、(後略)
(五月)二十七日、(中略)寺家大嘗会棟別之事者、官符宣幷御判、雖云免除、於此棟別可致其沙汰之由、被仰付也、大嘗会段銭事者、任支證御免了、雖然官符宣、常住領悉載之、塔頭領者不載、然則限所載在所計、可有御免之由、被仰出之旨、摂津掃部頭告之、仍自寺家亦告之、悉有御免、則大嘗会可被欠御事之由白之、然則不及訴之、巻而懐之、(後略)
晦日、(中略)就大嘗会段銭、常住与諸塔頭被分別、而雲頂院(相国寺)大圭(・宗价)和尚誘引来歎之、
(六月)二日、(中略)大嘗会段銭、常住幷塔頭為一具可有御免之諸院、連判訴訟之状、与伊勢守談之、以前為免除、則可達訴状、又不然、不可及訴之云々、尤為公儀也、洪蔵主(範林周洪)殿中相見之次、語予(季瓊真蘂)曰、以前大智院(相国寺)、大嘗会段銭十九貫、致其沙汰、即今自摂津掃部頭方曰二十九貫文、依之見之、可不及歎事乎、尚以可評論也、(中略)天陰甚熱、大智院以前、以大嘗会段銭、其沙汰必定、則即今諸塔頭訴訟無其謂乎、聊且点而先図之、(後略)
十一日、(中略)大嘗会段銭免除之事、鹿苑院・勝定院者、有官符宣支證、雲頂院独有叔英(・宗播)和尚免許草案之筆蹟、仍摂津掃部頭幷飯尾肥前守(之種)披露之、以此三院支證以摠院被免許、蓋三院之余慶、殊雲頂以叔英和尚筆蹟、被準于官符宣、是不老漢光華哉、希有々々、是故為摠院住持、往于摂津掃部頭幷飯尾肥前守両所、礼謝為可之由、召摠持院(衍カ)侍依(衣)触之命之、尤我山之寵光、今晨於殿中愚老(季瓊真蘂)代而謝之、(後略)

文正元年(一四六六)四月十日、室町幕府が五山に遣明船の祈禱を命じる。

一七一 〔蔭涼軒日録〕文正元年四月十日条

『増補続史料大成』、二巻、一一七頁

十日、(中略)遣唐船御祈禱之事、前日以先規伺之、今晨以状命于五山也、(後略)

文正元年（一四六六）四月十四日、雲頂院山門北廊と同院内雲沢軒の上葺が修理され、足利義政が見物する。

一七七二〔蔭凉軒日録〕文正元年四月十四日条

『増補続史料大成』、二巻、一二七頁

十四日、（中略）我院（相国寺雲頂院）山門北廊上葺修之、又雲沢（雲頂院）上葺同前、自殿中被御覧之、今晨塔頭御成之次被歎美之、尤寵光不少也、御小袖三重・御扇子廿柄・高檀紙・杉原各十帖献之、金殿玉楼修造、不可入相公（足利義政）眼、況山野之小修哉、顧遇之厚、不是幸乎、（後略）

文正元年（一四六六）四月二十六日、鹿苑院が同院と蔭凉軒の修理のため、諸国の院領に段銭を賦課する。

一七七三〔蔭凉軒日録〕文正元年四月二十六日条

『増補続史料大成』、二巻、一三〇頁

廿六日、（中略）当院鹿苑、同蔭凉及大破、仍為修理、以院領於諸国懸勘料段銭、可修之由載状、而主事定湊都聞、院主龍崗（・真圭）和尚加判被申之、仍披露之、御領掌、彼領中平均可課、不可一所許之由預懇々披露之、仍御領会、（後略）

文正元年（一四六六）四月、斯波義敏の子息松王丸が季瓊真蘂の弟子であったため、季瓊と伊勢貞親が義敏の赦免を求める。

一七七四〔応仁記〕『群書類従』第二〇輯、三六〇頁

（前略）其比伊勢守貞親ニ新造トテ寵愛無双ノ新女有リ、彼ノ妾ト義敏（斯波）ノ妾ト兄弟ナリシカバ、此内縁ヲ頼テ貞親ヲ頼ミケレバ、先ヅ義敏息松王丸（義寛）ヲ鹿苑院ノ蔭凉軒真蘂（季瓊）西堂ノ弟子トシテ、此僧ヲモ頼ミケリ、貞親（伊勢）ハ公方（足利義尚）ノ御童名ヲ奉付御父也、新造ヲバ御母トゾ申奉ケル、是程ノ遠慮ナシナレバ、一大事ニ可成事ヲ不顧シテ、彼西堂トトモニ義敏赦免ノ事頻リニ被申ケル、（後略）

○「応仁別記」（『群書類従』第二〇輯、四七四頁）はほぼ同文。「細川勝元記」（『続群書類従』第二〇輯上、二六六頁）に関連記事あり。

文正元年（一四六六）五月四日、足利義政が慶雲院の卵塔と桟敷の作事を命じる。

一七七五〔蔭凉軒日録〕文正元年五月・六月条

『増補続史料大成』、二巻、一三二頁

（五月）四日、（中略）慶雲院（足利義勝）殿御卯（卵塔カ）堂幷御桟敷之事、自公方（足利義政）可被営之、以奉行幷大工使鹿（麁カ）色取之、而御用脚之事、可命于千阿弥方也、与伊勢守（伊勢貞親）評之、仍披露之、（後略）

十二日、（中略）来日斎罷、於慶雲院（相国寺）彼卵塔幷御桟敷、可有摠色、先与綿谷西堂（周瓞）評之図之、

十三日、（中略）慶雲院御卵塔幷御桟敷摠色択今日、携杉原伊賀守（賢盛）幷御大工兵衛評之、楊梅者畠山播磨守（教光カ）殿白之、

十七日、（中略）慶雲院卵塔幷御桟敷造作之様子、御大工衛門来而説之状（圏一本無状字）、献青磁香炉、以億阿被還下之、

（後略）

十九日、（中略）慶雲院殿卵塔幷御桟敷摠色、百十四貫七百五文、注文又差図、以伊勢七郎右衛門尉（貞煕カ）、奉懸于御目也、其作料者、（千脱カ）阿方無其資之由答之、披露之、然則可談于伊勢守之由被仰出、与彼可量之、（後略）

（六月）三日、（中略）慶雲院御卵塔幷桟敷摠色、以上百拾四貫七百十五文下行分事、命于千阿弥也、自御倉可出御物云々、天陰欲雨也、御盆二枚、為慶雲院卵塔幷御桟敷作料百拾四貫七百十五文、而今晨千阿弥与伊勢守評之出之、即与結城下野守（政藤）幷杉原伊賀守破了（圏破了一作断□）、召慶雲院綿谷西堂幷寿芳書記（春英）渡之、仍命御桟敷幷御卵塔之造作可始之事也、御盆代付為百十四貫文被之（出脱カ）、御倉御物之内也、自慶雲院、請取状遣于千阿弥方也、性秀行者為使也、

十日、（中略）慶雲院御桟敷幷卵塔立柱上棟、吉日択之、不及伺之而遣之、

文正元年（一四六六）五月六日、足利義政が鹿苑院塔を一重で造立するよう命じる。

一七七六〔蔭凉軒日録〕文正元年五月六日条

『増補続史料大成』、二巻、一三三頁

六日、（中略）当院（鹿苑院）塔婆、先以一重加修造之由披露之、早造畢則可乎之由被仰出、仍諭于主事湊（定湊）都聞也、（後略）

文正元年（一四六六）五月六日、相国寺門前にある川岸が崩れたため、室町幕府が相国寺に掃地等を命じる。

一七七七〔蔭凉軒日録〕文正元年五月六日条

『増補続史料大成』、二巻、一三三頁

六日、（中略）寺家《（相国寺）》門前、河之南北、石崩水流、仍掃地等之事、自寺致其成敗也、自結城下野守《（政藤）》方、以上意決之、自勢州《（伊勢貞親）》於途中引水、其水乱流而損路、以故説之、結城披露之、（後略）

文正元年（一四六六）五月十六日、相国寺僧百人が室町第で大般若経の看経を務める。

一七七八〔蔭凉軒日録〕文正元年五月十六日条

『増補続史料大成』、二巻、一三五頁

十六日、昧早看経、清衆百員参候也、看経不及案内、而清衆集、則奉始之由、以億阿新被仰出、即出即《（衍カ）》奉始之、天快晴、尤為便也、今晨看経、不及案内可奉始之事、以為後来亀鑑也、住持《（相国寺）》者《（・本纉）》仲言和尚、維那寿菊蔵主、看経御座之間、白藤・紅躑躅花之御庭南面障子被開之、衆皆為快也、（後略）

文正元年（一四六六）五月二十六日、室町幕府が慶雲院の西辺敷地を同院に引き渡したため、長得院が出入りの困難を幕府に訴える。

一七七九〔蔭凉軒日録〕文正元年五月条

『増補続史料大成』、二巻、一三八頁

廿六日、（中略）慶雲院《（相国寺）》西辺封疆可被出之事、与伊勢守《（伊勢貞親）》談之伺之、即今《（命カ）》于当寺《（相国寺）》奉行飯尾肥前守《（之種）》・同大和守《（元連）》而打渡之由、被仰付也、長得院《（相国寺）》自大門以後可出入也、凡自大門出入之例、山中《（相国寺）》大徳院・恵林院・大智院・法住院有之、仍以之論《（諭カ）》于長得院也、（後略）

廿七日、（中略）慶雲院西辺、可被出其地之事、今日飯尾肥前守・同大和守可出迎之由、今晨於殿中談之、（後略）

廿八日、（中略）慶雲院西辺敷地之事、自長得院依小門出入難義訴訟之、仍奉行飯尾肥前守并同大和守、以差図与伊勢守共評之、以自他申分之義而図之、即命寺家《（相国寺）》并慶雲院及長得院也、蓋以無為而償之、（中略）慶雲院西辺敷地、限輪蔵南築地二丈被出也、長得院小門寄于西辺而

可建也、飯尾肥前守・大和守證明也、渡之、

文正元年（一四六六）五月二十六日、室町幕府が相国寺惣門築地を造るため散所を出すよう東寺に命じていたが、免除される。

一七八〇〔廿一口方評定引付〕文正元年五月二十六日条

東寺百合文書く函二五

（表紙）「廿一口方評定引付（異筆）『文正元』寛正七年丙戌」

廿一口方評定引付 寛正七年丙戌 文正元年

（中略）

（五月）同廿六日

堯忠　堯杲　宗杲　宝済　覚永　融寿　俊忠　慶清
厳信　重禅　宗承　宗永　杲覚

一為相国寺惣門築地催散所之由披露、仍所司代（多賀高忠）先々免除由、以雑掌可被仰遣云々、

（後略）

文正元年（一四六六）五月二十六日、足利義政が雲頂院と常徳院門前を相国寺第一の絶景と賞する。

一七八一〔蔭凉軒日録〕文正元年五月・六月条

『増補続史料大成』、二巻、一四一頁

（五月）廿六日、（中略）雲頂院（相国寺）幷常徳院（相国寺）門前、青松挟路、緑水張渠、可謂山中（相国寺）第一之絶景、談笑之余被称美、尤我門光彩也、

（六月）四日、（中略）常徳・雲頂両院門前、境致尤佳聞（開）之、仍携誉阿弥富田往而見之、不勝絶勝（賞カ）、往于雲沢（相国寺雲頂院）、見盆仮山、而談笑爽懐云、

文正元年（一四六六）六月十二日、室町幕府が焼失した勝定院昭堂東辺の御坊を再建しないことを決定し、その地を勝定院の支配とする。

一七八二〔蔭凉軒日録〕文正元年六月十二日条

『増補続史料大成』、二巻、一四三頁

十二日、（中略）勝定院（相国寺）昭堂東辺、勝定院殿（足利義持）御在世之時、被建立御坊、今度洪圀（満カ）圏（洪恐共）院焼却了、以後無建立、則可配当其地、若又無再興、則可空其跡乎、与伊勢守（伊勢貞親）先談

之、伊勢曰無益、仍披露之、以後者為無用、然者為院可配当其地之由被仰出、即命于勝定院也、（後略）

○同年三月二十三日に勝定院御坊と昭堂が焼失する（本書一七六三号史料）。

文正元年（一四六六）六月十五日、足利義政が東山に山荘を建てるため、近衛房嗣所持の指図を所望する。

一七八三〔後法興院記〕文正元年六月十五日条

『増補続史料大成』、一巻、三三三頁

十五日乙卯、晴、払代々御記虫、五合

家門殿（近衛房嗣）之指図炎上以前之指図也、今日付広橋中納言（綱光）被進武家（足利義政）、先日以彼黄門自武家有所望、是東山辺ニ可被立山荘料云々、

○寛正六年（一四六五）十月八日、足利義政が東山恵雲院の地に山荘建設を計画する（本書一七三一号史料）。

文正元年（一四六六）六月二十五日、足利義政が相国寺慶雲院と南禅寺恵雲院に安堵の御判を出す。

一七八四〔蔭凉軒日録〕文正元年六月二十五日条

『増補続史料大成』、二巻、一四七頁

廿五日、（中略）慶雲院（相国寺）・恵雲院（南禅寺）、今度被改、以後安堵、御判被遊出文由（之ヵ）、伊勢守（伊勢貞親）預語予（季瓊真蘂）、為喜也、即未請取也、

（後略）

○本書一七四三号史料が関連。

文正元年（一四六六）六月二十九日、室町幕府が慶雲院領備前国播多郷への同国守護山名教之と松田元秀の被官人による押妨を停止するよう命じる。

一七八五〔蔭凉軒日録〕文正元年六月・七月条

『増補続史料大成』、二巻、一四七頁

（六月）廿九日、慶雲院（相国寺）領備前国波（播）多郷（上道郡）、為守護（山名教之）被管人并松田（元秀）被管人、以違乱停止彼年貢、仍御奉書之事伺之、可有御免之由被仰出、即命于布施下野守（貞基）也、（後略）

（七月）二十二日、（中略）慶雲院領備前波（播）多郷守護方并松田被管人押妨停止之御奉書之事、可命于斎藤民部丞（親基）之由被仰出、即於殿中命之、（後略）

○備前国播多郷は寛正六年（一四六五）十二月五日に相国

寺慶雲院に寄進される（本書一七四三号史料）。

文正元年（一四六六）**七月十日、季瓊真蘂が南禅寺恵雲院の山水を賞玩し、慈照院にも立ち寄る。**

一七八六〔蔭凉軒日録〕文正元年七月十日条

『増補続史料大成』、二巻、一五一頁

十日、（中略）恵雲院《（南禅寺）》被改以後、今晨始焼香稽首、彼地山回水流、雲興霧擁、松門岩庭、塵外之景尤美也、其傍構慈照小院、焼香小立見之、前面数峯列庭、左水流出尤為美、仍築山引水有其便宜、我平生愛水、尤為満其願乎、不亦幸哉、今晨披露之次、披露《（衍カ）》恵雲院額製出後御成、可伺申之由披露之、聊御一笑也、

文正元年（一四六六）**七月十六日、真如寺・鹿苑寺・等持寺・等持院等の住持が退院する。ついで渭在宝春に真如寺の公帖が出される。**

一七八七〔蔭凉軒日録〕文正元年七月条

『増補続史料大成』、二巻、一五三頁

十六日、（中略）真如《（洛北）》、今日退院之事也、建仁維那請暇、可欠行事、仍自今日評定衆同宿中、各可勤之、普広院《（相国寺）》退院云、紹繁書記移于紀綱寮也、鹿苑寺退院云、広覚寺退院云、両班幷侍者順礼、等持寺《（徳秀興賢）》《（三条坊門）》・等持院《（梅室周馥）》《（洛北）》共退院也、

晦日、真如寺宝春《（渭在）》西堂、宝幢寺《（嵯峨）》正易西堂、広覚寺祥就西堂、公文御判被遊也、（後略）

文正元年（一四六六）**七月二十日、足利義勝の年忌仏事が、慶雲院を相国寺内に移してから初めて行われる。慶雲院が一山門徒から嵯峨門徒の寺に改められたことを季瓊真蘂が室町幕府に抗議する。**

一七八八〔斎藤親基日記〕文正元年七月二十日条

『増補続史料大成』、一四一頁

廿日、慶雲院《（足利義勝）》御年忌御成、御斎在之、雖為明日廿一日、当院《（慶雲院）》被移相国寺已後御仏事始也、為例日之間被曳上今日了、以前者以東山恵雲院被成慶雲院了、為一山《（・一寧）》門徒之処、被改嵯峨門徒之條不可然之旨、亀鏡《（季瓊）》和尚真蘂長老、依為一山之徒被歎申之歟、如本祖《（ママ）》被返付改環中庵《（相国寺）》瑞慶和尚《（瑞渓周鳳）》塔頭、被号慶

雲院、当寺輪蔵院之東被建之了、（後略）

○長禄二年（一四五八）六月二十五日、東山慶雲院が足利義勝菩提所として一山門徒に還付される（本書一五〇三号史料）。寛正六年（一四六五）十二月五日、慶雲院が嵯峨門徒（夢窓派）に移される（本書一七四三号史料）。

文正元年（一四六六）七月二十二日、梵泉都寺が一条家領の代官を務める。

一七八九〔蔭凉軒日録〕文正元年七月二十二日条

『増補続史料大成』、二巻、一五四頁

廿二日、（中略）梵泉都寺、一條殿（兼良）御領代管致知行是年久矣、于茲一條殿破先祖契約及違変、尤無謂也、仍以飯尾肥前守（之種）可申之由披露之、仍御領掌、即命于泉都寺幷肥前守也、（後略）

○梵泉都寺は長禄二年（一四五八）二月十五日に相国寺領河内国玉櫛庄庄主に決定する（本書一四八七号史料）。

文正元年（一四六六）七月二十四日、足利義政が義満追善料所として雲頂院領摂津国昆陽寺庄を安堵する。

一七九〇〔蔭凉軒日録〕文正元年七月二十四日条

『増補続史料大成』、二巻、一五五頁

廿四日、（中略）雲頂院（相国寺）領摂津国（川辺郡）昆陽寺庄□（訴カ）訟、雖然鹿苑院御寄進尤厳、而勝□□為停止高野（高野山安養院）之違乱、被成鹿苑院（足利義満）殿御追善料所之、可被成御追善料所乎之由、先与伊勢守（伊勢貞親）談之、即今為御追善料所、不及（可カ）御寄進之義、為公方（足利義政）可有御領会、仍不可用彼訴訟之由、懇々被仰出、尤為我門万代寵光也、即命于雲頂院大圭和尚（宗价）也、（後略）

○『蔭凉軒日録』延徳二年（一四九〇）九月二十七日条に昆陽寺庄をめぐり高野山安養院より毎度濫訴と書かれる。

文正元年（一四六六）七月二十四日、伊勢貞親・季瓊真蘂が斯波義敏の出仕を許可したため、京都に斯波義廉の軍勢が集まる。

一七九一〔大乗院寺社雑事記〕文正元年七月二十八日条

『増補続史料大成』、四巻、八七頁

廿八日、

一柚留木（重芸）法橋来、依寺門召下向、条々寺訴云々、武衛方（斯波義廉）儀、兵衛佐（斯波）義敏御免出仕去廿四日、然而当武衛治部大

輔事、細川右京大夫勝元・山名入道宗全加扶持之間、
一天大儀歟、武衛方軍勢於京都路頭狼藉、押取売買物、
珍事此事云々、上進御榼等落取云々、如今者義敏仁雖
給御判、不可任上意云々、義敏御免事、伊勢守（伊勢貞親）幷莝（蘂）西（季瓊
真蘂）堂中沙汰云々、
（後略）

一七九二〔経覚私要鈔〕文正元年八月十二日条
『史料纂集』、第七、八八頁

十二日、（中略）
一京都事、大軍上集之間、夜々強盗希代次第也云々、今
朝暁時於作リテ令乱入之間、強盗トハ思ハテ諸人馳参
御所了、夜明テ五過程ニ皆以退散云々、偏伊勢守（伊勢貞親）・瑞（蘂）（季
瓊真蘂）西堂禅僧身上也、
（後略）

文正元年（一四六六）八月十三日、政情不安のため、相国寺住持仲言本纘が同寺で大般若経を真読して祈禱する。

一七九三〔蔭凉軒日録〕文正元年八月十三日条
『増補続史料大成』、二巻、一五九頁

十三日、無御出、細雨降、依天下紛冗、自今晩至十五日、
当寺（相国寺）信読大般若経、長老（仲言本纘）量之勤之、蓋為祈天下安全也、

文正元年（一四六六）八月十七日、相国寺が騒然としたため、足利義政が都聞と所司代に同寺を警固するよう命じる。

一七九四〔蔭凉軒日録〕文正元年八月十七日条
『増補続史料大成』、二巻、一六〇頁

十七日、破了、寺家怱劇〔考〕一本有之事、与伊勢守（伊勢貞親）、破了、八字、之披露之、仍
警固幷可廻計略之事、寺奉行飯尾肥前守（之種）以釣（鈞）命命于寺家
都門（聞）幷所司代（多賀高忠）也、（後略）

文正元年（一四六六）八月二十五日、斯波義敏が三ヶ国を安堵され、季瓊真蘂に御礼を述べるため蔭凉軒を訪れる。

一七九五〔蔭凉軒日録〕文正元年八月・九月条
『増補続史料大成』、二巻、一六一頁

（八月）廿五日、（中略）兵衛佐（斯波）義敏拝領三箇国如旧之

御判、仍兵衛佐殿・同松王殿（斯波義寛）及修理大夫殿（斯波持種）、即参謁拝謝、而退出之次、就于蔭涼軒致慇懃之誠、実天運再降、人皆以為希有也、百万軍卒相囲遶、路人望之如堵牆、公方（足利義政）威力、如草加風也、以可畏以可感也、

（九月）二日、（中略）左兵衛佐殿幷修理大夫殿安堵御判拝領、仍披露、彼出仕帰路、於当軒（蔭涼軒）懇々[考]一本有来字、謝之誠也、仍御一笑云、（後略）

年月日未詳、足利義政の治世は、御台所や女房・伊勢貞親・季瓊真蘂などが評定し、賄賂が横行する。

一七九六〔応仁記〕『群書類従』第二〇輯、三五五頁

乱前御晴之事、

応仁丁亥（元年）ノ歳、天下大ニ動乱シ、ソレヨリ永ク五畿七道悉ク乱ル、其起ヲ尋ルニ、尊氏（足利）将軍ノ七代目ノ将軍義政（足利）公ノ天下ノ成敗ヲ有道ノ管領ニ不任、只御台所（日野富子）、或ハ香樹院、或ハ春日局ナド云、理非ヲモ不弁、公事政道ヲモ不知給青女房・比丘尼達、計ヒトシテ酒宴婬楽ノ紛レニ申沙汰セラレ、亦伊勢守貞親ヤ、鹿苑院ノ蔭涼軒（季瓊真蘂）ナンドト評定セラレケレバ、今迄贔負（屓）ニ募テ論人ニ申与ベキ所領ヲモ、又耽賄賂ニ訴人ニ理ヲ付、又奉行所ヨリ本主安堵ヲ給レバ御台所ヨリ恩賞ニ被行、如此ノ錯乱セシ間、畠山ノ両家義就政長モ文安元年甲子ヨリ今年ニ至迄廿四年ノ間ニ、互ニ勘道（当カ）ヲ蒙ル事三ヶ度、赦免セラル、事三ヶ度ニ及ブ、何ノ不義ナク又何ノ忠モナシ、（後略）

○次号史料一七九七との関連で、ここにおく。

文正元年（一四六六）九月六日、伊勢貞親・季瓊真蘂などが近江に逐電し、山名持豊は季瓊の死罪を求める。ついで山名・朝倉勢により貞親・季瓊の被官人在所が放火・破却される。

一七九七〔経覚私要鈔〕文正元年九月条　『史料纂集』、第七、一〇二頁

七日、朝飯以下事了、申剋帰古市処（大和国添上郡）、自跡矢負自京都罷下、昨日六日、伊勢守貞親朝臣幷兵庫助（伊勢貞宗）・蔭（蘂、以下同）西堂（季瓊真蘂）禅僧、右兵衛佐（斯波義敏）武衛敵、・修理大夫（斯波持種）入道幷竹王（斯波）三人、赤松次郎法師（政則）・薬師（坂胤祐）民部卿、没落了、目出之由、自荻（宗正）方古市申遣云々、（後略）

八日、（中略）
一没落者ハ、伊勢守貞親・蔭西堂禅僧、・赤松二郎法師・義俊（敏、以下同）・子息松王・御所遁一人云々、又云、女中春日局（満親女）・津守（摂津国昭）屋形被破却云々、
十二日、（中略）
一元次男云、今度没落者伊勢守貞親・同肥前守貞枝・○蔭西堂・薬師法眼・右兵衛佐義俊父子云々、

一七九八〔大乗院寺社雑事記〕文正元年九月条
『増補続史料大成』、四巻、九七頁

七日、（中略）
一就今出川殿（足利義視）御身上事、以細川右京大夫（勝元）申御開之間、伊勢守貞親朝臣父子（伊勢貞宗）・上池院法印（胤祐）薬師、・赤松次郎法師（政則）加賀半国守護、・蔭冷（凉）軒（季瓊真蘂）西堂・前武衛（斯波）兵衛佐義敏父子（義寛）三人、
以上八人開京都了、夜前九時分事也云々、伊勢守事不実申状之上者、可被切腹之由、被仰付細川故也云々、
近江国ニ遂（逐）電云々、就其京都馬借以外、日野大納言（勝光）亭以下所々乱入、希代珍事云々、焼亡云々、

九日、（中略）
一京都之儀山名方（持豊）勢幷朝倉（孝景）披（被、以下同）官勢等、所々土倉・酒屋以下方々令乱入、運取雑物剰放火、希代至極沙汰也、殊更伊勢守（伊勢貞親）披官町人一向及生涯云々、併於于今者失公方御面目者也、可歎々々、
十日雨下、
一昨日返事今日到来、京都之儀如風聞伊勢守・蔭西堂（季瓊真蘂）披官人在々所々、自山名方・朝倉方破却放火、其外馬借乱入狼藉無是非次第、洛中人民可及餓死云々、於越前国及合戦云々、一天儀無静謐之期云々、
（後略）

一七九九〔宗賢卿記〕文正元年九月六日条
『古記録の史料学的な研究にもとづく室町文化の基層の解明』（研究代表者：榎原雅治、以下略）八一頁

六日、御禊定延引、
斯波右兵衛佐義敏・伊勢守（伊勢）貞親朝臣・蔭西堂（季瓊真蘂）等俄逐電、
依今出川殿（足利義視）儀歟、

一八〇〇〔応仁記〕『群書類従』第二〇輯、三六三頁

（前略）又伊勢守貞親(伊勢)ト蔭涼軒(季瓊真蘂)ト天下ヲ乱スノ間、面目ヲ失ベキ由上意ヲ伺申テ、山名方(持豊)ヨリ打手ヲツカハスト告知セケレバ、同六日蔭涼モ貞親モ同備前守(伊勢盛定)モ新造(伊勢貞親妾)ヲツレテ近江路サシテ落行ケル、有馬治部少輔入道(道衍)モ貞親ト日比ノ情ニ同道セシト聞エシ、同日ニ義敏(斯波)モ北国方ヘ落ラレケル、同九日山名同心大名連判ニテ、條々貞親不義之訴申上ラル、、貞親ヲ追放ノ御教書ヲ被出、山名入道(持豊)ハトリ分テ蔭涼ノ生涯可失由申シケル、赤松次郎法師(政則)出頭ノ事、蔭涼ノ馳走ノ故歟、是モ御教書出ケレドモ、貞親モ蔭涼モ其ヨリ前ニ落行ケル、、（後略）

○「応仁略記」（『群書類従』第二〇輯、四四二頁）、「応仁別記」（同書四七六頁）に同内容の記事あり。

一八〇二（細川勝元記）『続群書類従』第二〇輯上、二六九頁

（前略）一山名入道宗全(持豊)モ、義廉(斯波)ハ婿也、親類也、旁以弓矢ニ及ハ、、合力有ヘキト、分国ヨリ軍勢ヲ催シ上セラル、義廉ハ尾張国守護織田兵庫助(敏広)ハ舎弟与十郎(広近)ニ猛勢ヲ差副上洛ス、越前・遠江勢モ悉ク召シ上セラル、京都ニハ、甲斐(政盛)・朝倉(孝景)・田宇・二宮ヲ始トシテ、被官トモ悉ク召上セケレハ、多勢ト云モ無限、屋形ニハ所々櫓ヲ上、掻楯ヲカイテ相待ケル、去程ニ誰レ敵共味方トモ知ヌ者モ、身ノ用心ノ為ニ、国々ヨリ軍兵ヲ召上セケレハ、天下ノ忩劇無限、又何ナル者カ申シ出シケン、今出川殿(足利義視)ハ義廉ヲ贔負(屓)有テ、天下ヲ乱ラントノ結構也ト、巷ノ説区々ニシテ、両御所(足利義政・義視)義絶ノ様ニ成ニケリ、然ル間今出川殿、直ニ陳シ給フヘキ様モナケレハ、先忍テ細川右京太夫勝元ノ屋形ヘ御成有、御供ニハ一色伊予守範直、同九郎親元両人計也、伊勢守貞親(伊勢)ハ、雑説有テ、蔭涼直(真)葉(蘂)西堂(季瓊)ト貞親ト、天下ヲ乱スノ間、面目ヲ失フヘキノ由、上意ヲ伺ヒ申シ、則細川・山名ヨリ討手ヲ被指向ノ由、告知セケレハ、五月六日ノ夜、蔭涼ヲ始トシテ、貞親・同(伊勢盛定)備前守新造(伊勢貞親妾)ヲツレテ、近江路差テ落テ行ク、有馬治部(道衍)入道モ、貞親ト近付顔ニ、同道セントソ聞ヘシ、此乱偏ニ新妻ヨリ起リケリ、誠ニ牝鶏ノ晨スルハ、家ノ索《ツク》ル也ト申モ、カヤウノ事ナルヘシ、義敏(斯波)モ同日ニ北国ヲ差テ落ラレケリ、同元日、惣大名連判ニ而、伊勢守貞親不義ノ條々訴ヘ申サレ、傷害セサセ玉ハスハ、各出仕ヲ致スヘ

カラサルノ由、被申上、依之貞親追放ノ御教書出ニケリ、山名ハ別シテ蔭凉ヲ悪ミケル、此人赤松次郎法師（政則）出頭ノ事、専ラ馳走ノ故也、是モ山名（持豊）被申テヨリ、御教書出ケレトモ、蔭凉モ貞親モ、ハヤ疾ニ落ケレハ、其曲（由）ナシ、

（後略）

文正元年（一四六六）九月、新見賢直が備中国新見庄地頭職を季瓊真蘂開基の禅仏寺に奪取されたことを訴え、季瓊が逐電したため室町幕府の裁許を求める。

一八〇二〔新見賢直申状案〕竹田文庫資料

『新修福岡市史』資料編中世一、二八〇頁

新見次郎三郎賢直謹言上、

右、備中国新見庄（英賀・哲多郡）地頭職事者、為承久勲功之賞、先祖治部丞資満（新見）貞応元年令拝領以来、譜代知行無相違之処、依禅（七条柳原）仏寺申掠、度々雖被成　御判、自　等持院殿（足利尊氏）様御時、代々致忠節、殊去永享十一年閏正月　普広院殿様御代亡父経直（新見）依○捕進○御敵垣屋備中頸、忝　普広院殿（足利義教）様御感之御書有之、其後文安二年依理運之段申披、任評定衆意見状之旨、被成下御下知、令知行之処、禅仏寺重就被申掠之、不預一往之御尋、被付寺家条、不便次第也、此段歎申条欲令言上之時節、藻（蘂）西堂（季瓊真蘂）遂（逐）電之上者、代々　御判御教書并意見状等数通備右、所詮任証文之旨、為預御裁許、粗謹言上如件、

文正元年九月　日

文正元年（一四六六）十一月二十日、足利義政が東山山荘料所美濃国の材木を検閲するため、斎藤豊基と松田数秀を下向させる。

一八〇三〔斎藤親基日記〕文正元年十一月二十日条

『増補続史料大成』、一四六頁

同日（廿）、東山御山荘料美濃国御材木事、為使節可下向之旨、斎藤五郎兵衛尉豊基、松田主計允数秀等被仰付之、（後略）

文正元年（一四六六）十二月十五日、鹿苑院主龍崗真圭と蔭凉軒主惟明瑞智が沙弥・喝食の訴訟により逐電する。

一八〇四〔斎藤親基日記〕文正元年十二月十五日条

『増補続史料大成』、一四八頁

十五日、鹿苑院主(龍崗真圭)幷瑞(智)和蔵主(惟明)于時蔭凉、依沙喝訴訟逐電、

○今枝愛真『中世禅宗史の研究』三〇三頁、玉村竹二「蔭凉軒及び蔭凉職考」(『日本禅宗史論集』上、一二七頁)で、「瑞和」を惟明瑞智とする。

文正元年(一四六六)十二月二十日、鹿苑院塔・相国寺総門・法住院等が飛火により焼失する。ついで林光院等が焼失する。

一八〇五〔斎藤親基日記〕文正元年十二月二十日条

『増補続史料大成』、一四八頁

廿日、午刻、自右京兆(細川勝元)門前在家出火、内藤・寺町等火、余炎飛行而鹿苑院之塔婆南門、此外無為、蔭凉軒之東門・廊下・惣寺(相国寺)門幷風呂・東司・鎮守・法住院以下回禄、一色治部少輔(政照カ)許在家所々同火、(後略)

一八〇六〔後法興院記〕文正元年十二月二十日条

『増補史料大成』、一巻、六九頁

廿日、(中略)午刻許北方有火事、細川(勝元)被官者家云々、西風事外吹送間四五町吹越、相国寺之塔頭一鹿苑院塔以下焼失、其火又吹越河前堂(七観音之内)焼云々、近比大焼亡也、被進御使於　仙洞(後花園上皇)・伏見殿(貞常親王)等、天魔所為不能左右、自此火前南方有火事云々、三條坊門室町云々、(後略)

一八〇七〔大乗院寺社雑事記〕文正元年十二月条

『増補続史料大成』、四巻、一二七頁

廿四日、(中略)

一相国寺之法界(惣)門幷鹿薗院之新塔焼失、此外大焼失、

(後略)

廿八日、(中略)

一自京都書状到来、

大嘗会事去十六日より廿一日マテ無為無事、去十九日細川(勝元)内藤三郎左衛門家より火出テ、鹿薗院塔・相国寺之東司・捴門・脇門・湯屋・法住院(相国寺)以下モ火、河崎観(一条東京極)音堂・天神等焼失了、当官(管)領方兵粮事ニ、昨日廿七日勘解(由脱カ)少路富小路之未曾(味)屋ニ火ヲ放之間、近所悉以焼失、秋野道場(二条烏丸称名寺)・林光院(二条)・等持寺(三条坊門)焼失了、(後略)

一八〇八〔如是院年代記〕文正元年十二月二十日条

『群書類従』第二六輯、一七四頁

丁亥応仁（ママ）元（中略）同（十二月）二十日五辻町出火、飛鹿苑院塔火、同相国寺東司・総門・風呂・塔頭両処火、（後略）

○「見聞雑記」（『続群書類従』第三〇輯上、九四頁）に関連記事あり。

相国寺史編纂委員会（二〇一〇年十月発足）

相国寺教化活動委員会委員長　佐分宗順

相国寺史編纂委員長　原田正俊（関西大学教授）

編纂委員　伊藤真昭（元華頂短期大学教授）

相国寺史編纂室研究員　藤田和敏（近世近現代担当）

研究員　中井裕子（中世担当）

相国寺史　第一巻　史料編中世一

二〇一九年三月三一日　初版第一刷発行

編　者　相国寺史編纂委員会

監　修　原田正俊
伊藤真昭

発行者　西村明高

発行所　株式会社　法藏館
京都市下京区正面通烏丸東入
郵便番号　六〇〇―八一五三
電話　〇七五-三四三-〇〇三〇(編集)
〇七五-三四三-五六五六(営業)

装幀　熊谷博人

印刷・製本　中村印刷株式会社

ISBN978-4-8318-5251-9 C3321